Ihr Vorteil als Käufer dieses Buches

Auf der Bonus-Webseite zu diesem Buch finden Sie zusätzliche Informationen und Services. Dazu gehört auch ein kostenloser **Testzugang** zur Online-Fassung Ihres Buches. Und der besondere Vorteil: Wenn Sie Ihr **Online-Buch** auch weiterhin nutzen wollen, erhalten Sie den vollen Zugang zum **Vorzugspreis**.

So nutzen Sie Ihren Vorteil

Halten Sie den unten abgedruckten Zugangscode bereit und gehen Sie auf **www.galileodesign.de**. Dort finden Sie den Kasten **Die Bonus-Seite für Buchkäufer**. Klicken Sie auf **Zur Bonus-Seite / Buch registrieren**, und geben Sie Ihren **Zugangscode** ein. Schon stehen Ihnen die Bonus-Angebote zur Verfügung.

Ihr persönlicher **Zugangscode** g59m-dif2-bwep-tvu3

Sibylle Mühlke

Adobe Photoshop CS4

Das Praxisbuch zum Lernen und Nachschlagen

Liebe Leserin, lieber Leser,

dass Wissen schwer wiegt, beweist unser umfassendes Handbuch zu Photoshop gerade eindrucksvoll in Ihren Händen: Über 2,5 kg bringt das gesammelte Know-how unserer Autorin Sibylle Mühlke auf die Waage und bietet Ihnen damit wirklich alles, was Sie über Photoshop CS4 wissen müssen.

Unser Ziel bei der Planung dieses Buchs war es, Ihnen das gute Gefühl zu geben, bei der täglichen Arbeit mit Photoshop einen verlässlichen Begleiter zur Hand zu haben, der Ihnen alle Fragen zu Photoshop schnell und sicher beantwortet. Dafür haben wir ein attraktives Layout entwickelt, das Ihren Lesegewohnheiten entgegenkommt. Wir haben sehr viel Mühe in eine durchdachte Struktur und einen ausführlichen Index gesteckt, damit Sie sich in diesem Buch immer schnell zurechtfinden. Und wir haben dem Buch viele Extras mitgegeben, die Ihnen in allen erdenklichen Arbeitssituationen weiterhelfen werden: ein Glossar zum Nachschlagen wichtiger Fachbegriffe, Tastenkürzellisten und eine Referenzkarte, damit Sie noch effizienter arbeiten können, Übersetzungslisten der deutschen und englischen Werkzeugbezeichnungen sowie eine randvolle DVD mit Video-Lektionen, die Ihnen wichtige Photoshop-Techniken noch einmal auf visuelle Art und Weise erklärt.

Nun hoffe ich, dass wir unser Ziel erreicht haben und Ihnen dieses Buch die Sicherheit bietet, die wir Ihnen geben wollen. Mein Tipp: Fangen Sie am besten gleich mit dem Lesen an, und finden Sie es heraus!

Ihre Katharina Geißler
Lektorin Galileo Design

katharina.geissler@galileo-press.de
www.galileodesign.de

Galileo Press • Rheinwerkallee 4 • 53227 Bonn

Auf einen Blick

Inhalt

Himmel

Himmel

Himmel

Teil II Der Umgang mit Dateien

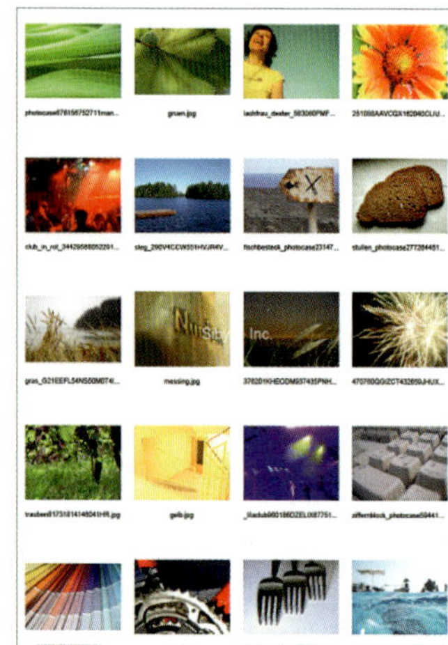

Teil IV Auswählen, Freistellen und Maskieren

Teil VI Reparieren und Retuschieren

Teil VII Lösungen für Fotografen

Teil VIII Farbe und Farbveränderungen

Text

Text

Text

Text

Text

Text

Teil X Text und Effekte

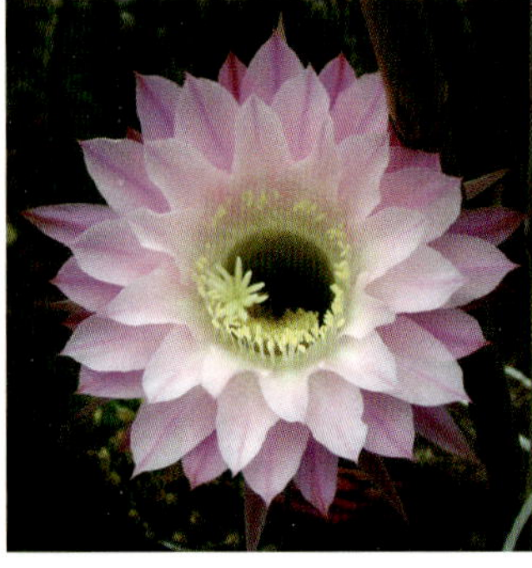

Teil XI Pfade und Formen

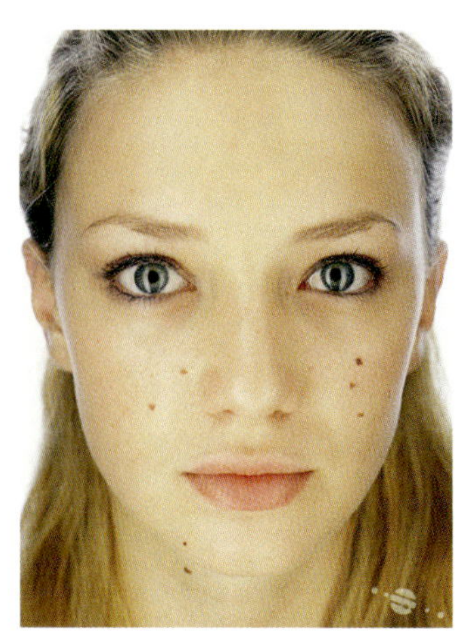

Video-Lektionen

Video-Training 1: Photoshop-Techniken

Kapitel 1: Ebenen-Basiswissen

1.1 Mit Ebenen arbeiten (10:03 Min.)
1.2 Smart-Objekte (03:44 Min.)
1.3 Ebenenmasken (05:53 Min.)

Kapitel 2: Freistellen für Fortgeschrittene

2.1 Eine komplexe Lasso-Auswahl erstellen (06:25 Min.)
2.2 Auswahl mit Alpha-Kanälen (07:35 Min.)
2.3 Auswahlkanten verbessern (06:05 Min.)

Kapitel 3: Workflow & Ausgabe

3.1 Photoshop-Aktionen (08:32 Min.)
3.2 Print- und Webgrafiken nachschärfen (07:51 Min.)
3.3 Farbmanagement-Einstellungen (04:30 Min.)

Video-Training 2: Photoshop und die digitale Fotografie

Kapitel 1: Farbe und Belichtung

1.1 Bildgerechte Kontrastkorrektur (06:56 Min.)
1.2 Bewährte Negativtechniken (04:37 Min.)
1.3 Per Pinsel umfärben (07:07 Min.)
1.4 Schwarzweißdenken (07:04 Min.)

Kapitel 2: Retusche und Montage

2.1 Sensorflecken entfernen (09:53 Min.)
2.2 Inhaltssensitives Skalieren (10:24 Min.)
2.3 Porträtretusche: Falten (06:33 Min.)
2.4 Hintergrund einmontieren (10:07 Min.)

Workshops

Vorwort

Bevor Sie mit der Lektüre beginnen, finden Sie hier alles, was Sie brauchen, um effektiv mit dem Buch zu arbeiten, Hinweise auf weitere Ressourcen und ein paar persönliche Worte.

Über dieses Buch

»Photoshop CS4 – Das Praxishandbuch« taugt, wie der Titel schon verrät, als Handbuch: als umfassendes Nachschlagewerk, das Sie über einen langen Zeitraum begleiten soll. Es eignet sich jedoch auch gut zum Erlernen der Software – ob Sie nun bestehende Kenntnisse vertiefen und das Programm effizienter nutzen oder es ganz neu erlernen wollen.

Alle Themen rund um die Bildbearbeitung werden gründlich besprochen. Sie lernen die zahlreichen Photoshop-Funktionen und -Werkzeuge ebenso kennen wie wichtige Hintergründe der Bildbearbeitung. So eignen Sie sich schnell das Wissen an, um eigenständig mit Photoshop zu arbeiten und Lösungen für eigene Anwendungsfälle zu entwickeln. Für Umsteiger von älteren Versionen bietet das Buch zudem eine schnelle Orientierung über die Neuerungen in der aktuellen Version CS4.

Mein Ziel war, in diesem Buch nicht nur alles möglichst umfassend zu versammeln, was es über die Bildbearbeitung mit Photoshop zu sagen gibt – wichtig war mir vor allem, dass dieses Wissen tatsächlich relevant für die Praxis und Ihnen leicht zugänglich ist.

Was hat sich im Buch geändert? | Photoshop gibt es nun schon in der elften Version, und das dicke Photoshop-Praxisbuch liegt jetzt immerhin in der dritten Auflage vor. Ein bisschen ähnelt das Buch-Update dem Programm-Update, finde ich: Einige auffallende, aber vor allem viele kleine Änderungen machen das Buch

zu einem hoffentlich noch besseren Begleiter in der täglichen Arbeitspraxis.
Natürlich werden hier alle Neuerungen von Photoshop CS4 und seinen »Programmpartnern« Bridge und Camera Raw ausführlich vorgestellt. Doch was ist besonders hervorzuheben?

Das Kapitel 1, »Was ist neu? Photoshop CS4 für Umsteiger«, zeigt Ihnen die wichtigsten Neuerungen auf einen Blick. Erfahrene Anwender, die von älteren Photoshop-Versionen auf CS4 umsteigen, finden hier außerdem ein Bündel von Praxistipps – und können **sofort effektiv arbeiten**. Der umfangreiche Teil zum Thema »Bildkorrektur« ist komplett neu gestaltet worden. Er ist **praxisbezogener** geworden und unterstützt Sie dabei, noch schneller Lösungen für die typischen »Problemfälle« zu finden. **Neue Schritt-für-Schritt-Workshops** gibt es nicht nur für neue Funktionen wie die Masken- und Korrekturen-Palette, sondern auch für einige Funktionen, die schon längere Zeit mit an Bord sind. Smart-Objekte – Adobes genialer Ebenentyp für zerstörungsfreies Skalieren, Transformieren und Filtern – werden in angemessener Gründlichkeit besprochen. Der RAW-Konverter **Camera Raw** mit seinen neuen Funktionen kommt ausführlich zur Sprache, ebenso **Adobe Bridge**. Wo es nötig war, gibt es anschaulicheres, besseres und schöneres Bildmaterial – und wie immer finden Sie alle **Bilddateien auf der Buch-DVD**, zum Nachklicken und Üben. In Software-Büchern wie diesem ist es oft nur eine Kleinigkeit bei der Formulierung, die darüber entscheidet, ob man sich eine Funktion wirklich aneignen kann – in diesem Sinne habe ich an vielen Stellen im Detail nachgebessert. Adobe hat sein unterstützendes Online-Angebot ausgebaut. Und ganz analog gibt es zu dieser Buch-Auflage einen erweiterten Online-Bereich auf der Galileo-Website. Klicken Sie einmal rein!

Galileo-BuchUpdate
Genauere Informationen zum Online-Bereich finden Sie weiter unten.

Feedback erwünscht | Durch meine Arbeit als Online-Coach habe ich einen ganz guten Überblick darüber, was Photoshop-Anwender bewegt, welche Themen besonders schwierig sind und was besonders gefragt ist. Doch so ein Buch ist etwas anderes: Das interaktive Element fehlt. So freue ich mich, wenn Sie – die Leserinnen und Leser – mit mir in Kontakt treten. Über Galileo Press haben Sie die Gelegenheit, Wünsche, Anregungen und Kritik an mich loszuwerden. Ich freue mich über Ihr Feedback.

Ich wünsche Ihnen viel Freude und viele Aha-Erlebnisse bei der Arbeit mit dem Buch, beim Lesen und Ausprobieren.

Wie können Sie mit dem Buch arbeiten?

Gliederung | Funktionen und Befehle werden nicht stur »durchgeackert« – die Gliederung des Buches orientiert sich an alltäglichen Arbeitsabläufen und der Erledigung typischer Aufgaben mit Photoshop. Sie lernen Photoshops **Arbeitsfläche** im Detail kennen und erfahren alles, was man über das **Handling von Dateien** wissen muss.

Dem wichtigen Thema **Bildkorrektur** sind gleich zwei umfangreiche Teile des Buches gewidmet. Sie lernen die klassischen Korrekturwerkzeuge kennen, außerdem werden Tools und Funktionen speziell für **Digitalfotografen** vorgestellt – zum Beispiel Photoshops CAMERA RAW-Funktion mit den neuen Tools für lokale Korrekturen. Wenn Sie mit **Montagen und Composings** arbeiten, können Sie sich hier umfassendes Wissen über die schnelle und effektive Arbeit mit Ebenen, Masken und Auswahlwerkzeugen aneignen. Viel **kreatives Potenzial** können Sie bei der Arbeit mit Malwerkzeugen entwickeln, und Sie können Ihr Fingerspitzengefühl bei der **Retusche** erproben. **Filter** – auch die komplexen Filterboxen wie VERFLÜSSIGEN oder der Blendenkorrekturfilter – werden Ihnen eingehend vorgestellt. Im Textkapitel erfahren Sie allerhand über **Typografie** und natürlich viel über **Texteffekte**. Sie lernen Tricks kennen, wie Sie mit störrischen Bézierkurven und Ankerpunkten perfekt geschwungene **Pfade** formen und wie Sie Ihre **Bilder im Web** oder für den **Druck** in optimaler Qualität ausgeben. Wenn Farbtreue bei der Reproduktion ein Thema für Sie ist, interessiert Sie sicherlich auch das Kapitel zum Thema **Farbmanagement**.

Sie können das Buch von vorn bis hinten durchlesen oder mithilfe der Verweise innerhalb des Buches zwischen verwandten Themen springen und sich so Ihren eigenen Lernpfad suchen. Das umfangreiche Register am Buchende ermöglicht das rasche Auffinden einzelner Themen.

Im Praxiskontext | Die einzelnen Funktionen und Menüpunkte werden im praktischen Kontext erklärt, und auf der begleitenden Buch-DVD finden Sie – neben zahlreichen anderen Inhalten – fast alle im Buch gezeigten Bilder. Sie können die dargestellten Arbeitstechniken und Befehle also gleich nachvollziehen. So ist ein lebendiges und schnell in die eigene Arbeitspraxis umsetzbares Verstehen möglich.

Die Buch-DVD
Einen Überblick über den Inhalt der Buch-DVD finden Sie in Kapitel 44, »Die DVD zum Buch«.

Haupttext und Seitenspalte | Die Seitenspalte bietet in Form von Anmerkungen und Textboxen zusätzliche Praxis-Informationen. Darin wird auf klassische Fehler hingewiesen, Sie lernen aber auch zeitsparende Tricks oder Workarounds zu typischen Problemlagen kennen. Besonders spannend sind dabei die fünfzig besonders gekennzeichneten Topp-Tipps: Diese Insider-Tipps helfen Ihnen, Ihre Arbeitsprozesse flüssiger zu gestalten und Zeit zu sparen. Nutzen Sie das Expertenwissen in der Seitenspalte gezielt dann, wenn Sie es brauchen – oder bleiben Sie am Haupttext, wenn Sie sich zunächst in ein neues Wissensgebiet einarbeiten wollen.

Beachten Sie auch die Tipps für Umsteiger, die auf Neuigkeiten und Änderungen in der aktuellen Programmversion hinweisen. Sie sind mit einem CS4-Logo gekennzeichnet.

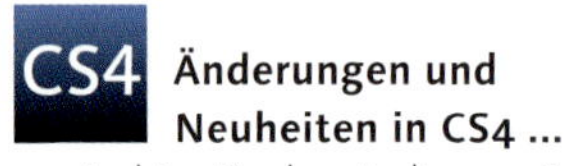

Änderungen und Neuheiten in CS4 ...
... sind im Buch mit diesem Symbol gekennzeichnet.

Schritt für Schritt | Besonders wichtige und besonders kniffige Themen werden in gesondert gekennzeichneten Schritt-für-Schritt-Anleitungen erklärt. Hier wird nahezu jeder Klick mit einem Bild illustriert und genauestens erklärt. Sie erkennen diese Tutorials im Buch an den roten Überschriften! Am Ende des Inhaltsverzeichnisses finden Sie eine Aufstellung aller Themen, zu denen es eine solche detaillierte Anleitung gibt.

Noch Fragen? | Im Info-Teil finden Sie ein Glossar, in dem Fachbegriffe aus der Bildbearbeitungswelt erläutert werden. Der Troubleshooting-Teil listet nicht nur Fragen, sondern vor allem auch die Antworten zu Themen und Problemen auf, die Sie bei der Arbeit unversehens ausbremsen können.

Informationen zu den einzelnen Werkzeugen und alle wichtigen Tastaturkürzel, die Sie auch im laufenden Buchtext finden, sind im Info-Teil in übersichtlicher Weise nochmals versammelt. Wenn Ihnen ein Bild im Buch besonders gut gefällt, können Sie mithilfe des Abbildungsverzeichnisses ermitteln, woher es stammt.

Online-Ressourcen zum Buch

Aktuelle Informationen und Ergänzungen zu den Buchthemen können Sie im BuchUpdate unter *http://www.galileodesign.de/1869* nachlesen.

Nutzen Sie dazu Ihre persönliche Registrierungsnummer, die Sie auf der hinteren Umschlagseite finden. Damit können Sie sich auf der Seite *www.galileo-press.de* registrieren und erhalten Zugriff auf die Zusatzinformationen zum Buch.

Danke schön!

Dieses Buch wäre ohne die Hilfe zahlreicher engagierter Beteiligter, Unterstützer und vor allem ohne die Großzügigkeit der Fotogeber nicht zustande gekommen.

Meinen Freundinnen und Freunden bin ich dankbar dafür, dass sie für mein stereotypes »Keine Zeit, muss arbeiten« viel Verständnis hatten. Ein besonders herzliches Dankeschön geht an Frank Gaebler, der mich nach Kräften unterstützt hat, und an Monika Gause und Andrea Jaschinski, mit denen ich Photoshop-, Illustrator- und Gestaltungsfragen erörtern konnte, und an meine Bürokolleginnen für viele Kaffees und manche Freundlichkeit. Und ohne die Fotografinnen und den Fotografen, deren Bilder ich großzügig nutzen durfte, wäre dieses Buch sicherlich weniger schön geworden (neben den jeweiligen Bildern sind meine Quellen genauer genannt). Hier sind besonders zu nennen:

- Andrea Jaschinski, vitamin-a-design, Berlin (*www.vitamin-a-design.de*)
- Nicole Zimmer, dieblen.de, Mannheim (*www.dieblen.de*)
- Onno K. Gent, Dornum (*http://filapper.de*)

Danke auch an das beteiligte Team von Galileo Press und alle anderen, die hinter den Kulissen an diesem Buch mitgearbeitet haben. Allein hätte ich das nie geschafft!

Sibylle Mühlke

TEIL I
Grundlagen

1 Was ist neu? Photoshop CS4 für Umsteiger

Mit der Version CS4 legt Adobe inzwischen die elfte Version des Bildbearbeitungs-Profis vor. Die Nutzeroberfläche wurde ganz neu gestaltet. Durch getabbte Dokumentfenster – ähnlich wie Browsertabs – wird das Hantieren mit mehreren geöffneten Dokumenten und Großformaten deutlich vereinfacht. Echte Neuzugänge im Programm gibt es nur wenige, jedoch wurden viele altbekannte Funktionen grundlegend überarbeitet. Dies betrifft Kernstücke der Bildbearbeitung wie Masken und die Korrekturfunktionen ebenso wie kleine, aber entscheidende Details. Fotofreaks können sich auf neue, sehr effektive CAMERA RAW-Werkzeuge und verbesserte Panorama- und Ausrichtungsfunktionen freuen. Und Adobe Bridge wartet jetzt unter anderem mit vielen neuen Funktionen auf, die Ihnen das vordem leidige Suchen von Ordnern und Dokumenten erleichtern.

Zusammenfassend lässt sich sagen: Das Update steht im Zeichen eines effektiveren und bequemeren Workflows, besserer Kontrollmöglichkeiten und smarten Automatik-Funktionen. Erfahrene Nutzer müssen einige ihrer alten Arbeitsgewohnheiten ablegen – werden jedoch durch bequemeres und effektiveres Arbeiten belohnt.

In diesem Kapitel lernen Sie die wichtigsten neuen Funktionen im Schnelldurchlauf kennen. In den übrigen Teilen dieses Buches werden sie natürlich ganz ausführlich erläutert.

Achten Sie auch auf das »CS4«-Zeichen: Es steht immer dann in der Seitenspalte, wenn eine der neuen Funktionen vorgestellt wird (nur in diesem Kapitel nicht, da es ausschließlich den Neuerungen gewidmet ist).

CS4

1.1 Effektives Dokument-Handling: Tabs und Anwendungsleiste

Das Funktionsprinzip ist in der Software-Welt an sich nichts Neues: Photoshop organisiert beispielsweise seine Paletten in Registerkarten, und Webbrowser ordnen Fenster in Tabs an. Über das Anklicken der virtuellen Karteireiter lässt sich leicht zwischen verschiendenen Paletten-Elementen oder Browserfenstern navigieren; gleichzeitig bleibt der Arbeitsbereich aufgeräumt. Nun gibt es auch für Photoshop-Dokumente solche Registerkarten.

Abbildung 1.1 ▼
Photoshop im neuen Gewand: neben dem etwas kantigeren Aussehen sind die Dokument-Tabs und die neue Anwendungsleiste ❶ die augenfälligsten Änderungen.

Doch nicht nur die Registerkarten erleichtern Ihnen den Umgang mit Dokumenten. In der neuen Anwendungsleiste ❶ finden Sie neben bekannten Werkzeugen wie Lupe oder Hand zwei nützliche Neuzugänge: Der Button Dokumente anordnen (in Abbildung 1.1 ausgeklappt) klappt eine Liste auf, mit deren Hilfe Sie Dokument-Tabs mit einem Knopfdruck sortieren können – ohne mühsames Herumschieben und Ziehen an den

Dokumentrahmen. Auch Zoomstufe und Bildposition können Sie mithilfe der Listenbefehle schnell für alle Dokumente gleichzeitig einstellen. Gewöhnen Sie sich künftig an, statt nach links in die Werkzeugleiste schräg nach oben zur Anwendungsleiste zu klicken: Hier sind alle Darstellungsfeatures für Dokumente zentral versammelt.

In Abbildung 1.1 sind die Dokumente bereits mithilfe der ANORDNEN-Funktion nebeneinander ausgerichtet. Sie können sich jedoch jeweils ein Bild in der Vollansicht zeigen lassen – die anderen Bilder liegen dann »dahinter«. Ein Klick auf den Karteireiter bringt ein Bild nach vorne.

Bildlauf in allen Fenstern
Das bereits aus CS3 bekannte Kürzel [⇧]+Leertaste wird zusammen mit den Dokument-Tabs richtig praktisch: Halten Sie diese Tasten gedrückt, um die angezeigten Bildausschnitte in allen Tabs gleichzeitig zu verschieben.

▲ **Abbildung 1.2**
Ein Bild im Vordergrund; die anderen sind über Karteireiter (Tabs) oder eine kleine Liste erreichbar.

Der Wechsel zwischen verschiedenen Bildern in Tabs lässt sich jedoch auch flüssig per Tastenkürzel bewerkstelligen:

- [Ctrl]/[Strg]+[⇆] springt weiter nach **rechts**.
- [⇧]+[Ctrl]/[Strg]+[⇆] springt weiter nach **links**.

Die Reihenfolge der angezeigten Tabs in der Karteireiter-Leiste kann mit Drag & Drop verändert werden. Mit der Maus anfassen und einfach Ziehen ist auch die Methode der Wahl, um Bilder aus dem Tab-Verband zu lösen. Das Dokument wird dann wieder zu einem der bekannten eigenständigen Dokumentfenster. Die lassen sich sogar über Paletten hinweg ziehen, zum Beispiel zur Ablage auf einem zweiten Monitor. Übrigens: Jeder Tab kann selbst mehrere Dokumente aufnehmen – Hineinziehen genügt. Dabei laufen ungeübte Nutzer allerdings Gefahr, geöffnete Bilder auf der Arbeitsfläche zu verlegen. Lassen Sie also Vorsicht walten. Im Notfall führt Sie jedoch die Bilderliste ❷ auch zu »verschwundenen« Dokumenten zurück.

Wenn Sie ausgewählte Objekte oder Ebenen von einem Dokument in ein anderes kopieren wollen, müssen Sie diese Dokumente nicht unbedingt sichtbar nebeneinander anordnen. Auch mit getabbten Dokumenten geht das recht einfach: Wählen Sie im ersten Bild das Bildobjekt aus, das Sie in ein anderes Dokument kopieren wollen. Wechseln Sie zum Verschieben-Tool, und ziehen Sie die Auswahl über den Tab des zweiten Bildes. Die Darstellung wirkt so, als würde das Bildobjekt verschoben, doch das täuscht. Es handelt sich um einen Kopiervorgang. Halten Sie die Maus über dem Tab, bis das zweite Bild nach vorne kommt. Lassen Sie dort die Maustaste los, um das kopierte Bildobjekt fallen zu lassen.

1.2 Effektivitätsschub für Zoom und Hand – und gedrehte Dokumente

Dank OpenGL hat sich die Grafikleistung von Photoshop CS4 spürbar verbessert, zumindest für diejenigen Nutzer, deren Hardware OpenGL unterstützt. Das ist nicht nur ein nettes Schmankerl für eine bessere Bildansicht. Es ergeben sich handfeste Vorteile für Anwender. Die Anzeige gezoomter Bilder bleibt jetzt jederzeit gestochen scharf – auch bei »krummen« Zoomwerten, die bisher immer sehr pixelige Bildansichten lieferten.

▲ **Abbildung 1.3**
Für exaktes Beschneiden ist das Pixelraster ganz hilfreich.

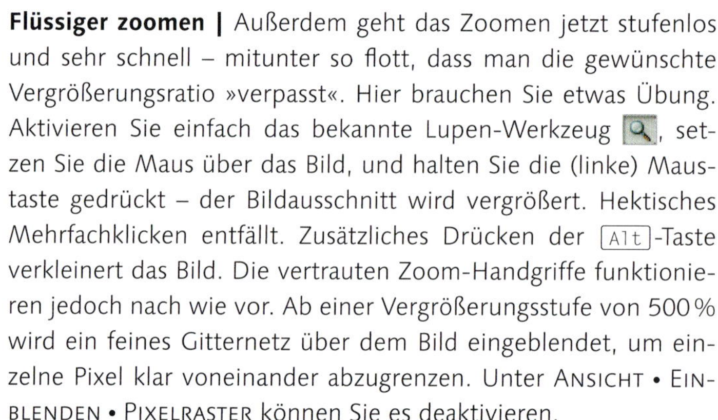

Flüssiger zoomen | Außerdem geht das Zoomen jetzt stufenlos und sehr schnell – mitunter so flott, dass man die gewünschte Vergrößerungsratio »verpasst«. Hier brauchen Sie etwas Übung. Aktivieren Sie einfach das bekannte Lupen-Werkzeug, setzen Sie die Maus über das Bild, und halten Sie die (linke) Maustaste gedrückt – der Bildausschnitt wird vergrößert. Hektisches Mehrfachklicken entfällt. Zusätzliches Drücken der Alt-Taste verkleinert das Bild. Die vertrauten Zoom-Handgriffe funktionieren jedoch nach wie vor. Ab einer Vergrößerungsstufe von 500 % wird ein feines Gitternetz über dem Bild eingeblendet, um einzelne Pixel klar voneinander abzugrenzen. Unter ANSICHT • EINBLENDEN • PIXELRASTER können Sie es deaktivieren.

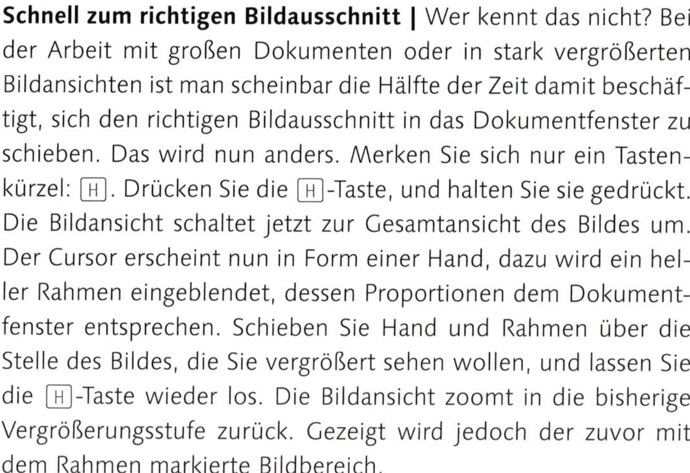

Schnell zum richtigen Bildausschnitt | Wer kennt das nicht? Bei der Arbeit mit großen Dokumenten oder in stark vergrößerten Bildansichten ist man scheinbar die Hälfte der Zeit damit beschäftigt, sich den richtigen Bildausschnitt in das Dokumentfenster zu schieben. Das wird nun anders. Merken Sie sich nur ein Tastenkürzel: H. Drücken Sie die H-Taste, und halten Sie sie gedrückt. Die Bildansicht schaltet jetzt zur Gesamtansicht des Bildes um. Der Cursor erscheint nun in Form einer Hand, dazu wird ein heller Rahmen eingeblendet, dessen Proportionen dem Dokumentfenster entsprechen. Schieben Sie Hand und Rahmen über die Stelle des Bildes, die Sie vergrößert sehen wollen, und lassen Sie die H-Taste wieder los. Die Bildansicht zoomt in die bisherige Vergrößerungsstufe zurück. Gezeigt wird jedoch der zuvor mit dem Rahmen markierte Bildbereich.

Bild: vitamin a

◂ **Abbildung 1.4**
Der Navigationsrahmen ist eine typische CS4-Neuerung: unauffällig, doch enorm hilfreich.

Mit dem Hand-Werkzeug lassen sich Dokumente jetzt übrigens auch mit Schwung über die Arbeitsfläche »werfen« – das macht Spaß und bei großen Dokumenten ist es ebenfalls eine schnelle Alternative zu Scroll-Leisten und Navigator-Palette. Probieren Sie es aus: Drücken Sie die Maustaste, und schubsen Sie Ihr Bild.

Gedrehte Bildansicht | Ganz neu ist das Ansichtdrehung-Werkzeug (Kürzel R). Sie finden es in der Werkzeug- und der neuen Anwendungsleiste. Mit seiner Hilfe kann die die **Dokumentansicht** (nicht das Dokument!) für knifflige Detailarbeiten gedreht werden – ganz ohne Pixeltreppchen in der Anzeige. Die Photoshop-Werkzeuge folgen der neuen Ausrichtung automatisch.

◂ **Abbildung 1.5**
Die Dokumentdrehung erfolgt rasch per Maus und auf Wunsch auch gradgenau durch Zahleneingabe in der Optionsleiste.

1.2.1 Werkzeugspitzen: schneller einstellen, bessere Vorschau

Schneller und präziser arbeiten können Sie auch mit den neuen Werkzeugspitzen. Hier gibt es zwei Änderungen. Per Tastaturkürzel lassen sich Pinsel direkt während der Anwendung skalieren.

Um die **Pinselgröße** zu ändern,

- halten Windows-Anwender die [Alt]-Taste gedrückt, klicken mit der rechten Maustaste und ziehen die Maus dann nach links oder rechts.
- Mac-User drücken [Ctrl] und [⌥], klicken und ziehen die Maus nach rechts oder links.

Um die **Härte** eines Malwerkzeugs zu verändern,

- klicken Windows-Nutzer bei gedrückter [⇧]- und [Alt]-Taste mit der rechten Maustaste und bewegen die Maus nach rechts oder links.
- Macianer drücken [⇧]-, [⌥]- und [Ctrl]-Taste und bewegen die Maus dann nach links oder rechts.

Abbildung 1.6 ▶
Werkzeugvorschau beim Stempel: Sie sehen im Inneren der Pinselvorschau genau, welche Pixel aufgestempelt werden. Das funktioniert auch bei anderen Retusche-Tools!

Auch die Vorschau der Werkzeugspitzen wurde verbessert. Das macht sich besonders bei weichen Werkzeugspitzen positiv bemerkbar, denn die Werkzeugwirkung lässt sich so viel besser einschätzen. Und beim Korrektur-Stempel-Werkzeug und den anderen Retusche-Werkzeugen ist die Live-Vorschau des aufgenommenen Bereichs sehr hilfreich.

Apropos Retusche: drei nachgebesserte Tools
Zu den Tools, deren Optimierung man gar nicht bemerken würde, wenn es einem nicht gesagt wird, gehören auch Abwedler, Nachbelichter und das Entsättigungs-Tool Schwamm (alle haben das Kürzel [O]). Diese Werkzeuge waren bisher kaum brauchbar, weil ihre Anwendung die behandelten Bereiche stark ausgrauen ließ. Das ist nun anders geworden. Die unauffällige Option Tonwerte schützen (bzw. Dynamik beim Schwamm) wertet die Tools deutlich auf.

1.3 Korrekturen jetzt per Palette – Einstellungsebene inklusive

Mit der neuen Korrekturen-Palette werden zwei Kernfunktionen gänzlich neu organisiert: Bildkorrekturen und Einstellungsebenen. Dabei hat sich an den Steuerungselementen für Tonwertkorrektur, Gradationskurven & Co. selbst nicht viel geändert – die

Arbeit ist jetzt nur ganz anders organisiert. Einen Neuling gibt es allerdings: Mit der Funktion DYNAMIK hat nun auch ein Korrekturwerkzeug aus CAMERA RAW den Weg in Photoshop gefunden. DYNAMIK erlaubt ein sanftes Steigern der Bildsättigung.

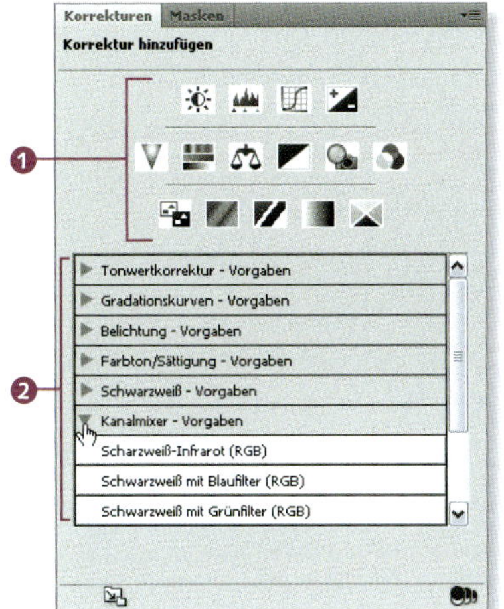

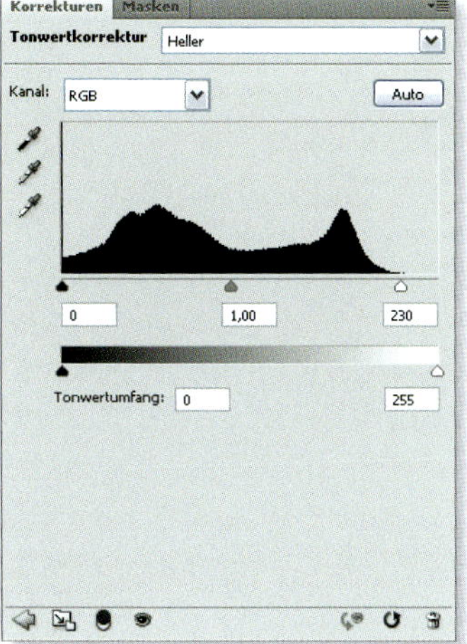

◄◄ **Abbildung 1.7**
Die Korrekturen-Palette hat zwei Ansichten. In der Übersicht sind alle Korrekturfunktionen ❶ und Presets ❷ schnell erreichbar.

◄ **Abbildung 1.8**
Sobald eine Korrektur-Einstellungsebene im Bild aktiv ist, erscheinen die Steuerungselemente: hier zum Beispiel die Tonwertkorrektur.

Wenn Sie auf eines der Korrektur-Icons in der Palette klicken, wird automatisch eine neue Einstellungsebene im Bild erzeugt. Die Einstellungen lassen sich dann direkt in der Korrekturen-Palette vornehmen. Dort finden Sie die vertrauten Werkzeugparameter zur Einstellung.

Ähnlich wie in CS3 die Funktion SCHWARZWEISS lassen sich jetzt auch GRADATIONSKURVEN und FARBTON/SÄTTIGUNG per Mausbewegung über dem Bild steuern. So ist es wunderbar einfach geworden, bestimmte Bildbereiche gezielt mit Korrekturen anzusprechen. Doch Vorsicht ist geboten: Weil das Tool so leicht zu bedienen ist, korrigiert man sich mit den Gradationskurven leicht Tonwertabrisse ins Bild.

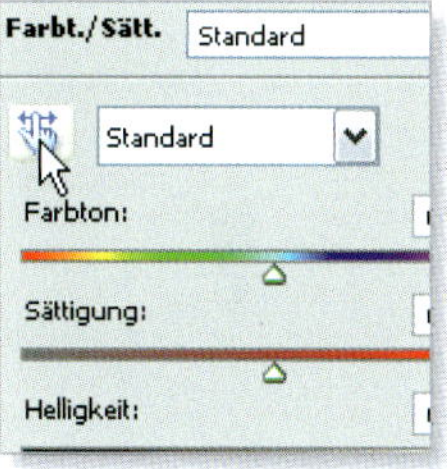

▲ **Abbildung 1.9**
Sie müssen die Korrekturhand zunächst in der Korrekturen-Palette aktivieren.

Bild: istockphoto

◄ **Abbildung 1.10**
FARBTON/SÄTTIGUNG intuitiv korrigieren. Klicken plus Mausbewegung genügt.

Globale Funktionen der Korrekturen-Palette | Die Steuerung der Einstellungsebenen funktioniert zwar weiterhin auch über die Ebenen-Palette, doch auch in der neuen Korrekturen-Palette finden Sie die benötigten Funktionen, wie gewohnt am unteren Palettenrand.

Abbildung 1.11 ▶ Steuerungs-Icons in der Korrekturen-Palette

Sie können mit den Mini-Schaltflächen

❶ zur Übersicht der Korrekturfunktionen wechseln,
❷ die Palettengröße einstellen,
❸ die aktive Einstellungsebene mit der darunter liegenden Bildebene gruppieren,
❹ die Einstellungsebene ausblenden (wie mit dem bekannten Augen-Icon der Ebenen-Palette),
❺ den letzten Einstellungsschritt kurzzeitig ausblenden,
❻ die Einstellungen zurücksetzen und
❼ Einstellungsebenen löschen.

1.4 Masken mit Zeitsparfunktion: die Masken-Palette

Ebenenmasken sind eine weitere Photoshop-Basisfunktion, die einer gründlichen Überarbeitung unterzogen wurde. Für die Bearbeitung von Masken gibt es jetzt eine eigene Palette.

Abbildung 1.12 ▶ Dank der Masken-Palette lassen sich die bekannten Funktionen Kante verbessern und Farbbereichs-Auswahl auf Masken anwenden – mit großem Gewinn.

In der Palette finden Sie zwei Schieberegler für die Steuerung der Maskendeckkraft und der Weichheit der Maskenkonturen. Außerdem lassen sich zwei alte Bekannte nun sehr erfolgreich auf Masken anwenden: das Auswahl-Tuning-Tool Kante verfeinern (Maskenkante ❽), das es bereits seit CS3 in Photoshop gibt, und Auswahl nach Farbbereich (Farbbereich ❾).

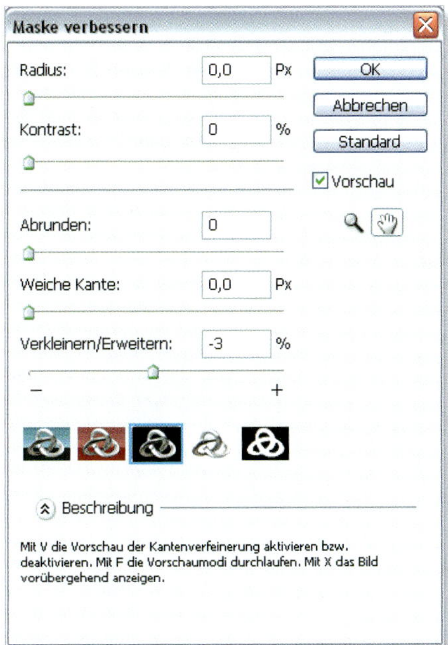

◂ **Abbildung 1.13**
Die Beschreibung im unteren Bereich des Fensters lotst Sie durch den Dialog.

Mit den Einstellungen unter MASKENKANTE bekommen Sie Radius, Kontrast, Ausdehnung und andere Maskeneigenschaften den Griff. Durch die verschiedenen Vorschauansichten (bunte Icons unten im Dialog) sowie Hand und Lupe behalten Sie kritische Bereiche der Maske jederzeit im Blick. Ganz unten im Dialog sehen Sie auch eine kurze, recht aufschlussreiche Beschreibung der einzelnen Funktionen. Was dort nicht steht: Der WEICHE KANTE-Regler im Dialog ist mit dem gleichnamigen Slider auf der Palette nicht synchronisiert. Sie müssen sich für einen der beiden entscheiden!

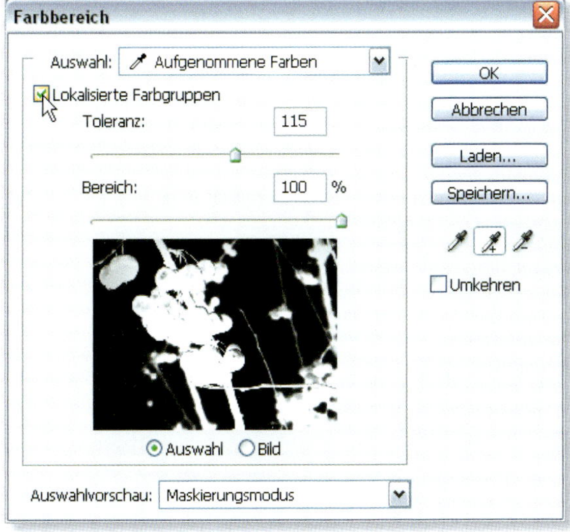

◂ **Abbildung 1.14**
Die Option LOKALISIERTE FARBGRUPPEN wertet das Werkzeug deutlich auf.

Achtung – Farbbereich schwer korrigierbar

Anders als bei den Slidern DICHTE und WEICHE KANTE und den Einstellungen unter MASKENKANTE können Sie auf die Einstellungen unter FARBBEREICH nicht erneut zugreifen, wenn der Dialog einmal geschlossen ist.

Der FARBBEREICH-Dialog wurde um die Option LOKALISIERTE FARBGRUPPEN ergänzt – eine sehr sinnvolle Änderung, die die Brauchbarkeit des Werkzeugs deutlich steigert. Ist diese Option aktiv, wirkt ein Klick mit der Auswahlpipette ungefähr so wie ein Zauberstab-Klick mit aktiver Option BENACHBART. Das heißt: Pixel ähnlicher Farbe werden nur in unmittelbarer Nachbarschaft der angeklickten Stelle in die Auswahl einbezogen. Bei geeigneten Motiven kann so mit wenigen Klicks eine Maske erzeugt werden, die kaum manuell nachgepinselt werden muss. Ein weiterer Vorteil: Sie sehen in der Vorschau des Dialogs FARBBEREICH wirklich nur die aktive Ebene mitsamt ihrer Maskierung. Eventuelle andere Elemente der Montage können so nicht stören.

Weiche Vektormasken
Mithilfe des Reglers WEICHE KANTE in der Masken-Palette können Sie übrigens jetzt auch Vektormasken zu weichen Konturen verhelfen.

Mit der Werkzeug-Kombination MASKENKANTE plus FARBBEREICH haben Sie nun endlich ein effektives Hilfsmittel, mit dem sich die meisten schwierigen Freistell-Aufgaben leicht erledigen lassen – und viele andere Maskenjobs natürlich auch. Dafür hat Adobe den schwerfälligen EXTRAHIEREN-Filter rausgeworfen; der Verlust lässt sich aber leicht verschmerzen.

1.5 Ebenen stapeln, ausrichten und miteinander verrechnen: Panorama & Co.

Funktionen zum Stapeln, Ausrichten und Zusammenstückeln von Dateien und Ebenen gibt es in Photoshop schon länger. In CS4 ist deren Wirkung jedoch deutlich besser! Außerdem gibt es eine neue Funktion, die Ebenen automatisch überblendet.

- Als Ausgangspunkt für viele Montagen eignet sich Bridge am besten. Mit dem Befehl STAPEL • AUTOMATISCHE STAPELANORDNUNG durchsucht Bridge den aktiven Bilderordner sogar selbstständig nach Bildsequenzen, die sich für Panoramen oder HDR eignen, und fasst sie zu Bildgruppen zusammen. Mit wenigen Klicks starten Sie von Bridge aus dann die Panoramafunktion PHOTOMERGE oder die HDR-Funktion.
- In Bridge finden Sie auch den praktischen Befehl WERKZEUGE • PHOTOSHOP • DATEIEN IN PHOTOSHOP-EBENEN laden. Die so gestapelten Ebenen lassen sich mit verschiedenen Funktionen bearbeiten.

Optisch unterscheiden sich die Dialoge für PHOTOMERGE und die Funktion EBENEN AUTOMATISCH AUSRICHTEN nur wenig von der Vorversion. Wieder sind es zwei dezente Checkboxen, die den entscheidenden Qualitätssprung bringen: Objektivfehler wie Vignettierung und Verzerrungen können nun wirksam behoben werden. Außerdem werden Farbabsätze aus Panoramen und Montagen wirksam herausgerechnet.

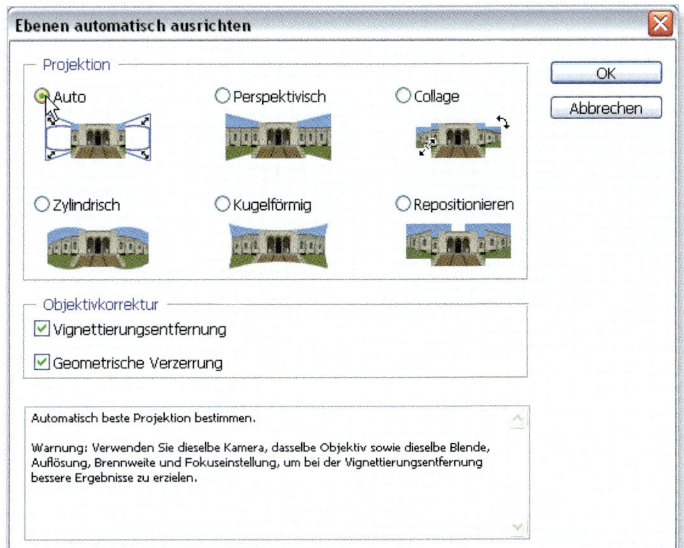

◂ **Abbildung 1.15**
Im Panorama-Dialog und hier finden Sie ähnliche Optionen.

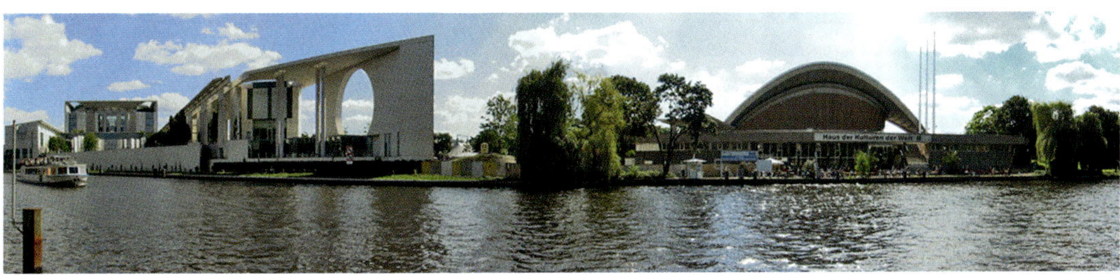

▴ **Abbildung 1.16**
Vier Einzelbilder wurden ohne Stativ an einem windigen Tag mit rasch wechselnden Lichtbedingungen aufgenommen. Photomerge schafft es, daraus ein akzeptables Panorama zusammenzusetzen.

Der Dialog Ebenen automatisch überblenden (unter Bearbeiten) kann auch Panoramen erzeugen. Interessant ist hier jedoch vor allem die Funktion Bilder stapeln. Bei bereits in Ebenen gestapelten (!) und ausgerichteten Bildern verrechnet die Funktion die Bildpixel so, dass aus mehreren Einzelbildern mit unterschiedlicher Tiefenschärfe ein perfekt scharfes Bild entsteht.

◂ **Abbildung 1.17**
Die Option Nahtlose Töne und Farben muss aktiv sein, damit Bilder stapeln seine Wirkung voll entfaltet.

1.6 Noch mehr smarte Pixelanalyse: inhaltssensitives Skalieren

Mit dem unhandlichen Namen SKALIEREN (INHALT BEWAHREN) – zu finden im BEARBEITEN-Menü – schickt Adobe eine Funktion ins Rennen, die einem bei der ersten Demonstration buchstäblich den Mund offen stehen lässt. Wenn ein Bildformat nicht passt oder auf extreme Formate gebracht werden muss, ist das inhaltssensitive Skalieren eine gute Alternative zum Beschneiden oder normalen Skalieren. Dabei werden Bilder im Idealfall so verkleinert, dass unwichtige Inhalte zusammengeschoben, wichtige Bildelemente jedoch erhalten werden. So entstehen ganz neue Bildkompositionen und -formate. Wenn Sie häufig Bilder an festgelegte Formate anpassen und dabei bisher abwechselnd mit Transformation und Beschnitt gearbeitet haben, können Sie nun Zeit und Nerven sparen und manches Motiv retten.

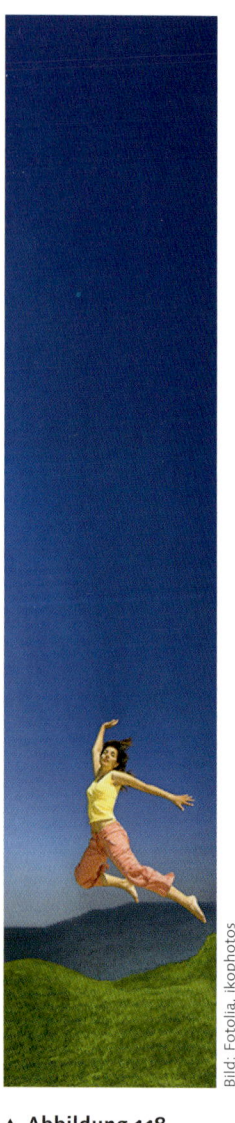

Bild: Fotolia, ikophotos

▲ **Abbildung 1.18**
Das Banner entstand mit wenigen Handgriffen. Das Hauptmotiv – die springende Frau – blieb trotz extremer Transformation unbeschadet.

▲ **Abbildung 1.19**
Das Originalbild

Gearbeitet wird wie bei normalen Transformationen mit Transformationsrahmen und Maus. Dabei erkennt Photoshop jedoch wichtige Bildinhalte wie beispielsweise Personen. Deren Proportionen bleiben erhalten, während Unwichtiges (strukturierte Hintergründe wie eine Wiese oder Wellen) gestreckt oder wenn nötig beschnitten wird. Das funktioniert leider nur bei geeigneten Motiven. Manchmal kann man mit einer Maske nachhelfen. Im Beispielbild kam nur die automatische Personenerkennung zum Tragen – mit einer Maske hätte auch das Zerknittern des Horizonts unterbunden werden können.

1.7 Camera Raw

CAMERA RAW bringt zwei neue Funktionen für lokale Bildkorrekturen mit: den ANPASSUNGSPINSEL, mit dessen Hilfe Sie Korrekturen wie Belichtung, Klarheit, Sättigung oder auch eine bestimmte – meist kühlere oder wärmere – Farbe ins Bild pinseln können, und das Werkzeug VERLAUFSFILTER. Das arbeitet ähnlich wie ein Vorsatzfilter: Farben und Bildkorrekturen können sanft auslaufend auf größeren Bildpartien aufgebracht werden.

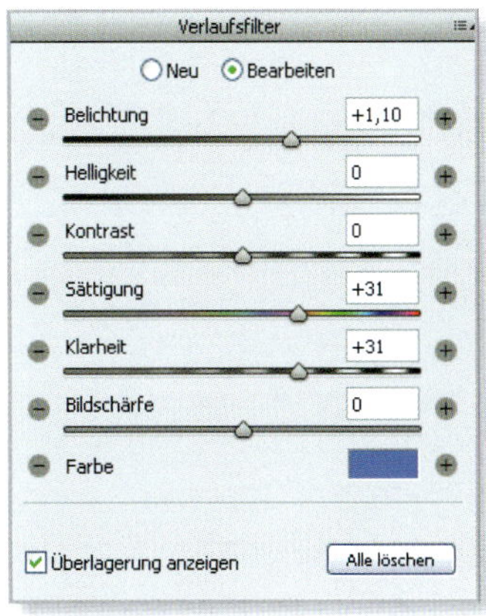

▲ **Abbildung 1.20**
Mit dem CAMERA RAW-Verlaufsfilter bringen Sie Korrekturen gezielt auf größere Bildflächen auf.

◂ **Abbildung 1.21**
Der Verlaufsfilter in Aktion. Die Handhabung ist ähnlich wie beim Photoshop-Verlaufswerkzeug.

Mit dem Anpassungspinsel können Sie noch differenzierter arbeiten: Hier lassen sich die Korrekturen gezielt aufpinseln.

Erfreulich ist auch, dass CAMERA RAW nun mit der Schnappschüsse-Palette eine eigene Protokollfunktion besitzt. Während einer Arbeitssitzung können Sie so verschiedene Arbeitszustände des Bildes fixieren und später wiederherstellen. Vor kreativen Experimenten ist das sehr hilfreich!

1.8 Bilder schneller finden mit Bridge

Bridge, der in die Creative Suite integrierte Bildverwalter, wirkt auf den ersten Blick wenig verändert. Doch tatsächlich wurde die Benutzeroberfläche gestrafft, und einige neue Funktionen kamen hinzu. Häufig benutzte Funktionen wie der Bildimport von der Digicam oder die Sternchenwertung müssen nun nicht mehr über Menübefehle oder schlecht zu merkende Tastenkürzel angesteuert werden, sondern werden durch leicht erreichbare Buttons repräsentiert. Gerade das Sichten und Bewerten von Bildern ist dadurch leichter geworden. In der Bildansicht ÜBERPRÜFUNGSMODUS (⌘/Strg+B) können Sie Bilder ganz ohne ablenkende Programmelemente flott sichten.

Abbildung 1.22 ▸
Im Überprüfungsmodus werden die Bilder karusselartig angeordnet.

Auch das Navigieren durch Ordnerhierarchien geht nun schneller: Eine zusätzliche Navigation im »Breadcrumb«-Stil, wie man sie von umfangreichen Websites kennt, verschafft Ihnen Orientierung und ist ebenfalls anklickbar. Das enervierende, doch unvermeidliche Hangeln durch Ordnerhierarchien wird dadurch spürbar beschleunigt.

Die alten Photoshop-Funktionen WEBGALERIE und PDF-PRÄSENTATION sind aus Photoshop verschwunden und jetzt nur noch in Bridge erreichbar. Und Sie wurden nicht nur verschoben, sondern glücklicherweise auch gründlich überarbeitet.

Mit den neuen KOLLEKTIONEN können Sie sich – völlig unabhängig von der physikalischen Ordnerstruktur Ihrer Festplatte – eigene Bildersammlungen zusammenstellen.

2 Die Arbeitsoberfläche

Dieses Kapitel bietet Ihnen eine erste Orientierung über die einzelnen Bedienungselemente, ihr Zusammenspiel und die effektive Nutzung – die Basis für den kreativen und effizienten Einsatz von Photoshop.

Die Arbeitsumgebung von Photoshop ist komplex und passt sich zudem an Ihre jeweiligen Tätigkeiten an. Das heißt, je nachdem, was Sie gerade tun, ändern sich die angebotenen Funktionen. Und wie Sie sehen werden, kann die Programmoberfläche auch von Ihnen selbst an Ihre eigenen Arbeitsgewohnheiten angeglichen werden, so dass ihr Aussehen variiert. Trotzdem lässt sich die Oberfläche von Photoshop schnell erfassen, und nach einer kurzen Eingewöhnungsphase können Sie die wichtigsten Elemente sicher handhaben.

Erfahrene Benutzer, die von älteren Programmversionen zu CS4 wechseln, müssen sich nicht nur an das kantigere, eckige Aussehen der Arbeitsfläche gewöhnen. Vor allem durch die Neuorganisation der Bildkorrekturen – die nun nicht mehr mit Dialogboxen, sondern per Palette gesteuert werden – ändern sich altvertraute Arbeitsabläufe.

CS4

Auf Neuheiten wird mit diesem Symbol in der Marginalspalte besonders hingewiesen!

Die Arbeitsoberfläche unter Mac OS

Die Unterschiede zwischen Mac und PC sind nicht gravierend. Wer Photoshop am Mac beherrscht, kann auch mit der Windows-Version arbeiten und umgekehrt.
Am Ende dieses Kapitels finden Sie einen Abschnitt zu betriebssystemspezifischen Besonderheiten.

2.1 Die Oberfläche kurz vorgestellt

Diese Bedienelemente stehen Ihnen zur Verfügung, um Photoshop zu steuern:

- die **Menüleiste** ❶ mit ihren ausklappbaren Menüs steht ganz oben im Fenster. Unter Windows ist die Menüleiste kombiniert mit der neuen **Anwendungsleiste** ❷. Mit ihr verwalten Sie unterschiedliche Programm- und Dokumentansichten und wechseln zu Photoshops »Programmpartner« dem Bildverwalter Adobe Bridge.

Dateien auf der Buch-DVD: »BlaueKlammern_dieblende.jpg«, »BlaueLeine_dieblende.jpg«, »BlaueSchere_dieblende.jpg«, »BlaueVase_dieblende.jpg«, »BlaueWattestäbchen_dieblende.jpg«, »BlaueTaschenschnalle_dieblende.jpg«

- die am linken Rand angedockte **Werkzeugleiste** ❻. Sie wird in der offiziellen Adobe-Terminologie auch Werkzeugbedienfeld genannt.
- die **Optionsleiste** ❺, die sich meist auch über die gesamte Breite des Programmfensters erstreckt. Sie liegt unterhalb von Menü- und Anwendungsleiste. Gelegentlich wird diese Leiste auch »Steuerungsbedienfeld« genannt.
- die **Paletten** ❹ (»Bedienfelder«) im rechten Bereich des Bildschirms. Die Paletten lassen sich verschieben, zu eigenen Gruppen anordnen oder auch zum Symbol minimieren ❸, so dass sie wenig Platz einnehmen, aber schnell erreichbar sind.

Abbildung 2.1 ▼
Photoshop CS4 unter Windows mit den wichtigsten Programmelemente – kantiger, schlanker, übersichtlicher als der Vorgänger.

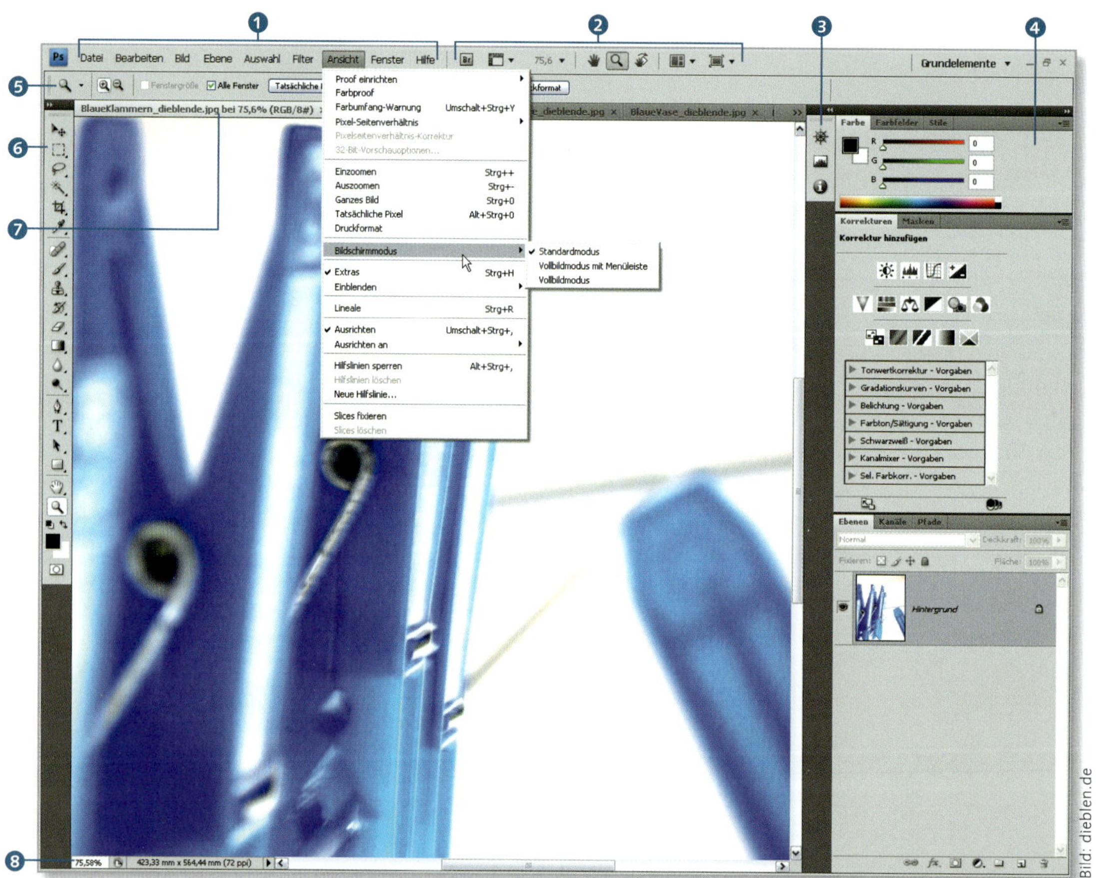

Dies sind Ihre wichtigsten Instrumente. Dazu kommen noch ein oder mehrere Dokumentfenster, die in CS4 in platzsparenden Tabs ❼ organisiert sind. Tab-Titel und Statusleiste ❽ jedes Dokuments präsentieren wichtige Informationen zum Dokument in Kurzform. Das Ganze ist auf dem neutral grauen Arbeitsbereich angeordnet.

Zum Weiterlesen: Arbeitsoberfläche anpassen
Die Photoshop-Arbeitsoberfläche lässt sich an verschiedene Anforderungen und Arbeitsstile anpassen. In Kapitel 5, »Arbeitsumgebung nach Maß«, erfahren Sie, wie das geht.

Menüs | Die Bedienung des Menüs sollte Ihnen keine Schwierigkeiten bereiten. Photoshops Menüleiste wird bedient wie Menüs in vielen anderen Programmen auch: Funktionen, die aktuell nicht angewendet werden können, sind auch nicht anklickbar und werden hellgrau dargestellt. Untermenüs lassen sich per Mouse-over aufklappen. In den Menüs finden Sie viele Funktionen zum Umgang mit Dateien und für Operationen, die sich jeweils auf das gesamte Bild auswirken und oftmals auf Berechnungen im Hintergrund basieren.

Werkzeuge | Ganz gleich in welcher Ansicht der Werkzeugleiste Sie arbeiten: Die Werkzeuge wechseln Sie einfach, indem Sie das jeweilige Icon in der Leiste anklicken oder ein Tastenkürzel eingeben. Die Funktionen der einzelnen Werkzeuge lassen sich oftmals leicht aus den Symbolen ableiten. Mit den Photoshop-Werkzeugen bearbeiten Sie oft gezielt einzelne Bildpixel, geben Text ein oder rufen Hilfsinstrumente wie beispielsweise den Zoom oder das Linealwerkzeug auf.

CS4 **Anwendungsleiste |** In der neuen Anwendungsleiste sind alle Funktionen versammelt, die Sie brauchen, um die Darstellung von Dokumenten auf dem Bildschirm zu steuern. Neben altbekannten Funktionen, die Sie auch in Menüs oder der Werkzeugleiste finden – beispielsweise das Einblenden von Bildschirmlinealen und Hilfslinien oder das Zoomen der Bildansicht – gibt es hier auch einige Neuheiten: so z. B. den Befehl zum Drehen der Bildschirmansicht und einen Schnellschalter, um geöffnete Dokumente auf dem Arbeitsbereich anzuordnen.

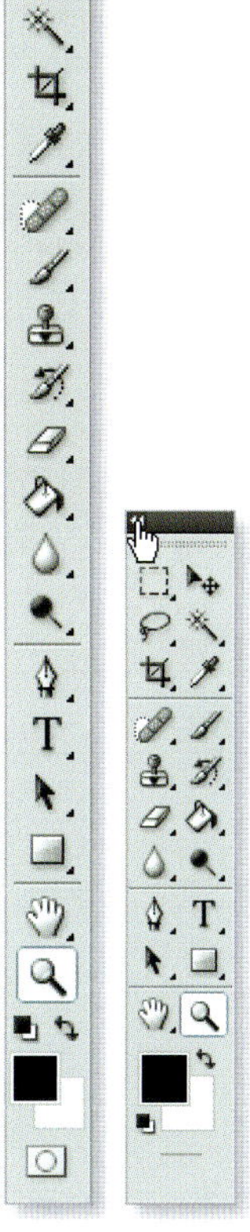

▲ **Abbildung 2.2**
Links sehen Sie die schmale Standardansicht der Werkzeugpalette, rechts die aus den älteren Versionen gewohnte zweispaltige Ansicht. Mit einem Klick auf den kleinen Doppelpfeil ganz oben stellen Sie die Ansicht um.

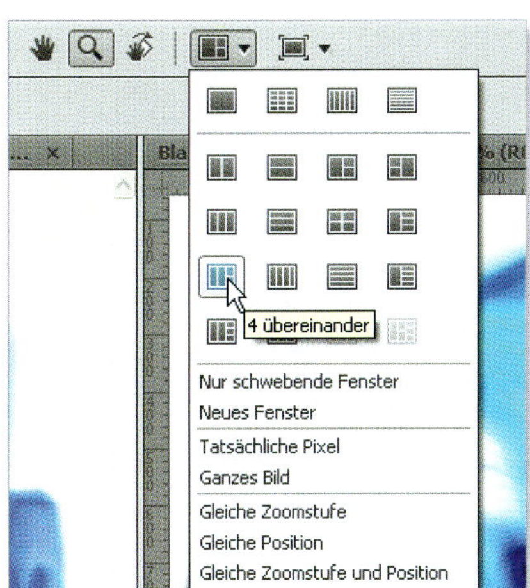

◂ **Abbildung 2.3**
Wer oft mit vielen Bildern parallel arbeitet, kann mit dieser Liste enorm viel Zeit sparen: Die optimale Dokumentanordnung ist mit einem Klick eingestellt.

Zum Weiterlesen: Dokumente in Tabs verwalten
Mehr über die neuen getabbten Dokumente und ihre Verwaltung erfahren Sie in Abschnitt 3.1.1, »Tabs aktivieren und sortieren«.

Optionsleiste | Die Optionsleiste – zuweilen auch Steuerungsbedienfeld genannt – verändert sich je nachdem, welches Werkzeug

Umständliche Terminologie
Egal. ob dies der Übersetzung geschuldet ist oder dem Wunsch, technisch möglichst korrekte Bezeichnungen zu finden: Die offiziellen Namen vieler Programmelemente sind sperrig. Zudem ändern sich die Bezeichnungen von Version zu Version. Dennoch lohnt es sich, die richtigen Namen zu kennen, denn die Suchfunktionen in Adobe-Hilfequellen nehmen es damit ganz genau. Auch bei der Suche nach unabhängigen Wissensressourcen im Web lohnt es sich zu wissen, wie die Tools und Befehle richtig heißen.

gerade aktiv ist. Hier können Sie die Wirkung der Werkzeuge genauer justieren.

Paletten | In den Paletten sind wichtige Kontroll- und Hilfsinstrumente untergebracht. So gibt die Ebenen-Palette – in Abbildung 2.1 ganz unten rechts zu sehen – Auskunft über den Bildaufbau, die Korrektur-Palette (rechts Mitte) ist Ihre Schaltzentrale für Bildkorrekturen, und der Farbregler (rechts oben) ist eine Möglichkeit, Farben festzulegen – zum Beispiel für den Farbauftrag beim Pinseln. Es gibt aber noch viel mehr Paletten. Mit Klicks auf die Registerkarten in den Palettengruppen, auf die kleinen Palettensymbole (❸ in Abbildung 2.1) oder über das Menü FENSTER bestimmen Sie, welche Paletten sichtbar sind.

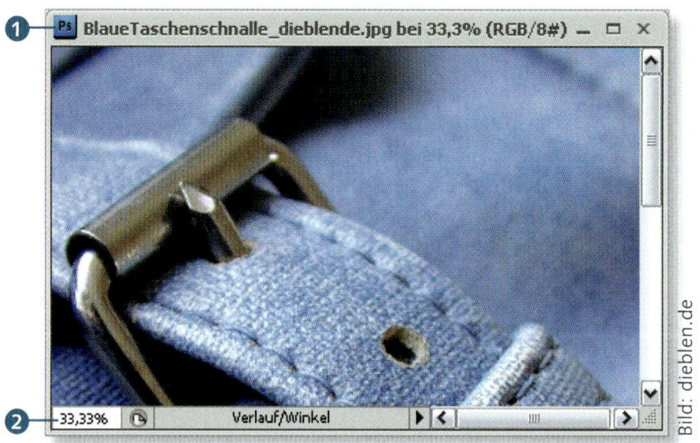

Abbildung 2.4 ▸
Die Dokumenttitelleiste zeigt Basisdaten des Bilds auf einen Blick.

Zum Weiterlesen: Paletten nutzen und anpassen
Mehr über die effiziente Nutzung von Paletten lesen Sie in Abschnitt 2.6, »Paletten: Wichtiges handlich«.

Titel- und Statusleiste | Titel- ❶ und Statusleiste ❷, die Sie oberhalb und unterhalb jedes Dokumentfensters finden, liefern Ihnen wichtige Informationen zur Datei und helfen Ihnen auch, sich im Programm zu orientieren. Sind die Dokumente in Tabs angeordnet, finden Sie die Titel-Informationen im »Karteireiter« des jeweiligen Dokuments (siehe Abbildung 2.5).

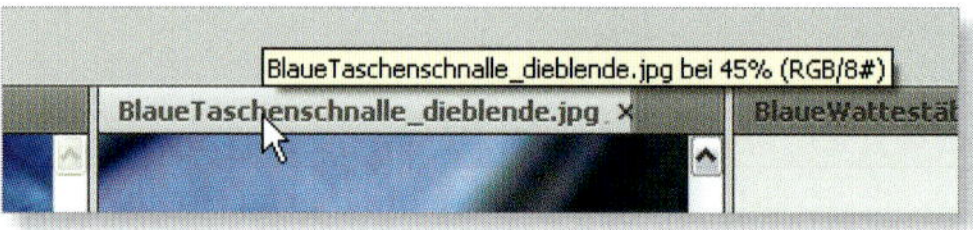

Abbildung 2.5 ▸
Bei getabbten Dokumenten ersetzen Infos in den Karteireitern die Titelleisten. Ist der Platz zu eng für alle Daten, geben QuickInfos Auskunft.

2.2 Die Menüleiste: die solide Arbeitsbasis

Die Funktionen der Menüleiste bilden das solide Grundgerüst der Bildbearbeitung. In neun (am Mac: zehn) Hauptmenüs samt Unterkategorien sind die wichtigsten Programmfunktionen untergebracht. Folgende Hauptmenüpunkte finden sich bei Photoshop:

2.2.1 Das Menü »Datei«

Im Menü Datei befinden sich alle Befehle zur Steuerung und Verwaltung von Dateien und der Programmumgebung. Viele Funktionen ähneln dem, was auch in anderen Anwendungen Standard ist: Dateien öffnen, speichern und drucken. Dazu kommen noch recht umfangreiche Funktionen zum Import und Export von Dateien sowie Automatisierungsbefehle und Befehle für den Wechsel zu anderen Adobe-Komponenten wie Bridge, Device Central und einigen der neuen Online-Funktionen.

2.2.2 Das Menü »Bearbeiten«

Unter dem Menüpunkt Bearbeiten finden Sie eine bunte Mischung aus Arbeitshilfen, Programmeinstellungen und erste Befehle zur Veränderung von Bildebenen. Die Optionen Rückgängig und Verblassen beziehen sich auf Ihre letzten Arbeitsschritte. Hier finden Sie auch die Standards Ausschneiden, Kopieren und Einfügen sowie Befehle zu Werkzeugkomponenten, zum Arbeiten mit Text und Befehle, um eigene Muster, Farben, Effekte und ähnliche Vorgaben zu verwalten. Außerdem finden Sie hier die Grundeinstellungen, um Ihr Programm anzupassen, sowie die wichtigen Funktionen zum Farbmanagement.

Schrift auf der Arbeitsfläche zu klein?

Wenn Sie schlechte Augen haben oder mit extrem hoher Monitorauflösung arbeiten, ist die Schriftgröße in Paletten, QuickInfos und der Optionsleiste vielleicht etwas klein für Sie. Das kann geändert werden: Rufen Sie die Voreinstellungen auf ([Strg]+[K]/[⌘]+[K]). Auf der Tafel Benutzeroberfläche ([Strg]+[2]/[⌘]+[2]) können Sie unter UI-Schriftgrad drei verschiedene Größen einstellen. UI heißt *User Interface* – zu Deutsch *Benutzeroberfläche*. Klein ist der Standard. Die Änderung wird nach dem nächsten Start von Photoshop wirksam.

▲ **Abbildung 2.6**
Das Menü Datei

▲ **Abbildung 2.7**
Das Menü Bearbeiten

Ebenenfunktionen im Bearbeiten-Menü

Die teils neuen, teils überarbeiteten Funktionen zum Ausrichten und Überblenden von Ebenen verstecken sich im Menü Bearbeiten und nicht im Ebene-Menü!

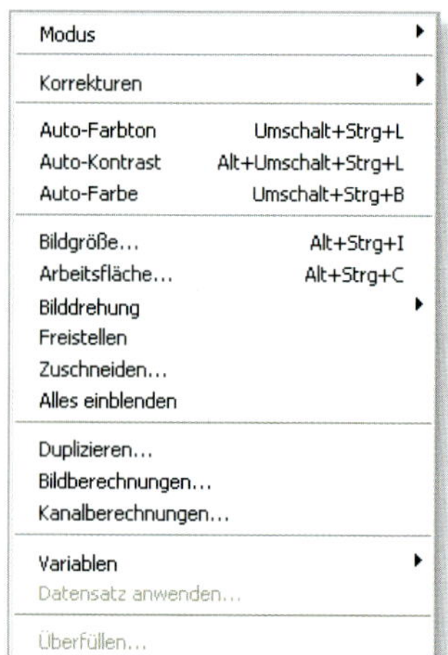

▲ **Abbildung 2.8**
Das Menü BILD

2.2.3 Das Menü »Bild«

Das Menü BILD enthält wichtige Befehle der digitalen Bildbearbeitung. Hier können Sie die Bildgröße ändern und die Bild-Arbeitsfläche drehen oder vergrößern. Unter KORREKTUREN (in älteren Photoshop-Versionen: ANPASSUNGEN) versammeln sich die Klassiker der Bildkorrektur, mit denen Sie schlechten Kontrasten oder Farbstichen beikommen und kreativ arbeiten können.

Die Korrekturen-Palette – Herzstück der Bildkorrektur

Umsteiger von älteren Versionen müssen in CS4 gehörig umlernen, denn Adobe hat die Arbeitsabläufe bei der Bildkorrektur umorganisiert. Die neue Korrekturen-Palette wird zum Herzstück aller Bildkorrekturen. Funktionen und voreingestellte Settings sind dort mit einem schnellen Klick erreichbar. Gleichzeitig ersetzt die Palette die bisher üblichen Dialogfelder und hilft bei der Verwaltung von Einstellungsebenen. Bildkorrekturen ohne Einstellungsebene sind nicht mehr möglich. Mehr zum Thema erfahren Sie in Teil V und VI.

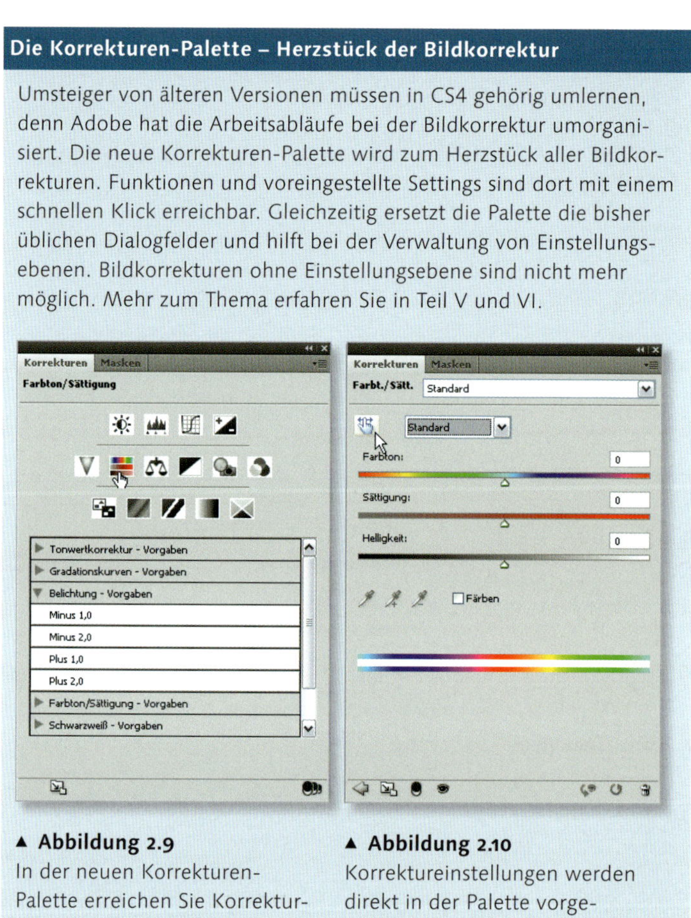

▲ **Abbildung 2.9**
In der neuen Korrekturen-Palette erreichen Sie Korrekturfunktionen mit einem Klick.

▲ **Abbildung 2.10**
Korrektureinstellungen werden direkt in der Palette vorgenommen.

Mac-Spezialität: Das Menü »Photoshop«

Nur bei Macs findet sich in der Menüleiste – rechts vom Apfel-Menü, das in allen Anwendungen sichtbar ist – der zusätzliche Menüpunkt PHOTOSHOP. Das PHOTOSHOP-Menü beinhaltet neben einigen Standardbefehlen, die vom Betriebssystem zur Verfügung gestellt werden, vor allem Programminfos und Befehle zur Konfiguration. In der Windows-Version sind diese Befehle unter BEARBEITEN oder unter HILFE zu finden.

2.2.4 Das Menü »Ebene«

Ebenen sind in Photoshop omnipräsent. Sie ermöglichen ein flexibles Arbeiten und den Aufbau komplexer Composings. Dementsprechend üppig ist das Menü EBENE ausgestattet. Eng mit Ebenen verbunden sind Ebenen- und Vektormasken, die Sie ebenfalls über dieses Menü ansteuern können. Außerdem finden Sie hier alle Befehle, um besondere Ebenen – wie Smart-Objekte, Füll- oder Einstellungsebenen – zu verwalten und zu bearbeiten.

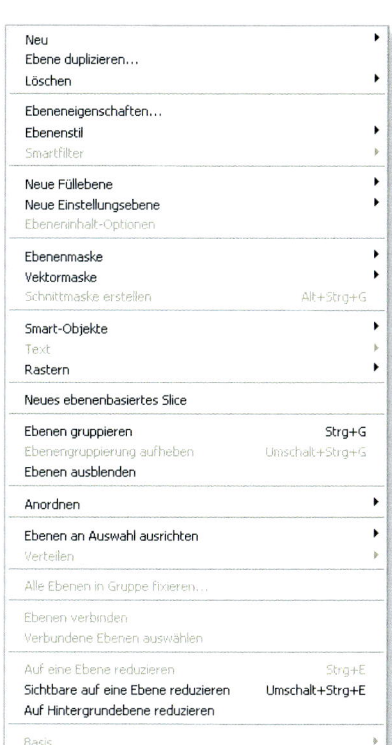

◀ **Abbildung 2.11**
Das Menü EBENE

2.2.5 Das Menü »Auswahl«

Das Prinzip der Auswahl ist für Photoshop ebenso wichtig wie das Ebenen-Konzept. Das Menü AUSWAHL ist eine Ergänzung zu den Auswahlwerkzeugen in der Toolbox. Hier können Sie Ihre Auswahlen modifizieren und speichern.

2.2.6 Das Menü »Filter«

Das Menü FILTER bietet für fast jeden kreativen Zweck und auch für ernsthafte Korrekturen das richtige Werkzeug.

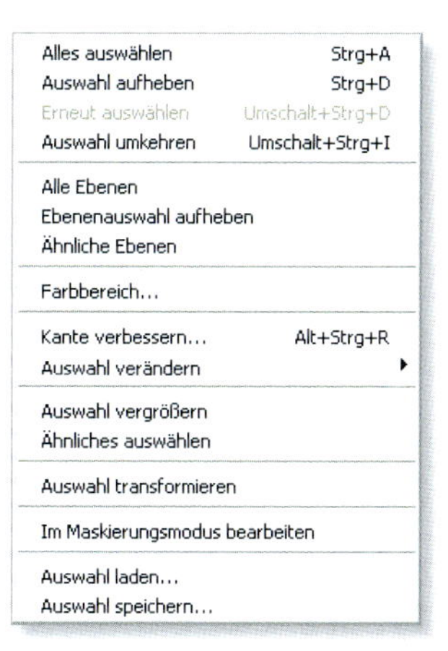

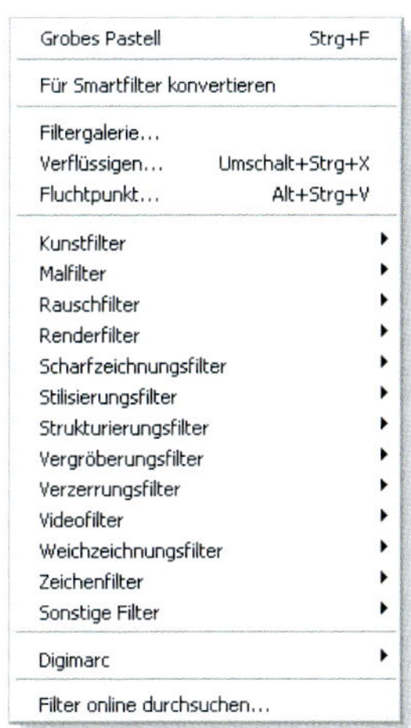

CS4 Plug-in-Suche auf der Adobe-Site

Seit der Version CS4 bemüht sich Adobe vermehrt, interessante Tools und Leistungen auf der eigenen Webpräsenz zu versammeln, und bindet Photoshop enger an solche Online-Ressourcen an. So auch hier. Der Befehl FILTER • FILTER ONLINE DURCHSUCHEN ... führt zu einer von Adobe kommentierten Linkliste (bisher nur englischsprachig), auf der Sie gezielt nach bewährten Photoshop-Erweiterungen und -Filtern von Drittherstellern suchen können. »Alles inklusive« gilt jedoch trotz der Anbindung an das Adobe-Netzwerk leider nicht. Drittersteller-Module bleiben kostenpflichtig.

◀◀ **Abbildung 2.12**
Das Menü AUSWAHL

◀ **Abbildung 2.13**
Das Menü FILTER

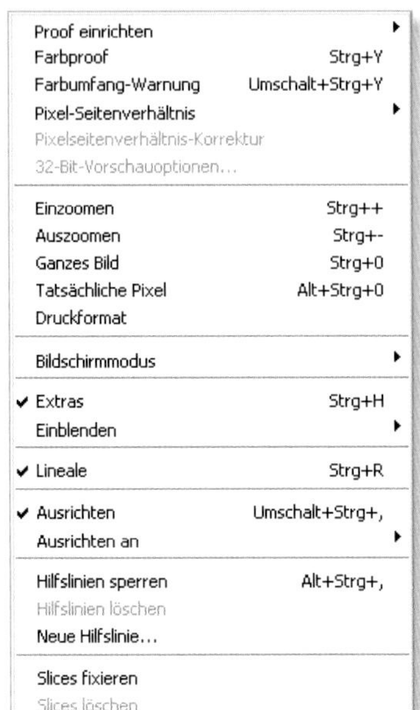

Abbildung 2.14 ▶
Das Menü Ansicht

2.2.7 Das Menü »Ansicht«

Die unter Ansicht versammelten Befehle beziehen sich auf die Darstellung des aktuellen Bildes und rufen verschiedene Helfer und Extras wie Raster oder Lineale auf. Viele der Befehle aus diesem Menü sind jedoch in der neuen Anwendungsleiste schneller zugänglich!

2.2.8 Das Menü »Fenster«

Mit den Befehlen unter Fenster steuern Sie das Aussehen Ihrer Arbeitsumgebung. Sie legen zum Beispiel fest, welche Paletten eingeblendet sind, und verwalten verschiedene Arbeitsbereich-Layouts.

2.2.9 Das Menü »Hilfe«

Zum Weiterlesen: Hilfe zur Adobe-Hilfe
In Kapitel 3, »Nützliche Helfer«, finden Sie mehr Informationen zu Adobes Hilfsangebot.

Hilfe ist der letzte Menüpunkt. Hier finden Sie Programminfos und Support. Zu den wichtigsten Themen stellt Adobe schon vorgefertigte Fragen und Antworten bereit. Schneller als per Menübefehl gelangen Sie mit der Taste F1 zu Adobes Hilfe- und Supportcenter – seit der Version CS4 nicht mehr lokal auf Ihrem Rechner, sondern online. Neben verschiedenen Tipps und Infomedien können Sie sich von dort die »klassische« Programmhilfe als PDF-Datei herunterladen. Diese steht dann auch im Offline-Modus zur Verfügung.

▲ **Abbildung 2.15**
Das Menü FENSTER

▲ **Abbildung 2.16**
Das Menü HILFE

2.2.10 Kontextmenüs: Klicks sparen

Es ist charakteristisch für die Programmorganisation von Photoshop, dass oftmals viele (Arbeits-)Wege zum selben Ziel führen. Das heißt, dass Sie oft zwei oder mehr Möglichkeiten haben, um einen Befehl aufzurufen oder ein Werkzeug zu aktivieren.

So gibt es neben der Menüleiste noch einen weiteren Weg, um Menübefehle oder auch einige der gängigsten Werkzeugoptionen aufzurufen: die Kontextmenüs. Kontextmenüs zeigen auf einen Klick diejenigen Befehle an, die zum jeweils aktiven Werkzeug oder zu der Arbeitssituation passen, in der sich das Bild befindet. So machen Kontextmenüs Funktionen und Befehle schnell zugänglich und sparen umständliche Mehrfachklicks.

Wie rufe ich ein Kontextmenü auf? | Setzen Sie Ihren Mauszeiger ins geöffnete Bild, und klicken Sie mit der rechten Maustaste (Win) oder Klick + `Ctrl` (Mac). Es erscheint dann eine Liste mit einer Auswahl von Optionen und Befehlen.

Wie kann ich erkennen, wo ein Kontextmenü angeboten wird?
Die meisten Kontextmenüs erreichen Sie über einen Klick auf die Bildfläche und auf einige Paletten. Irgendwelche Hinweise auf ihr Vorhandensein gibt es nicht. Mit testweisen Rechtsklicks bzw. am Mac `Ctrl` + Klick können Sie sich die Kontextmenüs nach und nach aneignen. Hier im Buch weise ich im konkreten Zusammenhang natürlich immer darauf hin. Jene Kontextmenüs, die in Ihrer täglichen Photoshop-Praxis eine Rolle spielen, beherrschen Sie dann schnell!

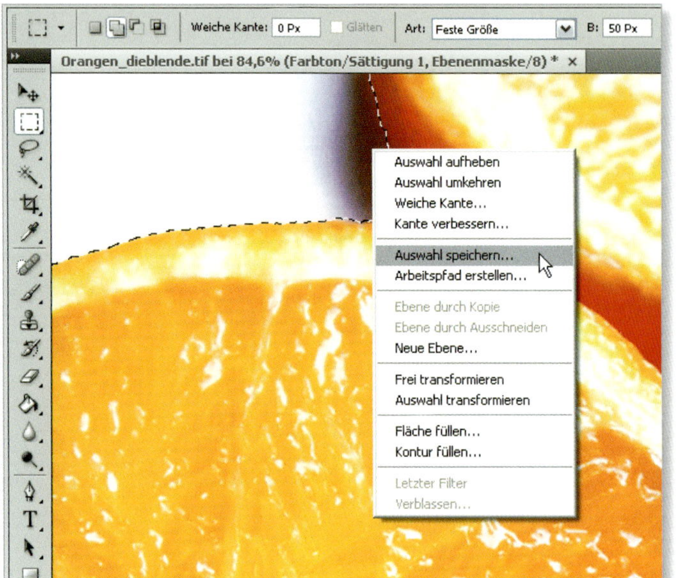

Abbildung 2.17 ▸
Hier sehen Sie das AUSWAHL-Kontextmenü. Sie erkennen an der Strichellinie im Bild, dass eine Auswahl erzeugt wurde. Das Rechteck-Auswahlwerkzeug (in der Werkzeugleiste oben sichtbar) ist aktiv. Im Kontextmenü erscheinen die zur aktuellen Bildsituation passenden Befehle.

Wo gibt es Kontextmenüs? | Auch bei Paletten funktioniert dieses Prinzip in vielen Fällen. Insbesondere die wichtige Ebenen-Palette ist mit Kontextmenüs geradezu gespickt – je nach Mauszeigerposition lassen sich hier verschiedene Menübefehle aufrufen. Im Zweifelsfall gilt: ausprobieren. Und natürlich weise ich hier im Buch an passender Stelle stets auf nützliche Kontextmenüs – und andere Abkürzungen – hin.

2.3 Die Werkzeugpalette: alles griffbereit

2.3.1 Werkzeuge finden und aufrufen

Das Werkzeugbedienfeld – in der Alltagssprache meist Werkzeugleiste, Werkzeugpalette oder Toolbox genannt – ist am linken Rand des Photoshop-Programmfensters angedockt. Es lässt sich, wie schon erwähnt wurde, schmaler oder breiter machen. Und wie alle anderen Paletten können Sie auch die Werkzeugleiste aus dem Andockbereich herausziehen Dazu fassen Sie sie oben – an dem schmalen dunkelgrauen Streifen – mit der Maus an und ziehen. Sie können die Werkzeugleiste dann frei auf der Arbeitsfläche positionieren oder bei den übrigen Paletten auf der rechten Seite des Programmfensters andocken.

Die Metaphern, die Adobe für die Werkzeuge gewählt hat, entstammen der klassischen Illustration oder der Fotografie und sind recht anschaulich, daher ist das schnelle Auffinden des benötigten Tools ganz leicht.

QuickInfo | Wenn Sie über den Zweck eines Werkzeugs unsicher sind, verweilen Sie einfach kurz mit der Maus auf dem jeweiligen Button – ein erklärender Werkzeugtipp (»QuickInfo«) wird eingeblendet.

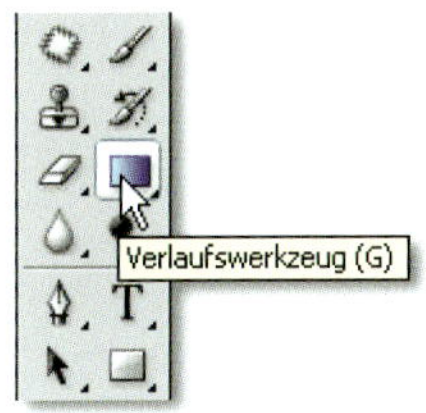

▲ **Abbildung 2.18**
Wenn Sie mit der Maus an ein Werkzeug heranfahren, blendet Photoshop den Namen ein und gibt so Hinweise zur Funktion. Nebenbei können Sie so die Tastenkürzel lernen.

Statusleiste | Die jeweils an der unteren Bildkante positionierte Statusleiste kann ebenfalls genutzt werden, um sich über die Funktion des aktuell aktiven Werkzeugs Klarheit zu verschaffen. Klicken Sie dazu auf den kleinen schwarzen Pfeil **1** und dann auf EINBLENDEN • AKTUELLES WERKZEUG. Fortan wird angezeigt, wie das gerade aktive Werkzeug heißt.

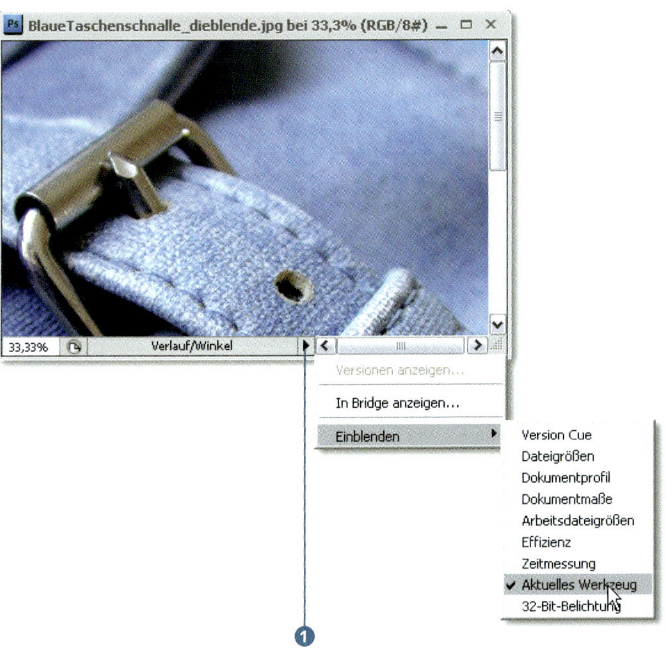

◂ **Abbildung 2.19**
Was in der Bild-Statusleiste angezeigt wird, kann von Ihnen festgelegt werden. Für Einsteiger am interessantesten ist die Option AKTUELLES WERKZEUG.

Werkzeug aktivieren | Das Aktivieren der einzelnen Werkzeuge ist einfach – ein Klick auf den Button mit dem jeweiligen Symbol genügt.

Fast alle der Werkzeug-Schaltflächen haben in der unteren rechten Ecke einen etwas unscheinbaren schwarzen **Pfeil**. Dies ist der Hinweis darauf, dass Sie auch noch verwandte Unterwerkzeuge aufrufen können. Diese verborgenen Werkzeuge aktivieren Sie, indem Sie die Maus mit gedrückter linker Maustaste auf dem jeweiligen Werkzeug-Button halten. Dann öffnet sich ein Untermenü, und Sie können das benötigte Unterwerkzeug per Mausklick anwählen.

Sie vermissen die Anzeige der Werkzeugtipps?
Oder wollen Sie sie unterbinden? Auch das kann eingestellt werden. Klicken Sie dazu auf BEARBEITEN • VOREINSTELLUNGEN (unter Mac OS: PHOTOSHOP • VOREINSTELLUNGEN), und dann links auf BENUTZEROBERFLÄCHE. Dort finden Sie die Option QUICKINFO ANZEIGEN, die sich per Häkchen ein- und ausschalten lässt. Schneller erreichen Sie den VOREINSTELLUNGEN-Dialog über Strg+K (bzw. ⌘+K).

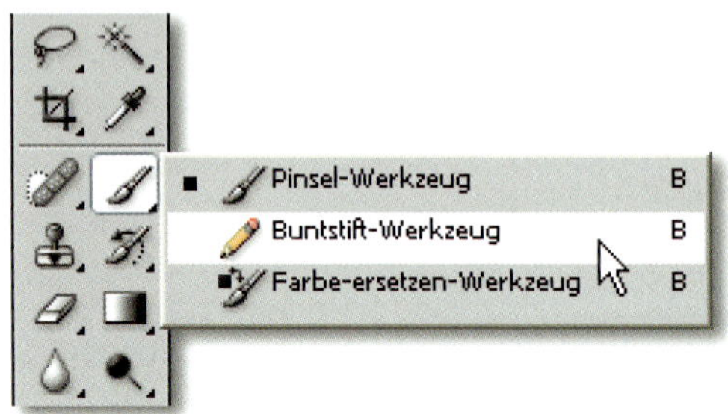

Abbildung 2.20 ▲
Viele der Symbole in der Werkzeugpalette verbergen mehr als ein Werkzeug. Ähnliche Werkzeuge sind zu Werkzeuggruppen zusammengefasst und lassen sich über ein Untermenü erreichen; hier am Beispiel des Pinsel-Werkzeugs. Die Untermenüs geben auch Auskunft über das zuständige Tastenkürzel.

Schnelle Tastenkürzel für Werkzeuge | Werkzeuge können Sie natürlich auch per Tastaturkürzel aktivieren. Untermenüs und Werkzeug-QuickInfos zeigen die zuständigen Werkzeugkürzel an. Diese zu lernen, lohnt sich in jedem Fall, denn sie erweisen sich in der Praxis als echte Zeitsparer. Das oben liegende Werkzeug (in unserem Fall der Pinsel mit dem Kürzel »B« wie »Brush«) öffnet sich durch einmaliges Drücken der Taste [B], das Unter-Werkzeug BUNTSTIFT durch zweimaliges Drücken der Taste [B]; das Tool FARBE-ERSETZEN – Sie erraten es schon – öffnet sich durch dreimaliges Drücken.

Alternativ können Sie in den Voreinstellungen ([Strg]/[⌘]+[K]) auf der Tafel ALLGEMEIN die Option UMSCHALTTASTE FÜR EIN ANDERES WERKZEUG aktivieren. Dann lassen sich die versteckten Werkzeuge durch [⇧] und Drücken ihres entsprechenden Tastenkürzels aktivieren, also beispielsweise [⇧]+[B], um durch die verborgenen Pinsel-Werkzeuge zu navigieren.

CS4 Temporärer Wechsel zu anderem Werkzeug

Mithilfe der Werkzeug-Shortcuts lässt sich nicht nur flott zwischen verschiedenen Werkzeugen wechseln. Wenn Sie die entsprechende Buchstaben-Taste gedrückt halten, können Sie temporär zu anderen Werkzeugen wechseln. Wenn Sie die Taste loslassen, ist wieder das Werkzeug aktiv, das Sie zuvor in Gebrauch hatten. Hört sich kompliziert an? Ist es nicht! Beispiele: Sie retuschieren grade etwas und wollen sich ein kritisches Detail schnell heranzoomen? Drücken Sie [Z], und das Zoomwerkzeug ist kurz aktiviert. Sie hantieren mit dem Pinselwerkzeug und wollen eine im Bild vorhandene Farbe als Malfarbe aufnehmen? Drücken Sie [I], und wechseln Sie damit zum Farbaufnahme-Werkzeug.

2.4 Die Werkzeuge und ihre Funktion

Die Anordnung der Werkzeuge in der Werkzeugpalette orientiert sich mehr oder weniger an deren Funktion, was Nutzern die Orientierung erleichtert. In vier großen Gruppen sind die Arbeitsinstrumente zusammengefasst, daneben sind noch einige »Einzelgänger« zu finden (Abbildung 2.21 zeigt die einzelnen Gruppen der Photoshop-Standardversion farbig markiert).

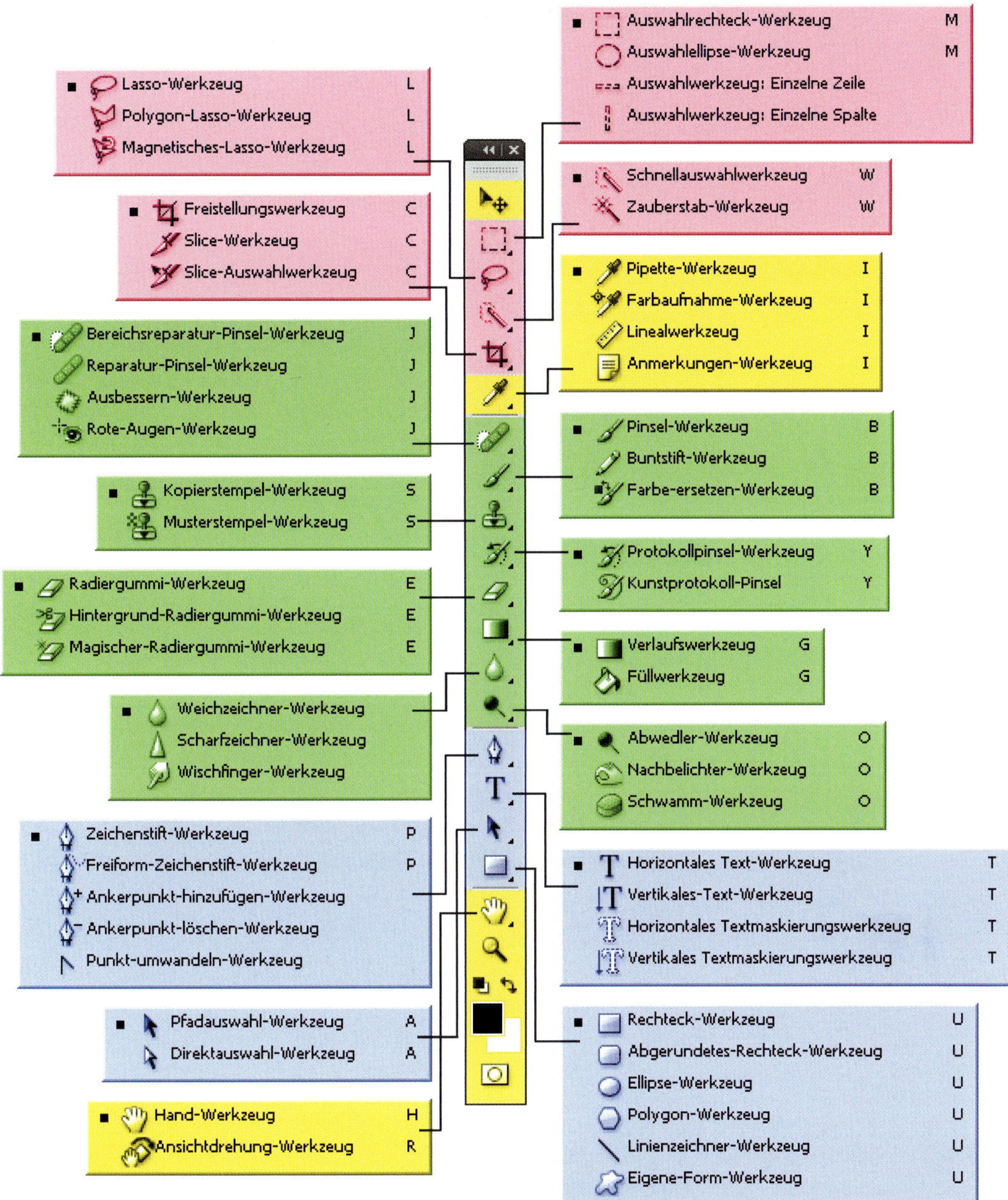

▲ **Abbildung 2.21**
Die Werkzeugpalette mit allen Unterwerkzeugen und den korrekten Bezeichnungen. Die einzelnen funktionalen Werkzeuggruppen sind farbig hervorgehoben. Keine Unterwerkzeuge haben das Verschieben-Werkzeug (ganz oben) und das Zoomwerkzeug (unterer Bereich).

Tabelle 2.1 ▶
Die Werkzeuge aus der Werkzeugpalette und ihre Icons

	Verschieben-Werkzeug		Füllwerkzeug
	Auswahlrechteck-Werkzeug		Weichzeichner-Werkzeug
	Auswahlellipse-Werkzeug		Scharfzeichner-Werkzeug
	Auswahlwerkzeug: Einzelne Zeile		Wischfinger-Werkzeug
	Auswahlwerkzeug: Einzelne Spalte		Abwedler-Werkzeug
	Lasso-Werkzeug		Nachbelichter-Werkzeug
	Polygon-Lasso-Werkzeug		Schwamm-Werkzeug
	Magnetisches-Lasso-Werkzeug		Zeichenstift-Werkzeug
	Schnellauswahlwerkzeug		Freiform-Zeichenstift-Werkzeug
	Zauberstab-Werkzeug		Ankerpunkt-hinzufügen-Werkzeug
	Freistellungswerkzeug		Ankerpunkt-löschen-Werkzeug
	Slice-Werkzeug		Punkt-umwandeln-Werkzeug
	Slice-Auswahlwerkzeug		Horizontales Text-Werkzeug
	Pipette-Werkzeug		Vertikales Text-Werkzeug
	Farbaufnahme-Werkzeug		Horizontales Textmaskierungswerkzeug
	Linealwerkzeug		Vertikales Textmaskierungswerkzeug
	Anmerkungen-Werkzeug		Pfadauswahl-Werkzeug
	Bereichsreparatur-Pinsel-Werkzeug		Direktauswahl-Werkzeug
	Reparatur-Pinsel-Werkzeug		Rechteck-Werkzeug
	Ausbessern-Werkzeug		Abgerundetes-Rechteck-Werkzeug
	Rote-Augen-Werkzeug		Ellipse-Werkzeug
	Pinsel-Werkzeug		Polygon-Werkzeug
	Buntstift-Werkzeug		Linienzeichner-Werkzeug
	Farbe-ersetzen-Werkzeug		Eigene-Form-Werkzeug
	Kopierstempel-Werkzeug		Hand-Werkzeug

Musterstempel-Werkzeug	Ansichtdrehung-Werkzeug
Protokollpinsel-Werkzeug	Zoomwerkzeug
Kunstprotokoll-Pinsel	Standardfarben für Vorder- und Hintergrund
Radiergummi-Werkzeug	Vorder- und Hintergrundfarbe tauschen
Hintergrund-Radiergummi-Werkzeug	Vordergrund-/Hintergrundfarbe einstellen
Magischer-Radiergummi-Werkzeug	Im Standardmodus bearbeiten
Verlaufswerkzeug	Im Maskierungsmodus bearbeiten

◀ **Tabelle 2.1**
Die Werkzeuge aus der Werkzeugpalette und ihre Icons (Forts.)

2.4.1 Universale Helfer

Wichtige Hilfswerkzeuge, die Sie bei jeder Photoshop-Sitzung unzählige Male nutzen, sind in der Werkzeugleiste prominent platziert – nämlich ganz oben und ganz unten, wo man sie sofort findet. In der Übersichtsgrafik 2.21 sind sie gelb hervorgehoben.

Verschieben-Werkzeug | Mit dem Verschieben-Werkzeug können Sie die **Position** von ausgewählten Bereichen, Bildebenen, Masken oder Hilfslinien innerhalb des Bildes ändern – es gehört bestimmt zu den meistgenutzten Werkzeugen im Photoshop-Alltag.

Farbwerte und Entfernungen messen | An zweiter Stelle finden Sie Pipette und das Farbaufnahme-Werkzeug. Mit beiden Tools können Sie einen oder mehrere Farbtöne direkt aus Ihrem Bild aufnehmen, Farbwerte ermitteln oder als »Malfarbe« einstellen. Mit dem Linealwerkzeug (früher Messwerkzeug genannt) können Sie den Abstand zwischen zwei Punkten im Bild und auch Winkel messen. Es unterstützt Sie bei der genauen Platzierung von Elementen im Bild.

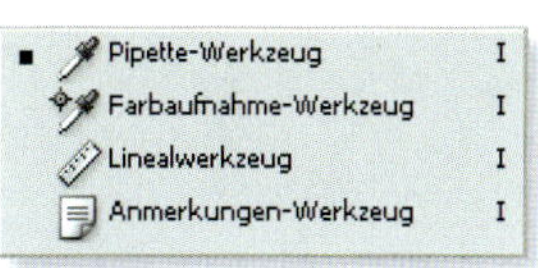

Verbessertes Anmerkungen-Werkzeug

Das Anmerkungen-Werkzeug wurde in CS4 überarbeitet. Es hat eine eigene Palette bekommen (Fenster • Anmerkungen). Wer viele Anmerkungen schreibt oder sichtet, hat es damit etwas leichter. Das Werkzeug für Audio-Anmerkungen aus älteren Photoshop-Versionen wurde gestrichen.

Anmerkungen | Wer zur Vergesslichkeit neigt oder einem Kollegen eine Notiz zum Bild hinterlassen will, kann sich der digitalen Version des Klebezettels bedienen. Anmerkungen werden fest mit der Bilddatei verbunden, können also nicht verloren gehen. Sie lassen sich leicht wieder entfernen und werden nicht mitgedruckt. Sie funktionieren allerdings nur für Dateien im PSD-Format.

Dokumentansicht verschieben oder drehen | Die Hand verschiebt die Bildansicht im Dokumentfenster und hilft Ihnen so

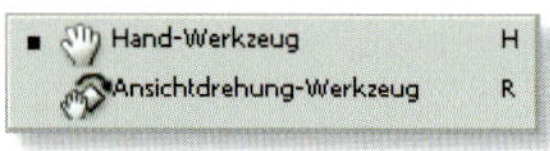

vor allem bei großen Formaten, stets den richtigen Bildausschnitt vor Augen zu haben. Mit dem Ansichtdrehung-Werkzeug lässt sich die Bildansicht in CS4 nun auch kippen – für knifflige Illustrations- und Retuschearbeiten ganz praktisch. Beide Werkzeuge wirken sich nur auf die Ansicht des Bildes, nicht auf das Bild selbst aus.

Zum Weiterlesen:
In Abschnitt 3.2, »Bildanzeige: gezoomt, gedreht und in Position gerückt«, erfahren Sie Näheres zum Thema Bildausschnitt.

Zoom | Mithilfe des Zoomwerkzeugs können Sie die Ansicht Ihres Bildes verkleinern oder vergrößern.

▲ **Abbildung 2.22**
Die Farbfelder für die Vorder- und Hintergrundfarbe

Vorder- und Hintergrundfarbe | Die Farbauswahlfelder ermöglichen Ihnen die Kontrolle und schnelle Einstellung Ihrer aktuellen Arbeitsfarben, der sogenannten Vordergrund- und Hintergrundfarbe. Die aktuelle Vordergrundfarbe ist zum Beispiel immer die Farbe, mit der Pinsel-Werkzeuge malen. Vorder- und Hintergrundfarbe spielen eine Rolle bei der Gestaltung von Verläufen, bei manchen Filtern und einigen anderen Funktionen.

Die Masken-Palette als schnelle Alternative
Der Maskierungsmodus ist der perfekte Helfer, um Auswahlen oder Masken per Hand zu erstellen. Dennoch bleibt dies eine aufwendige Arbeit. Mit den neuen Funktionen der Masken-Palette kommen Sie nun in vielen Fällen um das zeitraubende Pinseln herum.

Maskierungsmodus | Darunter finden Sie den Button MASKIERUNGSMODUS.

▲ **Abbildung 2.23**
Aus dem Standardmodus zum Maskierungsmodus wechseln

▲ **Abbildung 2.24**
Maskierungsmodus aktiv – zurück in den Standardmodus

Im Maskierungsmodus legen Sie eine temporäre Maske an und verändern oder erstellen eine Auswahl von Hand – bei komplizierten Auswahlobjekten mit unregelmäßigen und unklaren Konturen

Zum Weiterlesen: Maskierungsmodus
Mehr über die Arbeit im Maskierungsmodus und die neue Masken-Palette erfahren Sie in Kapitel 14, »Ebenenmasken & Co.«.

Bildschirmmodus wechseln | Umsteiger von CS3 und älteren Programmversionen vermissen in der Werkzeugleiste vielleicht den Umschalter für den Bildschirmmodus. Der ist in der CS4-Version nun in der Anwendungsleiste untergebracht. Der Shortcut F ist derselbe geblieben.

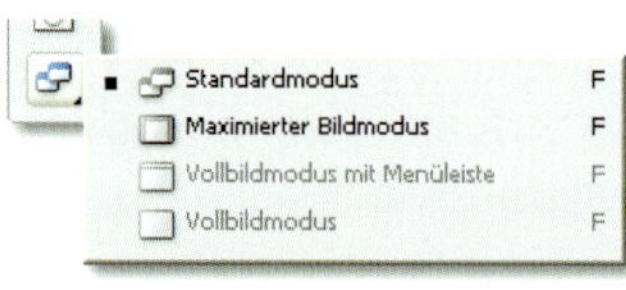

▲ **Abbildung 2.25**
Der Wechsel zwischen den Bildmodi in CS3

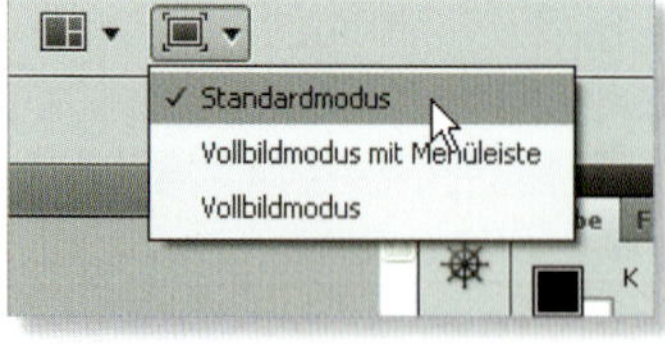

▲ **Abbildung 2.26**
In CS4 befindet sich der Umschalter nun in der Anwendungsleiste.

Zum Weiterlesen: Bildschirmmodi
Mehr über Bildschirmmodi lesen Sie in Abschnitt 3.3.

2.4.2 Bildteile isolieren: Auswahlen, Beschnitt und Slices

Das zielgerichtete Verändern zuvor ausgewählter Bildbereiche – und der Schutz der restlichen Bildteile – ist eine Kernfunktion der digitalen Bildbearbeitung. Sie ermöglicht präzises und flexibles Arbeiten. Dementsprechend finden Sie in der Werkzeugleiste gleich mehrere Auswahlwerkzeuge. In deren unmittelbarer Nähe finden Sie außerdem Schnittwerkzeuge für digitale Bilder. In der Übersicht in Abbildung 2.21 sind sie magentafarben dargestellt.

Auswahlwerkzeuge | Mithilfe der verschiedenen Auswahlwerkzeuge Auswahlrechteck (bzw. -ellipse oder Zeile/Spalte), Lasso, Zauberstab und Schnellauswahlwerkzeug können Sie einzelne **Bildbereiche auswählen** (quasi markieren) und separat bearbeiten. Die *nicht* ausgewählten Bildpartien sind vor der Bearbeitung geschützt. Auswahlen sind eine der wichtigsten Arbeitstechniken schlechthin, daher bietet Photoshop auch einen eigenen Menüpunkt zum Thema.

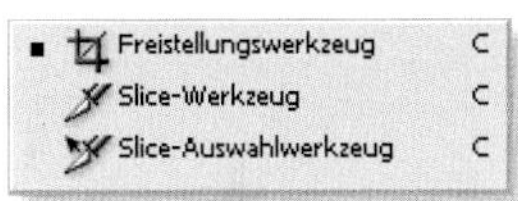

Schnittwerkzeuge | Ebenfalls im oberen Bereich der Werkzeugpalette befindet sich das sogenannte Freistellungswerkzeug, das ein wenig aus der Reihe fällt. Es dient nicht zur Bearbeitung ausgewählter Bildteile, sondern hiermit schneiden Sie einem Bild die **Kanten** ab.

Die Slice-Werkzeuge – bisher mit einem eigenen Platz in der Werkzeugleiste vertreten – sind in der Version CS4 ins Werkzeugmenü des Freistellungswerkzeugs gewandert. Slice-Werkzeug und Slice-Auswahlwerkzeug können Sie für die Vorbereitung von Grafiken für das Web einsetzen. Mit dem Slice-Werkzeug unterteilen Sie ein Bild in kleinere Einzelbilder, die dann auf einer Website – mithilfe von HTML oder CSS-Code – wieder zusammengesetzt werden können. Ein so zerteiltes Bild können Sie zum Beispiel als Navigationselement nutzen, indem Sie den einzelnen Slices unterschiedliche Linkadressen zuweisen. Es ist auch möglich, jeden einzelnen Bildteil mit separaten Einstellungen zu optimieren. Das Slice-Auswahlwerkzeug hilft Ihnen, einzelne Slices im Bild zu aktivieren.

2.4.3 Bildpixel verändern

Das nächste Fach Ihres digitalen Werkzeugkastens enthält Werkzeuge, mit denen Sie malen, Ihre Bilder reparieren und retuschieren – kurzum, einzelne Bildpixel verändern können (in Abbildung 2.21 grün dargestellt).

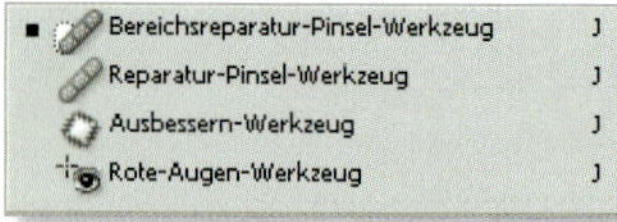

Retusche-Werkzeuge | Bereichsreparatur-Pinsel, Reparatur-Pinsel, das darunter liegende Ausbessern-Werkzeug und das Rote-Augen-Werkzeug – sind mehr oder weniger automatisierte »intelligente« Retuschetools. Zusammen mit dem Stempel bilden sie ein gutes Team, mit dem verschiedenste Bild- und Schönheitsfehler repariert werden können: Verfärbungen, Verschmutzungen und selbst abgerissene Kanten gescannter Vorlagen beheben diese Werkzeuge bei geschickter Handhabung ebenso wie unvorteilhafte Hautflecke auf einem Porträt oder einen störenden Hochspannungsmast in einer Landschaftsaufnahme.

Der Kopierstempel ist schon ein Klassiker der Bildreparatur. Mit ihm lassen sich kleine und größere Bildpartien kopieren und gezielt auf schadhafte Stellen auftragen, um diese abzudecken. Sein Kollege, der Musterstempel dient eher zur gewollten Verfremdung eines Bildes und zum Erzeugen neuer Muster. Photoshop ist ja nicht nur ein Programm, mit dem Bilder aufbereitet werden – man kann es auch als Bildermaschine einsetzen und mit programmeigenen Mitteln neue, ganz eigene Bilder schaffen. Diese können dann beispielsweise als Hintergrund einer Website oder in Text-Bild-Kompositionen eingesetzt werden.

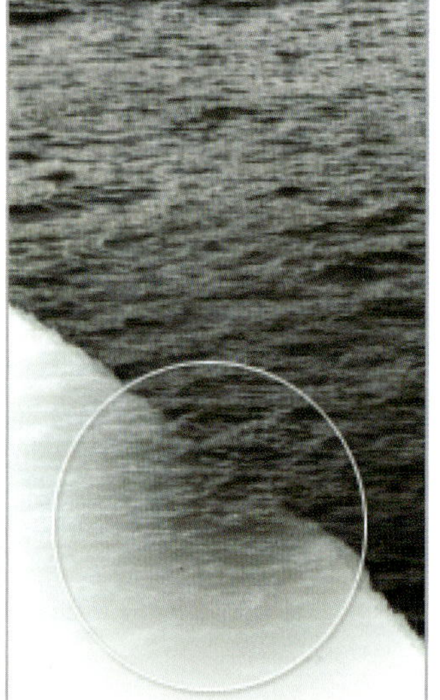

▲ **Abbildung 2.27**
Die verbesserte Vorschau des Stempelwerkzeugs.

CS4 **Bessere Stempelvorschau |** Schon in CS3 ließ sich über die Palette KOPIERQUELLE eine Vorschau der aufgestempelten Pixel einblenden. Sie war allerdings so groß gewählt, dass damit in der Praxis nicht allzu viel anzufangen war. Adobe hat nachgebessert: Die Stempelwerkzeuge bringen nun eine vernünftig dimensionierte Vorschau der aufgetragenen Bildpixel mit.

Auch der Protokollpinsel gehört zu den nützlichen Retuschehelfern. Mit ihm können Sie frühere Bildstadien gezielt ins Bild »zurückmalen«. Der Kunstprotokoll-Pinsel wirkt noch stärker verfremdend.

Pinsel und Radiergummi | Der Pinsel und der darunter liegende Buntstift sind die eigentlichen Malwerkzeuge, die Sie mit der Maus oder auch einem Grafiktablett steuern können. Zum Retusche- wie zum kreativen Einsatz eignet sich das Farbe-ersetzen-Werkzeug, das ebenfalls unter dem Pinsel versteckt ist. Der Radiergummi und seine spezialisierten Varianten Hintergrund- und magischer Radiergummi entfernen Pixel aus dem Bild.

Zum Weiterlesen:
Mehr zur Bildreparatur und -retusche finden Sie in Kapitel 22, »Reparieren und retuschieren«.

Füll- und Verlaufswerkzeug | Große Flächen müssen nicht von Hand ausgemalt werden. Dazu eignen sich das Füllwerkzeug (für massive Farbflächen) und das Verlaufswerkzeug (für Farbverläufe) besser. Eine zentrale Rolle kommen den Verläufen auch in Photoshops »Effektmaschine«, den Ebenenstilen, zu, und auch bei der Arbeit mit Masken lassen sie sich gut einsetzen.

Weichzeichner, Scharfzeichner, Wischfinger | Mit Weichzeichner, Scharfzeichner und Wischfinger kann der Schärfegrad einzelner Bildpartien punktuell verändert werden.

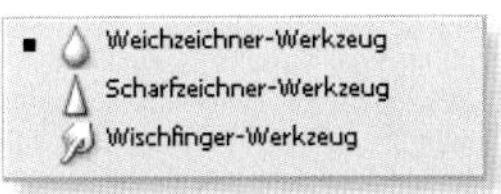

Abwedler, Nachbelichter, Schwamm | Mit den Werkzeugen Abwedler, Nachbelichter und Schwamm können Sie Helligkeit und Sättigung einzelner Bildpixel regulieren. Diese Werkzeuge kommen bei Retuschen oder auch bei der Detailarbeit an Montagen zum Einsatz.

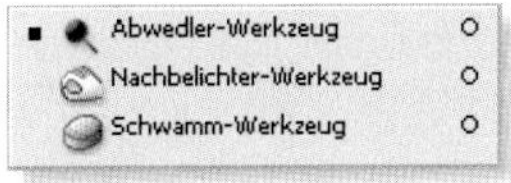

2.4.4 Bearbeiten von Vektorebenen

Schließlich finden Sie in der Werkzeugleiste auch noch Werkzeuge zur Bearbeitung von Vektorebenen (in der Übersichtsgrafik 2.21 blau dargestellt). Photoshop ist zwar vorrangig auf das Bearbeiten sogenannter Bitmap-Bilder ausgerichtet, die aus einzelnen Bildpunkten (Pixeln) aufgebaut sind. Daneben kann es jedoch auch Vektorgrafiken verarbeiten. Ein Ersatz für Spezialprogramme wie Illustrator, das nicht mehr weiterentwickelte FreeHand oder CorelDraw ist es aber nicht!

Zum Nachlesen
Mehr über Bitmaps, Pixel, Vektoren und andere Grundbegriffe der Bildbearbeitung lesen Sie in Kapitel 6, »Bildbearbeitung: Fachwissen«.

Die Werkzeuge, die für das Erzeugen von Vektorebenen eine Rolle spielen, sind in einem handlichen Viererblock zusammengefasst.

Zum Weiterlesen: Texteingabe, Textgestaltung, Texteffekte
Dem Thema Text wurde ein eigener Abschnitt im Buch gewidmet (siehe Teil X).

Text-Werkzeug | Das Text-Werkzeug mit seinen Unterwerkzeugen ist ein komfortables und mächtiges Tool. Daher ist Photoshop inzwischen nicht nur das Programm der Wahl, wenn es um das

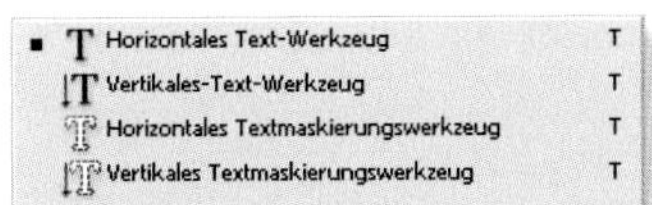

Erstellen von Texteffekten geht, sondern kann auch für kleinere Layoutaufgaben eingesetzt werden.

Rechteck-Werkzeug U
Abgerundetes-Rechteck-Werkzeug U
Ellipse-Werkzeug U
Polygon-Werkzeug U
Linienzeichner-Werkzeug U
Eigene-Form-Werkzeug U

Formwerkzeuge | Das Formwerkzeug mit seinen sechs Varianten ermöglicht Ihnen das Erstellen eigener oder das Anwenden vorgefertigter Vektorformen. Formen können überall dort eingesetzt werden, wo das Verkleinern und Vergrößern eines Bildobjekts ohne Qualitätsverlust gefragt ist.

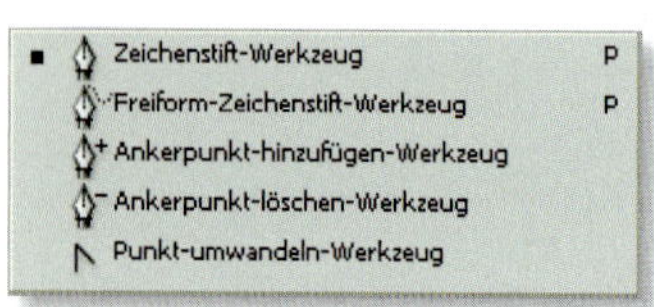

Zeichenstift | Mit dem Zeichenstift und den ergänzenden Unterwerkzeugen zeichnen Sie gerade Linien oder geschwungene Kurven. Einsetzen können Sie das Zeichenwerkzeug für das Erzeugen einfacher vektorbasierter Illustrationen, zum Erstellen von Pfaden, für die Modifikation von (Vektor-)Formen oder auch als zusätzliches Auswahlwerkzeug.

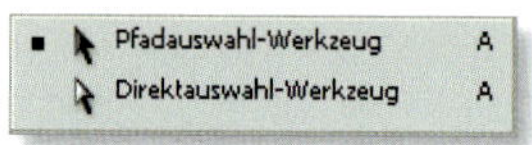

Pfeilwerkzeuge | Die Pfeilwerkzeuge mit den umständlichen Namen Pfadauswahl-Werkzeug und Direktauswahl-Werkzeug helfen Ihnen, die mit dem Zeichenstift oder dem Formwerkzeug erstellten Zeichenobjekte zu bearbeiten.

Zum Weiterlesen: Vektoren & Co.
Mehr über Vektoren und Pfade finden Sie in den Kapiteln 34 bis 36.

2.4.5 Tastenkürzel der Werkzeuge auf einen Blick

Tabelle 2.2 ▶
Werkzeuge der Photoshop-Standardversion und ihre Tastenkürzel

Werkzeug	Symbol	Tastenkürzel
Abgerundetes-Rechteck-Werkzeug		U
Abwedler-Werkzeug		O
Anmerkungen-Werkzeug		I
Ansichtdrehung-Werkzeug		R
Ausbessern-Werkzeug		J
Auswahlellipse-Werkzeug		M
Auswahlrechteck-Werkzeug		M
Bereichsreparatur-Pinsel		J
Bildmodus ändern (Standardmodus, Vollbildmodus mit Menüleiste, Vollbildmodus)		F
Buntstift-Werkzeug		B
Direktauswahl-Werkzeug		A
Dokumente anordnen		
Eigene-Form-Werkzeug		U

Werkzeug	Symbol	Tastenkürzel
Ellipse-Werkzeug		U
Extras anzeigen		
Farbaufnahme-Werkzeug		I
Farbe-ersetzen-Werkzeug		B
Freiform-Zeichenstift-Werkzeug		P
Freistellungswerkzeug		C
Füllwerkzeug		G
Hand-Werkzeug		H
Hintergrund-Radiergummi-Werkzeug		E
Im Standard-/Maskierungsmodus bearbeiten		Q
Kopierstempel-Werkzeug		S
Kunstprotokoll-Pinsel		Y
Lasso-Werkzeug		L
Linealwerkzeug		I
Linienzeichner-Werkzeug		U
Magischer-Radiergummi-Werkzeug		E
Magnetisches-Lasso-Werkzeug		L
Musterstempel-Werkzeug		S
Nachbelichter-Werkzeug		O
Pfadauswahl-Werkzeug		A
Pinsel-Werkzeug		B
Pipette-Werkzeug		I
Polygon-Lasso-Werkzeug		L
Polygon-Werkzeug		U
Protokollpinsel-Werkzeug		Y
Radiergummi-Werkzeug		E
Rechteck-Werkzeug		U

◂ **Tabelle 2.2**
Werkzeuge der Photoshop-Standardversion und ihre Tastenkürzel (Forts.)

Tabelle 2.2 ▶ Werkzeuge der Photoshop-Standardversion und ihre Tastenkürzel (Forts.)

Werkzeug	Symbol	Tastenkürzel
Reparatur-Pinsel-Werkzeug		J
Rote-Augen-Werkzeug		J
Scharfzeichner-Werkzeug		
Schnellauswahlwerkzeug		W
Schwamm-Werkzeug		O
Slice-Werkzeug		C
Slice-Auswahlwerkzeug		C
Standardfarben für Vordergrund und Hintergrund		D
Textmaskierungswerkzeug (horizontal/vertikal)		T
Text-Werkzeug (horizontal/vertikal)		T
Verlaufswerkzeug		G
Verschieben-Werkzeug		V
Vorder- und Hintergrundfarbe vertauschen		X
Weichzeichner-Werkzeug		
Wischfinger-Werkzeug		
Zauberstab-Werkzeug		W
Zeichenstift-Werkzeug		P
Zoomwerkzeug		Z

Bei Werkzeugen einer Gruppe, die denselben Tastaturbefehl haben, navigieren Sie einfach durch mehrfaches Drücken des entsprechenden Buchstabens durch alle Werkzeuge.

Alternativ können Sie in den Voreinstellungen (Strg+K/⌘+K) die Option UMSCHALTTASTE FÜR ANDERES WERKZEUG aktivieren. Der **Vorteil**: Das Hauptwerkzeug der Gruppe lässt sich schneller direkt durch das normale Tastenkürzel ansteuern, die Unterwerkzeuge werden per ⇧+Tastenkürzel aufgerufen.

2.5 Die Optionsleiste: das Werkzeug feinjustieren

Ein weiteres wichtiges Element der Photoshop-Programmoberfläche ist die Optionsleiste (zuweilen auch als Steuerungsbedienfeld bezeichnet). Mit ihrer Hilfe können Sie die Wirkungsweise nahezu aller Werkzeuge differenziert regulieren. Sie befindet sich üblicherweise direkt unterhalb der Menüleiste, kann aber mit der Maus an eine andere Position gezogen werden.

Ihre auffälligste Eigenschaft: Die Optionsleiste ist **kontextabhängig**, das heißt, ihre Gestalt und die angebotenen Optionen hängen davon ab, welches Werkzeug gerade aktiv ist. Sobald Sie von einem Werkzeug zum anderen wechseln, ändern sich die in der Optionsleiste angebotenen Einstellungsmöglichkeiten.

▼ **Abbildung 2.28**
Die Optionen für das Füllwerkzeug mit verschiedenen Eingabemöglichkeiten

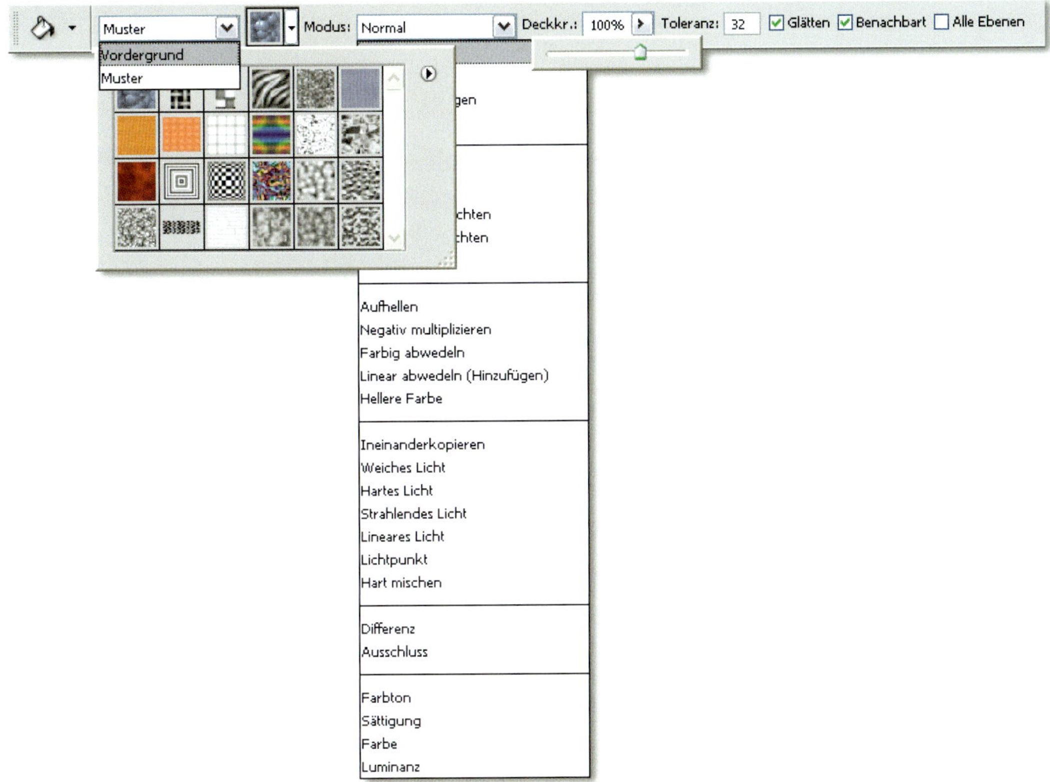

Handhabung der Optionsleiste | Die Handhabung ist nicht weiter schwierig. In der Optionsleiste – wie übrigens auch in den Paletten und Dialogfeldern – können Sie Werte auf verschiedene Art und Weise festlegen: Zunächst einmal per Auswahl aus Dropdown-Listen. Diese Listen können ganz unterschiedlich aussehen: kurz oder umfangreich, und oft gibt es auch Listen mit

TOPP-TIPP: Optionen stellen sich nicht automatisch zurück

Wenn Sie Optionen für ein Werkzeug eingestellt haben, bleiben diese so lange wirksam, bis sie erneut von Hand geändert werden. Was sich zunächst trivial anhört, bremst den Arbeitsfluss oft unverhofft ab, wenn man vorherige Optionsänderungen nicht mehr im Kopf – und im Blick! – hat. Treten also »unerklärliche Phänomene« beim Anwenden von Werkzeugen auf, liefert ein Kontrollblick in die Optionsleiste oft die Erklärung und eine Lösung.

kleinen Vorschaubildern. Bisweilen werden auch Popup-Schieberegler angezeigt, die per Maus bewegt werden. Sie geben Werte durch direktes Eintippen einer Zahl in ein Eingabefeld ein oder nutzen eine Checkbox, die per Mausklick aktiviert oder deaktiviert werden muss – mit dem »kleinen Häkchen«. Worauf es bei den unterschiedlichen Eingaben ankommt, erfahren Sie im Zusammenhang mit den einzelnen Werkzeugen! Siehe hierzu auch Abschnitt 2.7, »Werte eingeben«.

2.6 Paletten: Wichtiges handlich

Die Paletten sind Kontroll- und Steuerelemente, beschleunigen häufige Handgriffe oder geben Ihnen wichtige Informationen zum aktuellen Dokument. Über zwanzig Paletten bietet Photoshop in der aktuellen Programmversion CS4 an. Trotz der Zusammenfassung in Palettengruppen (im Adobe-Jargon: Bedienfeldgruppen) beanspruchen die Paletten schnell zu viel Raum auf der Arbeitsfläche und schränken den Platz für zu bearbeitende Dokumente ein. Da man aber selten alle vorhandenen Paletten gleichzeitig braucht, gibt es in Photoshop zahlreiche Möglichkeiten, um die Anzahl und Größe der angezeigten Paletten zu variieren.

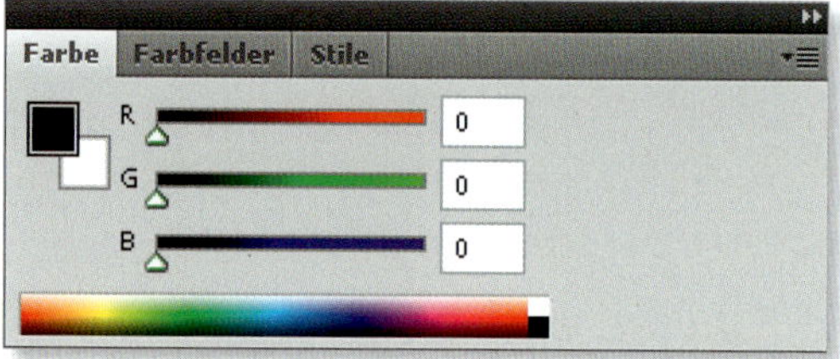

Abbildung 2.29 ▸
Beispiel für eine Palettengruppe – ein Verbund aus mehreren Paletten. Sie aktivieren ihn durch Klicks auf die einzelnen Registerkarten.

2.6.1 Welche Paletten sind sichtbar?

Welche der Paletten bzw. Palettengruppen zur Benutzung bereitliegen, bestimmen Sie selbst.

Zwischen den Paletten einer Palettengruppe wechseln Sie durch Klicks auf die Registerkarte. Dadurch bringen Sie die Palette, die Sie brauchen, nach vorn.

Oft finden Sie nicht nur ein Sortiment von Palettengruppen am rechten Bildschirmrand, Sie sehen dort auch eine Reihe von Symbolen. Ein Klick auf das Symbol klappt die jeweilige Palette – mitsamt ihrem Gruppennachbarn – nach links aus. Auch hier helfen QuickInfos, die anfangs ungewohnten Piktogramme zu entschlüsseln.

◂ **Tabelle 2.3**
Paletten und ihre Symbole

Palette	Icon
Absatz-Palette	
Aktionen-Palette	
Animation-Palette	
Anmerkungen-Palette	
Ebenen-Palette	
Ebenenkomp.-Palette	
Farbe-Palette	
Farbfelder-Palette	
Histogramm-Palette	
Info-Palette	
Kanäle-Palette	
Kopierquelle-Palette	
Korrekturen-Palette	
Masken-Palette	
Navigator-Palette	
Pfade-Palette	
Pinsel-Palette	
Protokoll-Palette	
Stile-Palette	
Werkzeugvorgaben-Palette	
Zeichen-Palette	

▲ **Tabelle 2.3**
Paletten und ihre Symbole

Ein Klick auf das Doppelpfeil-Icon der geöffneten Palette ❶ minimiert die Palettengruppe nach Gebrauch wieder zum Symbol.

Mehr Informationswert: Palettentitel

Wenn Ihnen die Palettensymbole nicht aussagekräftig genug erscheinen, können Sie den Symbolbereich auch noch ein wenig verbreitern. Dann werden zusätzlich die Titel der Paletten eingeblendet. ❶

▲ **Abbildung 2.30**
Palettensymbole lassen sich breiter ziehen und zeigen dann ihre Funktion im Klartext an.

▲ **Abbildung 2.31**
Eine zum Symbol verkleinerte Palette (hier der Navigator) ist mit einem Mausklick verfügbar.

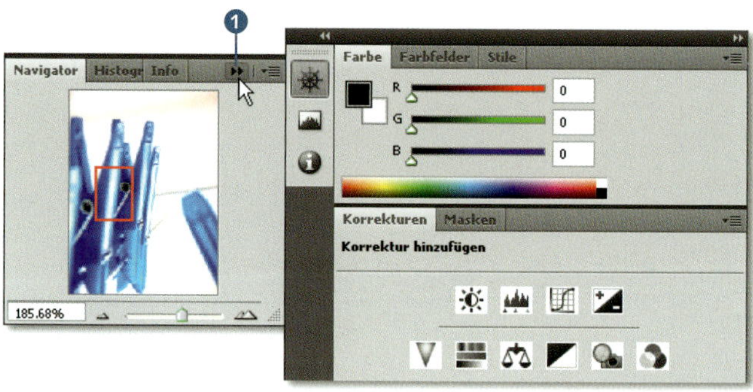

▲ **Abbildung 2.32**
Ein Klick auf den zweifachen Pfeil ❶ minimiert die Palettengruppe erneut.

▲ **Abbildung 2.33**
Das umfangreiche Menü FENSTER ist die wichtigste Hilfe, um festzulegen, welche der zahlreichen Paletten eingeblendet sein sollen.

Unter dem Menüpunkt FENSTER können Sie nicht nur alle verfügbaren Paletten von ABSATZ bis ZEICHEN ein- und ausblenden, sondern auch die Werkzeugpalette und die Optionsleiste. Ganz unten im Menü sehen Sie auch die Namen des oder der aktuell geöffneten Dokumente. Ein kleines Häkchen (hier bei »BlaueLeine_dieblende.jpg«) zeigt an, welches Dokument aktuell aktiv ist.

Die am häufigsten gebrauchten Paletten kann man auch mit den Funktionstasten aufrufen – und ebenso schnell wieder vom Bildschirm verschwinden lassen.

Kürzel Windows/Mac	Bewirkt
F5	Blendet die Pinsel-Palette ein und aus.
F6	Blendet den Farbregler ein und aus.
F7	Blendet die Ebenen-Palette ein und aus.
F8	Blendet die Info-Palette ein und aus.
F9 bzw. auf dem Mac ⌥+F9	Blendet die Aktionen-Palette ein und aus.

▲ **Tabelle 2.4**
Tastenkürzel einiger Paletten

2.6.2 Grundfunktionen in allen Paletten

So unterschiedlich die Aufgaben sind, die Sie mithilfe der verschiedenen Paletten erledigen – das grundlegende Funktionsprinzip ist gleich, und vielen Schaltflächen und Symbolen begegnen Sie immer wieder.

Sie lernen die einzelnen Paletten mit ihren speziellen Funktionen in späteren Kapiteln noch genauer kennen. Wenn Sie die Grundfunktionen kennen, kommen Sie aber schon recht weit und können Ihre ersten Schritte in Photoshop unternehmen!

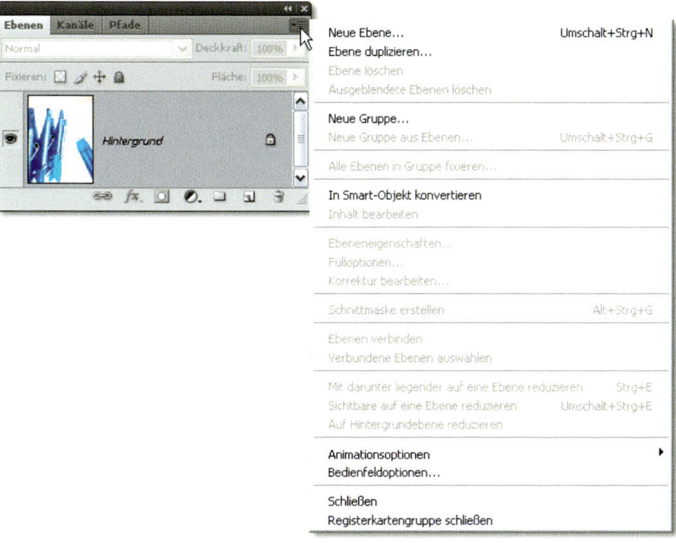

▲ **Abbildung 2.35**
Auch wenn Paletten sehr unterschiedliche Aufgaben erfüllen – der grundlegende Aufbau ist überall gleich.

Zusammengefasst | In der Regel sind mehrere einzelne Paletten zu Gruppen zusammengefasst (in Abbildung 2.35 sehen Sie die Ebenen-Palette, die Kanäle-Palette und die Pfade-Palette). Über die Karteireiter wechseln Sie zwischen den einzelnen Paletten hin und her – ein Klick auf den Namen bringt die jeweilige Palette in den Vordergrund.

Palettenmenü | Fast alle Paletten haben ein zusätzliches Palettenmenü (»Seitenmenü«), in dem Sie weitere Befehle und Optionen finden. Ein Klick auf das dezent kleine Icon rechts oben öffnet dieses Menü. Hier befinden sich oft Befehle, mit denen Sie die von Ihnen selbst definierten Farben, Effekte und Ähnliches sichern, aber auch sinnvolle Funktionsergänzungen oder Voreinstellungen für die Palette speichern können.

TOPP-TIPP: Freie Arbeitsfläche ohne Paletten

Wenn Sie einmal gänzlich freien Blick auf Ihr Bild benötigen, müssen Sie Ihre Paletten nicht einzeln via Fenstermenü ausblenden. Hier gibt es zwei hilfreiche Shortcuts:

- [⇥]+[⇧] blendet alle aktuell aktiven Paletten auf einmal aus (und wieder ein).
- [⇥] blendet alle Paletten inklusive der Options- und Werkzeugpalette aus.

So können Sie schnell Platz für große Bilder schaffen: Geöffnete Dokumentfenster verbreitern sich sofort auf Bildschirmgröße, sobald Sie die Paletten ausblenden.

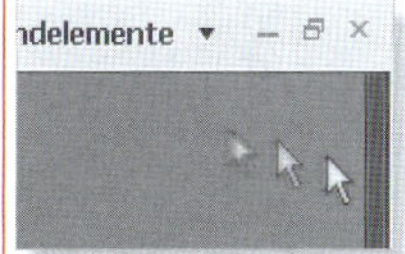

▲ **Abbildung 2.34**
Fahren Sie mit der Maus über den dunklen Streifen, um ausgeblendete Paletten kurzzeitig wieder hervorzuholen.

Selbst ausgeblendet sind die Paletten schnell zugänglich! Nähern Sie den Mauszeiger der dunklen Linie am rechten Bildschirmrand: Der gesamte Verband der Paletten klappt auf. Sie können Ihre Einstellungen wie gewohnt vornehmen. Wenn Sie die Maus aus dem Palettenbereich entfernen, verschwinden diese wieder.

Zum Weiterlesen: Palettenkombinationen nach Maß

Wie Sie die Paletten für Ihre Bedürfnisse optimieren, erfahren Sie in Kapitel 5, »Arbeitsumgebung nach Maß«.

Palettenhöhe ändern | Die Palettenkonstellation ist flexibel, und so sind im Palettendock am rechten Bildschirmrand ganz unterschiedliche Kombinationen anzutreffen. Bei einigen der möglichen Palettenkombinationen – nicht bei allen – können Sie auch die Höhe mancher Paletten verändern. Wie fast alle Anpassungen im Zusammenhang mit Paletten geht das ganz einfach durch Anfassen und Ziehen mit der Maus. Positionieren Sie die Maus auf einem der dunkelgrauen »Trennbalken«, und ziehen Sie die Maus nach oben oder unten. Auf diese Weise lassen sich manche Paletten etwas vergrößern, so dass Sie wichtige Inhalte besser sehen können.

Abbildung 2.36 ▸
Hier wird gerade die Palette Navigator vergrößert, damit für die Bildvorschau mehr Platz ist.

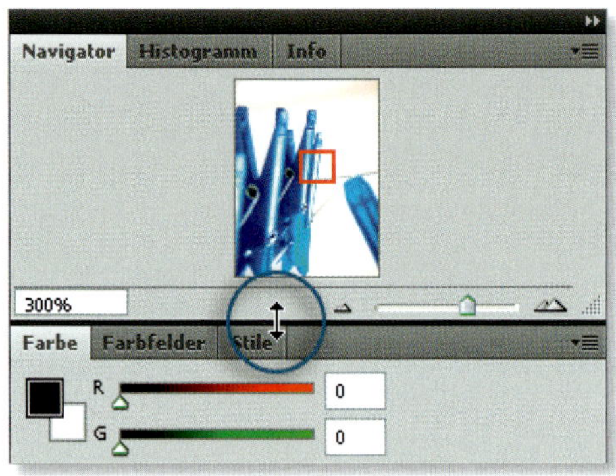

Mehr Platz für wichtige Funktionen: Korrekturen-Palette vergrößern

Die Korrekturen-Palette versammelt nicht nur Icons, mit denen Sie die Korrekturwerkzeuge schnell erreichen. Sie ersetzt auch die bisherigen Dialogfelder der Korrekturtools, steckt also voll wichtiger Eingabefelder, Regler, Kurven und mehr. Damit deren Bedienung nicht zu unbequem wird, lässt sich diese Palette **mitsamt aller Steuerungselemente** auf Knopfdruck vergrößern: Nutzen Sie dazu den Button am unteren Ende der Palette.

▴ Abbildung 2.37
Die Korrekturenpalette – samt Inhalt – kann auf Knopfdruck vergrößert werden.

Durch seitliches Ziehen können Sie Paletten auch in der Breite verändern – in der Praxis ist dies jedoch selten ein Zugewinn, weil in der Regel nur die graue Grundfläche der Paletten vergrößert wird, nicht jedoch die Funktionselemente. Eine Ausnahme stellt die Korrekturen-Palette dar.

Paletten minimieren | Wenn Ihnen die Größenänderung per Mauszeiger nicht genügt, um Platz zu schaffen, können Sie mit einem Klick die Palette minimieren. Dazu gibt es zwei Möglichkeiten:

- einen Einfachklick im Titelbereich der Palettengruppe in das neutrale, graue Feld (also dorthin, wo kein Karteireiter ist)
- oder einen Doppelklick auf einen der Karteireiter

Abbildung 2.38 ▸
Minimieren einer Palette – hier per Einfachklick in den grauen Titelbereich

Paletten zum Symbol minimieren | Noch kleiner werden Paletten und Palettengruppen, wenn Sie sie zum Symbol verkleinern. Nutzen Sie den Befehl Auf Symbole minimieren ❸ im Seitenmenü der Palette(ngruppe).

Paletten schließen | Wenn Sie eine Palette oder eine Palettengruppe gar nicht mehr auf dem Desktop haben wollen, können Sie sie schließen.

- Benutzen Sie das Kontextmenü im Titelbereich der Palettengruppe. Sie aktivieren es per Rechtsklick bzw. `Ctrl` + Klick. Der Befehl Registerkartengruppe schliessen ❷ schließt die ganze Palettengruppe; der Befehl Schliessen ❶ schließt nur die aktuell aktive Palette.

▲ **Abbildung 2.39**
Bei der minimierten Palette sind nur noch die Registerkarten sichtbar.

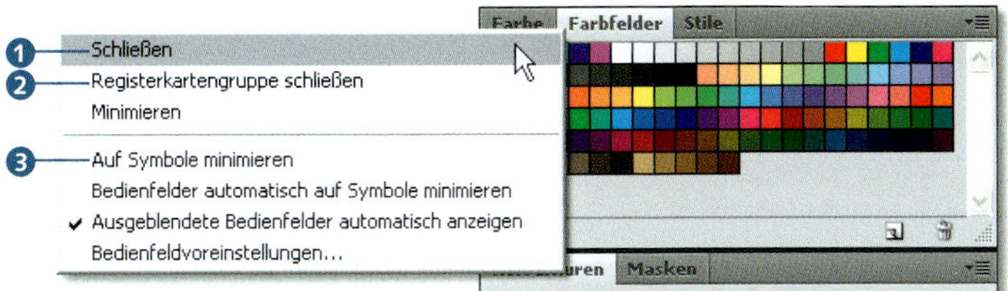

◀ **Abbildung 2.40**
Das Kontextmenü erlaubt es Ihnen, einzelne Paletten oder vollständige Palettengruppen zu schließen.

- Im Menü Fenster finden Sie die Titel aller Paletten. Aktive Paletten sind per Häkchen gekennzeichnet. Wenn Sie hier Häkchen entfernen, wird nicht nur die entsprechende einzelne Palette aus dem Dock ausgeblendet, sondern auch alle anderen Paletten aus derselben Palettengruppe.
- Um die Palettenkonstellation komplett in den Ausgangszustand zurückzusetzen, wählen Sie Fenster • Arbeitsbereich • Grundelemente oder nutzen die Dropdown-Liste ganz rechts in der Optionsleiste.

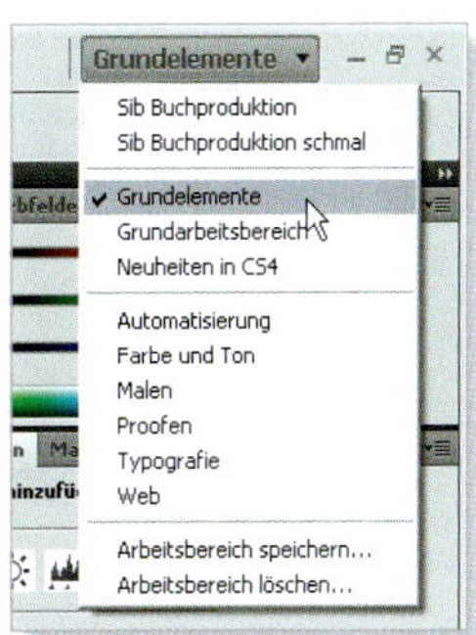

▲ **Abbildung 2.41**
Die Verwaltung verschiedener Arbeitsbereiche ist in CS4 noch einfacher geworden: Vordefinierte und eigene Arbeitsbereiche lassen sich mit einem Klick erreichen.

2.6.3 Gemeinsame Funktionen und Schaltflächen

Neben diesen Fensterfunktionen gibt es noch eine Reihe von weiteren gemeinsamen Funktionen und Schaltflächen, die Sie in unterschiedlichen Konstellationen bei den verschiedenen Paletten immer wieder antreffen – meist am unteren Rand der Paletten, so wie Sie es in Abbildung 2.42 am Beispiel der Aktionen-Palette sehen.

Neues Objekt | Ein leeres Blatt Papier ❸ symbolisiert den Befehl Neues Objekt erstellen. Welches »neue Objekt« das ist, richtet sich nach dem Kontext der jeweiligen Palette: In der Ebenen-Palette fügt das Neu-Icon eine neue Ebene ein, in der Kanäle-Palette erstellt es einen neuen Kanal usw.

Zum Weiterlesen: Paletten neu gruppieren
Es ist sinnvoll, sich für verschiedene Bildbearbeitungsaufgaben eigene Palettenkonstellationen zusammenzustellen. Wie das geht, erfahren Sie in Abschnitt 5.1, »Paletten organisieren«.

»Ordner« mit Palettenobjekten anlegen | Paletten verwalten Ihre wichtigsten Arbeitshilfsmittel und Bildkomponenten. Das werden schnell recht umfangreiche Listen. Damit Ihnen die Übersicht nicht verloren geht, können Sie beispielsweise Ebenen oder Aktionen in sogenannten Gruppen – oder Sets – organisieren. Das Funktionsprinzip ähnelt den Dateiordnern, wie sie auch in Dateiverwaltungsprogrammen wie zum Beispiel dem Windows Explorer benutzt werden: Zum Beispiel kann ein Set in der Aktionen-Palette zahlreiche einzelne Aktionen aufnehmen, während eine Ebenengruppe einzelne Ebenen enthält. Solche Gruppen können je nach Bedarf geöffnet oder geschlossen werden. Das »Dokumentenmappe«-Icon ❷ erzeugt eine neue Gruppe für Palettenobjekte.

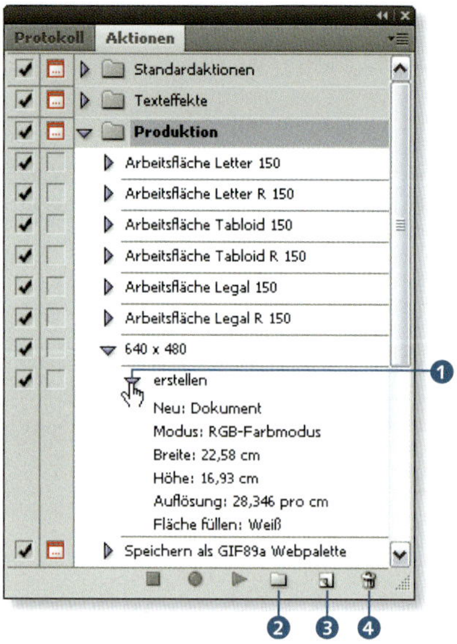

Abbildung 2.42 ►
Die Aktionen-Palette mit drei verschiedenen Gruppen. Die Gruppe»Produktion« ist geöffnet und zeigt die dort abgelegten Aktionen (die ihrerseits durch einen Klick auf den Pfeil aufgeklappt werden könnten und dann die einzelnen Arbeitsschritte zeigen).

Sätze, Sets, Gruppen

Offenbar tut sich Adobe mit der Benennung der »Paletten-Ordner« schwer. Für Umsteiger aus älteren Versionen könnte das Anlass zur Verwirrung sein. Bei ihrem erstmaligen Auftreten in der Version 6 hießen die Ordner noch Sätze, in der Version 7 dann Sets. Seit CS3 spricht man von Gruppen – die aber von den Palettenverbunden, die ebenfalls »Gruppen« heißen, zu unterscheiden sind!

Platz sparen | Solche kleinen Pfeile ❶ treten – in leicht variierender Form – immer dann auf, wenn Inhalte einer Palette platzsparend angeordnet werden, also zum Beispiel bei Sets und Gruppen. Per Klick auf den Pfeil lassen sich die Sets und andere »Organisationseinheiten« auf- und zuklappen. Im offenen Zustand kann auf deren Inhalt zugegriffen werden.

Löschen | Diese Schaltfläche ❹ spricht für sich selbst: Ein Klick auf den Papierkorb löscht das aktuell aktive Element. Alternativ können Sie auch das zu löschende Palettenobjekt mit der Maus auf das Papierkorb-Symbol ziehen.

Auge | Auch das Icon Auge ist mehrfach anzutreffen. Es beeinflusst die Sichtbarkeit von Palettenobjekten und zeigt gleichzeitig ihren Sichtbarkeitsstatus an. Ein Klick auf das Auge blendet beispielsweise Ebenen oder Kanäle aus, ein erneuter Klick auf das nun leere Auge-Kästchen blendet sie wieder ein.

2.7 Werte eingeben

Sie haben nun schon die wichtigsten Elemente der Photoshop-Arbeitsfläche kennengelernt. Dort können Sie Werte auf verschiedene Art und Weise festlegen. Vielfach ist die Funktion der Eingabebereiche selbsterklärend – es gibt jedoch einige spezielle Funktionen in Photoshop, die sich nicht auf den ersten Blick erschließen.

Wie also geht es, das Eingeben von Werten in Paletten, Dialogfelder und Optionsleiste?

Gestaltungsressourcen übersichtlich verwalten

In solchen Listen (Abbildung 2.43) mit Vorschau-Icons werden Pinsel, Muster, Effekte und ähnliche Gestaltungsressourcen verwaltet. (Alle zusammen finden Sie unter BEARBEITEN • VORGABEN-MANAGER). Auch eigene Einstellungen können Sie so sichern. Mehr zu diesem Thema erfahren Sie in Abschnitt 25.3, »Pinsel und Werkzeugspitzen«.

Dropdown-Listen | Eine gängige Eingabeart ist die Auswahl aus Dropdown-Listen. Diese Listen können ganz unterschiedlich aussehen: kurz oder umfangreich, und auch Listen mit kleinen Vorschaubildern gibt es oft. Um Einstellungen oder Befehle aus einer solchen Liste auszuwählen, genügt ein Klick auf den Listeneintrag. Einige der Listen müssen durch einen weiteren Mausklick an einer beliebigen Stelle der Arbeitsfläche wieder eingeklappt werden.

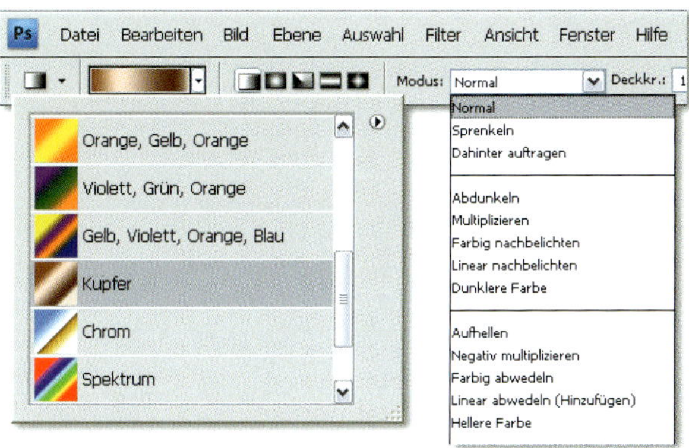

◄ **Abbildung 2.43**
Verschiedene Dropdown-Listen. Bei Listen mit Vorschau-Icons – wie hier den Verläufen – kann auch das Listenlayout verändert werden (hier sehen Sie die Anzeige GROSSE LISTE).

Schieberegler | Eingaben sind auch mithilfe von (Popup-)Schiebereglern möglich, die per Maus bewegt werden.

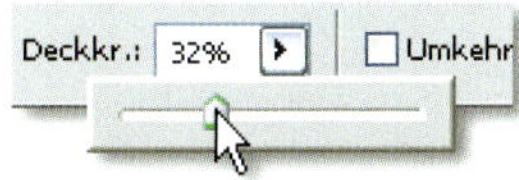

▲ **Abbildung 2.44**
Solche Schieberegler sind überall in Photoshop anzutreffen.

Doppelpfeil | Der Doppelpfeil ist die schnellere Alternative zum Schieberegeler: Wenn Sie den Mauszeiger über dem Titel eines Schiebereglers oder Popup-Schiebereglers bewegen, verwandelt er sich in einen Doppelpfeil mit Zeigefinger. Nun können Sie die Maus nach links oder nach rechts bewegen und damit auch den

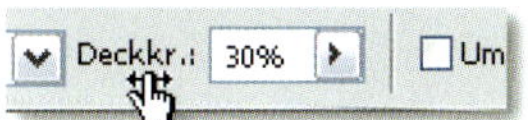

▲ **Abbildung 2.45**
Bewegen des Zeigefinger-Mauscursors als Bedienungsalternative für Popup-Regler

Wert verändern. (Diese Funktion steht nicht für alle Schieberegler zur Verfügung.)

▲ **Abbildung 2.46**
Setzen Sie Ihren Mauscursor in das Zahlenfeld, um Werte per Tastatur einzutippen.

Eintippen oder Anklicken | Natürlich funktioniert auch das direkte Eintippen eines Wertes.

Schlussendlich gibt es noch die sogenannten **Checkboxen** und **Radiobuttons**, die per Mausklick aktiviert oder deaktiviert werden.

▲ **Abbildung 2.47**
Mit *Checkboxen* kann eine Option aktiviert oder deaktiviert werden (hier die Option AUSGERICHTET). Bei *Radiobuttons* können Sie eine von mehreren Optionen wählen (hier MUSTER oder AUFGEN.).

TOPP-TIPP: Steuerung mit Pfeiltasten

Beim Verändern von Zahlenwerten in Eingabefeldern gibt es eine nützliche Arbeitserleichterung: Markieren Sie die Zahlen mit der Maus, dann können Sie den Wert stufenlos mit den Tasten [↑] (erhöht den Wert) und [↓] (senkt ihn) verändern.

▲ **Abbildung 2.48**
Wenn die Ziffer in einem Eingabefeld markiert ist, können Sie den Zahlenwert auch per Tastatur mit den Pfeiltasten steuern (hier die Einstellung LAUFWEITE aus der Zeichenpalette).

Diese Möglichkeit ist besonders dann zu empfehlen, wenn Sie einen Parameter verändern, dessen Auswirkungen Sie jederzeit konzentriert im Blick behalten müssen. Das trifft zum Beispiel bei typografischer Feinarbeit an Schriften zu. Bei der Arbeit mit den Pfeiltasten Ihrer Tastatur müssen Sie das Auge keinen Moment vom Bild nehmen.

Seit der Programmversion CS3 gibt es eine neue, sehr intuitive Eingabemöglichkeit, die für einige Bildkorrekturen wie SCHWARZWEISS und neuerdings auch GRADATIONSKURVE und FARBTON/SÄTTIGUNG zur Verfügung steht. Dabei steuern Sie die Korrekturwerte direkt durch Mauszeigerbewegung über der Bildfläche.

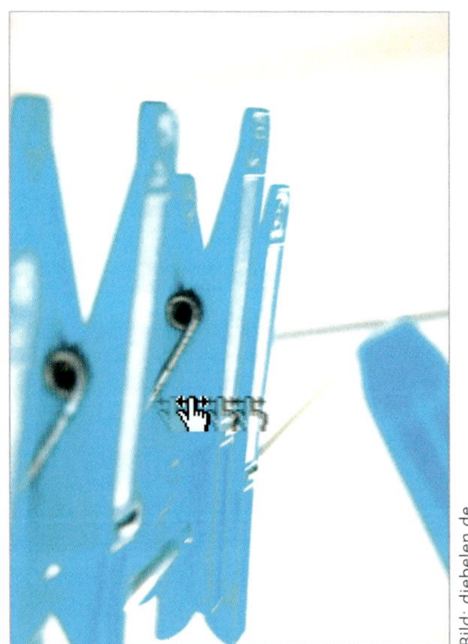

▲ **Abbildung 2.49**
Die Im-Bild-Korrektur am Beispiel von FARBTON/SÄTTIGUNG. Nach Aktivierung des entsprechenden Buttons ❶ können die Werte durch Klick und Mausbewegung gezielt verändert werden. Hier wurden die klaren Blautöne der Wäscheklammern in Richtung Grün verschoben.

2.8 Tastaturbefehle: hilfreiche Abkürzung per Tastatur

Als gute Alternative zum Hantieren mit Maus und Menüs können Sie in vielen Fällen auch festgelegte Tastaturbefehle nutzen (auch *Shortcuts* oder *Tastenkürzel* genannt). Shortcuts beschleunigen den Arbeitsfluss beträchtlich, so dass es sich durchaus lohnt, sie sich nach und nach anzueignen. Es gibt Tastenkürzel, um

- Werkzeuge aufzurufen oder zu wechseln. Hier reicht meist ein einzelner Buchstabe.
- Menübefehle aufzurufen. Dazu werden zumeist Kombinationen von Buchstaben plus Sondertasten wie [Alt], [Strg] (am Mac entsprechend [⌥] oder [⌘]) oder [⇧] genutzt.
- Paletten einzublenden (mit den schon genannten Funktionstasten [F5] bis [F9]).
- häufig gebrauchte Klicks und Befehle durch schnellere Eingaben zu ersetzen. Ein Beispiel: der schon erwähnte [⇥]-Druck, der Paletten bzw. die Werkzeug- und Optionsleiste aus- und einblendet.

Viele dieser Kürzel können Sie während der Arbeit mit Photoshop fast en passant lernen: Nicht nur in der QuickInfo und den Untermenüs der Werkzeuge, auch in der Menüleiste sind bestehende Shortcuts aufgeführt, die Ihnen so immer wieder vor Augen geführt werden. Eine ganze Reihe anderer Kürzel für flüssiges Arbeiten lässt sich nicht so schnell aus dem Programm selbst erschließen – die müssen Sie richtig lernen. Aber es lohnt sich, denn oft sind gerade dies die effektivsten kleinen Helfer.

Tastaturbefehle nachschlagen

Eine ausführliche Shortcut-Übersicht für PC und Mac finden Sie auf der Referenzkarte zum Buch. Ausgewählte Shortcuts zu einzelnen Werkzeugen und Arbeitstechniken sind auch hier im Buch im jeweiligen Arbeitskontext zu finden. Sie lassen sich über den Index auffinden. Nicht zuletzt ist auch die Adobe-Hilfe eine gute Adresse zum Nachschlagen von Tastenkürzeln. Mit dem Kürzel [F1] gelangen Sie zur Webpräsenz des Photoshop-Supports. Dort gibt es eine Online-Suche in ständig aktualisierten Dokumenten. Sie können sich aber auch eine PDF-Version der Hilfe herunterladen.

TOPP-TIPP: Tastenkürzel zur Übersicht ausdrucken

Sie legen sich bei der Arbeit gern gedruckte Dokumentationen neben die Tastatur? Über BEARBEITEN • TASTATURBEFEHLE und dort den Button ZUSAMMENFASSEN können Sie sich alle aktuellen Tastaturbefehle in einer HTML-Datei speichern lassen. Diese Datei lässt sich dann lokal speichern. Sie kann im Browser geöffnet, durchsucht und gedruckt werden.

2.9 Dokumente: Registerkarten oder Fenster

2.9.1 Neue Dokumentanordnung

Die Organisation der Dokumente hat sich in CS4 erheblich verändert. Standardmäßig erscheinen Bilder nicht mehr in frei schwebenden Fenstern – die bei der Arbeit mit mehreren Dokumenten gleichzeitig mehr oder weniger mühsam nebeneinander ausgerichtet werden mussten – sondern in »Tabs«. Diese Registerkarten lassen sich leicht ausrichten und machen die Arbeit mit mehreren Dokumenten einfacher. Chaotisches Fenstergewirr gehört der Vergangenheit an. Als Hilfsmittel geblieben sind Titel- und Statusleiste, die in den folgenden zwei Abschnitten vorgestellt werden. Ausführliche Informationen zum Arbeiten mit Doku-

Zum Weiterlesen: Eigene Kürzel festlegen

Wenn Ihnen die serienmäßig angebotenen Tastenkürzel nicht ausreichen, können Sie auch eigene Shortcuts definieren. Mehr dazu erfahren Sie in Abschnitt 5.3, »Eigene Tastaturbefehle definieren«.

menttabs finden Sie in Abschnitt 3.1, »Dokumente, Fenster und Registerkarten«.

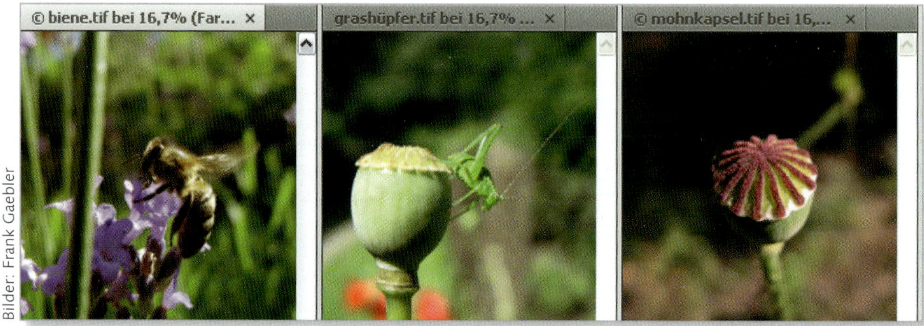

Abbildung 2.50 ▲
In CS4 haben Tabs die bisherigen schwebenden Dokumentfenster abgelöst.

2.9.2 Dokumenttitel: Bilddaten jederzeit im Blick

Egal, ob Sie Ihre Bilder in Tabs oder – wie aus früheren Photoshop-Versionen gewohnt – in frei schwebenden Fenstern anzeigen lassen: Der Dokumenttitel ist einen genauen Blick wert. Er bietet wichtige Bildinformationen auf engem Raum.

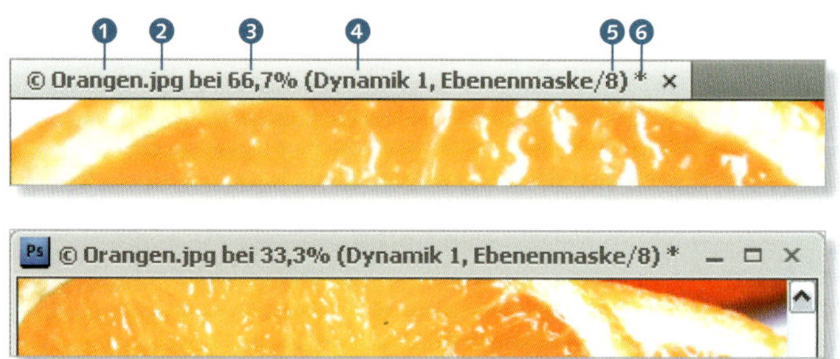

Abbildung 2.51 ►
Der Dokumenttitel zeigt wichtige Dokumenteigenschaften auf einen Blick – oben in Tabs, unten im »traditionellen« Dokumentfenster.

Dateiname | Als Erstes wird der Dateiname ❶ (hier »Orangen«) angezeigt. Das kann wichtig sein, wenn Sie zum Beispiel mehrere ähnliche Bildversionen bearbeiten! Wenn – so wie hier – in den Metadaten der Datei hinterlegt wurde, dass diese urheberrechtlich geschützt ist, erscheint außerdem ein kleines ©-Zeichen.

Dateiformat | In welchem der zahlreichen möglichen Grafik-Dateiformate ❷ Ihr Bild vorliegt, sehen Sie ebenfalls in der Titelleiste (hier: JPG). Welches Dateiformat für Ihr Bild das beste ist, richtet sich nach dem geplanten Verwendungszweck und auch nach dem Inhalt des Bildes.

Urheberrecht

Auch ohne ein solches © genießen Bilder urheberechtlichen Schutz. Das Symbol kann allerdings ein mahnender Fingerzeig für potenzielle Bilderdiebe darstellen. Sie weisen es einer Datei über DATEI • DATEIINFORMATIONEN (Alt + ⇧ + Strg + I) zu. Den Befehl finden Sie in Photoshop und in Bridge.

Zoomstufe | Die dann folgende Prozentangabe bezeichnet die Zoomstufe ❸ des Bildes, das heißt die Darstellung auf dem Bildschirm. Die eigentliche Bildgröße ändert sich durch Veränderung des Bildzooms nicht. Es gibt einige Arbeiten am Bild, die man am besten in der 100%-Ansicht, also bei 1:1-Darstellung, ausführt.

Die Bildecke unten links wiederholt diese Information noch einmal. Dort können Sie auch selbst einen Wert eingeben, um die Zoomstufe zu ändern.

Bildebene | In den Klammern können Sie als Erstes sehen, welche **Bildebene** ❹ (hier eine Ebene mit dem Titel »Dynamik1«) – oder, wenn vorhanden, welche **Ebenenmaske** – aktiv ist. Diese Angabe ist extrem wichtig, um nicht irrtümlich die falsche Ebene oder Maske zu verändern. Auch die Ebenen-Palette liefert hierzu entscheidende Informationen.

Modus | Es gibt unterschiedliche Methoden, um Farben in Bilddateien zu beschreiben und im Druck und am Bildschirm zu reproduzieren. Welche Methode dies aktuell ist, verrät die Angabe Modus (in Abbildung 2.51 nicht angezeigt).

Bit pro Farbkanal | Die dann folgende Zahlenangabe zeigt an, wie viele Bit pro Farbkanal ❺ aufgewendet werden, um die Bildinformationen zu speichern. In Abbildung 2.51 ist es die gängigste Größe: 8 Bit. Ein 8-Bit-RGB-Bild kann über 16 Millionen Farben darstellen, in Bildern mit mehr Bit können noch mehr Farben gezeigt werden werden. Allerdings bringt eine nachträgliche Umwandlung z. B. von 8 Bit in ein 16-Bit-Bild keine Veränderung – die zusätzlichen Farbinformationen müssen von Anfang an vorhanden sein.

Speicherstatus und Farbprofil des Bildes | Die letzte Information ❻ der Titelleiste ist verschlüsselt und erfordert genaues Hinsehen.

- Ein Sternchen * ganz am Ende der Titelinformationen zeigt an, dass im Bild ungespeicherte Änderungen vorliegen.

05140004.JPG bei 33,3% (RGB/8) * ×

▲ **Abbildung 2.52**
Die Position des dezenten Sternchens ist entscheidend. Ein Stern am Ende der Titelzeile bedeutet: Das Bild wurde geändert, aber noch nicht gespeichert.

Symbole in der Klammer, direkt hinter der Bitzahl sind wohl nur für fortgeschrittene Nutzer interessant, die sich bereits mit dem Farbmanagement auseinandergesetzt haben.

- Wenn Sie direkt hinter der Angabe zur Farbtiefe ein Sternchen * sehen, stimmt das Farbprofil des Bildes nicht mit dem Arbeitsfarbraum überein.
- Stehen ein Sternchen in der Klammer und eines dahinter, sind Änderungen im Bild noch nicht gespeichert worden und das Farbprofil des Bildes weicht vom Arbeitsfarbraum ab.
- Wenn hinter der Bitzahl eine Raute # erscheint, hat das Bild kein Farbprofil.
- Folgt auf die Bitzahl kein weiteres Symbol, stimmen das Farbprofil der Datei und Arbeitsfarbraum überein.

Titelleisten-Info auch bei kleinen Formaten
Bei kleinen Bildformaten oder geringer Zoomstufe, wenn das Dokumentfenster zu klein ist, um alle Titelleisten-Infos anzuzeigen, hilft es, die Maus über die Titelleiste zu halten: Dann werden alle Informationen eingeblendet.

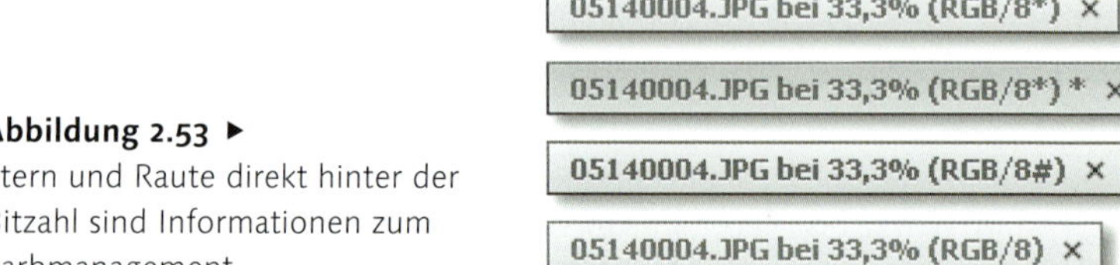

Abbildung 2.53 ▸
Stern und Raute direkt hinter der Bitzahl sind Informationen zum Farbmanagement.

2.9.3 Statusleiste: detaillierte Informationen

Die Statusleiste am unteren Rand jedes Bilddokuments enthält diverse nützliche Informationen zu Dateigröße, Bildmaßen und Ähnlichem – also Daten, auf die man im Arbeitsfluss ab und zu schnell zugreifen will, ohne sich erst durch die Menüs zu klicken.

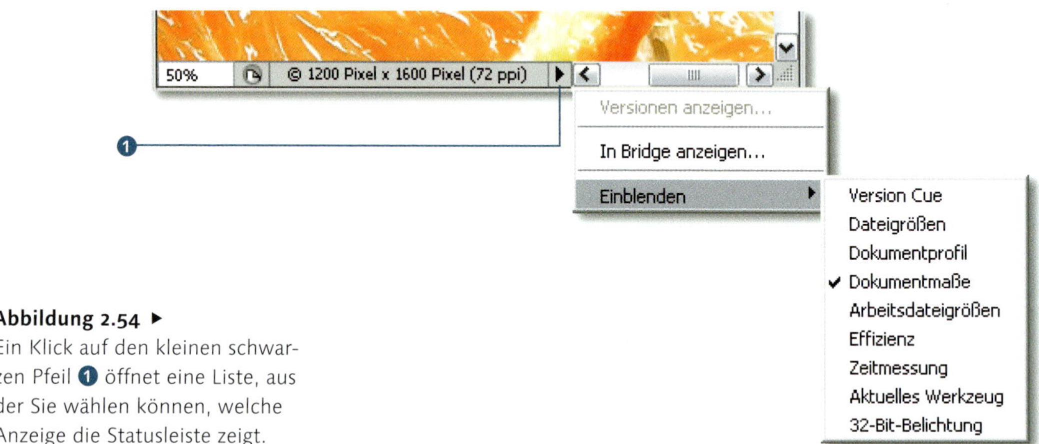

Abbildung 2.54 ▸
Ein Klick auf den kleinen schwarzen Pfeil ❶ öffnet eine Liste, aus der Sie wählen können, welche Anzeige die Statusleiste zeigt.

Version Cue | VERSION CUE funktioniert nur, wenn das Programm Version Cue auch aktiviert ist. Das ist dann besonders sinnvoll, wenn Sie nicht nur mit Photoshop allein, sondern mit mehreren Produkten aus der Creative Suite arbeiten. Version Cue dient zur Projekt- und Versionsverwaltung umfangreicherer Designprojekte. Unter VOREINSTELLUNGEN • DATEIHANDHABUNG finden Sie die Option VERSION CUE AKTIVIEREN.

Dateigrößen | DATEIGRÖSSEN zeigt an, wie groß (in KB, nicht Pixel oder Zentimeter!) das jeweilige Bild ist, bezieht sich also auf die **Datenmenge** der Datei. Diese Information ist wichtig, wenn Sie für Medien mit begrenztem Speicherplatz produzieren oder wenn das Bild für den Einsatz im Web gedacht ist und nicht zu groß werden darf.

Dokumentprofil | DOKUMENTPROFIL verrät, welches **Farbprofil** ins Bild eingebettet ist. Diese Information ist vor allem für die Druckvorstufe wichtig.

Dokumentmaße | DOKUMENTMASSE bezieht sich nun endlich auf die Bildgröße. Angezeigt werden **Kantenlänge und Bildauflösung**.

Pixel, cm, mm? Standard-Maßeinheit festlegen

Unter VOREINSTELLUNGEN • MASSEINHEITEN & LINEALE legen Sie fest, ob Pixel, Zentimeter oder Millimeter das Maß aller Dinge in Ihrer Photoshop-Arbeit sind. Welche Einstellung die beste Wahl ist, richtet sich nach Ihrem Arbeitsgebiet: Webdesigner geben der Einheit Pixel den Vorzug; für die Druckvorstufe sind auch Zentimeter und Millimeter wichtig.
Die Einstellung unter LINEALE wirkt sich auch an vielen anderen Stellen im Programm aus, an denen Maße voreingestellt sind.

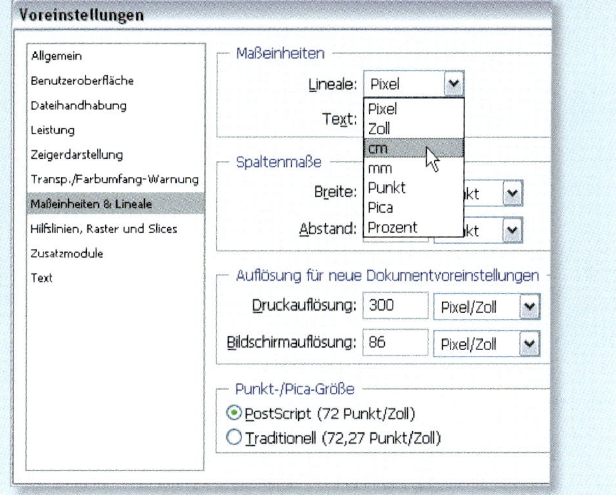

Abbildung 2.55 ▸
Voreinstellungen zu den Maßeinheiten

Arbeitsdateigrößen | Die ARBEITSDATEIGRÖSSEN beziehen sich auf die Auslastung Ihres Rechners durch Photoshop bzw. auf die Nutzung der Rechnerressourcen durch Photoshop.

Der Wert links zeigt die Menge Arbeitsspeicher (RAM) an, die aktuell vom Programm verwendet wird, um alle geöffneten Bilder anzuzeigen. Die Zahl auf der rechten Seite steht für den gesamten Arbeitsspeicher, der für das Verarbeiten von Bildern zur Verfügung steht.

Arbeitsspeicher: 120,8 MB/1004,...

▲ Abbildung 2.56
Arbeitsdateigrößen

Effizienz | Auch die EFFIZIENZ bezieht sich auf die Rechnerleistung. Der Wert bezeichnet die Zeit in Prozent, die Photoshop tatsächlich für das Ausführen eines Vorganges und nicht für das Lesen aus dem oder Schreiben in den sogenannten virtuellen Speicher verwendet. Idealerweise liegt der Wert immer bei 100 %. Ist er notorisch darunter, kann das ein Hinweis darauf sein, dass der Arbeitsspeicher Ihres Rechners zu klein für das aktuelle Arbeitsvorhaben ist. Photoshop wird dadurch langsamer.

Zeitmessung | ZEITMESSUNG zeigt an, wie viel Zeit Photoshop brauchte, um den letzten Befehl oder Vorgang auszuführen.

Aktuelles Werkzeug | AKTUELLES WERKZEUG zeigt an, wie das aktuell aktive Werkzeug heißt. Eine gute Möglichkeit, um sich mit der Photoshop-Terminologie vertraut zu machen!

TOPP-TIPP: Infos kompakt auf Mausklick

Sie müssen nicht ständig zwischen den verschiedenen Statusleisten-Einstellungen jonglieren, um die wichtigsten Bild-Informationen vor Augen zu haben. Ein Klick auf die Statusleiste mit gehaltener [Alt]-Taste (am Mac: [⌥]) öffnet ein kleines Info-Feld.

▲ Abbildung 2.57
Der schnelle Klick zu wichtigen Infos

32-Bit-Belichtung | 32-BIT-BELICHTUNG ist nur verfügbar, wenn im Dokumentfenster ein sogenanntes **High Dynamic Range-Bild** (HDR-Bild) mit 32 Bit pro Kanal angezeigt wird. Die Option passt die Bildschirmanzeige an HDR-Bilder an.

2.10 Unterschiede Windows und Mac

Die Unterschiede zwischen Mac und PC sind nicht gravierend. Wer Photoshop am Mac beherrscht, kann auch mit der Windows-Version arbeiten und umgekehrt. Wo Unterschiede auftreten, weise ich im Buchtext gesondert darauf hin.

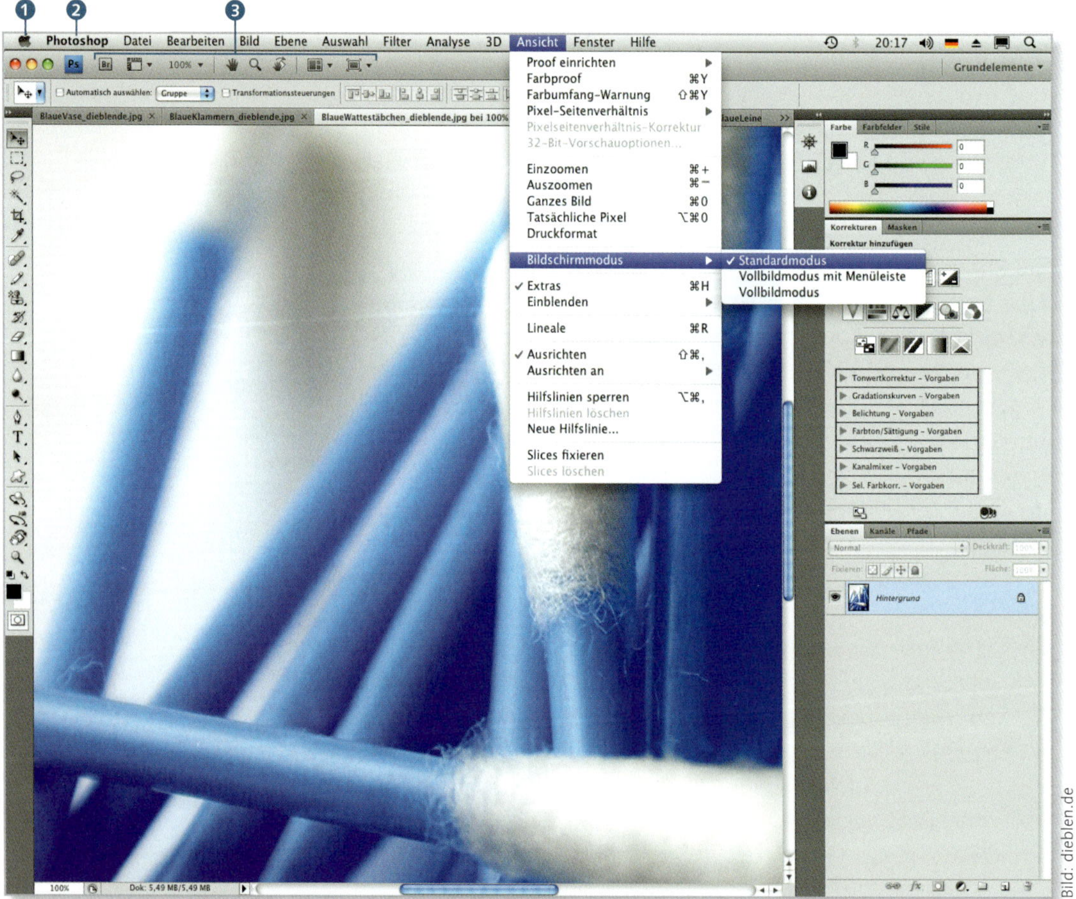

Abbildung 2.58 ▼
Die Mac-Oberfläche mit aktivem Anwendungsrahmen. Diese neue Funktion sorgt für einen aufgeräumten Arbeitsbereich.

2.10.1 Die Arbeitsoberfläche

Die augenfälligste Besonderheit beim Mac: Neben dem »Apfel«-Menü ❶, das in allen Applikationen zu finden ist, enthält die Photoshop-Menüleiste den zusätzlichen Menüpunkt PHOTOSHOP ❷. In diesem Menü finden Sie eine Reihe von Befehlen, die in der

Windows-Version unter BEARBEITEN untergebracht oder unter HILFE zu finden sind.

Die **Anwendungsleiste** ❸ ist unter Mac OS als eigenständige Funktionseinheit zwischen Menü- und Optionsleiste positioniert. Über das Menü FENSTER können Sie sie ein- und ausblenden – das geht nur am Mac, nicht unter Windows.

In einem Punkt sind sich die beiden Photoshop-Versionen mit der CS4-Version ähnlicher geworden: Auch am Mac hat Photoshop nun ein **Anwendungsfenster**, in dem alle Programmelemente zu einer Einheit zusammengefasst sind. Unter Windows läuft Photoshop seit jeher in einem Anwendungsfenster, das mitsamt allen Paletten und Dokumenten in der Größe verändert und verschoben werden kann. Unter Mac OS war der Photoshop-Programmbereich systemtypisch bisher immer anders organisiert: in frei angeordneten Programmkomponenten; der Mac-Schreibtisch oder weitere geöffnete Applikationsfenster waren dahinter ebenfalls zu sehen. Alle Programmelemente konnten frei verschoben und durch Anklicken nach vorne gebracht werden, ließen sich jedoch nicht als Einheit verschieben oder in der Größe ändern. Nun gibt es auch für Apple-Anwender ein Anwendungsfenster. Sie können es mit dem Befehl FENSTER • ANWENDUNGSRAHMEN ein- und ausschalten. Der neutral graue Programmhintergrund verdeckt andere Applikationen und den Inhalt des Mac-Schreibtischs und sorgt so für eine aufgeräumte Arbeitsumgebung. Der Anwendungsrahmen fasst alle Photoshop-Komponenten auch funktionell zu einer Einheit zusammen. Applikationsfenster müssen nicht mehr einzeln vorgeholt und ausgerichtet werden und können nicht unbeabsichtigt »verschwinden«. Die Arbeit mit verschiedenen Programmen, mehreren Dokumenten und an zwei Monitoren wird so spürbar erleichtert.

2.10.2 Shortcuts und Kontextmenüs

Die Shortcuts unter Mac OS und Windows sind fast gleich. Wegen der **unterschiedlichen Tastaturen** ist ein wenig Umdenken nötig.

- Die Shift-Taste bzw. Umschalttaste [⇧] wird unter Windows und Macintosh gleich benutzt – es gibt keine Unterschiede.
- Auch bei der Bedienung der [Alt]-Taste gibt es wenige Unterschiede: Die Windows-Nutzern vertraute [Alt]-Taste wird in der Mac-Terminologie gern auch Wahltaste genannt und durch dieses Symbol [⌥] dargestellt. Die Wirkung ist unter Windows und Mac aber gleich.
- Wo Sie am Windows-Rechner [Strg] drücken, benutzen Sie unter Mac OS analog die Befehlstaste (auch Apfeltaste genannt): [⌘].

Getabbte Dokumentfenster? Anwendungsrahmen muss aktiv sein

Wenn Sie am Mac Ihre Dokumente in Tabs anzeigen wollen, müssen Sie den Anwendungsrahmen in jedem Fall aktivieren (FENSTER • ANWENDUNGSRAHMEN)! Im Betriebsmodus ohne Anwendungsrahmen gibt es keine »Karteireiter«, sondern nur die herkömmlichen frei schwebenden Dokumentfenster.

- Zum Löschen wird unter Windows die Taste `Entf` verwendet, unter Mac OS nehmen Photoshopper dazu die `←`.
- Unter Mac OS gibt es einige Kontextmenüs weniger als am Windows-Rechner. Das Kontextmenü wird auf beiden Systemen per Rechtsklick geöffnet. Falls Sie am Mac noch mit einer Ein-Tasten-Maus arbeiten, nutzen Sie `Ctrl`+Klick.

2.10.3 Systemnahe Befehle und Funktionen

- Einige Unterschiede gibt auch es bei betriebssystemnahen Befehlen und Funktionen wie dem Speichern und Öffnen von Dateien:
- Während unter Windows die **Dateiendung** (*.tif, .psd, .jpg* etc.) zwingend zur Datei gehört und auch immer zur Datei geschrieben wird, kann man Photoshop unter Mac OS per Voreinstellung daran hindern, diese Dateiendung an den Dateinamen anzufügen. Unter Mac bleiben solche Dateien weiterhin benutzbar, Windows-Nutzer werden dann allerdings Schwierigkeiten haben, die Datei zu öffnen.
- Der Befehl ÖFFNEN ALS..., der das Problem fehlender Dateiendungen umschifft, ist folglich auch nur unter Windows verfügbar.

KAPITEL 3

3 Nützliche Helfer

Photoshop enthält eine Reihe von Funktionen, Werkzeugen und Paletten, die Ihnen eine genaue Kontrolle Ihrer Arbeitsschritte ermöglichen und für Effizienz sorgen. Denn wer arbeitet schon gern unnötig umständlich oder im »Blindflug«? Auch für erfahrene Anwender gibt es bei den altbewährten Basistools viele Neuigkeiten zu entdecken!

3.1 Dokumente, Fenster und Registerkarten

Die Arbeitsfläche von Photoshop CS4 ist aufgeräumt und übersichtlich. Das liegt unter anderem an der neuartigen Anordnung geöffneter Dokumente. Diese erscheinen standardmäßig nämlich nicht mehr in autonomen, schwebenden Fenstern, sondern in Tabs, also Registerkarten. Zusammen mit der neuen Funktion zum Ausrichten geöffneter Bilder bieten diese eine enorme Erleichterung für die parallele Arbeit mit mehreren Dokumenten! Im Kleinen findet dieses Prinzip bereits bei Paletten Anwendung, vertraut ist es außerdem von Webbrowsern. Allerdings leisten Photoshops Dokumenttabs mehr als die bekannten Browsertabs.

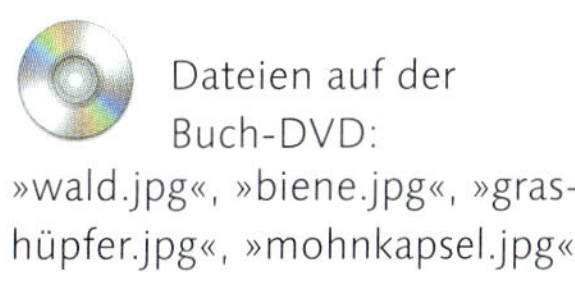
Dateien auf der Buch-DVD: »wald.jpg«, »biene.jpg«, »grashüpfer.jpg«, »mohnkapsel.jpg«

Wenn Sie mehr als ein Bild öffnen, werden Dokumentfenster standardmäßig als Registerkarten angezeigt. Jeweils ein Bild ist vorne – also sichtbar –, und von den anderen sehen Sie lediglich die Karteireiter.

Bilder: Frank Gaebler

▲ **Abbildung 3.1**
Dokumente in Registerkarten sorgen für Übersicht – auch bei zahlreichen geöffneten Dokumenten. Das Ausrichten erfolgt in Sekundenschnelle per Knopfdruck.

3.1.1 Tabs aktivieren und sortieren

Tabs ansteuern | Um ein Bild zu aktivieren und nach vorne zu bringen,

- können Sie dessen Karteireiter anklicken – der intuitivste, doch nicht unbedingt der schnellste Weg, vor allem, wenn Sie oft zwischen Ihren Bildern springen.
- Oder Sie wählen den Dateinamen im Menü Fenster aus. Dies setzt jedoch klar unterscheidbare Dateinamen voraus!
- Sehr flüssig lässt sich mit Shortcuts arbeiten: [Strg]/[Ctrl]+[⇥] springt weiter nach **rechts**, mit [⇧]+[Strg]+[⇥]/[⇧]+[Ctrl]+[⇥] springen Sie zum nächsten Bild nach **links**.
- Wenn Sie mehr Dokumente geöffnet haben, als sich auf der Bildschirmbreite in Karteireitern darstellen lassen, sehen Sie am rechten Rand der Tab-Leiste einen doppelten Pfeil ❶. Ein Klick darauf öffnet eine Liste mit allen geöffneten Dokumenten. Das Anklicken einzelner Bildtitel bringt das jeweilige Bild nach vorne.

Fenster automatisch ausrichten
Mit den Befehlen unter Fenster • Anordnen können Sie auch frei schwebende Fenster ausrichten. Das ist jedoch viel zeitraubender als das automatische Ausrichten von Tabs!

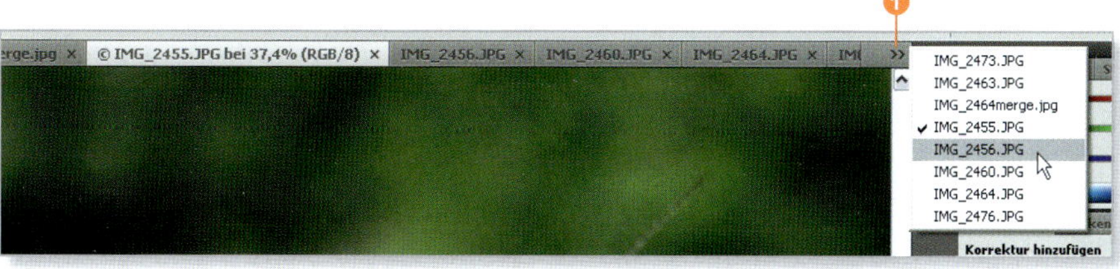

▲ **Abbildung 3.2**
Auch platzsparende Tabs verbrauchen Raum auf dem Monitor. Sind mehr Dokumente offen, als sich anzeigen lassen, führt ein Klick auf den Doppelpfeil zu einer Bilderliste.

Sortierreihenfolge ändern | Die Reihenfolge der Registerkarten (und damit der Dokumente) können Sie jederzeit ändern. Dazu greifen Sie den Karteireiter mit der Maus und ziehen ihn an die gewünschte Postion. Achten Sie dabei darauf, die Mausbewegung genau horizontal auszuführen. Ansonsten ziehen Sie das Bild aus der Tabgruppe heraus, und es wird zu einem schwebenden Fenster oder verschwindet hinter einer anderen Registerkarte (mehr dazu weiter unten).

▼ **Abbildung 3.3**
Durch horizontales Ziehen lässt sich die Reihenfolge getabbter Bilder ändern.

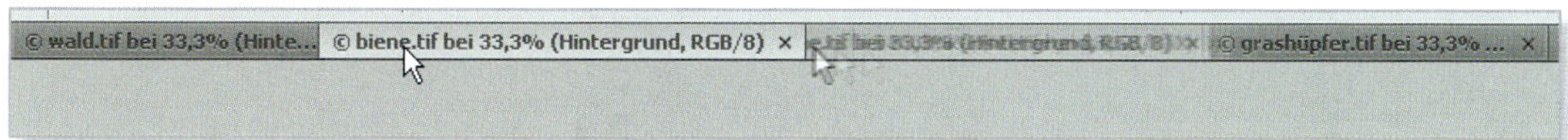

3.1.2 Geöffnete Dokumente ausrichten: per Knopfdruck

Fenster und Fensterinhalte auf der Arbeitsfläche anzuordnen war in älteren Photoshop-Versionen immer etwas mühsam. Das hat sich mit der CS4-Version nun geändert. In der Anwendungsleiste finden Sie einen Button [button], der Ihnen viel Arbeit abnimmt. Aus einer Liste mit kleinen Übersichtsgrafiken können Sie das geeignete Anordnungsschema wählen. Klicken Sie einfach darauf: Ihre geöffneten Dokumente werden entsprechend der Miniaturdarstellung ausgerichtet.

Auch den Darstellungsmaßstab – die Zoomstufe – und die Position des Bildinhalts innerhalb der Dokumentgrenzen können Sie mithilfe dieser Liste anpassen.

▲ **Abbildung 3.4**
Die Quickinfos auf der Liste DOKUMENTE ANORDNEN sind etwas nachlässig formuliert. Dafür sind die Mini-Grafiken jedoch sehr anschaulich.

3.1.3 Geöffnete Dokumente anordnen: manuell

Bei der Arbeit mit Dokumenten in Registerkarten sind Sie nicht auf die automatischen Sortierhilfen beschränkt. Sie können sich Ihre Registerkartengruppen auch selbst zusammenstellen. Das wichtigste Prinzip dabei ist Drag & Drop – also Ziehen und Fallenlassen. Indem Sie einen Karteireiter mit der Maus anfassen und ziehen, können Sie das Dokument aus dem Verbund befreien. Es wird dann zu einem frei schwebenden Fenster. Ebenso bekommen Sie ein Dokument auch wieder in die Registerkartengruppe hinein: Um ein frei schwebendes Dokumentfenster zu positionieren, ziehen Sie es einfach an den gewünschten Platz. Leuchtende blaue Streifen zeigen Ihnen dabei mögliche Andockstellen an. Sobald ein blauer Streifen erscheint, können Sie die Maustaste loslassen. Das Dokument wird an der entsprechenden Stelle in die Registerkartengruppe eingegliedert. Auf diese Weise lassen sich unterschiedliche Ordnungsmuster erzeugen.

Am schnellsten machen Sie sich mit der Funktion vertraut, indem Sie ein paar beliebige Dokumente öffnen und testhalber in verschiedenen Konstellationen anordnen. Die wichtigsten Kniffe und Möglichkeiten zeigt Ihnen der folgende Workshop.

Schritt für Schritt: Dokumente manuell anordnen

1 Die Ausgangslage

Dateien auf der Buch-DVD: »BSP1.png«, »BSP2.png«, »BSP3.png«, »BSP4.png«

Der Eindeutigkeit halber wurden hier vier leicht zu unterscheidende, einfache Beispielbilder gewählt. Alle wurden geöffnet und mithilfe der Liste DOKUMENTE ANORDNEN ausgerichtet.

▲ **Abbildung 3.5**
Die Dokumente wurden über das Icon 4 ÜBEREINANDER angeordnet.

2 Fensterbreiten verändern

Wenn Sie für ein Dokument etwas mehr Platz benötigen, als es die automatische Anordnung vorsieht, können Sie es ganz einfach an den »Stegen« zwischen den Registerkarten anfassen und ziehen. Notgedrungen wird dabei für benachbarte Dokumente der Raum etwas enger.

▲ **Abbildung 3.6**
Manuelles Verändern der Größe des Fensters

3 Ein Dokument aus dem Verband herausziehen

Um ein Dokument als frei schwebendes Fenster anzuzeigen oder neu zu positionieren, fassen Sie es am Karteireiter und ziehen es nach unten von den anderen Karteireitern weg.

▲ **Abbildung 3.7**
Ziehen Sie das Dokument heraus.

Sobald Sie den Mauszeiger loslassen, liegt das Bild als freies Fenster vor den übrigen Dokumenten. Diese bleiben weiterhin in Tabs organisiert: Die Anordnung der Registerkarten hat sich automatisch an die veränderten Platzverhältnisse angepasst.

Drag & Drop von Bildinhalten

Wer ganze Bildebenen oder Auswahlen von einem Dokument in ein anderes transferiert, zum Beispiel für Montagen, benutzt dafür oft die bewährte Technik »Ziehen und Fallenlassen«. Das scheint bei Bildern in Registerkarten auf den ersten Blick schwierig – ist es aber nicht. Aktivieren Sie das Verschieben-Werkzeug und die Bildebene, deren Inhalt Sie in ein anderes Doument kopieren wollen. Setzen Sie die Maus über das zu verschiebende Objekt – auf der Bildfläche, nicht in der Ebenenpalette –, und fassen Sie es durch Drücken der linken Maustaste an. Bewegen Sie den Mauszeiger über den Karteireiter des Zieldokuments, und halten Sie ihn dort, bis sich das Dokument zeigt. Positionieren Sie das Objekt über dem Bild, und lassen Sie den Mauszeiger los. Die Darstellung des Vorgangs wirkt so, als würde der Bildinhalt verschoben und nicht kopiert, doch das täuscht. Der Bildinhalt wird kopiert. Mehr über Transfers von Bildinhalten erfahren Sie in Abschnitt 10.3, »Die Ebenen-Palette: Ihre Steuerzentrale«.

Abbildung 3.8 ▶
Das Dokument befindet sich nun in einem eigenen Fenster.

4 Fenster zwischen zwei Tabs andocken

Um das freie Fenster an anderer Stelle im Tabverband zu positionieren, fassen Sie es an der Titelleiste und schieben es an die gewünschte Stelle. Achten Sie dabei genau auf die leuchtenden blauen Bereiche. Diese markieren die Stelle, an der Ihr Fenster angedockt wird.

Abbildung 3.9 ▶
Andocken zwischen zwei Tabs. Die Anordnung wird dann ähnlich sein wie im ersten Bild, allerdings in geänderter Reihenfolge (von links: Bild 1, 3, 2, 4).

Sie können schwebende Fenster an vertikalen oder horizontalen »Stegen« zwischen Registerkarten andocken und so das Anordnungsschema verändern.

◂ **Abbildung 3.10**
Hier wurde das Fenster »2« an den unteren Rand des Fensters »3« gezogen.

5 Mehrere Dokumente in einer Tabgruppe

Eine Registerkarte enthält nicht zwingend nur ein Dokument. Es ist auch möglich, mehrere Dokumente zu einer Registerkartengruppe zusammenzufassen. Dazu ziehen Sie das lose Fenster über den Titel einer Registerkarte (nicht über einen der Trennstege). Sobald der Titelbereich blau aufleuchtet, können Sie die Maustaste loslassen.

◂ **Abbildung 3.11**
Die Bilder »3« und »2« sollen zu einer Registerkartengruppe zusammengefasst werden.

Registerkartengruppen verhalten sich so wie einzelne Registerkarten. Sie werden genauso aktiviert und verwaltet. Bei Platzmangel machen Titellisten die Dokumente zugänglich.

Abbildung 3.12 ►
Auf den ersten Blick sind nur drei Dokumente geöffnet. Wer aber genauer hinsieht, erkennt, dass sich das Bild »2« hinter dem Bild »3« verbirgt. Die beiden sind zu einer Registerkartengruppe geworden.

6 Registerkartengruppen als Fenster
Registerkartengruppen können ebenso wie einzelne Registerkarten wieder aus dem Tabverband herausgezogen und als schwebende Fenster auf der Arbeitsfläche positioniert werden. Das ist manchmal ganz praktisch, wenn man parallel mit zwei unterschiedlichen Bilderserien arbeitet.

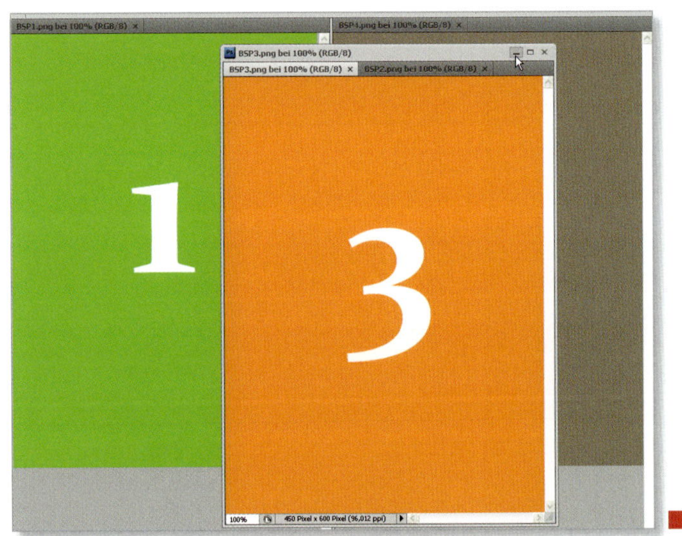

Abbildung 3.13 ►
Alle frei schwebenden Fenster lassen sich auf die systemübliche Weise minimieren – zum Beispiel, um freie Sicht auf die dahinterliegenden Tabs zu haben.

3.1.4 Fenster zu Registerkarten machen – und umgekehrt

Wenn Sie mehrere Dokumente auf einmal als Fenster anzeigen oder wieder in Tabs zurückverwandeln wollen, ist Drag & Drop vielleicht etwas mühsam. Mit diesen Befehlen sind Sie schneller!

- FENSTER • ANORDNEN • ALLE IN REGISTERKARTEN ZUSAMMENLEGEN macht alle schwebenden Fenster wieder zu Tabs.
- Nützlich ist der Befehl ALLE IN REGISTERKARTEN ZUSAMMENLEGEN auch, wenn Sie Ihre Dokumente irrtümlich so zusammengeschachtelt haben, dass Ihnen kurzfristig der Überblick verloren gegangen ist. Er sortiert nämlich auch dann alle geöffneten Dokumente säuberlich in einzelne Registerkarten, wenn sie vorher schon in Gruppen angeordnet waren.
- Der Menübefehl FENSTER • ANORDNEN • NUR SCHWEBENDE FENSTER löst alle Tabs auf und zeigt die geöffneten Bilder als Fenster an. Somit ist der Prä-CS4-Zustand hergestellt.
- Dasselbe macht der Befehl NUR SCHWEBENDE FENSTER aus der Liste DOKUMENTE ANORDNEN (siehe Abbildung 3.5).

Vorsicht beim Maximieren frei schwebender Fenster
Aus CS3 ein altvertrauter Handgriff: Ein Klick auf den Maximieren-Button eines schwebenden Fensters schaltet in den MAXIMIERTEN BILDMODUS um, und das Dokument nimmt automatisch den verfügbaren freien Platz auf der Arbeitsfläche ein. In CS4 gibt es diesen Bildmodus nicht mehr. Stattdessen dehnt der Klick das Fenster so weit aus, dass alle funktionalen Programmelemente verdeckt sind.

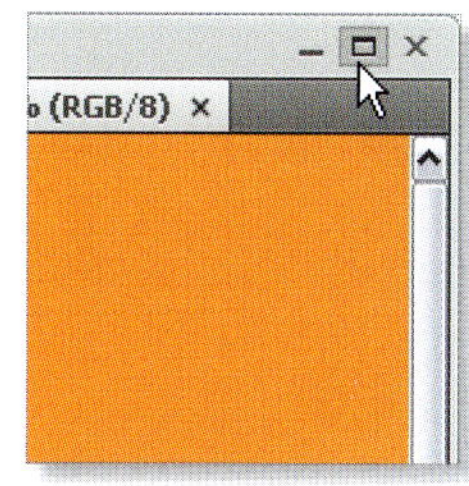

▲ **Abbildung 3.14**
Für CS3-Nutzer ein Routineklick, in CS4 gewöhnt man ihn sich besser wieder ab.

▲ **Abbildung 3.15**
In CS4 verdecken maximierte Fenster alle Funktionselemente.

3.1.5 Voreinstellungen für Registerkarten

In den Voreinstellungen gibt es viele Möglichkeiten, um das Programmverhalten an den eigenen Arbeitsfluss anzupassen. Manchmal ist Abhilfe für ein kleines, lästiges Problem in einer leicht zu übersehenden Checkbox versteckt. Das gilt auch für die Arbeit mit Tabs und Fenstern.

Herkömmliche Dokumentfenster als Standard | Die Arbeit mit Dokumenten in Tabs hat – vor allem, wenn man parallel mit mehreren Bildern hantiert – eigentlich nur Vorteile. Wenn Sie dennoch generell mit Dokumenten in Fenstern arbeiten wollen, deaktivieren Sie unter BEARBEITEN/PHOTOSHOP • VOREINSTELLUNGEN • BENUTZEROBERFLÄCHE (Strg/⌘+K+2) die Optionen DOKUMENTE ALS REGISTERKARTEN ÖFFNEN ① und ANDOCKEN SCHWEBENDER DOKUMENTFENSTER AKTIVIEREN ②.

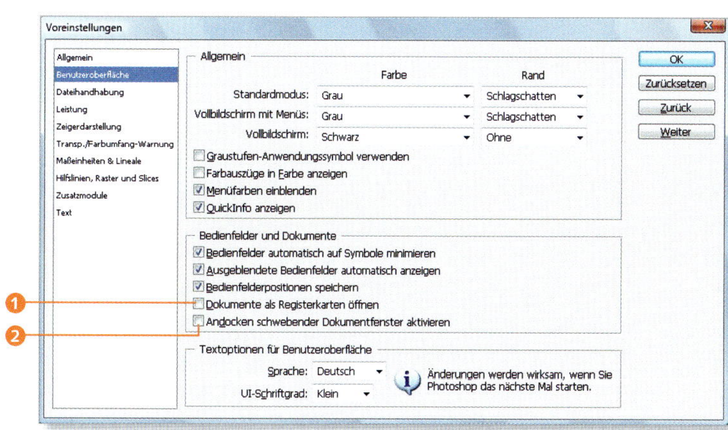

▲ **Abbildung 3.16**
Paletten (Bedienfelder) und Dokumente verhalten sich ähnlich, daher werden die Optionen zusammengefasst.

Neue Bilder als autonome Fenster öffnen | Registerkarten erleichtern die parallele Arbeit mit mehreren Dokumenten. Oft sind dies Bilder einer Serie, die man korrigiert, anpasst oder anderweitig bearbeitet. Nicht immer will man, dass weitere Bilder beim Öffnen zwischen die Registerkarten einer solchen Serie eingeordnet werden. In diesem Fall ist es hilfreich, unter BEARBEITEN/PHOTOSHOP • VOREINSTELLUNGEN • BENUTZEROBERFLÄCHE die Optionen DOKUMENTE ALS REGISTERKARTEN ÖFFNEN kurzzeitig zu deaktivieren. Neue Dokumente werden dann als schwebende Fenster geöffnet und können – mittels Drag & Drop – ihrerseits zu Registerkartengruppen zusammengefasst werden.

Abbildung 3.17 ▼
Naturfotos unterschiedlicher Art: Eine Serie von Landschaftsbildern als Registerkarten, davor in einem schwebenden Fenster Makroaufnahmen, die gerade per Maus zu einer weiteren Registerkartengruppe zusammengefasst werden.

3.1.6 Ein Bild in zwei Fenstern

Die Sortierfunktionen und Registerkarten zielen darauf ab, *mehrere* Dokumente möglichst günstig nebeneinander zu zeigen. Es gibt jedoch auch den umgekehrten Bedarfsfall: Manchmal möchte man *ein* Dokument in zwei Ansichten nebeneinander zeigen. Sinnvoll ist dies zum Beispiel dann, wenn man ein Bild beim Bearbeiten gleichzeitig in zwei verschiedenen Vergrößerungsstufen beobachten möchte.

Datei auf der Buch-DVD: »zackenfisch.jpg«

Die Funktion Neues Fenster macht es möglich, dasselbe Bild in zwei Dokumentfenstern zu öffnen. Sie finden den Befehl in der Liste Dokumente anordnen. Im Menü unter Fenster • Anordnen • Neues Fenster für *[Dokumentname]* können Sie zusätzlich festlegen, welches Dokument auf diese Weise angezeigt werden soll.

Bild: Fotolia, Stephen Mcsweeny

◂ **Abbildung 3.18**
Gleichzeitiger Blick auf das Detail und eine Übersicht? Der Befehl Neues Fenster macht es möglich.

Obwohl Sie dann zwei Dokumentfenster sehen, sind dies nicht zwei verschiedene Bilder, sondern lediglich **zwei Ansichten desselben Bildes**. Jeder Arbeitsschritt, den Sie durchführen, wird in beiden Fenstern angezeigt. Typische Nutzungssituationen sind z. B.:

- Sie arbeiten mit Masken und brauchen sowohl einen Blick auf das Detail (hohe Zoomstufe) und eine Komplett-Ansicht – diese Arbeitssituation ist in Abbildung 3.18 zu sehen. Um speziell die Arbeit mit Masken zu unterstützen, können Kanäle in jeder Bildansicht separat ein- und ausgeblendet werden.
- Sie bereiten ein Bild für den Druck vor und wollen während der Arbeit auch abschätzen, wie es im Druckfarbmodus CMYK wirkt. Die zweite Ansicht kann via Ansicht • Farbproof zumindest annähernd zeigen, wie die Farben im Druck wirken.

Unabhängige Bildkopie mit dem Befehl »Bild duplizieren«

Bild duplizieren – zu erreichen über Bild • Bild duplizieren – ist eine gute und sehr schnelle Methode, um eine genaue Kopie eines geöffneten Bildes (einschließlich aller Ebenen, Masken und Kanäle) zu erstellen. Duplizieren erstellt eine **eigene**, **selbstständige Datei** (nicht bloß eine zweite Ansicht), die mit der Ausgangsdatei nicht mehr gekoppelt ist und die separat bearbeitet werden kann. In einem kleinen Dialog können Sie gleich einen neuen Bildnamen vergeben.

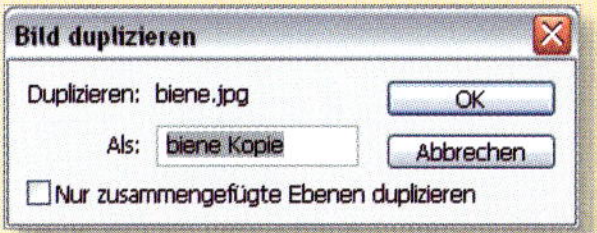

▴ **Abbildung 3.19**
Sofern Ihr Bild Ebenen enthält und diese im Duplikat auftauchen sollen, darf die Option Nur zusammengefügte Ebenen duplizieren nicht aktiv sein.

Bildlineal liefert Anhaltspunkte

Nicht nur der Prozentwert in der Titelleiste des Bildes gibt Hinweise auf die Zoomstufe des Bildes. Auch das Bildlineal ist ein guter Anhaltspunkt, denn dessen Skala passt sich natürlich an die unterschiedlichen Bildmaßstäbe an. Um das Lineal einzublenden, tippen Sie [Strg]+[R] (unter Mac OS: [⌘]+[R]), nutzen den neuen Button in der Anwendungsleiste oder gehen über ANSICHT • LINEALE. Ob das Lineal Pixel, Zentimeter oder Millimeter anzeigt, stellen Sie unter VOREINSTELLUNGEN • MASSEINHEITEN UND LINEALE ein.

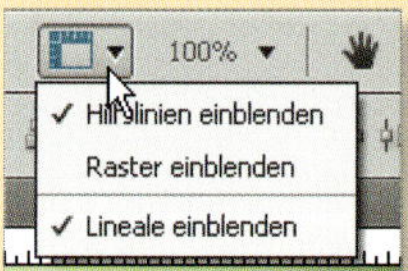

▲ **Abbildung 3.20**
Per Anwendungsleiste gelangen Sie schnell zu den Photoshop-Konstruktionshilfen.

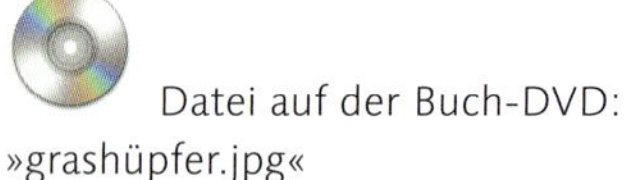

Datei auf der Buch-DVD: »grashüpfer.jpg«

3.2 Bildanzeige: gezoomt, gedreht und in Position gerückt

Egal, ob Sie nun ihre Dokumente in Registerkarten oder lieber in autonomen Fenstern anzeigen lassen – wichtig ist, dass Sie Ihre Bilder allzeit gut im Blick haben. Manchmal müssen Sie Ihr Bild stark vergrößern, um Einzelheiten genau zu erkennen. Oder Sie brauchen eine verkleinerte Anzeige für die Gesamtübersicht. Sie müssen sich einen bestimmten Bildausschnitt ins Blickfeld holen. Und in Photoshop CS4 können Sie ihre Arbeitsfläche sogar schräg legen – für knifflige Detailarbeiten. Bildzoom, Bilddrehung und das Navigieren in großformatig angezeigten Bildern funktioniert in Dokumenttabs und Dokumentfenstern gleich. In diesem Abschnitt erfahren Sie, wie Sie sich die richtige Ansicht schnell einstellen.

3.2.1 Bildpixel und Monitorpunkte

Sie haben es bereits im vorangehenden Kapitel (»Die Arbeitsoberfläche«) erfahren: der aktuelle Abbildungsmaßstab oder auch die Zoomstufe eines Bildes wird in der Titelleiste von Tab oder Fenster angezeigt. Was steckt dahinter?

Eine Anzeige wie 50 % oder 67,7 % in der Titelleiste bedeutet nicht, dass das tatsächliche Bild verkleinert wurde – dafür gibt es eigene Befehle. Die Prozentangaben beziehen sich lediglich auf die **Darstellung** des Bildes auf dem Bildschirm und sind unabhängig von der tatsächlichen Pixel- oder Zentimetergröße, in der es vorliegt.

▲ **Abbildung 3.21**
1:1-Ansicht (100 %) …

Bild: Frank Gaebler

▲ **Abbildung 3.22**
… und stark gezoomte Bildansicht. In der Vergrößerung werden die einzelnen Pixel, aus denen das Bild besteht, schon sichtbar.

Um zu verstehen, was die unterschiedlichen Maßstäbe bedeuten, muss man sich kurz vor Augen halten, dass nicht nur das Bild aus einzelnen Bildpunkten (den Pixeln) aufgebaut ist, sondern dass auch der Monitor, auf dem das Bild dargestellt wird, mit Bildpunkten arbeitet. Die Bildpunkte des Monitors sind aus technischen Gründen immer gleich groß. Ein Abbildungsmaßstab von 100% bedeutet dann, dass jeder Monitorpunkt exakt ein Bildpixel darstellt. Nur dann sehen Sie die Bildpixel also im »Originalzustand«!

Kleinere oder größere Abbildungsmaßstäbe als 100% haben immer zur Folge, dass mehr oder weniger als ein ganzer Bildpixel je Monitorpixel angezeigt wird. Die Originalpixel werden für die Darstellung auf dem Schirm umgerechnet. Photoshop muss dann zum Beispiel 0,5 oder 1,3 Bildpixel mit einem Monitorbildpunkt darstellen und die Bilddarstellung erst errechnen. Zwar wurde die Grafikqualität in Photoshop CS4 erheblich gesteigert (siehe nächster Abschnitt) – doch an diesen grundlegenden technischen Gegebenheiten hat sich nichts geändert.

CS4 **Verbesserte Grafikleistung in CS4 |** In der CS4-Version nutzt Photoshop den Grafikkartenstandard OpenGL. So konnte die grafische Leistung deutlich erhöht werden: Vergrößerte oder verkleinerte Bildansichten sind jetzt auch bei »krummen« Zoomwerten scharf, das Zoomen geht flüssiger, Bildansichten können sogar gedreht werden, ohne dass hässliche »Pixeltreppchen« an Objektkanten im Bild auftreten, Bilder lassen sich mit Schwung über die Arbeitsfläche schubsen – dies sind nur einige der erfreulichen Neuerungen, die der Grafikturbo mit sich bringt. In den folgenden Abschnitten stelle ich sie Ihnen näher vor.

Voraussetzung dafür ist allerdings, dass Sie über eine halbwegs aktuelle Grafikkarte verfügen, die OpenGL unterstützt und über mindestens 128 MB RAM verfügt. In manchen Fällen erscheint beim ersten Programmstart eine Hinweisbox, in der Sie von Photoshop dazu aufgefordert werden, Ihren Grafikkartentreiber zu aktualisieren. Bei einigen Systemen müssen zudem die OpenGL-Funktionen erst aktiviert werden. Dazu gehen Sie in den VOREINSTELLUNGEN ([Strg]/[⌘]+[K]) zu den Einstellungen unter LEISTUNG ([Strg]/[⌘]+[4]) und setzen ein Häkchen bei OPENGL AKTIVIEREN.

Pixelraster

Bei starker Vergrößerung werden nicht nur die einzelnen Bildpixel deutlich sichtbar. Wer so stark zoomt, muss meist pixelgenau arbeiten. Um das zu erleichtern, wird in Photoshop CS4 zusätzlich ein helles Pixelraster eingeblendet. Mit dem Befehl ANSICHT • EINBLENDEN • PIXELRASTER können Sie es verschwinden lassen.

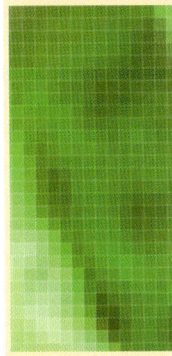

▲ **Abbildung 3.23**
Eingeblendetes Pixelraster als Hilfe bei Detailarbeiten. Es erscheint bei Zoomstufen über 500%.

Zum Weiterlesen: Bilddarstellung, Monitor-Bildpunkte und Pixel
Mehr zum Thema lesen Sie in Kapitel 6, »Bildbearbeitung: Fachwissen«.

Linktipp: Adobes Technik-Hinweise zu OpenGL
Hier finden Sie weitergehende technische Informationen von Adobe zum Thema Grafikkarten, GPU und OpenGL: *http://www.adobe.com/go/kb404898_ger_DE*

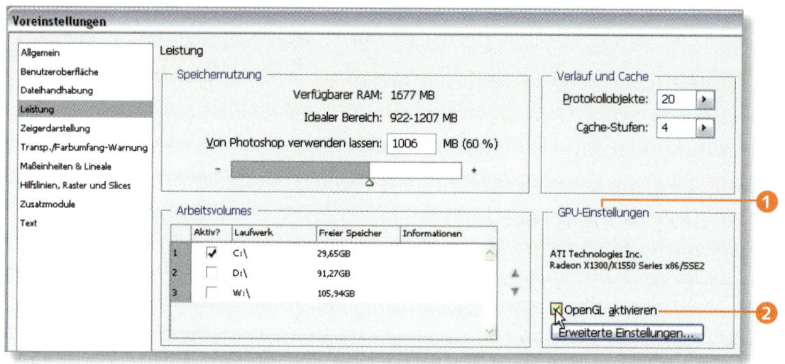

Abbildung 3.24 ▶
Wenn unter GPU-Einstellungen ❶ die Bezeichnung Ihrer Grafikkarte eingeblendet wird, sollten die neuen Grafikfunktionen auf Ihrem Rechner grundsätzlich funktionieren. Falls nicht, müssen Sie sie noch per Häkchen ❷ aktivieren.

Was OpenGL möglich macht

Die in CS4 verbesserte Grafik ist mehr als nur eine schicke Bildanzeige. Viele **Photoshop-Funktionen** hängen laut Adobe direkt von der Leistung der Grafikkarte ab – und können unter Umständen nicht zur Verfügung stehen. Dies betrifft: geglättete Darstellung bei allen Zoomfaktoren; animiertes Zoomwerkzeug (stufenloser Zoom); animierte Übergänge beim Zoomen mit Mausklicks (»One-Stop-Zoom«); Handwerkzeug: Bilder »werfen«; Bilddrehung; geglättete Darstellung von Bildern mit nicht-quadratischen Pixeln; Pixelraster; Farbanpassung an die GPU übertragen; Feedback zur Pinselspitzenbearbeitung über GPU und die 3D-GPU-Funktionen in Photoshop Extended.
In **Bridge CS4** sind betroffen: Vorschaufenster, Vollbildvorschau und die Karussell-Ansicht.

Wann ist eine möglichst genaue Bildanzeige gefragt? | Bei manchen Arbeitsschritten ist es wichtig, dass Sie sich ein möglichst genaues Bild von den Bilddetails machen können. Besonders, wenn Sie die verbesserte CS4-Bilddarstellung nicht nutzen können, sind »krumme« Ansichtsprozente wie 66,7 oder 33,3 % problematisch, weil Einzelheiten des Bildes verloren gehen können. Und auch eine stark vergrößerte oder verkleinerte Bilddarstellung kann die Ansicht verfälschen. Aus diesem Grund ist die Einstellung »100%« die beste, wenn es um eine möglichst realistische Einschätzung von Bildschärfe und -qualität geht.

Schalten Sie auf die 100 %-Ansicht,

- wenn Sie das Bild scharfzeichnen wollen.
- wenn Sie Bildfehler wie optisches Rauschen oder schlichte Fussel (vom Fotoscan) entfernen müssen.
- wenn Sie Filter anwenden, deren Auswirkungen eher subtil sind, so zum Beispiel Körnungs- oder Strukturfilter.

3.2.2 Zoom: Die Bildanzeige verändern

Die Bildansicht zu vergrößern oder zu verkleinern ist wohl einer der häufigsten Handgriffe beim Arbeiten mit Photoshop, denn für manche Arbeitsschritte muss man das Bild stark vergrößert anzeigen, für einige braucht man die Übersicht über das Gesamtbild oder eben die Vollansicht von 100 %. Entsprechend zahlreiche Möglichkeiten gibt es, die Anzeige des aktuellen Bildes zu verändern. Das wichtigste Werkzeug dabei ist das durch die Lupe symbolisierte **Zoomwerkzeug** 🔍 (Shortcut: Z).

Dazu kommen noch eine ganze Reihe Shortcuts und Optionen. So ist für nahezu jede Arbeitssituation und verschiedene Arbeitsvorlieben etwas dabei.

Mit der Maus ins Bild | Wenn Sie bei aktivem Zoomwerkzeug mit der Maus ins Bild klicken, wird die Anzeige **vergrößert**. Halten Sie die Maustaste so lange gedrückt, bis die gewünschte Vergrößerungsstufe erreicht ist.

- Wenn Sie beim Klicken ins Bild zusätzlich Alt (unter Mac OS: ⌥) gedrückt halten, wird das Bild **verkleinert**.
- Wenn Sie beim Klicken ins Bild zusätzlich ⇧ gedrückt halten, wird die Ansicht **aller geöffneten Bilder vergrößert**.
- Drücken Sie während des Klickens ⇧+Alt, wird die Ansicht **aller offenen Dokumente verkleinert**.

Ein **Plus- oder Minuszeichen** im Inneren des Lupen-Symbols zeigt an, ob das Bild mit dem nächsten Mausklick vergrößert oder verkleinert wird. Ist keine weitere Vergrößerung/Verkleinerung mehr möglich, bleibt die Lupe leer.

▲ **Abbildung 3.26**
Beim nächsten Mausklick wird die Bildansicht hochgezoomt. (Die Darstellung des Lupe-Mauszeigers ist in diesem und den folgenden Bildern vergrößert.)

Animierter Zoom

Sofern Ihr Rechner OpenGL-fähig ist, sollte die Bildansicht während des Zoomens sanft und stufenlos größer oder kleiner werden. Mehrfachklicks wie in älteren Photoshop-Versionen sind nicht mehr nötig. Diese Funktion kann unter BEARBEITEN/PHOTOSHOP • VOREINSTELLUNGEN • ALLGEMEIN bzw. Strg/⌘+K (de)aktiviert werden.

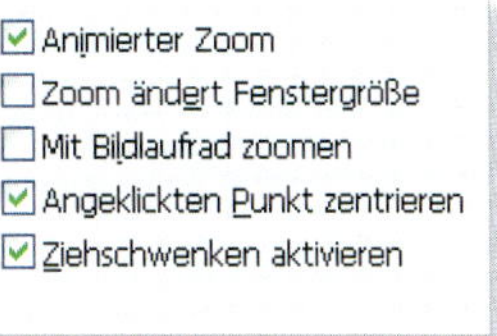

▲ **Abbildung 3.25**
Zoom-Voreinstellungen

▲ **Abbildung 3.27**
Verkleinerung des Abbildungsmaßstabes mit dem nächsten Klick

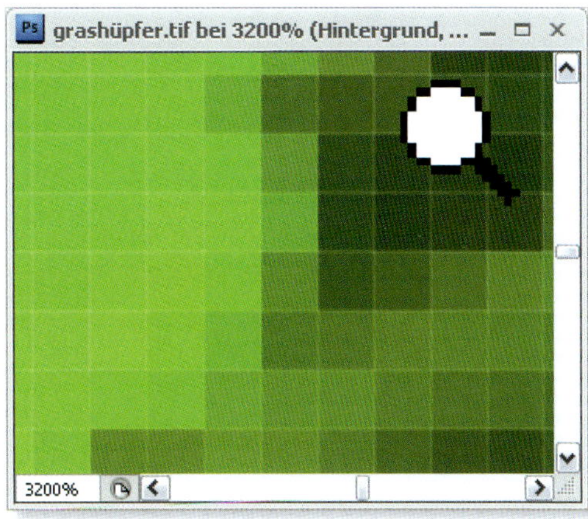

▲ **Abbildung 3.28**
Das Bild hat seine maximale Vergrößerung erreicht (3200 %).

> **Zoomwerkzeug auch in anderen Funktionen**
>
> So ein Zoomwerkzeug ist auch in einigen der komplexeren Photoshop-Funktionen wie zum Beispiel in der Engine für das weboptimierte Speichern (via DATEI • FÜR WEB UND GERÄTE SPEICHERN) oder im Verflüssigen-Filter (unter FILTER • VERFLÜSSIGEN) untergebracht. Die Größer- und Kleiner-Klicks ins Bild funktionieren auch dort!

Bild: Frank Gaebler

▲ **Abbildung 3.29**
Der Bereich innerhalb der gestrichelten Linie ① wird vergrößert, sobald Sie die Maustaste loslassen.

Proof einrichten	▸
Farbproof	Strg+Y
Farbumfang-Warnung	Umschalt+Strg+Y
Pixel-Seitenverhältnis	▸
Pixelseitenverhältnis-Korrektur	
32-Bit-Vorschauoptionen...	
Einzoomen	Strg++
Auszoomen	Strg+-
Ganzes Bild	Strg+0
Tatsächliche Pixel	Alt+Strg+0
Druckformat	
Bildschirmmodus	▸
✔ Extras	Strg+H
Einblenden	▸
✔ Lineale	Strg+R
✔ Ausrichten	Umschalt+Strg+,
Ausrichten an	▸
Hilfslinien sperren	Alt+Strg+,
Hilfslinien löschen	
Neue Hilfslinie...	
Slices fixieren	
Slices löschen	

▲ **Abbildung 3.30**
Zum täglichen Gebrauch ist das Zoomen über das Menü ANSICHT zu kompliziert. Zum Nachschlagen von Shortcuts ist es aber brauchbar.

Wesentliche Bildinhalte im Blick behalten | Bei großen Vergrößerungen verliert man naturgemäß den Blick für das Ganze und manchmal auch die Orientierung im Bild. Dem können Sie durch geschickten Umgang mit der Lupe vorbeugen. Dazu gibt es zwei Tricks:

- Klicken Sie genau auf den Bildbereich, den Sie sich vergrößert ansehen wollen. Er ist in der vergrößerten Ansicht dann mittig. Gerade bei starker Vergrößerung spart Ihnen das mühsames Scrollen.
- Ziehen Sie bei gehaltener Maustaste einen Rahmen auf – genau dieser Bereich wird dann vergrößert angezeigt. Gleichzeitig wird das Dokumentfenster auf die maximal mögliche Größe gebracht (wie groß, hängt von der Position der Paletten ab; Paletten werden von Dokumentfenstern nicht überlappt).

Shortcuts | Auch wer lieber mit der Tastatur als mit der Maus arbeitet, kann die Bildansicht einfach ändern. Hierzu gibt es eine ganze Reihe von Shortcuts:

- Die Tastenkürzel [Strg]+[+] bzw. [⌘]+[+] vergrößern das Bild stufenweise.
- Die Tastenkürzel [Strg]+[-] bzw. [⌘]+[-] verkleinern das Bild ebenfalls stufenweise.

Das funktioniert übrigens auch, wenn das Zoomwerkzeug nicht aktiviert ist.

Zoomen aus anderen Werkzeugen | Nicht immer denkt man daran, vor jedem Wechsel in ein anderes Werkzeug oder vor dem Aufrufen eines Dialogfeldes die passende Zoomstufe einzustellen. Sie müssen den Vorgang jedoch nicht abbrechen – zwei Shortcuts bringen Rettung: Sie können die Lupe auch kurzzeitig aufrufen, ohne umständlich zum Zoom-Tool umzuschalten.

- Um die Vergrößerungslupe aufzurufen, drücken Sie unter Windows [Strg]+Leertaste, am Mac [⌘]+Leertaste.
- Um die Verkleinerungslupe zu aktivieren, sind [Alt]+Leertaste, am Mac [⌥]+Leertaste die Shortcuts der Wahl.

Diese Shortcuts funktionieren aus vielen Werkzeugen heraus und sind auch aus den meisten Dialogfeldern heraus wirksam. Sie müssen dann aber immer noch mit der Maus ins Bild klicken, um das Zoomen auszulösen – die Tastenkürzel wechseln nur zum Zoomwerkzeug.

Eingabe im Dokumentrahmen | Die Prozentangabe, die Sie in der linken unteren Ecke jedes Dokumentfensters sehen, ist nicht nur eine weitere Kontrolle der aktuellen Zoomstufe, sondern vor allem eine weitere Eingabemöglichkeit. Sie funktioniert unabhängig davon, welches Werkzeug aktiviert ist.

▲ **Abbildung 3.31**
Tippen Sie den gewünschten Zoom-Prozentwert einfach ein. Das Bestätigen mit [↵] oder der nächste Mausklick wenden die Eingabe an.

Dokumentfenster mitwachsen lassen | In Photoshop CS4 haben Sie die Wahl, ob Sie Dokumente immer in Tabs anzeigen lassen – ein Organisationsprinzip, das Ihnen von Browsern möglicherweise vertraut ist – oder sie in schwebenden Dokumentfenstern bearbeiten. Sofern Sie mit Registerkarten arbeiten, ist der folgende Absatz irrelevant, er bezieht sich lediglich auf schwebende Dokumentfenster.

Sie können festlegen, wie sich der Dokumentrahmen während des Zoomens verhält: Soll er seine Ausgangsgröße behalten, auch wenn das Bild größer (oder kleiner) wird, oder soll er »mitwachsen«? Ersteres kann sinnvoll sein, wenn Sie an einem kleinen Bildschirm oder mit mehreren Ansichten desselben Bildes arbeiten, hat aber oft zur Folge, dass Sie sich den Rahmen noch mit der Maus größer ziehen müssen. Das ist zwar nur ein Handgriff, kann aber den Arbeitsschwung ganz schön bremsen. Sollen die Bildrahmen mitskalieren, aktivieren Sie in der Optionsleiste des Zoomwerkzeugs FENSTERGRÖSSE.

Shortcuts lernen lohnt
Für Bildzooms lohnt sich das Einüben der Tastenkürzel besonders, denn so können Sie die Bildansicht leicht ändern, ohne dass der eigentliche Workflow durch die Veränderung der Bildansicht unterbrochen wird. Wer sich die Shortcuts nicht merken kann, kann die wichtigsten im Menü ANSICHT nachsehen.

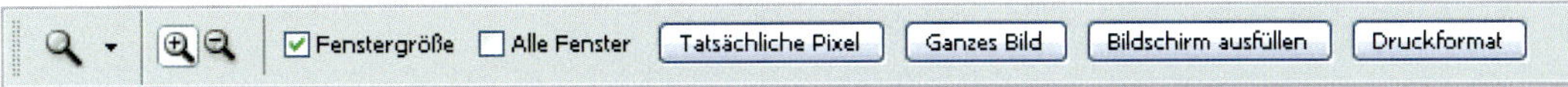

▲ **Abbildung 3.32**
Die Optionen des Zoomwerkzeugs

Wenn Sie per Tastaturkürzel zoomen, steht Ihnen diese Optionsleiste nicht zur Verfügung. Sie haben dann zwei verschiedene Möglichkeiten:

- Entweder Sie ERWEITERN DIE BEKANNTEN SHORTCUTS noch: [Alt]+[Strg]+[+] und [Alt]+[Strg]+[-] (Win) bzw. [Alt]+[⌘]+[+] und [Alt]+[⌘]+[-] (Mac OS) vergrößern und verkleinern das Bild und den Dokumentenrahmen.
- Oder Sie **ändern die Voreinstellungen**: Unter PHOTOSHOP/BEARBEITEN • VOREINSTELLUNGEN • ALLGEMEIN ([Strg]/[⌘]+[K]) finden Sie den Punkt ZOOM ÄNDERT FENSTERGRÖSSE, den Sie anklicken müssen. Dann können Sie wie gewohnt mit dem Zoomwerkzeug und den bekannten Tastenkürzeln hantieren – der Bildrahmen skaliert immer mit.
  Wollen Sie dieses Verhalten anschließend **ausnahmsweise einmal unterbinden**, halten Sie beim Skalieren der Bilddarstellung einfach zusätzlich [Alt] bzw. [⌥] gedrückt.

Schnell auf 100 % | Wie Sie bereits gelesen haben, ist die 100 %-Ansicht – bisweilen auch Vollansicht oder 1:1-Ansicht genannt – für viele Arbeiten besonders wichtig. Daher gibt es spezielle Funktionen, um sie schnell einzustellen:

- Ein Doppelklick auf die Lupe in der Werkzeugleiste bringt das Bild auf 100 %.
- Der passende Shortcut: Drücken Sie Alt+Strg+0 oder ⌥+⌘+0.
- Bei aktivem Zoomwerkzeug gibt es zudem ein Kontextmenü, das unter anderem den Befehl Tatsächliche Pixel enthält, der Sie zur 1:1-Ansicht bringt.
- Tatsächliche Pixel ist auch ein Befehlsbutton, den Sie in der Zoomwerkzeug-Optionsleiste finden. Auch im Ansicht-Menü ist der Befehl vertreten.

Druckgröße ganz genau

Wenn Ihnen die Druckformat-Vorschau zu vage erscheint, sehen Sie unter Bild • Bildgrösse nach. Unter dem Punkt Dokumentgrösse können Sie die Druckgröße in cm, mm und anderen Maßeinheiten nachsehen.

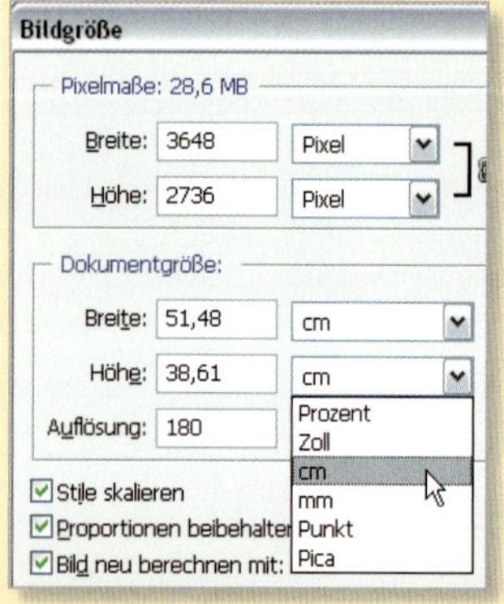

▲ **Abbildung 3.33**
Handfeste Angaben zur Druckgröße eines Bildes finden Sie im Dialog Bildgrösse.

Alles im Blick: Bildschirmgröße | Sehr oft brauchen Sie auch eine Ansicht des Bildes, bei der Sie das gesamte Bild überblicken können, in der das Bild aber auch nicht kleiner sein soll als nötig – z. B. beim Beschneiden. Optimal ist es, wenn das Bild gerade den Bildschirm ausfüllt. Je nach Bild- und Monitorgröße sind unterschiedliche Prozentzahlen erforderlich. Sie müssen jedoch nicht lange herumexperimentieren – auch hier gibt es schnelle Wege.

- Der Button Bildschirm ausfüllen in der Zoomwerkzeug-Optionsleiste zoomt das Bild so, dass es den Bildschirm optimal ausfüllt.
- Alternativ gibt es auch ein Tastenkürzel: Strg+0 (am Mac: ⌘+0).
- Das Kontextmenü und das Menü Ansicht bieten hierzu den Befehl Ganzes Bild.
- Auch ein Doppelklick auf das Hand-Werkzeug führt zur gewünschten monitorfüllenden Bild-Gesamtansicht.

Wie groß wird gedruckt? | Eine Option ist noch ungeklärt: Der Button Druckformat bringt das Bild auf eine Bildschirmgröße, die der späteren Druckgröße ungefähr entspricht (auch im Kontext- und Ansicht-Menü).

Die am Bildschirm dargestellte Ausgabegröße wird naturgemäß durch die Geräteauflösung des Monitors – also die Anzahl und Größe der Bildpunkte des Geräts – beeinflusst. In CS4 können Sie in den Voreinstellungen unter Masseinheiten & Lineale (Strg/⌘+K+7) die Bildschirmauflösung Ihres Geräts eintragen. Dadurch soll sich die Anzeigegenauigkeit der Druckformat-Vorschau leicht erhöhen.

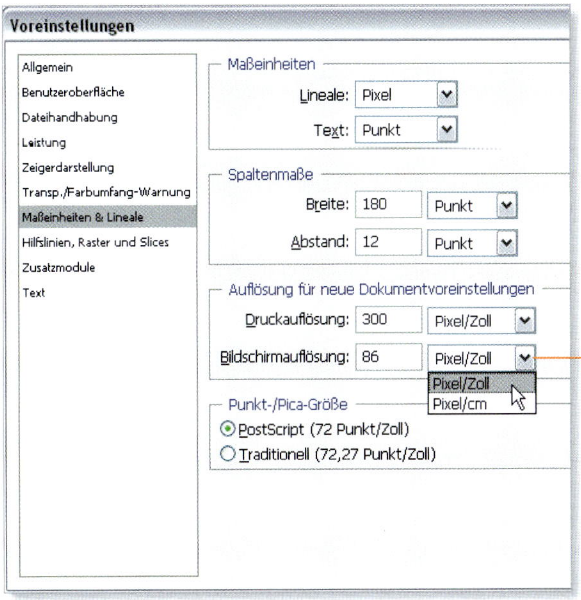

◀ **Abbildung 3.34**
In CS4 können Sie die Bildschirmauflösung Ihres Monitors eintragen ① – wenn Sie sie wissen.

Die Bildschirmauflösung ist in diesem Fall die Anzahl der Bildpunkte, die der Monitor auf einem Zoll (entspricht 25,4 mm) anzeigt. Nicht immer ist dieser Wert in der technischen Beschreibung des Monitors vermerkt – Sie müssen zum Taschenrechner und vielleicht sogar zum Lineal greifen, um ihn zu ermitteln.

Wenn Sie den Punktabstand des Bildschirms bereits kennen, rechnen Sie

25,4 ÷ [Punktabstand in Millimeter]

Das Ergebnis ist die gesuchte Bildschirmauflösung.

Mit dem Ausmessen der Bildschirmbreite mit einem Lineal kann man den Punktabstand auch leicht selbst ausrechnen, Sie müssen aber auf jeden Fall wissen, wie viele horizontale Bildpunkte der Monitor absolut anzeigt. Dann rechnen Sie:

[Bildschirmbreite (in Millimeter)] ÷ [Anzahl horizontale Pixel]

Der Wert, den Sie dabei ermitteln, ist der Punktabstand. Sie können ihn in der ersten Formel einsetzen.

Was wollen Sie tun?	Windows	Mac
Zoomwerkzeug aktivieren	Z	Z
Bildansicht vergrößern	Strg + +	⌘ + +
Bildansicht verkleinern	Strg + -	⌘ + -
Bildansicht in allen Dokumenten vergrößern	Klick mit der Lupe ins Bild + ⇧	Klick mit der Lupe ins Bild + ⇧
Bildansicht in allen Dokumenten verkleinern	Klick mit der Lupe ins Bild + Alt + ⇧	Klick mit der Lupe ins Bild + ⌥ + ⇧

◀ **Tabelle 3.1**
Zoom-Tastaturbefehle auf einen Blick

Tabelle 3.1 ▶
Zoom-Tastaturbefehle auf einen Blick (Forts.)

Was wollen Sie tun?	Windows	Mac
Bildansicht mit Bildfenster vergrößern	Strg + Alt + +	⌘ + ⌥ + +
Bildansicht mit Bildfenster verkleinern	Strg + Alt + -	⌘ + ⌥ + +
Wenn in den Voreinstellungen die Option ZOOM ÄNDERT FENSTERGRÖSSE aktiv ist, die Größenänderung kurzfristig abstellen	⇧	⇧
Bildansicht auf 100 % stellen	Strg + Alt + 0 (Null)	⌘ + ⌥ + 0 (Null)
Maximale Bildgröße auf dem Monitor (Bildschirmgröße) darstellen	Strg + 0 (Null)	⌘ + 0 (Null)
Zoomwerkzeug kurzzeitig aus anderen Werkzeugen aufrufen und vergrößern	Leertaste + Strg	Leertaste + ⌘
Zoomwerkzeug kurzzeitig aus anderen Werkzeugen aufrufen und verkleinern	Alt + Leertaste (bzw. Alt + Strg + Leer-taste bei der Bearbeitung von Text)	⌥ + Leertaste (bzw. ⌘ + ⌥ + Leertaste bei der Bearbeitung von Text)

CS4 Bilder mit Schwung herumwerfen

Auf den nüchternen Namen »Ziehschwenken« hört eine der spaßigeren Neuerungen in CS4. Großformatige und stark gezoomte Bilder lassen sich mit dem Hand-Werkzeug nämlich jetzt nicht nur brav über die Arbeitsfläche schieben, sondern auch mit Schwung herumwerfen. Geben Sie bei gedrückter Maustaste und aktivem Hand-Werkzeug der Bildfläche einen kräftigen Schubs – Sie werden sehen! Das funktioniert nur bei Dokumenten, bei denen Teile des Bildes nicht angezeigt werden können – also bei großen Bildern in kleineren Tabs oder Fenstern. Wenn das Ziehschwenken bei Ihnen gar nicht funktioniert, schauen Sie in den VOREINSTELLUNGEN (Strg/⌘+K) nach, ob die Option ZIEHSCHWENKEN AKTIVIEREN angeklickt ist.

3.2.3 Hand-Werkzeug: Die Bildansicht verschieben

Trotz der differenzierten Möglichkeiten, die Größe der Bilddarstellung festzulegen, bleibt immer noch die Aufgabe, den richtigen Bildausschnitt ins Dokumentfenster zu holen, denn die mit Photoshop bearbeiteten Bilder können viel größer sein als Fenster oder Tab – selbst auf dem geräumigsten Monitor! Das Hand-Werkzeug (Tastenkürzel: H) ist ein effizientes Hilfsmittel dazu.

Die Hand kommt immer dann sinnvoll zum Einsatz, wenn das eigentliche Bild größer ist als der Dokumentrahmen. Mit diesem Werkzeug schieben Sie das Bild – wie einen Bogen Papier auf der Tischplatte – im Dokumentfenster oder in der Registerkarte herum. Das könnten Sie zwar auch mit den Bildlaufleisten (Scroll-Leisten) erledigen, mit dem Hand-Werkzeug arbeiten Sie jedoch erheblich schneller!

Wie das Zoomwerkzeug wird das Hand-Werkzeug auch dann oft gebraucht, wenn gerade ein anderes Werkzeug aktiv ist. Per **Leertaste** erreichen Sie die hilfreiche Hand schnell, selbst wenn Sie gerade ein anderes Tool in Benutzung haben. Außer beim Bearbeiten von Text klappt dieser Trick immer. Sobald Sie die Leertaste loslassen, landen Sie wieder bei Ihrem zuletzt verwendeten Werkzeug.

Der richtige Bildausschnitt in Sekundenschnelle | In CS4 gibt es eine neue großartige Möglichkeit zum Navigieren in großen oder stark gezoomten Dokumenten. Durch simples Drücken der Taste [H] und Drücken der Maustaste wechselt die Bildansicht aus der gezoomten Detailperspektive kurzzeitig zum ganzen Bild. Ein feiner Rahmen zeigt proportional korrekt die Dimensionen des bisherigen Bildausschnitts an. Diesen Rahmen können Sie bei gehaltener Maustaste über das Bild verschieben. Sobald Sie [H] und die Maustaste loslassen, erscheint der gewählte Ausschnitt in der zuvor benutzten Vergrößerungsstufe im Dokumentrahmen (Tab oder Fenster).

Datei auf der Buch-DVD: »funkienblüte.jpg«

▲ **Abbildung 3.35**
Ein stark gezoomtes Bild. Im Dokumentfenster ist nur dieser Ausschnitt sichtbar.

Bild: Frank Gaebler

▲ **Abbildung 3.36**
[H]-Taste und Mausbewegung wechseln zu dieser Ansicht. Mit dem verschiebbaren Rahmen – der genau so proportioniert ist wie der bisherige Ausschnitt – kann ein neuer Bereich für die Anzeige festgelegt werden.

◄ **Tabelle 3.2**
Tastaturbefehle zum Bildlauf auf einen Blick

Was wollen Sie tun?	Windows	Mac
Hand-Werkzeug aufrufen	[H]	[H]
Hand-Werkzeug kurzzeitig aus anderen Werkzeugen heraus aufrufen	Leertaste	Leertaste
Handwerkzeug auf alle Bilder gleichzeitig anwenden	[⇧] + Leertaste	[⇧] + Leertaste
Bildausschnitt hochschieben	[Bild ↑]	[⇞]
Bildausschnitt herunterschieben	[Bild ↓]	[⇟]
Bildausschnitt langsam hochschieben	[⇧]+[Bild ↑]	[⇧]+[⇞]
Bildausschnitt langsam herunterschieben	[⇧]+[Bild ↓]	[⇧]+[⇟]

Tabelle 3.2 ▸
Tastaturbefehle zum Bildlauf auf einen Blick (Forts.)

Was wollen Sie tun?	Windows	Mac
Bildausschnitt nach links schieben	Strg + Bild ↑	⌘ + ↥
Bildausschnitt nach rechts schieben	Strg + Bild ↓	⌘ + ↧
Bildausschnitt zur linken oberen Fensterecke schieben	Pos1	Home
Bildausschnitt zur rechten unteren Fensterecke schieben	Ende	End
Kurzfristig ganzes Bild mit Positionsrahmen einblenden	H + Maustaste drücken	H + Maustaste drücken

Zoomstufe und Bildposition bei mehreren Bildern gleichzeitig anpassen | Lupe, Hand und Ansichtdrehung-Werkzeug haben alle Optionen, um die jeweilige Ansichtsänderung auf alle geöffneten Bilder gleichzeitig anzuwenden. Wenn Sie mit mehreren geöffneten Dokumenten arbeiten, können Sie jedoch auch nachträglich für alle Bilder mit einem Klick die Zoomstufe, Position oder Drehung einstellen. Die Voraussetzung dafür ist, dass bei einem der Bilder die gewünschte Darstellung schon eingestellt ist. Das Dokument muss aktiv sein, seine Einstellungen sind maßgebend für die Anpassung. Stellen Sie also zunächst dort die Vergrößerung ein, die auf alle Bilder angewendet werden soll. Legen Sie dann fest, welcher Bildbereich angezeigt werden soll, und drehen Sie, wenn nötig, die Ansicht. Danach können Sie die Befehle aus der Liste Dokumente anordnen oder dem Menü unter Fenster • Anordnen nutzen, um alle Bilder gleich anzeigen zu lassen.

▲ Abbildung 3.37
In der Liste Dokumente anordnen finden sich auch Befehle, um die Ansicht mehrerer Bilder gleichzeitig einzustellen.

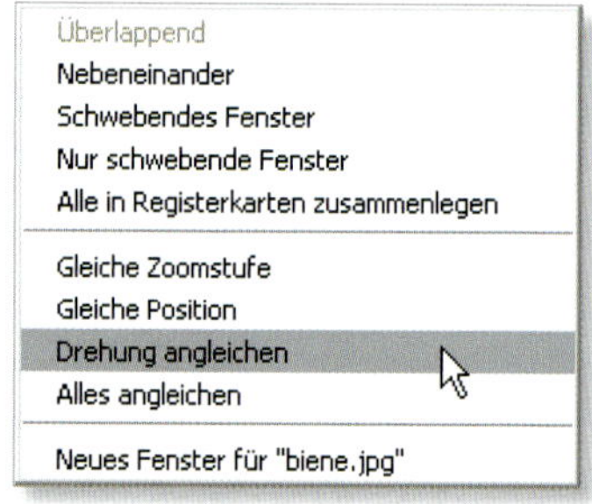

▲ Abbildung 3.38
Unter Fenster • Anordnen gibt es noch weitergehende Befehle.

- Mit dem Befehl Gleiche Zoomstufe bringen Sie alle geöffneten Bilder in denselben Abbildungsmaßstab.
- Mit Gleiche Zoomstufe und Position bekommen alle geöffneten Bilder denselben Abbildungsmaßstab und auch dieselbe Position im Dokumentfenster.
- Mit Gleiche Position bleibt der Vergrößerungsmaßstab unverändert, aber die Position der Bilder in den Dokumentfenstern wird angeglichen.
- Drehung angleichen (nur unter Fenster • Anordnen) ändert allein die Drehung aller geöffneten Dokumente.
- Alles angleichen (nur unter Fenster • Anordnen) wirkt sich auf alle Ansichtseigenschaften (Zoom, Position, Drehung) aus.

Praxisnutzen: Schiefe Horizonte gerade richten

Attraktiv ist das Ansichtdrehung-Werkzeug nicht nur für Illustratoren – insbesondere Grafiktablett-Nutzer. Sie können es auch verwenden, um zu prüfen, ob eine leicht gekippte Version Ihres Fotos besser wirkt. Besonders bei Landschaftsaufnahmen mit deutlicher Horizontlinie stellt sich diese Frage oft. Ermitteln Sie mit dem Ansichtdrehung-Werkzeug den günstigsten Winkel, bevor Sie das Bild mithilfe von Freistellungswerkzeug oder Lineal endgültig drehen und beschneiden. (Mehr dazu folgt in Kapitel 20, »Bilder beschneiden, ausrichten und skalieren«.)

3.2.4 Die Bildansicht drehen

Jeder, der auf Papier zeichnet, kennt das: bei schwierigen Arbeiten wird das Blatt schräg gelegt. In Photoshop CS4 geht das nun auch digital: Sie können die Bildansicht drehen. Das Bild selbst wird dabei nicht transformiert, denn diese Drehung betrifft nur die Ansicht! Möglich wird es durch OpenGL und das Ansichtdrehung-Werkzeug (Kürzel: R). Sie finden es in der neuen Anwendungsleiste und in der Werkzeugleiste als Unterwerkzeug der bekannten Hand. Wenn Sie Photoshop Extended benutzen, sollten Sie genau hinsehen, es besteht Verwechslungsgefahr mit den 3D-Rotationswerkzeugen.

▲ **Abbildung 3.39**
Der Mauszeiger des Ansicht-drehen-Werkzeugs steuert die Drehung.

Wenn das Werkzeug aktiv ist, wird eine Kompassrose eingeblendet, sobald Sie die Maus ins Bild setzen. Die lässt sich sehr intuitiv per Maus drehen und mit ihr die gesamte Bildansicht. Auch Werkzeuge, die Sie dann anwenden, erscheinen gekippt.

Bild: Fotolia.com, Stephen Mcsweeny

◂ **Abbildung 3.40**
Drehen per Maus geht schnell – an diesem Beispiel ein Bild im Quick-Mask-Modus. Die Drehung soll ein präziseres Aufpinseln der Maske ermöglichen.

Um **genaue Gradzahlen** einzugeben, nutzen Sie die Optionsleiste:

- Hier können Sie den Drehwinkel numerisch eintippen oder an einem kleinen Gradmesser mit der Maus ziehen.
- ANSICHT ZURÜCKSETZEN rückt das Bild wieder gerade, ebenso wie ein Klick auf [Esc].
- ALLE FENSTER DREHEN kippt alle geöffneten Bilder gleichzeitig.

Abbildung 3.41 ▶
Optionen des Ansichtdrehung-Werkzeugs

3.2.5 Navigationshilfe in Palettenform: Der Navigator

Über FENSTER • NAVIGATOR erreichen Sie die Navigator-Palette. Darin sind die Funktionen von Hand, Zoom und eine Bildausschnitt-Kontrolle zusammengefasst. Durch die CS4-Neuerungen in Sachen Dokumentanzeige ist die Navigator-Palette fast entbehrlich geworden (siehe Kapitel 3.2.3, Abschnitt »Der richtige Bildausschnitt in Sekundenschnelle«).

Abbildung 3.42 ▶
Das Beispieldokument wird im Fenster nicht komplett angezeigt.

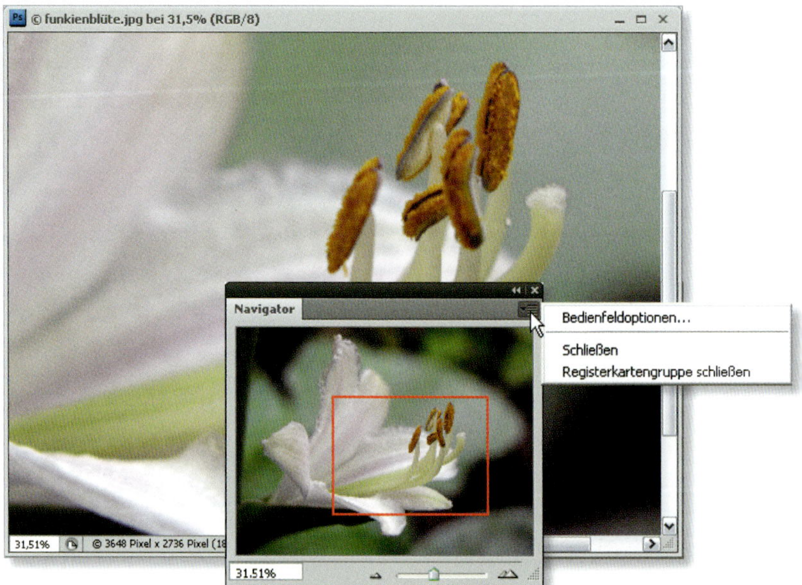

Abbildung 3.43 ▶▶
Die Navigator-Palette im Einsatz. Der im Fenster sichtbare Dokumentausschnitt ist hier rot markiert.

Die wichtigste Funktion der Navigator-Palette erschließt sich auf den ersten Blick: Sie zeigt bei großformatigen oder stark gezoomten Bildern, welcher Bildausschnitt aktuell im Dokumentfenster zu sehen ist. Das Vorschaufenster des Navigators zeigt das gesamte Bild, und ein roter Rahmen markiert den Bereich, der im Dokumentfenster sichtbar ist.

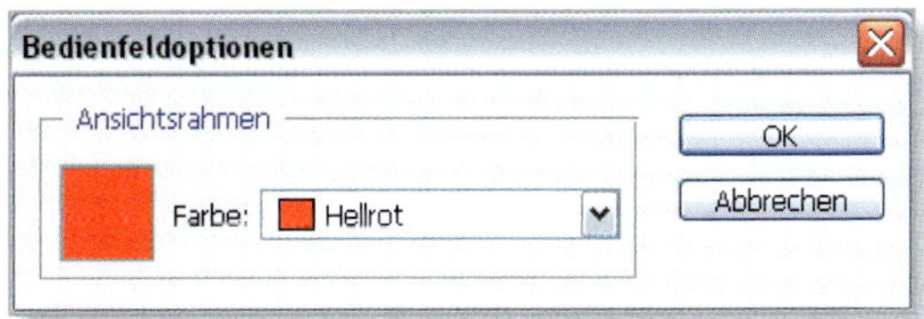

◂ **Abbildung 3.44**
Über die Bedienfeldoptionen können Sie die Farbe des Navigationsrahmens ändern – bei vorwiegend roten Bildmotiven ist das ganz sinnvoll.

Funktionen | Darüber hinaus hilft die Palette jedoch auch, Zoomstufe und Bildausschnitt festzulegen. Die Funktionen im Überblick:

- Das Verschieben des Navigator-Rahmens ❶ mit der Maus verschiebt gleichzeitig den Bildausschnitt im Dokumentfenster.
- Wenn Sie dabei zusätzlich ⇧ drücken, werden Rahmen und Bildausschnitt genau senkrecht oder waagerecht bewegt.
- Auch ein Klick an eine beliebige Stelle des Navigator-Vorschaufensters manövriert den Rahmen dorthin und bewegt den Bildausschnitt entsprechend.
- Sie können im Navigator-Rahmen links unten einen neuen Wert für den Abbildungsmaßstab eintippen ❸. Vergessen Sie nicht, die Eingabe mit ↵ zu bestätigen.
- Stufenlos verstellen lässt sich der Bildmaßstab per Schieberegler ❷. Und auch Klicks auf die Landschaftssymbole rechts und links des Schiebers vergrößern bzw. verkleinern stufenweise.
- Ein Strg-Klick bzw. ⌘-Klick in das Navigator-Fenster vergrößert genau den angeklickten Bereich auf die maximale Zoomstufe.

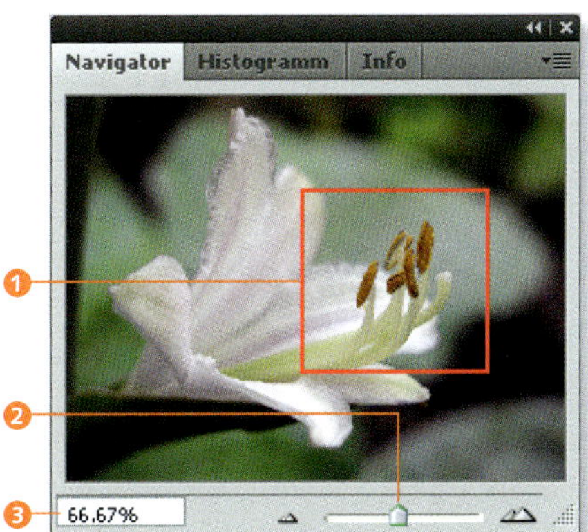

◂ **Abbildung 3.45**
Eingabefeld, Schieberegler, zwei Buttons (Gebirgssymbole): Weitere Möglichkeiten zur Änderung der Zoomstufe sehen Sie im unteren Bereich der Navigator-Palette.

Navigator-Lupe

Wenn Sie bei gehaltener Strg- bzw. ⌘-Taste über das Navigator-Fenster fahren, erscheint eine Lupe. Nun können Sie, wie vom Zoomwerkzeug bekannt, einen Rahmen per Maus aufziehen und damit das Bild gleichzeitig heranzoomen und den gezeigten Ausschnitt festlegen.

»Modus« in Photoshop

Der Begriff »Modus« taucht in Photoshop wiederholt auf. Der Bildschirmmodus – um den es hier geht – sollte nicht mit dem Befehl Bild • Modus verwechselt werden! Tatsächlich bezeichnet »Bildmodus« die Art der Farbbeschreibung in einer Datei. Bekannte Bildmodi sind CMYK und RGB. »Modi« treffen Sie in Photoshop auch noch andernorts an: zum Beispiel als Modus der Pixelverrechnung bei Mal- und Füllwerkzeugen und als Maskierungsmodus. Bezeichnet werden damit ganz unterschiedliche Dinge! Lassen Sie sich nicht verwirren.

3.3 Verschiedene Bildschirmmodi des Arbeitsbereichs

Um Bilder anzusehen, können Sie nicht nur zwischen verschiedenen Zoomstufen wählen, sondern auch kurzzeitig Elemente von der Photoshop-Arbeitsfläche ausblenden und für einen neutralen

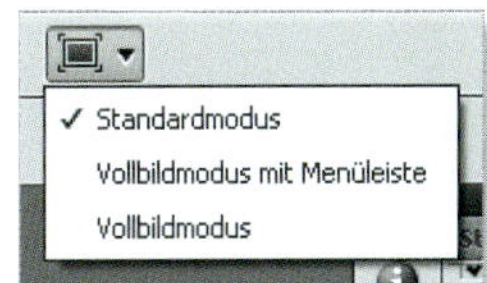

▴ **Abbildung 3.46**
In der Anwendungsleiste ganz rechts finden Sie die Befehle für den Bildschirmmodus.

Hintergrund sorgen. Das erleichtert die Beurteilung von Bildern enorm! Bei Farbkorrekturen kann das sinnvoll sein, denn die Bildschirmanzeige der Bildfarben ist zwar nicht Ihre einzige Kontrollmöglichkeit (und auch nicht die zuverlässigste), aber dennoch sehr wichtig. Auch für die Präsentation von Arbeitsergebnissen am Bildschirm macht sich der Vollbildmodus gut.

Zur Erinnerung: weitere Elemente ausblenden
Wenn Sie zusätzlich die Werkzeug- und Optionsleiste und die Paletten loswerden wollen – was oft sinnvoll ist –, drücken Sie [Tab]. [Strg]/[⌘]+[R] blendet die Bildlineale aus und ein.

Neben den schon genannten Möglichkeiten, einfach Paletten auszublenden, gibt es in Photoshop noch spezielle Ansichtsfunktionen, die **Bildschirm-** oder **Ansichtsmodi**. Sie lassen sich über die Anwendungsleiste oder mittels Shortcut [F] (für »Full Screen«) einstellen. Außerdem können Sie auch mit den Menübefehlen unter ANSICHT • BILDSCHIRMMODUS arbeiten.

Standardmodus | Der STANDARDMODUS ist der übliche Arbeitsmodus mit grauer Arbeitsfläche, Menü- und Optionsleiste oben und Paletten an den Seiten. Der Dokumentbereich passt sich dynamisch dem vorhandenen Platz an: Große Dokumente verbreitern sich automatisch, sobald zum Beispiel Paletten eingeklappt werden.

Abbildung 3.47 ▼
Photoshop im Standardmodus

Bild: Adobe, Amana

Vollbildmodus mit Menüleiste | Im VOLLBILDMODUS MIT MENÜLEISTE wird nur der Dokumentrahmen ausgeblendet. Alle

Werkzeuge und Funktionen bleiben weiterhin benutzbar, so auch die bekannten Zoom-Tastaturbefehle. So kommen Sie schnell zu einer Ansicht, die die Bildschirmfläche optimal ausnutzt.

▲ **Abbildung 3.48**
Vollbildmodus mit Menüleiste: Das Bild geht hinter den Paletten weiter, kann aber verschoben werden.

Vollbildmodus | Der Vollbildmodus hält, was er verspricht: Alle Programmelemente sind ausgeblendet, nichts lenkt vom Bild ab. Mit F oder Esc beenden Sie den Zustand und kehren wieder in den Standardmodus zurück.

◄ **Abbildung 3.49**
Der Vollbildmodus. Paletten und Werkzeugleiste werden eingeblendet, wenn Sie die Maus dem rechten oder linken Rand nähern.

Bild verschwunden?
Vorsicht, im Bildschirmmodus Vollbild mit Menüleiste kann ein Bild beim Ziehschwenken ganz aus dem Sichtfeld rutschen. Ein Doppelklick auf das Icon des Hand-Werkzeuges zentriert es wieder.

TOPP-TIPP: Arbeitsflächenfarbe ändern

Das nüchterne Neutralgrau der Arbeitsfläche ist ein guter Hintergrund, um Bilder zu beurteilen. Er vermeidet falsche Farbeindrücke. Sie können in allen Bildschirmmodi die Farbe Ihrer Standard-Arbeitsfläche jedoch auch ändern. Schwarz und Weiß sind ebenfalls gute Hintergründe zur Einschätzung von Fotos. Eine farbige Arbeitsfläche ist sinnvoll, um ein Bild vor einer speziellen Hintergrundfarbe zu testen, und kann Sie retten, wenn Sie Bilder bearbeiten, die selbst grau in grau sind. Klicken Sie mit der rechten Maustaste (Mac-Alternative: `Ctrl`-Klick) irgendwo in den grauen Arbeitsflächenbereich. Ein Kontextmenü lässt Ihnen dann die Wahl zwischen Schwarz, Weiß und eigenen Farben. EIGENE FARBE AUSWÄHLEN öffnet den Farbwähler. Suchen Sie eine Farbe aus, und bestätigen Sie mit OK – und die Arbeitsfläche hat die gewünschte Farbe.

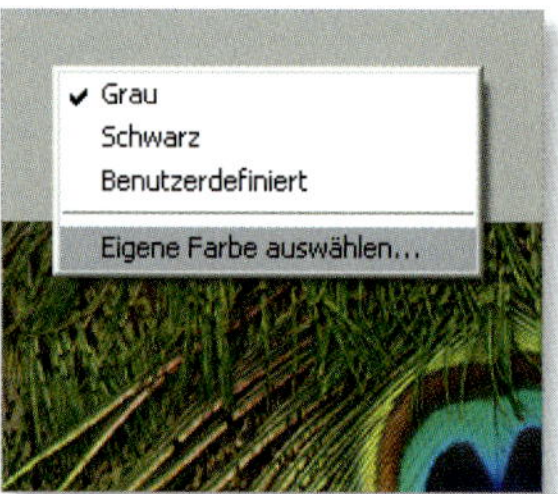

▲ **Abbildung 3.50**
Kontextmenü zum Umfärben der Arbeitsfläche, unten Teil eines Bildes

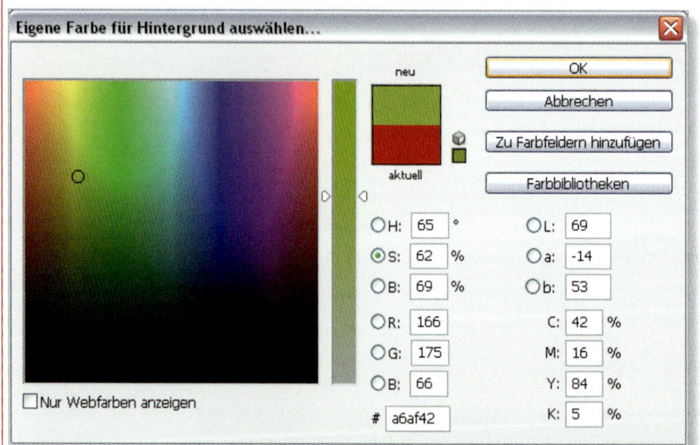

▲ **Abbildung 3.51**
Mit dem Spektrum im FARBWÄHLER lassen sich Farben intuitiv festlegen. Die numerische Eingabe der Farbwerte ist ebenfalls möglich.

Mit dem Kontextmenü kommen Sie auch wieder zum gewohnten GRAU zurück, und der Befehl BENUTZERDEFINIERT führt Sie zur letzten individuell eingestellten Farbe zurück.

Zum Weiterlesen: Farben festlegen

Der Farbwähler ist das mächtigste unter Photoshops Instrumenten zum Festlegen von Farben. Andere Möglichkeiten zur Farbauswahl sind die Paletten FARBFELDER oder FARBE (`F6`). Mehr zur Einstellung von Farben lesen Sie in Buchteil VIII, »Farbe und Farbveränderungen«.

3.4 Die Info-Palette: Farben und Maße unter Kontrolle

Der Befehl FENSTER • INFO oder ein Tastendruck auf F8 blendet die Informationen- oder Info-Palette ein. (Hier lässt Adobe ausnahmsweise einmal beide Schreibweisen gelten.) Die Info-Palette zeigt eine Fülle von Informationen zu Ihrer aktuellen Datei an – Koordinaten, Farbwerte, die Größe von Auswahlen und vieles andere. Sie ergänzt sich mit den verschiedensten Werkzeugen.

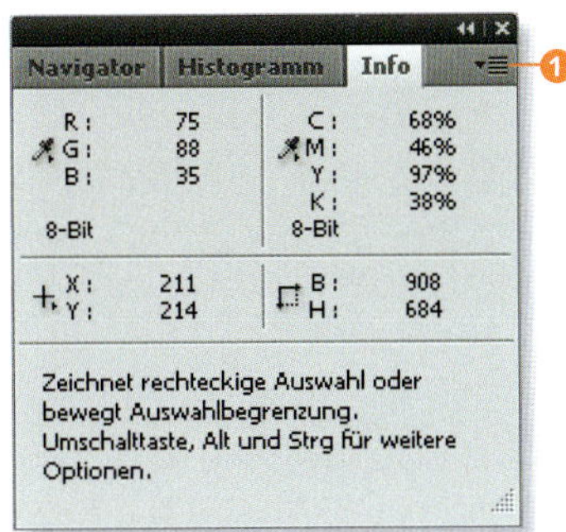

◄ **Abbildung 3.52**
Die Info-Palette. Was dort genau angezeigt wird, richtet sich nach dem gerade aktiven Werkzeug, der Position des Mauszeigers und den Palettenoptionen.

Optionen | Mit den Optionen legen Sie Maßeinheiten und Farbmodelle fest, die Photoshop anzeigen soll. Dort können Sie auch die Anzeige der Palette um weitere Informationen erweitern. Sie erreichen das Dialogfeld über den Befehl BEDIENFELDOPTIONEN aus dem Seitenmenü 1 der Palette.

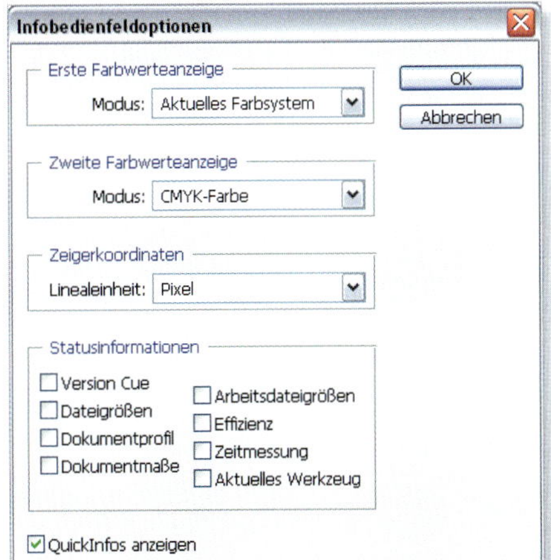

◄ **Abbildung 3.53**
Die INFOBEDIENFELDOPTIONEN

Optionen für die Farbwert-Anzeige | Im oberen Bereich der Info-Palette werden die Farbwerte angezeigt. Dafür gibt es gleich zwei Anzeigefelder, so dass Sie die Möglichkeit haben, die Farben des Bildes in zwei unterschiedlichen Farbsystemen anzeigen zu lassen.

Optionen der Info-Palette schneller erreichen

Wenn Ihnen der Weg zu den Bedienfeldoptionen einige Klicks zu lang ist, können Sie alternativ auch die mikroskopisch kleinen Schaltflächen direkt auf der Palette benutzen.

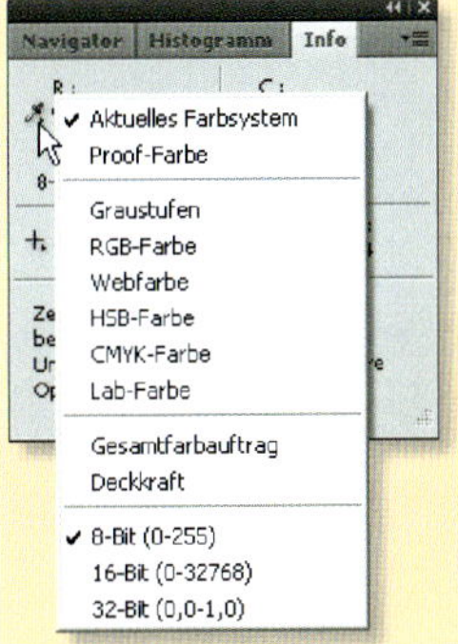

▲ **Abbildung 3.54**
Ein Klick auf eines der winzigen Dreiecke neben den Werkzeugsymbolen führt ebenfalls zu den Optionen.

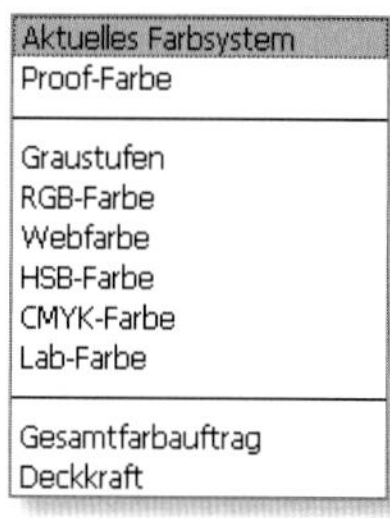

▲ **Abbildung 3.55**
Optionen zur Anzeige der Farbwerte in der Info-Palette

Wenn Sie der Anzeige in der Info-Palette andere Farbsysteme als die Standardeinstellung zugrunde legen wollen, müssen Sie in den Optionen die Einstellungen unter ERSTE FARBWERTEANZEIGE und ZWEITE FARBWERTEANZEIGE ändern. Sinnvoll ist es jedoch, wenn eine der beiden Anzeigen das aktuelle Farbsystem zeigt, das heißt das Farbsystem, das dem geöffneten Bild zugrunde liegt.

- Die Optionen GRAUSTUFEN, RGB, HSB, CMYK und LAB bezeichnen Farbsysteme bzw. Bildmodi, und die Option WEBFARBE meint die Beschreibung der Farben im Hexadezimalsystem (Beispiel: # CC6633). Solche Farbnotierungen werden im Webdesign benutzt.
- Für Druckprofis interessant ist die Option GESAMTFARBAUFTRAG. Der dort angezeigte Prozentwert ist die Addition aller CMYK-Prozentwerte aller Farbkanäle. Dieser Wert darf nicht zu hoch sein, der Maximalwert variiert je nach bedrucktem Material.
- Fast zwangsläufig kommt es zwischen der Bildschirmanzeige und dem gedruckten Bild zu Farbabweichungen. Man versucht daher mit verschiedenen Mitteln, das Aussehen der gedruckten Farben auf dem Bildschirm vorwegzunehmen, damit es nicht zu Überraschungen kommt. Ein Mittel ist die Einstellung PROOF-FARBE. Ist diese Option aktiv, werden auch die CMYK-Werte angezeigt, allerdings unter zusätzlicher Berücksichtigung der Farbeinstellungen und der dem Bild zugewiesenen Profile.

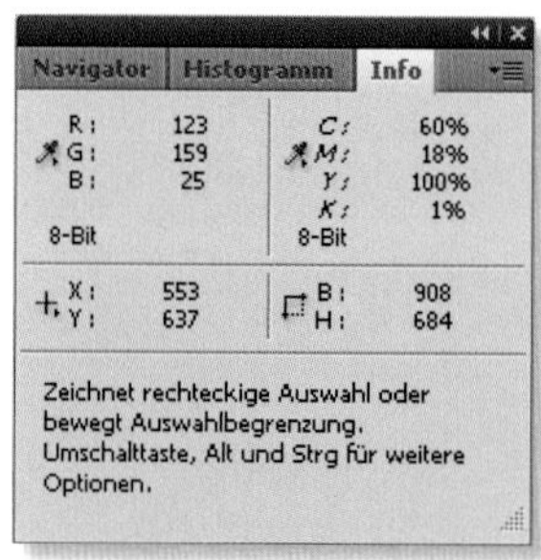

Abbildung 3.56 ▸
Die Anzeige der Proof-Farbwerte rechts oben. Sie ist von der normalen CMYK-Anzeige durch die Kursivschrift zu unterscheiden.

- Die Option DECKKRAFT soll die Deckkraft der aktuellen Ebene anzeigen.

Farbkontrolle bei der Vorbereitung von Bildern für den Druck | Bilder für die professionelle Druckreproduktion müssen üblicherweise im Farbsystem CMYK vorliegen. Viele Grafiker ziehen es jedoch vor, zunächst im Farbsystem RGB zu arbeiten, weil manche Arbeitsschritte dann etwas leichter sind und weil bei RGB-Bildern mehr Funktionen von Photoshop zur Verfügung stehen. Die Umwandlung in ein CMYK-Bild erfolgt erst ganz zum Schluss.

Allerdings sind die beiden Farbsysteme RGB und CMYK nicht genau deckungsgleich – es kann passieren, dass eine Farbe, die in RGB gut aussieht, später im CMYK-Druck gar nicht darstellbar ist!

Um solchen Fällen vorzubeugen, können eine parallele Anzeige von RGB- und CMYK-Werten in der Info-Palette und ein gelegentlicher Kontrollblick darauf sinnvoll sein. Wenn Sie mit der Maus über eine »verdächtige« Stelle im Bild fahren, werden in CMYK nicht darstellbare RGB-Farben in der Info-Palette mit einem kleinen Ausrufezeichen gekennzeichnet.

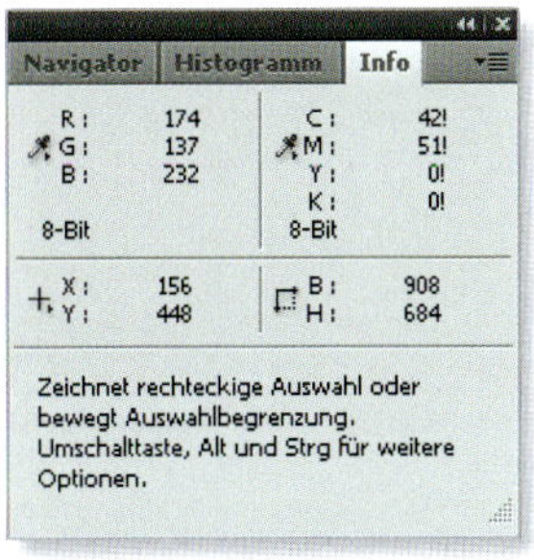

▲ **Abbildung 3.57**
Die Ausrufezeichen hinter den CMYK-Werten signalisieren, dass diese Farbe im Druck nicht originalgetreu wiedergegeben werden kann.

Messwerte | Auch für Einsteiger interessant und von Anfang an sinnvoll nutzbar sind die Messwerte in den beiden unteren Anzeigefeldern der Info-Palette:

- Wenn Sie mit der Auswahlellipse oder dem Auswahlrechteck arbeiten, zeigt die Info-Palette die Breite (B:) und Höhe (H:) der Auswahl an.
- Beim **Transformieren einer Ebene** können Sie hier anhand der Koordinaten (X:/Y:) die Position der transformierten Ebene im Bild, deren Größenveränderung in Prozent sowie eventuelle Neigungs- und Zerrungswinkel ablesen.
- Beim **Erstellen von Verläufen** können mithilfe der Info-Palette die Größe des gefüllten Bereichs und der Winkel des Verlaufs genau kontrolliert werden.

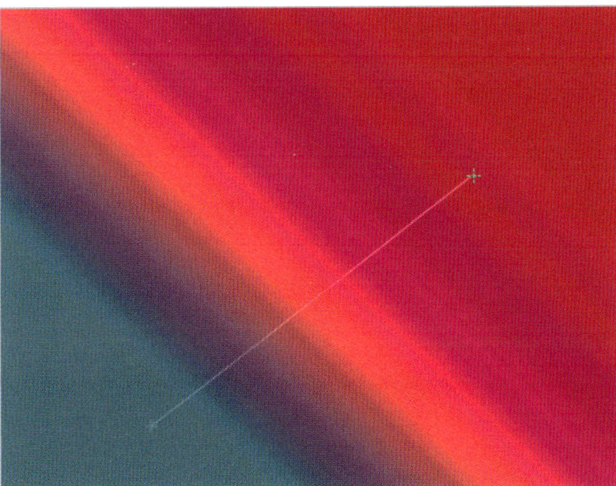

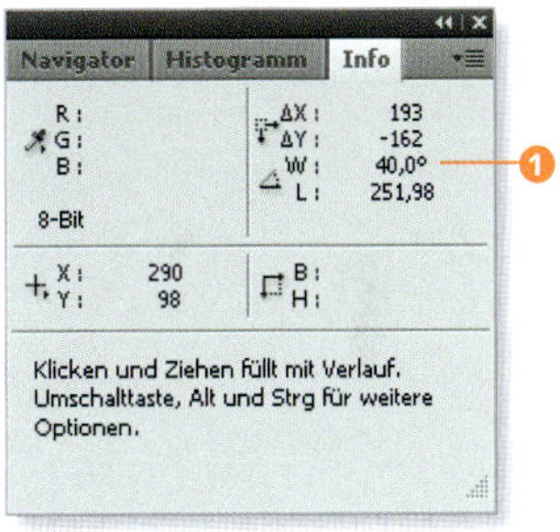

▲ **Abbildung 3.58**
Farbverläufe können mithilfe der Info-Palette gradgenau ① angelegt werden.

- Auch bei der Verwendung der Werkzeuge **Buntstift** und **Linienzeichner** sehen Sie die Koordinaten der Anfangs- und Endpunkte, Winkel und Distanzen.

Zum Weiterlesen: Farbsysteme, Farbreproduktion
Mehr zu Farbsystemen und Farbmodi und ihrer Bedeutung für die Bildbearbeitung und Reproduktion erfahren Sie in Kapitel 6, »Bildbearbeitung: Fachwissen«. Mehr über die sachgerechte Vorbereitung von Dateien für den Druck erfahren Sie in Teil XIII, »Bilder ausgeben«.

Statusinformationen | Den Inhalt des Feldes im unteren Bereich der Info-Palette bestimmen Sie selbst. Hier können verschiedene Statusinformationen angezeigt werden. Nehmen Sie die Einstellungen dazu im Optionsdialog der Bedienfeldoptionen unter STATUSINFORMATIONEN vor. Die Optionen selbst sind dieselben wie auch in der Statusleiste von Bildern.

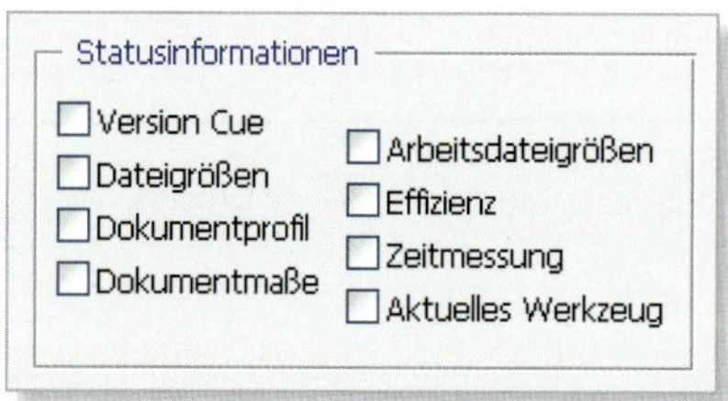

Abbildung 3.59 ▸
Statusinformationen der Info-Palette

QuickInfos | Ganz unten in der Info-Palette können kurze Hinweise zum gerade aktiven Werkzeug eingeblendet werden. Dazu muss die Option QUICKINFOS ANZEIGEN in den Optionen per Häkchen aktiviert sein. Diese Funktion ist recht nützlich, um sich mit den Werkzeugen und Werkzeug-Shortcuts vertraut zu machen.

3.5 Lineal, Hilfslinien, Raster und Spalten: Ausrichten und Messen

Beim Ausrichten von Bildelementen und Text reicht das Augenmaß für exakte Ergebnisse nicht aus. In Photoshop stehen Ihnen verschiedene Hilfsfunktionen zur Verfügung, um das pixelgenaue Ausrichten zu vereinfachen.

3.5.1 Lineale am Bildrand

Auf einigen Screenshots im Buch haben Sie es vielleicht schon gesehen: das Lineal am linken und oberen Rand eines jeden Bildes. Das Lineal ist eine gute Hilfe für die Platzierung von Elementen im Bild, es ergänzt hervorragend die Hilfslinien, die ich Ihnen im nächsten Absatz vorstelle, und ein kurzer Blick auf das Lineal hilft, sich schnell über die Dimensionen und den Zoom-Maßstab des Bildes zu orientieren. Es funktioniert in Registerkarten und in schwebenden Fenstern.

▴ Abbildung 3.60
Nicht alle, aber die wichtigsten Extras erreichen Sie schnell über diesen Button.

Lineal anzeigen | Ein- und Ausblenden können Sie das Lineal mit Strg+R bzw. ⌘+R, mit dem Menübefehl ANSICHT • LINEALE und mit dem Button EXTRAS EINBLENDEN aus der Anwendungsleiste.

Um das Lineal an die eigenen Bedürfnisse anzupassen, gibt es zwei wichtige Möglichkeiten:

- Sie können die Maßeinheit verstellen.
- Sie können den Ursprung des Lineals ändern.

Maßeinheit ändern | Um die Maßeinheit zu verändern, rufen Sie wiederum die Voreinstellungen (Strg/⌘+K) auf und gehen dann zu MASSEINHEITEN & LINEALE.

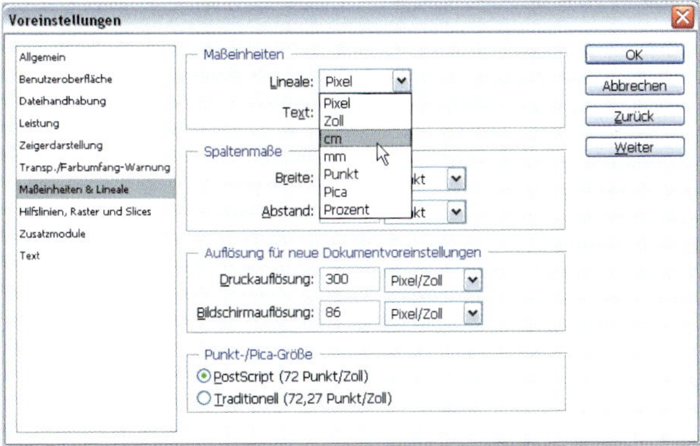

▲ **Abbildung 3.61**
Verstellen der Maßeinheit für Lineale

Globale Auswirkung der geänderten Maßeinheit

Welche Maßeinheit in den Voreinstellungen eingestellt wird, ist nicht nur für die Bildrand-Lineale relevant. Gleichzeitig beeinflussen Sie damit die Standard-Voreinstellung in vielen Dialogboxen, der Optionsleiste und zum Beispiel auch für das Linealwerkzeug.
Der Hintergedanke dabei: Wer einem bestimmten Maßsystem den Vorrang gibt, tut dies vor allem, weil Bilder medienspezifisch (für die Bildschirm- oder Druckausgabe) produziert werden sollen, und braucht das entsprechende Maß dann nicht nur bei den Linealen.

Was Sie dann sehen, ist fast selbsterklärend. Die Einstellung PIXEL eignet sich besonders gut, wenn Sie Bilder für den Einsatz am Monitor (Internet, CD-ROM, Bildschirmpräsentationen u. Ä.) produzieren. ZENTIMETER und MILLIMETER eignen sich eher, wenn Sie Bilder für die Druckvorstufe bearbeiten. PUNKT und PICA sind typographische Maßeinheiten, mit denen Schriftgrößen bezeichnet werden.

Der Ursprung des Lineals | Der Ursprung des Lineals (gewissermaßen der Nullpunkt) lässt sich einfach ändern, indem Sie den Mauszeiger auf den Schnittpunkt beider Lineale in der oberen linken Ecke des Dokumentrahmens platzieren und mit gedrückter Maustaste herausziehen.

Datei auf der Buch-DVD: »obst.tif«

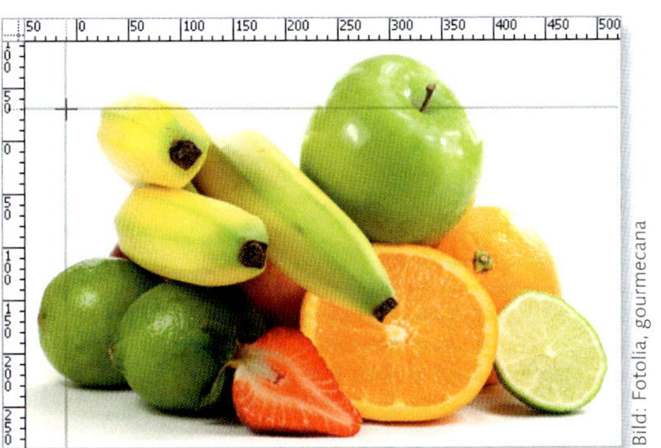

◀ **Abbildung 3.62**
Der Ursprung der Lineale wird verändert.

Ausrichten des Nullpunkts an schon vorhandenen Hilfslinien

Wenn im Bild bereits von Hand gesetzte Hilfslinien vorhanden sind, können Sie den Linealursprung auch daran ausrichten. Führen Sie die gestrichelten »Ursprungslinien« des Lineals langsam mit der Maus an die Hilfslinie heran. Sie spüren dann ein sanftes Einrasten an den Hilfslinien – dann können Sie die Maus loslassen. **Voraussetzung**, damit das klappt: Unter ANSICHT • AUSRICHTEN AN ist bei HILFSLINIEN ein Häkchen gesetzt (Standardeinstellung).

▲ **Abbildung 3.63**
Neue Ursprungspunkte sind gesetzt.

▲ **Abbildung 3.64**
Um den Ursprung wieder zurückzusetzen, genügt ein Doppelklick auf den linken oberen Lineal-Schnittpunkt.

3.5.2 Winkel und Strecken per Linealwerkzeug bestimmen

Wenn Sie die Maße eines Bildgegenstandes ermitteln wollen, können Sie Photoshops Linealwerkzeug (Tastaturbefehl I) einsetzen, das sich unter Pipette und Farbaufnehmer versteckt. Das Linealwerkzeug misst **Streckenlängen** und **Winkel**. Die Ergebnisse der Messung können Sie in der Optionsleiste und der Info-Palette ablesen. Die bei der Messung erzeugten Linien werden nicht mitgedruckt!

Wie wird gemessen? | Um die **Länge einer Strecke** zu ermitteln, klicken Sie einmal ins Bild und ziehen dann den Mauszeiger bei gehaltener linker Maustaste über die auszumessende Strecke. Wenn Sie am Ende ankommen, lassen Sie die Maus los. Wenn Sie beim Ziehen die ⇧-Taste drücken, steht die Messlinie **genau** senkrecht, waagerecht oder in einem 45°-Winkel.

Um **Winkel** zu schon bestehenden Messlinien auszumessen, doppelklicken Sie auf eine schon bestehende Linie und ziehen den Zeiger in die gewünschte neue Position. In der Optionsleiste werden die Längen oder Winkel dann angezeigt.

Sobald Sie zu einem anderen Werkzeug wechseln, wird die Messlinie ausgeblendet. Wenn Sie zum Linealwerkzeug zurückkehren, erscheint sie wieder.

Messlinie modifizieren | Sie können auch eine einmal gezogene Messlinie modifizieren:

- Ein Ziehen des Endpunktes per Maus verlängert oder verkürzt die Linie.
- Ein Verschieben der Linie ist ganz einfach. Dazu fassen Sie die Linie in der Mitte per Maus an und bewegen sie.

Optionen des Linealwerkzeugs | Die X- und Y-Koordinaten ❶ bezeichnen den Anfangspunkt der Messstrecke. Angegeben wird auch, wie lang die auf den X- und Y-Achsen zurückgelegte Strecke ist ❷. B bezeichnet den horizontalen, H den vertikalen Abstand. Das ist nicht die Länge der Messlinie!

▼ **Abbildung 3.65**
Ergebnisse einer Messung

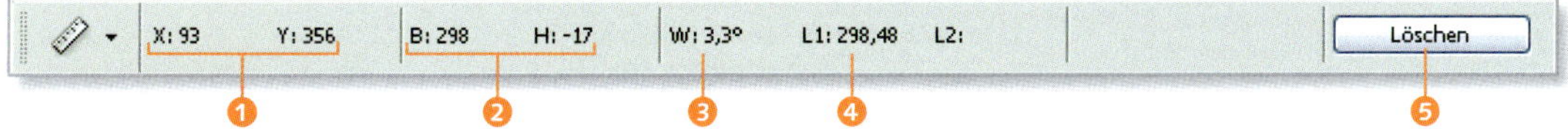

Während die ersten zwei Maße eher abstrakt und in der täglichen Arbeit nicht so aufschlussreich sind, ist der Wert unter »W« ❸ schon interessanter: Er bezeichnet den **relativen Winkel einer Messlinie zur Horizontalen**. Damit können Sie zum Beispiel kontrollieren, ob Sie die Messlinie tatsächlich genau senk- oder waagerecht gezogen haben.

Die Werte unter »L« ❹ beziehen sich nun auf die tatsächliche **Streckenlänge**(n). Ein zweiter L-Wert wird nur angezeigt, wenn eine aus zwei Messstrecken bestehende Winkelmessung vorgenommen wurde.

Ein Klick auf die Schaltfläche LÖSCHEN ❺ in der Optionsleiste entfernt die Messlinien endgültig. Alternativ können Sie die Linie auch einfach per Maus über die Bildgrenzen herausziehen.

Messen per Auswahl und Info-Palette
Mit dem Linealwerkzeug bietet Photoshop zwar auch ein spezialisiertes Tool zum Feststellen von Kantenlängen, doch manchmal ist man schneller, wenn man das Auswahlrechteck zusammen mit der Info-Palette als Linealwerkzeug zweckentfremdet. Das ist oft sehr nützlich beim Erstellen von Entwürfen für Webseiten! Aber auch die Außenmaße unregelmäßig geformter Auswahlen werden hier angezeigt.

3.5.3 Hilfslinien: exaktes Ausrichten

Hilfslinien können von Ihnen selbst im Bild positioniert werden. Sie dienen als Ausrichtungshilfe für verschiedene Bild- und Textelemente. Sie bleiben beim Drucken des Bildes unsichtbar.

Hilfslinien freihändig erstellen | Der schnellste Weg zur Hilfslinie führt über das Lineal – nicht über das Linealwerkzeug, sondern über das Lineal am Bildrand. Am schnellsten blenden Sie es über das Tastaturkürzel [Strg]/[⌘]+[R] ein. Dann können Sie die benötigten Hilfslinien einfach mit der Maus aus den Linealen herausziehen – vertikale Linien aus dem vertikalen Lineal, horizontale Linien aus dem horizontalen Lineal. Sie können auch aus dem vertikalen Lineal horizontale Hilfslinien herausziehen und umgekehrt. Halten Sie dazu einfach [Alt] bzw. [⌘] gedrückt, während Sie die Hilfslinie aus dem Lineal ziehen. Auf mit Paletten und anderen Fenstern zugestellten Bildschirmen ist diese Option ganz praktisch!

Farbe der Hilfslinien einstellen

Die Standardfarbe für Hilfslinien ist Cyan. Sollte diese Farbe sich einmal nicht bewähren, weil sie sich zu wenig vom Bild abhebt, können Sie sie in den VOREINSTELLUNGEN ([Strg]/[⌘]+[K]) unter HILFSLINIEN, RASTER UND SLICES ([Strg]/[⌘]+[8]) abändern.

Hilfslinien exakt positionieren | Um Hilfslinien an eine bestimmte Position zu bringen, können Sie das schon vorgestellte Linealwerkzeug und natürlich auch das Lineal zu Hilfe nehmen. Auch die Info-Palette zeigt die genaue Lage der Linie an, solange Sie

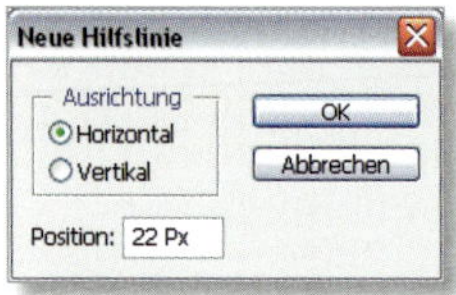

▲ **Abbildung 3.66**
Pixelgenaue Hilfslinien-Positionierung via Dialogfeld

diese mit der Maus noch festhalten, und bietet eine gute Orientierung.

Eine weitere Möglichkeit ist das Menü ANSICHT • NEUE HILFSLINIE. Damit rufen Sie ein kleines Dialogfeld auf, in dem Sie die genaue Position festlegen können.

Hilfslinien genau einrasten lassen

Die Hilfslinien bleiben genau dort liegen, wo Sie die Maus loslassen – manchmal auch *zwischen* den Pixel- oder Millimeterangaben auf dem Lineal. Dadurch können Sie dann später Probleme mit der Ausrichtung von Objekten bekommen. Um das zu unterbinden, drücken Sie die [⇧]-Taste, während Sie die Hilfslinie herausziehen. Die Hilfslinie richtet sich dann an den aktuellen Linealunterteilungen (Pixel, cm oder mm) aus.

Hilfslinien ein- und ausblenden | Das schnellste Mittel für das (kurzfristige) Ausblenden und Wiedereinblenden von Hilfslinien ist allerdings der Shortcut [Strg]+[,] ([⌘]+[,] unter Mac OS) – er ist wesentlich schneller als der Weg durch die Menüs!

Hilfslinien und Raster gehören zu den sogenannten **Extras**, das sind hilfreiche Bildschirmelemente, die nicht gedruckt werden, aber Ihre Arbeit unterstützen. In der Anwendungsleiste können Sie die wichtigsten – Hilfslinien, Lineale und Raster – ein- und ausblenden.

Unter ANSICHT • EINBLENDEN haben Sie weitergehende Einstellungsmöglichkeiten.

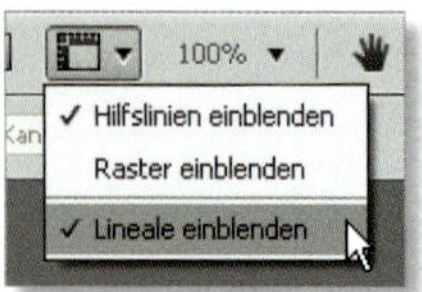

▲ **Abbildung 3.67**
Die wichtigsten Extras erreichen Sie schnell über die Anwendungsleiste.

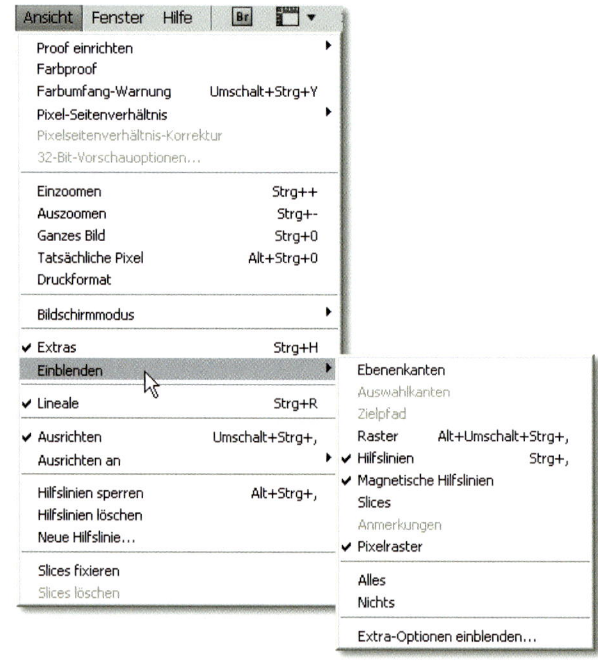

Abbildung 3.68 ►
Das Menü ANSICHT • EINBLENDEN

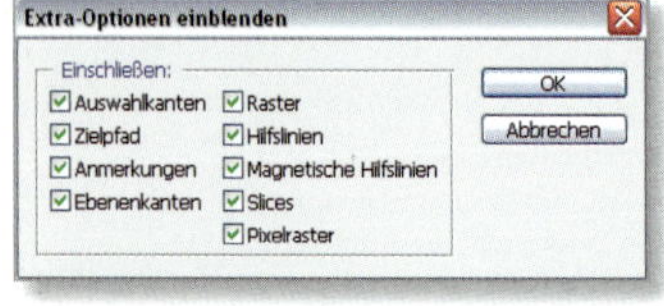

▲ **Abbildung 3.69**
Die Extra-Optionen

Wenn Sie bestimmte **Extras dauerhaft verbergen** wollen, können Sie dies mit dem Befehl ANSICHT • EINBLENDEN • EXTRA-OPTIONEN EINBLENDEN tun. Dort können Sie das Häkchen vor denjenigen Extras entfernen, die Sie nicht benötigen.

Hilfslinien verschieben | Auch nachträglich können Sie Hilfslinien verschieben. Dazu muss das Verschieben-Werkzeug

(Shortcut: [V]) aktiv sein – dann lässt sich die Hilfslinie ohne Weiteres anfassen und bewegen.

Wenn Sie das Verschieben-Werkzeug nur für einen Handgriff brauchen, müssen Sie nicht das Werkzeug wechseln: Drücken Sie einfach die [Strg]-Taste (Mac OS: [⌘]). Damit ist das Verschieben-Werkzeug kurzfristig aktiv: Sie können die Hilfslinie verschieben und danach wieder mit dem bisherigen Werkzeug weiterarbeiten. Auch hier kehren [Alt] bzw. [⌥] die Ausrichtung der Hilfslinie um: Wenn Sie die Taste beim Verschieben einer Hilfslinie drücken, verwandeln Sie eine horizontale in eine vertikale Linie – und umgekehrt.

Hilfslinien fixieren | Um das unbeabsichtigte Verschieben von Hilfslinien zu unterbinden, wählen Sie den Befehl ANSICHT • HILFSLINIEN SPERREN ([Alt]+[Strg]+[,] (Win) oder [⌥]+[⌘]+[,] auf dem Mac).

Hilfslinien löschen | Um alle Hilfslinien eines Bildes zu entfernen, gehen Sie am besten wieder den Weg über das Menü ANSICHT • HILFSLINIEN LÖSCHEN. Einzelne Hilfslinien können Sie einfach aus dem Dokumentbereich herausziehen, wenn Sie sie nicht mehr brauchen.

Hilfslinien (ent)magnetisieren | Wie erwähnt sind Hilfslinien – und einige andere Elemente wie zum Beispiel Auswahllinien oder Ebenenkanten auch – leicht magnetisch, so dass Text- oder Bildebenen, Auswahl- und Textrahmen und auch einige Werkzeuge automatisch an ihnen haften, wenn sie in ihre Nähe geschoben werden. Wenn Sie etwas pixelgenau positionieren wollen, kann dieses automatische Ausrichten zuweilen lästig sein. Es lässt sich abstellen unter ANSICHT • AUSRICHTEN ([Strg]+[⇧]+[,] unter Windows oder [⌘]+[⇧]+[,] unter Mac OS).

Kurzfristig unterdrücken können Sie den »Magnetismus« von Hilfslinien, aber auch von Dokumentkanten oder Ebenen und anderen Objekten, indem Sie [Strg] bzw. [⌘] beim Arbeiten gedrückt halten (bei aktivem Verschieben-Werkzeug).

Unter ANSICHT • AUSRICHTEN AN können Sie festlegen, welche Photoshop-Elemente generell über diese Ausrichten-Funktion verfügen.

Magnetische Hilfslinien: automatisch zur Stelle | Neben den von Ihnen zu positionierenden »normalen« Hilfslinien mit Ausrichten-Funktion gibt es noch die sogenannten magnetischen Hilfslinien. Sie erscheinen automatisch im Bild, wenn Sie Bildobjekte auf separaten Ebenen bewegen, eine Form zeichnen,

Auch andere Helferlein ausblenden

Wenn Sie nicht nur die Hilfslinien, sondern auch andere Extras und Hilfselemente wie Auswahllinien, Farbaufnehmer-Werte, Pfade, Raster oder Anmerkungen aus einem Bild ausblenden wollen, ist der Tastaturbefehl [Strg]+[H] ([⌘]+[H] unter Mac OS) der richtige. Welche Extras überhaupt mit [Strg]+[H] ([⌘]+[H]) aufgerufen werden, bestimmen die Einstellungen unter ANSICHT • EINBLENDEN.

Textebenen verschieben usw. – kurzum, immer dann, wenn es etwas auszurichten gibt. Die automatischen magnetischen Hilfslinien haben – im Unterschied zu den normalen Hilfslinien – die Farbe Magenta. Sie verschwinden, sobald Sie mit dem Ausrichten fertig sind und die Maus loslassen.

Wie die gewöhnlichem Hilfslinien auch lassen sich magnetische Hilfslinien via ANSICHT • EINBLENDEN und EXTRA-OPTIONEN EINBLENDEN ausblenden oder auch dauerhaft unterdrücken.

Datei auf der Buch-DVD: »zitronen-montage.psd«

Abbildung 3.70 ▶
Beim Ausrichten – hier ist es die oberste Textzeile – werden magnetische Hilfslinien (1) automatisch eingeblendet.

3.5.4 Raster einstellen und nutzen

Wenn Sie viele Orientierungslinien brauchen und Ihnen das Anlegen zahlreicher Hilfslinien zu mühsam ist, sollten Sie mit dem Raster arbeiten. Es hat ähnliche Eigenschaften wie die Hilfslinien auch:

- Es ist nicht druckbar.
- Rasterlinien sind leicht magnetisch – auch Hilfslinien bleiben am Rastergitter »kleben«.

Die Menübefehle ANSICHT • EINBLENDEN • EXTRA-OPTIONEN EINBLENDEN und der EXTRA-Button der Anwendungsleiste sind für die Anzeige bzw. das dauerhafte Verbergen des Rasters zuständig. Der schnelle Shortcut ist: Alt+⇧+Strg+, bzw. ⌥+⇧+⌘+, (Raster ein- und ausblenden).

Wiederum über die Voreinstellungen • Hilfslinien, Raster und Slices nehmen Sie Einstellungen zum Feintuning von Rasterdarstellung und Rasterweite vor.

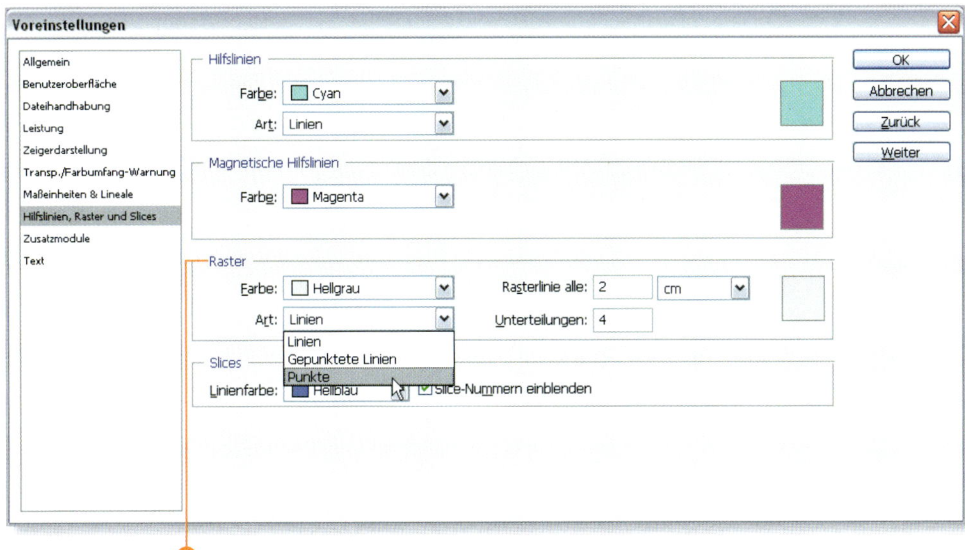

▼ Abbildung 3.71
Das Raster ❷ lässt sich an den eigenen Bedarf anpassen.

Mit der Position des Linealursprungs können Sie auch die Positionierung des Rastergitters beeinflussen und so exakt an Ihr Projekt anpassen.

◂ Abbildung 3.72
Text-Bild-Montage mit eingeblendetem Raster.

Hilfslinien, Raster und Entwurfstechnik

Sie sollten nicht zu früh in der Entwurfsphase beginnen, sich das Dokument mit Hilfs- und Rasterlinien einzugrenzen. Ein zu früh eingesetztes Gitter beeinträchtigt die Kreativität ganz erheblich und führt oft zu starren, unlebendigen Entwürfen (siehe Abbildung 3.73).

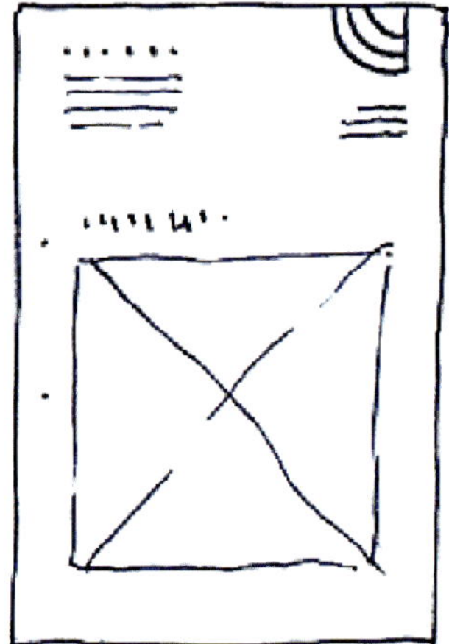

▲ **Abbildung 3.73**
Hilfslinien und Raster eignen sich nicht, um Layout-Aufteilungen zu entwickeln. Hier sind Handzeichnungen oft besser.

Tabelle 3.3 ▶
Tastenkürzel für Lineale, Hilfslinien und Raster

Was wollen Sie tun?	Windows	Mac
Lineale ein- und ausblenden	Strg + R	⌘ + R
Linealwerkzeug aktivieren	I	I
Hilfslinien ein- und ausblenden	Strg + ,	⌘ + ,
Alle Extras ein- und ausblenden	Strg + H	⌘ + H
Aus vertikalem Lineal eine horizontale Hilfslinie herausziehen (und umgekehrt)	Alt	⌥
Beim Verschieben vertikale in horizontale Hilfslinie verwandeln (und umgekehrt)	Alt	⌥
Hilfslinien fixieren	Strg + Alt + ,	⌘ + ⌥ + ,
Ausrichten-Funktion (»Magnetismus«) bei der Arbeit mit dem Verschieben-Werkzeug kurzfristig aufheben	Strg	⌘
Aus anderem Werkzeug kurzfristig zum Verschieben-Werkzeug wechseln	Strg	⌘
Raster ein- und ausblenden	Alt + ⇧ + Strg + ,	⌥ + ⇧ + ⌘ + ,

4 Arbeitsschritte zurücknehmen, Bildstadien konservieren

Fehler macht jeder – aber Photoshop kann sie wieder rückgängig machen! Die Protokollfunktion, wenn sie sinnvoll eingesetzt wird, macht es Ihnen leicht, frühere Arbeitsstadien wiederherzustellen und Fehler wieder zurückzunehmen. Außerdem zeige ich Ihnen hier Tipps und Tricks für reversible Arbeitstechniken. Trial and Error – Ausprobieren und Verwerfen – ist wohl eine der meistgebrauchten Arbeitstechniken. Entspannter lässt es sich jedoch arbeiten, wenn man weiß, wie man falsche Arbeitsschritte wieder rückgängig macht.

4.1 Arbeitsschritte zurücknehmen

Für den schnellen Gebrauch und um einen bzw. nur wenige Schritte zurücknehmen, bietet sich die Nutzung folgender Tastatur- und Menübefehle an. Diese Befehle sind jedoch nur als schnelle **Soforthilfe** zu verstehen: Nach dem Schließen des Bildes sind alle hier genannten Möglichkeiten, um zurückzugehen, verloren. Nach dem Zwischenspeichern sind der Befehl und der entsprechende Shortcut SCHRITT ZURÜCK nicht mehr aktiv; RÜCKGÄNGIG funktioniert aber noch:

- Um den letzten Arbeitsschritt wieder zurückzunehmen, drücken Sie Strg+Z (am Mac: ⌘+Z) oder wählen im Menü BEARBEITEN • RÜCKGÄNGIG.
- Sie wollen diese Rücknahme rückgängig machen? Ein erneutes Drücken von Strg+Z bzw. ⌘+Z stellt den gelöschten Arbeitsschritt auch wieder her.
- Um mehrere Arbeitsschritte hintereinander zurückzunehmen, drücken Sie mehrfach Strg+Alt+Z bzw. ⌘+⌥+Z (oder über das Menü: BEARBEITEN • SCHRITT ZURÜCK).
- Um diese so gelöschten Arbeitsschritte wiederherzustellen, drücken Sie ⇧+Strg+Z bzw. ⇧+⌘+Z (Menübefehl: BEARBEITEN • SCHRITT VORWÄRTS).

Was ist »ein Arbeitsschritt«?

Ein Schritt zurück – das wird von Photoshop bisweilen sehr eng ausgelegt. Beim Retuschieren, Radieren oder Malen setzt man das Werkzeug meist sehr oft ab und erneut an, bis eine Retusche sitzt oder eine Illustration geglückt ist. So etwas wird von Photoshop aber schon als »viele verschiedene Arbeitsschritte« interpretiert. Daher gilt: Bei der Arbeit mit Mal- und Retuschewerkzeugen ist es immer nur der wirklich letzte Schritt bzw. Pinselstrich, der zurückgenommen werden kann.

Zum Weiterlesen: Protokoll-Palette als Alternative
Wenn Sie mehrere Arbeitsschritte vor- und zurückgehen, können Sie auch mit der **Protokoll-Palette** arbeiten, die gute Übersichtlichkeit mit leichter Bedienbarkeit vereint. Mehr darüber erfahren Sie in Abschnitt 4.3, »Die Protokoll-Palette«.

Wie viele Schritte geht es überhaupt zurück? | Die Anzahl der Arbeitsschritte, die Photoshop zum Zurückgehen konserviert, ist begrenzt. Standardmäßig sind es 20 Protokollschritte, die zurückgegangen werden können – alles, was weiter zurückliegt, hat Photoshop dann »vergessen«. Besonders bei Arbeiten wie Malen oder Retuschieren oder auch bei der Arbeit mit manchen Filtern wie z. B. dem Extrahieren sind diese 20 Schritte recht schnell »aufgebraucht«.

Diesen Wert kann man jedoch erhöhen (bis zu 1000 Protokollobjekte sind möglich). Dies geschieht wiederum in den VOREINSTELLUNGEN (Strg / ⌘+K), diesmal in der Rubrik LEISTUNG (Strg / ⌘+4).

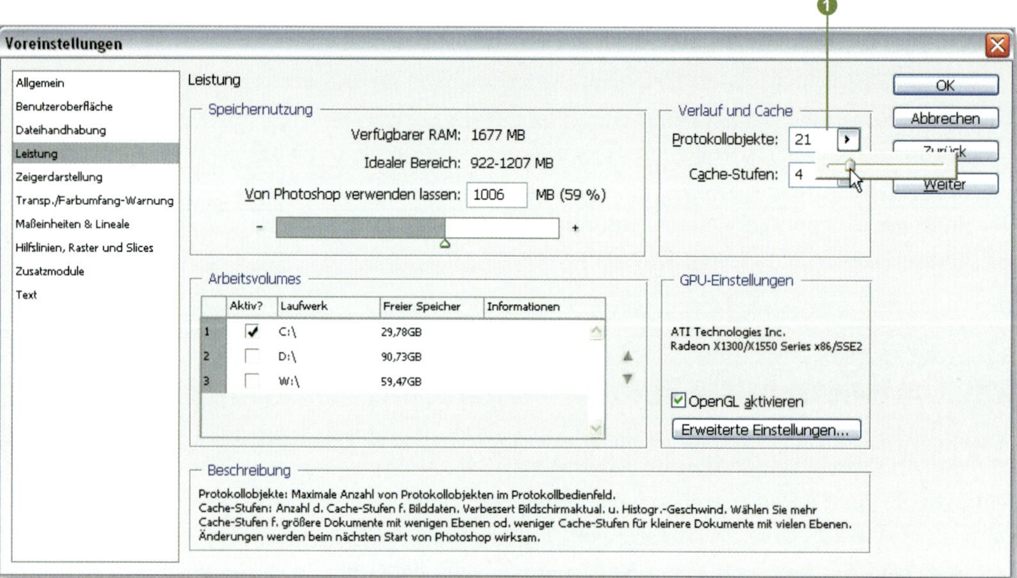

Abbildung 4.1 ▼
PROTOKOLLOBJEKTE ist der Eintrag, der hier interessiert.

Wie Sie sich denken können, nimmt das Vorhalten früherer Arbeitsstadien eines Bildes, die dann wiederhergestellt werden, viel Arbeitsspeicher in Anspruch. Ist unter PROTOKOLLOBEKTE ❶ ein hoher Wert eingetragen, kann sich die Bearbeitungsgeschwindigkeit spürbar verlangsamen. Mithilfe der schon vorgestellten Statusanzeige EFFIZIENZ (siehe Kapitel 2.9.3, Abschnitt »Effizienz«) können Sie die Balance zwischen möglichst hoher Anzahl von Protokollobjekten und akzeptabler Arbeitsspeicher-Auslastung finden.

Zurück zur letzten Version | Sind Ihnen alle letzten Bearbeitungsschritte komplett danebengegangen, gibt es nur eins: Stellen Sie den Zustand direkt nach dem Öffnen des Bildes oder direkt nach dem letzten Speichern wieder her. Für diese Radikallösung wählen Sie DATEI • ZURÜCK ZUR LETZTEN VERSION oder F12.

4.2 Einstellungen in Dialogfeldern zurücknehmen

Die Einstellungen, die Sie in Photoshops Dialogfeldern vornehmen können, sind zum Teil recht komplex. Daher gibt es auch hier zwei Möglichkeiten, um Einstellungen zurückzunehmen – **vor** der Anwendung der Funktion und ohne das Dialogfeld schließen zu müssen.

- Strg/⌘+Z funktionieren auch hier in den meisten Fällen. Das lässt sich z. B. beim Extrahieren- oder beim Verflüssigen-Filter und bei anderen Dialogen, die viel »Pinselarbeit« beinhalten, sinnvoll einsetzen.
- Das Drücken von Alt bzw. ⌥ bewirkt bei vielen Dialogboxen, dass die Schaltfläche Abbrechen – sonst zuständig für das Verlassen des Dialogfelds – sich in einen Zurücksetzen-Button verwandelt. Wenn Sie den anklicken, werden alle bisher vorgenommenen Einstellungen zurückgesetzt. Der Dialog bleibt jedoch geöffnet. Das Verlassen und ein zeitaufwendiger Neustart des Dialogfelds entfallen.

▲ **Abbildung 4.2**
Normalerweise führt der Befehl Abbrechen zum Verlassen des Dialogs (hier als Beispiel der Filter Matter machen).

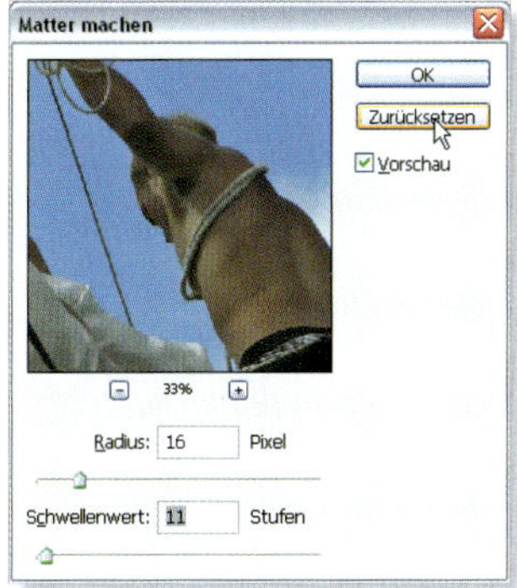

▲ **Abbildung 4.3**
Das Drücken von Alt/⌥ hat die Zurücksetzen-Schaltfläche erzeugt.

Korrekturen-Palette statt Dialogbox
Photoshops Korrekturwerkzeuge wie Gradationskurve, Farbton/Sättigung oder Tonwertkorrektutr werden in der CS4-Version allesamt über die Korrekturpalette gesteuert. Damit ist auch die praktische Zurücksetzen-Funktion aus den Korrekturdialogen verschwunden. Stattdessen gibt es jetzt einen kleinen Button am Fuß der Palette.

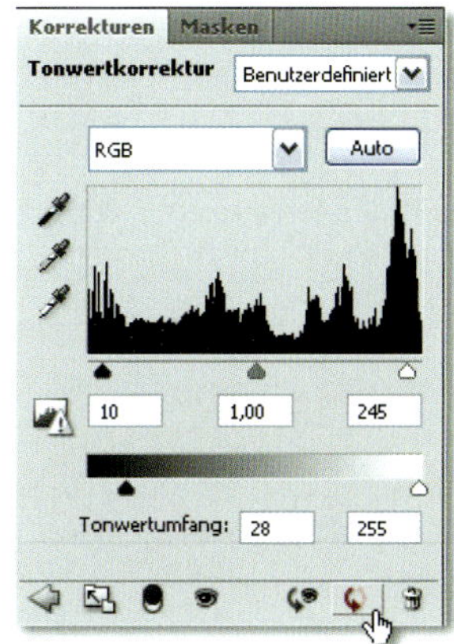

▲ **Abbildung 4.4**
In der Korrekturen-Palette werden die Regler nun auf Knopfdruck zurückgesetzt.

4.3 Die Protokoll-Palette

In der Protokoll-Palette finden Sie eine akribische Aufzeichnung Ihrer letzten Arbeitsschritte. Das Protokoll bleibt so lange erhalten, wie das Bild geöffnet ist – Zwischenspeichern ist kein Problem, aber mit dem Schließen des Bildes wird das Protokoll gelöscht. Aufgezeichnet werden alle Änderungen am Bild, nicht

Zum Weiterlesen: Arbeitsfläche und Paletten einrichten, Vorgaben verwalten
Mehr zu Änderungen an Paletten und anderen Elementen der Arbeitsfläche lesen Sie in Kapitel 5, »Arbeitsumgebung nach Maß«; mehr zum Konservieren von Vorgaben mit dem Vorgaben-Manager finden Sie in Abschnitt 33.5, »Eigene Effekte systematisch sichern«.

jedoch Änderungen an Voreinstellungen, Vorgaben oder Paletten.

4.3.1 Funktionsumfang der Protokoll-Palette

Gegenüber den oben genannten (Tastatur-)Befehlen bietet die Protokoll-Palette einigen Bedienungskomfort, ist allerdings auch nicht so schnell bei der Hand. Was können Sie mit ihr anfangen?

- Sie können auf sehr einfache Art und Weise Arbeitsschritte zurücknehmen und wieder vorangehen und behalten dabei sogar eine gute Übersicht.
- Mit sogenannten Schnappschüssen können Sie wichtige Arbeitsstadien des Bildes festhalten und zu diesen zurückgehen, selbst wenn die maximale Anzahl der Protokollschritte schon ausgeschöpft ist.
- Vor manchen wichtigen Arbeitsschritten legt Photoshop selbst einen Schnappschuss an, beispielsweise beim Abspielen mancher Aktionen (gespeicherte Befehlsabfolgen).
- Zusammen mit dem Protokollpinsel macht sich die Protokoll-Palette bei Retuschen und im kreativen Einsatz nützlich.

4.3.2 Protokoll-Palette bedienen

Sie rufen die Protokoll-Palette mit dem Befehl FENSTER • PROTOKOLL auf oder bringen sie durch einen Klick auf den Karteireiter im entsprechenden Paletten-Fenster nach vorne.

Abbildung 4.5 ▸
Hier wurden bereits einige Arbeitsschritte durchgeführt. Beim frisch geöffneten Bild ist die Protokollliste natürlich leerer.

Kein Start-Schnappschuss gewünscht?

Wenn Sie unterbinden wollen, dass Photoshop beim Öffnen eines Bildes automatisch einen Schnappschuss erstellt, können Sie dies in den Optionen der Protokoll-Palette abstellen. Sie erreichen die Optionen über den Palettenmenü-Befehl PROTOKOLLOPTIONEN.

Ganz oben in der Protokoll-Palette ❶ sehen Sie bereits den ersten Schnappschuss. Er wird automatisch mit dem Öffnen des Bildes erstellt.

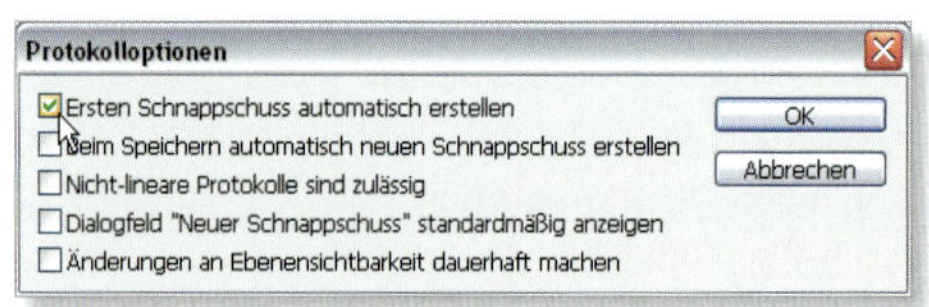

Abbildung 4.6 ▸
Protokolloptionen

Der zuletzt ausgeführte Arbeitsschritt steht in der Protokoll-Palette immer ganz unten (in Abbildung 4.5 ist es FÜLLMETHODENÄNDERUNG ❷), und der älteste Arbeitsschritt steht in der Liste oben. In der Adobe-Terminologie heißen diese Arbeitsschritte – die ja immer mit einem bestimmten Bildzustand verbunden sind – **Status**.

Jeder Status trägt den Namen des dabei verwendeten Werkzeugs oder Befehls. Wird ein Werkzeug oder Befehl wiederholt angewendet, wird dieselbe Bezeichnung wiederholt.

Zu früherem Bildstatus zurückkehren | Um nun zu einem früheren Bildstatus zurückzukehren, haben Sie mehrere Möglichkeiten:

- Klicken Sie auf den Namen des entsprechenden Bildstatus, den Sie wiederherstellen wollen.
- Verschieben Sie den kleinen Regler am linken Palettenrand ❸ nach oben oder unten.
- Wenn Sie mit Schnappschüssen arbeiten (mehr dazu unten), können Sie auch den Regler auf einen Schnappschuss ziehen oder den Schnappschuss anklicken, um das entsprechende Bildstadium wiederherzustellen.
- Etwas umständlich ist folgendes Vorgehen: Sie können auch das bekannte Menü BEARBEITEN oder das Palettenmenü benutzen. Wählen Sie die Befehle SCHRITT VORWÄRTS oder SCHRITT ZURÜCK.

▲ **Abbildung 4.7**
Das Seitenmenü der Protokoll-Palette

Sobald Sie eine dieser Operationen ausgeführt haben, werden die Punkte, die auf den so ausgewählten Protokolleintrag folgen, nur noch hellgrau (inaktiv) angezeigt. Im Bild selbst sehen Sie, dass diese Arbeitsschritte unwirksam gemacht wurden. Das Bild erscheint nun wieder in einer früheren Form. Das erleichtert die Kontrolle über die Rücknahme von Arbeitsschritten.

Solange Sie Ihre Arbeit am Bild noch nicht fortgesetzt haben, können Sie mithilfe des Reglers, der Menübefehle oder indem Sie die Status anklicken, immer noch vor- und zurückgehen und dabei die Änderungen am Bild beobachten.

Mit den Einstellungen der Protokoll-Palette werden Bildstadien zunächst nur deaktiviert. Erst wenn Sie dann weiterarbeiten, werden sie tatsächlich gelöscht.

Irrtümlich verworfenen Protokoll-Status retten

Wenn Sie durch Weiterbearbeiten des Bildes einen Protokoll-Status (und Bildstadien) bereits gelöscht haben, können Sie mit den Menübefehlen BEARBEITEN • RÜCKGÄNGIG bzw. SCHRITT ZURÜCK diese letzten Arbeitsschritte zurücknehmen. Das Protokoll wird dann ebenfalls wiederhergestellt.

4.3.3 Protokollschritte entfernen

Um Ihren Speicher zu entlasten und um die Protokoll-Palette aufzuräumen, können Sie Arbeitsschritte aus der Protokollliste löschen. Das Löschen eines Status entfernt die folgenden Status mit! Dazu haben Sie verschiedene Möglichkeiten:

- Wenn Sie einen Status auf den Button PAPIERKORB ziehen, werden dieser und alle auf ihn folgenden Status entfernt.
- Klicken Sie den Namen des Status an, und benutzen Sie den Befehl LÖSCHEN aus dem Palettenmenü.

4.3.4 Das gesamte Protokoll leeren

Wenn Ihr Rechner spürbar lahmt, können Sie auch die gesamte Protokollliste löschen.

- BEARBEITEN • ENTLEEREN • PROTOKOLLE löscht die Protokollliste **unwiderruflich**, lässt aber das Bild unangetastet. Das Protokoll steht dann natürlich nicht mehr zur Verfügung, auch die Menübefehle BEARBEITEN • RÜCKGÄNGIG etc. funktionieren dann nicht mehr.
- Wählen Sie PROTOKOLL LÖSCHEN aus dem Palettenmenü der Protokoll-Palette. Auch das löscht die gesamte Liste, ohne das Bild zu ändern. Allerdings wird dabei der Arbeitsspeicher nicht entlastet. Dafür lässt sich dieser Schritt allerdings über BEARBEITEN • RÜCKGÄNGIG wieder rückgängig machen.
- Wenn Sie beim PROTOKOLL LÖSCHEN per Palettenmenü zusätzlich [Alt]/[⌥] gedrückt halten, wird das Protokoll endgültig gelöscht.

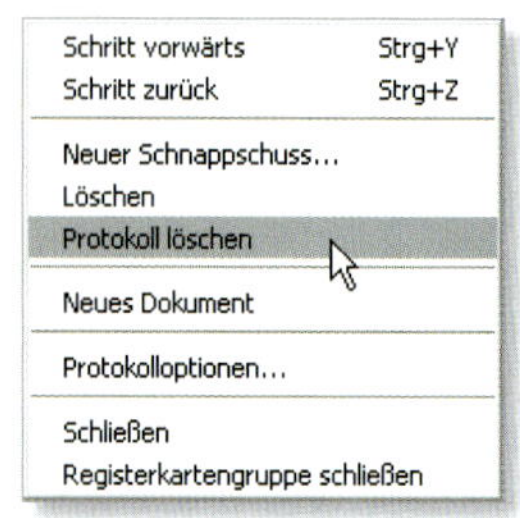

▲ **Abbildung 4.8**
Ein Protokoll per Palettenmenü löschen

4.3.5 Nicht-lineare Protokolle

Bisher kennen Sie nur Wege, um Arbeitsschritte linear vor- und zurückzugehen. Diese Linearität können Sie mit der Protokoll-Palette jedoch auch durchbrechen. Damit ist es möglich, auch einzelne Protokoll-Status (bzw. Bearbeitungsstadien des Bildes) zu modifizieren oder zu löschen, ohne dass die nachfolgenden Status dadurch verworfen würden. Sie müssen dazu als Erstes die Protokolloptionen über das Palettenmenü ändern.

Abbildung 4.9 ▶
Die Option NICHT-LINEARE PROTOKOLLE SIND ZULÄSSIG ist standardmäßig ausgeschaltet.

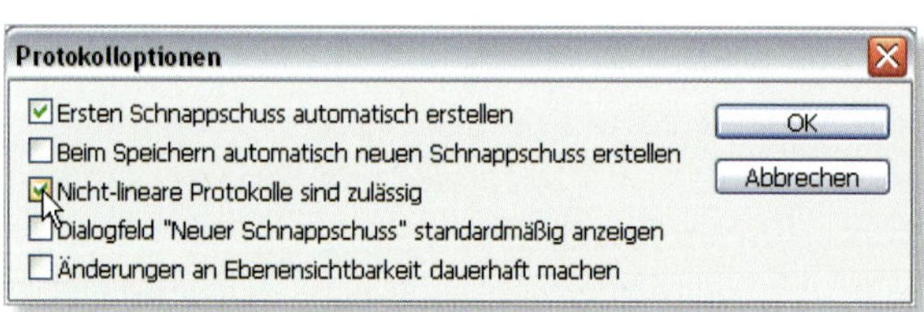

Damit haben Sie nun folgende Möglichkeiten:

- Sie können – per Papierkorb oder mit einer der anderen der beschriebenen Methoden – einen **einzelnen Status aus der Protokollliste löschen**, ohne dass alle folgenden Status mitgelöscht werden.
- Sie können **einzelne Arbeitsschritte modifizieren**, indem Sie einzelne Status markieren und dann das Bild an dieser Stelle neu bearbeiten. Die auf den markierten (und modifizierten)

Status folgenden Schritte stehen weiterhin zur Verfügung. Die letzten, modifizierenden Arbeitsschritte tauchen dann am Ende der Protokoll-Palette auf.

Das hört sich erst einmal gut an, doch birgt die Option auch **Nachteile**: So wird die Protokoll-Palette dadurch schnell unübersichtlich. Die großen Vorteile der Palette gegenüber den einfachen Schritt-zurück-Befehlen sind ihre Übersichtlichkeit und der Bedienkomfort. Diese Vorteile gehen mit Gebrauch der Option NICHT-LINEARE PROTOKOLLE SIND ZULÄSSIG verloren. Die oftmals bessere Alternative: Erstellen Sie für wichtige und interessante Bildstadien Schnappschüsse!

Achtung: Jüngere Arbeitsstadien gehen verloren

Das Zurückgehen mittels Schnappschuss wirkt wie das Zurückgehen mittels Protokoll-Status. Das heißt auch: Wenn Sie einen Schnappschuss benutzen, um ein früheres Bildstadium zu aktivieren, werden alle jüngeren Status aus der Protokollliste gelöscht. Ausnahme: Die Option NICHT-LINEARE PROTOKOLLE SIND ZULÄSSIG ist aktiviert.

4.3.6 Arbeit mit Schnappschüssen

Ein Schnappschuss ist nichts weiter als die Momentaufnahme Ihres Bildes in einem bestimmten Bearbeitungsstadium. Schnappschüsse bleiben bis zum endgültigen Schließen des Bildes für die Dauer einer Arbeitssitzung erhalten. Sinnvoll ist ihre Anwendung vor der Durchführung von Arbeitsschritten, deren Ergebnis nicht ganz vorhersehbar ist. Das trifft bei manchen Filterkombinationen zu oder bei Arbeiten, die viel handwerkliches Geschick erfordern und schnell »verhunzt« werden – so zum Beispiel Retuschen. Schnappschüsse ermöglichen es Ihnen, schneller zu früheren Stadien zurückzukehren, als es mit dem Durcharbeiten endlos langer Protokolllisten möglich ist.

TOPP-TIPP: Regler zurücksetzen

Nach dem Umbenennen eines Schnappschusses ist dieser auch aktiv, das heißt, das Bild zeigt dessen Stadium. Achten Sie auf den kleinen Regler (1) am linken Palettenrand! Sie müssen also den Regler erst wieder auf den letzten Status zurücksetzen, wenn Sie den Verlust von Protokoll-Status (und Arbeitsschritten) verhindern wollen!

Schnappschuss erzeugen | Der Weg zum Schnappschuss führt über die Schaltfläche NEUEN SCHNAPPSCHUSS ERSTELLEN am Fuß der Protokoll-Palette. Die Schnappschuss-Abbildung erscheint dann als Miniatur im oberen Bereich der Palette.

Namen vergeben | Die Nummerierung der Schnappschüsse ist nicht sonderlich zweckmäßig, da man auf den Bildminiaturen nicht besonders viel erkennen kann. Daher ist ein Umbenennen der Schnappschüsse sehr zu empfehlen. Dazu doppelklicken Sie einfach auf den bisherigen Namen des Schnappschusses, tippen den neuen Namen ein, und drücken die Eingabetaste: fertig.

▲ **Abbildung 4.10**
Einen Schnappschuss korrekt zu benennen dauert nur wenige Augenblicke.

Dialog aufrufen | Weil das nachträgliche, manuelle Umbenennen von Schnappschüssen einen hohen »Das muss ja mal schiefgehen«-Faktor hat und weil es auch zur konsequenteren Namensvergabe erzieht, empfiehlt es sich, in den Protokolloptionen eine Änderung vorzunehmen. Aktivieren Sie den Punkt DIALOGFELD »NEUER SCHNAPPSCHUSS« STANDARDMÄSSIG ANZEIGEN.

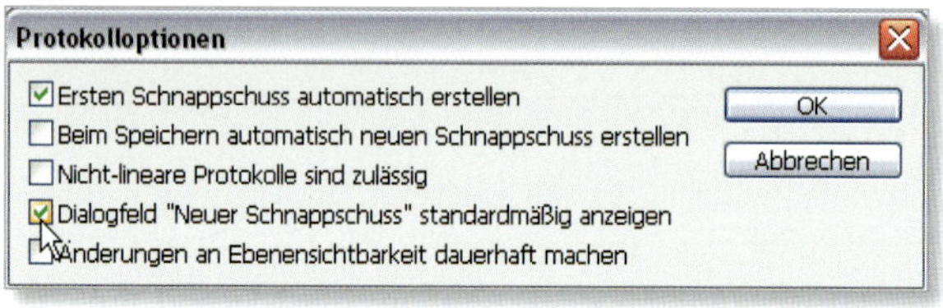

Abbildung 4.11 ►
Eine ganz nützliche Option, die zudem weitere Einstellungsmöglichkeiten eröffnet

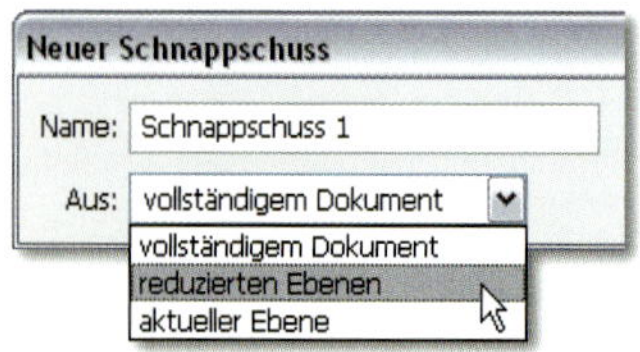

▲ Abbildung 4.12
Woraus soll der Schnappschuss erstellt werden?

Nun wird bei jedem neuen Schnappschuss gleich ein Dialogfeld eingeblendet. Dort können Sie sofort den Namen vergeben und zudem festlegen, was überhaupt in den Schnappschuss aufgenommen wird.

- AUS: VOLLSTÄNDIGEM DOKUMENT ist die Standard- und oft die beste Einstellung. Alle Bildebenen werden berücksichtigt.
- AUS: REDUZIERTEN EBENEN erstellt einen Schnappschuss von allen Ebenen, diese werden aber im Schnappschuss auf eine einzige Ebene reduziert. Das verringert zwar die Größe der Bilddatei, kann aber die Bearbeitungsmöglichkeiten drastisch einschränken – was der ursprünglichen Intention der Schnappschüsse wohl zuwiderläuft.
- AUS: AKTUELLER EBENE knipst lediglich die zum Zeitpunkt des Schnappschusses aktive Ebene. Im Prinzip ist das eine gute Idee, sie macht das Protokoll-Handling allerdings etwas schwierig (Verwirrungsgefahr ...).

Neues Dokument aus Schnappschuss | Außerdem besteht die Möglichkeit, aus Schnappschüssen neue Dokumente anzulegen, die dann natürlich auch dauerhaft gespeichert werden können. Zwar ist die Verwaltung von Parallelversionen eines Bildes oder Projekts als Standard-Arbeitsweise zu aufwendig – in Einzelfällen ist sie aber durchaus nützlich. Hier genügt ein einfacher Klick.

Tabelle 4.1 ►
Arbeitsschritte zurücknehmen – Tastaturbefehle

Was wollen Sie tun?	Windows	Mac
Einen Arbeitsschritt zurücknehmen bzw. wiederholen	Strg + Z	⌘ + Z
Zurückgenommenen Arbeitsschritt wiederherstellen	⇧ + Strg + Z	⇧ + ⌘ + Z
Mehrere Arbeitsschritte zurückgehen	Alt + Strg + Z	⌥ + ⌘ + Z
Mehrere Arbeitsschritte vorgehen	⇧ + Strg + Z	⇧ + ⌘ + Z
Zurück zur zuletzt abgespeicherten Bildversion	F12	F12
Einstellungen in Dialogfeldern zurücknehmen, ohne den Dialog zu schließen	Alt (verwandelt die Schaltfläche ABBRECHEN in ZURÜCKSETZEN)	⌥ (verwandelt die Schaltfläche ABBRECHEN in ZURÜCKSETZEN)

Was wollen Sie tun?	Windows	Mac
Protokoll-Palette: **Rückwärts** durch Bildstadien navigieren	Alt+Strg+Z	⌥+⌘+Z
Protokoll-Palette: **Vorwärts** durch Bildstadien navigieren	⇧+Strg+Z	⇧+⌘+Z
Schnappschuss umbenennen	Doppelklick auf Schnappschuss-Miniatur	Doppelklick auf Schnappschuss-Miniatur
Protokollliste **reversibel** löschen	PROTOKOLL LÖSCHEN (im Menü der Protokoll-Palette)	PROTOKOLL LÖSCHEN (im Menü der Protokoll-Palette)
Protokoll **endgültig** löschen	Alt+PROTOKOLL LÖSCHEN (im Menü der Protokoll-Palette)	(Wahl)+Protokoll löschen (im Menü der Protokoll-Palette)

◄ **Tabelle 4.1**
Arbeitsschritte zurücknehmen – Tastaturbefehle (Forts.)

▲ **Abbildung 4.13**
So einfach kommen Sie zu einem eigenständigen Dokument aus einem beliebigen Arbeitsstadium.

4.4 Umsichtig arbeiten

Die Protokollfunktionen sind eine gute Sache – nicht immer jedoch reichen sie aus. Um Arbeitsschritte auch dann rückgängig zu machen, wenn die Protokollfunktion nicht mehr greift (also zum Beispiel, nachdem das Bild bereits geschlossen und das Protokoll gelöscht wurde), muss meist sehr viel Zeit aufgewandt werden – zudem kann das Bild bleibende Beschädigungen davontragen. Sie sollten auch im Hinterkopf behalten, dass Sie von Ihrem digitalen Bild kein Negativ haben, von dem Sie beliebig neue »Abzüge« machen können. Es empfiehlt sich also in jedem Fall eine Arbeitsweise, die Rücknahmemöglichkeiten noch über Protokoll & Co. hinaus erlaubt.

Photoshop bietet dazu zahlreiche Funktionen an. Ich werde Sie im Buch immer wieder darauf hinweisen – hier bekommen Sie die wichtigsten Tipps gebündelt vorab.

Originale behalten | Behalten Sie immer ein Original des Bildes zurück: Originalbilder sind Ihre **digitalen Negative**. Sie sollten sie ebenso sorgsam behandeln wie die Filmstreifen aus Analogfotografie-Zeiten. Bearbeiten Sie nur Kopien des Originals. Vor Experimenten können Sie auch via BILD • DUPLIZIEREN eine (weitere) Kopie anlegen und dann diese Kopie versuchsweise bearbeiten.

Mit Ebenenkopien arbeiten | Es gibt eine Reihe von Photoshop-Techniken, deren Wirkung selbst versierte Nutzer nicht genau voraussagen können oder die leicht verpfuscht werden können.

Dazu gehören zum Beispiel Retuschen. Bearbeiten Sie im Zweifelsfall immer eine Kopie der Ebene, und lassen Sie die Originalebene zunächst noch im Bild. Das Verfahren macht auch den Vorher-nachher-Vergleich einfacher und hilft Ihnen, das Arbeitsergebnis besser zu beurteilen.

Zum Weiterlesen
Mehr über Einstellungsebenen können Sie in Kapitel 10, »Ebenen«, erfahren. Wie Smartfilter funktionieren, lesen Sie in Kapitel 29, »Besser filtern«.

Weitere Tipps | Nutzen Sie separate Ebenen auch, um Pinselstriche, Verläufe und Ähnliches ins Bild zu bringen. Machen Sie außerdem bei kniffligen Arbeiten fleißig Schnappschüsse in der Protokoll-Palette. Und ein letzter Tipp: Nutzen Sie Photoshops Möglichkeiten zur »zerstörungsfreien Bildbearbeitung«. Dazu gehören vor allem Einstellungsebenen und Smartfilter.

5 Arbeitsumgebung nach Maß: Programmelemente anpassen

Photoshop ist gewissermaßen der »Spezialist für alles« – ganz unterschiedliche Bildbearbeitungsaufgaben lassen sich mit dem Programm bewältigen. Entsprechend üppig ist die Arbeitsoberfläche bestückt. Damit Sie verschiedenste Projektaufgaben jederzeit effektiv erledigen können, lassen sich fast alle Elemente der Programmoberfläche differenziert einstellen. Das reicht von der Anordnung der Paletten bis hin zu individuellen Menüs und Tastaturbefehlen. Lesen Sie hier, wie Sie dabei vorgehen – um das Potenzial von Photoshop vollends auszuschöpfen.

5.1 Paletten organisieren

Paletten sind eines Ihrer wichtigsten Arbeitsinstrumente. Entsprechend viele Möglichkeiten bietet Photoshop, um sie anzupassen. Sie können

- die Position der Paletten frei wählen,
- Palettengruppen nach Wunsch zusammenstellen,
- Paletten zu handlichen Stapeln verbinden,
- sie als Symbol platzsparend ablegen und
- die Anordnung von Paletten und Symbolen im Palettendock verändern.

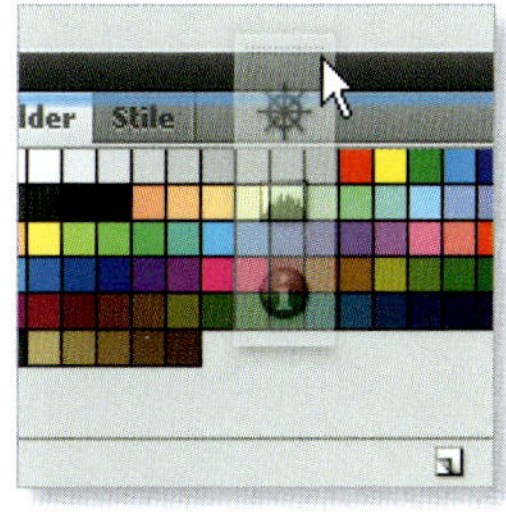

▲ **Abbildung 5.1**
Auch bei Paletten zeigen blaue Leuchtstreifen an, wo das schwebende Element angedockt werden kann.

Durch angepasste Palettenkonstellationen können Sie alltägliche Handgriffe um einige Klicks schlanker machen und Ihren Arbeitsbereich effektiver ausnutzen. Das Prinzip ist einfaches Drag & Drop, also mit der Maus bei gehaltener rechter Maustaste ziehen und dann loslassen. Wenn Sie bereits mit Registerkarten – getabbten Dokumenten – hantiert haben, wird Ihnen die Anpassung von Paletten auch keine Schwierigkeiten bereiten.

5.1.1 Paletten(gruppen) ab- und andocken

Paletten und Palettengruppen aus dem Dock befreien | Standardmäßig kleben die meisten Paletten in ihrem Verankerungsbereich – dem Dock – am rechten Bildschirmrand, und links ist die Werkzeugpalette abgelegt. Sie können Paletten aber von dort auch herausziehen und als schwebende Palettenfenster anzeigen lassen. Das Lösen von Paletten, Palettengruppen oder Symbolen aus dem Palettendock ist außerdem der erste Schritt zum Umorganisieren und Neuordnen Ihrer Paletten.

Palettengruppen bewegen | Sie können Palettengruppen auf Ihrer Arbeitsfläche verschieben, indem Sie den **neutralen Bereich** des Titels – wo keine Reiter sind – mit dem Mauszeiger anfassen. So lässt sich der ganze Verband aus dem Dock lösen und an einer anderen Stelle der Arbeitsfläche deponieren. Sie können die Palettengruppe dann an einer anderen Stelle wieder ins Dock hereinziehen (siehe den nächsten Abschnitt) oder an jeder beliebigen Stelle des Arbeitsbereichs fallen lassen.

Nicht an der Dockbegrenzung ziehen

Der dunkelgraue Bereich der obersten Palette symbolisiert den Verankerungsbereich (»Dock«). Wenn Sie dort anfassen, können Sie die Palette nicht herausziehen. So klappen Sie allenfalls alle Paletten zu oder ziehen alle aktiven Paletten des Docks vom Dock weg.

▲ **Abbildung 5.4**
Klicken, nicht ziehen. Die dunkelgraue Leiste ist eine Hilfe, um einen Palettenverband zum Symbol zu minimieren.

▲ **Abbildung 5.2**
Um eine Palettengruppe zu bewegen, »fassen« Sie sie im neutralen Bereich des Titels an.

▲ **Abbildung 5.3**
Die Palettengruppe Farbe – Farbfelder – Stile wird verschoben.

Einzelne Paletten bewegen | Um einzelne Paletten – nicht die Gruppe – zu bewegen, müssen Sie sie mit der Maus am jeweiligen **Karteireiter** anfassen. Auch einzelne Paletten können Sie überall fallen lassen oder an anderen Stellen des Palettendocks ablegen.

▲ **Abbildung 5.5**
Eine einzelne Palette anfassen, um sie zu bewegen

Auf diese Art können Sie Paletten, die sehr oft angeklickt werden, direkt neben Ihr Bild legen. So sparen Sie im Laufe der Zeit wieder einige Meter, die die Maus zurücklegen muss.

Größenänderung bei frei schwebenden Paletten

Wenn Sie bei frei schwebenden Paletten an der schraffierten Ecke unten rechts mit der Maus anfassen, können Sie sie stufenlos größer oder kleiner ziehen.

▲ **Abbildung 5.6**
Paletten lassen sich so vergrößern.

Fertig zum Andocken | Um solche frei schwebenden Paletten, Palettengruppen oder Symbole erneut an die anderen Paletten anzudocken, ziehen Sie sie einfach an die gewünschte Stelle. Wieder erscheinen blaue Linien oder Bereiche, die Ihnen anzeigen, wo Sie das Objekt fallen lassen können.

- Sie können einzelne Paletten in die bisherige oder eine andere Gruppe hereinziehen oder an anderer Stelle im Verankerungsbereich andocken.
- Sie können auch komplette Palettengruppen an nahezu jeder beliebigen Stelle des Verankerungsbereichs ablegen. So können Sie auch die Reihenfolge von Palettengruppen innerhalb des Docks verändern.

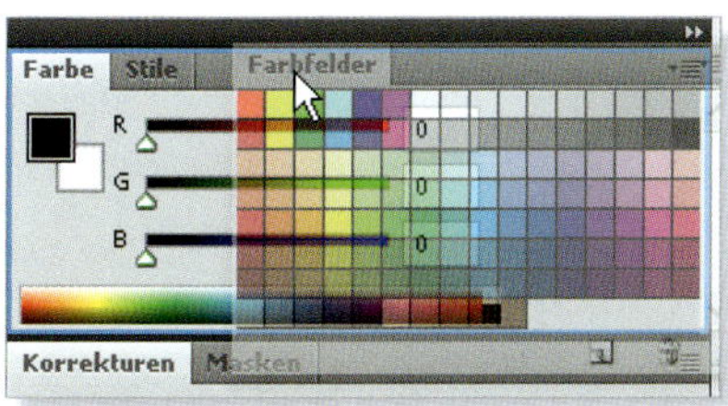

◄ **Abbildung 5.7**
Eine einzelne Palette wird einer Palettengruppe hinzugefügt.

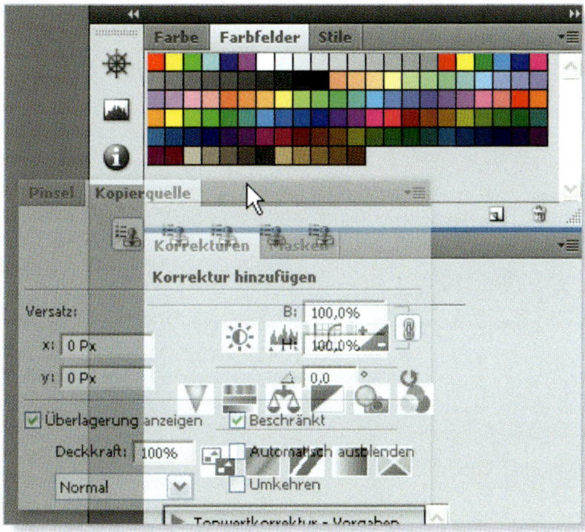

◄ **Abbildung 5.8**
Eine vollständige Palettengruppe wird in den Dockbereich geschoben. In ähnlicher Weise können Sie auch die Anordnung der Palettengruppen innerhalb des Docks verändern.

5.1.2 Noch mehr Platz: Palettensymbole

Zum Symbol minimierte Paletten lassen sich genau wie maximierte Paletten durch Ziehen und Ablegen manipulieren. Der Symbolbereich ist ganz ähnlich aufgebaut wie die maximierten Paletten. Auch hier kann man zwischen einzelnen Paletten (den Symbolen) und Palettengruppen (den »Fächern« innerhalb des Symbolbereichs) unterscheiden.

▲ **Abbildung 5.10**
Palettensymbole klappen nicht automatisch auf.

▲ **Abbildung 5.11**
Wenn Sie Symbolgruppen bewegen wollen, müssen Sie die punktierte Fläche oben in einem der »Fächer« anfassen.

- Zum Symbol minimierte Paletten können aus dem Dockbereich herausbewegt werden.

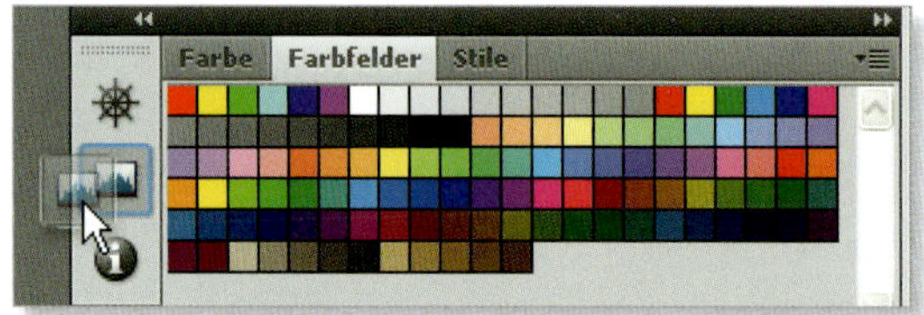

▲ **Abbildung 5.9**
Das Palettensymbol – hier Histogramm – wird herausgezogen.

- Um eine Palette oder auch Palettengruppe wieder in den Symbolbereich einzugliedern, bewegen Sie das Element einfach wieder mit der Maus über den Symbolbereich. Sie können die Palette(ngruppe) an jeder beliebigen Stelle des Symbolbereichs deponieren und so auch die Anordnung der Symbole verändern. Hierbei müssen Sie genau auf die blaue Markierung achten!

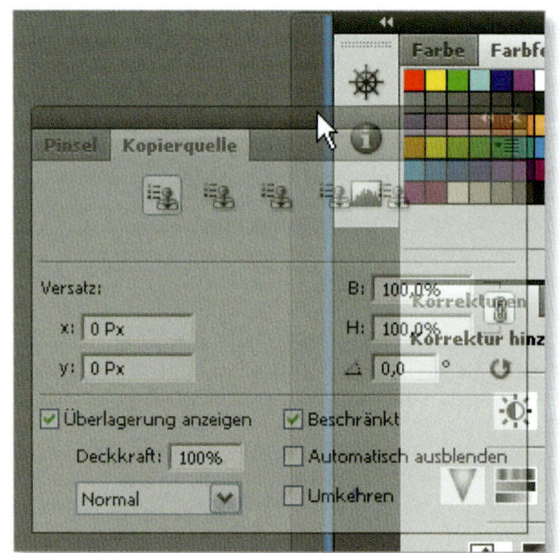

▲ **Abbildung 5.12**
Wenn Sie so etwas sehen, wird die Palette nicht in der vertikalen Spalte zwischen den anderen Symbolen abgelegt, …

▲ **Abbildung 5.13**
… sondern in zweiter Reihe angedockt.

Magnetische Werkzeugleiste
Übrigens verfügt die Werkzeugpalette über ähnliche Eigenschaften wie das Palettendock am rechten Bildschirmrand. Wenn es denn sein muss, können Sie also auch links an die Werkzeugpalette weitere Paletten »ankleben«.

5.1.3 Neu gemischt

Nach all dem Drag & Drop sollte nun eigentlich schon klar sein, dass Sie sich auf diese Art und Weise auch neue Palettengruppen zusammenstellen können.

Eigene Palettengruppen | Ziehen Sie die einzelnen Paletten einfach so hin und her, bis Sie den idealen Mix für Ihre Arbeitssituation gefunden haben. Übrigens: Um die **Reihenfolge** der Paletten bzw. Karteireiter innerhalb einer Gruppe zu verändern, brauchen Sie die Paletten nicht wieder aus der Gruppe herauszuziehen. Es genügt, einen Reiter anzufassen und nach rechts oder links zu bewegen.

Paletten stapeln | Wie Sie bereits wissen, lassen sich Paletten mit der Maus an jeden beliebigen Platz der Arbeitsfläche ziehen. Wenn Sie mehrere freie Paletten auf der Arbeitsfläche liegen haben, können Sie sie zu einem Stapel zusammendocken. So lassen sich mehrere Paletten schnell en bloc verschieben. Das ist ganz praktisch, wenn Sie öfter Ihre Paletten bewegen müssen – Sie sparen sich das Hin- und Herziehen mehrerer Paletten. Um Paletten zu stapeln, ziehen Sie eine Palette oder eine Palettengruppe auf den unteren Rand eines anderen Palettenobjekts. Durch einfaches Ziehen lösen Sie diese Verbindung auch wieder.

Bild: Fotolia, Lori Martin

▲ **Abbildung 5.14**
Die Protokoll-Palette soll an die obere Palettengruppe angekoppelt werden. Beachten Sie wieder den blauen Rand der Palette!

▲ **Abbildung 5.15**
So zusammengekoppelte Paletten(gruppen) lassen sich bequem zusammen verschieben.

Wenn Sie zahlreiche Paletten außerhalb des Docks ablegen, bringen Sie sich allerdings auch um die Vorteile des Dock-Konzepts: um das Minimieren oder Maximieren aller Paletten mit einem Klick (in den dunkelgrauen Kopfbereich des Docks) und um einen aufgeräumten Arbeitsbereich.

5.1.4 Listenansicht in Paletten ändern

Viele Paletten, so zum Beispiel Stile, Farbfelder oder Pinsel, bieten ihren Inhalt in Form von Listen an. Deren Gestalt kann ebenfalls beeinflusst werden. Im Palettenmenü finden Sie die

Palettenpositionen nach Programm-Neustart beibehalten

Wenn Sie Photoshop verlassen und neu starten, werden Ihre Palettenpositionen in der Regel verworfen, und der Standard wird wiederhergestellt. Das können Sie durch eine kleine Änderung in den Voreinstellungen (Strg/⌘+K) unter Benutzeroberfläche (Strg/⌘+2) abstellen.

Setzen Sie ein Häkchen bei der Option Bedienfelderpositionen speichern.

Bedienfelder und Dokumente
☐ Bedienfelder automatisch auf Symbole mir
☑ Ausgeblendete Bedienfelder automatisch
☑ Bedienfelderpositionen speichern
☑ Dokumente als Registerkarten öffnen
☑ Andocken schwebender Dokumentfenste

Zum Weiterlesen: Arbeitsbereiche speichern

Wenn Sie Ihre eigene Palettenkonstellation langfristig sichern wollen, um sie später jederzeit zur Verfügung zu haben, müssen Sie den Arbeitsbereich sichern. Wie das geht, lesen Sie in Abschnitt 5.5, »Arbeitsbereiche verwalten«.

passenden Optionen. Die Ansicht kann für jede Palette einzeln eingestellt werden und bleibt auch nach einem Zurücksetzen der Palettenposition erhalten.

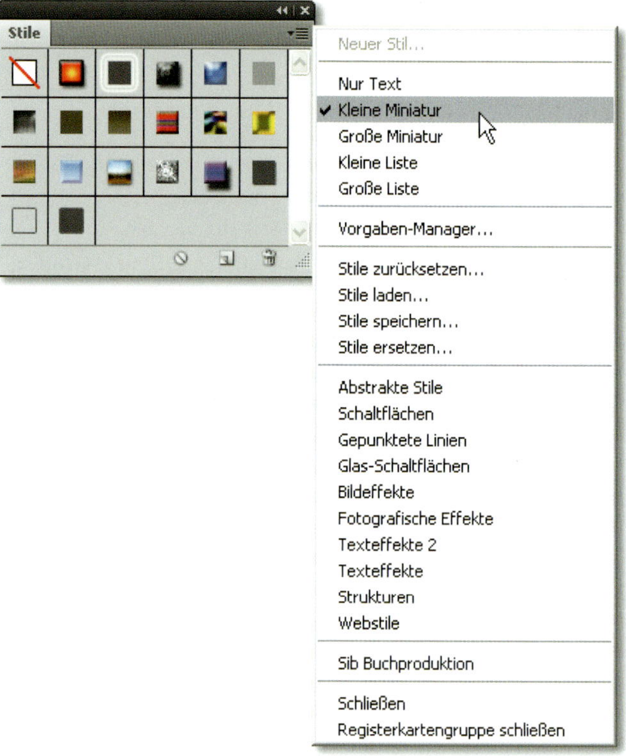

▲ **Abbildung 5.16**
Hier sehen Sie die Stile-Palette mit der Standardansicht KLEINE MINIATUR.

- Bei der Ansicht NUR TEXT scheitert die Orientierung zuweilen an den nicht sonderlich aussagekräftigen Benennungen der Paletteninhalte.
- KLEINE MINIATUR ist oft die ungünstigste Ansicht, denn die Miniaturen sind zu klein, um aussagekräftig zu sein.
- GROSSE MINIATUR ist platzraubend.
- KLEINE LISTE präsentiert zahlreiche Stile (oder sonstige Paletteninhalte), ohne dass viel gescrollt werden muss. Eine Textbeschreibung plus ein kleines Bild sind eine gute Gedankenstütze für den praktischen Einsatz von Stilen und anderen Vorgaben.
- GROSSE LISTE ist schon wieder etwas unhandlicher, bietet aber auch aussagekräftigere, weil größere Bilder.

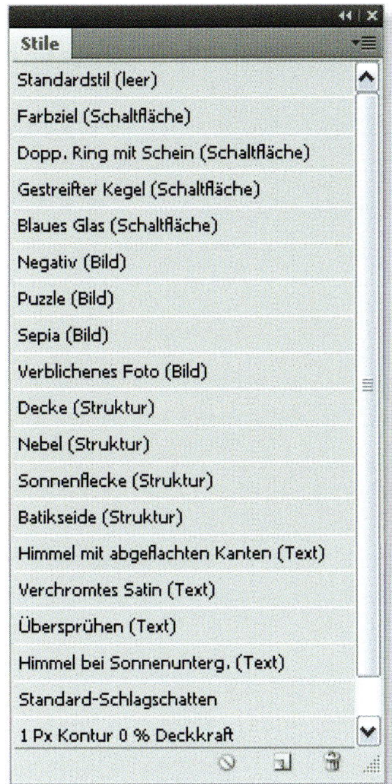

▲ **Abbildung 5.17**
Die Ansicht Nur Text

▲ **Abbildung 5.18**
Die Ansicht Grosse Miniatur

▲ **Abbildung 5.19**
Die Ansicht Kleine Liste

Diese Ansichtsoptionen finden Sie nicht nur in Paletten, sondern auch im Vorgabenmanager und auch bei einigen Werkzeugoptionen wie z. B. beim Füllwerkzeug bei der Option Muster.

5.2 Werkzeuge anpassen

Optionen und Eigenschaften für ein Werkzeug einzustellen kann manchmal etwas länger dauern. Da sind diverse Werte festzulegen, Klicks zu setzen ... Wenn Sie alle Werte für ein Werkzeug eingestellt haben, das Sie in dieser Form öfter brauchen, können Sie dessen Eigenschaften auch sichern und später, ohne viel zu klicken, erneut darauf zugreifen. Die Lösung heißt Werkzeugvorgaben.

5.2.1 Werkzeugvorgaben

Sie erreichen die Werkzeugvorgaben für das aktuelle Werkzeug immer in der Optionsleiste ganz links. Sie können sie aber auch als Palette aufrufen – entweder per Symbol oder via Fenster • Werkzeugvorgaben.

▲ **Abbildung 5.20**
Das Symbol der Palette Werkzeugvorgaben

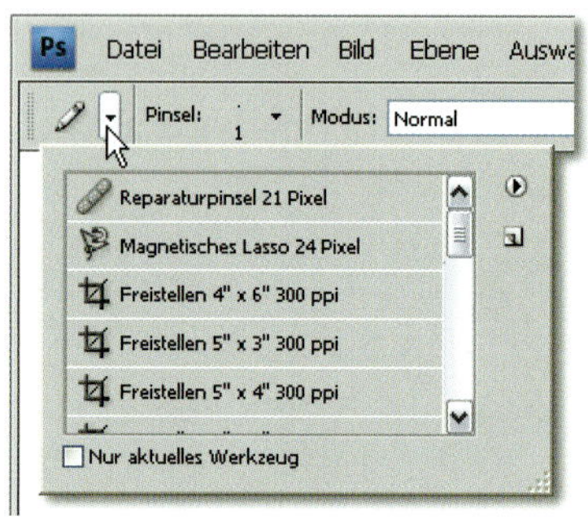

▲ **Abbildung 5.21**
Die Werkzeugvorgaben in der Optionsleiste (hier beim Buntstift-Werkzeug). Die Position des Mauscursors zeigt an, wie Sie die Werkzeugvorgaben aus der Optionsleiste öffnen.

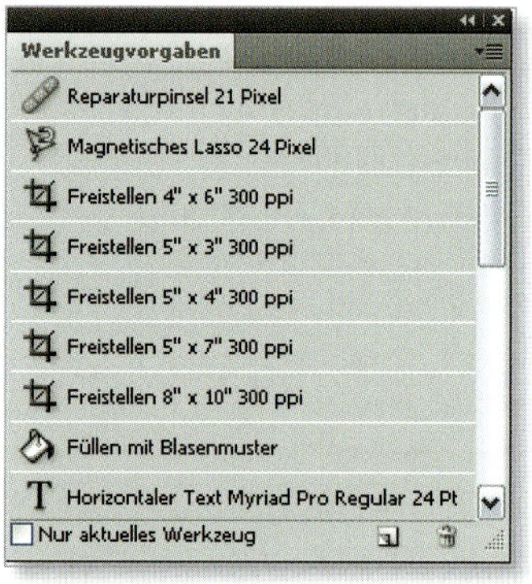

▲ **Abbildung 5.22**
Die Palette Werkzeugvorgaben

Egal, ob Sie die Palette oder das ausgeklappte Menü der Optionsleiste verwenden, die Bedienungsweise ist ganz ähnlich. Die Palette ist praktischer, wenn Sie Ihre angesammelten Werkzeugeinstellungen sortieren wollen. Für den schnellen Zugriff im Alltag eignet sich der Zugriff via Optionsleiste aber besser.

Bereits vorbereitet
Für manche Werkzeuge liefert Adobe fertige Werkzeugvorgaben gleich mit.

Werkzeugvorgaben erstellen | Das Hinzufügen neuer Werkzeugvorgaben ist ganz einfach. Nehmen Sie zuerst die gewünschten Einstellungen für das Werkzeug vor. Dann klappen Sie die Liste aus der Optionsleiste auf. Oder rufen Sie die Palette auf, und klicken Sie auf das Icon . Es erscheint ein Dialogfeld, in das Sie einen Namen für die Werkzeugeinstellungen eingeben.

Abbildung 5.23 ▶
Bei einigen Werkzeugen (Pinsel, Buntstift u. Ä.) gibt es die Zusatzoption Farbe einschliessen.

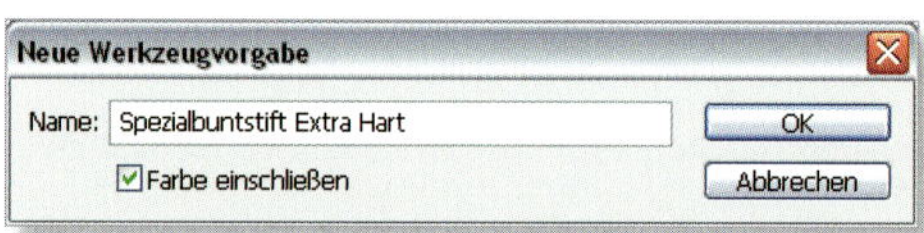

Werkzeugvorgaben aktivieren | Beim erneuten Aufruf der Werkzeugvorgaben – gleichgültig ob über die Optionsleiste oder als Palette – ist Ihre Werkzeugeinstellung dann der Liste hinzugefügt und kann mit einem Klick aufgerufen werden.

Üblicherweise werden allein die Vorgaben für das aktuell aktive Werkzeug angezeigt, aber wenn Sie das Häkchen von Nur aktuelles Werkzeug ① entfernen, können Sie sich alle Vorgaben anzeigen lassen. So haben Sie von jedem beliebigen Werkzeug aus Zugriff auf Ihre Vorgaben – die Liste wird aber auch ein wenig unübersichtlicher.

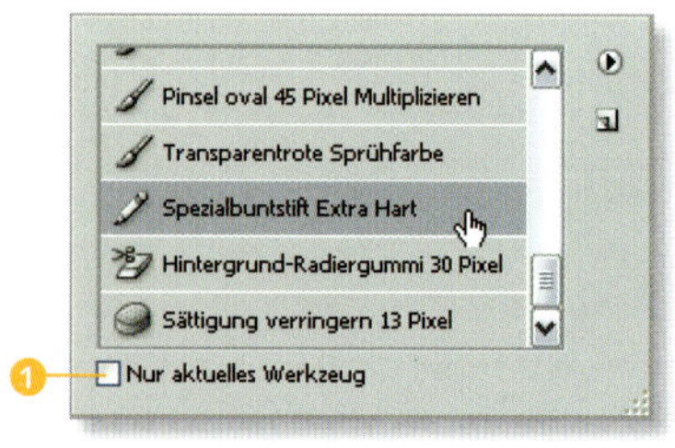

▲ **Abbildung 5.24**
Werkzeug mit den zuvor gespeicherten Optionen aktivieren

Werkzeugvorgaben bearbeiten | Auch das Umbenennen oder Löschen von Werkzeugvorgaben ist einfach. Ein Rechtsklick (am Mac: [Ctrl]+ Klick) auf den Namen der Vorgabe ruft ein kurzes Kontextmenü mit den nötigen Befehlen auf.

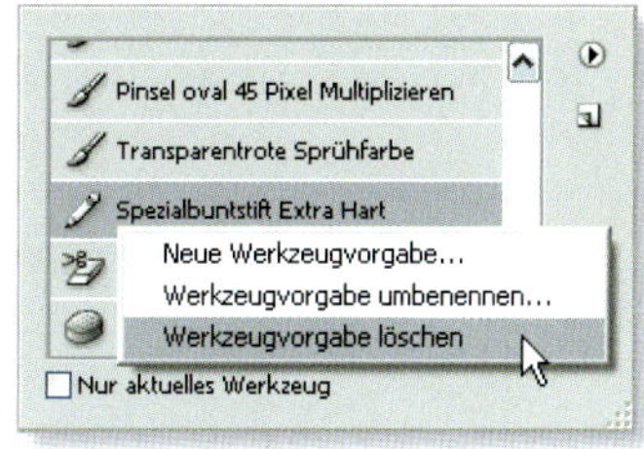

▲ **Abbildung 5.25**
Löschen oder Umbenennen der Vorgabe über das Kontextmenü

5.3 Eigene Tastaturbefehle definieren

Wenn Ihnen die serienmäßig angebotenen Tastenkürzel nicht ausreichen, können Sie auch eigene Shortcuts einrichten oder bestehende Kürzel ändern. Das entsprechende Dialogfeld erreichen Sie gleich auf drei Wegen:

- über BEARBEITEN • TASTATURBEFEHLE
- mit dem umständlichen Tastaturbefehl [Alt]+[⇧]+[Strg]+[K] bzw. [⌥]+[⇧]+[⌘]+[K]
- über FENSTER • ARBEITSBEREICH • TASTATURBEFEHLE UND MENÜS. Dort wählen Sie die Registerkarte TASTATURBEFEHLE.

Zum Weiterlesen: Arbeitsmittel verwalten
Neben den Werkzeugvorgaben können Sie in Photoshop noch viele andere Ressourcen wie selbst erzeugte Muster, Ebeneneffekte, Farbsortimente oder Pinselspitzen speichern. Dazu benutzen Sie am besten den Vorgaben-Manager. Wie der funktioniert, lesen Sie in Abschnitt 25.3, »Pinsel- und Werkzeugspitzen«. Die Funktionsweise wird dort anhand der Pinselspitzen exemplarisch beschrieben.

5.3.1 Tastaturbefehle erstellen und ändern

Wie auch immer Sie die Dialogbox erreichen: Sie können dort eigene Befehle festlegen und verwalten. Wie viele andere Arbeitsmittel und Vorgaben in Photoshop sind auch die Tastaturbefehle in sogenannten **Sets** organisiert. Diese Sets kann man sich als übergeordnete Ordner vorstellen, in denen die einzelnen Befehle untergebracht sind. Drei Sets mit Tastaturbefehlen gibt es sowieso, und Sie können weitere Sets mit Shortcuts hinzufügen – zum Beispiel aufgaben- oder personenbezogen.

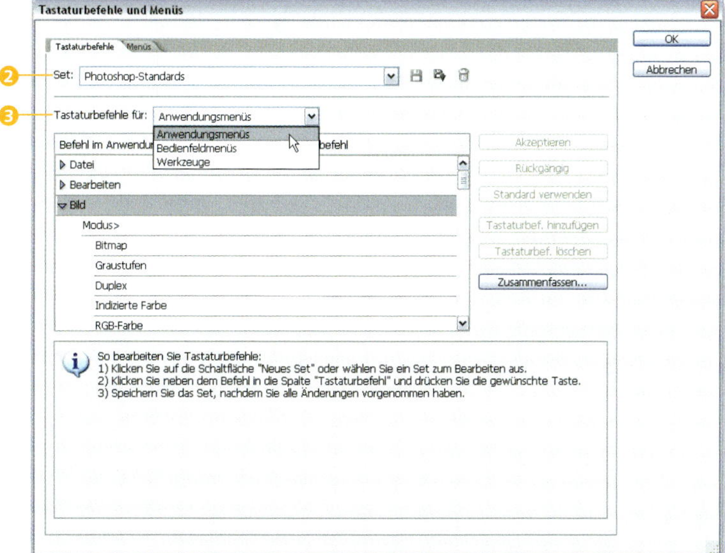

◀ **Abbildung 5.26**
Dialogfeld zum Einrichten eigener Tastaturbefehle

Schritt für Schritt: Eigene Tastaturbefehle festlegen

1 Set auswählen

Legen Sie unter SET ❷ fest, welchen Tastaturbefehlssatz Sie modifizieren wollen. Sie sehen in der Liste die mitgelieferten Standard-Shortcut-Sets, aber auch – wenn vorhanden – von Ihnen angelegte Sets. Meist ist PHOTOSHOP-STANDARDS die beste Wahl (in der Abbildung sind bereits drei selbst erzeugte Sets zu erkennen).

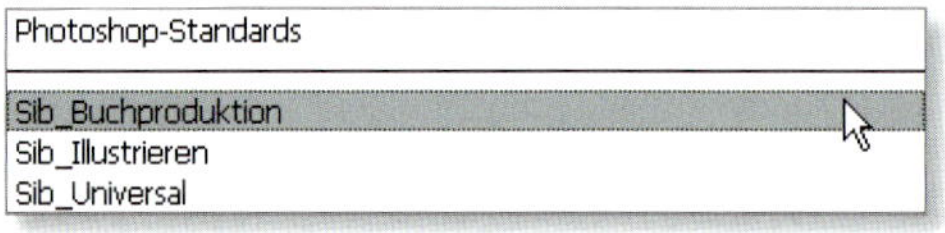

Photoshop-Standards
Sib_Buchproduktion
Sib_Illustrieren
Sib_Universal

Abbildung 5.27 ▸
Liste der verfügbaren Kürzel-Sets. Hier gibt es schon einige eigene.

2 Welche Tastenkürzel sollen geändert werden?

Wählen Sie dann unter TASTATURBEFEHLE FÜR ❸ aus, ob Sie die Shortcuts für ANWENDUNGSMENÜS (also Befehle der Menüleiste), BEDIENFELDMENÜS oder WERKZEUGE ändern wollen.

3 Befehle auswählen

Wenden Sie nun Ihre Aufmerksamkeit der großen Befehlsliste zu.

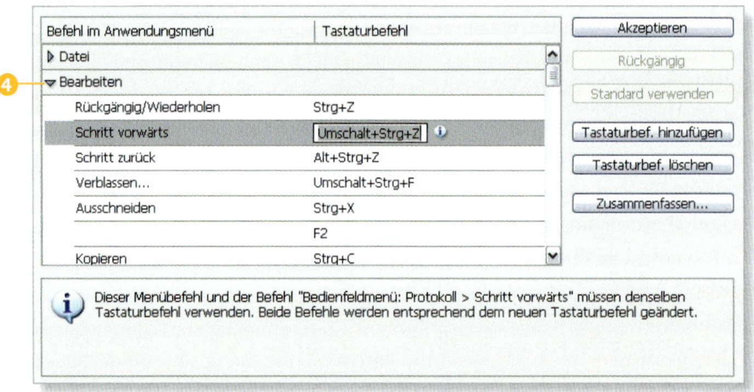

Abbildung 5.28 ▸
Die Befehlsübersicht

Die Befehle sind hier in derselben Folge angeordnet wie im Photoshop-Menü.

Links finden Sie eine Übersicht der Befehle. Mittels kleiner Dreiecksschaltflächen können ❹ Sie auch hier Listen auf- und zuklappen. So gelangen Sie zu den Befehlen, die den Untermenüs entsprechen. Rechts daneben sehen Sie die zugehörigen Shortcuts. Wo kein Tastaturbefehl eingetragen ist, gibt es auch (noch) keinen. Auch bestehende Tastaturbefehle können leicht geändert werden.

4 Eintrag vornehmen

Um Einträge vorzunehmen, genügt ein Doppelklick auf das entsprechende Tastenkürzel oder – wenn noch kein Shortcut vergeben wurde – auf die leere Fläche in der betreffenden Zeile. Beachten Sie die Hinweise im unteren Bereich des Dialogfeldes!

Geben Sie dann ein neues Kürzel ein. Das tun Sie nicht durch Eintippen der einzelnen Buchstaben (»S-t-r-g-+-Y«), sondern einfach durch Betätigen der gewünschten Tasten.

5 Konflikte vermeiden

Falls der Tastaturbefehl, den Sie eingegeben haben, bereits einem anderen Werkzeug zugewiesen ist, erscheint ein **Warnhinweis**.

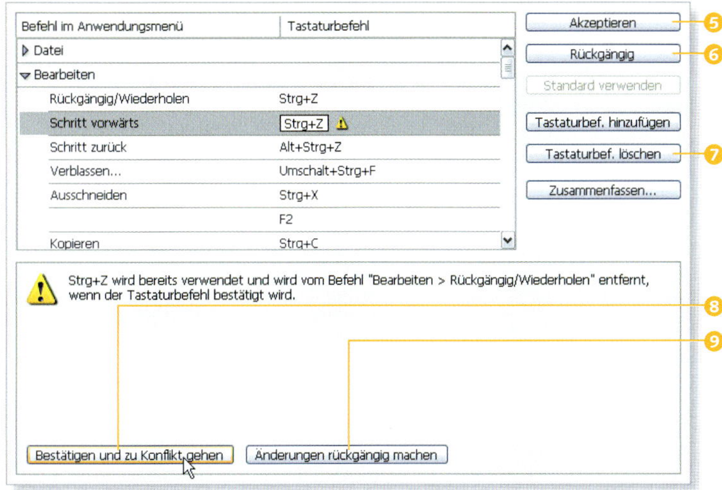

Abbildung 5.29
Vor dem endgültigen Bestätigen des neuen Tastenkürzels wird gegebenenfalls gewarnt.

Sie haben nun vier Möglichkeiten, diesen Konflikt aufzulösen:

- Wenn Sie den **Tastaturbefehl trotzdem verwenden** möchten, klicken Sie auf AKZEPTIEREN 5. Die bisherige Zuordnung des Tastenkürzels wird dann ungültig.
- Wenn Sie lieber ein **anderes Tastenkürzel suchen** wollen, klicken Sie auf ÄNDERUNGEN RÜCKGÄNGIG MACHEN 9.
- Klicken Sie auf BESTÄTIGEN UND ZU KONFLIKT GEHEN 8, um die eben getätigte Eingabe zu bestätigen und dem anderen Befehl, der bisher mit diesem Shortcut verbunden war, ein neues Kürzel zuzuordnen.
- Wenn Sie doch lieber die **zuletzt gespeicherte Änderung zurücknehmen** wollen, klicken Sie auf RÜCKGÄNGIG 6. Das Dialogfeld wird dabei nicht geschlossen.

Schwierige Kürzelsuche
Es ist nicht einfach, sich für neue Tastaturbefehle handliche Kürzel auszudenken, die man sich auch noch gut merken kann. Beim Mac bietet sich die Ctrl-Taste an. Wenn Sie nicht gerade Bandwurm-Shortcuts mit vier und mehr Komponenten kreieren wollen, kommen Sie nicht darum herum, ein Tastenkürzel von einem selten genutzten Befehl zu löschen, um es einem Befehl zuzuordnen, der für Sie wichtiger ist.

6 Tastenbelegungen löschen

Achtung: Der Button TASTATURBEF. LÖSCHEN 7 entfernt auch andere, bereits gespeicherte Shortcuts – eigene wie vorgefertigte!

Standard wiederherstellen

Wenn Sie eine bestehende Tastaturbelegung für einen Befehl verändert haben und die Standardbelegung wiederherstellen wollen, nutzen Sie den Button STANDARD VERWENDEN (in Abbildung 5.29 ist er inaktiv, weil die Änderung noch nicht bestätigt wurde). Der Button funktioniert logischerweise nicht, wenn Sie einem Button, der bisher gar kein Standardkürzel hatte, einen Shortcut zugewiesen haben.

7 Geänderte Tastaturbefehlssets speichern

Nun müssen die Änderungen noch gespeichert werden. Dazu haben Sie wiederum verschiedene Möglichkeiten.

Änderungen am aktuellen Tastaturbefehlsset speichern Sie, indem Sie auf die Schaltfläche ALLE ÄNDERUNGEN IM AKTUELLEN TASTATURBEFEHLSSATZ SPEICHERN (oben im Dialogfeld) klicken.

Wenn Sie einen eigenen Satz modifiziert haben, werden die Änderungen **ohne Nachfrage** übernommen. Haben Sie einen der Photoshop-Standardbefehlssätze verändert, erscheint ein Speicherdialog, der Sie auffordert, den Satz unter einem neuen Namen zu speichern. Auf diese Art bleibt der Originalsatz mit Tastenkürzeln immer erhalten.

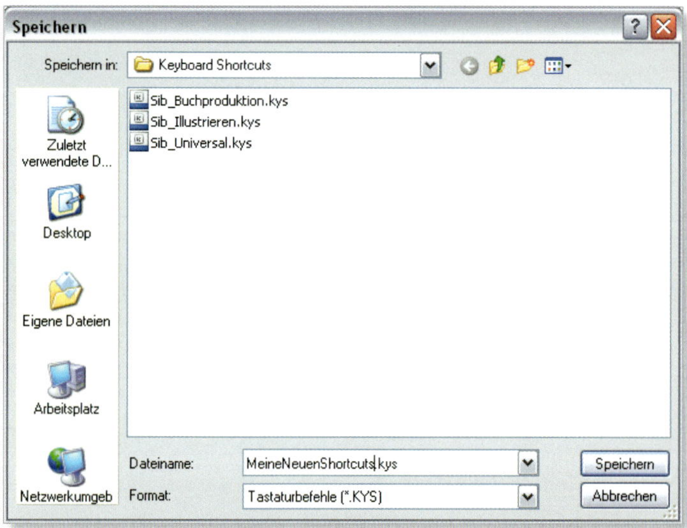

Abbildung 5.30 ▶
Speichern Sie Ihren neuen Tastatursatz.

Es ist auch möglich, einen veränderten eigenen Tastenkürzelsatz unter einem neuen Namen (also als neuen Satz) zu speichern – und nicht bloß zu überschreiben. Dazu klicken Sie auf die Schaltfläche NEUES SET AUS AKTUELLEM TASTATURBEFEHLSSATZ ERSTELLEN und geben dann einen neuen Namen ein.

Speicherort nicht ändern

Sie sollten den von Photoshop standardmäßig vorgeschlagenen Speicherort für Tastaturbefehlssets im Speicherdialog nicht ändern, es kann sonst Probleme mit dem Funktionieren der Befehle geben.

8 Tastenkürzelsets löschen

Um ein Set zu löschen, wählen Sie es aus der Liste unter SET aus und klicken dann auf das Papierkorb-Symbol rechts daneben. Nur eigene Sets können entfernt werden, nicht die Photoshop-Standardsets. ■

5.3.2 Dokumentation der Tastaturbefehle

Niemand kann sich alle Tastaturbefehle merken. Umso wichtiger ist deren genaue Dokumentation. Mit Photoshop können Sie das aktuell angezeigte Tastaturbefehlsset als HTML-Datei exportieren und im Webbrowser anzeigen lassen. Klicken Sie dazu auf den Button ZUSAMMENFASSEN rechts neben der Befehlsliste.

Die übersichtlichen HTML-Befehlslisten lassen sich einfach ausdrucken oder zur Information an Teamkollegen weitergeben. Übrigens können Sie auch die Dateien, in denen Shortcuts (oder andere Einstellungen) gespeichert sind, zwischen Rechnern austauschen. Sie müssen nur darauf achten, sie immer in den passenden Photoshop-Ordner zu legen. Unter ADOBE/ADOBE PHOTOSHOP CS4/PRESETS finden Sie verschiedene Unterordner für Tastaturbefehle, Arbeitsbereiche und vieles andere.

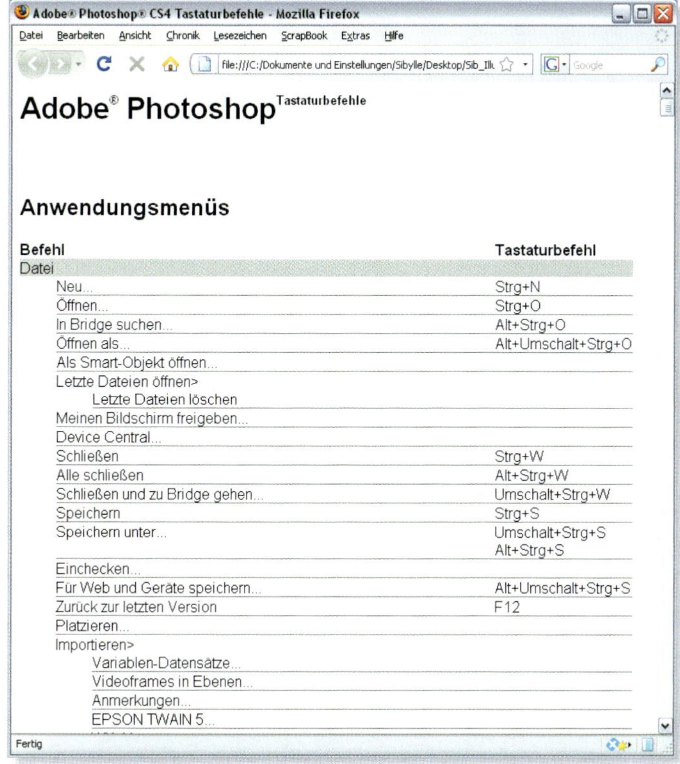

◄ **Abbildung 5.31**
Tastenkürzel in der HTML-Befehlsliste

5.4 Menüs anpassen

5.4.1 Befehle und das Aussehen von Menüs verändern

Auch die Erscheinungsweise der Menüs können Sie verändern. Offenbar will Adobe mit dieser Funktion etwas mehr Übersichtlichkeit in die von Programmversion zu Programmversion immer längeren Befehlslisten bringen. So können Sie Menübefehle nun nach Wunsch **farbig hervorheben**, um sie auf einen Blick zu finden. Es ist aber auch möglich, **einzelne Befehle unsichtbar** zu machen.

Die Menüeinstellung rufen Sie auf über:

- Bearbeiten • Menüs (Kürzel dafür: [Alt]+[⇧]+[Strg]+[M] oder [⌥]+[⇧]+[⌘]+[M])
- oder mit dem Befehl Fenster • Arbeitsbereich • Tastaturbefehle und Menüs. Dort klicken Sie dann auf die Registerkarte Menüs.

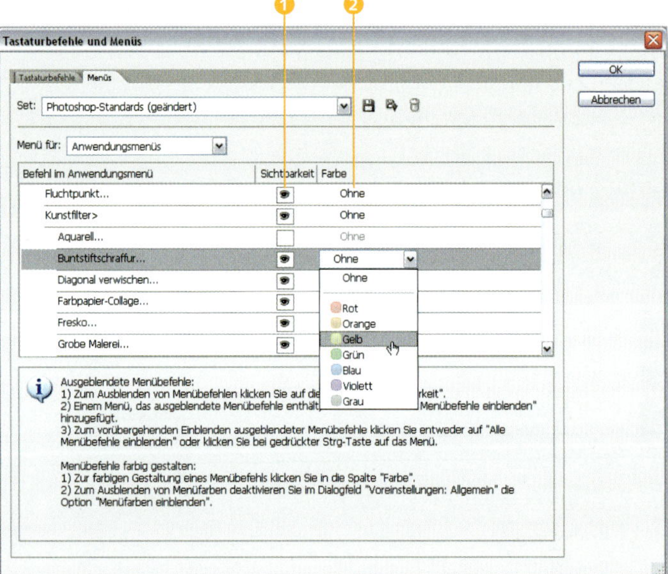

Abbildung 5.32 ▸
Hier wurde gerade der Menübefehl Aquarell (ein Filter) ausgeblendet. Beachten Sie, dass das Augen-Symbol fehlt! Der Filter Buntstiftschraffur soll eine farbige Hervorhebung bekommen.

5.4.2 Menü ändern

Die Vorgehensweise ähnelt sehr dem Anpassen von Tastaturbefehlen. Die Gestaltung und Bedienung des Dialogfeldes ist sehr ähnlich, auch die Organisation der Menüs in Sets und die Befehle zum Speichern und Löschen. Zudem gibt es im Dialogfeld selbst sehr gute Hinweise zur Bedienung (unterer Bereich).

- Menübefehle ausblenden können Sie durch einen Klick auf das Augensymbol ❶.
- Menübefehle blenden Sie wieder ein, indem Sie auf das dann leere Augensymbol klicken.
- Menübefehle färben können Sie, indem Sie die Schriftzeile Ohne ❷ (ohne Farbe nämlich) anklicken. Dann öffnet sich das Dropdown-Feld mit verschiedenen Farben.
- Das Färben funktioniert nur für einzelne Befehle, nicht für komplette Untermenüs.

Was Sie besonders beachten sollten: Die Anordnung der Menübefehle im Dialogfeld entspricht der Anordnung der Befehle im richtigen Menü. Wenn Sie einen übergeordneten Menübefehl ausblenden, werden auch alle untergeordneten Befehle aus dem Menü ausgeblendet.

Menüfarben kurzzeitig deaktivieren | Sie müssen sich die gefärbten Menüs nicht dauerhaft anzeigen lassen und auch nicht gleich den Menüsatz wechseln, um ein neutral graues Menü zu erhalten. Wiederum sind die VOREINSTELLUNGEN hier nützlich. Aktivieren bzw. deaktivieren Sie unter BENUTZEROBERFLÄCHE die Option MENÜFARBEN EINBLENDEN.

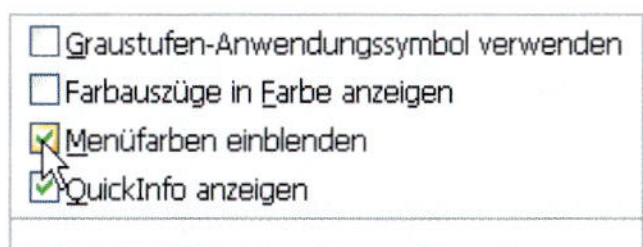

▲ **Abbildung 5.33**
So kommen Sie schnell zu entfärbten Menüs: Deaktivieren Sie die Option MENÜFARBEN EINBLENDEN.

Auf verborgene Menübefehle zugreifen | Wenn Sie einzelne Befehle aus einem Menü ausgeblendet haben, erscheint im Menü selbst der Befehl ALLE MENÜBEFEHLE EINBLENDEN ❸. Wenn Sie ihn anklicken, können Sie kurzfristig auch auf die verborgenen Menübefehle zugreifen.

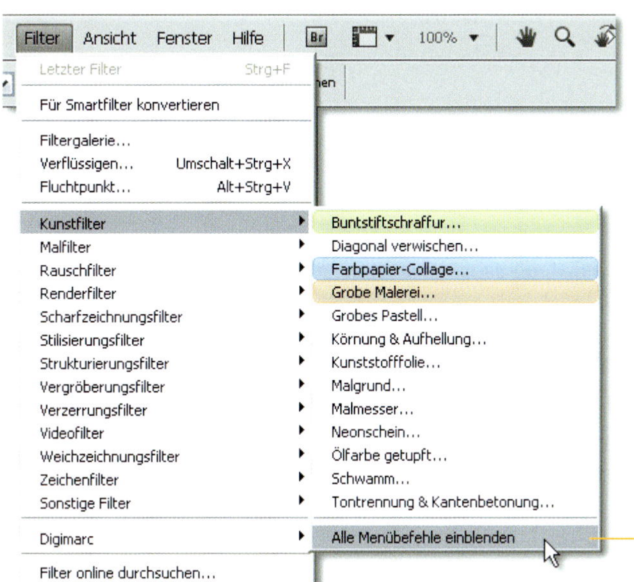

◀ **Abbildung 5.34**
Versteckte Menübefehle lassen sich schnell wieder anzeigen.

5.5 Arbeitsbereiche verwalten

Sie können in Photoshop unterschiedliche Kombinationen von Paletten, Tastaturbefehlen und Menüeigenschaften dauerhaft speichern. So können Sie schnell zwischen verschieden eingerichteten Arbeitsbereichen wechseln und müssen sich die optimalen Einstellungen für bestimmte Vorhaben nicht jedes Mal neu zusammenstellen.

Sie können das Menü FENSTER • ARBEITSBEREICH oder den Umschalter in der Anwendungsleiste ganz rechts nutzen. Sie kommen auf dieselbe Liste: Oben stehen, falls vorhanden, selbst gespeicherte Arbeitsbereiche zum schnellen Zugriff, es folgen die von Adobe mitgelieferten Arbeitsbereiche – die ersten drei

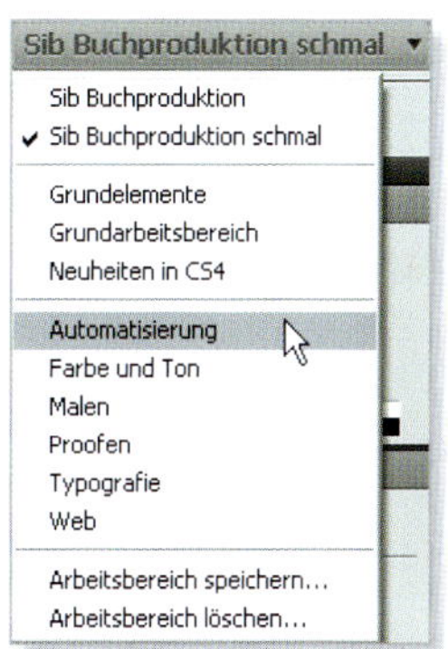

▲ **Abbildung 5.35**
Der Arbeitsbereich-Umschalter in der Anwendungsleiste ist Ihr Alltagshelfer beim Einrichten individueller Arbeitsbereiche.

können als Werkseinstellungen für den universalen Gebrauch gelten, unten befinden sich Befehle zum Speichern und Löschen.

Vorgefertigtes Set für Photoshop-Umsteiger | Für erfahrenere Nutzer, die sich mit den Neuheiten von Photoshop CS4 vertraut machen wollen, ist das Set NEUHEITEN IN CS4 praktisch: Hier sind alle neuen Befehle und Funktionen in Blau hervorgehoben.

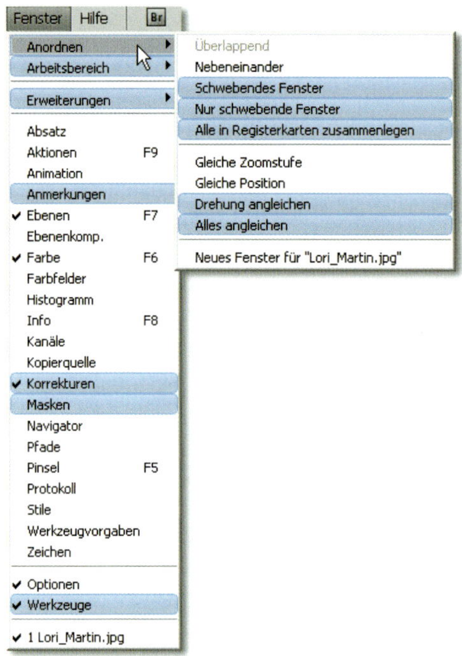

Abbildung 5.36 ▶
NEUHEITEN IN CS4: Gefärbte Menüeinträge dienen als Orientierungshilfe für Umsteiger von älteren Versionen.

Schritt für Schritt: Einen eigenen Arbeitsbereich erstellen

1 Alles einrichten

Stellen Sie sich Paletten, Tastaturkürzel und Menüsätze so zusammen, wie Sie sie brauchen. Es kann sinnvoll sein, diese **aufgabenbezogen** (also so wie die vorgefertigten Arbeitsbereiche) oder **personenabhängig** zu konfigurieren. Es gibt ja auch unterschiedliche Arbeitsgewohnheiten.

2 Arbeitsbereich speichern

Mit ARBEITSBEREICH SPEICHERN rufen Sie einen kleinen Speicherdialog auf. Es empfiehlt sich hier, einen möglichst aussagekräftigen Namen zu vergeben: »meine_einstellungen_1, einstellungen_2« helfen Ihnen auf die Dauer nicht weiter! Auch eine **projektabhängige** Arbeitsfläche – und eine entsprechende Benennung – kann sinnvoll sein.

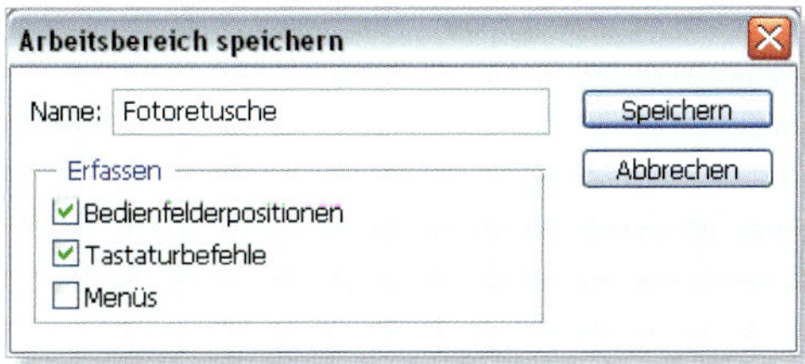

◂ **Abbildung 5.37**
Arbeitsbereich speichern

Sie können außerdem festlegen, ob Sie die aktuellen Palettenkonstellationen und -positionen oder Tastaturbefehle oder Menüeigenschaften mit aufnehmen wollen.

3 Arbeitsbereich aktivieren

Unter Fenster • Arbeitsbereich werden dann alle abgelegten Arbeitsbereiche angezeigt. Oben stehen die fertigen, weiter unten Ihre eigenen Arbeitsbereichskonstellationen. Durch einfaches Klicken auf einen der Namen können Sie den aktuell gebrauchten Arbeitsbereich aktivieren.

4 Shortcuts für Arbeitsbereiche

Wenn der Zugriff noch schneller erfolgen soll, können Sie sich auf die oben bereits beschriebene Weise auch Tastaturkürzel für das Aufrufen einzelner Arbeitsbereiche definieren (siehe Abschnitt 5.3.1).

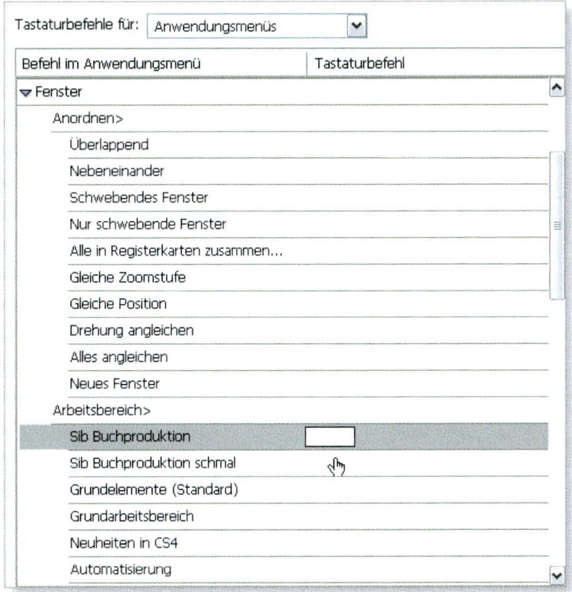

◂ **Abbildung 5.38**
Sie können für Arbeitsbereiche auch Tastenkürzel vergeben.

5 Selbst definierte Arbeitsbereiche löschen

Arbeitsbereiche löschen Sie, indem Sie (wenig überraschend) auf Arbeitsbereich löschen klicken. Sie erhalten dann ein

Dialogfeld, in dem Sie festlegen können, welcher Arbeitsbereich entfernt werden soll. Nach einer kurzen Sicherheitsabfrage werden diese Arbeitsbereichseinstellungen dann entfernt.

6 Zwischen Arbeitsbereichen wechseln

Um einen Arbeitsbereich einzustellen, klicken Sie einfach auf dessen Namen in der Liste. Schon gespeicherte Arbeitsbereiche, Menüs oder Tastaturbefehle bleiben dabei in jedem Fall erhalten und können später erneut aktiviert werden. ■

6 Bildbearbeitung: Fachwissen

Dieses Kapitel erklärt Ihnen unentbehrliche Grundlagen für die Arbeit mit Pixeln, Bits und Bytes. Was ist eigentlich ein digitales Bild? Wieso gibt es so viele verschiedene Dateiformate für Bilder? Was fange ich mit dpi, RGB und GIF an? Sie erhalten wichtiges Grundlagenwissen zur Bildbearbeitung, das Sie nicht nur für Photoshop brauchen, sondern auch für digitale Fotografie, beim Scannen und beim Einsatz anderer Kreativprogramme.

6.1 Pixel und Vektoren

Es gibt zwei grundlegend verschiedene Konzepte, um digitale Informationen in ein darstellbares Bild zu überführen: **Pixel** und **Vektoren**. Beide Verfahren haben ihre Vorzüge und typischen Schwächen.

6.1.1 Pixel: Punkt für Punkt

Pixelbilder (auch **Bitmap-** oder **Rasterbilder** genannt) zerlegen die grafische Information in einzelne, quadratische Bildpunkte, die Pixel. Jedem einzelnen Pixel sind seine Koordinaten und ein Farbwert zugeordnet. In der Vergrößerung oder nach unsachgemäßer Handhabung erinnert ein Pixelbild an ein Mosaik.

Bild: Fotolia, Chantal Seigneurgens

◂ **Abbildung 6.1**
Zwei verschiedene Konzepte der Bildberechnung: Aus einzelnen Bildpunkten aufgebautes Pixelbild …

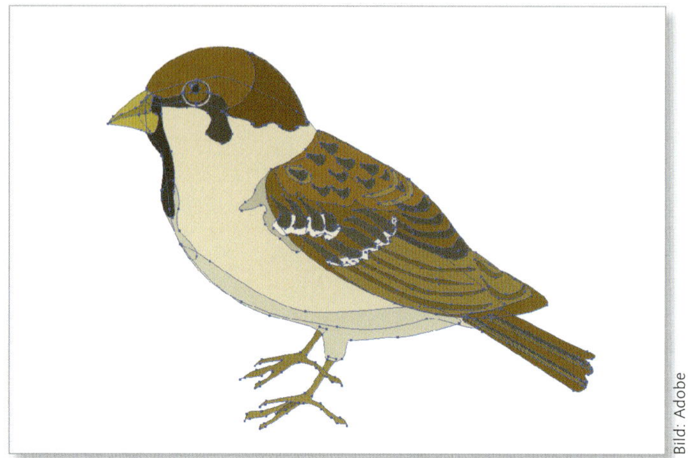

▲ **Abbildung 6.2**
... und durch Kurven definierte Vektorgrafik.

Einsatz | Pixelbilder kommen zum Einsatz, wenn feinste Nuancen und Details dargestellt werden sollen und dabei Fotoqualität gewünscht wird. Sie liefern gute Bildqualität, und zudem sind sie recht leicht zu erstellen: Scanner oder Digitalkameras geben immer Pixelbilder aus.

Nachteile | Ganz unproblematisch ist dieser Grafiktyp jedoch nicht. Pixelbilder sind nachtragend – das heißt, sie können nicht beliebig geändert werden, ohne dass sich das negativ auf die Bildqualität auswirkt. Ein mehrfach koloriertes Bildobjekt behält hässliche Ränder früherer Farben zurück, und ähnlich wird eine nicht gelungene Retusche durch weiteres Pinseln eher schlechter als besser. Auch einen Wechsel von Bildmodus und Auflösung sollte man nur einmal vornehmen. Photoshop wirkt dieser Problemlage entgegen, indem Techniken geboten werden, mit denen die sensiblen Bildpixel selbst möglichst wenig verändert werden. Dazu gehören unter anderem Bildebenen, Einstellungsebenen, Masken und die Filtergalerie. Damit sind Arbeitsschritte in gewissem Grad umkehrbar.

Größenänderung | Schwierig bleiben Veränderungen an der Größe oder der Auflösung eines Pixelbildes. Eine bereits vorhandene Bilddatei gibt den Bildinhalt immer mit einer festgelegten Anzahl von Pixel-»Mosaiksteinen« in einer fixen Größe wieder. Will man das Bild nun vergrößern, fehlen schlichtweg Pixel. Diese fehlende Bildinformation kann zwar von Photoshop annäherungsweise hinzugerechnet werden, das ist aber kein gleichwertiger Ersatz für die originäre Bildinformation. Das Verkleinern ist nicht ganz so kritisch, aber auch hier können unkontrolliert

Bilddetails verloren gehen, weil Pixel beim Herunterrechnen der Datei gelöscht werden.

Datenmenge | Ein weiterer Nachteil der Pixelbilder ist die große Datenmenge, die das Konzept der einzelnen Bildpunkte mit sich bringt. Um diesen Schwachpunkt aufzufangen, wurden unterschiedliche Methoden der Datenkompression erfunden und stehen in einigen Bilddateiformaten zur Verfügung.

6.1.2 Vektoren: schlicht und unverwüstlich

Bei Vektorbildern wird die Grafik nicht aus Bildpunkten, sondern aus mathematisch definierten Ankerpunkten sowie den Kurven, die diese Punkte verbinden (eben den »Vektoren«), und den daraus berechneten Flächen aufgebaut. Mit Vektoren lassen sich zwar durchaus komplexe Objekte realisieren, auf fotorealistisch feine Farbabstufungen muss man allerdings verzichten. Dafür sind Vektorbilder sehr robust. Aufgrund ihrer Definition durch abstrakte Formeln sind Vektorbilder unabhängig von der Auflösung, mit der sie erstellt wurden. Sie können beliebig in der Größe verändert werden, ohne dass bei Bildschärfe oder Detailtreue Einbußen hingenommen werden müssen. Und auch die zehnte Änderung der Farbe schadet einer Vektordatei nicht. Der Speicherbedarf einer Vektorgrafik ist geringer als bei Bitmaps und ganz unabhängig von der Größe des Bildes.

▲ **Abbildung 6.3**
Während sich beim Pixelbild in der Vergrößerung die einzelnen Bildpunkte deutlich zeigen ...

▲ **Abbildung 6.4**
... bleibt eine Vektorgrafik dank ihrer mathematisch definierten Kurven immer scharf und ist auflösungsunabhängig.

Dateien auf der Buch-DVD:
Bitmapbild: »spatz.tif«;
Vektorgrafik: »Vogel2.ai«, »Vogel4.ai«

Einsatz | Vektorgrafiken werden immer dann eingesetzt, wenn es auf Bildschärfe oder stufenlose Skalierbarkeit ankommt. Auch wo geringe Dateigrößen gefragt sind, kommen Vektoren zum Einsatz, so zum Beispiel bei Flash-Filmen oder Webseiten, die mit Macromedia Flash erstellt wurden.

6.1.3 Und wo steht Photoshop?

Zwei ganz unterschiedliche Verfahren gibt es also, um grafische Informationen zu beschreiben und mehr oder weniger ansehnliche Bilder zu erzeugen. Entsprechend spezialisiert ist die Software zur Bearbeitung der Bilder: Es gibt ausgesprochene Vektorexperten – dazu gehören alle Layout- und Grafikprogramme wie Quark, InDesign oder PageMaker und FreeHand, Illustrator oder CorelDraw. Photoshop hingegen ist ein Bildbearbeitungsprogramm und – wie seine Kollegen Paint Shop Pro, PhotoImpact, GIMP und andere – für die Bearbeitung von Pixelbildern ausgelegt.

Photoshop und Vektoren | In geringem Umfang kann Photoshop auch Vektordaten verarbeiten und erzeugen. Vektorgrafiken aus anderen Programmen können importiert werden. Beim Öffnen werden sie allerdings »gerastert«, das heißt, in Bitmaps umgewandelt. Zudem kann Photoshop auch eigene Vektorobjekte erstellen. Auch Text wird in Photoshop als Vektorebene angelegt und bietet damit – geeignete Drucker vorausgesetzt – eine hohe Druckschärfe und verlustfreie Skalierbarkeit.

6.2 Bildgröße und Auflösung

6.2.1 Entscheidende Größe: die Pixelmenge

So viele Bilddaten wie möglich auf den Kamerachip

Wohl alle Digitalkameras bieten die Möglichkeit festzulegen, in welcher Größe Bilder aufgenommen werden sollen. Wenn Sie hier den größtmöglichen Wert einstellen, wird zwar Ihr Speicherchip schneller voll, dafür bekommen Sie jedoch Bilder, die Ihnen hinsichtlich der späteren Reproduktion wenig(er) Beschränkungen auferlegen.

Die Auflösung und die Pixelanzahl, die ein Bild überhaupt hat, sind entscheidende Eigenschaften von Pixelbildern. Die Pixelmenge eines Pixelbildes kann nicht ohne Weiteres verändert, vor allem nicht vergrößert werden. Wird die ursprüngliche Pixelmenge eines Bildes vergrößert, müsste Photoshop neue Pixel »dazuerfinden«. Neue Bildinformationen kommen durch diese Operation nicht hinzu! Daher wirkt sich eine solche Skalierung keinesfalls qualitätsverbessernd aus – oft leidet das Bild sogar darunter. Das schafft Begrenzungen für die spätere Verwendung von Pixelbildern, denn die Pixelanzahl ist ein wichtiges Qualitätskriterium. Ein Bild, das von vornherein in geringer Größe und niedriger Auflösung vorliegt, kann nicht als Vorlage für einen riesigen Kunstdruck hoher Qualität dienen. Der umgekehrte Fall ist schon eher denkbar: Kleinerrechnen lassen sich Bilder leichter. Grundsätzlich gibt es für ein Bild mit großem Pixelbestand viel mehr Einsatzmöglichkeiten als für kleine Bilder.

6.2.2 Was ist Auflösung?

Neben der schieren Pixelmenge eines Bildes ist der Parameter »Auflösung« das Maß (fast) aller Dinge in der Bildbearbeitung. Zuweilen werden diese Begriffe auch – nicht ganz korrekt – synonym benutzt.

Dem zentralen Begriff Auflösung begegnen Sie an allen wichtigen Stationen des Publikationsprozesses:

- Bereits bestehende Bilder liegen in einer bestimmten Größe und Auflösung vor, der **Bildauflösung**.
- Beim Neu-Anlegen von Dateien müssen Sie ebenfalls die gewünschte Auflösung und die Bildgröße einstellen.
- Auch Drucker und Monitore arbeiten jeweils mit einer eigenen Auflösung (**Ausgabeauflösung**).
- Als **Eingabeauflösung**: Ein Scan erfolgt mit einer bestimmten Auflösung, die Sie – im Rahmen des beim jeweiligen Gerät technisch Möglichen – festlegen.

Auflösung = Pixelanzahl?

Umgangssprachlich werden die Begriffe »Auflösung« und »Pixelanzahl« nicht immer sauber getrennt. **Hoch aufgelöst** ist für viele ein Synonym für eine hohe Pixelmenge. Davon zu trennen ist **Auflösung** als Bezeichnung für die Menge von Bildpunkten auf einer bestimmten Strecke.

Die Auflösung ist eine Größe, um die Sie beim Bildbearbeiten nicht herumkommen – auch wenn Sie gerade nicht den Photoshop-Dialog BILDGRÖSSE unter dem Mauszeiger haben!

Bildpunkt und Längenmaß | Zwei Größen und ihr Verhältnis zueinander sind für die Bildauflösung entscheidend: die Bildpunkte, aus denen ja jedes Pixelbild aufgebaut ist, und ein Längenmaß. Da die Welt des computerbasierten Desktop-Publishings amerikanisch dominiert ist, ist dies *Inch* (1 Inch entspricht 2,54 cm). Die Auflösung legt nun fest, wie viele Bildpunkte sich auf der Strecke von einem Inch befinden.

PPI und DPI | Bezeichnet wird die Auflösung mit **ppi** – Pixel per Inch – und **dpi** – Dots per Inch. Mit der Angabe ppi soll die Auflösung von Bilddateien benannt werden, der Wert meint also die in einer Bilddatei zur Verfügung stehende Informationsmenge. dpi bezeichnet eigentlich die Auflösung von Eingabe- und Ausgabegeräten, also von Scannern, digitalen Kameras oder Druckern. In der Praxis werden die Begriffe nicht mehr so sauber getrennt – dpi hat sich längst als universale Maßeinheit eingeschlichen.

LPI und LPCM | Im Zusammenhang mit der Auflösung ebenfalls wichtig sind noch **lpi** oder **lpcm** – Lines per Inch oder per Zentimeter. Mit diesem Wert haben Sie zu tun, wenn Sie für den professionellen Druck arbeiten. Er bezeichnet die Rasterweite von Vierfarbdrucksachen. Die Werte sind stark von der Papierart und der Qualität abhängig, die man erzielen möchte. In Deutschland rechnet man meist mit lpcm. Dieses Buch ist beispielsweise mit einem sogenannten 60er-Raster (60 lpcm) gedruckt, Ihre Tageszeitung mit 30–40 lpcm, und bei einer Zeitschrift sind es 54–70 lpcm.

6.2.3 Auflösung für die Druckerei

Die Bildauflösung (als »Pixelmenge pro Strecke«!) ist vor allem wichtig, wenn Sie für den Druck produzieren. Die Auflösung wirkt sich darauf aus, wie groß das Bild auf dem Papier wiedergegeben wird (siehe die folgenden Abbildungen) und hat außerdem direkten Einfluss auf die Qualität des gedruckten Bildes. Je mehr Pixel pro Inch vorhanden sind, umso feiner sind die einzelnen Bildpunkte. Hoch aufgelöste Bilder können auch sehr feine Bilddetails gut wiedergeben, ergeben also eine gute Druckqualität.

Hier kommt auch wieder die absolute Pixelmenge ins Spiel: Damit eine Bilddatei in ausreichend hoher Auflösung – also mit vielen Bildpunkten – auch gedruckt noch eine akzeptable Größe

Inch und Zoll bei Photoshop

Adobe hat sich schon seit dem Erscheinen der Creative Suite 2 von der Maßeinheit *Inch* verabschiedet. In den Dialogfeldern, die mit Bildauflösung zu tun haben, wird nun durchweg der deutschsprachige Begriff *Zoll* benutzt – eine etwas unverständliche Entscheidung, denn Inch ist ein gut eingeführter Begriff, an dem man in der Bildbearbeitungswelt ohnehin nicht vorbeikommt. Doch keine Sorge, das Maß ist dasselbe. Ob Inch oder (Adobe-)Zoll, Sie hantieren immer mit 2,54 Zentimetern.

hat, muss die Pixelanzahl des Ausgangsbildes ausreichend hoch sein. Ein Bild, das nur 350×233 Pixel groß ist, kann zwar hoch aufgelöst sein, ergibt dann jedoch nur einen Druck von Briefmarkengröße.

Abbildung 6.5 ▶
Der BILDGRÖSSE-Dialog von Photoshop: Schon sein Layout macht klar, dass Auflösung und Bildmaße – hier in Zentimetern, andere Einheiten sind natürlich wählbar – eng zusammenhängen. Die eingetragenen Maße entsprechen dem oben erwähnten »Briefmarkenbeispiel«.

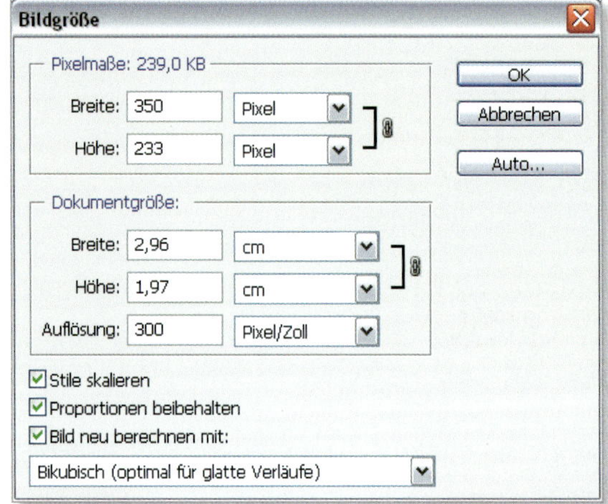

Bild: dieblen.de

▲ Abbildung 6.6
Dreimal dasselbe Bild, drei verschiedene Auflösungen. Die Pixelmaße sind jedes Mal gleich: 1096×1284 Pixel. Bei einer Auflösung von 72 ppi ist das Bild im Druck so groß, dass hier nur ein Ausschnitt gezeigt werden kann.

▲ Abbildung 6.7
Das gleiche Bild mit demselben Pixelmaß von 1096×1284. Die Auflösung liegt jetzt bei 150 ppi, die Bildpixel sind nun schon wesentlich kleiner, und damit »schrumpft« auch die gedruckte Reproduktion.

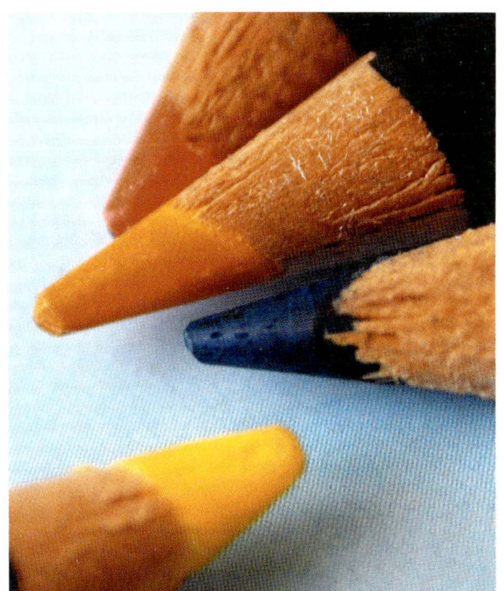

◂ **Abbildung 6.8**
Hier das Ergebnis bei 300 ppi, einer gängigen Bildauflösung für den professionellen Druck. Das Pixelmaß liegt immer noch bei 1096 × 1284. In der hohen Auflösung rückt das gesamte Bild ins Blickfeld, und die Qualität ist gut.

Auflösung und Druckprozess | Warum muss eine Datei in einer hohen Auflösung vorliegen, damit das gedruckte Ergebnis zufriedenstellend aussieht? Während die Bildpunkte eines zeitgemäßen Monitors jede Farbe des sichtbaren Spektrums annehmen können, stehen in gewerblichen Druckverfahren in der Regel nur vier Farben zur Verfügung, um das gesamte Farbspektrum abzubilden.

Mischfarben werden im Vierfarbdruck aus den Grundfarben Cyan, Magenta, Gelb und Schwarz erzeugt. Farb- und Helligkeitsabstufungen müssen also simuliert werden. Daher werden Fotos und andere Halbtonbilder im professionellen Druck in einzelne Rasterpunkte zerlegt.

Für dieses Druckverfahren ist viel Bildinformation, also eine hohe Bildauflösung nötig, denn beim Erzeugen des Rasters kommt es zu Verlusten. Die Zahl der Bildpunkte muss höher liegen als die der Druck-Rasterpunkte. Wie hoch genau, ist in der Druckindustrie umstritten – die Empfehlungen für diesen sogenannten **Samplingfaktor** (auch Sicherheitsfaktor) bewegen sich zwischen 1,4- bis zweimal höher.

Hört sich kompliziert an? Hier hat sich eine Faustregel eingebürgert, mit der Sie bei den meisten Standard-Druckjobs gut arbeiten können: **300 ppi für den Druck**. Beispielsweise wurden die Bilder für dieses Buch mit einer Auflösung von 300 ppi an die Druckerei gegeben. Übrigens – die Regel »Viel hilft viel« ist falsch! Eine überhöhte Auflösung bläht die Datenmenge einer Datei über Gebühr auf und kann sogar der Bildqualität schaden.

Bild: dieblen.de

▴ **Abbildung 6.9**
Ein Beispiel für ein gerastertes Bild in starker Vergrößerung. Deutlich zu erkennen ist, dass unterschiedlich große Rasterpunkte in einem Gitternetz angeordnet sind. Dieses sogenannte **amplitudenmodulierte Raster** ist typisch für die Bildausgabe professioneller Druckmaschinen.

6.2.4 Auflösung für den Tintenstrahldrucker

Auch Office-Drucker haben nur eine begrenzte Menge tatsächlicher Farben in ihren Kartuschen, die das Farbspektrum nicht abdecken. Fehlende Farben oder Grauwerte müssen auf anderem Wege erzeugt werden. Dabei kommt wiederum das Rasterverfahren zum Einsatz, allerdings ist das Druckbild ganz anders als bei einer großen Druckmaschine.

Hier sind die einzelnen Druckpunkte gleich groß und locker verstreut, es gibt kein feststehendes Rastergitter. Der Vorteil eines solchen Rasters ist, dass auch Drucker mit einer niedrigeren Geräteauflösung Bilder detailreich wiedergeben können. Und auch die Bildauflösung kann hier niedriger sein. **150–200 ppi reichen meist aus, um gute Ergebnisse zu erzielen**.

▲ **Abbildung 6.10**
Hier sehen Sie ein Raster, das dem Druckbild eines Inkjet-Druckers entspricht (»**frequenzmoduliert**«).

6.2.5 Auflösung für Foto-Prints

Auch digitale Bilderdienste verlangen meist Dateien mit 300 ppi, seltener 200 ppi. Die folgenden Tabellen sollen Ihnen helfen, die erforderlichen Dateigrößen (Pixelmaße) für verschiedene Print-Formate zu ermitteln.

3:4-Formate	Verlangte Auflösung: 300 dpi		Verlangte Auflösung: 200 dpi	
Größe des »Abzugs« (cm)	Erforderliche Dateigröße (Pixel)	Kameraauflösung (Megapixel)	Erforderliche Dateigröße (Pixel)	Kameraauflösung (Megapixel)
10×13	1181×1024	1,2	787×1024	0,8
11×15	1299×1181	1,5	866×1181	1
13×17	1535×1339	2,1	1024×1339	1,4
20×27	2362×2126	5	1575×2126	3,3
30×40	3543×3150	11,2	2362×3150	7,4
40×50	4724×3937	18,6	3150×3937	12,4
50×65	5906×5118	30,2	3937×5118	20,2
60×80	7087×6299	44,6	4724×6299	29,8

▲ **Tabelle 6.1**
Print-Größen, erforderliche Dateigrößen und Kameraauflösung für 3:4-Formate

2:3-Formate	Verlangte Auflösung: 300 dpi		Verlangte Auflösung: 200 dpi	
Größe des »Abzugs« (cm)	Erforderliche Dateigröße (Pixel)	Kameraauflösung (Megapixel)	Erforderliche Dateigröße (Pixel)	Kameraauflösung (Megapixel)
9×13	1063×1024	1,1	709×1024	0,7
10×15	1181×1181	1,4	787×1181	0,9
13×18	1535×1417	2,2	1024×1417	1,5
20×30	2362×2362	5,6	1575×2362	3,7
30×45	3543×3543	12,6	2362×3543	8,4

2:3-Formate	Verlangte Auflösung: 300 dpi		Verlangte Auflösung: 200 dpi	
Größe des »Abzugs« (cm)	Erforderliche Dateigröße (Pixel)	Kameraauflösung (Megapixel)	Erforderliche Dateigröße (Pixel)	Kameraauflösung (Megapixel)
40 × 60	4724 × 4724	22,3	3150 × 4724	14,9
50 × 75	5906 × 5906	34,9	3937 × 5906	23,3
60 × 90	7087 × 7087	50,2	4724 × 7087	33,5

▲ **Tabelle 6.2**
Print-Größen, erforderliche Dateigrößen und Kameraauflösung für 2:3-Formate

6.2.6 Auflösung für den Screen-Einsatz

Wenn Sie sich schon einmal ein wenig mit dem Faktor Auflösung beschäftigt oder selbst Bilder für das Internet vorbereitet haben, wird das Folgende Sie vermutlich etwas erstaunen. Denn es gilt schon fast als eiserne Regel: »Bilder für das Web müssen eine Auflösung von 72 ppi haben.« Das stimmt jedoch so nicht! Machen wir die Probe aufs Exempel, und betrachten wir drei Fassungen einer Datei, jeweils mit den Pixelmaßen 600 × 450 Pixel, mit der Auflösung 72 ppi, 180 ppi und 300 ppi. In der Ansicht DRUCKFORMAT in Photoshop wird vorweggenommen, wie unterschiedlich diese drei verschieden aufgelösten Bilder im Druck ausfallen würden.

Dateien auf der Buch-DVD: »Zwirn_72.jpg«, »Zwirn_180.jpg« und »Zwirn_300.jpg«

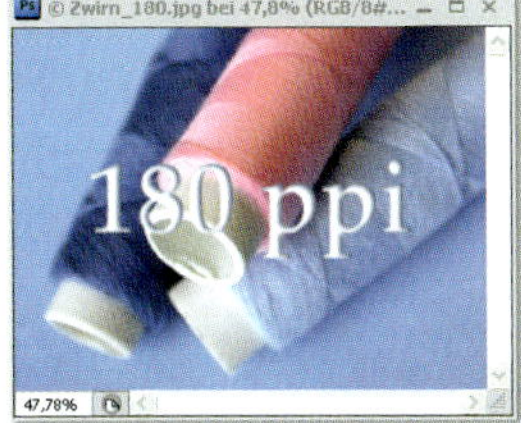

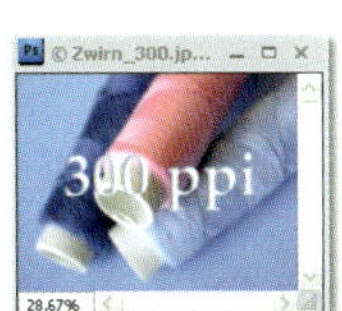

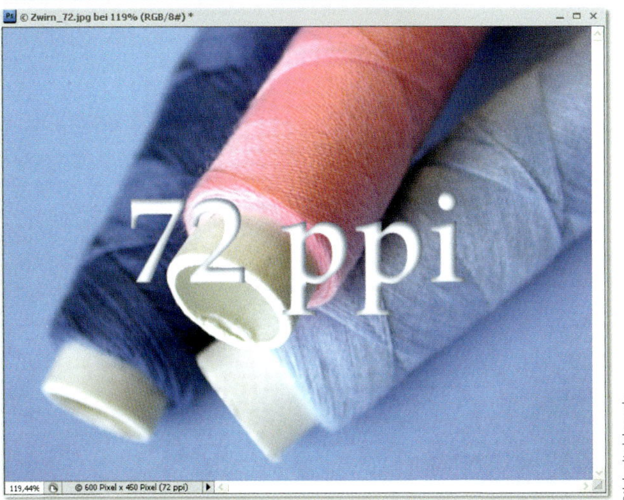

Bild: dieblen.de

◀ **Abbildung 6.11**
Die Ansichtsoption DRUCKFORMAT gibt einen Eindruck von der späteren Druckgröße einer Datei.

Im Webbrowser stellt sich das ganz anders dar. Sie werden staunen!

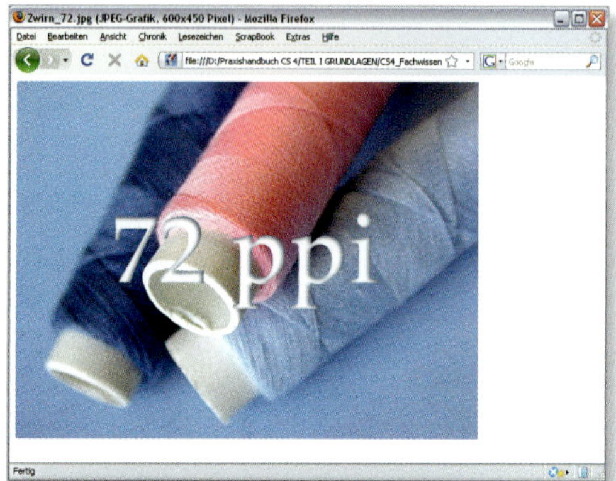

Abbildung 6.12 ▶
Das Billd mit 72 ppi, der »idealen Webauflösung«, Pixelmaß: 600 × 450.

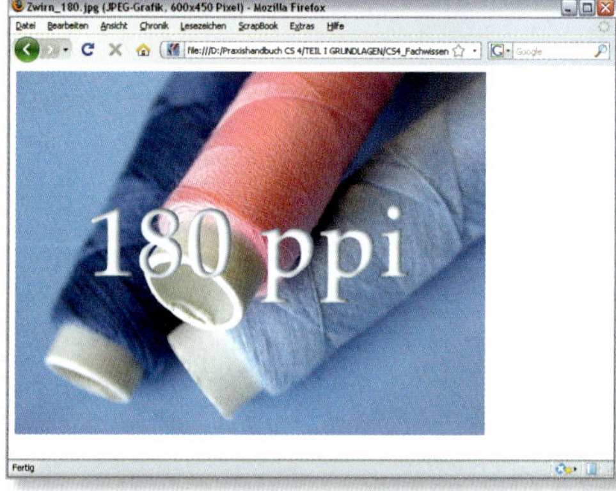

Abbildung 6.13 ▶
Immer noch 600 × 450 Pixel, bei einer Auflösung von 180 ppi (mit dieser Auflösung liefern viele Digicams ihre Bilder aus).

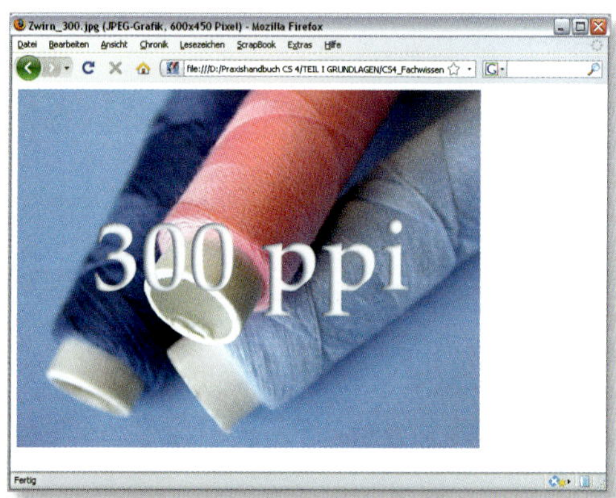

Abbildung 6.14 ▶
Dasselbe Bild in der Druckauflösung 300 ppi sieht im Browser nicht anders aus als die geringer aufgelösten Varianten.

Das Bild wird in allen drei Fällen gleich dargestellt. Nun könnte die absolute Größe des Bildes – also das, was Sie ermitteln, wenn Sie ein Maßband an den Bildschirm halten – auf einem anderen Bildschirm, abhängig vom eigenen Auflösungsvermögen des darstellenden Systems, wieder anders ausfallen. Aber das ist vollkommen gleichgültig. In der Welt des Screendesigns ist es nicht weiter wichtig, ob ein Bild auf dem Bildschirm mit 3 cm, 3,5 cm oder 6 cm Kantenlänge angezeigt wird. Es ist relevant, dass die Relation zu den anderen Elementen auf dem Bildschirm immer gleich bleibt. Und da alles, was auf dem Bildschirm erscheint, denselben Systemvorgaben unterworfen ist wie das angezeigte Bild, reichen die Pixelangaben eigentlich aus. Die Bilderreihe bestätigt es.

Der Grund für die »72-ppi-Legende« ist teils historisch, teils dem Bemühen um gute Bildqualität geschuldet. 72 dpi muss einmal so etwas wie die Standard-Systemauflösung gewesen sein. Wenn man auf einem solchen System eine Datei mit 72 ppi Auflösung anzeigen lässt, entspricht ein Bildpixel einem Bildpunkt, den der Bildschirm erzeugt. Hinsichtlich der Reproduktionsqualität kann das vorteilhaft sein. Außerdem würde in diesem Fall tatsächlich eine Datei mit 3 cm Kantenlänge in 3 cm Größe auf dem Bildschirm erscheinen. Ein vermeintlicher Vorteil, der – wie oben schon erwähnt – irrelevant ist.

Was ist also die beste Auflösung für Webbilder? | Der »Standardmonitor« mit einer »Standardauflösung« ist längst Vergangenheit. Die Auflösungen für Desktop-Monitore und Notebooks variieren stark, es gibt unterschiedliche Seitenverhältnisse, von mobilen Geräten ganz zu schweigen. Der Idealfall »Bildauflösung gleich Systemauflösung« ist also kaum zu erreichen.

Eine Bildauflösung, die der Monitorauflösung recht nahe kommt, ist hinsichtlich der Darstellungsqualität keine schlechte Idee (für die *Bildmaße* auf dem Schirm ist die Auflösung – im Gegensatz zum Druck – irrelevant, wie die Bilderreihe links bestätigt). Nun gibt es aber keine verbindlichen Standards für die Systemauflösung. 72 ppi ist nicht falsch – schließlich sind Millionen Bilder mit dieser Auflösung im Internet zu sehen. Kategorisch diese Auflösung für Webbilder zu fordern, ist jedoch unnötig, denn der Standard, auf den sich diese Angabe bezieht, existiert nicht mehr (oder hat vielleicht auch nie wirklich existiert). Sie können also nur mit Näherungswerten arbeiten. Tendenziell sind zeitgemäße Systeme auch schon etwas höher aufgelöst als 72 ppi. Mit **Werten zwischen 72 und 100 ppi** fahren Sie gut.

6.3 Grundlagen zur Farbe

Grundkenntnisse der Farbentheorie sind für das gezielte und erfolgreiche Anwenden von Farb- und Bildkorrekturen, über die Sie noch mehr erfahren, notwendig. Zudem muss der Bildmodus auf den späteren Verwendungszweck der Datei abgestimmt sein.

Bei einem so wichtigen Thema lohnt es sich, ein wenig weiter auszuholen. Ich skizziere Ihnen zunächst kurz die für das Verständnis wichtigen physikalischen Grundlagen der Entstehung von Farbe. Danach stelle ich Ihnen verschiedene Farbmodelle vor, die entwickelt wurden, um Farbe darstellbar und universal beschreibbar zu machen, und ich zeige Ihnen, wie diese Farbmodelle in Photoshop umgesetzt werden, welche Charakteristika die einzelnen Bildmodi haben und was Sie bei Modusänderungen beachten müssen.

6.3.1 Wie entsteht Farbe? Wie wird sie beschrieben?

Diese Frage ist nur auf den ersten Blick lapidar. Farbe ist keine feste physikalische Größe wie Länge oder Gewicht, sie entsteht erst – unter Einwirkung von sichtbarem Licht – im Auge des Betrachters. Dies kann auf verschiedene Art geschehen: additiv oder subtraktiv. Die beiden verschiedenen Farbsysteme – und auch die Vermittlung zwischen ihnen – betreffen den Publikationsprozess und damit die Bildbearbeitung unmittelbar, wie sich noch zeigen wird.

▲ **Abbildung 6.15**
Die additive Mischung der drei Grundfarben Rot, Grün und Blau des RGB-Modells ergibt Weiß. Die Sekundärfarben sind Cyan, Magenta und Gelb.

Additives Farbsystem: Lichtfarben | Lichtfarben sehen wir, weil eine Lichtquelle Licht unterschiedlicher Farbe – genauer gesagt unterschiedlicher Wellenlänge – abgibt. Nach diesem Prinzip erzeugen beispielsweise Computerbildschirme und Fernsehgeräte Farben. Die Grundfarben dieses Farbsystems sind Rot, Grün und Blau. Durch das Übereinanderblenden von rotem, grünem und blauem Licht in verschiedenen Anteilen und Intensitäten entstehen Mischfarben. Werden alle drei Grundfarben in voller Intensität gemischt, ergibt sich **Weiß**.

▲ **Abbildung 6.16**
Die Grundfarben des CMY-Modells werden subtraktiv gemischt. Werden alle Prozessfarben mit maximalem Anteil gemischt, ergibt sich (theoretisch) Schwarz.

Subtraktives Farbsystem: Körperfarben | »Farbe« ist ein doppeldeutiger Begriff, der nicht nur einen bestimmten Tonwert meint, sondern auch etwas, das man in Eimern oder Tuben kaufen kann, ein stoffliches Produkt. Da hier keine eigene strahlende Lichtquelle vorhanden ist, muss die Farbe auf andere Weise zustande kommen als bei den Lichtfarben. Man spricht hier von Körperfarben. Farbe entsteht dadurch, dass ein Körper – beispielsweise ein bedrucktes Blatt Papier – nur bestimmte Wellenlängenbereiche des Lichtes, das auf ihn trifft, wieder abgibt und andere absorbiert – daher die Bezeichnung »subtraktiv«. Die Grundfarben sind Cyan, Magenta und Gelb. Liegen die drei Farben übereinander, werden alle Lichtbestandteile verschluckt, und es entsteht **Schwarz**.

6.3.2 Farbmodelle

Um Farbinformationen zu berechnen und zu übermitteln, wurden im Laufe der Zeit verschiedene Standard-Farbmodelle entwickelt, also gewissermaßen unterschiedliche Methoden der Notation von Farbwerten, die sich dann auch auf die Interpretation von Farbe durch verschiedene Geräte wie Bildschirme, Druckmaschinen, Kameras oder Druckmaschinen auswirken. Diese Farbmodelle sind nicht spezifisch für Photoshop, sondern betreffen die gesamte Publishing-Branche. Gängig sind die folgenden Farbmodelle:

- RGB
- CMYK
- Lab (auch L*a*b oder LAB)
- HSB

Geräteabhängige Beschreibung | Die Farbmodelle RGB und CMYK lehnen sich eng an die oben beschriebenen Farbsysteme – Lichtfarben und Körperfarben – an und sind auf die entsprechenden Geräte im Publikationsprozess ausgelegt:

- RGB ist ein Modus, der im Zusammenhang mit Lichtfarben und additiver Farbmischung eingesetzt wird, also zum Beispiel auf Bildschirmen, bei Scannern und Digicams.
- CMYK wird eher für den **professionellen** Druck verwendet. (Desktop-Tintenstrahler funktionieren in der Regel auf der Basis des Farbmodells RGB.)

Das individuelle Ein- und Ausgabegerät hat auf das Aussehen der Farben gravierenden Einfluss. Ein RGB-Wert bestimmt zwar, wie intensiv eine RGB-Leuchtquelle strahlt, doch je nach Gerät variiert die so erzielte Farbe. Wer einmal im Elektronikhandel gesehen hat, welch unterschiedliche Farben eine Reihe von Fernsehgeräten oder Computerbildschirmen produziert, versteht das Problem. Und ein CMYK-Wert legt nicht eine bestimmte Farbe fest, sondern lediglich, wie viel Druckfarbe auf das Papier aufgebracht wird. Hier spielen auch Papier- und Farbqualitäten noch eine Rolle für das Ergebnis. RGB- und CMYK-Werte beschreiben also eigentlich keine Farben, sie sind Reproduktionsanweisungen für Geräte, die Farben erzeugen.

Daher nennt man die in den Farbmodellen RGB und CMYK beschriebenen Farben **geräteabhängig**. So kann Farbtreue unter Umständen ein Problem sein – es ist nicht immer einfach, die Farben, die man am Monitor sieht, 1:1 auf das Papier zu bringen. Trotz dieser Schwäche sind die Farbmodelle CMYK und RGB im Publikationsprozess fest etabliert. In Photoshop werden Sie mit diesen Bildmodi am häufigsten arbeiten.

Zum Weiterlesen: Bessere Farbkonsistenz
In Kapitel 38, »Farbmanagement«, erfahren Sie, welche Maßnahmen möglich sind, um von den digitalen RGB-Daten bis zum gedruckten Bild bessere Farbkonsistenz zu erzielen.

Geräteunabhängige Beschreibung | Neben diesen geräteabhängigen Farbmodellen gibt es auch Versuche, Farben **geräteunabhängig** zu beschreiben, also in einem Farbmodell, das rein mathematisch tatsächlich eine Farbe und nicht nur die Leuchtkraft eines Monitorpixels oder eine Quantität Druckerfarbe definiert. Dazu gehören Lab und HSB. Die Vorteile liegen auf der Hand:

- Der Gestalter hätte mehr Sicherheit über den tatsächlichen Farb-Output.
- Die Beteiligung verschiedener Geräte im Publishing-Prozess – über den Scanner, den Monitor des Gestalters bis hin zur Druckmaschine – würde kein Problem mehr darstellen. Die unterschiedlichen Ausgabeeigenschaften der einzelnen Geräte fielen nicht ins Gewicht, und es müsste auch nicht mehr zwischen verschiedenen Bildmodi gewechselt werden.

Trotz dieser Pluspunkte haben sich diese Modelle im Produktionsprozess bisher noch nicht durchgesetzt.

6.4 Bildmodus und Farbtiefe in der Bildbearbeitung

6.4.1 Der (Bild-)Modus in Photoshop

In Photoshop werden die Farben, die von einer Datei dargestellt werden können, durch den Modus (auch als Bildmodus oder Farbmodus bezeichnet) festgelegt. Sie können Bilder von einem in einen anderen Modus bringen (konvertieren).

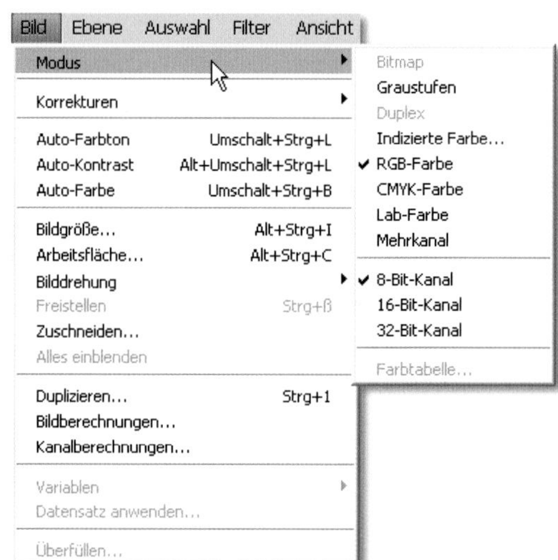

Abbildung 6.17 ▸
Unter Bild • Modus finden Sie die in Photoshop verfügbaren Modi. Dies ist auch der Befehl, mit dem Sie Moduskonvertierungen durchführen.

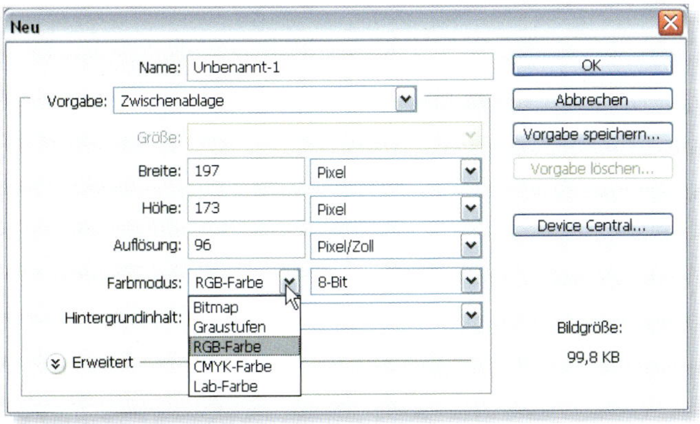

◀ **Abbildung 6.18**
Auch beim Erzeugen neuer Dateien müssen Sie sich entscheiden, in welchem Modus die neue Datei angelegt wird.

Viele der Bildmodi, die in Photoshop anzutreffen sind, basieren auf den oben vorgestellten Standard-Farbmodellen. Photoshop stellt außerdem noch einige spezielle Farbausgabemodi bereit (Indiziert, Duplex, Mehrkanal).

Abhängig vom Bildmodus variieren

- Anzahl und Aussehen der **Farbkanäle**,
- damit zusammenhängend die sogenannte **Farbtiefe**, das heißt, die in Bit ausgedrückte Datenmenge eines Bildes,
- die **Dateigröße** und
- die **Menge** der darstellbaren Farben.

Welcher Modus der geeignetste ist, richtet sich nach dem geplanten Einsatzzweck des Bildes – Sie erfahren mehr dazu unter den einzelnen Modi.

6.4.2 Terminologie

Eigentlich ist alles ganz einfach:

1. Es gibt zwei verschiedene Möglichkeiten, wie Farbe physikalisch entstehen kann. Diese werden meist **Farbsysteme** genannt: additiv und subtraktiv.
2. Darauf basieren unterschiedliche **Farbmodelle**. Das sind Methoden der Be- und Umschreibung von Farbe. Diese Farbmodelle sind grundlegend für die Funktionsweise von Geräten, die Farbe aufzeichnen oder erzeugen, also zum Beispiel Scanner, Monitore oder Drucker: RGB, CMYK, L*A*B, HSB.
3. Auch eine konkrete Bilddatei greift natürlich zwangsläufig auf eines der Farbmodelle zurück. Nur heißt es dann nicht mehr Farbmodell. Stattdessen spricht man davon, dass eine Datei in einem bestimmten **Modus**, **Bild-** oder **Farbmodus** vorliegt.
4. Ein **Farbraum** umfasst die Gesamtheit aller Farben, die in einem Farbmodell vorkommen können. Farbräume werden häufig in dreidimensionalen Farbraummodellen dargestellt und auch berechnet.

Bildtitelleiste als Informationsquelle

Am Bildschirm ist dem schieren Bild meist nicht auf Anhieb anzusehen, in welchem Modus es vorliegt. Schnellen Aufschluss bietet die **Bildtitelleiste**. Sie zeigt unter anderem an, in welchem Bildmodus und welcher Farbtiefe eine geöffnete Datei vorliegt (in diesem Fall RGB, 8 Bit). Außerdem erfahren Sie den Dateinamen und Dateityp (hier: jpg) und sehen, in welcher Zoomstufe Ihr Bild derzeit angezeigt wird (in Abbildung 6.19 sind es 50%).

▲ **Abbildung 6.19**
Viele wichtige Informationen auf kleinem Raum: die Titelleiste

Terminologisch werden Farbsystem, Farbmodell, Farbmodus und Farbraum jedoch meist nicht unterschieden. Oft werden die Begriffe mehr oder weniger synonym verwendet. Nun wissen Sie aber wenigstens, was dahintersteckt!

6.4.3 Was sind Farbkanäle?

Aufschluss über den aktuellen Bildmodus und seine Besonderheiten liefert auch Photoshops **Kanäle-Palette**. Sie rufen sie über FENSTER • KANÄLE oder per Klick auf den entsprechenden Karteireiter auf.

Kanäle sind kein Photoshop-Spezifikum, sondern die interne Berechnungsgrundlage für die Farbinformationen jedes Bildes. Jede Datei hat einen oder mehrere Farbkanäle, in denen die Farbinformationen des Bildes abgelegt sind. Die Standard-Farbkanäle eines Bildes werden automatisch mit dem Öffnen der Datei in der Kanäle-Palette angezeigt. Anders als der Name vermuten lässt, präsentieren sich Farbkanäle in der Regel als **Graustufenbilder**.

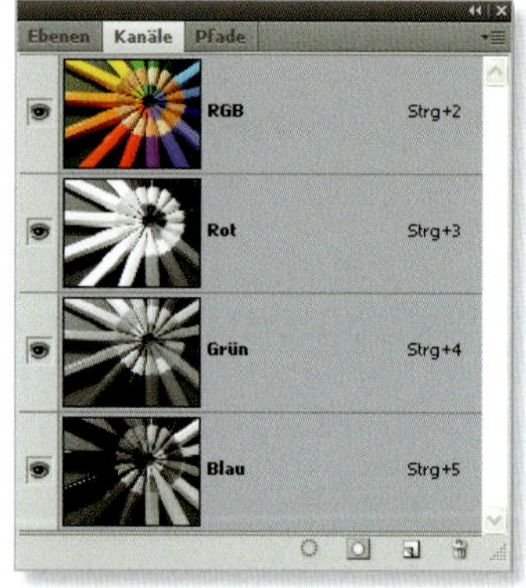

▲ **Abbildung 6.20**
Neben den Kanälen, die die Farbinformation der Datei enthalten, wird in der Kanäle-Palette an oberster Stelle zusätzlich der sogenannte Composite-Kanal mit dem bunten Gesamtbild angezeigt.

8 Bit je Kanal | In Photoshop können auch Bilder mit einer höheren Informationsdichte (siehe Abschnitt 6.4.13, »8 Bit, 16 Bit, 32 Bit«) verarbeitet werden, der Standard ist aber, dass für jeden Kanal 8 Bit zur Verfügung stehen, um die Helligkeit bzw. Intensität festzulegen, mit der die entsprechende Farbe im Bild vertreten ist. Das entspricht 256 (28 im binären Zahlensystem) verschiedenen Graustufen in jedem Farbkanal. Bei mehreren Farbkanälen potenziert sich die Zahl der im Bild möglichen Farben natürlich.

Die Zahl der Kanäle variiert je nach Bildmodus. Im RGB-Modus gibt es z. B. drei Kanäle, und ein Farbpixel kann im Bildmodus RGB (drei Farbkanäle!) schon 224 Farbzustände haben, das sind ungefähr 16,7 Millionen Farben. Im CMYK-Modus gibt es vier Kanäle, nämlich jeweils einen für jede Grundfarbe. Auch die Art und Weise, wie die Farbinformation in einzelne Kanäle aufgegliedert ist, ist in den verschiedenen Bildmodi unterschiedlich – dazu unten mehr.

Weitere Kanäle | Neben den Standard-Farbinformationskanälen können in einer Datei noch weitere, von Ihnen selbst erstellte Kanäle vorhanden sein. Außer im Bildmodus Bitmap können jedem Bild eigene Kanäle hinzugefügt werden; insgesamt unterstützt Photoshop über 50 Kanäle je Bild. Allerdings können diese zusätzlichen Kanäle nicht in jedem Dateityp gespeichert werden und unter Umständen beim Speichern der Datei verloren gehen (mehr dazu bei den einzelnen Dateitypen).

- In **Alphakanälen** können Auswahlen und Masken gespeichert und bearbeitet werden. Auch Alphakanäle werden automatisch in Graustufen angelegt.
- Für spezielle Druckeffekte können auch noch **Volltonfarbkanäle** (in älteren Photoshop-Versionen hießen sie »Rasterfarbtonkanäle«) hinzugefügt werden.

Grauwerte in RGB-Kanälen integrieren | Sie können Farbkanäle gezielt für Ihre Arbeit einsetzen oder so die Qualität eines Bildes objektiver beurteilen. Mit ein wenig Übung können Sie den Zusammenhang zwischen den Grauwerten der einzelnen Farbkanäle und den Farben im Bild erkennen. Insbesondere bei RGB-Bildern ist das gar nicht so schwer.

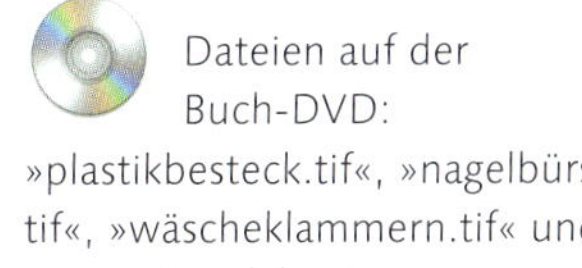
Dateien auf der Buch-DVD: »plastikbesteck.tif«, »nagelbürste.tif«, »wäscheklammern.tif« und »gummisandalen.jpg«

Bild: dieblen.de

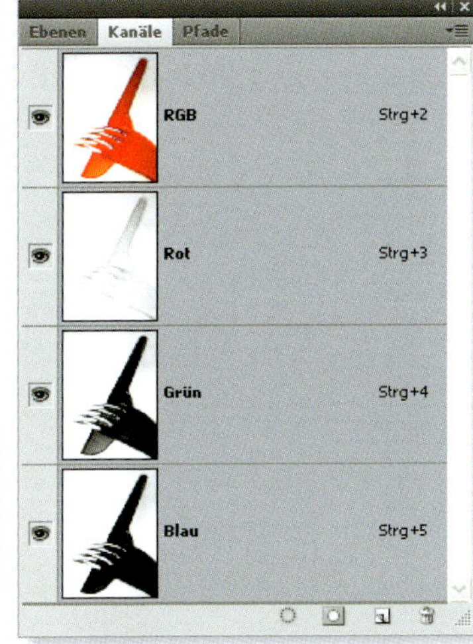

◀◀ **Abbildung 6.21**
Farbdarstellung im Bild und Kanaldarstellung – hier am Beispiel eines RGB-Bildes.

◀ **Abbildung 6.22**
Der Rotkanal strahlt hier am hellsten. Das Bild enthält nur sehr wenig Grün und Blau.

Bild: dieblen.de

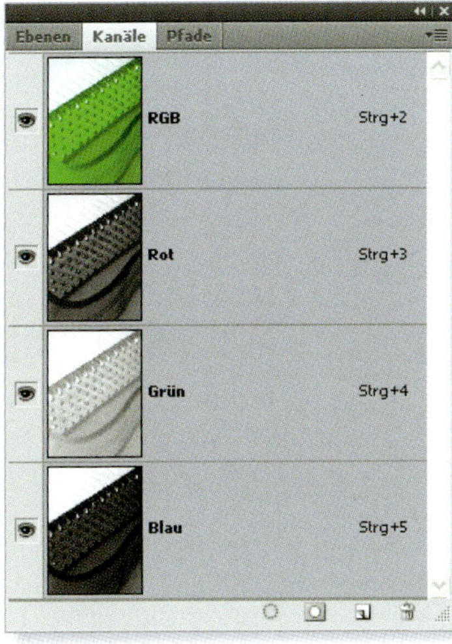

◀◀ **Abbildung 6.23**
Die grüne Zahnbürste ...

◀ **Abbildung 6.24**
... wird durch einen hellen Grünkanal dargestellt. Der Rot- und Blaukanal sind deutlich dunkler, das heißt, diese Farben sind weniger stark vertreten.

Abbildung 6.25 ▸▸
Und das Blau der Klammern ...

Abbildung 6.26 ▸
... ist so intensiv, dass im Blaukanal des Bildes kaum noch etwas zu sehen ist.

Bild: dieblen.de

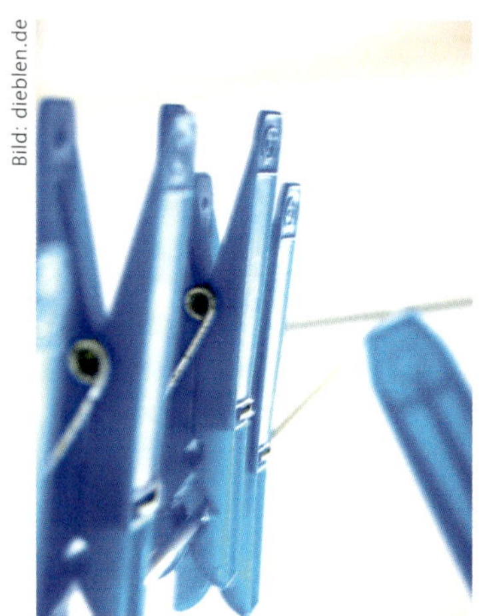

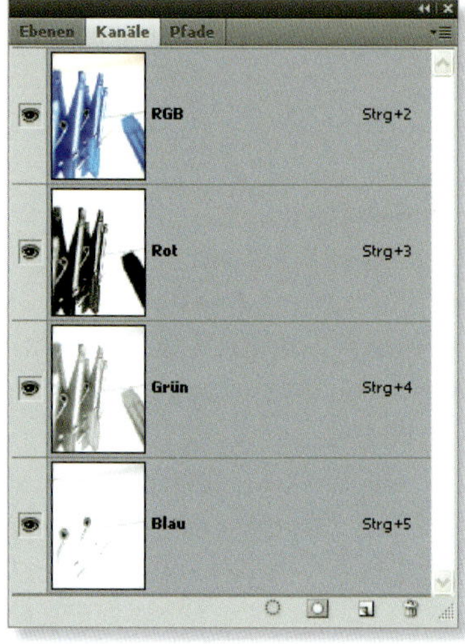

Grauwerte in CMYK-Kanälen interpretieren | Bei CMYK-Dateien ist die Beschreibung und Kanal-Darstellung in den Farbkanälen übrigens umgekehrt – hier bedeutet ein heller Tonwert, dass von der Farbe nur ein geringer Anteil vorhanden ist, und dunkle Bereiche zeigen an, dass die Farbe stark vertreten ist. Sie werden wohl eher selten in die Verlegenheit kommen, die Farbkanäle von CMYK-Dateien zu bearbeiten. Allerdings wirkt sich dieser Umstand auch auf einige Dialogfelder aus, die spezielle Anzeigeoptionen für CMYK-Dateien haben.

Bild: dieblen.de

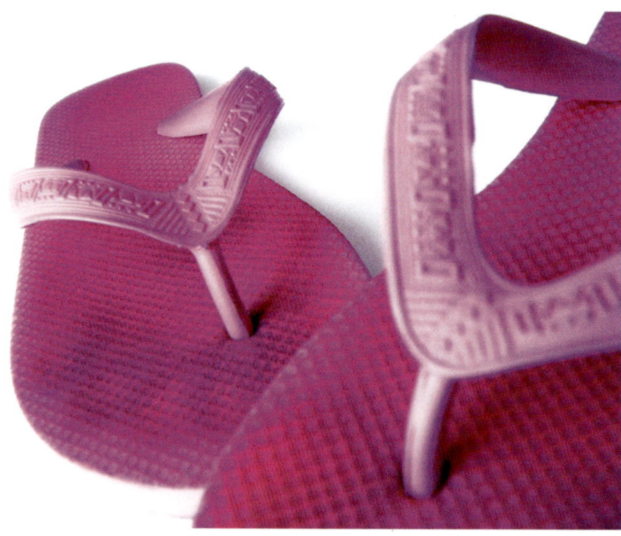

▲ **Abbildung 6.27**
Dunkelpinkfarbene Badeschlappen in fast reinem Magenta ...

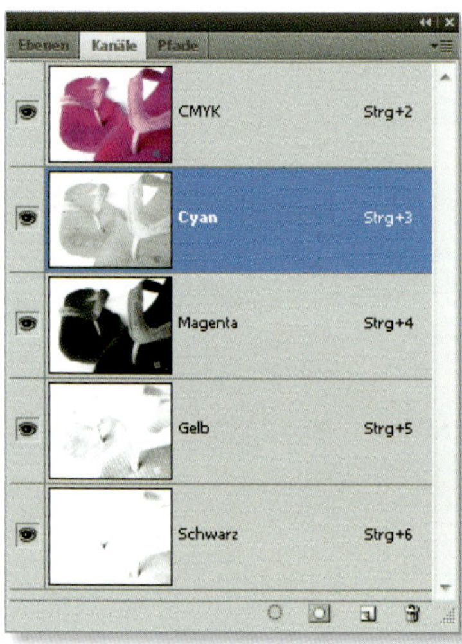

▲ **Abbildung 6.28**
... werden beim CMYK-Bild in der Kanalpalette durch einen dunklen Magenta-Kanal beschrieben.

6.4.4 RGB – der Bildbearbeitungsstandard

Benannt ist das Farbmodell RGB nach seinen Grundfarben Rot, Grün und Blau. Monitore reproduzieren Farbe in diesem Modus, und auch Eingabegeräte wie beispielsweise Scanner oder Digicams arbeiten auf Grundlage von RGB.

Miniaturbilder in Paletten: Größe einstellen

Einige Paletten in Photoshop – so auch die Kanäle-Palette – zeigen Bildminiaturen an, die z. B. den einzelnen Kanälen entsprechen. Standardmäßig sind diese Miniaturen recht klein. Ihre Größe lässt sich jedoch im Palettenmenü mit dem Befehl BEDIENFELDOPTIONEN ändern. Paletten mit großen Miniaturen verschaffen mehr Einsicht (wie die Screenshots in diesem Abschnitt zeigen), verbrauchen aber auch viel Platz auf der Arbeitsfläche.

Farbumfang | Der Farbumfang von RGB – die Menge der darstellbaren Farben – ist so groß, dass das für Menschen sichtbare Farbspektrum nahezu vollständig dargestellt werden kann. Jede der drei einzelnen RGB-Komponenten kann einen Wert zwischen 0 (Schwarz) und 255 (Weiß) annehmen. Sind die drei Werte von R, G und B gleich, entsteht neutrales Grau.

Beispielbild RGB | In einem Beispielbild habe ich vier verschiedene Farbwerte gemessen. Notiert werden sie dann so:

- Der hölzerne Teil des Buntstifts ❶ wird mit R 220, G 151, B 97 beschrieben.
- Das Orange ❷ wird als R 242, G 128, B 1 notiert.
- Das Schwarz ❸ hat die Werte R 0, G 0, B 0. Der Farbwert zeigt auch, dass es sich wirklich um Schwarz und nicht bloß um einen sehr dunklen anderen Farbton handelt.
- Der blau-violette Stift ❹ hat die Werte: R 68, G 79, B 163.

Datei auf der Buch-DVD: »BuntstiftSortiment.jpg«

◂ **Abbildung 6.29**
Diesem Beispielbild werden Sie noch mehrfach begegnen. Die Farbwerte wurden jeweils in der Mitte der markierten Stellen ermittelt. Der Farbbalken unterhalb des Bildmotivs zeigt ein neutrales Grau sowie reines Cyan, Magenta und Gelb.

Wann verwendet man Bilder im RGB-Modus? | RGB ist der Bildmodus, mit dem Sie bei der Bildbearbeitung die wenigsten

Manche Photoshop-Funktionen sind nicht in allen Bildmodi verfügbar!

Die Bildbearbeitungsfunktionen von Photoshop stehen **nur im Modus RGB** in vollem Umfang zur Verfügung. Wenn Sie feststellen, dass einige oder alle Filter nicht funktionieren, Textebenen sich anders verhalten als gewöhnlich oder sonstige irritierende Phänomene auftreten – dann kontrollieren Sie den Modus, in dem das Bild vorliegt, das Sie gerade bearbeiten wollen.

Schwierigkeiten haben. Photoshop – und andere Software, in der Bilder verarbeitet werden – kann mit Bildern in diesem Modus am besten umgehen. Und beim Bildimport aus Scanner oder Kamera ersparen Sie sich qualitätsverschlechternde Modusänderungen, denn die Bilder liegen schon im Modus RGB vor.

RGB eignet sich hervorragend als **Standard- und Arbeitsmodus** und ist außerdem der Modus der Wahl, wenn

- Bilder im Web publiziert werden (viele Browser können Bilder in anderen Farbmodi nicht wiedergeben) oder
- Bilder am heimischen Inkjet-Drucker ausgegeben werden sollen.

6.4.5 CMYK – der Druckprofi

Die Grundfarben im Farbmodell CMYK sind Cyan, Magenta und Gelb (Yellow), ganz ähnlich wie beim subtraktiven Farbsystem. Allerdings ist hier eine vierte Farbe hinzugekommen, nämlich Schwarz (abgekürzt mit *Key*, daher das K). Der Grund: Nur mit den idealen Farben der Theorie ergeben sich aus CMY alle Farben. In der Praxis zeigt sich jedoch, dass reale Farben nicht rein genug sind, um aus der Mischung der drei Grundfarben tatsächlich Schwarz zu erhalten – es entsteht nur ein schmuddeliger Braunton. So wird noch Schwarz als echte Druckfarbe hinzugefügt, um Bildern hinreichende Tiefe zu verleihen, aus CMY wird daher CMYK.

Prozentwert | Im Farbmodus CMYK wird jedem Bildpixel ein Prozentwert zwischen 0 und 100 für jede der vier Grundfarben zugewiesen. Die hellsten Farben haben niedrige Prozentwerte, dunkle Farben höhere Prozentwerte. Reines Weiß entsteht in CMYK-Bildern, wenn der Wert aller vier Komponenten 0% ist.

Beispielbild CMYK | Für die Beispiel-Buntstifte, nun im CMYK-Modus, ergeben sich dann folgende Werte:

- Das Hellbraun ❶ hat die Werte C 14%, M 47%, Y 65%, K 0%.
- Der Orangeton ❷ wird durch C 0%, M 60%, Y 98%, K 0% festgelegt.
- Das Schwarz ❸ ist C 86%, M 85%, Y 79%, K 100%.
- Der blaue Buntstift ❹ hat die Werte C 82%, M 74%, Y 0%, K 0%.

Zum Weiterlesen: Farbaufbau in CMYK-Bildern

Es gibt mehr als einen Weg, aus den vier Prozessfarben Cyan, Magenta, Gelb und Schwarz die Bildfarben zu mischen. Wie der sogenannte Farbaufbau aussieht, richtet sich nach dem Motiv, dem Druckverfahren und -papier. Mehr darüber lesen Sie in Kapitel 42, »Dateien für den professionellen Druck«.

In der Kanäle-Palette von Photoshop sind bei CMYK-Bildern vier Farbkanäle zu sehen: für jede Farbe ein Kanal. Dazu kommt als fünfter wiederum der Composite-Kanal hinzu. Jeder der vier Farbkanäle hat wiederum eine Datentiefe von 8 Bit, ein CMYK-Pixel hat also eine Datentiefe von 32 Bit. Jeder Farbkanal entspricht beim Vierfarbdruck einer Druckplatte. CMYK eignet sich also bestens, um Bilder für den professionellen Druck vorzubereiten.

◂ **Abbildung 6.30**
Das Musterbild in CMYK-Farben

Farbumfang | Der Farbumfang von CMYK ist kleiner als der von RGB. Das heißt, im Modus CMYK können weniger Farben dargestellt werden als in RGB. Wandelt man ein Bild von RGB in den CMYK-Modus um, verändert Photoshop solche Farben und bringt sie automatisch in den CMYK-Farbraum. Am Monitor wirken CMYK-Bilder daher etwas matter als RGB-Bilder. Auch ist die Farbdarstellung am Bildschirm keine besonders präzise Vorschau für die späteren Druckfarben.

Farbverschiebungen erkennen | Verfolgen können Sie diese Farbverschiebung, wenn Sie die Farbumfang-Warnung einblenden, und zwar über Ansicht • Farbumfang-Warnung (⇧+Strg+Y/⇧+⌘+Y).

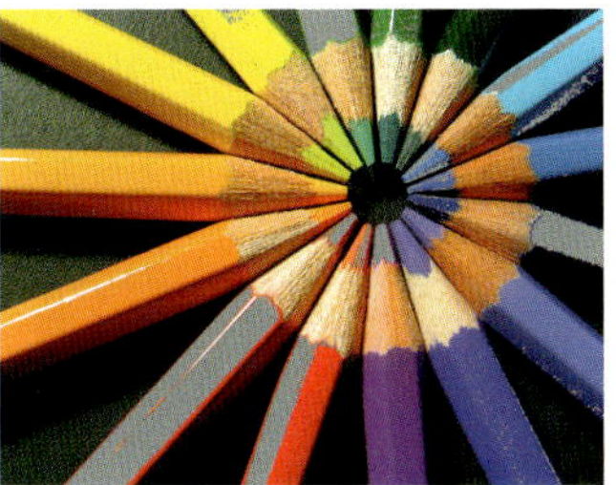

▴ **Abbildung 6.31**
Die Photoshop-Funktion Farbumfang-Warnung (zu finden unter dem Menüpunkt Ansicht) zeigt mit grauer Farbe, welche Farben bei der Konvertierung in CMYK verändert würden.

Wann verwendet man Bilder im CMYK-Modus? | CMYK ist der Standardmodus, wenn Sie Bilder für den professionellen Vierfarbdruck produzieren. Darüber, ob man in so einem Fall ein Bild gleich im CMYK-Modus anlegen soll oder ob es besser ist, es erst am Ende der Arbeit von RGB zu konvertieren, sind die Meinungen geteilt: Die Arbeit in CMYK hat den Vorteil, dass man das Endergebnis direkt vor Augen hat. Andererseits ist der Funktionsumfang von Photoshop unter RGB größer. Da es ganz verschiedene Formen der Umrechnung von CMYK in RGB gibt und nicht jede CMYK-Konvertierung für jedes Druckverfahren geeignet ist, arbeitet man mit RGB auch offener und flexibler.

6.4.6 Lab – der geräteunabhängige Modus

Das bekannteste geräteunabhängige Farbmodell ist Lab (auch LAB oder L*a*b geschrieben). Hier werden Farben nicht aus drei oder vier Grundfarben berechnet, sondern aus einem **Luminanzkanal** (Helligkeitskanal) **(L)** und zwei **Farbkanälen (a, b)**, die die Buntheit der Farben speichern.

Es ist schwierig, die Besonderheit des Lab-Modus anhand des Musterbildes hier drucktechnisch wiederzugeben. Umso auffallender stellen sich die Lab-Kanäle dar! Die Trennung von Farb- und Helligkeitsinformationen führt zu einer ganz anderen Form der Farbumschreibung als in den bisher bekannten Modi.

▲ **Abbildung 6.32**
Der Luminanzkanal L

▲ **Abbildung 6.33**
Der Farbkanal a

▲ **Abbildung 6.34**
Der Farbkanal b

Farbumfang | Anders als RGB und CMYK wird in Lab auch die menschliche Farbwahrnehmung berücksichtigt. Der Farbumfang von Lab ist sehr groß, er umfasst alle Farben, die in CMYK und RGB erzeugt werden können.

Wann kommt Lab zum Tragen? | Wie schon erwähnt, spielt dieses Farbmodell in der praktischen Arbeit kaum eine Rolle. Der Bildmodus Lab bleibt eher ein Exot – nicht zuletzt auch deswegen, weil viele Photoshop-Funktionen nicht zugänglich sind, wenn ein Bild in Lab vorliegt. Allerdings liegt das Farbmodell vielen internen Prozessen in Photoshop zugrunde – beispielsweise der Konvertierung von RGB- in CMYK-Bilder. Zudem bietet sich dieser Bildmodus für einige spezielle Bildkorrekturen wie z. B. das Schärfen an.

6.4.7 HSB – kein Modus, aber ein Farbmodell

HSB ist ein weiteres Modell, um Farbe geräteunabhängig zu beschreiben. Es beschreibt Farbe durch die drei Parameter Farbton (**H**ue), Sättigung (**S**aturation) und Helligkeit (**B**rightness). Wie das Lab-Modell orientiert sich auch HSB an der menschlichen Farbwahrnehmung. Definiert werden die Farben in Werten zwischen 0 und 360, die eine Position auf dem Standard-Farbkreis angeben. Das hört sich komplizierter an, als es ist, denn die Photoshop-Farbwerkzeuge ermöglichen einen intuitiven Umgang mit HSB-Farben.

Als Bildmodus steht HSB nicht zur Verfügung – kennen sollten Sie das Farbmodell trotzdem, denn in Photoshop begegnen Sie HSB immer wieder, so zum Beispiel beim Festlegen eigener Farben. Dazu stehen Ihnen in Photoshop gleich zwei Werkzeuge zur Verfügung:

- der großformatige Farbwähler und

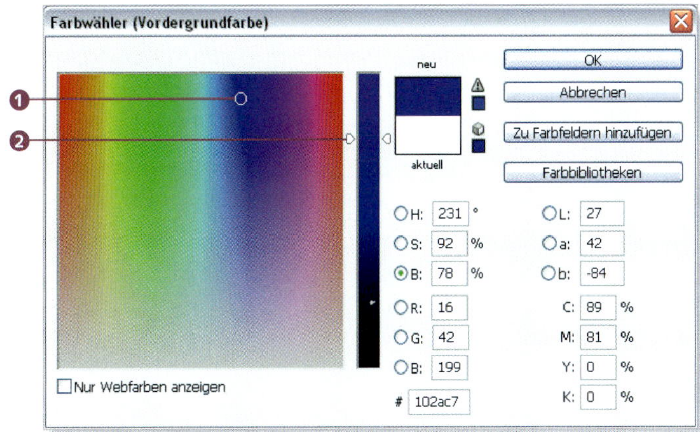

◂ **Abbildung 6.35**
Im Farbwähler haben Sie alle Farbsysteme gleichzeitig im Blick und können eigene Farben durch Zahleneingabe, frei durch Klicken ins Farbspektrum ❶ oder durch Verschieben des Reglers ❷ festlegen.

- die handlichere Farbregler-Palette (erreichbar über FENSTER • FARBE oder mit dem Kürzel [F6]).

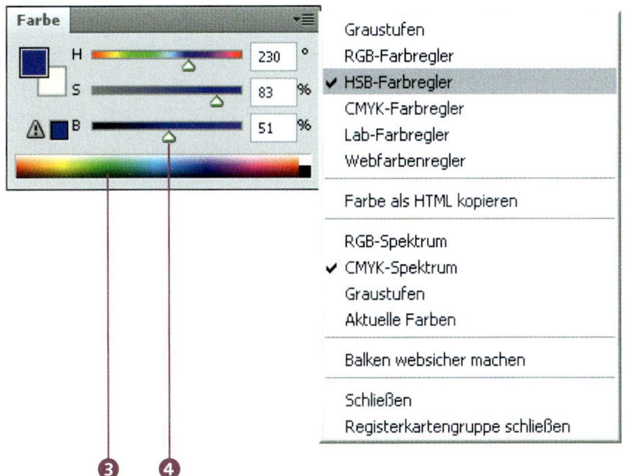

◂ **Abbildung 6.36**
Die Farbregler-Palette ist kompakter und blockiert nicht so viel Bildschirmplatz wie der Farbwähler. Über das Seitenmenü kann man zwischen den verschiedenen Farbmodellen wechseln. Auch hier kann man Farben durch Zahleneingabe, Klicken auf das Farbspektrum ❸ oder durch Verschieben der Regler ❹ festlegen.

Auch die Bildkorrektur-Werkzeuge Farbton/Sättigung und Farbbalance arbeiten intern nach dem Prinzip HSB.

6.4.8 Der Bildmodus Graustufen – 256-mal Grau

Die bisher vorgestellten farbigen Bildmodi hatten alle eine Datentiefe zwischen 24 und 32 Bit bei drei bis vier Farbkanälen à 8 Bit. Es ist aber auch möglich, Bilder mit einer geringeren Datentiefe zu erstellen und zu reproduzieren. So enthält ein Graustufenbild nur einen Kanal à 8 Bit, das heißt, 256 Graustufen stehen zur Verfügung.

Graustufen | In Photoshop wird die Luminanz – die Helligkeit – der einzelnen Graustufen in Prozentwerten zwischen 0% (Weiß) und 100% (Schwarz) definiert; bisweilen findet man auch Angaben zwischen 0 und 255, ähnlich wie bei RGB-Farben.

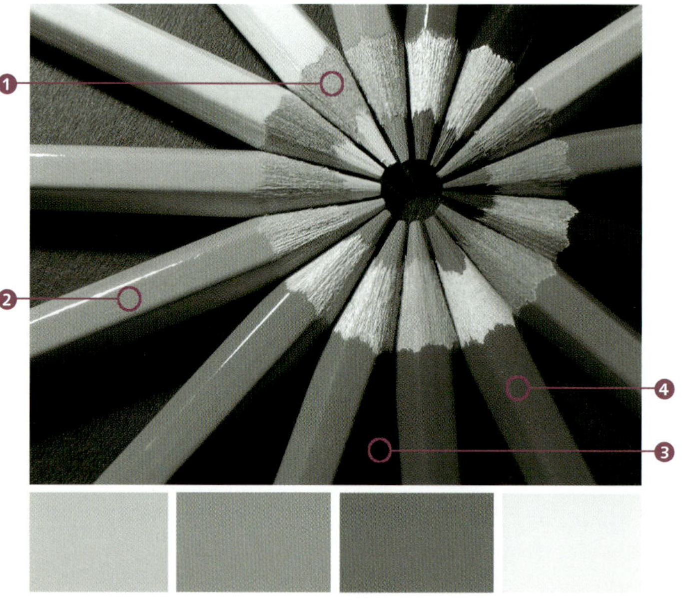

Abbildung 6.37 ▸
Hier unterscheiden sich das Bild ...

Abbildung 6.38 ▸
... und seine Abbildung im einzigen Kanal gar nicht voneinander. Mit einer Datentiefe von nur 8 Bit und einem Kanal sind Graustufendateien sehr klein.

So lauten die Werte an den Messpunkten:

- Der hölzerne Schaft des Buntstifts ❶ bekommt einen Grauwert von 46%.
- Der bisherige Orangeton ❷ wird im Graustufenbild mit 49% umschrieben.

- Schwarz ❸ hat erwartungsgemäß mit 100 %.
- Der dunkelblaue Stift ❹ hat nun den Grauwert 79 %.

Dateien auf der Buch-DVD: »HiddenseeFarbig.tif« und »HiddenseeSW.tif«

Diese 256 Helligkeitsabstufungen reichen in der Regel aus, um eine zufriedenstellende Darstellung zu erreichen.

Bild: Sibylle Mühlke

▲ **Abbildung 6.39**
So wird aus diesem Farbbild ...

▲ **Abbildung 6.40**
... ein ganz passables Graustufenbild mit 256 Tonwerten. Das Auge ist auch damit zufrieden.

Sie können Farbbilder aller Modi und Strichbilder (Bitmaps) in Graustufenbilder konvertieren. Die ursprünglichen Farbinformationen gehen dabei allerdings unwiderruflich verloren, sodass bei einer Rückkonvertierung ein Schwarzweißbild bleibt.

Wann verwendet man Graustufenbilder? | Eingesetzt werden Graustufenbilder, wenn es darum geht, Kilobyte zu sparen, oder auch aus ästhetischen Gründen. Zudem ist der Bildmodus Graustufen auch die Grundlage für eine weitere Konvertierung in Duplex- oder Bitmap-Bilder (Strichbilder).

6.4.9 Bitmap-Modus – für Strichbilder

Strichbilder – in Photoshop **Bitmap** genannt – kommen mit einer noch geringeren Datenmenge zur Bildbeschreibung aus als Graustufenbilder, nämlich mit einem Bit. Ein Pixel kann dann nur noch entweder schwarz oder weiß sein. Wie bei Graustufenbildern auch gibt es hier nur einen Kanal. Im Gegensatz zu allen anderen Bildmodi können Sie bei Bitmaps Alphakanäle nicht selbst hinzufügen, und der Funktionsumfang von Photoshop ist ebenfalls sehr stark eingeschränkt. Verschiedene Graustufen werden in Bildern im Bitmap-Modus durch Rastermuster vorgetäuscht.

Zum Weiterlesen: Bessere Schwarzweißbilder
Die Änderung des Bildmodus ist die schlechteste Möglichkeit, um aus Farbbildern Schwarzweißbilder zu machen. Der Moduswechsel sollte erst am Ende der Umwandlung stehen. Welche Werkzeuge Sie für eine kontrollierte Modusänderung nutzen können, lesen Sie in Kapitel 27, »Schwarzweißbilder erstellen«.

▲ **Abbildung 6.41**
Auch im Bitmap-Modus gibt es nur einen Kanal, die Dateien werden noch kleiner als in Graustufen.

▲ **Abbildung 6.42**
Eines der möglichen Rastermuster, um fehlende Graustufen im Bildmodus Bitmap zu ersetzen.

Unter Bild • Modus • Bitmap finden Sie das Dialogfeld, in dem Sie das gewünschte Raster genauer einstellen können. Bedenken Sie aber, dass ein Bild vor der Modusänderung in ein Bitmap-Bild schon als Graustufenbild vorliegen muss.

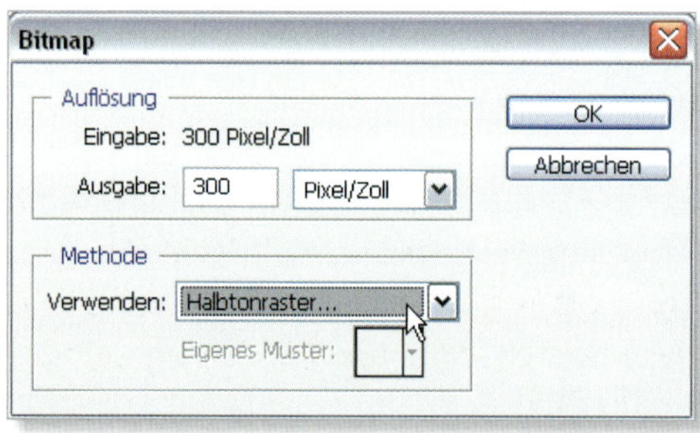

Abbildung 6.43 ▸
Das Dialogfeld zur Einstellung eines Bitmap-Rasters. Unter Methode stellen Sie ein, wie Ihr Bild gerastert werden soll, …

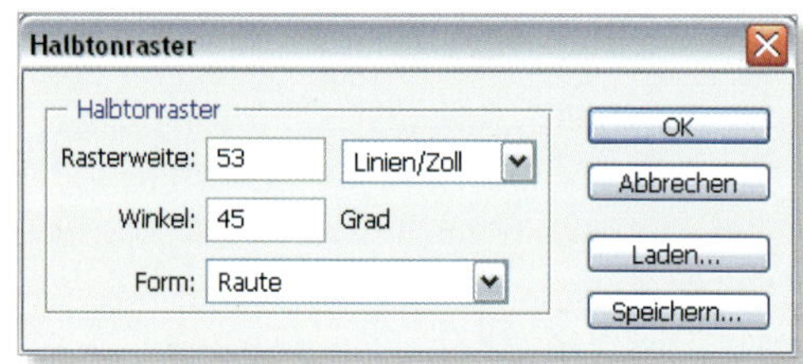

Abbildung 6.44 ▸
… dann legen Sie eventuell weitere Rastereinstellungen fest.

Wann verwendet man den Bitmap-Modus? | Geeignet ist der Bitmap-Modus für Strichzeichnungen, und hier ist es sinnvoll, schon beim Scannen diesen Modus vorzugeben. Der

Bitmap-Modus ist eigentlich eher der klassische Modus für Scans von Text oder Zeichnungen als ein Modus, mit dem Bildbearbeiter oft umgehen würden.

6.4.10 Indizierte Farben – Farbmodus für das Web

Der Modus Indizierte Farben ist vor allem für Dateien mit der Endung GIF typisch. GIF ist ein Dateiformat, das speziell für Internet-Bilder entwickelt wurde. Aufgebaut sind Bilder im indizierten Modus wie Graustufenbilder: nur ein Kanal und 8 Bit Farbtiefe, d. h., maximal 256 Farben sind möglich. Diese radikale Farbreduzierung bekommt nicht jedem Motiv gleich gut.

TOPP-TIPP: Schwellenwert 50 %

Wenn Ihre Zeichnung im Graustufenmodus vorliegt und Sie verhindern wollen, dass Ihr Bild bei der Modusänderung ein Rastermuster bekommt, wählen Sie als Methode die Einstellung Schwellenwert 50 % – Sie erhalten dann ein ungerastertes Bild, wobei der Schwellenwert festlegt, welche Grauwert-Pixel beim Konvertieren schwarz und welche weiß werden. Strichzeichnungen, bei denen es auf Kantenschärfe ankommt, können von der Bitmap-Einstellung Schwellenwert unter Umständen profitieren.

◂ **Abbildung 6.45**
Die Buntstifte im Modus Indizierte Farben könnten dann zum Beispiel so aussehen – die Farben sind nicht realistisch und erinnern eher an »Malen nach Zahlen«, aber die geringe Dateigröße ist dem geplanten Internet-Einsatz angemessen.

Unter Modus • Indizierte Farben finden Sie ein Dialogfeld mit verschiedenen Einstellungsmöglichkeiten. Damit legen Sie fest, nach welchen Parametern die ursprünglichen Farben des Bildes reduziert werden. Je nach Einstellung können Bilder mit indizierten Farben recht unterschiedlich ausfallen.

◂ **Abbildung 6.46**
Die Einstellungen, um ein Bild in den indizierten Farbmodus zu bringen

Wann sollte man im Modus »Indizierte Farbe« arbeiten? | Wie schon erwähnt wurde, ist der Modus INDIZIERTE FARBE kennzeichnend für das Internet-Dateiformat GIF. In der Praxis werden Sie jedoch selten in die Verlegenheit kommen, ein Bild von Hand in den indizierten Modus zu konvertieren. Wenn Sie Bilder im Web-Dateiformat GIF speichern, werden sie automatisch in diesen Modus gebracht. Wenn Ihnen ein indiziertes Bild zur Weiterbearbeitung vorliegt, sollten Sie es zuerst in den RGB-Modus bringen, denn im indizierten Modus stehen in Photoshop nur sehr wenige Funktionen zur Verfügung.

6.4.11 Duplex und Mehrkanal – »Farbige Graustufen«

Beim normalen CMYK-Vierfarbdruck sollen durch die Farbmischung möglichst zahlreiche Farbabstufungen erzeugt werden. Beim Duplex-Druck mit Sonderfarben legen Sie genau fest, mit welchen Farben Ihr Bild gedruckt wird – in Photoshop können Sie aus umfangreichen Listen verschiedener Druckfarbenhersteller auswählen. Erzeugt werden dann keine echten Farbbilder, sondern farbige Graustufenbilder. Photoshop bietet hierfür zwei verschiedene Bildmodi an: MEHRKANAL und DUPLEX. Beides sind keine Arbeitsmodi – Sie sollten Bilder immer erst ganz am Schluss konvertieren.

Duplex | Im Modus DUPLEX können Sie Bilder mit einer einzigen Sonderfarbe (Simplex), mit zwei (Duplex), drei (Triplex) oder vier Farben (Quadruplex) anlegen.

▲ **Abbildung 6.47**
Das bekannte Beispielbild als Simplexbild ...

▲ **Abbildung 6.48**
... und als Duplex aus zwei Farben

Duplex erzeugen | Wenn Sie ein Duplex erzeugen wollen, muss das Bild erst im Graustufenmodus vorliegen. Im Dialogfeld Duplex haben Sie zahlreiche Einstellungsmöglichkeiten, sodass Duplexbilder immer anders aussehen können.

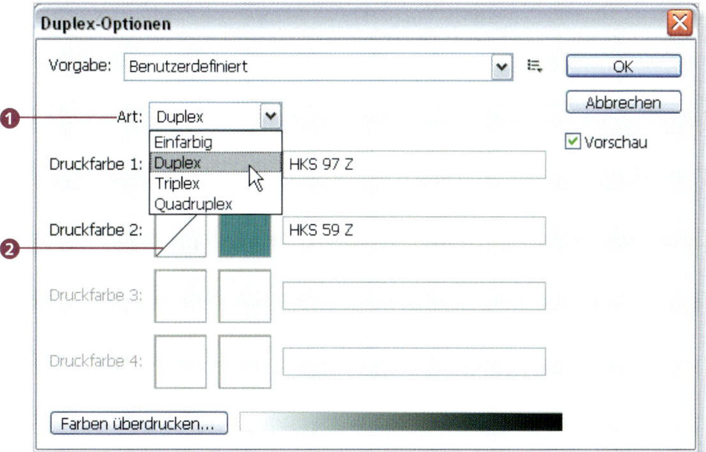

▲ **Abbildung 6.50**
Das Dialogfeld Duplex-Optionen

Unter Art ❶ legen Sie fest, aus wie vielen Farben das Duplex gedruckt wird. Im Gegensatz zu den Bildmodi RGB, CMYK oder Lab haben Sie im Duplexmodus keinen direkten Zugriff auf die einzelnen Bildkanäle. Daher werden auch die einzelnen Kanäle über die Duplexkurven ❷ im Duplex-Dialogfeld bearbeitet. Duplexkurven funktionieren ähnlich wie Gradationskurven.

Mehrkanalmodus | Noch weitergehende Möglichkeiten für den Druck mit Sonderfarben haben Sie im Mehrkanalmodus. Sie können Duplex- und CMYK-Bilder in diesen Modus konvertieren. Dabei wird der Duplexkanal in mehrere Kanäle – sogenannte **Volltonfarbkanäle** – aufgesplittet. CMYK-Kanäle bleiben erhalten. Danach können Sie weitere Kanäle mit Sonderfarben hinzufügen, um zusätzliche Druckplatten festzulegen.

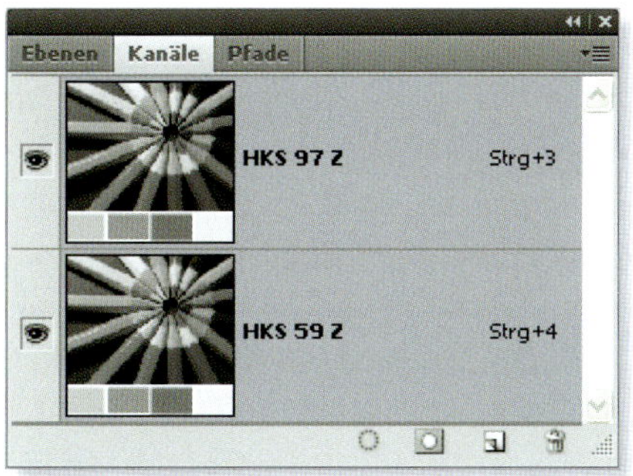

◀ **Abbildung 6.51**
Unser Beispielduplex hat nach dem Konvertieren in den Mehrkanalmodus dann eine solche Kanäle-Palette. Die Namen der einzelnen Kanäle bezeichnen die ihnen zugewiesene (Druck-)Farbe.

Datentiefe Duplex

Duplexbilder sind – egal ob sie aus einer, zwei, drei oder vier Sonderfarben aufgebaut sind –, obwohl sie farbig sind, einkanalig und ähneln einem schlichten Graustufenbild. Daher kommen Duplexbilder mit einer Datentiefe von 8 Bit aus.

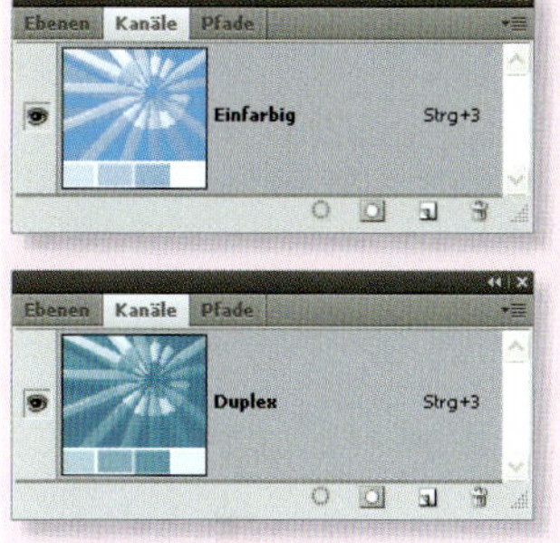

▲ **Abbildung 6.49**
Ob mit einer, zwei oder drei Farben: Der Duplex-Modus hat immer nur einen Kanal.

Wann verwendet man die Modi Duplex und Mehrkanal? | Duplex und Mehrkanal sind für den professionellen Druck gedacht. Sie sind die Modi der Wahl, wenn Sie ein Bild aus mehreren Farben aufbauen und diese so originalgetreu wie möglich reproduziert werden sollen – zum Beispiel für Firmenlogos. Der Mehrkanalmodus bietet darüber hinaus interessante Möglichkeiten, um drucktechnische Effekte – zum Beispiel durch den Einsatz stark glänzenden UV-Lacks auf vereinzelten Bildpartien – zu erzielen.

6.4.12 Änderungen zwischen Modi

Änderungen zwischen Modi sind schnell gemacht, sie erfolgen über die Menübefehle unter Bild • Modus. Bei einer Modusänderung werden die Farbwerte des Bildes jedoch unwiderruflich geändert – auch bei einer Rückkonvertierung können sie nicht wiederhergestellt werden.

Vorsichtsmaßnahmen | Aus diesem Grund sollten Sie folgende Maßnahmen ergreifen:

- Bearbeiten Sie ein Bild so weit, wie es möglich ist, im Originalmodus, in dem Sie es bekommen haben. Bilder aus modernen Scannern und Digicams liegen ohnehin immer im für Bildbearbeiter freundlichen Modus RGB vor, in dem die volle Bandbreite der Photoshop-Funktionen verfügbar ist.
- Bevor Sie ein Bild konvertieren, sollten Sie eine Archivkopie erstellen. Bei digitalen Bildern haben Sie ja kein Negativ, von dem Sie immer neue Abzüge erstellen können – hüten Sie die Originalfassung Ihrer Bilder gut! Das gilt auch vor Änderungen an Größe und Auflösung.
- Wenn Ihr Bild aus mehreren Bildebenen mit unterschiedlichen Füllmethoden aufgebaut ist, sollten Sie diese vor der Modusänderung auf die Hintergrundebene reduzieren. Der Grund: Die Wirkung der unterschiedlichen Füllmethoden kann sich mit der Moduskonvertierung ändern.

6.4.13 8 Bit, 16 Bit, 32 Bit

Alles bisher Gesagte bezog sich auf Dateien in verschiedenen Modi, aber immer mit einer Farbtiefe von 8 Bit je Kanal. Nur die Menge der vorhandenen Kanäle – und damit die Gesamt-Farbtiefe – variierte von Modus zu Modus. 8-Bit-Bilder sind (noch) die mit Abstand am häufigsten gebrauchten. Seit der Programmversion CS baut Adobe jedoch auch die Unterstützung von Bildern mit mehr als 8 Bit je Kanal immer weiter aus.

Die Unterstützung für Bilder mit 16 Bit ist inzwischen recht gut, dass heißt, viele Photoshop-Funktionen funktionieren auch bei 16-Bit-Bildern. 16-Bit-Bilder werden zum Beispiel von leistungsfähigen Profi-Scannern erzeugt oder können aus manchen Digitalkameras importiert werden. Sie können in den Modi RGB, CMYK, Lab, Graustufen oder Mehrkanal vorliegen.

Mehr Bit je Kanal, das bedeutet

- feinere Farbdifferenzierung und
- größere Dateien.

Beim Bearbeiten solcher Bilder – z.B. bei der Skalierung oder Farbkorrektur – kommt es bei Bildern mit höherer Farbtiefe nur selten zu sichtbaren Qualitätseinbußen. Das hört sich gut an, hat aber auch einige Nachteile: Nicht alle Dateiformate können Bilder mit mehr als 8 Bit pro Kanal abspeichern, und auch viele Anwendungen verweigern die Verarbeitung von solchen Dateien. Während es wenig Effekt hat, die Datentiefe eines Bildes hochzurechnen, können Änderungen nach unten also durchaus sinnvoll sein, wenn man die problemlose Austauschbarkeit von Bildern gewährleisten und den vollen Funktionsumfang von Photoshop ausschöpfen will.

Nicht nachträglich!

Natürlich bringt es nichts, wenn ein 8-Bit-Bild nachträglich in ein Bild mit höherer Bitzahl pro Farbkanal umgewandelt wird. Das ist zwar möglich, aber die ursprünglich vorhandenen Farbinformationen werden dadurch ja nicht vermehrt! Es bleibt also alles beim Alten: Eine bessere Farbdifferenzierung wird nicht erreicht.

High Dynamic Range | Auch 32-Bit-Bilder (sogenannte HDR-Bilder – für High Dynamic Range) können in Photoshop bearbeitet werden; in der Version CS3 hat Adobe die HDR-Funktionen sogar erweitert. Allerdings können solche Bilder nach wie vor nur eingeschränkt mit den gewohnten Werkzeugen und Befehlen bearbeitet werden.

In der klassischen Bildbearbeitung spielen HDR-Bilder bisher nur eine untergeordnete Rolle. HDR-Bilder werden vor allem für Kinofilme, 3D-Grafiken und in manchen Bereichen der professionellen Fotografie eingesetzt. In Photoshop können sie mithilfe mehrerer Fotos erstellt werden, die mit unterschiedlicher Belichtung aufgenommen wurden (via Datei • Automatisieren • Zu HDR zusammenfügen).

Zum Weiterlesen

Mehr über HDR-Bilder lesen Sie in Kapitel 24, »Werkzeuge für die digitale Fotografie«.

▲ **Abbildung 6.52**
Von 16 Bit zu 8 Bit pro Kanal konvertieren

Bitzahl konvertieren | Um Bilder zwischen 8 und 16 Bit zu konvertieren, wählen Sie die Befehle Bild • Modus • 16-Bit-Kanal bzw. Bild • Modus • 8-Bit-Kanal.

6.5 Datenkompression

Vor der Betrachtung der verschiedenen Dateiformate schauen wir uns zunächst noch unterschiedliche Verfahren zur Kompression von Bildern an.

Nur allzu häufig wird die Kompression von Dateien mit dem Dateiformat selbst verwechselt. Als Kompression wird ein Verfahren bezeichnet, mit dem Daten komprimiert gespeichert werden. Dateiformate nutzen Kompressionen, sind aber nicht damit gleichzusetzen.

6.5.1 Unkomprimierte Speicherung

Bei der unkomprimierten Speicherung werden Bilder Pixel für Pixel auf die Festplatte geschrieben. Dabei wird das Bild meist zeilenweise, von links nach rechts und von oben nach unten auf die Festplatte geschrieben. Speichert man zum Beispiel eine A4-Seite, die mit 300 dpi auf der Festplatte liegt, ergibt sich eine Pixelgröße von 2480 × 3508 Pixel. Wird das Bild im RGB-Modus gesichert, so belegt jeder Pixel 3 Byte Speicherplatz. Durch Multiplikation der Werte 2480 × 3508 × 3 ergibt sich ein Speicherplatzbedarf von 26.099.520 Byte, rund 25 Megabyte. Dieser Speicherplatzbedarf mag für die Arbeit am lokalen Rechner kein Problem darstellen; spätestens wenn das Bild an jemanden per Mail verschickt wird, empfiehlt es sich, die Verwendung einer Kompression in Erwägung zu ziehen.

6.5.2 Verlustfreie Kompression: RLE, ZIP, LZW

Die Verwendung von verlustfreien Kompressionen empfiehlt sich vor allem zur Speicherung von Projektdaten und zur Weitergabe von qualitativ hochwertigen Dateien für die Reproduktion bzw. Weiterbearbeitung.

[ZIP]
ZIP ist so etwas wie das Schweizer Taschenmesser unter den Kompressionsverfahren. Neben der Verwendung in unterschiedlichen Bilddateiformaten wird dieses Verfahren auch bei Kompressions-Utilities wie zum Beispiel WinZip für die kompakte Speicherung beliebiger Daten genutzt.

Prinzip | Das Prinzip der verlustfreien Kompression besteht in der Zusammenfassung von Daten. Dies kann man sich sehr einfach anhand einer Zeichenkette vorstellen. Soll die Zeichenkette »aaaaaaa« verlustfrei komprimiert werden, so liefert das RLE-Verfahren zum Beispiel das Ergebnis »a7«. Dabei steht an erster Stelle das Zeichen, direkt danach die Anzahl der Wiederholungen. Natürlich können anstelle des Buchstabens auch Farbwerte in Bildern auf diese Weise komprimiert werden. Zugegebenermaßen ist dies die einfachste Art der verlustfreien Kompression. Es gibt hoch entwickelte Mustererkennungsverfahren, die das zu speichernde Bild nach unterschiedlichsten, sich wiederholenden Bildinhalten absuchen und Ähnlichkeiten in Bildern speichern.

[CCITT]
Ein weiteres Verfahren ist das CCITT-Verfahren, das ursprünglich für die Fax-Übertragung entwickelt wurde. Es wird für die Speicherung von PDF- und Photoshop EPS-Dateien im Bitmap-Modus verwendet.

Anwendungsgebiete | Meist werden flächige Bilder mit wenigen Farbabstufungen sehr gut mit diesen Verfahren komprimiert. Fotos hingegen, die aus einer Vielzahl von Farben bestehen, können in den meisten Fällen nicht so stark reduziert werden. Vereinfacht gesagt ist das der Grund dafür, dass in Fotografien das

Zusammenfassen der Bildinformation zu Blöcken gleicher Muster schwerer fällt.

Welche Kompressionsverfahren gibt es? | Häufig zur Anwendung kommende verlustfreie Kompressionsverfahren sind zum Beispiel die Kompressionen

- **RLE** (**R**un**l**ength **E**ncoding),
- **ZIP** (die Abkürzung ist eigentlich keine, sondern das englische Wort für »Reißverschluss«) oder
- **LZW** (nach seinen Schöpfern Abraham **L**empel, Jacob **Z**iv und Terry **W**elch benannt).

Dabei handelt es sich um mathematische Verfahren zur verlustfreien Kompression. Diese kommen innerhalb von unterschiedlichen Dateiformaten zur Anwendung. So kann zum Beispiel das GIF-, TIFF- und das PDF-Format eine LZW-Kompression von Bilddaten durchführen, obwohl es sich um unterschiedliche Dateiformate handelt.

6.5.3 Verlustbehaftete Kompression: JPEG

Speichert man Fotos mit Millionen von Farben, so werden viele der Farbabstufungen vom menschlichen Auge gar nicht wahrgenommen. Vielmehr reagiert das Auge auf Helligkeitsänderungen in einem Bild.

JPEG-Verfahren | Auf dieser Tatsache baut das JPEG-Verfahren auf. Es wird von der Arbeitsgruppe ISO/IEC JTC1 SC29/WG 1, besser bekannt als **J**oint **P**hotographic **E**xperts **G**roup, seit Anfang der 70er-Jahre entwickelt und basiert auf einem Verfahren, bei dem das Bild in Farbblöcke von 8×8 Pixel zerlegt wird. JPEG verändert die Farbe der Blöcke so, dass möglichst viele gleiche Pixelblöcke im Bild entstehen. Diese können platzsparend zusammengefasst werden. Beim JPEG-Verfahren können unterschiedliche Kompressionsstufen eingestellt werden. Je höher die Kompression, desto kleiner die Datei. Mit höherer Kompressionsrate sinkt aber auch die Bildqualität.

Das JPEG-Verfahren wurde für die Speicherung von Fotos entwickelt. Es ist nur schlecht zur Kompression von flächigen Grafiken, scharfen Linien oder Grafiken mit wenigen Farben geeignet. Denn dabei kommt es vermehrt zur Bildung von **Kompressionsartefakten**. Dabei handelt es sich um Störungen im Bild, die vor der Kompression nicht vorhanden waren und durch die komprimierte Speicherung hinzugefügt werden. JPEG ist bei geringen Qualitätseinstellungen dafür bekannt, sichtbare Blöcke in Bildern zu verursachen. Aber auch das Moskito-Rauschen

[JPEG 2000]
Das JPEG-Verfahren ist nicht das einzige existierende Verfahren zur verlustbehafteten Kompression von Bildern, aber das gebräuchlichste. Eines der seit einiger Zeit immer wieder heiß diskutierten neuen Formate nennt sich **JPEG 2000**. Dieses wird seit 1996 entwickelt und wahrscheinlich zum neuen Quasi-Standard erkoren. Aber hier wird wohl die nächste Zeit Klarheit bringen. Für mehr Informationen zu JPEG 2000 werfen Sie einen Blick auf die Homepage unter *www.jpeg.org*.

und die Schattenbildung bei Farbübergängen sind wohlbekannte JPEG-Artefakte.

Abbildung 6.53 ▸
Für flächige Grafiken ist das JPEG-Verfahren weniger geeignet. Das Moskito-Rauschen hat seinen Namen von den pixeligen Störungen rund um scharfe Bildkanten, die wie Moskitos oder umherschwirrende Mücken aussehen.

6.6 Dateiformate für Bilder

6.6.1 Wozu verschiedene Dateiformate?

Bilddateien können in zahlreichen verschiedenen Dateiformaten vorliegen und gespeichert werden. Die Liste von Formaten ist lang: PSD und TIFF, JPEG, GIF und PNG, PDF, EPS, DCS und BMP, WMF und PICT ... Dies hat einerseits den quasi historischen Grund, dass es für die Entwicklung von Dateiformaten keine verbindlichen Standards gibt und zahlreiche Software-Hersteller eigene Formate lanciert haben. Diese Formatvielfalt ist aber auch ein Versuch, Bilder so zu berechnen, dass ein möglichst breites **Aufgabenspektrum** abgedeckt wird, denn nicht jedes Format leistet dasselbe. Unter den Dateiformaten gibt es Spezialisten für verschiedene Einsatzgebiete.

Was macht eigentlich den Unterschied zwischen den einzelnen Dateiformaten aus – außer dem offensichtlichen Endungskürzel? | Das unsichtbare »Innenleben« der Dateien, also der Dateiaufbau und die Art der Bildberechnung, ist ganz verschieden. Die trockenen Details des Dateiaufbaus brauchen Sie nicht zu kümmern – entscheidend ist, was die unterschiedlichen Dateiformate in Hinblick auf die Unterstützung von Photoshop-Funktionen, die Kompatibilität zu anderen Anwendungen und die

Datenkompression leisten. Ihre wichtigste Leitlinie beim Auswählen des richtigen Speicherformates ist, was Sie mit der Datei noch vorhaben, also der geplante **Einsatzbereich** des Bildes.

- Welche Eigenschaften und Funktionen der mit Photoshop erzeugten Datei können in einem bestimmten Dateiformat dauerhaft gesichert werden? Und welche Dateieigenschaften wollen Sie erhalten?
- Ist der Transfer der Dateien in andere Anwendungen nötig und, wenn ja, ist er problemlos möglich? Können die Dateien mühelos weiterbearbeitet und korrekt reproduziert werden?
- Einige Dateiformate setzen Datenkompression ein, um die Datenmenge einer Datei zu verringern. Einige Kompressionsmethoden arbeiten verlustfrei, andere sind *lossy*, das heißt, sie bringen Verluste an Bildqualität mit sich. Manche Kompressionsarten funktionieren im Hintergrund, für andere stehen in Photoshop Steuerungsinstrumente zur Verfügung. Welche Kompressionsmethoden bieten die einzelnen Dateiformate? Wie wichtig ist eine geringe Größe der zu speichernden Datei?

Nur eine Handvoll Formate sind wichtig
Sie müssen nicht über jedes der zahllosen Dateiformate Bescheid wissen oder es einsetzen. Eine Handvoll Formate, mit denen alle Aufgaben gut abgedeckt sind, haben sich inzwischen als Quasi-Standard eingebürgert. Die wichtigsten stelle ich Ihnen hier ausführlich vor, in Abschnitt 6.6.9, »Dateiformate im Überblick«, finden Sie eine umfangreiche Übersichtstabelle mit noch mehr Formaten.

6.6.2 PSD – Photoshops »Hausformat«

Um Bilder zu erstellen und zu bearbeiten, sollten Sie ein Dateiformat wählen, das alle Photoshop-Funktionen und alle Dateieigenschaften unterstützt. Ebenso wichtig ist, dass das Bild beim (Zwischen-)Speichern keinen Qualitätsverlust durch Kompression erleidet. Diese Anforderungen erfüllt das genuine Photoshop-Format PSD.

Unterstützte Photoshop-Funktionen | Das Format PSD erlaubt es Ihnen, nicht nur das Bild selbst, sondern auch sämtliche Informationen, die für die Bearbeitung des Bildes relevant sind, mitzuspeichern. Dazu gehören alle Arten von Ebenen, Alphakanäle und darauf basierende Masken und Auswahlen sowie Pfade – alles in allem die Basis für komfortables und flexibles Arbeiten. PSD unterstützt außerdem Transparenz und alle Bild- und Farbmodi. Dazu gehören auch Photoshop-Spezialitäten wie Duplex-, Lab- und Mehrkanalmodus, die von vielen anderen Dateiformaten nicht verarbeitet werden können.

Kompression | PSD-Dateien sind sehr groß. Eine Datenkompression ist nicht möglich, aber auch nicht unbedingt nötig, da PSD ein internes Dateiformat ist und selten für den Datenaustausch genutzt wird.

Einsatzbereich | PSD ist das ideale Arbeitsformat, in dem Sie Ihre Dateien erstellen. Für die Übergabe an andere Anwendungen oder den Einsatz im Web können PSD-Dateien problemlos in spezialisierte Formate gebracht werden. Oft ist es dann sinnvoll, eine Kopie des Bildes als PSD-Datei zurückzubehalten – für nachträgliche Änderungen. Der Austausch von PSD mit anderen Adobe-Programmen ist problemlos. Wenn Sie nichts anderes vorgeben, werden neue Dateien von Photoshop automatisch als PSD gespeichert.

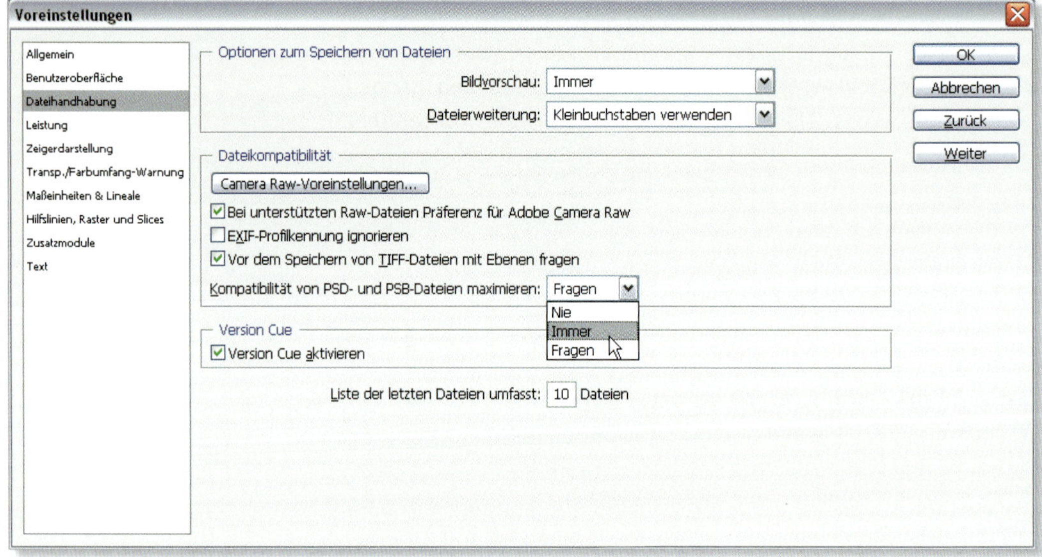

Abbildung 6.54 ▼
Wenn Sie die PSD-Kompatibilität maximieren (Dropdown-Liste), können Dateien besser von älteren Programmversionen gelesen werden, werden aber auch größer.

6.6.3 PSB – große Bilder

Das Format PSB – auch **großes Dokumentformat** genannt – ist eine weitere Photoshop-Spezialität. Es hat weitestgehend dieselben Eigenschaften wie PSD, aber die zusätzliche Fähigkeit, auch sehr, sehr große Dokumente aufnehmen zu können. Während ältere Photoshop-Versionen und zahlreiche andere Anwendungen Dateien bis maximal 4 GB oder 30.000 Pixel Kantenlänge speichern und verarbeiten können, hat Adobe mit PSB ein Dateiformat geschaffen, das Dokumente mit bis zu 300.000 Pixeln in jeder Abmessung unterstützt.

- Unterstützte Photoshop-Funktionen: wie bei PSD
- Kompression: wie bei PSD

Die Alternative zu PSB
Das altbewährte TIFF ist ebenfalls in der Lage, sehr große Dateien – bis zu 4 GB – zu speichern. Zwar können nicht alle Anwendungen solche Riesendateien öffnen, aber immerhin ist TIFF als solches nicht an ein bestimmtes Programm gebunden.

Einsatzbereich | PSB ist ein Format für sehr große Dateien, zum Beispiel HDR-Dateien. Allerdings kann es bisher nur von Photoshop ab der Programmversion CS – und keiner anderen Anwendung sonst – gelesen werden. Das schränkt die Verwendbarkeit stark ein.

6.6.4 TIFF – der Austauschprofi

TIFF – manchmal werden Sie auch die Schreibweise TIF sehen – unterstützt ähnlich wie PSD zahlreiche Photoshop-Funktionen und funktioniert mit so gut wie allen Programmen und unter allen Betriebssystemen. Da es als Austauschformat entwickelt wurde, besteht hier die Möglichkeit zur Datenkompression, um die Dateien klein zu halten.

Unterstützte Photoshop-Funktionen | Alphakanäle und somit auch Masken und Auswahlen können mitgespeichert werden, ebenso Beschneidungspfade. Transparenz und Ebenen bleiben erhalten, wenn das TIFF mit Photoshop gespeichert und geöffnet wird.

Kompression | Anders als die großen PSD-Dateien können Sie TIFFs wahlweise unkomprimiert oder komprimiert abspeichern und haben auch noch die Wahl zwischen verschiedenen Kompressionsverfahren. Zum Einsatz kommen LZW und die ZIP-Komprimierung. Beide Verfahren arbeiten verlustfrei, d. h., die Datenkompression führt nicht zu einer Verschlechterung der Bildqualität.

In Photoshop steht für das TIFF-Format auch die Option JPEG-Komprimierung zur Verfügung, allerdings können nicht alle anderen Programme mit diesem Extra umgehen.

Einsatzbereich | TIFF kann von so gut wie allen Bildbearbeitungs- und Seitenlayoutprogrammen bearbeitet werden und ist daher das Format der Wahl für die Druckvorstufe und natürlich auch, wenn Bilddaten zur weiteren Bearbeitung weitergegeben werden.

6.6.5 GIF – bewährter Internet-Veteran

An Grafiken im Internet werden besondere Anforderungen gestellt: Sie müssen von allen Browsern problemlos interpretiert werden und für die Darstellung ihres Motivs mit einer möglichst geringen Datenmenge auskommen, um die Übertragungszeiten kurz zu halten.

Eines der ältesten Webgrafikformate ist GIF. GIF-Dateien sind sehr klein, müssen aber mit maximal 256 Bildfarben auskommen. Die Farbinformationen werden ökonomisch in einer dateiinternen Farbtabelle abgelegt.

Unterstützte Photoshop-Funktionen | Photoshop-Funktionen werden vom GIF-Format nicht unterstützt. Mit Transparenz und Animation bietet das Format GIF allerdings interessante Optionen

Datei auf der Buch-DVD: »Apfel_hg.tif«

▲ **Abbildung 6.55**
Transparente Pixel ermöglichen es, Bildobjekte optisch aus der vorgegebenen Rechteckform zu lösen und Bilder mit scheinbar unregelmäßigen Konturen zu erstellen. Das Bild im Originalzustand: Der Hintergrund wurde dann transparent gesetzt ...

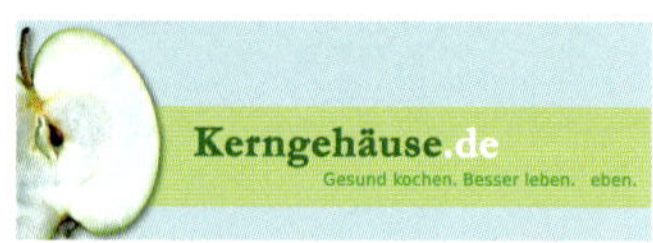

▲ **Abbildung 6.56**
... und so als optisch frei schwebendes Bildelement in einem einfachen Web-Layout eingesetzt.

für den Webeinsatz. In Kapitel 37, »Bildoptimierung für Internet und mobile Geräte«, erfahren Sie, wie Sie GIF- und JPEG-Dateien für den Internet-Einsatz optimieren. Dort können Sie auch nachlesen, wie Sie GIFs animieren.

Kompression | Als echte Web-Experten werden GIFs – zusätzlich zur Farbreduktion – auch komprimiert, und zwar durch die verlustfreie LZW-Kompression, auf die Sie aber keinen Einfluss haben. Weiter vermindern lässt sich die Dateigröße von GIFs durch Einschränkungen der Farbtabelle, die der Bilddarstellung zugrunde liegt. Nicht alle GIFs brauchen 256 Farben, um akzeptabel auszusehen! Photoshop bietet dazu gute Einstellungsmöglichkeiten mit gleichzeitiger Kontrolle der Ergebnisse an.

Einsatzbereich | GIF ist ein klassisches »Endformat«, in das Sie Ihre Datei bringen, wenn Sie mit der Bearbeitung fertig sind. Aufgrund der begrenzten Anzahl darstellbarer Farben ist GIF für Fotos und andere Halbtonbilder nicht geeignet. Flächige Bilder mit wenig Farbnuancen werden jedoch sehr gut wiedergegeben, und Konturen bleiben schön scharf. Wenn Sie Zeichnungen, Logos oder Texte ins Web bringen wollen, ist GIF also das Format der Wahl. Aufgrund der möglichen Transparenz eignen sich GIFs auch gut für Buttons und alle anderen Elemente, die nicht einfach vier Ecken haben sollen.

6.6.6 JPEG – Halbtonbilder für das Web

JPEG bezeichnet ursprünglich einen bestimmten Kompressionsalgorithmus. Dateien dieses Typs, die die Endung jpg, jpeg oder – seltener – jpe haben, sind eine Anwendung dieses Algorithmus. Das JPEG-Format kann pro Bild bis zu 16,7 Millionen Farben speichern, das ist praktisch das gesamte vom menschlichen Auge wahrnehmbare Spektrum. Auch JPGs werden von allen Browsern problemlos reproduziert.

Unterstützte Photoshop-Funktionen | Anders als beim GIF sind Transparenz und Animation nicht möglich, dafür sind aber mehr Bildmodi möglich: Das Format unterstützt Graustufen, CMYK und RGB. Einige Browser haben allerdings mit der Reproduktion von CMYK-Bildern Schwierigkeiten – hier ist RGB besser geeignet. Nicht mitspeichern können Sie Photoshop-Alphakanäle – Masken und Auswahlen gehen daher beim Speichern verloren, ebenso Ebenen.

Kompression | Die JPEG-Kompression ist sehr effektiv. Die Stärke der Kompression lässt sich in Photoshop differenziert einstellen.

Das ist auch sinnvoll, denn die JPEG-Kompression ist verlustbehaftet. Das heißt nicht, dass jedes JPEG schlecht aussieht. Sichtbare Verluste entstehen vor allem bei starker Kompression. An scharfen Konturen und glatten Farbflächen werden dann kleine Quadratmuster sichtbar (Kompressionsartefakte), und Kanten fransen optisch aus.

Einsatzbereich | Um Halbtonbilder wie Fotos ins Internet zu bringen, ist das Format hervorragend geeignet. Bilder mit großen, gleichmäßigen Farbflächen und scharfen Bildkanten – beispielsweise Logo-Schriftzüge oder einfache Zeichnungen – werden aufgrund des Kompressionsverfahrens nur unsauber wiedergegeben. Auch um unbearbeitete Bilder zu **archivieren**, kann man das »schmale« JPEG-Format nutzen.

6.6.7 EPS – zwischen den Welten

Sie wissen schon, dass Photoshop auch vektorbasierte Bildinformationen erzeugen kann. Dann liegen Pixel- und Vektordaten in einer einzigen Datei vor (die mit einem pixelorientierten Programm erstellt wurde). Um diese Informationen aufzunehmen, reichen die pixelorientierten Dateiformate nicht immer aus, vor allem, wenn die Daten an einen Druck-Dienstleister weitergegeben werden sollen. Hier bietet sich neben dem – begrenzt geeigneten – TIFF das besonders spezialisierte Format EPS (Encapsulated PostScript) an. PostScript ist eine von Adobe entwickelte Drucker-Befehlssprache.

Ein Speichern im EPS-Format verwandelt das Bild in eine PostScript-Programmdatei, die ausschließlich zur Weiterverwendung in Layout-Programmen und vor allem zum Drucken oder Ausbelichten gedacht ist. EPS-Dateien können nur auf speziellen, PostScript-fähigen Druckern gedruckt werden, die diese Dateien interpretieren. Das hört sich wie ein umständlicher Umweg an, jedoch hat das Format den Vorteil, dass es unabhängig von Anwendungen und Betriebssystemen auf verschiedensten Druckmaschinen bestmöglichste Ergebnisse erzielt.

Unterstützte Photoshop-Funktionen | Neben den Bitmap-Bilddaten können in einer EPS-Datei auch Vektorinformationen, Text und Beschneidungspfade konserviert werden. Photoshop-Ebenen und Alphakanäle werden von EPS nicht unterstützt – als EPS sollten Sie also nur das speichern, was wirklich fertig ist. Photoshop kann EPS-Dateien zwar schreiben, aber nur mit Einschränkungen öffnen: Mitgespeicherte Vektorinformationen werden beim Öffnen in Bitmap-Daten verwandelt (gerastert).

Achtung: JPEG ist kein Arbeitsformat

Viele Digitalkameras geben Bilder als JPGs aus, und auch zunehmend mehr Bildagenturen, die ihr Angebot über das Web vertreiben, verschicken JPGs. Wenn Sie mit JPEG-Dateien arbeiten, sollten Sie aber Folgendes beachten: Die JPEG-Datenkompression greift bei **jedem** (Zwischen-)Speichern – dadurch potenzieren sich die Nebenwirkungen, und die Bildqualität kann sich schnell verschlechtern. Wenn Ihnen ein Bild, das Sie bearbeiten möchten, als JPEG vorliegt, sollten Sie es als Erstes in das besser geeignete Format PSD bringen. Die Konvertierung ist problemlos und nicht mit Qualitätsverlusten verbunden.

Kompression | Geringe Dateigrößen zu erreichen ist nicht das Ziel, das mit dem EPS-Format verfolgt wird. Universelle Austauschbarkeit und das Erreichen des bestmöglichen Druckergebnisses stehen im Vordergrund. Eine Kompression ist daher nicht vorgesehen.

Einsatzbereich | EPS ist ein Dateiformat, mit dem Sie als Photoshop-Einsteiger eher am Rande zu tun haben werden; es ist in der professionellen Druckvorstufe beheimatet. EPS bewältigt Bilder, die gleichzeitig Text und Vektorebenen und fein nuancierte Fotos enthalten. Die Vektorinformationen bleiben erhalten und verlieren so ihre Schärfe nicht.

6.6.8 PDF – mehr als portable Dokumente

PDF, das Portable Document Format, ist ebenfalls eine Erfindung von Adobe. Mit der weltweiten Verbreitung des kostenlosen Acrobat Readers hat sich PDF als Format etabliert, in dem Dokumente plattformunabhängig, kompakt und in ansprechendem Layout vor allem im Web präsentiert werden. Neben dieser Funktion hat das Format PDF große Bedeutung als Austauschformat für den professionellen Druck.

Unterstützte Photoshop-Funktionen | PDF ist eine Weiterentwicklung von EPS und hat ganz ähnliche Eigenschaften. Das Format kann Vektoren und Pixelinformationen in einem Dokument zusammenfassen. PDF-Dokumente lassen sich problemlos zwischen verschiedenen Software-Plattformen austauschen.

Kompression | PDF hat von Haus aus schlankere Daten als EPS; eine Kompression kann zusätzlich vorgenommen werden. Dazu bietet Photoshop die Verfahren JPEG (verlustbehaftet) und Zip (verlustfrei) an.

Einsatzbereich | Wie EPS-Dateien sind PDFs sehr gut geeignet, um Bilder zu speichern, die Vektor- und Bitmap-Daten enthalten. Das können einfache Composings, Schriftsätze oder ganze Layouts sein. Seine Eigenschaften prädestinieren das PDF-Format für die Druckvorstufe. Gerade kleine Dienstleister kommen oft besser mit PDF-Dateien als mit EPS zurecht. Und auch mit Photoshop erstellte PDFs können im Web eingesetzt werden; beispielsweise wenn Sie ansprechend gestaltete Unterlagen zum Herunterladen anbieten wollen. Wollen Sie also Dateien, die Vektorinformationen enthalten, **weitergeben**, sind EPS und mehr noch PDF die Formate der Wahl. Das Photoshop-Format PSD kann diese Informationen zwar ebenso gut aufnehmen, lässt sich aber nicht mit allen Anwendungen und Plattformen öffnen.

6.6.9 Dateiformate im Überblick

In der folgenden Tabelle finden Sie überblickartig alle wichtigen Informationen zu den genannten Dateiformaten: Kompressionsmöglichkeiten, Austauschbarkeit, besondere Merkmale und Hinweise zum optimalen Einsatz.

Erweiterung	Name des Formats	Kompression	Austauschbarkeit	Merkmale	Einsatzzweck
.bmp	Bitmap – das Dateiformat hat nichts mit dem gleichnamigen Bildmodus zu tun.	Keine oder RLE (verlustfrei)	Typisches Windows-Format	Kein CMYK	Manche Belichtungsdienste für digitale Fotos verlangen Daten im Bitmap-Format.
.eps	Encapsulated PostScript	Wahlweise mit JPEG-Kompression (verlustbehaftet)	Gut in der DTP-Sphäre. Benutzt Post-Script und kann nicht von allen einfacheren Anwenderprogrammen ausgegeben werden.	Kann Vektorinformationen enthalten.	Klassisches Druckvorstufen-Format
.gif	CompuServe Graphics Interchange	Ja. Bringt Bilder in den indizierten Modus mit 256 Farben. Bei Bildern mit weniger Farben ist die Kompression verlustfrei. GIF bietet zahlreiche Einstellungsmöglichkeiten und Optionen für die bestmöglichen Ergebnisse.	Ja, jedoch kein Arbeitsformat.	Nur wenige Photoshop-Funktionen können bei GIFs angewendet werden. Wenn eine Bearbeitung unvermeidlich ist, erst Modusänderung vornehmen! Pixel können transparent gesetzt werden (aber nicht halbtransparent), Animationen sind möglich (oft bei Bannerwerbung).	Sehr kleines Format, das von allen Browsern interpretiert werden kann. Webformat, speziell für Bilder mit wenigen Farbabstufungen.

Erweiterung	Name des Formats	Kompression	Austauschbarkeit	Merkmale	Einsatzzweck
.jpg, jpeg	Joint Graphics Experts Group	Ja; JPEG ist gleichzeitig die Bezeichnung des Formats und des Kompressionsalgorithmus. Immer verlustbehaftet. Neuspeichern erhöht Verlust. Verschiedene Qualitätsstufen und Optionen möglich.	Ja, ist aber kein Arbeitsformat.	RGB, CMYK, Graustufen. Alphakanäle (und damit Masken und Auswahlen) sind nicht möglich.	Speicherplatzsparend. Format für die Darstellung von Fotos im Internet. Wird in hoher Qualitätsstufe auch als Archivformat genutzt (Bilddatenbanken).
j2k, jp2	JPEG 2000	Wahlweise verlustfreie oder verlustbehaftete Kompression	Viele Anwendungen können es nicht öffnen. In Photoshop muss ein entsprechendes Plug-in eigens installiert werden, damit es verarbeitet werden kann.	Eine Weiterentwicklung von JPEG. Leider noch nicht sehr verbreitet.	Dient vor allem als speicherplatzsparendes Archivformat.
.pdf	Portable Document Format	Möglich; es gibt verschiedene Methoden mit oder ohne Verlust.	Hervorragend, wurde als Austauschformat entwickelt.	Es gibt schon verschiedene Standards. Kann Vektorinformationen und Pixelinformationen enthalten und auch wichtige Informationen für den Druckprozess (Farbprofile) enthalten.	Wenn Layouts originalgetreu erhalten werden sollen und wenn es auf gute Austauschbarkeit ankommt. Zunehmende Verbreitung. Lesbar mit dem kostenlosen Adobe Reader. Entwickelt sich langsam zum Druckvorstufen-Profi.

Erweiterung	Name des Formats	Kompression	Austauschbarkeit	Merkmale	Einsatzzweck
.png	Portable Network Graphics	Verlustfrei	Wird leider noch nicht von allen Browsern unterstützt.	Das PNG-Format unterstützt RGB-, indizierte Farb-, Graustufen- und Bitmap-Bilder ohne Alphakanäle. PNG kann Transparenz in Graustufen- und RGB-Bildern erhalten. Ohne Animationen. Kann mehrere Transparenzabstufungen speichern.	Webformat
.psb	Großes Dokumentformat	Nein	Nur mit Photoshop CS	Unterstützt alle Photoshop-Merkmale.	Besonders große Dateien, die lediglich in CS bearbeitet werden
.psd	Photoshop Document Format	Nein	Mit anderen Adobe-Produkten. Für den Austausch mit alten Programmversionen müssen Sie ggf. in den Voreinstellungen die Kompatibilität maximieren; kein Problem beim Austausch Windows – Mac.	Unterstützt alle Photoshop-Merkmale.	Arbeitsformat
.tif, .tiff	Tagged Image File Format	Nach Wahl ohne oder mit Kompression. LZW und Zip-Kompression (verlustfrei), JPEG-Kompression (verlustbehaftet)	Als Austauschformat entwickelt. Allerdings sind mittlerweile sehr viele Varianten möglich, daher ist die Austauschbarkeit u. U. leicht eingeschränkt. Manche anderen Anwendungen haben Schwierigkeiten, Photoshop-Tiffs mit ZIP- oder JPEG-Kompression zu lesen.	Unterstützt Ebenen, Pfade, viele Farbmodi und mehrere Alphakanäle in einer Datei.	Arbeitsformat mit guter Kompatibilität

TEIL II

Der Umgang mit Dateien

7 Dateien anlegen, öffnen und speichern

Ist ein eigenes Kapitel nötig, um zu erklären, wie man Dateien öffnet und speichert? Ja: Wegen der Vielzahl unterschiedlicher Dateiformate, weil Photoshop Vektorformate importieren kann und weil es – Stichwort Smart-Objekte und Platzieren – besondere Funktionen dafür gibt, ist das durchaus angemessen!

7.1 Dateien öffnen und importieren

Nahezu alle Befehle zum Umgang mit Dateien finden Sie unter dem Menüpunkt DATEI, unter anderem auch die Befehle zum Öffnen von Dateien. Das Öffnen eines schon bestehenden Dokuments ist nicht weiter schwierig, es geschieht stets über das Dialogfeld gleichen Namens. Sie erreichen es auf mehreren Wegen:

- Sie finden den Befehl DATEI ÖFFNEN (erwartungsgemäß) im Menü DATEI.
- Der Shortcut zum Öffnen der Datei ist Strg+O bzw. ⌘+O.
- Sie können als Windows-Nutzer auch die »Blitzvariante« benutzen. Dazu ist nur ein Doppelklick in die leere graue Photoshop-Arbeitsfläche nötig.

Dateien gekonnt verwalten
Mit dem Kürzel Alt+Strg+O/Alt+⌘+O starten Sie Adobes Bildverwalter Bridge – ein effektives Ansichts- und Verwaltungswerkzeug. Mehr darüber finden Sie in Kapitel 8, »Adobe Bridge: Die Ordnungsmacht«.

Unter DATEI • LETZTE DATEIEN ÖFFNEN erreichen Sie eine Liste mit Ihren zuletzt genutzten Dateien. Wie viele Dateien dort angezeigt werden, ändern Sie wiederum in den VOREINSTELLUNGEN Strg/⌘+K unter DATEIHANDHABUNG Strg/⌘+3.

7.1.1 Der Dialog »Öffnen«

Egal, welchen Weg Sie einschlagen, Sie sehen dann in jedem Fall ein ähnliches Dialogfeld wie in Abbildung 7.1.

Abbildung 7.1 ▸
Der Öffnen-Dialog

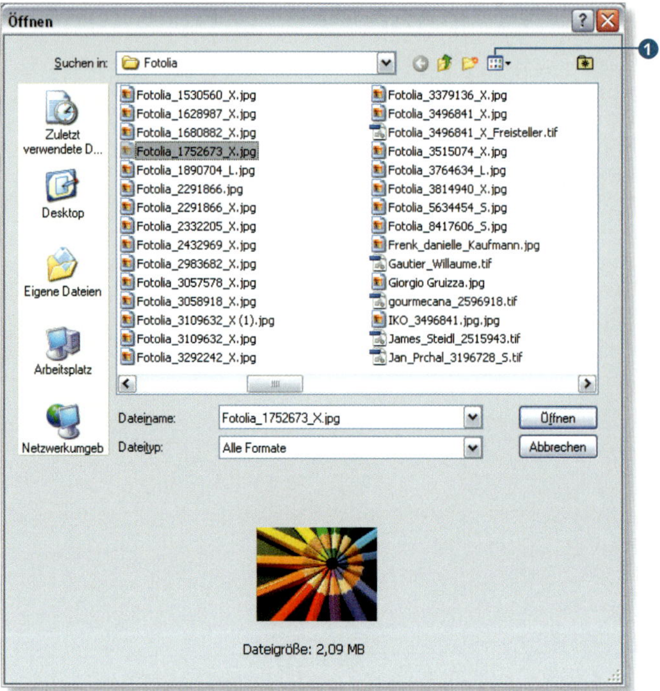

> **Mehrere Dateien öffnen**
>
> Sie können auch mehrere Dateien gleichzeitig öffnen, wenn diese im gleichen Ordner liegen. Halten Sie einfach [Strg] bzw. [⌘] oder [⇧] gedrückt, während Sie die gewünschten Bilder durch Mausklicks anwählen. Aber Vorsicht: Wenn Sie gleichzeitig mehrere große, speicherintensive Bilder öffnen, kann Ihr Rechner unter Umständen schnell an den Rand seiner Kapazität kommen. Und anders als in Bridge werden Sie von Photoshop nicht gewarnt, wenn Sie irrtümlich einen dicken Dateienstapel öffnen.

Das Dialogfeld sollte Ihnen wenig Schwierigkeiten machen – es unterscheidet sich nicht wesentlich von den Öffnen-Dialogfenstern anderer Programme. Unter Suchen in können Sie Ihre Festplatte durchsuchen, im darunterliegenden Fenster werden jeweils die Ordnerinhalte angezeigt. Wenn Sie eine Datei anwählen, wird ein kleines Vorschaubild gezeigt. OK klicken – fertig.

Ansichtsvarianten für mehr Durchblick | Wenn Sie umfangreiche Ordner verwalten, hilft Ihnen vielleicht die Detailansicht ❶, um schneller zur gewünschten Datei zu kommen. Dort eröffnen sich Ihnen weitere Sortierkriterien, Sie können sich beispielsweise Ihre Dateien nach Datum sortiert anzeigen lassen.

Abbildung 7.2 ▸
Verschiedene Detail-Ansichtsoptionen für die aufgelisteten Dateien

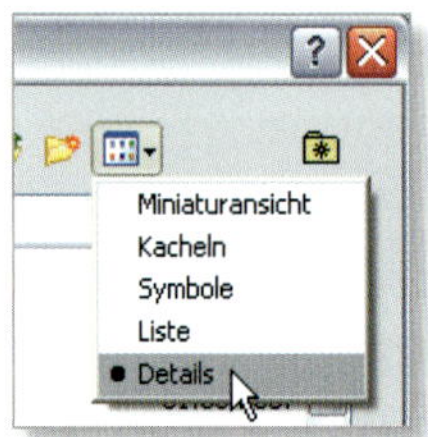

Eine weitere Möglichkeit, um die Übersicht zu behalten, ist die Auswahl lediglich eines bestimmten Dateityps, und zwar im Dropdown-Feld Dateityp (Windows) bzw. Format (Mac). Üblicherweise ist hier Alle Formate eingestellt. Wenn Sie nun ein bestimmtes Dateiformat aus der Liste auswählen, werden nur diejenigen Dateien angezeigt, die in diesem Format vorliegen – alle anderen werden ausgeblendet.

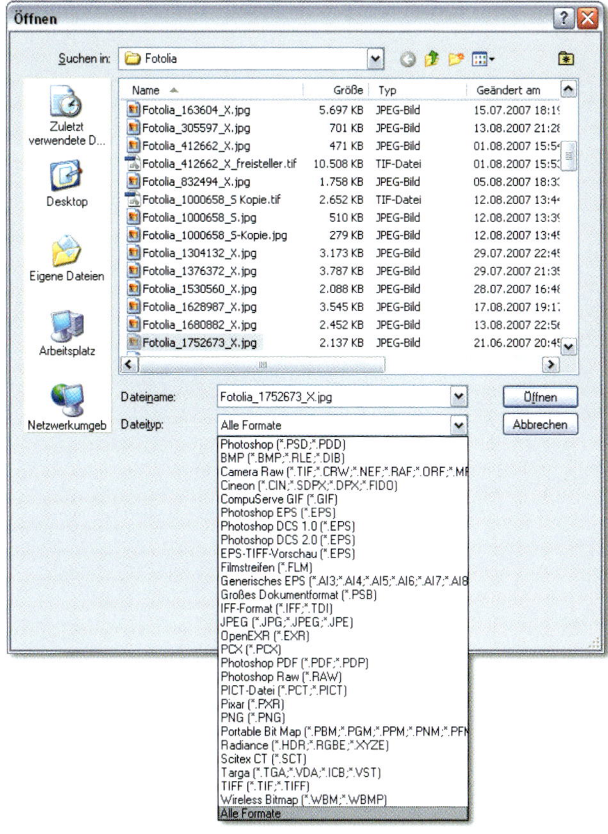

◂ Abbildung 7.3
Dateien öffnen –, hier in der Ansichtsvariante DETAILS. Unten ist die Liste mit Dateitypen zu sehen.

7.1.2 Unbekannte oder unlesbare Dateiformate öffnen

Mit Photoshop können Sie auch versuchen, Bilder in einem Dateiformat öffnen zu lassen, das Sie selbst festlegen. Den Befehl ÖFFNEN ALS gibt es nur unter nur Windows (Kürzel [Strg]+[Alt]+[⇧]+[O]). Sie sollten ihn dann einsetzen, wenn Photoshop das Dateiformat nicht erkennt, Sie aber den Verdacht haben, dass es sich um eine Bilddatei handelt. So ein Fall kann beim Dateiaustausch zwischen Mac- und Windows-Rechnern eintreten, weil einige ältere Mac-Applikationen das – für Windows unverzichtbare – Formatkürzel im Dateinamen nicht mit übermitteln.

Zusatzmodule für exotische Dateiformate

Die Liste der Dateitypen, die Photoshop öffnen kann, ist schon beeindruckend lang. Fehlt Ihnen dennoch ein Dateiformat, sollten Sie nach einem Zusatzmodul fahnden. Auf Ihrer Installations-DVD befindet sich ein Ordner namens ZUGABEN. Interessant ist für Sie die Datei »Opt. ZusatzmoduleBitteLesen.pdf«. Darin finden Sie genaue Informationen zur Installation verschiedener Zusatzmodule. Die Plug-ins für bisher nicht unterstützte Dateiformate finden Sie in Ihrem Programmordner unter PLUGINS/FILE FORMATS.

7.1.3 PDF-Dateien importieren

Wie Sie bereits wissen, ist das PDF-Format ein sehr vielseitiges Dateiformat: Es kann Text und Bild enthalten, Vektor- und Pixeldaten, zahlreiche Zusatzinformationen, und außerdem können

Acrobat Reader
Die PDF-Importfunktion von Photoshop ist ganz klar auf die Bearbeitung von PDF-Dateien ausgelegt – zum einfachen Öffnen und Lesen ist der Acrobat Reader die bessere Wahl.

PDF-Dokumente selbstverständlich mehrseitig sein. Um es den Nutzern zu ermöglichen, aus umfangreichen PDF-Dokumenten nur Teile – einzelne Seiten oder Bilder – zu öffnen, ist Photoshops ÖFFNEN-Dialog für PDFs etwas umfangreicher. Ganz streng genommen werden die PDFs auf diese Art und Weise auch nicht einfach geöffnet, sondern importiert.

Dies gilt allerdings nur für PDFs, die mit Adobe Acrobat erzeugt wurden – sogenannte generische PDFs. Auch mit Photoshop lassen sich Dateien als PDF speichern – wie das geht, lesen Sie in Abschnitt 7.4.7, »Speicheroptionen für Photoshop-PDF«. Das Photoshop-PDF-Format unterscheidet sich ein wenig von den anderen PDFs. Photoshop-PDFs werden mit dem Befehl DATEI ÖFFNEN sofort geöffnet, ohne dass Sie noch etwas einstellen müssten.

Abbildung 7.4 ▼
Der Dialog zum Öffnen bzw. Importieren von PDF-Dateien in Photoshop

Der Dialog »PDF importieren« | Sobald Sie im ÖFFNEN-Dialog ein (generisches) PDF-File ausgewählt haben, erscheint ein weiteres, umfangreiches Dialogfeld.

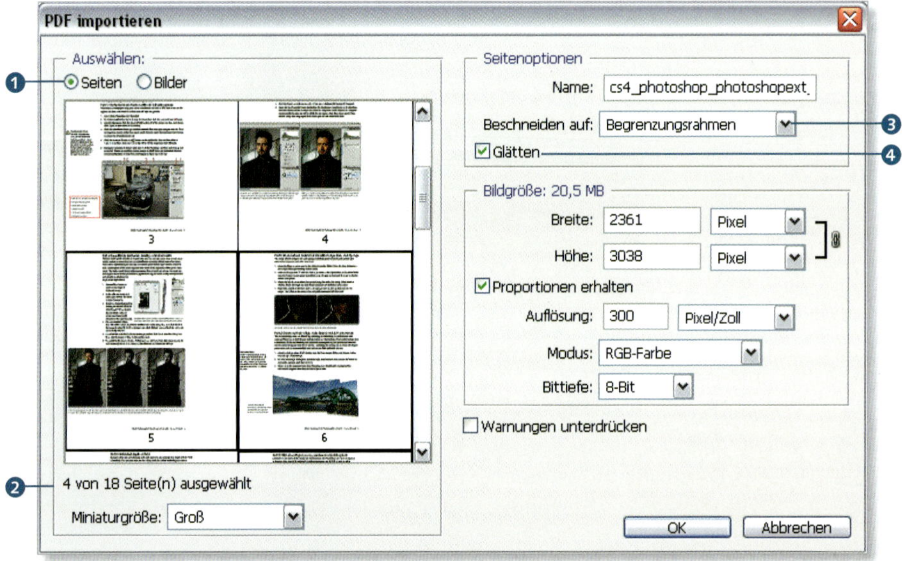

Als Erstes sollten Sie entscheiden, ob Sie Bilder oder ganze Seiten aus dem PDF in Photoshop öffnen wollen. Das tun Sie unter AUSWÄHLEN ❶.

Wählen Sie dann im Vorschaufenster die Bilder oder Seiten aus, die in Photoshop geöffnet werden sollen. Um mehrere Elemente auszuwählen, halten Sie ⇧ gedrückt. Es ist ein wenig schlecht zu erkennen, welche Elemente nun schon ausgewählt sind – ein schwarzer Rand um die entsprechenden Miniaturen zeigt es an –, aber unter dem Vorschaufenster sehen Sie, wie viele Seiten oder Bilder bereits ausgewählt sind ❷. Die Miniaturgrösse können Sie auch dort verstellen.

Die Parameter Auflösung, Modus und Bittiefe sollten Ihnen keine Schwierigkeiten machen. Interessant in den Seitenoptionen ist allerdings die Einstellung Beschneiden auf ❸. Damit legen Sie fest, wie die ausgewählten PDF-Elemente importiert werden sollen. Die jeweiligen Befehle sind der PDF-Produktion entlehnt bzw. beziehen sich auf Dateiattribute, die dem PDF schon während seiner Produktion zugewiesen wurden.

- Begrenzungsrahmen: Beschneidet das Originalformat sehr stark. Verwendet wird der kleinstmögliche rechteckige Bereich, der alle Text- und Grafikelemente der Seite enthält. Leere Bereiche werden entfernt.
- Medienrahmen: Erhält die Originalgröße.
- Maskenrahmen: Schneidet die Bilder oder Seiten auf den Beschneidungsbereich der PDF-Datei zu.
- Anschnittrahmen: Schneidet das PDF beim Importieren auf einen Bereich zu, der vorher in der PDF-Datei definiert wurde – z. B. zum Beschneiden, Falzen und Zuschneiden.
- Endformat-Rahmen: Verwendet den Bereich, der für die endgültige Seitengröße vorgesehen ist.
- Objektrahmen: Öffnet die Bilder oder Seiten in der Größe, die in der PDF-Datei schon vorher zum Platzieren der Daten in andere Anwendungen definiert wurde.

Entscheiden Sie nun noch, ob Sie Glätten ❹ aktivieren wollen – dann erstellt ein Klick auf OK mehrere Einzeldokumente auf der Arbeitsfläche.

PDF-Import nicht bei den Importfunktionen suchen!

Adobe sorgt an dieser Stelle für Konfusion – nicht wenige Nutzer suchen vergeblich nach dem Befehl »PDF-Import« Aber den gibt es nicht. Auch wenn die Funktion »Importieren« heißt und diese Bezeichnung unübersehbar im Dialogtitel zu lesen ist: Gestartet wird der PDF-Import-Dialog über Datei • Öffnen – **nicht** über Importieren.

Begrenzungsrahmen
Medienrahmen
Maskenrahmen
Anschnittrahmen
Endformat-Rahmen
Objektrahmen

▲ **Abbildung 7.5**
Die PDF-Importoptionen unter Beschneiden auf

Fotos: Adobe

◂ **Abbildung 7.6**
Hier sehen Sie das Endergebnis: Vier Bilder aus einem PDF-Dokument, handlich in Einzeldokumente zerlegt.

Glättung | Dem Begriff »Glättung« begegnen Sie in Photoshop – und überhaupt bei der Bearbeitung von Pixelbildern – oft, denn er hängt mit einer grundlegenden »Konstruktionsschwäche« von Pixelbildern zusammen: Aus eckigen Bildpixeln lassen sich keine völlig glatten Rundungen formen. Besonders bei niedrigen Auflösungen werden unschön gezackte Treppenkanten sichtbar. Um diesem Effekt entgegenzuwirken, wird die Glättung eingesetzt. Dabei werden die Kantenpixel halbtransparent gesetzt, um so einen weicheren Übergang zur Hintergrundfarbe zu erzielen. Dadurch entsteht der optische Eindruck glatterer Kanten, bisweilen geht aber auch eine leichte Unschärfe damit einher.

▲ **Abbildung 7.7**
Glättung gibt es auch bei Schriften. Hier ohne ...

▲ **Abbildung 7.8**
... und derselbe Buchstabe mit Glättung. Die Vergrößerung zeigt im Detail das dahintersteckende Prinzip.

Bei Schriften wird die Glättung oft auch **Anti-Aliasing** genannt. Weil sich dort Unschärfen besonders ungünstig auswirken, gibt es sogar verschiedene Glättungsstärken, aus denen man wählen kann.

7.1.4 Als Smart-Objekt öffnen

Datei auf der Buch-DVD: »Cube.jpg«

Ein wichtiges Arbeitsprinzip von Photoshop sind Ebenen: Wie dünne Folien werden unterschiedliche Bildinhalte und sogar Korrekturschichten übereinandergelegt. Dem Bild selbst sieht man die Ebenen nicht an, beim Arbeiten ermöglicht das Konzept Flexibilität.

Smart-Objekte sind besondere Ebenen, die zerstörungsfrei bearbeitet werden können. Sowohl Pixelbilder als auch Vektorbilder können zum Smart-Objekt werden. Die Bilddaten des Ursprungsbildes, aus dem ein Smart-Objekt erzeugt wurde, bleiben immer erhalten – auch wenn das Smart-Objekt verkleinert, vergrößert, gedreht, beschnitten oder mit Filtern bearbeitet wird. So ist das zerstörungsfreie Bearbeiten der Ebene (des

Smart-Objekts) möglich: Jeder Arbeitsschritt kann jederzeit wieder rückgängig gemacht oder aber wiederholt werden. Bei Bedarf können Smart-Objekt-Ebenen auch in gewöhnliche Pixelebenen verwandelt werden (EBENE • RASTERN • SMART OBJEKT), der Befehl ist allerdings eine Einbahnstraße.

Mit dem Befehl DATEI • ALS SMART-OBJEKT ÖFFNEN wird aus einer bestehenden Datei eine neue Datei mit einer Smart-Objekt-Ebene erzeugt. Die Ausgangsdatei bleibt unverändert. Die neue Datei mit dem Smart-Objekt trägt denselben Namen wie die Ausgangsdatei, erweitert um den Zusatz »als Smart-Objekt-1«. (Weitere Smart-Objekte mit derselben Quelldatei werden fortlaufend durchnummeriert.)

Zum Nachlesen: Pixelbilder und Auflösung
Lesen Sie die Abschnitte über Pixel- und Vektorbilder und Auflösung in Kapitel 6, um die Vorteile von Smart-Objekten zu verstehen.

Zum Weiterlesen: Smart-Objekte
Mehr zu Smart-Objekten lesen Sie in Kapitel 10, »Ebenen«. Das Konzept spielt außerdem eine Rolle bei Photoshops Smartfiltern, die in Kapitel 29, »Besser filtern«, vorgestellt werden.

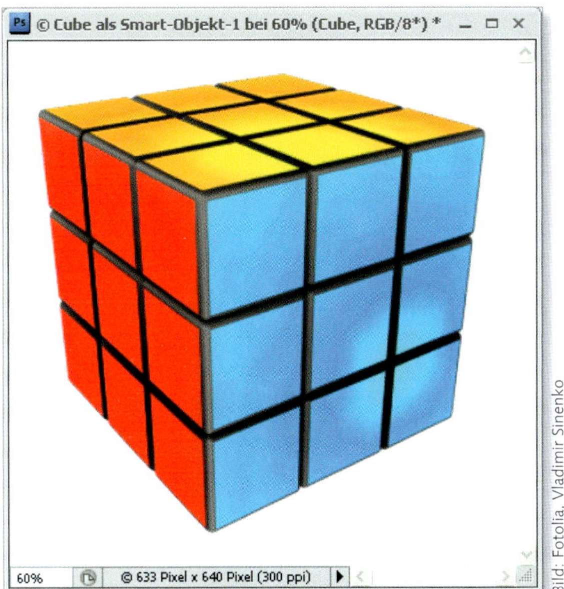

▲ **Abbildung 7.9**
Die Fenster-Titelleiste verrät, dass es sich hier um ein (bisher noch nicht gesichertes) Smart-Objekt handelt, dessen Quelldatei den Titel »Cube« trägt.

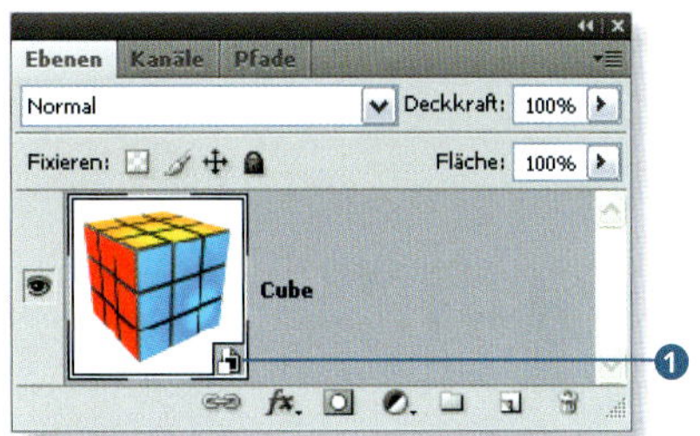

▲ **Abbildung 7.10**
In der Ebenen-Palette erkennen Sie Smart-Objekte an dem kleinen Symbol ❶ in der Bildminiatur.

7.1.5 Dateien als Smart-Objekt platzieren

Neben dem regulären Öffnen können Sie Dateien auch platzieren. Mit dem PLATZIEREN-Befehl setzen Sie eine Datei in ein weiteres, bereits geöffnetes Bild ein – und zwar als Smart-Objekt. Die Ausgangsdatei kann eine Vektor- oder Pixelgrafik sein. In jedem Fall erleichtert Ihnen das Smart-Objekt das Einpassen der eingefügten Grafik in die Photoshop-Datei. Smart-Objekte mit einem Vektorbild als Ursprung können ohne Qualitätsverlust beliebig skaliert werden – anders als Vektorgrafiken, die beim Einfügen gerastert (in Pixelebenen verwandelt) wurden. Auch Smart-Objekte mit

Dateien auf der Buch-DVD: »Schatten.tif«, »Schriftzeichen.eps«

einem Pixelbild als Quelle können beliebig ohne Qualitätseinbußen skaliert werden, sofern die Ausgangsgröße der Quelldatei nicht überschritten wird. Und natürlich lassen sich auf platzierte Smart-Objekte auch alle anderen üblichen Arbeitsschritte zerstörungsfrei anwenden:

CS4

- Transformationen: Sie können ein Smart-Objekt skalieren, drehen, neigen, verzerren, verkrümmen oder – neu in CS4 – perspektivisch transformieren.
- Zerstörungsfrei filtern: Smartfilter können jederzeit verändert werden.
- Anwenden von Ebenenmasken auf Smart-Objekt-Ebenen

Platzieren aus Bridge

Auch der Dateiverwalter Adobe Bridge kann Dateien platzieren. Dank der Bildvorschau sehen Sie genau, um welche Datei es sich handelt. Besonders, wenn Sie Dateien mit kryptischen Namen vor sich haben, ist das von Vorteil. Öffnen Sie wie gewohnt die erste Datei – in der das Bild platziert werden soll – in Photoshop. Wechseln Sie dann zu Bridge, suchen Sie dort die gewünschte zweite Datei und wählen Sie den Befehl DATEI • PLATZIEREN • IN PHOTOSHOP.

Vorgehensweise | Bevor Sie beginnen, muss bereits die Datei, in die das Objekt platziert werden soll, in Photoshop geöffnet sein. Dann rufen Sie den Befehl DATEI • PLATZIEREN auf und wählen die gewünschte Grafik. Je nachdem, welchen Dateityp Sie zu platzieren versuchen, reagiert Photoshop unterschiedlich:

- Dateien in Pixelformaten (also JPG, TIFF und Ähnliche) und EPS-Dateien werden sofort mit Positionsrahmen in die Datei eingefügt.
- Wenn Sie eine PDF- und Illustrator-Datei platzieren wollen, erscheint ein Dialogfeld, das dem PDF-Import-Dialog stark ähnelt.

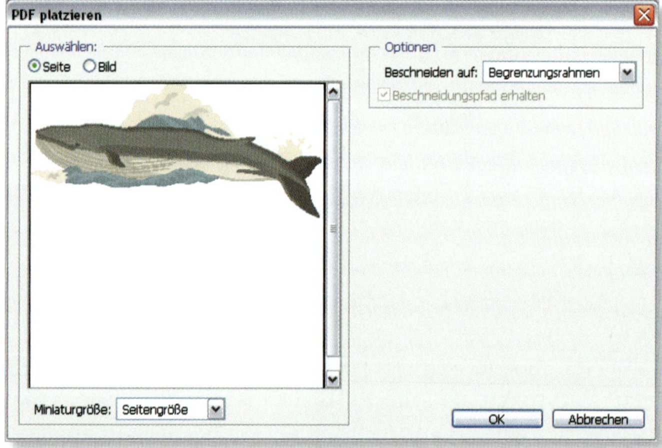

Abbildung 7.11 ►
Der Dialog PDF PLATZIEREN erscheint, wenn Sie PDF- und AI-Dateien platzieren.

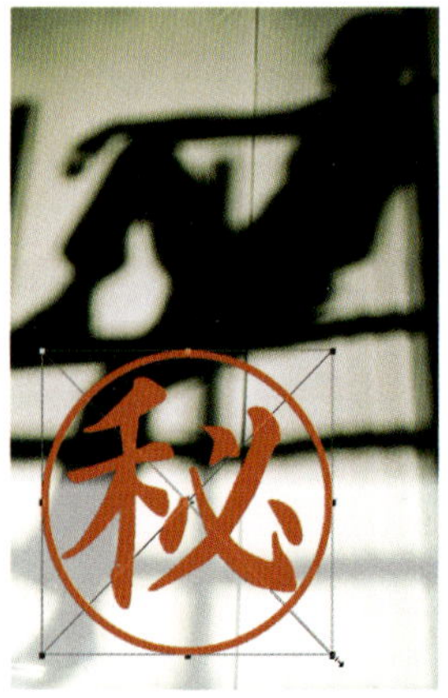

▲ **Abbildung 7.12**
Platzieren einer EPS-Datei in einem Foto.

Transformation | Die von Ihnen ausgewählte Datei wird dann in der Mitte des bereits geöffneten Bildes eingefügt. Sie steht in einem Begrenzungsrahmen, mit dessen Hilfe Sie Position und Größe der Grafik ändern können.

Position und Größe können Sie auch über die Optionsleiste verändern. Egal, ob Sie die Grafik drehen, verschieben, skalieren oder gar nicht verändern – in jedem Fall müssen Sie das Platzieren immer **abschließen**. Dazu genügt ein Klick auf das kleine Häkchen ❷ am rechten Rand der Optionsleiste (oder die [↵]-Taste). Das kleine Parkverbots-Icon ❶ daneben bricht die ganze Aktion ab (alternativ drücken Sie [Esc]).

▲ **Abbildung 7.13**
Mit der Maus können Sie den Begrenzungsrahmen nach Augenmaß ziehen und drehen. Die Optionsleiste erlaubt Ihnen ganz genaue Eingaben für die Anpassung der zu platzierenden Grafik.

Allgegenwärtige Transformationsrahmen
Solche Transformationsrahmen wie hier beim Platzieren finden Sie in Photoshop unter anderem auch beim Transformieren von Auswahlen, beim Transformieren von Ebenen, beim Beschneiden von Bildern und bei der Anpassung von Textrahmen (bei Absatztext). In Kapitel 10, »Ebenen«, können Sie mehr über deren Handhabung erfahren.

7.1.6 Vektor-Dateien öffnen und rastern

Sie können Vektordaten – genauer gesagt EPS-Dateien und Dateien aus Illustrator (Dateiendung «.ai«) – in Photoshop auch einfach öffnen. Dabei werden diese allerdings gerastert, also in Pixeldateien umgewandelt. Damit verlieren sie ihre Auflösungsunabhängigkeit. Deshalb ist die Arbeit mit Smart-Objekten diesem Verfahren eigentlich vorzuziehen.

Vektor-Dialog | Wollen Sie eine Datei mit Vektordaten als eigene Datei öffnen, gehen Sie zunächst so vor wie gehabt. Sie aktivieren das schon bekannte Menü Datei • Öffnen und wählen die Datei aus. Dann erhalten Sie eine Dialogbox, in der Sie aufgefordert werden, Auflösung, Größe, Bildmodus und Glättung festzulegen.

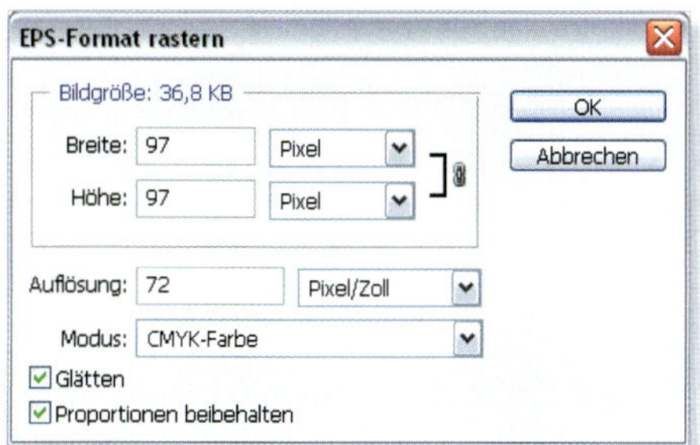

◀ **Abbildung 7.14**
Öffnen einer Datei mit Vektorinformationen – hier am Beispiel einer EPS-Datei.

Mit Glätten werden die stufigen Kanten entfernt, die entstehen, wenn Vektoren in ein Pixelmosaik überführt werden. Glätten erzeugt einen sanfteren Übergang zwischen den Objektkanten und benachbarten Pixeln. Der Befehl Proportionen beibehalten verhindert, dass das Bildobjekt beim Öffnen in Photoshop verzerrt wird. Wenn die Option deaktiviert ist, richten sich die Proportionen nach Ihrer Höhen- und Breitenangabe; das Motiv wird dann unter Umständen verzerrt.

Nach Ihren Vorgaben wird die Datei dann **gerastert** (auch: **gerendert**). Das heißt, die Vektordaten werden in Pixeldaten umgewandelt – und verlieren dabei natürlich ihre günstigen

Illustrator-Dateien in Photoshop weiterbearbeiten

Bei den Importmöglichkeiten, die Photoshop für AI-Dateien anbietet, gehen viele Illustrator-typische Dateielemente verloren. In Photoshop sind diese dann nicht mehr editierbar. Wenn Sie mit einer Illustrator-Datei in Photoshop mehr anstellen wollen, als Smart-Objekt oder gerasterte Version erlauben, müssen Sie schon in Adobe Illustrator ansetzen. Komplexe Vektorobjekte wie Verläufe oder Verlaufsgitter gehen beim Import verloren. Bei günstigem Dateiaufbau lassen sich Text oder einfach gefüllte Vektorformen jedoch nach Photoshop hinüberretten. In jedem Fall müssen Sie dazu von Illustrator aus den Export als PSD-Datei veranlassen. Dazu nutzen Sie den Befehl Datei • Exportieren. Achten Sie dann beim Festlegen der Exportoptionen darauf, das Farbmodell der Datei nicht zu verändern, sonst gehen etwaige Ebenen verloren.

Vektoreigenschaften wie die verlustfreie Skalierbarkeit. Auch eventuell im Original vorhandene Bildebenen gehen beim Rastern verloren. Anschließend können Sie die Datei mit allen gewohnten Photoshop-Funktionen normal weiterbearbeiten.

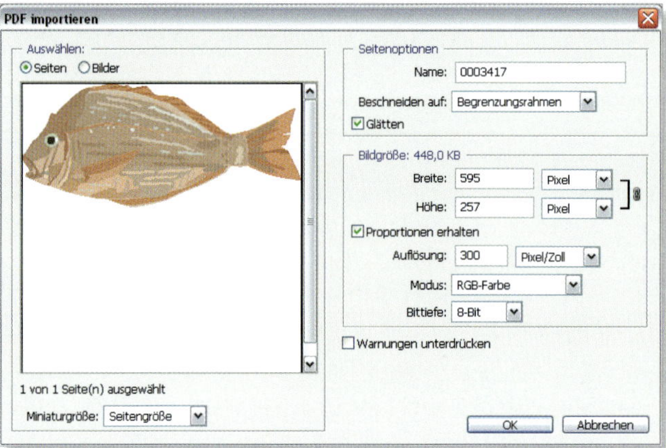

Abbildung 7.15 ▸
Beim Öffnen von AI-Dateien (Dateien aus Adobe Illustrator) begegnen Sie wieder dem PDF-Import-Dialog.

Copy & Paste von Illustrator-Dateien | Sie können Grafiken aus Illustrator auch per Copy & Paste in Photoshop einfügen. Ob diese Datei dann beim Einfügen automatisch gerastert oder wird oder nicht, müssen Sie zuvor in den Illustrator-Voreinstellungen festlegen.

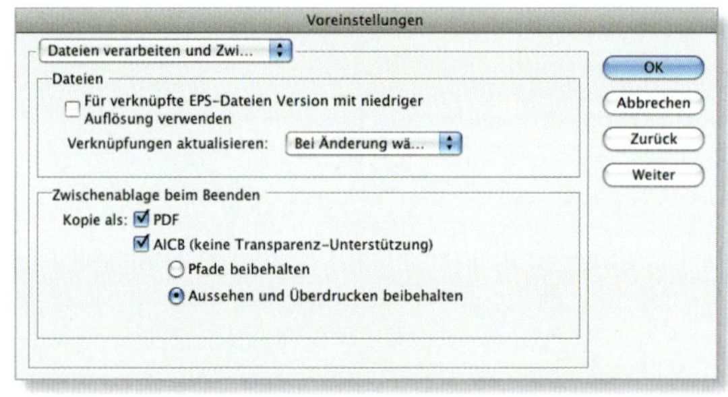

Abbildung 7.16 ▸
Die Illustrator-Voreinstellungen erreichen Sie über ILLUSTRATOR/BEARBEITEN • VOREINSTELLUNGEN • DATEIEN VERARBEITEN UND ZWISCHENABLAGE.

Um eine Grafik beim Einfügen in Photoshop sofort automatisch zu rastern, deaktivieren Sie die Optionen PDF und AICB (KEINE TRANSPARENZ-UNTERSTÜTZUNG). Aktivieren Sie beide Optionen, wenn Sie die Wahl haben wollen, wie Ihre Datei eingefügt wird.

7.2 Bilder importieren: Scanner und Digitalkamera

Sie können Bilder selbstverständlich mit Ihrer Scanner- oder Kamerasoftware auf den Rechner importieren und dann einfach mit Photoshop öffnen. Es gibt jedoch auch die Möglichkeit, direkt

Zum Weiterlesen: Bildimport mit Adobe Bridge
Mehr zu Bridge folgt in Kapitel 8, »Adobe Bridge: Die Ordnungsmacht«.

aus Photoshop zu scannen oder Bilder von der Digicam zu importieren. Um Bilder von der Digitalkamera zu holen, ist nicht Photoshop, sondern sein Programmpartner Bridge die beste Wahl. Sie starten Bridge mit dem Tastaturkürzel [Alt]+[Strg]+[O]/[Alt]+[⌘]+[O]. Wählen Sie dort den Befehl DATEI • BILDER VON KAMERA ABRUFEN. Wie Sie aus Photoshop heraus scannen, lesen Sie hier.

Schritt für Schritt: Bilder importieren

1 Bildimport mit TWAIN

Importiert werden die Bilder mithilfe der plattformübergreifenden sogenannten TWAIN-Schnittstelle, die zwischen Photoshop und der installierten Scan- oder Kamerasoftware »dolmetscht«. Damit das klappt, muss natürlich Ihr Gerät angeschlossen und dessen mitgelieferte Treiber-Software installiert sein.

Wenn Sie zum allerersten Mal Bilder aus einer Kamera oder vom Scanner importieren, wählen Sie DATEI • IMPORTIEREN • TWAIN AUSWÄHLEN. Sie finden dann eine Liste aller auf Ihrem System installierten TWAIN-unterstützten Geräte und müssen dort eines anklicken.

Bei allen folgenden Importen brauchen Sie dann nur noch den Weg DATEI • IMPORTIEREN • [NAME DES GERÄTS] zu gehen.

Keine TWAIN-Schnittstelle vorhanden?
Der Menüeintrag ist nur zu sehen, wenn Sie auch einen Scanner oder eine Digitalkamera an Ihren Rechner angeschlossen haben!

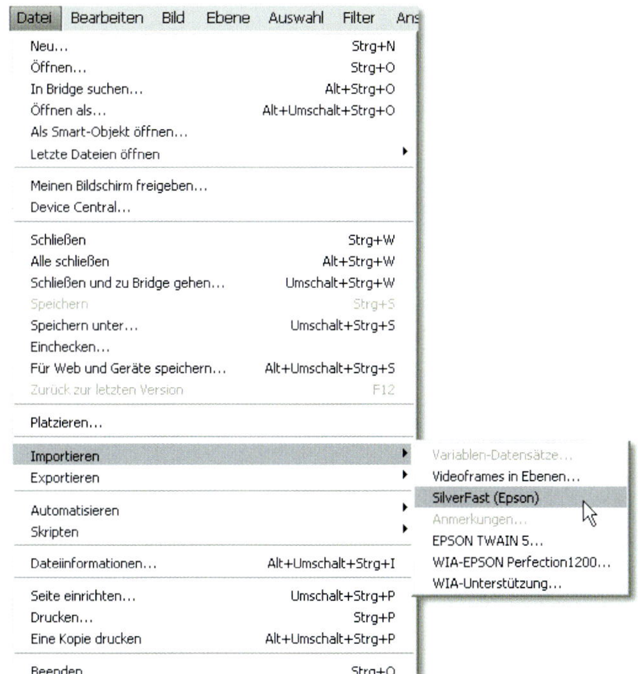

◂ **Abbildung 7.17**
Die Importeinstellungen können sich je nach Gerätekonfiguration unterscheiden. Hier ist der vorhandene Epson-Scanner über die geräteeigene Software und über die unabhängige SilverFast-Scansoftware angebunden.

2 Die Scanoberfläche

Die Scanoberfläche, die Sie dann zu sehen bekommen, ist nicht Photoshop-spezifisch, sondern sieht je nach installierter Scansoftware anders aus.

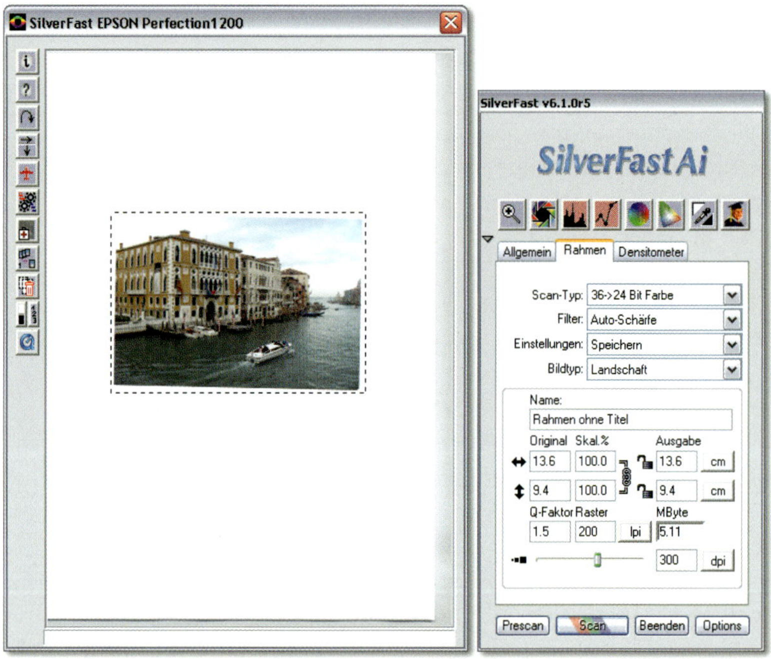

Abbildung 7.18 ▸
Die Oberfläche von SilverFast Ai

3 Geräteauflösung berücksichtigen

Beim Scannen ist die Festlegung der Scan- und späteren Bildauflösung ein wichtiger Punkt. Wenn der Verwendungszweck des Bildes noch nicht geklärt ist, erstellen Sie einen möglichst hoch aufgelösten Scan – mit dessen Datenmenge halten Sie sich alle Möglichkeiten (inklusive einer Vergrößerung des Bildes) offen. Dabei sollten Sie allerdings die Leistungsgrenze Ihres Scanners berücksichtigen. Maßgeblich dafür ist die maximale **optische** Geräteauflösung (nicht die interpolierte). Bei Angaben wie »1200 × 600 dpi« entspricht der niedrigere Wert der Scanauflösung, die Sie nicht überschreiten sollten – eine höhere Scanauflösung bringt dann keine besseren Resultate mehr.

4 Scanauflösung berechnen

Wenn Sie für den Druck scannen und das Bild nicht vergrößert wird, liegen Sie meist mit 300 ppi richtig. Soll ein Bild aber zusätzlich vergrößert werden, müssen Sie ein wenig rechnen:

Ideale Dateiauflösung × Vergrößerungsmaßstab = optimale Scanauflösung

5 Scannen

Dann scannen Sie wie gewohnt. Bei den meisten Scanprogrammen wird das Bild dann direkt in Photoshop geöffnet. ■

7.2.1 Mehrere Bilder auf einmal scannen

Wenn Sie größere Mengen an Fotos oder anderen Dokumenten digitalisieren wollen, können Sie natürlich auch mehrere Vorlagen auf einmal scannen. Ausgegeben wird dann natürlich eine Datei, die alle Bilder enthält. Das akkurate Ausschneiden und Geraderichten solcher Bilder ist ein echter Zeitfresser. Glücklicherweise gibt es in Photoshop dazu eine Automatikfunktion.

Datei auf der Buch-DVD: »GruppenscanFotos.tif«

Schritt für Schritt: Mehrere Bilder auf einmal scannen und automatisch trennen

1 Bilder scannen

Ordnen Sie Ihre Fotos auf dem Scanner an, und scannen Sie sie. Bessere Ergebnisse bekommen Sie beim Scannen von Fotos, wenn Sie jeweils Bilder mit ähnlicher Helligkeit und Farbcharakteristik auf das Scannerglas legen. Ihre Rohdatei sieht dann vielleicht so aus wie diese Beispieldatei – na gut, wahrscheinlich geben Sie sich beim Auflegen der Vorlagen auf das Scannerglas etwas mehr Mühe als ich. Aber mit diesen schief gescannten Bildern lässt sich das automatische Ausrichten einfach sehr gut demonstrieren!

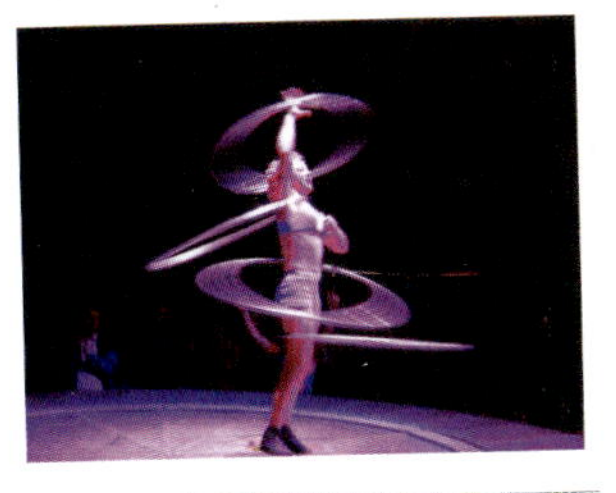

Bilder: vitamin a

▲ **Abbildung 7.19**
Die Ausgangsdatei: Mehrere Bilder wurden zusammen eingescannt.

2 Bilder freistellen

Um Photoshops Automatik anzuwenden, gehen Sie wie folgt vor: Aktivieren Sie die Bildebene, auf der die Bilder liegen, in der Ebenen-Palette. Wenn Sie nur einige Bilder aus dem Scan isolieren wollen, wählen Sie sie aus (das Rechteck-Auswahlwerkzeug bietet sich an).

Wählen Sie dann Datei • Automatisieren • Fotos freistellen und gerade ausrichten.

Die Bilder des Scans werden verarbeitet – das kann eine Weile dauern. Dann wird jedes Bild in einem eigenen Fenster geöffnet.

3 Mögliche Probleme

Die Automatik funktioniert nur dann gut, wenn die Bildgrenzen klar erkennbar sind. Decken Sie die Bilder während des Scanvorgangs mit einem Blatt Papier oder einem neutral gefärbten Karton ab, wenn der Kontrast zwischen Scannerdeckel und Bildkanten nicht ausreicht. Auch mit zu kleinteiligen Gruppenscans kann das Werkzeug nicht umgehen. Trotzdem ist es eine praktische Arbeitshilfe, die in den meisten Fällen problemlos funktioniert.

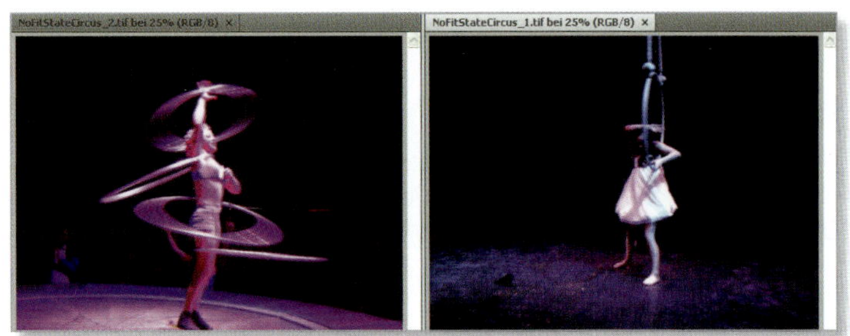

Abbildung 7.20 ▸
Zwei akkurat ausgerichtete Einzeldateien – mit einem Knopfdruck erzeugt.

7.3 Dateien neu erstellen

Zum Weiterlesen: Scans entfusseln
Ein leidiges Problem: Das Scannerglas war wieder einmal nicht richtig sauber ... Wie Sie Fussel und Staub von Bildern wegretuschieren, lesen Sie in Kapitel 22, »Reparieren und retuschieren«.

Im Grunde ist das Erzeugen einer neuen Datei nicht schwer: Ein Mausklick öffnet das Dialogfeld, die erforderlichen Einstellungen sind schnell gemacht – fertig. Die Tücke steckt im Detail, und ein wenig Hintergrundwissen ist unbedingt nötig, um einer Bilddatei von Anfang an die richtigen Eigenschaften zuzuweisen. **Auflösung** und **Bildmodus** sind die Parameter, die Sie im Griff haben müssen, um die für den jeweiligen Zweck geeignete Datei zu erzeugen.

7.3.1 Dialog aufrufen

Es gibt zwei Wege, um die Dialogbox aufzurufen, mit der Sie eine neue Datei anlegen:

- Der Weg über die Menüpunkte DATEI • NEU.
- Mithilfe des Tastaturkürzels [Strg] bzw. [⌘]+[N].

7.3.2 Der Dialog »Neu«

Wie auch immer Sie vorgehen, der Dialog, der sich öffnet, sieht aus wie in Abbildung 7.21.

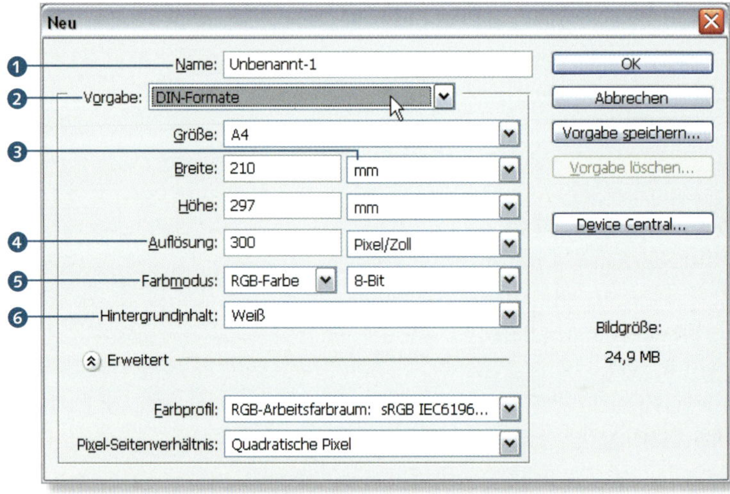

Abbildung 7.21 ▸
Das Dialogfeld zum Anlegen einer neuen Datei

Datei benennen | Unter NAME ❶ können Sie bereits hier einen aussagekräftigen Dateinamen vergeben. Beachten Sie aber, dass Ihre Datei trotzdem noch nicht gesichert ist: Das Speichern müssen Sie in einem weiteren Arbeitsschritt erledigen!

Bildgröße | Um die Bildgröße festzulegen, gibt es mehrere Möglichkeiten. Ist unter VORGABE ❷ in der Dropdown-Liste BENUTZERDEFINIERT eingestellt – was standardmäßig der Fall ist –, können Sie Breite und Höhe der Datei von Hand eintragen.

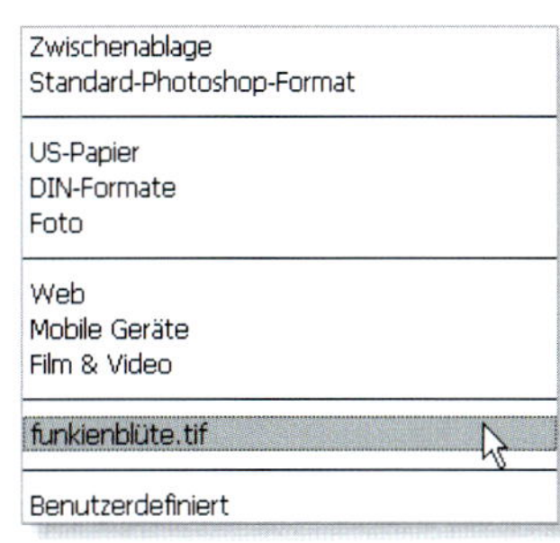

▲ **Abbildung 7.22**
Vorgaben zum Erzeugen neuer Dateien. Interessantes Detail: Aktuell geöffnete Bilder stehen hier ebenfalls zur Verfügung, um eine neue Datei mit denselben Parametern anzulegen (hier: funkienblüte.tif).

Vorgaben auswählen | In Photoshop ist jedoch auch eine Reihe von oft verwendeten Maßen für Druck und Webgrafik hinterlegt. Das ist ziemlich praktisch, weil man natürlich nicht alle DIN- und sonstigen Standardmaße im Kopf hat. Um diese Voreinstellungen zu erreichen, klappen Sie zunächst die Liste unter VORGABE aus. Dort finden Sie alle wesentlichen Produktionsbereiche.

Wenn Sie Ihre Auswahl getroffen haben, werden die infrage kommenden Maße im Feld GRÖSSE direkt im NEU-Dialog präsentiert (so wie in Abbildung 7.23 zu sehen). Leider sind nicht alle Maße an europäische Verhältnisse angepasst, z. B. entsprechen die vorgegebenen Foto-Abmessungen in Zoll nicht unseren Formaten.

Zum Weiterlesen: Eigene Vorgaben speichern
Wie Sie der Liste eigene Voreinstellungen hinzufügen, lesen Sie unten in einer Schritt-für-Schritt-Anleitung.

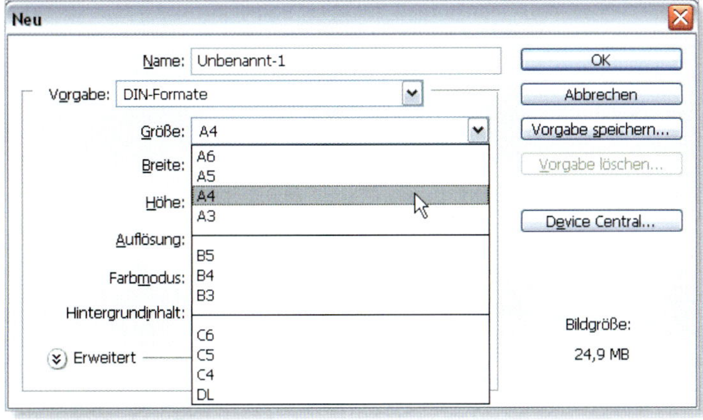

◄ **Abbildung 7.23**
Unter GRÖSSE können Sie Ihr Wunschformat wählen, hier die DIN-Formate. Alle anderen Eingaben werden dann automatisch angepasst.

Maßeinheiten vorgeben | Wenn Sie die Werte manuell eingeben, achten Sie auch darauf, dass Sie die richtige Maßeinheit ❸ einstellen!

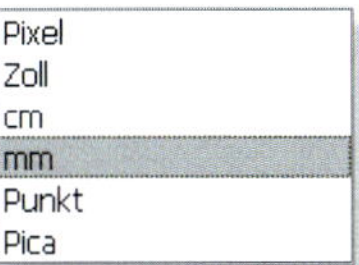

▲ **Abbildung 7.24**
Maßeinheiten für die Höhe und Breite einer neuen Datei.

Auflösung | Der nächste Punkt ist die AUFLÖSUNG ❹. Auch hier können Sie einen Wert ins Eingabefeld eintippen. Wenn Sie zuvor eine Dateigröße aus der Vorgabenliste gewählt haben, ist hier meist schon die passende Auflösung eingetragen.

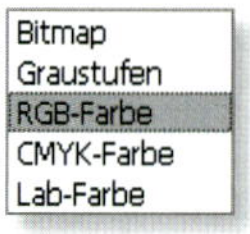

Bitmap
Graustufen
RGB-Farbe
CMYK-Farbe
Lab-Farbe

▲ **Abbildung 7.25**
Die Farbmodi sollten Ihnen nach der Lektüre von Kapitel 6 keine Schwierigkeiten mehr bereiten!

Farbmodus | Unter FARBMODUS ❺ stellen Sie ein, nach welchem Farbmodell die Bildfarben berechnet werden sollen bzw. welche Datentiefe Ihr Bild haben soll (Abbildung 7.25).

Hintergrundinhalt | Der Punkt HINTERGRUNDINHALT ❻ legt fest, wie die erste Ebene des neuen Bildes gefüllt ist: WEISS und TRANSPARENT sind nicht erklärungsbedürftig, HINTERGRUNDFARBE bezieht sich auf Ihre Einstellung in der Werkzeugleiste.

▲ **Abbildung 7.26**
Die Farbe für die erste Ebene des neuen Bildes

Erweitert | Wenn Sie im Dialogfenster NEU nun noch ERWEITERT anklicken, erhalten Sie zusätzliche Optionen: FARBPROFIL bezieht sich auf das Farbmanagement des Bildes. Das PIXEL-SEITENVERHÄLTNIS ist interessant, wenn Sie Bilder für Videos produzieren: Dann können Sie mit nichtquadratischen Pixeln arbeiten. Für alle anderen Fälle ist QUADRATISCHE PIXEL die richtige Einstellung.

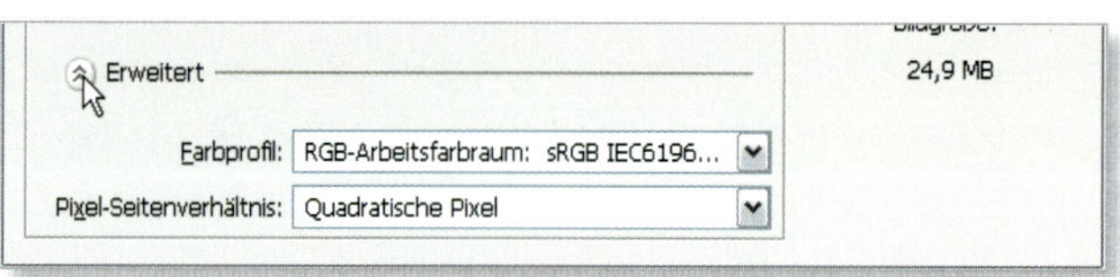

Abbildung 7.27 ▶
Erweiterte Dateioptionen im NEU-Dialog

7.3.3 Eigene Dokumentvorgaben anlegen

Die Voreinstellungsgrößen, die Sie am häufigsten brauchen, können Sie auch als eigene Voreinstellungen anlegen. Sie finden sie dann in der Liste.

Hintergrundinhalt und Ebenentypus

Wenn Sie hier WEISS oder HINTERGRUNDFARBE einstellen, wird eine neue Datei mit einer Hintergrundebene erzeugt. Ist Ihre Einstellung TRANSPARENT, verfügt Ihre neue Datei über eine reguläre, transparente Bildebene (Hintergrundebenen können nicht transparent sein). Mehr über Ebenen und Hintergrundebenen lesen Sie in Abschnitt 10.2, »Ebenentypen«.

Schritt für Schritt: Eine Vorlage definieren

1 Neu-Dialog aufrufen und Dateieigenschaften festlegen

Rufen Sie den Dialog DATEI • NEU auf einem der bekannten Wege auf. Dort können Sie ganz eigene Werte eingeben. Es ist aber auch möglich, bestehende Vorgaben zu modifizieren. Möchten Sie z. B. eine A4-Datei anlegen, deren Hintergrundinhalt nicht wie in der Vorgabe auf WEISS, sondern auf TRANSPARENT stehen soll, so können Sie auch die Vorgabe »A4« als Basis wählen – bei der ersten Veränderung springt der Vorgabename dann auf BENUTZERDEFINIERT, und Sie können die neuen Werte speichern.

2 Vorgabe speichern

Wenn Sie alle gewünschten Dateieigenschaften eingetragen haben, klicken Sie auf den Button VORGABE SPEICHERN.

Sie bekommen ein Dialogfeld angezeigt, in dem Sie nochmals festlegen können, welche der festgelegten Eigenschaften Sie nun in die Vorgabe übernehmen wollen. Hier haben Sie

Zum Weiterlesen: Farbprofile
In Kapitel 38 zum Thema Farbmanagement erfahren Sie mehr über die Bedeutung von Farbprofilen.

auch Gelegenheit, einen – möglichst aussagekräftigen – Namen für Ihre Vorgabe zu vergeben. Es lohnt sich, hier einen Moment nachzudenken, denn sobald Sie mehr als eine Handvoll Vorgaben verwalten, wird es schnell unübersichtlich. Vergessen Sie nicht, Ihre Vorgaben mit OK zu bestätigen!

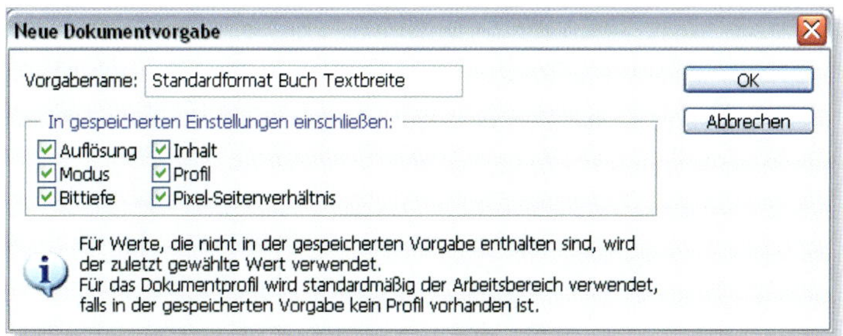

◂ **Abbildung 7.28**
In diesem Dialog geben Sie den Titel für eine neue Dokumentvorgabe ein und legen fest, welche Eigenschaften erfasst werden.

3 Vorgabe aufrufen

Beim nächsten Neuanlegen einer Datei sind Ihre Vorgaben unter dem von Ihnen festgelegten Namen in der Vorgabenliste vertreten.

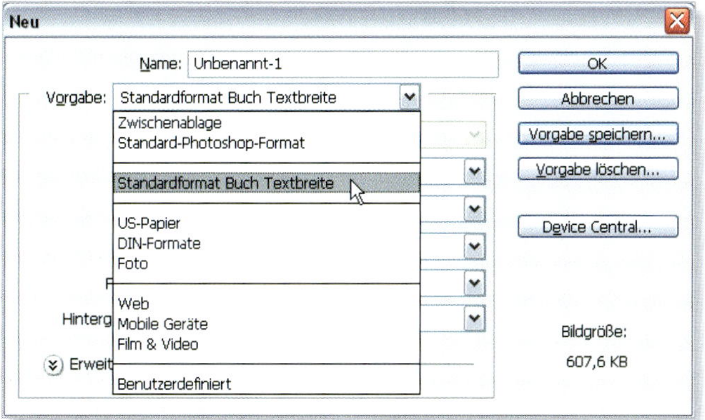

◂ **Abbildung 7.29**
Die Vorgabe wird Ihnen in der Vorgabenliste angezeigt.

4 Vorgabe löschen

Mit dem Button Vorgabe löschen können Sie Ihre Vorgaben auch wieder aus der Liste entfernen. ■

7.3.4 Neue Dateien mit Device Central

Inhalte für mobile Endgeräte stellen Grafiker vor vielfältige Aufgaben: unterschiedliche Dateiarten – aus Photoshop, aber auch Illustrator, Flash und neuerdings auch After Effects – müssen für zahlreiche verschiedene Geräte passen. Unter diesen Bedingungen sind Entwicklung, Testing und Projektverwaltung recht anspruchsvoll. Device Central ist ein in die Creative Suite integriertes Werkzeug, das Sie bei diesen Aufgaben unterstützt.

Neu in Device Central
Device Central unterstützt jetzt auch After-Effects-Dateien. Auch die Online-Aktualisierung der Geräteprofile ist neu.

Device Central...

▲ **Abbildung 7.30**
Ein Klick auf den Button befördert Sie zu Adobe Device Central CS4.

Der Befehl Datei • Device Central oder ein Klick auf den Device Central-Button innerhalb des Dialogs Neu öffnet Adobes »Handy-Zentrale«.

Dort finden Sie eine Bibliothek mit rund 450 Geräten verschiedener Hersteller. Der Bestand wird kontinuierlich erweitert und über eine Online-Anbindung aktuell gehalten. Adressierbare Displaygrößen, Farbtiefe, Auflösung, Netzwerkanbindung und unterstützte Flash-Versionen sind nur einige der zahllosen Informationen, die zu den Geräten hinterlegt werden. Indem Sie auf diese Bibliothek zurückgreifen, können Sie leicht Dateien mit den passenden Parametern erstellen.

Abbildung 7.31 ▼
Device Central unterstützt Sie unter anderem beim Erzeugen von Dateien für unterschiedliche Geräte.

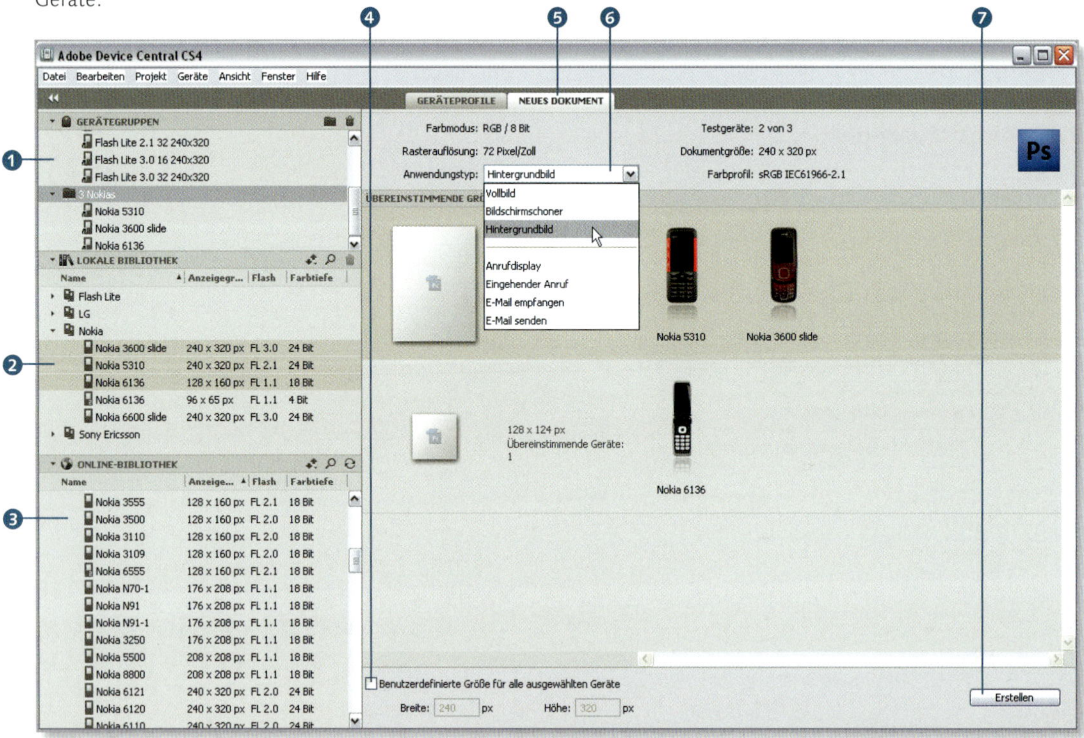

Um ein neues Dokument für bestimmte Mobilgeräte zu erstellen, ...

1. ... müssen Sie zunächst die Geräte, für die Ihre Inhalte bestimmt sind, aus der Online-Bibliothek ❸ in die Lokale Bibliothek ❷ herunterladen. Das geschieht am einfachsten mithilfe des Kontextmenüs (Abbildung 7.32).
2. Wechseln Sie dann innerhalb von Device Central zum Karteireiter Neues Dokument ❺.
3. Stellen Sie unter Anwendungstyp ❻ ein, für welchen Zweck die Datei genutzt werden soll.

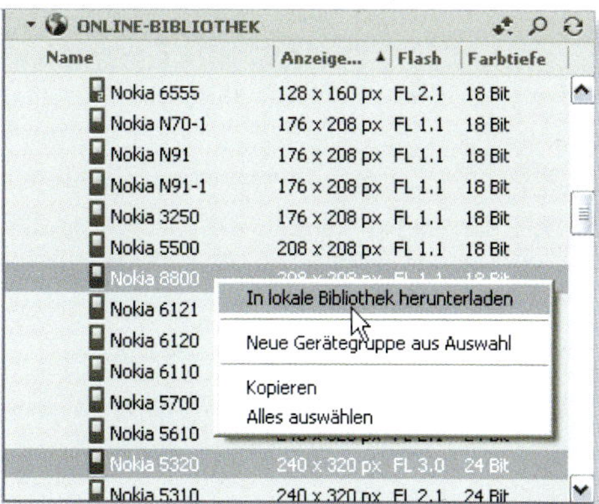

◂ **Abbildung 7.32**
Profile müssen aus der Online-Bibliothek in die lokale Bibliothek geladen werden, damit sie in Device Central zur Verfügung stehen. Spätere Aktualisierungen werden angezeigt, so dass Sie Ihre lokal abgelegten Profile leicht aktuell halten können.

4. Nun müssen Sie bestimmen, für welche Geräte die Datei genutzt werden soll. Dazu können Sie entweder in Ihrer lokalen Bibliothek die gewünschten Geräte markieren oder unter GERÄTEGRUPPEN ❶ eine Gruppe aussuchen.

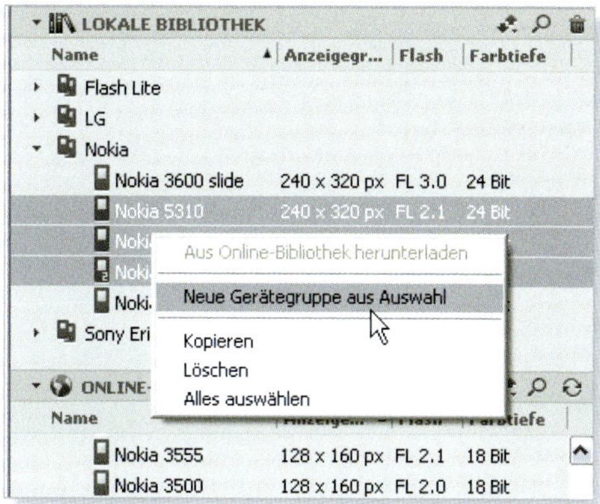

◂ **Abbildung 7.33**
Gerätegruppen erleichtern die Verwaltung. Mittels Kontextmenü lassen Sie sich leicht aus dem Bestand der lokalen Bibliothek erstellen.

5. Device Central listet dann Vorschläge für Dokumentgrößen auf Basis des gewählten Geräts auf. Wenn die gewählten Geräte unterschiedliche Displaygrößen aufweisen, erscheinen mehrere Vorschläge für Dateigrößen. (In Abbildung 7.31 ist dieser Fall zu sehen: Die Displaymaße der Geräte, die in der Liste farbig hervorgehoben sind, wirken sich auf die neue Datei aus.)
6. Klicken Sie auf dann auf ERSTELLEN ❼.

Es wird dann in Photoshop eine leere Datei geöffnet, das Device Central wird ausgeblendet. Bei der neuen Datei sind standardmäßig diese Parameter eingestellt:

- Farbmodus: RGB, 8 Bit pro Kanal (Devices mit abweichender Farbtiefe werden also nicht berücksichtigt).
- Auflösung: 72 ppi
- Farbprofil: SRGB

Vorgehen bei unterschiedlichen Displaygrößen | Sind die Displays der von Ihnen gewählten Geräte unterschiedlich groß, können Sie ein eigenes mobiles Dokument für jede Displaygröße erstellen oder versuchen, eine für alle Geräte passende Größe zu finden. Alternativ können Sie auch eine benutzerdefinierte Größe festlegen (Eingabefeld ❹ am unteren Rand von Device Central).

7.4 Dateien speichern

7.4.1 Verfügbare Speicherbefehle

Photoshop bietet zum Speichern unter dem Menüpunkt DATEI verschiedene Möglichkeiten an: SPEICHERN und SPEICHERN UNTER sowie FÜR WEB UND GERÄTE SPEICHERN – ein eigenes, mächtiges Werkzeug.

Zum Weiterlesen: Weboptimiert speichern
Das webgerechte Speichern, bei dem die Balance zwischen Dateigröße und Bildqualität gehalten werden muss, ist ein sehr umfangreiches Thema. Lesen Sie mehr darüber in Kapitel 37, »Bildoptimierung für Internet und mobile Geräte«.

Alle Speicherbefehle finden Sie wiederum im Menü DATEI.

- Der Befehl SPEICHERN – schnell zu erreichen über [Strg]+[S] ([⌘]+[S]) – speichert Änderungen an einer aktuellen Datei. Die alte Dateiversion wird dann ohne weitere Abfragen durch das Programm überschrieben.
- SPEICHERN UNTER... ([⇧]+[Strg]+[S] für Windows-Nutzer, [⇧]+[⌘]+[S] am Mac) ruft den umfangreichen SPEICHERN-Dialog auf, in dem Sie verschiedene Speicheroptionen festlegen können.
- Der umfangreiche Dialog SPEICHERN UNTER erscheint automatisch, wenn Sie eine Datei überhaupt zum ersten Mal speichern wollen oder wenn Sie eine Datei in einem Format speichern wollen, das die aktuellen Eigenschaften der Datei nicht aufnehmen kann (zum Beispiel ein JPEG-Bild, dem zusätzliche Ebenen hinzugefügt wurden).

Wenn Sie das Dateiformat gewählt haben, können Sie in den meisten Fällen während des Speichervorgangs weitere Speicheroptionen festlegen, um die Datei Ihren Erfordernissen anzupassen.

7.4.2 Die Speicheroptionen

Die Speicheroptionen, die ich Ihnen hier vorstelle, sind nicht bei allen Dateiformaten vollständig verfügbar. Wenn Sie eine Datei im PSD-Format speichern, stehen Ihnen aber alle Optionen zur Verfügung.

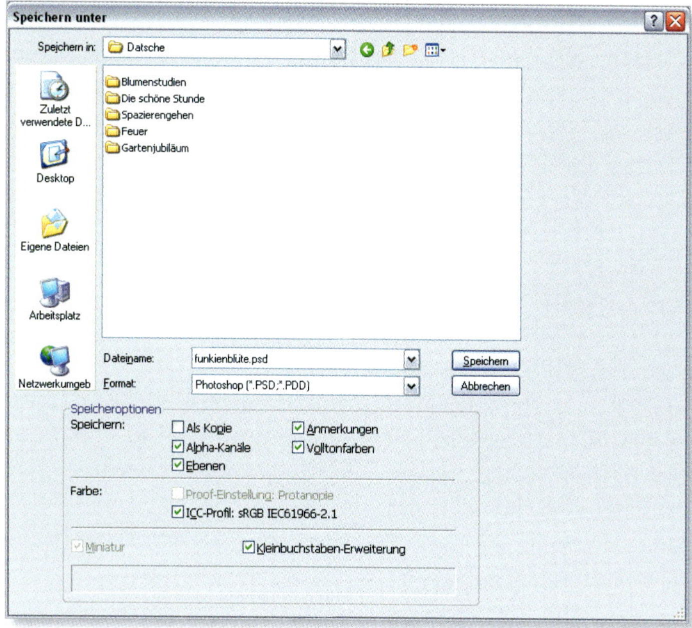

◂ **Abbildung 7.34**
Adobes Speicherdialog

Im ausführlichen Dialog Speichern unter können Sie Dateiname, Speicherort und -format festlegen. Unter den Speicheroptionen stellen Sie ein, welche Dateieigenschaften mitgespeichert werden sollen. Zudem finden Sie hier Optionen für das Farbmanagement und die »Speicherformalien«.

Den Umgang mit den Speicheroptionen macht Photoshop Ihnen leicht: Die Optionen, die notwendig sind, um alle in der jeweiligen Datei vorhandenen Informationen zu erfassen, sind bereits mit einem Haken aktiviert. Die Eigenschaften, die in der aktuellen Datei nicht vorhanden sind, können auch nicht als Optionen gewählt werden.

Wenn Sie eines dieser Merkmale beim Speichern abwählen, obwohl es in der Datei vorhanden ist, erhalten Sie einen unübersehbaren Warnhinweis und können die Datei nur als Kopie der geöffneten Originaldatei sichern.

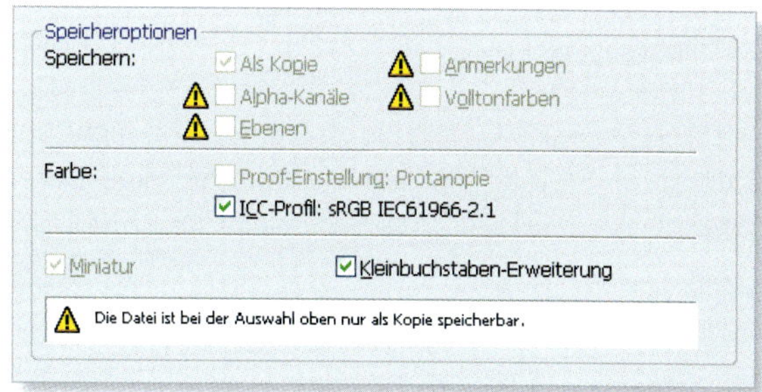

◂ **Abbildung 7.35**
Photoshop interveniert, bevor Sie wichtige Informationen durch unbedachtes Abwählen von Dateimerkmalen oder ein ungeeignetes Dateiformat verlieren. Die kleinen Warndreiecke zeigen an, welche Datei-Eigenschaften durch Ihre aktuellen Speichereinstellungen gefährdet sind.

Digitale Notizzettel für Vergessliche und Teamwork

Anmerkungen sind das digitale Äquivalent des gelben Klebezettelchens, gehen aber nicht so schnell verloren, denn sie sind fest mit der Datei verknüpft. Ist die Anmerkung einmal an das Bild geheftet, können Sie sie über das Kontextmenü ein- und ausblenden, bearbeiten und löschen. In CS4 bekommen die Anmerkungen jetzt eine eigene Palette (FENSTER • ANMERKUNGEN) und sind leichter zu editieren als in den Vorversionen

▲ **Abbildung 7.36**
Bild mit Anmerkung

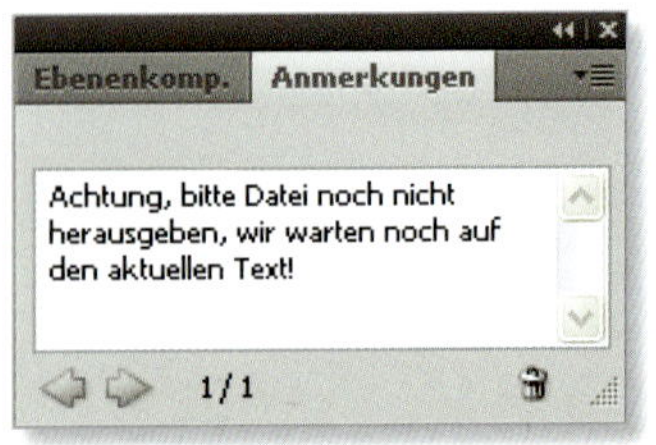

▲ **Abbildung 7.37**
Mit der neuen Anmerkungen-Palette lassen sich Anmerkungen zügig abarbeiten.

Zum Weiterlesen: Ebenen und Kanäle

Photoshops Ebenentechnik, Masken und Alpha-Kanäle lernen Sie in Teil III, »Die Ebenen-Technik«, näher kennen!

Kopie | ALS KOPIE speichert eine Kopie der Datei im aktuellen Zustand. Dabei bleibt die Version geöffnet, die Sie gerade bearbeiten. Sie bearbeiten also weiterhin die Version der Datei, die Sie bisher unter der Maus hatten – die Kopie verschwindet unberührt im Speicher. Darin unterscheidet sich Photoshop von vielen anderen Programmen. Die Option ALS KOPIE steht auch für fast alle Dateiformate zur Verfügung.

Alpha-Kanäle | In den Alpha-Kanälen sind Auswahlen und Masken konserviert. Mit dem Deaktivieren der Option ALPHA-KANÄLE werden sie unwiderruflich aus der Datei entfernt. Dadurch sparen Sie zwar ein wenig Speicherplatz, weil die Datei schlanker wird, verlieren aber wichtige Informationen, die Sie für eine spätere Bearbeitung des Bildes noch dringend brauchen könnten.

Ebenen | Wenn Sie EBENEN abwählen, rechnet Photoshop alle sichtbaren Bildebenen Ihres Bildes auf eine Hintergrundebene herunter, und unsichtbare Ebenen werden gelöscht. Dieser Vorgang kann nicht zurückgenommen werden. Wenn Sie tatsächlich alle Bildebenen miteinander verschmelzen wollen, sollten Sie das lieber in der Ebenen-Palette erledigen – hier sind die Kontrollmöglichkeiten besser.

Anmerkungen | ANMERKUNGEN sind digitale Notizen am Bild. Sie sind ganz praktisch für eigene Kommentare oder auch für Nachrichten an die Kollegen, die das Bild weiterbearbeiten. Die Anmerkungen können im PSD-Format und in PDF-Dateien gespeichert werden. Neu in CS4 ist eine eigene Anmerkungen-Palette.

Volltonfarben | VOLLTONFARBEN schließlich legt fest, ob eventuell von Ihnen angelegte Kanäle mit Sonderfarben mitgespeichert werden. Das Deaktivieren der Option entfernt bestehende Volltonfarbkanäle dauerhaft aus dem Bild.

Farbe | Unter FARBE finden Sie zwei Punkte zum Farbmanagement eines Dokuments. Sie wissen bereits, dass die im Produktionsprozess wichtigsten Farbsysteme RGB und CMYK geräteabhängig sind und zudem unterschiedliche Farbräume abdecken. In Photoshop ist ein komplexes Farbmanagementsystem integriert. Damit soll gewährleistet werden, dass Farben auf verschiedenen Geräten konsistent wiedergegeben werden – vom Scannen bis zum Druck.

Die Einstellungen beim Speichern einer Datei sind nur eine von vielen Möglichkeiten, in dieses System einzugreifen. Hier Änderungen vorzunehmen ist in jedem Fall nur etwas für erfahrene Anwender. Im Zweifelsfall ist es besser, kein Farbprofil in die Datei einzubetten als ein falsches!

Zum Weiterlesen: Farbmanagement
Ziehen Sie das Kapitel 38, »Farbmanagement«, zurate, wenn Sie mehr darüber wissen wollen, wie man farbtreue Scans oder Ausdrucke erzeugt.

Miniatur | Die Option MINIATUR ist normalerweise immer gewählt, aber ausgegraut. Diese Option bettet eine Miniatur-Voransicht des Bildes in die Datei ein. Wenn Sie hauptsächlich mit Photoshop, Bridge oder einem anderen speziellen Bildbetrachter arbeiten, brauchen Sie diese Miniatur eigentlich nicht, denn dort funktioniert die Voransicht sowieso. Interessant wird die Option, wenn ein fremder, nicht für Bilddateien ausgelegter Dateibrowser für die Bildverwaltung genutzt wird. Unter VOREINSTELLUNGEN • DATEIHANDHABUNG finden Sie den Punkt BILDVORSCHAU. Dort können Sie das Standardverhalten von Photoshop beim Speichern ändern. Mit der Einstellung IMMER liegen Sie auf der sicheren Seite, denn die Bildminiatur kostet nicht viel Speicherplatz – ihr Fehlen hingegen kann im entscheidenden Moment Ärger bereiten.

TOPP-TIPP: Kompatibilität bei PSD- und PSB-Dateien

Die Dateiformate PSD und PSB sind proprietäre Formate von Adobe. Zumindest PSD kann jedoch auch von einigen anderen Anwendungen angezeigt werden. Unter dem Menüpunkt VOREINSTELLUNGEN und dort auf der Registerkarte DATEIHANDHABUNG lässt sich die PSD/PSB-Kompatibilität mit älteren Photoshop-Versionen und anderen Applikationen erhöhen. Allerdings nimmt die Dateigröße dadurch zu. Und die Option hilft Ihnen nicht unbedingt, wenn beim Erstellen der Datei eine Funktion zum Einsatz kam, die in älteren Photoshop-Versionen schlichtweg fehlt!

Ist in den VOREINSTELLUNGEN die Option KOMPATIBILITÄT VON PSD- UND PSB-DATEIEN MAXIMIEREN: FRAGEN festgelegt, taucht während des Speicherns noch eine kleine entsprechende Abfrage auf.

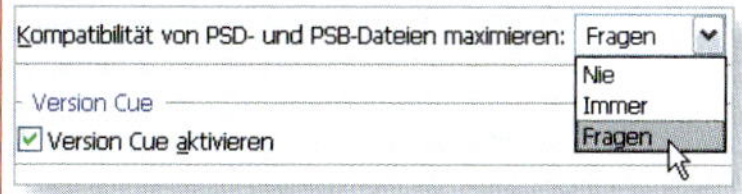

▲ **Abbildung 7.38**
Voreinstellungen zur Dateihandhabung – hier werden Kompatibilitäts- und Workflowregeln festgelegt.

Kleinbuchstaben-Erweiterung | KLEINBUCHSTABEN-ERWEITERUNG schließlich legt fest, ob eine Dateiendung nun beispielsweise »PSD« oder »psd«, »GIF« oder »gif« lautet. Besonders dann, wenn Sie Ihre Datei im Web einsetzen wollen, ist eine konsequente Kleinschreibung angeraten, da viele Internet-Server zwischen Klein- und Großbuchstaben differenzieren und durch voneinander abweichende Schreibweisen Fehlermeldungen produziert werden können.

7.4.3 TIFF-Speicheroptionen

Die Optionen, die Sie schon vom PSD-Format kennen, stehen auch für TIFF-Dateien zur Verfügung. Wenn Sie das Speichern per Buttonklick bestätigt haben, wird ein weiteres Dialogfeld eingeblendet.

Alternative zu PSD und PSB

Eine Alternative zum proprietären Format PSD – besonders zur langfristigen Dateisicherung – ist das Dateiformat TIFF. Es unterstützt ebenfalls sehr viele Dateifeatures und kann von vielen anderen Anwendungen gelesen werden

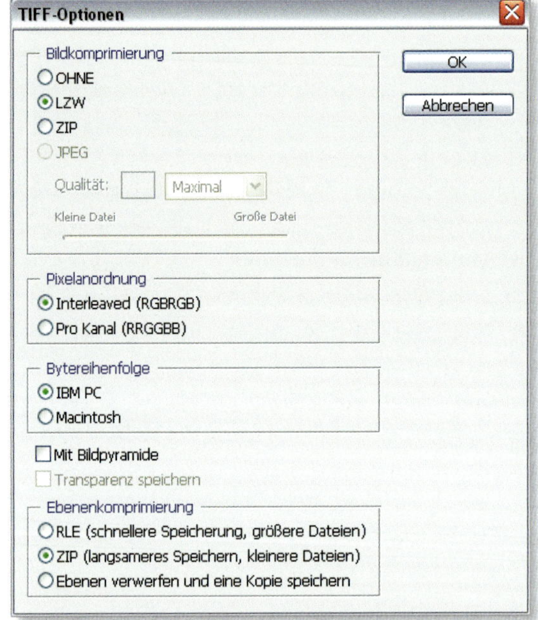

Abbildung 7.39 ▸
Weitergehende Speichereinstellungen für Dateien im TIFF-Format

Bildkomprimierung | Zunächst wählen Sie die BILDKOMPRIMIERUNG: LZW und ZIP arbeiten verlustfrei, die JPEG-Kompression ist verlustbehaftet und kann mithilfe des Schiebereglers dosiert werden. LZW ist hier die Einstellung der Wahl – sie ist verlustfrei und auch im Austausch mit anderen Applikationen unkompliziert.

Pixelanordnung | Unter PIXELANORDNUNG wird beim Schreiben von TIFF-Dateien in Photoshop standardmäßig die INTERLEAVED-Kanalreihenfolge verwendet. Theoretisch können Dateien in der PRO KANAL-Reihenfolge jedoch schneller gelesen und geschrieben werden, und auch hinsichtlich der Komprimierung soll diese Reihenfolge Vorteile bieten. Beide Kanalreihenfolgen sind mit älteren Versionen von Photoshop abwärtskompatibel. Ob andere Programme mit »Pro-Kanal«-TIFFs umgehen können, ist wieder eine andere Frage.

Bytereihenfolge | Ob Sie unter BYTEREIHENFOLGE dann IBM PC oder MACINTOSH wählen, ist in der Praxis meist wenig relevant – Photoshop kommt immer mit beiden Versionen zurecht.

Bildpyramide und Transparenz | Die Option MIT BILDPYRAMIDE kann sinnvoll sein, wenn Sie das Bild in Layoutprogrammen wie zum Beispiel Adobe InDesign weiterbearbeiten wollen. Damit wird das TIFF-Bild in mehreren unterschiedlichen Auflösungen innerhalb einer einzigen Datei gespeichert. Das ermöglicht das schnelle Laden der Grafik in Ihr Layoutprogramm. Diese Option kostet allerdings erheblichen Speicherplatz.

Wenn transparente Bereiche des Bildes auch in anderen Anwendungen transparent erscheinen sollen, muss TRANSPARENZ SPEICHERN aktiviert sein.

Ebenenkomprimierung | Sofern Ihr Bild mehrere Ebenen enthält, bietet Photoshop-TIFF unter EBENENKOMPRIMIERUNG die Möglichkeit, diese zu erhalten und ebenfalls zu komprimieren. Beide angebotenen Kompressionsmethoden sind im Austausch mit Nicht-Adobe-Anwendungen problematisch. Denn hier werden von Photoshop stillschweigend auch Beschneidungspfade sowie mehrere Alphakanäle mitgespeichert, wenn sie im Bild vorhanden sind. Diese Eigenschaften werden jedoch nicht von allen Programmen unterstützt.

7.4.4 GIF-Speicheroptionen

Für das Erzeugen von Dateien in den Webformaten GIF und JPEG stehen in Photoshop zwei Möglichkeiten zur Verfügung:

- die Auswahl von GIF, JPG oder PNG im Speicherdialog unter FORMAT
- sowie das mächtige Tool FÜR WEB UND GERÄTE SPEICHERN (erreichbar über DATEI • FÜR WEB UND GERÄTE SPEICHERN bzw. mit dem langen Monster-Shortcut [Alt]+[⇧]+[Strg]+[S]/[⌥]+[⇧]+[⌘]+[S]).

Mit dem Webspeichern-Tool haben Sie erheblich differenziertere Möglichkeiten, um das Aussehen und die Qualität Ihrer Datei zu beeinflussen, und können auch auf mehr webspezifische Optionen zugreifen. Wenn es mal schnell gehen muss, tut es allerdings auch der normale Speicherdialog.

Die größte Herausforderung beim Erzeugen von GIFs ist es, dass dieses Format nicht alle Farben des sichtbaren Spektrums wiedergeben kann. Alle im Bild vertretenen Farben werden auf maximal 256 Farben reduziert. Nach welchem Muster das nun geschieht, können Sie einstellen.

Der Dialog zum Speichern von GIFs | Das Dialogfeld ist identisch mit den Einstellungen für indizierte Bilder.

Kompatibilität für TIFF-Dateien

Eigentlich ist TIFF ein ideales Austauschformat für Dateien, bei denen Ebenen, Kanäle und ähnliche Eigenschaften erhalten bleiben sollen. Es kann von zahlreichen anderen Anwendungen gelesen werden und legt Sie nicht für alle Zeiten auf die Adobe-Welt fest.
Allerdings ist beim Umgang mit den Einstellungsmöglichkeiten beim TIFF-Speichern Vorsicht geboten. Photoshop Adobe reizt die Möglichkeiten, die das Dateiformat TIFF bietet, weit aus. Das hat zur Folge, dass andere Programme unter Umständen nicht mit allen Photoshop-TIFFs umgehen können. Besonders problematisch sind die ZIP- und die JPEG-Komprimierung, Transparenz und Bildpyramide sowie mitgespeicherte Ebenen – ganz unabhängig davon, welche Ebenenkompression Sie auswählen.
Wenn Sie zur Vergesslichkeit neigen, können Sie in den VOREINSTELLUNGEN ([Strg]/[⌘]+[K]) unter DATEIHANDHABUNG ([Strg]/[⌘]+[3]) bei der Option VOR DEM SPEICHERN VON TIFF-DATEIEN MIT EBENEN FRAGEN ein Häkchen setzen. Dann erhalten Sie jedes Mal einen Hinweis, bevor Sie sich an das potenziell problematische Speichern von Ebenen-TIFFs machen.

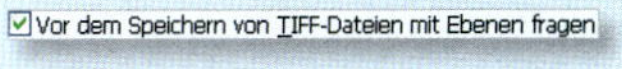

☑ Vor dem Speichern von TIFF-Dateien mit Ebenen fragen

▲ **Abbildung 7.40**
Nützliche Option unter VOREINSTELLUNGEN • DATEIHANDHABUNG

Auf der sicheren Seite bleiben Sie, wenn Sie sich beim TIFF-Speichern auf die Optionen LZW-KOMPRESSION und eventuell BYTE-ANORDNUNG beschränken und bei der PIXELANORDNUNG bei INTERLEAVED bleiben!

Zum Weiterlesen: Weboptimiert speichern

Wie Sie das Webspeichern-Werkzeug bedienen und aus Ihren Bildern gute Qualität bei geringer Dateigröße herausholen, können Sie in Kapitel 37, »Bildoptimierung für Internet und mobile Geräte«, nachlesen.

▲ **Abbildung 7.41**
Nachdem Sie im SPEICHERN-Dialog unter FORMAT die Option GIF bzw. COMPUSERVE GIF gewählt und bestätigt haben, erscheint dieses Dialogfeld.

▲ **Abbildung 7.42**
Diffusions-Dither (hier leicht vergrößert dargestellt). Farbnuancen werden durch punktierte Farbflächen simuliert.

Unter PALETTE können Sie aus verschiedenen vordefinierten Farbpaletten wählen. An diese werden die vorhandenen Bildfarben dann angepasst. Die Einstellung LOKAL (SELEKTIV) ist meistens gut geeignet. FARBEN meint die Anzahl der im Bild verbleibenden Farben. Je weniger Farben es sind, desto kleiner wird die Datei! Mit ERZWUNGEN legen Sie fest, welche Farben unbedingt erhalten werden sollen.

Sollen transparente Partien des Bildes auch im GIF-Format erhalten bleiben, muss das Kontrollfeld TRANSPARENZ auch aktiviert sein.

DITHER ist der Versuch, die begrenzte Farbanzahl durch körnig gerasterte Mischfarben wieder wettzumachen. Sie können das Dithering aktivieren, zwischen verschiedenen Dithermustern wählen und esin einigen Fällen per Prozentwert auch dosieren. Oft führt das jedoch nicht zu befriedigenden Ergebnissen. Bilder mit vielen Farbabstufungen sollten Sie besser in einem anderen Dateiformat (JPEG!) speichern.

Der Punkt HINTERGRUND ist nur aktiv, wenn Ihr Bild Transparenz enthält. Sie brauchen diese Funktion, wenn Sie ein teilweise transparentes Bild auf einer Webseite platzieren. Sie hilft Ihnen, auffällige Farbränder und »Pixeltreppen« an den Kanten von transparenten und deckenden Bildteilen zu vermeiden. Stellen Sie hierzu die Farbe ein, die der späteren Hintergrundfarbe der Webseite entspricht.

Vorschau aktivieren

Achten Sie darauf, dass beim Speichern von GIFs das Häkchen beim Punkt VORSCHAU gesetzt ist. Dann können Sie das Aussehen Ihres Bildes prüfen, noch während Sie verschiedene Einstellungen ausprobieren. Das gilt in vielen Photoshop-Anwendungen!

7.4.5 JPEG-Speicheroptionen

Die Optionen zum Speichern eines JPEG-Bildes unterscheiden sich deutlich von den GIF-Optionen. Der Grund ist das unterschiedliche Kompressionsverfahren.

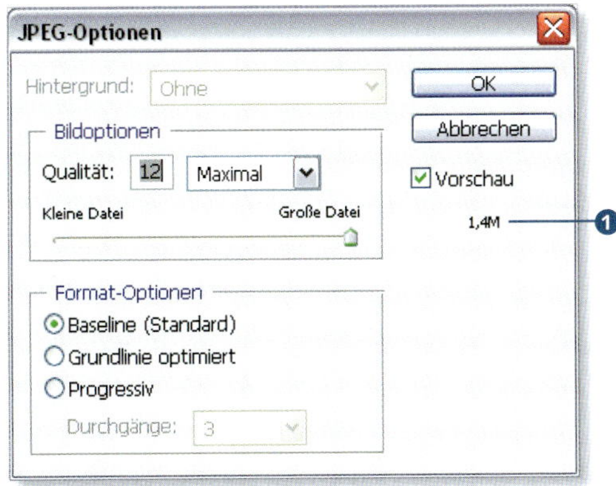

◂ **Abbildung 7.43**
Wollen Sie Ihr Bild als JPEG speichern, erhalten Sie diesen Dialog. Auch beim Erzeugen von JPEGs sind Sie mit dem Webspeichern-Tool besser bedient.

Bildoptionen | Die sicherlich wichtigste Einstellung nehmen Sie unter Bildoptionen vor. Hier wird die Stärke der Kompression reguliert. Ein hoher Wert erzeugt ein Bild in guter Qualität, aber auch eine große Datei. Ist der Wert niedrig, kann sich die Bildqualität verschlechtern, doch die Datei wird kleiner. Rechts unterhalb der Buttons wird dann auch angezeigt, wie »schwer« Ihre Datei wird ①.

Format-Optionen | Die Format-Optionen beziehen sich auf den Webeinsatz. Sie sollten hier Baseline (Standard) wählen – mit Grundlinie optimiert haben manche Browser derzeit noch Probleme. Progressiv bewirkt, dass das Bild erst unscharf in den Browser geladen und nach und nach (hier: in drei Durchgängen) verbessert wird.

7.4.6 EPS-Speicheroptionen

Für das EPS-Format empfiehlt es sich, im Voraus mit dem Dienstleister abzustimmen, mit welchen Speicheroptionen die Datei übergeben werden soll.

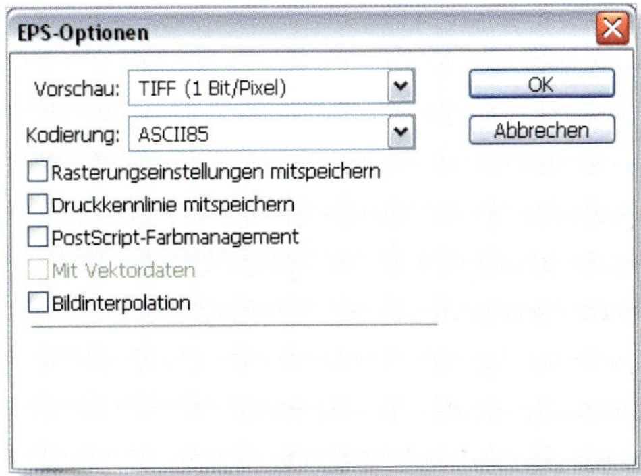

◂ **Abbildung 7.44**
Die EPS-Optionen

Vorschau | Der Punkt Vorschau bezieht sich auf die Darstellung des Bildes im Layout-Programm, mit dem es weiterbearbeitet wird. Ist keine Vorschau mitgespeichert, werden EPS-Dateien dort nur durch eine leere Platzhalter-Box angezeigt. Die Einstellung TIFF sollte auch beim Austausch zwischen Windows und Mac keine Probleme bereiten. 1 BIT/PIXEL liefert nur eine grobe Schwarz-Weiß-Voransicht, 8 BIT/PIXEL ein farbiges Vorschaubild.

EPS-Kodierung | Mit der Option KODIERUNG wird festgelegt, in welcher Form die Daten an den PostScript-Drucker ausgegeben werden. Die **ASCII-Kodierung** ist zwar sehr robust und wenig anfällig für Fehler, kostet jedoch viel Speicher und Prozessorzeit. Die **binäre Kodierung** ist vor allem am Mac gebräuchlich und liefert die Daten in wesentlich schlankerer Form – sie wird leider nicht von allen Anwendungen unterstützt. Die **JPEG-Kodierung** verschlankt die Datei ein wenig zulasten der Qualität und kann auch nicht von allen PostScript-Geräten umgesetzt werden.

Rasterungseinstellungen mitspeichern | Die Optionen RASTERUNGSEINSTELLUNGEN MITSPEICHERN und DRUCKKENNLINIE MITSPEICHERN steuern Spezifikationen des professionellen Drucks. Deren Einsatz sollten Sie ebenfalls unbedingt mit Ihrem Drucker absprechen!

PostScript-Farbmanagement | Das POSTSCRIPT-FARBMANAGEMENT sollten Sie nur dann aktivieren, wenn Sie das Bild nicht in ein Dokument mit eigenen Farbmanagement-Einstellungen platzieren wollen.

Photoshop-PDF
Mit Photoshop erzeugte PDFs können Dateiinformationen wie Ebenen, Alpha-Kanäle, Volltonfarbenkanäle oder Anmerkungen enthalten. Sie können zur erneuten Bearbeitung in neueren Photoshop-Versionen einfach erneut geöffnet werden. Es ist nicht notwendig, Photoshop-PDFs zu importieren (der Importdialog wurde bereits in Abschnitt 7.1.3 vorgestellt). Nutzer älterer Photoshop-Versionen (vor CS2) können Photoshop-PDF-Dateien über einen Umweg öffnen: Wählen Sie den Befehl DATEI ÖFFNEN ALS (Windows) oder DATEI ÖFFNEN (Mac OS) und anschließend unter FORMAT die Einstellung GENERISCHES PDF.

Mit Vektordaten | Mit der Option MIT VEKTORDATEN können Sie festlegen, ob Sie Text- und Vektorebenen erhalten wollen – wenn vorhanden. In Photoshop werden Vektordaten beim erneuten Öffnen der EPS-Datei aber in jedem Fall gerastert.

Bildinterpolation | Die BILDINTERPOLATION schließlich soll die Ausgabequalität von niedrig aufgelösten Bildern durch Kantenglättung verbessern.

7.4.7 Speicheroptionen für Photoshop-PDF

PDF ist ein sehr leistungsfähiges und flexibles Dateiformat, das – neben dem eigentlichen Inhalt – eine Vielzahl weitergehender Informationen enthalten kann. Das reicht von Sicherheitseinstellungen und verschiedenen Kompressionsmethoden für Bilder bis zu eingebetteten Schriften, Informationen zum Farbmanagement und Konvertierungsanweisungen – und vielem mehr. Zahlreiche unterschiedliche Konstellationen von Eigenschaften in einem PDF-Dokument sind möglich.

Inzwischen haben Sie beim Erstellen von PDF-Dateien mit Photoshop fast so viele Möglichkeiten wie mit dem genuinen PDF-Programm Adobe Acrobat. Damit können Sie auch PDFs erstellen, die von großen Druckmaschinen problemlos verarbeitet werden können. Dementsprechend umfangreich fällt das Dialogfeld in Photoshop aus. In fünf verschiedenen Bereichen steuern Sie die PDF-Eigenschaften. Die »Navigation« ❸ am linken Rand bringt Sie dabei zu den weiteren Optionen, falls Sie dort noch etwas verändern möchten.

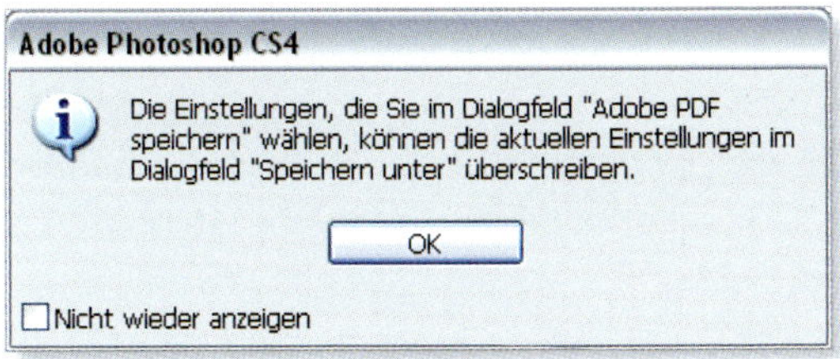

◂ **Abbildung 7.45**
Warnmeldung: Die PDF-Einstellungen werden beim Erstellen des PDF in jedem Fall angewandt, auch wenn Sie im allgemeinen Speicherdialog abweichende Angaben gemacht haben. Photoshop räumt den PDF-Einstellungen mehr Gewicht ein.

Grundlegende Vorgaben einstellen | Unter ADOBE PDF-VORGABE ❶ finden Sie Settings mit Einstellungen, die Eigenschaften, Qualität und Dateigröße des späteren PDF steuern. Maßgeblich ist hier – wie so oft – der geplante Verwendungszweck der PDF-Datei. Alle anderen Einstellungen in den fünf verschiedenen Bereichen des Dialogfelds sind optionales Feintuning bzw. dienen dem Zweck, eigene Vorgaben zu entwickeln.

▾ **Abbildung 7.46**
Die wichtigsten Einstellungen finden Sie hier. Der Eintrag unter BESCHREIBUNG kann sehr hilfreich sein, hat aber noch weiterreichende Funktionen.

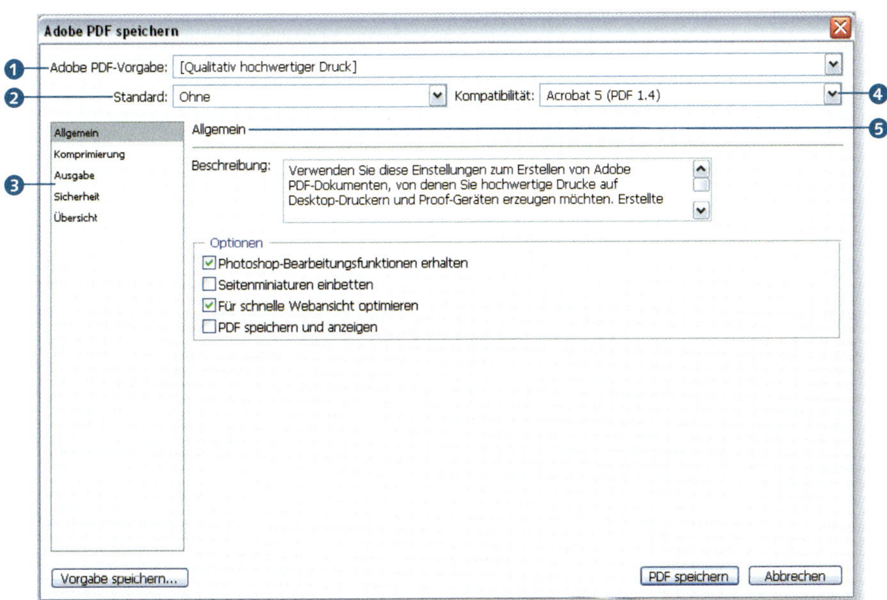

Die Arbeit mit fertigen Vorgaben hat zwei Vorteile: Sie sparen sich viele Klicks beim Zusammenstellen der gewünschten Optionen und – wichtiger noch – Sie verringern das Risiko falscher Konfigurationen.

[Druckausgabequalität]
[Kleinste Dateigröße]
[PDF/X-1a:2001]
[PDF/X-3:2002]
[PDF/X-4:2008]
[Qualitativ hochwertiger Druck]

▲ **Abbildung 7.47**
Die von Adobe angebotenen PDF-Vorgaben

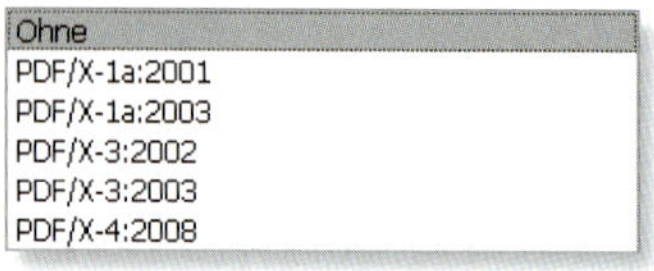

Ohne
PDF/X-1a:2001
PDF/X-1a:2003
PDF/X-3:2002
PDF/X-3:2003
PDF/X-4:2008

▲ **Abbildung 7.48**
Weitergehende Einstellungen zu PDF-X unter Standard.

Die wichtigsten PDF-Vorgaben kurz vorgestellt:

- Druckausgabequalität: Gute Qualität hat beim Erstellen der PDF-Datei mit dieser Vorgabe höchste Priorität. Sie enthalten alle Informationen, die beispielsweise für den Digitaldruck notwendig sind, allerdings sind sie nicht mit dem PDF/X-Standard kompatibel. Diese PDF-Dateien können in Acrobat 5.0 und Acrobat Reader 5.0 (und höheren Versionen) geöffnet werden.
- Kleinste Dateigrösse ist für den Online-Datentausch konzipiert. Automatisch sind PDFs, die mit diesen Einstellungen erzeugt wurden, mit Acrobat- und Acrobat-Reader-Versionen bis herunter zur Version 5 kompatibel, eignen sich also gut für die Verteilung in die Breite.
- Qualitativ hochwertiger Druck bezieht sich nicht auf den gewerblichen Druck, sondern auf die Ausgabe auf Desktop-Druckern.
- PDF/X ist eine Norm, in der die Eigenschaften von Druckvorlagen-PDFs festgelegt sind. Es gibt mehrere Varianten des PDF-X-Standards. Unter Standard ❷ können Sie bei Bedarf festlegen, welcher PDF-X-Variante Ihr Dokument entsprechen soll.

Linktipp: PDF-Know-how

PDF_Zone ist ein herstellerunabhängiges Web-Magazin. Der Untertitel »Alles zu PDF« ist kaum übertrieben. Sie finden dort Informationen auf Expertenniveau zu den verschiedenen PDF-Spezifikationen (neben dem hier erwähnten PDF-X für die Druckvorstufe gibt es noch andere Formatvarianten, die bekannteste ist PDF-A für Archivierungszwecke), Neuigkeiten und ein Forum. (*http://www.pdfzone.de*).
PDF-X-Report versammelt Tools, Downloads und Links zum Thema, unter anderem auch zu verschiedenen PDF-Mailinglisten. Die Site ist gemischt Deutsch/Englisch (*http://www.pdfx3.org*).

Neben dem – unter Umständen fehlerträchtigen – Zusammenklicken eigener Vorgaben-Konstellationen haben Sie weitere Möglichkeiten, um das Sortiment der PDF-Vorgaben zu erweitern. Im Photoshop-Ordner Extras finden Sie **weitere Vorgaben**, zum Beispiel für barrierefreie PDFs. Der Ordner Extras befindet sich unter Windows Vista üblicherweise im Verzeichnis ProgramData\Adobe\AdobePDF, unter Windows XP im Verzeichnis Dokumente und Einstellungen\All Users\Anwendungsdaten\Adobe\Adobe PDF und unter Mac OS in Library/Application Support/Adobe PDF. Diese Dateien müssen in den Ordner Einstellungen bzw. Settings kopiert werden. Dieser liegt im selben Verzeichnis wie der Extras-Ordner.

Wenn Sie Dateien produzieren, die an eine Druckerei gegeben werden sollen, sollten Sie unbedingt vorher mit Ihrem Drucker sprechen, wie das PDF beschaffen sein soll. Es ist es nicht unwahrscheinlich, dass Sie von Ihrer Druckerei bereits eine fertige Datei mit Voreinstellungen bekommen, die Sie ebenfalls in dem Einstellungen- bzw. Settings-Ordner ablegen. Üblicherweise spricht man übrigens eher von **Joboptions** und nicht unbedingt von einer Adobe-PDF-Vorgabe, wie im Dialogfeld angegeben.

Kompatibilitätseinstellungen | Interessant sind auch die Kompatibilitätseinstellungen ④. Das Dateiformat PDF wird kontinuierlich weiterentwickelt, daher ist Kompatibilität ein wichtiges Thema! Je nach gewählter Einstellung verändern sich auch die weiteren Speicheroptionen, die noch zur Verfügung stehen.

Was welche Kompatibilitätseinstellung bewirkt, entnehmen Sie der folgenden Tabelle.

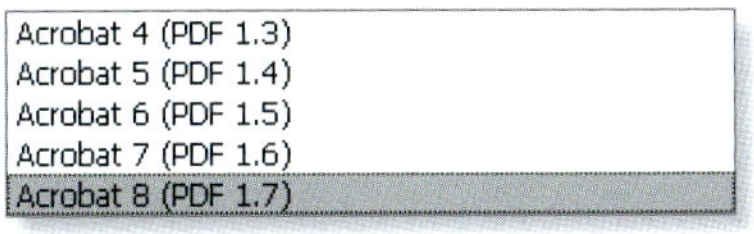

Acrobat 4 (PDF 1.3)
Acrobat 5 (PDF 1.4)
Acrobat 6 (PDF 1.5)
Acrobat 7 (PDF 1.6)
Acrobat 8 (PDF 1.7)

▲ **Abbildung 7.49**
Zu welchem PDF-Format und welcher Acrobat-Version soll die neue Datei kompatibel sein?

Programmdateien unter Windows anzeigen

Unter Umständen werden im Windows Explorer Programmordner – von Adobe und anderen Applikationen – nicht angezeigt. Dann müssen Sie die Voreinstellungen zur Anzeige von Systemdateien ändern. Das geht im Windows Explorer unter EXTRAS • ORDNEROPTIONEN • ANSICHT, bei Vista zusätzlich auch unter ORGANISIEREN • ORDNER- UND SUCHOPTIONEN.

Acrobat 4.0 (PDF 1.3)	Acrobat 5.0 (PDF 1.4)	Acrobat 6.0 (PDF 1.5)	Acrobat 7.0 (PDF 1.6), 8.0 und 9.0 (PDF 1.7)
PDFs, die mit dieser Kompatibilitätsstufe gespeichert wurden, lassen sich mit Acrobat und Acrobat Reader ab Version 3 öffnen und lesen.	PDFs, die mit dieser Kompatibilitätsstufe gespeichert wurden, lassen sich mit Acrobat und Acrobat Reader ab Version 3 öffnen. Funktionen, die nur in höheren Versionen vorhanden sind, können jedoch verloren gehen oder nicht richtig funktionieren.	Die meisten PDFs können mit Acrobat und Acrobat Reader ab Version 4 geöffnet werden. Es ist allerdings möglich, dass einige neuere Dateieigenschaften nicht richtig funktionieren oder verloren gehen.	Die meisten PDFs können mit Acrobat und Acrobat Reader ab Version 4 geöffnet werden. Es ist allerdings möglich, dass einige neuere Dateieigenschaften nicht richtig funktionieren oder verloren gehen.
ICC-Farbmanagement wird unterstützt.	ICC-Farbmanagement wird unterstützt.	ICC-Farbmanagement wird unterstützt.	ICC-Farbmanagement wird unterstützt.
Vor dem Konvertieren in PDF 1.3 müssen alle **Transparenzen** reduziert werden, da sie nicht unterstützt werden.	Transparenz ist möglich, im Distiller können die Transparenzfunktionen jedoch eingeschränkt sein.	Transparenz ist möglich, im Distiller können die Transparenzfunktionen jedoch eingeschränkt sein.	Transparenz ist möglich, im Distiller können die Transparenzfunktionen jedoch eingeschränkt sein.
Ebenen werden noch nicht unterstützt.	Ebenen werden noch nicht unterstützt.	Kann Ebenen enthalten, wenn die PDF-Dateien mit Anwendungen erstellt wurden, die speziell das Erstellen von PDFs mit Ebenen unterstützen (Illustrator und InDesign ab Version CS und natürlich Photoshop).	Kann Ebenen enthalten, wenn die PDF-Dateien mit Anwendungen erstellt wurden, die speziell das Erstellen von PDFs mit Ebenen unterstützen (Illustrator und InDesign ab Version CS und natürlich Photoshop).
Seitengröße: maximal 114,3 cm Höhe/Breite	Seitengröße: maximal 508 cm Höhe/Breite	Seitengröße: maximal 508 cm Höhe/Breite	Seitengröße: maximal 508 cm Höhe/Breite

▲ **Tabelle 7.1**
PDF-Kompatibilität

Acrobat 4.0 (PDF 1.3)	Acrobat 5.0 (PDF 1.4)	Acrobat 6.0 (PDF 1.5)	Acrobat 7.0 (PDF 1.6), 8.0 und 9.0 (PDF 1.7)
Einbettung von Multibyte-Fonts (notwendig **für asiatische Schriftzeichen**): möglich	Einbettung von Multibyte-Fonts (notwendig für asiatische Schriftzeichen): möglich	Einbettung von Multibyte-Fonts (notwendig für asiatische Schriftzeichen): möglich	Einbettung von Multibyte-Fonts (notwendig für asiatische Schriftzeichen): möglich
Sicherheitseinstellungen: 40-Bit-RC 4	Sicherheitseinstellungen: 128-Bit-RC 4	Sicherheitseinstellungen: 128-Bit-RC 4	Sicherheitseinstellungen: 128-Bit-RC 4 und 128-Bit-Advanced Encryption Standard (AES)

▲ **Tabelle 7.1**
PDF-Kompatibilität (Forts.)

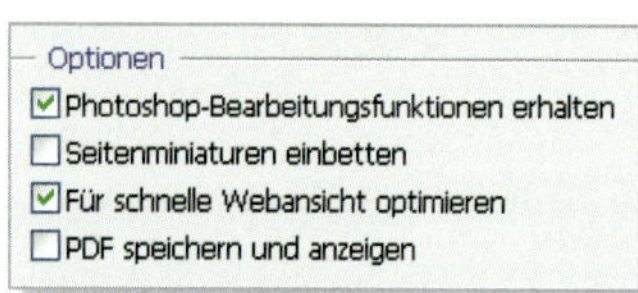

▲ **Abbildung 7.50**
Die Optionen unter ALLGEMEIN

Allgemein | Unter ALLGEMEIN ❺ (siehe Abbildung 7.46) finden Sie ein Beschreibungsfeld und einige Options-Checkboxen. Damit legen Sie vor allem die PDF-Eigenschaften fest, die den Bedienungskomfort betreffen.

Der Text im Feld unter BESCHREIBUNG kann bearbeitet werden. Das ist dann sinnvoll, wenn Sie die Vorgaben ändern und sich einige Stichpunkte zur den modifizierten Einstellungen notieren wollen. Wenn Sie die Vorgabe später speichern und erneut abrufen, erleichtert das die Orientierung.

PHOTOSHOP-BEARBEITUNGSFUNKTION ERHALTEN erhält – wie der Name schon nahelegt – Photoshop-typische Features wie Ebenen, Alphakanäle etc. Das ist für die eventuelle spätere Weiterverarbeitung in Photoshop praktisch, schränkt die Kompatibilität jedoch wieder ein: PDFs mit dieser Option können nur in Photoshop-Versionen ab CS2 (oder höher) geöffnet werden.

SEITENMINIATUREN EINBETTEN betrifft die Weiterverarbeitung in Adobe Illustrator. Die Miniatur wird dann in einigen Dialogfeldern angezeigt.

FÜR SCHNELLE WEBANSICHT OPTIMIEREN ist besonders sinnvoll in Kombination mit der Vorgabe KLEINSTE DATEIGRÖSSE – also für den Webeinsatz der PDFs.

PDF SPEICHERN UND ANZEIGEN bewirkt, dass das neue File nach dem Speichern – das Sie aber noch extra erledigen müssen – in dem PDF-Programm angezeigt wird, das auf Ihrem Rechner als Standard festgelegt wurde.

Komprimierung | Anders als beim TIFF vertragen sich alle vorgeschlagenen Methoden ❷ in der Regel gut mit anderen Anwendungen. Ob Sie verlustfrei (ZIP) oder verlustbehaftet (JPEG) speichern wollen, liegt ganz bei Ihnen. Wählen Sie JPEG, können Sie sich noch zwischen verschiedenen Bildqualitäten respektive Kompressionsstufen entscheiden ❶.

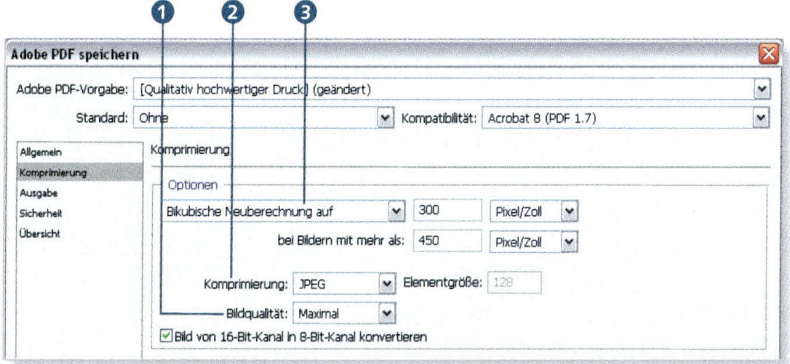

◀ Abbildung 7.51
Verschiedene Komprimierungseinstellungen – hier können Sie nochmals auf Größe und Qualität des PDFs Einfluss nehmen.

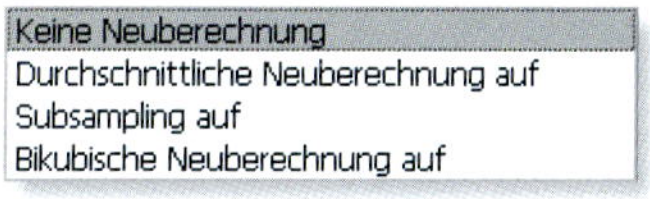

Keine Neuberechnung
Durchschnittliche Neuberechnung auf
Subsampling auf
Bikubische Neuberechnung auf

▲ Abbildung 7.52
Neuberechnungsoptionen

Zum Nachlesen: JPEG-Kompression
Hintergrundwissen zur JPEG-Kompression finden Sie in Kapitel 6, »Bildbearbeitung: Fachwissen«.

Die Option NEUBERECHNUNG ❸ ist vor allem dann wichtig, wenn Sie das PDF ins Internet stellen wollen, denn sie ermöglicht eine höhere Komprimierung. Konkret bedeutet eine Neuberechnung, dass die ursprüngliche Pixelmenge im Bild reduziert und beim Öffnen des Bildes neu errechnet wird.

Unbedingt sollten Sie die Option abwählen und auf KEINE NEUBERECHNUNG stellen, wenn Sie in hohen Qualitäten drucken wollen. Meist führt die Einstellung BIKUBISCHE NEUBERECHNUNG AUF zu besten Ergebnissen, die Berechnung dauert jedoch recht lange. Ziemlich flott arbeitet SUBSAMPLING AUF, es liefert aber besonders bei Fotos keine guten Resultate. Bilder mit glatten Kanten können von dieser Methode profitieren. Bei der Methode DURCHSCHNITTLICHE NEUBERECHNUNG AUF werden neue Pixel durch Mitteln der Farbwerte der benachbarten Pixel hinzugefügt.

Ausgabe | Die Einstellungen unter AUSGABE richten sich vor allem an Druckvorstufen-Profis und andere Anwender, die mit PDF/X und mit Farbmanagement arbeiten. Hierbei ist die Rücksprache mit der Druckerei dringend zu empfehlen!

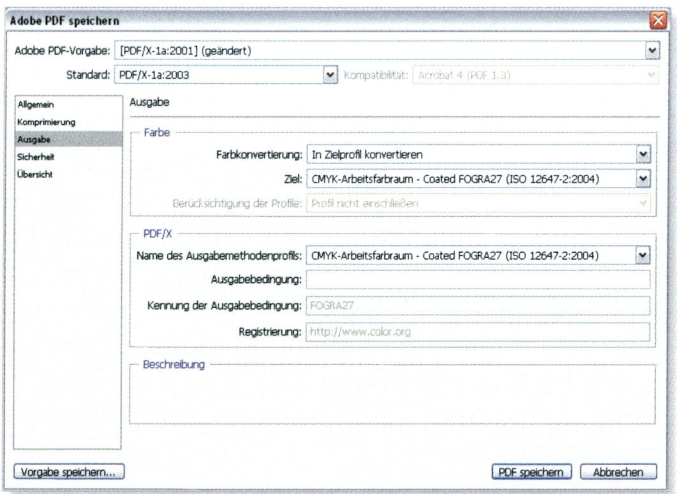

◀ Abbildung 7.53
Wer die Einstellungen unter AUSGABE anfasst, sollte sich in jedem Fall gut mit dem Farbmanagement auskennen.

Kennwörter sichern

Denken Sie unbedingt daran, PDF-Kennwörter sicher aufzubewahren. Es gibt **keine** Möglichkeit, ein einmal vergebenes und dann in Vergessenheit geratenes Kennwort aus dem Dokument zu extrahieren – das Dokument wird dann schlicht unbrauchbar.

Sicherheit | Ein großer Vorzug des PDF-Formates ist, dass der Zugriff auf das Dokument differenziert geregelt werden kann. Unter SICHERHEIT können Sie Kennwörter für das Öffnen, aber auch für einzelne Bearbeitungsschritte wie das Drucken und die Druckqualität oder das Bearbeiten einzelner Seiten oder Formularfelder vergeben.

Übersicht | Unter ÜBERSICHT können Sie nochmals all Ihre Einstellungen en bloc prüfen. Das ist auch eine gute Maßnahme, wenn Sie sich entscheiden, die Vorgaben abzuspeichern!

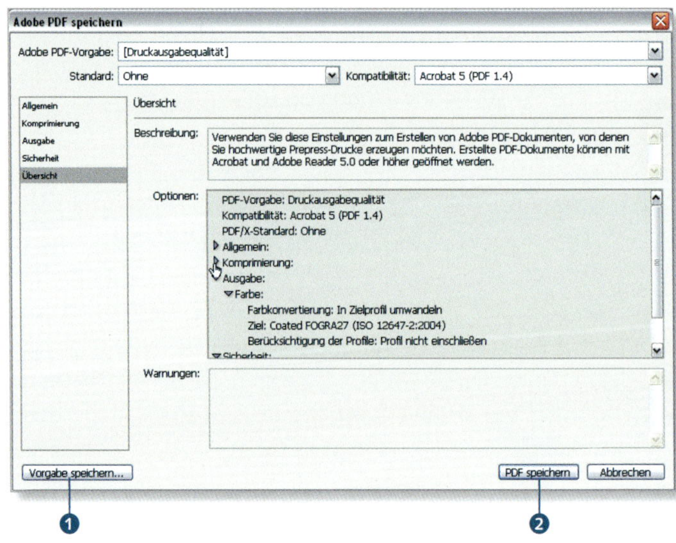

Abbildung 7.54 ▸
Die Übersicht hält, was ihr Name verspricht.

Speichern | Nun haben Sie zwei weitere Vorgehensmöglichkeiten:

- PDF SPEICHERN (unten rechts ❷) speichert das File als PDF.
- Mit dem Befehl VORGABE SPEICHERN (im Dialogfeld unten links ❶) werden Ihre Einstellungen gesichert und sind dann später in der Vorgabenliste abrufbar.

Einmal gespeicherte **Joboptions** können Sie nun Ihrerseits weitergeben oder auch erneut verwenden –das Ziel der Arbeit mit Joboptions ist es, in jedem Fall auf Basis der gespeicherten Vorgaben einheitliche PDFs zu erzeugen.

Die hier gespeicherten Dateien erscheinen dann im Menü ADOBE-PDF-VORGABEN und sind auch in anderen Applikationen der Creative Suite verfügbar.

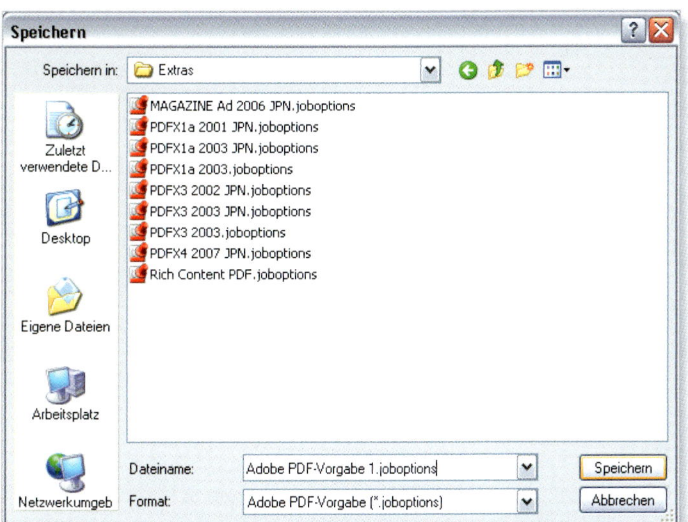

◂ **Abbildung 7.55**
Vorgabe respektive Joboption speichern: Auch hier empfiehlt es sich, aussagekräftige Namen zu vergeben. Der vorgegebene Speicherort sollte ebenfalls nicht geändert werden.

7.4.8 Tastenkürzel für das Speichern und Öffnen von Dateien

◂ **Tabelle 7.2**
Arbeit mit Dateien – Tastaturbefehle

Was wollen Sie tun?	Windows	Mac
Datei öffnen	Strg + O	⌘ + O
Datei anlegen	Strg + N	⌘ + N
Bridge öffnen	Alt + Strg + O	⌥ + ⌘ + O
Öffnen als …	⇧ + Alt + Strg + O	–
Datei schließen	Strg + W	⌘ + W
Alle Dateien schließen	Alt + Strg + W	⌥ + ⌘ + W
Datei speichern	Strg + S	⌘ + S
Datei speichern unter	Alt + Strg + S	⌥ + ⌘ + S
Für Web und Geräte speichern	⇧ + Alt + Strg + S	⇧ + ⌥ + ⌘ + S
Zurück zur letzten Version gehen	F12	F12
Dateiinformationen anzeigen	⇧ + Alt + Strg + I	⇧ + ⌥ + ⌘ + I

8 Adobe Bridge: die Ordnungsmacht

Wer viel fotografiert oder Bilder aus fremden Quellen hortet, kennt solche Probleme: Ein Bild, das man sucht, ist plötzlich unauffindbar, komplette Bilderordner ruhen ungenutzt im Festplattengrab, weil ihre Existenz schlicht in Vergessenheit geraten ist, und den Ordner, der 200 Dateien mit den Dateinamen »img_891098.jpg« bis »img_891289.jpg« enthält, klappt man schnell wieder zu, weil es aussichtslos scheint, Ordnung zu schaffen. Und wie soll man aus einer Serie von zwanzig Bildern die drei besten aussuchen und vor allem später noch wiederfinden?

All diese und noch einige andere Aufgaben können Sie mit dem Bildverwaltungs-Tool Adobe Bridge effizient erledigen. Zwar nimmt Ihnen die Bridge die Arbeit nicht komplett ab – die notwendige Disziplin zum konsequenten Benennen, Sortieren und Katalogisieren von Bildern müssen Sie selbst aufbringen. Doch mit Bridge steht Ihnen ein leistungsfähiges Werkzeug zur Verfügung, das auch den professionellen Ansprüchen von Vielfotografierern und Bildersammlern genügt.

Foto-Ordner können schnell gesichtet, wichtige Meta-Informationen wie zum Beispiel zum urheberrechtlichen Status eines Bildes oder Suchschlagwörter können dauerhaft abgelegt und gesucht werden, verschiedene Markierungen dienen zur Klassifizierung von Bildern. Dazu kommt eine Nutzeroberfläche, die sich flexibel an nahezu jede Aufgabe anpassen lässt. So lassen sich auch große Bildarchive handhaben.

8.1 Die Arbeitsoberfläche kurz vorgestellt

Starten | Sie öffnen Bridge über das Menü DATEI • IN BRIDGE SUCHEN (Alt+Strg+O bzw. ⌥+⌘+O) und schneller noch über das Bridge-Icon in der Anwendungsleiste.

▲ **Abbildung 8.1**
Der schnelle Weg zur Bridge: Icon in der Photoshop-Anwendungsleiste

Automatischer Programmstart für Power-User
Sie können Bridge auch so konfigurieren, dass sie bei jedem Rechnerstart automatisch mit gestartet wird. Wählen Sie dazu in den *Bridge*-VOREINSTELLUNGEN (Kürzel ebenfalls [Strg]/[⌘]+[K]) die Tafel ERWEITERT, und setzen Sie ein Häkchen bei der Option BRIDGE BEI ANMELDUNG STARTEN.

Sie können Bridge auch als Solo-Programm starten, ohne zuerst Photoshop oder eine andere Applikation der Creative Suite aufzurufen.

Im Bridge-Arbeitsfenster fällt als Erstes die Dreiteilung ins Auge: An beiden Seiten sehen Sie Paletten mit verschiedenen Funktionen: Links befinden sich Paletten, die Ihnen helfen, Dateien und Ordner wiederzufinden, rechts Paletten mit weitergehenden Bildinformationen. Anders als in Photoshop können diese Paletten allerdings nicht frei schwebend abgelegt werden. In der Mitte liegen Bildminiaturen, die den Inhalt des jeweils aktuellen Ordners anzeigen.

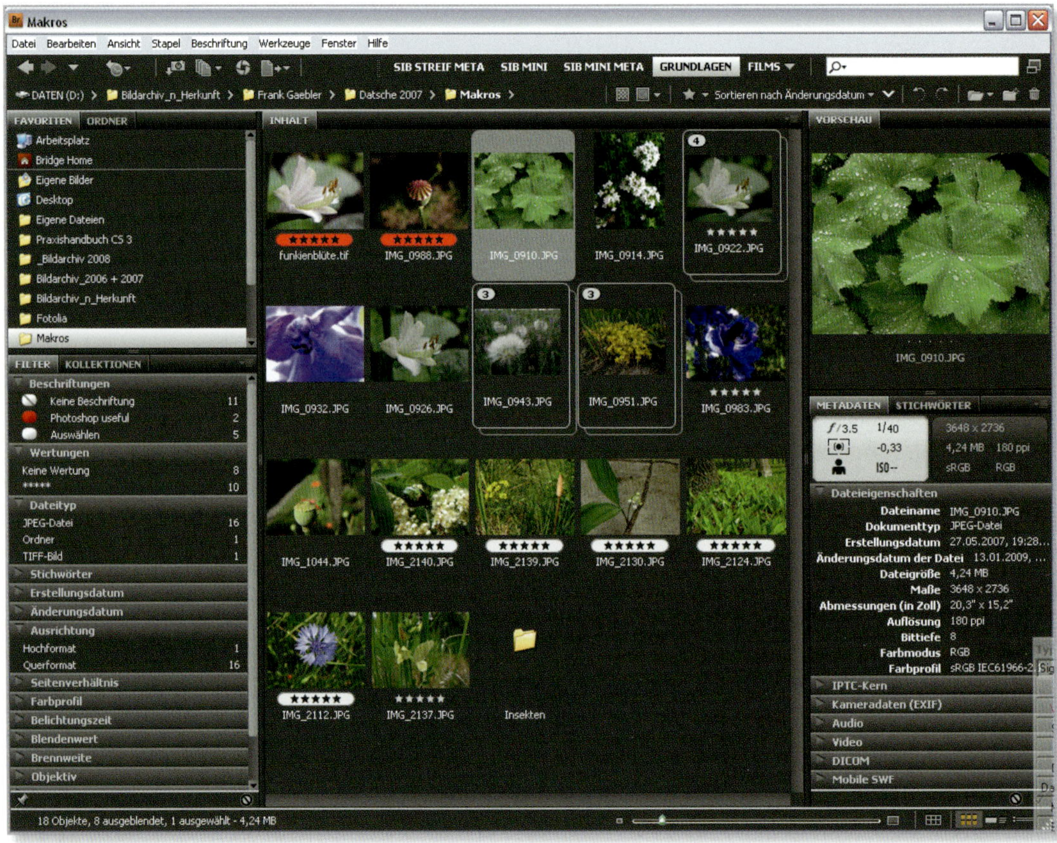

▲ **Abbildung 8.2**
Am Look hat sich nicht viel verändert, doch die CS4-Bridge wartet mit einer Reihe neuer Funktionen auf.

Die Anwendungsleiste im oberen Bereich enthält Schaltflächen zur Navigation, zum Wechseln der Arbeitsbereich-Ansicht und ein Suchfeld. Am unteren Rand des Programmfensters finden Sie Funktionen, um die Darstellung der Bildminiaturen zu beeinflussen.

Ordner und Favoriten | Links oben finden Sie unter FAVORITEN eine Reihe von Programm- und Ordnericons, und mithilfe des

Registers Ordner können Sie auch durch die Ordnerstruktur Ihres Rechners navigieren.

Filter und Kollektionen | Unterhalb der beiden Navigationsregister Favoriten und Ordner finden Sie die Filter – hier nicht als Kreativfunktion zur Bildverfremdung, sondern als Hilfsmittel zur Dateisuche! Mit dieser meiner Meinung nach wirklich hilfreichen Funktion behalten Sie auch in gut bestückten Ordnern die Übersicht über Ihre Bilder.

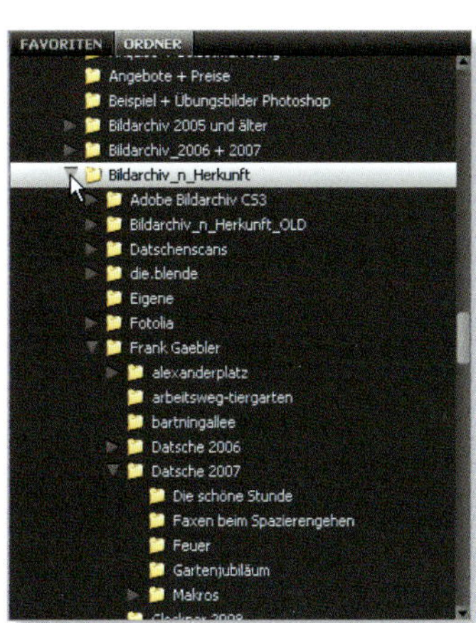

▲ **Abbildung 8.3**
Klicks auf die kleinen Pfeile bzw. Dreiecke klappen die Ordner auf und Unterordner ein.

▲ **Abbildung 8.4**
Welche Bilder sollen im Miniaturfenster angezeigt werden? Mit den Dateifiltern lässt sich gezielt suchen.

Die Kollektionen-Palette erscheint auf den ersten Blick nicht sehr spektakulär, doch ermöglicht sie die Unabhängigkeit vom Ordnersystem. Kollektionen sind virtuelle Ordner, in denen Dateien gesammelt werden können, auch wenn sie tatsächlich an unterschiedlichen Orten gespeichert sind. In der Palette Kollektionen werden sie verwaltet (mehr dazu in Abschnitt 8.7.2).

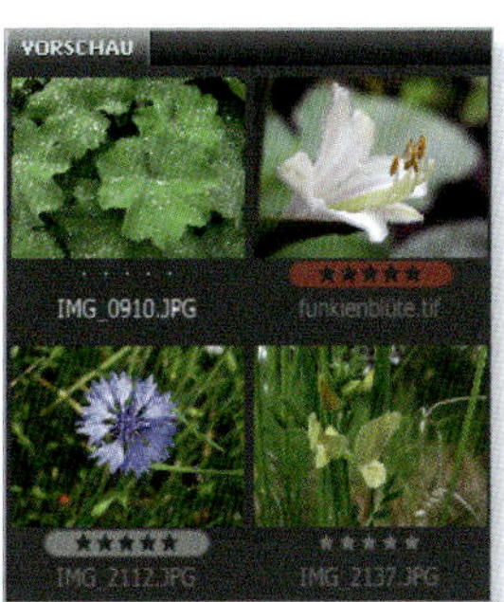

▲ **Abbildung 8.5**
In der Vorschaupalette können Sie prüfen, welche Dateien eines Ordners aktuell ausgewählt sind.

Metadaten und Stichwörter | Auf der rechten Seite sehen Sie eine Palette mit einem zusätzlichen Vorschaufenster, darunter die beiden Paletten zur Verwaltung und Bearbeitung von Metadaten und Stichwörtern – Zusatzinformationen zum Bild, die Ihnen ein schnelles Auffinden erleichtern (Stichwörter) und wichtige Bildinformationen unwiderruflich ans Bild heften (Metadaten, z. B. zum Bildautor).

8.2 Der passende Arbeitsplatz für jede Aufgabe: Bridge anpassen

Bildverwaltungsaufgaben sind vielfältig. Bridge ist es auch. Ob Sie nun viele Bilder auf einmal im Blick haben wollen oder ob Ihr Augenmerk kleinsten Details gilt, ob Sie Bilder sichten, katalogisieren oder in einer Bildergalerie publizieren wollen – Das Bridge-Arbeitsfenster kann durch zahlreiche Ansichtsoptionen und Einstellungen zur Gestaltung der Arbeitsfläche nahezu beliebig verändert und an jede Aufgabe angepasst werden. Die Einstellungsmöglichkeiten sind so ausdifferenziert und zahlreich, dass es sich lohnt, sie genau anzusehen.

8.2.1 Zwischen Arbeitsbereichen umschalten

CS4 **Leichtere Bedienung**
Das Umschalten zwischen Arbeitsbereichen ist in Bridge CS4 leichter geworden. In der Bridge-Anwendungsleiste gibt es eine Reihe von Buttons – ein Klick genügt! Auch das Speichern eigener Arbeitsbereiche geht jetzt leichter.

Bridge bringt ab Werk schon eine ganze Reihe vorkonfigurierter Arbeitsbereiche für verschiedene Aufgaben mit, zwischen denen Sie bequem umschalten können. Die gezeigte Palettenkonstellation, die Größe der Miniaturen, eingeblendete Details und sogar die Größe des Programmfensters variieren je nach eingestelltem Arbeitsbereich.

Der schnellste Weg, um zwischen verschiedenen Arbeitsbereichen umzuschalten, ist die Anwendungsleiste. Hier finden Sie eine Reihe von Begriffen wie GRUNDLAGEN, FIMSTREIFEN oder METADATEN – dies sind Schaltflächen. Draufklicken genügt!

▲ **Abbildung 8.6**
Ein Klick, und Bridge wandelt das Aussehen. Hier sehen Sie neben den mitgelieferten Arbeitsbereichen auch einige eigene (»SIB ...«).

Sie können in Bridge auch eigene Arbeitsbereiche sichern – so wird die Buttonreihe schnell recht lang, sodass sich einige der Schaltflächen dem Blick und dem raschen Zugriff entziehen. Ein Klick auf das unauffällige kleine Dreieck ❶ am rechten Rand der Buttonreihe klappt ein Menü aus. Über das erreichen Sie alle Arbeitsbereiche. Die passenden Shortcuts können Sie auch dort nachschauen – da sich die Belegung der Shortcuts mit eigenen gesicherten Arbeitsbereichen ändert, sind diese in keiner Dokumentation vorhanden. Dasselbe Menü erreichen Sie auch mit dem Menübefehl FENSTER • ARBEITSBEREICH.

Wenn Sie dauerhaft mehr Raum für die Arbeitsplatz-Umschalter schaffen wollen, ziehen Sie an der punktierten Begrenzungslinie links der Buttonreihe. Die Buttons rücken nach.

▲ **Abbildung 8.7**
Dauerhaft mehr Platz für Arbeitsbereich-Buttons: Verschieben Sie die Begrenzungslinie.

◀ **Abbildung 8.8**
Nicht alle Arbeitsbereiche sind per Button repräsentiert. Die übrigen finden Sie im Menü.

8.2.2 Arbeitsbereiche speichern

Die vorkonfigurierten Arbeitsbereiche sind nicht die einzige Anpassungsmöglichkeit von Bridge. Sie können Paletten und die Anzeige der Miniaturen zusätzlich »per Hand« konfigurieren. Wenn Sie ein eigenes Bridge-Layout gefunden haben, das Ihnen gefällt, lässt sich dies auch speichern. Denkbar ist auch die Erstellung verschiedener Layouts für verschiedene Aufgaben oder Nutzer.

- Klicken Sie auf den kleinen Pfeil 1 rechts neben den Arbeitsbereich-Schaltflächen, um das Arbeitsbereich-Menü zu öffnen, oder wählen Sie Fenster • Arbeitsbereich. Klicken Sie dann auf den Befehl Neuer Arbeitsbereich, um die aktuellen Einstellungen zu sichern. Vergeben Sie einen Namen für den Arbeitsbereich, und legen Sie fest, ob auch die Position des Bridge-Fensters und die Sortierreihenfolge der Miniaturen im Ansichtsfenster als Eigenschaften gesichert werden sollen.

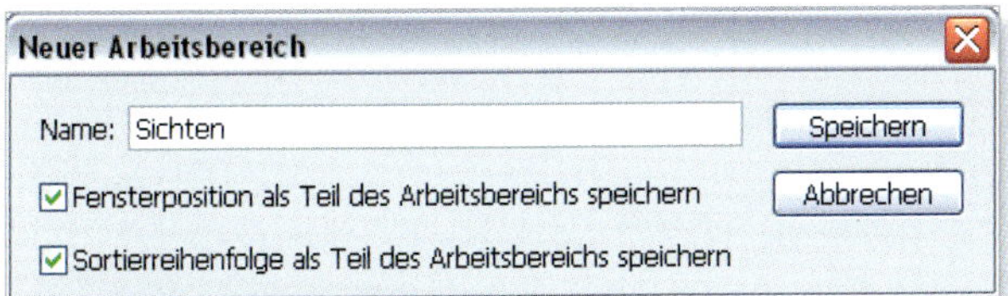

▲ **Abbildung 8.10**
Eigenen Arbeitsbereich sichern

- Arbeitsbereich zurücksetzen ist die Rettung, wenn Sie einen schon gespeicherten Arbeitsbereich – gleichgültig, ob Bridge-Standard oder selbst definiert – durch nachträgliche Veränderungen »vergurkt« haben. Klicken Sie auf diesen Befehl, und der Arbeitsbereich sieht wieder so aus, wie Sie ihn gespeichert hatten.

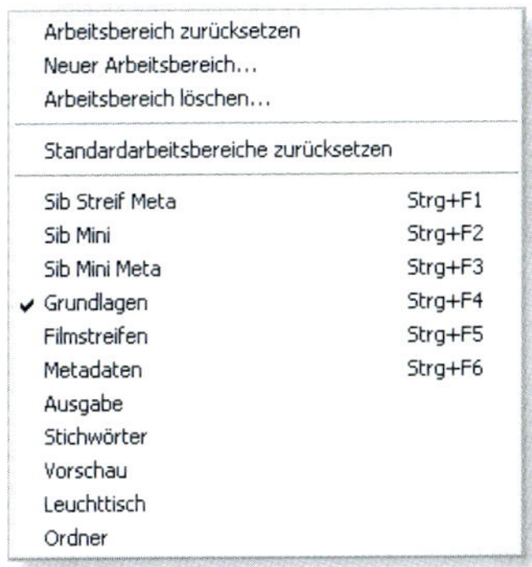

▲ **Abbildung 8.9**
Der Arbeitsbereich-Dialog. Oben stehen die Befehle zur Verwaltung, unten bereits gesicherte Arbeitsbereiche. Die selbstkonfigurierten Arbeitsbereiche rücken in der Liste immer an die erste Stelle.

- Arbeitsbereich löschen führt zu einem kleinen Dialog, in dem Sie festlegen können, welchen Ihrer eigenen Arbeitsbereiche Sie loswerden wollen.

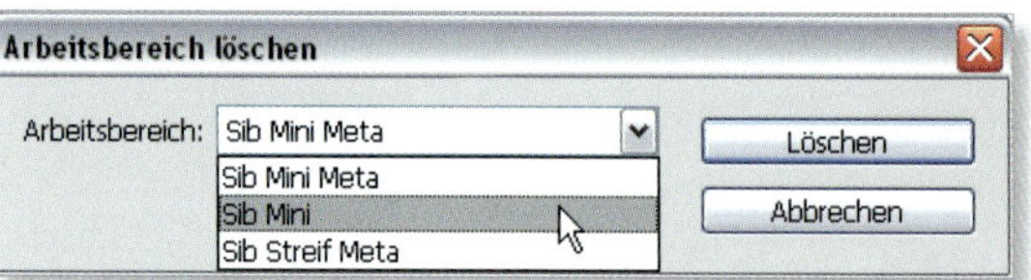

Abbildung 8.11 ▶
Eigene Arbeitsbereiche löschen

8.2.3 Paletten verändern

Wenn Ihnen die vorgefertigten Arbeitsplatz-Varianten nicht genügen, können Sie Bridge noch mit weiteren Maßnahmen anpassen.

Paletten schnell ein- und ausblenden
Die [Tab]-Taste blendet alle Paletten mit einem Schlag aus und ein.

Paletten minimieren | Doppelklicken Sie auf die Karteireiter der einzelnen Paletten, um das jeweilige Fenster zu minimieren. Die Palette wird zusammengefaltet, und die übrigen Paletten haben dann mehr Platz! Ein erneuter Klick auf die Reiter vergrößert das Fenster wieder. Mit den Befehlen unter Fenster können Sie Paletten ebenfalls ein- und ausblenden.

▲ **Abbildung 8.12**
Größer-Ziehen des Vorschaubereichs (Mauszeiger vergrößert dargestellt)

Paletten vergrößern und verkleinern | Indem Sie an den »Trennbalken« zwischen den einzelnen Bereichen der Arbeitsfläche ziehen, können Sie die Aufteilung jederzeit verschieben und so zum Beispiel für ein größeres Vorschaufenster oder mehr Platz bei den Metadaten sorgen.

8.2.4 Bildanzeige anpassen

Auch das, was im Bridge-Hauptfenster zu sehen ist, können Sie beeinflussen. Die gezeigten Bilder sind schließlich die Hauptsache bei einem Bildbetrachter!

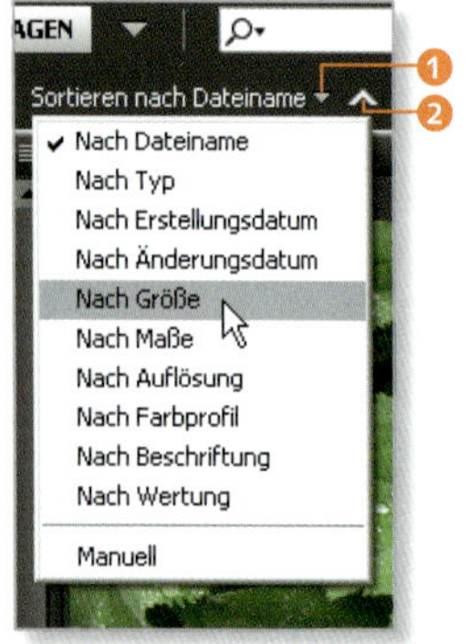

▲ **Abbildung 8.13**
Winzige Bedienelemente zur Miniatursortierung

Sortierung der Miniaturen | Zunächst einmal können Sie unter Sortieren nach… in der Anwendungsleiste festlegen, nach welchem Kriterium die Bilder des Ordners angeordnet sein sollen. Ein kleiner Pfeil ❶ klappt die entsprechende Liste aus. Der kleine Winkel (»Pfeil nach oben« ❷) ändert außerdem die Sortierreihenfolge – aufsteigend oder absteigend. Neben diesen Sortierschlüsseln haben Sie außerdem die Möglichkeit, die Ordnung der Miniaturen durch Ziehen mit der Maus zu ändern.

Größe der Miniaturen | Die Größe der Bildminiaturen können Sie auf verschiedenen Wegen beeinflussen. Am intuitivsten funktioniert das über den Schieberegler am unteren Rand des Programmfensters. Seine Bedienung leuchtet sofort ein: Regler

4 nach links: kleinere Miniaturen; Regler nach rechts: größere Miniaturen.

Zudem können Sie die beiden Symbole rechts und links des Reglers nutzen, um die Spaltenanordnung der Miniaturen zu ändern. Ein Klick auf das kleine Symbol 3 reduziert die Größe der Miniaturen so, dass eine Spalte mehr angezeigt wird. Das große Symbol 5 vergrößert die Miniaturen genau so weit, dass eine Spalte weniger zu sehen ist.

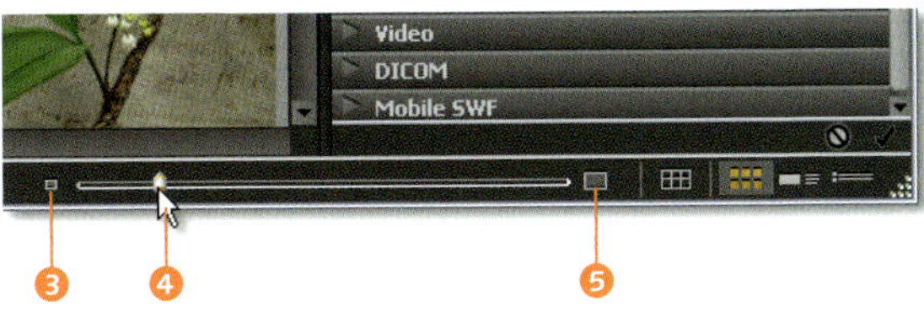

◂ **Abbildung 8.14**
Der Schieberegler verbirgt mehr Funktionen, als auf den ersten Blick zu sehen sind.

◂ **Tabelle 8.1**
Tastaturbefehle für die Miniaturgröße

Was wollen Sie tun?	Windows	Mac
Miniaturgröße erhöhen	Strg + + (Plus)	⌘ + + (Plus)
Miniaturgröße herabsetzen	Strg + - (Minus)	⌘ + - (Minus)
Miniaturgröße erhöhen und dabei das Miniaturraster sperren (keine angeschnittenen Miniaturen)	Strg + ⇧ + + (Plus)	⌘ + ⇧ + + (Plus)
Miniaturgröße herabsetzen und dabei das Miniaturraster sperren (keine angeschnittenen Miniaturen)	Strg + ⇧ + - (Minus)	⌘ + ⇧ + - (Minus)

Wie viele Details wollen Sie sehen? | Neben dem Schieber für die Miniaturgröße sehen Sie noch vier weitere sehr kleine Schaltflächen. Damit stellen Sie ein, mit wie vielen Zusatzinformationen – und damit verbunden, in welcher Anordnung – Sie die Miniaturen ansehen wollen.

- Der *zweite* Button von links 6 ordnet die Bildvorschauen als Miniatur an und liefert nur wenige Zusatzinformationen. Standardmäßig sehen Sie nur die Dateinamen, und wenn Sie Wertungen und Beschriftungen vergeben haben, auch diese.

◂ **Abbildung 8.15**
Als Miniatur – viel Bild, wenig Dateiinformationen

Bridge-Farben ändern
Sind Sie doch nicht mit der Bridge-Ansicht zufrieden? Dann werfen Sie in jedem Fall auch einen Blick in die Bridge-Voreinstellungen (wie in Photoshop über PHOTOSHOP/BEARBEITEN • VOREINSTELLUNGEN und die Kürzel [Strg]+[K]/[⌘]+[K]). Unter ALLGEMEIN finden Sie zum Beispiel Einstellungen zur Bridge-Hintergrundfarbe und zur Farbe der Hervorhebungen.

- Der *erste* Button von links funktioniert nur in Kombination mit dem zweiten, der ALS-MINIATUR-Ansicht. Er heißt MINIATURRASTER DURCH KLICKEN SPERREN und verhindert, dass Miniaturen am Fensterrand »abgeschnitten« gezeigt werden (so wie in Abbildung 8.15).

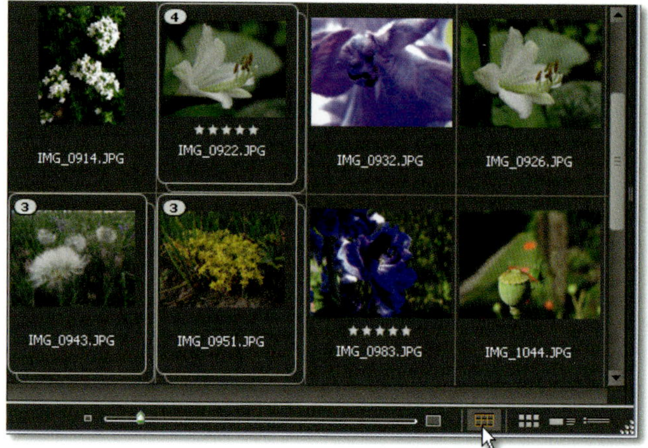

Abbildung 8.16 ▸
Das hellgraue Gitter zeigt an, dass MINIATURANSICHT SPERREN aktiv ist.

- Der dritte Button von links, INHALT ALS DETAILS ANZEIGEN, löst die Miniaturen aus der bisherigen Anordnung – zwangsläufig, denn nun wird eine Menge zusätzlicher Informationen eingeblendet.

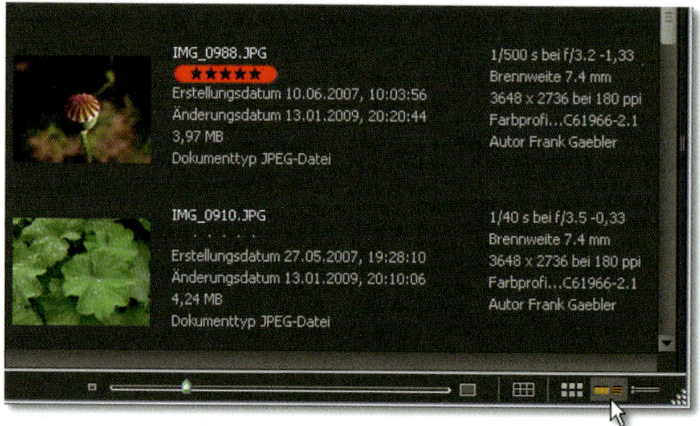

Abbildung 8.17 ▸
INHALT ALS DETAILS ANZEIGEN – hier passen die Bilder nur noch untereinander.

- Der vierte Button schließlich – INHALT ALS LISTE ANZEIGEN – eignet sich vor allem für Situationen, in denen man häufig schnell zwischen verschiedenen Sortierungen springt. Das Klicken auf eine Spaltenüberschrift ❷ sortiert die Bilder nach der jeweiligen Kategorie. Beim aktuellen Sortierkriterium sehen Sie wieder den Pfeil ❸, mit dem sich die Reihenfolge umkehren lässt (auf-/absteigend). Mit einem Rechtsklick (bei Mac-Ein-Tasten-Mäusen: [Ctrl]-Klick) auf die Titelleiste öffnen Sie ein Kontextmenü ❶, in dem weitere Optionen zur Verfügung stehen.

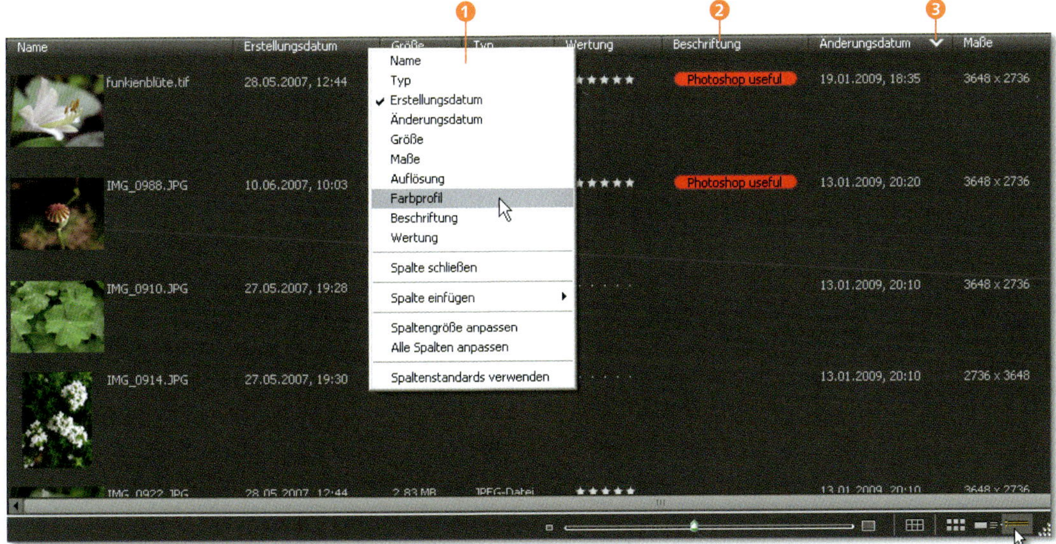

▲ **Abbildung 8.18**
Die Listenansicht kann verändert werden.

Darstellungsqualität der Bildvorschau | Die Ansicht der Bilder im Ansichtsfenster muss von Bridge zunächst errechnet werden. Das merken Sie zum Beispiel dann, wenn Sie einen sehr großen Ordner zum ersten Mal öffnen. Es dauert dann eine Weile, bis die Bilder angezeigt werden.

Aus diesem Grund haben Sie die Möglichkeit, die Darstellungsqualität der Bildvorschauen zu verändern. Etwas schlechtere Miniaturen beschleunigen den Rechenvorgang, etwas bessere lassen ein verlässlicheres Urteil hinsichtlich der tatsächlichen Fotoqualität zu. In der Anwendungsleiste schalten Sie zwischen den unterschiedlichen Qualitäten um.

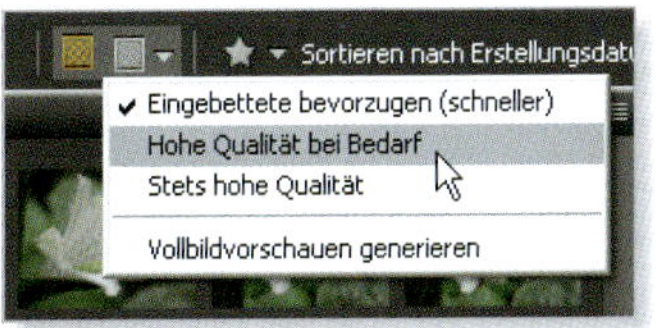

▲ **Abbildung 8.19**
Der linke Button beschleunigt den Bildaufbau, rechts gibt es weitere Optionen.

8.3 Ansichtsmodi

Neben all diesen Anpassungsmöglichkeiten können Sie Bridge auch klein zusammenfalten, damit es stets zur Hand ist, oder Ihre Bilder im bildschirmfüllenden Präsentationsmodus zeigen.

8.3.1 Kompaktmodus und Ultrakompaktmodus

Der normale Ansichtsmodus, den Sie aus allen bisherigen Screenshots kennen, ist für größere Datei-»Verwaltungsaufträge« der komfortabelste. So nimmt das Bridge-Fenster allerdings recht viel Platz ein.

Ansicht • Kompaktmodus ist – wie der Name nahelegt – eine besonders kompakte Ansicht. Sie erreichen diese Ansicht auch

▲ **Abbildung 8.20**
Wechsel zum Kompaktmodus

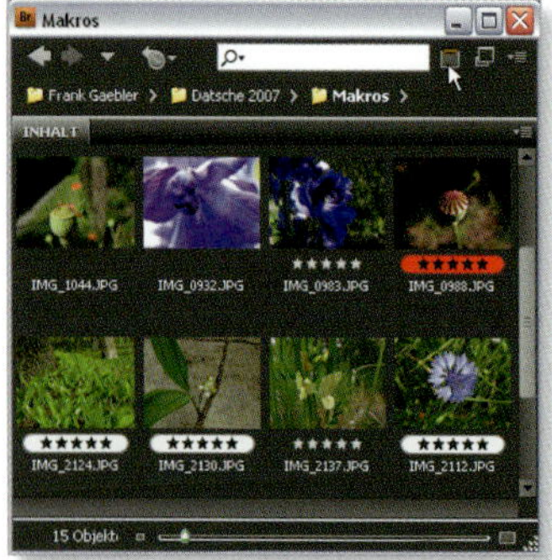

▲ **Abbildung 8.21**
Kompaktansicht. Und es geht sogar noch schmaler. Ein Klick auf den Button neben der Ordnerliste (aktuelle Mauszeigerposition) …

▲ **Abbildung 8.22**
… führt zum kaum noch brauchbaren Ultrakompaktmodus. Der Mauszeiger weist auf den Button, der Bridge wieder auf die normale Größe bringt.

mit dem Shortcut [Strg]+[↵]/[⌘]+[↵] oder über das Icon ganz rechts oben in der normalen Ansicht. In der Kompaktansicht können Sie die Bridge auf der Photoshop-Arbeitsfläche liegen lassen. Das Besondere: In der Kompaktansicht ist Bridge immer im Bildvordergrund und kann nicht von Paletten oder anderen Bildschirmelementen überdeckt werden.

8.3.2 Präsentation

ANSICHT • PRÄSENTATION ([Strg]/[⌘]+[L]) startet eine Diashow des aktuellen Ordners. Im Vollbildmodus vor neutral grauem Hintergrund, gänzlich ohne störende Schaltflächen, wird ein Bild nach dem nächsten eingeblendet. ANSICHT • PRÄSENTATIONSOPTIONEN führt zu weitergehenden Einstellungen.

Die Präsentation wird über Tastenkürzel gesteuert. Während sie läuft, können Sie sich jederzeit mit dem Kürzel [H] eine Übersicht über die zur Verfügung stehenden Funktionen und ihre Tastenbelegung einblenden lassen. Die wichtigsten sind:

- Präsentation starten: [Strg]/[⌘]+[L]
- Steuerungsbefehle einblenden: [H]
- Präsentation beenden: [Esc]
- Pause/Weiter: Leertaste
- Bildzoom: [+]/[-]
- Zur nächsten Seite blättern: [→]
- Zur vorigen Seite blättern: [←]
- Dialog PRÄSENTATIONSOPTIONEN einblenden: [L]

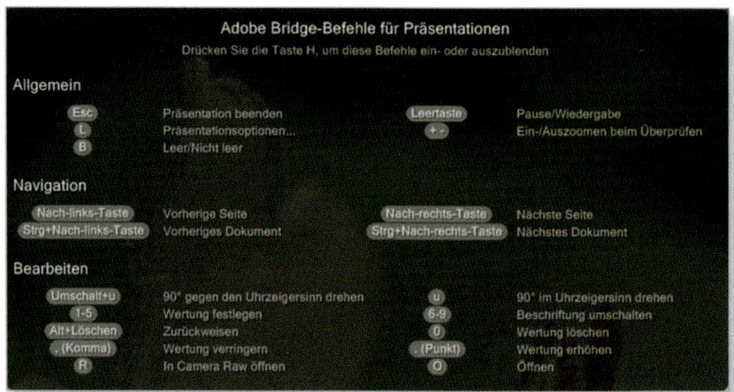

Abbildung 8.23 ▶
Mit diesen Kürzeln steuern Sie die Präsentation, während sie läuft.

8.4 Ordner schnell finden

Die Festplatten werden größer und größer, die Bilder zahlreicher und die Ordnerhierarchien immer verzwickter. In ausgedehnten Ordnersystemen zu navigieren ist enervierend, aber unumgänglich. Bridge versucht, diese lästige Pflicht zu erleichtern.

Die Palette »Favoriten« | Klar, die erste Adresse, um einen bestimmten Ordner zu finden, ist die Palette ORDNER. Sie ist aber nicht die beste, denn dort haben Sie Ihr komplettes Dateisystem vor sich. Besser geht das mit den FAVORITEN. Dort können Sie Ihre bevorzugten Ordner in einer Liste anordnen. Einige Ordner sind dort schon voreingestellt, und natürlich können Sie Ihre FAVORITEN auch selbst festlegen. Die Ordnerstruktur innerhalb der Favoriten-Palette beeinflusst übrigens nicht Ihr tatsächliches Dateisystem auf der Festplatte. Die Favoriten-Ordner sind lediglich Verknüpfungen.

Wenn Sie einen bestimmten Ordner in den FAVORITEN ergänzen wollen, navigieren Sie auf dem Register ORDNER zunächst dorthin. Bringen Sie dann die Favoriten-Palette wieder nach vorn, und ziehen Sie den Ordner aus dem INHALT einfach auf das Register FAVORITEN. Die Alternative ist das Kontextmenü an dem Ordner, den Sie gern in die Favoriten aufnehmen möchten.

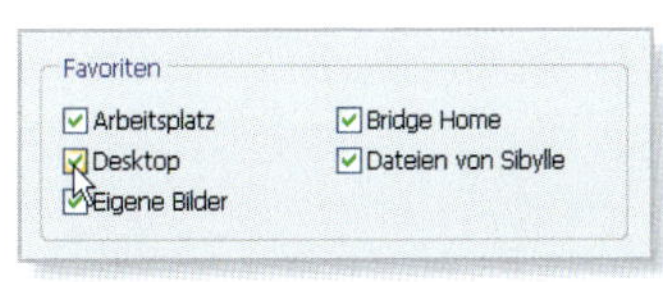

▲ **Abbildung 8.24**
Welche Ordner sollen in den FAVORITEN erscheinen?

Favoriten-Vorauswahl verändern | In den Bridge-Voreinstellungen (Strg/⌘+K) unter ALLGEMEIN können Sie festlegen, welche der Adobe-eigenen Favoriten angezeigt werden sollen.

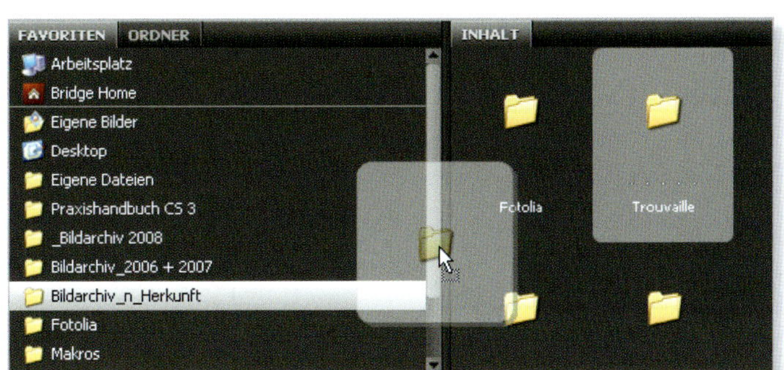

▲ **Abbildung 8.25**
Um ein Element zu den Favoriten hinzuzufügen, nutzen Sie Drag & Drop ...

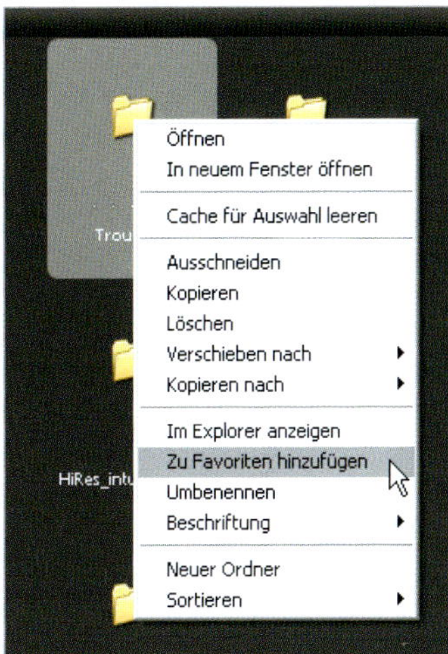

▲ **Abbildung 8.26**
... oder das Kontextmenü.

Beide Methoden stehen auch zur Verfügung, um Ordner(verknüpfungen) wieder aus den Favoriten herauszubekommen.

Pfadleiste | Wer über das zeitraubende Durchklicken von Ordnerbäumen stöhnt, wird sich über die neue Pfadleiste freuen.

Abbildung 8.27 ▼
Die Pfadleiste von Bridge

Denn sie zeigt nicht nur im Stil einer Breadcrumb-Webnavigation, wo innerhalb der Ordnerhierarchie man sich befindet, sie birgt auch Funktionen:

- Das Anklicken eines Ordnernamens in der Pfadleiste führt zu diesem Ordner hin.
- Ein Rechtsklick (bzw. Ctrl-Klick) öffnet ein Kontextmenü. Darin werden alle Unterordner des Ordners gezeigt, den Sie angeklickt haben.

Flache Ansicht | Der Befehl Objekte in Unterordnern anzeigen (ebenfalls im Pfadleisten-Kontextmenü) führt zur neuen sogenannten flachen Ansicht: Dabei wird der Inhalt aller Unterordner auf einmal angezeigt – es sieht so aus, als würden diese Unterordner gar nicht existieren und alle Dateien zusammen im übergeordneten Ordner liegen.

▲ **Abbildung 8.28**
Über die Pfadleiste können Sie per Kontextmenü schnell zu Unterordnern gelangen.

Schnellsuche

Einfacher geht es kaum: Suchbegriff ins Eingabefeld schreiben, ↵, fertig. Ein neues Fenster mit den Suchergebnissen legt sich vor das Miniaturfenster. Frühere Suchläufe lassen sich mittels Liste wiederholen (siehe Abbildung 8.29 – Aufklappen mit Klick auf die kleine Lupe im Suchfeld). Die Bridge-Suchmaschine findet Dateinamen und Dateinamensteile und Meta-Tags im aktiven Ordner. Unter Mac OS ist hier auch Spotlight integriert, unter Windows die Windows-Desktopsuche (sofern sie installiert wurde). Noch mehr Einstellungen finden Sie unter Bearbeiten • Suchen (Strg/⌘+F).

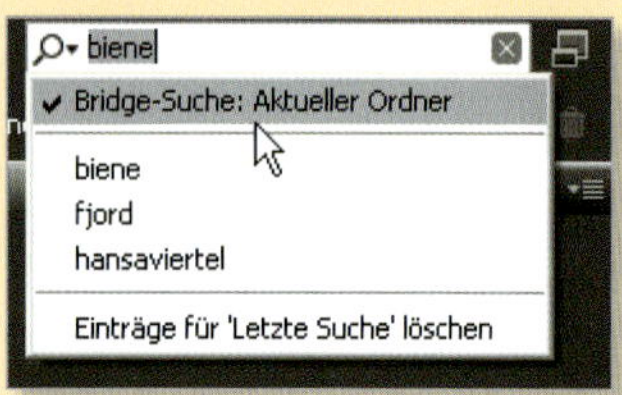

▲ **Abbildung 8.29**
Die neue Suche ist sehr leistungsfähig.

Für manuelles Durchforsten ist die flache Ansicht bestimmt nicht geeignet, wohl aber, um automatische Suchläufe – zum Beispiel mit dem Durchsuchen-Feld – durchzuführen. Dann spart man sich das Öffnen zahlreicher Unterordner und wiederholte Suchvorgänge.

Icons | Die winzigen Icons der Anwendungsleiste sind eine gute Navigationshilfe.
Die Pfeile erlauben schnelles Vor- und Zurückblättern in den zuletzt genutzten Ordnern.

Mit dem kleinen »Pfeil nach unten« öffnet man eine Liste, über die sich flott die Ordner in der Hierarchie über dem aktuellen Ordner erreichen lassen, außerdem sind dort alle Favoriten aufgeführt.

Das Icon mit der Uhr führt zu einer Liste, in der die zuletzt angesehenen Ordner aufgeführt sind. Und wenn Sie den Befehl ALLE ZULETZT VERWENDETEN DATEIEN anklicken, werden diese auch im Vorschaufenster angezeigt.

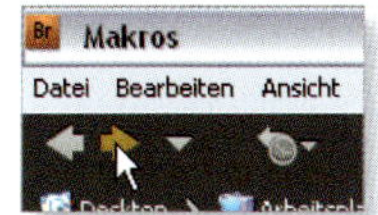

▲ **Abbildung 8.30**
Navigationshilfen

Was wollen Sie tun?	Windows	Mac
In der Palette ORDNER zum nächsten Eintrag nach **oben/unten** gehen	↑/↓	↑/↓
In der Palette ORDNER zur hierarchisch nächsthöheren **Ordnerebene** gehen	Strg+↑	⌘+↑
In Miniaturen: Ein Objekt nach **oben/unten** gehen	↑/↓	↑/↓
In Miniaturen: Ein Objekt nach **rechts/links** gehen	→/←	→/←
In Miniaturen: Zum **ersten/letzten** Objekt gehen	Pos1/Ende	Home/End
In Miniaturen: **Objekte neben dem aktiven Objekt der Auswahl hinzufügen** (oben, unten, rechts, links davon)	⇧+↑/↓/→/←	⇧+↑/↓/→/←

◀ **Tabelle 8.2**
Tastaturbefehle für die Navigation in Ordnern und Miniaturen

8.5 Arbeiten im Dateisystem: »Ordnerjobs«

Die Leistungsfähigkeit von Bridge erschöpft sich nicht im Navigieren durch Ordner. Auch das Erzeugen neuer Ordner und das Bewegen von Ordnerinhalten ist möglich. Solche alltägliche Arbeit – neue Ordner erstellen, Dateien in Ordner sortieren, Dateien oder Ordner löschen oder verschieben – sollte Ihnen mit Bridge nicht schwerfallen. Sie funktioniert nach ähnlichen Prinzipien wie bei anderen Dateibrowsern auch.

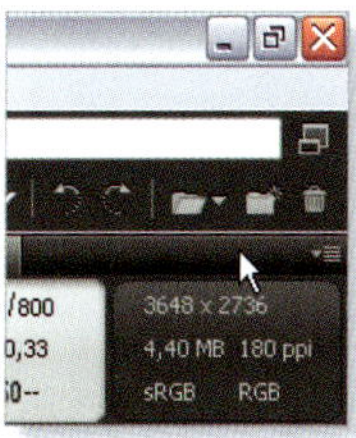

▲ **Abbildung 8.31**
In Bridge gibt es auch für Standard-»Ordnerjobs« einige selbsterklärende Miniaturbuttons. Sie sind ziemlich abgelegen rechts oben in der Anwendungsleiste angebracht.

Anlegen | Um neue Ordner anzulegen, nutzen Sie den Button , wählen DATEI • NEUER ORDNER (Strg+⇧+N/⌘+⇧+N) oder rechtsklicken (Ctrl-Klicken) irgendwo auf eine graue Partie des Miniaturenfensters. In dem Kontextmenü gibt es den Befehl NEUER ORDNER.

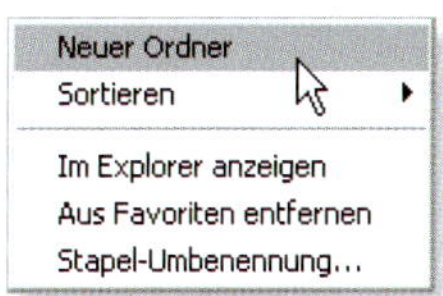

▲ **Abbildung 8.32**
Das Kontextmenü, wenn man auf leere Bereiche im Miniaturenfenster von Bridge klickt

Löschen | Um Ordner oder Dateien zu löschen, klicken Sie auf die unvermeidliche Mülltonne , markieren die Ordner und drücken Strg/⌘+Entf oder wählen wiederum den Weg über DATEI • LÖSCHEN.

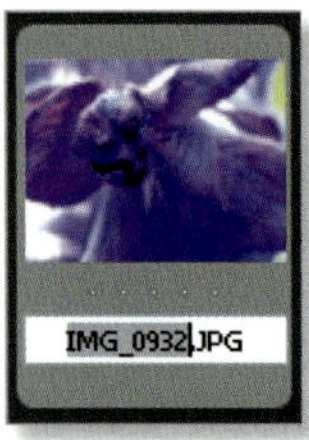

▲ **Abbildung 8.33**
Zum Umbenennen schreiben Sie direkt unter der Miniatur.

Neu benennen | Um Ordnern oder Dateien neue Namen zuzuweisen, klicken Sie mit der rechten Maustaste (oder gehaltener Ctrl-Taste) darauf und wählen im Kontextmenü UMBENENNEN. Unter Windows wechselt auch das Kürzel F2 in den Umbenennen-Modus.

Wenn Sie auf diese Art die Namen mehrerer nebeneinander angeordneter Dateien ändern möchten, können Sie auch Shortcuts nutzen (siehe Tabelle). Sie müssen dann nicht für jede Datei extra das Namensschreibfeld aktivieren. Das hört sich langweilig an, aber in der Praxis sind diese Kürzel genial!

Tabelle 8.3 ▶
Tastaturbefehle zum Umbenennen

Was wollen Sie tun?	Windows	Mac
Bei aktiviertem Umbenennen-Modus einer Datei: die nächste Datei umbenennen	⇥	⇥
Bei aktiviertem Umbenennen-Modus einer Datei: die vorherige Datei umbenennen	⇧+⇥	⇧+⇥

Stapelweise umbenennen | Nicht selten kommt es vor, dass man eine Menge Bilder auf einmal umbenennen muss. Der Befehl WERKZEUGE • STAPEL-UMBENENNUNG (Strg/⌘+⇧+R) öffnet einen Dialog, in dem Sie bequem Kriterien der Umbenennung festlegen und auch Routinen speichern – und natürlich erneut aufrufen – können.

Abbildung 8.34 ▼
Über die Einstellungen unter ZIELORDNER lässt sich die STAPEL-UMBENENNUNG auch als Datei-Kopiermaschine einsetzen.

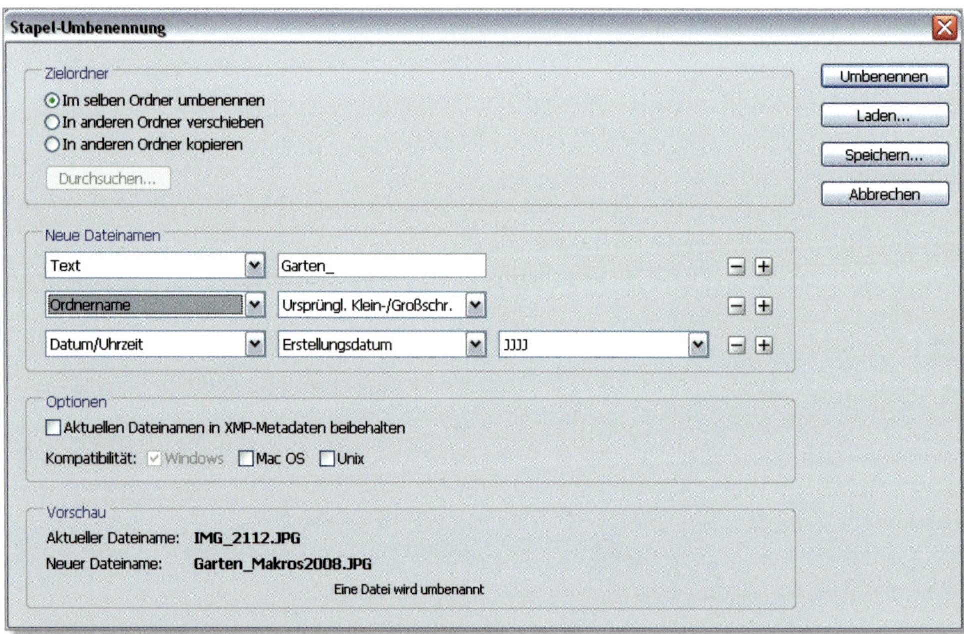

Verschieben | Um eine Datei oder einen Ordner zu verschieben, nutzen Sie

- ▶ entweder das Kontextmenü einer Datei oder eines Ordners. Dazu klicken Sie nahe des zu verschiebenden Objekts im Miniaturenfenster.
- ▶ oder die Methode Drag & Drop mit der Maus.

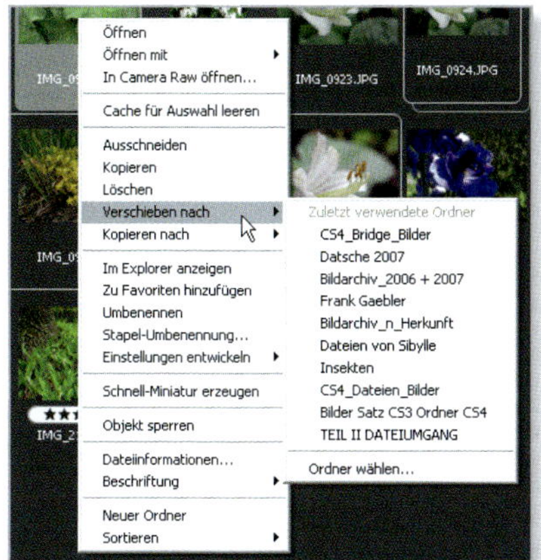

◀ **Abbildung 8.35**
Hilfreich beim Verschieben oder Kopieren von Dateien oder Ordnern ist auch das Kontextmenü – vor allem die Verbindung mit der Funktion ZULETZT VERWENDETE ORDNER hilft, viel Zeit zu sparen.

Interessant für die Ziehen-Methode ist der Befehl FENSTER • NEUES SYNCHRONISIERTES FENSTER (Strg+Alt+N/⌘+⌥+N). Damit wird ein zweites Bridge-Fenster geöffnet. Der Transfer zwischen verschiedenen Ordnern ist so unter Umständen einfacher.

Kopieren | Um Dateien oder Ordner an einen anderen Ort zu kopieren, ziehen Sie sie bei gehaltener Strg/⌥-Taste in den neuen Ordner oder wählen BEARBEITEN • KOPIEREN.

Ansicht aktualisieren
Mit F5 können Sie die Ansicht von Ordnern und Verzeichnisbäumen aktualisieren, wenn Sie einige der oben beschriebenen Operationen durchgeführt haben.

Duplizieren | Lediglich dupliziert, aber nicht verschoben, werden Dateien mit dem Befehl BEARBEITEN • DUPLIZIEREN (Strg+D/⌘+D).

8.6 Dateien importieren und sichten

8.6.1 Dateien importieren

Die Stärke von Adobe Bridge liegt im Sichten, Suchen, Bewerten und Sortieren von Bildern und in der Bearbeitung und Verwaltung von Metadaten. Schritt eins ist natürlich der Import von Dateien aus der Kamera. Das geht in Bridge in der Regel ganz problemlos, ohne dass die Kamerasoftware benutzt werden muss. Schließen Sie Ihre Kamera an, und wählen Sie DATEI • BILDER VON KAMERA ABRUFEN, oder klicken Sie auf das Kamera-Icon in der Anwendungsleiste.

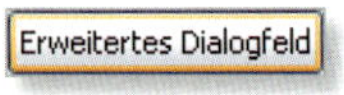

Erweitertes Dialogfeld

▲ **Abbildung 8.36**
Erst in der erweiterten Dialogansicht zeigt der Foto-Downloader seine Stärken.

Der Foto-Downloader, der sich dann öffnet, ist recht karg, aber auch weitgehend selbsterklärend. Seine Qualitäten offenbart er, wenn man auf den Button Erweitertes Dialogfeld klickt.

Wenn Sie hier die Importeinstellungen geschickt ausreizen, sparen Sie sich anschließend viel Sortier- und Verwaltungsarbeit!

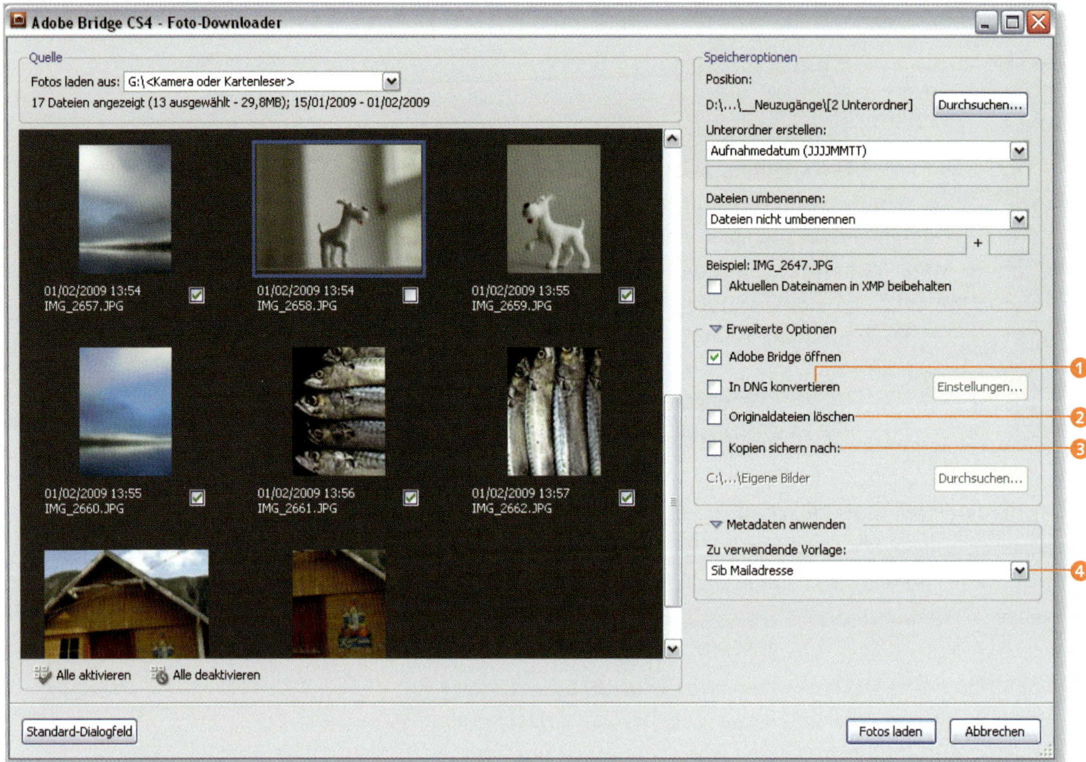

▲ **Abbildung 8.37**
Der Foto-Downloader in der erweiterten Ansicht. Er zeigt nicht nur Miniaturen aller Bilder auf der Kamera, sondern enthält auch smarte Importoptionen.

In einem Vorschaufenster, das alle Bilder der Kamera anzeigt, können Sie genau festlegen, welche Bilder importiert werden sollen:

- Bei den Einstellungen zu Speicherposition, Unterordnern und Dateinamen können Sie vordefinierte Datumssets nutzen oder – was oft sinnvoller ist – eigene Namen plus durchlaufende Seriennummer vergeben.
- Kopien sichern nach ❸ ist *die* Option für Backup-Schluderer. Sie erlaubt Ihnen nämlich, in einem Arbeitsgang die Dateien von der Kamera auf Ihren Rechner zu importieren und gleichzeitig eine Kopie der Kamerafiles auf ein externes Backup-Medium zu schreiben. Unter Durchsuchen legen Sie den Speicherort für die Dateikopien fest.
- Originaldateien löschen ❷ leert den Speicherchip Ihrer Kamera. Nutzen Sie diese Option nur, wenn Sie tatsächlich

alle Dateien von Ihrer Kamera auf den Recher transferiert haben!

- Wenn Sie mit Raw-Dateien arbeiten und diese lieber im herstellerunabhängigen Rohdatenstandard DNG sichern – anstelle des kamera-eigenen Raw-Formats – aktivieren Sie In DNG konvertieren ❶.
- Außerdem können Sie den Bildern Metadaten-Vorlagen, die Sie zuvor in Photoshop oder Bridge definiert haben, direkt zuweisen ❹.

Zum Weiterlesen: Camera Raw
Das Thema Kamera-Rohdaten kommt in Kapitel 23, »Das Camera-Raw-Modul«, ausführlich zur Sprache – dann geht es auch noch einmal um Bridge.

8.6.2 Die erste Durchsicht

Wie Sie sich möglichst flott zwischen Miniaturen bewegen, können Sie der Tabelle 8.2, »Tastaturbefehle für die Navigation in Ordnern und Miniaturen«, entnehmen. Doch was dann? Bei frisch importierten Dateien sollten Sie sofort die Spreu vom Weizen trennen. Denn je mehr »B-Pictures« Ihre Ordner verstopfen, desto geringer ist Chance, dass Sie mit den wirklich guten Fotos sinnvoll arbeiten. Bridge unterstützt Sie beim systematischen Sichten auch größerer Dateibestände.

Zurückweisen statt löschen | Das Löschen von Dateien 🗑 ist endgültig, zumindest, wenn Sie auch Ihren Betriebssystem-Papierkorb geleert haben. Eine Alternative ist das Zurückweisen von Dateien. Wählen Sie die Datei oder die Dateien aus, die Sie nicht mehr mögen, und drücken Sie dann den Shortcut [Alt]+[Entf] bzw. [⌥]+[←]. Der passende Menübefehl ist Beschriftung • Zurückweisen. Die Dateien verschwinden dann aus der Anzeige. Zum Ansehen zurückgewiesener Dateien wählen Sie Ansicht • Zurückgewiesene Dateien anzeigen. Diese Methode können Sie anwenden, wenn Sie nicht ganz sicher sind, ob Sie diese Dateien wirklich nicht mehr brauchen.

Drehen | Bei einigen Kameras werden als Hochformat fotografierte Bilder auf der Seite liegend importiert. Mit den Dreh-Buttons der Symbolleiste können solche Bilder in 90°-Schritten gedreht werden.

Wenn Sie ein Bild gleich um 180° drehen wollen, müssen Sie den Weg über das Menü Bearbeiten gehen.

▲ **Abbildung 8.38**
Bilder drehen

Bildschärfe im Vorschaubild realistisch beurteilen: Lupe | In Bridge sind sowohl Miniaturen als auch die Bildvorschau stark verkleinert. Sie müssen jedoch ein Bild nicht gleich in Photoshop öffnen, um die Schärfe von Details zu beurteilen. Sofern Sie in der Filmstreifenansicht operieren, können Sie die Lupe benutzen (siehe Abbildung 8.39).

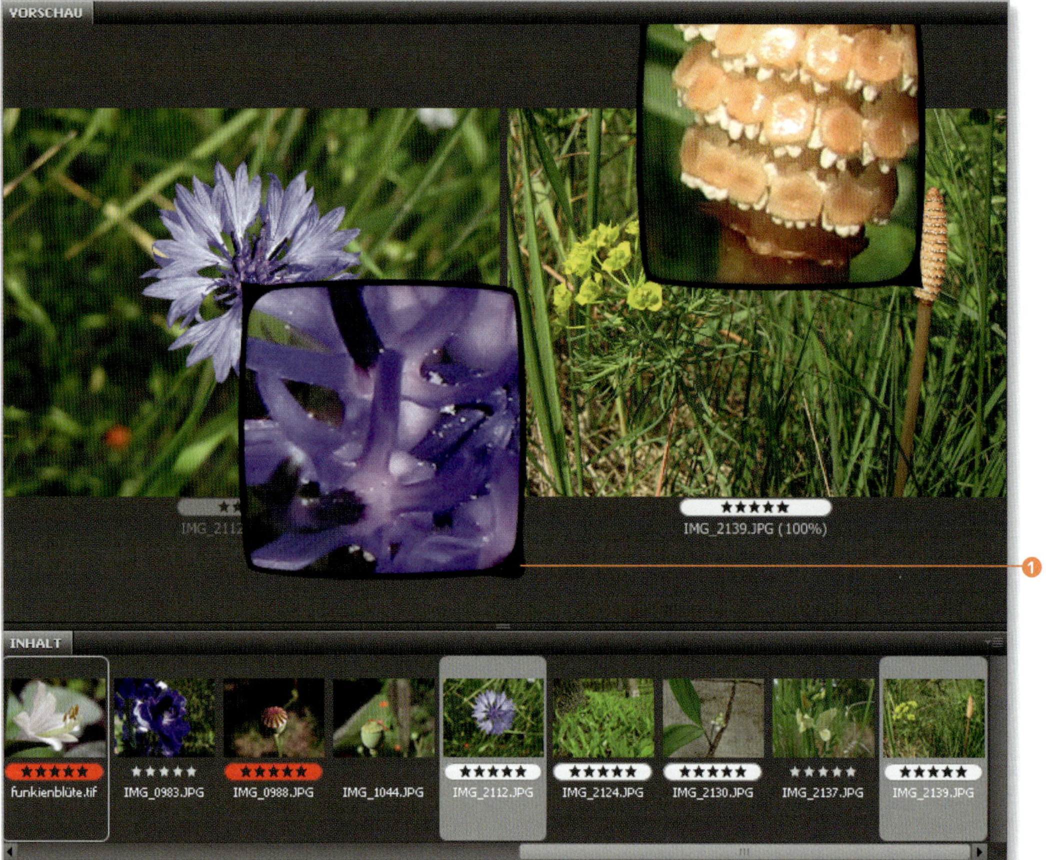

▲ **Abbildung 8.39**
Bridge in der Filmstreifenansicht: Zwei Bilder sind aktiv, und in jedem wurde eine Lupe positioniert.

Ein Klick in das Ansichtsfenster (und nicht in die Miniatur) öffnet ein kleines Vergrößerungsfenster, in dem ein Bildausschnitt standardmäßig in der 100%-Ansicht gezeigt wird. Die Lupenfenster sind frei verschiebbar. Bewegt man eine Lupe zu nah an den Rand des Programmfensters, schwingen die Lupenfenster um die eigene Achse, um sichtbar zu bleiben. Die auch vom Photoshop-Zoom bekannten Kürzel Strg + + / Strg + - bzw. ⌘ + + / ⌘ + - vergrößern und verkleinern den Darstellungsmaßstab innerhalb der Lupe. Klicken auf das kleine »X« 1 im Lupenrahmen schließt sie.

8.6.3 Bilder bewerten

Beim Importieren und vor allem beim Sichten großer Mengen Bilder ist es extrem hilfreich, wenn man interessante, weniger gute oder für einen besonderen Zweck geeignete Bilder **kennzeichnen** kann. Damit kann man sie später wieder aus der Menge herausfischen und muss sie nicht aufwendig verschieben oder umbenennen, um sie auffindbar zu machen.

Sterne | Ganz intuitiv lässt sich mit dem Wertungssystem arbeiten. Sie vergeben an Ihre Bilder ein bis fünf Sterne, einfach indem Sie mit der Maus über die unauffälligen Punkte unterhalb der *aktiven* Bildminiatur streichen, bis die gewünschte Anzahl an Sternen erreicht ist.

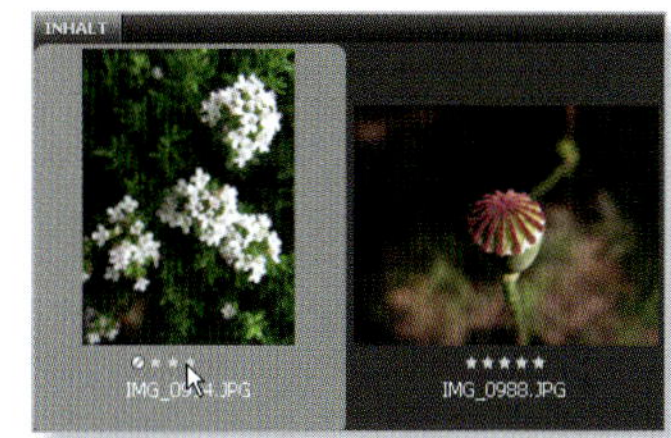

▲ **Abbildung 8.40**
Eigenes Rating im Handumdrehen

Farbig auszeichnen | Mit den Einstellungen unter BESCHRIFTUNG können Sie zudem farbige Markierungen an Dateien vergeben. In der Dateiübersicht sind die farbigen Markierungen leichter erkennbar als die dezenten Sternchen, das Einhalten einer Systematik ist jedoch schwieriger.

Mit den farbigen Wertungen sind in Bridge auch Stichwörter verbunden, die an unterschiedlichen Stellen – zum Beispiel dem Dateifilter (siehe unten) auftauchen. In den VOREINSTELLUNGEN unter BESCHRIFTUNG können Sie diese Zuschreibungen ändern.

▲ **Abbildung 8.41**
Bunt und auffällig: die Beschriftungen – hier mit den Sternchenwertungen kombiniert

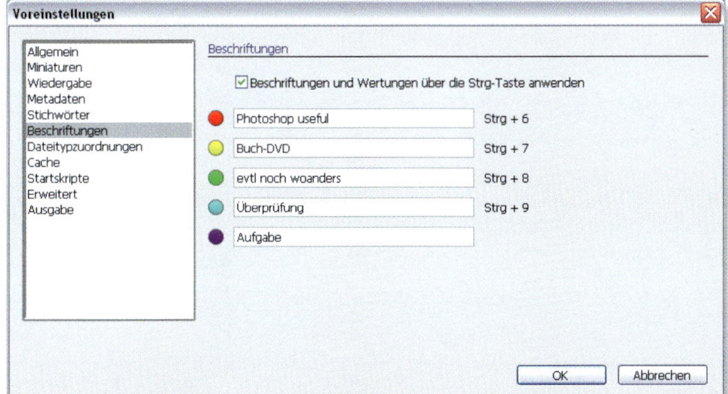

◂ **Abbildung 8.42**
Wenn Sie öfter mit Beschriftungen arbeiten wollen, lohnt es sich in jedem Fall, die Shortcuts zu lernen!

Was wollen Sie tun?	Windows	Mac
Rot beschriften (Text frei wählbar)	Strg + 6	⌘ + 6
Gelb beschriften (Text frei wählbar)	Strg + 7	⌘ + 7
Grün beschriften (Text frei wählbar)	Strg + 8	⌘ + 8
Türkis beschriften (Text frei wählbar)	Strg + 9	⌘ + 9
Einen Stern hinzufügen	Strg + 1	⌘ + 1
Zwei, drei … fünf Sterne hinzufügen	Strg + 2, 3 … 5	⌘ + 2, 3 … 5
Bewertung um einen Stern hochsetzen	Strg + . (Punkt)	⌘ + . (Punkt)
Bewertung um einen Stern verringern	Strg + , (Komma)	⌘ + , (Komma)
Bewertung (Sterne) **löschen**	Strg + 0	⌘ + 0

◂ **Tabelle 8.4**
Tastaturbefehle zum Beschriften und Bewerten

Mehrere Miniaturen kennzeichnen
Um mehrere Dateien auf einmal zu beschriften oder zu bewerten, aktivieren Sie deren Miniaturen in der Übersicht. Wählen Sie dann im Menü BESCHRIFTUNG eine Farbe oder Wertung (Anzahl Sterne) aus.

Keine Beschriftungen vorhanden?

Wie so oft in Photoshop & Co. sorgen kleine dreieckige Pfeile wieder für Ordnung und klappen einzelne Bereiche der Dateifilter-Liste auf und auch wieder zu. Angezeigt werden jeweils nur die Kategorien, für die im aktiven Ordner auch Bilder vorhanden sind. Wenn Sie also z. B. noch gar keine Beschriftungen und Wertungen vergeben haben, fehlen diese Kategorien in der Übersicht.

▲ **Abbildung 8.43**
Kleine Häkchen zeigen an, welche Kategorien von Ihnen gewählt wurden.

Alle Filter auf einmal entfernen

Wenn Sie mehrere Filter aktiviert haben und sie wieder unwirksam machen wollen, müssen Sie nicht Häkchen für Häkchen wegklicken. Nutzen Sie den Shortcut Strg+Alt+A/⌘+Alt+A, um alle Filter zu entfernen.

8.6.4 Dateifilter: volle Ordner gut im Griff

Bewertungen und Beschriftungen sind ja nicht schlecht, aber Bridge geht noch einen Schritt weiter. Der Witz am Konzept ist nun, dass Sie sich Ordnerinhalte so anzeigen lassen können, dass wahlweise alle Dateien, nur gekennzeichnete oder nur ungekennzeichnete Dateien angezeigt werden. Dazu nutzen Sie die Funktion (Datei-)Filter – in der Palette links unten. Der Dateifilter hilft Ihnen, auch in sehr vollen Ordnern schnell die richtigen Bilder zu finden. Berücksichtigt werden zahlreiche Parameter wie Format, Datum der letzten Änderung, Dateityp, aber auch Ihre eigenen Wertungen und Beschriftungen sowie Stichwörter.

Dateifilter verwenden | Der Gebrauch des Dateifilters ist nun denkbar einfach: Klicken Sie einfach die Kategorien an, deren entsprechende Dateien Sie ansehen wollen. Sie können mehrere Kategorien kombinieren. Sind zwei oder mehr Eigenschaften aktiv, werden Sie mit dem Operator »und« kombiniert. Wenn Sie dann gar keine Miniatur im Ansichtsfenster sehen, enthält der Ordner keine Datei, die der gewählten Konstellation entspricht. »Oder«-Suchen sind über den Dateifilter leider nicht möglich.

Üblicherweise gelten solche Filtereinstellungen immer nur für den aktiven Ordner. Das Icon »Markierungsnadel« (Mauszeiger in Abbildung 8.43) sorgt dafür, dass der Filter auch beim Durchsuchen anderer Ordner aktiv bleibt.

8.6.5 Schönes Bilderkarussell: Überprüfungsmodus

Neu in CS4 ist der Überprüfungsmodus, eine Ansichtsoption im Vollbild, in der Sie nicht durch Bedienungselemente von Ihren Dateien abgelenkt werden. Elementare Bearbeitungsaufgaben sind möglich. Mit Strg/⌘+B (oder Ansicht • Überprüfungsmodus) starten Sie den Modus, und mit Esc (oder der Schaltfläche »X« unten rechts ❻) brechen Sie ihn wieder ab. Wenn Sie vorher mehrere Bilder eines Ordners auswählen, werden nur diese angezeigt, ansonsten der komplette Ordnerinhalt.

- Die Rechts/links-Pfeile ❸ auf dem Bildschirm oder Ihre Tastatur-Pfeile bewegen das Karussel in beide Richtungen.
- Sie können auch einzelne Bilder direkt anklicken, um sie nach vorne zu holen, oder Bilder ziehen.
- Der nach unten weisende Pfeil ❷ auf dem Screen nimmt Bilder aus dem Karrussel heraus (sie werden aber nicht gelöscht).
- Das Kontextmenü ❶ ist Ihre größte Hilfe bei der Bewertung und Beschriftung von Bildern. Auch die meisten der oben genannten Shortcuts funktionieren im Überprüfungsmodus.
- Die Lupe aktivieren Sie hier durch einen Klick auf das Icon unten rechts ❹.

- Außerdem können Sie Kollektionen erstellen ❺ – mehr dazu folgt weiter unten in Abschnitt 8.7.2.

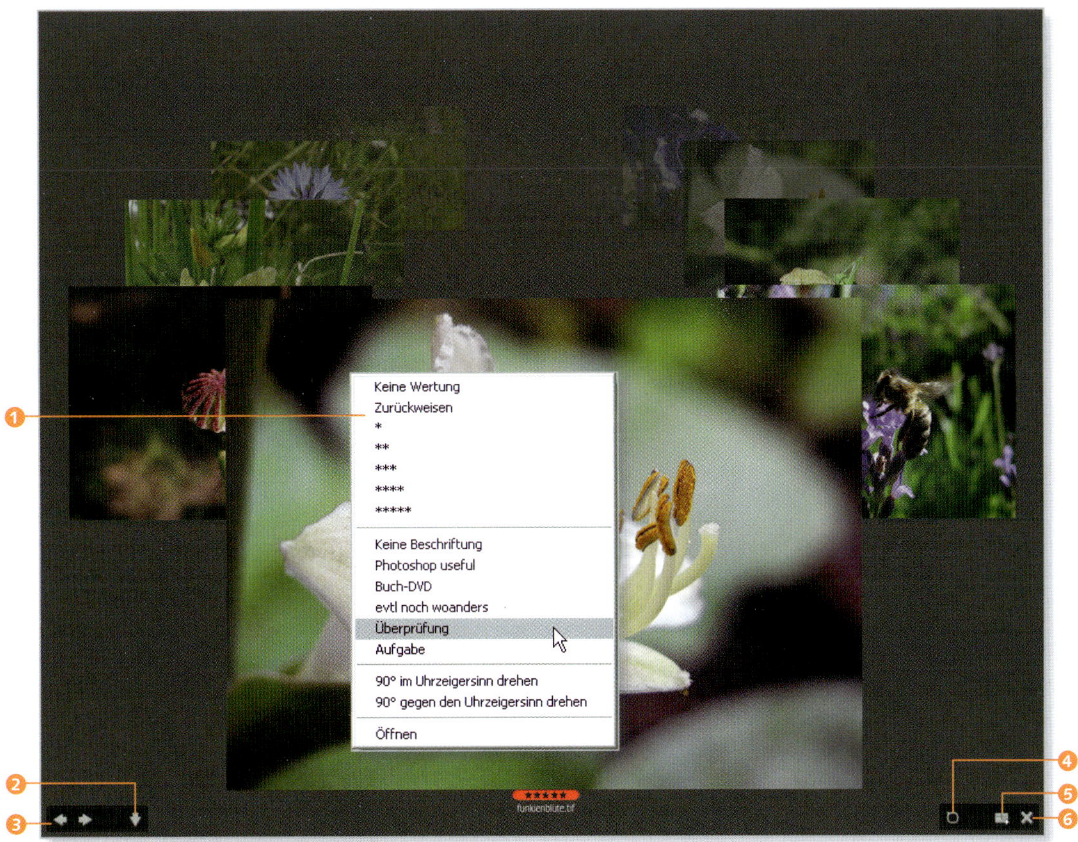

▲ **Abbildung 8.44**
Vor allem macht die karussellähnliche Bildanzeige Spaß!

8.7 Viele Fotos: Die Übersicht behalten

Viele Ordner, zahllose Dateien – selbst jemandem, der seinen Dateibestand regelmäßig pflegt, diszipliniert sortiert und mit Namen versieht, kann der Datenwust über den Kopf wachsen. Bridge enthält zwei praktische Funktionen, mit denen Sie innerhalb von Ordnern, im Miniaturenfenster und ordnerübergreifend leichter die Übersicht wahren können.

8.7.1 Bilder in Stapeln

Die Bilderstapel sind neu seit der Version CS3. Die Funktion eignet sich gut für Digitalfotografen, die ein Motiv in zahlreichen Variationen aufnehmen. Ähnliche Bilder lassen sich so gut beisammenhalten und blockieren in der Miniatur-Übersicht nicht allzu viel Raum. Außerdem ist es möglich, gestapelte Dateien gleichzeitig zu bearbeiten.

▲ **Abbildung 8.45**
Sie müssen genau hinsehen – hier ist nur das *oberste* Bild des Stapels aktiv.

▲ **Abbildung 8.46**
Um einen *kompletten* Stapel zu aktivieren, müssen Sie beim Anklicken [Alt]/[⌥] drücken oder unten rechts auf die Kante des Stapelsymbols klicken.

Die Funktion STAPEL – nicht zu verwechseln mit der Stapelverarbeitung von Photoshop – hat einen eigenen Menüpunkt bekommen. Sie ist einfach zu bedienen, spart Platz und erleichtert Ihnen das Sortieren, Sichten und Bearbeiten von Dateien mit Bridge ungemein.

Dateien stapeln | Um mehrere Dateien zu einem Stapel zusammenzufassen, werden sie zunächst ausgewählt. Wie in vielen anderen Anwendungen ermöglichen [Strg]/[⌘] oder [⇧] auch in Bridge die Auswahl mehrerer Objekte. Mit dem Befehl STAPEL • ALS STAPEL GRUPPIEREN ([Strg]/[⌘]+[G]) werden dann die gewählten Bilder zu einem handlichen Bilderpacken zusammengefasst.

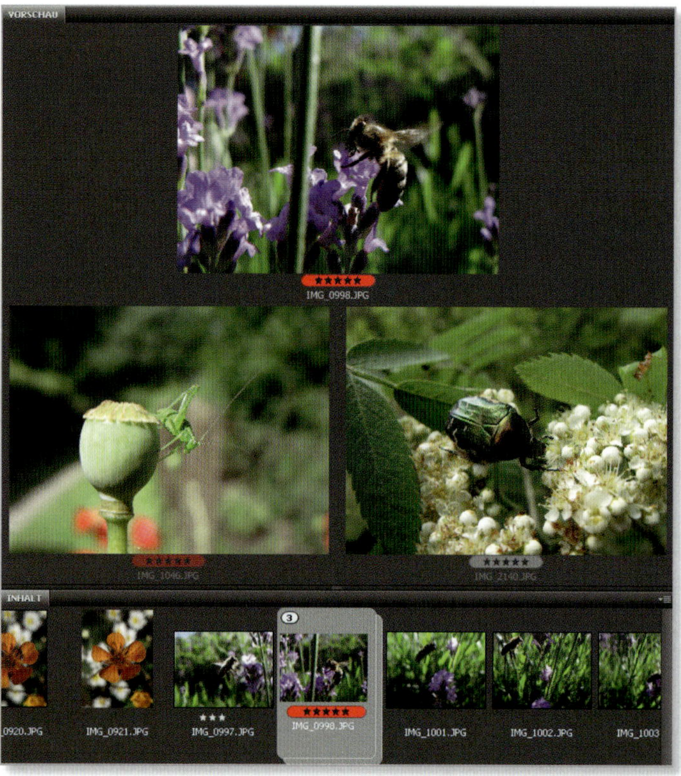

▲ **Abbildung 8.47**
Ist ein Stapel aktiv, sind alle enthaltenen Bilder auch im Ansichtsfenster (und der Vorschau-Palette) zu sehen. Vor allem in der FILMSTREIFEN-Ansicht macht sich das gut.

Überblick im Stapel | Die Ziffer am Stapel-Icon (hier: 3) zeigt an, wie viele Dateien im Stapel enthalten sind. Wenn Sie auf die Zahl klicken, entfaltet sich der Stapel auch und zeigt die Miniaturen wieder nebeneinander. Der Befehl STAPEL • STAPEL ZUSAMMENFAL-

TEN oder ein erneuter Klick auf die Zahl schiebt die Miniaturen wieder zum Stapel zusammen.

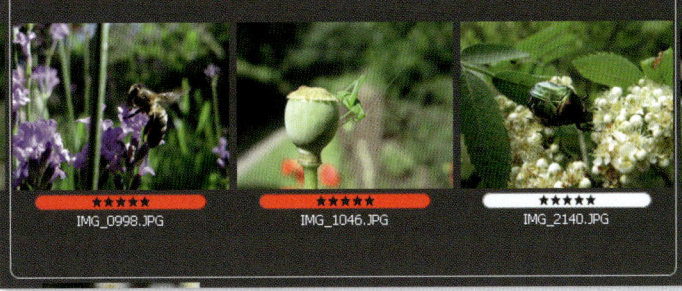

▲ **Abbildung 8.48**
Ein Klick auf die Zahl legt die Miniaturen der gestapelten Dateien wieder nebeneinander, löst aber die Stapelzuordnung nicht endgültig.

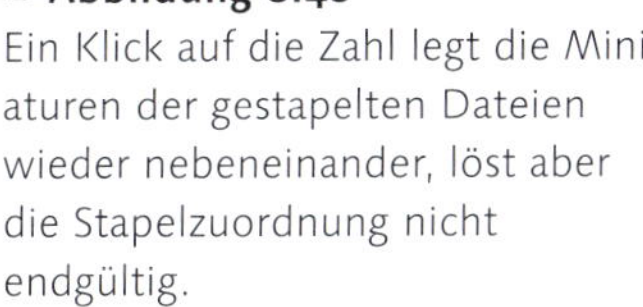

▲ **Abbildung 8.49**
Der ausgeklappte Stapelinhalt

Automatisches Stapeln
Der Befehl STAPEL • AUTOMATISCHE STAPELANORDNUNG FÜR PANORAMA/HDR soll Bilderserien, die für Panoramen oder HDR-Montagen entstanden sind, automatisch erkennen und in Stapeln zusammenfassen. Im Test hat die Automatik Serien nicht immer zuverlässig erkannt. Viele Bilder blieben ungestapelt und in einigen Fällen wurden Fotos auch ungerechtfertigterweise einer Serie zugeschlagen. Bisher ist manuelles Stapeln also wohl besser.

Stapel lösen | Um die Zuordnung aller Bilder zu einem Stapel endgültig zu lösen, wählen Sie STAPEL • AUS STAPELGRUPPIERUNG LÖSEN bzw. Strg+⇧+G/⌘+⇧+G. Einzelne Bilder können Sie ganz einfach aus einem aufgefalteten Stapel mit der Maus herausziehen.

Doch Stapel sind mehr als nur eine praktische Art der Dateisortierung. Bridge-Befehle, die Sie auf eine einzelne Datei anwenden können, gelten genauso für einen aktiven Stapel, zum Beispiel Bewertungen oder die Vergabe von Metadaten (mehr dazu erfahren Sie im folgenden Abschnitt).

8.7.2 Kollektionen

Durch zunehmend größere Speichermedien ist das Durchklicken von Ordnerhierarchien zu einer zeitaufwendigen Beschäftigung geworden. Kollektionen und Smart-Kollektionen machen es möglich, sich vom verschachtelten System der Ordner, Unterordner und Unter-Unterordner zu lösen und Dateien *ordnerübergreifend* zu organisieren. In anderen Bildverwaltungsprogrammen gibt es das Konzept schon länger, nun können endlich auch Bridge-Nutzer davon profitieren: Kollektionen sind virtuelle Ordner, in denen Dateien gesammelt werden, obwohl sie tatsächlich in ganz verschiedenen physikalischen Festplatten-Ordnern abgelegt sind. Smart-Kollektionen wachsen bei sich veränderndem Datenbestand sogar den Nutzervorgaben gemäß mit. Die Bedienung der Kollektionen-Palette ist einfach, der Effekt verblüffend!

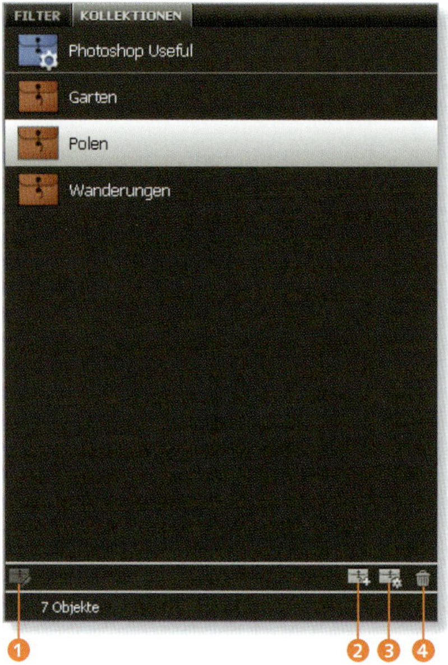

Abbildung 8.50 ▶
Kollektionen werden mit bräunlichen, Smart-Kollektionen mit blauen Symbolen dargestellt.

Um eine **Kollektion** zu erstellen,

1. klicken Sie am unteren Rand der Palette auf das Icon NEUE KOLLEKTION ❷, vergeben einen Namen und
2. wählen dann im Miniaturenfenster eine oder mehrere Dateien aus, die Sie einfach auf das Kollektionssymbol ziehen.

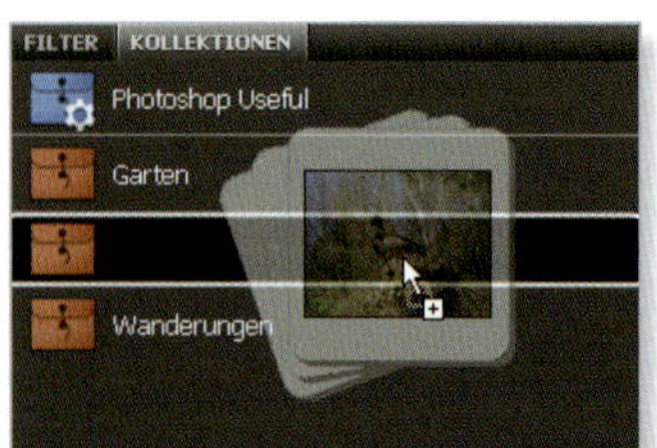

▲ **Abbildung 8.51**
Das Bestücken einer Kollektion: In dieser Weise können Sie auch eine vorhandene Kollektion mit zusätzlichen Dateien füllen.

Sie können aber auch umgekehrt vorgehen: Sie wählen erst Dateien aus und erzeugen danach die neue Kollektion. Nach einer kleinen Abfrage werden die ausgewählten Dateien gleich der Kollektion hinzugefügt.

Um bestehende Kollektionen mit Bildern zu ergänzen, nutzen Sie ebenfalls die Ziehen-Methode.

Sie können so auch Dateien von einer Kollektion in die andere ziehen. Dabei werden die Dateien allerdings kopiert, nicht verschoben. Es ist ja gerade das Konzept der Kollektion, Dateien aus verschiedensten Orten zu sammeln, ohne dass diese tatsächlich örtlich verschoben werden müssten.

Explorer und Finder nutzen

Das Drag & Drop funktioniert übrigens auch applikationsübergreifend: Sie können auch Dateien aus dem Windows-Explorer oder dem Finder (Mac OS) in eine Kollektion hereinziehen!

Löschen | Um Dateien aus einer Kollektion zu löschen, wählen Sie sie im Miniaturenfenster aus und nutzen den Button AUS KOLLEKTION ENTFERNEN, oder Sie verwenden die bekannten Befehle zum Löschen oder Zurückweisen.

Um Kollektionen zu löschen – nicht die darin versammelten, tatsächlichen Dateien! –, klicken Sie auf den Mülleimer ❹.

Smart-Kollektionen – intelligenter Dateizuwachs | Neben den normalen Kollektionen gibt es auch Smart-Kollektionen. Nach von Ihnen festgesetzten Kriterien ändert sich der Inhalt einer Smart-Kollektion automatisch und aktualisiert sich gemäß Ihres Dateibestandes.

Um eine Smart-Kollektion zu erzeugen, klicken Sie auf den Button NEUE SMART-KOLLEKTION ❸. Dann erscheint ein Dialogfeld, in dem Sie festlegen können, welchen Kriterien die Dateien entsprechen sollen, um in der neuen Smart-Kollektion zu landen. Der Dialog gleicht dem SUCHEN-Dialog.

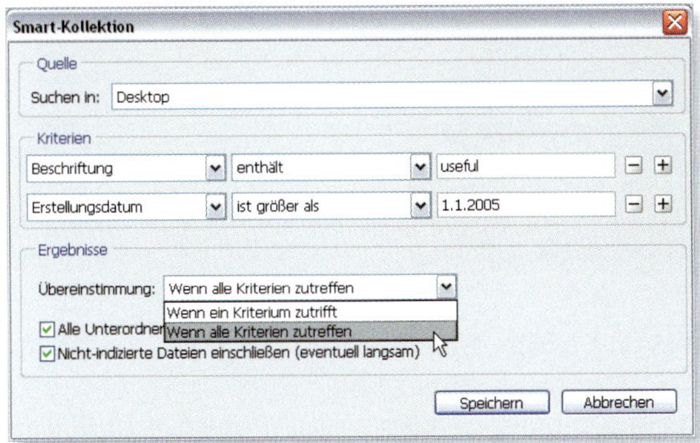

◂ **Abbildung 8.52**
Hier legen Sie detailliert fest, welche Dateien in der Smart-Kollektion erfasst werden sollen.

Sie können die Kriterien für Smart-Kollektionen auch nachträglich jederzeit ändern: Ein Klick auf das Icon SMART-KOLLEKTION BEARBEITEN ❶ ruft die Dialogbox erneut auf.

8.8 Jede Menge Bildinformationen: Metadaten und Stichwörter

Metadaten sind sehr differenzierte Suchhilfen beim Katalogisieren von Bildern. Sie liefern wichtige Informationen zu den Aufnahmebedingungen – die Kamera hinterlegt solche Informationen in der Datei. Außerdem können urheberrechtliche Angaben ebenso in die Datei geschrieben werden wie Stichwörter, die die Verwaltung mit Bridge erleichtern.

Woher kommen Metadaten? | Viele der Metadaten werden schon beim Fotografieren automatisch angelegt, z. B. Angaben zu Kamera und Belichtungszeiten und Dateieigenschaften wie Farbraum, Bildgröße oder Bitanzahl (Farbtiefe). Und auch das wohl jedem geläufige Erstellungsdatum gehört zu den Metadaten. In der Bildansicht in Photoshop oder anderswo sind die Metadaten natürlich nicht zu sehen, wohl aber in Bridge und vielen anderen Bildverwaltungstools.

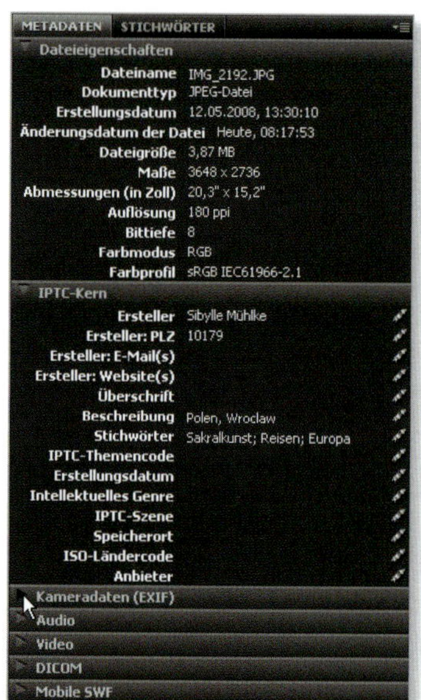

Abbildung 8.53 ▸
Metadaten: Neben Kamera- und Bilddaten ist hier vieles möglich. Klicks auf die kleinen Dreieckspfeile öffnen weitere Bereiche.

Metadaten-Palette | In der Metadaten-Palette finden Sie nützliche Angaben zu Dateieigenschaften oder Kameradaten zum Zeitpunkt der Aufnahme – diese sind nicht veränderbar –, aber auch weniger alltagstaugliche Informationen wie DICOM-Angaben für medizinische Bilddaten. Vor allem die Bearbeitung der IPTC-Daten ist fast für jedermann sinnvoll.

[IPTC]
IPTC ist ein internationaler Standard für Bild-Metadaten, der vor allem für die Niederlegung von Urheberinformationen entwickelt wurde.

IPTC-Daten | Diese Funktion sollten Sie unbedingt nutzen, wenn Sie Bilder aus Webdatenbanken verwenden oder selbst Bilder öffentlich machen. So können Sie deren Herkunft zurückverfolgen und sich gegebenenfalls nochmals über Ihre Nutzungsrechte informieren und eigene Rechte kommunizieren.

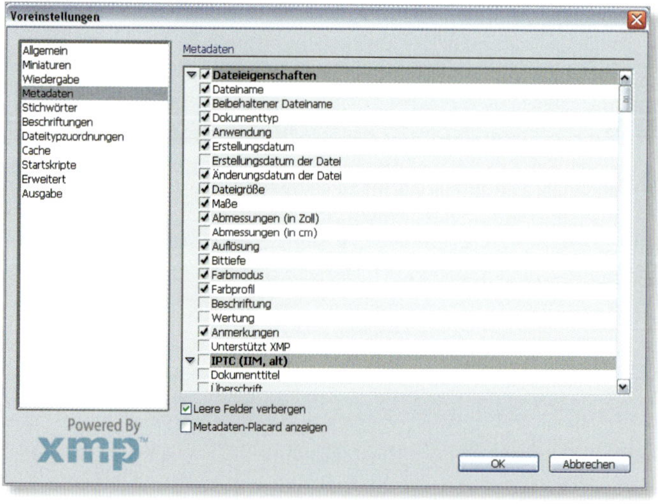

Abbildung 8.54 ▸
Die standardmäßig eingeblendeten Formularfelder für Metadaten sind zahlreich. In den VOREINSTELLUNGEN können Sie regeln, welche Metadaten Sie künftig sehen bzw. zum Ausfüllen angeboten bekommen wollen.

Metadaten ändern | Änderungen von Metadaten führen Sie ganz einfach durch, indem Sie in das Datenfeld klicken, das Sie bearbeiten wollen. Sie können dann direkt in die Zeilen schreiben. Mit [⇆] springen Sie zum jeweils nächsten Eingabefeld. Am Fuß der Palette finden Sie die Buttons BESTÄTIGEN und ABBRECHEN für die so durchgeführten Änderungen. Alternativ können Sie aber auch [↵] und [Esc] drücken.

▲ **Abbildung 8.55**
Bestätigen einer Eingabe (oder [↵])

▲ **Abbildung 8.56**
Eingabe abbrechen (oder [Esc]) – diesen Symbolen werden Sie auch in Photoshop noch öfter begegnen.

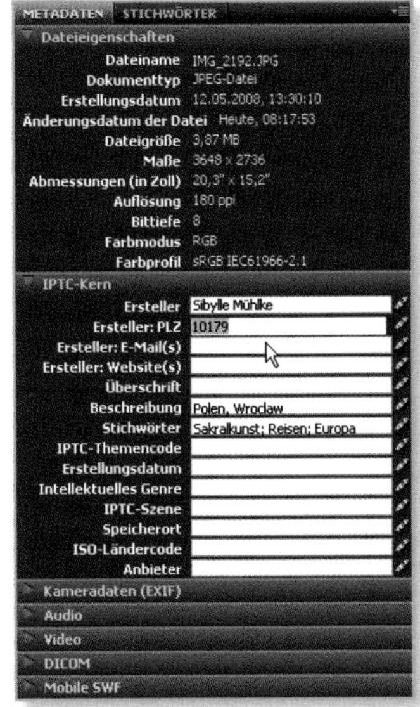

▲ **Abbildung 8.57**
Das Ändern von Metadaten ist ganz einfach.

Wenn Sie vor der Eingabe mehrere Dateien markiert haben, werden die Metadaten aller Dateien zusammen geändert.

8.8.1 Stichwörter verwalten

Stichwörter sind hervorragend geeignet, um Dateien automatisch zu Gruppen zusammenzufassen und zu suchen. Wenn Sie zum Beispiel auf der Suche nach einem bestimmten Motiv sind, können Sie sich – vorausgesetzt, Sie haben Ihre Bilder zuvor als Stichwörter indiziert – alle Bilder anzeigen lassen, denen der gesuchte Begriff zugeordnet ist. Der Umgang mit Stichwörtern ist recht einfach.

Stichwörter anlegen | Sie können einem Bild theoretisch auch im IPTC-Kern Stichwörter zuweisen. Das Verfahren ist jedoch fehlerträchtig und mühsam. Wenn Sie sich vertippen und zum Beispiel statt »Landschaft« »Ladnschaft« schreiben, wird Ihr »Ladnschaftsbild« auf der Suche nach dem Stichwort »Landschaft« selbstverständlich nicht angezeigt.

Damit die Stichwortvergabe konsistent ist und zu besten Suchergebnissen führt, müssen Sie Stichwörter zuvor in einer Liste niederlegen. Innerhalb der Liste können Sie Ihre Stichwörter der Übersichtlichkeit halber auch zu Kategorien zusammenfassen. Um ein **neues Stichwort** in die Liste einzufügen, klicken Sie auf die Plus-Schaltfläche.

Das leere Feld, das dann erscheint, überschreiben Sie einfach mit dem gewünschten Namen, dann bestätigen Sie die Eingabe – fertig.

Um Stichwörter aus der Liste zu **entfernen**, ziehen Sie sie auf das Papierkorb-Icon.

Unterstichwörter anlegen | Um einem bereits bestehenden Stichwort ein untergeordnetes Stichwort zuzuordnen, aktivieren Sie zunächst den Begriff und klicken dann auf die Schaltfläche »Plus mit Häkchen« (siehe Abbildung 8.58). Auf diese Weise lassen sich auch verschachtelte Stichwort-Kategorien erzeugen.

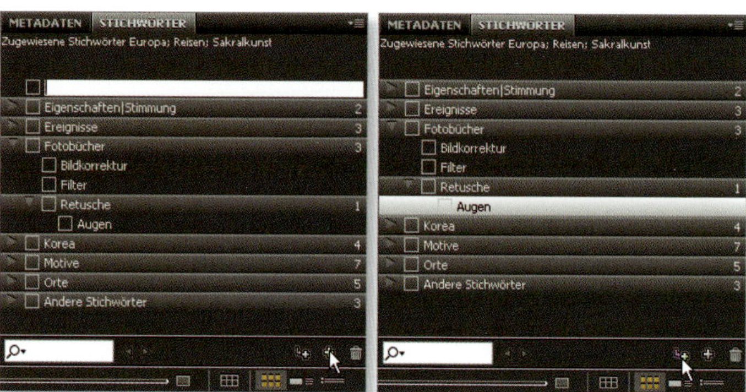

Abbildung 8.58 ▸
Ein neues Stichwort wird erzeugt.

Abbildung 8.59 ▸▸
Erzeugen einer untergeordneten Stichwortkategorie

Stichwörter umbenennen | Wenn Sie ein Stichwort umbenennen wollen, nutzen Sie das Kontextmenü (Abbildung 8.60). So lassen sich alle Stichwörter umbenennen – auch bereits vergebene, die Sie in Gebrauch haben.

Die Änderung bezieht sich allerdings ausschließlich auf die Liste. Wenn Sie den Begriff schon vergeben haben, wird er nachträglich in den Metadaten der Dateien nicht geändert!

Suche nach Stichwörtern | Das kleine Suchfeld am Fuß der Stichwortpalette hilft Ihnen bei der Suche nach Stichwörtern – nicht nach Dateien, sondern in der Stichwortliste! Dadurch können unnötige Doppelungen und Uneindeutigkeiten vermieden werden. Bevor Sie beispielsweise das Stichwort »England-Reise« vergeben, könnten Sie einmal überprüfen, ob es nicht schon die Stichwörter »England« oder »Urlaub« gibt …

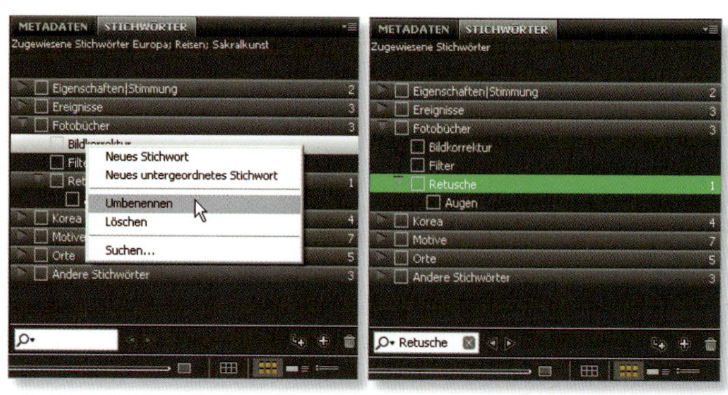

Abbildung 8.60 ▸
Vertippt? Nicht präzise genug formuliert? Das Umbenennen von Stichwörtern ist ganz einfach. Bei Stichwörtern, die bereits in Gebrauch sind, sollten Sie vorsichtig ein. Die Liste ist ja Ihre Gedächtnisstütze dafür, welche Begriffe es überhaupt schon gibt!

Abbildung 8.61 ▸▸
Die Pfeile neben dem Suchfeld ermöglichen den Zugang zu den letzten Suchvorgängen.

Auch die Schnellsuche (am oberen Rand des Dialogfelds) kann Stichwörter auswerten, ebenso die Suche unter BEARBEITEN • SUCHEN und Smart-Kollektionen.

Stichwörter zuweisen | Um einer Datei oder mehreren Dateien ein Stichwort zuzuweisen, wählen Sie die Bilder in der Übersicht aus und klicken dann in der Liste auf das Kontrollkästchen neben dem jeweiligen Stichwort. Der Begriff erhält ein Häkchen, nachdem er erfolgreich zugewiesen wurde. Auch ganze Stichwort-Sets können Sie auf diese Weise mit einem Bild verknüpfen. Häufig verwendete Stichwort-Kombinationen können Sie zweckmäßigerweise gleich zu Sets zusammenfassen.

Stichwörter von einer Datei entfernen | Um ein Stichwort wieder von einer Datei zu entfernen, wählen Sie die Datei wiederum im Ansichtsfenster an und klicken in der Stichwort-Palette auf das Häkchen neben dem zu löschenden Stichwort.

Dateien mit Stichwörtern suchen | Wenn Sie diese Form der Verschlagwortung konsequent anwenden, können Sie bald Ihre ersten erfolgreichen Suchdurchgänge starten. Mit BEARBEITEN • SUCHEN (Strg+F/⌘+F) erreichen Sie die Bildersuche. Damit können Sie nach allen möglichen Kriterien suchen – unter anderem auch nach bestimmten Stichwörtern – und sich so bestimmte Bildergruppen gezielt anzeigen lassen.

Etwas Geduld, bitte
Bei der Stichwort- und Metadatenvergabe werden die Dateiheader umgeschrieben, und das kann – besonders wenn mehrere Dateien auf einmal verarbeitet werden – eine Weile dauern. In dieser Zeit kann Bridge »einfrieren«; das ist aber normal.

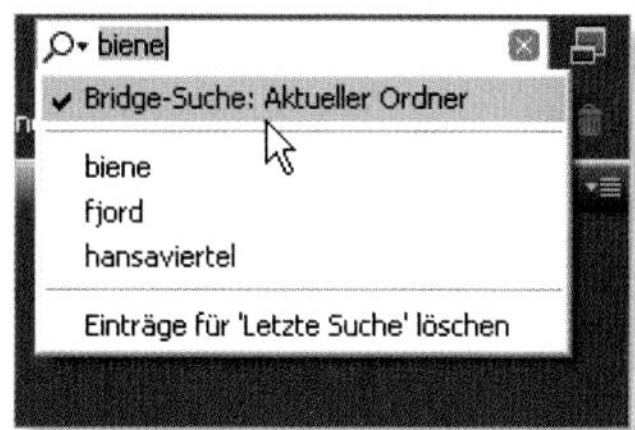

◄ **Abbildung 8.62**
Mit der Suche ernten Sie den Lohn Ihrer Stichwort-Mühen.

Außerdem finden Sie die Stichwörter auch unter den Dateifiltern wieder, sofern es schon Dateien mit diesem Stichwort im aktiven Ordner gibt.

8.9 Optionen für den Notfall

Manchmal startet Bridge endlos langsam, stürzt sofort nach dem Start wieder ab, friert ein oder produziert einen Absturz beim Versuch, das Programm zu schließen. Es gibt zwei bekannte Ursachen für solches Fehlverhalten, die recht einfach zu beheben sind.

Startskripte deaktivieren | Wenn Bridge startet, werden im Hintergrund auch zahlreiche weitere Startskripte geladen, die die Zusammenarbeit mit anderen Creative-Suite-Komponenten ermöglichen oder erleichtern. Das ist jedoch sehr ressourcenintensiv. Wohlweislich hat Adobe eine Möglichkeit eingebaut, diese Last zu verringern. In den Bridge-Voreinstellungen können Sie unter STARTSKRIPTE nicht benötigte Skripte deaktivieren.

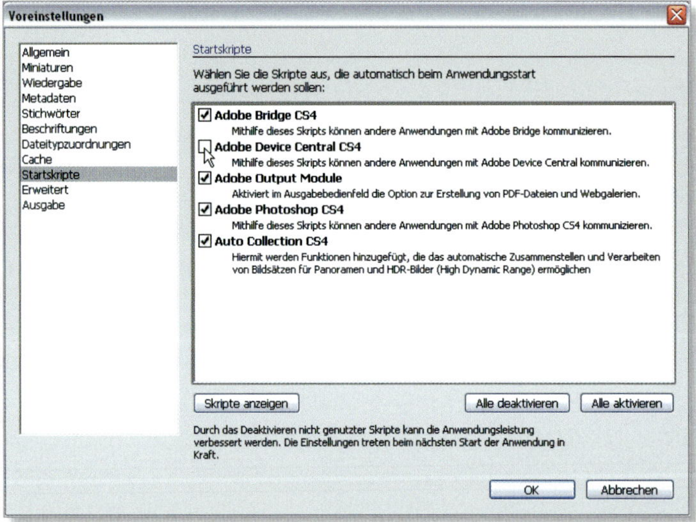

Abbildung 8.63 ▸
Deaktivieren Sie hier die nicht benötigten Skripte.

Einstellungen zurücksetzen | Eine zweite Fehlerquelle können ein überlaufender Miniaturcache oder Probleme mit Ihrem aktuellen Arbeitsbereich sein. Drücken Sie sofort, nachdem Sie Bridge gestartet haben – noch bevor sich das Programmfenster öffnet – ⇧+Strg+Alt; unter Mac funktioniert es mit ⇧+⌘+⌥. Es öffnet sich der Dialog EINSTELLUNGEN ZURÜCKSETZEN, mit dessen Hilfe Sie Bridge wieder in den Urzustand versetzen können, in dem es stabil laufen sollte.

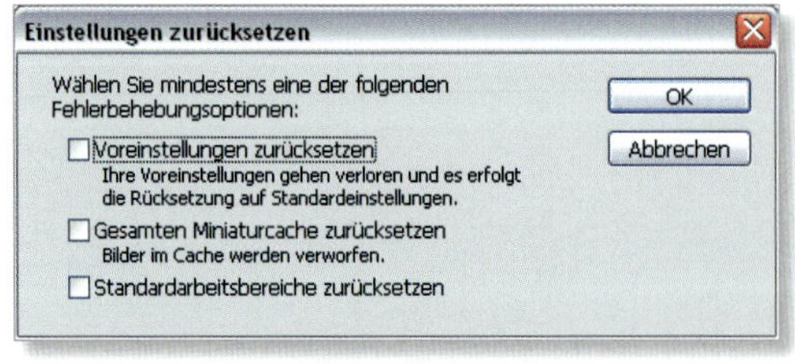

Abbildung 8.64 ▸
EINSTELLUNGEN ZURÜCKSETZEN

9 Automatismen in Photoshop und Bridge

Lehnen Sie sich zurück, und lassen Sie für sich arbeiten: Photoshop und sein »Programmpartner« Bridge leisten Hilfe bei stumpfsinnigen Routineaufgaben verschiedenster Art – entweder durch effektive Unterstützung oder indem sie Ihnen die Arbeit gleich ganz abnehmen. Sie müssen den Programmen nur zeigen, wie sie das tun sollen – sprich, Ihre Einstellungen vornehmen.

9.1 Bildpräsentation am Screen: Web-Galerie mit Bridge

Mit der Web-Galerie von Bridge können Sie Bilder für Screen-Präsentationen in Galerien zusammenfassen. Diese lassen sich dann als CD oder DVD brennen oder ins Internet hochladen. Ob für Kunden oder Freunde, als Urlaubsalbum oder als hochprofessionelle Präsentation: mit der Web-Galerie-Funktion von Bridge haben Sie die Wahl zwischen zahlreichen vorgefertigten Galerie-Layouts, die sich individuell anpassen und direkt aus Adobe Bridge per FTP ins Web hochladen lassen.

Um zu den Web-Galerie-Funktionen zu gelangen, müssen Sie das Adobe-Ausgabemodul starten. Dazu haben Sie mehrere Möglichkeiten.

- Klicken Sie auf das kleine Icon AUSGABE  in der Anwendungsleiste,
- nutzen Sie das Tastenkürzel F6 oder
- wählen Sie aus den Ansicht-Schaltflächen die Arbeitsfläche AUSGABE.

CS4 **Bequemer, besser und jetzt ausschließlich in Bridge: die Web-Galerie**

Schon in Vorversionen gab es eine Funktion zum Erzeugen von Web-Fotogalerien. Sie konnte über Photoshop und Bridge gestartet werden, und das Zusammenklicken der gewünschten Eigenschaften dauerte ganz schön lange. In der CS4 ist die Funktion ausschließlich über Bridge erreichbar. Die Bedienung wurde erheblich vereinfacht, und die angebotenen Layouts sind zeitgemäßer.

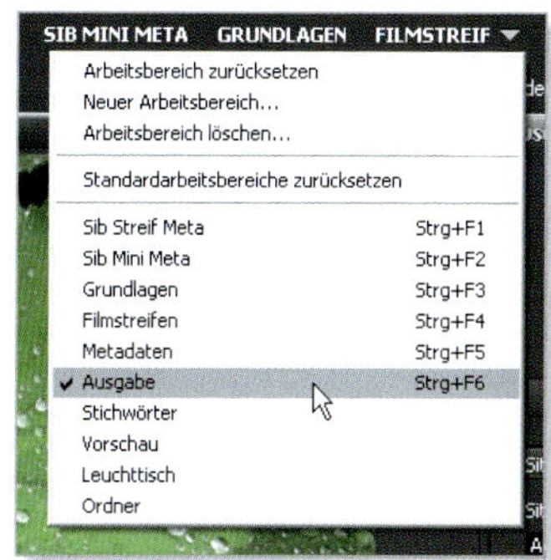

▲ **Abbildung 9.1**
Die Bildausgabe als Web-Galerie oder »Sammel-PDF« beginnt mit einem Wechsel der Bridge-Ansicht.

▲ **Abbildung 9.2**
Bridge in der Ausgabe-Ansicht.

Der Ausgabebildschirm sieht dann ungefähr so aus wie in Abbildung 9.2. Damit Sie sich möglichst schnell orientieren und die Funktion effizient einsetzen können, folgt hier eine Übersicht:

- Rechts sehen Sie die Palette Ausgabe, mit der Sie Web-Galerien ❺ und Präsentationen und »Kontaktabzüge« (mehrere Bilder auf einem Blatt versammelt) ❹ in PDF-Form erstellen können. Durch Klicken auf die jeweiligen Schaltflächen wechseln Sie zwischen den Funktionen.
- Die Palette Vorschau ❶ ist immer zu sehen, und die Ausgabe-Vorschau ❷ erscheint, sobald Sie auf den Button Vorschau aktualisieren ❸ geklickt haben.
- Sie können sich auch eine Browservorschau ❻ anzeigen lassen, doch für das Konfigurieren eines eigenen Galerie-Layouts ist die Vorschau in Bridge meist praktischer. Damit für diese möglichst viel Raum ist, können Sie die Paletten Favoriten und Ordner ausblenden, indem Sie auf den Trennsteg ❼ doppelklicken. Hier sind manchmal mehrere Anläufe notwendig, bis der Klick registriert wird (die Maus muss dabei genau über dem Trennsteg stehen). Alternativ können Sie den Steg einfach etwas zur Seite ziehen.

Der Arbeitsbereich »Ausgabe« steht nicht zur Verfügung?

Wenn der Arbeitsbereich Ausgabe im Arbeitsbereich-Menü nicht angezeigt wird, ist wahrscheinlich das notwendige Startskript deaktiviert. Aktivieren Sie in den Voreinstellungen (Strg/⌘+K) unter Startskripte die Einstellung Adobe-Ausgabemodul (Adobe Output Module). Gegebenenfalls ist danach noch ein Neustart von Bridge erforderlich.

Zum Weiterlesen:
Mehr über die speziellen PDF-Ausgabemöglichkeiten in Bridge lesen Sie in Abschnitt 9.2, »Bilddateien zu PDF«.

9.1.1 Bilder auswählen und Layout festlegen

Um festzulegen, welche Bilder in die Web-Galerie aufgenommen sollen, markieren Sie sie in der INHALT-Palette. Wenn Sie in Ihre Galerie Bilder aufnehmen wollen, die über mehrere Ordner verteilt sind, empfiehlt es sich, mit Kollektionen oder Smart-Kollektionen zu arbeiten.

Zum Nachlesen: Kollektionen
Kollektionen sind virtuelle Ordner, in denen Bilder, die an verschiedenen Orten gespeichert sind, zusammengefasst werden können. Wie sie genau funktionieren, können Sie in Abschnitt 8.7.2, »Kollektionen«, nachlesen.

◀ **Abbildung 9.3**
Gegenüber der Photoshop-CS3-Version ist das Web-Galerie-Modul erheblich schlanker geworden.

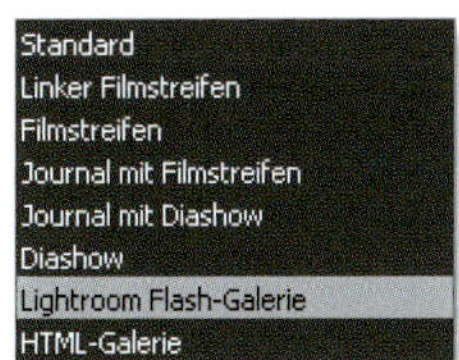

▲ **Abbildung 9.4**
Es gibt acht verschiedene VORLAGEN für Web-Galerien, und eine weitere Individualisierung ist möglich.

Wenden Sie sich dann der Ausgabe-Palette zu. Unter VORLAGE 8 wählen Sie ein Layout. Die meisten der hier angebotenen Layouts sind Flash-basiert, eine HTML-Galerie ist jedoch auch dabei. Für manche der Galerievorlagen können Sie Ihre Auswahl weiter verfeinern. Bedienen Sie sich dazu der Liste unter STIL 9. Mit einem Klick auf VORSCHAU AKT.(UALISIEREN) 10 wird innerhalb von Bridge eine Vorschau der Galerie angezeigt.

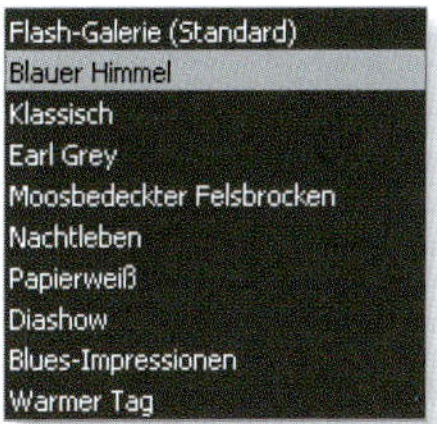

▲ **Abbildung 9.5**
STILE variieren die bestehenden Vorlagen. Hier sehen Sie die Stile, die für die Vorlage LIGHTROOM FLASH-GALERIE zur Verfügung stehen.

Experimentierphase mit wenigen Bildern | Solange die Galerie noch nicht endgültig gespeichert ist, können Sie immer noch weitere Bilder hinzufügen: Markieren Sie einfach *alle* gewünschten Bilder – die zuerst gewählten und die ergänzenden – und lassen Sie erneut eine Vorschau berechnen. Sie können durch Ziehen der Bilder in der Inhalts-Palette auch die Reihenfolge der Bilder in der Galerie ändern.

Vor allem, wenn Sie verschiedene Layouts ausprobieren, empfiehlt es sich, zunächst mit wenigen Bildern zu starten und den Rest der Bilder erst später hinzuzufügen. Jeder Klick auf den Aktualisieren-Button führt nämlich dazu, dass neben dem Aussehen der Galerie auch alle enthaltenen Bilder neu berechnet werden. Und das kann bei einer umfangreichen Galerie geraume Zeit in Anspruch nehmen.

9.1.2 Individuelle Anpassungen

In Vorversionen des Web-Galerie-Dialogs musste man sich noch geduldig durch eine Menge Optionen hangeln. Das ist jetzt

▲ **Abbildung 9.6**
Die kleinen Dreiecke sind Schaltflächen: Ein Klick …

▲ **Abbildung 9.7**
… und die Optionen sind erreichbar.

glücklicherweise besser geworden: Wichtige Optionen sind jetzt leicht erreichbar und schnell zu ändern. Die möglichen Einstellungen sind in vier Optionskategorien unterteilt (Abbildung 9.6), und mit Klicks auf die winzigen Dreieckssymbole (Pfeile) lassen sich die Einstellungen öffnen.

Beachten Sie, dass die angezeigten Optionen von der Vorlage abhängig sind, die Sie ganz oben eingestellt haben. In den folgenden Abbildungen habe ich mich für die Optionen der Lightroom Flash-Galerie entschieden. Aber auch, wenn Sie eine andere Vorlage wählen, sind die Einträge in den einzelnen Kategorien meist intuitiv bedienbar. Im Zweifelsfall heißt es hier einfach: Ausprobieren!

Site-Informationen | Site-Informationen sind Textinformationen, die – je nach gewähltem Layout – an unterschiedlichen Stellen der späteren Galerie-Site auftauchen.

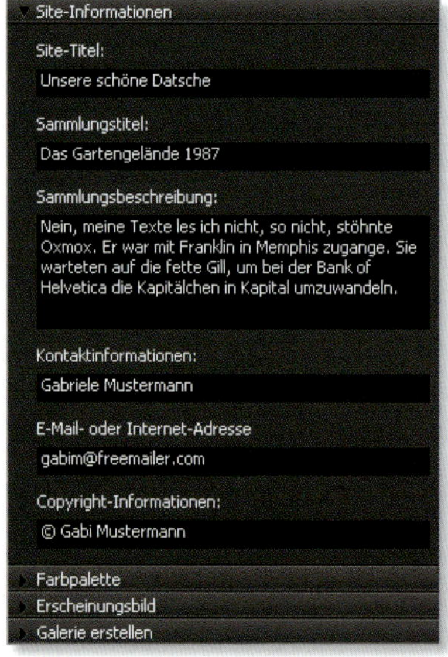

◄ **Abbildung 9.8**
Site-Informationen – diese Infos sollten Sie in jedem Fall ändern, sonst erscheinen die Adobe-Standardtexte.

Site-Titel und Sammlungstitel sind im Kopfbereich der Galerie-Site zu lesen.

Unter Sammlungsbeschreibung können Sie einen erklärenden Text zu Ihrer Galerie eintragen. Er erscheint bei den meisten Galerietypen auf einer separaten Seite – es gibt also erheblich mehr Raum für Text, als das kleine Eingabefeld suggeriert.

Kontaktinformationen und E-Mail- oder Internet-Adresse erscheinen in Form eines Links auf der Site. Wo die Angabe unter Copyright-Informationen landen, ist unklar – die Adobe-Hilfe gibt dazu keine Informationen, und wiederfinden konnte ich diese Information bei keinem der Galerietypen.

Der Site-Titel ergibt nicht das Title-Tag!

Der Eintrag unter Site-Titel ist nicht identisch mit dem HTML-Title-Tag. Um den späteren Seitentitel der HTML-Seite (Title-Tag) zu generieren, der dann zum Beispiel auch als Titel des Browserfensters in der Taskleiste erscheint, müssen Sie in der Optionskategorie Galerie erstellen den Eintrag Name der Galerie ändern.

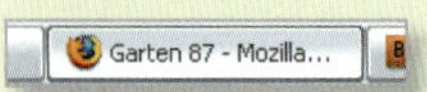

▲ **Abbildung 9.9**
Der Browser-Button. Was hier erscheint, ist vom Title-Tag einer Webseite abhängig, und das beeinflussen Sie in Bridge unter Galerie erstellen.

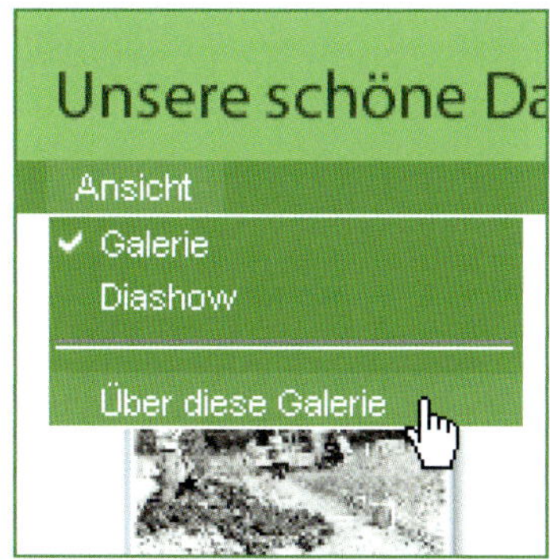

◂ **Abbildung 9.10**
Über eine Mininavigation der fertigen Galerie kann die Sammlungsbeschreibung geöffnet werden. Sie erscheint auf einer eigenen Seite.

Farbpalette | Die einzelnen Elemente der Standardlayouts können unter FARBPALETTE in der Farbe angepasst werden.

▴ **Abbildung 9.11**
Ein Klick auf eines der Farbfelder ruft den Farbwähler auf, in dem Sie eine neue Farbe einstellen können.

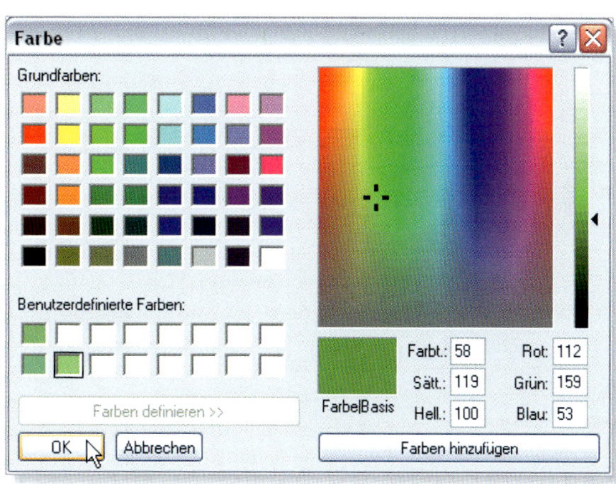

▴ **Abbildung 9.12**
Für die Farbanpassung steht leider nicht der Photoshop-Farbwähler zur Verfügung, sondern nur der betriebssystem-eigene (hier von Windows).

Auf den ersten Blick erscheint die Farbanpassung einfach: Farbfeld anklicken, Farbe im Farbwähler aussuchen, OK-Button, erledigt. Doch leider müssen Sie hier mit dem Farbwähler arbeiten, den das Betriebssystem von Haus aus mitbringt. Damit ist es nicht möglich, Farbwerte aus einem Bild »aufzupicken«, wie man es vom luxuriösen Photoshop-Farbwähler kennt. Sollten Sie also die Farben Ihrer Galerie an die Farbstimmung eines Ihrer Fotos anlehnen wollen, müssen Sie es erst in Photoshop öffnen, die Farben mittels Pipette und Farbwähler bestimmen, die Farbwerte notieren und dann hier eintragen.

Wie auch bei allen anderen Einstellungen müssen Sie erst den Aktualisieren-Button anklicken, bevor Sie die Auswirkungen Ihrer Änderungen in der Vorschau sehen.

Zum Weiterlesen:
Mehr über den Farbwähler und das Pipetten-Werkzeug lesen Sie im achten Teil dieses Buches, in Kapitel 23, »Farbe einstellen, malen und radieren«.

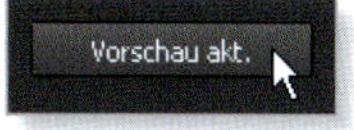

▴ **Abbildung 9.13**
Nach jeder Änderung muss die Anzeige erst aktualisiert werden, damit sie sichtbar wird.

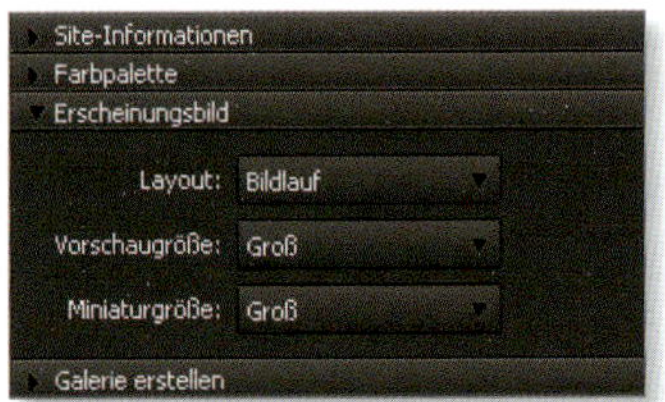

▲ **Abbildung 9.14**
Welche Einstellungen hier die besten sind, hängt vor allem von der Menge der Bilder ab, die in der Galerie angezeigt werden sollen.

Erscheinungsbild | Unter dem Titel ERSCHEINUNGSBILD sind alle Angaben zur Größe und Anordnung der Miniaturen versammelt.

Unter LAYOUT bestimmen Sie, ob und an welcher Position innerhalb der Galerie die Bildminiaturen (Thumbnails) gezeigt werden:

- BILDLAUF blendet die Bild-Thumbnails unterhalb vom gerade aktiven Foto ein.
- LINKS blendet die Bild-Thumbnails auf der linken Seite ein.
- PAGINIERT bietet sich vor allem dann an, wenn Ihre Galerie viele Bilder enthält und Sie die Vorschaubilder nicht allzu klein anzeigen lassen wollen.
- Wenn Sie NUR DIASHOW einstellen, enthält das Layout gar keine Thumbnails mehr.

▲ **Abbildung 9.15**
LAYOUT: BILDLAUF

▲ **Abbildung 9.16**
LAYOUT: LINKS

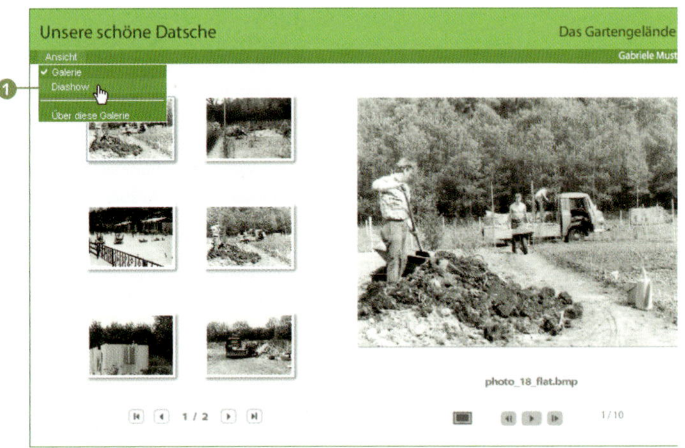

▲ **Abbildung 9.17**
PAGINIERTES Layout. Bei einigen Galerien können Sie durch die Menüoption DIASHOW ❶ den Bildlauf ausblenden.

◂ **Abbildung 9.18**
Das NUR DIASHOW-Layout kommt ganz ohne Bildlauf aus.

Mit VORSCHAUGRÖSSE und MINIATURGRÖSSE legen Sie fest, wie groß die angezeigten Bilder sind. MINIATURGRÖSSE bezieht sich auf die Thumbnails, VORSCHAUGRÖSSE ist die etwas missverständliche Bezeichnung für die eigentliche Bildansicht.

9.1.3 Lokal sichern oder per FTP ins Netz: Galerie erstellen

Wenn Sie alle Einstellungen fertig haben, sollten Sie ein letztes Mal die Galerie-Vorschau prüfen, diesmal vielleicht sogar im Browser. Dazu klicken Sie auf VORSCH.(AU) IN BROWSER.

▴ **Abbildung 9.19**
Vor dem Veröffentlichen der Galerie kann ein Test im Browser nicht schaden.

Sie haben dann die Wahl, die Galerie lokal zu sichern – und sie dann zum Beispiel zu brennen – oder sie direkt aus Bridge per FTP auf Ihren Webspace hochzuladen. Sie können den Upload ins Netz natürlich auch später noch mit Ihrem eigenen FTP-Programm erledigen.

Lokal sichern | Wenn Sie Ihre Galerie auf der eigenen Festplatte sichern wollen, klicken Sie die Option AUF DATENTRÄGER SPEICHERN. Mit DURCHSUCHEN navigieren Sie zum gewünschten Speicherort, der Button SPEICHERN sichert die Galerie.

FTP-Upload | Wenn Sie die Option HOCHLADEN aktivieren, können Sie Ihre FTP-Daten eintragen. Wie bei anderen FTP-Clients auch benötigen Sie die Serveradresse, Ihren Nutzernamen und Ihr Passwort. Die Angabe eines entfernten Ordners (Ordner auf dem Server, den Sie gerade ansteuern) ist optional. Bridge versucht sogar beim Upload einen neuen Ordner zu erstellen, wenn ein Ordner mit dem angegebenen Namen noch nicht existiert. Ob das funktioniert, hängt wiederum von den Servereinstellungen ab.

Praxisnutzen des FTP-Uploads mit Bridge
Da Sie beim Upload mit Bridge zu keinem Zeitpunkt die Ordnerstruktur Ihres Servers zu sehen bekommen, gleicht das Hochladen einem Blindflug – was nicht jedermanns Sache ist. Lokal gesichert werden auf diese Art hochgeladene Galerien nicht. Und wer über eigenen Webspace verfügt, hat wohl auch ein FTP-Programm parat. So erscheint die Arbeitsweise, die Daten erst auf der Festplatte zu speichern und sie dann mit einem externen FTP-Client hochzuladen, als die bessere Variante.

Abbildung 9.20 ▸
Die Funktionen zum lokalen Speichern werfen kaum Fragen auf.

Abbildung 9.21 ▸▸
Wenn Sie über eigenen Webspace verfügen, können Sie Ihre Galerie auch über Bridge hochladen.

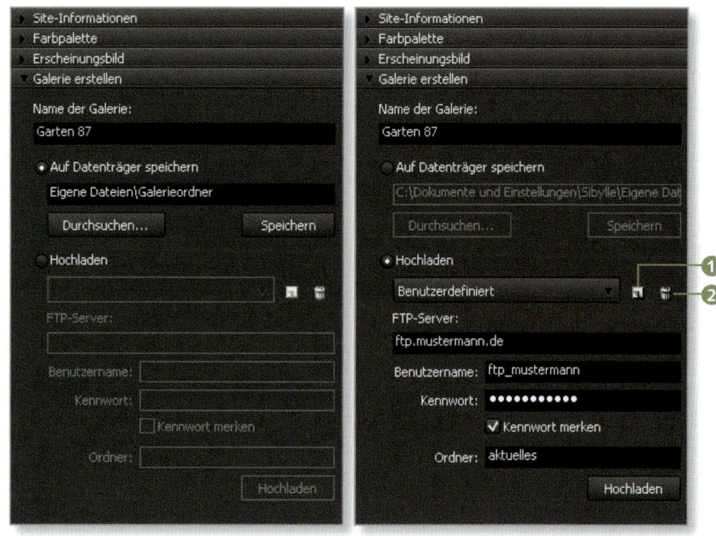

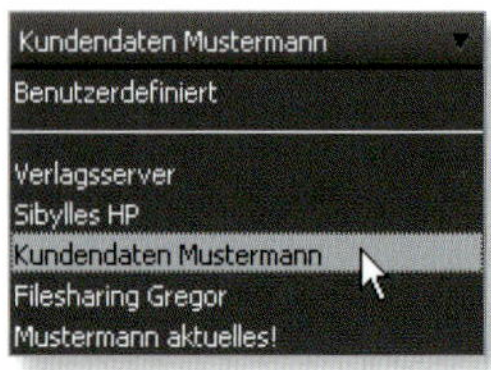

▲ **Abbildung 9.22**
Öfter benutzte Einstellungen können in Bridge gesichert werden.

Sie können FTP-Verbindungen auch speichern. Klicken Sie auf das NEU-Icon ①, wenn Sie alle Felder ausgefüllt haben. Der Eintrag wird der Liste hinzugefügt. Ein Klick auf den Mülleimer ② löscht den aktuellen Eintrag wieder aus der Liste.

9.2 Bilddateien zu PDF: Kontaktabzüge und PDF-Präsentation mit Bridge

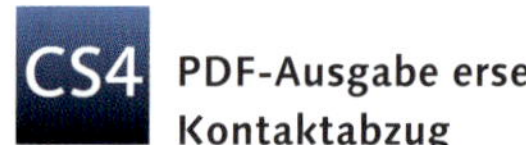

PDF-Ausgabe ersetzt Kontaktabzug
Die altbekannten *Photoshop*-Funktionen KONTAKTABZUG, BILDPAKET und PDF-PRÄSENTATION stehen in der Photoshop-Standardinstallation nicht mehr zur Verfügung. Ersetzt wurden die Features durch die PDF-Ausgabe in Bridge.

Sie können Bilder mithilfe des Bridge-Ausgabemoduls auch in eine PDF-Datei packen. Je nach verwendeten Layout-Einstellungen kann das dabei entstehende PDF-File dann als papiersparende Ausdruck-Möglichkeit (mit mehreren Bildern auf einem Bogen) oder als Präsentation genutzt werden. PDF-Präsentationen können mit dem kostenfreien Programm Adobe Reader und anderen PDF-Betrachtern angesehen werden.

Starten Sie das Ausgabemodul, und klicken Sie dann in der Palette AUSGABE auf das PDF-Icon.

Die Arbeitsfläche ist dann so aufgeteilt wie beim Web-Galerie-Tool, lediglich die Ausgabepalette am rechten Bildschirmrand sieht etwas anders aus. Auch sonst ähnelt die Verfahrensweise der Arbeit mit dem Web-Galerie-Tool: Bilder aussuchen, Einstellungen vornehmen, Vorschau, eventuell Einstellungen korrigieren, kontrollieren und Ergebnis speichern.

9.2.1 Bildauswahl und Grund-Layout

▲ **Abbildung 9.23**
Starten der PDF-Ausgabe

Als Erstes müssen Sie wiederum festlegen, welche Bilder in das PDF aufgenommen werden sollen – am besten per Inhalt-Palette. Danach können Sie sich an die Einstellungen machen.

Unter Vorlage können Sie aus einer Liste auswählen, wie Ihr PDF aussehen soll. Die am häufigsten gebrauchten Seitenlayouts sind hier bereits vertreten, und Feintuning ist natürlich möglich.

◀ **Abbildung 9.24**
Mit dieser Liste legen Sie das grundlegende Aussehen Ihrer PDF-Datei fest.

Welche Vorlage die richtige ist, richtet sich vor allem nach dem geplanten Verwendungszweck des PDF. Durch die folgende Feineinstellung lässt sich zwar noch einiges ändern, doch via Vorlage treffen Sie Ihre erste wichtige Layout-Entscheidung. Durch geschickte Vorlagenauswahl halten Sie den Anpassungsaufwand in Grenzen.

- 2fach Grusskarte bildet jeweils zwei Bilder auf einer Seite ab. Nach dem Beschnitt der gedruckten Version wäre die Verwendung zum Beispiel als Klappkarte (mit Falz links) denkbar.
- 2*2 Zellen geht mit dem vorhandenen Platz immer noch recht großzügig um: Vier Bilder teilen sich eine Seite.
- 4 Breit zeigt vier Bilder untereinander. Wie der Name schon sagt, das ist eine gute Option für Breitformate, doch bleibt zumindest bei Verwendung der Standardeinstellungen viel ungenutzter Platz.
- 4*5 Kontaktabzug und 5*8 Kontaktabzug bilden, ganz wie die nichtdigitalen Vorbilder, eine Auswahl mehrerer Bilder *en miniature* in mehreren Reihen auf einer Seite ab.
- Kunstmappe ist sicherlich die beste Auswahl, wenn Sie einzelne Bilder groß in Szene setzen wollen – zum Beispiel bei einer Präsentation: Ein einzelnes Bild wird so auf dem Blatt positioniert, dass es gut wirken kann – also mit genügend Weißraum.
- Auch bei Grösse maximieren landet ein Bild auf einer Seite – allerdings werden Querformate dabei gedreht. Jedes Bild wird so groß dargestellt wie möglich.
- Tryptichon bildet eine Spalte mit drei Bildern.

[Weißraum]
»Weißraum« ist der Leerraum oder die unbedruckte Fläche eines Layouts. Layouts mit viel Weißraum wirken meist edel, aufgeräumt und großzügig.

Viele Bilder, mehrseitiges PDF
Wenn Sie mehr Dateien ausgewählt haben, als im jeweiligen Layout auf ein Blatt passen, werden dem späteren PDF entsprechend mehr Seiten angehängt, die dann im selben Layout mit den übrigen Dateien gefüllt werden. In der Vorschau in Bridge sehen Sie jedoch immer nur die erste Seite.

Bilder: Photocase

▲ **Abbildung 9.25**
2FACH GRUSSKARTE mit den Standardeinstellungen. Die lästigen Dateinamen werden Sie unter ÜBERLAGERUNGEN los.

Bilder: Photocase

▲ **Abbildung 9.26**
2*2 ZELLEN erzeugt eine großzügige Viereransicht.

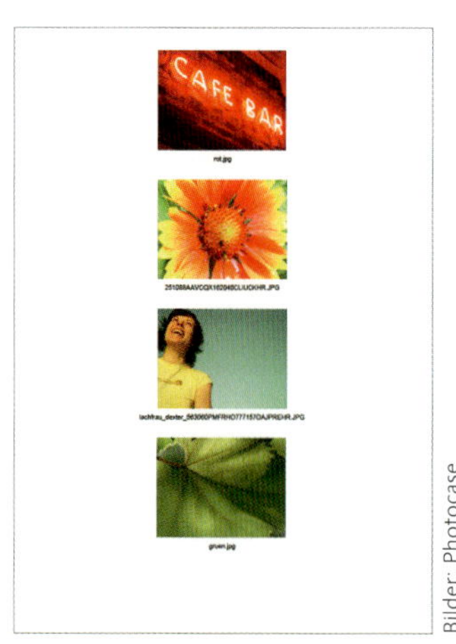

Bilder: Photocase

▲ **Abbildung 9.27**
4 BREIT – ein weiterer Vierer, aber mit weniger Raum für das einzelne Bild. Durch Erhöhen der Spaltenanzahl (unter LAYOUT) kann man die Raumausnutzung verbessern.

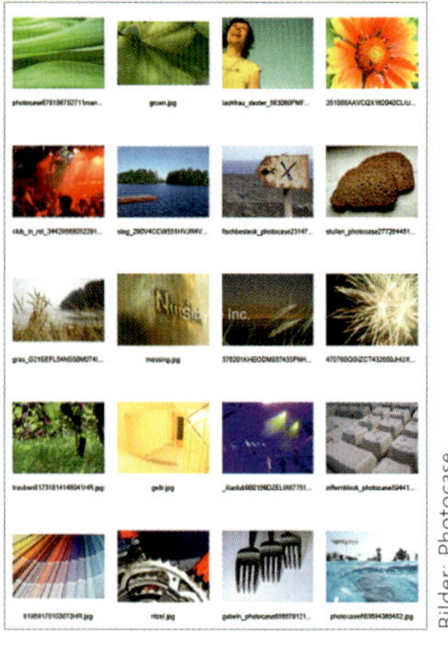

Bilder: Photocase

▲ **Abbildung 9.28**
Schnelle Hilfe beim Sichten von CD-Inhalten und Ähnlichem: Kontaktabzüge von digitalen Bildern. Hier sehen Sie die Version 4*5 KONTAKTABZUG.

Bild: Sibylle Mühlke

▲ **Abbildung 9.29**
KUNSTMAPPE erzeugt elegant wirkende Einzelbild-Ansichten.

Bild: Photocase

▲ **Abbildung 9.30**
GRÖSSE MAXIMIEREN: viel Bild, wenig Rand.

Abbildung 9.31 ►
TRYPTICHON: Auch hier können Sie über die Spalten-Einstellung mehr Bilder hinzufügen (hier aus Platzgründen gedreht abgebildet).

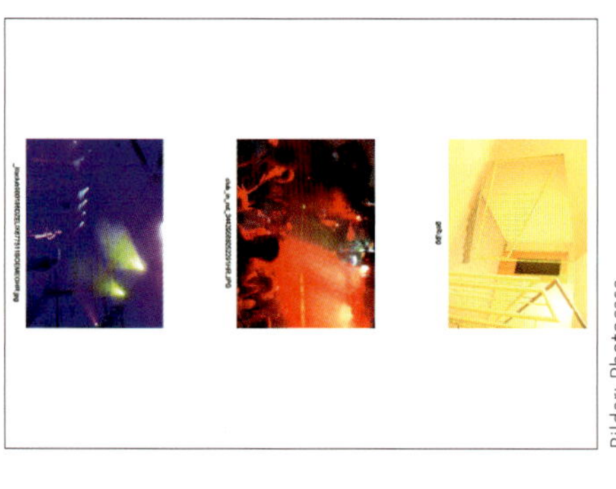

Bilder: Photocase

9.2.2 Dokumenteigenschaften

Wie auch beim Web-Galerie-Tool können Sie Einstellungen für die Dokumenteigenschaften in mehreren Kategorien vornehmen. Die Fächer klappen Sie wiederum per Pfeil-Schaltfläche auf.

Unter DOKUMENT legen Sie wichtige PDF-Angaben fest. Für die SEITENVORGABE ❶ und GRÖSSE ❷ werden DIN- und andere Standardformate angeboten, Sie können jedoch auch eigene Werte eingeben (beim Drucken kann das zu Problemen führen). Unter QUALITÄT ❸ bestimmen Sie die Reproduktionsqualität und damit implizit die Dateigröße: Dass hier HOHE QUALITÄT für Druck-PDFs am besten geeignet ist und GERINGE QUALITÄT eher webtaugliche Dateien erzeugt, ist fast schon selbstverständlich.

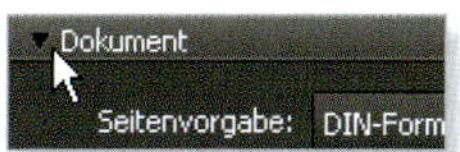

▲ **Abbildung 9.32**
Die Mini-Pfeile sind Buttons: Klicken öffnet eine Einstellungskategorie.

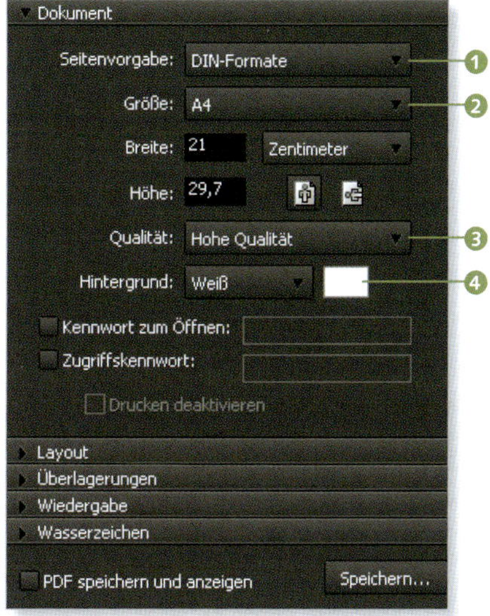

◀ **Abbildung 9.33**
Die Dokumenteinstellungen sind leicht verständlich.

Wer es gern farbig mag, findet unter HINTERGRUND ❹ die richtige Option – ein Klick auf das Kästchen öffnet den Farbwähler des jeweiligen Betriebssystems. Sie können außerdem den Ausdruck des PDFs unterbinden oder die Datei mit einem Passwort gegen unbefugte Zugriffe schützen.

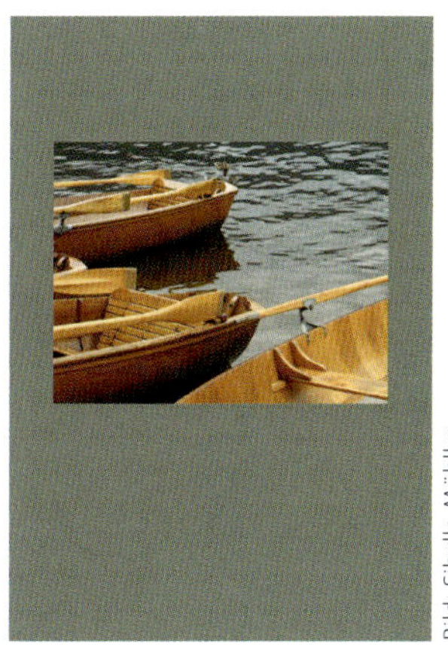

▲ **Abbildung 9.34**
Bei einer Diashow-Präsentation kann ein farbiger Hintergrund edel wirken.

9.2.3 Was kommt aufs Blatt? Bilder und Texte

In den Kategorien LAYOUT, ÜBERLAGERUNGEN und WASSERZEICHEN legen Sie fest, was auf den späteren PDF-Seiten zu sehen sein soll: die Anzahl und Anordnung der Bilder oder Miniaturen und etwaige Zusatzinformationen in Textform. Diese Einstellungen können Sie für Präsentationen ebenso wie für Kontaktabzüge und andere »Sammelseiten« nutzen. (Zur Kategorie WIEDERGABE siehe Abschnitt 9.2.4.)

Zum Nachlesen: PDF-Format
Allgemeine Informationen zum PDF-Format finden Sie in Abschnitt 6.6, »Dateiformate für Bilder«. Informationen zum Speichern von Photoshop-PDFs gibt es in Abschnitt 7.4, »Dateien speichern«.

Ein Foto mehrfach auf der Seite

Sie vermissen die Photoshop-CS3-Funktion BILDPAKET? Die CS4-Option EIN FOTO PRO SEITE WIEDERHOLEN (unter LAYOUT) gibt dasselbe Bild mehrfach auf einer Seite aus. Sie ist ein vollwertiger Ersatz für das Bildpaket – und viel einfacher zu bedienen.

Bilder und Zwischenräume: Layout | Unter LAYOUT bestimmen Sie die Anzahl und die Ausrichtung der gezeigten Bilder. Mit BILDPLATZIERUNG legen Sie fest, ob zuerst Zeilen oder zuerst Spalten gefüllt werden. Diese Einstellung ist vor allem für Layouts interessant, bei denen viele Bilder auf einer Seite angeordnet werden.

- Unter ZEILEN und SPALTEN bestimmen Sie die Anzahl der Zeilen und Spalten.
- Die Angaben HORIZONTAL und VERTIKAL beziehen sich auf die Abstände zwischen den Bildern.
- OBEN, UNTEN, LINKS und RECHTS wirken sich auf die Abstände des Bilderblocks zu den Seitenrändern aus. In der Regel sind Sie mit den voreingestellten Abständen gut bedient.
- Die Option AUTOMATISCHER ZEILENABSTAND hilft Ihnen meist eher weiter als aufwendiges manuelles Einstellen aller Abstände.
- DREHEN F(ÜR) OPT(IMALE) PLATZNUTZ(UNG) ist beim Layout MAXIMALE GRÖSSE automatisch aktiv. Es kann aber auch von Ihnen zugeschaltet werden.

Dateinamen, Kopf- und Fußzeilen | Unter dem missverständlichen Titel ÜBERLAGERUNGEN legen Sie fest, ob Dateinamen unterhalb der Bilder eingeblendet werden sollen.

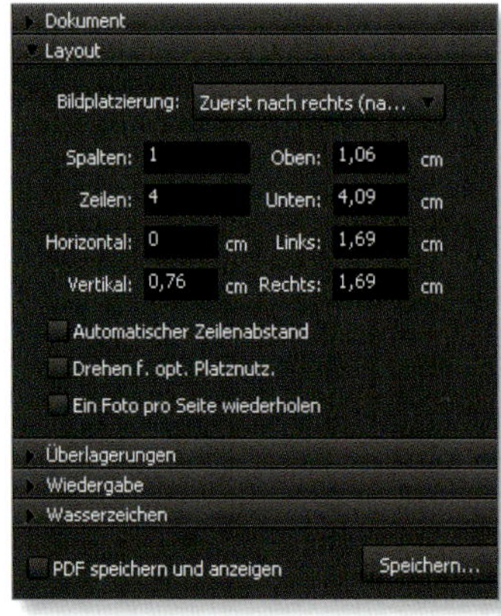

▲ **Abbildung 9.35**
Hier können Sie bestehende Layouts variieren oder sich eigene zusammenstellen.

▲ **Abbildung 9.36**
Die Dateinamensanzeige lässt sich detailliert anpassen.

▲ **Abbildung 9.37**
Kopf- und Fußzeilen: Die sinnvolle Ergänzung für Bridge-PDFs erhalten Sie erst in einer Programmaktualisierung.

Die Funktion für Kopf- und Fußzeilen ist erst in einem der Bridge-Updates enthalten. Bei der normalen Installation ist sie noch nicht dabei. Mit dem Befehl HILFE • AKTUALISIERUNGEN können Sie Ihre Bridge auf den neuesten Stand bringen.

Wider den Bildklau: Wasserzeichen | Als unmissverständliche Markierung und Mittel gegen unbefugte Bildnutzung lassen sich kleine Texthinweise über die PDF-Seiten legen.

Achtung: (kein) Automatisches Reset der Optionen

Nicht alle der Optionen stellen sich auf die Standards zurück. So bleiben zum Beispiel die Einstellungen für die Hintergrundfarbe oder den Wasserzeichen-Text erhalten und werden bei späterer Nutzung des PDF-Ausgabe-Tools auch auf neue Projekte angewandt. Während man dies bei der Hintergrundfarbe recht schnell sieht, bleiben Wasserzeichen zuweilen unbemerkt. Andere Optionen (wie zum Beispiel die Anzeige des Dateinamens) muss man bei jedem Durchgang erneut abwählen, weil sie sich stets von selbst wieder aktivieren.

▲ **Abbildung 9.38**
Der Wasserzeichentext kann genau angepasst werden.

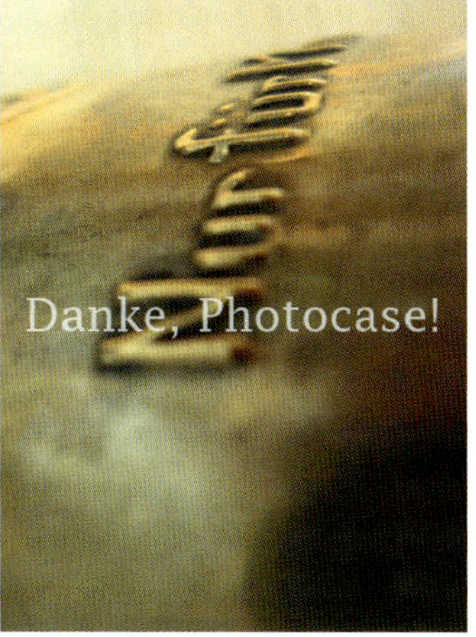

▲ **Abbildung 9.39**
Und so könnte es dann aussehen, das Wasserzeichen.

9.2.4 Wiedergabe-Optionen für PDF-Präsentationen

Mit Bridge erstellte PDF-Präsentationen sind mehr als nur ein Durchklicken von Bildern – sie laufen ab wie eine Diaschau. Unter WIEDERGABE können Sie detailliert einstellen, wie lange jede Seite zu sehen ist, ob die Präsentation geloopt wird (SCHLEIFE – unendlich wiederholtes Abspielen) und mit welchen visuellen Effekten der Bildübergang gestaltet werden soll. Auf Wunsch wird die Präsentation auch im Vollbildmodus abgespielt.

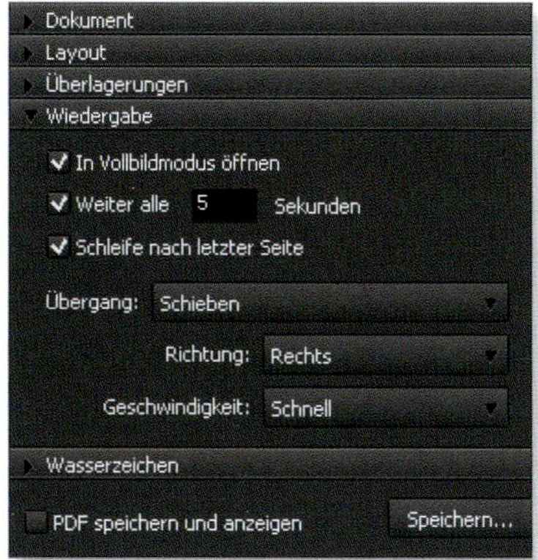

◀ **Abbildung 9.40**
Vor allem zum Bildübergang gibt es viele Einstellungen.

PDF sichern | Wenn Sie mit allen Einstellungen fertig sind, klicken Sie auf SPEICHERN. Wenn Sie zuvor ein Häkchen bei PDF

PDF-Vollbildmodus

Übrigens: Den Vollbildmodus können Sie beim Betrachten der Präsentation durch Drücken der Esc-Taste jederzeit verlassen.

SPEICHERN UND ANZEIGEN gesetzt haben, wird das fertiggestellte PDF in der PDF-Applikation (Adobe Acrobat oder Adobe Reader) geöffnet.

9.3 Automatiktool für Fotografen: Bildprozessor

Der Bildprozessor ist für den Bedarf des Dateien importierenden Fotografen maßgeschneidert: Er erledigt eine Reihe lästiger Aufgaben im Handumdrehen. So starten Sie ihn:

- in **Photoshop** unter DATEI • SKRIPTEN • BILDPROZESSOR
- in **Bridge** unter WERKZEUGE • PHOTOSHOP • BILDPROZESSOR.

Zwischen den beiden Versionen gibt es nur minimale Unterschiede.

9.3.1 Was kann der Bildprozessor?

Das hilfreiche Tool lässt sich auf Camera-Raw-Dateien, JPEGs und PSD-Dateien anwenden und schlägt mehrere Fliegen mit einer Klappe:

- Der Bildprozessor ändert Dateiformate und Bildgrößen automatisch.
- Er kann Dateien ruck, zuck in webgerechte JPEGs konvertieren.
- Er schreibt Urheberrechtshinweise in die Dateien.
- Er kann Camera-Raw-Einstellungen auf mehrere Bilder hintereinander anwenden.

Die besondere Stärke des Bildprozessors ist, dass er Ausgangsdateien *gleichzeitig* in unterschiedliche Ziel-Dateiformate überführen kann. Er eignet sich vor allem für Dateien, die ohnehin immer zusammen in einem Ordner landen – zum Beispiel beim Import aus einer Kamera – oder für einzelne, geöffnete Dateien.

9.3.2 Der Dialog »Bildprozessor«

Wie bei den anderen Dialogboxen für die automatische Bildverarbeitung auch sollten Sie sich auch im Dialog BILDPROZESSOR von oben nach unten durch die Einstellungen arbeiten.

Zu verarbeitende Bilder auswählen | Ganz oben suchen Sie wiederum die Bilder aus, die bearbeitet werden sollen.

- Wenn Sie mit der Photoshop-Version des Bildprozessors arbeiten, können Sie bestimmte Ordner und Unterordner festlegen oder das Werkzeug auf alle geöffneten Bilder anwenden.
- Wenn Sie die Bridge-Version des Bildprozessors verwenden, müssen Sie dort zunächst alle Bilder markieren, die Sie bearbeiten wollen.

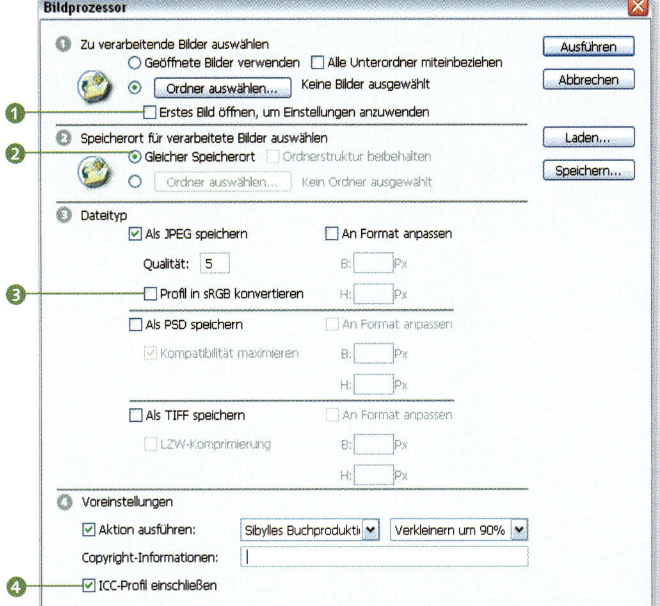

◀ Abbildung 9.41
Der Bildprozessor-Dialog aus Photoshop – selbst der unaufmerksamste Nutzer soll hier mit Ziffern narrensicher hindurchgeführt werden.

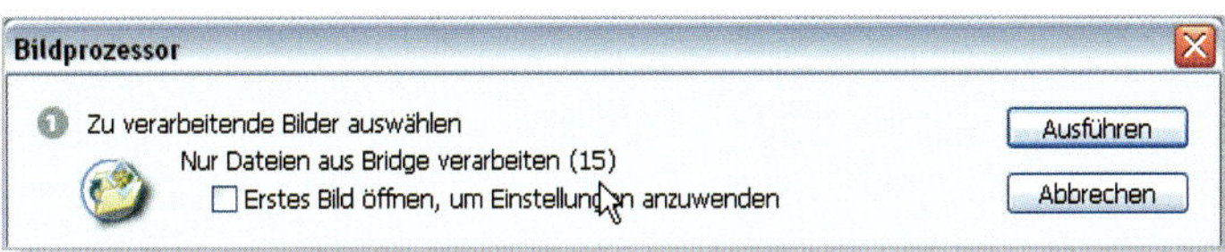

◀ Abbildung 9.42
In der Bridge-Version des Dialogs gibt es eine geringe Abweichung: Die zu verarbeitenden Bilder legen Sie per Auswahl in Bridge fest. Wie viele Bilder ausgewählt sind, wird angezeigt (hier: 15).

Mit der in beiden Varianten vorhandenen Zusatzoption Erstes Bild öffnen, um Einstellungen anzuwenden ❶ werden die Änderungen am ersten Bild auf alle folgenden übertragen. Diese Einstellung ist sinnvoll,

- wenn Sie Camera-Raw-Dateien verarbeiten, die alle unter denselben Lichtverhältnissen aufgenommen wurden. Sie können für dieses Bild die Einstellungen anpassen und anschließend auf die restlichen Bilder des Ordners anwenden.
- wenn das Farbprofil der zu verarbeitenden Dateien nicht mit Ihrem unter Farbeinstellungen festgelegten Arbeitsfarbraum übereinstimmt. Bei PSD- und JPEG-Ausgangsbildern können Sie auf diese Weise ein neues Farbprofil für das erste Bild – und somit für alle folgenden Bilder – festlegen.

JPEG mit sRGB-Profil

Es gibt mehrere Varianten des RGB-Farbraums. sRGB hat im Vergleich zu anderen Farbräumen einen recht geringen Farbumfang, ist jedoch weit verbreitet und gilt daher als kleinster gemeinsamer Nenner – sRGB-Dateien lassen sich fast überall anzeigen. Viele Kameras erzeugen von sich aus sRGB-Bilder. Wenn Sie Ihr Foto für den Druck bearbeiten, ist sRGB jedoch kein besonders günstiger Ausgangsfarbraum. Sofern Sie das Glück haben, eine Kamera zu benutzen, die Bilder in einem anderen, größeren Farbraum wie z.B. Adobe RGB erzeugt, sollten Sie diese Konvertierung nicht vornehmen. Die Farbinformationen, die dabei verloren gehen, können nicht wiederhergestellt werden.

Zum Weiterlesen: Farbräume und Farbprofile

Mehr über Farbräume, Farbprofile und die Profilkonvertierung erfahren Sie in Kapitel 38, »Farbmanagement«.

Speicherort für verarbeitete Bilder auswählen | Unter Speicherort für verarbeitete Bilder auswählen können Sie entweder mit einem Klick den Ausgangsordner als Speicherort festlegen (Gleicher Speicherort ❷) oder einen anderen Ordner bestimmen. Auch wenn hier Gleicher Speicherort gewählt ist, werden die Ausgangsdateien *nicht* überschrieben, stattdessen wird der Dateiname um eine zusätzliche Nummerierung ergänzt.

Dateityp | Nun folgen die eigentlichen Informationen für die Verarbeitung der Bilder. Sie können zwischen den Dateiformaten JEPG, PSD und TIFF als **Zielformat** für die Dateien wählen und (wenige) Formatoptionen festlegen. Wenn Sie die Option Profil in sRGB konvertieren ❸ wählen, muss auch die Option ICC-Profil einschliessen ❹ aktiv sein. Es ist auch möglich, mehrere oder alle Formate anzuwählen. Der Bildprozessor legt dann im Zielordner entsprechende Unterordner an und konvertiert die Ausgangsbilder in einem Rutsch in mehrere Zielformate.

Mit der Funktion An Format anpassen stellen Sie eine eventuelle Skalierung der Bilder ein. Ist die Funktion aktiv, müssen sowohl die Breite als auch die Höhe festgelegt werden. Sie müssen dabei jedoch nicht zwingend auf korrekte Proportionalität zu den Original-Bildmaßen achten – die Bilder werden nicht verzerrt. Die Eingaben zur Breite und Höhe der Bilder werden als Maximalwerte ausgelegt, und die Bilder werden so weit skaliert, dass weder Höhe noch Breite dieses Maß überschreiten. Unterschreitungen sind möglich.

Voreinstellungen | Unter Voreinstellungen finden Sie einige nützliche Zusatzfunktionen. Sie können festlegen, ob

- noch zusätzlich **Aktionen** ausgeführt werden,
- das ICC-**Farbprofil** der Kamera in die neuen Dateien eingebettet werden soll und
- ob **Informationen zum Urheberrecht** (IPTC-Informationen) in die Dateien geschrieben werden sollen. Die Übungsbilder auf der Buch-DVD haben zum Beispiel solche Informationen. Sie können in Bridge, über die Dateiinformationen in Photoshop und zahlreiche andere Bildbetrachter ausgelesen werden.

Unter Speichern können Sie die vorgenommenen Einstellungen sichern, um sie beim nächsten Mal einfacher anderen Dateien zuweisen zu können. Die Verarbeitungsinformationen werden als XML-Dateien gespeichert. Anders als bei vielen Vorgaben gibt es hier keinen Standardordner – Sie müssen sich also merken, wo Sie Ihre Einstellungen ablegen. Ein Klick auf Ausführen startet die Verarbeitung.

9.4 Aktionen: Befehlsfolgen auf Knopfdruck

Aktionen sind mitgeschnittene und gespeicherte Befehlsfolgen, die sich immer wieder abspielen und so auf andere Bilder anwenden lassen. Sie können nur in Photoshop aufgezeichnet werden, lassen sich jedoch später auch von Bridge mittels STAPELVERARBEITUNG aufrufen.

Der erste Schritt ist das Erstellen einer solchen Aktion. Ihr wichtigster Helfer für das Aufzeichnen und Verwalten von Aktionen ist die Aktionen-Palette (FENSTER • AKTIONEN oder F9 oder Klick auf das Symbol).

▲ **Abbildung 9.43**
Das Symbol der Aktionen-Palette

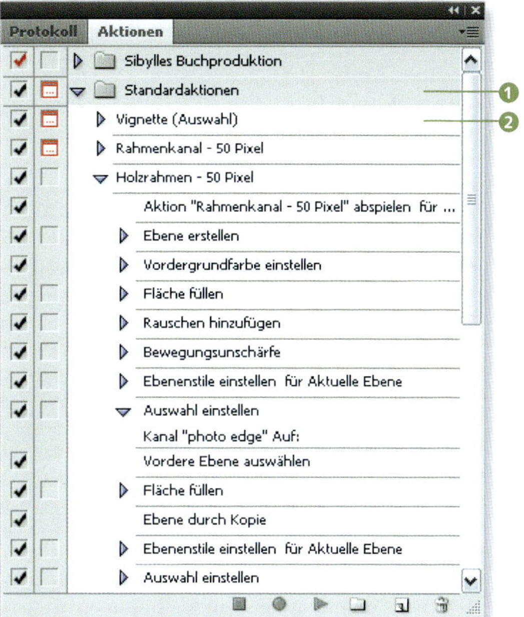

◀ **Abbildung 9.44**
Die Aktionen-Palette. Photoshop liefert eine Reihe fertiger Aktionen mit.

In Abbildung 9.44 ist die Ordnung der Aktionen-Palette mit »Ordnern« ❶ (Sets oder Sätze) und darin enthaltenen Aktionen ❷ zu erkennen. Der Ordner STANDARDAKTIONEN ist aufgeklappt und zeigt die enthaltenen Aktionen an. Aktionen lassen sich ebenfalls per Dreieckpfeil aufklappen; die enthaltenen Bearbeitungsschritte können dann im Einzelnen nachvollzogen werden. Hier ist das am Beispiel von HOLZRAHMEN – 50 PIXEL zu sehen.

9.4.1 Funktionsprinzip

Das Funktionsprinzip der Aktionen ist einfach: Sie führen die Befehle, die Sie in die Aktion aufnehmen wollen, exemplarisch an einem Bild durch und zeichnen sie dabei auf. Dazu stehen die Buttons am unteren Rand der Aktionen-Palette zur Verfügung, die nicht umsonst an die Stopp- und Play-Knöpfe eines Kassettenrekorders erinnern. Danach können Sie die Befehlsfolge mit einem Knopfdruck auch auf andere Bilder anwenden.

9.4.2 Aktionen aufzeichnen

Achten Sie beim Aufzeichnen darauf, dass nicht der sogenannte »Schaltflächenmodus« (erreichbar per Seitenmenü) aktiv ist. Denn dann erscheinen alle Aktionen als Buttons, die das Zuweisen von Aktionen erleichtern sollen, das Definieren neuer Aktionen aber unmöglich machen.

Abbildung 9.45 ▸
Die Aktionen-Palette im Schaltflächenmodus. Die durch Ordnersets vorgegebene Struktur ist einer langen Reihe von Buttons gewichen. Buttons für die Aufnahme gibt es nicht mehr.

Schritt für Schritt: Aktionen aufzeichnen und ausführen

1 Vorbereitungen

Erstellt werden soll eine Aktion, die die Bildauflösung ändert und die Datei anschließend im Format PSD speichert. Diese Aktion kann man gut anwenden, wenn man JPEG-Bilder aus der Digicam importiert hat und in ein arbeitsfreundliches Dateiformat bringen will. Sie können später Aktionen nahezu beliebiger Komplexität erzeugen; dieses Beispiel genügt jedoch, um Sie mit der Aktionen-Palette vertraut zu machen.

Öffnen Sie ein Bild, an dem Sie die Befehlsfolge für die Aufzeichnung exemplarisch durchführen, und – natürlich – die Aktionen-Palette.

2 Neues Aktionsset anlegen

Sie können direkt eine neue Aktion anlegen . Diese wird dann dem Standardset hinzugefügt. Das ist allerdings nur die zweitbeste Möglichkeit: erstens aus Ordnungsgründen, und zweitens können so abgelegte Aktionen leicht verloren gehen, wenn die Palette auf die Standardeinstellungen zurückgesetzt wird. Es ist also günstiger, Sie legen erst ein eigenes Set an, in das Sie dann Ihre Aktion speichern. Dazu benutzen Sie die Schaltfläche NEUEN SATZ ERSTELLEN .

In einem kleinen Dialogfenster können Sie einen Namen vergeben. Sie finden das Set dann – noch leer – in der Aktionen-Palette wieder.

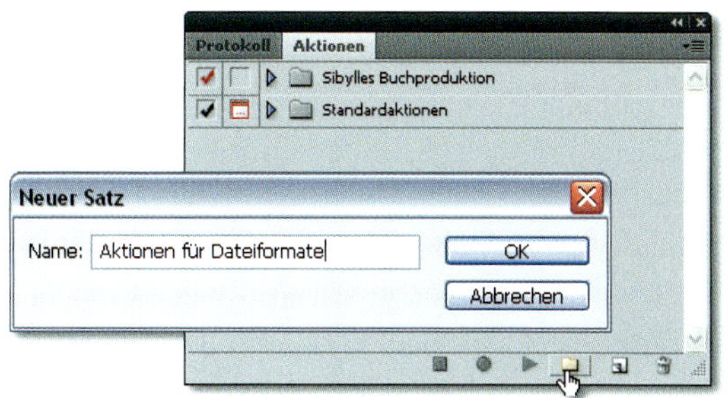

▲ **Abbildung 9.46**
Neuen Satz anlegen: Hier wird gerade der Name eingetragen.

▲ **Abbildung 9.47**
Der neu erzeugte (noch leere) Satz in der Aktionen-Palette

3 Neue Aktion anlegen

Aktivieren Sie den neuen Aktionssatz, und klicken Sie in der Aktionen-Palette auf das Icon NEU .

Dann müssen Sie nur noch einen Titel für die neue Aktion vergeben und unter SET den Speicherort festlegen. Mit FUNKTIONSTASTE können Sie eine der F-Tasten für diese Aktion reservieren. FARBE bezieht sich auf die Darstellung der Aktion im Schaltermodus. Sie können die Eigenschaften einer Aktion oder eines Sets auch später noch verändern – ein Doppelklick auf den Namen der Aktion erlaubt es, den Namen zu ändern; ein Klick bei gehaltener Alt/⌥-Taste führt auch zu weitergehenden Einstellungen.

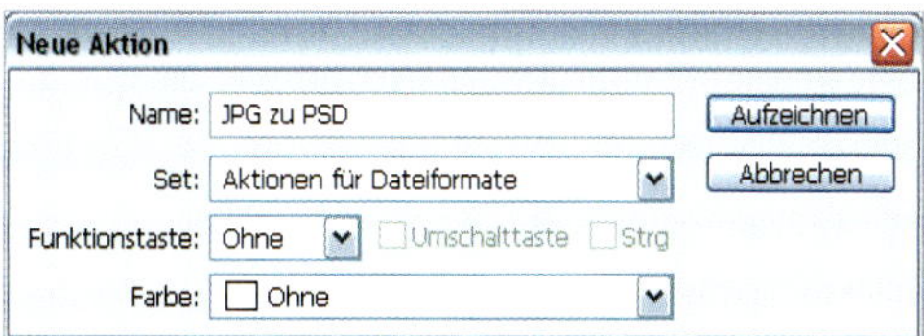

◀ **Abbildung 9.48**
Aktionseinstellungen vornehmen

4 Die Aufzeichnung läuft!

Der runde Button am Fuß der Aktionen-Palette leuchtet nun rot. Das heißt, alles, was Sie ab jetzt mit Photoshop machen, wird als Bestandteil der Aktion aufgezeichnet.

Und zwar wirklich alles – wenn Sie einen Arbeitsschritt zu viel machen und ihn wieder löschen, ist auch dies Bestandteil der Aktion. Zwar lassen sich Aktionen auch nachbearbeiten, aber es ist natürlich günstiger, wenn man die Aktion vorher einmal »übt«, um so etwas zu vermeiden.

▲ **Abbildung 9.49**
Aufnahme läuft...

Wählen Sie nun den Befehl DATEI • SPEICHERN UNTER, und speichern Sie Ihre Musterdatei – Sie können ein beliebiges Bild nehmen – im Dateiformat PSD ab. Dann schließen Sie die Datei.

5 Aufzeichnung abschließen

Um die Aufzeichnung der Aktion abzuschließen, genügt ein Klick auf den Quadrat-Button. In der Aktionen-Palette ist nach erfolgreicher Aufzeichnung die neue Aktion zu sehen.

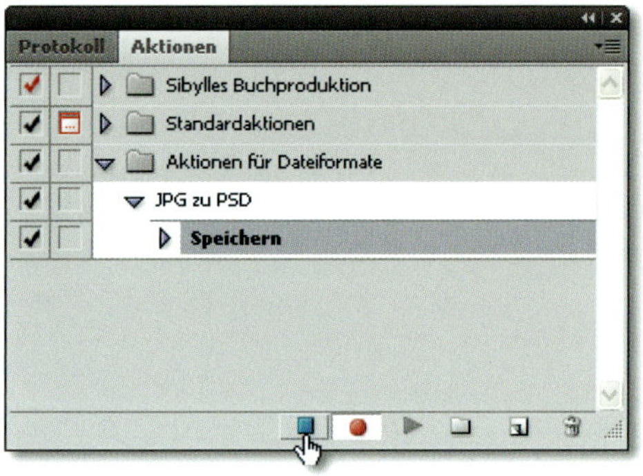

Abbildung 9.50 ▸
Beenden der Aufzeichnung

6 Überflüssige Arbeitsschritte oder Aktionen löschen

Sie haben irrtümlich doch einen falschen oder überflüssigen Arbeitsschritt in die Aktion eingebaut – oder wollen Sie womöglich gar eine ganze Aktion loswerden? Die Schaltfläche mit dem Papierkorb-Icon dient wiederum dazu, einzelne Befehle oder ganze Aktionen zu löschen.

Aktionen-Reihenfolge

Übrigens – durch einfaches Drag & Drop in der Liste, die Sie in der Aktionen-Palette sehen, können Sie die Reihenfolge von Aktionssätzen und Aktionen und sogar von Befehlen innerhalb einer Aktion ändern.

7 Aktion auf andere Bilder anwenden

Um eine Aktion nun auf andere Bilder anzuwenden, öffnen Sie die Bilder, wählen die Aktion in der Palette durch Anklicken aus und klicken dann in der Aktionen-Palette auf den pfeilförmigen Play-Button. Die in der Aktion gespeicherten Befehle werden nun auf das geöffnete Dokument angewendet.

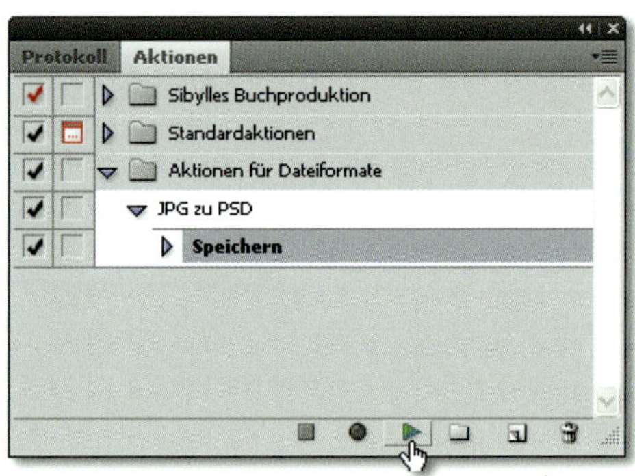

Abbildung 9.51 ▸
Aktion auf weitere Dokumente anwenden

Effiziente Methoden, um Aktionen auf mehrere Bilder gleichzeitig anzuwenden, lernen Sie in Abschnitt 9.7, »Stapelverarbeitung«, kennen. ■

9.4.3 Aktionen hinzuladen

Eingeblendet ist in der Aktionen-Palette zunächst nur das Adobe-Set STANDARDAKTIONEN, dazu kommen eventuell weitere, von Ihnen erstellte Aktionen oder Aktionssets. Adobe hat jedoch noch mehr Sätze mitgeliefert. Um diese und natürlich auch Ihre eigenen zu verwalten, müssen Sie das Palettenmenü über die kleine Schaltfläche rechts oben aufrufen.

TOPP-TIPP: Mehrere Aktionen kombinieren

Sie können auch mehrere Aktionen kombinieren. Nutzen Sie dann entweder [Strg]/[⌘] oder [⇧], um mehrere Aktionstitel aus der Aktionen-Palette gleichzeitig auszuwählen und sie nacheinander abzuspielen.

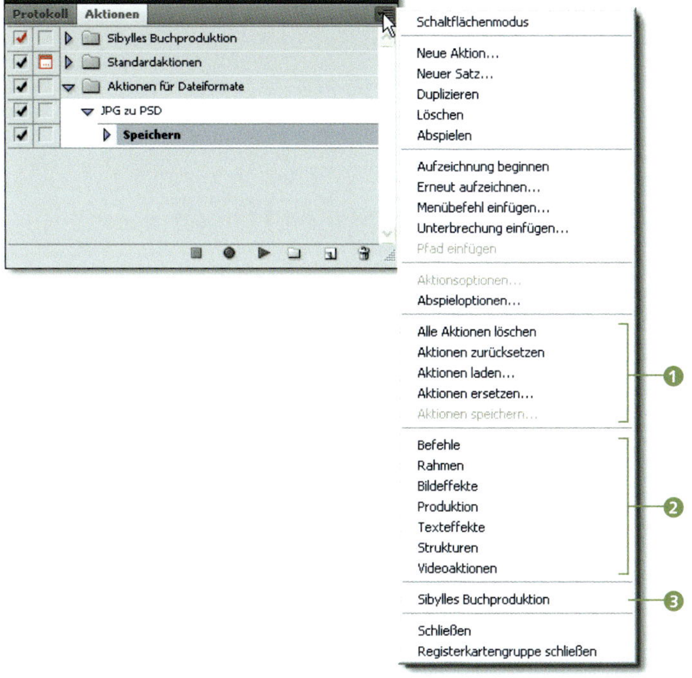

◄ **Abbildung 9.52**
Die Aktionen-Palette samt Palettenmenü

Mithilfe des Seitenmenüs können Sie auch andere Aktionen in die Aktionen-Palette laden. Mit den Befehlen unter ❶ können Sie differenziert steuern, wie mit den aktuell geladenen und den neu einzuladenden Aktionssets verfahren werden soll.

Unter ❷ erreichen Sie vorhandene Aktionssets mit einem Klick. Dort finden Sie auch Ihre eigenen Aktionssets wieder ❸.

Ähnliche Funktionsweise auch für andere Paletten

Nach dem hier beschriebenen Prinzip funktioniert nicht nur die Palette AKTIONEN. Auch andere Paletten, die der Verwaltung von Photoshop-Arbeitsmitteln dienen – so zum Beispiel STILE, FARBFELDER oder die umfangreiche Palette PINSEL – funktionieren nach diesem Prinzip.

9.4.4 Aktionen speichern

Sobald Sie eine neue Aktion erzeugt haben, sollten Sie auch unbedingt Gebrauch vom Befehl AKTIONEN SPEICHERN machen, denn mit einem Zurücksetzen der Aktionen-Palette gehen sie unweigerlich – und ohne weitere Nachfragen des Programms – verloren.

Zum Weiterlesen: Noch bessere Verwaltungsfunktion im Vorgaben-Manager

Details zur Ressourcenverwaltung per Seitenmenü und Informationen zur Arbeit mit dem noch effektiveren Vorgaben-Manager finden Sie in Kapitel 33, »Ebenenstile«.

Standardmäßig werden **von Adobe mitgelieferte Aktionen** im Unterordner VORGABEN/PHOTOSHOP-AKTIONEN des Photoshop-CS4-Programmordners gespeichert. Wo genau dieser Ordner liegt, richtet sich nach Ihrer Installation. **Benutzerdefinierte Aktionen** (und andere Vorgaben) landen an anderer Stelle, nämlich dort, wo Ihr Betriebssystem Benutzerdaten auch sonst ablegt. Dort wird ein zweiter Ordner VORGABEN/PHOTOSHOP-AKTIONEN erzeugt. In einigen Installationen tragen diese Ordner englische Namen (Presets/Actions).

9.5 Fußangeln und Fehlersuche bei Aktionen

Aktionen aufzuzeichnen ist zwar eigentlich ganz einfach – in der Praxis kommt es aber immer wieder zu Pannen. Wie man die häufigsten Fußangeln umgeht, erfahren Sie hier.

9.5.1 Zahleneingaben wirklich durchführen

Wenn Sie in Ihrer Aktion Befehle vorsehen, bei denen ein bestimmter Wert eingegeben werden soll – beispielsweise beim Skalieren von Bildern – und Ihr Beispielbild, mit dem Sie die Aktion aufzeichnen, zufällig schon die passende Größe hat, reicht es nicht aus, nur das Dialogfeld zu öffnen und auf OK zu klicken. Dann wird die Aktion später genau das tun – aber keine Werte auf andere Bilder anwenden. Also müssen Sie die gewünschten Werte, die in der Aktion aufgezeichnet werden sollen, tatsächlich in die Zahlenfelder eintragen und dann erst bestätigen.

9.5.2 Rahmenbedingungen als Fehlerquelle

Vielfach hängen die Ergebnisse einer Aktion von den konkreten Dateieigenschaften ab – so wirkt beispielsweise ein Gaußscher Weichzeichner der Stärke »4« bei einer 72-ppi-Datei anders als auf ein hochaufgelöstes 300-ppi-Bild. Auch Programmeinstellungen wie die aktuelle Vorder- und Hintergrundfarbe oder welche Bildebene aktiv ist, haben Einfluss auf die Aktion und können eine Ursache sein, wieso das Ergebnis nicht das gewünschte ist. Wenn Sie speziell bei Zahleneingaben in Dialogfelder individuelle Steuerungsmöglichkeiten für jede Datei brauchen, sollten Sie modale Steuerbefehle (siehe Abschnitt 9.6.1, »Eigene Eingaben in Aktionen«) einsetzen.

9.5.3 Maßeinheiten

Werkzeuge oder Dialogboxen, bei denen man einen Wert eingibt und auch noch per OK bestätigt, hängen von den aktuell unter VOREINSTELLUNGEN • MASSEINHEITEN UND LINEALE (Strg/⌘+K, dann Strg/⌘+7) festgelegten Einheiten ab. Werden hier zwischen Aufzeichnung und Anwendung der Aktion Änderungen vorgenommen, kann es zu Überraschungen kommen. Wenn Sie eine Aktion aufzeichnen, die auf Bilder mit verschiedenen Größen angewendet werden soll, empfiehlt es sich, als Linealeinheit »Prozent« festzulegen. So wird die Aktion immer an derselben relativen Position im Bild abgespielt.

9.5.4 Aktionen für Bilder unterschiedlicher Größe

Um die Bildgröße bei gemischten Quer- und Hochformaten festzulegen, empfiehlt es sich, den Photoshop-Befehl DATEI • AUTOMATISIEREN • BILD EINPASSEN zu verwenden.

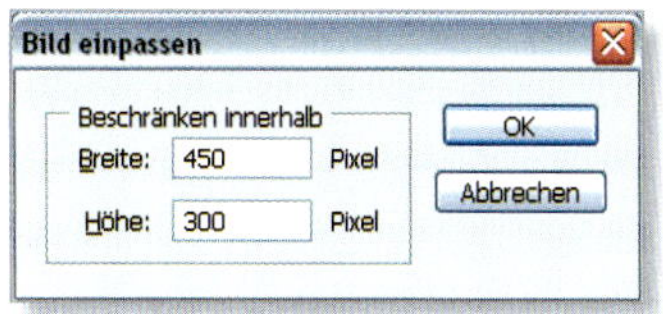

▲ **Abbildung 9.53**
Vor allem in Zusammenarbeit mit der Stapelverarbeitung großer Mengen von Dateien ist BILD EINPASSEN hilfreich.

9.5.5 Modusänderung nur nach Bedarf

Eine häufige Anforderung ist es auch, per Aktion den Bildmodus zu ändern. Wenn alle zu bearbeitenden Bilder im selben Modus vorliegen, ist das noch einfach per Aktion machbar. Schwierig wird es bei Bildern in verschiedenen Modi, wenn man sinnlose oder überflüssige Modusänderungen vermeiden und die Moduswechsel auf einige Ausgangsmodi eingrenzen will. Die Funktion BEDINGTE MODUSÄNDERUNG (in Photoshop zu finden unter DATEI • AUTOMATISIEREN) stellt eine einfache Lösung dazu dar.

Unter QUELLMODUS stellen Sie ein, welche Modi oder welcher Modus von der Modusänderung in der Aktion betroffen sein soll. Die Schaltfläche ALLES wählt alle Modi aus, OHNE wählt sie ab. Unter ZIELMODUS stellen Sie ein, in welchen Modus die Bilder gebracht werden sollen.

Wenn Sie eine bedingte Modusänderung in eine Aktion aufnehmen wollen, starten Sie einfach das Aufzeichnen der Aktion, öffnen diesen Dialog, nehmen Ihre Einstellungen vor und klicken auf OK. Beim nächsten Ausführen der Aktion wird die Modusänderung durchgeführt. Die BEDINGTE MODUSÄNDERUNG ist auch hervorragend geeignet, um in der Stapelverarbeitung (siehe Abschnitt 9.4) verwendet zu werden.

▲ **Abbildung 9.54**
Mit wenigen Klicks zur gesteuerten Modusänderung

9.5.6 Dateinamen

Wenn Ihre aufgezeichnete Aktion den Befehl SPEICHERN UNTER enthält, darf auf keinen Fall auch ein Dateiname vergeben werden – diesen Namen würden dann alle mit der Aktion behandelten Dateien bekommen. Einen Speicherordner können Sie auf diese Weise allerdings festlegen.

9.5.7 Abspielgeschwindigkeit festlegen

Manchmal hakt es besonders bei komplexen Aktionen, ohne dass beim Abspielen die Ursache klar wird. Dann kann es hilfreich sein, die Abspielgeschwindigkeit der Aktion zu reduzieren. Der Befehl ABSPIELOPTIONEN... aus dem Menü der Aktionspalette bringt Sie zu den erforderlichen Einstellungen.

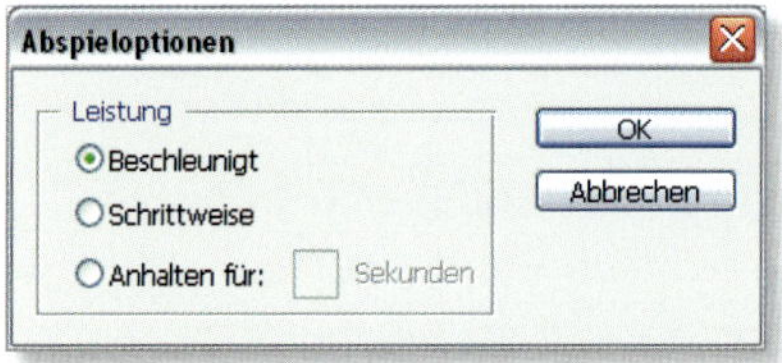

Abbildung 9.55 ►
Wie schnell soll die Aktion ausgeführt werden?

- BESCHLEUNIGT ist die Standardeinstellung, die Sie im störungsfreien Betrieb auch beibehalten sollten. Oft können Sie nicht im Einzelnen am Bildschirm nachvollziehen, was mit dem Bild passiert, weil die Arbeitsschritte so schnell vorbeiflackern.
- Die Option SCHRITTWEISE führt die Befehle langsamer hintereinander aus und aktualisiert das Bild, bevor mit dem nächsten Befehl in der Aktion fortgefahren wird. Hier können Sie gut verfolgen, was mit dem Bild geschieht.
- Mit der Option ANHALTEN FÜR können Sie auch noch festlegen, ob und wie lange Photoshop zwischen der Ausführung der einzelnen Befehle einer Aktion wartet.

9.6 Feintuning für Aktionen

Photoshop bietet eine Reihe von Möglichkeiten, um Aktionen besser an Ihre Bedürfnisse anzupassen und um sie flexibler zu handhaben.

9.6.1 Eigene Eingaben in Aktionen: modale Steuerelemente

Leider lassen sich nicht alle Arbeitsschritte so gut in Aktionen verwenden wie die Dateiformatänderung aus dem Beispiel oben. Einige Befehle sollten nicht einfach abgespult werden, sondern wirken besser, wenn sie den Gegebenheiten des Bildes angepasst werden. Notwendig ist das bei allen Operationen, die von der Bildgröße oder -auflösung – zum Beispiel bei Schärfungen nach der Skalierung – oder dem Motiv abhängig sind, oder in Fällen, in denen Sie sich selbst noch etwas kreativen Gestaltungsspielraum geben wollen. Das gilt natürlich auch für das Speichern von Dateien, wenn Sie einen eigenen Dateinamen vergeben müssen. (Ein beim Aufzeichnen der Aktion einmal festgelegter Name würde allen Bildern zugewiesen, auf die die Aktion angewendet wird!)

Mit nur einem Klick räumen Sie sich selbst die Möglichkeit ein, eigene Einstellungen während des Abspielens der Aktion vorzunehmen. Dazu müssen Sie die Aktion, der diese Funktion hinzugefügt werden soll, aufklappen. Am Anfang jeder »Zeile« in der Aktionen-Palette sehen Sie zwei Kästchen: links ein Kästchen mit einem kleinen Haken, den Sie zunächst nicht verändern sollten, rechts standardmäßig ein leeres Kästchen. Indem Sie einmal auf eines der leeren Kästchen klicken, wird dem betreffenden Befehl ein sogenanntes **modales Steuerelement** hinzugefügt. Das heißt, beim nächsten Abspielen der Aktion öffnet sich das Dialogfeld zu dem Befehl, den Sie mit einem modalen Steuerelement versehen haben, und Sie können dort Ihre Eingaben machen.

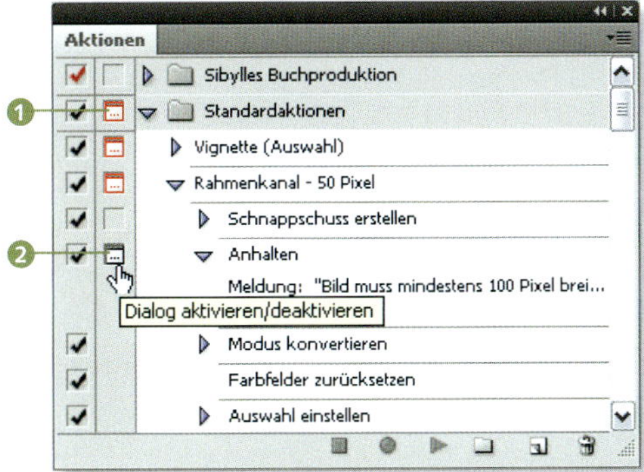

◂ **Abbildung 9.56**
Aktionen, die Befehle mit Steuerelementen enthalten, sind durch rote Icons ❶ in Form eines stilisierten Dialogfeldes gekennzeichnet. Vor den jeweiligen Befehlen stehen graue Icons ❷ und signalisieren, dass modale Steuerelemente eingefügt wurden.

Ein erneuter Klick auf das Icon setzt den Steuerbefehl wieder außer Kraft. Wenn Sie auf das rote Icon vor einer Aktion klicken, werden alle modalen Steuerbefehle, die in der Aktion vorhanden sind, auf einmal deaktiviert.

9.6.2 Nicht aufzuzeichnende Menübefehle in die Aktion aufnehmen

Eine ganze Reihe von Werkzeugen und Menübefehlen (wie Mal- und Retuschewerkzeuge, Werkzeugoptionen und Ansichts- und Fensterbefehle) kann regulär nicht in Aktionen aufgezeichnet werden. Im Seitenmenü der Palette finden Sie den Befehl MENÜBEFEHL EINFÜGEN. Mit seiner Hilfe ergänzen Sie Menübefehle, die sich der regulären Aufzeichnung entziehen, in Aktionen.

Das Integrieren eines solchen Menübefehls in eine Aktion ist ganz einfach. Zeichnen Sie zunächst die Aktion auf – ohne diesen Befehl. Überlegen Sie dann, an welcher Stelle der Menübefehl eingefügt werden soll. Soll er am Ende einer Aktion eingefügt werden, wählen Sie in der Palette den Namen der Aktion aus. Soll er in die Aktion zwischen bestehende Befehle eingefügt werden, aktivieren Sie in der Aktionen-Palette den Befehl, nach dem der Menübefehl eingesetzt werden soll.

Wählen Sie dann im Seitenmenü der Aktionen-Palette den Befehl Menübefehl einfügen. Es erscheint dann ein kleines Fenster mit einem Hinweis Menübefehl: keine Auswahl.

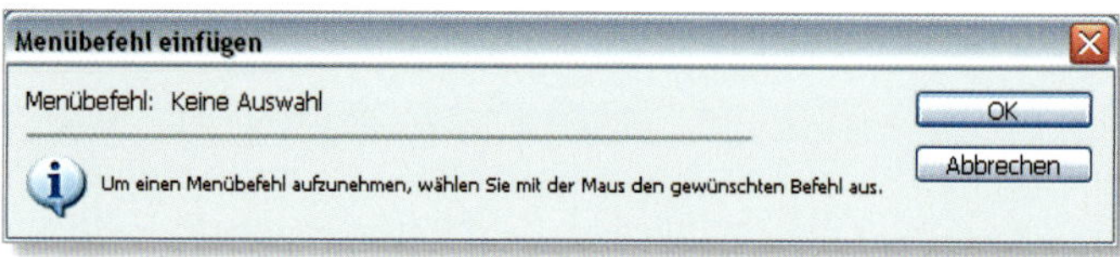

Abbildung 9.57 ▸
Nun können Sie den Menübefehl einfügen.

Dieses Fenster klicken Sie zunächst *nicht* weg! Stattdessen führen Sie nun den Befehl aus, der in der Aktion ausgeführt werden soll, oder aktivieren das Werkzeug, das Sie in der Aktion anwenden wollen. Werte für den Befehl oder Eingaben mit einem Werkzeug werden in der Aktion nicht aufgezeichnet. Sie brauchen sie also beim Einfügen des Menübefehls noch nicht einzugeben, sondern erst beim Abspielen der Aktion. Klicken Sie erst dann in dem Fenster Menübefehl einfügen auf OK. Eingefügte Menübefehle werden in der Aktionen-Palette durch dasselbe Icon angezeigt wie modale Steuerelemente.

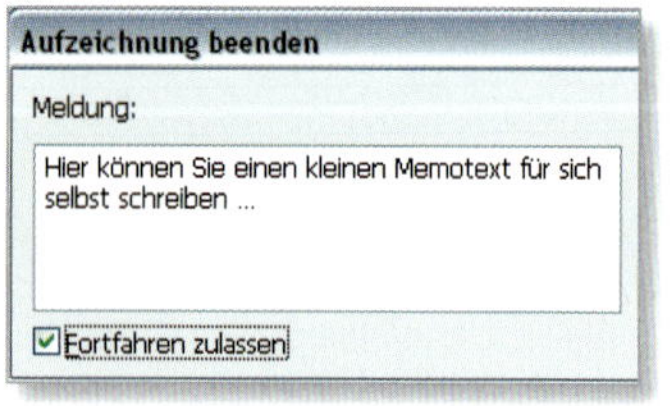

▴ **Abbildung 9.58**
Der Text, den Sie hier einfügen, wird beim nächsten Abspielen der Aktion in einem Info-Popup gezeigt.

9.6.3 Memo-Fenster integrieren: Unterbrechung einfügen

Wenn Sie in der Aktion noch eine Gedächtnisstütze brauchen, können Sie auf ähnliche Weise eine sogenannte Unterbrechung einfügen. Dann wird während des Abspielens der Aktion ein Fenster eingeblendet, das die Instruktionen oder Hinweise zeigt, die Sie sich vorher selbst geschrieben haben. Dazu wählen Sie aus dem Seitenmenü der Aktionen-Palette den Befehl Unterbrechung einfügen. Es öffnet sich ein Eingabefeld, in das Sie Ihren Text schreiben können (Abbildung 9.58).

Achten Sie beim Anlegen einer Unterbrechung unbedingt darauf, dass Fortfahren zulassen aktiviert ist – ansonsten kommt Ihre Aktion zu einem jähen Ende, weil dem Info-Fenster der Button Weiter fehlt.

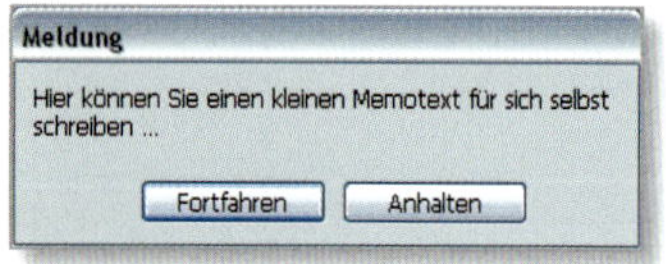

▴ **Abbildung 9.59**
Und so sieht eine Unterbrechung aus, wenn die Aktion abgespielt wird.

Abbildung 9.60 ▸
In der Aktionen-Palette erscheint die Unterbrechung als Anhalten. Mit einem Klick auf das Dialogfeld-Icon ❶ kann die Unterbrechung (de)aktiviert werden.

9.6.4 Bestehende Aktionen variieren

Um neue Aktionen zu erstellen, müssen Sie nicht immer eine komplette Neuaufzeichnung erstellen – Sie können auch bestehende Aktionen modifizieren. Gerade bei komplexeren Aktionen kann sich das durchaus lohnen. Am besten **duplizieren** Sie eine bestehende Aktion einfach, bevor Sie sie verändern. Es genügt, dazu die betreffende Aktion in der Aktionen-Palette auf das NEU-Icon zu ziehen.

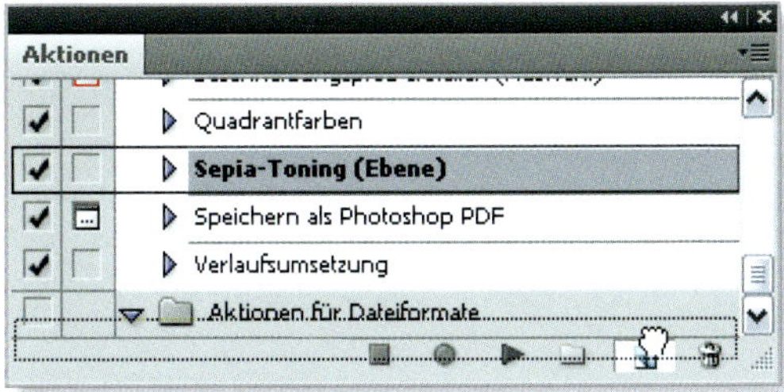

◄ **Abbildung 9.61**
Eine Aktion (hier: SEPIA-TONING) wird dupliziert.

Aktionen ergänzen oder modifizieren | Sie können Aktionen jederzeit um neue Befehle ergänzen oder bestehende Befehle erneut aufzeichnen, um Einstellungen zu modifizieren. Legen Sie dazu als Erstes fest, an welcher Stelle der Aktion der neue Befehl eingefügt werden soll. Wenn er am Ende einer Aktion eingefügt werden soll, wählen Sie den Namen der Aktion aus. Wenn ein neuer Befehl nach einem schon vorhandenen Befehl eingefügt werden soll, wählen Sie diesen aus.

Klicken Sie dann auf die Schaltfläche AUFZEICHNUNG BEGINNEN (runder Button), oder wählen Sie im Seitenmenü der Palette den Befehl AUFZEICHNUNG BEGINNEN.

Führen Sie die Befehle aus, die Sie in die Aktion integrieren wollen. Sie werden aufgezeichnet. Wenn Sie fertig sind, klicken Sie auf die Schaltfläche AUFZEICHNUNG BEENDEN (quadratischer Button), um die Aufzeichnung zu stoppen.

Vor allem, wenn Sie die Eingaben von Werten oder modale Werkzeuge verändern wollen, ist auch der Befehl ERNEUT AUFZEICHNEN (aus dem Palettenmenü) hilfreich. Sie können einen einzelnen Schritt oder eine ganze Aktion neu aufzeichnen und dabei die bisherigen Eingaben oder Werte ändern.

Arbeitsschritte entfernen | Um Arbeitsschritte von einer Aktion auszuschließen, haben Sie zwei Möglichkeiten. Entweder Sie ziehen den jeweiligen Befehl auf das Löschen-Icon – dann ist er unwiderruflich aus der Aktion **entfernt**. Alternativ können Sie Befehle temporär **deaktivieren**. Dazu müssen Sie nur den kleinen Haken vor dem betreffenden Arbeitsschritt entfernen; er wird dann beim nächsten Abspielen der Aktion nicht ausgeführt. Ein erneuter Klick in das (nun leere) Feld aktiviert den Befehl wieder.

Abbildung 9.62 ▸
Wurden Schritte einer Aktion deaktiviert ②, wird dies zusätzlich vor dem Namen der Aktion mit einem roten Häkchen ① angezeigt. So können Sie auch bei einer eingeklappten Aktion erkennen, dass Schritte ausgelassen werden.

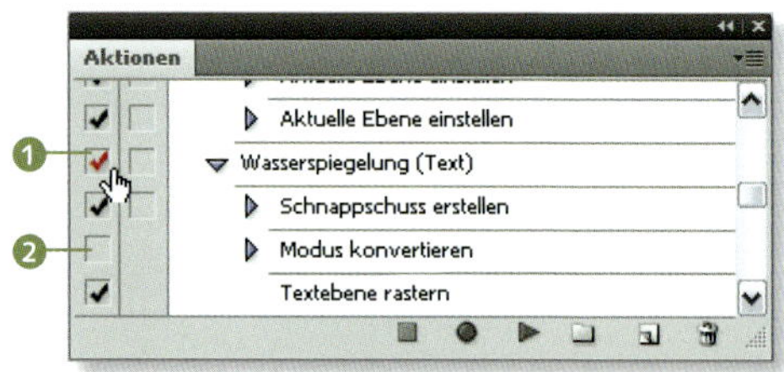

Tabelle 9.1 ▸
Tastaturbefehle für die Arbeit mit Aktionen auf einen Blick

Was wollen Sie tun?	Windows	Mac
Aktuellen Befehl aktivieren und alle anderen deaktivieren oder alle Befehle aktivieren	Alt drücken und auf das Häkchen neben einem Befehl klicken	⌥ drücken und auf das Häkchen neben einem Befehl klicken
Aktuelles modales Steuerelement einschalten und zwischen allen anderen modalen Steuerelementen wechseln	Alt drücken und auf das Steuerelement-Icon klicken	⌥ drücken und auf das Steuerelement-Icon klicken
Aktion ausführen	Strg + Doppelklick auf Aktion	⌘ + Doppelklick auf Aktion
Alle Befehle einer Aktion anzeigen/verbergen	Alt + Klick auf das Dreieck	⌥ + Klick auf das Dreieck
Einzelnen Befehl aus einer Aktion ausführen	Befehl markieren, Strg + Klick auf die Ausführen-Schaltfläche (Play-Button)	Befehl markieren, ⌘ + Klick auf die Ausführen-Schaltfläche (Play-Button)
Neue Aktion erstellen und ohne Bestätigung aufzeichnen	Alt + Klick auf die Schaltfläche Neue Aktion (runder Button)	⌥ + Klick auf die Schaltfläche Neue Aktion (runder Button)

9.7 Stapelverarbeitung: Aktionen auf viele Bilder anwenden

Aktionen für Stapelverarbeitung: ohne Unterbrechungen

Wenn Sie vorhaben, die Aktion in einer wirklich eigenständig ablaufenden Stapelverarbeitung einzusetzen, darf sie natürlich keine modalen Steuerelemente, Menübefehle oder Unterbrechungen enthalten, die Ihr Eingreifen erforderlich machen würden!

Bisher wissen Sie nur, wie Sie Aktionen auf ein oder mehrere geöffnete Bilder anwenden. Aktionen sind aber auch die Grundlage der automatischen Stapelverarbeitung. Damit legen Sie vorher fest, welche Aktion auf welche Bilder angewendet werden soll – das können auch ganze Ordner sein – und wie und wo die bearbeiteten Bilder abgelegt werden sollen. Haben Sie dies festgelegt und die Automatik gestartet, ist Ihre Anwesenheit am Rechner tatsächlich nicht mehr erforderlich ...

Starten lässt sich die Stapelverarbeitung über das Photoshop-Menü DATEI • AUTOMATISIEREN • STAPELVERARBEITUNG oder aus Adobe Bridge über WERKZEUGE • PHOTOSHOP

Haufenweise neue Dateinamen
Die Stapelverarbeitung kann Aktionen auf Bilder anwenden und dabei, wenn nötig, auch Dateinamen durch Prä- und Suffixe verändern. Wenn Sie nur die Dateinamen ändern wollen, ist die Bridge-Funktion WERKZEUGE • STAPELUMBENENNUNG jedoch die bessere Wahl.

9.7.1 Der Dialog »Stapelverarbeitung«

Im Dialogfeld STAPELVERARBEITUNG legen Sie fest, welche Dateien mit welcher Aktion bearbeitet werden sollen, wohin die veränderten Dateien gespeichert werden und wie die Dateinamen – wenn gewünscht – modifiziert werden. Dazu kommen noch Einstellungen zur Fehlerbearbeitung.

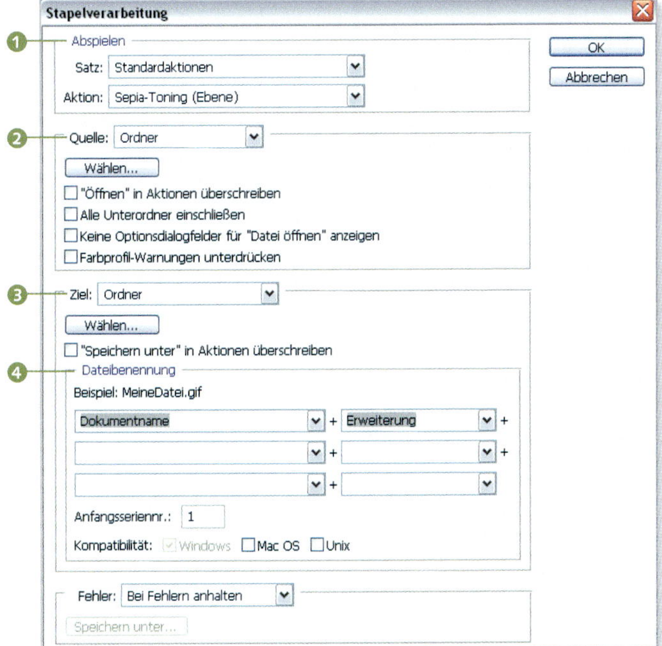

◄ **Abbildung 9.63**
Umfangreiche Einstellungsmöglichkeiten für die aktionsbasierte Bearbeitung von Bildstapeln

Abspielen und Quelle | Unter ABSPIELEN ❶ tragen Sie mithilfe der Dropdown-Listen SATZ und AKTION ein, welche Aktion auf den Bilderstapel angewendet werden soll. QUELLE ❷ bezeichnet die Bilder näher, die bearbeitet werden sollen.

- Die Einstellung ORDNER bestimmt einen speziellen Ordner auf Ihrer Festplatte oder einem anderen Laufwerk. Sie müssen ihn mit WÄHLEN noch genauer spezifizieren.
- Wenn Sie Bilder von einer Digitalkamera, einem Scanner oder aus einem PDF-File importieren und gleich eine Aktion auf sie anwenden wollen, wählen Sie IMPORT.
- Möglich ist es auch, eine Aktion en bloc auf alle aktuell GEÖFFNETEN DATEIEN anzuwenden. Diese Einstellung ist bei großen Bildermengen wenig sinnvoll.
- BRIDGE bezieht sich auf die dort zuvor ausgewählten Bilder.

▲ **Abbildung 9.64**
Einstellungen unter QUELLE

Praxisnutzen der Option »'Speichern unter' in Aktionen überschreiben«

Eine mögliche sinnvolle – und häufige – Anwendung für die sperrige Option "Speichern unter" in Aktionen überschreiben ist zum Beispiel die Änderung des Dateiformats. Üblicherweise werden Dateien bei der Stapelverarbeitung immer in demjenigen Dateiformat abgespeichert, in dem auch die Originaldatei vorliegt. Wenn Sie nun eine Reihe von Dateien in ein anderes Dateiformat bringen wollen, zeichnen Sie als Erstes in Ihrer Aktion den Befehl Speichern unter... auf – inklusive des neuen Dateiformats –, gefolgt von dem Befehl Schliessen. Dann **aktivieren** Sie beim Einrichten der Stapeloptionen unter Ziel die Option »Speichern unter« ... überschreiben.

Ohne
Speichern und schließen
Ordner

▲ **Abbildung 9.65**
Einstellungen unter Ziel

Die vier Optionen unterhalb des Wählen-Buttons sind fast selbsterklärend: Alle Unterordner einschliessen bezieht sich auf die Einstellung Ordner. Das Aktivieren von Keine Optionsdialogfelder für "Datei öffnen" anzeigen und von Farbprofil-Warnungen unterdrücken beschleunigt den Ablauf der Aktionen ungemein.

Fehlerquelle »Öffnen in Aktionen überschreiben« | Problematisch und eine häufige Fehlerquelle ist allerdings "Öffnen" in Aktionen überschreiben. Auch ein erklärendes Fenster, das Photoshop einblendet, wenn man diese Option aktiviert, trägt wenig zur Orientierung bei.

- Wenn die Aktion auf bereits geöffnete Dateien angewendet werden soll (Einstellung Geöffnete Dateien unter Quelle) oder wenn in der Aktion eigene Öffnen-Befehle enthalten sind – beispielsweise für weitere Dateien, die von der Aktion gebraucht werden –, müssen Sie die Option **aktivieren**.
- Wenn die Aktion selbst keine Befehle zum Öffnen enthält, muss der Befehl **deaktiviert** werden. Andernfalls passiert gar nichts, die Stapelverarbeitung kann die Dateien nicht öffnen.

Ziel | Unter Ziel ❸ legen Sie fest, wohin die bearbeiteten Dateien gespeichert werden oder ob die Originale überschrieben werden sollen.

- Ohne lässt die Dateien geöffnet, wenn in der Aktion selbst kein ausdrücklicher Speichern-Befehl enthalten ist.
- Speichern und Schliessen speichert die Änderungen an den Originaldateien und schließt diese dann. Eventuelle Speichern-Befehle in der Aktion werden dann aber übersprungen!
- Ordner legt einen bestimmten Zielordner fest. Wenn dies ein neuer Ordner sein soll, sollten Sie ihn vor dem Aufrufen der Stapelverarbeitung anlegen.

Fehlerquelle »Speichern überschreiben« | Etwas kniffelig ist wiederum "Speichern unter" in Aktionen überschreiben.

- Wenn die Aktion, die Sie verwenden wollen, eigene Befehle zum Speichern enthält, muss die Option "Speichern unter" in Aktionen überschreiben **aktiv** sein. Damit wird den Speicherbefehlen der Stapelverarbeitung gestattet, die in der Aktion vorhandenen Speicherbefehle außer Kraft zu setzen.
- Enthält die Aktion, die Sie verwenden, keinen eigenen Speicherbefehl, muss "Speichern unter" in Aktionen überschreiben **deaktiviert** sein. Die Speicherbefehle der Stapelverarbeitung funktionieren dann ohnehin.

Dateibenennung | Unter Dateibenennung ❹ (siehe Abbildung 9.63) können Sie vorgeben, wie der neue Dateiname zusammengesetzt sein soll. Hier sind ganz unterschiedliche Konstellationen möglich, wie die abgebildete Liste zeigt. Achten Sie darauf, dass die Dateierweiterung (jpg, psd, pdf ...) nicht fehlt!

Dokumentname
dokumentname
DOKUMENTNAME
Einstellige Seriennummer
Zweistellige Seriennummer
Dreistellige Seriennummer
Vierstellige Seriennummer
Folgebuchstaben (a, b, c...)
Folgebuchstaben (A, B, C...)
MMTTJJ (Datum)
MMTT (Datum)
JJJJMMTT (Datum)
JJMMTT (Datum)
JJTTMM (Datum)
TTMMJJ (Datum)
TTMM (Datum)
Erweiterung
ERWEITERUNG
Ohne

◄ **Abbildung 9.66**
Sie können Ihre Dateien automatisch benennen lassen.

Kompatibilität | Kompatibilität betrifft die Schreibkonvention für Dateinamen. Unix ist auch zu empfehlen, wenn man Dateien für das Web abarbeiten lässt! Fehler ist selbsterklärend. Für größere Stapel ist es oft günstiger, die Fehler in eine Protokolldatei schreiben zu lassen. Die Stapelverarbeitung kann dann wenigstens weiterlaufen – mit der Einstellung Anhalten wird sie bisweilen schnell ausgebremst, und wenn Sie nach zwei Stunden wiederkommen, sind die Dateien immer noch unbearbeitet.

Wenn Sie nun auf OK klicken, legt Photoshop los – und Sie können sich zurücklehnen.

Testlauf empfehlenswert

Auch bei gut durchdachten Einstellungen kann mal etwas danebengehen – im schlimmsten Fall sind dann Ihre Originaldateien mit den Befehlen einer nicht plangemäß funktionierenden Aktion überschrieben. Es empfiehlt sich immer, die Stapeleinstellungen mit einer kleinen Menge von Dateien zu testen, bevor man den Befehl dann auf umfangreiche Ordner loslässt.

9.8 Aktionen per Droplet anwenden

Wer es ganz eilig hat, kann Aktionen auch per Droplet anwenden. Droplets sind kleine Java-Programme, die Sie mit Photoshop erzeugen. Sie können dann Dateien und/oder ganze Ordner im externen Datei-Manager auf diese EXE-Datei ziehen – der Rest läuft automatisch ab. Droplets eignen sich besonders gut für Aktionen, bei denen Sie wenig Kontrolle brauchen und die Sie routinemäßig auf größere Bildmengen anwenden.

9.8.1 Ein Droplet erstellen

Schritt eins besteht wiederum darin, die passende Aktion zu erstellen. Sobald diese fertig ist, rufen Sie über Datei • Automatisieren • Droplet erstellen... das Dialogfenster auf. Sie können natürlich auch eine beliebige Aktion aus Ihrem Bestand nehmen.

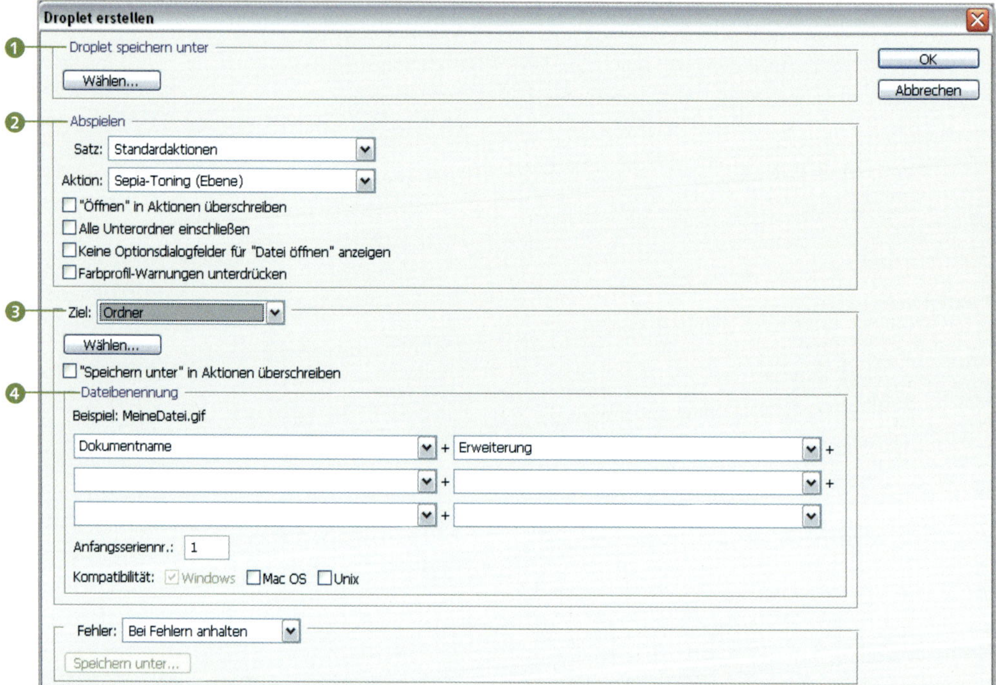

Abbildung 9.67 ▲
Der Droplet-Dialog erinnert stark an das Dialogfenster STAPELVERARBEITUNG – und ist ja auch tatsächlich ähnlich: In beiden Fällen werden Aktionen nach einem bestimmten »Rezept« auf ausgewählte Dateien angewendet.

- Unter DROPLET SPEICHERN UNTER ❶ stellen Sie ein, wo das Droplet gespeichert werden soll. Das kann Ihr Desktop bzw. Schreibtisch oder auch ein Dateiordner sein – wählen Sie einfach einen gut erreichbaren Ort auf Ihrem Computer.
- Unter ABSPIELEN ❷ legen Sie fest, welche Aktion im Droplet verwendet werden soll. Sie können hier nur solche Aktionen zur Verwendung einstellen, die auch in der Aktionen-Palette geladen sind.

Abspielen | Anschließend bestimmen Sie die Ausführungsoptionen:

- "ÖFFNEN" IN AKTIONEN ÜBERSCHREIBEN bewirkt, dass sich die Öffnen-Befehle in der Aktion auf diejenigen Dateien beziehen, auf die Sie das Droplet anwenden, und nicht auf die Dateinamen, die in der Aktion angegeben wurden. Die Option muss deaktiviert werden, wenn die Aktion ausschließlich für geöffnete Dateien gelten soll oder wenn in der Aktion Öffnen-Befehle für weitere Dateien enthalten sind, die von der Aktion benötigt werden.
- ALLE UNTERORDNER EINSCHLIESSEN verarbeitet Dateien auch in Unterordnern.
- KEINE OPTIONSDIALOGFELDER FÜR "DATEI ÖFFNEN" ANZEIGEN ist für die Anwendung von Droplets auf Camera-Raw-Bilddateien gedacht.

- FARBPROFIL-WARNUNGEN UNTERDRÜCKEN deaktiviert die Anzeige von Farbprofilmeldungen und sollte wiederum abgewählt werden, um das Ausführen der Aktion zu beschleunigen.

Ziel | Unter ZIEL ❸ stellen Sie ein, wohin die bearbeiteten Dateien gespeichert werden sollen:

- Ist OHNE aktiviert, bleiben die Dateien geöffnet, und Änderungen werden nur dann gespeichert, wenn die Aktion einen eigenen Speicherbefehl enthält.
- SPEICHERN UND SCHLIESSEN speichert die neuen Dateien an ihrem aktuellen Speicherort und überschreibt dabei die Originaldateien.
- Mit ORDNER legen Sie fest, dass die verarbeiteten Dateien an einem anderen Ort gespeichert werden. Klicken Sie auf WÄHLEN, um den Zielordner zu spezifizieren.

Auch hier gibt es wieder die Option "SPEICHERN UNTER" IN AKTIONEN ÜBERSCHREIBEN. Wenn die Aktion einen eigenen Befehl SPEICHERN UNTER enthält, **aktivieren** Sie "SPEICHERN UNTER" IN AKTIONEN ÜBERSCHREIBEN. Damit stellen Sie sicher, dass die Dateien in dem von Ihnen unter ZIEL angegebenen Ordner gespeichert werden (bzw. im Quellordner, wenn Sie zuvor die Option SPEICHERN UND SCHLIESSEN ausgewählt haben). Wenn die im Droplet verwendete Aktion keinen Befehl SPEICHERN UNTER enthält, werden Dateien nicht gespeichert!

Dateibenennung | Unter DATEIBENENNUNG ❹ können Sie wiederum festlegen, nach welchem Muster Dateinamen für die veränderten Dateien gebildet werden, und unter FEHLER haben Sie dieselben Möglichkeiten wie bei der Stapelverarbeitung auch.

Wenn Sie jetzt auf OK klicken, wird das Droplet erzeugt.

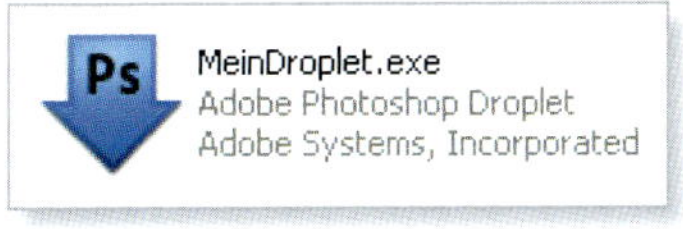

◂ **Abbildung 9.68**
In Windows-Explorer und im Mac-Finder wird das Droplet nun in dem Ordner angezeigt, den Sie in den Einstellungen angegeben haben. Sie erkennen das Droplet an dem Symbol, der Endung ».exe« und dem Namen, den Sie zuvor selbst vergeben haben.

9.8.2 Droplet anwenden

Um Droplets anzuwenden, muss Photoshop zunächst nicht einmal geöffnet sein. Ziehen Sie einfach die Datei oder gleich den ganzen Ordner, den Sie mit der im Droplet enthaltenen Aktion bearbeiten wollen, auf das Droplet-Symbol, und lassen Sie die Datei oder den Ordner dort los. Photoshop wird – falls es noch nicht geöffnet ist – starten und die Datei(en) gemäß Ihrer Konfiguration bearbeiten.

Abbildung 9.69 ►
So einfach kann die Verarbeitung von Dateien mit einem Droplet sein. Drei Dateien werden auf das Droplet-Icon gezogen.

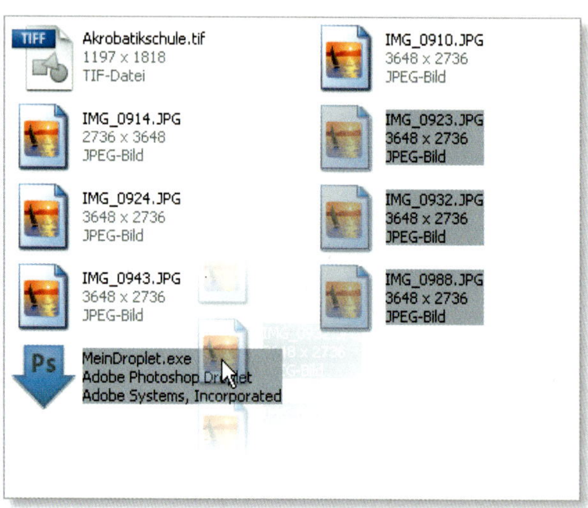

TEIL III

Die Ebenen-Technik

10 Ebenen

Ebenen sind *die* Photoshop-Arbeitstechnik schlechthin und die wichtigste Grundlage kreativen und flexiblen Arbeitens. In diesem Kapitel erfahren Sie, wie Sie auf komfortable Weise komplexe Composings aus vielen einzelnen Bildelementen aufbauen und wie Sie Bildteile separat bearbeiten, ohne dass der Rest des Bildes beeinflusst wird.

10.1 Das Prinzip

10.1.1 Schicht für Schicht

Jedes Bild, das in Photoshop geöffnet oder neu angelegt wird, besteht aus mindestens einer Ebene. Weitere Ebenen können in fast unbegrenzter Zahl hinzugefügt werden. Die Grenze des Machbaren wird somit weniger vom Programm als von der Kapazität Ihres Rechners bestimmt, denn die Größe einer Datei steigt rapide an, je mehr Ebenen vorhanden sind.

Datei auf der Buch-DVD: »UrbanerAbend.tif«

Bild: S. Mühlke

◂ **Abbildung 10.1**
Im Bild selbst sind die unterschiedlichen Bildebenen nicht erkennbar.

Zur Erinnerung: Nicht alle Dateiformate unterstützen Ebenen

Sie können Ebenen in Photoshop in den meisten Dateiformaten und in allen Farbmodi mit Ausnahme von BITMAP, INDIZIERT und MEHRKANAL anlegen. Allerdings eignen sich nicht alle Dateiformate, um Ebenen dauerhaft zu speichern. Das können nur PSD, PDF und TIF.

Vorteile von Ebenen | Die Vorteile von Ebenen sind unschätzbar: Ebenen ermöglichen das separate Bearbeiten, Verschieben, Kopieren, Verändern und Korrigieren einzelner Bildteile, ein einfaches Anbringen von Änderungen auch bei komplexen Kompositionen, das Herstellen von Bildvarianten und kreatives Experimentieren.

Was sind Ebenen? | Sie können sich Ebenen wie übereinandergeschichtete Folien vorstellen. Jede der Folien kann ganz oder teilweise mit Pixeln gefüllt sein, und auch die Deckkraft von Pixeln auf einer Ebene lässt sich stufenlos ändern. Ebenen mit so verringerter Deckkraft oder nur teilweise mit Bildpixeln gefüllte Ebenen (im Beispielbild die Ebene »Vogelschwarm«) lassen die Inhalte darunterliegender Ebenen sehen (im Beispiel die Hintergrundebene). Die Reihenfolge der Ebenen in der Ebenen-Palette entspricht der Schichtung der Ebenen im Bild und ist für das Aussehen des Gesamtbildes maßgeblich. Zudem können Sie festlegen, ob und wie die Pixel übereinanderliegender Ebenen miteinander verrechnet werden (Stichwort: Füllmethode, siehe Kapitel 12).

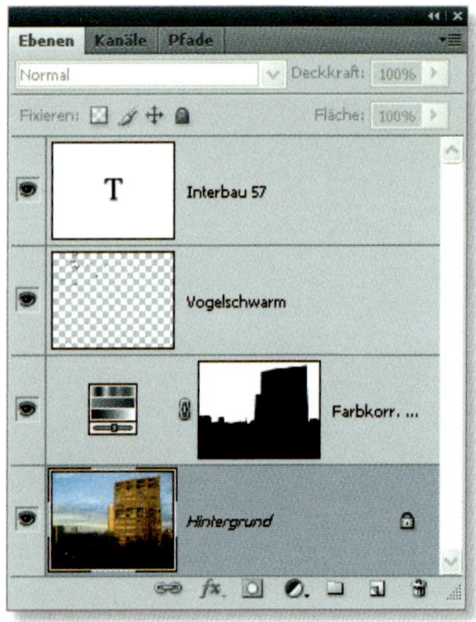

▲ **Abbildung 10.2**
Die Ebenen-Palette von Abbildung 10.1.

▲ **Abbildung 10.3**
Die schematische Bilddarstellung offenbart, dass die einfache Foto-Text-Komposition von schon aus vier Ebenen besteht.

10.1.2 Ebenentransparenz, Ebenendeckkraft

Einem reinen Bild kann man die Ebenen, aus denen es zusammengesetzt ist, nicht ansehen – und auch nicht immer die Deckkraft der Bildpixel. Erst ein Blick in die Ebenen-Palette offenbart die Ebenenstruktur.

Ebenentransparenz | Beim Betrachten der Palette des Bildes »Interbau 57« fällt auf, dass die Ebenenminiatur der Ebene »Vogelschwarm« ein grau-weißes **Schachbrettmuster** enthält (siehe Abbildung 10.2). Damit wird die – tatsächlich nicht darstellbare – Ebenentransparenz symbolisiert. Die Ebene enthält einige wenige deckende Pixel (die Vögel), ist ansonsten aber durchsichtig und lässt die Pixel der darunterliegenden Hintergrundebene mit der Stadtlandschaft sehen. Auch auf Bildflächen wird die Ebenentransparenz mit einem Schachbrettmuster dargestellt, wenn keine weiteren gefüllten Ebenen im Bild vorhanden sind.

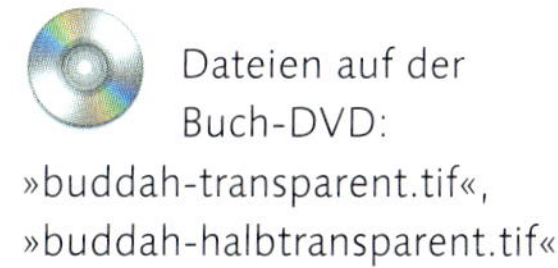
Dateien auf der Buch-DVD: »buddah-transparent.tif«, »buddah-halbtransparent.tif«

Bild: Fotolia

▲ **Abbildung 10.4**
Darstellung eines Bildes mit deckenden und transparenten Pixeln. Es besteht nur aus einer Ebene – gäbe es noch Ebenen unterhalb der Ebene mit dem Buddha, wäre nicht das Transparenz-Schachbrett, sondern der Inhalt dieser Ebenen zu sehen.

▲ **Abbildung 10.5**
Die dazugehörige Ebenen-Palette

Ebenendeckkraft | Es ist auch möglich, die Deckkraft von Bildpixeln einer Ebene herabzusetzen. Das grau-weiße Schachbrett scheint dann nur durch. Liegt unter der deckkraftreduzierten Ebene eine weitere Bildebene, wird diese sichtbar. Liegt unterhalb der Ebene, deren Deckkraft gesenkt wurde, keine weitere Ebene, ist wieder das grau-weiße »Schachbrett« zu sehen.

▲ **Abbildung 10.6**
Hier liegen die Buddha-Figur und ein hellblauer Hintergrund auf zwei getrennten Ebenen. Die Ebene »Blauer Hintergrund« ist in der Deckkraft auf 70 % reduziert. Das Schachbrettmuster ist daher leicht zu sehen.

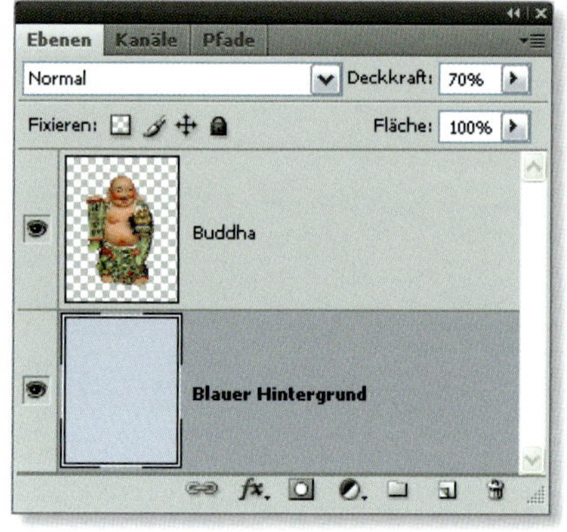

▲ **Abbildung 10.7**
Die dazugehörige Ebenen-Palette

10.2 Ebenentypen

Hintergrundebenen ohne Transparenz – praktische Auswirkungen
Wenn Sie mit dem Befehl Datei • Neu ein neues Bild anlegen und dort unter Hintergrundinhalt • Transparent festlegen, wird Ihre neue Datei ohne Hintergrundebene, sondern mit einer leeren, transparenten normalen Bildebene angelegt.

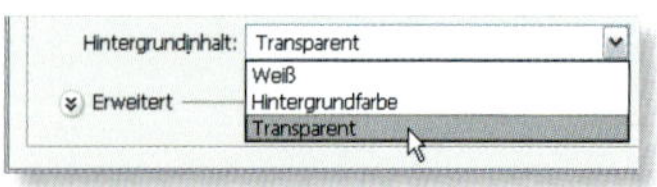

▲ **Abbildung 10.8**
Die Einstellung Transparent bewirkt ausnahmsweise, dass neue Dateien ohne Hintergrundebene erstellt werden.

In Photoshop arbeiten Sie mit verschiedenen Ebenentypen, die sich hinsichtlich möglicher Inhalte, Bearbeitungsmöglichkeiten und Einsatzzwecke voneinander unterscheiden.

10.2.1 Bildebenen

»Normale« Bildebenen (wie im Beispiel von Abbildung 10.2 die Ebene »Vogelschwarm« oder in Abbildung 10.7 die Ebenen »Buddha« und »Blauer Hintergrund«) sind der mit Abstand am häufigsten genutzte Ebenentyp. Bildebenen enthalten Pixelinformationen oder Transparenz und lassen sich mit allen Funktionen und Werkzeugen bearbeiten.

10.2.2 Hintergrundebenen

Die Hintergrundebene ist immer die unterste Ebene einer Datei. Sie erkennen sie auch am kursiv geschriebenen Ebenentitel *Hintergrund*. Pro Bild kann es nur eine Hintergrundebene geben. Hintergrundebenen unterscheiden sich in einigen Details von

Im Beispielbild vom Kapitelanfang (Abbildung 10.2) ist die Ebene »Farbkorr. Himmel« eine Einstellungsebene. Mit ihr wurden die im Original etwas blassen Farben des Himmels lebhafter gemacht.

Durch den Einsatz von Einstellungsebenen, die wie ein Korrekturfilter auf die darunterliegende(n) Ebene(n) wirken, lassen sich verschiedene Bildkorrekturen an einer Datei durchspielen, ändern und zurücknehmen, ohne dass das Bild Schäden davonträgt.

Einstellungsebenen lassen sich in beliebiger Anzahl anlegen und miteinander kombinieren und können in den Dateiformaten TIFF und PSD mitgespeichert werden.

Zum Weiterlesen: Einstellungsebenen und Masken
Mehr über Einstellungsebenen lesen Sie in Kapitel 15, »Regeln und Werkzeuge«, mehr über Masken in Kapitel 14, »Ebenenmasken & Co.«.

10.2.6 Formebenen

Formebenen enthalten wie Textebenen auch Vektorinformationen, sind stufenlos verlustfrei skalierbar und beim Drucken auf einem PostScript-Drucker immer scharf. Sie legen neue Formebenen mit den Zeichenstift-Werkzeugen (Shortcut: U) an:

Zeichenstift und Freiform-Zeichenstift oder den Formwerkzeugen Rechteck-Werkzeugrechteck, Abgerundetes-Rechteck-Werkzeug, Ellipse-Werkzeug, Polygon-Werkzeug, Linienzeichner-Werkzeug oder dem Eigene-Form-Werkzeug.

Formebenen können mit Verläufen, Mustern oder Pixeln einer einzigen Farbe gefüllt sein. Sie werden beispielsweise eingesetzt, um Buttons für Webseiten oder einfache Logos zu erstellen. Im Beispiel vom Kapitelanfang (»Interbau 57«) ist keine Formebene enthalten, wohl aber in der folgenden Abbildung.

Werkzeug-Verwechslungsgefahr

Verwechseln Sie die Auswahlwerkzeuge (Tastaturkürzel: M) AUSWAHLRECHTECK AUSWAHLRECHTECK und AUSWAHLELLIPSE auswahlellipse nicht mit den ähnlich benannten und durch ein ähnliches Symbol dargestellten Formwerkzeugen!

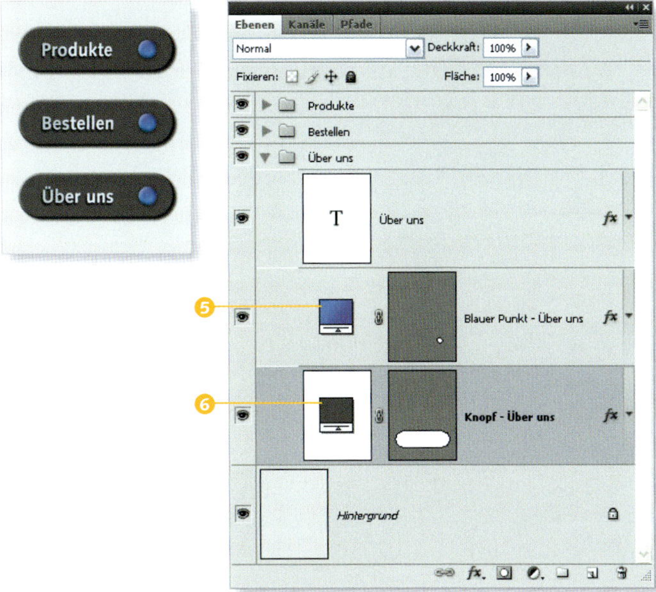

Dateien auf der Buch-DVD: »FormebenenBeispielbildLayer.tif«

◂◂ **Abbildung 10.19**
Aufbau eines kleinen Website-Navigationsentwurfs mit Formebenen

◂ **Abbildung 10.20**
Sie sehen in der Ebenen-Palette – unter anderem – eine verlaufsgefüllte 5 und eine pixelgefüllte Formebene 6.

Komponenten | Formebenen bestehen aus zwei Komponenten: der eigentlichen Form, die mit einer Vektormaske definiert ist, und der Füllung. Diese zwei Komponenten werden auch in der Ebenen-Palette grafisch dargestellt. Für jede Formebene ist links ein Symbol für die jeweilige Füllung ❶ und rechts die Vektormaske ❷ zu sehen.

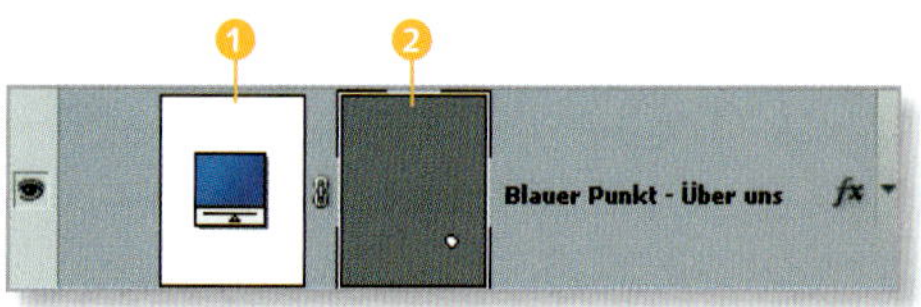

Abbildung 10.21 ▸
Die zwei Komponenten sind für Formebenen zwingend. Die Vektormaske definiert die dargestellte Form (hier einer der blauen Punkte). Ohne Maske wären Formebenen über die ganze Bildfläche voll deckend.

10.2.7 Ebenengruppen

Da die Ebenentechnik so viele Vorteile hat und es für zahlreiche verschiedene Zwecke spezialisierte Ebenen gibt, wird meist ausgiebig Gebrauch von Ebenen gemacht. Sehr schnell mutieren Ebenen-Paletten zu unhandlich langen Listen. Damit Ihnen die Übersicht nicht verloren geht, können Ebenen in Ebenenordnern – den sogenannten Ebenengruppen – zusammengefasst werden.

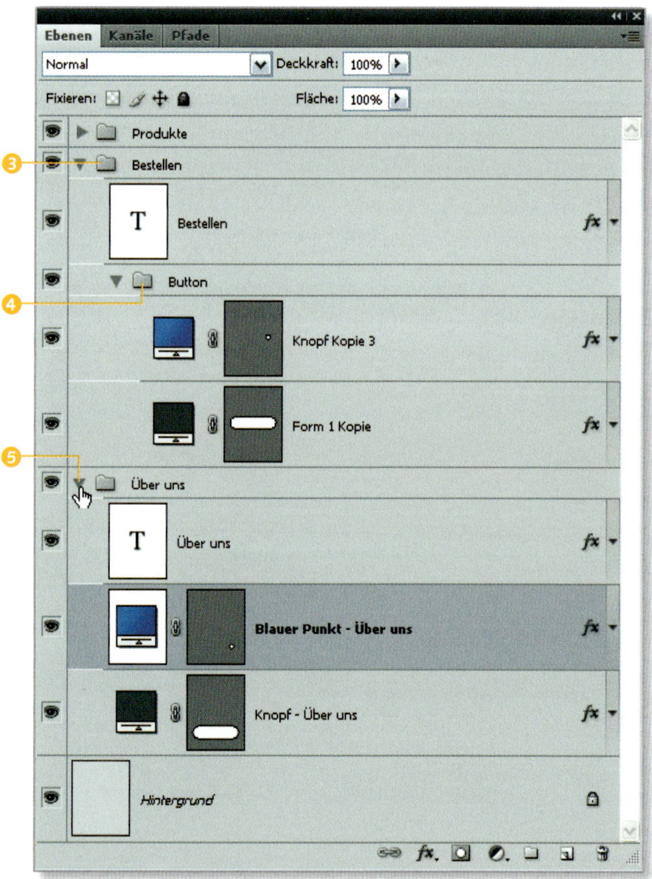

Abbildung 10.22 ▸
Ebenen-Palette mit Ebenengruppen

Die Gruppen funktionieren ähnlich, wie Sie es von der Ordnerstruktur Ihres Rechners her kennen: Es gibt Ordner ❸ und Unterordner ❹, die verschiedene Typen von Ebenen enthalten können. Mit den kleinen Pfeilen lassen sich Ordner aufklappen und zeigen ihren Inhalt dann an ❺ oder können platzsparend eingeklappt werden.

Viele Palettenbefehle und Operationen, die auf einzelne Ebenen anwendbar sind – wie beispielsweise das Duplizieren, Verschieben, Löschen, Ein- und Ausblenden oder Verbinden –, lassen sich genauso auch auf Gruppen anwenden. Mehr über die effektive Verwaltung von Ebenen mit Gruppen (und mehr) erfahren Sie in Abschnitt 10.4, »Ebenenmanagement«, mehr über allgemeine Befehle, die für Ebenen und Gruppen gleichermaßen gelten, in den folgenden Absätzen.

10.3 Die Ebenen-Palette: Ihre Steuerzentrale

Die Bearbeitungsmöglichkeiten für Ebenen sind nahezu unbegrenzt. Ebenen lassen sich innerhalb eines Bildes verschieben, kopieren, skalieren, neu stapeln oder von einem Bild ins andere bringen. Die Eigenschaften von Ebenenpixeln – Deckkraft und Füllmethode – können ebenfalls verändert werden. Und natürlich können Werkzeuge, Filter und Effekte auf die Ebenen angewandt werden. Wie das geht, erfahren Sie in den folgenden Abschnitten.

Um mit Ebenen zu arbeiten, stehen Ihnen die Ebenen-Palette und die Menübefehle unter Ebene zur Verfügung. Das weitaus wichtigere Instrument für den Umgang mit Ebenen ist dabei die Ebenen-Palette. Sie ist ein schnelles und effektives Arbeitsmittel. Zudem brauchen Sie die Ebenen-Palette immer als Kontrollinstrument, denn nur sie gibt Auskunft über die im Bild vertretenen Ebenenarten, deren Reihenfolge, eventuelle Sonderfunktionen wie Ebeneneffekte oder Masken und vieles mehr.

Jede Ebene eines Bildes wird mit einer eigenen Zeile in der Ebenen-Palette symbolisiert. Darin zu sehen sind: eine Miniaturansicht (»Thumbnail«) des Ebeneninhaltes, der Name der Ebene und Informationen über etwaige zusätzliche Ebeneneigenschaften wie Verriegelung, vorhandene Effekte oder Masken. Sie erfahren aus der Ebenen-Palette auch, welche Deckkraft und Füllmethode eine Ebene hat, sehen, ob es zu Gruppen zusammengefasste Ebenen gibt, und können die Gruppen auf- und zuklappen.

Dateien auf der Buch-DVD: »Aquarium.tif«

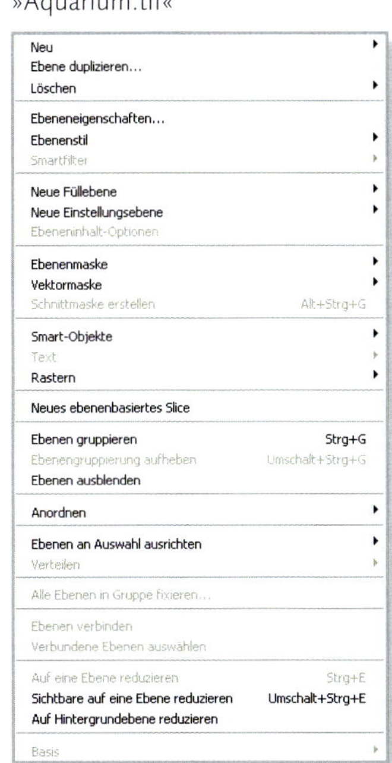

▲ **Abbildung 10.23**
Die meisten der Befehle, die Sie unter Ebene finden, lassen sich schneller über die Ebenen-Palette ansteuern.

Die Ebenen-Palette auf einen Blick

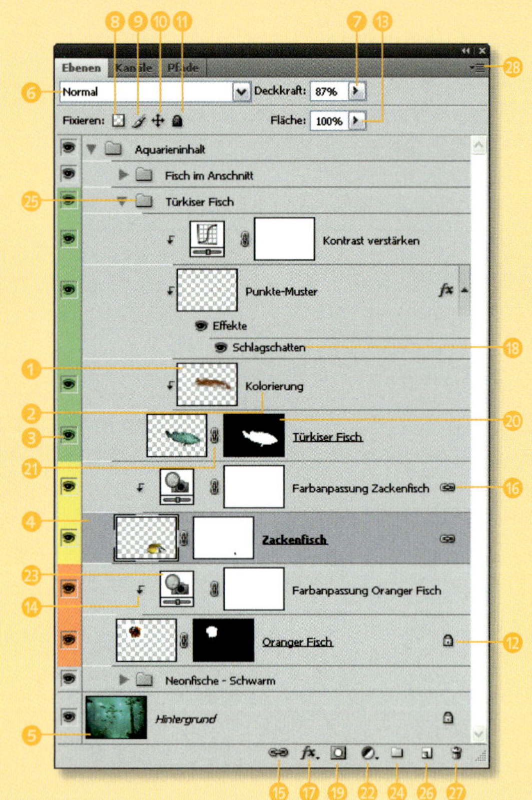

Abbildung 10.24 ▲
Die Ebenen-Palette im Detail – hier am Beispiel einer Aquarium-Montage

1. Ebenenminiatur mit transparenten Objekten
2. Ebenenname
3. Sichtbarkeit der Ebene
4. Aktivierte Ebene (hervorgehoben)
5. Hintergrundebene
6. Füllmethode der Ebene
7. Deckkraft der Ebenenpixel einstellen (wirkt *auch* auf etwaige Ebeneneffekte)
8. Transparente Pixel fixieren
9. Bildpixel fixieren
10. Ebenenposition fixieren
11. Alles fixieren
12. Ebenenfixierung wird angezeigt.
13. Deckkraft der Ebenenpixel einstellen (wirkt *nicht* auf etwaige Ebeneneffekte)
14. Ebene mit Schnittmaske
15. Ebenen verbinden
16. Diese Ebenen sind verbunden.
17. Ebene mit Ebenenstil versehen
18. Diese Ebene ist mit einem Ebenenstil ausgestattet.
19. Ebene mit Ebenenmaske versehen
20. Ebenenmaske
21. Verbindung zwischen Ebene und Maske
22. Füllebene oder Einstellungsebene erstellen
23. Einstellungsebene
24. Neue Gruppe erstellen
25. Ebenengruppe
26. Neue Ebene erstellen
27. Ebene löschen
28. Palettenmenü aufrufen

◂ **Abbildung 10.25**
Das Bild zur Palette (Fischkundler mögen das Durcheinander der Arten verzeihen!)

Bilder: Frank Gaebler, Jose Assenco (stock.exchg), Peter Gustafson (stock.exchg), Rick Hawkins (stock.xchng), Stephen Mcsweeny (Fotolia)

Die gesamte Ebenen-Palette ist eng besetzt mit Kontextmenüs, Schaltflächen und Funktionen. Rechtsklicks (bzw. [Ctrl]-Klicks) auf verschiedene Bereiche der Ebenenzeilen sind der schnellste Zugang zu den wichtigsten Befehlen und Optionen. Daher ist es wichtig, dass Sie beim Klicken genau sind.

Am oberen und unteren Rand der Palette finden Sie die wichtigsten Schaltflächen. Im Seitenmenü ㉘ gibt es einige zusätzliche Befehle, und auch die Funktionen, die Sie über Kontextmenüs und das Ebenen-Menü erreichen, sind hier nochmals untergebracht. Zudem gibt es wieder zahlreiche Tastaturkürzel zu lernen, mit denen Sie schnell mit Ebenen arbeiten.

10.3.1 Welche Ebene oder Gruppe wird bearbeitet?

Die wichtigste Frage für das Bearbeiten von Ebenen ist, welche Ebene aktiv ist, denn fast alle Arbeitsschritte wirken sich nur auf die jeweils aktive Ebene aus. Die **Markierung** ① einer Ebene oder Gruppe oder von mehreren Ebenen oder Gruppen zeigt – in Abbildung 10.26 ist dies die Ebene »Zackenfisch« –, dass alle folgenden Bearbeitungsschritte sich nun auf diese Ebene auswirken. Auch ein Blick in die Bildtitelleiste ② zeigt, welche Ebene oder Gruppe aktuell aktiv ist.

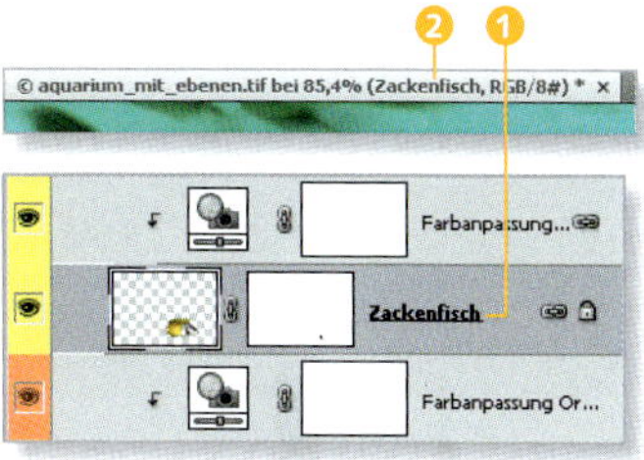

▲ **Abbildung 10.26**
Welche Ebene ist aktiv? Bildtitelleiste und Ebenen-Palette geben Aufschluss.

10.3.2 Ebene anwählen

Um von einer Ebene in die andere zu wechseln, gibt es wiederum mehrere Wege:

- Ein einfacher Klick in die betreffende Zeile der Ebenen-Palette ist wohl die üblichste und auch treffsicherste Methode, um Ebenen oder Gruppen zu aktivieren. Bei den folgenden Tricks kann es passieren, dass Sie versehentlich die falsche Ebene erwischen
- In den Optionen des Verschieben-Werkzeugs [V] gibt es die Optionen Automatisch Auswählen: Ebene und Automatisch Auswählen: Gruppe (Auswahl per Liste).

▼ **Abbildung 10.27**
Die Optionen des Verschieben-Werkzeugs

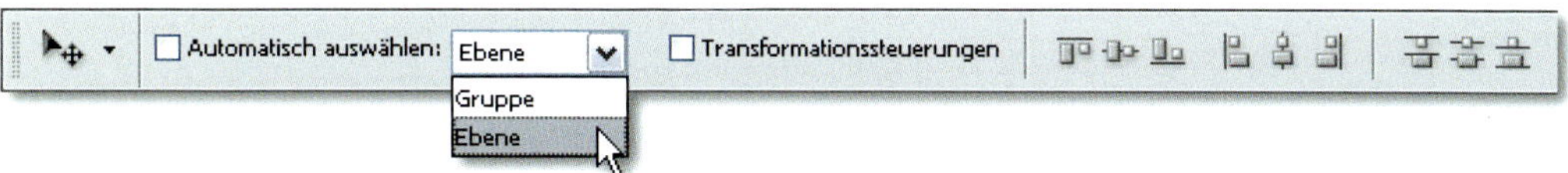

Sind diese Optionen aktiviert, brauchen Sie nur noch mit dem Verschieben-Werkzeug an eine Stelle ins Bild zu klicken, und die Ebene oder Gruppe, die Sie unter dem Mauszeiger haben, ist zur Bearbeitung aktiviert. Das klappt jedoch bei kompliziert geschichteten Bildern nicht immer gut.

- Wenn Sie das Verschieben-Werkzeug schon aktiviert haben: Eine weitere Möglichkeit ist ein Rechtsklick ([Ctrl]+Klick)

TOPP-TIPP: Welche Ebene enthält was?

Wenn Sie unsicher sind, welche Elemente eines Bildes überhaupt auf eigenen Ebenen liegen und welche Bildobjekte sich bereits auf einer gemeinsamen Ebene befinden, aktivieren Sie ANSICHT • EINBLENDEN • EBENENKANTEN. Der Inhalt der jeweils aktiven Ebene wird dann mit einem schmalen blauen Rahmen umgeben.

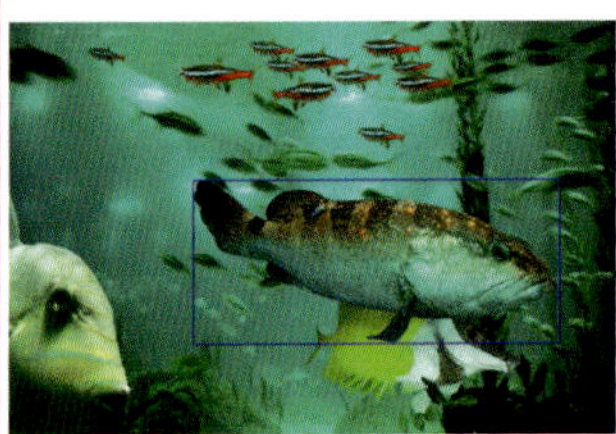

▲ **Abbildung 10.28**
Eingeblendete Ebenenkante

ins Bild – Sie erhalten dann eine Liste mit allen Ebenen- und Gruppennamen in Mausnähe, mit deren Hilfe Sie schnell zur gewünschten Ebene oder Gruppe springen können.

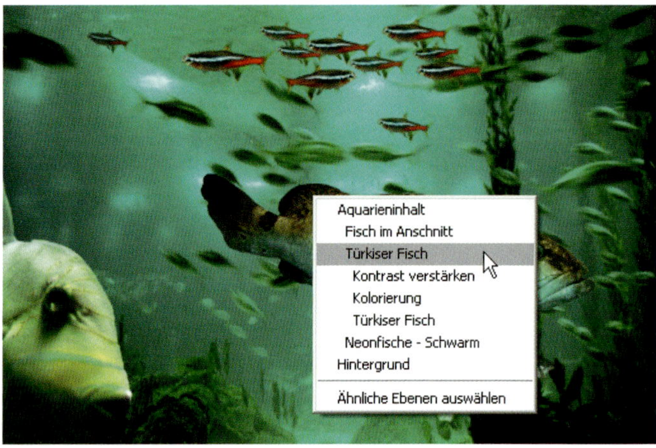

▲ **Abbildung 10.29**
Diese schnelle Möglichkeit, sich durch die Ebenen zu hangeln, funktioniert nur, wenn Sie bei der Namensvergabe zuvor sehr diszipliniert waren. Hier im Bild: die Namen einiger Ebenen und Gruppen dieses Bildes.

Mehr Kürzel
Mehr praktische Shortcuts zum Navigieren in der Ebenen-Palette finden Sie in der Tabelle 10.1, »Tastaturbefehle für das Aktivieren von Ebenen auf einen Blick«, weiter unten.

- Sie können sich auch per Tastenkürzel durch die Ebenen-Palette hangeln. Diese Shortcuts sollten Sie unbedingt lernen, Sie werden sie oft brauchen! Mit [Alt]/[⌥]+[.] (Punkt) wechseln Sie zur Ebene oberhalb der zuletzt aktiven Ebene, und mit [Alt]/[⌥]+[,] (Komma) geraten Sie in die Ebene unterhalb der zuletzt aktiven Ebene.

Mehrere Ebenen oder Ebenengruppen aktivieren | Sie können auch mehrere Ebenen oder Ebenengruppen auf einmal auswählen. Das ist wichtig, wenn Sie Ebenen oder Gruppen gemeinsam bearbeiten oder verbinden wollen. Die Befehle dazu haben sich ins AUSWAHL-Menü verirrt.

Ebenen werden aktiviert – es wird nicht der Ebeneninhalt ausgewählt
Mit diesen Befehlen aktivieren Sie die Ebenen zur Bearbeitung. In der Ebenen-Palette erscheinen sie dann markiert. Sie erzeugen damit keine Auswahl der Bildpixel! Wie das geht, lesen Sie in Teil IV, »Auswahlen, Freistellen und Maskieren«.

- Der Befehl AUSWAHL • ALLE EBENEN aktiviert alle Ebenen, die in der Ebenen-Palette (und folglich auch im Bild) vorhanden sind.
- Mit AUSWAHL • EBENENAUSWAHL AUFHEBEN können Sie die Ebenen wieder deaktivieren.
- Wenn Sie lediglich Ebenen einer Sorte – zum Beispiel alle Textebenen oder alle Einstellungsebenen – auswählen wollen, aktivieren Sie eine dieser Ebenen und wählen dann AUSWAHL • ÄHNLICHE EBENEN. Es lohnt sich, sich diesen Befehl zu merken: Spätestens dann, wenn Sie Ihre erste umfang- und

ebenenreiche Datei aufräumen wollen, können Sie ihn sicherlich gebrauchen.

- Auch Tastaturbefehle gibt es, um mehrere Ebenen – oder Ebenengruppen – auf einmal zu aktivieren: Wenn Sie Strg/⌘ drücken und dann in die Ebenen-Palette klicken, können Sie **beliebige** Ebenen aktivieren. Wenn Sie Alt/⌥ gedrückt halten, können Sie mehrere **aufeinanderfolgende** Ebenen auf einmal aktivieren, indem Sie die erste und die letzte Ebene anklicken.
- Auch die schon erwähnten Optionen des Verschieben-Werkzeugs, AUTOMATISCH AUSWÄHLEN: EBENE und AUTOMATISCH AUSWÄHLEN: GRUPPE, aktivieren mehrere Ebenen auf einen Schlag. Da diese Funktionen jedoch mit einem Klick entweder alle Ebenen unter dem Mauszeiger oder die jeweils zuoberst liegende Gruppe erfassen, sind sie nicht sonderlich präzise.

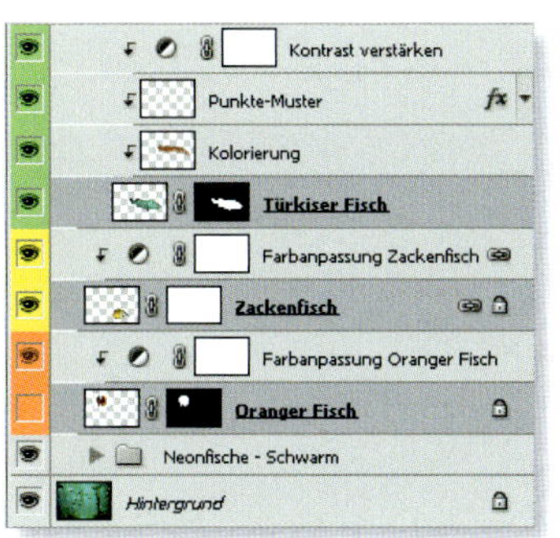

▲ **Abbildung 10.30**
Mehrere Ebenen oder Gruppen auf einmal aktiviert

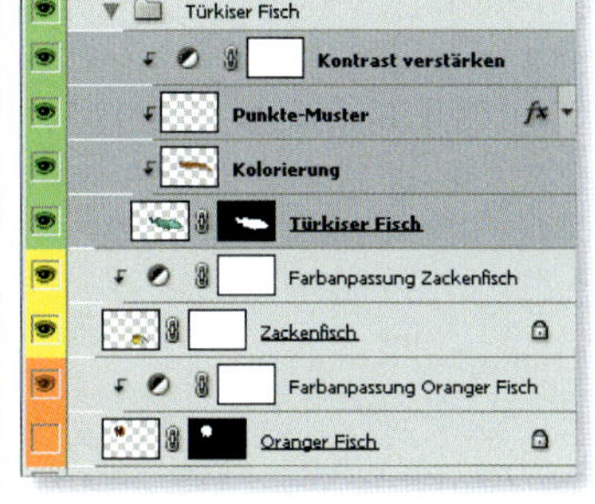

▲ **Abbildung 10.31**
Mehrere *aufeinanderfolgende* Ebenen auf einmal aktiviert

Werkzeug funktioniert scheinbar nicht? »Komische« Ergebnisse?

Wenn eine Ebene oder Gruppe ausgewählt ist, wird sie bearbeitet – diesem Prinzip folgt Photoshop manchmal recht rigide, gleichgültig ob die Ebenen womöglich gerade ausgeblendet sind, die Ebenendeckkraft auf »0« heruntergestellt ist oder ob ein anderes Bildelement die Ebeneninhalte verstellt. Das führt bisweilen zu unerwünschten Überraschungseffekten. Wenn Sie versuchen, ein Werkzeug oder einen Filter anzuwenden, ohne dass etwas passiert oder sich völlig unerwartete Ergebnisse einstellen, ist der Grund dafür sehr häufig, dass die falsche Ebene oder Gruppe aktiv ist. Haben Sie also immer die Ebenen-Palette im Blick!

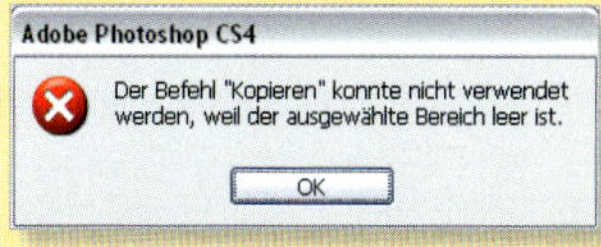

▲ **Abbildung 10.32**
Nicht immer werden Sie gewarnt, wenn Sie auf der falschen Ebene herumwerkeln.

Wozu mehrere Ebenen gleichzeitig markieren? | Photoshop erlaubt Ihnen, verschiedene Arbeitsschritte auf *alle* Ebenen anzuwenden, die in der Ebenen-Palette markiert sind. Sie sparen dadurch also Zeit und arbeiten effektiver! Mehrere markierte Ebenen eines Bildes lassen sich

- gemeinsam verschieben,
- gemeinsam transformieren,
- aneinander ausrichten und
- in andere Bilder transferieren.
- Ebeneneffekte können schnell auf mehrere markierte Ebenen gleichzeitig angewandt werden.
- Mehrere markierte Ebenen sind die Grundlage für das Anlegen von Ebenengruppen und von verbundenen Ebenen.
- Jedoch lassen sich Aktivitäten, bei denen die originalen Ebenenpixel verändert werden – so zum Beispiel Malen,

Zum Weiterlesen:
Ebenen dauerhaft verbinden

Das Markieren bzw. Aktivieren mehrerer Ebenen zusammen ist nur temporär. Wie Sie mehrere Ebenen dauerhafter miteinander verbinden, lesen Sie in Abschnitt 10.3.9, »Ebenen und Gruppen dauerhaft verbinden«.

Retuschen und Bildkorrekturen –, immer nur auf eine, nämlich die aktive Bildebene anwenden.

Tabelle 10.1 ►
Tastaturbefehle für das Aktivieren von Ebenen auf einen Blick

Was wollen Sie tun?	Windows	Mac
Zur **nächsthöheren** Ebene im Ebenen-Schichtaufbau springen	Alt+. (Punkt)	⌥+. (Punkt)
Zur **nächstunteren** Ebene im Ebenen-Schichtaufbau springen	Alt+, (Komma)	⌥+, (Komma)
Zur **obersten** Ebene im Ebenen-Schichtaufbau springen	⇧+Alt+- (Minus)	⇧+⌥+- (Minus)
Zur **untersten** Ebene im Ebenen-Schichtaufbau springen	Alt+- (Minus)	⌥+- (Minus)
Zusätzlich zur aktuell aktiven auch noch die **darüberliegende Ebene** aktivieren	⇧+Alt+. (Punkt)	⇧+⌥+. (Punkt)
Zusätzlich zur aktuell aktiven auch noch die **darunterliegende Ebene** aktivieren	⇧+Alt+, (Komma)	⇧+⌥+, (Komma)
Mehrere Ebenen oder Gruppen auf einmal aktivieren	Mit Strg in der Ebenen-Palette entsprechende Ebenen(gruppen) per Maus auswählen	Mit ⌘ in der Ebenen-Palette entsprechende Ebenen(gruppen) per Maus auswählen
Mehrere aufeinanderfolgende Ebenen oder Ebenengruppen auf einmal aktivieren	Mit ⇧ in der Ebenen-Palette die erste und die letzte Ebene(ngruppe) anklicken, die Sie aktivieren wollen	Mit ⇧ in der Ebenen-Palette die erste und die letzte Ebene(ngruppe) anklicken, die Sie aktivieren wollen

▲ **Abbildung 10.33**
Mit einem Klick können Sie Ebenen oder Gruppen aus der Bildansicht ausblenden.

Zum Weiterlesen: Ebenensichtbarkeit effektiver verwalten

Mit der Palette Ebenenkomp. ermöglicht Photoshop das Sichtbarmachen mehrerer Ebenen und Gruppen mit einem einzigen Mausklick. Mehr darüber erfahren Sie in Abschnitt 10.6, »Ebenenkompositionen«.

10.3.3 Sichtbarkeit von Ebenen und Gruppen

In der Ebenen-Palette ganz links sehen Sie neben jedem Ebenen-Thumbnail und jeder Ebenengruppen-Miniatur ein Augensymbol. Durch einfaches Klicken auf eines der Augen können Sie die zugehörige Ebene oder Ebenengruppe aus dem Bild ein- und ausblenden.

Das Ein- und Ausblenden einer Ebene oder Gruppe bezieht sich nur auf deren Sichtbarkeit im Bild, aber entfernt sie nicht. Beim Drucken oder Überführen in ein anderes Dateiformat, das Ebenen nicht unterstützt, werden ausgeblendete Ebenen und Gruppen nicht angezeigt – sie werden also behandelt, als gäbe es sie gar nicht.

Mehrere Ebenen/Gruppen ausblenden | Um mehrere Ebenen oder Gruppen auf einmal auszublenden, müssen Sie nicht zigmal klicken. Es genügt, wenn Sie mit gehaltener Maustaste die Reihe der Augensymbole entlangfahren. Auf dieselbe Art und Weise blenden Sie die Ebenen wieder ein.

Alle Ebenen oder Gruppen bis auf eine ausblenden | Es gibt auch einen Befehl, der alle Ebenen oder Gruppen bis auf eine bestimmte ein- oder ausblendet. Eine solche Ansicht wird häufig gebraucht, um einzelne Elemente einer Komposition genau zu prüfen und nachzubearbeiten – oder um Ebenen in umfangreichen Dateien wiederzufinden, wenn Ihnen die Übersicht abhanden gekommen ist. Klicken Sie bei gehaltener Alt-Taste (am Mac: ⌥) auf das Augensymbol der Ebene oder Ebenengruppe, die Sie alleine sehen wollen. Alle übrigen Ebenen und Gruppen werden dann ausgeblendet. Ein erneuter Klick auf das Auge blendet sie wieder ein.

TOPP-TIPP: Die Gruppe oder Ebene ist eingeblendet und trotzdem nicht zu sehen?

Wenn Sie eine eingeblendete Ebene oder Gruppe im Bild nicht finden, kontrollieren Sie folgende Punkte:

- Wie hoch ist die Deckkraft der Ebene oder Gruppe?
- Befinden sich eventuell andere Ebenen davor?
- Haben Sie die Pixel, die ursprünglich auf dieser Ebene waren, versehentlich auf eine andere Ebene manövriert?
- Ist die Ebene versehentlich aus dem Bild geschoben worden?

◂ **Abbildung 10.34**
Auch ein Rechtsklick bzw. Ctrl-Klick auf das Auge fördert Befehle zutage, mit denen sich auf einen Schlag alle Ebenen(gruppen) außer einer ein- und ausblenden lassen.

◂ **Tabelle 10.2**
Tastaturbefehle für das Einblenden und Ausblenden von Ebenen(gruppen) auf einen Blick

Was wollen Sie tun?	Windows	Mac
Mehrere untereinanderliegende Ebenen(gruppen) ein- oder ausblenden	Mit gehaltener Maustaste Augen-Icons »abfahren«	Mit gehaltener Maustaste Augen-Icons »abfahren«
Alle *anderen* sichtbaren Ebenen(gruppen) außer der aktuell aktiven ein-/ausblenden	Alt + Klick auf das Auge	⌥ + Klick auf das Auge
Nur diese Ebenen(gruppe) oder alle Ebenen(gruppen) ein-/ausblenden	Klick auf das Auge	Klick auf das Auge

10.3.4 Ansichtsoptionen in der Palette

Auch die Darstellung der Miniaturen können Sie verändern. Ein Rechtsklick (Windows) oder Ctrl-Klick (Mac OS) auf eine der

Ebenenminiaturen fördert ein Kontextmenü zutage, mit dem Sie unter anderem die Miniaturgröße ändern können.

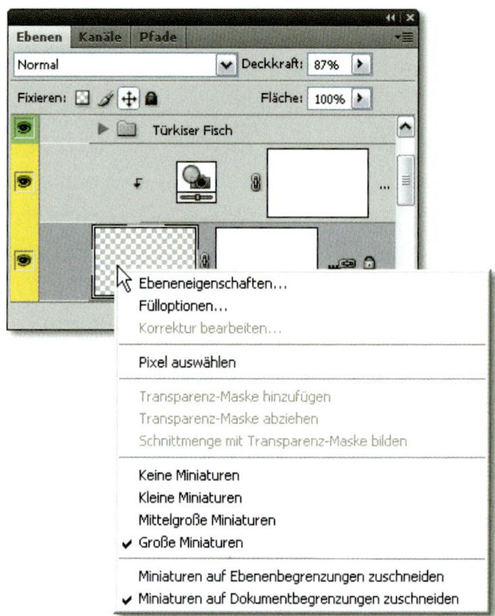

Abbildung 10.35 ▸
Die Miniaturgröße via Kontextmenü ändern

Dieselben Einstellungsmöglichkeiten bietet das Dialogfeld Ebenenbedienfeldoptionen. Sie erreichen es über das Palettenmenü und dort über den Befehl Bedienfeldoptionen.

Miniaturinhalt | Die Einstellung unter Miniaturinhalt ist vor allem bei Bildern interessant, deren Ebenen nur vergleichsweise kleine deckende Bereiche – also Bildelemente – enthalten.

Wenn Sie statt der Standardeinstellung Ganzes Dokument die Einstellung Ebenenbegrenzungen wählen, können Sie in den Ebenenminiaturen besser sehen, was der jeweilige Inhalt der Ebene ist. Allerdings erkennt man auf den Miniaturen so nicht, welche Position im Bild die einzelnen Elemente haben, und auch Proportionen werden nicht korrekt angezeigt.

▲ **Abbildung 10.36**
Über das Dialogfeld Ebenenbedienfeldoptionen müssen Sie auch gehen, wenn im Bild lediglich die Hintergrund-Palette vorhanden ist.

▲ **Abbildung 10.37**
Miniaturinhalt auf Dokumentbegrenzungen zugeschnitten – man ahnt die Position des Objekts im Bild.

▲ **Abbildung 10.38**
Miniaturinhalt auf Ebenenbegrenzungen zugeschnitten – man sieht etwas mehr vom Ebeneninhalt, aber hat keine Vorstellung von den Größenrelationen.

10.3.5 Neue Ebene

Eine neue, leere Ebene anzulegen ist recht einfach.

Die schnellste Methode ist ein Klick auf das NEU-Icon am Fuß der Ebenen-Palette. Dadurch wird eine neue Ebene eingefügt – oberhalb der aktiven Ebene. Eine so erstellte neue Ebene ist transparent (ohne Bildinhalte), wie Sie dann auch in der Ebenen-Palette erkennen können: Das Ebenen-Thumbnail trägt das bekannte grau-weiße Würfelmuster.

Eine weitere Möglichkeit, um eine neue leere Ebene anzulegen, ist die Tastenkombination ⇧+Strg+N (Windows), für Mac OS: ⇧+⌘+N. Sie erhalten auf diesem Weg dann automatisch das Dialogfeld, in das Sie gleich den Ebenennamen eintragen können.

Und natürlich können Sie auch den langen Weg über die Menüpunkte EBENE • NEU • EBENE gehen oder den Befehl über das Palettenmenü aufrufen.

Neue Ebene unterhalb | Wenn Sie die neue Ebene ausnahmsweise *unterhalb* der aktiven Ebene erstellen wollen, halten Sie zusätzlich zum Klick auf das NEU-Symbol Strg (⌘ am Mac) gedrückt.

Wenn Sie beim Klicken auf das NEU-Symbol Alt/⌥ drücken, wird auch gleich ein Dialogfeld eingeblendet, in das Sie die Ebenennamen eintragen können.

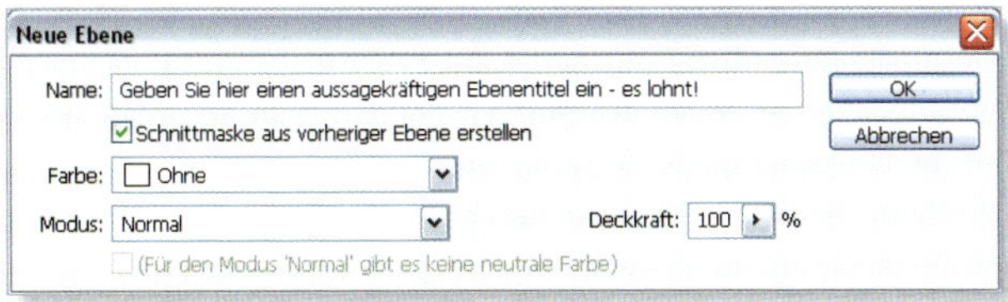

◀ **Abbildung 10.39**
Wenn Sie zusätzlich zum Klicken auf das NEU-Icon Alt bzw. ⌥ gedrückt halten, können Sie den neuen Ebenennamen direkt eingeben. Standardmäßig werden neue Ebenen lediglich durchnummeriert.

Was wollen Sie tun?	Windows	Mac
Neue leere Ebene **oberhalb** der aktiven Ebene anlegen	Klick auf das Icon NEU in der Ebenen-Palette	Klick auf das Icon NEU in der Ebenen-Palette
Neue leere Ebene **unterhalb** der aktiven Ebene anlegen	Mit gedrückter Strg-Taste auf das Icon NEU in der Ebenen-Palette klicken	Mit gedrückter ⌘-Taste auf das Icon NEU in der Ebenen-Palette klicken
Neue leere Ebene **mit Dialogfeld** anlegen	Mit gedrückter Alt-Taste auf das Icon NEU in der Ebenen-Palette klicken	Mit gedrückter ⌥-Taste auf das Icon NEU in der Ebenen-Palette klicken
Neue leere Ebene **mit Dialogfeld** anlegen	⇧+Strg+N	⇧+⌘+N

◀ **Tabelle 10.3**
Tastaturbefehle für das Anlegen leerer Ebenen auf einen Blick

10.3.6 Neue Bildinhalte durch Duplizieren

Eine duplizierte Ebene oder Gruppe ist die genaue Kopie einer bereits im Bild vorhandenen Ebene oder Gruppe. Für die Verwendung solcher Duplikate gibt es zahlreiche Anlässe.

Verwendung von Kopien | Bildinhalte lassen sich auf diese Weise schnell vervielfältigen, und so wird beispielsweise aus einem einzelnen Fisch ein ganzer Schwarm. Das funktioniert natürlich nur, wenn das zu vermehrende Bildobjekt isoliert auf einer transparenten Ebene steht – wenn die duplizierten Ebenen vollständig mit deckenden Pixeln gefüllt sind, decken sie sich gegenseitig ab. Oder Sie wollen ein wenig mit Filtern oder Effekten **experimentieren**? Nehmen Sie lieber die Kopie, und behalten Sie die Originalebene zur Sicherheit zurück! Aus Gruppen lassen sich so leicht Gestaltungsvarianten herstellen.

Zum Weiterlesen: Bildobjekte per Kopierstempel vervielfachen
Seit Photoshop CS3 hat der altbewährte Kopierstempel durch die Palette KOPIERQUELLE Verstärkung bekommen, und in CS4 wurden die Funktionen der Palette nochmals verbessert. Der Stempel ist jetzt durchaus auch zur Vervielfältigung von Bildobjekten brauchbar (je nach Bildsituation). Wie das funktioniert, lesen Sie in Kapitel 22, »Reparieren und retuschieren«.

Eine weitere Möglichkeit: Sie haben eine **Textzeile**, die bereits mit einem komplexen Layout versehen ist, und brauchen eine zweite Textzeile mit demselben Aussehen? Der Textinhalt lässt sich leicht ändern, für das Übertragen des Layouts braucht man schon mehr Zeit. Auch hier empfiehlt es sich, die ursprüngliche Ebene zu duplizieren und nur den Wortlaut zu verändern.

Gelegentlich werden Ebenenduplikate auch für **Bildeffekte** genutzt; man arbeitet dann mit den verschiedenen Ebenen-Füllmethoden.

Wie funktioniert das Duplizieren? | Wie so oft gibt es auch hier verschiedene Vorgehensweisen. Sie müssen selbst entscheiden, wie Sie lieber arbeiten.

- Sie können die Ebene oder Gruppe, die Sie duplizieren wollen, einfach über das **Neu-Icon** am Fuß der Ebenen-Palette ziehen. Ganz automatisch erscheint nach dem Loslassen der Maustaste oberhalb der Ausgangsebene das Duplikat, zwar mit dem gleichen Namen, aber mit dem Zusatz »Kopie«. Solch einen wenig aussagekräftigen Namen sollten Sie alsbald ändern.
- Möglichkeit zwei ist ein **Rechtsklick** bzw. bei Mac OS ein Ctrl-Klick auf den neutralen Bereich der Ebenenzeile oder Gruppe, von der Sie das Duplikat anfertigen wollen.

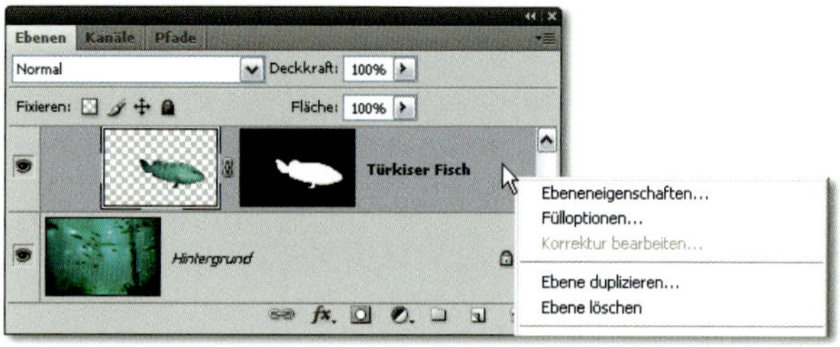

Abbildung 10.40 ▶
Die Ebenen-Palette ist dicht mit Kontextmenüs besetzt. Um den Befehl für das Ebenen-Duplizieren zu erreichen, klicken Sie in den neutralen (hier grauen) Bereich der Ebenenzeile. Klicken Sie nicht auf die Miniaturen und nicht auf den Ebenentitel!

Nachdem Sie im Kontextmenü EBENE DUPLIZIEREN oder GRUPPE DUPLIZIEREN ausgewählt haben, erscheint ein Dialogfeld, in dem Sie den Namen des Ebenenduplikats festlegen können. Sie können außerdem entscheiden, wo das Duplikat eingefügt werden soll: Sofern weitere Dateien geöffnet sind, kann ein Ebenenduplikat auch direkt dort erstellt werden. So sparen Sie sich gegebenenfalls das Verschieben der frisch duplizierten Ebene oder Gruppe in ein anderes Bild.

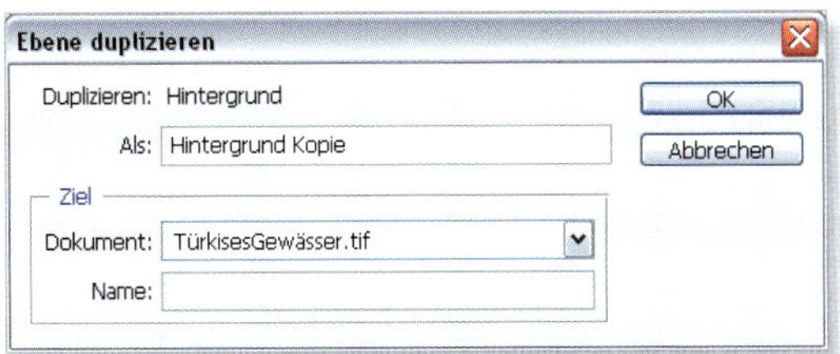

◀ **Abbildung 10.41**
Wo soll das Ebenenduplikat landen? Zur Auswahl stehen das Ausgangsbild, alle anderen aktuell geöffneten Dateien oder eine ganz neue Datei.

- Wenn Sie bei aktivem **Verschieben-Werkzeug** V die Ebenen bewegen und zusätzlich Alt/⌥ drücken, wird automatisch ein Ebenenduplikat erstellt und bewegt.

Nachdem Sie Ebenen oder Gruppen dupliziert haben, wird Ihnen auffallen, dass im Bild selbst nichts verändert worden ist. Das liegt daran, dass Ebenenduplikate immer an genau derselben Stelle eingefügt werden wie die Ausgangsebene. Die Ebeneninhalte sind übereinandergestapelt und decken sich gegenseitig ab. Sie müssen also die Ebenen noch verschieben, um alle neuen Inhalte im Blick zu haben.

Dateien auf der Buch-DVD: »Scrabble.tif«

TOPP-TIPP: Zahlreiche Ebenen-Duplikate per Tastenkürzel

Wenn Sie die Pfeiltasten benutzen und dabei Alt (bzw. ⌥) gedrückt halten, werden – kontinuierlich! – Ebenenduplikate angelegt. Auch hier können Sie wiederum ergänzend ⇧ drücken, um statt in 1-Pixel- in 10-Pixel-Schritten voranzukommen. Sie können z. B. diese Funktion nutzen, um Bewegung oder gestapelte Objekte darzustellen.

▲ **Abbildung 10.42**
Aus drei Spielsteinen …

Bild: Fotolia, Vapetrac

▲ **Abbildung 10.43**
… wird mit wenigen Handgriffen ein ganzer Stapel. Durch Verschieben der Ebenen gegeneinander entstand ein realistischerer Effekt.

10.3.7 Neue Bildinhalte: Ebenen oder Gruppen aus anderen Bildern einkopieren

Vereinfachung durch Tabs
Durch die neuen Dokumenttabs ist der Transfer von Ebenen und Gruppen zwischen Dokumenten deutlich einfacher geworden!

Dateien auf der Buch-DVD: »AquariumLeer.tif«, »GelberZackenfisch.tif«

Ebenen und Gruppen können auch von einem Bild in ein anderes gezogen (streng genommen: hinüberkopiert) werden. Sie können dabei verschiedene Wege wählen:

- mit der Maus
- mit Copy & Paste (Kopieren und Einfügen)
- durch Duplizieren und Festlegen eines anderen geöffneten Bildes als Zieldokument (Abbildung 10.41)

Wie Sie auch vorgehen – als Erstes müssen beide Bilder geöffnet werden: das Bild, aus dem Sie Ebenen oder Gruppen kopieren möchten, und das Bild, in das sie eingefügt werden sollen. Ein mühsames manuelles Sortieren von Dokumentfenstern auf der Arbeitsfläche entfällt. Ganz gleich, ob die Bilder in hintereinander liegenden oder in nebeneinander ausgerichteten Registerkarten angeordnet sind: der Ebenentransfer erfolgt flüssig.

▲ **Abbildung 10.44**
Mit einem Klick sind Ihre Dokumente auf der Arbeitsfläche arrangiert.

Bewegen mit der Maus – Bilder nebeneinander | Am einfachsten machen Sie es sich, wenn Sie Ihre Dokumente so ausrichten, dass beide sichtbar sind. Nutzen Sie dazu den entsprechenden Button in der Anwendungsleiste.

Um eine Ebene oder Gruppe nun mit der Maus in ein anderes Bild zu ziehen, bewegen Sie den Mauszeiger in der Ebenen-Palette auf die Ebene oder Gruppe, die Sie hinüberkopieren wollen, halten die Maustaste gedrückt und ziehen die Maus aus dem Bereich der Ebenen-Palette heraus. Dabei ist es gleichgültig, welches Werkzeug aktiv ist. Der Mauszeiger wird zu einer Greifhand, die eine transparente Vorschau-Version der Ebene (oder Gruppe) »festhält«. Bewegen Sie dann die Greifhand über das Bild, in das die Ebene oder Gruppe eingefügt werden soll, und lassen Sie dort die Maustaste einfach los. Das neue Bildobjekt wird eingefügt.

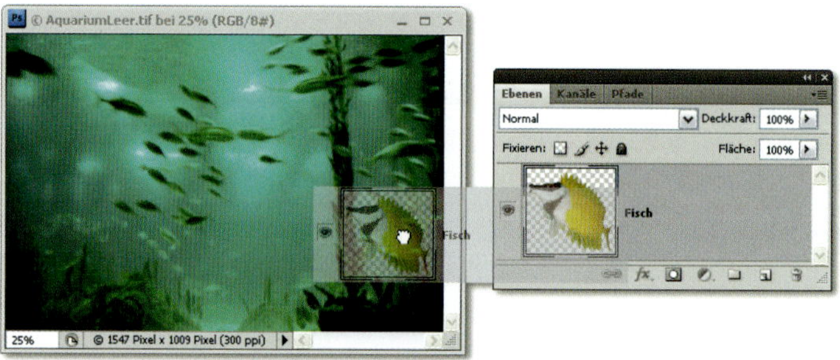

Abbildung 10.45 ▶
Beide Bilder wurden auf der Arbeitsfläche angeordnet. Das Bild »GelberZackenfisch.tif« ist aktiv, und eine **Kopie** der Ebene »Fisch« wird gerade ins Aquarium-Bild bugsiert. Das Ebenenoriginal verbleibt in der Ausgangsdatei.

Sie können auch bei **aktivem Verschieben-Werkzeug** direkt auf das Bild klicken, das gewünschte Element so »anfassen« und in ein anderes Bild ziehen. Das funktioniert bei Ebenen oder Gruppen gleichermaßen, allerdings kann es bei komplexen Kompositionen passieren, dass Sie das falsche Objekt erwischen.

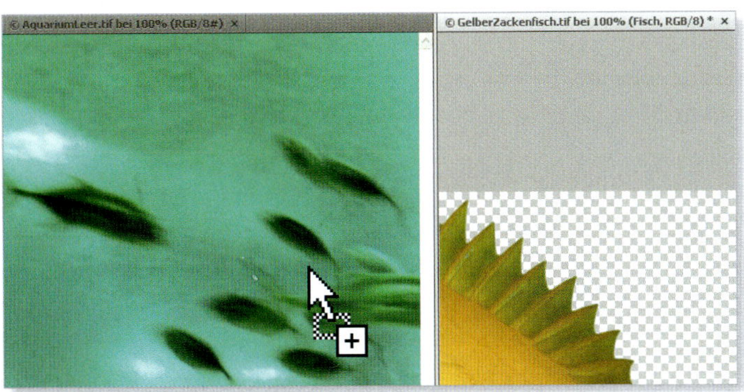

Mehr als eine Ebene bewegen

Wollen Sie mehrere Ebenen oder Gruppen zusammen in ein anderes Bild hinüberziehen, genügt es, sie vorher gemeinsam zu aktivieren.

◂ **Abbildung 10.46**
Hinüberkopieren einer Bildebene in ein anderes Bild mit dem Verschieben-Werkzeug. Auch wenn es so aussieht, als würde die Ausgangsebene tatsächlich in das andere Bild *gezogen*: Es wird lediglich eine *Kopie* erstellt; das Original bleibt unversehrt.

Bewegen mit der Maus – verdeckte Bilder in Tabs | Sie müssen Registerkarten nicht zwingend so arrangieren, dass beide Bilder sichtbar sind. Auch bei der Ansicht in Tabs, wenn ein Bild das andere verdeckt, ist Drag & Drop möglich. So funktioniert der Transfer:

1. Das Verschieben-Werkzeug muss aktiv sein.
2. »Fassen« Sie die Ebene direkt im Dokumentfenster an, nicht in der Ebenen-Palette.
3. Ziehen Sie die Ebene mit dem Verschieben-Werkzeug beherzt in Richtung des Karteireiters des inaktiven Bildes, und halten Sie die Maus gegebenenfalls einen Moment darüber, bis das Bild nach vorne kommt.
4. Sie können die Maus dann loslassen.

TOPP-TIPP: Position übernehmen

Wenn Sie die ⇧-Taste gedrückt halten, während Sie eine Ebene in ein anderes Bild ziehen, landet die Ebene im neuen Bild an genau derselben Stelle wie im alten Bild. Bedingung: Beide Bilder sind gleich groß und haben dieselbe Auflösung.

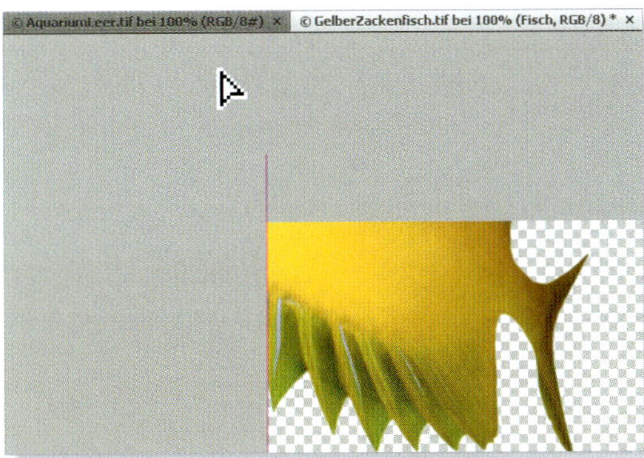

▴ **Abbildung 10.47**
Bewegen der Maus zum zweiten, noch inaktiven Tab. Die Ebene wird kopiert, nicht verschoben.

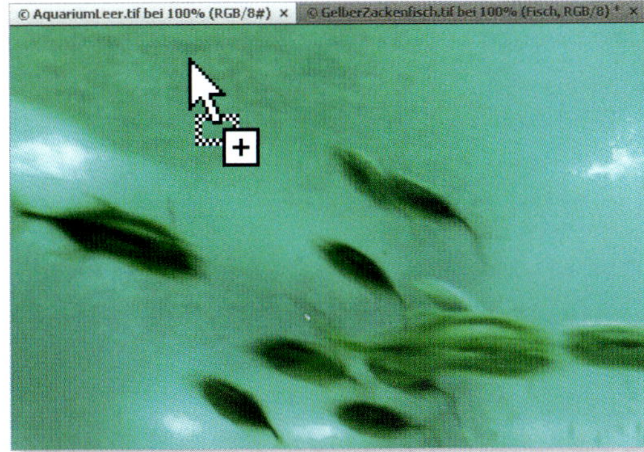

▴ **Abbildung 10.48**
Das zweite Bild kommt automatisch nach vorne. Sie können die Maustaste jetzt loslassen.

Bewegen per Copy & Paste | Kopieren und Einfügen ist manchmal die schnellere Möglichkeit, um **einzelne Ebenen** (keine Gruppen) in ein neues Bild zu kopieren. Dabei kommt die Zwischenablage Ihres Rechners zum Einsatz. Dieses Copy&Paste-Verfahren wird so häufig eingesetzt, dass Sie sich die Shortcuts in jedem Fall merken sollten.

Ich benutze diese Technik gerne, wenn es einmal ganz schnell gehen soll.

Schritt für Schritt: Ebenen mit Copy & Paste in andere Bilder bringen

1 Ebenenpixel auswählen

Erste Bedingung ist, dass Sie die **Ebenenpixel** – nicht nur die Ebenenzeile in der Palette –, die Sie ins zweite Bild übertragen wollen, auswählen. Dazu muss natürlich die gewünschte Ebene aktiv sein, dann bietet sich der Befehl Strg+A (Windows) bzw. ⌘+A (Mac OS – das »A« steht für »Alles auswählen«) an. Enthält die Ebene auch transparente Flächen, ist ein Klick in die entsprechende Ebenenminiatur mit gehaltener Strg/⌘-Taste ein guter Weg zur Auswahl aller deckenden Pixel (mehr zum Thema finden Sie in Kapitel 13, »Auswahlen«).

2 Copy ...

Nun kopieren Sie die ausgewählten Ebeneninhalte. Am schnellsten ist wiederum die Arbeit per Tastaturkürzel, diesmal Strg+C (Windows) oder ⌘+C (Mac OS).

3 ... & Paste

Um die Ebene dann in das zweite Bild **einzufügen**, klicken Sie in dessen Titelleiste – damit das Bild aktiv ist – und drücken dann Strg+V (unter Windows; Macianer drücken ⌘+V). Die Ebene wird dann oberhalb der aktiven Ebene eingefügt.

4 Auch per Menü

Alternativ können Sie auch das Menü Bearbeiten benutzen, das Befehle zum Kopieren und Einfügen enthält. ■

Ebenen ragen über die Dokumentränder hinaus | Ebenen hören nicht zwangsläufig an den Kanten des Dokumentfensters auf. Beim Kopieren von Ebenen zwischen unterschiedlichen Bildern oder nach Ebenentransformationen kommt es öfter vor, dass man eine Ebene in einer Datei hat, die größer ist als die eigentlichen Dokumentgrenzen. Die Ebene bleibt auf dieser Größe, bis ...

- das gesamte Bild beschnitten wird – zum Beispiel mit Auswahl • Alles auswählen (Strg+A/⌘+A) und Bild • Freistellen
- oder mit dem Freistellungswerkzeug die Ebene per Ebenentransformation kleiner skaliert wurde.
- das Bild in einem Dateiformat gespeichert wird, das Ebenen nicht unterstützt.

Sie können jedoch auch **die Bildfläche vergrößern**, um Platz für übergroße Ebenen zu schaffen:

- Durch Anbauen von Pixeln ans Bild mit dem Befehl Bild • Arbeitsfläche (Alt+Strg+C bzw. ⌥+⌘+C) werden übergroße Ebenen ins Bild gerückt.
- Der Befehl Bild • Alles einblenden ist eine schnelle Möglichkeit, um die Arbeitsfläche gerade so zu vergrößern, dass alle Inhalte der größten Ebene ins Bild gerückt werden. Dabei werden zusätzliche Pixel an die Hintergrundebene angefügt. Deren Farbe entspricht der aktuellen Hintergrundfarbe.

Die Übergröße einer Ebene muss kein Problem darstellen – Sie können sie frei verschieben und bei Montagen herumexperimentieren, bis Sie den richtigen Sitz gefunden haben. Allerdings bleiben solche Überstände auch von Operationen wie dem Löschen von Pixeln und anderen Arbeitsschritten unbeeinflusst.

Dateien auf der Buch-DVD: »DomdachHimmel.tif«

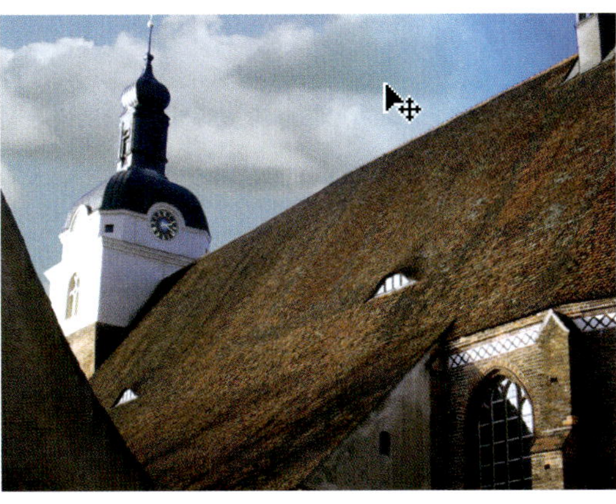

▲ **Abbildung 10.49**
Eine Bildebene mit Wolken wurde in das Bild gezogen und teilweise maskiert (damit das Hauptmotiv, der Dom, sichtbar bleibt), um das Bild interessanter zu gestalten. Nun wird die Himmelsebene ...

▲ **Abbildung 10.50**
... mit dem Verschieben-Werkzeug bewegt, bis die richtige Position gefunden ist. (Achten Sie auf den Mauszeiger im Screenshot.)

Bild: F. Gaebler

Vorsicht beim Verschieben maskierter Ebenen | Wenn Sie die Position maskierter Ebenen ändern wollen, müssen Sie zuvor die Verbindung zwischen Ebene und Maske lösen ①. Sonst wird auch die Maske verschoben und passt dann nicht mehr zu den Gegebenheiten des Bildes.

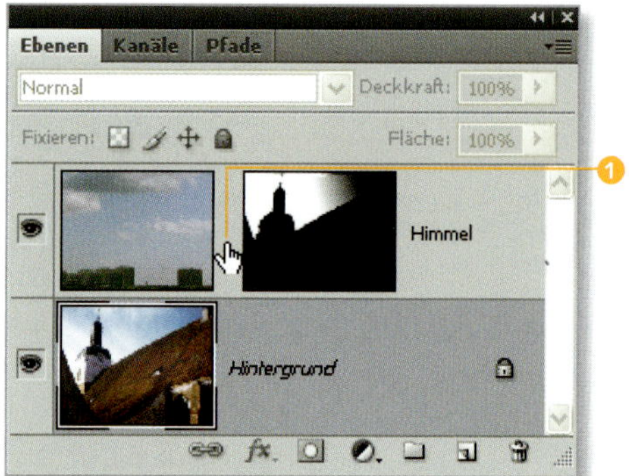

Abbildung 10.51 ▸
Ebenenaufbau des Beispielbilds. Die Verbindung zwischen Maske und Ebene wird per Mausklick gelöst.

10.3.8 Ebenen oder Gruppen löschen

Sie haben eine Ebene zu viel dupliziert, haben überzählige »Experimentalstadien« oder wollen Ebenen oder Gruppen aus anderen Gründen loswerden? Ein guter Grund ist zum Beispiel, die Dateigröße und damit auch Bearbeitungszeiten zu reduzieren.

Das Löschen von Ebenen und Gruppen geht am schnellsten mit der Entf-Taste (←-Taste am Mac). Ebene oder Gruppe markieren, ein Tastendruck – fertig.

Wenn Sie lieber mit Drag & Drop arbeiten, können Sie das Papierkorb-Icon am unteren Rand der Ebenen-Palette nutzen. Dabei können Sie auf zweierlei Weise vorgehen:

- Entweder Sie fassen eine Ebene oder Gruppe mit gedrückter linker Maustaste an und ziehen sie in den Papierkorb
- oder Sie klicken auf das Papierkorb-Icon, um aktive Ebenen oder Gruppen zu löschen.

Beim Ziehen in den Papierkorb verschwindet die betreffende Ebene oder Gruppe sofort. Beim Anklicken des Icons gibt es immerhin noch eine kleine Sicherheitsabfrage. Drücken der Taste Alt/⌥ unterdrückt die Sicherheitsabfrage. Achtung: Auch **ausgeblendete** Ebenen und Gruppen werden so gelöscht!

Etwas umständlicher gestaltet sich das Löschen per Palettenmenü oder Ebenen-Menübefehl.

Um ein ebenenreiches Bild gründlich aufzuräumen, leistet auch der Befehl AUSGEBLENDETE EBENEN LÖSCHEN sehr gute Dienste. Sie finden ihn im Palettenmenü und unter EBENE • LÖSCHEN • AUSGEBLENDETE EBENEN.

Mehrere Ebenen oder Gruppen löschen
Wenn Sie mehrere Ebenen oder Gruppen auf einmal löschen möchten, genügt es wiederum, alle vorher zu aktivieren und dann entweder gemeinsam auf die Papierkorb-Schaltfläche zu ziehen oder die Schaltfläche anzuklicken. Auch die Entf-Taste bzw. ←-Taste lässt sich jetzt auf mehrere markierte Ebenen (oder Gruppen) gleichzeitig anwenden.

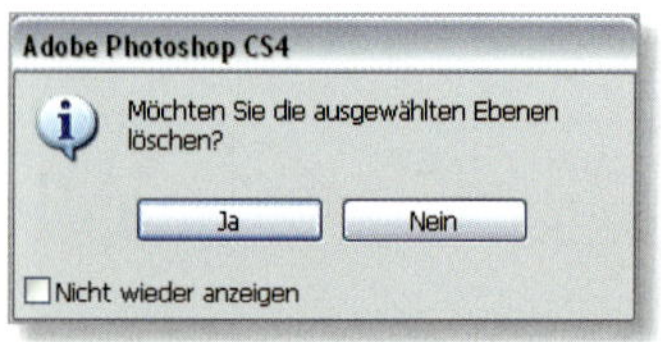

▴ Abbildung 10.52
Wenn Sie den Papierkorb anklicken, gibt es vor dem endgültigen Entfernen der Ebene (oder Gruppe) wenigstens noch eine Sicherheitsabfrage.

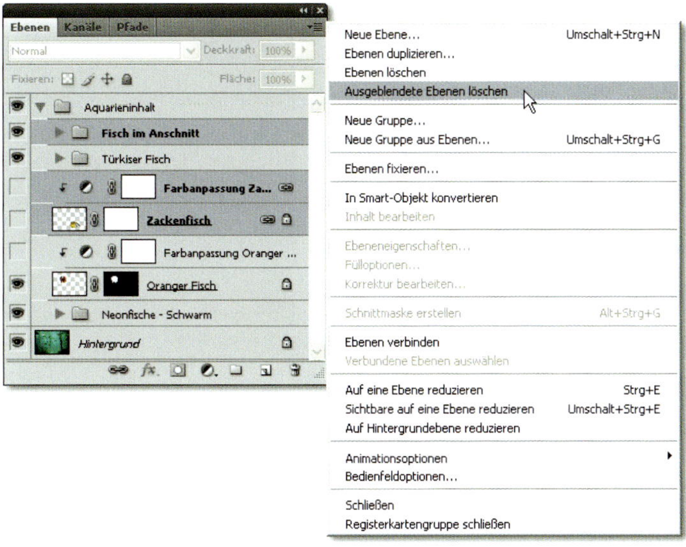

▲ **Abbildung 10.53**
Welche Ebenen markiert sind, ist bei der Anwendung des Befehls Ausgeblendete Ebenen löschen irrelevant.

Ebenen löschen ist irreversibel

Vorsicht ist beim Löschen der Ebenen und Gruppen auf jeden Fall geboten, denn es kann nicht durch raschen Zugriff auf den Papierkorbinhalt rückgängig gemacht werden, wie Sie es vielleicht vom Windows-Desktop, dem Mac-Papierkorb oder aus Ihrem Mail-Programm kennen. Wenn Sie Ihr Bild entschlacken, aber sicherheitshalber die Ebene oder Gruppe behalten wollen, können Sie beispielsweise vor dem Löschen mit dem Befehl Ebene duplizieren oder Gruppe duplizieren eine eigene Datei erzeugen, die eben jene Ebene oder Gruppe enthält.

10.3.9 Ebenen und Gruppen dauerhaft verbinden

Verbundene Ebenen erkennen Sie an einem Kettensymbol in den entsprechenden Zeilen der Ebenen-Palette. Auf verbundene Ebenen lassen sich dieselben Operationen anwenden wie auch auf gemeinsam markierte Ebenen. Der Unterschied: Der Zusammenhang der verbundenen Ebenen bleibt so lange bestehen, bis Sie selbst die Verbindung aufheben. Ein durch Markierung hergestellter Ebenenverbund hat hingegen nur temporären Bestand, bis eine andere Ebene, Gruppe oder Ebenenkonstellation markiert wird.

Um Ebenen zu verbinden, müssen sie zunächst markiert und dann mit einem einzigen Klick auf die entsprechende Schaltfläche (Kettensymbol) am Fuß der Ebenen-Palette verbunden oder voneinander gelöst werden. Sie können zwei oder mehr Ebenen auf diese Art verbinden. Die zahlreichen Einzelklicks, die in älteren Programmversionen für das Herstellen solcher Verbindungen notwendig waren, entfallen.

▲ **Abbildung 10.54**
Verbinden, Schritt eins: Markieren Sie die Ebenen oder Gruppen, die verbunden werden sollen. Schritt zwei: Klicken Sie auf die Schaltfläche Ebenen verbinden. Auch hier gibt es wieder einen entsprechenden Befehl im Paletten- und im Ebene-Menü – aber die Arbeit per Palette geht am schnellsten.

◀ **Abbildung 10.55**
Verbundene Ebenen. Angezeigt wird das Kettensymbol nur, wenn mindestens eine der verbundenen Ebenen auch aktiv (markiert) ist.

▲ **Abbildung 10.56**
Ebenen können vorübergehend aus einer Verbindung gelöst werden.

Ebenenverbindungen lösen | Um Verbindungen zu lösen, gehen Sie genauso vor. Sie können auch einzelne Ebenen wieder aus einem Verbund lösen, indem Sie sie markieren und dann wiederum auf die Ketten-Schaltfläche am Fuß der Ebenen-Palette klicken. Es ist sogar möglich, die Verbindung einzelner Ebenen lediglich kurzzeitig zu lösen. Klicken Sie dazu bei gehaltener [⇧]-Taste auf das Kettensymbol derjenigen Ebene, die Sie vorübergehend aus dem Verbund lösen möchten. Das Kettensymbol ist dann mit einem roten Kreuz durchgestrichen. Durch erneuten [⇧]-Klick auf das Symbol wird das Kreuz entfernt und die Verbindung wiederhergestellt.

10.3.10 Ebenen gegen Veränderungen sichern

Ebenen können vor unbeabsichtigtem Verändern geschützt werden. Das ist besonders dann wichtig, wenn Sie mit umfangreicheren Dateien arbeiten. Im Eifer des Gefechts kann es schon einmal passieren, dass eigentlich fertige Ebenen verändert oder gar gelöscht werden.

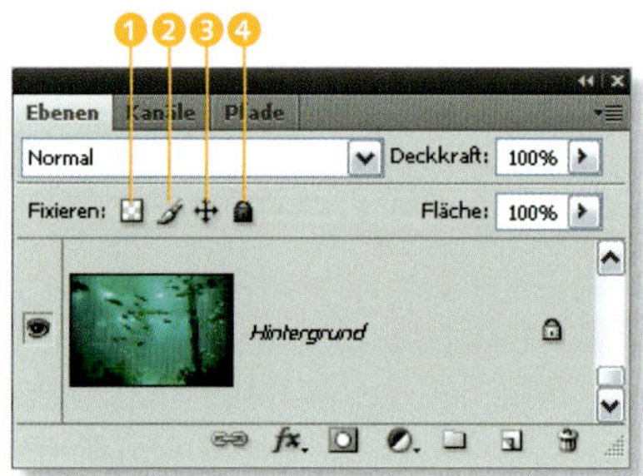

Abbildung 10.57 ▶
Oberhalb der Ebenenminiaturen befinden sich die vier Minibuttons zum Fixieren von Ebenen.

Es gibt vier verschiedene Möglichkeiten, um eine Ebene zu fixieren:

- Das Schachbrett-Icon ❶ schützt alle transparenten Pixel einer Ebene vor Bearbeitung, also zum Beispiel vor dem Übermalen.
- Das Pinsel-Icon ❷ dient dazu, die schon vorhandenen Bildpixel zu fixieren. Die Transparenzbereiche solcherart gesperrter Ebenen können dann durchaus noch verändert werden.
- Das kleine Kreuz aus Pfeilspitzen ❸, das Sie schon in der Werkzeugleiste beim unentbehrlichen Verschieben-Werkzeug gesehen haben, schützt Ebenen vor dem Verschieben im Bild. Die Ebenenreihenfolge ist damit nicht verriegelt, sondern kann durchaus noch geändert werden.
- Das Schloss-Icon ❹ sperrt die Ebene für jegliche Bearbeitung.

Riegel kurzzeitig lösen

Der Shortcut [ß] schaltet die zuletzt angewandte Fixierung von Ebenen und Gruppen kurzzeitig aus oder wieder an.

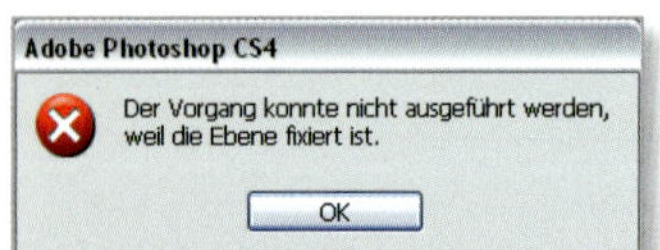

▲ **Abbildung 10.58**
Leider erscheint diese Erinnerung nicht immer, wenn Sie versuchen, eine gesperrte Ebene zu bearbeiten. Wenn Sie eine Ebene bearbeiten wollen und dies »unerklärlicherweise« misslingt, sollten Sie auch kontrollieren, ob die Ebene nicht verriegelt ist.

Ebenengruppen fixieren | Ebenengruppen lassen sich nur mit dem Schloss-Button komplett sperren. Mit einem kleinen Umweg können Sie auch einen anderen Bearbeitungsschutz auf alle Ebenen einer Gruppe anwenden. Markieren Sie die Gruppe in der Ebenen-Palette, öffnen Sie das Palettenmenü, und klicken Sie dort auf ALLE EBENEN IN GRUPPE FIXIEREN.

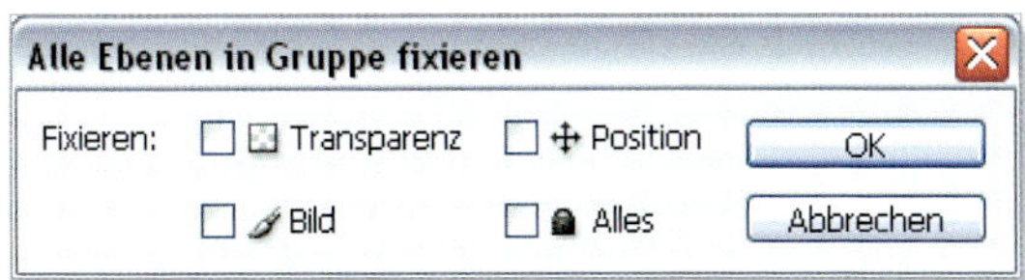

◂ **Abbildung 10.59**
Hier legen Sie den gewünschten Bearbeitungsschutz für Ebenengruppen fest.

10.3.11 Bildinhalte positionieren

Das Verschieben von Ebenen oder Gruppen im Bild ist vermutlich die am häufigsten angewandte Operation im Zusammenhang mit Ebenen. Wie immer muss die richtige Ebene (oder Gruppe) aktiv sein und dazu das Verschieben-Werkzeug (Shortcut: V) gewählt sein.

Sie können die Ebene nun mit der Maus anfassen und verschieben oder sie pixelgenau mit den Pfeiltasten Ihrer Tastatur ausrichten. Pro Pfeiltasten-Anschlag wird die Ebene um ein Pixel nach oben, unten, rechts oder links geschoben. Wenn Sie dabei zusätzlich die ⇧-Taste gedrückt halten, erfolgt das Verschieben in Zehn-Pixel-Schritten. Um die Richtung einer Verschiebung auf 45°-Schritte (oder ein Vielfaches von 45° – also eine genau senkrechte oder waagerechte Bewegungsrichtung) zu beschränken, halten Sie beim Ziehen der Ebene mit der Maus die ⇧-Taste gedrückt.

Zum Weiterlesen: Ebenen automatisch ausrichten und positionieren
In Photoshop gibt es neben dem freien Verschieben auch Befehle, um **Ebenenkanten** säuberlich aneinander auszurichten. Mehr dazu finden Sie in Abschnitt 11.1, »Ebenenkanten ausrichten und verteilen«.
Die Funktionen zum automatischen **inhaltsbasierten** Ausrichten von Ebenen wurden in CS4 überarbeitet und erweitert. Mehr dazu lesen Sie in Abschnitt 24.1, »Inhaltssensitiv Ebenen automatisch ausrichten«.

10.3.12 Anordnung von Ebenen und Gruppen verändern

Die Reihenfolge der Ebenenzeilen in der Palette entspricht der Schichtung der Ebenen und Gruppen im Bild. Und die hat auf die Sichtbarkeit einzelner Bildteile gravierenden Einfluss, da die deckenden Pixel der jeweils oberen Ebenen die unteren Ebenen überdecken.

Drag & Drop | Um die Ebenenreihenfolge zu verändern, gibt es mehrere Möglichkeiten. Die schnellste Variante ist das Verschieben per Drag & Drop. Fassen Sie dazu einfach die Ebene, die Sie verschieben wollen, in der Palette mit gedrückter linker Maustaste an, und ziehen Sie die Ebene an die gewünschte Position in der Palette. Ein schwarzer Balken zeigt die jeweils aktuelle Position an. Auf diese Weise können Sie auch Ebenen nachträglich in schon bestehende Gruppen bugsieren.

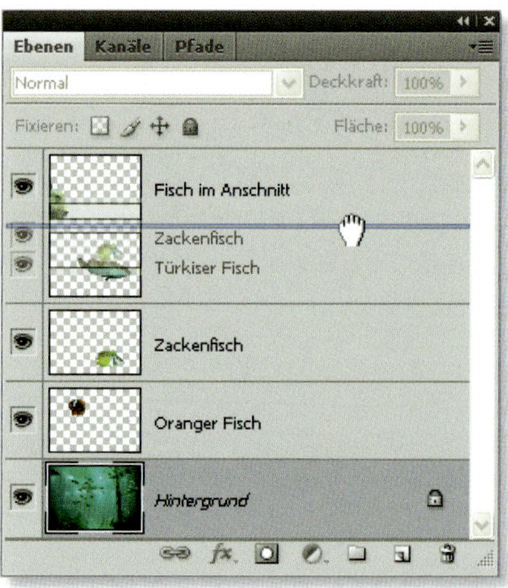

Abbildung 10.60 ▸
Ebenen oder Gruppen innerhalb der Palettenanordnung zu verschieben, sollte Ihnen keine Schwierigkeiten machen, wenn Sie bereits eine Ebene erfolgreich von Bild zu Bild transferiert haben.

In den Vordergrund	Umschalt+Strg+Ä
Schrittweise nach vorne	Strg+Ä
Schrittweise nach hinten	Strg+#
In den Hintergrund	Umschalt+Strg+#
Umkehren	

▴ **Abbildung 10.61**
Die Befehle und Tastaturkürzel unter Ebene • Anordnen

Menü | Alternativ können Sie auch das Menü benutzen. Unter Ebene • Anordnen finden Sie fünf Befehle zum Verschieben der Ebenen – meiner Meinung nach ist das allerdings ein im Alltag zu umständlicher Weg.

- ▸ In den Vordergrund (⇧+Strg+Ä bzw. ⇧+⌘+Ä) positioniert die aktuell aktive Ebene in der Ebenenreihenfolge ganz oben.
- ▸ Schrittweise nach vorne (Strg+Ä bzw. ⌘+Ä) bringt die aktive Ebene einen Schritt in der Ebenenschichtung nach oben.
- ▸ Schrittweise nach hinten (Strg+# bzw. ⌘+#) bringt die aktive Ebene in der Ebenenschichtung einen Schritt nach unten.
- ▸ In den Hintergrund (⇧+Strg+# bzw. ⇧+⌘+#) bringt die aktive Ebene in der Ebenenreihenfolge ganz nach hinten. Wenn eine Hintergrundebene vorhanden ist, bleibt diese die unterste Ebene. Die nach hinten gestellte Ebene wird dann die zweite Ebene von unten.
- ▸ Umkehren dreht die Reihenfolge zuvor in der Palette markierter Ebenen um. Der Befehl kann nur dann funktionieren, wenn zuvor mehr als eine Ebene markiert wurde.

10.3.13 Ebenen und Gruppen reduzieren

Ein Bild mit vielen Ebenen und Ebenengruppen braucht viel Speicherplatz, und auch bei gutem Ebenenmanagement werden solche Dateien schnell unübersichtlich. So ist es bei allen Vorteilen, die die Ebenentechnik bietet, manchmal auch angeraten, einige oder alle Ebenen zusammenzufügen. Bei Photoshop heißt dies reduzieren.

Auch Ebenengruppen lassen sich so zusammenrechnen. Es ist ein sehr häufiger Handgriff, die Ebenen einer Gruppe zu einer

Einzelebene zusammenzulegen. Das Reduzieren von Ebenen können Sie mithilfe der Ebenen-Palette erledigen. Und natürlich gibt es auch hier ein paar nützliche Tastaturkürzel.

Sie können differenzieren, ob Sie alle vorhandenen Ebenen auf eine (Hintergrund-)Ebene reduzieren wollen oder ob Sie nur einzelne Ebenen miteinander verschmelzen wollen.

Wollen Sie **alle** Ebenen und Gruppen zusammenfügen,

- wählen Sie im Palettenmenü den Befehl AUF HINTERGRUNDEBENE REDUZIEREN
- oder benutzen das Menü EBENE und dort den entsprechenden Befehl.

Eine sehr interessante Variante des Befehls AUF HINTERGRUNDEBENE REDUZIEREN ist das sogenannte »Stempeln« von Ebenen. Dabei werden alle Ebenen auf eine neue, zusätzliche Ebene reduziert. **Die Ausgangsebenen bleiben jedoch intakt.**

- Merken Sie sich dazu den Shortcut ⇧+Strg+Alt+E (Windows) oder ⇧+⌘+⌥+E (Mac OS). Ebenengruppen werden hier wie Ebenen behandelt.
- Sie können die Wirkung dieses Befehls einschränken und auf diese Art und Weise nur einige Ebenen »stempeln«, indem Sie nur eingeblendete Ebenen zu einer neuen Ebene verrechnen lassen. Dazu klicken Sie – wieder mit gehaltener Alt/⌥-Taste – den Befehl EBENE • SICHTBARE AUF EINE EBENE REDUZIEREN. Alternativ können Sie die gewünschten Ebenen in der Palette markieren und dann (mit Alt/⌥-Taste!) EBENE • AUF EINE EBENE REDUZIEREN wählen.

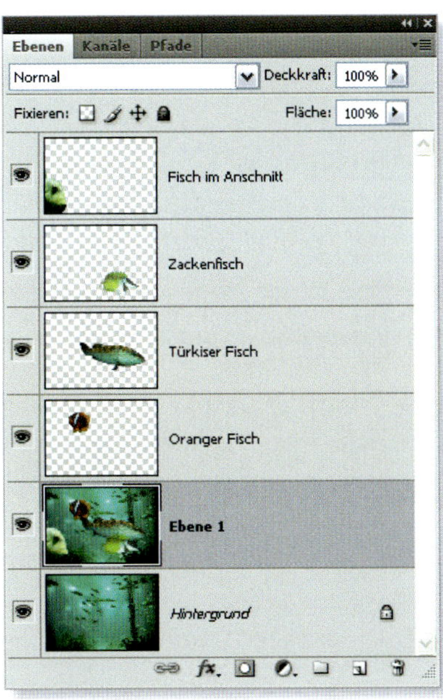

◀ **Abbildung 10.62**
Ebenen »stempeln«: Aus allen eingeblendeten Ebenen wurde eine neue Ebene erstellt (hier oberhalb der Hintergrundebene zu sehen). Die ursprünglichen Ebenen bleiben erhalten.

TOPP-TIPP: »Sicherungskopien« der Datei vor dem Reduzieren anlegen

Ist eine Datei erst einmal auf die Hintergrundebene zusammengerechnet, ist es kaum oder nur mit großem Zeitaufwand möglich, grundsätzliche Änderungen an der Komposition durchzuführen. Die unschlagbaren Vorteile der Ebenentechnik – flexibles Arbeiten, freies Experimentieren mit unterschiedlichen Gestaltungsmöglichkeiten, frei editierbarer Text, einfaches Ausbessern von Fehlern ... – sind bei reduzierten Bildern verloren. Aus diesem Grund kann es sinnvoll sein, vor dem Reduzieren von Ebenen ein Duplikat der Datei erzeugen, bei der die Ebenen intakt belassen werden. Unbedingt ist das zu empfehlen, wenn Sie ein Bild in einen anderen Modus bringen, aber eventuell später noch weiterbearbeiten wollen – manche Moduswechsel gehen mit einem zwangsweisen Reduzieren der Ebenen einher.
Es lohnt sich auch, über ein einheitliches Namenssystem für reduzierte und »ebenenhaltige« Dateien nachzudenken. Das erspart Ihnen im Zweifelsfall viel Sucharbeit.

- Um lediglich zwei Ebenen auf diese Art und Weise zu verschmelzen und die Originalebenen zu erhalten, wählen Sie bei gehaltener [Alt]/[⌥]-Taste den Befehl EBENE • AUF EINE EBENE REDUZIEREN. Diese Möglichkeiten sind natürlich nicht geeignet, um die Dateigröße zu reduzieren, können sich aber als nützlich erweisen, um weitere Bearbeitungsschritte auszuprobieren, die sich nur auf eine Ebene beziehen sollen.

Bestimmte Ebenen reduzieren | Wenn Sie nur manche Ebenen des Bildes verschmelzen wollen, haben Sie differenziertere Möglichkeiten. Diese Befehle zum Reduzieren von Ebenen sind über den Menüpunkt EBENE und über das Menü der Ebenen-Palette erreichbar. Schneller sind Sie jedoch meist mit den Shortcuts!

- Sie können das Augensymbol nutzen: Entfernen Sie es von den Ebenen, die *nicht* reduziert werden sollen, und klicken Sie im Seitenmenü SICHTBARE AUF EINE EBENE REDUZIEREN (die Tastaturkürzel dazu: [Strg]+[⇧]+[E] oder am Mac [⌘]+[⇧]+[E]). Welche Ebene bei diesem Verfahren aktiv ist, spielt keine Rolle.

  Dieser Weg birgt allerdings die Gefahr, dass irrtümlich eine Ebene mit reduziert wird, die eigentlich noch bearbeitet werden sollte – für Sie viel Mühe oder vielleicht sogar ein unumkehrbarer Fehler.
- Ein anderer Weg ist, diejenigen Ebenen, die reduziert werden sollen, per Maus in der Ebenen-Palette zu markieren und dann den Befehl AUF EINE EBENE REDUZIEREN ([Strg]+[E] bzw. [⌘]+[E]) zu wählen. Dabei ist es völlig gleichgültig, an welcher Position in der Ebenen-Palette die Ebenen liegen und ob andere, nicht markierte Ebenen dazwischenliegen.
- Ist in der Ebenen-Palette aktuell nur eine einzige Ebene markiert, verschmilzt der Befehl [Strg]+[E] bzw. [⌘]+[E] diese aktive Ebene mit der darunterliegenden. Alternativ können Sie den Seitenmenübefehl MIT DARUNTER LIEGENDER AUF EINE EBENE REDUZIEREN verwenden.

Gruppen reduzieren | Gruppen lassen sich mit den bisher genannten Befehlen ebenso gut bearbeiten – sie werden wie Ebenen behandelt. Es ist aber auch möglich, nur einzelne Ebenen aus Gruppen mit anderen Ebenen zu verschmelzen.

Um aus einer Gruppe eine einzige Ebene zu machen, markieren Sie die betreffende Gruppe und wählen den Befehl GRUPPE ZUSAMMENFÜGEN aus dem Palettenmenü oder dem EBENE-Menü. Auch hier ist der Tastaturbefehl wiederum [Strg]+[E] bzw. [⌘]+[E]. Je nachdem, welche Konstellation in der Ebenen-Palette

TOPP-TIPP: Vorsicht bei Ebenen mit unterschiedlichen Füllmethoden

Die Art und Weise, wie die Pixel übereinandergeschichteter Ebenen miteinander interagieren, kann unterschiedlich sein. Dafür verantwortlich ist die Ebenen-Füllmethode, die Sie zum Beispiel mit der Drowpdown-Liste in der Ebenen-Palette einstellen (Standardeinstellung: NORMAL). Enthält Ihr Bild Ebenen mit unterschiedlichen Füllmethoden, ist es beim Reduzieren von Ebenen möglich, dass sich das Aussehen des Bildes radikal ändert, weil die Füllmethode der reduzierten Ebenen nicht bei allen Reduzieren-Befehlen erhalten bleibt. Diesbezüglich gänzlich risikolos ist der Befehl AUF HINTERGRUNDEBENE REDUZIEREN. Bei den anderen Techniken kann es zu Pannen kommen.

vorliegt, wechselt dieses Kürzel seine Funktion – es steht jedoch immer für schnelles Reduzieren einiger Bildebenen.

Was wollen Sie tun?	Windows	Mac
Markierte Ebene(ngruppe) mit darunterliegender Ebene(ngruppe) auf eine Ebene reduzieren	Strg + E	⌘ + E
Mehrere markierte Ebenen(gruppen) auf eine Ebene reduzieren	Strg + E	⌘ + E
Markierte Gruppe auf eine Ebene reduzieren (Gruppe zusammenfügen)	Strg + E	⌘ + E
Alle sichtbaren Ebenen(gruppen) auf eine Ebene reduzieren. Wenn im Bild eine Hintergrundebene vorhanden ist, werden Ebenen auf die Hintergrundebene reduziert.	Strg + ⇧ + E	⌘ + ⇧ + E
Eine Kopie aller sichtbaren Ebenen auf eine neue Zielebene reduzieren (Ebenen »stempeln«)	⇧ + Strg + Alt + E	⇧ + ⌘ + ⌥ + E

◀ **Tabelle 10.4**
Tastaturbefehle zum Reduzieren von Ebenen und Gruppen auf einen Blick

10.4 Ebenenmanagement: Ebenen benennen, kennzeichnen und sortieren

10.4.1 Namensvergabe

Neue Ebenen, für die Sie nicht direkt beim Anlegen einen Namen vergeben, werden einfach automatisch durchnummeriert. Ebenen, die dupliziert werden, behalten ihren angestammten Namen mit dem Zusatz »Kopie«. Ebenen, die aus anderen Dateien eingefügt werden, ändern ihren Namen nicht.

Der wichtigste Schritt, um einzelne Ebenen oder Gruppen schnell in der Palette wiederzufinden, besteht darin, sie zu benennen, sobald sie eingefügt, dupliziert oder neu erstellt worden sind. Ein wenig Disziplin muss man dafür schon aufbringen, denn der Arbeitsfluss wird mit zwei, drei Extra-Mausklicks unterbrochen. Allerdings lohnt sich der Aufwand, denn ein konsequentes Betiteln von Ebenen spart letzten Endes Zeit und Nerven.

Das Dialogfeld zur Namensvergabe bekommen Sie üblicherweise nicht eingeblendet, wenn Sie zum Anlegen oder Duplizieren von Ebenen und Gruppen die Icons Neu und Neue Gruppe am unteren Rand der Palette nutzen. Es erscheint

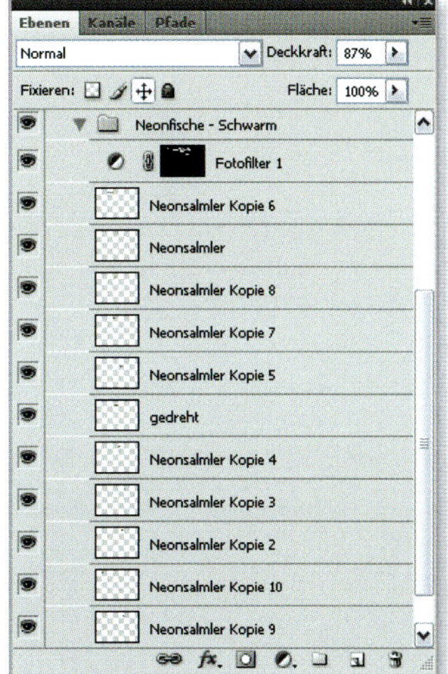

▲ **Abbildung 10.63**
Schlechtes Ebenenmanagement rächt sich. Sich hier durchzufinden und auf Anhieb die richtige Ebene zum Bearbeiten zu markieren, ist nicht einfach.

nur, wenn Sie mit Menübefehlen, Palettenmenübefehlen oder Shortcuts hantieren. Das ist eigentlich schade, denn es erzieht zu konsequenterem Umbenennen neuer Ebenen und Gruppen.

Abbildung 10.64 ▶
Diesen Dialog zum Benennen von neuen Ebenen und Gruppen (und zum Festlegen einiger anderer Eigenschaften) bekommen Sie leider nicht immer automatisch serviert.

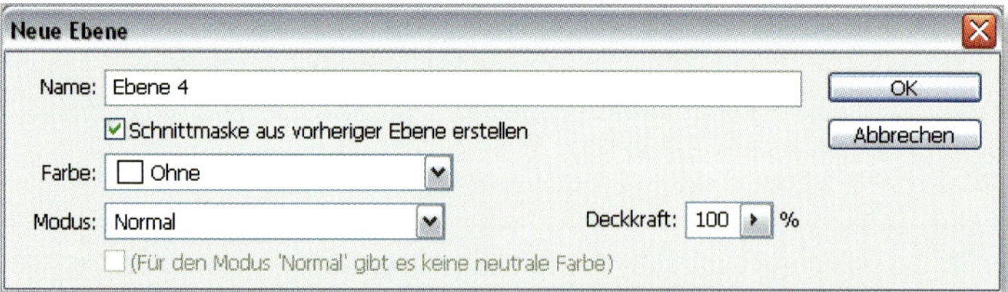

▲ **Abbildung 10.65**
Namenseingabe direkt in der Ebenen-Palette

Per Neu-Icon zum Namensdialog

Wenn Sie beim Anklicken der Schaltflächen Neu (Blatt-Papier-Symbol) und Neue Gruppe (Ordnersymbol) gleichzeitig [Alt] (Windows) oder [⌥] (Mac OS) gedrückt halten, erscheint der Namensdialog doch.

Ebene nachträglich benennen | Um eine Ebene oder Gruppe nachträglich zu benennen, müssen Sie auf den Ebenentitel oder Gruppentitel doppelklicken – und zwar *genau* auf den Titel (andernfalls rufen Sie das Dialogfeld Ebenenstile auf). Sie haben dann direkt die Möglichkeit, den neuen Namen einzutippen.

Ist ein bestehender Titel sehr kurz, hat man manchmal Schwierigkeiten, den entscheidenden Doppelklick zum Umbenennen genau auf der Schrift zu platzieren. Dann hilft ein Rechtsklick (Windows, bei Mac OS: Klick+[Ctrl]) in die umzubenennende Ebenenzeile. Es öffnet sich ein Kontextmenü, mit dem man ein Dialogfeld aufruft, in dem schließlich ein neuer Name eingetragen werden kann.

10.4.2 Ebenen wiederfinden

Zwei Optionen des Verschieben-Werkzeugs können Ihnen helfen, auch im unbetitelten Ebenenchaos eine bestimmte Ebene wiederzufinden.

- Ist Ebene automatisch wählen in der Optionsleiste aktiv, reicht ein Klick auf das Bildobjekt, dessen Ebene Sie suchen. Die gesuchte Ebene wird dann in der Ebenen-Palette markiert. Diese Option sollten Sie tunlichst deaktivieren, wenn Sie sie nicht mehr brauchen. Es passiert sonst sehr schnell, dass man eine schon fertig positionierte Ebene irrtümlich verschiebt!
- Die schnellere und unkompliziertere Lösung: Klicken Sie mit aktivem Verschieben-Werkzeug und bei gehaltener [Strg]-Taste (Windows, bei Mac OS: [⌘]) auf das zu bearbeitende Objekt im Bild. Auch dann wird die Ebene in der Palette automatisch aktiviert.

Beide Methoden funktionieren nicht, wenn in einer komplexen Montage mehrere Ebenenobjekte direkt übereinander stehen – Photoshop springt dann zur jeweils obersten Ebene, und das ist ja nicht immer die gesuchte.

Wenn Sie wissen wollen, welche Inhalte die aktive Ebene überhaupt aufweist, wählen Sie entweder den schon genannten Befehl ANSICHT • EINBLENDEN • EBENENKANTEN, oder aktivieren Sie das Verschieben-Werkzeug ([V]) und dort in der Optionsleiste die Option TRANSFORMATIONSSTEUERUNGEN. Dann erscheint um die Ebene im Bild ein kleiner Rahmen, der die Bildgegenstände der jeweils aktiven Ebene im Bild hervorhebt.

Ebenen außerhalb des Bildausschnitts wiederfinden | Es ist auch möglich, Ebenen ganz aus dem Bild herauszuschieben – was natürlich keine empfohlene Arbeitstechnik darstellt. Um Ebenen nur kurz auszublenden, sollten Sie lieber das Augensymbol in der Ebenen-Palette nutzen.

◂ **Abbildung 10.66**
Photoshop warnt Sie nicht, wenn Sie im Begriff sind, Ebenen aus dem sichtbaren Bildausschnitt zu bugsieren.

▴ **Abbildung 10.67**
Die Ebenenminiatur gibt Auskunft über die Position der verschobenen Ebene. Ebenen, die ganz aus dem Bild geschoben wurden, werden in den Miniaturen jedoch nicht mehr angezeigt.

Dennoch lässt es sich nicht immer vermeiden, dass Ebenen völlig aus dem sichtbaren Bereich eines Dokuments verschwinden. Besonders, wenn Sie großformatige Ebenen in ein Bild einfügen und sie dann stark verkleinern, kann es passieren, dass der Ebeneninhalt außer Sicht gerät. So bekommen Sie eine verloren gegangene Ebene wieder zu fassen:

- **Ebene auf der Arbeitsfläche anzeigen lassen:** Zoomen Sie die Bildansicht kleiner, so dass viel graue Arbeitsfläche drumherum zu sehen ist – irgendwo dort muss die außer Sicht geratene Ebene ja sein. Wechseln Sie dann zum Verschieben-Werkzeug (Kürzel: [V]) und aktivieren Sie die Option TRANSFORMATIONSSTEUERUNGEN. Der Transformationsrahmen verrät Ihnen die Ebenenposition. Klicken Sie mit der Maus in die Fläche innerhalb des Rahmens – nicht jedoch auf einen

Abbildung 10.68 ▼
Transformationssteuerungen zeigen die Ebenengrenzen auch innerhalb der grauen Arbeitsfläche. Wenn Sie innerhalb der Rechtecksfläche klicken, können Sie Ebenen auch verschieben, ohne dass sie transformiert werden.

der »Anfasser« – halten Sie die Maus gedrückt, und ziehen Sie Rahmen und Ebene zurück über die Bildfläche.

- **»Verlorene« Ebene an Hintergrundebene ausrichten:** Markieren Sie die Hintergrundebene und die verlorene Ebene nacheinander in der Ebenen-Palette. Wechseln Sie zum Verschieben-Werkzeug. In der Optionsleiste sehen Sie eine Reihe von Buttons zum Ausrichten. Klicken Sie auf den zweiten und fünften von links. Die verlorene Ebene wird nun über der Hintergrundebene zentriert.

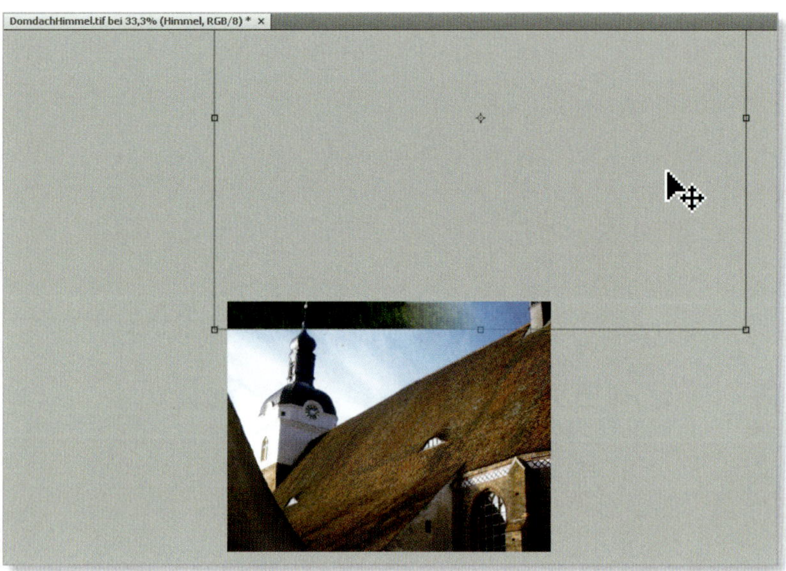

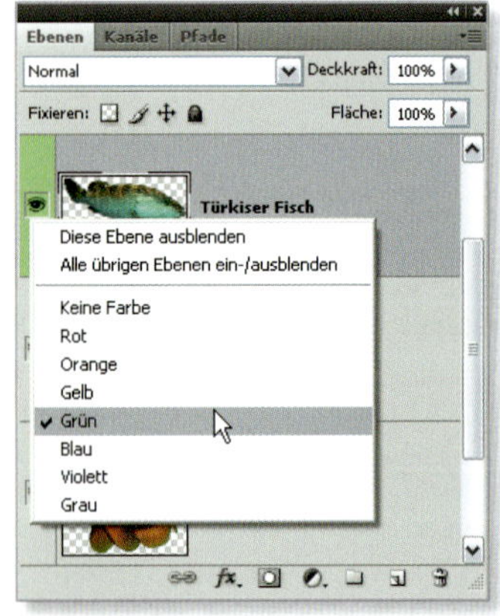

▲ Abbildung 10.69
Farbkodierungen lassen sich an Ebenen oder Gruppen mit einem Klick anbringen.

10.4.3 Farbkodierung

Die richtige Namensvergabe ist jedoch nicht alles: Zusätzlich können Sie den Ebenen und Gruppen innerhalb der Palette eine farbige Kodierung zuweisen. Das geht über die Kontextmenü-Befehle Ebeneneigenschaften oder Gruppeneigenschaften und – schneller – per Rechtsklick (Windows) bzw. Klick+`Ctrl` (Mac OS) *genau* auf das Augensymbol der Ebenen-Palette.

Damit können Sie zum Beispiel Ebenen mit einer bestimmten Funktion oder auch Ebenen in verschiedenen Entwurfsstadien farblich kennzeichnen (Gelb für »Experimente«, Orange für fertige Konzeptteile ...). Oder Sie setzen die Farben als simple Assoziationshilfen ein, die sich beispielsweise an der Farbe der Bildobjekte orientieren.

Auch im regulären Menü Ebene finden sich die Befehle zum Festlegen von Ebenen- und Gruppeneigenschaften wieder. In der täglichen Praxis ist das Hantieren mit dem Menü allerdings viel zu umständlich – die Palette bleibt das wichtigste Arbeitsinstrument für den Umgang mit Ebenen(gruppen).

10.5 Ebenengruppen: praktische Ordner

Gruppen (sie heißen in älteren Photoshop-Versionen **Ebenensets** oder **Ebenensätze**) sind eine sehr effektive Art, um Ebenen zu organisieren. Gruppen können – wie kleine Dateiordner – mehrere Ebenen aufnehmen. Dementsprechend erinnert auch das Icon an bekannte Dateiordner-Symbole.

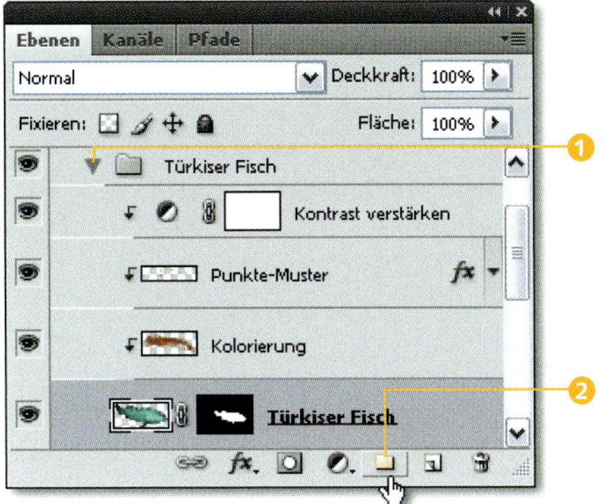

◀ **Abbildung 10.70**
Gruppen schaffen Ordnung auf der Ebenen-Palette. Per Pfeil ① lassen sich die Sets aus- und wieder einklappen. Damit werden umfangreiche Paletten kürzer und sind leichter zu handhaben. Unten sehen Sie den Button zum Erstellen eines neuen Sets ②.

Neben dem Ordnungsaspekt bieten Ebenengruppen auch Bearbeitungskomfort: Alle Ebenen in einer Gruppe lassen sich zusammen verschieben, ein- und ausblenden, mit einer gemeinsamen Maske versehen, duplizieren (und dann beispielsweise abändern, um eine zweite Version zu erstellen) oder transformieren.

10.5.1 Ebenengruppen erstellen und löschen

Wie kommen Sie also zu so einem praktischen Ebenenordner? Und wie werden Ebenengruppen verwaltet?

- Um bereits **bestehende Ebenen** zu einer Gruppe zusammenzufassen, müssen diese zunächst gemeinsam markiert werden. Anschließend wählen Sie im Seitenmenü der Palette Neue Gruppe aus Ebenen, vergeben einen Namen und bestätigen mit OK.
- Auch das Anlegen von **leeren Ebenengruppen** ist möglich. Nutzen Sie dazu den Befehl Neue Gruppe aus dem Seitenmenü oder den Ordner-Button am unteren Palettenrand.
- Um eine neue leere Ebene direkt in einer schon bestehenden Gruppe anzulegen, muss diese geöffnet (»aufgeklappt«) sein, bevor Sie auf das Neu-Icon klicken.
- Sie können einzelne Ebenen auch **nachträglich** mit der Maus in eine Gruppe hineinziehen – und auf dem gleichen Weg wieder herausnehmen oder in den Papierkorb befördern.
- Gruppen lassen sich wie einzelne Ebenen in der Ebenen-Palette – und damit in der »Folienschichtung« im Bild – **verschieben**.

▲ **Abbildung 10.71**
Das Ebenenmenü ist ein wichtiger Helfer für das Arbeiten mit Gruppen.

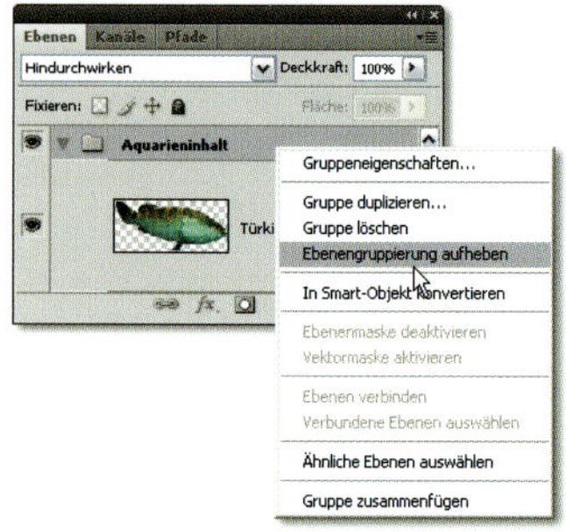

▲ **Abbildung 10.73**
Löschen von Gruppen per Kontextmenü. Mit dem Befehl EBENENGRUPPIERUNG AUFHEBEN bewirken Sie ein direktes Löschen des Gruppenordners (ohne den Inhalt zu löschen).

Ebenen innerhalb einer Gruppe können ebenfalls umgeschichtet und wie gewohnt bearbeitet werden.

- Zum **Löschen** von Gruppen können Sie den Mülleimer oder ein Kontextmenü nutzen (Rechtsklick bzw. [Ctrl]-Klick auf die Gruppe). Sie haben dann die Wahl, ob nur der Gruppenordner entfernt wird und die darin enthaltenen Ebenen »freigesetzt« werden oder ob alles komplett gelöscht werden soll.

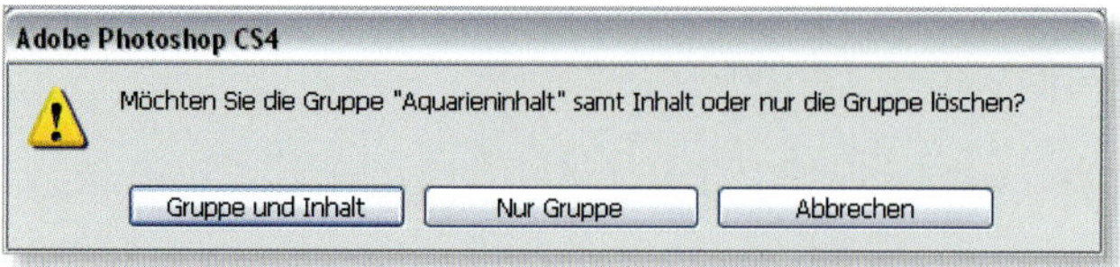

▲ **Abbildung 10.72**
Löschabfrage

10.5.2 Verschachtelte Gruppen

In der Manier von Ordnern und Unterordnern können Ebenengruppen auch ineinandergeschachtelt werden. Mehr als zwei oder drei Ordnungslevel machen die Ebenen-Palette dann aber schnell unhandlich. Um solche Schachtel-Gruppen anzulegen,

- können Sie bestehende Gruppen markieren und über den Seitenmenübefehl NEUE GRUPPE AUS EBENEN in eine übergeordnete Gruppe packen. Das funktioniert ganz genau wie bei einzelnen Ebenen.
- Oder Sie ziehen eine vorhandene Gruppe auf die Schaltfläche NEUE GRUPPE (Ordner-Icon) am Fuß der Ebenen-Palette.
- Sie können auch ganze Gruppen in schon vorhandene andere Gruppen hineinziehen – so, wie Sie auch Ebenen in Gruppen bugsieren.

Tabelle 10.5 ▶
Tastaturbefehle für das Arbeiten mit Gruppen auf einen Blick

Was wollen Sie tun?	Windows	Mac
Neue (leere) Ebenengruppe oberhalb der aktuellen Ebene(ngruppe) erstellen	Klick auf die Schaltfläche NEUE GRUPPE ERSTELLEN	Klick auf die Schaltfläche NEUE GRUPPE ERSTELLEN
Neue (leere) Ebenengruppe unter der aktuellen Ebene(ngruppe) erstellen	[Strg] + Klick auf die Schaltfläche NEUE GRUPPE ERSTELLEN	[⌘] + Klick auf die Schaltfläche NEUE GRUPPE ERSTELLEN
Zuvor markierte Ebenen gruppieren	[Strg]+[G]	[⌘]+[G]
Gruppierung von Ebenen aufheben	[Strg]+[⇧]+[G]	[⌘]+[⇧]+[G]

Was wollen Sie tun?	Windows	Mac
Neue Ebenengruppe mit Dialogfeld erstellen	Alt+Klick auf die Schaltfläche NEUE GRUPPE ERSTELLEN	⌥+Klick auf die Schaltfläche NEUE GRUPPE ERSTELLEN
Eigenschaften der Ebenengruppe anzeigen	Rechtsklick auf die Ebenengruppe, Doppelklicken auf das Ordnersymbol	Ctrl+Klick auf die Ebenengruppe, Doppelklicken auf das Ordnersymbol

◀ **Tabelle 10.5**
Tastaturbefehle für das Arbeiten mit Gruppen auf einen Blick (Forts.)

10.6 Ebenenkompositionen

Mehrere Bildversionen in einer Datei? Kein Problem mit Ebenenkompositionen! Die Funktion hilft Ihnen dabei, die verschiedenen Bildfassungen zu verwalten und schnell auf unterschiedliche Ebenenkonstellationen zuzugreifen.

10.6.1 Wozu Ebenenkompositionen einsetzen?

Bildebenen sind zum Experimentieren da. Sobald Sie selbst umfangreichere Montagen oder Composings anlegen, werden Sie feststellen, dass es ein sehr hilfreicher und daher oft eingesetzter Trick ist, mithilfe von Ebenen(gruppen) verschiedene Bildversionen in einer Datei zu erstellen. Durch Ein- und Ausblenden der Ebenen und Gruppen in verschiedenen Konstellationen werden dann unterschiedliche Bildvarianten sichtbar und können so auch Interessenten und potenziellen Kunden vorgeführt werden. Allerdings dauert es bei umfangreicheren Kompositionen manchmal eine ganze Weile, bis die richtige Bildversion mithilfe der Augen-Icons »zusammengeklickt« ist.

Deshalb stellt Adobe eine Palette zur Verfügung, die die Versionsverwaltung erleichtern soll: die EBENENKOMPOSITIONEN (innerhalb des Programms lakonisch als EBENENKOMP. abgekürzt). Das Funktionsprinzip ist den schon vorgestellten Schnappschüssen nicht unähnlich: Mit der Ebenenkomp.-Palette werden verschiedene Konstellationen der Ebenen-Palette aufgezeichnet.
Per Ebenenkomposition werden nicht *alle* Bildzustände konserviert – denn direkte Änderungen an den Bildpixeln bleiben außen vor! –, immerhin aber folgende Ebenenstatus:

- die **Sichtbarkeit** einer Ebene (ist sie ein- oder ausgeblendet?)
- die **Position** der Ebene auf dem Bild
- deren **Aussehen** (Füllmethoden und, wenn vorhanden, Ebeneneffekte)

Zum Nachlesen: Schnappschüsse
Schnappschüsse sind eine Funktion der Protokoll-Palette. Mehr über die Protokollfunktion – und andere Befehle, mit denen Sie Arbeitsschritte zurücknehmen können – finden Sie in Kapitel 4, »Arbeitsschritte zurücknehmen, Bildstadien konservieren«.

Anders als beim Protokoll und bei Schnappschüssen bleiben diese Informationen auch nach dem Speichern der Datei erhalten und können mit einem einfachen Klick erneut aufgerufen werden. Das funktioniert natürlich nur mit Dateiformaten, die Ebenen generell unterstützen.

10.6.2 Ebenenkompositionen anlegen und verwalten

Um Ebenenkompositionen aufzuzeichnen, muss Ihnen natürlich ein Bild mit mehreren Ebenen vorliegen. Die notwendige Palette starten Sie via FENSTER • EBENENKOMP..

Klicken Sie auf das NEU-Symbol am Fuß der EBENENKOMP.-Palette ②, um eine **neue Ebenenkomposition** anzulegen, die auf den aktuellen Paletten-Einstellungen im Bild basiert. Dann werden Sie gefragt, welche Ebeneneigenschaften Sie mit aufnehmen wollen.

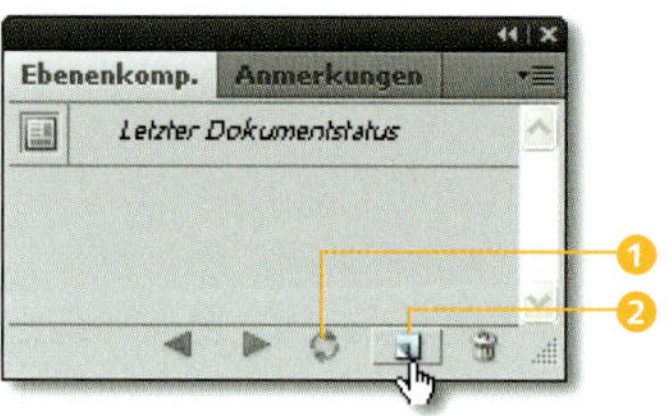

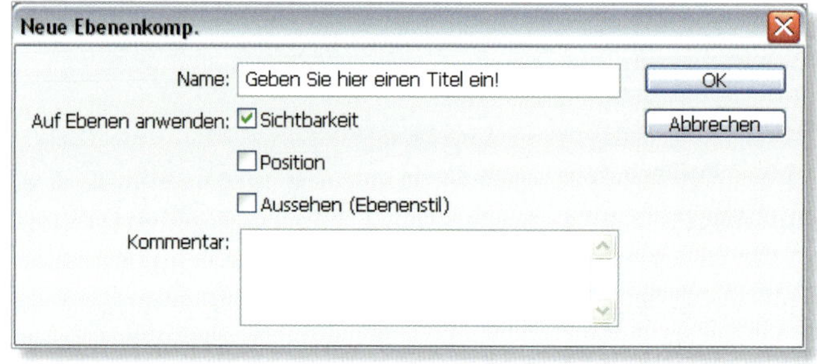

Abbildung 10.74 ▸
Anlegen neuer Ebenenkompositionen. Im Feld KOMMENTAR können Sie kurze Hinweistexte zur Komposition eingeben.

Ebenenkomposition verändern | Auch nachträglich lassen sich Eigenschaften einer Komposition – also der Umfang der mitgespeicherten Ebenenmerkmale – noch ändern. Dazu genügt dann ein Doppelklick auf die Komp.-Zeile in der Palette. Damit werden die Optionen erneut aufgerufen.

Um eine **neue Situation in der Datei festzuhalten**, können Sie entweder eine neue Komposition anlegen oder eine bestehende Komposition aktualisieren. Nutzen Sie dazu den runden Doppelpfeil ① (oder EBENENKOMP. AKTUALISIEREN im Palettenmenü).

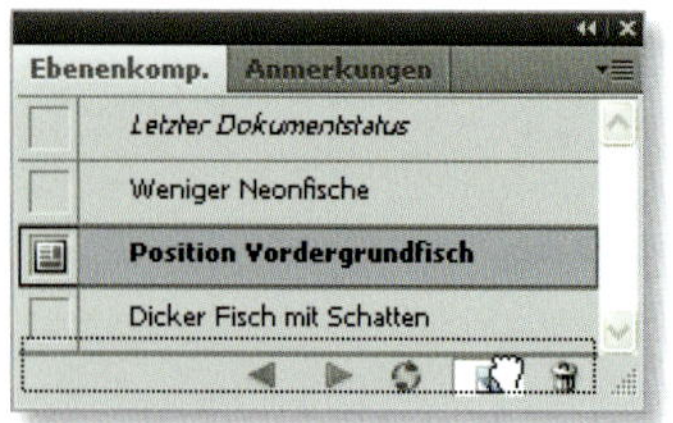

▴ Abbildung 10.75
Kompositionen duplizieren. Alternativ benutzen Sie die Befehle aus dem Seitenmenü der Palette.

Ebenenkomposition duplizieren | Eine solche Komposition lässt sich einfach duplizieren, um sie dann zu modifizieren. Das funktioniert ähnlich wie beim Duplizieren von Ebenen durch Ziehen des KOMP.-Eintrages auf das NEU-Icon. Alternative: Benutzen Sie den Befehl aus dem Seitenmenü.

Ebenenkomposition aktivieren | Um eine bestimmte Komposition zu aktivieren, müssen Sie das bis dahin leere Kästchen vor der jeweiligen Komposition anklicken. Ein Icon 3 zeigt an, welche Komposition gerade aktiv, also im Bild zu sehen ist.

◂ **Abbildung 10.76**
Die wichtigsten Funktionen.

Mit den Pfeiltasten 4 (oder Befehlen des Palettenmenüs) können Sie in den verschiedenen Kompositionen **blättern**.

Ebenen aus Ebenenkompositionen löschen | Damit das Konzept der Ebenenkompositionen – Aufzeichnen bestimmter Ebenenstadien zum erneuten leichten Aufruf – funktioniert, ist es entscheidend, wie mit dem (irrtümlichen oder beabsichtigten) Löschen von Ebenen umgegangen wird, die zuvor in einer Komposition aufgezeichnet wurden. Wenn Ebenen entfernt oder gelöscht werden, erhalten Sie in der Ebenenkomp.-Palette in jedem Fall eine Warnmeldung. Sie können dann entweder die Komposition(en) erneut aktualisieren oder die Meldung löschen. Das Löschen der Warnung entfernt aber nicht die Ursache der Warnmeldung, sondern nur die Meldung selbst!

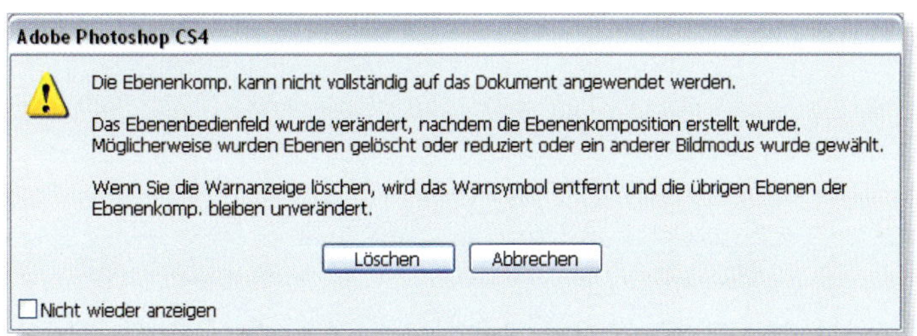

◂ **Abbildung 10.77**
Um Warnungen zu entfernen, müssen Sie auf eines der kleinen Warndreiecke in der Palette klicken. Es öffnet sich dann dieser Dialogkasten.

10.6.3 Ebenenkompositionen exportieren

Wenn Ihnen in den Ebenenkompositionen abgelegte Bildversionen gut gefallen, können Sie auf einfache Art und Weise daraus autonome Dateien erzeugen. Aus jeder Komposition lässt sich automatisch eine eigene Bilddatei erzeugen. Sie benutzen dazu den Befehl DATEI • SKRIPTEN • EBENENKOMP. IN DATEIEN. Dateityp und einige Eigenschaften können Sie in einer Dialogbox festlegen. Den Rest erledigt Photoshop dann von allein.

Einzelne Ebenen in Dateien exportieren

Sie müssen nicht unbedingt eine Ebenenkomposition erzeugen, um auf einfache Art aus Ebenen eigene Dateien zu erzeugen. Der Befehl DATEI • SKRIPTEN • EBENEN IN DATEIEN EXPORTIEREN produziert aus den einzelnen Ebenen einer Datei eigenständige Dateien.

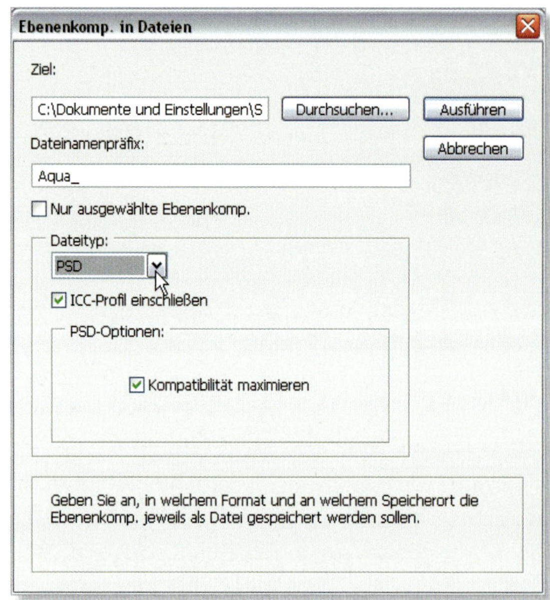

▲ **Abbildung 10.78**
Hier legen Sie den Dateinamen, Speicherort und Dateityp fest. Sie können auch bestimmen, ob nur eine – die ausgewählte – oder alle Kompositionen zu neuen Dateien verarbeitet werden.

CS4-Bug: Keine Ebenenkomp. in Web-Galerien

Unter DATEI • SKRIPTEN finden Sie auch noch den Befehl EBENENKOMP IN WPG. Damit konnnte man in CS3 noch Web-Fotogalerien aus den Kompositionen erzeugen. Die Web-Galerie-Funktion gibt es jetzt nur noch in Bridge, und in Photoshop CS4 produziert der Befehl eine Fehlermeldung.

11 Fortgeschrittene Ebenentechniken

Das Anlegen, Verwalten und Bearbeiten von Ebenen haben Sie nun gelernt. In diesem Kapitel widmen wir uns der praktischen Anwendung dieser Fähigkeiten und zeigen, wie Sie verschiedene Ebenenkonstellationen eines Bildes verwalten.

11.1 Ebenenkanten ausrichten und verteilen

11.1.1 Ausrichten per Button-Klick

Hilfslinien, automatische Hilfslinien und Raster sind Hilfsmittel, um Ebenen aneinander auszurichten. Häufig bedeutet das akkurate Ausrichten anhand solcher Linien jedoch mühsame Fummelei – selbst wenn Hilfslinien & Co. dank der Option ANSICHT • AUSRICHTEN AN magnetisch sind und die Ebenen dort leicht haften bleiben.

In der Optionsleiste des Verschieben-Werkzeugs (Kürzel V) finden Sie jedoch zwei Gruppen von Buttons, die Ihnen das genaue Ausrichten und Verteilen von Ebenen enorm erleichtern.

◂ **Abbildung 11.1**
Eine ganze Gruppe hilfreicher Buttons finden Sie in den Optionen des Verschieben-Werkzeugs. Die ersten sechs ❶ dienen zum **Ausrichten** von Ebenen aneinander, die zweite Abteilung ❷ **verteilt** Ebenen.

Ebenen in eine Linie bringen | Um mit den Ausrichten-Buttons – also den ersten sechs Buttons – Ebenen auszurichten, müssen mindestens zwei Ebenen markiert sein. Dann klicken Sie auf einen der Buttons, und schon sind die Ebenen in Position gebracht. Die von Adobe vorgegebene Benennung der Buttons (»horizontal, vertikal«) ist ein wenig verwirrend, aber eigentlich sind die Symbole der Buttons ziemlich eindeutig. So lassen sich die Buttons intuitiv einsetzen. Aber Achtung – die Ausrichten-Befehle funktionieren nicht, wenn Ebenen verriegelt sind.

Zum Nachlesen: Hilfslinien, Rasterlinien
Mehr über diese und andere Helferlein für den Photoshop-Alltag lesen Sie in Kapitel 3, »Nützliche Helfer«.

Die Referenzebene wird automatisch festgelegt

Die Referenzebene – also die Ebene, an der sich die anderen ausrichten – können Sie nicht selbst festlegen. Beim Ausrichten der linken Kanten ist es z. B. immer die Ebene, die am weitesten links steht, beim Ausrichten der unteren Kanten die Ebene, die (im Bild, nicht in der Palette) zuunterst positioniert ist, usw. Da die Buttons gar nicht funktionieren, wenn auch nur eine der aktiven Ebenen fixiert ist, können auch über diesen Umweg leider keine Referenzebenen erzwungen werden – schade. Lediglich die Hintergrundebene kann als Referenz fungieren, wenn es um das Zentrieren von Bildelementen geht.

Auf dieselbe Weise können Sie auch vollständige Ebenengruppen aneinander ausrichten. Wenn nur eine Ebenengruppe aktiviert ist und Sie dann die AUSRICHTEN-Buttons einsetzen, werden **alle Ebenen innerhalb der Gruppe** ausgerichtet.

Und Sie können Ebenen nicht nur aneinander, sondern auch mithilfe einer **Auswahllinie** positionieren. Dazu legen Sie im Bild eine Auswahl an und wählen dann die Ebene aus, die Sie an der Auswahl ausrichten möchten. Anschließend benutzen Sie die wiederum die Ausrichten-Buttons.

Vertikal ausrichten | »Vertikale Ausrichtung« bedeutet, dass die Ebenen sich auf der vertikalen Achse nach oben oder unten bewegen; die vertikale Position bleibt erhalten.

Richtet die **Oberkanten** der ausgewählten Ebenen am jeweils obersten Pixel aller ausgewählten Ebenen oder an der obersten Kante der Auswahlbegrenzung aus.

Richtet die **vertikalen Mitten** der ausgewählten Ebenen an den vertikalen Mitten aller ausgewählten Ebenen oder an der vertikalen Mitte der Auswahlbegrenzung aus.

Richtet die **Unterkanten** der ausgewählten Ebenen am jeweils unteren Pixel aller ausgewählten Ebenen oder an der untersten Kante der Auswahlbegrenzung aus.

Horizontal ausrichten | »Horizontale Ausrichtung« – das heißt, die Ebenen bewegen sich auf der horizontalen Achse nach rechts oder links.

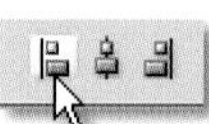

Der Button richtet die **linken Kanten** der ausgewählten Ebenen am äußersten linken Pixel in der Ebene ganz links oder an der äußersten linken Kante der Auswahlbegrenzung aus.

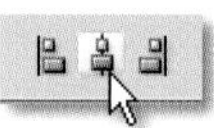

Dieser Button richtet die **Mitten** der markierten Ebenen bzw. der Auswahllinie aneinander aus.

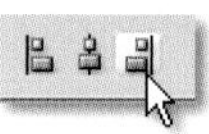

Richtet die **rechten Kanten** der ausgewählten Ebenen am äußersten rechten Pixel in der Ebene ganz rechts oder an der äußersten rechten Kante der Auswahlbegrenzung aus.

Datei auf der Buch-DVD: »VierButtons.tif«

◂◂ **Abbildung 11.2**
Markieren Sie alle Ebenen, klicken Sie auf den Button HORIZONTALE MITTEN, …

◂ **Abbildung 11.3**
… und schon stehen die Buttons in einer Linie und sind zentriert.

11.1.2 Ebenen verteilen

Die sechs Schaltflächen weiter rechts in der Optionsleiste des Verschieben-Werkzeugs helfen Ihnen, Ebenen gleichmäßig zu verteilen. Es müssen mindestens drei Ebenen aktiviert sein, damit das Verteilen funktioniert. Etwaige Hintergrundebenen dürfen dabei nicht aktiviert sein. Als **Referenz** dient beim Verteilen die Position der jeweils äußeren Ebenen, also die oberste und unterste beziehungsweise die ganz rechts und links stehende Ebene. Meist ist es also notwendig, zumindest die Referenzelemente per Hand exakt auszurichten.

Keine pixelgenauen Abstände

Zwischen den beiden Referenzebenen werden die übrigen Ebenen gleichmäßig verteilt. Ein genaues Ausrichten nach Pixeln, Zentimetern oder anderen Maßeinheiten (»30 Pixel Abstand zwischen allen Elementen«) ist leider nicht möglich.

Mittelachse | Die folgende Gruppe von Buttons verteilt Ebenen um die vertikale Mittelachse:

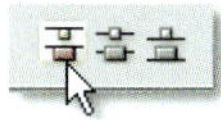

OBERE KANTEN verteilt die markierten Ebenen ausgehend von den **oberen Pixeln** jeder Ebene.

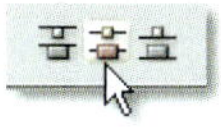

VERTIKALE MITTEN verteilt die Ebenen ausgehend von den **Ebenenmitten**.

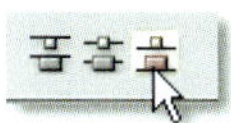

UNTERE KANTEN verteilt die markierten Ebenen ausgehend von den **unteren Pixeln** jeder Ebene.

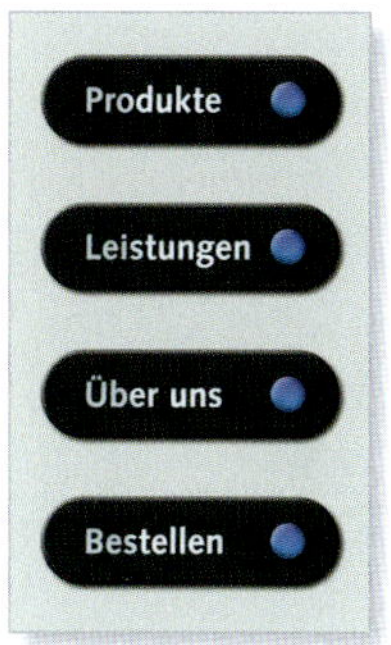

▴ **Abbildung 11.4**
Die Ebenen »Produkte« und »Bestellen« wurden nach oben und unten verschoben. Ein Klick auf VERTIKALE MITTEN sorgt dann für gleichmäßige Abstände.

Die nächste Gruppe von Buttons ordnet Ebenen um die horizontale Achse herum an:

LINKE KANTEN verteilt die markierten Ebenen ausgehend vom **linken Rand** jeder Ebene.

HORIZONTALE MITTEN verteilt die Ebenen ausgehend von der **horizontalen Mitte** jeder Ebene.

RECHTE KANTEN verteilt die markierten Ebenen ausgehend vom **rechten Rand** jeder Ebene.

Zum Weiterlesen: Intelligente Ebenenausrichtung nach Inhalt
Die hier besprochenen Buttons orientieren sich an den Kanten und Mittellinien von Ebenen, Ebenengruppen oder Auswahlen. Der Inhalt dieser Ebenen wird dabei nicht berücksichtigt. Doch es gibt in Photoshop auch intelligente Ausrichtungsfunktionen, die die Ebenenpixel berücksichtigen. Mahr darüber erfahren Sie in Kapitel 24, »Werkzeuge für die digitale Fotografie«.

11.2 Ebenen transformieren

Sie wissen bereits, wie man Ebenen dupliziert oder aus anderen Bildern einfügt und neu anordnet. Doch auch wenn die Schichtung in der Ebenen-Palette stimmt, haben Ebeneninhalte nicht immer die passende Größe oder Neigung und müssen angepasst werden. Die Operation, die Sie dazu anwenden, heißt Transformieren.

Transformationen können auf fast jedes Element in Photoshop angewendet werden: auf ganze Ebenen, mehrere Ebenen, Kanäle, Masken oder auf ausgewählte Bereiche. Sehr gebräuchlich sind Transformationen einzelner, freigestellter Bildelemente. Neben solchen normalen Bildebenen mit Pixeln als Inhalt lassen sich auch Vektorinhalte wie Pfade und Vektorformen transformieren.

Pixelebenen transformieren | Um Pixelebenen – also normale Bildebenen – zu transformieren, haben Sie verschiedene Möglichkeiten. In jedem Fall aktivieren Sie als Erstes die Ebene, deren Inhalt Sie transformieren wollen. Hintergrundebenen sind generell für Transformationen gesperrt. Mit dem Befehl EBENE • NEU • EBENE AUS HINTERGRUND (⇧+Strg+H bzw. ⇧+⌘+H) oder durch simples Umbenennen der Hintergrundebene in der Ebenen-Palette ändern Sie deren Status. Sie können auch mehrere Ebenen auf einmal transformieren: Dazu müssen Sie sie gemeinsam aktivieren oder vorher per Kette verknüpfen.

- Mit dem Tastaturkürzel Strg+T (unter Windows) oder ⌘+T (Mac OS) oder dem Befehl BEARBEITEN • FREI TRANSFORMIEREN rufen Sie das freie Transformieren auf. Es erscheint ein Rahmen mit Griffen an Ecken und Seiten und die Transformationsoptionsleiste. Freies Transformieren ermöglicht den flüssigen Wechsel zwischen verschiedenen Transformationsarten. Sie können dann frei nach Augenmaß mit der Maus arbeiten oder exakte Werte in die Optionsleiste eingeben.
- Die Alternative: Bei aktivem Verschieben-Werkzeug (Kürzel V) genügt es, die Option TRANSFORMATIONSSTEUERUNGEN anzuklicken. Rund um die Bildebene oder die deckenden Pixel innerhalb der Ebene wird der bekannte Rahmen mit Griffen eingeblendet. Die Transformationsoptionsleiste erscheint, sobald Sie den Transformationsrahmen benutzen.

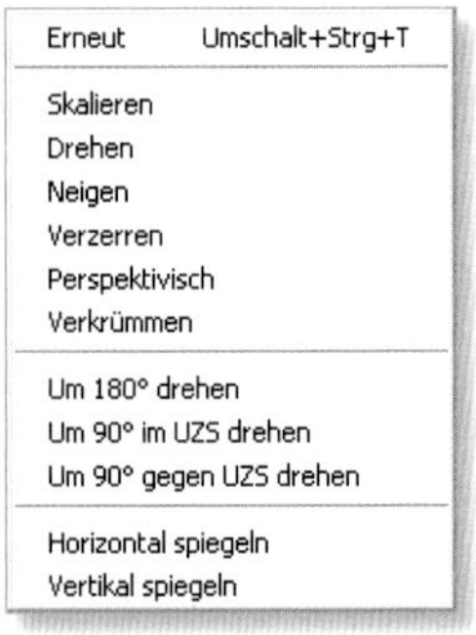

Die grundlegenden Schritte und Möglichkeiten sind bei beiden Methoden dieselben, auch die Shortcuts sind gleich. Daneben können Sie auch Menübefehle unter BEARBEITEN • TRANSFORMIEREN nutzen.

Erneut Umschalt+Strg+T
Skalieren
Drehen
Neigen
Verzerren
Perspektivisch
Verkrümmen
Um 180° drehen
Um 90° im UZS drehen
Um 90° gegen UZS drehen
Horizontal spiegeln
Vertikal spiegeln

▲ **Abbildung 11.5**
Häufig gebrauchte Transformationen finden sich auch im Menü.

Auswahlinhalte transformieren | Übrigens müssen Bildpartien, die Sie transformieren möchten, nicht immer auf einer eigenen Ebene liegen. Sie können auch Bildpartien zuerst auswählen und dann per freiem Transformieren oder mit den Menübefehlen unter Bearbeiten • Transformieren bearbeiten. Der Inhalt von Auswahllinie bzw. Transformationsrahmen wird dann wie eine schwebende Auswahl behandelt (mehr dazu finden Sie in Teil IV, »Auswählen, Freistellen und Maskieren«).

Dieser Befehl ist nicht zu verwechseln mit Auswahl • Auswahl transformieren – dabei gehen Sie zwar ähnlich vor, bearbeiten jedoch nur die **Auswahllinie**, nicht den **Auswahlinhalt**!

Transformation annehmen oder abbrechen | Ganz gleich, was Sie transformieren und ob Sie mit der Maus, der Optionsleiste oder den Menübefehlen arbeiten – alle Eingaben müssen Sie zum Abschluss bestätigen, und zwar entweder über die ↵-Taste oder über den kleinen Haken ganz rechts in der Optionsleiste.

Die Transformation abbrechen können Sie mit Esc oder über den »Parkverbot«-Button.

11.2.1 Tipps für gute Transformationsergebnisse

Wie werden Pixel neu berechnet? Interpolation | Bei Ebenentransformationen werden die Bildpixel von Photoshop neu berechnet, um sie der neuen Größe oder Position anzupassen – ähnlich, wie es beim Skalieren von Bildern mit dem Befehl Bild • Bildgrösse geschieht. Für diese Neuberechnung, die sogenannte Interpolation, gibt es verschiedene Methoden, die unterschiedliche Ergebnisse erzielen. Beim Skalieren von Bildern können Sie die gewünschte Interpolation direkt im Dialog Bildgrösse auswählen; um die Interpolationsmethode für Transformationen festzulegen, müssen Sie einen kleinen Umweg gehen. Rufen Sie die Voreinstellungen auf (Strg/⌘+K). Dort finden Sie auf der Allgemein den Punkt Bildinterpolation mit einer Auswahlliste.

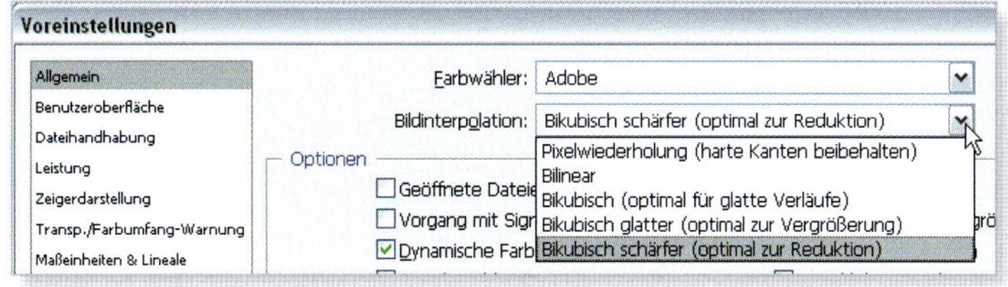

▲ **Abbildung 11.8**
Diese Einstellung legt fest, nach welcher Rechenmethode beim Transformieren interpoliert wird.

Weniger Deckkraft für mehr Durchblick

Häufig benutzt man Transformationen, um Bildelemente in Montagen einzupassen. In diesem Fall kann es sinnvoll sein, die Deckkraft der transformierten Ebene herabzusetzen, um zu sehen, was sich darunter befindet. Die Deckkraftänderung müssen Sie jedoch vornehmen, bevor Sie mit der Transformation beginnen. Während der Transformation sind andere Programmeinstellungen blockiert.

▲ **Abbildung 11.6**
Transformation bestätigen

▲ **Abbildung 11.7**
Transformation abbrechen

Weiterlesen: Vektorinhalte transformieren
Mehr über das Arbeiten mit und Bearbeiten von vektorbasierten Inhalten in Photoshop erfahren Sie in Teil XI, »Pfade und Formen«.

Nicht abgeschlossene Transformationen blockieren alles

Wenn in Photoshop »plötzlich nichts mehr geht«, prüfen Sie, ob in einem Ihrer geöffneten Dokumente noch eine offene Transformation auf Ihre Eingabe wartet. Nicht bestätigte Transformationen blockieren Photoshop für alle weiteren Eingaben. Auch die Photoshop-Funktionen, die Bridge ansteuern kann, sind dann nicht mehr zugänglich.

- Pixelwiederholung ist immer dann die Methode der Wahl, wenn Sie Bildobjekte mit harten Kanten haben, die ihre Schärfe nicht verlieren dürfen. Diese Interpolationsmethode wurde zum Beispiel verwendet, um die vergrößert dargestellten Mauszeiger zu erzeugen, die Sie an verschiedenen Stellen im Buch sehen.
- Bikubisch und die Varianten Bikubisch glatter und Bikubisch schärfer sind gut, wenn Sie bei Montagen Fotoelemente einpassen.
- Bilinear vergleicht Nachbarpixel miteinander, um daraus die neuen Bildpixel zu berechnen. Dies erfolgt ähnlich wie bei der bikubischen Methode, jedoch nicht so gründlich. Diese Berechnung soll schneller gehen, in der Praxis sind die Ergebnisse jedoch oft von unzureichender Qualität.

Nur einmal transformieren | Wenn Sie die bikubische Methode verwenden – und das ist bei der Arbeit mit pixelbasierten Halbtonbildern wie Fotos nahezu unumgänglich – wird der Bildinhalt mit jeder Transformation etwas unschärfer. Sie sollten also zunächst alle benötigten Transformationsbefehle ausführen und diese dann in einem Schritt bestätigen, anstatt jede Transformation separat anzuwenden und zu bestätigen. Und wenn eine Transformation einmal nicht ganz passt, sollten Sie nicht hin und her transformieren. Stattdessen empfiehlt sich der Befehl Bearbeiten • Schritt zurück.

Diese Einschränkung gilt nicht für Formebenen und Textebenen – Vektordaten sind bekanntlich unempfindlich gegenüber Skalierungen und Transformationen, auch wenn diese mehrfach durchgeführt werden.

Zum Weiterlesen: Verkrümmter Text
Um Textebenen bei voller Editierbarkeit zu verkrümmen, gibt es noch einen speziellen Befehl (siehe Kapitel 32, »Text erstellen und gestalten«).

Zum Weiterlesen: Smart-Objekte
Mehr über Smart-Objekte erfahren Sie im letzten Abschnitt dieses Kapitels.

Arbeit mit Smart-Objekten | Ganz unbesorgt können Sie sein, wenn Sie eine Pixelebene vor der Transformation in ein Smart-Objekt verwandeln. Smart-Objekt-Ebenen lassen sich skalieren, drehen, neigen, verzerren, perspektivisch transformieren (das ist neu in CS4!) und verkrümmen, ohne dass die Bildqualität leidet, denn die Umwandlung wirkt sich nicht auf die Originaldaten aus.

Zum Weiterlesen: Inhaltssensitives Skalieren
Eine neue Funktion in Photoshop CS4 ermöglicht es Ihnen, Bilder so zu verkleinern, dass nur unwichtige Inhalte skaliert werden, wichtige Bildelemente jedoch von der Skalierung ausgenommen werden.

11.2.2 Ebenenobjekte skalieren

Die Inhalte des Transformationsrahmens – hier ein freigestellter Ballon – per Maus und Augenmaß zu skalieren, sollte Ihnen keine Schwierigkeiten mehr bereiten. Sie kennen das Verfahren bereits vom Platzieren und Beschneiden.

Datei auf der Buch-DVD: »heissluftballon.tif«

◂ **Abbildung 11.9**
Der typische Transformationsrahmen

◂ **Abbildung 11.10**
Ebenenaufbau des Demobildes. Der freistehende Ballon wird transformiert.

Proportionen verändern | Das Ziehen an den Seitengriffen ❷ des Transformationsrahmens verändert nur die entsprechende Seite und damit auch stark die Proportionen des Bildelements.

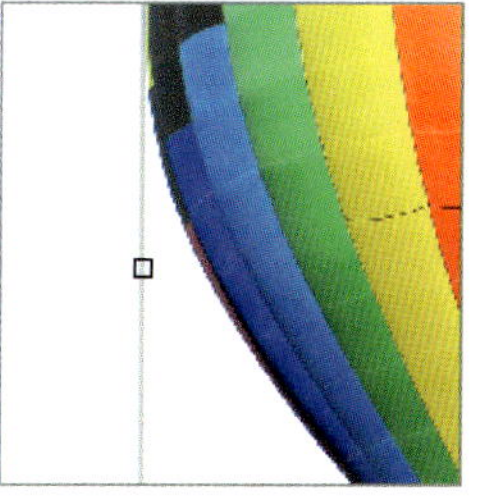

▴ **Abbildung 11.11**
Seitengriff: Ändert Höhe *oder* Breite

Breite und Höhe verändern | Das Ziehen an den Eckgriffen ❶ des Rahmens verändert gleichzeitig die Breite *und* die Höhe des Rahmens und des umfangenen Objekts.

Wenn Sie währenddessen noch die ⇧-Taste gedrückt halten, bleibt das Verhältnis von Breite und Höhe erhalten. Alternativ können Sie auch die Verketten-Schaltfläche in der Optionsleiste aktivieren.

◂ **Abbildung 11.12**
Ein Klick auf das Verketten-Symbol erhält die Seitenproportionen des skalierten Objekts.

11.2.3 Ebenenobjekt drehen

Auch dieses Verfahren kennen Sie schon. Anhand der Ecken können Sie Ihr Objekt auch drehen. Sie müssen sich der Eckmarkierung dabei mit etwas Mausfeingefühl von außen nähern, dann erscheint ein gerundeter Pfeil mit zwei Spitzen ❹. Mit diesem Pfeil können Sie nun Ihr Objekt frei drehen. Die Drehung variieren können Sie, indem Sie mit der Maus den Drehpunkt ❸ verschieben.

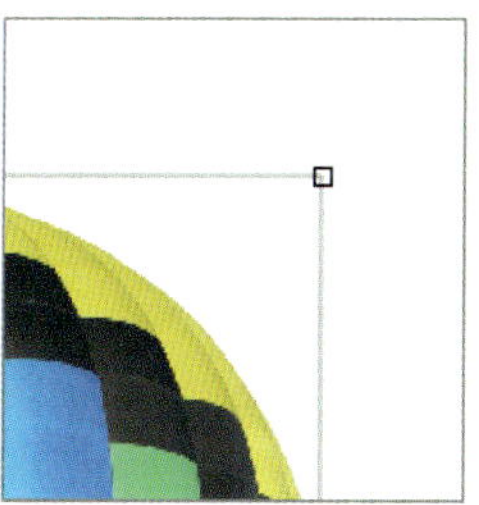

▴ **Abbildung 11.13**
Eckgriff: Ändert Höhe *und* Breite

Abbildung 11.14 ▸
Mithilfe des Anfassers lässt sich das Ebenenobjekt einfach drehen.

Drehmittelpunkt | Gradgenaue Drehungen stellen Sie in der Optionsleiste ein ❼. Auch dort können Sie die Position des Drehmittelpunkts verändern, nämlich durch Klicken auf eines der kleinen Quadrate des Symbols links ❺. Beachten Sie, welches der kleinen Quadrate aktuell schwarz ausgefüllt ist! Die X- und Y-Werte geben die Position des Drehpunktes (Referenzpunkt) pixelgenau an.

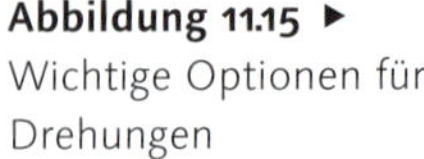

Abbildung 11.15 ▸
Wichtige Optionen für Drehungen

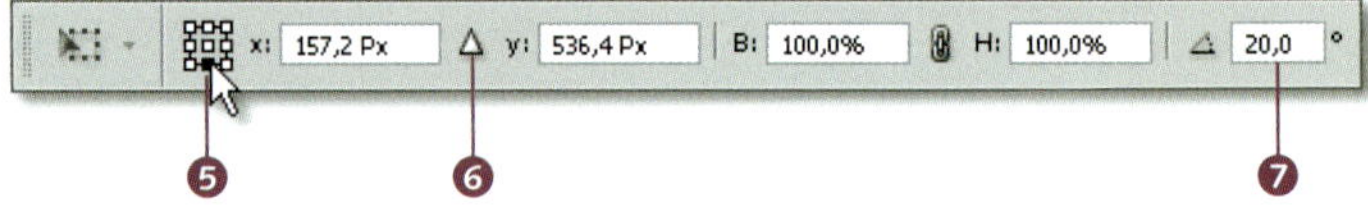

Transformationsrahmen mit Inhalt verschieben | Wenn Ihnen die Position Ihres Bildelements nicht gefällt, können Sie es schon während der Transformation verschieben. Positionieren Sie den Mauszeiger innerhalb des Transformationsrahmens – nur nicht an den Drehpunkt –, und ziehen Sie den Rahmen an die gewünschte Position im Bild.

In der Optionsleiste können Sie Eingaben bei X- und Y-Wert nutzen, um die Position des zu transformierenden Objekts zu ändern. Ein Klick auf das kleine Dreiecksymbol zwischen den Werten ❻ verkettet die Höhen- und Breitenangabe.

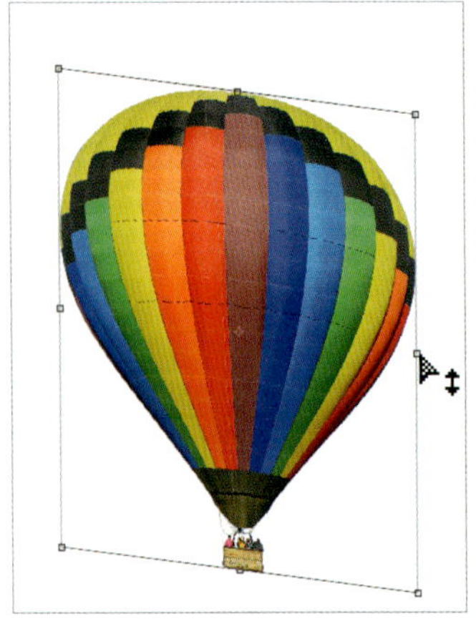

▲ Abbildung 11.16
Ebenenobjekt neigen

11.2.4 Neigen

Um die folgenden drei Funktionen mit der Maus anzuwenden, müssen Sie einige Tastaturkombinationen im Hinterkopf haben.

Neigen lässt sich ein Objekt, indem Sie Strg+⇧-Taste (bzw. ⌘+⇧) drücken und mit der Maus an einem der **Seitengriffe** (nicht an den Ecken) des Transformationsrahmens anfassen. Der Transformationsrahmen nimmt die Gestalt eines Parallelogramms an – und sein Inhalt ändert sich entsprechend.

Für Bilder wie das Beispielfoto ist eine solche Transformation nicht so sinnvoll. Sie kann aber gewinnbringend eingesetzt werden, wenn perspektivisch verzerrt werden soll.

Das Verzerren per Optionsleiste ist recht umständlich, weil Sie dabei alle Werte verändern müssen. Das Arbeiten mit Maus und Augenmaß ist hier viel besser geeignet.

▲ **Abbildung 11.17**
Verzerren relativ zum Mittelpunkt

11.2.5 Verzerren relativ zum Mittelpunkt

Das Verzerren relativ zum Mittelpunkt (Strg+Alt bzw. ⌘+⌥, Anfassen an beliebigem Griff) wirkt besonders spektakulär, wenn Sie an den Griffen der Seitenmitte anfassen. Dann können Sie Ihr Bildobjekt um den Mittelpunkt drehen. Bei geeigneten Gegenständen wirkt das fast wie eine dreidimensionale Drehung.

Frei verzerren | Zum freien Verzerren drücken Sie Strg oder ⌘, fassen mit der Maus an einem beliebigen Griff des Transformationsrahmens an und ziehen in die gewünschte Richtung.

Datei auf der Buch-DVD: »PotsdamerPlatz.jpg«

Perspektivisches Verzerren | Diese Funktion leistet gute Dienste zum Entzerren von Architekturbildern oder für nachträglich simulierte Perspektive. Merken müssen Sie sich die lange Tastenkombination ⇧+Strg+Alt (Windows) oder ⇧+⌘+⌥ (Mac OS). Oft ist es bei solchen Operationen notwendig, die Ecken des Transformationsrahmens – samt Bildinhalt – über die Grenzen des sichtbaren Bildausschnitts hinweg bis über den grauen Fensterhintergrund zu ziehen. Sorgen Sie also schon vorher dafür, dass das Bild in einer Zoomstufe angezeigt wird, die genügend Raum dafür lässt.

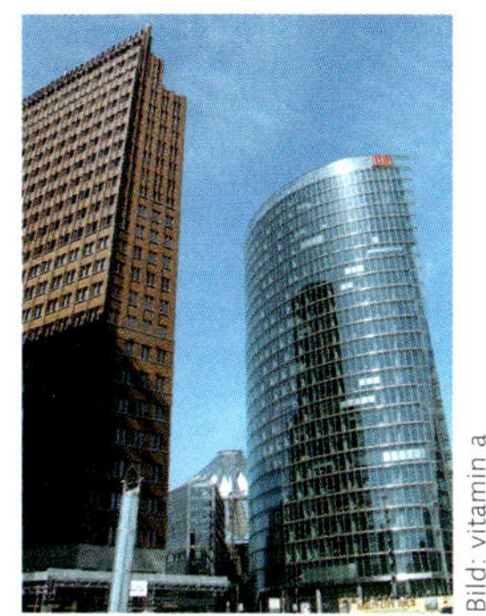

Bild: vitamin a

▲ **Abbildung 11.18**
Das Ausgangsbild.

◄ **Abbildung 11.19**
Perspektivisches Verzerren. Der Transformationsrahmen wird über den sichtbaren Bildbereich hinaus gezogen.

11.2.6 Verkrümmen

Mit Bearbeiten • Transformieren • Verkrümmen oder über einen Klick auf das entsprechende Symbol weit rechts in der Transformationsoptionsleiste wechseln Sie zur Funktion Verkrümmen.

Mit einem einfachen Gitternetz, dessen Linien, Ecken und Kreuzungspunkte Sie per Maus verschieben können, lassen sich Bildgegenstände verformen. So wird zum Beispiel dieser Ballon noch bauchiger gemacht.

Zum Weiterlesen: Ergänzende und alternative Techniken
Wird eine solche Transformation auf die gesamte Ebene angewandt, fehlen nach der Transformation an den Ecken oft Bildinhalte – sie wurden ja zusammengeschoben. Hier kann das Beschneiden- und in manchen Fällen auch das Stempel-Werkzeug helfen (Kapitel 22, »Reparieren und retuschieren«).
Eine gute Alternative zum perspektivischen Verzerren ist die Funktion Filter • Verzerrungsfilter • Objektivkorrektur. Um Bildgegenstände zu verformen, bietet sich auch der komplexe Filter Verflüssigen an. Auch die Filter unter Filter • Verzerren können sinnvoll genutzt werden. Mehr dazu erfahren Sie in Teil IX, »Filter – kreativ & effektiv«.

Abbildung 11.20 ▶
Verkrümmen von Ebenenobjekten – ziehen Sie einfach an den Griffen.

11.2.7 Menübefehle für Transformationen

Im Menü unter Bearbeiten • Transformieren finden Sie dieselben Transformationsschritte noch einmal. Das ist besonders praktisch für die verschiedenen Verzerrungen, deren Shortcuts schlecht zu merken sind. Rufen Sie die gewünschte Transformationsart über das Menü auf, und benutzen Sie dann wie gewohnt die Maus. Daneben können Sie über das Menü auch einige häufig gebrauchte Drehungen und Spiegelungen schnell und präzise erledigen. Dazu genügt ein Klick auf den jeweiligen Menübefehl.

Erneut	Umschalt+Strg+T
Skalieren	
Drehen	
Neigen	
Verzerren	
Perspektivisch	
Verkrümmen	
Um 180° drehen	
Um 90° im UZS drehen	
Um 90° gegen UZS drehen	
Horizontal spiegeln	
Vertikal spiegeln	

▲ **Abbildung 11.21**
Menübefehle zum Transformieren

Nachteil | Das Transformieren mit Menübefehlen hat einen Nachteil: Sie können die Transformationsart nicht fließend wechseln, so wie es beim freien Transformieren durch Gebrauch verschiedener Shortcuts möglich ist. Wenn Sie beispielsweise Perspektivisch verzerren gewählt haben, müssen Sie zunächst diese Transformation abschließen, um dann noch zu Skalieren oder zu Drehen. Da Mehrfach-Transformationen tunlichst zu meiden sind, sollten Sie in solchen Fällen besser zum freien Transformieren (und der Shortcut-Liste) greifen.

Transformation wiederholen | Sehr praktisch ist der Befehl ERNEUT (⇧+Strg+T bzw. ⇧+⌘+T). Mit ihm lassen sich gelungene Transformationen nicht nur auf weitere Ebenen, sondern auch auf andere Bilder übertragen.

Noch weiter geht das lange, aber in manchen Situationen sehr praktische Kürzel ⇧+Strg+Alt+T bzw. ⇧+⌘+⌥+T. Mit ihm wird die zuletzt aktive Ebene dupliziert und die zuletzt genutzte Transformation wird auf das Duplikat angewendet. Der Befehl funktioniert auch bei Auswahlbereichen: Sie werden dupliziert – allerdings nicht auf einer eigenen Ebene – und transformiert.

◄ **Tabelle 11.1**
Tastaturbefehle für Ebenentransformationen auf einen Blick

Was wollen Sie tun?	Windows	Mac
Transformieren aufrufen	Strg+T	⌘+T
Beim Skalieren Proportionen erhalten	⇧ + an den **Ecken** des Transformationsrahmens ziehen	⇧ + an den **Ecken** des Transformationsrahmens ziehen
Neigen	Strg+⇧ + an den **Seiten** des Transformationsrahmens ziehen	⌘+⇧ + an den **Seiten** des Transformationsrahmens ziehen
Drehen in 15°-Schritten	⇧ gedrückt halten	⇧ gedrückt halten
Verzerren relativ zum Mittelpunkt	Strg+Alt + an **beliebigem Griff** des Transformationsrahmens ziehen	⌘+⌥ + an **beliebigem Griff** des Transformationsrahmens ziehen
Frei verzerren	Strg + an **beliebigem Griff** des Transformationsrahmens ziehen	⌘ + an **beliebigem Griff** des Transformationsrahmens ziehen
Perspektivisch verzerren	⇧+Strg+Alt + an **Ecken** des Transformationsrahmens ziehen	⇧+⌘+⌥ + an **Ecken** des Transformationsrahmens ziehen
Transformation bestätigen (und anwenden)	↵	↵
Transformation abbrechen	Esc	Esc
Die letzte Transformation auf einem neuen Objekt wiederholen	⇧+Strg+T	⇧+⌘+T
Gleichzeitig Objekt duplizieren und letzte Transformation erneut anwenden	⇧+Strg+Alt+T	⇧+⌘+⌥+T

11.3 Schnittmasken und Aussparung

11.3.1 Schnittmasken – das Funktionsprinzip

Datei auf der Buch-DVD: »Paprika.tif«

Bei vielen Gelegenheiten ist das Anordnen von Ebenen zu sogenannten Schnittmasken hilfreich. Es kommt zur Anwendung, wenn Sie in Ihrer Palette mehr als zwei Ebenen haben und bewirken wollen, dass sich eine Ebene nur auf die *direkt* unter ihr liegende Ebene bezieht – nicht auf die anderen Ebenen darunter. Ich zeige Ihnen das Prinzip anhand einer Datei mit zwei Bildebenen und einer Einstellungsebene Farbton/Sättigung. Anhand der Wirkung der Einstellungsebene können Sie erkennen, wie Schnittmasken wirken.

Abbildung 11.22 ▶
So sieht das Ausgangsbild – ohne Einstellungsebene – aus.

Abbildung 11.23 ▶
Eine Einstellungsebene Farbton/Sättigung wurde erzeugt. Sie liegt oberhalb beider Ebenen und ist noch nicht zur Schnittmaske gruppiert. Daher wirkt sie auf beide Bildebenen.

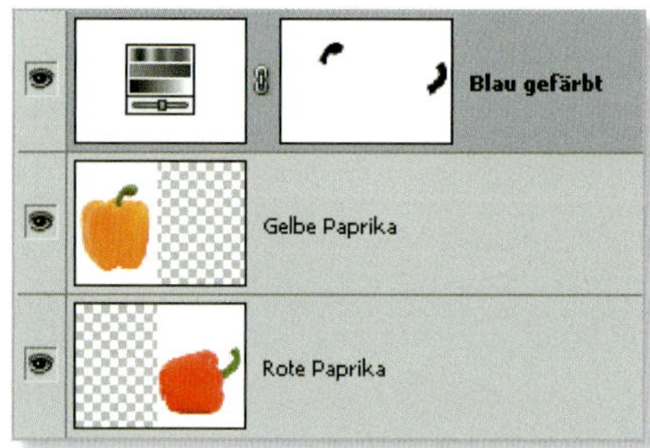

Abbildung 11.24 ▶
Der Bildaufbau: Zwei separate Bildebenen. Die farbverändernde Einstellungsebene »Blau gefärbt« ist noch nicht als Schnittmaske gruppiert – beide darunterliegende Bildebenen werden verändert. Lediglich die grünen Stängel sind mit einer Ebenenmaske vor Veränderung geschützt.

◂ **Abbildung 11.25**
Die färbende Einstellungsebene wurde mit der Ebene direkt unter ihr (»Gelbe Paprika«) zu einer Schnittmaske angeordnet. Die Farbänderung wirkt jetzt allein auf diese Ebene. Die Ebene mit der roten Paprika bleibt unverändert.

◂ **Abbildung 11.26**
In der Ebenen-Palette stellt sich eine Schnittmasken-Gruppe so dar. Die Einrückung der Einstellungsebene und der kleine Pfeil ❶ zeigen die Schnittmaske an.

Benutzt werden Schnittmasken oft bei Einstellungsebenen, bei Retuschen oder auch beim kreativen Gestalten mit Schrift. Das Grundprinzip ist, dass sich die Inhalte der zur Schnittmaske angeordneten Ebene oder Ebenen nur dort zeigen, wo die darunterliegende Ebene (*Basisebene*) ebenfalls Pixel aufweist. Die deckenden Pixel der unteren Ebene wirken als Schnittmaske. Schnittmasken sind übrigens keine Masken in dem Sinne, wie sie später in diesem Buch besprochen werden!

11.3.2 Schnittmasken anlegen

Ebenen zu Schnittmasken zusammenzufassen ist ganz einfach:

- Der schnellste Weg führt wieder einmal über die Ebenen-Palette: Setzen Sie den Mauszeiger bei gehaltener Alt-Taste (Windows) bzw. ⌥-Taste (Mac OS) in der Ebenen-Palette genau zwischen zwei Ebenen. Sobald sich das Symbol des Mauszeigers ändert, klicken Sie darauf. Auf die gleiche Art und Weise lösen Sie die Gruppierung auch wieder auf.
- Mit Strg+Alt+G bzw. ⌘+⌥+G wird die markierte Ebene mit der darunterliegenden Ebene zu einer Schnittmaske zusammengefasst oder eine bestehende Schnittmaskenkonstellation wieder aufgelöst.
- Die Menüalternative: Aktivieren Sie in der Ebenen-Palette eine Ebene, und wählen Sie die Befehle Ebene • Schnittmaske erstellen. Dadurch wird die aktive Ebene mit der

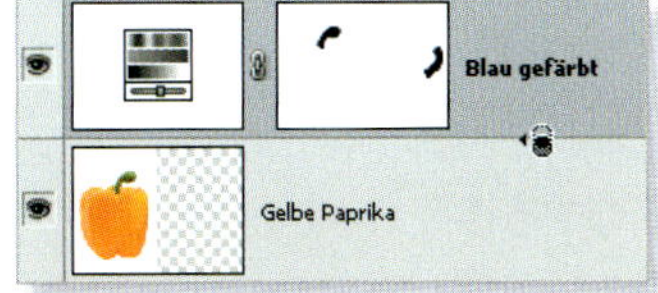

▴ **Abbildung 11.27**
Der Doppelkreis mit Pfeil zeigt an, dass Sie den Mauszeiger auf der Trennlinie zwischen den Ebenen richtig positioniert haben und die Ebenen nun (ent-)gruppiert werden können.

darunterliegenden zu einer Schnittmaske zusammengefasst. Mit Ebene • Schnittmaske zurückwandeln bringen Sie die Ebene wieder in die reguläre Anordnung.

- Wenn Sie Ebenen oder Einstellungsebenen per Menü anlegen, werden Sie automatisch gefragt, ob diese zur Schnittmaske gruppiert werden sollen.

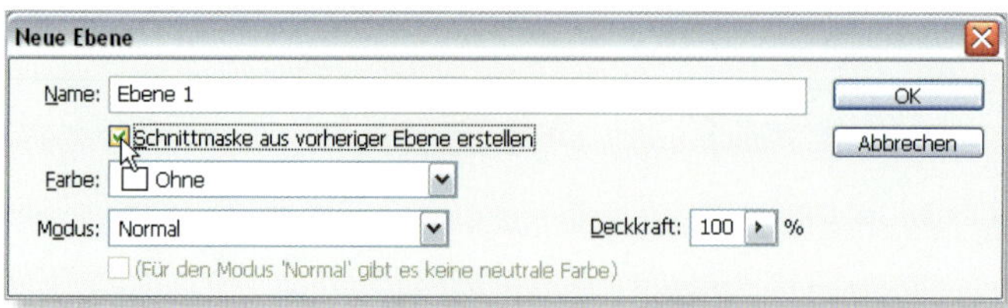

Abbildung 11.28 ►
Automatische Abfrage beim Anlegen von Ebenen oder Einstellungsebenen per Menübefehl

Dateien auf der Buch-DVD: »berlinschriftzug.tif«, »obst_schriftzug.tif«, »Natururlaub.tif«

Text-Bild-Effekte mit Schnittmasken | Interessante Effekte lassen sich mit Schnittmasken und Textebenen erzielen. Legen Sie eine Schrift *unter* eine Bildebene, und gruppieren Sie die beiden mit Strg+Alt+G bzw. ⌘+⌥+G. Dort, wo die darunterliegende Ebene transparente Pixel enthält, ist das Foto ausgeblendet – die Schrift ist also nun »fotogefüllt«. Dazu kommt eine weitere Ebene als Hintergrund für den Schriftzug. Für eine bessere Lesbarkeit bekam der Text in unserem Beispiel zusätzlich einen Ebeneneffekt.

Bild: vitamin a

Abbildung 11.29 ►
Die berühmte »Berliner Luft« in Text und Bild festgehalten.

Abbildung 11.30 ►
Ebenenaufbau: Oben das Foto, mit der Textebene zur Schnittmaske gruppiert, dann die Textebene mit einem Effekt, ganz unten weißer Hintergrund.

Sie können in dieser Manier auch mehrere Ebenen übereinander anordnen. In jedem Fall zeigen sich die Pixel der so angeordneten Ebenen nur dort, wo die Basisebene ebenfalls Pixel aufweist.

Bilder: dieblen.de

Abbildung 11.31 ►
Mehrere Ebenen mit Schnittmaske.

Die unten liegende und die oberen Ebenen einer Schnittmaskenkonstellation lassen sich gegeneinander verschieben. Das ist sehr nützlich, um z. B. einen passenden Bildausschnitt in einer Textzeile zu zeigen.

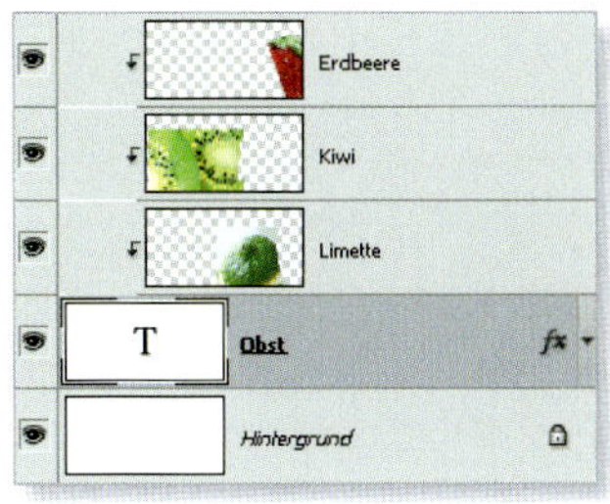

▲ **Abbildung 11.32**
Die Ebenen-Palette zum Obst-Beispiel

11.3.3 Aussparung und Aussparungsoptionen

Für das Erstellen ähnlicher Kompositionen wie der im Bild »Berlin« (Abbildung 10.29) gezeigten gibt es noch differenziertere Möglichkeiten, nämlich die erweiterte Füllmethoden-Eigenschaft Aussparung. Über die Dialogbox Ebenenstil legen Sie die Optionen fest. Sie erreichen diesen Dialog durch Doppelklick auf den neutralen Bereich einer Ebene in der Ebenen-Palette oder über den »fx«-Button *fx* in der Ebenen-Palette.

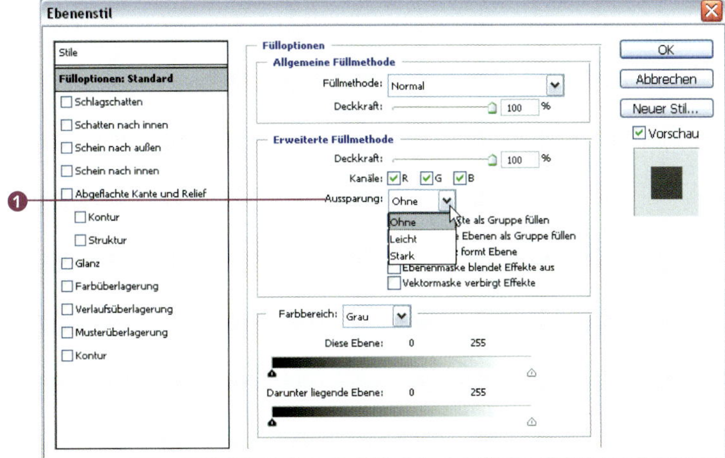

◂ **Abbildung 11.33**
Aussparungsoptionen ❶ im Dialog Ebenenstil

Die Grundidee beim Aussparen ist, dass die Pixel der oben liegenden Ebene benutzt werden, um einen Bereich zu definieren, der die Ebenen darunter optisch durchbohrt. Wie intensiv diese Durchbohrung wirkt, legen Sie wiederum mit den Aussparungsoptionen fest.

◂ **Abbildung 11.34**
Die Ausgangskonstellation. Die oberste Ebene wurde mit der Aussparungsoption Leicht versehen und hat außerdem einen hellen Kontureffekt.

Maßgeblich für das spätere Aussehen der Komposition ist auch hier wiederum die Schichtung der Ebenen. Und das Ganze funktioniert nur, wenn Sie die Deckkraft der oberen Ebene durch Verstellen der FLÄCHE-Deckkraft an der Ebenen-Palette senken. Die normale Option DECKKRAFT muss aber auf 100% stehen bleiben! Außerdem ist es zwingend erforderlich, dass die unterste Ebene tatsächlich eine Hintergrundebene ist. Dann rufen Sie den EBENENSTIL-Dialog auf und legen dort die Aussparungsoptionen fest.

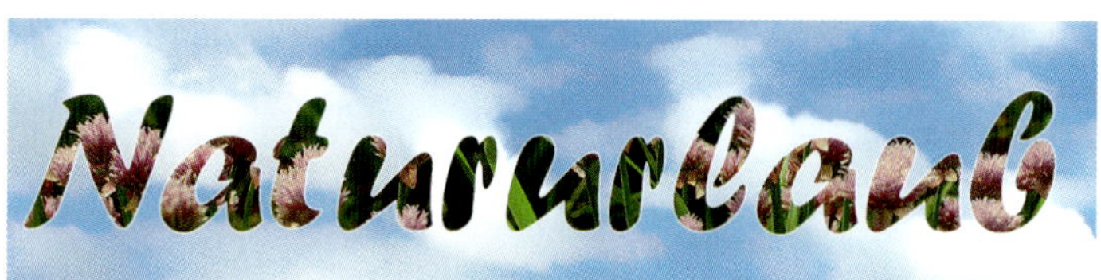

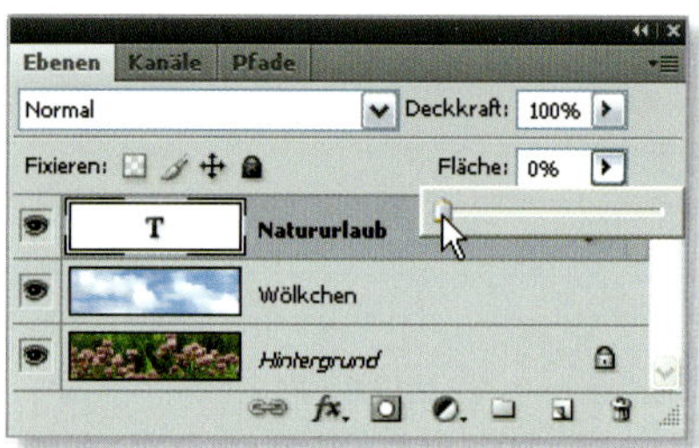

Abbildung 11.35 ▶
Dasselbe Bild mit gesenkter FLÄCHE-Deckkraft. Die deckenden Pixel der Textebene durchbrechen nun die mittlere Ebene (Wölkchen) und lassen die Hintergrundebene erscheinen.

Wie wirken die Aussparungsoptionen genau? | Damit Sie die Aussparungsoptionen gezielt einsetzen können, müssen Sie wissen, was sie bewirken:

- Die Option OHNE erstellt keine Aussparung. Dies ist die Standardeinstellung.
- LEICHT erstellt eine Durchbohrung bis zur Hintergrundebene (so wie in unserem Beispiel). Wenn die Ebenen in einer Gruppe zusammengefasst werden, wirkt die leichte Aussparung jedoch nur bis auf die unterste Ebene dieser Gruppe. Sind die Ebenen zu einer Beschnittmaske angeordnet, wirkt die »Durchbohrung« bis zur Basisebene.
- Mit der Option STARK erreichen Sie in jedem Fall eine Aussparung bis zur Hintergrundebene – gleichgültig, welche Ebenenkonstellationen in der Datei sonst noch vorliegen. Wenn keine Hintergrundebene vorhanden ist, wird in jedem Fall bis zur Transparenz durchbohrt.

Abbildung 11.36 ▶
So würde das Bild mit reduzierter FLÄCHE-Deckkraft, aber ohne spezielle Aussparungsoption aussehen. Von der Textebene sind alle Pixel ausgeblendet, lediglich der Ebeneneffekt – die helle Kontur – ist noch sichtbar. Die Hintergrundebene kommt nicht ins Bild.

Die Wirkung der drei verschiedenen Optionen und der notwendige Ebenenaufbau erscheinen auf den ersten Blick kompliziert, aber wenn man das Prinzip einmal verstanden hat, kann man mit dieser Funktion sehr schnell interessante Composings erzeugen. Die obere Ebene muss ja auch nicht immer ein Text sein: Ein Logo oder eine andere Pixelebene eignen sich ebenso gut!

11.4 Unterschätzte Datencontainer: Smart-Objekte

Smart-Objekte sind eine besondere Art von Ebenen: Sie »merken« sich nach einer Bearbeitung ihr früheres Aussehen. Das ist möglich, weil die Originalversion der Daten eines Smart-Objekts in das Dokument eingebettet ist, das das Smart-Objekt enthält. Ein Smart-Objekt ist gewissermaßen ein Container, in dem eine Instanz der originalen Daten zur Bearbeitung abgelegt ist. Diese Originaldaten sind zunächst für den Bearbeiter unsichtbar, können jedoch mit einem kleinen Umweg (siehe den zweiten Workshop weiter unten) auch verändert werden. Grundlage von Smart-Objekten können Pixel- oder Vektordaten sein. Die meisten Photoshop-Nutzer kennen Smart-Objekte hauptsächlich von der Verwendung mit Filtern. Tatsächlich können diese jedoch mehr.

Vorteile von Smart-Objekten | Das Containerprinzip ermöglicht die **zerstörungsfreie Bearbeitung** der Smart-Objekte, denn die originalen Bilddaten bleiben ja erhalten. Das heißt, Bildoperationen, die sich auf die Bildpixel *an und für sich* qualitätsmindernd auswirken, können auf Smart-Objekte angewandt werden, ohne dass ein Qualitätsverlust auftritt. In einigen Fällen machen Smart-Objekte eigentlich unumkehrbare Arbeitsschritte reversibel. Außerdem erweisen sich Smart-Objekte als **Beschleuniger für Ihren Workflow,** und in einigen Fällen stellen sie Work-arounds für Arbeitstechniken dar, die sonst gar nicht möglich wären. Sehr nützlich sind Smart-Objekte zum Beispiel

- bei Ebenen-Transformationen
- bei der Anwendung von Filtern (Smartfiltern)
- für das Skalieren des gesamten Bildes
- bei Farbraum-Änderungen (via BILD • MODUS)
- beim Beschneiden von Bildern, wenn ein neuer Bildauschnitt gefunden werden soll
- Wenn Sie ein Smart-Objekt mehrfach duplizieren, können Sie alle Duplikate auf einen Schlag ändern, indem Sie die Quelle

Zum Nachlesen: Smart-Objekt-Basiswissen
Grundlegendes über Smart-Objekte finden Sie auch in Abschnitt 10.2, »Ebenentypen«, weiter vorne im Buch.

bearbeiten (diese Abhängigkeit von Smart-Objekten und ihrer Datenquelle kann jedoch auch ausgeschlossen werden).

- Textebenen lassen sich mit Filtern bearbeiten und bleiben trotzdem editierbar.

Camera Raw und Smart-Objekte

Wenn Sie RAW-Daten aus Ihrer Kamera verarbeiten, können Sie diese standardmäßig in Photoshop als Smart-Objekt öffnen lassen. Sie müssen dazu lediglich innerhalb des Camera-Raw-Moduls im Dialog ARBEITSABLAUF-OPTIONEN ein Häkchen setzen. Mehr zum Thema Camera Raw finden Sie in Teil XIII, »Photoshop und die digitale Fotografie«.

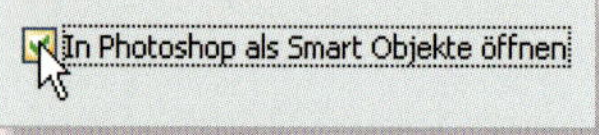

▲ **Abbildung 11.37**
Kamera-Rohdaten, JPG- und TIFF-Bilder lassen sich aus dem Camera-Raw-Dialog automatisch als Smart-Objekte öffnen.

11.4.1 Smart-Objekte erzeugen

Um Smart-Objekte zu erzeugen, gibt es eine Fülle verschiedener Wege.

Um **Ebenen** in Smart-Objekte zu transformieren, aktivieren Sie eine oder mehrere Ebenen

- und wählen dann den Befehl EBENE • SMART-OBJEKT • IN SMART OBJEKT KONVERTIEREN,
- nutzen das Kontextmenü der Ebenen-Palette oder
- den Befehl FILTER • FÜR SMARTFILTER KONVERTIEREN.
- Der Befehl DATEI • PLATZIEREN fügt Pixel- oder Vektordaten als Smart-Objekt in eine bereits geöffnete Datei ein.
- **Dateien** können Sie direkt als Smart-Objekt öffnen. Dazu wählen Sie den Befehl DATEI • ALS SMART-OBJEKT ÖFFNEN. Geöffnet wird dann ein Duplikat der Originaldatei, dessen Ebenen in ein Smart-Objekt verwandelt wurden.
- **Illustrator-Ebenen** können Sie auch mit Drag & Drop oder per EINFÜGEN-Befehl als Smart-Objekt in ein Photoshop-Dokument einsetzen.

Zum Nachlesen: Dateien als Smart-Objekte

Mehr zum Platzieren und Öffnen als Smart-Objekt finden Sie in Kapitel 7, »Dateien anlegen, öffnen und speichern«, weiter vorn im Buch.

Abbildung 11.38 ▶
Das Kontextmenü der Ebenen-Palette ist der schnellste Weg, um aus einer Ebene ein Smart-Objekt zu erzeugen (Rechtsklick bzw. Ctrl-Klick in den neutralen Bereich der Ebene).

11.4.2 Mit Smart-Objekten arbeiten

Viele Arbeitstechniken funktionieren bei Smart-Objekten ebenso wie bei gewöhnlichen Bildebenen – nur eben mit dem Zwischenschritt, dass die Ebene zuerst in ein Smart-Objekt verwandelt wird. Dazu muss also nicht mehr viel gesagt werden. Doch das Konzept hat auch Grenzen: Diejenigen Werkzeuge, bei denen üblicherweise die Bildpixel direkt modifiziert werden – beispielsweise Pinsel, Retuschewerkzeuge wie der Stempel, der Abwedler oder das Wischfinger-Werkzeug –, können auf

Smart-Objekte nicht ohne Weiteres angewandt werden. Auch Farbänderungen von Objekten sind nicht so einfach möglich.

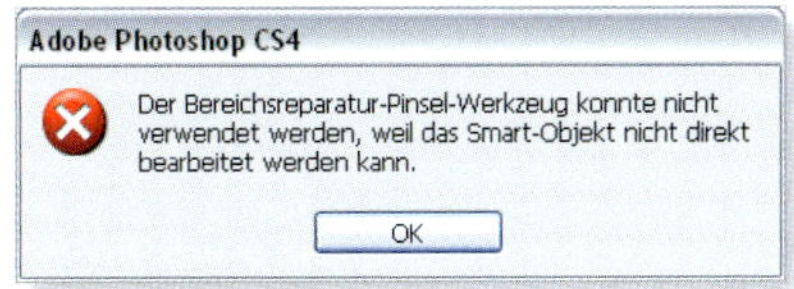

◂ **Abbildung 11.39**
Den Versuch, ein Smart-Objekt zu retuschieren, quittiert Photoshop mit einem Warnhinweis.

In solchen Situationen schlägt Photoshop meist vor, das Smart-Objekt zu rastern, also wieder in eine normale Pixelebene zu überführen. Dabei verlieren Smart-Objekte alle speziellen Bearbeitungseigenschaften: Durchgeführte Änderungen werden nun endgültig auf die Ebene oder die Datei angewandt. Manchmal können Sie das Rastern jedoch auch umgehen, wenn Sie die Befehle unter Ebene • Smart-Objekte nutzen. Wie das geht – und wie Sie die Möglichkeiten von Smart-Objekten voll nutzen – erfahren Sie in den folgenden Workshops.

Speichern lassen sich Dateien mit Smart-Objekten in den Dateiformaten PSD und TIFF. Auch das PDF-Format kann mit den Datencontainern umgehen.

Smart-Objekt zurückwandeln | Um aus einem Smart-Objekt wieder eine Pixelebene zu machen,

- nutzen Sie den Menübefehl Ebene • Rastern • Smart Objekt
- oder denselben Befehl im Kontextmenü der Ebenen-Palette
- oder reduzieren die Datei auf eine Hintergrundebene.

11.4.3 Smarte Duplikate und Austausch von Inhalten

Aus diesem Foto soll eine kleine postkarten-ähnliche Montage gemacht werden. Das Besondere ist dabei die Arbeitsmethode: Zum Einsatz kommen vorzugsweise Smart-Objekte. Diese ermöglichen ein zerstörungsfreies und rationelles Arbeiten – und das, obwohl zahlreiche Transformationen angewendet und insgesamt acht Bildobjekte angepasst und ausgetauscht werden sollen!

◂ **Abbildung 11.40**
Das Ausgangsbild. Was man hier nicht sieht: Es besteht aus zwei Ebenen – unterhalb des Fotos liegt eine gelbe Hintergrundebene.

Schritt für Schritt: Smart-Objekte in der Praxis: Sonnige Urlaubspostkarte

Dateien auf der Buch-DVD: »PostkartenGrundlage.psd«, »SonneZackig.psd«, »SonneVerspielt.psd«

1 Fotoebene in Smart-Objekt umwandeln

Als Erstes muss das Foto verkleinert und positioniert werden, damit Platz für die weiteren Montage-Elemente ist. Es gibt keine feste Vorgabe für das Fotoformat. Um Spielraum für Experimente zu haben, wird es zunächst in ein Smart-Objekt transformiert.

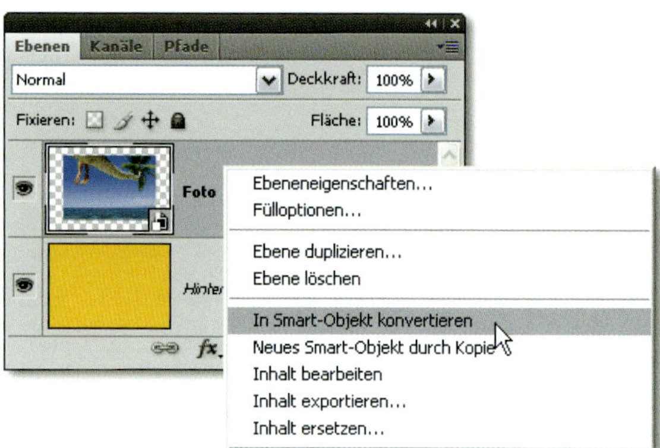

Abbildung 11.41 ▸ Die Fotoebene wird zum Smart-Objekt

2 Foto anpassen und positionieren

Transformieren Sie das Foto so, dass an den Rändern ein breiter gelber Streifen sichtbar wird. Da Sie mit einem Smart-Objekt arbeiten, müssen Sie sich um Qualitätsverluste bei der Transformation keine Gedanken machen und können später jederzeit weitere Anpassungen vornehmen. Richten Sie das Foto mittig über der Hintergrundebene aus.

Ausrichten nach Augenmaß: Wenn Sie möchten, können Sie das Bild nach dem Zentrieren ein Stückchen nach oben schieben, es wirkt dann harmonischer. Die mathematische Mittelachse stimmt nämlich mit der optischen Mitte – also der Position, die unser Auge als »mittig« ansieht – nicht überein!

Abbildung 11.42 ▸ Transformieren des Fotos

3 Die Sonne ins Bild holen

Nun soll die Sonne als Montageobjekt ins Bild gebracht werden, und zwar sofort als Smart-Objekt. Das geht in diesem Fall am bequemsten mit dem Befehl Datei • Platzieren. Wählen Sie dann die vorbereitete Datei »SonneZackig.psd« aus. In einem Positionsrahmen erscheint diese im Bild. Positionieren und skalieren Sie die Sonne so, wie es Ihnen gefällt.

◄ **Abbildung 11.43**
Die erste Sonnen-Ebene wird ein wenig gekippt und leicht vergrößert.

4 Mehr Sonne: Smart-Objekt duplizieren

Eine Sonne genügt nicht. Erzeugen Sie eine duplizierte Version des ersten Smart-Objekts, indem Sie es auf das Neu-Icon der Ebenen-Palette ziehen. Alternativ können Sie auch den Befehl Ebene • Neu • Ebene durch Kopie nutzen. Diese Technik erzeugt ein Duplikat, das intern mit dem ersten Smart-Objekt **zusammenhängt**. Skalieren, drehen und positionieren Sie das zweite Sonnen-Smart-Objekt.

Achtung: Sie können Smart-Objekte auch mit dem Befehl Neues Smart-Objekt durch Kopie duplizieren. Diesen Befehl finden Sie im Ebenen-Kontextmenü und im Menü unter Ebene • Smart-Objekte. Dadurch entsteht ein **unabhängiges Duplikat**, das mit der ersten Version nicht mehr verbunden ist. In einigen Fällen ist das sinnvoll, nicht jedoch in diesem Workshop – dann funktionieren manche der folgenden Arbeitsschritte nicht mehr.

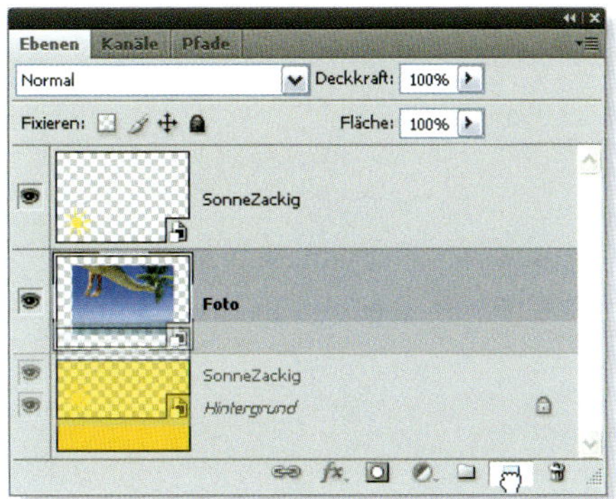

◄ **Abbildung 11.44**
Smart-Objekt duplizieren. Wie Sie im Screenshot ebenfalls erkennen, hat Photoshop den Namen der platzierten Datei automatisch als Titel des Smart-Objekts eingesetzt.

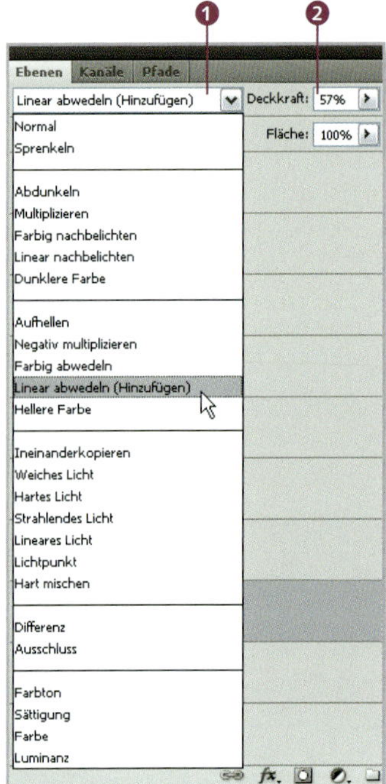

▲ **Abbildung 11.46**
Indem Sie Deckkraft ❷ und Füllmethode ❶ der Sonnen-Smart-Objekte variieren, bringen Sie unterschiedliche Gelbtöne ins Bild.

5 Viel mehr Sonne: Duplikate mit Variationen

Erzeugen Sie auf dieselbe Weise noch etwa sechs bis sieben weitere Sonnen-Duplikate, und zwar immer von Ihrem Ausgangs-Smart-Objekt. Variieren Sie Position, Größe und Drehung. Für mehr Abwechslung können Sie Sonnen vor und hinter das Foto-Smart-Objekt legen. Indem Sie die Füllmethode der Sonnen-Ebenen verändern, erzeugen Sie unterschiedliche Gelbtöne (Details zu Füllmethoden folgen im gleichnamigen Kapitel 12).

◀ **Abbildung 11.45**
Der erste Zwischenstand: Ungefähr so sollte Ihre Datei jetzt auch aussehen.

6 Acht auf einen Streich: Smart-Objekt austauschen

Insgesamt acht Versionen des Sonnensymbols sind nun im Bild. Jede einzelne davon wurde durch Transformation, Verschieben und eventuell Änderung von Deckkraft oder Füllmethode angepasst – eine Menge Arbeit. Nun soll jedoch ein anderes Symbol ins Bild, denn diese Form ist uns etwas zu zackig. Keine Angst, Sie müssen nicht wieder von vorne anfangen! Da Sie hier mit Smart-Objekten arbeiten, kriegen Sie das mit wenigen Klicks hin: Aktivieren Sie das erste Smart-Objekt, von dem alle Duplikate abstammen. Wählen Sie dann den Befehl Inhalt ersetzen (entweder aus dem Kontextmenü der Ebenen-Palette oder unter Ebenen • Smart-Objekte).

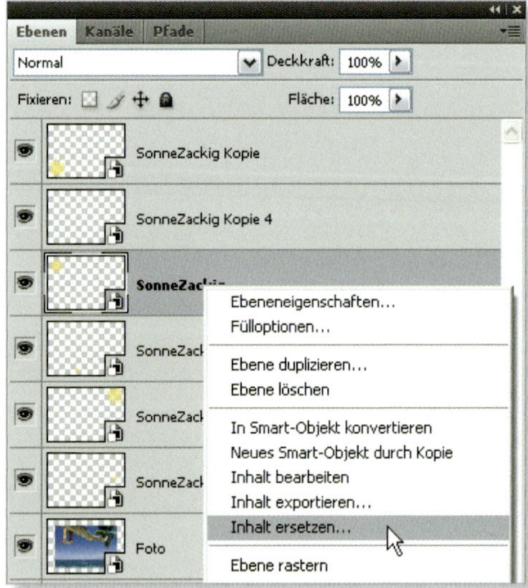

Abbildung 11.47 ▶
Dieser Befehl spart Ihnen in aufwendigen Kompositionen viel Zeit.

7 Neues Smart-Objekt wählen und einsetzen

Es erscheint das bekannte PLATZIEREN-Dialogfenster. Navigieren Sie zu dem Ordner, in dem Sie die Datei »SonneVerspielt.psd« abgelegt haben, und wählen Sie diese Datei aus. Sofort erscheint die andere Sonnenform im Bild: ebenfalls achtmal, in derselben Position und mit den gleichen Eigenschaften wie die zackigen Sonnenvarianten.

◂ **Abbildung 11.48**
Detailanpassungen an Größe, Drehwinkel und Position der neuen Sonnen werden unter Umständen wegen der veränderten Form notwendig – mehr Arbeit haben Sie mit dem Austausch jedoch nicht!

8 Arbeitsergebnis sichern

Speichern Sie Ihre Übungsdatei, Sie brauchen Sie gleich noch für den zweiten Workshop dieses Abschnitts. ■

11.4.4 Quelldaten von Smart-Objekten bearbeiten

Mit Smart-Objekten kann man eine Menge anstellen. Doch wie schon erwähnt wurde, verweigern viele Photoshop-Werkzeuge den Dienst am Smart-Objekt. In der Regel passiert das immer dann, wenn nicht das Smart-Objekt, sondern dessen Inhalt, die Originaldaten, das Ziel eines bildbearbeiterischen Eingriffs wären – also eigentlich bei fast allen Werkzeugen, mit denen Sie üblicherweise direkt auf den Bildpixeln arbeiten. Es gibt allerdings einen Umweg, auf dem so etwas doch geht.

Nehmen Sie sich für den folgenden Workshop nochmals die Sonnenpostkarte vor.

Schritt für Schritt: Smart-Objekte in der Praxis: Rote Sonnen

Wenn Sie keine Zeit haben, den ersten Workshop nachzubauen, können Sie anstelle Ihrer eigenen Postkartenversion die Datei »Sonnenpostkarte.psd« nutzen.

1 Zugriff auf die originalen Daten

Wählen Sie den Befehl INHALT BEARBEITEN im Kontextmenü der Ebenen-Palette oder im Menü unter EBENE • SMART-OBJEKTE.

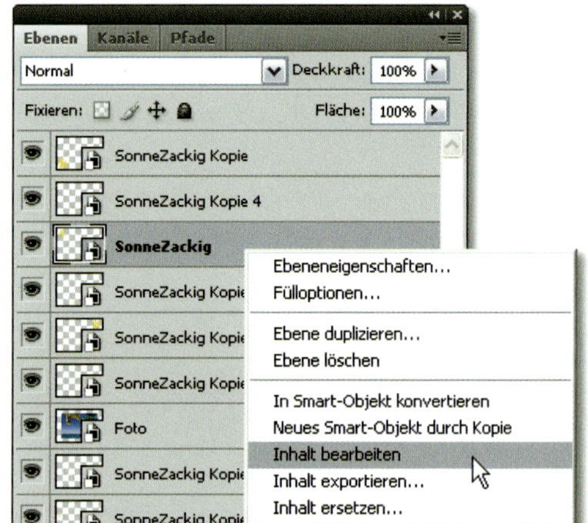

Abbildung 11.49 ▸
So kommen Sie an die eigentlichen Daten.

2 Dialogbox quittieren

Was Sie dann sehen, ist eine Dialogbox mit exakten Anweisungen. Sie ist eine gute Gedächtnisstütze, denn das folgende Verfahren ist etwas umständlich. Klicken Sie Ok.

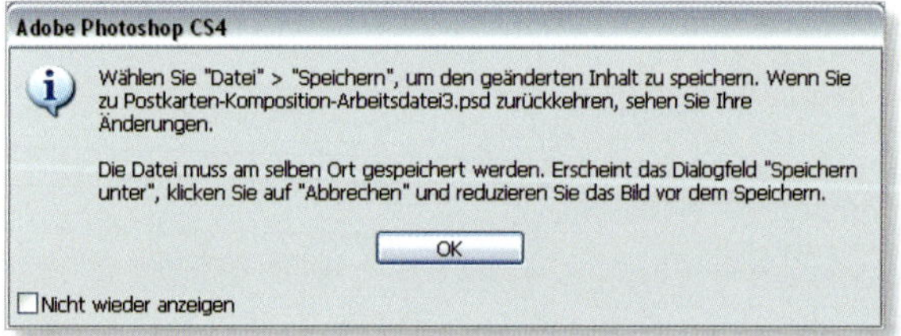

Abbildung 11.50 ▸
Nicht wieder anzeigen sollten Sie hier nicht aktivieren, denn der Dialog ist eine wertvolle Gedächtnisstütze!

3 Datei mit den Smart-Objekt-Daten öffnet sich

Sie haben nun zwei geöffnete Dateien auf der Arbeitsfläche: die Postkartenversion mit den Smart-Objekten und eine weitere Datei mit den Daten, die im Smart-Objekt eingebettet sind, also gewissermaßen die Datenquelle. Je nachdem, auf welche Weise das Smart-Objekt erzeugt wurde, sieht diese anders aus. Die vorgegebenen Dateiformate können variieren. Manchmal öffnet sich auch Illustrator und gibt die Datei dort zur Bearbeitung frei. In diesem Fall erscheint eine PSD-Datei mit einer Füllebene.

Abbildung 11.51 ▸
Die Grundlage der Smart-Objekte im Postkartenbeispiel

4 Daten bearbeiten: Farbe ändern

Nun können Sie die Quelldatei bearbeiten. Die Änderungen werden dann auf alle *abhängigen* Smart-Objekte übertragen, wenn Sie im ersten Workshop beim Duplizieren der Smart-Objekte alles richtig gemacht haben – also alle Sonnen. In diesem Beispiel soll eine Farbänderung durchgeführt werden, doch andere – auch viel kompliziertere – Arbeitsschritte sind nach diesem Verfahren möglich.

Doppelklicken Sie auf das farbige Symbol ❶ in der Ebenen-Palette. Der Farbwähler öffnet sich, und Sie können die gewünschte neue Farbe festlegen.

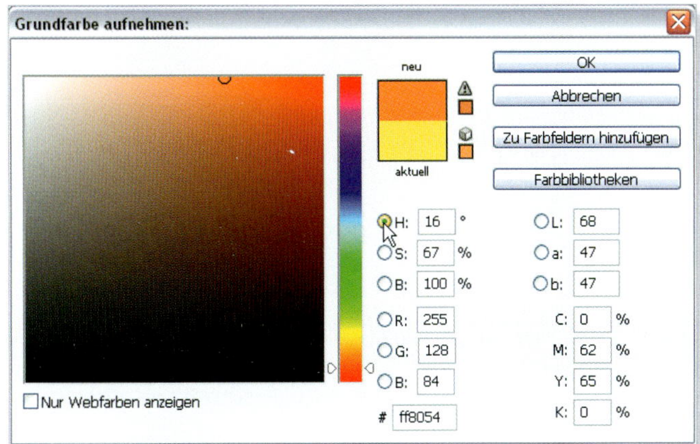

◀ **Abbildung 11.52**
Farbe im Farbwähler einstellen

5 Änderung sichern

Nun brauchen Sie die geänderte Datei mit den Smart-Objekt-Quelldaten nur noch zu speichern. Ändern Sie dabei keinesfalls den von Photoshop automatisch gewählten Speicherort oder den vorgegebenen Namen. Der einfache Befehl DATEI • SPEICHERN (Strg/⌘+S) ohne irgendwelche Änderungen der Vorgaben ist unkompliziert und vermeidet Fehler. Das tatsächliche Ausgangsdokument für die Smart-Objekte (in unserem Beispiel »SonneVerspielt.psd«) bleibt übrigens unberührt: Photoshop erzeugt eine eigene Datei und legt sie automatisch in einem temporären Ordner ab. Sie wird später nicht mehr gebraucht. Schließen müssen Sie diese Arbeitsdatei jedoch nicht: Sie können sie geöffnet halten, wenn Sie noch weitere Änderungen oder Experimente mit dem Aussehen der Smart-Objekte durchführen wollen. Sie müssen Ihre »Quelldatei« jedoch nach jeder Änderung erneut speichern, um die Auswirkungen in der Datei mit den Smart-Objekten zu sehen.

Wichtig: Sofern Ihre Bearbeitungen aufwendiger waren als hier im Beispiel und Sie dabei neue Ebenen erzeugt haben, müssen Sie diese vor dem Speichern auf eine Hintergrundebene reduzieren – sonst funktionieren die Smart-Objekte nicht mehr.

6 Änderungen werden sichtbar

Sobald Sie nun zu Ihrem eigentlichen Dokument zurückkehren, werden dort die Änderungen sichtbar.

Abbildung 11.53 ▸
Dass die Sonne unten rechts nicht rot dargestellt wird, ist kein Fehler bei der Aktualisierung, sondern liegt an der zuvor gewählten Füllmethode.

7 Mögliche Fehlerquellen

Nicht immer reagieren alle Smart-Objekte wie gewünscht auf solche Änderungen. Das liegt meist daran, dass die Abhängigkeiten zwischen den Smart-Objekt-Duplikaten nicht so sind wie angenommen. Leider zeigt Photoshop die beiden unterschiedlichen Möglichkeiten auch nicht an. Wenn Sie so eine kollektive Änderung von Eigenschaften durchführen wollen, müssen alle Smart-Objekte auf eine Quelle zurückgehen und mit ihr verbunden sein (siehe dazu den Punkt 4, »Mehr Sonne: Smart-Objekt duplizieren«, im Workshop zuvor). Fehlerquelle Nummer zwei: Sie haben das Speichern vergessen, oder die Bearbeitungsversion der Datei enthält Ebenen. ■

Zum Weiterlesen: Smart-Objekte und Smartfilter
Eine weitere unschätzbare Anwendungsmöglichkeit für Smart-Objekte sind Smartfilter – also Photoshop-Filter, die zerstörungsfrei auf Smart-Objekte angewendet und jederzeit editiert und dosiert werden können. Wie sie funktionieren, lesen Sie in Teil IX, »Filter – kreativ & effektiv«.

12 Füllmethoden: Pixel-Interaktion zwischen Ebenen

Bei der Arbeit mit Ebenen muss man sich nicht auf simples »Stapeln« beschränken. Die sogenannten Füllmethoden erlauben zahlreiche »Special Effects« – von subtilen bis zu ganz offensichtlichen Ergebnissen. Füllmethoden lassen sich für kreative Aufgaben ebenso nutzen wie bei korrigierenden Eingriffen. Und das funktioniert nicht nur bei Ebenen. Auch bei Retuschen und Illustrationen können Sie bis zu 25 unterschiedliche Pixel-Verrechnungsmethoden anwenden. Wer hier die Übersicht über deren Wirkung behält, hat es beim gezielten Einsatz leichter.

Datei auf der Buch-DVD: »Kornblume.tif«

12.1 Was ist die Füllmethode?

Die Bildpixel übereinanderliegender Ebenen liegen nicht nur simpel übereinander – sie können auch auf unterschiedliche Weise miteinander verrechnet werden, indem Sie die Füllmethode ändern. Die Füllmethode bezieht sich immer auf das Verhältnis zweier direkt übereinanderliegender Ebenen oder auf andere Weise übereinandergeschichteter Pixel, und es ist in der Regel die Einstellung für die obere Ebene oder die oberen Pixel, die geändert werden muss.

▼ **Abbildung 12.1**
Das unspektakuläre Ausgangsbild. Der Blick in die Ebenen-Palette zeigt, dass die Datei mehr zu bieten hat als einen Farbverlauf. Das Verändern der Füllmethode über die Ebenen-Palette ist denkbar einfach. Sie aktivieren die obere Ebene ...

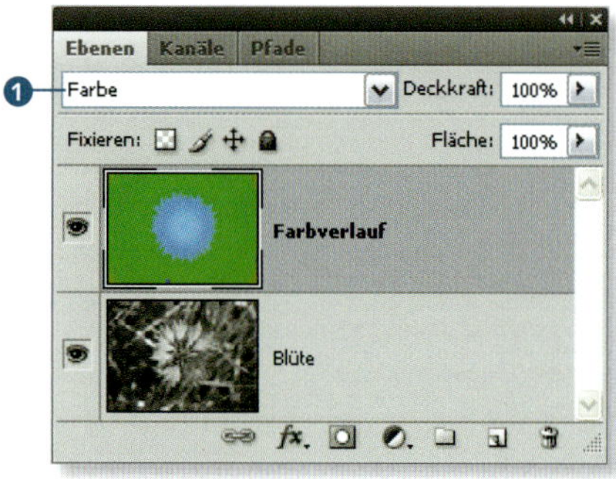

Abbildung 12.2 ▲
... und wählen für diese aus der Dropdown-Liste ❶ in der Ebenen-Palette eine neue Füllmethode aus – damit bekommt Ihr Bild ein (oft überraschendes) neues Outfit. Hier wurde die Füllmethode von NORMAL auf FARBE umgestellt. Der grünblaue Farbverlauf mischt sich mit dem darunter liegenden Schwarzweißbild zur kolorierten Version einer Blüte.

Die Pixelmischung beeinflussen können Sie jedoch nicht nur in der Ebenen-Palette, sondern auch beim Auftragen von Farbpixeln mit Mal- und Retuschewerkzeugen, bei vielen Ebeneneffekten und in verschiedenen anderen Tools (man spricht dann auch vom **Blendmodus** oder von der **Blendmethode** – ein anderer Begriff für die gleichen Berechnungen).

Das Prinzip wird Sie also von ganz einfachen Eingriffen bis hin zu Photoshop-Expertentechniken begleiten. Daher lohnt es sich in jedem Fall, sich damit auseinanderzusetzen. Sie können durch gezielte Anwendung der verschiedenen Füllmethoden beispielsweise Ihre Retuscheergebnisse optimieren, bei Illustrationen überraschende Effekte erzielen und bei Montagen Ihren Bildern den letzten Schliff geben, indem Sie Lichtverhältnisse subtil anpassen oder ganz neue Beleuchtungsverhältnisse inszenieren.

12.1.1 Wichtige Termini

Gleichgültig, ob Sie sie in der Ebenen-Palette oder für ein Werkzeug auswählen – Füllmethoden sind nichts anderes als verschiedene, vordefinierte Rechenoperationen. Gerechnet wird mit den Farbwerten der übereinanderliegenden Pixel.

- Die unten liegenden Pixel fungieren als **Ausgangsfarbe**.
- Die darüberliegenden Pixel fungieren als **Füllfarbe**.
- Zusammen mischen sich die Pixel zur **Ergebnisfarbe**.

Diese Termini sollten Sie sich merken, um den folgenden Ausführungen besser folgen zu können! In den Abschnitten namens »Wirkung« lesen Sie jeweils, welche Pixelberechnung erfolgt, und in den Abschnitten namens »Praktischer Einsatz« sind jeweils einige typische Verwendungszwecke der jeweiligen Füllmethode beschrieben. Natürlich können Sie selbst auch neue Verwendungsmöglichkeiten erfinden.

Andere Wirkung der Füllmethoden in anderen Bildmodi

Die Liste der verschiedenen Füllmethoden ist im Bildmodus RGB am längsten. In anderen Modi stehen nicht alle Füllmethoden zur Verfügung – und sie können auch anders wirken als hier beschrieben.

12.1.2 Füllmethoden im Überblick

Was passiert bei der Pixelberechnung genau? Wie können die verschiedenen Modi sinnvoll angewandt werden? Hier finden Sie zu jeder Füllmethode eine Kurzbeschreibung und eine kleine Testbildreihe, die die Wirkungsweise veranschaulicht. Sicherlich müssen Sie die folgende Übersicht nicht komplett im Kopf haben; zur Orientierung und zum Nachschlagen ist sie aber nützlich. Die Ausgangsbilder sehen Sie in Abbildung 12.3.

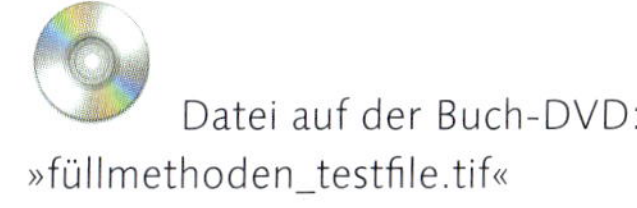

Datei auf der Buch-DVD: »füllmethoden_testfile.tif«

▲ **Abbildung 12.3**
Fünf verschiedene Konstellationen aus jeweils zwei Ebenen sollen im Folgenden die Wirkung der unterschiedlichen Füllmethoden demonstrieren. Hier sehen Sie die Testbildebenen in unbearbeiteter Form.

▲ **Abbildung 12.4**
Ebenenaufbau der Testdatei

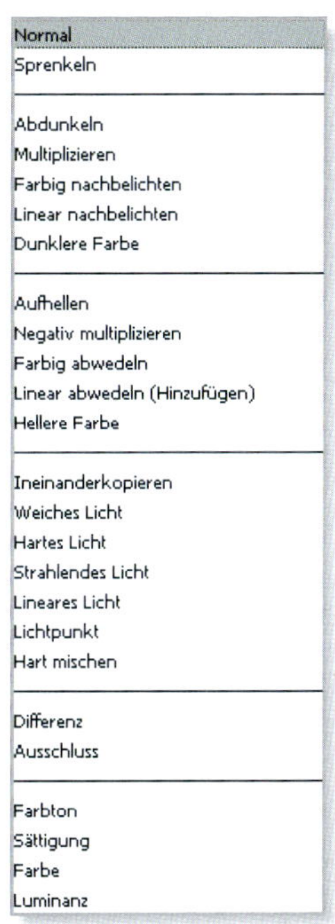

▲ **Abbildung 12.5**
Erste Orientierung: Füllmethoden, die auf ähnlichen Berechnungen basieren, sind in der Liste zu Gruppen zusammengefasst.

Unter den über zwanzig Ebenenfüllmethoden, die Adobe anbietet, auf Anhieb die richtige zu finden, ist nicht immer einfach. Sie werden wohl nicht ganz ums Experimentieren herumkommen, doch ist es gut, wenigstens in etwa zu wissen, was die einzelnen Füllmethoden bewirken. Als erster Anhaltspunkt zur Orientierung kann Ihnen die Anordnung der verschiedenen Füllmethoden in der Auswahlliste dienen, die hier zu Gruppen zusammengefasst sind. Wenn Ihnen Ihr Arbeitsergebnis mit der Füllmethode aus einer Gruppe gefällt, lohnt es sich, die anderen Füllmethoden derselben Gruppe auch einmal auszuprobieren!

12.2 Der Standard und ein Exot

In der ersten »Abteilung« der Füllmethodenliste finden Sie die neutrale Füllmethode Normal und das in der Praxis sehr selten eingesetzte Sprenkeln.

12.2.1 Normal

Wirkung | Normal ist die meistbenutzte Standardeinstellung, mit der auch bei allen Beispielen in diesem Buch bisher gearbeitet wurde. Eine Verrechnung der übereinanderliegenden Pixel findet nicht statt. Die unten liegende Ebene ist vollständig von den Pixeln der oberen Ebene verdeckt, außer wenn diese in der Deckkraft reduziert wurden.

Abbildung 12.6 ►
Füllmethode Normal, Deckkraft 100%

Abbildung 12.7 ►
Füllmethode Normal, Deckkraft 75%

Praktischer Einsatz | Genutzt wird Normal immer dann, wenn keine besonderen Effekte gebraucht werden oder erwünscht sind – also sehr oft.

12.2.2 Sprenkeln

Wirkung | Sprenkeln funktioniert mit Ebenentransparenz. Wenn die Ebene, auf die Sie diese Füllmethode anwenden, keine Transparenz enthält, sehen Sie keinen Unterschied zu Normal. Je geringer die Deckkraft und je höher die Transparenz der Ebene ist, desto stärker werden Pixel der unteren Ebene eingestreut. Der Effekt funktioniert bei Objekten, die transparente Bereiche enthalten, und mit kompletten Ebenen, bei denen die Deckkraft herabgesetzt wurde.

Praktischer Einsatz | Im Einsatz bei Montagen ist Sprenkeln selten sinnvoll, es eignet sich aber ganz gut für den flächigen Farbauftrag per Airbrush oder um Mallinien eine stärkere Buntstift-Optik zu geben.

◂ **Abbildung 12.8**
Füllmethode SPRENKELN, DECKKRAFT 75 %

12.3 Abdunkeln & Co.

Die folgenden fünf Ebenenmodi in der Liste – ABDUNKELN, MULTIPLIZIEREN die zwei Nachbelichter und DUNKLERE FARBE – haben gemeinsam, dass sie das Bild tatsächlich abdunkeln. Die Unterschiede liegen im Detail.

Standardfüllmethode für Ebenengruppen

Die Füllmethode für Ebenengruppen ist standardmäßig HINDURCHWIRKEN. Diese Einstellung bewirkt, dass die Gruppe an sich keine eigenen Fülleigenschaften besitzt. Die Fülleigenschaften der in der Gruppe enthaltenen Ebenen können jedoch auch auf Ebenen unterhalb der Gruppe wirken. Wenn Sie für Gruppen eine andere Füllmethode als HINDURCHWIRKEN einstellen, werden Füllmethoden von Ebenen innerhalb der Gruppe nicht auf Ebenen außerhalb der Gruppe angewendet. Auch Einstellungsebenen (die als Korrekturebenen fungieren) bleiben in ihrer Wirkung dann auf die Ebenen innerhalb der Ebenengruppe beschränkt.

12.3.1 Abdunkeln

Wirkung | Hier werden die Pixel von Ausgangsfarbe (unten!) und Füllfarbe (oben!) auf ihren Helligkeitswert hin abgeglichen, und die jeweils dunkleren Pixel werden dann als Ergebnis ausgegeben. Wenn beide Ebenen denselben Inhalt haben, zeigt sich keine Veränderung.

Praktischer Einsatz | Sinnvoll kann der Einsatz dieses Blendmodus sein, wenn Sie dunkleren Text auf eine stark strukturierte, helle bis mittlere Unterlage (z. B. in ein Foto) montieren wollen. Der Text geht dann mit dem Untergrund eine Verbindung ein, ohne seine Lesbarkeit zu verlieren. Auch für das Erstellen leicht abgedunkelter Textboxen – um die Lesbarkeit von Text auf Fotos zu verbessern – ist Abdunkeln gut geeignet. Und wenn Sie eine Montage erstellen, bei der Bildebenen mit weißem Hintergrund verwendet werden, können Sie diesen Hintergrund mit einem Mausklick loswerden, indem Sie die Füllmethode der oberen Ebene auf ABDUNKELN setzen.

◂ **Abbildung 12.9**
Füllmethode ABDUNKELN, DECKKRAFT 100 %

Bilddatei auf der DVD: »zitruspressen.tif«

TOPP-TIPP: Weiße Hintergründe loswerden und aufwendiges Freistellen umgehen

Die hellen Bereiche der Ebene mit der pinkfarbenen Zitronenpresse verdecken Bildteile der unten liegenden Ebene mit der grünen Zitruspresse. Zur Verdeutlichung sind hier die Ebenenkanten sichtbar gemacht.

▲ **Abbildung 12.10**
So sieht das Bild zu Beginn aus.

Indem die Füllmethode der oberen Ebene umgestellt wird, verschwinden die hellen Kanten im Nu. Aufwendiges Freistellen entfällt. Leider klappt dieser Trick nur, wenn Weiß auf Weiß (wenigstens annähernd) montiert wird.

▲ **Abbildung 12.11**
Das Ergebnis durch Änderung der Füllmethode

12.3.2 Multiplizieren

Wirkung | MULTIPLIZIEREN basiert tatsächlich auf Pixel-Multiplikationen. Zugrunde liegen wiederum die Helligkeitswerte der übereinanderliegenden Pixel. Schwarz als Füllfarbe ergibt am Ende immer Schwarz, Weiß bewirkt keine Veränderung. Anders als bei ABDUNKELN ändert sich hier das Ergebnis auch dann, wenn die multiplizierten Ebenen identisch sind. MULTIPLIZIEREN dunkelt stärker ab als ABDUNKELN, wirkt aber auch gleichmäßiger. Sie können die Abdunkelungswirkung von MULTIPLIZIEREN – und überhaupt die Wirkung von Ebenenfüllmethoden – auch gut dosieren, indem Sie die Deckkraft der jeweils oberen Ebene reduzieren.

Praktischer Einsatz | MULTIPLIZIEREN ist ein oft gebrauchter Modus, der gut geeignet ist, um weiche Schattenpartien zu erstellen. Zum Beispiel wird der Ebeneneffekt SCHLAGSCHATTEN so erstellt. Zudem eignet sich Multiplizieren auch als schneller Bildkorrektor bei zu hellen Fotos. Auch beim Illustrieren und Zeichnen lässt sich diese Füllmethode für eine lebendigere Liniengestaltung anwenden: Die Wirkung entspricht etwa einem lasierenden Farbauftrag oder übereinandergelagerten Marker-Strichen.

◂ **Abbildung 12.12**
Füllmethode MULTIPLIZIEREN, DECKKRAFT 100 %

12.3.3 Farbig nachbelichten

Wirkung | Wer sich mit Fototechnik auskennt, dem ist Nachbelichten ein Begriff: Schwache Bildpartien werden im Labor ein zweites Mal belichtet, dabei wird die Eigenfarbe verstärkt. In Photoshop ist der Effekt ganz ähnlich. Auf Grundlage der Helligkeits- und Sättigungsinformationen der Füllfarbe wird der Kontrast der Ausgangsfarbe verstärkt, wodurch das Ergebnis dunkler wird. Strahlende Farben und harte Kontraste sind für FARBIG NACHBELICHTEN charakteristisch. Eine Nachbelichtung mit Weiß bewirkt keine Änderung.

Praktischer Einsatz | FARBIG NACHBELICHTEN kann genutzt werden, um einzelne Bildpartien gezielt aufzuhellen oder um farbige Beleuchtungseffekte zu simulieren. Es ist auch gut geeignet, um futuristische Effekte zu erzielen.

◂ **Abbildung 12.13**
Füllmethode FARBIG NACHBELICHTEN, DECKKRAFT 100 %

12.3.4 Linear nachbelichten

Wirkung | LINEAR NACHBELICHTEN arbeitet ähnlich wie das farbige Nachbelichten. Hier wird allerdings nicht der Kontrast der unteren Ebene verstärkt, sondern ihre **Helligkeit reduziert**. LINEAR NACHBELICHTEN führt zu weniger strahlenden Ergebnissen als Farbig nachbelichten, die Farben haben aber mehr Brillanz als bei Multiplizieren.

Praktischer Einsatz | Wie bei Farbig nachbelichten.

Abbildung 12.14 ▸
Füllmethode Linear nachbelichten, Deckkraft 100%

12.3.5 Dunklere Farbe

Wirkung | Hier werden die Farbwerte von Füll- und Ausgangsfarbe verglichen. Gezeigt wird jeweils die Farbe mit dem niedrigeren Wert. Mit dem Modus Dunklere Farbe ist die Ergebnisfarbe keine Mischung aus Füll- oder Ausgangsfarbe, sondern eine der beiden – nämlich die dunklere Farbe.

Praktischer Einsatz | Mit dieser Methode können Sie die Wirkung von Einstellungsebenen dosieren. Sie kommt auch im Werkzeug Kanalberechnungen zum Einsatz und wird für kreative Effekte verwendet.

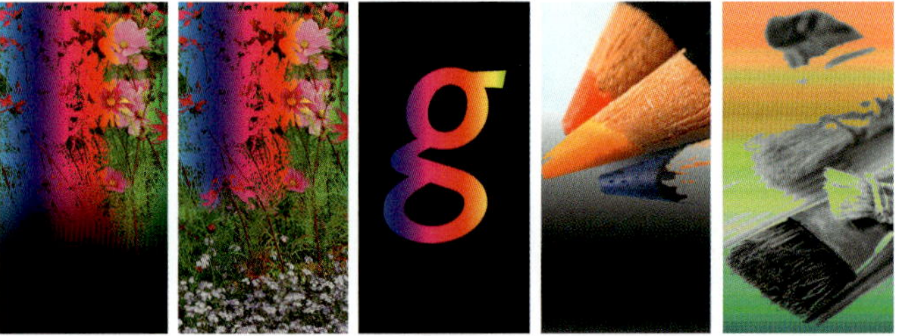

Abbildung 12.15 ▸
Füllmethode Dunklere Farbe, Deckkraft 100%

12.4 Aufhellen und Verwandtes

Auch bei der folgenden Gruppe von Füllmethoden ist der Name der ersten – Aufhellen – Programm. Alle fünf machen das Bild heller.

12.4.1 Aufhellen

Wirkung | Aufhellen ist das genaue Gegenteil von Abdunkeln – von der zugrunde liegenden Mathematik ebenso wie vom Ergebnis her. Dabei bestimmt wiederum die Helligkeit der Füllebene, wie deutlich das Bild aufgehellt wird: Helle Farben bewirken eine starke, dunkle eine weniger starke Aufhellung.

Praktischer Einsatz | AUFHELLEN macht sich – wie ABDUNKELN auch – in Text-Bild-Kompositionen nützlich und kann eingesetzt werden, um Text besser lesbar zu machen.

◂ **Abbildung 12.16**
Füllmethode AUFHELLEN, DECKKRAFT 100%

12.4.2 Negativ multiplizieren

Wirkung | Dieser Ebenenmodus (in älteren Photoshop-Versionen hieß er UMGEKEHRT MULTIPLIZIEREN) imitiert die additive Lichtmischung, indem die umgekehrten Werte von Ausgangsfarbe und Füllfarbe multipliziert werden. Das Ergebnis ist immer heller als die Ausgangsebenen. Vergleichbar ist der Effekt mit einem Ausbleichen des Bildes.

Praktischer Einsatz | NEGATIV MULTIPLIZIEREN dient zum radikalen Aufhellen von Bildern und Bildpartien, zum Beispiel um Bilder künstlich altern zu lassen. Dieser Modus eignet sich weniger gut zum retuschierenden Aufhellen von Bildern, weil helle Partien (Lichter) schnell zu hell werden und dann wie überbelichtet wirken.

◂ **Abbildung 12.17**
Füllmethode NEGATIV MULTIPLIZIEREN, DECKKRAFT 100%

12.4.3 Farbig abwedeln

Wirkung | Die beiden Abwedler haben ihren Namen und ihre Wirkungsweise wiederum aus der Labortechnik entlehnt und arbeiten analog zu den Nachbelichtern. Beim farbigen Abwedeln wird wiederum der Kontrast der Ausgangsfarbe verändert, er wird diesmal aber abgeschwächt. Je heller die Pixel der Füllfarbe sind, desto stärker wirkt das Abwedeln. Füllen mit Schwarz ergibt keine Änderung.

Praktischer Einsatz | FARBIG ABWEDELN dient zum Einarbeiten von Lichtern in Bilder oder Bildpartien.

Abbildung 12.18 ▸
Füllmethode FARBIG ABWEDELN, DECKKRAFT 100 %

12.4.4 Linear abwedeln (Hinzufügen)

Wirkung | LINEAR ABWEDELN (HINZUFÜGEN) ergibt insgesamt hellere Bilder als farbiges Abwedeln. Hier wird die Helligkeit der unteren Pixel erhöht, und zwar umso stärker, je heller die aufgetragenen Pixel sind.

Praktischer Einsatz | Wie bei FARBIG ABWEDELN; wirkt aber nicht ganz so drastisch. Wenn bei FARBIG ABWEDELN zu viele Bildstörungen sichtbar werden, probieren Sie LINEAR ABWEDELN. Welche Füllmethode besser geeignet ist, kann nur am konkreten Fall entschieden werden.

Abbildung 12.19 ▸
Füllmethode LINEAR ABWEDELN (HINZUFÜGEN), DECKKRAFT 100 %

12.4.5 Hellere Farbe

Wirkung | HELLERE FARBE ist das Pendant zu DUNKLERE FARBE. Wiederum werden die Farbwerte von Füll- und Ausgangsfarbe verglichen, aber diesmal wird die Farbe mit dem höheren Wert gezeigt. Mit dem Modus HELLERE FARBE ist die Ergebnisfarbe keine Mischung aus Füll- oder Ausgangsfarbe, sondern eine der beiden – nämlich die hellere Farbe.

Praktischer Einsatz | Mit HELLERE FARBE dosieren Sie die Wirkung von Einstellungsebenen. Die Methode kommt im Werkzeug KANALBERECHNUNGEN und für kreative Effekte zum Einsatz.

◂ **Abbildung 12.20**
Füllmethode HELLERE FARBE, DECKKRAFT 100%

12.5 Ineinanderblenden je nach Helligkeit

Die zahlreichen Füllmethoden in der folgenden Rubrik kombinieren nun die Arbeitsweise der bereits vorgestellten aufhellenden Modi mit denen der abdunkelnden Modi, je nachdem, wie hell oder dunkel die Pixel der Füllfarbe sind. Der Effekt kommt dem Ineinanderblenden zweier Bilder nahe, wie man es etwa beim Stadtspaziergang beobachten kann, wenn sich die Umgebung in einem Schaufenster spiegelt.

12.5.1 Ineinanderkopieren

Wirkung | INEINANDERKOPIEREN (in älteren Photoshop-Versionen als ÜBERLAGERN bezeichnet) kombiniert MULTIPLIZIEREN und NEGATIV MULTIPLIZIEREN. Dabei werden die Farben der unten liegenden Pixel nicht ersetzt, sondern mit den darüber aufgetragenen Pixeln vermischt.

Praktischer Einsatz | Die Füllmethode INEINANDERKOPIEREN eignet sich sehr gut, um Muster oder Farben auf schon vorhandene Pixel aufzutragen, wobei Lichter und Tiefen der unteren Ebene erhalten bleiben. Die Ergebnisse sind recht brillant.

◂ **Abbildung 12.21**
Füllmethode INEINANDERKOPIEREN, DECKKRAFT 100%

12.5.2 Weiches Licht

Wirkung | WEICHES LICHT erzielt einen Effekt, der an das Beleuchten eines Bildes durch eine diffuse (mitunter farbige) Lichtquelle erinnert. Als »Lichtquelle« fungiert hier die obere Ebene mit der neu aufgetragenen Farbe, als »Bild« die untere Ebene. Je nach

Helligkeit der oberen Pixel wird das Gesamtergebnis aufgehellt oder abgedunkelt.

Praktischer Einsatz | Simulieren von Beleuchtungseffekten, Kolorationen mit zurückhaltender Wirkung.

Abbildung 12.22 ▸
Füllmethode WEICHES LICHT, DECKKRAFT 100 %

12.5.3 Hartes Licht

Wirkung | HARTES LICHT arbeitet ähnlich wie WEICHES LICHT, ist jedoch schärfer in der Wirkung – mehr wie ein Spotlicht.

Praktischer Einsatz | Der Effekt eignet sich beispielsweise zum Hinzufügen von Glanzlichtern und harten Schatten in ein Bild. Wenn der Farbauftrag heller ist, werden Lichter erzeugt, und mit dunklerem Farbauftrag können Schattenpartien stärker herausgearbeitet werden. Das Malen mit reinem Schwarz erzeugt reines Schwarz, das Malen mit reinem Weiß erzeugt auch Weiß als Ergebnisfarbe.

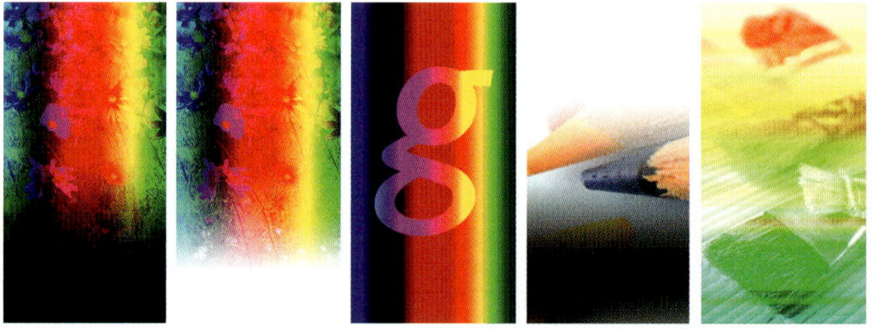

Abbildung 12.23 ▸
Füllmethode HARTES LICHT, DECKKRAFT 100 %

12.5.4 Strahlendes Licht

Wirkung | STRAHLENDES LICHT wedelt Farben ab oder belichtet sie nach – verstärkt oder verringert also den Farbkontrast. Als imaginäre Lichtquelle fungiert hier wieder die obere Ebene. Ist diese heller als 50%iges Grau, wird das Bild durch Verringern des Kontrasts ebenfalls heller. Sind die oberen Pixel dunkler als 50%iges Grau, wird das Bild durch Erhöhen des Kontrasts dagegen dunkler.

Praktischer Einsatz | Harte Kontraststeigerung, Montagen mit lebhaften Farben, Simulierung lebhafter Beleuchtungseffekte.

In Lichtern und Tiefen können feine Farbabstufungen verloren gehen (Zeichnungsverlust).

▲ **Abbildung 12.24**
Füllmethode Strahlendes Licht, Deckkraft 100 %

12.5.5 Lineares Licht

Wirkung | Lineares Licht wirkt ähnlich wie Strahlendes Licht, kombiniert aber *lineares* Abwedeln und Nachbelichten und verändert daher die Helligkeitswerte – nicht den Farbkontrast – der unteren Ebene. Wenn die Füllfarbe heller als 50%iges Grau ist, wird das Bild insgesamt heller. Wenn die Füllfarbe dunkler als 50%iges Grau ist, wird das Bild dunkler.

Praktischer Einsatz | Wie Strahlendes Licht eignet sich auch dieser Blendmodus ganz gut, um Beleuchtungseffekte in ein Bild zu bringen.

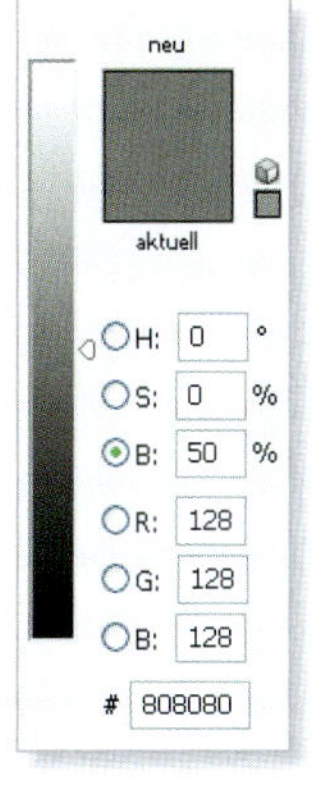

▲ **Abbildung 12.25**
So stellen Sie 50%iges Grau im Farbwähler ein. Für das Hantieren mit Füllmethoden ist es ganz gut, wenn man ungefähr einschätzen kann, welcher Tonwert (Helligkeitswert) diesem Grau entspricht, denn für die Wirkung vieler Füllmethoden ist dieser Tonwert maßgeblich.

▲ **Abbildung 12.26**
Füllmethode Lineares Licht, Deckkraft 100 %

12.5.6 Lichtpunkt

Wirkung | Lichtpunkt mischt die übereinanderliegenden Pixel nicht wirklich zusammen, sondern ersetzt die Pixel der unteren Ebene durch Bildpixel der oberen Ebene. Ausschlaggebend dafür, ob und wie die Ersetzung stattfindet, sind die Tonwerte der oberen Ebene: Ist diese hell, werden dunkle Pixel der unteren Ebene ersetzt, und helle Pixel bleiben unverändert. Ist die obere Ebene dunkler, werden helle Pixel ersetzt, und dunkle Pixel bleiben unversehrt.

Praktischer Einsatz | Eine vernünftige Verwendung drängt sich mir nicht auf. Vielleicht finden Sie bei einer komplexen

Komposition durch Herumprobieren einmal eine Einsatzmöglichkeit für diese Füllmethode. Adobe selbst gibt sich hier auch sehr lakonisch: »Diese Option ist für zusätzliche Spezialeffekte in Bildern nützlich«, heißt es im Hilfetext.

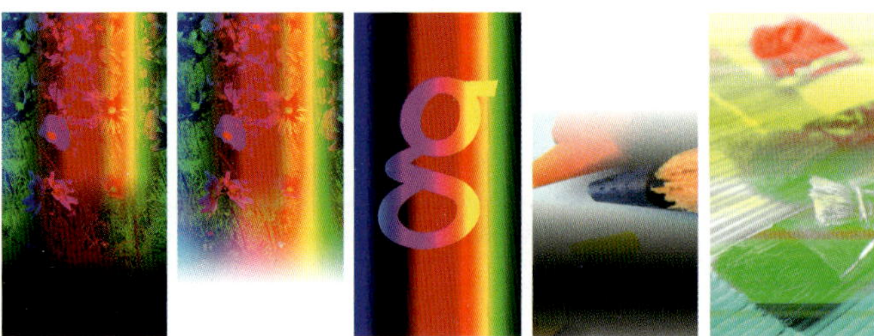

Abbildung 12.27 ▶
Füllmethode LICHTPUNKT, DECKKRAFT 100%

12.5.7 Hart mischen

Wirkung | HART MISCHEN produziert Bilder mit großzügigen Flächen in maximal acht Farben, die stark an GIFs erinnern.

Praktischer Einsatz | Vielleicht ist dieser Blendmodus als Ergänzung zur TONTRENNUNG gedacht (unter BILD • KORREKTUREN und als Einstellungsebene), mit der man einen ähnlichen Effekt erzielt.

Abbildung 12.28 ▶
Füllmethode HART MISCHEN, DECKKRAFT 100%

12.6 Umkehreffekte

Bei den folgenden zwei Füllmethoden ist wiederum die Helligkeit der oberen Ebene ausschlaggebend für die Wirkung. Kombiniert werden Farbsubtraktion und die Invertierung (Umkehrung) von Farben.

12.6.1 Differenz

Wirkung | Weiß auf der oberen Ebene bewirkt die Farbumkehrung, Schwarz wirkt neutral und ändert gar nichts, und die Tonwerte dazwischen führen zu einer mehr oder weniger starken Subtraktion der Farbwerte.

Praktischer Einsatz | Auf den ersten Blick wirken die Ergebnisse dieser Füllmethode kurios, sie lassen sich aber bei Composings oder Logo-Entwürfen bisweilen gut einsetzen, um farbige Konturen zu erzeugen. Diese Füllmethode kann auch tatsächlich eingesetzt werden, um Differenzen zwischen Kanälen (z. B. Masken) oder Ebenen aufzuspüren. (Ein Anwendungsfall wäre, wenn Sie aus einem großen Bild einen Teil herauskopiert und geringfügig geändert haben und das Stück nun wieder an Ort und Stelle einsetzen wollen. Ist die obere Ebene auf DIFFERENZ gestellt, erscheinen identische und deckungsgleiche Bildteile schwarz.)

◂ **Abbildung 12.29**
Füllmethode DIFFERENZ, DECKKRAFT 100 %

12.6.2 Ausschluss

Wirkung | AUSSCHLUSS ist dem Differenzmodus sehr ähnlich, wirkt jedoch etwas weicher und kontrastärmer.

Praktischer Einsatz | Wie bei DIFFERENZ.

◂ **Abbildung 12.30**
Füllmethode AUSSCHLUSS, DECKKRAFT 100 %

12.7 Farbe, Sättigung und Helligkeit separieren

Die letzten vier Füllmethoden gehören vielleicht zum Nützlichsten, was die lange Liste zu bieten hat, obwohl sie auf den ersten Blick sehr unspektakulär erscheinen. Jede Farbe lässt sich durch die Parameter **Farbton**, **Sättigung** und **Luminanz** (also: Helligkeit) umschreiben. Bei Dateien im Bildmodus RGB sind diese Farbeigenschaften untrennbar verbunden. Mithilfe dieser Füllmethoden können sie separat bearbeitet werden. Das bringt Vorteile bei zahlreichen Retusche- und Korrekturtechniken.

12.7.1 Farbton

Wirkung | FARBTON erhält Luminanz und Sättigung der Ausgangsfarbe und trägt nur den Farbton der Füllfarbe auf. Bei farbig überlagerten Graustufenbildern ändert sich nicht viel – weiter unten werden Sie noch ein anschaulicheres Anwendungsbeispiel finden.

Praktischer Einsatz | Dezente Kolorationen, auch eine oft gebrauchte Füllmethode für Retuschen und lokale Farbkorrekturen, zum Beispiel bei der Arbeit mit dem Farbe-ersetzen-Werkzeug [B].

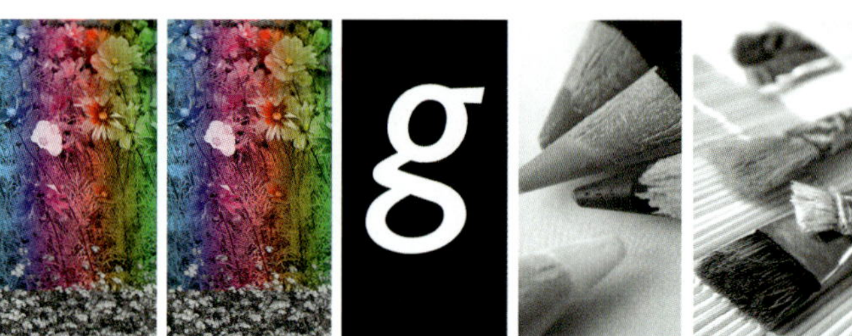

Abbildung 12.31 ▶
Füllmethode FARBTON, DECKKRAFT 100 %

12.7.2 Sättigung

Wirkung | Trägt lediglich die Sättigung der Füllfarbe auf. Helligkeit und Farbton der Ausgangsfarbe bleiben unverändert erhalten. Der Auftrag von neutralem Grau (das eine Sättigung gleich null hat) zeigt keine Wirkung.

Praktischer Einsatz | Diese Füllmethode liegt beispielsweise dem Schwamm-Werkzeug [O] zugrunde. Auch manuelle Korrekturen der Sättigung sind durch Pixelauftrag auf einer separaten Ebene möglich.

Abbildung 12.32 ▶
Füllmethode SÄTTIGUNG, DECKKRAFT 100 %

12.7.3 Farbe

Wirkung | In älteren Photoshop-Versionen hatte diese Füllmethode noch den längeren, aber deutlicheren Namen »Farbton/Sättigung«. Hier werden die Eigenschaften der Blendmodi FARBTON und SÄTTIGUNG kombiniert.

Praktischer Einsatz | FARBE eignet sich gut zum Kolorieren von Schwarzweißbildern oder zum Herstellen von gewollten »Farbstichen«. Diese Füllmethode steht bei Mal- und Retuschewerkzeugen ebenfalls zur Verfügung und kann dabei gewinnbringend eingesetzt werden.

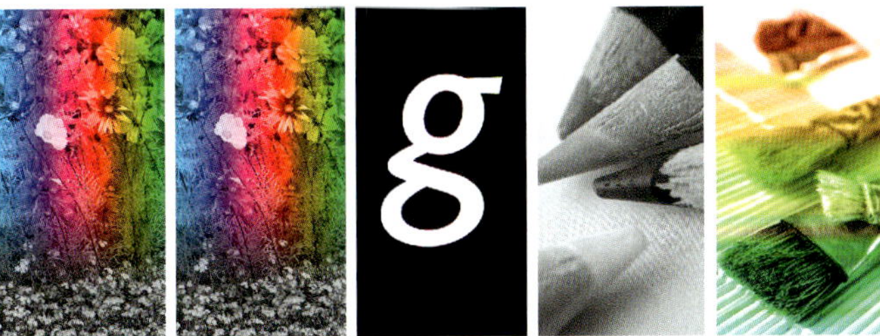

◄ **Abbildung 12.33**
Füllmethode FARBE, DECKKRAFT 100%

12.7.4 Luminanz

Wirkung | LUMINANZ ist die Umkehrung des Modus FARBE. Die Ergebnisfarbe wird aus dem Farbton und der Sättigung der Ausgangsfarbe und der Helligkeit der Füllfarbe erzeugt.

Zum Weiterlesen: Praxisanwendung von Luminanz
In Kapitel 21, »Bilder schärfen«, lernen Sie die Füllmethode LUMINANZ im Praxiseinsatz kennen.

Praktischer Einsatz | Diese Methode ist für Montagen weniger geeignet, aber ein hervorragendes Hilfsmittel, wenn es darum geht, allein die Luminanzwerte von Ebenen zu verändern – beispielsweise beim Schärfen. Sie ist auch ein wichtiger Bestandteil zahlreicher Retusche-Tools.

◄ **Abbildung 12.34**
Füllmethode LUMINANZ, DECKKRAFT 100%

◄ **Tabelle 12.1**
Tastaturbefehle für die Arbeit mit Ebenenfüllmethoden auf einen Blick

Was wollen Sie tun?	Windows	Mac
Durch Füllmethoden navigieren: in der Liste abwärts	Bei aktiver Dropdown-Liste in der Ebenen-Palette (blau hinterlegt): ↓-Taste	Bei aktiver Dropdown-Liste in der Ebenen-Palette (blau hinterlegt): ↓-Taste
Durch Füllmethoden navigieren: in der Liste aufwärts	Bei aktiver Dropdown-Liste in der Ebenen-Palette (blau hinterlegt): ↑-Taste	Bei aktiver Dropdown-Liste in der Ebenen-Palette (blau hinterlegt): ↑-Taste
Füllmethode NORMAL	⇧+Alt+N	⇧+⌥+N
Füllmethode SPRENKELN	⇧+Alt+I	⇧+⌥+I

Tabelle 12.1 ▸
Tastaturbefehle für die Arbeit mit Ebenenfüllmethoden auf einen Blick (Forts.)

Was wollen Sie tun?	Windows	Mac
Füllmethode DAHINTER AUFTRAGEN (nur Pinsel)	⇧+Alt+Q	⇧+⌥+Q
Füllmethode LÖSCHEN (nur Pinsel)	⇧+Alt+R	⇧+⌥+R
Füllmethode ABDUNKELN	⇧+Alt+K	⇧+⌥+K
Füllmethode MULTIPLIZIEREN	⇧+Alt+M	⇧+⌥+M
Füllmethode FARBIG NACHBELICHTEN	⇧+Alt+B	⇧+⌥+B
Füllmethode LINEAR NACHBELICHTEN	⇧+Alt+A	⇧+⌥+A
Füllmethode AUFHELLEN	⇧+Alt+G	⇧+⌥+G
Füllmethode NEGATIV MULTIPLIZIEREN	⇧+Alt+S	⇧+⌥+S
Füllmethode FARBIG ABWEDELN	⇧+Alt+D	⇧+⌥+D
Füllmethode LINEAR ABWEDELN	⇧+Alt+W	⇧+⌥+W
Füllmethode INEINANDERKOPIEREN	⇧+Alt+O	⇧+⌥+O
Füllmethode WEICHES LICHT	⇧+Alt+F	⇧+⌥+F
Füllmethode HARTES LICHT	⇧+Alt+H	⇧+⌥+H
Füllmethode STRAHLENDES LICHT	⇧+Alt+V	⇧+⌥+V
Füllmethode LINEARES LICHT	⇧+Alt+J	⇧+⌥+J
Füllmethode LICHTPUNKT	⇧+Alt+Z	⇧+⌥+Z
Füllmethode HART MISCHEN	⇧+Alt+L	⇧+⌥+L
Füllmethode DIFFERENZ	⇧+Alt+E	⇧+⌥+E
Füllmethode AUSSCHLUSS	⇧+Alt+X	⇧+⌥+X
Füllmethode FARBTON	⇧+Alt+U	⇧+⌥+U
Füllmethode SÄTTIGUNG	⇧+Alt+T	⇧+⌥+T
Füllmethode FARBE	⇧+Alt+C	⇧+⌥+C
Füllmethode LUMINANZ	⇧+Alt+Y	⇧+⌥+Y

Schnell durch die Liste

Farbig nachbelichten

Ist die Füllmethoden-Liste aktiv – so wie abgebildet –, können Sie direkt mit den Pfeiltasten auf Ihrer Tastatur durch die einzelnen Füllmethoden springen. Eine gute Technik, um schnell und ohne viel zu klicken die verschiedenen Einstellungen auszuprobieren.

Dunklere Farbe und Hellere Farbe

Die CS3-Neuzugänge DUNKLERE FARBE und HELLERE FARBE haben keinen Shortcut. Mit der Tastenkombination ⇧/⌥+⇧+0 (Null) können Sie zum nächstfolgenden Modus wechseln, mit ⇧+0 Null gelangen Sie zum vorhergehenden.

12.8 Ebenenfüllmethoden in der Praxis

Für die Anwendung der Ebenenfüllmethode gibt es unzählige Möglichkeiten, die ich hier nicht alle präsentieren kann. In den folgenden Schritt-für-Schritt-Anleitungen zeige ich Ihnen exemplarisch einige Arbeitstechniken, die sich mit verschiedenen Füllmethoden realisieren lassen.

12.8.1 Ebene auf Ebene: Schnellreparatur

Eine schnelle Korrektur für kontrastschwache, flaue Bilder lässt sich per Ebenenduplikat und Füllmethode erreichen – manchmal sogar auch in Fällen, in denen Tonwertkorrektur, Gradationskurve & Co. nicht mehr weiterhelfen, zum Beispiel bei der Restaurierung alter Fotos oder bei Bildern, die zu lange belichtet wurden. So geht das Schritt für Schritt.

Bilddatei auf der DVD: »JiangJingiie.tif«

Schritt für Schritt: Flaue, zu helle Bilder kräftiger machen

1 Notwendige Korrekturen vornehmen

Bei diesem schnellen Korrekturtrick sollen die Originalebene und ein Duplikat miteinander verrechnet werden. Aus diesem Grund empfiehlt es sich, vorher eventuelle Farbstiche und andere Fehler zu entfernen, da sie sich sonst potenzieren.

Das Beispielbild wirkt sehr hell und etwas flau. Klassische Bildkorrekturen wie Tonwertkorrektur und Gradationskurven verbessern das Bild nicht zufriedenstellend. Die schwachen Farben lassen sich nicht reparieren. Das Histogramm, das Sie rechts neben dem Bild sehen, zeigt auch, warum das so ist: Das Bild enthält sehr wenige Mitteltöne und viele Lichter.

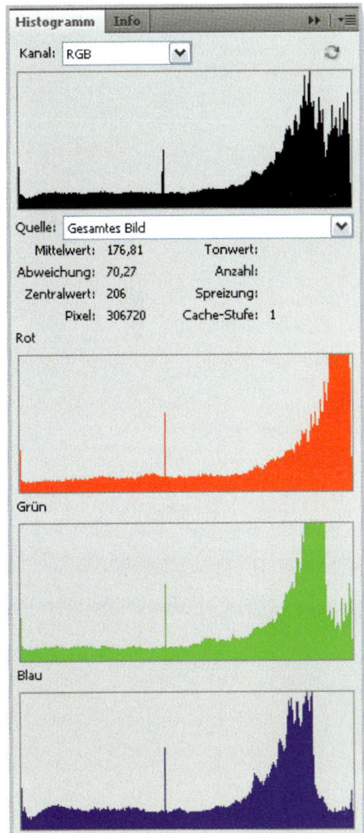

Bild: Jiang Jingiie, Fotolia

◄▲ **Abbildung 12.35**
Das Bild sieht leider hell und flau aus.

Zum Weiterlesen: Histogramme
Mehr über Histogramme, wie man sie liest und welche Korrekturen möglich und angemessen sind, erfahren Sie in Kapitel 15, »Regeln und Werkzeuge«.

2 Bildebene duplizieren

Erstellen Sie ein Ebenenduplikat. Es muss oberhalb der Originalebene liegen.

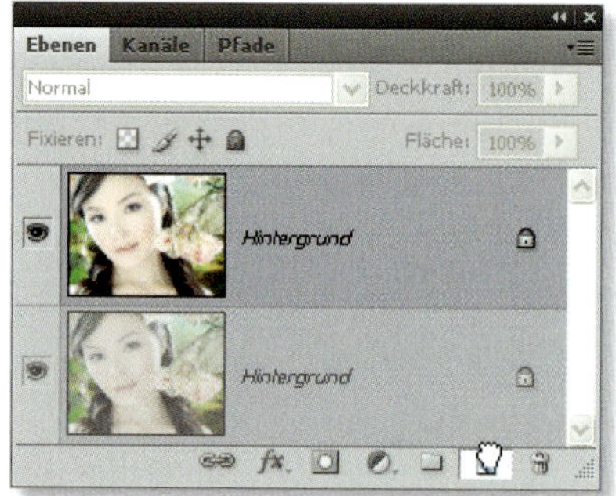

Abbildung 12.36 ▶
Ein Ebenenduplikat wird angelegt, indem die Originalebene über das Neu-Icon gezogen wird.

3 Ebenenfüllmethode wählen, Deckkraft einstellen

Nun stellen Sie die Ebenenfüllmethode für die obere Ebene ein. Da dieses Bild vor allem zu hell und schwach wirkt, ist Multiplizieren eine gute Wahl. Mit dem Einstellen der Ebenendeckkraft wird die Wirkung der »Korrektur« reguliert.

▲ **Abbildung 12.37**
Setzen Sie die Deckkraft herunter.

Abbildung 12.38 ▶
Das vorläufige Endergebnis: Der Teint sieht prima aus, die Haare und Teile des Hintergrunds sind etwas zu dunkel geworden.

Andere Anwendungsmöglichkeiten für Ebenenduplikate | Ebenenduplikate lassen sich aber auch noch in anderen Fällen gewinnbringend einsetzen:

- Bei Bildern mit schlappen Kontrasten können Sie ähnlich vorgehen – hier hilft allerdings meist eine der Füllmethoden aus der Reihe der »Licht«-Berechnungen.
- Zu dunkle Bilder lassen sich manchmal mit einer der aufhellenden Füllmethoden verbessern. Eine solche Schnellkorrek-

tur funktioniert nicht bei jedem Bild. Einen Versuch ist es aber allemal wert!

- Das Prinzip »Ebene duplizieren plus Füllmethode« kann Ihnen auch helfen, eine schnelle Scharfzeichnung mit guten Ergebnissen zu erreichen (ohne Konvertierung nach Lab). Dazu zeichnen Sie die obere, duplizierte Ebene scharf und stellen sie auf die Füllmethode LUMINANZ (siehe Kapitel 21, »Bilder schärfen«).

Zum Weiterlesen: Verfeinerung via Maske

Mithilfe von Ebenenmasken können Sie diese Arbeitstechnik mit wenig Aufwand verfeinern. Grobes Pinseln genügt meist, um Teile der oben liegenden Ebene abdecken, die das Bild sonst zu dunkel machen (siehe Kapitel 14, »Ebenenmasken & Co.«).

▲ **Abbildung 12.39**
Die obere Ebene hat jetzt eine Maske. Die dunklen Bereiche der Maske blenden den Inhalt der Ebene aus, so dass dort das Multiplizieren nicht wirkt. Resultat: Haare und andere kritische Bereiche werden nicht weiter abgedunkelt.

12.8.2 Licht und Schatten gezielt auftragen

Nicht immer muss das *gesamte* Bild abgedunkelt oder aufgehellt werden oder stärkere Kontraste bekommen. Salz und Pfeffer fast jeder Bildkomposition ist die Belichtung – Licht und Schatten können einzelne Bildteile betonen und so den Blick des Betrachters lenken, sie bestimmen den Raumeindruck und geben Bildmontagen einen natürlichen Anstrich. (Eine falsche Lichtführung kann eine Montage schnell entlarven!) Lernen Sie im folgenden Schritt-für-Schritt-Tutorial, wie Sie die Lichtverhältnisse eines Bildes gezielt verändern und sogar farbiges Licht vortäuschen können.

Schritt für Schritt: Malen mit Licht und Schatten – mit Füllmethoden

1 Aufgabenstellung klären

Mithilfe der Ebenenfüllmethode lassen sich sowohl Lichter als auch Schattenpartien verstärken oder anlegen. Je nach Aufgabe und den Gegebenheiten des Bildes müssen Farbe und Füllmethode ausgewählt werden. Die hier gezeigte Technik eignet sich für Arbeiten an feinen Details ebenso wie für die großzügige Gestaltung von Landschaften und Ähnlichem mit Licht und Schatten. Hier soll ein Porträt mit einigen Sonnenflecken versehen werden, um die lachenden Gesichter stärker zu betonen.

Bilddatei auf der DVD: »MutterundKind.jpg«

Bild: Cory Dockers, Fotolia

◄ **Abbildung 12.40**
Lichtretuschen sollen nie gegen das Motiv durchgeführt werden, das funktioniert nicht. Sonnenflecken auf den Gesichtern würden gut zum Rest des Fotos passen.

2 Füllmethode und Farbe auswählen

Einzelne Bildpartien gezielt aufhellen können Sie mit den Ebenenfüllmethoden FARBIG ABWEDELN und LINEAR ABWEDELN. Auch die »Licht«-Füllmethoden können aussichtsreiche Kandidaten für diesen Zweck sein. Welche Füllmethode besser wirkt, ist meist nur durch Ausprobieren am konkreten Bild zu klären.

Maßgeblich für das realistische Aussehen der Belichtung ist die aufgetragene Farbe. Arbeiten Sie mit neutralen Grautönen, wenn die Farbigkeit des Bildes nicht verändert werden soll. Beim Abwedeln gilt: Je heller das aufgetragene Grau ist, desto stärker wird auch das Bild aufgehellt. Die Ebenendeckkraft gibt eine Möglichkeit zur Feinjustierung, ungefähr sollte der Grauwert aber schon stimmen.

Neutrale Grautöne können Sie über den Farbwähler einstellen. Anhand der RGB- oder der HSB-Werte lässt sich schnell prüfen, ob das Grau keinen Farbstich hat. Die RGB-Werte müssen alle identisch sein ❷, und bei den HSB-Werten darf nur unter B ein Wert eingetragen sein, die Werte H und S müssen auf 0 stehen ❶.

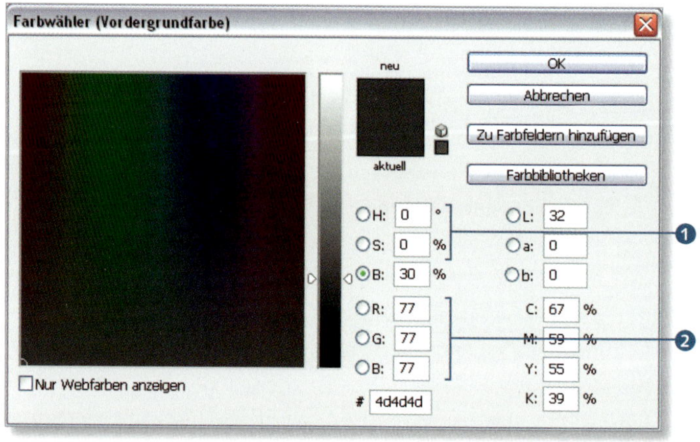

Abbildung 12.41 ▸
Mit diesem Grauwert wurde gemalt. Der Wert bei »B« (*Brightness*, Helligkeit) hilft Ihnen einzuschätzen, wie stark das Bild aufgehellt wird.

Eine Alternative ist die Palette FARBFELDER. Hier können vorgefertigte neutrale Grautöne schnell angewählt werden.

Abbildung 12.42 ▸
Grautöne in der Farbfelder-Palette anwählen

3 Pinsel und Pinseloptionen wählen

Aufgetragen wird die Farbe per Pinsel. Weiche, große Pinselspitzen ❸ wirken in der Regel besser – Sie können ohnehin recht großzügig arbeiten und meist auf überexakte Pinseleien verzichten. Mit dem Seitenmenü ❺ lässt sich auch die Darstellung der Pinselliste einstellen. Ich habe hier für mehr Informationen GROSSE LISTE gewählt und mich dann für einen Airbrush-Pinsel entschieden.

Bei kleinteiligeren Arbeiten kann es günstig sein, die Deckkraft der aufgetragenen Farbe schon in den Optionen etwas herunterzusetzen ❻. Durch übereinander aufgetragene Malstriche erzielt man dann meist eine natürliche und lebendige Lichtwirkung. Wenn Sie eine größere einheitliche Farbfläche erzeugen wollen, sollte die Deckkraft des Farbauftrags nicht reduziert werden.

Mit feinen Pinselspitzen können zuletzt vorsichtig ergänzende Glanzlichter und Details aufgetragen werden, am besten auf einer extra Ebene. Der MODUS des Farbauftrags bleibt übrigens NORMAL ❹ – Sie arbeiten hier allein mit der Ebenenfüllmethode!

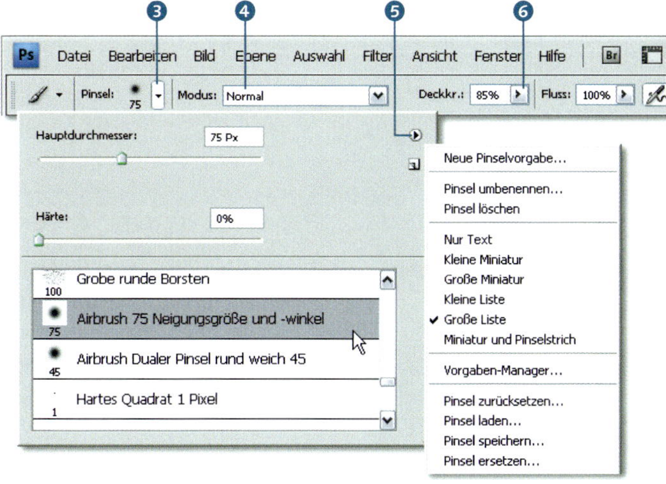

◂ **Abbildung 12.43**
Pinseloptionen

4 Ebene(n) anlegen und Füllmethode einstellen

Diesmal arbeiten Sie nicht mit einem Ebenenduplikat, sondern pinseln auf einer oder mehreren Ebenen oberhalb der Originalebene. Legen Sie also eine neue Ebene an, und stellen Sie auch gleich die Füllmethode ein – sonst haben Sie nicht so eine gute Kontrolle über das Ergebnis. Ich habe mich nach einigen Tests für FARBIG ABWEDELN entschieden. Hier muss aber von Fall zu Fall neu entschieden werden – es gibt keine Patentrezepte.

5 Losmalen!

Tragen Sie nun das »Licht« auf das Bild auf. Mit einem dicken Pinsel habe ich beherzt einige Lichtstreifen aufgemalt (hier zur besseren Veranschaulichung mit 100% Ebenendeckkraft). Für eine realistische Retusche kann die Ebenendeckkraft am Schluss noch gesenkt werden.

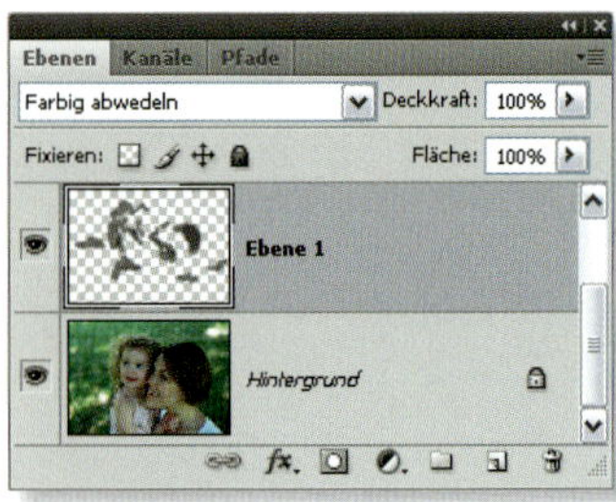

▲ **Abbildung 12.44**
Arbeiten mit der Füllmethode Farbig Abwedeln

Abbildung 12.45 ▶
Sonne entsteht hier durch Pinselauftrag.

6 Nachbessern per Weichzeichner

Außerdem wirkt der Lichtschein noch zu kantig, obwohl mit einem weichen Pinsel gearbeitet wurde. Das lässt sich leicht durch Weichzeichnung lösen. Eine komplette Ebene bearbeiten Sie am besten mit einem weichzeichnenden Filter (unter Filter • Weichzeichnungsfilter); kleineren Partien können Sie auch gut mit dem Weichzeichner-Werkzeug (R) aus der Werkzeugleiste zu Leibe rücken. Es wird wie ein Pinsel gehandhabt.

Abbildung 12.46 ▶
Ich habe hier mit dem Radialen Weichzeichner gearbeitet. Eine etwas neutralere Alternative wäre der Gaussche Weichzeichner.

7 Endergebnis – und mögliches Feintuning

Das Bild ist nun partiell aufgehellt und wirkt ganz gut. Sollte die Aufhellwirkung immer noch zu stark sein, können Sie die Deckkraft der oberen Ebene einfach etwas heruntersetzen.

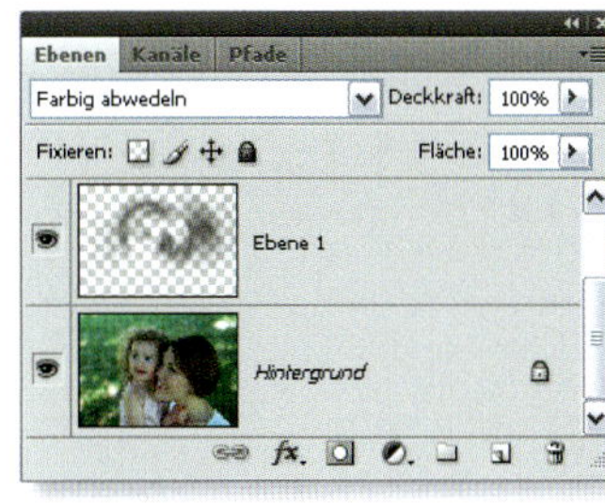

◂ **Abbildung 12.47**
Das Ergebnis: Das Bild wirkt deutlich freundlicher. ■

Bildpartien dunkler machen oder buntes Licht imitieren | Sie können auch Bildteile in den Schatten stellen – oder Licht- und Schattenauftrag kombinieren. Um Bilder abzudunkeln, benutzen Sie am besten FARBIG NACHBELICHTEN und LINEAR NACHBELICHTEN. Beim Nachbelichten fungiert Weiß als neutrale Farbe, die die untere Ebene nicht verändert. Je dunkler die aufgetragene Füllfarbe ist, umso stärker wirkt die Nachbelichtung.

Das Ganze funktioniert nach demselben Prinzip auch mit farbigem Licht. Hier ist Ihr Experimentiergeist allerdings stärker gefragt: Sowohl bei der Lichtfarbe als auch bei der Füllmethode müssen Sie ein wenig mehr herumprobieren, um realistische Ergebnisse zu erzielen.

◂ **Abbildung 12.48**
Dieser Männerkopf …

Bilder: iStockphoto.com

▴ **Abbildung 12.49**
… wurde ins Clubleben …

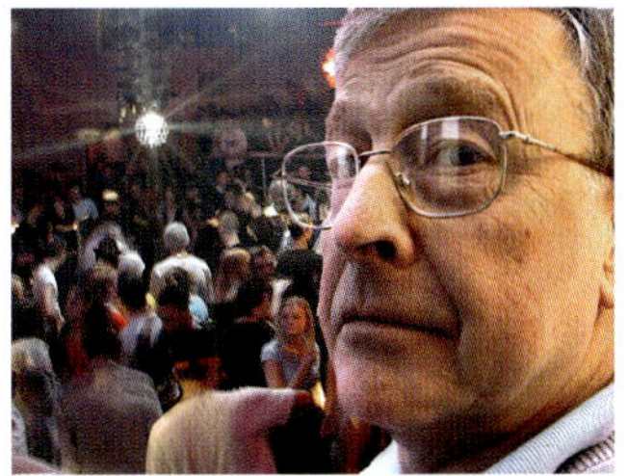

▴ **Abbildung 12.50**
… einmontiert …

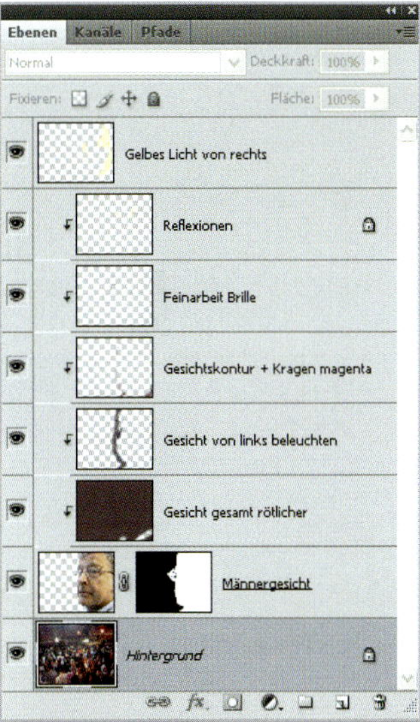

▴ **Abbildung 12.51**
… und mithilfe zahlreicher farbiger Retusche-Ebenen an die Lichtverhältnisse angepasst.

Bilddatei auf der DVD: »Seesicht.tif«

12.8.3 Füllmethode plus Einstellungsebene

Füllmethoden lassen sich auch vortrefflich auf Einstellungsebenen anwenden. So können Sie zum Beispiel bei Tonwertkorrektur- oder Gradationskurven die Füllmethode auf LUMINANZ umstellen, wenn ausdrücklich nicht gewünscht ist, dass diese Korrekturen die Bildfarben verändern – eine Luminanz-Einstellungsebene wirkt dann nur auf die Tonwerte des Bildes, zum Beispiel die Kontraste. Umgekehrt wirken FARBTON/SÄTTIGUNG-Einstellungsebenen oft natürlicher, wenn sie mit der Füllmethode FARBTON, WEICHES LICHT oder INEINANDERKOPIEREN angewandt werden. Und auch für kreative Bildverfremdungen lässt sich das Gespann »Einstellungsebene plus Ebenenfüllmethode« gut nutzen, zum Beispiel, um sehr kontrastreiche Bilder mit harten Konturen und klaren Farben zu erzeugen.

Korrekturen Masken
Schwarzweiß Benutzerdefiniert
Farbton Auto
Rottöne: -121
Gelbtöne: 297
Grüntöne: 144
Cyantöne: -68
Blautöne: 106
Magentatöne: -107

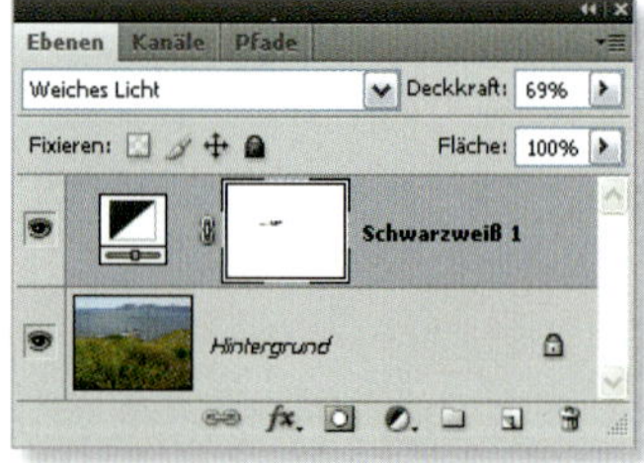

▲ **Abbildung 12.52**
Eine Einstellungsebene »Schwarzweiß 1« wurde über das Bild gelegt. Die Füllmethode WEICHES LICHT sorgt für den gewünschten Effekt: Das Bild erscheint farbig, die Kontraste sind deutlich verstärkt.

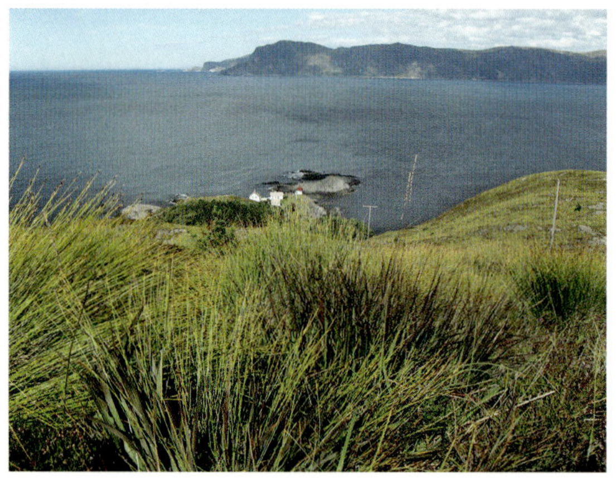

▲ **Abbildung 12.53**
Oben das Ausgangsbild: ganz nett, aber kontrastarm.
Unten das Endergebnis. Die Farben sind kühler und leicht verfremdet, der grafische Charakter der Gräser wird betont.

12.8.4 Bildelemente in Montagen anpassen

Weitere Anwendungen für die Füllmethode können Sie selbst erfinden. Es müssen auch nicht immer Ebenenduplikate oder eigene neue Ebenen sein, die Sie mit der Füllmethode bearbeiten. Auch bereits bestehende Bildelemente auf verschiedenen Ebenen können mithilfe der Fülloptionen besser aneinander angepasst werden und geben so Montagen den letzten Schliff. Hier haben Sie großen Spielraum – je nachdem, welchen Effekt Sie erzielen wollen.

Kontrastverstärker
Sie können alle Füllmethoden aus der »Licht«-Abteilung (INEINANDERKOPIEREN, WEICHES LICHT, HARTES LICHT, LICHTPUNKT usw.) in vielen Situationen als kontrastverstärkendes Mittel nutzen.

12.9 Erweiterte Füllmethoden: Noch mehr Steuerungsmöglichkeiten

Neben den verschiedenen Ebenenfüllmethoden, die Sie über die Ebenen-Palette ansteuern und bei einigen Werkzeugen antreffen, gibt es noch genauere Einstellungen zur Pixelverrechnung: die ERWEITERTE FÜLLMETHODE. Sie steuert, welche Pixel der einzelnen, übereinanderliegenden Ebenen im fertigen Bild überhaupt zu sehen sind. Sie können also nicht nur die Reaktion von übereinanderliegenden Pixeln miteinander (wie bei der Allgemeinen Füllmethode), sondern auch deren Anzeige überhaupt beeinflussen. So können Sie beispielsweise die hellen Pixel der oberen Ebene ausblenden und dadurch Teile der unteren Ebene durchschimmern lassen. Oder Sie lassen die dunklen Pixel der unteren Ebene in die obere Ebene einrechnen. Fließende Übergänge sind auch möglich. Einstellungen der Erweiterten Füllmethode stehen tatsächlich nur für Ebenen – nicht bei anderen Tools – zur Verfügung!

- Erreichbar sind diese Einstellungen über einen Doppelklick auf die leere Fläche neben dem Ebenentitel in der Ebenen-Palette.
- Auch ein Klick auf das kleine fx-Symbol am Fuß der Ebenen-Palette und den Befehl FÜLLOPTIONEN fördert das Dialogfeld zutage.
- Der lange Weg über das Menü: EBENE • EBENENSTIL • FÜLLOPTIONEN.

▲ **Abbildung 12.54**
Doppelklicken Sie in den *neutralen* Bereich der Ebene (in der Ebenen-Palette), um die Dialogbox EBENENSTIL aufzurufen. Dort können Sie auch die ERWEITERTE FÜLLMETHODE bearbeiten.

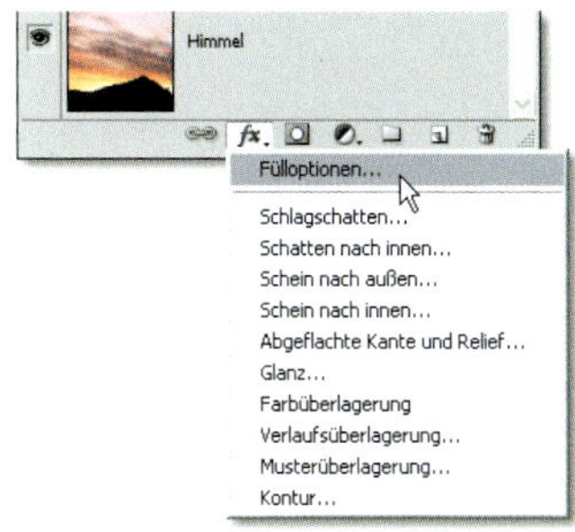

▲ **Abbildung 12.55**
Das fx-Symbol ist nicht nur der direkte Weg zu den Ebenenstilen (*effects* – daher das fx), sondern auch zur ERWEITERTEN FÜLLMETHODE (über FÜLLOPTIONEN).

Die Einstellung zur AUSSPARUNG ❷ haben Sie bereits kennengelernt (siehe Abschnitt 11.3, »Schnittmasken und Aussparung«). Die Einstellung DECKKRAFT unter ERWEITERTE FÜLLMETHODE ❶ wirkt genau so wie die FLÄCHE-Einstellung in der Ebenen-Palette: Sie können damit die Deckkraft von Ebenen, die bereits mit Ebenenstilen (Effekten) ausgestattet wurden, herabsetzen. Die Deckkraft der Stile bleibt dabei jedoch erhalten. Die Schieberegler

Zum Weiterlesen: Ebenenstile
Schrift mit Schatten, Bildobjekte, die einen hellen Schein nach außen werfen, 3D-Buttons wie aus farbigem Glas gemacht, nachgemachtes Metall – all das sind Ebeneneffekte. Da sie vor allem im Zusammenhang mit Textebenen angewandt werden, folgt mehr darüber in Kapitel 33, »Ebenenstile: Text mit Effekt«.

ganz unten ❸ blenden wahlweise helle oder dunkle Pixel aus der Ebene aus. Das Drücken von [Alt]/[⌥] teilt den Regler und ermöglicht allmähliches Ausblenden.

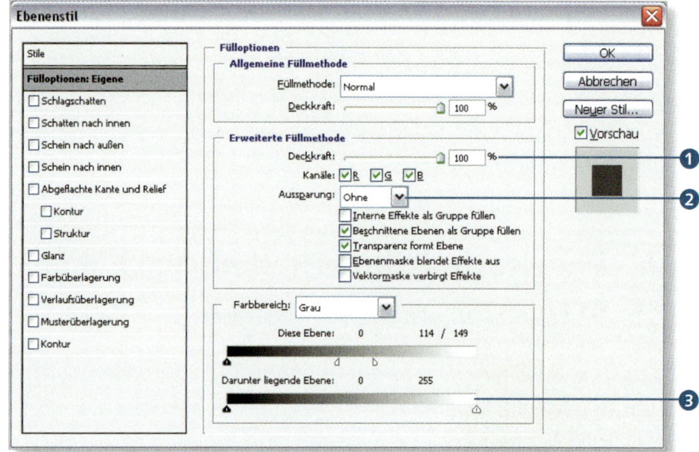

Abbildung 12.56 ▸
Einstellungen für die Erweiterte Füllmethode. Im selben Dialog finden Sie auch nochmals die Einstellungen für die Allgemeine Füllmethode (oben) und die Ebenenstile (Liste links).

Die Anwendungsmöglichkeiten für diese Funktion sind begrenzt: Manchmal kann man beispielsweise bei Montagen mogeln und anstelle einer aufwendigen Maske oder Auswahl nicht benötigte Bildteile auf diese Weise verschwinden lassen.

Bilddatei auf der DVD: »Winterbaum.tif«

Abbildung 12.57 ▸
Gemogelter Freisteller: Der helle Hintergrund des Baumes (Ebenenaufbau siehe Abbildung 12.54) ...

Abbildung 12.58 ▸▸
... wurde per Erweiterte Füllmethode (Einstellungen siehe Abbildung 1.56) ausgeblendet.

Wenn Sie hohe Ansprüche an Ihren Freisteller haben, funktioniert diese Methode meist nicht, aber als Quick-and-dirty-Lösung – zum Beispiel, um festzustellen, ob zwei Montageelemente zueinander passen – leistet sie manchmal gute Dienste.

TEIL IV
Auswählen, Freistellen und Maskieren

13 Auswahlen

In diesem Kapitel erfahren Sie, wann und wie Sie Photoshops Auswahlwerkzeuge einsetzen und wie Sie auch komplizierte Bildobjekte freistellen. Sie erhalten hier eine Reihe von kreativen Anleitungen und alltagstauglichen Tipps.

13.1 Grundlegendes über Auswahlen

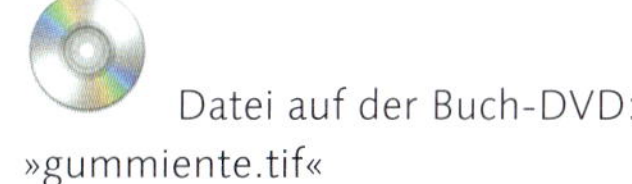

Datei auf der Buch-DVD: »gummiente.tif«

Auswahlen sind immer dann unverzichtbar, wenn Sie nicht das gesamte Bild oder eine gesamte Ebene bearbeiten wollen, sondern nur einen Bildausschnitt.

▲ **Abbildung 13.1**
Die die gestrichelte Auswahllinie zeigt, dass die Gummiente ausgewählt wurde. Sie könnte jetzt zum Beispiel vom Bildhintergrund getrennt werden.

13.1.1 Überblick über die Auswahlwerkzeuge

In Photoshop gibt es insgesamt zehn Auswahlwerkzeuge für verschiedene Zwecke und einen eigenen Menüpunkt AUSWAHL. Dazu kommen noch der Hintergrund-Radiergummi (Shortcut [E] – wie »Eraser«) und die Funktion MASKIERUNGSMODUS (auch als »Quick Mask« bekannt, Kürzel [Q]) als schnelle Hilfe für besonders knifflige Aufgaben wie das Trennen von Bildobjekten von ihrem Hintergrund (»Freistellen«).

Die Vielfalt von Auswahlwerkzeugen und -funktionen belegt, wie wichtig die Arbeitstechnik ist, und verweist gleichzeitig auf ein grundlegendes Problem im Zusammenhang mit Auswahlen: Während für uns klar ist, was auf einem Bild der Hintergrund und was das auszuwählende Hauptelement ist, kennt Photoshop immer nur Pixel. Um verschiedene Bildelemente mithilfe einer Auswahllinie bei erträglichem Arbeitsaufwand voneinander abzugrenzen, sind die Werkzeuge unterschiedlich spezialisiert.

Mit den verschiedenen Auswahlwerkzeugen und -befehlen haben Sie schon eine gute Unterstützung, um recht genaue Auswahlen anzulegen:

- FARBBEREICH (im AUSWAHL-Menü)
- Zauberstab
- Schnellauswahlwerkzeug
- Lasso
- Polygon-Lasso
- magnetisches Lasso
- »geometrische Auswahlwerkzeuge«: Auswahlrechteck
- Auswahlellipse
- und einzelne Zeile
- und Spalte

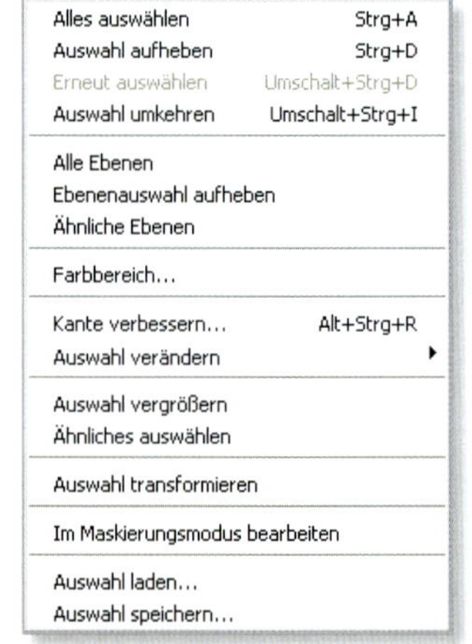

▲ **Abbildung 13.2**
Das Menü AUSWAHL: zahlreiche Befehle zum Verfeinern und Weiterbearbeiten von Auswahlen

Zum Weiterlesen: Auswahlen nachbearbeiten
Probate Hilfsmittel zum Nachbearbeiten von Auswahlen sind die Funktion MASKIERUNGSMODUS (siehe Abschnitt 13.11.1, »Titel«) und Ebenenmasken (Kapitel 14, »Ebenenmasken & Co.«).

13.1.2 Auswahlwerkzeuge kombinieren

Sie können auch verschiedene Auswahlwerkzeuge miteinander kombinieren. Wie Sie genau vorgehen müssen, hängt vom Bild selbst ab und davon, was Sie vorhaben. Für eine partielle Bildkorrektur muss eine Auswahl oft nicht 100% passgenau sein. Für Montagen oder das Freistellen eines Bildobjekts sollte jedoch genau gearbeitet werden. Vielfach müssen Auswahlen, die mithilfe der Werkzeuge angelegt wurden, mit Masken, dem Maskierungsmodus oder Pfaden noch nachbearbeitet werden, um wirklich exakt genug zu sein. Daher ziehen es manche Anwender vor, nicht zu viel Zeit in die mit den Auswahlwerkzeugen erstellte Auswahl zu stecken. Stattdessen nutzen sie die Werkzeuge eher für eine Grobauswahl und arbeiten dann mit Ebenenmasken im Maskierungsmodus nach. Seit der Version CS3 gibt es außerdem noch das sehr leistungsfähige Tool KANTE VERBESSERN, ein

Werkzeug für das Feintuning von Auswahlen per Schieberegler und Zahleneingabe.

Datei auf der Buch-DVD: »kühe.tif«

Bild: Onno K. Gent

▲ **Abbildung 13.3**
Grobauswahl: Die Kuh wurde mit einer ersten, groben Auswahl vom Hintergrund isoliert. Die Kontur ist noch recht ungenau, Reste des ursprünglichen Hintergrunds ❶ sind sichtbar.

▲ **Abbildung 13.4**
Nachbesserung im Detail. Die Konturen sind genauer, Restpixel vom Hintergrund wurden entfernt.

13.1.3 Funktionsprinzipien

Mit welchem Tool auch immer Sie Ihre Auswahl erzeugt haben, die Funktionsprinzipien sind stets dieselben:

- Normalerweise beziehen sich Auswahlen immer nur auf die aktive Bildebene. Ausnahmen sind der Befehl AUSWAHL • FARBBEREICH und die Option ALLE EBENEN AUFNEHMEN des Zauberstabs und seines Nachbarn, des Schnellauswahlwerkzeugs.
- Sobald eine Auswahl im Bild vorliegt, können nur noch die ausgewählten Bereiche bearbeitet werden – der Rest ist vor Bearbeitungen geschützt.
- Sie erkennen eine Auswahl an der »Ameisenlinie« rund um den ausgewählten Bereich.
- Auswahlen basieren auf Alphakanälen und können darin auch gespeichert werden, sofern das Dateiformat Alphakanäle unterstützt. Ansonsten ist eine nicht gespeicherte Auswahl verloren, sobald sie deaktiviert wird.
- Teilweise ausgewählte Pixel: Bildpixel können nicht nur die Zustände »ausgewählt« oder »nicht ausgewählt« annehmen, sondern sie können auch teilweise ausgewählt sein, wie es zum Beispiel auch bei einer weichen Auswahlkante der Fall ist. Die Wirksamkeit einer Auswahl kann also unterschiedlich moduliert sein. Teilweise ausgewählte Bildpixel haben eine verminderte Deckkraft, wenn man den Auswahlbereich

[Alphakanal]
Der Alphakanal ist ein 8-Bit-Kanal, der von einigen Bildverarbeitungsprogrammen für die Bildmaskierung oder für zusätzliche Farbinformationen reserviert wird. Er wird ebenfalls verwendet, um einen bestimmten Transparenzgrad eines Bildes zu definieren, sodass ein anderes Bild unter dem darüberliegenden durchscheinen kann.

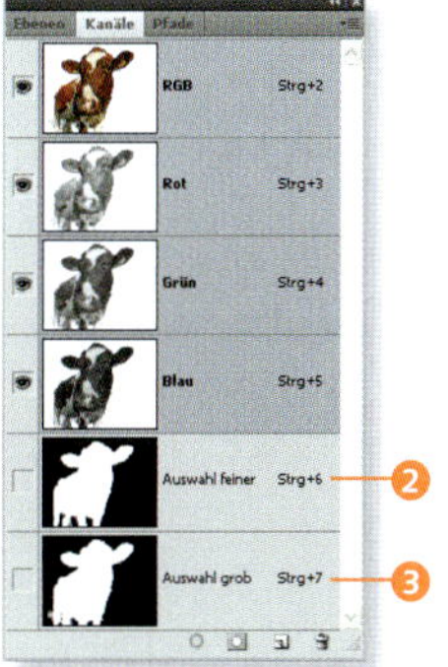

▲ **Abbildung 13.5**
Grob- ❸ und Feinauswahl ❷ wurden gespeichert. In der Kanäle-Palette sind die entsprechenden Alphakanäle zu sehen.

ausschneidet und an anderer Stelle einfügt, oder nehmen auf der Auswahl basierende Bearbeitungen nicht voll an.

Dateien auf der Buch-DVD: »ClematisVorher.tif«, »ClematisNachher.tif«, »SkateboarderMontage.tif«, »KürbiswagenVorher.tif«, »KürbiswagenNachher.tif«

Erfolgreich ausgewählte Bildbereiche können Sie kopieren und dann

- erneut in die Datei einfügen,
- in ein anderes Bild verschieben oder
- auf eigene Ebenen bringen. Das ist die Grundlage fast aller Montagen.

Zahlreiche andere Anwendungszwecke sind denkbar. Kurzum, Auswahlen sind unverzichtbar für viele ernsthafte Bildbearbeitungsaufgaben. Einige Beispiele sehen Sie im Folgenden.

Bild: Sibylle Mühlke

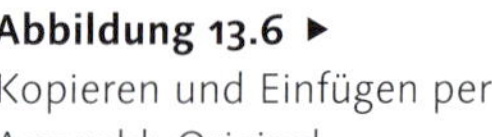

Abbildung 13.6 ▸
Kopieren und Einfügen per Auswahl: Original ...

Abbildung 13.7 ▸▸
... und Montage. Die einzelnen Blütenkopien wurden außerdem transformiert und teilweise weichgezeichnet.

Bild: Fotolia, Nicolas Kelen

Bild: vitamin a

Abbildung 13.8 ▸
Bildgegenstände mithilfe einer Auswahl ausschneiden und montieren: Der Skateboardfahrer wurde vom Hintergrund gelöst ...

Abbildung 13.9 ▸▸
... und in eine andere Kulisse verschoben.

Ebenso können Sie ausgewählte Bildbereiche kreativ bearbeiten und gezielt korrigieren.

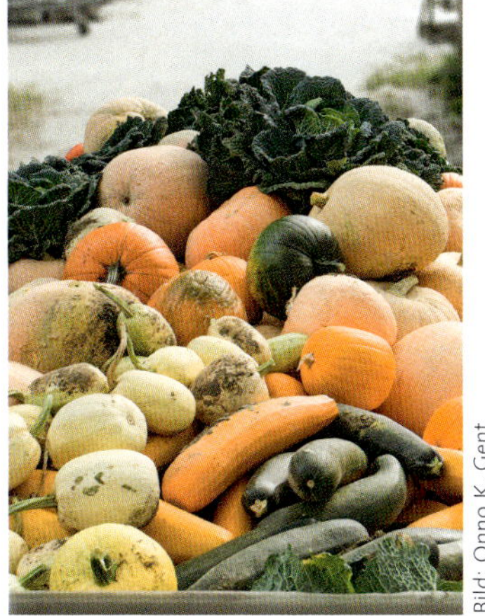

Bild: Onno K. Gent

◂ **Abbildung 13.10**
Gezielte Korrekturen verschiedener Bildbereiche. Hier sollte das Hauptmotiv, die Kürbisse, stärker betont werden.

◂◂ **Abbildung 13.11**
Zunächst wurde der Bildhintergrund ausgewählt, unschärfer und heller gemacht. Mit derselben, jedoch umgekehrten Auswahl wurden die Farben der Kürbisse aufgefrischt.

13.2 Allgemeine Auswahlbefehle und -optionen

Die beste Kenntnis von Auswahloptionen und Spezialwerkzeugen nutzt nichts, wenn Sie die grundlegenden Funktionen nicht beherrschen. Daher finden Sie hier eine Übersicht der wichtigsten Befehle in Kurzform. Weitere Befehlslisten finden Sie bei den einzelnen Werkzeugen und Arbeitshinweisen.

Datei auf der Buch-DVD: »Tulpe.psd«

13.2.1 Strategisch auswählen

Mit dem Befehl Auswahl • Auswahl umkehren (Tastenkürzel: ⇧+Strg+I/⇧+⌘+I) ist es ganz einfach, ausgewählte und nicht ausgewählte Bereiche zu vertauschen. Das eröffnet interessante strategische Perspektiven: Sie wählen nicht in jedem Fall den Bildbereich aus, den Sie später tatsächlich mit der Auswahl erfassen wollen, sondern den, der am leichtesten auszuwählen ist. Mit Auswahl umkehren erreichen Sie dann schnell Ihr eigentliches Auswahlziel.

Bild: dieblen.de

▴ **Abbildung 13.12**
Wozu der Befehl Auswahl umkehren nützlich ist: Um ein Objekt wie z. B. diese Blume per Auswahl zu erfassen, wählt man zunächst den relativ einheitlichen Hintergrund aus und kehrt diese Auswahl dann um.

Was wollen Sie tun?	Windows	Mac
Alles auswählen	Strg+A	⌘+A
Eine bestehende Auswahl löschen	Strg+D	⌘+D
Erneut wählen (aktiviert die zuletzt aufgehobene Auswahl erneut)	⇧+Strg+D	⇧+⌘+D
Auswahl umkehren	⇧+Strg+I	⇧+⌘+I

◂ **Tabelle 13.1**
Die wichtigsten Tastaturbefehle für die Arbeit mit Auswahlen auf einen Blick

Tabelle 13.1 ►
Die wichtigsten Tastaturbefehle für die Arbeit mit Auswahlen auf einen Blick (Forts.)

Was wollen Sie tun?	Windows	Mac
Ausgewählte Bildbereiche löschen (unwiderruflich) – ein Maskieren ist besser.	Entf	←
Nachträglich weiche Auswahlkante hinzufügen	Strg + Alt + D	⌘ + Alt + D
Auswahllinie (und andere Extras) ausblenden	Strg + H	⌘ + H

13.2.2 Auswahlbereiche ersetzen, addieren, subtrahieren oder Schnittmengen bilden

Datei auf der Buch-DVD: »BunterBall.jpg«,

Mit den Auswahlwerkzeugen legen Sie Auswahlbereiche per Mausklick fest (Zauberstab), zeichnen die Auswahlen (Lassowerkzeuge) oder ziehen geometrische Auswahlbereiche auf (Auswahlellipse und Auswahlrechteck). Gleichgültig, mit welchem Werkzeug Sie arbeiten – Sie können mit Photoshop auch festlegen, wie sich weitere Auswahlbereiche innerhalb des Bildes zu einer schon bestehenden Auswahl verhalten. So können Sie Auswahlbereiche (und damit auch verschiedene Auswahlwerkzeuge) in unterschiedlicher Weise kombinieren.

Dazu benutzen Sie die kleinen Buttons im linken Bereich der Optionsleiste. Sie sind bei jedem Auswahlwerkzeug vorhanden.

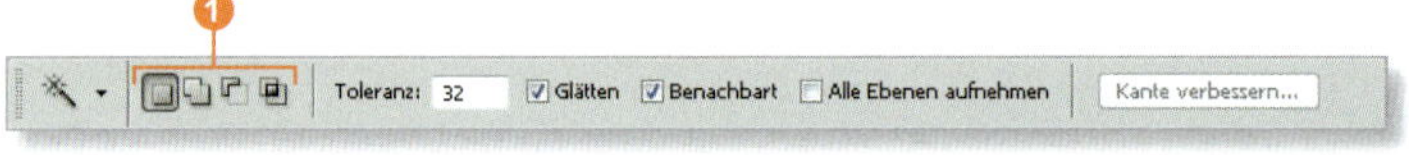

Abbildung 13.13 ►
Ganz links finden Sie in der Optionsleiste jedes Auswahlwerkzeugs die Schaltflächen 1, mit denen Sie Auswahlbereiche unterschiedlich zusammenstellen (hier am Beispiel des Zauberstabs).

Neue Auswahl | Wenn Sie NEUE AUSWAHL anklicken, ersetzt die neue Auswahl den bestehenden Auswahlbereich – es ist also immer nur eine Auswahl vorhanden.

▲ **Abbildung 13.14**
Neue Auswahl

Bild: Fotolia, Flavia Bottazzini

Abbildung 13.15 ►
Eine Auswahl ist bereits im Bild vorhanden (orangefarbenes Ballsegment). Ist nun der Button NEUE AUSWAHL aktiv ...

Abbildung 13.16 ►►
... und wird eine zweite Auswahl im Bild angelegt (blaues Ballsegment), wird die vorherige Auswahl gelöscht. Gearbeitet wurde hier mit dem Magnet-Lasso.

Der Auswahl hinzufügen | Der Befehl DER AUSWAHL HINZUFÜGEN ermöglicht das Anlegen von mehr als einem Auswahlbereich im Bild, ohne dass die vorhergehende Auswahl verschwindet. Wenn sich zwei Auswahlbereiche überlappen, werden sie zu einem einzigen Auswahlbereich addiert. Diese Auswahloption ist gut geeignet, um Auswahlbereiche zu vergrößern oder um mehrere unverbundene Auswahlen in einem Bild anzulegen.

▲ **Abbildung 13.17**
DER AUSWAHL HINZUFÜGEN

◀ **Abbildung 13.18**
Mehrere unabhängige Auswahlbereiche: Hier wurde zunächst DER AUSWAHL HINZUFÜGEN aktiviert, dann wurden nacheinander drei Ballsegmente (orange, blau, gelb) ausgewählt.

◀◀ **Abbildung 13.19**
Auswahlbereiche verbinden: Auch hier wurde mit DER AUSWAHL HINZUFÜGEN gearbeitet, allerdings mit dem Ziel, einen einzigen, größeren Auswahlbereich anzulegen (mit mehrfachen Zauberstab-Klicks).

Von Auswahl subtrahieren | Die zweite Auswahloption subtrahiert einen Bereich von der ersten Auswahl, wenn sich die Auswahlbereiche überschneiden. Gibt es keine Überschneidung, bleibt die erste Auswahl unverändert. Mit dieser Option können Sie beispielsweise Fehlstellen (versehentlich ausgewählte Bereiche) ausbügeln oder gezielt einzelne Bereiche aus einer Auswahl ausnehmen.

▲ **Abbildung 13.20**
VON AUSWAHL SUBTRAHIEREN

Schnittmenge mit Auswahl bilden | Wenn Sie SCHNITTMENGE MIT AUSWAHL BILDEN wählen, bilden die Auswahlbereiche, sofern sie sich überlappen, eine Schnittmenge. Diese Option ist besonders interessant bei der Arbeit mit Auswahlen und Masken oder wenn Sie eine abgespeicherte Auswahl verfeinern wollen.

▲ **Abbildung 13.21**
SCHNITTMENGE MIT AUSWAHL BILDEN

Erste Auswahl mit jeder Option | Um die erste Auswahl im Bild anzulegen, müssen Sie nicht eigens zur Option NEUE AUSWAHL wechseln – das funktioniert mit jeder Auswahl-Kombinationsoption. Erst wenn bereits eine Auswahl vorhanden ist und weitere Auswahlen hinzugefügt werden, kommt die Wirkung der Optionen zum Tragen.

Sie können jederzeit zwischen den verschiedenen Auswahloptionen und auch zwischen den verschiedenen Werkzeugen wechseln. Und Sie müssen nicht unbedingt die Schaltflächen

TOPP-TIPP: Auswahl-Cursor zeigt aktive Option an

Je nachdem, welche der vier Auswahloptionen aktiv ist, erscheint ein anderes zusätzliches Symbol am Auswahl-Cursor.

- Der »blanke« Auswahl-Cursor zeigt an, dass NEUE AUSWAHL aktiv ist.
- Ein Pluszeichen neben dem Cursor weist auf die Einstellung DER AUSWAHL HINZUFÜGEN hin.
- Ein Minuszeichen steht für VON AUSWAHL SUBTRAHIEREN.
- Ein kleines X steht für die Option SCHNITTMENGE MIT AUSWAHL BILDEN.

in der Optionsleiste bedienen, um zwischen den verschiedenen Optionen umzuschalten – es gibt wiederum eine Reihe nützlicher Shortcuts.

Was wollen Sie tun?	Windows	Mac
Eine NEUE AUSWAHL erstellen (entfernt eventuell bestehende Auswahl)	Auswahlwerkzeug normal benutzen	Auswahlwerkzeug normal benutzen
DER AUSWAHL HINZUFÜGEN	Auswahlwerkzeug benutzen, dabei ⇧ drücken	Auswahlwerkzeug benutzen, dabei ⇧ drücken
VON AUSWAHL SUBTRAHIEREN	Auswahlwerkzeug benutzen, dabei Alt drücken	Auswahlwerkzeug benutzen, dabei ⌥ drücken
SCHNITTMENGE MIT AUSWAHL BILDEN	Alt+⇧	⌥+⇧

▲ **Tabelle 13.2**
Tastaturbefehle für Auswahloptionen auf einen Blick

13.2.3 Toleranz

TOLERANZ ist ein Parameter, den Sie bei einigen Auswahlwerkzeugen wie dem Zauberstab und der Auswahl nach FARBBEREICH antreffen, aber auch zum Beispiel im Zusammenhang mit dem Füllwerkzeug (Shortcut: G) oder dem Farbe-ersetzen-Werkzeug B – eben immer, wenn die Farbe der schon vorhandenen Bildpixel für die Anwendung eines Werkzeugs relevant ist. Damit legen Sie fest, wie sensibel ein Werkzeug auf Farbabweichungen reagieren soll. So können Sie auch Flächen auswählen oder mit dem Fülleimer des Farbe-ersetzen-Werkzeugs bearbeiten, die nicht völlig monochrom sind, sondern Farbschattierungen aufweisen.

- Je niedriger der eingestellte Toleranz-Wert ist, desto weniger unterschiedliche Farbnuancen werden berücksichtigt.
- Je höher die Toleranz ist, desto mehr Farbabweichungen werden in die Auswahl eingeschlossen.

Welcher der »richtige« Toleranz-Wert ist, hängt natürlich von den Kontrasten und Farbabstufungen im jeweiligen Bild ab – die Einstellung erfordert ein wenig Erfahrung und Ausprobieren. Für die meisten Alltagsjobs kommt man mit Werten zwischen 20 und 30 gut aus. Das Ändern der Toleranz ist auch während der Arbeit möglich, zum Beispiel zwischen verschiedenen Zauberstab-Klicks. So kann die Wirkung des Werkzeugs optimal an die Gegebenheiten im Bild angepasst werden.

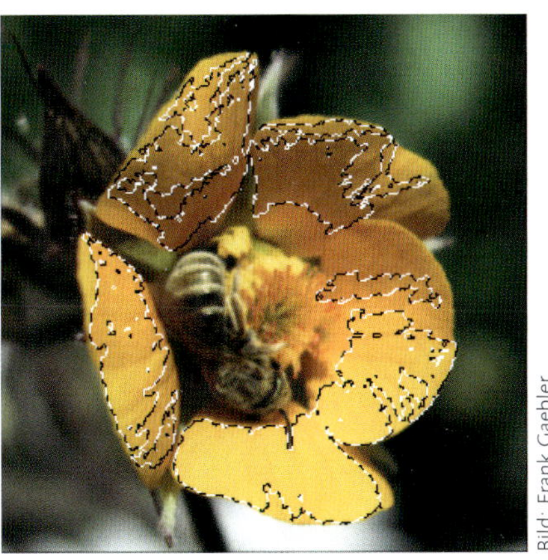

Bild: Frank Gaebler

▲ **Abbildung 13.22**
Auswahl der gelben Blüte per Zauberstab, Toleranz: 12. Hier muss man zwar in jedem Fall mit mehreren Mausklicks operieren, um alle Gelbnuancen zu erfassen – mit dem hier verwendeten niedrigen Toleranzwert wären jedoch unzählige Mausklicks notwendig. Es ist kaum möglich, eine geschlossene Auswahlfläche anzulegen.

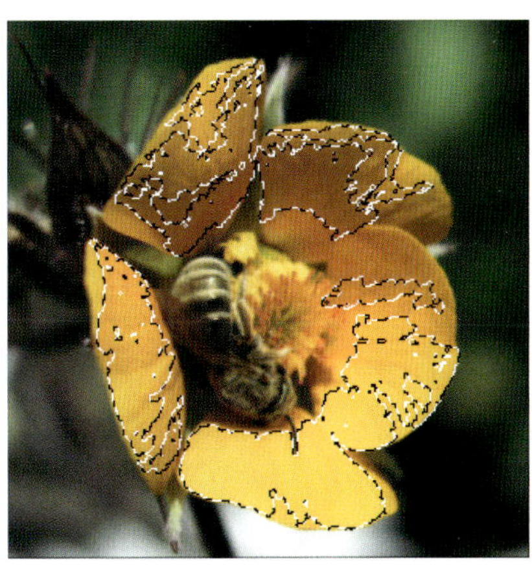

▲ **Abbildung 13.23**
Einige Mausklicks in die Blüte mit dem Toleranzwert 50. Diese Toleranzstufe ist für das Bild zu hoch: Es sind bereits Bereiche des Hintergrundes mit erfasst worden.

Datei auf der Buch-DVD:
»Nelkenwurz.tif«

13.2.4 Weiche Kante

Normalerweise sind Auswahllinien, die Sie mit einem Auswahlwerkzeug ziehen, »hart« und trennen ausgewählte und nicht ausgewählte Bildbereiche scharf voneinander ab.

▲ **Abbildung 13.24**
Harte Grenze zwischen ausgewählten und nicht ausgewählten Bereichen. So stellt sich eine Auswahl der oben abgebildeten Gummiente im Alphakanal der Datei dar. Schwarz und Weiß bezeichnen ausgewählte bzw. nicht ausgewählte Bildteile. Die Bereiche sind sauber voneinander getrennt.

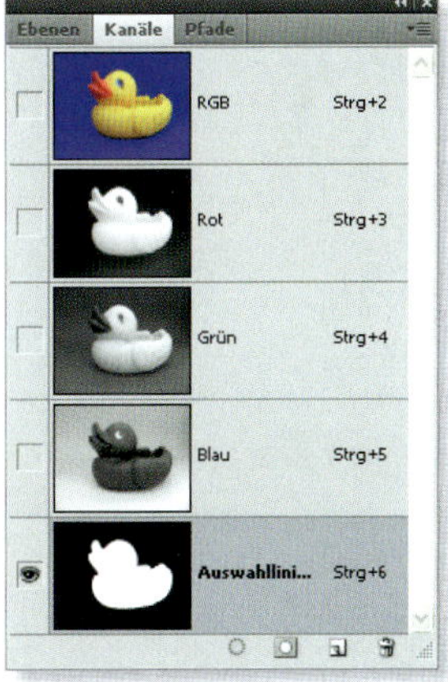

▲ **Abbildung 13.25**
Eine gespeicherte Auswahl wird als Alphakanal abgelegt. Blendet man nun diesen ein und die übrigen Kanäle aus (Augensymbole), wird die Auswahl im Bild mit Schwarz und Weiß und Graustufen angezeigt.

Photoshop bietet aber auch eine Option an, mit der Auswahlkanten weicher angelegt werden können. Die Option WEICHE KANTE erlaubt es Ihnen, einen Übergangsbereich von ausgewählten zu nicht ausgewählten Bildbereichen zu definieren. Sie finden die Option WEICHE KANTE bei den »geometrischen« und den Lasso-Auswahlwerkzeugen direkt in der Optionsleiste. Hier müssen Sie den gewünschten Wert *vor* dem Anlegen der Auswahl eintippen.

Abbildung 13.26 ▼
Die Option WEICHE KANTE – hier in der Optionsleiste des Auswahlrechteck-Werkzeugs

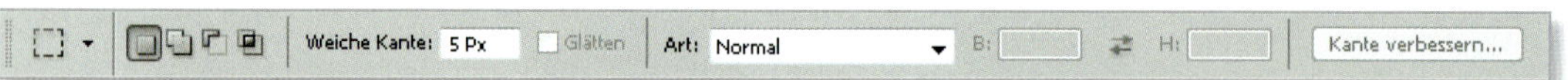

Welcher Wert der richtige ist, richtet sich wiederum ganz nach den Gegebenheiten des aktuell bearbeiteten Bildes und Ihrem Arbeitsvorhaben. Dabei sollten Sie allerdings die Bildauflösung im Hinterkopf behalten: Bei einem niedrig aufgelösten Web-Bild ist eine weiche Kante von 10 Pixeln schon recht breit, bei einem 300-ppi-Bild nicht.

Weiche Kante per Shortcut am Mac

Das Tastenkürzel Alt+⌘+D ist am Mac schon vom System für das Ausblenden des Docks vergeben und funktioniert daher ggf. nicht. Sobald Sie diese Zuordnung systemseitig deaktivieren, steht der Shortcut zum Start des Dialogfelds WEICHE AUSWAHLKANTE in Photoshop zur Verfügung.
Wählen Sie dazu SYSTEMEINSTELLUNGEN • TASTATUR & MAUS • TASTATURKURZBEFEHLE • DOCK, EXPOSÉ UND DASHBOARD: DOCK AUTOMATISCH EIN- UND AUSBLENDEN.

Weiche Kante nachträglich hinzufügen | Sie können die Option WEICHE KANTE beim jeweiligen Auswahltool aktivieren, bevor Sie die Auswahl erzeugen. Bei fertiger, noch aktiver Auswahllinie geht das auch nachträglich, und zwar mit dem Befehl AUSWAHL • AUSWAHL VERÄNDERN • WEICHE KANTE oder unter Windows mit dem Tastaturkürzel Alt+Strg+D (Mac: Siehe Infokasten links).

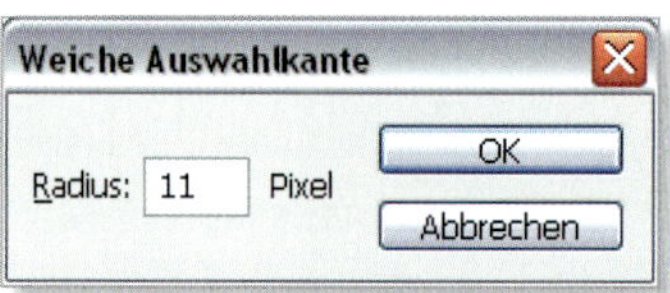

▲ Abbildung 13.27
Sie können genau festlegen, um wie viele Pixel die bestehende Auswahl »erweicht« werden soll.

Wurde WEICHE KANTE angewendet, wird automatisch ein Transparenzverlauf an der Auswahl-Außenkante erzeugt, der die Ränder der Auswahl weichzeichnet, und zwar in der Breite, die Sie zuvor festgelegt haben.

Der gestrichelten Auswahllinie selbst sieht man nicht an, ob die Auswahl eine weiche Kante hat – nur bei sehr starker Weichzeichnung und eher eckigen Auswahlobjekten ist sie durch gerundete Ecken an der Auswahllinie erkennbar. Richtig sichtbar wird die weiche Kante, wenn eine Auswahl verschoben oder gefüllt wird. Wenn Sie einen Auswahlbereich bearbeiten – also zum Beispiel korrigieren –, kann die weiche Kante dazu beitragen, den Übergang zwischen ausgewählten, bearbeiteten und

Bessere Steuerungsmöglichkeit: Kante verbessern
Die Option und der Menübefehl WEICHE KANTE lassen sich nur blind, ohne Vorschau im Bild, einsetzen. Bessere Steuerungsmöglichkeiten haben Sie, wenn Sie die Funktion KANTE VERBESSERN nutzen, die bei allen Auswahlwerkzeugen zur Verfügung steht!

unbearbeiteten Bildpartien fließender zu machen. Für freigestellte Bildpartien kann sie als ästhetisches Stilmittel eingesetzt werden, um die Übergänge zwischen freigestelltem Objekt und (neuem) Bildhintergrund fließender zu gestalten.

▲ **Abbildung 13.28**
So würde die Auswahl der Entenkontur mit der Option WEICHE KANTE aussehen.

▲ **Abbildung 13.29**
Und so wirkt eine weiche Kante bei der Gestaltung von Bildrändern.

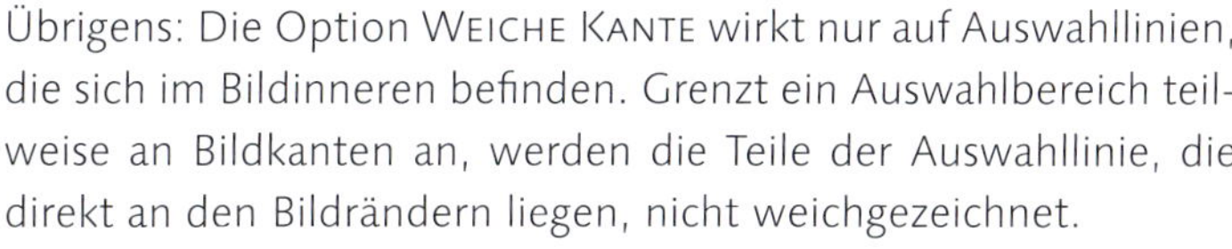

Übrigens: Die Option WEICHE KANTE wirkt nur auf Auswahllinien, die sich im Bildinneren befinden. Grenzt ein Auswahlbereich teilweise an Bildkanten an, werden die Teile der Auswahllinie, die direkt an den Bildrändern liegen, nicht weichgezeichnet.

Datei auf der Buch-DVD: »Erdbeere.jpg«

13.2.5 Glätten

Die Option GLÄTTEN, die für das Auswahlellipse-Werkzeug, den Zauberstab und die drei verschiedenen Lassos zur Verfügung steht, wirkt ähnlich wie WEICHE KANTE. Nur ist der abgesoftete Bereich erheblich kleiner, und sein Umfang kann von Ihnen nicht selbst definiert werden. Die Auswahloption rückt – wie die Glättung von gerasterten EPS-Dateien oder Schriften – dem Problem der (Nicht-)Darstellbarkeit von glatten Rundungen mittels eckiger Pixel zu Leibe, das auch bei Auswahlen auftreten kann. Rechteckige Auswahlen benötigen keine Glättung; folglich ist dort die Option nicht vorhanden. Ein nachträgliches Glätten einer einmal aufgezogenen Auswahl ist nicht möglich. Sie müssen die Option stets **vor** dem Anlegen der Auswahl aktivieren.

▲ **Abbildung 13.30**
Auswahl mit WEICHER KANTE. Der Auswahllinie kann man nicht ansehen, ob sie hart oder weich ist. Allenfalls ungenaue Konturen – wie hier am Blatt rechts außen – können ein Hinwies auf weiche Kanten sein.

Wann mit der Glättungsoption arbeiten? | Vorteilhaft ist das Glätten bei Auswahlen, die viele Rundungen enthalten und als Grundlage einer Montage dienen sollen. Hier kann die Glättung dem Effekt entgegenwirken, dass das ausgewählte, isolierte und woanders einmontierte Element aussieht wie grob mit der Schere beschnitten.

Deaktivieren sollten Sie diese Option, wenn es um exaktes Auswählen insbesondere kleiner und kantiger Objekte geht.

CS4 Maskentuning mit dem Tool »Kante verbessern«
Die Bearbeitung von Ebenenmasken ist in CS4 dank der Masken-Palette wesentlich leichter geworden – vor allem deshalb, weil sich das Kante-Verbessern-Tool nun auch auf Maskenkonturen anwenden lässt. Ein deutlicher Gewinn! Mehr darüber erfahren Sie in Kapitel 14, »Ebenenmasken & Co.«.

13.2.6 Auswahltuning mit voller Kontrolle: Kante verbessern

Im Menü AUSWAHL • AUSWAHL VERÄNDERN finden Sie einige Funktionen, um Auswahllinien nachträglich anzupassen. Doch die bessere Alternative, seit CS3 mit an Bord, ist die Toolbox KANTE VERBESSSERN. Den Startbutton finden Sie bei aktivem Auswahlwerkzeug in der Optionsleiste. Alternativ können Sie auch den Befehl AUSWAHL • KANTE VERBESSERN oder den Shortcut [Alt]+[Strg]+[R] bzw. [⌥]+[⌘]+[R] wählen, um das Tool zu starten.

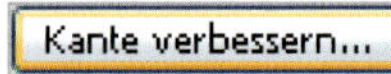

▲ **Abbildung 13.31**
Der unscheinbare Button in der Optionsleiste der Auswahltools führt zu einer enorm nützlichen Toolbox.

Sie erreichen eine Dialogbox, mit deren Hilfe Sie die Qualität einer bereits erzeugten Auswahllinie überprüfen und die Kontur weiter an das Bildobjekt anpassen können. Dank differenzierter Vorschaueinstellungen können Sie die Wirkung Ihrer Einstellungen direkt im Bild beobachten – eine echte Alternative zum Nachbearbeiten einer Auswahl von Hand per Quick Mask!

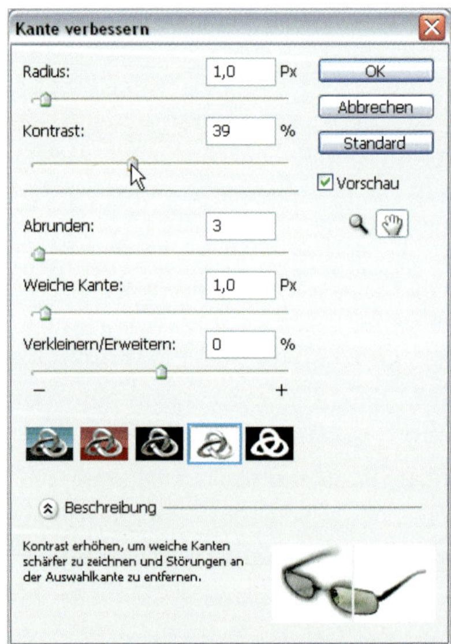

Abbildung 13.32 ▶
Erklärungstexte und eine kleine Illustration am unteren Rand des Dialogs erleichtern die Orientierung.

Wie bei vielen Dialogfeldern sollten Sie sich auch hier von oben nach unten durcharbeiten. Sie können mit den Schiebereglern oder per Zahleneingabe arbeiten.

- RADIUS legt fest, wie breit der Bereich ist, in dem das Werkzeug überhaupt die Kantenverfeinerung durchführt. Höhere Radien empfehlen sich bei Motiven, deren Kantenbereich sehr diffus ist, zum Beispiel bei Haaren oder einfach unscharfen

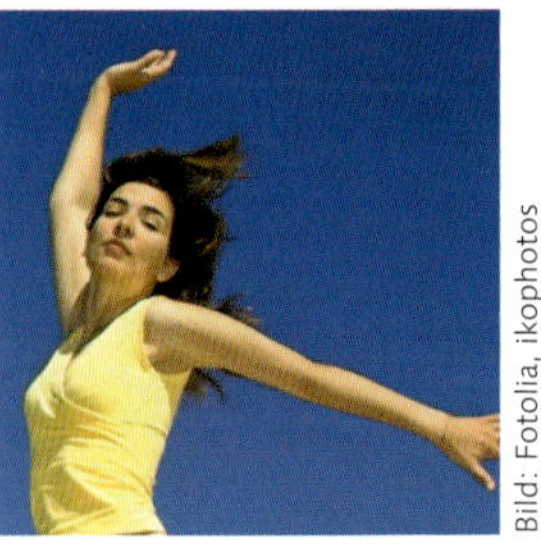

Bild: Fotolia, ikophotos

▲ **Abbildung 13.33**
Auf den ersten Blick gibt es eine klare Trennung zwischen dem tiefblauen Himmel und den Brauntönen des wehenden Haares.

Motiven. RADIUS ist die feiner wirkende Variante von WEICHE KANTE.

- KONTRAST zeichnet Auswahlkanten schärfer. Dieser Befehl soll verhindern, dass aufgrund hoher Radien Störungen im Bereich der Auswahlkante auftreten. Sie müssen also beide Regler gegeneinander austarieren.
- ABRUNDEN zieht eine gezackte Auswahllinie gewissermaßen ein wenig straff. Anstelle kantiger Konturen entsteht eine mehr oder weniger stark gerundete Linie.
- Die Verfeinerungsfunktion WEICHE KANTE unterscheidet sich nicht von der oben bereits erklärten gleichnamigen Option.
- VERKLEINERN/ERWEITERN verringert oder vergrößert die Auswahllinie. Vor allem in Kooperation mit WEICHE KANTE lässt sich diese Funktion gut anwenden, denn durch die Weichzeichnung passiert es leicht, dass zu viel oder auch zu wenig Bildbereiche in den Auswahlbereich einbezogen werden.

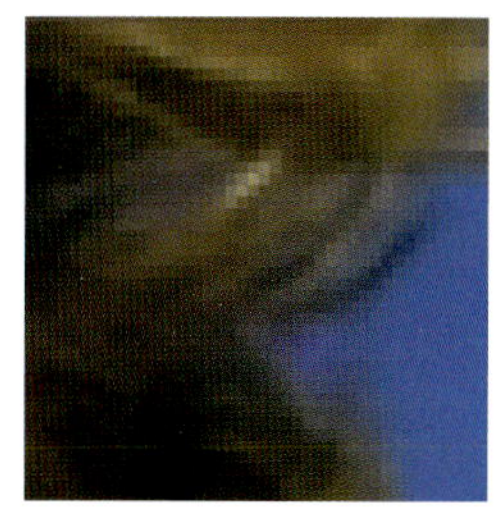

▲ **Abbildung 13.34**
Bei näherer Betrachtung zeigt sich, dass die Grenze zwischen Haaren und Himmel diffus ist.

Sofern das Häkchen bei VORSCHAU gesetzt ist, sehen Sie die Ergebnisse gleich im Bild. Dafür können Sie mittels kleiner illustrierter Schaltflächen zwischen verschiedenen Vorschaumodi wählen. Noch besser funktionieren jedoch die Kürzel [F] und [⇧]+[F].

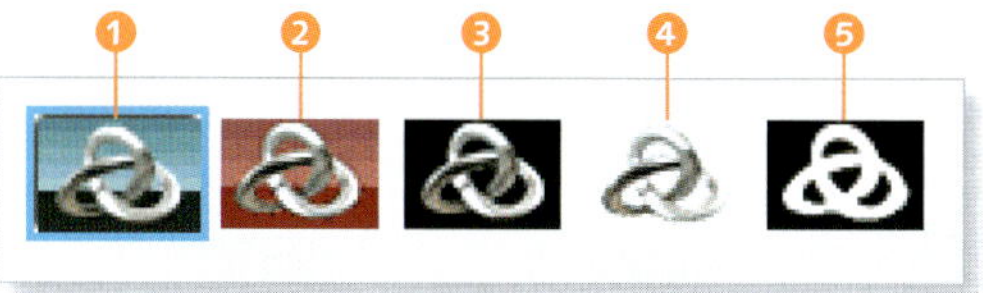

◄ **Abbildung 13.35**
Hier legen Sie fest, wie die Auswahl im Bild angezeigt werden soll.

Damit können Sie die verschiedenen Vorschaumodi vorwärts und rückwärts durchlaufen. So sehen Sie Ihre Auswahl wahlweise

1. mit einer Auswahllinie,
2. mit einer Maske,
3. vor schwarzem oder
4. vor weißem Hintergrund.
5. Der letzte Button blendet eine Vorschau des späteren Alphakanals ein.

Datei auf der Buch-DVD: »gummiente.tif«

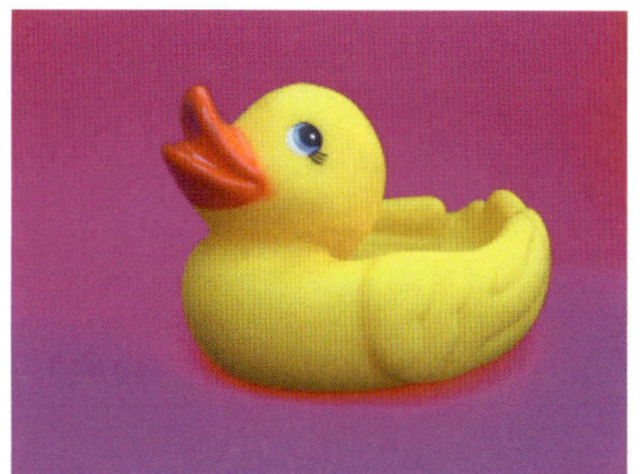

◄ **Abbildung 13.36**
Die Vorschau mit roter Maske erlaubt es, gleichzeitig das ausgewählte Objekt und den Hintergrund zu sehen.

▲ **Abbildung 13.37**
Wenn Sie das ausgewählte Bildmotiv später auf einen dunkleren Hintergrund setzen wollen, sollten Sie diese Vorschauoption wählen.

▲ **Abbildung 13.38**
Je nach Motiv kann der weiße Hintergrund die Schwächen einer Auswahlkante besser zeigen als der schwarze.

13.3 Der Zauberstab

Datei auf der Buch-DVD: »Möwe.tif«

Der Zauberstab ist das intuitivste aller Auswahlwerkzeuge. Er ist dafür konzipiert, zusammenhängende Bildbereiche mit unregelmäßigen Formen auszuwählen, die aber eine ähnliche Farbe haben. Die Auswahl wird aufgrund der Farbähnlichkeit mit dem angeklickten Pixel erstellt.

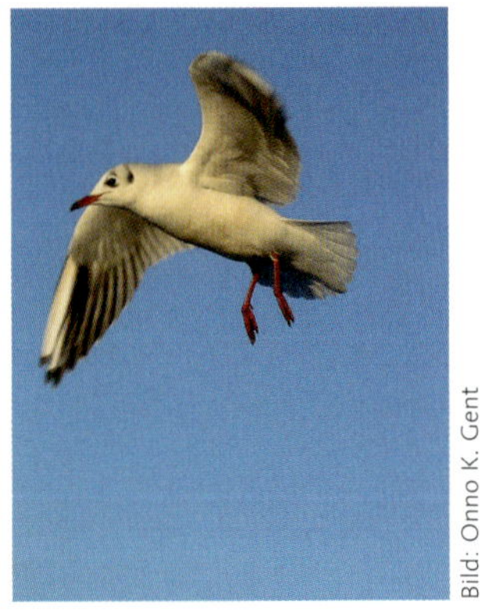

Bild: Onno K. Gent

▲ **Abbildung 13.39**
Ein solches Bild ist eine leichte Aufgabe für den Zauberstab: Der blaue Himmel grenzt sich deutlich vom Hauptmotiv ab und kann so schnell mit dem Zauberstab erfasst werden.

13.3.1 Zauberstab-Optionen

Die Optionsleiste bietet Ihnen die Möglichkeit, den Zauberstab an verschiedene Gegebenheiten im Bild anzupassen.

Toleranz, Glätten und die Auswahl-Kombinationsoptionen sind Ihnen nun schon bekannt. Neu sind hier die Optionen Benachbart und Alle Ebenen aufnehmen.

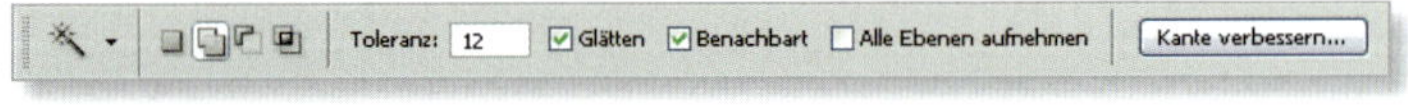

▲ **Abbildung 13.40**
Die Optionen für den Zauberstab

Benachbart kann die Wirkung des Zauberstabes vollkommen verändern. Ist sie aktiv (Standardeinstellung), werden nur die Farben ausgewählt, die unmittelbar aneinandergrenzen. Ist die Option deaktiviert, werden farbähnliche Pixel im gesamten Bild ausgewählt. Die Wirkung des Zauberstabes gleicht dann dem Werkzeug Farbbereich, allerdings ohne dessen genaue Ergebniskontrolle.

Alle Ebenen aufnehmen legt fest, ob allein die aktive Ebene oder alle vorhandenen Bildebenen berücksichtigt werden.

TOPP-TIPP: Geheime Zauberstab-Option

Eine wenig bekannte Zusatzoption für den Zauberstab verbirgt sich in den Optionen des **Pipetten-Werkzeugs**. Dort legen Sie fest, wie groß der Aufnahmebereich der Pipette ist, das heißt, wie groß der Bereich ist, der mit jedem Klick in das Bild aufgenommen und analysiert wird.

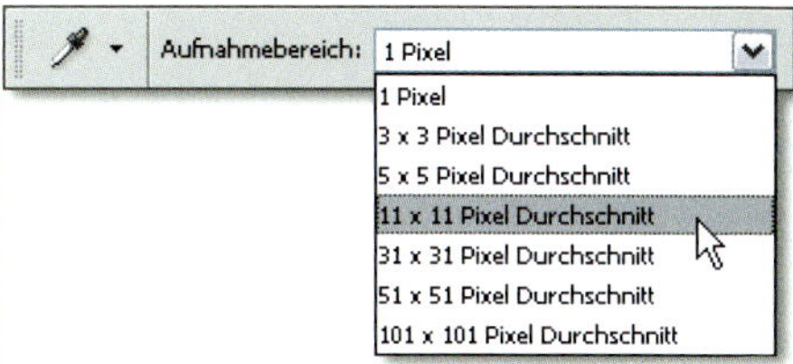

▲ **Abbildung 13.41**
Wie groß ist der Aufnahmebereich? Die Pipetten-Option wirkt sich auch auf den Zauberstab aus! In CS3 sind bei dieser Option höhere Werte neu hinzugekommen. Shortcut: [I]

Diese Option wirkt sich auch auf den Zauberstab aus. Wenn Sie mit dem Zauberstab kleinteilige Bildbereiche aus niedriger aufgelösten Bildern auswählen wollen, sollten Sie den Wert 1 Pixel einstellen. Für größere Auswahlflächen und hohe Bildauflösungen sind größere Aufnahmebereiche besser geeignet.

13.3.2 Die Bedienung des Zauberstabes

Den Zauberstab zu bedienen ist leicht: Aktiviert wird er durch einen Klick in die Werkzeugleiste oder mit dem Shortcut [W]. (Kleine Gedankenstütze: Denken Sie an die englischen Begriffe ***W****izard* (Zauberer) oder *Magic* ***W****and* (Zauberstab).) Zuerst legen Sie die Werkzeugoptionen fest. Mit jedem Klick ins Bild analysiert das Werkzeug dann die Bildpixel und erstellt beziehungsweise modifiziert eine Auswahl. Selten schafft man es, einen Bildbereich mit einem Zauberstab-Klick auszuwählen – es empfiehlt sich, die Option Der Auswahl hinzufügen zu aktivieren. Während der Arbeit ist es auch möglich und in vielen Fällen ratsam, den Toleranzbereich zu variieren.

Was ist ausgewählt? | Gerade bei Auswahlen, die sehr »zerfasert« sind, wie es bei Zauberstab-Auswahlen vorkommt (vergleichen Sie die Auswahl der Blüte in Abbildung 13.22 und 13.23), verliert man schon einmal die Übersicht darüber, welche Bildbereiche nun ausgewählt und welche nicht ausgewählt sind. Hier hilft ein Wechsel in den **Maskierungsmodus** (Quick Mask – mit Shortcut [Q]).

Abbildung 13.42 ►
Nicht ausgewählte Bereiche werden im Maskierungsmodus standardmäßig mit roter, halbtransparenter Abdeckung dargestellt. Die Abdeckung symbolisiert, dass die so gekennzeichneten Bereiche vor Bearbeitung geschützt sind. Alles andere ist ausgewählt und kann bearbeitet werden.

Und auch die Vorschau unter KANTE VERBESSERN kann Ihnen natürlich helfen, den Umfang der getroffenen Auswahl zu beurteilen.

Zum Weiterlesen: Arbeiten mit der Quick Mask
Wie Sie mit der Quick Mask arbeiten und unter anderem Farbton und Deckkraft der Abdeckungsfarbe ändern, lesen Sie in Abschnitt 13.11.1, »Quick Mask: Auswahlen detailgenau anpassen«.

13.4 Das Schnellauswahlwerkzeug

Das Schnellauswahlwerkzeug [W] ist der Nachbar des Zauberstabs. In ihm vereinen sich Eigenschaften des Zauberstabs und des Magnetlassos – das Schnellauswahlwerkzeug analysiert Bildpixel (wie der Zauberstab) und legt die Auswahllinie um Motivkanten (wie das magnetische Lasso). Kanten findet es auch vor schlecht kontrastierenden oder strukturierten Hintergründen. Bedient wird es wie ein Pinsel, indem man mit der Maus über das auszuwählende Objekt streicht.

Das Schnellauswahlwerkzeug trägt seinen Namen zu Recht: Mit ihm lässt sich zügig arbeiten – bei geeigneten Motiven auch mit gutem Erfolg.

Datei auf der Buch-DVD: »surfer.tif«

Bild: Fotolia, Laurent C.

Abbildung 13.43 ►
Das Schnellauswahlwerkzeug bewältigt auch kompliziertere Formen.

13.4.1 Die Optionen des Schnellauswahlwerkzeugs

Die bekannten Auswahloptionen NEUE AUSWAHL, DER AUSWAHL HINZUFÜGEN und VON DER AUSWAHL SUBTRAHIEREN ❶ finden Sie auch hier, wenngleich die Buttons ein wenig anders aussehen als gewohnt.

In Photoshop ist alles ein »Pinsel«
In Photoshop gibt es zahlreiche Werkzeuge, bei denen Sie die Größe der Spitze einstellen können. Neben dem »echten« Pinselwerkzeug und seinem Partner, dem Buntstift, betrifft das zum Beispiel auch Scharf- und Weichzeichner, Retuschewerkzeuge und eben das Schnellauswahlwerkzeug. In Photoshop werden all diese Werkzeugspitzen pauschal »Pinsel« genannt – ganz gleich, ob es sich tatsächlich um das Pinselwerkzeug oder ein anderes handelt.

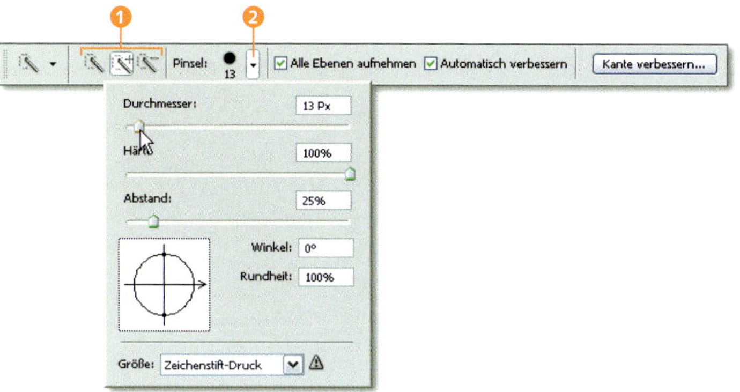

▲ **Abbildung 13.44**
Nicht die Toleranz, sondern die Pinselgröße ist hier für die Werkzeugwirkung maßgeblich. Die Pinselhärte beeinflusst die Werkzeugwirkung übrigens nicht!

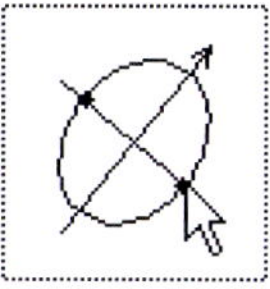

▲ **Abbildung 13.45**
So machen Sie die Werkzeugspitze flacher…

Standardmäßig wird die Option NEUE AUSWAHL verwendet, sobald Sie das Werkzeug ansetzen, und sie springt automatisch in den HINZUFÜGEN-Modus um, sobald Sie anfangen zu »malen«. So wird der Auswahlbereich kontinuierlich erweitert. Auch ein Klicken auf Bildbereiche ist möglich – ganz praktisch für die Arbeit an Details.

▲ **Abbildung 13.46**
…und so können Sie sie drehen.

Pinsel | Unter PINSEL ❷ können Sie – wie bei den normalen Malwerkzeugen auch – die Größe der Pinselspitze (DURCHMESSER) und die HÄRTE angeben. Die Pinselhärte hat auf die Wirkung des Schnellauswahlwerkzeugs allerdings keinen Einfluss. Und auch ABSTAND, WINKEL und RUNDHEIT brauchen Sie eher bei der Arbeit mit dem richtigen Pinselwerkzeug als beim Schnellauswahlwerkzeug.

Abstand | Vor allem von der Option ABSTAND (zuweilen auch MALABSTAND genannt) sollten Sie Abstand nehmen. Sie wirkt sich auf die Kontinuität einer aufgepinselten Linie aus. Mit einem Malabstand von etwa 20–25% entsteht eine durchgehende Linie, und höhere Werte erzeugen eine punktierte Linie. Beim richtigen Pinsel ist das für Kreativjobs ganz interessant, beim Schnellauswahlwerkzeug ist es eher kontraproduktiv, die Standardeinstellung zu ändern – die Ergebnisse werden zu unvorhersehbar!

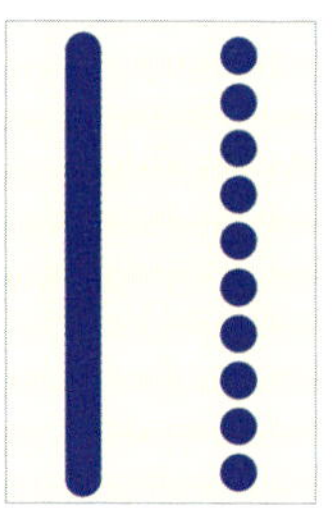

▲ **Abbildung 13.47**
Malabstand 25% (links) und 110% (rechte Linie).

Automatisch verbessern | Die Option ALLE EBENEN AUFNEHMEN ist selbsterklärend. AUTOMATISCH VERBESSERN aktiviert augenscheinlich eine Weichzeichnung der Auswahlbegrenzung; aber auch andere Funktionen – nämlich alle, die Sie unter KANTE VERFEINERN manuell gesteuert anwenden – sollen hier automatisch ausgeführt werden.

Auswahlbereiche subtrahieren oder addieren | Mithilfe des Buttons VON DER AUSWAHL SUBTRAHIEREN können Sie versehentlich miterfasste Bereiche vom Auswahlbereich ausschließen. Schneller geht das allerdings mit dem Kürzel [Alt]/[⌥]. Umgekehrt schaltet die [⇧]-Taste vom Subtrahieren- in den Addieren-Modus zurück.

Pinselgröße anpassen | Sehr produktivitätssteigernd wirken sich auch die Kürzel aus, mit denen man im laufenden Betrieb die Pinselgröße anpassen kann.

- Die Taste [#] vergrößert die Werkzeugspitze schrittweise.
- Die Taste [Ö] verkleinert die Werkzeugspitze.

Was wollen Sie tun?	Windows	Mac
Schnellauswahlwerkzeug aufrufen	[W]	[W]
Bereiche zu bestehender Auswahl hinzufügen	automatisch	automatisch
Bereiche von bestehender Auswahl subtrahieren	[Alt]	[⌥]
Zurück in den Auswahl-Hinzufügen-Modus	[⇧]	[⇧]
Werkzeugspitze verkleinern	[Ö]	[Ö]
Werkzeugspitze vergrößern	[#]	[#]

▲ **Tabelle 13.3**
Tastaturbefehle für das Schnellauswahlwerkzeug auf einen Blick

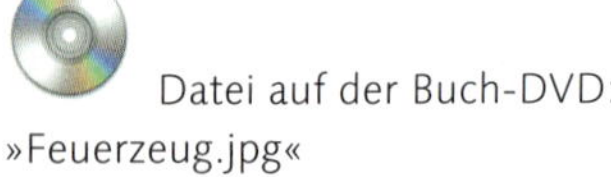
Datei auf der Buch-DVD: »Feuerzeug.jpg«

▲ **Abbildung 13.48**
So ein Bild ist ein Fall für die Lasso-Werkzeuge – bei diesem Motiv reichen die Farbunterschiede nicht aus, um Zauberstab oder Schnellauswahlwerkzeug erfolgreich zur Anwendung zu bringen. Hier wurde die Auswahl mit Polygon- und Magnet-Lasso erstellt. Unten wird gerade mithilfe des Buttons VON AUSWAHL SUBTRAHIEREN eine kleine Korrektur der Auswahllinie angebracht.

13.5 Die Lasso-Werkzeuge – Auswahlkanten selbst zeichnen

Die Lasso-Werkzeuge arbeiten nach einem ganz anderen Prinzip als der Zauberstab: Hier treffen Sie Ihre Auswahl nicht durch Klick in die Fläche, sondern Sie **umzeichnen** den Bildbereich, den Sie auswählen wollen, mit der Maus. Es gibt drei verschiedene Varianten des Werkzeugs, die auf unterschiedliche Aufgaben spezialisiert sind:

- Das **einfache Lasso** eignet sich für grobe Auswahlen um unregelmäßig geformte Bildbereiche.
- Das **Polygon-Lasso** ist ein Spezialist für Auswahlbereiche mit geraden und gewinkelten Kanten.
- Das **magnetische Lasso** kann selbstständig Farbunterschiede zwischen Pixeln erkennen und markiert die Kanten angrenzender Farbbereiche. Es eignet sich besonders gut für die Auswahl von Objekten mit hinreichend Kontrast zu den umgebenden Bildpixeln.

Datei auf der Buch-DVD: »Theaterpärchen.tif«

13.5.1 Das einfache Lasso

Das einfache Lasso (Kürzel: L) eignet sich sehr gut, um eine Grobauswahl anzulegen, die dann später noch verfeinert werden kann. Ganz präzise Auswahlen fallen damit eher schwer, dafür ist es aber in der Anwendung unkompliziert und schnell. Wenn Sie eine wirklich genaue Auswahllinie brauchen, ist das Magnet-Lasso, ergänzt um die Quick Mask oder die Funktion KANTE VERBESSERN, besser.

Das gewöhnliche Lasso kommt mit nur wenigen allgemeinen Auswahloptionen aus. Eigene spezielle Optionen braucht es nicht.

▲ **Abbildung 13.49**
Grobe Auswahl mit dem einfachen Lasso. Diese Theaterzuschauer sollen in ein anderes Bild montiert werden. Bevor man sich an die knifflige Feinauswahl macht, werden die zwei Figuren zunächst grob ausgewählt, kopiert und provisorisch in das neue Bild eingefügt, um zu prüfen, ob die Montage stimmig wäre.

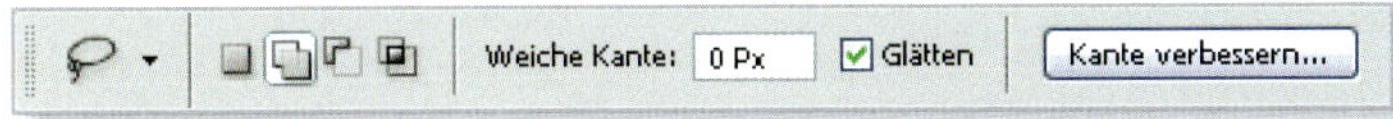

▲ **Abbildung 13.50**
Übersichtlich: die Lasso-Optionen

Wie arbeitet man mit dem Lasso? | Bei der Arbeit mit dem Lasso brauchen Sie ein gutes Mausgefühl. Eine hohe Zoomstufe erleichtert in vielen Fällen das Anlegen einer Auswahl. Zu komplizierte Konturen kann man mit dem Tool nicht bewältigen.

Stellen Sie als Erstes wiederum die Optionen ein. Sobald Sie dann mit der Maus in das Bild fahren, verwandelt sich der Mauszeiger in ein kleines Lasso-Symbol. Die nach unten zeigende Spitze des Lassos zeigt an, wo Ihre Markierungslinie gezeichnet wird. Klicken Sie dorthin, wo Ihre Auswahl beginnen soll, halten Sie die Maustaste gedrückt, und umfahren Sie mit der Maus das auszuwählende Objekt. Orientieren Sie sich an der Auswahllinie, die beim Zeichnen dargestellt wird. Sobald Sie den Ausgangspunkt der Auswahllinie erreicht haben, geben Sie die Maustaste wieder frei. Der Startpunkt wird dann automatisch mit dem Endpunkt verbunden – die Auswahl ist fertig. Achten Sie darauf, die Maustaste nicht zu früh loszulassen. Andernfalls kann es passieren, dass der Auswahlbereich einfach von diesem Punkt ausgehend mit einer Geraden geschlossen wird!

Zum Weiterlesen: Arbeiten mit der Quick Mask
Mehr über das Verfeinern von Auswahlen im Maskierungsmodus lesen Sie in Abschnitt 13.11.1, »Quick Mask: Auswahlen detailgenau anpassen«.

TOPP-TIPP: Darstellung des Werkzeug-Cursors

▲ **Abbildung 13.51**
Ändern der Mauscursor-Darstellung für alle Werkzeuge (außer den Malwerkzeugen)

Wenn Ihnen die Ansicht der Mauszeiger als Werkzeug-Symbol zum Arbeiten nicht präzise genug erscheint, können Sie die Darstellung des Mauscursors ändern. Dazu müssen Sie wiederum die VOREINSTELLUNGEN (Strg/⌘+K) bemühen und dort die Rubrik ZEIGERDARSTELLUNG (Strg/⌘+5). Unter ANDERE WERKZEUGE können Sie dann von STANDARD auf FADENKREUZ umschalten. Mit der Einstellung lässt sich genauer arbeiten, aber Sie verlieren auch eine wichtige Orientierung über das aktuell aktive Werkzeug.

Tabelle 13.4 ▶
Tastaturbefehle für das Lasso-Werkzeug auf einen Blick

Was wollen Sie tun?	Windows	Mac
Lasso aufrufen	L	L
Kurzzeitiger Wechsel vom Lasso- zum Polygon-Lasso-Werkzeug (funktioniert auch umgekehrt)	Alt gedrückt halten	⌥ gedrückt halten
Mit Polygon-Lasso erstellte Auswahl-Ankerpunkte entfernen	Entf	←
Auswahlbereich endgültig schließen	Maus loslassen	Maus loslassen

13.5.2 Polygon-Lasso – für Ecken und Kanten

Datei auf der Buch-DVD: »stop.jpg«

Das Polygon-Lasso (Kürzel: L) ist das Auswahlwerkzeug der Wahl, wenn Objekte mit geraden Linien und unterschiedlichen Winkeln ausgewählt werden müssen. Motive wie das Stoppschild aus Abbildung 13.52 sind ein dankbares Objekt für das Polygon-Lasso.

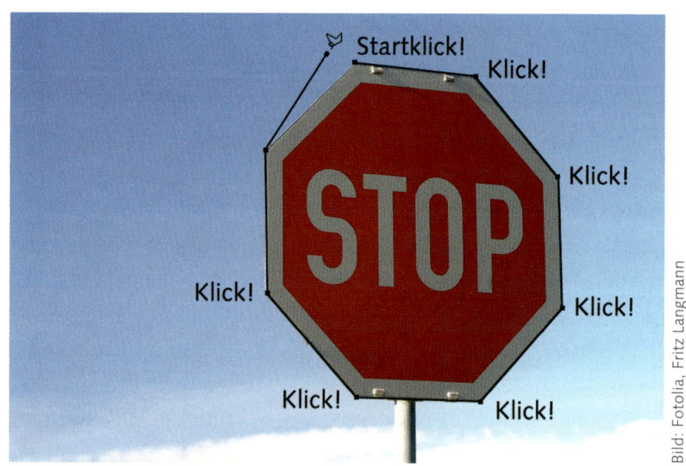

Abbildung 13.52 ▶
Schematisierte Darstellung: Diese Abbildung zeigt Ihr Vorgehen mit dem Polygon-Lasso. Vor jeder Richtungsänderung der Kontur müssen Sie einmal klicken, um das aktuelle Liniensegment zu verankern und eine neue Richtung einzuschlagen.

Die Optionsleiste des Polygon-Lassos bietet keine Neuigkeiten mehr. Die Arbeitsweise unterscheidet sich jedoch deutlich vom normalen Lasso! Das Polygon-Lasso eignet sich für Auswahlbereiche, die viele Geraden und Ecken aufweisen und wenige Rundungen haben: Hier wird die Auswahl durch einzelne Linien erstellt. Mit **Mausklicks** erstellen Sie – später unsichtbare – Befestigungspunkte für diese Linien.

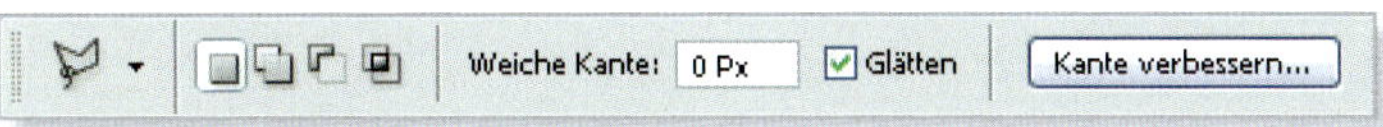

▲ **Abbildung 13.53**
Polgon-Lasso-Optionen

Auswahlbereich schließen | Der Auswahlbereich wird automatisch geschlossen, wenn Sie wieder beim Startpunkt angekommen sind. Sie können ihn jedoch auch selbst schließen. Wenn Sie einen der folgenden Schritte durchführen, wird der Auswahlbereich »auf dem kürzesten Wege« geschlossen:

- Doppelklick
- Klick bei gehaltener Strg- bzw. ⌘-Taste

Was wollen Sie tun?	Windows	Mac
Polygon-Lasso aufrufen	L	L
Letzten Ankerpunkt entfernen (kann die Gestalt der Auswahllinie gravierend verändern)	Entf	←
Auswahl-Liniensegmente exakt im 45°-Winkel ziehen (oder in Vielfachen von 45°)	⇧	⇧
Kurzzeitiger Wechsel vom Polygon- zum normalen Lasso (funktioniert auch umgekehrt)	Alt gedrückt halten und mit der Maus ziehen	⌥ gedrückt halten und mit der Maus ziehen
Auswahlbereich endgültig schließen	Doppelklick oder Strg+Klick	Doppelklick oder ⌘+Klick
Vorgang abbrechen	Esc	Esc

▲ **Tabelle 13.5**
Tastaturbefehle für das Polygon-Lasso-Werkzeug auf einen Blick

13.5.3 Das magnetische Lasso

Das magnetische Lasso kombiniert die Fähigkeit des Zauberstabes zur »Bilderkennung« mit dem freihändigen Zeichnen der Auswahllinie, die dem normalen Lasso zu eigen ist.

TOPP-TIPP: Auswahl über ganzen Arbeitsbereich ausdehen

Nicht nur die Bildfläche selbst kann bei der Arbeit mit Photoshop und beim Umgang mit Auswahlwerkzeugen bearbeitet werden. Auch die graue Arbeitsfläche ist (be)nutzbar. Gerade bei der Arbeit mit dem Polygon-Lasso-Werkzeug ist das manchmal recht nützlich: Man kann dann ideale Auswahllinien auch über den Bildrand hinaus ziehen. Die gestrichelte Auswahl-Begrenzungslinie wird zwar nicht über der Arbeitsfläche angezeigt, ist dort aber virtuell vorhanden. Bedingung: Die Bildansicht sollte kleiner gezoomt sein als die gesamte Arbeitsfläche und soll nicht unmittelbar vom Dokumentrahmen umschlossen sein.

Bild: vitamin a

▲ **Abbildung 13.54**
Sie können Auswahllinien über die Dokumentgrenzen hinausziehen.

Das Magnet-Lasso eignet sich zur Auswahl von Bildpartien, die sich gut von ihrer Umgebung abheben. Auch mit komplexen Formen wird es bei einigem Zeitaufwand und akribischer Arbeitsweise fertig.

Außerdem lässt es sich vergleichsweise komfortabel bedienen, und Sie müssen nicht ständig mit der Nase am Monitor kleben, um die Auswahllinie genau zu platzieren: Das Magnet-Lasso erkennt Kontrastunterschiede im Bild und erstellt seine Auswahllinie automatisch entlang dieser Kanten.

Datei auf der Buch-DVD: »RosaBlütenstern.tif«

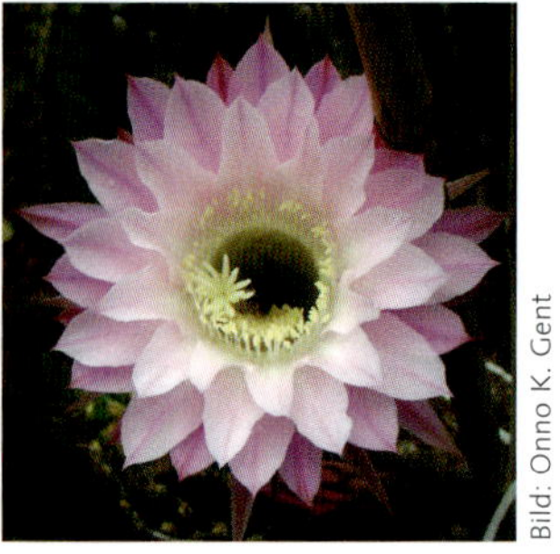

Bild: Onno K. Gent

▲ **Abbildung 13.55**
Bilder wie diese Blüte sind dank guter Kontraste ein Fall für das Magnet-Lasso. An die geringeren Kontraste im unteren Bereich kann das Werkzeug während der Arbeit flexibel angepasst werden.

Optionen des magnetischen Lassos | Neben den schon bekannten Optionen finden Sie hier vier neue Einstellungen:

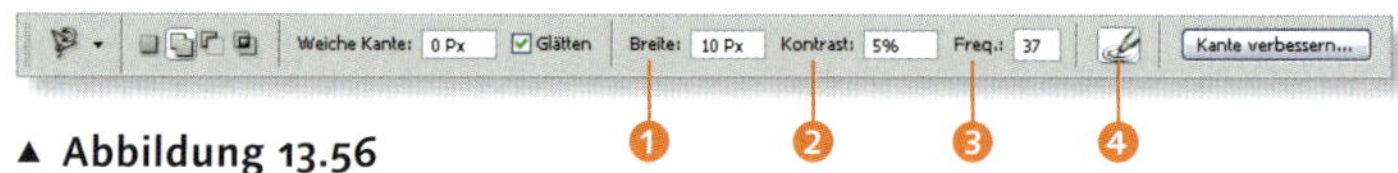

▲ **Abbildung 13.56**
Zahlreiche Optionen ermöglichen die Anpassung des Magnet-Lassos an unterschiedliche Bildsituationen.

Breite ❶ bestimmt, wie breit der Bereich rechts und links des Mausweges ist, in dem nach kontrastierenden Pixeln gesucht wird (der sogenannte »Erkennungsabstand«). Bilder, bei denen sich das gewünschte Auswahlobjekt gut von seiner Umgebung abhebt, können mit einem höheren Breitewert bearbeitet werden. Dann muss das Bildelement auch nicht penibel nachgezeichnet, sondern kann locker mit der Maus umfahren werden. Auch detailreiche Auswahlobjekte sollten Sie möglichst mit höherem Breite-Wert umfahren, wenn die Bildverhältnisse das zulassen. Sie sparen sich dann manche akribische Kurve mit der Maus.

Der Kontrast ❷ legt fest, wie empfindlich Photoshop auf Kontraste im Erkennungsbereich reagiert. Ein hoher Wert bewirkt, dass nur sehr kontrastreiche Kanten erkannt werden. Ist der Wert niedrig, werden auch kontrastärmere Kanten berücksichtigt. Darunter leidet dann natürlich unter Umständen die Genauigkeit der Auswahl – für wirklich kontrastarme Bilder ist das Magnet-Lasso trotz dieser Einstellungsmöglichkeit nicht geeignet.

Freq. (Frequenz) ❸ bezieht sich auf die zwischendurch gesetzten Befestigungspunkte. Ein hoher Wert ist für sehr kurvige Motive besser; bearbeiten Sie Objekte mit vielen Geraden, reicht ein niedrigerer Wert.

Der Zeichenstift-Druck ❹ (Icon rechts in der Optionsleiste) richtet sich an Grafiktablett-Nutzer, die statt mit der Maus mit einem speziellen Stift arbeiten. Das Steigern des Zeichenstift-Drucks erhöht die Breite.

TOPP-TIPP: Breite des Erkennungsabstandes anzeigen

Wenn Sie die Feststelltaste arretieren, wird der Mauszeiger während des Umzeichnens eines Bildbereichs nicht als das übliche Lasso-Icon dargestellt, sondern zeigt als Kreis die Breite des Erkennungsabstandes an – eine geniale Kontrollmöglichkeit, die Sie unbedingt nutzen sollten! Dieser Schritt kann nicht im laufenden Betrieb ausgeführt werden. Arretieren Sie die ⇧-Taste, bevor Sie die Lasso-Auswahl beginnen.

Handhabung | Die Handhabung ist ähnlich wie bei den anderen Lasso-Tools auch. Sie müssen klicken, um den Anfangspunkt festzulegen. Fahren Sie dann um den auszuwählenden Bereich herum. Wie genau Sie vorgehen, richtet sich nach der Deutlichkeit der Kontraste und der eingestellten Breite. Es ist beim Magnet-Lasso nicht nötig, die Maustaste gedrückt zu halten! Solange der Kontrast zwischen auszuwählendem Bildteil und dessen Umgebung stark genug ist, macht es auch nichts, wenn Sie versehentlich »daneben zeichnen«, denn das magnetische Lasso sucht sich die Objektkontur selbst. Die Befestigungspunkte, die Sie beim Polygon-Lasso durch Klicks selbst setzen müssen, werden hier automatisch erstellt. Sie können aber auch an kritischen Stellen durch Klicken eigene Befestigungspunkte setzen. Wenn Sie wieder am Startpunkt angekommen sind, wird das Lasso-Symbol mit einem kleinen Kreis versehen. Dieser symbolisiert, dass die Auswahl nun geschlossen ist. Klicken Sie, oder drücken Sie [↵], um zu bestätigen – Ihre Auswahl ist dann fertig.

Fehlerkorrektur | Beim Magnet-Lasso werden die Ankerpunkte der Markierungslinie (aus der nach Abschließen des Vorganges die Auswahllinie wird) durch kleine Quadrate dargestellt. Der jeweils letzte Ankerpunkt wird durch ein schwarzes Quadrat repräsentiert, die schon fertigen Ankerpunkte durch kleine Quadrat-Umrisslinien. Dieses Detail ist maßgeblich für das Ausbessern von Fehlern.

- **Wenn das letzte Stück Ihrer Linie die falsche Richtung einschlägt**, bewegen Sie den Mauszeiger, ohne zu drücken, zurück bis zu der Stelle, an der die Linie noch passt, oder bis zum letzten »festen« Ankerpunkt. Dort erzeugen Sie dann durch Klicken eigene Ankerpunkte und arbeiten sich mit weiteren Klicks über die schwierige Passage hinweg.
- Durch Drücken von [Entf] bzw. [←] können auch **fixierte Ankerpunkte entfernt** werden. Sie können dann am letzten Ankerpunkt neu ansetzen und der Linie eine bessere Richtung geben.
- **Gegenmaßnahmen bei zu vielen Fehlern:** Wenn sich Fehler häufen, ist es ratsam, entweder die FREQUENZ zu erhöhen oder die BREITE zu senken – oder beides. Ein zu hoher Frequenzwert erschwert allerdings Korrekturen.

Auswahl schließen | Um die Auswahl zu schließen, haben Sie dieselben Möglichkeiten wie beim Magnet-Lasso auch: die Linie an den Startpunkt zurückführen, Doppelklick oder [Strg] bzw. [⌘] und Klick.

TOPP-TIPP: Fliegender Werkzeugwechsel

Sie können **kurzzeitig** vom normalen Lasso zum Polygon-Lasso umschalten, ohne das Werkzeug in der Werkzeugleiste wechseln zu müssen. So können Sie einfach zwischen geraden und frei gezeichneten Auswahllinien umschalten und die Vorzüge beider Tools kombinieren. Drücken Sie einfach die [Alt]-Taste (Windows) oder die [⌥]-Taste (Mac OS), während Sie arbeiten – es erfolgt der Wechsel zum Polygon-Lasso-Tool, bis Sie die Taste wieder loslassen. Klicken Sie dann auf die gewünschte Anfangs- und Endposition der geraden Liniensegmente. Das Ganze funktioniert auch umgekehrt, um aus dem Polygon-Lasso ins einfache Lasso zu wechseln.
Um solcherart angelegte Linien-Ankerpunkte (und damit auch ganze Polygon-Segmente) zu löschen – zum Beispiel, wenn eine Linie nicht richtig sitzt –, drücken Sie die Taste [Entf] bzw. [←].

Leistungsgrenzen des Magnet-Lassos | In der Beschreibung liest es sich zunächst, als böte Adobe mit seinem Magnet-Lasso die Lösung für die meisten Auswahlprobleme. In der Praxis zeigt sich jedoch schnell, dass schnelles und genaues Arbeiten auch mit diesem Tool nicht immer zu machen ist. Oft erwischt das Werkzeug die ideale Konturlinie nicht. Besonders bei Bildern, die bereits scharfgezeichnet wurden, oder bei Bildern mit Artefakten oder starker Körnung versagt das Lasso.

Optionen im laufenden Betrieb per Tastenkürzel ändern | Bei den meisten Werkzeugen müssen Sie die Optionen festlegen, *bevor* Sie ein Auswahlwerkzeug ansetzen. Beim Magnet-Lasso können Sie die Einstellungen mithilfe von Shortcuts auch im laufenden Betrieb ändern, um das Tool wechselnden Verhältnissen im Bild anzupassen. Die Optionen KONTRAST und BREITE lassen sich per Tastendruck ändern. Diese Tastenkürzel auswendig zu lernen, mag ein wenig mühselig erscheinen – sie sind allerdings eine wirkliche Aufwertung des Magnet-Lassos! Hier sehen Sie eine Übersicht über die wichtigsten Shortcuts.

Tabelle 13.6 ▶
Tastaturbefehle für das Magnetisches-Lasso-Werkzeug auf einen Blick

Was wollen Sie tun?	Windows	Mac
Magnetisches Lasso aufrufen	L	L
Kurzzeitiger Wechsel vom Magnet- zum normalen Lasso	Alt gedrückt halten, dann freihändig »zeichnen«	⌥ gedrückt halten, dann freihändig »zeichnen«
Kurzzeitiger Wechsel vom Magnet- zum Polygon-Lasso	Alt gedrückt halten, dann durch Klicks Liniensegmente anlegen	⌥ gedrückt halten, dann durch Klicks Liniensegmente anlegen
Kontrast erhöhen	. (Punkt)	. (Punkt)
Kontrast verringern	, (Komma)	, (Komma)
Breite erhöhen	#	#
Breite verringern (während die Auswahl angelegt wird) **Hinweis:** Laut Adobe-Handbuch ist der zuständige Shortcut das Akzentzeichen – das bewirkt aber gar nichts.	Ö	(ohne Tastenkürzel)
Bildzoom größer – ausnahmsweise ohne zusätzliches Drücken von Strg oder ⌘	+	+

Was wollen Sie tun?	Windows	Mac
Bildzoom kleiner – ausnahmsweise ohne zusätzliches Drücken von Strg oder ⌘	-	-
Breite des Erkennungsabstandes anzeigen (Mauscursor-Form ändern)	⇧ arretieren	⇧ arretieren
Auswahl auf kürzestem Weg schließen	Doppelklick	Doppelklick
Auswahl auf kürzestem Weg schließen	Strg + Klick	⌘ + Klick
Vorgang abbrechen	Esc	Esc

◂ **Tabelle 13.6**
Tastaturbefehle für das Magnetisches-Lasso-Werkzeug auf einen Blick (Forts.)

13.5.4 Freiform-Zeichenstift-Werkzeug: Alternative zum Magnet-Lasso

Neben dem magnetischen Lasso bietet Photoshop auch noch das Freiform-Zeichenstift-Werkzeug P, das ebenfalls eine Option MAGNETISCH aufweist. Mit ihm können Sie Pfade erstellen, die sich ebenfalls als Grundlage für Auswahlen eignen. Die Funktionsweise ähnelt dem Magnet-Lasso.

Zwar bietet das Freiform-Zeichenstift-Werkzeug keine Optionen zum Erkennungsabstand und Kantenkontrast – dennoch ziehen es viele erfahrene Photoshop-Nutzer dem Magnet-Lasso vor und schwören auf seine Präzision. Für ganz exakte Ergebnisse muss eh immer nachgearbeitet werden.

◂ **Abbildung 13.57**
Freiformzeichenstift-Optionen: Wenn Sie lieber mit dem Freiform-Zeichenstift arbeiten, achten Sie darauf, dass die Optionen PFADE 1 und MAGNETISCH 2 aktiv sind.

Der normale Zeichenstift ähnelt in seiner Wirkung dem Polygon-Lasso, wenn in den Optionen AUTOM. HINZUF./LÖSCHEN 4 aktiviert ist. Übrigens können Sie auch in der Optionsleiste über 3 schnell zwischen Freiform-Zeichenstift und Zeichenstift wechseln!

◂ **Abbildung 13.58**
Zeichenstift-Optionen: Auch hier muss die Pfad-Schaltfläche 1 angeklickt sein.

Auswahl aus Pfad erstellen | Eine WEICHE KANTE lässt sich mit Pfaden nicht realisieren, gleichgültig mit welchem Werkzeug Sie gearbeitet haben – wohl aber bei Auswahlen, die sich mit dem Befehl AUSWAHL ERSTELLEN aus dem Pfad-Kontextmenü schnell anlegen lassen. Ziehen Sie mit dem Freiform-Zeichenstift-Werkzeug eine Auswahl auf, und öffnen Sie das Kontextmenü.

Zum Weiterlesen: Pfade nachbearbeiten
Ein unbestreitbarer Vorteil der Pfade ist, dass Sie ihre Kontur schnell und recht genau mit dem Direkt-Auswahl-Werkzeug [A] nachbearbeiten können. Wie das geht, lesen Sie in Kapitel 35, »Pfade erstellen und anpassen«.

▲ **Abbildung 13.59**
Hier wurde bereits eine Pfadlinie gezeichnet (Druck nicht so gut erkennbar). Das Kontextmenü ist dann der schnellste Weg, um aus einem Pfad eine Auswahl zu machen.

Im darauf erscheinenden Dialogfenster Auswahl erstellen können Sie z.B. auch die Auswahleigenschaft Glätten einstellen. Radius ist in diesem Fall eine andere Bezeichnung für Weiche Kante.

Alternativ können Sie aus dem mit dem Freiform-Zeichenstift-Werkzeug erstellten Pfad eine Auswahl erstellen, indem Sie die Schaltfläche Pfad als Auswahl laden in der Pfade-Palette nutzen.

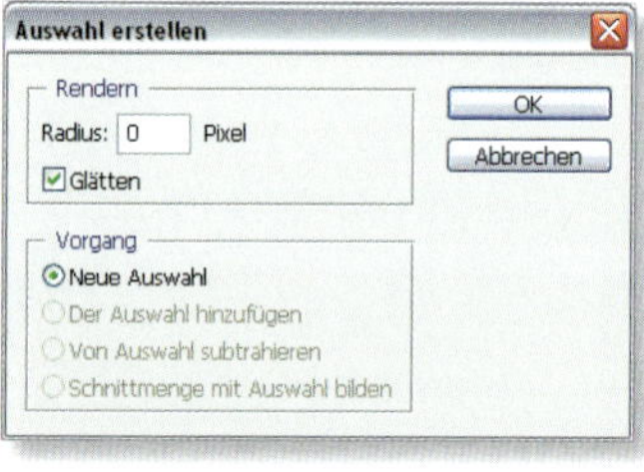

▲ **Abbildung 13.60**
Auswahl aus Pfad per Kontextmenü erstellen

▲ **Abbildung 13.61**
Auswahl aus Pfad erstellen – per Pfade-Palette

Neue Funktionen und Anwendungsmöglichkeiten
Die Auswahl nach Farbbereich ist keine Neuheit in Photoshop. Doch durch zwei neue Funktionen wird das altgediente Tool in der CS4-Version deutlich aufgewertet. Die Option Lokalisierte Farbgruppen und der Bereich-Slider ermöglichen fein abgestimmte lokale Farbbereichsauswahlen. Außerdem können Sie Farbbereichs-Auswahlen in CS4 auch auf Masken anwenden, um diese zu verfeinern. Über die Masken-Palette haben Sie direkten Zugriff.

13.6 Farbbereiche auswählen

13.6.1 Arbeitsweise und Optionen

Den Befehl Farbbereich finden Sie im Auswahl-Menü. Die Funktionsweise ähnelt der des Zauberstabes: Die Bildfarben werden per Mausklick analysiert, und entsprechend dieser Analyse werden Auswahlbereiche erzeugt oder modifiziert.

Bild: Thilo Frank

Datei auf der Buch-DVD: »leuchtturm.tif«

◀ **Abbildung 13.62**
Die Auswahl nach Farbbereich ermöglicht ein präzises Anpassen des Auswahlbereichs – wichtig zum Beispiel bei feinen Bilddetails wie dem Leuchtturmgeländer.

Das Dialogfeld »Farbbereich« | Das üppig ausgestattete Dialogfeld von AUSWAHL • FARBBEREICH (siehe Abbildung 13.63) bietet erheblich mehr Bedienungskomfort als der Zauberstab und hat darüber hinaus einige Funktionen, die der Zauberstab nicht aufweist: Sie können auch voreingestellte Farbtöne und Tonwertbereiche (Lichter, Mitteltöne und Tiefen) auswählen, nicht nur durch Klicks aufgenommene Farben. Mit seinem Vorschaufeld erlaubt das Dialogfeld Ihnen eine bessere Kontrolle über die Auswahl, was es – gegenüber dem Zauberstab – auch für schwierige Auswahljobs qualifiziert.

Zudem können Sie den Befehl auch auf bereits erstellte Auswahlen anwenden, also damit eine Auswahl verfeinern. Sie sollten von dieser Möglichkeit Gebrauch machen, um per Vorauswahl kritische Bereiche von der Farbbereichsauswahl auszuschließen.

Wenn Sie die gewünschten Einstellungen im Dialogfeld vorgenommen haben, klicken Sie einfach ins Bild oder in das kleine Vorschaufenster innerhalb des Dialogs, um Bildbereiche auszuwählen. Die Optionen können laufend angepasst werden.

Welcher Farbbereich ausgewählt wird, stellen Sie oben im Dropdown-Menü AUSWAHL ❶ ein.

- Der Standard AUFGENOMMENE FARBEN ist für Fotos oft die beste Möglichkeit.
- Wird einer der einzelnen Töne (ROTTÖNE, GELBTÖNE, GRÜNTÖNE ...) gewählt, erstellt das Werkzeug eine Auswahl, die nicht nur den jeweils gesättigten Rot-, Gelb- oder Grünton etc. erfasst, sondern auch die jeweiligen Farbanteile in anderen Farben. Wenn Sie hier zum Beispiel Gelbtöne auswählen und die Einstellung auf ein Bild anwenden, dessen Rotnuancen viel Gelb enthalten, sind auch diese teilweise ausgewählt.

- Lichter, Mitteltöne und Tiefen: Hier wird die Helligkeit – nicht die Farbe – einzelner Bildbereiche der Auswahl zugrunde gelegt.
- Ausserhalb des Farbumfangs funktioniert nur bei Lab- und RGB-Bildern und zeigt Farben im Bild an, die außerhalb des Bereichs liegen, der im Vierfarbdruck dargestellt werden könnte.

Farbwarnung per Menübefehl
Wenn Sie nicht den Umweg über das Farbbereich-Werkzeug gehen wollen, um sich nicht-druckbare Farben anzeigen zu lassen, können Sie den Befehl Ansicht • Farbumfang-Warnung nutzen: ⇧+Strg+Y/⇧+⌘+Y

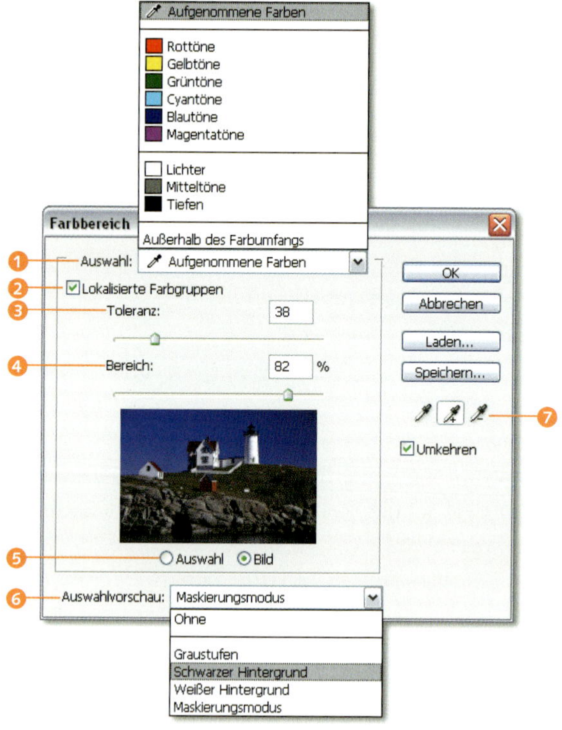

Abbildung 13.63 ▶
Das Dialogfeld Farbbereich mit ausgeklappten Menülisten

Die Toleranz ❸ ist das wichtigste Instrument, um die Wirkung des Werkzeugs zu regulieren. Die Einstellung hängt davon ab, wie stark die Kontraste Ihres Bildes sind.

Mit der neuen Option Lokalisierte Farbgruppen ❷ grenzen Sie die Farbbereichsauswahl auf Regionen nahe Ihrer Mausklicks ein. Der Bereichs-Slider ❹ dient der Feinabstimmung; mit ihm steuern Sie, wie nah oder wie weit weg eine Farbe von den Punkten sein muss, die Sie angeklickt haben, um in die Auswahl eingeschlossen zu werden.

Die Pipetten ❼ bestimmen, ob die verschiedenen angeklickten Farbbereiche einander ersetzen, addiert oder subtrahiert werden. Direkt unterhalb der Pipetten gibt es auch eine Option, um die Auswahl direkt umzukehren. Wenn Sie das einmal vergessen – es gibt auch einen Menübefehl dazu, den Sie nachträglich anwenden können.

13.6.2 Alternative Ansichten des Dialogfelds

Der Screenshot oben zeigt die Standardansicht des Dialogfeldes. Je nach eingestellter Ansicht kann sich dessen Aussehen wandeln. So können Sie die Auswahlvorschau gut auf die Gegebenheiten Ihres Bildes abstimmen.

- Sie können wählen ⑤, ob Sie im **Vorschaufenster** eine Voransicht der Auswahl sehen wollen (so wie oben zu sehen – Einstellung Auswahl) ...
- oder ob dort das Bild, so wie es ist, gezeigt werden soll (Einstellung Bild).

Auswahlvorschau | Im letzten Fall ist es sinnvoll, noch per Dropdown-Liste eine Auswahlvorschau ⑥ dazuzuschalten. Sie wird dann direkt im Bild angezeigt. Gerade bei kleinteiligen Motiven ist das eine gute Lösung, denn das kleine Vorschaufenster reicht für die genaue Kontrolle nicht immer aus.

Ohne
Graustufen
Schwarzer Hintergrund
Weißer Hintergrund
Maskierungsmodus

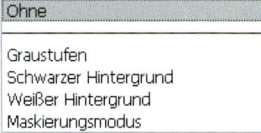

▲ **Abbildung 13.64**
Verschiedene Auswahl-Vorschauen. Ohne ist die Standardeinstellung.

Ähnlich wie beim Dialog Kante verbessern haben Sie die Wahl zwischen vier verschiedenen Voransichten, die alle die ausgewählten bzw. nicht ausgewählten Bereiche in verschiedener Weise visualisieren. Das Prinzip ist jedoch immer ähnlich: Der ausgewählte Bereich ist freigelegt, der nicht ausgewählte Rest des Bildes ist in unterschiedlicher Art und Weise maskiert. Die Maskierung deutet den Schutz der nicht ausgewählten Bildteile vor Bearbeitung an. Jede Vorschau bietet einen anderen Blick auf die erstellte Auswahl – welche die beste ist, ist auch vom Motiv abhängig. Maskierungsmodus hat den Vorteil, dass man das Bild selbst mit im Blick hat. Graustufen zeigt am besten, wie stark die Auswahl auf die Bildpixel wirken würde.

▲ **Abbildung 13.65**
Vorschau Graustufen – je nach Motiv ist der ausgewählte Bereich schlecht von den nicht ausgewählten Bildteilen zu unterscheiden.

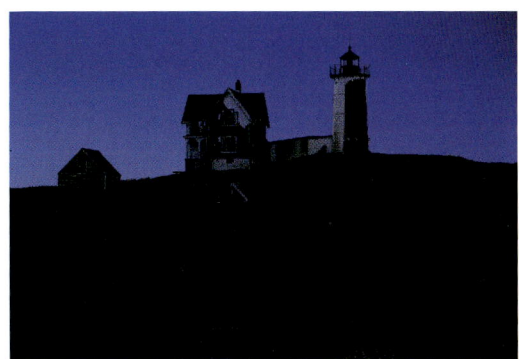

▲ **Abbildung 13.66**
Vorschau Schwarzer Hintergrund – für dieses Motiv zu dunkel.

▲ **Abbildung 13.67**
Vorschau WEISSER HINTERGRUND zeigt die ausgewählten Bereiche deutlich.

▲ **Abbildung 13.68**
Vorschau MASKIERUNGSMODUS. Hier haben Sie das Bild und die Auswahl gleichzeitig im Blick.

Hinderliche JPEG-Artefakte

Die JPEG-Kompression kann in Bildern kleinteilige Viereckmuster hinterlassen. Solche Kompressionsartefakte sind ein häufiges Hindernis bei der Anwendung des Werkzeugs FARBBEREICH. Selbst scheinbar homogene Farbflächen können solche Artefakte aufweisen und entziehen sich der schnellen erfolgreichen Farbbereichsauswahl.

Wenn sie sich bewährt hat, können Sie Ihre Optionskonstellation auch für den erneuten Zugriff sichern. Mit den Buttons LADEN und SPEICHERN wird nämlich nicht Ihre erstellte Auswahl gespeichert und wieder ins Bild geladen, wie man annehmen könnte, sondern die aktuelle Werkzeugeinstellung. Gespeichert wird sie in Form einer Datei mit der Endung *.axt*. Merken Sie sich den Speicherort für erneute Aufrufe!

Darstellung der Auswahlvorschau weiter anpassen | Bei einigen Motiven wäre die Auswahlvorschau MASKIERUNGSMODUS wünschenswert. Sie funktioniert jedoch dann nicht richtig, wenn die rote Maskenfarbe mit roten Motivteilen kollidiert und so keine verlässliche Vorschau möglich ist. Mit einem Umweg über die Quick Mask können Sie die Eigenschaften der Voransicht MASKIERUNGSMODUS ändern.

Zum Weiterlesen: Auswahlen laden und speichern
Für das Speichern und Laden fertiger Auswahlen sind immer die Befehle AUSWAHL • AUSWAHL SPEICHERN und AUSWAHL • AUSWAHL LADEN zuständig. Mehr darüber lesen Sie in Abschnitt 13.8.

Dazu müssen Sie die Voransicht der Quick Mask (also des Maskierungsmodus selbst) ändern. Sie wirkt sich dann auch auf den Dialog FARBBEREICH aus. Erstellen Sie dazu in einem beliebigen Bild eine beliebige Auswahl, und wechseln Sie mit Q in den Quick-Mask-Modus. In der Kanäle-Palette erscheint dann ein zusätzlicher Alphakanal mit dem kursiv gestellten Titel MASKIERUNGSMODUS, in dessen Miniatur Sie doppelklicken.

Abbildung 13.69 ▶
Ein Doppelklick hier führt zu den Ansichtsoptionen für Masken.

- Ein Klick auf das Farbfeld ruft den Farbregler auf, in dem Sie andere Farben festlegen.
- Die Deckkraft kann numerisch eingegeben werden.
- Farbe bedeutet • Maskierte Bereiche ist nun die (Standard-) Einstellung, die festlegt, dass die nicht ausgewählten Bereiche in der Quick Mask und der Farbbereich-Vorschau abgedeckt sind.

  Diese Einstellung zu verändern ist nicht unbedingt sinnvoll: Sie können die Qualität einer Auswahl besser beurteilen, wenn die ausgewählten Bereiche eben nicht abgedeckt dargestellt werden. Zudem birgt eine Umstellung ziemliche Verwirrungsgefahr: Die Standardeinstellung entspricht der Logik von Auswahlen und Masken besser als die Einstellung Farbe bedeutet • Ausgewählte Bereiche.

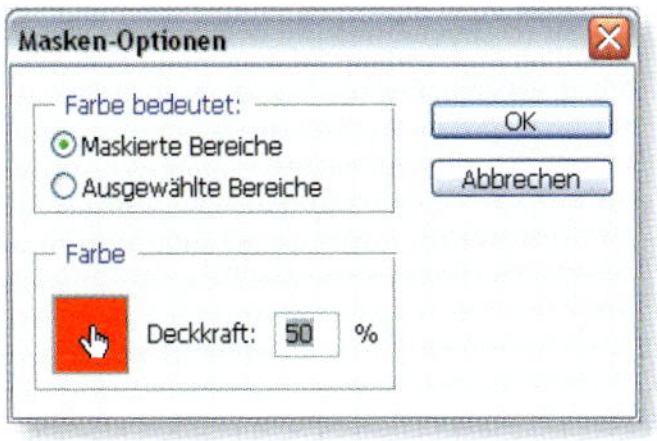

▲ **Abbildung 13.70**
Einstellung der Vorschau-Optionen für die Quick Mask und das Dialogfeld Farbbereich

Die Einstellungen, die Sie hier vornehmen, gelten für Quick Mask, Farbbereichsauswahl und alle anderen Masken in Photoshop. Sie bleiben bis zur nächsten Änderung gültig.

13.7 Rechteck und Ellipse: geometrische Auswahlen

13.7.1 Optionen und Funktionsweise

Eine Technik, mit der sich recht schnell und unkompliziert arbeiten lässt, sind die »geometrischen« Auswahlen. Die Werkzeuge dafür – Auswahlrechteck, Auswahlellipse, einzelne Zeile und Spalte – finden Sie in der Werkzeugleiste ganz oben links. Der passende Shortcut ist M.

▲ **Abbildung 13.71**
Die Optionen für die Auswahlellipse

Die meisten Optionen kennen Sie von anderen Werkzeugen. Neu ist hier die Option Art. Damit können Sie festlegen, ob

- Ihre Auswahl frei aufgezogen werden soll (Normal),
- ob die Seiten eine bestimmte Proportion zueinander haben sollen (Festes Seitenverhältnis) oder
- ob sie ein festes Maß (Feste Größe) aufweisen sollen. Die Maßeinheit für die Feste Größe – px, mm oder cm – können Sie hier frei eintragen.

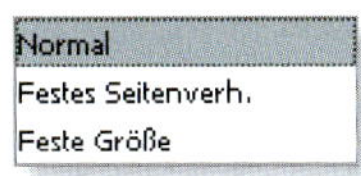

▲ **Abbildung 13.72**
Legen Sie die Art der Auswahl fest.

Funktionsweise | Die Funktionsweise der Tools ist einfach: Aktivieren Sie ein Werkzeug, und legen Sie die Optionen fest.

Bewegen Sie die Maus ins Bild, und ziehen Sie bei gehaltener Maustaste die gewünschte Form auf. Maus loslassen – fertig!

13.7.2 Anwendungsbeispiele

Die »geometrischen« Auswahlwerkzeuge werden – anders als die bisher vorgestellten Tools – nur in seltenen Fällen dazu verwendet, um bestimmte Bildelemente für die gezielte Korrektur, Retusche oder andere Weiterbearbeitung auszuwählen. Sie sind eher unentbehrliche Helfer für viele Photoshop-Alltagsaufgaben.

Datei auf der Buch-DVD: »Gluehbirne.tif«

Bild: dieblen.de

▲ **Abbildung 13.73**
Hier sorgt ein abgedunkeltes Rechteck für bessere Lesbarkeit der hellen Schrift und setzt einen Akzent im Layout.

Rahmen erstellen | Sie erstellen einen runden, ovalen oder eckigen Rahmen – nützlich für vielerlei verschiedene Composings.

Auswahl mit Farbe füllen | Sie füllen eine geometrische Auswahl mit Farbe, um Text darauf zu platzieren.

Bilder beschneiden | Sie können eine bestimmte Größe oder ein Größenverhältnis für die Auswahlformen festlegen und dann mit dem Befehl BILD • FREISTELLEN Bilder beschneiden. Man kann hier teilweise genauer arbeiten als mit dem Freistellen-Werkzeug (Shortcut: [C]) und läuft auch nicht Gefahr, dass das Bild neu berechnet wird.

Beschnitt von Bildern verbessern | Die Werkzeuge EINZELNE ZEILE und EINZELNE SPALTE bessern ungenauen Beschnitt von Bildern pixelgenau nach, indem unerwünschte Kantenpixel (per [Entf]-Taste bzw. [←]-Taste am Mac) abgeschnitten werden. Zum Beispiel habe ich das bei vielen Screenshots für dieses Buch getan.

Im folgenden Tutorial zeige ich Ihnen, wie Sie vorgehen, um Rahmen zu erstellen und Flächen zu füllen. Diese Technik funktioniert bei allen Auswahlformen. Die Arbeit mit Rechteck- und Ellipsenauswahl bietet sich hier jedoch besonders an.

Bild: dieblen.de

▲ **Abbildung 13.74**
Die Ausgangsdatei. Mit Text und Rahmen soll eine kleine Anzeige gestaltet werden.

Datei auf der Buch-DVD: »BrinksKaffee.tif«

Schritt für Schritt: Bildrahmen per Rechteckauswahl

1 Auswahl anlegen

Als Erstes legen Sie die Auswahl an, die der späteren Rahmenlinie entspricht. Sie können Hilfslinien benutzen, aber die Arbeit nach Augenmaß muss nicht schlechter sein. Es empfiehlt sich, für die Kontur eine gesonderte Ebene anzulegen – so können Sie deren Position später noch korrigieren.

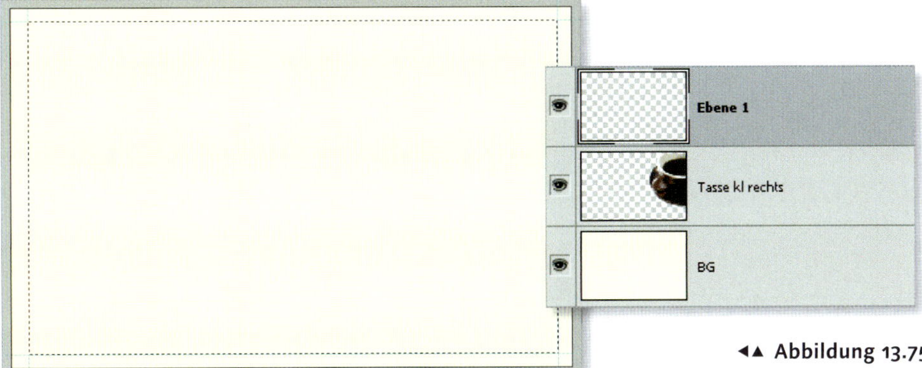

◂▴ Abbildung 13.75
Der Rahmen soll natürlich auf eine eigene Ebene!

2 Konturmenü aufrufen

Das Auswahlwerkzeug muss weiter aktiv bleiben. Nähern Sie nun den Mauszeiger der Auswahllinie, und machen Sie einen Rechtsklick (Windows) bzw. Klick+`Ctrl` (Mac OS). Es erscheint dann ein Kontextmenü, in dem Sie KONTUR FÜLLEN anklicken. Sie finden den entsprechenden Befehl auch im Menü unter BEARBEITEN • FLÄCHE FÜLLEN (bzw. KONTUR FÜLLEN), aber das Kontextmenü ist die schnellere Alternative.

3 Kontureigenschaften festlegen

Unter ❶ stellen Sie die gewünschte Breite ein und wählen die Farbe der Linie aus. Standardmäßig ist es die Vordergrundfarbe. Durch einen Doppelklick in das Farbfeld können Sie aber auch den schon bekannten Farbwähler ❷ aufrufen. Unter ❸ legen Sie fest, an welcher Stelle der Auswahllinie der Rahmen platziert werden soll. Gerade bei kleineren Bildern oder breiten Linien ist das von Bedeutung. Unter ❹ können Sie DECKKRAFT und FÜLLMETHODE einstellen. Das ist allerdings nicht notwendig, wenn Sie ohnehin mit einer extra Ebene arbeiten, und auch nicht zu empfehlen, weil Sie damit weniger flexibel sind. TRANSPARENTE BEREICHE SCHÜTZEN muss deaktiviert sein (so wie im Bild), wenn Sie auf einer leeren – transparenten! – Ebene arbeiten.

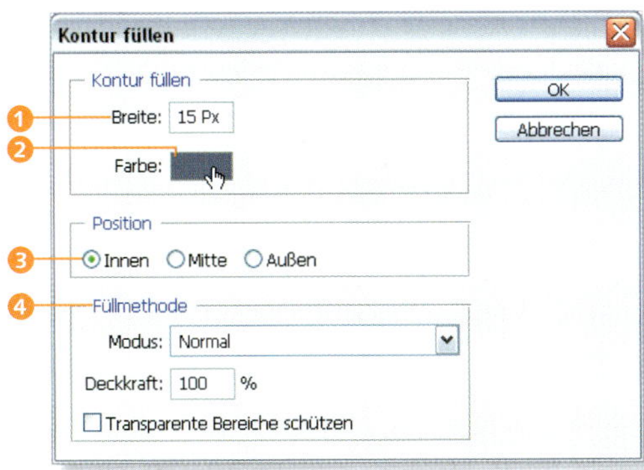

◂ Abbildung 13.76
Einstellungen unter KONTUR FÜLLEN

4 Variationen

Um eine solche Kontur weiterzubearbeiten, haben Sie nun zahllose Möglichkeiten. Sie können per Ebeneneffekt eine plastische Konturlinie erstellen, sie mit Filtern behandeln oder verschiedene Füllmethoden ausprobieren, die Kontur in der Ebenenschichtung verschieben ... und natürlich die Komposition weiterbearbeiten, zum Beispiel durch Einfügen von Text.

▲ **Abbildung 13.77**
Das Ergebnis

▲ **Abbildung 13.78**
Der Ebenenaufbau des Ergebnisses

13.7.3 Farbflächen anlegen

Farbflächen anzulegen funktioniert ganz ähnlich. Wieder benötigen Sie als Erstes eine Auswahl – das kann eine geometrische Auswahl sein oder auch eine anders geformte. Als Nächstes wählen Sie aus dem (Kontext-)Menü FLÄCHE FÜLLEN (⇧+← oder ⇧+F5).

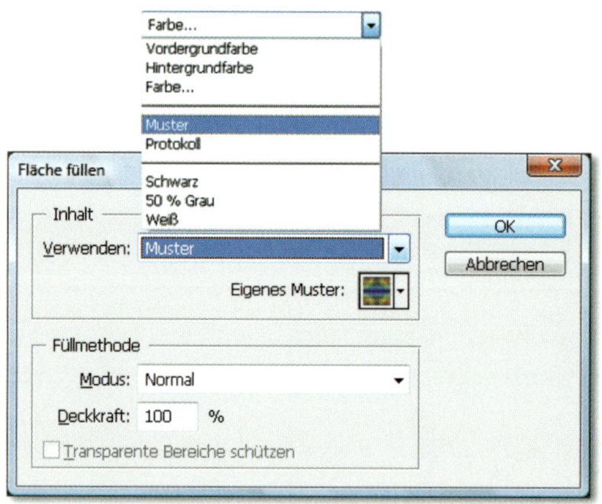

Abbildung 13.79 ▶
Der Dialog FLÄCHE FÜLLEN

Sie erhalten dann eine Dialogbox, die sich Ihnen leicht erschließen sollte: Sie können einstellen, mit welcher FARBE bzw. welchem MUSTER Ihre Auswahl gefüllt wird, und wiederum die DECKKRAFT und die FÜLLMETHODE festlegen.

Es gibt es viele Gelegenheiten, um solche Flächen anzuwenden. Versuchen Sie auch einmal, wie mit Farbe gefüllte Flächen wirken, wenn sie auf Grundlage einer Auswahl mit WEICHER KANTE erstellt wurden.

◂ **Tabelle 13.7**
Tastaturbefehle für das Rechteck- und Ellipsen-Auswahlwerkzeug auf einen Blick

Was wollen Sie tun?	Windows	Mac
Werkzeug aufrufen	M	M
Exaktes Quadrat aufziehen	Halten Sie beim Aufziehen der Form ⇧ gedrückt.	Halten Sie beim Aufziehen der Form ⇧ gedrückt.
Exakten Kreis aufziehen	Halten Sie beim Aufziehen der Form ⇧ gedrückt.	Halten Sie beim Aufziehen der Form ⇧ gedrückt.
Auswahlform von der Mitte aus aufziehen	Alt	⌥
Exaktes Quadrat von der Mitte aus aufziehen	Alt + ⇧	⌥ + ⇧
Exakten Kreis von der Mitte aus aufziehen	Alt + ⇧	⌥ + ⇧
Auswahlform (vor dem Abschließen des Vorganges) bewegen	Halten Sie die Maustaste gedrückt, und drücken Sie zusätzlich die Leertaste.	Halten Sie die Maustaste gedrückt, und drücken Sie zusätzlich die Leertaste.
Fertige Auswahlform bewegen (bei aktivem Auswahlwerkzeug)	↓, ↑, ←, →	↓, ↑, ←, →

13.8 Auswahlen speichern und laden

Sie haben nun wohl schon festgestellt, dass es mitunter recht vertrackt sein kann, eine passende Auswahl zu erzeugen. Gerade bei komplizierteren Auswahlen ist das Speichern ratsam – möglicherweise brauchen Sie sie noch einmal, und wer macht Arbeit gerne zweimal?

13.8.1 Auswahl speichern

Um eine Auswahl in einem Alphakanal zu speichern, gehen Sie folgendermaßen vor: Rufen Sie über AUSWAHL • AUSWAHL SPEICHERN das Dialogfeld auf. Unter DOKUMENT wird der Name der gerade benutzten Datei und die Option NEU für den Transfer der Auswahl in eine neue, leere Datei angeboten.

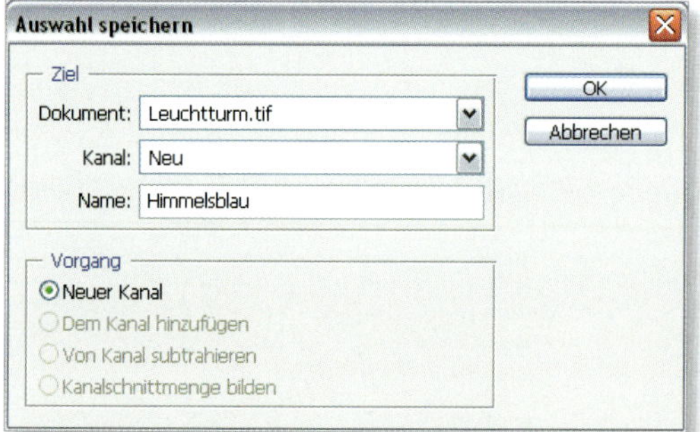

Abbildung 13.80 ▸
Der Dialog zum Speichern von Auswahlen

Vorgang | Unter VORGANG legen Sie fest, ob die Auswahl in einen eigenen Alphakanal (NEUER KANAL) oder zu einer eventuell bereits bestehenden Auswahl gespeichert wird. Erst wenn Sie sich für Letzteres entscheiden, sind die weitergehenden Optionen im unteren Bereich des Dialogfeldes aktiv. Damit bestimmen Sie, wie sich die zwei Auswahlen (wenn vorhanden) zueinander verhalten.

13.8.2 Auswahl laden

Wieder aufrufen können Sie die abgespeicherte Auswahl dann über das Menü AUSWAHL • AUSWAHL LADEN. Das Dialogfeld funktioniert ähnlich wie beim Speichern.

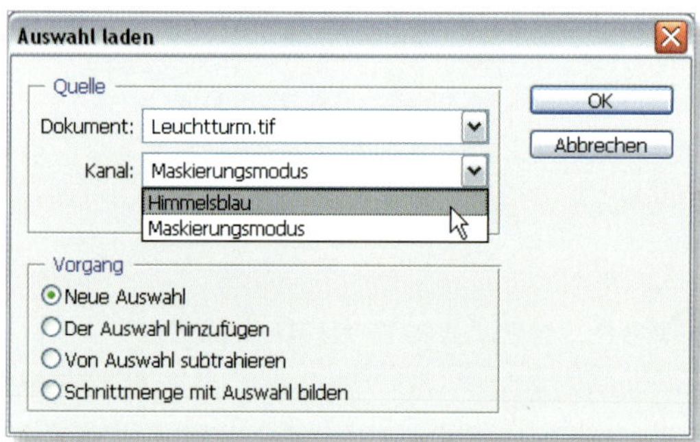

Abbildung 13.81 ▸
Der Dialog zum erneuten Laden. Wenn bereits mehrere Auswahlen gespeichert worden sind, können Sie unter KANAL wählen, welche geladen werden soll.

Dokument | Unter DOKUMENT ist der Name der aktuell aktiven Datei voreingestellt. Sie können hier aber auch die Namen anderer geöffneter Dateien auswählen – eine elegante Möglichkeit, um Auswahlen auch in andere Bilder zu transferieren!

Kanal | Da es möglich ist, je Bild mehrere Auswahlen zu speichern, können Sie dann unter KANAL alle zuvor abgelegten Auswahlen einsehen und die richtige durch einen Klick anwählen.

Vorgang | Die Optionen unter VORGANG sind relevant, wenn im Bild bereits eine weitere Auswahl gespeichert worden ist. Damit können Sie (wieder einmal) das Verhältnis der beiden Auswahlen zueinander bestimmen. Diese Funktion ist auch eine gute Möglichkeit, um mehrere Auswahlen in einem Kanal zu kombinieren.

Umkehren | Wenig erklärungsbedürftig ist die Option UMKEHREN (im Screenshot durch die Auswahlliste verdeckt). Sie können hier eine Auswahl direkt invertieren und sparen sich ein paar Mausklicks.

13.8.3 Auswahlen per Kanäle-Palette speichern oder laden

Gespeicherte Auswahlen landen in Alphakanälen. In den Miniaturen der Kanäle-Palette haben Sie zumindest eine kleine Vorschau über die Gestalt der Auswahl: Die weiß dargestellten Flächen sind ausgewählt, die schwarzen sind nicht ausgewählt und vor Bearbeitung geschützt. Wenn Sie sich vor dem Laden von Auswahlen nochmals über deren Aussehen vergewissern wollen, können Sie die Auswahlbereiche auch mithilfe der Kanäle-Palette laden. Klicken Sie dazu einfach auf das Icon KANAL ALS AUSWAHL LADEN ❶ oder bei gedrückter Strg- bzw. ⌘-Taste in die Kanäle-Miniaturabbildung. Ein Klick auf das Masken-Icon ❷ in der Kanäle-Palette legt aus einer aktiven Auswahl einen neuen Kanal an – speichert also ebenfalls die Auswahl.

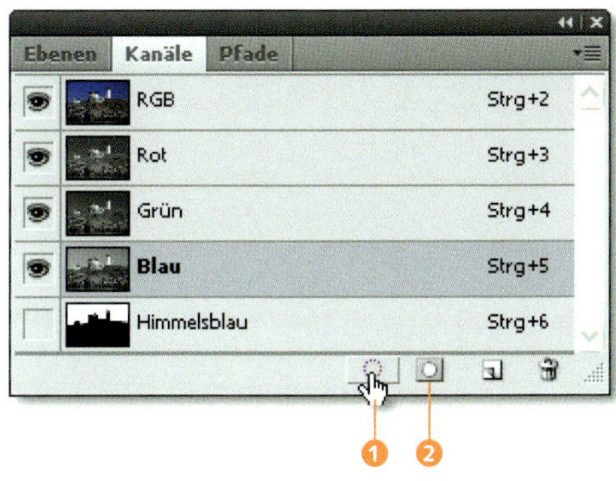

◄ **Abbildung 13.82**
Eine zuvor gesicherte Auswahl aus der Kanäle-Palette laden oder eine aktive Auswahl als Kanal speichern – das geht auch per Palette.

13.9 Auswahlen modifizieren

Die schon vorgestellte WEICHE KANTE ist nicht die einzige Möglichkeit, um Auswahlen nachträglich und unabhängig vom ursprünglich angewandten Werkzeug zu verändern. Es gibt dazu noch weitere Menübefehle. Diese sind auch im Dialog KANTE VERBESSERN vertreten, wo es auch eine direkte Vorschau gibt. Doch manchmal genügt auch der schnelle Klick auf das Menü.

13.9.1 Auswahl verändern

Sie finden die Befehle – wenig überraschend – unter AUSWAHL. Der Befehl AUSWAHL VERÄNDERN bietet diese Möglichkeiten:

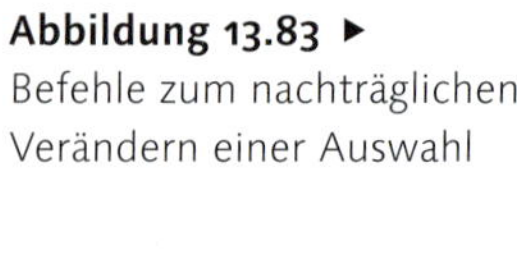

Abbildung 13.83 ►
Befehle zum nachträglichen Verändern einer Auswahl

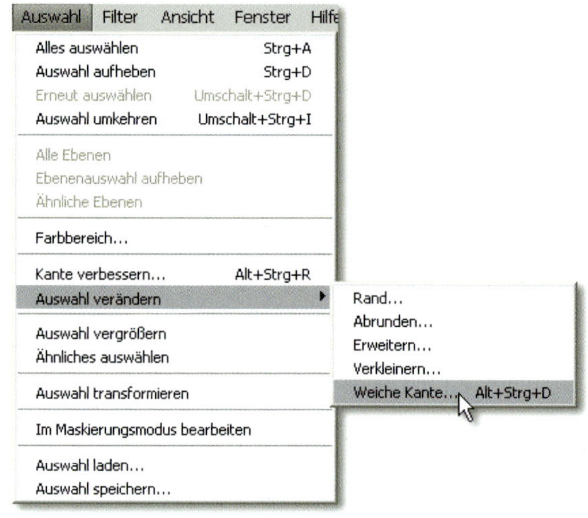

Datei auf der Buch-DVD: »wecker.tif«

▲ **Abbildung 13.84**
Ursprünglich war die Kontur des Weckers ausgewählt – nun ist eine Umrandung daraus gemacht worden. In der Praxis wird dieser Befehl selten benutzt. Denkbare Anwendung: Filterwirkung auf die Objektkanten einschränken.

Rand | Mit RAND erstellen Sie entlang der Kontur der ursprünglichen Auswahllinie einen Rahmen in gewünschter Breite.

Abrunden | Der Befehl ABRUNDEN lässt sich gut anwenden, wenn Sie eine Zauberstab- oder Farbbereichsauswahl erstellt haben, im Inneren des Auswahlbereichs aber immer noch viele einzelne Pixel nicht mit ausgewählt wurden.

Erweitern und Verkleinern | ERWEITERN und VERKLEINERN verändern die Größe der Auswahl um den eingestellten Pixelbereich.

13.9.2 Auswahl vergrößern

AUSWAHL VERGRÖSSERN funktioniert – trotz des ähnlichen Namens – anders als ERWEITERN. Hier wird der Toleranzwert, der der Auswahl zugrunde liegt, quasi nachträglich erhöht. Sie beziehen dann mehr Farbnuancen in Ihren Auswahlbereich ein, allerdings nur diejenigen Pixel, die an den ursprünglichen Auswahlbereich angrenzen.

TOPP-TIPP: Zauberstab-Toleranz ist maßgeblich

Wie stark die Befehle AUSWAHL VERGRÖSSERN und ÄHNLICHES AUSWÄHLEN tatsächlich wirken, wird von der Zauberstab-Option TOLERANZ bestimmt. Ändern Sie diese Einstellung, um die beiden Befehle zu dosieren.

13.9.3 Ähnliches auswählen

ÄHNLICHES AUSWÄHLEN sucht im gesamten Bild nach Pixeln, die dem bereits ausgewählten Bildteil ähneln – eine nicht sonderlich präzise Funktion, die einem selten weiterhilft.

13.9.4 Auswahl transformieren

Den Befehl AUSWAHL TRANSFORMIEREN wählen Sie immer dann, wenn eine Auswahl nicht richtig passt. Besonders bei rechteckigen und elliptischen Auswahlen kann er sinnvoll angewendet werden. Wenn Sie AUSWAHL TRANSFORMIEREN anwählen, zeigt sich um Ihre Auswahl ein Transformationsrahmen, wie Sie ihn vom Transformieren der Ebenen bereits kennen. Damit lässt sich die Auswahl skalieren, drehen oder verzerren.

13.9.5 Der Befehl »Rand entfernen«

Ob eine Auswahl wirklich gut war, zeigt sich, wenn ein freigestelltes, also vom bisherigen Bildhintergrund gelöstes Element vor einen neuen, andersfarbigen Hintergrund gestellt wird. Selbst wenn Sie präzise arbeiten, werden durch die Auswahlglättung oft Pixel »mitgenommen«, die zum alten Hintergrund des Bildes gehören.

Auswahl-Feinarbeit für Montagen

Gerade bei Montagen und Collagen ist es ratsam, die Feinarbeiten an ausgewählten Objekten dann zu auszuführen, wenn diese schon in ihre neue Umgebung einmontiert wurden. Man kann dann besser feststellen, welche Pixel noch künstlich wirken oder stören.

Solche unerwünschten Randpixel sind ein notorisches Problem beim Freistellen, und es gibt zahlreiche Tricks und Kniffe für diverse Anwendungsfälle (mehr darüber erfahren Sie weiterhinten in Abschnitt 13.11). Photoshop bietet dazu auch eine eigene Funktion an: den Befehl EBENE • BASIS • RAND ENTFERNEN. Durch Anwenden des Befehls werden die Farben aller Randpixel des Bildobjekts durch Farben weiter innen gelegener Bildpixel ersetzt.

Leider funktioniert RAND ENTFERNEN nicht bei allen Bildern gut. Versuchen können Sie es auch mit der schon bekannten Funktion KANTE VERBESSERN. Eine radikale Möglichkeit für harte Fälle ist das Abschneiden der Randpixel (mithilfe des VERKLEINERN-Schiebers im KANTE-VERBESSERN-Dialog), meist hilft aber auch eine weiche Kante. In weniger schweren Fällen kann auch der Griff zu Nachbelichter oder Abwedler helfen, um Objektkanten bei Montagen besser in die neue Umgebung einzupassen.

Datei auf der Buch-DVD: »FrauVorHimmel.psd«

◂ Abbildung 13.85
Vor einer weißen Ebene zeigt die freigestellte Frau an den Kanten noch Spuren dunklerer Pixel in der Farbe des ursprünglichen Hintergrundes (oberer Rand). RAND ENTFERNEN soll diese Kanten säubern.

13.10 Typische Arbeitstechniken und Befehle für Auswahlen

Freie Wahl haben Sie, wenn es um die weitere Bearbeitung Ihrer Auswahlen geht: Alle Photoshop-Werkzeuge, die sich auf das gesamte Bild anwenden lassen, funktionieren auch bei Auswahlen. Darüber hinaus gibt es eine Reihe typischer Arbeitsschritte im Zusammenhang mit Auswahlen, die Photoshop zum Teil auch durch eigene Befehle unterstützt. Diese lernen Sie im folgenden Abschnitt kennen.

13.10.1 Auswahllinie verschieben

Um die Position einer Auswahllinie (nicht des Auswahlinhaltes) zu ändern, haben Sie mehrere Möglichkeiten:

▲ **Abbildung 13.86**
Die Option Neue Auswahl

- Sie klicken mit dem Auswahlrechteck-Werkzeug in den ausgewählten Bereich und ziehen die Auswahl an den neuen Ort. Dabei muss die Auswahloption Neue Auswahl aktiv sein. Zur Erinnerung: Sie können schnell zum Auswahlrechteck-Werkzeug wechseln, wenn Sie M drücken. Hier reicht es sogar, während des Hantierens mit der Maus M einfach gedrückt zu halten.
- Wenn Sie nach dem Klick in die Auswahl zusätzlich ⇧ drücken, erfolgt die Bewegung der Auswahlmarkierung genau horizontal, vertikal oder in 45°-Schritten.
- Eine bessere, weil unkompliziertere Möglichkeit: Sie nutzen bei aktivem Auswahlwerkzeug die Pfeiltasten Ihres Keyboards – das funktioniert mit allen Auswahlwerkzeugen. Jeder Tastendruck bewegt die Auswahlmarkierung um **ein Pixel** nach oben ↑-Taste, nach unten ↓-Taste, nach rechts →-Taste oder nach links ←-Taste.
- Wenn Sie zusätzlich ⇧ drücken, wird die Auswahlmarkierung in **10-Pixel-Schritten** bewegt.

▲ **Abbildung 13.87**
Die verschobene Auswahllinie

13.10.2 Auswahlinhalt verschieben

Um die Auswahlmarkierung mitsamt den von ihr umschlossenen Pixeln zu bewegen, gibt es ebenfalls verschiedene Wege:

- Sie wechseln ins Verschieben-Werkzeug V und bewegen die Auswahl mitsamt dem Auswahlinhalt per Maus über das Bild. Zur Erinnerung: Mit Strg bzw. ⌘ wechseln Sie kurzzeitig zum Verschieben-Werkzeug, und mit V rufen Sie es dauerhaft auf.
- Auch hier können Sie ⇧ hinzunehmen, um die Bewegung auf die Senkrechte, die Waagerechte und 45°-Winkel einzuschränken.

- Die Pfeiltasten bewirken auch hier Bewegungen in **1-Pixel-Schritten** – nur muss dabei das Verschieben-Werkzeug aktiv sein.
- Zusätzliches Drücken von ⇧ beschleunigt das Verschieben – je Pfeiltastendruck geht es dann **10 Pixel** vorwärts.

▲ **Abbildung 13.88**
Wird eine Auswahl solcherart verschoben, entsteht im Bild ein Leerraum. Bei normalen Bildebenen ist er transparent, Hintergrundebenen werden mit Pixeln der aktuellen Hintergrundfarbe aufgefüllt.

13.10.3 Auswahlinhalt löschen

Um den Inhalt einer Auswahl einfach zu löschen, nutzen Sie unter Windows die Taste Entf und am Mac die ←-Taste. Etwas umständlicher geht es mit dem Befehl Bearbeiten • Löschen. In jedem Fall entstehen auch bei diesem Verfahren Löcher oder – bei Hintergrundebenen – pixelgefüllte Flächen, ähnlich wie es beim Verschieben von Auswahlbereichen bereits gezeigt wurde.

13.10.4 Auswahl duplizieren und verschieben

Um der »Lochbildung« entgegenzuwirken, können Sie auch die Auswahl kopieren und dann dieses Duplikat verschieben. Beachten Sie, dass dabei keine eigene Ebene angelegt wird.

- Auch dazu muss das Verschieben-Werkzeug angewählt oder per Strg/⌘ kurzzeitig aktiviert sein. Drücken Sie dann Alt (Windows) oder ⌥ (Mac OS), und bewegen Sie die Maus in die gewünschte Richtung.
- Auch hier bewirkt ⇧ wieder eine Einschränkung der Bewegung auf 45° oder Vielfache davon.

▲ **Abbildung 13.89**
Verschobene Kopie der Auswahl. Solange die Auswahllinie noch aktiv ist, kann die Position des Auswahlduplikats noch geändert werden (sogenannte *schwebende Auswahl*).

Sobald Sie die Auswahlbegrenzung deaktivieren (mit Auswahl • Auswahl aufheben oder Strg+D bzw. ⌘+D), werden die Pixel des so erzeugten Auswahlduplikats mit der Ursprungsebene verrechnet, und die *schwebende Auswahl* wird aufgehoben. Ein nachträgliches Verschieben oder Löschen ist nicht möglich!

13.10.5 Auswahlen auf eine eigene Ebene bringen

Am meisten Flexibilität haben Sie, wenn Sie eine Auswahlkopie in eine neue Ebene bringen. Diese lässt sich dann unabhängig von der Ausgangsebene jederzeit verschieben, skalieren und beliebig bearbeiten.

- Nutzen Sie dazu den Befehl Ebene • Neu • Ebene durch Kopie
- oder den schnellen Shortcut Strg+J (Windows) oder ⌘+J (Mac).
- Auch das bekannte Copy & Paste (mit den Befehlen Strg+C bzw. ⌘+C für Copy und Strg+V bzw. ⌘+V für Paste) kopiert Auswahlinhalte und fügt sie auf einer neuen eigenen Ebene wieder ein.

TOPP-TIPP: Inhalt der Zwischenablage erhalten

Der Inhalt der Zwischenablage, in der kopierte Inhalte zwischengelagert werden, wird nicht dauerhaft gesichert. Immerhin können Sie dafür sorgen, dass etwaiger aus Photoshop stammender Inhalt der Zwischenablage nicht verloren geht, wenn Sie Photoshop herunterfahren.

- Wählen Sie dazu VOREINSTELLUNGEN • ALLGEMEIN (Strg+K bzw. ⌘+K).
- Aktivieren Sie dort die Option ZWISCHENABLAGE EXPORTIEREN.

Kopierte Inhalte können dann immer noch in andere Anwendungen hineinkopiert werden oder gerettet werden, nachdem Photoshop erneut gestartet wurde.

▲ **Abbildung 13.90**
Das Bild sieht unverändert aus, weil die auf der neuen Ebene eingefügte Auswahl deckungsgleich mit der Hintergrundebene positioniert ist. Die Ebenen-Palette zeigt jedoch, dass eine neue Ebene mit dem Auswahlinhalt angelegt wurde.

Auswahlinhalt auf neue Ebene | Auf ähnliche Weise können Sie auch den Auswahlinhalt ausschneiden und auf eine eigene Ebene befördern – Sie behalten dann jedoch wieder ein »Loch« in der Ausgangsebene.

- Nutzen Sie dazu den Befehl EBENE • NEU • EBENE DURCH AUSSCHNEIDEN oder
- den Shortcut ⇧+Strg+J bzw. ⇧+⌘+J für den Mac.

13.10.6 Auswahlen aus Ebenenpixeln oder Ebenentransparenz erstellen

Ein häufig gebrauchter Handgriff bei Ebenen, die nur teilweise gefüllt sind, ist es, alle deckenden oder alle transparenten Pixel aus Ebenen auszuwählen.

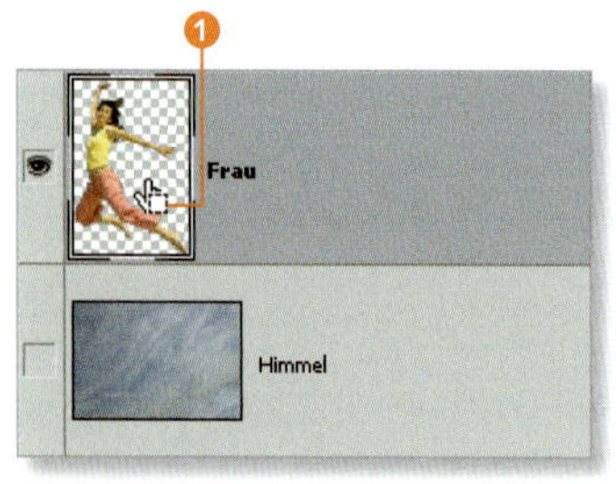

▲ **Abbildung 13.91**
Häufig gebraucht: schnelle Techniken, um bei teilweise transparenten Ebenen – wie hier bei der Ebene »Frau« – lediglich die sichtbaren (nicht transparenten) Bildbestandteile auszuwählen.

Per Klick in die Ebenenminiatur | Klicken Sie dazu bei gehaltener Strg- bzw. ⌘-Taste direkt auf die betreffende Ebenenminiatur. Der Mauscursor nimmt dann die Form einer Hand mit leerem Quadrat an 1, und die deckenden Ebenenpixel werden ausgewählt.

Auswahlbereich ausweiten | Wenn die Pixel, die Sie auf diese Art erfassen wollen, unterschiedlich starke Deckkraft aufweisen, kann es vorkommen, dass die schwächer deckenden Pixel zunächst nicht in die Auswahl einbezogen werden. Klicken Sie dann mit [Strg]+[⇧] (bzw. [⌘]+[⇧] unter Mac OS) erneut in die Miniatur. Der Auswahlbereich wird dann ausgeweitet.

Auswahlbereich verkleinern | Um den so angelegten Auswahlbereich zu verkleinern, halten Sie zusätzlich zum Klick in die Miniatur [Alt]+[Strg]+[⇧] bzw. [⌥]+[⌘]+[⇧] gedrückt.

Pixel auswählen | Eine andere Methode führt über das Kontextmenü der Ebenenminiatur. Dort gibt es den Befehl PIXEL AUSWÄHLEN.

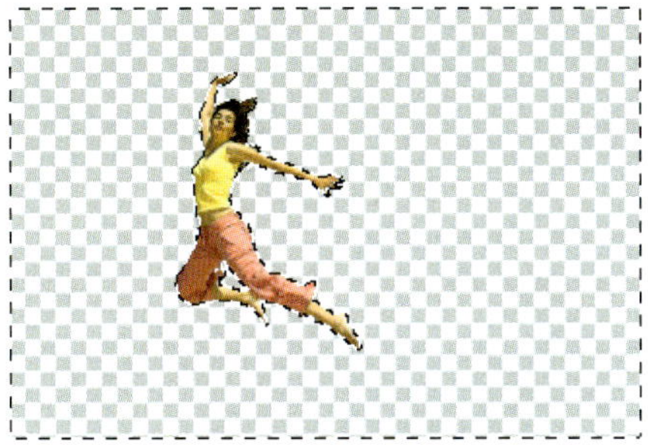

◂ **Abbildung 13.92**
Kehrt man die so gewonnene Auswahl um, erhält man eine Auswahl der transparenten Pixel einer Ebene.

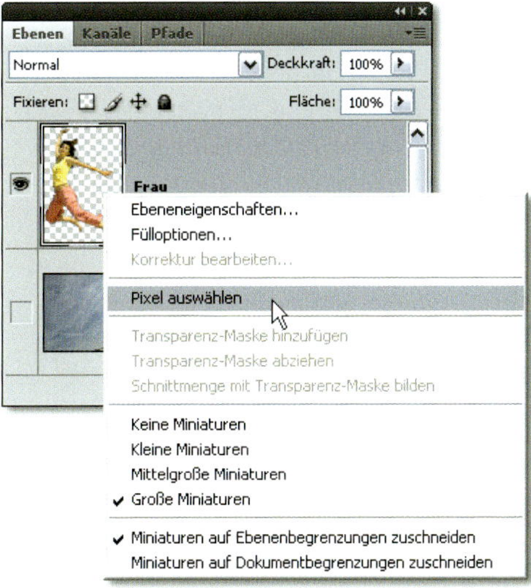

◂ **Abbildung 13.93**
Die Ebenen-Palette ist mit Kontextmenüs dicht besetzt. Je nachdem, an welche Stelle der Ebenen-Palette Sie klicken, rufen Sie unterschiedliche Funktionen auf – daher ist Klickgenauigkeit geboten. Ein Rechtsklick bzw. [Ctrl]-Klick auf die Ebenenminiatur ruft das hier abgebildete Menü auf.

Pixel zu Auswahl addieren | Sie können auf ähnliche Weise auch die deckenden Pixel mehrerer Ebenen zu einer einzigen Auswahl addieren oder auch Inhalte einzelner Ebenen von bestehenden Auswahlen abziehen.

Halten Sie zusätzlich zum [Strg]/[⌘]-Klick in die Ebenenminiatur noch [⇧] gedrückt, und klicken Sie nach und nach die Miniaturen **aller Ebenen** an, die in die Auswahl einbezogen werden sollen.

Abbildung 13.94 ►
Drei Wecker auf drei verschiedenen Bildebenen. Mit Klicks in die entsprechenden Ebenenminiaturen – bei gehaltener Strg- und ⇧-Taste – werden die sichtbaren Pixel der Ebenen »Wecker hellblau« und »Wecker grün« ausgewählt. Beachten Sie den veränderten Mauscursor: Ein Pluszeichen zeigt an, dass hier Auswahlen addiert werden.

Auswahlbereiche subtrahieren oder Schnittmengen bilden | Um Auswahlbereiche, die auf den nicht transparenten Pixeln von Ebenen basieren, voneinander zu subtrahieren, gehen Sie ähnlich vor, drücken aber zusätzlich zum Klick in die Miniatur Strg+Alt bzw. ⌘+⌥. Für Schnittmengen von Auswahlbereichen drücken Sie ⇧+Strg+Alt bzw. ⇧+ ⌘+⌥.

Tabelle 13.8 ►
Tastaturbefehle für die Arbeit mit Auswahlen auf einen Blick

Was wollen Sie tun?	Windows	Mac
Auswahllinie **verschieben**	Aktives Auswahlwerkzeug und Pfeiltasten oder Maus	Aktives Auswahlwerkzeug und Pfeiltasten oder Maus
Auswahlinhalt **ausschneiden** und verschieben (auf derselben Ebene)	Aktives Verschieben-Werkzeug und Pfeiltasten oder Maus	Aktives Verschieben-Werkzeug und Pfeiltasten oder Maus
Auswahl **kopieren** und verschieben (auf derselben Ebene)	Aktives Verschieben-Werkzeug und Pfeiltasten oder Maus, zusätzlich Alt drücken	Aktives Verschieben-Werkzeug und Pfeiltasten oder Maus, zusätzlich ⌘ drücken

Was wollen Sie tun?	Windows	Mac
Inhalt einer Auswahl **ausschneiden** und auf neuer Ebene einfügen	⇧+Strg+J	⇧+⌘+J
Inhalt einer Auswahl **kopieren** und auf neuer Ebene einfügen	Strg+J	⌘+J
Deckende Pixel einer Ebene auswählen	Strg + Klick in die Ebenenminiatur	⌘ + Klick in die Ebenenminiatur
Deckende Pixel einer Ebene auswählen, Auswahl **erweitern**	Strg+⇧ + Klick in die Ebenenminiatur	⌘+⇧ + Klick in die Ebenenminiatur
Deckende Pixel einer Ebene auswählen, Auswahl **verkleinern**	Alt+Strg+⇧ + Klick in die Ebenenminiatur	⌥+⌘+⇧ + Klick in die Ebenenminiatur
Auswahlen aus deckenden Pixeln mehrerer Ebenen addieren	⇧+Strg + Klick in die Ebenenminiatur	⇧+⌘ + Klick in die Ebenenminiatur
Auswahlen aus deckenden Pixeln mehrerer Ebenen **subtrahieren**	Alt+Strg + Klick in die Ebenenminiatur	⌥+⌘ + Klick in die Ebenenminiatur
Schnittmenge aus Auswahlen bilden	⇧+Alt+Strg + Klick in die Ebenenminiatur	⇧+⌥+⌘ + Klick in die Ebenenminiatur

◂ **Tabelle 13.8**
Tastaturbefehle für die Arbeit mit Auswahlen auf einen Blick (Forts.)

13.11 Bildobjekte vom Hintergrund isolieren: Freistellen

Die meisten Bildelemente sind erst ohne Hintergrundpixel für Montagen brauchbar. »Freistellen« nennt man die Methode, mit der Sie Bildobjekte von den sie umgebenden Hintergrundpixeln lösen. Und sehr oft werden dazu Auswahlen genutzt. Allerdings sind die Qualitätsanforderungen an solche Auswahlen hoch, will man in der späteren Montage nicht andersfarbige Ränder und eckige Schnittkanten sehen. Damit steigt auch der handwerkliche Aufwand. Aus diesen Gründen bietet Photoshop spezialisierte Funktionen, um präzise Auswahlen zu erzeugen und um Bildteile freizustellen.

13.11.1 Quick Mask: Auswahlen detailgenau anpassen

Genau genommen ist Quick Mask, das auch Maskierungsmodus genannt wird, nicht nur ein Werkzeug für das Freistellen – es kommt überall dort zum Einsatz, wo vorhandene Auswahlen für bessere Passgenauigkeit manuell nachgearbeitet werden.

Extrahieren-Filter gehört nicht mehr zur Standard-Ausstattung

In früheren Photoshop-Versionen gab es die Funktion EXTRAHIEREN – ein Spezialtool, das sich für aufwendige Freistellaufgaben einsetzen ließ, meist mit mittelmäßigem Erfolg. Wer es in CS4 vermisst, muss es nachinstallieren. Weitere Details und eine Anleitung zur Installation finden Sie hier:
Mac: *www.adobe.com/support/downloads/detail.jsp?ftpID=4249*
Win: *www.adobe.com/support/downloads/detail.jsp?ftpID=4269*
Eine Beschreibung des Extrahieren-Werkzeugs können Sie im BuchUpdate auf der Webseite *www.galileodesign.de/1869* nachlesen.

Bei Freistellern sind die Ansprüche an Auswahlen hoch, und entsprechend oft greift man dann zur Quick Mask.

Der Maskierungsmodus ist eine temporär angelegte Maske und funktioniert – wie Auswahlen und die echten Ebenenmasken auch – auf der Basis von Alphakanälen. Er ist flotter zu handhaben als Ebenenmasken und eignet sich daher besonders gut, wenn man »eben schnell« eine Auswahl erstellen oder nachbearbeiten muss.

Ich zeige Ihnen im Folgenden Schritt für Schritt, wie Sie die praktische Schnellmaske bei einer Montage einsetzen können.

Schritt für Schritt: Maskierungsmodus – Hilfsmittel für exakte Montagejobs

1 Vorbereitungen

Dateien auf der Buch-DVD: »LKW.tif«, »Streetart.tif«

Hier erzeugen Sie eine Montage aus zwei Dateien: Auf das Foto eines geparkten, etwas schmuddeligen LKWs soll ein Graffito montiert werden. Dabei kommen Auswahlen, Transformationsbefehle, der Maskierungsmodus und optional auch Ebenen-Füllmethoden zum Einsatz.

Bild: Fotolia, Scatterly

▲ **Abbildung 13.95**
Ein Ausschnitt aus diesem Straßenbild ...

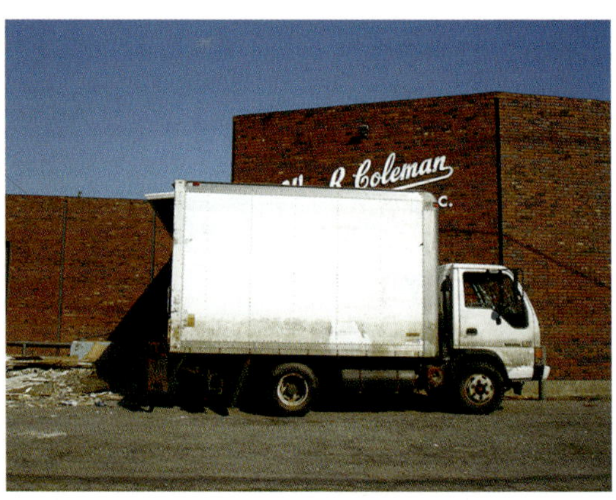

Bild: stock.xchng, Joanie Cahill

▲ **Abbildung 13.96**
... soll auf den LKW montiert werden.

Öffnen Sie beide Dateien, und wenden Sie sich zunächst der Datei mit dem Graffito zu.

2 Grobauswahl anlegen

Es empfiehlt sich, zunächst eine Grobauswahl anzulegen. Ich habe hier das Lasso [L] genommen. Je nach Motiv können das natürlich auch andere Tools sein.

◂ **Abbildung 13.97**
Beginnen Sie mit einer Grobauswahl des Graffitos.

3 Graffito in das LKW-Bild kopieren und transformieren

Kopieren Sie dann Ihren gewählten Ausschnitt in die Datei mit dem LKW. In Abschnitt 10.3.7, »Neue Bildinhalte: Ebenen oder Gruppen aus anderen Bildern einkopieren«, sind alle dazu zur Verfügung stehenden Möglichkeiten detailliert erklärt.

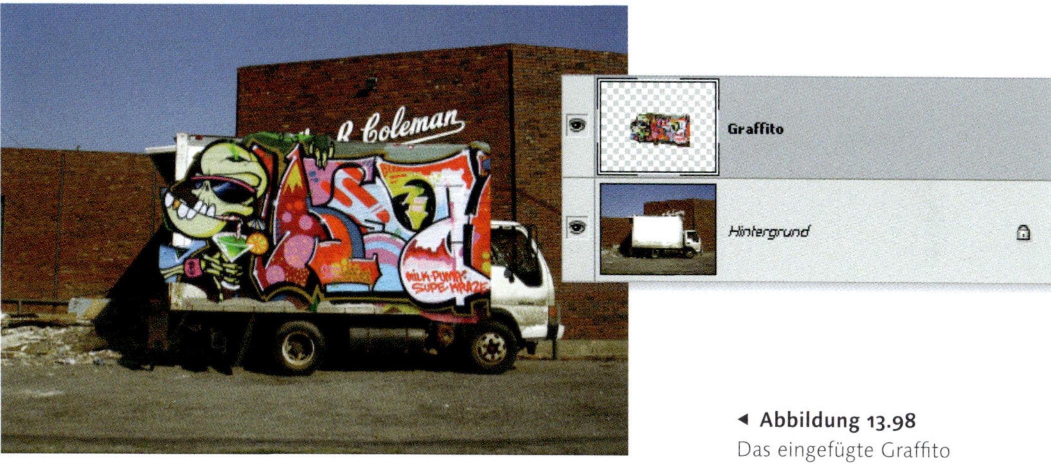

◂ **Abbildung 13.98**
Das eingefügte Graffito

4 Graffito-Ebene transformieren

Das Bild passt nicht ganz genau auf die Seitenwand des LKW und muss durch Transformation angepasst werden. Um dabei gleichzeitig die LKW-Kontur und das Bild im Blick zu haben, stellen Sie die Füllmethode der Graffito-Ebene um, zum Beispiel auf MULTIPLIZIEREN oder einen der NACHBELICHTER. Es ist auch möglich, die Deckkraft ein wenig zu senken. Entscheiden Sie selbst, welche Variante Ihnen zusagt. Bei der Transformation müssen Sie nicht zimperlich sein, Sie können dieses Motiv auch unproportional verzerren.

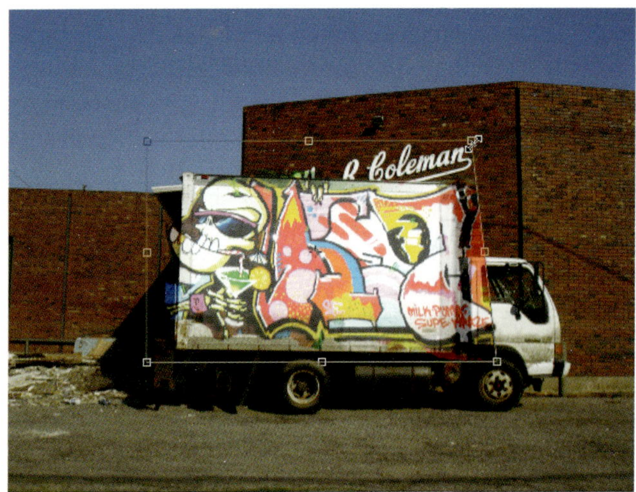

Abbildung 13.99 ▸
Anpassung durch Transformation

5 Deckende Pixel der Graffito-Ebene auswählen

Bevor Sie in den Maskierungsmodus wechseln, sollten Sie alle deckenden Pixel der Graffito-Ebene auswählen. Das geht am besten mit einem [Strg]/[⌘]-Klick in die Ebenenminiatur.

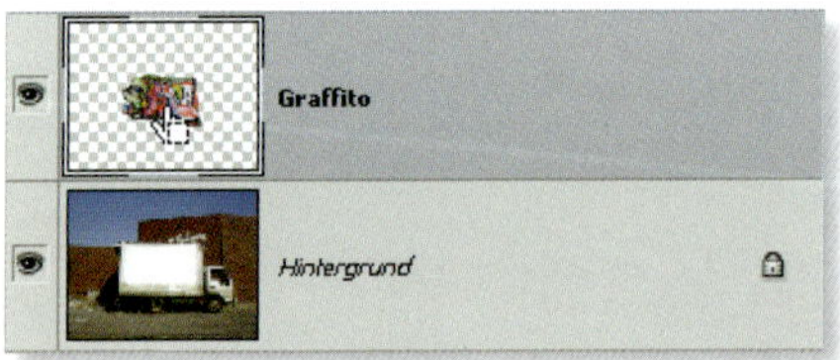

Abbildung 13.100 ▸
[Strg]/[⌘] + Klick wählt alle deckenden Pixel aus. Diesen Shortcut sollten Sie sich merken!

6 In den Maskierungsmodus wechseln

In den Maskierungsmodus wechseln Sie mit [Q] oder über die Werkzeugleiste [◘]. Auf dem Bild liegt jetzt eine halbtransparente rote Maske. Die nicht ausgewählten Bereiche müssten rot überdeckt sein.

Abbildung 13.101 ▸
Der Maskierungsmodus wird standardmäßig durch eine rote Maske angezeigt – bei diesem Motiv ist sie nicht so günstig.

7 Maskenfarbe anpassen

Durch Malen mit dem Pinsel soll die Form der roten Maske detailgenau an das Motiv angepasst werden – auf dieser Grundlage wird dann die neue Auswahl erstellt. Bei manchen Motiven deckt die Standard-Maskenfarbe zu viel vom Motiv ab – so wie hier. Die Maskendarstellung kann jedoch verändert werden. Wechseln Sie in die Kanäle-Palette. Dort ist die Quick Mask als Alphakanal abgelegt. Per Doppelklick auf die Kanalminiatur erreichen Sie ein Feld mit Einstellungen für die Maskenfarbe und -deckkraft.

Maskierungsfarbe anpassen
Details zum Anpassen des Maskierungsmodus lesen Sie in Kapitel 13.6, Abschnitt »Darstellung der Auswahlvorschau weiter anpassen«.

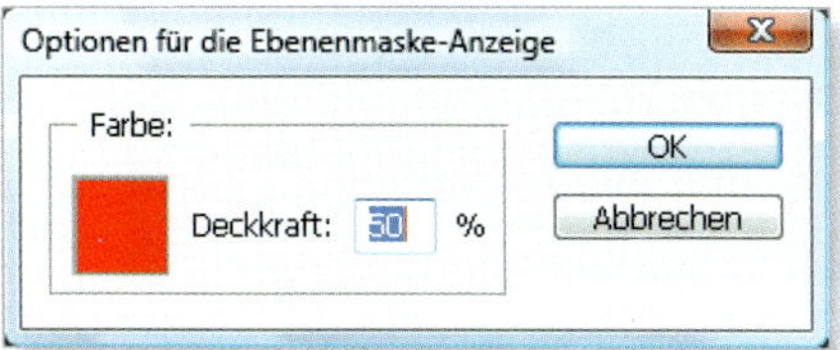

◀ **Abbildung 13.102**
Ändern Sie die Maskenfarbe

8 Maske bearbeiten

Nun geht es daran, diese Auswahlmaske zu verfeinern. Dies geschieht durch Farbauftrag mit dem Pinsel. Dabei ist ein wenig Geduld erforderlich, aber mit etwas Übung können Sie zügig arbeiten. Sie pinseln hier nicht mit der Farbe der Masken»folie«, sondern – orientiert an der Darstellung im Alphakanal – mit Schwarz und Weiß:

- **Weiße Farbe** entfernt Teile der bunten Abdeckung und vergrößert so den späteren Auswahlbereich.
- **Schwarze Farbe** fügt bunte Bereiche hinzu, grenzt den Auswahlbereich also ein.
- **Graustufen** oder eine verminderte Deckkraft beim Farbauftrag erzeugt eine Teiltransparenz der Maske und der späteren Auswahl (also weiche Übergänge).

Alle Bildteile, die nicht mehr gebraucht werden, sollten von der Maske abgedeckt werden.

Es empfiehlt sich, mit verschiedenen Pinselgrößen zu arbeiten und den Auftrag von Schwarz und Weiß abzuwechseln. Nützlich ist hier der Shortcut [X]: Er tauscht Vorder- und Hintergrund-Farbfeld und ermöglicht so den raschen Wechsel der Auftragsfarben Schwarz und Weiß.

Das Zoom-Werkzeug [Z] und das Hand-Werkzeug [H] helfen, die Details im Blick zu behalten. Bei stark gezoomter Bildansicht ist auch der neue Shortcut [H] + Mausbewegung extrem hilfreich: Mit ihm holen Sie sich jeden gewünschten Bildausschnitt ohne viel Scrollen nah heran.

Anhand der Form der Masken»folie« können Sie jeden Pinselstrich und die Form des späteren Auswahlbereichs verfolgen.

Schnell Pinselgrößen wechseln

Bei aktivem Pinsel-Werkzeug gibt es ein Kontextmenü, das den zügigen Wechsel verschiedener Pinselgrößen extrem erleichtert. Klicken Sie dazu einfach mit rechts (Macianer: [Ctrl]-Klick) irgendwo ins Bild – es erscheint das vertraute Pinseleinstellungsfeld.

Abbildung 13.103 ▸
Wenn Sie bei stark gezoomter Ansicht [H] drücken und dann die Maus bewegen, erscheint ein Navigationsrahmen, mit dem Sie sich den gewünschten Aussschnitt zielsicher ins Bild holen.

9 Auswahl erzeugen und verfeinern

Mit [Q] oder dem Button in der Werkzeugleiste [Q] wechsele ich aus dem Maskierungsmodus zurück in den normalen Modus. Anstelle der Maske ist nun wieder eine Auswahllinie zu sehen. Auch zwischendurch kann man mit [Q] schnell einmal wechseln, um die Passgenauigkeit der Auswahllinie zu prüfen. Sie können auch die Funktion Kante verbessern nutzen, um Ihre Auswahllinie weiter zu verfeinern.

10 Nicht mehr benötigte Teile der Ebene verschwinden lassen

Nun muss der Auswahlbereich ausgeblendet oder entfernt werden. Dazu können Sie ganz schnöde die [Entf]- oder am Mac die [←]-Taste nutzen. Damit werden die ausgewählten Pixel einfach gelöscht. Eleganter ist es, eine Ebenenmaske anzulegen. Sie blendet die Bildteile nur aus und kann jederzeit nachbearbeitet werden. Als Füllmethode wurde hier Multiplizieren gewählt – dadurch wirkt die Aufschrift realistisch wie »aufgesprüht«.

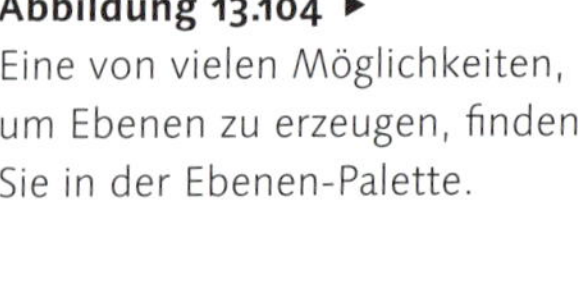

Abbildung 13.104 ▸
Eine von vielen Möglichkeiten, um Ebenen zu erzeugen, finden Sie in der Ebenen-Palette.

11 **Fertig! Das Endergebnis**

Die fertige Montage sieht dann so aus.

◂ **Abbildung 13.105**
Ohne Maskierungsmodus wäre es kaum möglich gewesen, die Konturen des Graffitos so exakt herauszuarbeiten.

Zum Weiterlesen: Freistellen mit Maske und Farbbereich-Funktion
Nicht bei allen Bildgegenständen funktioniert das Freistellen mit Pinsel und Maskierungsmodus gut. Besonders Objekte mit eher diffusen, unscharfen Konturen lassen sich auch in akribischer Handarbeit nicht zufriedenstellend isolieren. In CS4 steht für solche Fälle nun ein wirklich leistungsfähiges Tool zur Verfügung: die Farbbereich-Funktion in der Masken-Palette. Im Detail und mit einem Workshop stelle ich Ihnen diese Möglichkeit in Kapitel 14.3.4, »Das Wunderwerkzeug für komplizierte Masken: ›Farbbereich‹«, vor.

13.11.2 Hintergrund-Radiergummi: Freistellen ganz ohne Masken

Bei weniger schwierigen Fällen – also Bildern mit einheitlichem, zum Haupt-Bildgegenstand gut kontrastierendem Hintergrund – kann man zum Hintergrund-Radiergummi [E] greifen. Dies ermöglicht es ganz ohne den Umweg über Auswahlen, Bilder vom Hintergrund zu lösen. Allerdings ist dieser Arbeitsschritt dann endgültig, und spätere Korrekturen oder Änderungen sind nicht möglich.

Datei auf der Buch-DVD: »berliner_dom.jpg«

Bild: vitamin a

◂ **Abbildung 13.106**
Bei geeigneten Motiven und mit den richtigen Einstellungen erkennt der Hintergrund-Radiergummi automatisch die Hintergrundpixel und entfernt sie. Bei Details ist kräftiges Zoomen notwendig.

Wie arbeitet der Radiergummi? | Die Funktionsweise des Werkzeugs ist komplex: Der Hintergrund-Radiergummi nimmt in der Mitte der Werkzeugspitze Farbe auf und löscht sie überall dort, wo sie innerhalb des Werkzeugspitzen-Radius vorkommt. Er ist also gleichzeitig Farbaufnahme- und Radierinstrument. An den Rändern von Bildobjekten, die Sie mit dem Hintergrund-Radierer behandeln, werden die Farben angeglichen. Damit wird der typische Farbkranz vermieden, der beim Freistellen so oft auftritt. Der Hintergrund-Radiergummi eignet sich auch zum Nachbearbeiten schon per Auswahl freigestellter Objekte.

Die Anwendung ist einfach, wenn Sie sich einmal die verschiedenen Optionen eingeprägt haben. Sie aktivieren das Werkzeug, treffen Voreinstellungen, radieren um das Bildobjekt herum – fertig (im besten Fall ... das klappt wirklich nur bei einfachen Motiven).

Abbildung 13.107 ▼
Die Optionen sind hier für den Erfolg maßgeblich.

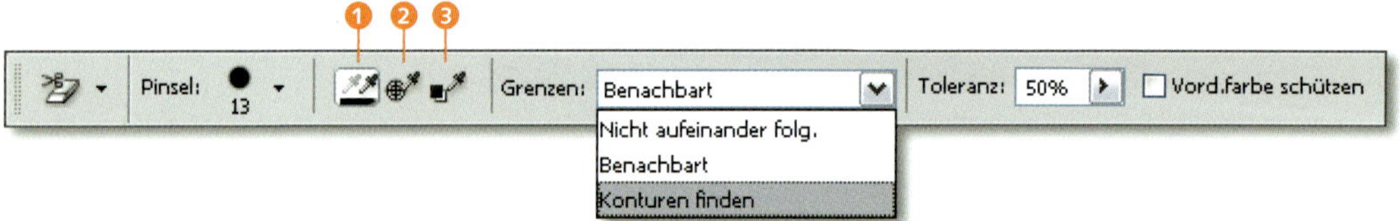

Optionen des Hintergrund-Radiergummis | PINSEL und TOLERANZ sind nichts Neues und machen Ihnen sicherlich keine Schwierigkeiten mehr. Richtig interessant sind die Optionen zur Farbaufnahme, dem sogenannten Sampling, und zum Löschen der Pixel.

Farbaufnahme | Die Farbaufnahme-Optionen haben entscheidende Auswirkung auf die Wirkungsweise des Werkzeugs:

- Mit der Aufnahme-Option KONTINUIERLICH 1 werden Farben beim Ziehen kontinuierlich aufgenommen. Das ist die beste Einstellung zum Freistellen.
- Mit EINMAL 2 werden nur die Bereiche mit der Farbe gelöscht, auf die Sie als Erstes im Bild geklickt haben.
- Mit HINTERGRUND-FARBFELD 3 werden nur die Bereiche gelöscht, die die aktuelle Hintergrundfarbe enthalten.

TOPP-TIPP: Hintergrundfarbe aus dem Bild heraus einstellen

Wenn Sie mit der Option HINTERGRUND-FARBFELD arbeiten: Sie können zuvor mit dem regulären Pipette-Werkzeug [I] Pixel aus dem Bild aufnehmen, wenn Sie eine spezielle Farbe löschen möchten. Wenn Sie beim Aufnahme-Klick mit der Pipette ins Bild [Alt]/[⌥] gedrückt halten, wird die aufgenommene Farbe automatisch als Hintergrund-Farbfeld eingestellt.

Pixel löschen | Unter GRENZEN wählen Sie quasi den angewandten Löschmodus aus:

- Mit der Option NICHT AUFEINANDER FOLGEND wird die aufgenommene oder per Hintergrund-Farbfeld festgelegte Farbe überall dort gelöscht, wo sie **unter dem Werkzeug** vorkommt.
- BENACHBART löscht die Bereiche, die die aufgenommene Farbe enthalten und **miteinander verbunden** sind. Hier werden also

unter Umständen – je nach Motiv – großflächigere Pixelbereiche entfernt. Die Wirkung ist so ähnlich wie beim Zauberstab mit aktiver BENACHBART-Option.

- Mit der Einstellung KONTUREN FINDEN werden **unter dem Mauscursor** befindliche Bereiche gelöscht, die die aufgenommene Farbe enthalten. Die Schärfe der Kanten angrenzender Farbbereiche bleibt mit dieser Option besonders gut erhalten. Für das Freistellen ist sie am besten geeignet.

Die Option VORD.FARBE SCHÜTZEN (Vordergrundfarbe schützen) kann frei zugeschaltet werden. Ist sie aktiv, werden Pixel, die dem Vordergrund-Farbfeld in der Werkzeugleiste gleichen, während des Radierens nicht gelöscht. In der Praxis ist die Option bei den meisten Bildern nicht sonderlich hilfreich. Selbst Bildbereiche, die auf den ersten Blick monochrom erscheinen, bestehen meist aus zahlreichen verschiedenen Farbnuancen.

KAPITEL 14

14 Ebenenmasken & Co.

Neben Auswahlen sind Masken die wichtigsten Helfer für Montagen und alle anderen Gelegenheiten, bei denen Bilder nur in Ausschnitten gezeigt und bearbeitet werden sollen. In diesem Kapitel lernen Sie das Funktionsprinzip von Ebenenmasken und Vektormasken kennen und können verschiedene Arbeitstechniken in Workshops Schritt für Schritt nachvollziehen.

Datei auf der Buch-DVD: »Zebra.tif«

14.1 Konzept und typische Anwendungszwecke

Ihren Ruf als eher schwieriges Photoshop-Instrument haben Masken, finde ich, völlig zu Unrecht. Wenn man einmal verstanden hat, wie sie funktionieren, kann man bald völlig frei mit Masken arbeiten und alle Vorzüge dieses flexiblen Arbeitsmittels ausspielen. Masken sind universell einsetzbar und für die professionelle Bildbearbeitung nahezu unentbehrlich.

- Sie können mit Masken bestehende Auswahlen verfeinern und so auch besonders diffizile Bildobjekte präzise erfassen.
- Mit einer Maske erstellte Auswahlen eignen sich auch für komplizierte Bildbearbeitungen, bei denen Korrekturen, Filter oder andere Werkzeuge in unterschiedlicher Dosierung auf verschiedene Bildbereiche angewendet werden. Denn die Graustufen einer Maske werden als genau steuerbare »weiche Kanten« in eine Auswahl übernommen. Dadurch sind z. B. sanfte, unmerkliche Übergänge zwischen bearbeiteten und unbearbeiteten Bildbereichen möglich.
- Bildteile lassen sich mit Ebenenmasken temporär ausblenden – eine gute und flexible Alternative zur Arbeit mit Radiergummi und [Entf]-Taste bzw. [←] und häufig die Grundlage von Montage.

▲ **Abbildung 14.1**
Die Grundlage von Abbildungen wie dieser sind häufig Füllebenen.

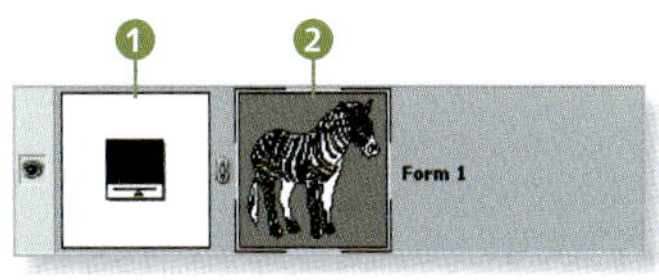

▲ **Abbildung 14.2**
Füllebenen bestehen aus einer festgelegten Füllfarbe ❶ und einer Vektormaske ❷, die die eigentliche Form definiert. Löscht man die Vektormaske, wird das ganze Bild vollflächig mit Farbe ausgefüllt.

- Sie können weiche Überblendungen erstellen – zwischen einzelnen Ebenen, zwischen ausgewählten und nicht ausgewählten Bereichen oder an Bildkanten.
- Sie können letzte Hand an Montagen legen.

Sie können Masken auf normale Bildebenen, Smart-Objekte und Textebenen anwenden, nicht jedoch auf Hintergrundebenen. Auch Ebenengruppen lassen sich mit einer Maske versehen, selbst dann, wenn die darin enthaltenen Ebenen ihrerseits schon maskiert sind. Auf diese Art sind komplexe Kompositionen realisierbar. Bei Formebenen und Einstellungsebenen werden Masken schon serienmäßig »mitgeliefert« werden. Bei einer Formebene definiert die Vektormaske die gezeigte Figur.

Datei auf der Buch-DVD: »kleinerleuchtturm.tif«

Mit der Maske einer Einstellungsebene können Sie die Korrektur schnell und effizient auf einen bestimmten Bildbereich eingrenzen.

▲ **Abbildung 14.3**
Bei diesem Foto sollte die Sanddüne im Vordergrund eine etwas wärmere Farbe bekommen, ohne dass der Rest des Bildes verändert wird.

▲ **Abbildung 14.4**
Das Resultat der maskierten Einstellungsebene: Sand und Zaunpfähle haben einen warmen Gelbton bekommen, doch die übrigen Bildbereiche bleiben unverändert.

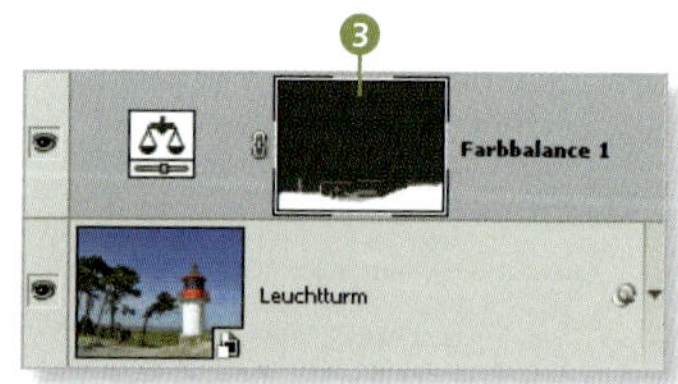

▲ **Abbildung 14.5**
Eine Farbbalance-Einstellungsebene grenzt die Korrektur ein. Die mitgelieferte Maske 3 wurde durch wenige Pinselstriche mit dunkler Farbe gefüllt. Dort wirkt die Korrektur nicht auf das Bild.

14.1.1 Wie wirkt eine Maske?

Der Begriff der Maske kommt aus der Foto- und Repro-Technik. Früher wurde mit roten Folien gearbeitet, die mit einem Skalpell passgenau zugeschnitten und auf das Negativ gelegt wurden. Beim Ausbelichten ließen die so maskierten Bereiche kein Licht durch und blieben auf dem Positiv unsichtbar. Die digitalen Masken in Photoshop funktionieren ähnlich. Sie setzen einen bestimmten Teil einer Ebene – eben die maskierten Bereiche – transparent, das heißt, die maskierten Teile werden ausgeblendet. Wenn sich eine Ebene unterhalb der maskierten Ebene befindet, wird diese dann sichtbar. Diesen Effekt kann man zwar auch mit dem einfachen Löschen von Bildpixeln erzielen, jedoch sind diese Bildbereiche dann unwiderruflich verloren. Eine Maske hingegen kann jederzeit wieder entfernt oder inaktiv gesetzt werden, und dann sind die ausgeblendeten Bildteile wieder zu sehen.

Datei auf der Buch-DVD: »Tordurchfahrt.tif«

▲ **Abbildung 14.6**
Was mag sich hinter diesem Tor verbergen?

▲ **Abbildung 14.7**
Der Blick auf Dünen und Meer?

▲ **Abbildung 14.8**
Ein vorwitziges Schaf?

▲ **Abbildung 14.9**
Ein weiteres verschlossenes Tor? Oder etwas ganz anderes? Masken lassen Ihnen viel Spielraum.

Masken sind vielseitige Montagehelfer. Sind bestimmte Bildteile – so wie in den Beispielabbildungen 14.6 bis 14.9 die Torflügel – erst einmal mithilfe einer Ebenenmaske ausgeblendet, können Sie beliebige Bildmotive in der Ebene darunter positionieren und zeigen. Die untere Ebene dieses Bildes enthält den Leuchtturm oder andere Montageelemente, die obere Ebene eine Mauer mit Tor. Auf der oberen Ebene wurde eine Maske erstellt, die die hölzernen Torflügel ausblendet, aber die Mauer intakt lässt. Dort ist nun die obere Ebene ausgeblendet, und man kann die Inhalte auf der Ebene darunter sehen. In der Maskenminiatur werden die maskierten – ausgeblendeten! – Bereiche der Ebene »Tor« schwarz dargestellt, der nicht maskierte Teil weiß.

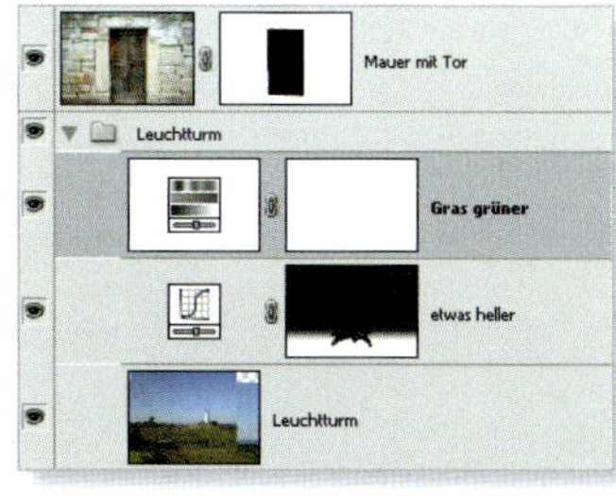

▲ **Abbildung 14.10**
Oben das maskierte Tor, darunter eine Gruppe mit Leuchtturm und einigen Einstellungsebenen, mit deren Hilfe das Motiv an die Umgebung angepasst wurde.

Masken und Alphakanal | Da Masken auf Alphakanälen basieren, kann die Intensität der Abdeckung in 256 (Grau-)Stufen variiert

Weitere Anpassungstechniken für Montagen

Mit der Maske allein ist es natürlich selten getan. Meist müssen unterschiedliche Bilder, die in einer Montage oder einem Composing zusammengefasst werden sollen, auch aneinander angepasst werden: perspektivisch per Transformation, in Farbe, Helligkeit und Kontrast oder hinsichtlich Lichtern und Schatten. Die Filter RAUSCHEN HINZUFÜGEN und RAUSCHEN REDUZIEREN (unter FILTER • RAUSCHFILTER) können für die Anpassung verschiedener Bildmotive ebenso nützlich sein wie Scharf- und Weichzeichnungsfilter. Für die Arbeit am Detail können Sie Abwedler und Nachbelichter benutzen.

Neu in Photoshop CS4
Diese Tools sind überarbeitet worden, sodass der bisher unumgängliche »Entsättigungseffekt« nicht eintritt. Mehr dazu finden Sie in Abschnitt 22.4, »Lokal abwedeln, nachbelichten und Sättigung korrigieren per Werkzeug«!

werden. Dadurch sind auch die schon erwähnten weichen, fließenden Übergänge möglich, und zwar mit mehr Kontrolle als bei der Auswahloption WEICHE KANTE. Masken bzw. Alphakanäle lassen sich außerdem mit fast allen Werkzeugen und Befehlen nachbearbeiten – so kann man seine Ergebnisse immer neu variieren. Wenn die maskierte Ebene markiert (aktiv) ist, wird in der Kanäle-Palette die Maske angezeigt – natürlich als Alphakanal. Indem man auf das Augensymbol des Alphakanals klickt, blendet man die virtuelle »rote Maskenfolie« ein. Wenn man zusätzlich alle anderen Kanäle ausblendet, ist die Graustufendarstellung der Maske zu sehen.

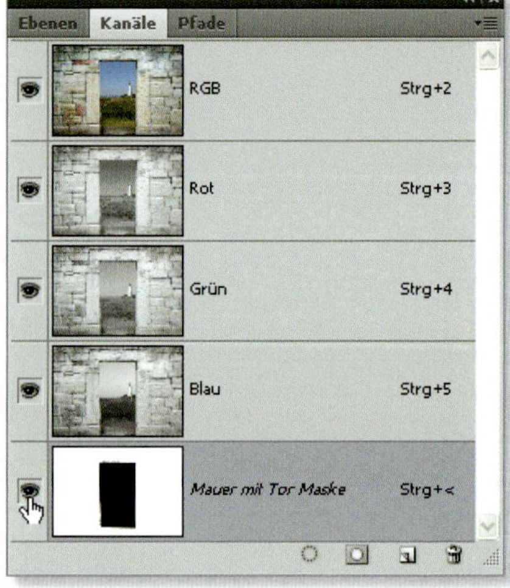

◄ **Abbildung 14.11**
Nicht nur in der Ebenen-Palette kann man sehen, ob in einem Bild Masken vorhanden sind, sondern auch in der Kanäle-Palette. Das Aktivieren des Kanals (Augen-Icon) …

Abbildung 14.12 ►
… blendet im Bild eine Vorschau der virtuellen »Maskierungsfolie« ein. (Rot mit 50%iger Transparenz ist der Standard.)

Wer die Funktionsweise von Masken versteht, kann später leicht mit Auswahlen, Alphakanälen, der Quick Mask (Maskierungsmodus) und eben den Ebenenmasken selbst jonglieren. Alle diese

Arbeitsmittel sind eng miteinander verwandt: Auswahlen können die Basis von Masken sein, und aus Masken können wiederum neue Auswahlen erstellt werden. Beide basieren auf Alphakanälen. Die Quick Mask ist nichts anderes als eine temporäre Maske mit einem temporären Alphakanal. Das hört sich hier noch arg theoretisch an, auf den folgenden Seiten werden Sie aber erfahren, wie sich alltägliche Photoshop-Aufgaben so leichter lösen lassen. Je sicherer Sie im Handling dieser Techniken sind, desto mehr Zeit sparen Sie bei kniffligen Arbeiten!

14.2 Befehle und Funktionen

Die Paletten Ebenen und Kanäle waren schon immer wichtige Steuerungsinstrumente für Masken – mit ihnen lassen sich Masken erzeugen, löschen, aktivieren und deren Anzeigeweise beeinflussen.

In CS4 neu hinzugekommen ist die Palette Masken. Auch hier finden Sie einige Basisfunktionen, vor allem aber ist die Masken-Palette ein unschätzbarer Helfer beim Anpassen und Verfeinern von Masken. In Abschnitt 14.3, »Schnell und flexibel Masken bearbeiten: Die Masken-Palette«, und im Workshop »Masken-Maßarbeit ganz ohne Pinseln: Farbbereich plus Maske« lernen Sie die neue Palette näher kennen.

14.2.1 Bedeutung der Farben bei der Maskenanzeige

Rot? Schwarz? Weiß? Wer die Maskendarstellung in Photoshop durchschaut, hat schon gewonnen: Unsicherheit im Umgang mit Masken stiften die Farben, in denen Masken dargestellt werden und auch bearbeitet werden können. Gerade wenn man Masken mit dem Pinsel bearbeitet (dazu später), kommt man schnell durcheinander. Daher hier nochmals in aller Deutlichkeit:

- **Schwarz** in der Ebenenmasken-Miniatur in der Ebenen- und Kanäle-Palette bedeutet, dass diese Bereiche maskiert sind. Die schwarze Maskierung bewirkt, dass die zugehörige Bildebene an diesen Stellen **ausgeblendet** wird.
- Was in der Maskenminiatur **weiß** dargestellt wird, ist unmaskiert. Wo die Maske weiß ist, bleiben die Pixel der Bildebene **sichtbar**.
- **Grauwerte** in der Maske sorgen entsprechend ihrer Helligkeit für mehr oder weniger starke **Transparenz** der maskierten Ebene.

▲ **Abbildung 14.13**
Die Graustufen einer Maske …

Bild: Onno K. Gent

▲ **Abbildung 14.14**
… sorgen für stufenlose Transparenz der Bildkanten. Dadurch wird die – hier weiße – Hintergrundebene sichtbar.

Datei auf der Buch-DVD: »SchiffAbendlicht.tif«

- Maskierte (schwarze!) Bereiche erscheinen, wenn der Alphakanal mit der Maske eingeblendet ist, mit einer digitalen **roten Folie** überzogen. (Die Folienfarbe kann man ändern, aber Rot ist die der repro-technischen Tradition geschuldete Standardeinstellung.)
- **Auswahlen** kann man nicht nur aus einer Quick Mask erstellen, sondern auch aus Ebenenmasken. Dabei wird aus den weißen, nicht maskierten Bereichen der Maske der Auswahlbereich erstellt. In der Maske weiß dargestellte Partien lassen sich also dann bearbeiten. Die maskierten – also schwarzen bzw. rot abgedeckten – Partien eines Bildes sind dann *nicht* ausgewählt und somit vor Bearbeitung geschützt.

14.2.2 Anzeige der Maske ändern

Die Farbe und Deckkraft der »Maskenfolie« können Sie übrigens ändern. Dazu genügt ein Doppelklick auf die Kanalminiatur oder auf das Maskenicon in der Ebenen-Palette. Es öffnet sich dann ein Dialog, in dem Sie Ihre Einstellungen vornehmen können. Mit dem Befehl MASKENOPTIONEN… aus dem Masken-Kontextmenü (Doppelklick oder Rechts- bzw `Ctrl`-Klick auf die Maskenminiatur und) erreichen Sie das Dialogfeld zur Änderung der Maskenfolien-Darstellung ebenfalls.

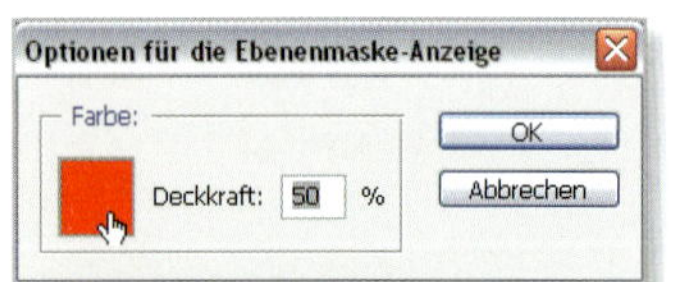

▲ **Abbildung 14.15**
Änderungen an der Maskenanzeige wirken sich nur auf die Darstellung der Maske, nicht auf deren Wirkungsgrad aus. Um die Farbdarstellung zu ändern, müssen Sie mit einem weiteren Klick auf das Farbfeld den Farbwähler aufrufen.

14.2.3 Ansichtsmodi von Masken

Für die tägliche Arbeit wichtig ist auch der flüssige Wechsel zwischen den verschiedenen Ansichtsmodi von Masken. Insbesondere dann, wenn Sie Masken mit weichen Verläufen anlegen, um auf dieser Basis Auswahlen zu erstellen, oder wenn Sie sehr detailreiche Bildbereiche maskieren, um sie auszublenden – beides sind recht häufige Arbeitsmittel –, können **Maskierungs»folie«** und **Graustufenansicht** hilfreich sind. Auswahllinien sieht man bekanntlich nicht an, ob eine Auswahl weich oder scharf umrissen ist. Die Maskenfolie jedoch zeigt das an, indem sie mehr oder weniger stark deckt. Bei Arbeiten am Detail braucht man einfach viel Kontrolle und sollte immer wieder zwischen verschiedenen Ansichten hin und her schalten.

»Folienansicht« besonders günstig bei deaktivierter Maske

Durch die »Folie« hindurch sind die Bildteile, die Sie maskieren, weiterhin sichtbar. Das ist besonders dann interessant, wenn zusätzlich die Maske deaktiviert wird – dann können Sie die Präzision der Maske an besonders kritischen Stellen gut überprüfen.

Graustufenansicht | Wenn Sie in die Maskenminiatur klicken und dabei `Alt` bzw. `⌥` drücken, wird die Graustufenansicht der Maske sichtbar. (Ein Beispiel sehen Sie in Abbildung 14.13.)

Maskierungsfolie | Wenn Sie in die Maskenminiatur klicken und dabei `⇧`+`Alt` bzw. `⇧`+`⌥` drücken, wird die Maskierungsfolie eingeblendet. Sie lässt das Motiv durchscheinen. (Ein Beispiel sehen Sie in Abbildung 14.12.)

Maskenwirkung temporär ausschalten | Ein Klick in die Maskenminiatur der Ebenen-Palette mit gehaltener `⇧`-Taste deaktiviert die Maske und zeigt die Ebene im Originalzustand bzw. aktiviert die Maske erneut. Oder Sie nutzen das Kontextmenü. Sie erreichen es per Rechtsklick (`Ctrl`-Klick) auf die Maskenminiatur. (Der Befehl dazu lautet EBENENMASKE DEAKTIVIEREN/AKTIVIEREN.)

Auch die Masken-Palette enthält einen Button ❶ zum Ausblenden der Maske. Sie müssen die Maske durch einen Klick auf die Maskenminiatur ❷ in der *Ebenen*-Palette (!) auswählen, wenn Sie diese Funktion nutzen wollen.

▲ **Abbildung 14.16**
Eine deaktivierte Maske lässt die Anzeige der Bildebene unverändert.

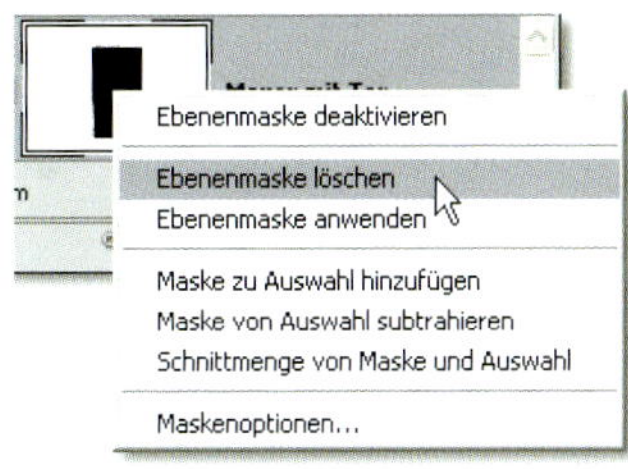

▲ **Abbildung 14.17**
Das Masken-Kontextmenü – dort finden Sie wichtige Befehle zum schnellen Zugriff.

◄ **Abbildung 14.18**
Am unteren Rand der Masken-Palette befinden sich Buttons für die gebräuchlichsten Masken-Befehle.

14.2.4 Masken erzeugen

Weiße Maske | Um eine ganz weiße, leere Maske anzulegen, die nichts maskiert, muss die entsprechende Ebene natürlich wieder in der Palette markiert sein. Dann ...

- wählen Sie den Menübefehl EBENE • EBENENMASKE • ALLE EINBLENDEN
- oder klicken auf das Icon EINE MASKE HINZUFÜGEN am unteren Rand der Ebenen-Palette,
- oder Sie nutzen den Button NEUE MASKE in der Masken-Palette.

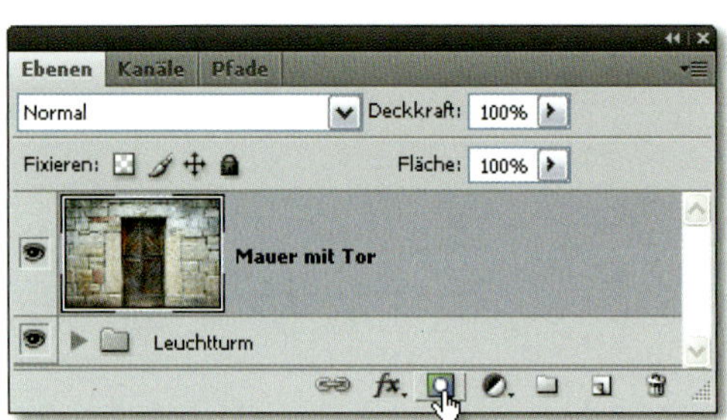

▲ **Abbildung 14.19**
Erzeugen einer Ebenenmaske per Ebenen-Palette. Die Maske wird nun zur aktiven Ebene »Mauer mit Tor« hinzugefügt.

▲ **Abbildung 14.20**
Erzeugen einer neuen (pixelbasierten) Ebenenmaske per Masken-Palette. Die Maske wird zur aktiven Bildebene hinzugefügt.

Schwarze Maske | Um eine komplett schwarze Maske, die die zugehörige Bildebene vollständig ausblendet, zu erstellen,

- wählen Sie im Menü EBENE • EBENENMASKE • ALLE AUSBLENDEN
- oder halten beim Klick auf das jeweilige Masken-Icon in der Ebenen-Palette oder der Masken-Palette Alt bzw. ⌥ gedrückt.

Eine solche schwarze Maske verwendet man, wenn man nur kleine Partien der maskierten Ebene zeigen möchte. Es ist dann einfacher, diese Partien – durch Auftragen weißer Pixel auf die Maske – freizulegen, als umgekehrt große Bereiche der Maske durch schwarzen Farbauftrag deckend zu machen.

14.2.5 Masken löschen oder anwenden

Um eine Maske endgültig zu löschen,

- lässt sich am schnellsten der Papierkorb der Ebenen-Palette nutzen. Ziehen Sie die Maske einfach darauf.

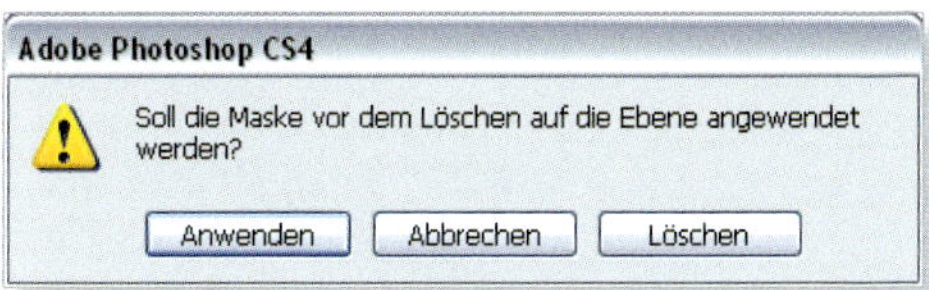

◀ **Abbildung 14.21**
Wenn Sie eine Maske per Papierkorb-Icon löschen, werden Sie gefragt, ob sie zuvor angewendet werden soll – also maskierte Ebenenpixel löscht.

- Im Masken-Kontextmenü der Ebenen-Palette steht ebenfalls ein Löschbefehl zur Verfügung. Sie erreichen ihn per Rechtsklick (`Ctrl`-Klick) auf die Maskenminiatur. Mit diesem Löschbefehl wird **ohne Nachfrage gelöscht**.
- Auch die Masken-Palette verfügt über einen solchen LÖSCHEN-Button. Die Maske muss zuvor in der Ebenen-Palette aktiviert werden, damit der Button wirkt.

▲ **Abbildung 14.22**
Löschen per Masken-Palette

Maske anwenden und löschen

Der Kontextmenübefehl EBENENMASKE ANWENDEN löscht die Maske ebenfalls aus dem Bild – allerdings auch die von ihr abgedeckten Pixel. Dieser Schritt ist dann unwiderruflich. Und auch die Masken-Palette verfügt über einen entsprechenden Befehls-Button.

▲ **Abbildung 14.23**
Maske anwenden mit der Masken-Palette. Dieser Befehl stanzt Löcher in die maskierte Ebene – und ist irreversibel!

14.2.6 Verbindung von Ebene und Maske

Normalerweise sind Ebene und Maske fest miteinander verknüpft. Wenn Sie die Ebene an eine andere Stelle des Bildes bugsieren, bewegt sich die Maske mit, und wenn Sie die Ebene transformieren, wird auch die Maske transformiert. Diese Verbindung lässt sich jedoch auch aufheben. Dann können Sie Ebene und Maske unabhängig voneinander verschieben und transformieren.

▲ **Abbildung 14.24**
Ein Klick auf das Kettensymbol zwischen Masken- und Ebenenminiatur entfernt dieses und löst die Verbindung. Ein erneuter Klick stellt die Verbindung wieder her.

Bildausschnitt finden | Eine von der Ebene gelöste Maske kann Ihnen zum Beispiel helfen, einen guten Bildausschnitt zu finden. Diese Technik ist manchmal besser als das Freistellungswerkzeug: Sie werden nicht durch die Markierungen des Beschnitt-Rechtecks abgelenkt und schließen sicher aus, dass beim Beschneiden eine Pixel-Neuberechnung durchgeführt wird. Besonders sinnvoll ist dieses Vorgehen, wenn Sie das Maskierungsrechteck mit der Rechteckauswahl und der Option ART • FESTE GRÖSSE erstellen. Wenn Sie fertig sind, klicken Sie noch einmal auf die Maskenminiatur – die Maske wird nun als Auswahl geladen. Der Befehl BILD • FREISTELLEN nimmt dann den Beschnitt vor.

Verkettete Masken jetzt auch bei Smart-Objekten

Auch Smart-Objekte lassen sich mit einer Maske versehen. In den Vorversionen ließ sich diese jedoch nicht mit dem Smart-Objekt verbinden, was beim Verschieben von Smart-Objekten regelmäßig Ärger machte. Dieses Manko ist jetzt behoben, und auch Smart-Objekte können nun mit ihrer Maske verbunden werden.

Datei auf der Buch-DVD: »BerlinVonOben.jpg«

TOPP-TIPP: Maskenautomatik: »In die Auswahl einfügen«

Unter dem Menüpunkt BEARBEITEN findet sich auch der Befehl IN DIE AUSWAHL EINFÜGEN (Strg+⇧+V bzw. ⌘+⇧+V). Damit können in der Zwischenablage befindliche Inhalte in einen zuvor festgelegten Auswahlbereich eingefügt werden. Wenn Sie diesen Befehl wählen, wird eine neue Bildebene mit dem eingefügten Bildgegenstand angelegt, die automatisch eine Maske (die dem zuvor erstellten Auswahlbereich entspricht) enthält. Die Verkettung von Maske und Palette ist bereits aufgehoben. So können Sie durch Bewegen von Maske und eingefügtem Objekt entscheiden, welcher Ausschnitt der beste ist.

▲ **Abbildung 14.26**
In der Datei mit der Tür wurde eine rechteckige Auswahl angelegt. Das Pinienbild wurde in die Zwischenablage kopiert und mit dem Befehl IN DIE AUSWAHL EINFÜGEN eingesetzt.

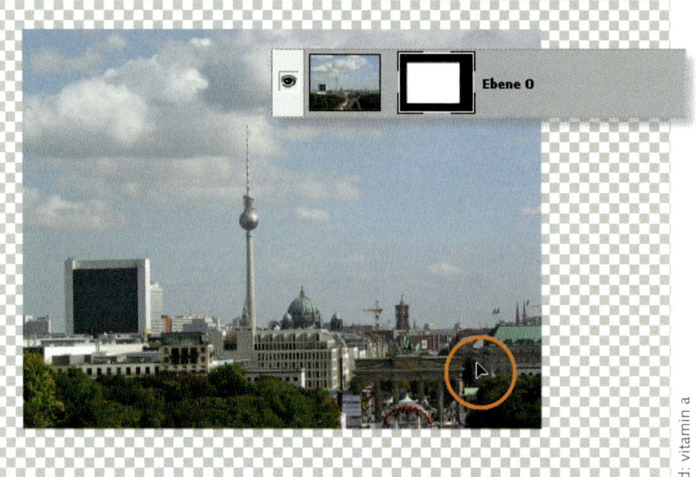

Bild: vitamin a

▲ **Abbildung 14.25**
Indem Sie die Maske mit dem Verschieben-Werkzeug über das Bild bewegen, bekommen Sie einen guten Eindruck von der Wirkung verschiedener Bildausschnitte. Die Verbindung zwischen Ebene und Maske muss dazu natürlich gelöst worden sein!

14.3 Schnell und flexibel Masken bearbeiten: Die Masken-Palette

CS4 Ebenen- und Kanäle-Palette bleiben auch in Photoshop CS4 wichtige Steuerungsinstrumente für Masken. Doch die neue Masken-Palette macht die Bearbeitung von Masken schneller, einfacher und vor allem flexibler.

In der Masken-Palette finden Sie zwar auch einige Basis-Funktionen wie Erzeugen, Löschen oder Anwenden von Masken. Vor allem aber ist sie ein Tool, mit dem Sie bereits **bestehende Masken nachbearbeiten**. Bisher fiel beim Anpassen von Masken viel Handarbeit an: Maskenkonturen mussten oftmals mit mit Pinselwerkzeugen manuell nachgebessert werden. Zuweilen half auch der Einsatz von Filtern wie dem GAUSSSCHEN WEICHZEICHNER (unter FILTER • WEICHZEICHNUNGSFILTER – sorgt für weiche Konturen) oder DUNKLE/HELLE BEREICHE VERGRÖSSERN (unter FILTER • SONSTIGE FILTER – diese Filter verkleinern oder erweitern den maskierten Bereich).

All diese Befehle stehen weiterhin zur Verfügung. In der Masken-Palette sind die Entsprechungen zu diesen Funktionen (und noch einige mehr) jedoch **bequem zusammengefasst**. Und der größte Vorteil: **Ihre Anwendung ist reversibel**. Mit der Masken-Palette können Sie Konturlinien innerhalb von Masken detailliert anpassen und die Deckkraft der Maske – und damit die Transparenz der maskierten Ebene – steuern. Farbbereiche des Bildes können mit wenigen Klicks zur den maskierten Bereichen hinzugefügt oder von ihnen ausgeschlossen werden.

14.3.1 Grundfunktionen auf einen Blick

Standardmäßig ist die Masken-Palette in Photoshop immer eingeblendet. Sie teilt sich im Dock das Fach mit der – ebenfalls neuen – Palette KORREKTUREN. Sie lässt sich auch über den Befehl FENSTER • MASKEN starten.

Im Gegensatz zur vollgepackten Ebenen-Palette ist die Masken-Palette recht übersichtlich. Und auch ihre Funktionen sind nicht so erklärungsbedürftig: Zum größten Teil sind sie bereits aus anderen Zusammenhängen bekannt. Das Besondere ist, dass sie hier erstmals auch auf Masken angewandt werden können – dadurch eröffnen sich ganz neue Arbeitsweisen!

Vor dem Bearbeiten: Maske auswählen

In einem Dokument können mehrere Masken vorkommen. Deswegen ist die Masken-Palette so eingerichtet, dass Sie die Maske, die Sie bearbeiten möchten, zunächst auswählen müssen. Dazu genügt ein Klick auf die Maskenminiatur in der *Ebenen*-Palette (!). Die Titelleiste Ihres Dokuments können Sie als Kontrolle nutzen. In Abschnitt 14.5.2, »Maske aktivieren«, später in diesem Kapitel finden Sie weitere Informationen zum Thema.

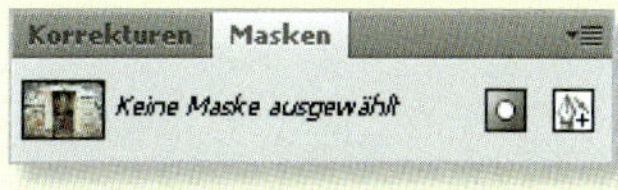

▲ **Abbildung 14.27**
Die Masken-Palette verweigert den Dienst, wenn keine Maske gewählt ist.

◂ **Abbildung 14.28**
Diese Palette ändert die Arbeitsweise mit Masken grundlegend.

- Das Miniatur-Vorschaubild oben links ❶ zeigt Ihnen an, welche Maske aktuell ausgewählt ist – und auf welche Maske sich Ihre Einstellungen auswirken.
- Die zwei Buttons oben rechts dienen zum Anlegen neuer Masken. Sie können »normale«, pixelbasierte Ebenenmasken ❸ und auf Vektorlinien basierende Vektormasken ❹ erzeugen.
- Die kleinen Icons am Fuß der Palette ❻ übernehmen Grundfunktionen, die Sie auch mit der Ebenen-Palette ausführen können: das Löschen, Ein- und Ausblenden und Anwenden von Masken sowie das Erzeugen von Auswahlen aus Masken (mehr dazu finden Sie in Abschnitt 14.4, »Ebenenmasken, Auswahlen und Kanäle«).
- Der Button UMKEHREN ❺ vertauscht Schwarz und Weiß in der Maske und kehrt damit auch die Maskierwirkung um.

Zum Weiterlesen: Vektormasken

Mehr zu dieser eher selten benutzten Maskenart lesen Sie in Abschnitt 14.7, »Vektormasken: Auflösungsunabhängig«, am Ende dieses Kapitels.

14.3.2 Transparenz mit dem »Dichte«-Regler steuern

Zwei Regler stehen auf der Masken-Palette zum schnellen Zugriff zur Verfügung. Der obere heißt DICHTE ❷. Mit ihm steuern Sie, wie dunkel das Schwarz der Maske erscheint und damit, wie stark die Maske die maskierte Ebene abdeckt.

Datei auf der Buch-DVD: »KleinerLeuchtturmExtremkorrektur.tif«

Das Prinzip ist nicht neu: Schwarze Maskenbereiche decken die Ebenen vollständig ab, graue Maskenteile machen Bildebenen leicht transparent oder reduzieren die Korrekturwirkung von Einstellungsebenen (anstatt sie ganz aufzuheben). Neu ist, dass dieser Effekt nun über den Regler stufenlos reguliert und jederzeit geändert werden kann.

Einige Vergleichsbilder machen die Wirkung des Sliders anschaulich. Dazu nutze ich nochmals den kleinen Leuchtturm vom Kapitelanfang (Abbildungen 14.29 bis 14.35). Die Korrekturwerte wurden jedoch überhöht, damit der Effekt besser zu sehen ist.

Dem Ausgangsbild wird eine stark gelb färbende Einstellungsebene FARBTON/SÄTTIGUNG hinzugefügt. Mittels Maske wird die Wirkung dieser Einstellungsebene zunächst auf den Sandstrand im Vordergrund sowie auf die Zaunpfähle und einige andere Details eingegrenzt. Die Dichte der Maske beträgt 100%.

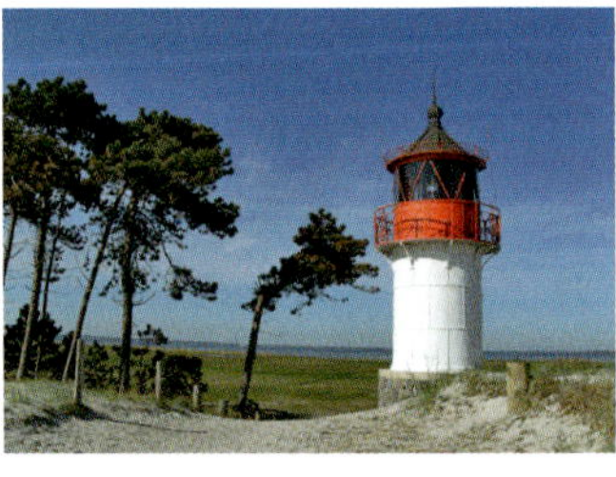

▲ **Abbildung 14.29**
Das Originalbild, ohne Einstellungsebene, ohne Korrektur und ohne Maske.

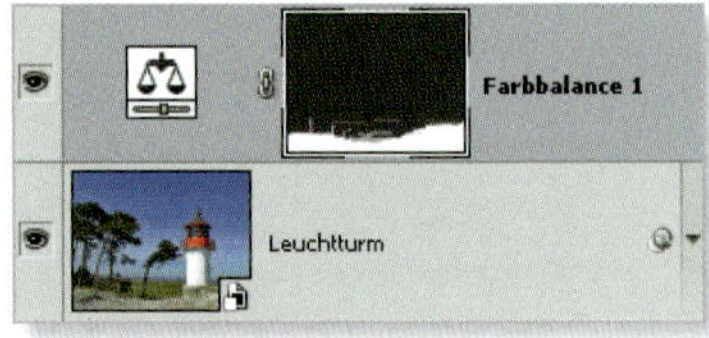

▲ **Abbildung 14.30**
Der Ebenenaufbau des Testbildes

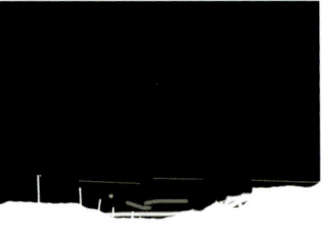

▲ **Abbildung 14.31**
Die Maske mit DICHTE 100% – Schwarz und Weiß und sehr wenig Grautöne bei den Details

▲ **Abbildung 14.32**
Das Bild mit extrem färbender Einstellungsebene. Durch die Maske wirkt diese zunächst nur auf den Vordergrund.

Der Kontrast zwischen den nicht-maskierten, verfärbten Bildteilen einerseits und den maskierten, nicht-verfärbten Bereichen andererseits ist sehr deutlich. Doch was passiert, wenn die Dichte der Maske auf 50% herabgesetzt wird?

▲ **Abbildung 14.33**
Die Maske bei 50% Dichte sieht nun so aus. Aus Schwarz wurde Grau – und das ist dafür verantwortlich, dass die färbende Wirkung der Einstellungsebene auch in den maskierten Teilen zum Tragen kommt.

▲ **Abbildung 14.34**
Der Gelbstich wird im gesamten Bild sichtbar. Im Bildhintergrund – der ja immer noch durch die Maske verdeckt ist – erscheint er weniger stark als im unmaskierten Vordergrund.

Wenn man die Dichte der Maske weiter reduziert, nimmt die Deckkraft der Maske ab, und die färbende Wirkung der Einstellungsebene nimmt zu. Bei einer Dichte von 0% ist die Maskenwirkung völlig aufgehoben. Die Maske erscheint ganz weiß.

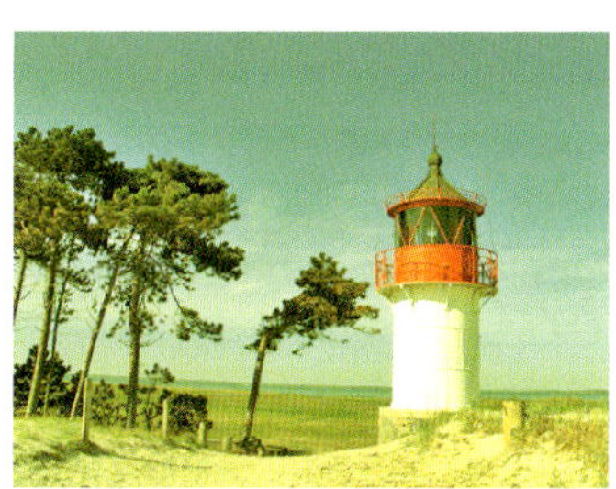

◂ **Abbildung 14.35**
Das Beispielbild ist überall stark verfärbt. Die Maske mit einer Dichte von 0% hat keinerlei filternde Wirkung mehr.

Mit solchen Extremwerten wird man in der Praxis wohl eher selten arbeiten. Im Normalfall werden Sie die Funktion zum feinen Nachjustieren nutzen.

Allerdings müssen Sie beachten, dass es bei einer Maske, deren Dichte-Wert mit der Masken-Palette gesenkt wurde, auch nachträglich nicht mehr möglich ist, auf das Maskengrau voll deckendes Schwarz aufzubringen – weder mit dem Pinsel noch mit anderen Maßnahmen. Und Auswahlen, die aus solchen Masken erzeugt werden, sind ebenfalls in der Wirkung reduziert, vergleichbar mit einer global wirksamen »Weichen Auswahlkante«.

Der Korrekturbefehl »Helligkeit/Kontrast« als Alternative | Der Korrekturbefehl Helligkeit/Kontrast (unter Bild • Korrekturen) kann die Wirkung von Masken insgesamt verschärfen oder abmildern. Er macht aus Schwarz und Weiß Grautöne oder aus Graustufen Schwarz und Weiß. Anders als der Dichte-Slider ist er auch in der Lage, das Maskenweiß zu verändern. Und wenn Sie mit dieser Funktion arbeiten, können Sie graue Maskenbereiche wieder mit Schwarz überpinseln – etwa, um einzelne Details doch vollkommen abzudecken. Einziger Nachteil: Anders als mit den Funktionen der Masken-Palette haben Sie nicht jederzeit einen einfachen Zugriff auf Ihre Einstellungen, um sie zu ändern. Dennoch stellt Helligkeit/Kontrast in einigen Situationen eine sinvolle Alternative zur Dichte-Funktion dar.

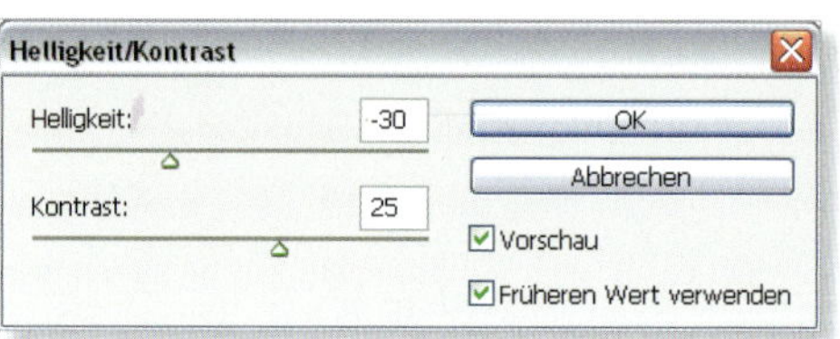

Abbildung 14.36 ▸
Ist die Option Früheren Wert verwenden aktiv, wirkt das Tool insgesamt viel schärfer.

14.3.3 Konturbereiche in Masken nachbessern

Die wahren Problemzonen von Masken sind Kanten und Konturen innerhalb des Bildes und innerhalb der Maske: also die Stellen, an denen maskierte und nicht-maskierte Bereiche aneinanderstoßen. Dort soll die Maske exakt den vorhandenen, manchmal recht gewundenen und kleinteiligen Bildkonturen folgen. Gleichzeitig soll die Maske jedoch auch weich genug sein, damit das maskierte Objekt nicht wie grob mit der Schere ausgeschnitten wirkt. Denn in vielen Fällen ist der Übergang zwischen verschiedenen Bildobjekten eher diffus als klar konturiert (Abbildungen 14.37 und 14.38).

Bild: Fotolia, dashek

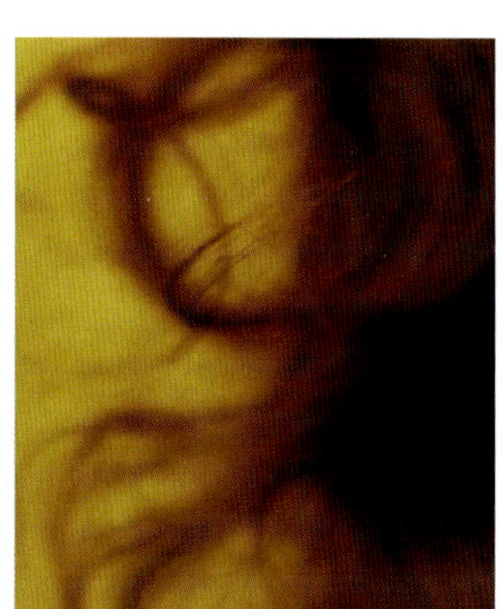

Abbildung 14.37 ▸
An Lockenschöpfen wie hier zeigt sich schnell, ob eine Maske gut gemacht ist. Diese ist es nicht: Der Bildhintergrund wurde ausgeblendet und lässt die Haarkonturen grob zugeschnitten stehen.

Abbildung 14.38 ▸▸
Zoom auf die Lockenkontur, hier ohne Maske mit dem Originalhintergrund: Eine klare Grenze zwischen Haar und Hintergrund ist schwer auszumachen.

Die Masken-Palette bietet gleich zwei Werkzeuge, um mit dieser schwierigen Materie fertig zu werden.

Weiche Kante nicht nur für Pixel-Masken | Der Slider WEICHE KANTE ist direkt in der Masken-Palette zugänglich. Er zeichnet Konturen innerhalb der Maske stufenlos weich. Änderungen werden direkt im Bild angezeigt. Korrekturen der Einstellung können jederzeit vorgenommen werden.

Diese Funktion lässt sich auf pixelbasierte Ebenenmasken anwenden und – das ist das Besondere – **auch auf Vektormasken**. Bisher galt: Vektormasken haben stets scharfe, harte Kanten und bestehen nur aus Schwarz oder Weiß; Graustufen und damit weiche Übergänge waren nicht realisierbar. Das ist nun anders, der WEICHE KANTE-Regler macht auch die Konturen innerhalb von Vektormasken weich. Diese werden dadurch deutlich aufgewertet und bieten gewissermaßen das Beste aus der Pixel- und der Vektorwelt: Sie sind stufenlos skalierbar, kommen nun aber nicht mehr zwangsläufig in harter Scherenschnitt-Optik daher.

Differenzierte Einstellungen: Maskenkante | Differenziertere Einstellungen für die Konturen innerhalb von Masken eröffnen sich mit dem MASKENKANTE-Dialog.

Dessen Funktionen lassen sich jedoch **nur auf Pixelmasken** anwenden. Wohl aus diesem Grund sind die beiden Weiche-Kante-Funktionen innerhalb der Masken-Palette nicht miteinander gekoppelt: Die WEICHE KANTE-Einstellung innerhalb des Dialogs MASKENKANTE arbeitet völlig unabhängig vom Regler WEICHE KANTE auf der Masken-Palette.

◀ **Abbildung 14.40**
MASKE VERBESSERN ist ein neuer Name für Funktionen, die Sie schon von der Auswahlfunktion KANTE VERBESSERN kennen.

Zum Weiterlesen: Bessere Masken für schwierige Objekte
Wie Sie auch haarige Motive per Maske erfassen, lesen Sie in einem Workshop in Abschnitt 14.3.4, »Das Wunderwerkzeug für komplizierte Masken: ›Farbbereich‹«.

Maskenkante...

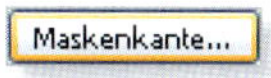

▲ **Abbildung 14.39**
Hier geht es zum Masken-Feintuning.

TOPP-TIPP: Zwei verschiedene Ansichten gleichzeitig

Mit dem Befehl FENSTER • ANORDNEN • NEUES FENSTER FÜR [DATEINAME] wird eine Datei in zwei Fenstern gleichzeitig angezeigt. Das ist kein Dateiduplikat, sondern lediglich eine zweite Ansicht. Änderungen werden in beiden Fenstern synchron gezeigt. Der Vorteil: Sie können mehrere Ansichtsvarianten eines Bildes gleichzeitig auf dem Schirm haben. So haben Sie bei kniffligen Arbeiten beispielsweise unterschiedliche Maskendarstellungen und Zoomstufen parallel im Blick. Mehr dazu finden Sie in Kapitel 3, »Nützliche Helfer«.

Zum Nachlesen: Auswahl nach Farbbereich

In Abschnitt 13.6, »Farbbereiche auswählen«, wird der Dialog ausführlich vorgestellt.

Wirklich neu sind die Funktionen des Dialogs nicht: Sie kennen sie bereits aus dem Kante Verbessern-Dialog der Auswahlwerkzeuge. Lesen Sie in Abschnitt 13.2.6, »Auswahltuning mit voller Kontrolle: Kante verbessern«, nach.

Es ist jedoch ein absoluter Zugewinn, dass diese Einstellungen nun auch auf Masken angewendet und jederzeit angepasst werden können. Das Handling ist einfach und spart gegenüber den bisherigen manuellen Masken-Korrekturen viel Zeit. Und auch diese Einstellungen lassen sich jederzeit erneut aufrufen und ändern.

14.3.4 Das Wunderwerkzeug für komplizierte Masken: »Farbbereich«

Altgediente Photoshop-Anwender sind über diese hymnische Überschrift sicherlich etwas verwundert: Schließlich ist der Dialog Farbbereich schon seit gefühlten Ewigkeiten Teil des Photoshop-Funktionsumfanges (im Auswahl-Menü).

Doch dank der neuen Optionen Bereich und Lokalisierte Farbgruppen und der Anwendbarkeit auf Masken bringt dieser »Oldie« jetzt einen kräftigen Produktivitätsschub. Wer jemals mit komplizierten Freistellern oder dem alten Extrahieren-Filter – in CS4 nicht mehr vorhanden – gekämpft hat, wird die Kombination Farbereich plus Maske sehr zu schätzen wissen.

Datei auf der Buch-DVD: »LockigeSchönheit.tif«

Zur **Nachbearbeitung** von Masken ist die Farbbereich-Funktion **nicht so gut geeignet**. Doch Sie können – ohne den Umweg über eine zuvor erstellte Auswahl – Masken erzeugen, die bestimmte Bildteile ausblenden. Welche Bildteile das sind, lässt sich dabei genau steuern. Im folgenden Workshop erfahren Sie anhand eines handwerklich recht anspruchsvollen Motivs (der lockigen Dame von Abbildung 14.37), wie das funktioniert.

CS4 **Pixelmaske hinzufügen**

Für altgediente Anwender ist es ein Routinehandgriff: das Umwandeln einer Hintergrundebene in eine normale Ebene, um sie mit einer Ebenenmaske zu versehen. In CS4 lassen sich Masken direkt auf Hintergrundebenen anlegen. Dazu müssen Sie das Icon Pixelmaske hinzufügen aus der Masken-Palette nutzen. Das entsprechende Icon am unteren Rand der Ebenen-Palette bleibt wie aus älteren Programmversionen bekannt bei Hintergrundebenen inaktiv.

Schritt für Schritt: Masken-Maßarbeit ganz ohne Pinseln: Farbbereich plus Maske

1 Datei vorbereiten

Das Ziel dieses Workshops ist es, eine Maske zu erzeugen, die den Bildhintergrund ausblendet und dabei gleichzeitig die Haarpracht der porträtierten Frau intakt lässt. Danach könnte man einen anderen Bildhintergrund einmontieren, oder man lässt das Bild einfach freigestellt vor Weiß stehen. Das hört sich zunächst trivial an, doch tatsächlich sind solche haarigen Motive sehr anspruchsvoll.

Zur Vorbereitung sind drei Schritte zu erledigen: Sie machen aus der Bildebene – die jetzt noch die Hintergrundebene ist – eine normale Bildebene. Dann erzeugen Sie eine neue, weiße

Ebene und legen sie unter die Ebene mit dem Motiv. Sie dient der Ergebniskontrolle. Und schließlich wechseln Sie wieder zur Ebene mit dem Bildmotiv und erzeugen dort eine Ebenenmaske.

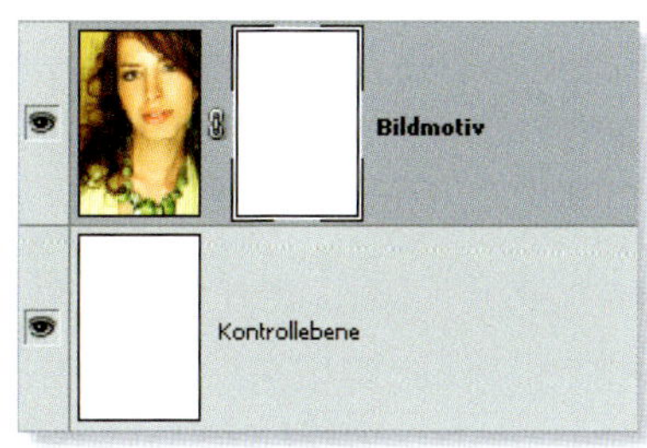

▲ **Abbildung 14.42**
Ebenenaufbau der Datei

◄ **Abbildung 14.41**
Die Ausgangsdatei

Bye-bye, Extrahieren-Filter
Der EXTRAHIEREN-Filter sollte das Freistellen kompliziert geformter Objekte erleichtern, aber hat dieses Versprechen eigentlich nie wirklich eingelöst. In Photoshop CS4 ist er im regulären Funktionsumfang nicht mehr enthalten. Hartgesottene Fans können ihn nachinstallieren. Weitere Details und eine Anleitung zur Installation finden Sie hier:
Mac: *www.adobe.com/support/downloads/detail.jsp?ftpID=4249*
Win: *www.adobe.com/support/downloads/detail.jsp?ftpID=4269*
Eine Beschreibung des Extrahieren-Werkzeugs können Sie im BuchUpdate unter *www.galileo-design.de/1869* nachlesen.

2 Farbbereich-Dialog starten und einstellen

Markieren Sie nun die Maske in der Ebenen-Palette, und starten Sie den Dialog FARBBEREICH mit dem entsprechenden Button in der Masken-Palette. Achten Sie, bevor Sie loslegen, darauf, dass alle Optionen richtig eingestellt sind.

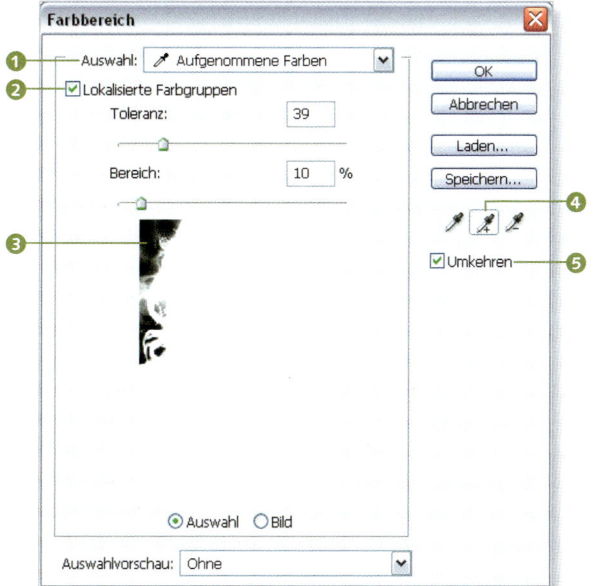

◄ **Abbildung 14.43**
Das Vorschau-Bild zeigt, dass hier schon die ersten Klicks ③ gemacht wurden – oben links sieht man die Anfänge einer schwarzen Maskenfüllung.

Sehr wichtig ist die Option UMKEHREN ⑤ – sonst sehen Sie nämlich nur eine schwarze Maske. Bei den Pipetten brauchen Sie die Plus-Pipette ④ für multiple Auswahlklicks ins Bild. Unter AUSWAHL ① muss selbstverständlich AUFGENOMMENE FARBEN stehen. Aktivieren Sie auch unbedingt LOKALISIERTE FARBGRUPPEN ❷, und starten Sie mit eher niedrigen Werten bei TOLERANZ und BEREICH – Sie können sich später noch an die beste Einstellung herantasten. Achtung: Der BEREICH-Regler ist manchmal erst aktiv, nachdem Sie bereits einige Klicks ❸ in das Bild gemacht haben. Bei der AUSWAHLVORSCHAU haben Sie freie Wahl und können entscheiden, mit welcher Darstellung Sie am besten zurechtkommen. Ich fand die im Screenshot gezeigte Konstellation bei diesem Motiv am hilfreichsten.

3 Die ersten Auswahlklicks: Toleranz und Bereich austarieren

Fangen Sie nun an, im Bild oben links Auswahlklicks zu setzen – also in die Bereiche, die maskiert werden sollen. In der Vorschau erscheinen diese Bereiche dann schwarz, im Bild selbst werden sie sofort ausgeblendet, so dass dort die dahinterliegende weiße Ebene sichtbar wird. Da Sie hier mit geringer Toleranz und einem niedrigen Wert für BEREICH arbeiten, sind recht viele Klicks notwendig. Doch nur so ist gewährleistet, dass Sie nicht zu viele Farbbereiche erwischen und dadurch versehentlich zu viel Haar entfernen. Durch Verschieben der Regler können Sie feststellen, bei welchen TOLERANZ-/BEREICH-Werten die Maske bei diesem Motiv am besten wirkt. Beim Verschieben der Regler ändern sich Maske und Bild sofort, und zwar auch **rückwirkend** für alle bisher getätigten Klicks.

Bei diesem Motiv sind sehr diffuse, weiche Konturen gefragt. Verstellen Sie die Regler entprechend. Je nachdem, wo Sie Ihre Klicks gesetzt haben, sind hier andere Werte optimal, deshalb kann ich hier keine allgemeingültigen Werte nennen. Bei meinen Tests erreichte ich mit geringen BEREICHS-Werten (um die 20) und höherer TOLERANZ (70 und drüber) ganz passable Ergebnisse.

4 Fehlerkorrektur

Einzelne Fehlklicks können Sie mit BEARBEITEN • RÜCKGÄNGIG sofort wieder zurücknehmen. Die Minus-Pipette ist ein weiteres Mittel, um Farbereiche wieder von der Maskierung auszuschließen. Die Anwendung funktioniert jedoch nicht immer gut, manchmal verschlimmbessert man die Maske nur. Ist Ihnen die ganze Maske missraten, drücken Sie die `Alt`-Taste: Der Button ABBRECHEN des FARBBEREICH-Dialogs wird zu ZURÜCKSETZEN. Er nimmt alle Ihre Änderungen zurück, ohne den Dialog zu schließen. Sie können danach sofort wieder von vorn anfangen.

5 Farbbereichsauswahl abschließen

Vermutlich lässt es sich nicht vermeiden, dass auch Bereiche, die gar nicht ausgeblendet werden sollten – zum Beispiel im Gesicht der Frau – teilweise schwarz abgedeckt werden und dadurch im Bild heller erscheinen (sie werden durch die Maske teil-transparent). Das ist jedoch kein Schaden: Solche Stellen lassen sich später leicht manuell überpinseln. Konzentrieren Sie sich einzig auf den Übergang zwischen den Locken und dem gelben Hintergrund. Wenn der in Ordnung aussieht, quittieren Sie den Dialog. Die Nachbearbeitung ist dann ganz einfach – in jedem Fall deutlich einfacher als eine manuell gemalte Lockenmaske!

▲ **Abbildung 14.44**
Es ist wahrscheinlich, dass der Farbbereich-Dialog an einem Punkt Ihrer Korrektur so etwas anzeigt: prima Locken-Konturen und dazu einige unerwünscht maskierte Bereiche im Maskeninneren.

6 Zwischenergebnis

Sie haben wahrscheinlich jetzt ein Bild mit einer fast perfekten Maske vor sich. Es müsste ungefähr so aussehen:

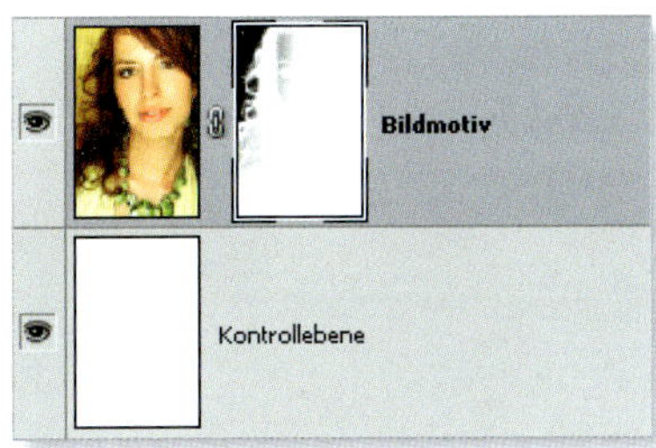

◀◀ **Abbildung 14.45**
Hier sind vor allem die über die Bluse hängenden Locken entfärbt. Das ist ein Resultat der unerwünschten hellgrauen Maskenverfärbung. Die Masken-Fehlstellen über dem Gesicht sind im Bild weniger auffallend.

◀ **Abbildung 14.46**
In der Ebenen-Palette erscheinen Bild und Maske jetzt so.

7 Innenbereiche manuell nachpinseln

Um die Maske weiter zu korrigieren, müssen Sie nun doch ein wenig den Pinsel schwingen. Doch keine Angst – es handelt sich hier nicht um knifflige Konturen, sondern um Innenbereiche der Maske, die Sie großzügig auspinseln können. Wechseln Sie zur Kanäle-Palette. Dort blenden Sie den Alphakanal ein und die übrigen Kanäle aus. Wenn der Alphakanal nicht zu sehen ist, müssen Sie zuerst in der Ebenen-Palette die Ebene mit dem Frauenbild aktivieren. Das Bild erscheint nun in der Graustufenansicht, das heißt, Sie sehen dort die Maske.

Rufen Sie nun das Pinselwerkzeug auf (Kürzel [B]) und stellen Sie eine geeignete Pinselgröße ein. Ein weicher, mittelgroßer Pinsel ist gut geeignet. Lediglich für die Kanten der Locken müssen Sie einen kleineren Pinsel nehmen und etwas vorsichtiger zu Wege gehen. Sie wollen ja nicht Ihre Vorarbeit zerstören.

Zum Weiterlesen: Pinselwerkzeug
In Teil VIII, »Farbe und Farbveränderungen«, finden Sie ein ausführliches Kapitel über das Anpassen von Pinseln.

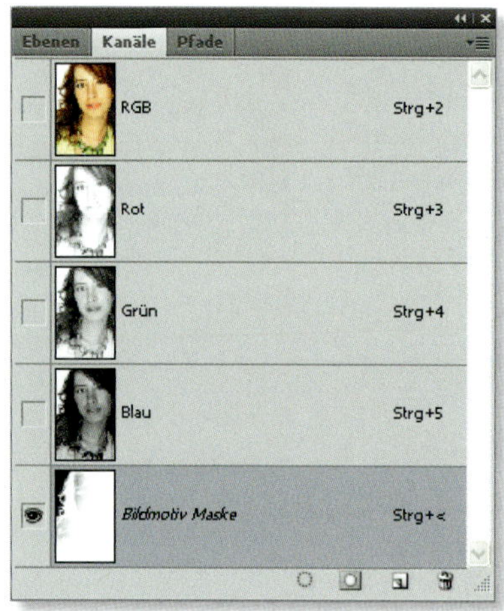

▲ **Abbildung 14.47**
Einstellung der Kanäle-Palette

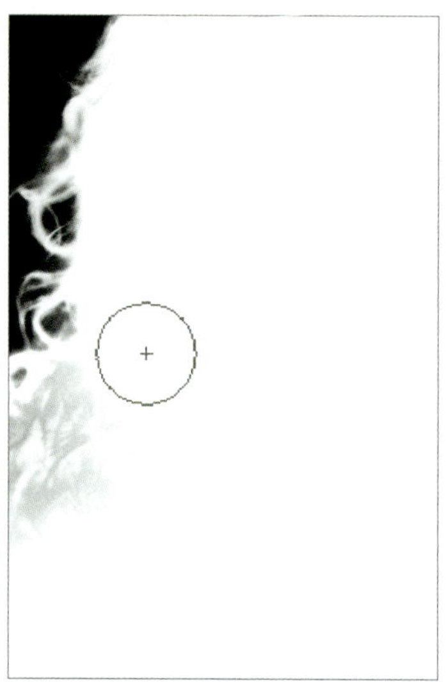

▲ **Abbildung 14.48**
Korrigieren mit grobem, weichem Pinsel. Hier sieht man auch noch einmal sehr gut die hellgrauen Partien der Maske an den Konturen der Locken: Diese gewährleisten im Bild den sanften, realistischen Übergang zwischen Haar und neuem Hintergrund.

8 Fertig! Das Endergebnis

Das fertige Bild mit korrigierter Maske sieht nun so aus:

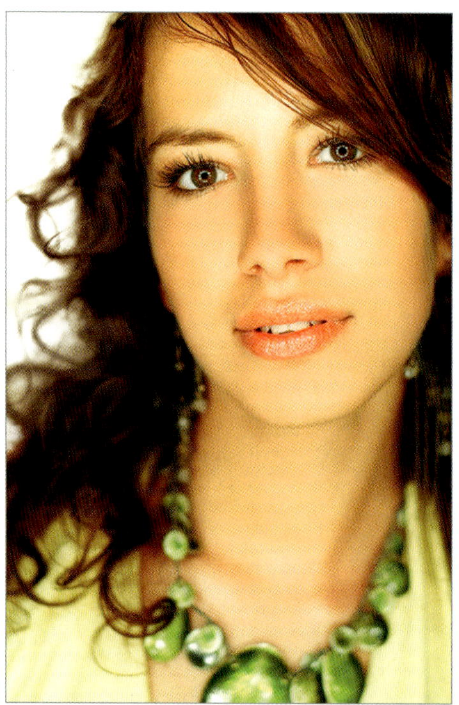

Abbildung 14.49 ▶
Ein überzeugender Freisteller, in kurzer Zeit fertiggestellt.

14.4 Ebenenmasken, Auswahlen und Kanäle

Sie können nicht nur das Farbbereich-Tool einsetzen, um maskierende und nicht maskierende Bereiche einer Ebenenmaske festzulegen. Auch Auswahlen sind dazu ein bewährtes und oft genutztes Mittel. Daher bietet Adobe dazu viele passende Befehle an.

14.4.1 Auswahlen als Grundlage von Maskenkonturen

Wenn im Bild bereits Auswahlen aktiv sind, werden diese in die neue Maske mit einbezogen. Üblicherweise wird beim Anlegen einer neuen Maske so verfahren, dass der ausgewählte Teil des Bildes nicht maskiert wird – also sichtbar bleibt. Nicht ausgewählte Bildpartien werden durch die Maske ausgeblendet.

Es gibt jedoch auch noch darüber hinausgehende Steuerungsmöglichkeiten.

Auswahl ein- und ausblenden | Die Menübefehle Ebene • Ebenenmaske • Auswahl einblenden und Auswahl ausblenden sind nur aktiviert, wenn im Bild bereits eine Auswahl vorhanden ist. Auswahl einblenden maskiert den *nicht* ausgewählten Teil des Bildes, lässt also die Bildbereiche innerhalb der Auswahl stehen und blendet den Rest aus. Auswahl ausblenden maskiert den Auswahlbereich und blendet ihn aus. Hier bleibt der nicht ausgewählte Teil des Bildes sichtbar.

Verfahren umkehren | Wenn Sie beim Klick auf das Masken-Icon in der Ebenen-Palette oder der Masken-Palette zusätzlich [Alt] bzw. [⌥] drücken, während im Bild eine Auswahl aktiv ist, wird das gewohnte Verfahren umgekehrt. Das heißt, dann wird der nicht-ausgewählte Teil gezeigt, und ausgewählte Bereiche werden maskiert und ausgeblendet.

Ebenenmaske und Auswahl verrechnen | Zudem können Sie eine Ebenenmaske in eine bereits vorhandene aktive Auswahl einrechnen lassen. Im Masken-Kontextmenü finden Sie die Befehle Maske zu Auswahl hinzufügen, Maske von Auswahl subtrahieren und Schnittmenge von Maske und Auswahl – mit diesen Befehlen legen Sie fest, in welcher Art und Weise die Auswahl der Maske zugeschlagen wird. Diese Technik wird bisweilen angewendet, um Bildkorrekturen in unterschiedlich starker Dosierung auf verschiedene Bildpartien anzuwenden.

Zum Nachlesen: Fließender Wechsel zwischen Maske und Auswahl

Da Masken sehr oft als Hilfsmittel für das Erstellen präziser Auswahlen genutzt werden, bietet Photoshop mit dem Maskierungsmodus (Quick Mask) [Q] ein Werkzeug, mit dem ein nahtloser Wechsel zwischen (bearbeitbarer) Maske und Auswahl möglich ist. Mehr dazu lesen Sie in Abschnitt 13.11.1, »Quick Mask: Auswahlen detailgenau anpassen«.

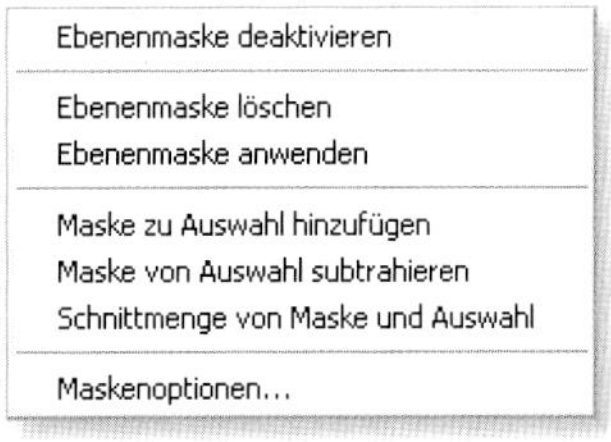

Ebenenmaske deaktivieren
Ebenenmaske löschen
Ebenenmaske anwenden
Maske zu Auswahl hinzufügen
Maske von Auswahl subtrahieren
Schnittmenge von Maske und Auswahl
Maskenoptionen...

▲ **Abbildung 14.50**
Das Masken-Kontextmenü erreichen Sie durch Rechtsklick oder [Ctrl]-Klick über einer Maskenminiatur in der Ebenen-Palette.

14.4.2 Auswahl aus einer Maske erzeugen

Masken werden oft benutzt, um besonders diffizil konturierte Auswahlen zu erstellen, oder dienen als Grundlage von Auswahlen, die unterschiedlich stark auf verschiedene Bildteile wirken. Dank der 256 Graustufen, die eine Maske annehmen kann, ist hier ein sehr differenziertes Arbeiten möglich, denn Graustufen des Kanals werden bei der Auswahl als weiche Kanten berücksichtigt! Um aus einer Maske eine aktive Auswahl zu machen, genügt ein Klick bei gehaltener [Strg]- bzw. [⌘]-Taste auf die Miniatur der Ebenenmaske.

Auch einen Alpha- oder beliebigen anderen Bildkanal können Sie auf diese Art als Auswahl laden. Dazu benutzen Sie die Schaltfläche Kanal als Auswahl laden, die Sie am Fuß der Kanäle-Palette oder der Masken-Palette finden.

14.4.3 Aus einem Kanal eine Ebenenmaske machen

Man könnte sagen, dass eine Ebenenmaske eine komfortablere, leicht bedien- und kontrollierbare Version eines Alphakanals ist, der auf eine Ebene angewandt wird. Mit einem kleinen Umweg können Sie auch aus einem beliebigen Kanal oder Alphakanal eine Ebenenmaske machen. Dazu laden Sie zunächst den Kanal als Auswahl, wechseln dann in die Ebenen-Palette und legen eine Ebenenmaske an.

14.5 Ebenenmasken bearbeiten

14.5.1 Möglichkeiten und Voraussetzungen

Auf Masken lassen sich alle gängigen Photoshop-Funktionen anwenden. Sie können nahezu alle bekannten Befehle und Werkzeuge anwenden. Am häufigsten werden Masken mit dem Pinsel [B] bearbeitet, meist für Detailkorrekturen oder Masken, die sich nicht so komfortabel mit der Farbbereich-Funktion erzeugen lassen wie im Beispiel oben. Sie können aber auch mit dem Verlaufswerkzeug [G] (für weiche Überblendungen wie im Tutorial weiter unten) oder mit Filtern arbeiten.

Werkzeuge zur Steigerung des Kontrastes werden ebenfalls recht häufig genutzt, zum Beispiel, wenn es darum geht, aus einem duplizierten Bildkanal eine Maske zu machen. Werkzeuge wie der Weichzeichner [R] lassen sich zur Nachbearbeitung von Maskenkonturen ebenfalls gewinnbringend anwenden. Und Auswahlen sind, als nahe Verwandte der Masken, ohnehin unentbehrlich. Prinzipiell sind aber Ihrer Kreativität keine Grenzen gesetzt!

14.5.2 Maske aktivieren

Die Voraussetzung für jegliche Bearbeitung einer Maske ist, dass diese – und nicht die Ebene – aktiviert ist. Dazu muss natürlich die richtige Bildebene gewählt sein, und dann müssen Sie die Maskenminiatur anklicken. Es ist in der Photoshop-Anzeige etwas schwierig festzustellen, ob nun die Ebene oder die Ebenenmaske aktiv ist – der Unterschied ist jedoch gravierend. Kontrollieren Sie lieber einmal zu viel als einmal zu wenig in der Ebenen-Palette, was Sie nun gerade unter dem Pinsel haben! Zwei Indikatoren zeigen Ihnen sicher an, was gerade aktiv ist, und dazu kommt noch ein Indiz mit Hinweischarakter:

▲ **Abbildung 14.51**
Kleine Details in der Anzeige – große Wirkung: Hier ist die Ebene aktiviert, und in der nächsten Abbildung ...

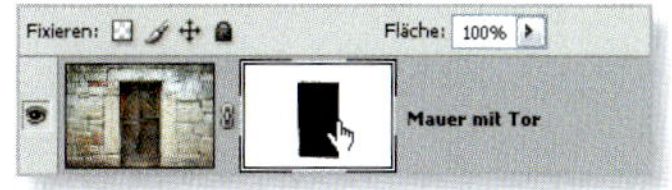

▲ **Abbildung 14.52**
... ist es die Maske.

- Beachten Sie den schmalen Rand, der entweder um die Miniatur von Maske oder Ebene verläuft.
- Die Bildtitelleiste zeigt ebenfalls an, was gerade aktiv ist.
- Sobald die Ebenenmaske aktiv ist, wechseln die Farbfelder in der Werkzeugleiste zu Graustufen, unabhängig davon, welche bunten Farben zuvor eingestellt waren.
- Sofern in der Ebenen-Palette bereits die Ebene mit der Maske gewählt ist, können Sie auch den Masken-Button der Masken-Palette nutzen, um die Maske zu aktivieren.

14.6 Ebenenmasken in der Praxis

14.6.1 Ebenenmaske mit Auswahl

Datei auf der Buch-DVD: »Alexanderplatz.tif«

Masken werden nur in seltenen Fällen komplett deckend oder vollständig leer angelegt. Meist sind dabei Auswahlen im Spiel, die die Form einer Maske vorgeben. Anhand eines einfach zu erstellenden, aber dekorativen Beispiels demonstriere ich Ihnen hier noch einmal die relevanten Befehle und zeige, wie man eine interessante Schrift-Bild-Komposition erstellt.

Schritt für Schritt: Bild-Schrift-Montage mit Masken

1 Ausgangssituation

Grundlage ist eine Datei mit drei Ebenen:

- mit dem Text, der als Grundlage der Auswahl dient, auf der wiederum die Maske basiert,
- mit einem Foto
- und darunter noch mit einer weißen Ebene, die als Hintergrund des Textes dienen soll.

Der Text ist im Beispiel in einer fetten, recht eng laufenden Schrift (Eras Ultra ITC) geschrieben und zudem mit wenig Zeilenabstand gesetzt. Sie sollten eine ähnlich solide Schriftart verwenden. Welche Textfarbe verwendet wird, ist übrigens völlig gleichgültig.

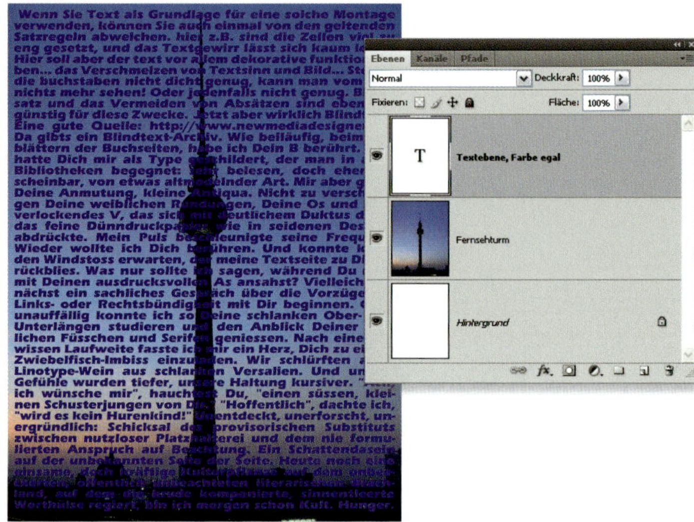

Abbildung 14.53 ▶
Der Text liegt vor einem Bild.

2 Auswahl anlegen

Um die deckenden Pixel einer Ebene auszuwählen, klicken Sie mit Strg bzw. ⌘ einfach in die Ebenenminiatur, deren Inhalt Sie auswählen möchten – hier die Textebene.

Enthält die Ebene neben transparenten und deckenden Pixeln auch Transparenzabstufungen, werden diese in der Auswahl ebenfalls berücksichtigt. Dieser praktische Klick funktioniert nicht nur bei Textebenen, sondern mit anderen Bildebenen auch. Die Schrift ist nun ausgewählt. Die Textebene kann jetzt ausgeblendet werden.

Abbildung 14.54 ▶
Die Schrift ist ausgewählt.

3 Maske erstellen und Endergebnis

Nun sind es nur noch drei kleine Schritte zur Maske. Dazu wechsele ich zur Bildebene und klicke auf die Schaltfläche EBENENMASKE HINZUFÜGEN in der Ebenen-Palette.

In der Maske, die auf diese Weise angelegt wird, ist der Auswahlbereich (hier also die Schrift) unmaskiert und bleibt daher im Bild stehen. Der nicht ausgewählte Bereich wird schwarz maskiert und ausgeblendet. In diesem Beispiel wird an dieser Stelle dann die weiße Hintergrundebene sichtbar – das Bild ist fertig.

◄▲ **Abbildung 14.55**
Das Ergebnis

Maskiert? Unmaskiert? praktische Klicks zum Umschalten

Natürlich sind auch zahlreiche Fälle denkbar, in denen man den ursprünglich ausgewählten Bereich einer Bildebene nicht erhalten, sondern ausblenden will. Dann kann man natürlich zuvor die Auswahl umkehren (mit [Strg]+[⇧]+[I] bzw. [⌘]+[⇧]+[I] ist das schnell gemacht!) und dann die Maske anlegen.
Alternative: Wenn Sie beim Anklicken des Masken-Icons die [Alt]-Taste (Windows) bzw. [⌥]-Taste (am Mac) drücken, wird die Maske so angelegt, dass diesmal Auswahlbereiche maskiert werden. Der nicht ausgewählte Bereich des Bildes bleibt stehen.
Manchmal kommen aber auch die versiertesten Photoshop-Anwender durcheinander und legen eine Maske an, die »falsch herum« ist. Sie zu verwerfen und neu zu erstellen ist zwar meist kein Problem, eleganter können Sie diesen Fehler jedoch korrigieren, indem Sie die Maske aktivieren (nicht die Bildebene!) und dann [Strg]+[I] (Windows) bzw. [⌘]+[I] (Mac OS) klicken. Dieser Befehl invertiert die Farben und macht bei einer Maske aus Schwarz Weiß und aus Weiß Schwarz.

14.6.2 Ebenenmasken als Grundlage differenzierter Bildbearbeitung

Masken und Auswahlen sind – technisch gesehen – zwei Seiten einer Medaille: Beide basieren auf Alphakanälen, beide können weiche Übergänge enthalten, und die Verwandlung einer Maske in eine Auswahl und umgekehrt ist ganz einfach. Folglich sind beide auch in vielen Arbeitsprozessen eng miteinander verschränkt. Zum Beispiel so: Wenn Sie ein Bild auf sehr differenzierte Weise bearbeiten wollen – einige Bereiche sollen stark verändert, andere vollkommen geschützt und weitere nur ein bisschen verändert werden – brauchen Sie eine entsprechend nuancierte Auswahl. Denn die Auswahl grenzt die Wirkung Ihrer Korrektur- und Arbeitsschritte entsprechend ein. In solchen Fällen ist es oft der erste Schritt, eine Maske zu erzeugen, die kräftig, gar nicht und mittelstark zu bearbeitende Bildbereiche unterschiedlich abdeckt; eine Maske also, in der weiche Verläufe und viele Grau-Nuancen vorkommen. Aus ihr lässt sich dann einfach eine passgenaue Auswahl erzeugen.

Tilt und Shift
Mit Tilt und Shift (T&S) wurden ursprünglich Fotoobjektive (T&S-Objektive) bezeichnet, bei denen sich das Linsensystem gegenüber der Filmebene verschwenken lässt. Einige der charakteristischen Effekte von T&S-Fotos lassen sich auch gut digital simulieren.

Bei solchen Masken kommt es selten auf präzises Pinseln an. Sie arbeiten mit dem Verlaufswerkzeug und eher großen, weichen Pinseln. Wichtig ist es jedoch, dass Sie nie die Übersicht verlieren, welche Bereiche maskiert sind (und später nicht Teil der geplanten Auswahl werden) und welche nicht. Dazu müssen Sie sich mit den Darstellungsfarben und Ansichtsoptionen von Masken auskennen (siehe Abschnitt 14.2.1, »Bedeutung der Farben bei der Maskenanzeige«).

Verfremdete Fotografien, die Abbildungen der »großen« Welt wie Miniaturen erscheinen lassen, sind schon seit einiger Zeit vielfach zu sehen. Doch weil sich daran die Masken-Auswahl-Korrektur-Technik so gut zeigen lässt, folgt hier auch ein Workshop für gefälschte Tilt-Shift-Fotos.

Schritt für Schritt: Falsche Unschärfe mit Ebenenmaske, Auswahl und Filter

1 Datei vorbereiten

Datei auf der Buch-DVD: »AalesundVonOben.tif«

Unser Ausgangsbild ist die Fotografie einer Stadt- und Meereslandschaft aus der Vogelperspektive. Im Vordergrund und im hinteren Bereich soll eine Unschärfe erzeugt werden, lediglich der Mittelteil des Bildes soll scharf bleiben. Scharfe und unscharfe Bereiche sollen sanft ineinander übergehen.

Da die Ebene am Schluss mit einem Weichzeichnungsfilter bearbeitet werden soll, wird sie als Erstes in ein Smart-Objekt umgewandelt. Dies gibt Ihnen Spielraum für Filterexperimente: Smart-Objekte lassen sich zerstörungsfrei mit Filtern bearbeiten. Das neue Smart-Objekt versehen Sie dann mit einer (zunächst leeren) Maske.

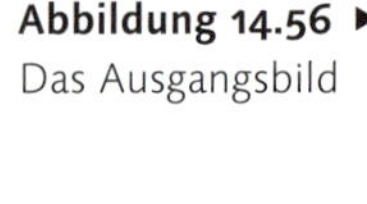

Abbildung 14.56 ▸
Das Ausgangsbild

Bild: S. Mühlke

▴ **Abbildung 14.57**
Die Einstellungsebenen in der Gruppe »Farbverfremdung« sorgen für die charakteristischen Bonbonfarben im Bild.

2 Richtige Ansicht einstellen

Für die folgenden Arbeitsschritte brauchen Sie gleichzeitig gute Sicht auf die Bildinhalte und auf die Maske. Dazu empfiehlt sich eine Ansicht der »Maskenfolie«. Klicken Sie mit [⇧]+[Alt] bzw. [⇧]+[⌥] auf die Maskenminiatur, um diese Ansicht einzublenden, oder nutzen Sie die Kanäle-Palette (Abbildung 14.58).

Zusätzlich müssen Sie die Maske deaktivieren, weil ansonsten gleich die wichtigsten Bildinhalte mit der Maske abgeblendet werden. Nutzen Sie dafür zum Beispiel das Kontextmenü, oder klicken Sie bei gehaltener [⇧]-Taste auf die Maskenminiatur (Abbildung 14.59).

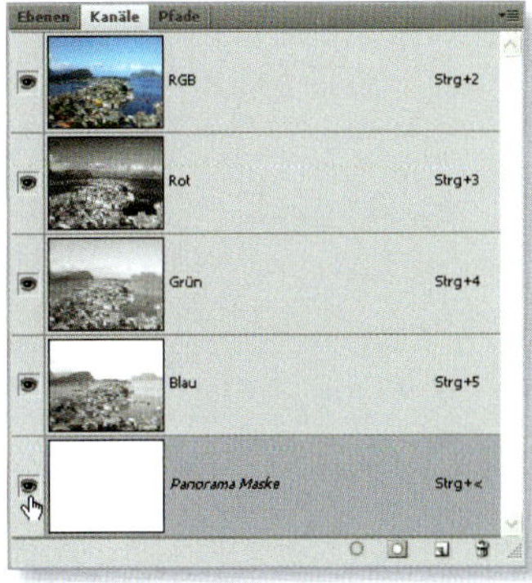

▲ **Abbildung 14.58**
Da die Maske zunächst noch leer ist, taucht beim Einblenden des Masken-Alphakanals keine »rote Folie« im Bild auf.

3 Verlauf planen

Bearbeitet wird jetzt die Maske. Ein Kontrollblick in die Ebenen-Palette und die Bildtitelleiste empfiehlt sich, um sicherzustellen, dass Sie nicht versehentlich die Bildebene unter der Maus haben.

Der Mittelbereich des Bildes soll scharf bleiben; Vorder- und Hintergrund werden unscharf. Auf der Maske soll ein **Verlauf** angelegt werden, der später die Unschärfe im Bild genau dosiert. Noch einmal zur Erinnerung: Die Maskenfarbe Weiß bedeutet »unmaskiert«. Daraus wird später der ausgewählte Bereich, den Sie bearbeiten können. Schwarz bedeutet »maskiert und vor späterer Bearbeitung geschützt«. Grautöne auf der Maske drosseln die Wirkung der Bearbeitung. Gebraucht wird also ein Verlauf, der von Weiß (im Bildvordergrund, wo stark weichgezeichnet werden soll) in Schwarz übergeht (außerhalb des Auswahlbereichs, ergo keine Bearbeitung) und dann wieder weiß wird.

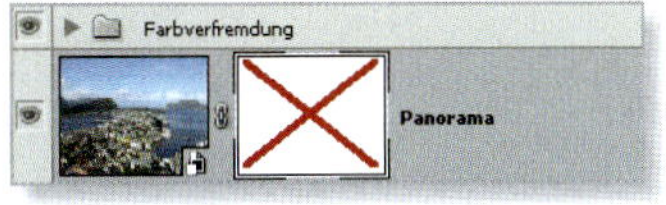

▲ **Abbildung 14.59**
Im Bild ändert sich noch nichts, aber diese Voreinstellungen sind für die nächsten Schritte wichtig.

4 Verlauf einstellen

Rufen Sie dazu das Verlaufswerkzeug [G] auf, und stellen Sie einen Verlauf SCHWARZ, WEISS ❶ ein. Wichtig ist auch, dass der REFLEKTIERTE VERLAUF ❷ eingestellt ist. Die Option UMKEHREN ❸ muss inaktiv sein.

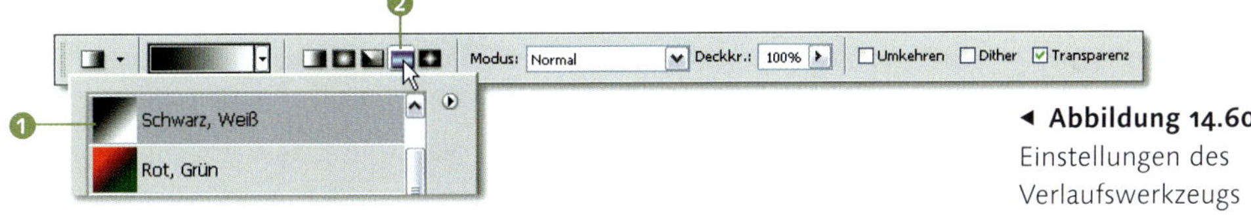

◄ **Abbildung 14.60**
Einstellungen des Verlaufswerkzeugs

5 Verlauf auf der Maske anlegen

Klicken Sie jetzt mit der Maus ungefähr in der Bildmitte, und ziehen Sie die Maus mit gedrückter Maustaste nach unten weg. An der roten Maske können Sie jetzt erkennen, wie der Verlauf wirkt. Vermutlich brauchen Sie – so wie ich – mehrere Anläufe, bis Sie eine Auswahlform hinbekommen, die richtig sitzt. Sie können zum Experimentieren mit Verläufen einfach immer wieder auf derselben Maske neu ansetzen.

Abbildung 14.61 ▶
Der Verlauf auf der Maske

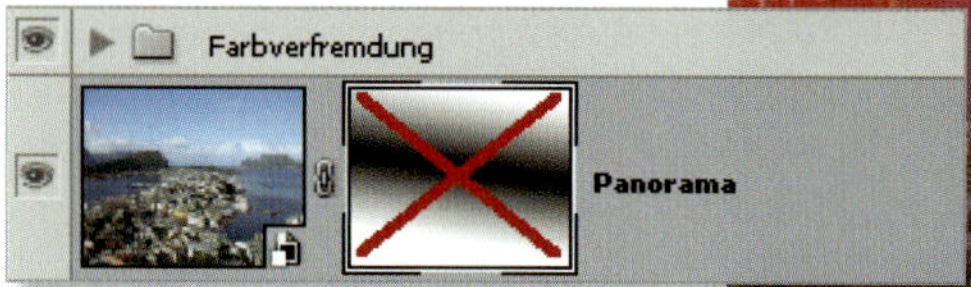

▲ **Abbildung 14.62**
In der Ebenen-Palette sieht das so aus.

6 Feinarbeiten

Bei Bedarf kann die Maske nachbearbeitet werden. Sie können zum Beispiel die Verbindung von Ebene und Maske lösen und dann die Position der Maske mit dem Verschieben-Werkzeug [V] verändern. Die Maske lässt sich sogar transformieren und kann selbstverständlich auch bepinselt werden. Achten Sie nur immer darauf, dass Sie die Maske und nicht die Ebene verändern! Sie sollten hier jedoch nicht zu detailversessen arbeiten. Das hält nur auf und ist für den gewünschten Effekt auch gar nicht erforderlich.

7 Auswahl aus der Maske erstellen

Die Ansicht der roten »Maskierungsfolie« wird nun nicht mehr gebraucht. Sie kann ausgeblendet werden. Schalten Sie in der Kanäle-Palette das Augensymbol vor dem Maskenkanal aus, oder klicken Sie mit gehaltener [⇧]+[Alt] bzw. [⇧]+[⌥]-Taste auf die Maskenminiatur in der Ebenen-Palette. Dabei wird die Maske meist auch aktiviert, was sie nicht werden sollte – es ist ja nicht unser Ziel, die Ebene auszublenden. Ein erneuter [⇧]-Klick in die Maskenminiatur richtet es wieder.

Für das Erstellen der Auswahl steht die Maske auch im deaktivierten Zustand zur Verfügung. Der schnellste Weg ist hier der [Strg]/[⌘]-Klick auf die Miniatur. Die Auswahllinie ist die vertraute Ameisenstraße. Die durch den weichen Farbverlauf in der Maske bewirkte Weichzeichnung sieht man ihr nicht an!

◂ **Abbildung 14.63**
Aus der Maske wurde eine Auswahl erstellt.

8 Weichzeichnen

Nun müssen Sie von der Maske auf das Bild wechseln. Kontrollieren Sie mit Adleraugen die Bildtitelleiste und die Ebenen-Palette. Dann wird ein Weichzeichnungsfilter angewendet. Unkompliziert in der Anwendung und mit genügend Kontrollmöglichkeiten ist der GAUSSSCHE WEICHZEICHNER (unter FILTER • WEICHZEICHNUNGSFILTER).

▴ **Abbildung 14.64**
Die Einstellungen des Gaußschen Weichzeichners. Nicht erschrecken: Die Darstellung im Vorschaufenster des Filters ignoriert Ihre Auswahl, aber wenn der Filter dann angewendet wird, ist alles korrekt.

Alternative: der Filter »Tiefenschärfe abmildern«
In ähnlichen Fällen wäre auch TIEFENSCHÄRFE ABMILDERN einen Versuch wert. Als eine der wenigen Ausnahmen lässt sich dieser Filter jedoch nicht auf Smart-Objekte anwenden. Mehr über dessen Anwendung lesen Sie in Kapitel 24, »Werkzeuge für die digitale Fotografie«.

9 Fertig! Das Endergebnis

Das fertige Bild sieht dann ungefähr so aus:

Abbildung 14.65 ▶
Die norwegische Stadt Aalesund als Miniaturmodell ■

Andere Anwendungsmöglichkeiten für »modellierte Auswahlen«

Natürlich muss es nicht immer eine Weichzeichnung sein, die auf der Basis einer solchen Auswahl erstellt wird und nicht immer eine solche Verfremdung. Das Verfahren eignet sich auch, um Bilder partiell zu korrigieren, und für alle anderen Fälle, bei denen der Übergang zwischen korrigierten und unkorrigierten Partien sanft verlaufen soll – beispielsweise wenn das Objektiv an den Bildrändern verschattete Bereiche hinterlassen hat.

Warum Ebenenmaske für Freisteller und nicht die Quick Mask?

Die Arbeitstechnik ist nahezu dieselbe wie beim Arbeiten mit der Quick Mask, und auch das Einsatzgebiet ist dasselbe: schwierige Freisteller, denen man mit den Auswahlwerkzeugen allein nicht beikommt. Die Arbeit mit der Quick Mask geht – wie der Name schon sagt – recht schnell von der Hand und liefert auch gute Ergebnisse. Wieso sollte man trotzdem manchmal mit Ebenenmasken arbeiten? Der Vorteil dieser Technik ist es, dass der Freisteller durch Nachpinseln der Maske jederzeit nachgebessert werden kann. Dadurch kann das freigestellte Objekt beispielsweise besser an unterschiedliche Montage-Hintergründe angepasst werden. Kleine Fehler, die nur vor bestimmten Hintergründen ins Auge fallen, lassen sich so leicht nachbessern. Und während Sie bei der Quick Mask vorrangig pinseln, können richtige Masken auch gefiltert oder anders bearbeitet werden.

14.6.3 Maske und Pinsel: ein bewährtes Gespann

Malwerkzeuge gehören sicherlich zu den meistgenutzten Werkzeugen im Zusammenhang mit Masken. Hier arbeiten Sie ausschließlich mit den Farben Schwarz und Weiß und gegebenenfalls mit Graustufen. Diese Arbeitstechnik wendet man bei Montagen zur Verfeinerung von Details an oder wenn komplizierte Bildobjekte freigestellt werden sollen, man aber ein Wegschneiden als zu endgültig (und damit als nahezu unkorrigierbar) empfindet. Im Zusammenspiel von Ebenen- und Kanäle-Palette mit Pinseln und etwas Geduld lassen sich solche Aufgaben gut lösen. Gebraucht werden Geduld, Mausgeschick und mehrere passende Pinselspitzen. Auch interessante Bildränder und grafische Effekte lassen sich mit Pinsel und Maske erzielen.

Im folgenden Tutorial zeige ich Ihnen, wie Sie Kanten von Fotos interessant gestalten können – und welche Bearbeitungsmöglichkeiten Sie bei Masken haben. Optisch sind solche gestalteten Bildkanten besonders für den Internet-Einsatz interessant. Die verschiedenen Browser- und Bildschirmgrößen und daran angepasste, fließende Layouts machen ein festes Gefüge aus Text, Bild und Weißraum, wie man es von Drucklayouts kennt, unmöglich. Daher wirken Fotos in Weblayouts oft etwas verloren. Ihnen fehlt ein passender optischer Rahmen oder einfach ein Übergang zur Site-Hintergrundfarbe.

Mit Masken lassen sich Bilder einfach bearbeiten, so dass durch interessante Kantengestaltung eine bessere Verbindung von Foto und Hintergrund entsteht. Und ganz nebenbei kann so auch die traditionelle Rechteckform verlassen werden.

Schritt für Schritt: Bildkanten interessant gestalten

1 Maske anlegen

Als Erstes muss natürlich das jeweilige Bild geöffnet werden, und Sie benötigen wieder eine Maske. Meist ist es am einfachsten, wenn Sie eine weiße Maske schwarz bepinseln – wenn Ihnen das einfacher erscheint, können Sie natürlich auch umgekehrt vorgehen und eine schwarze (deckende) Maske mit Weiß bearbeiten.

Datei auf der Buch-DVD: »SeoulNachts.tif«

Bild: F. Gaebler

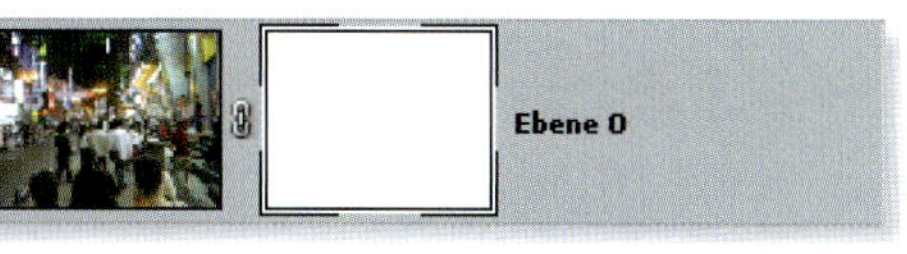

◄▲ **Abbildung 14.66**
Das Ausgangsbild mit Ebenen-Palette

2 Gefüllte Ebene darunter legen

Unter die Bildebene, deren Kante mithilfe der Maske bearbeitet werden soll, lege ich meist gleich eine Ebene, die mit der Farbe gefüllt ist, die der späteren Hintergrundfarbe entspricht. Das macht es einfacher, die spätere Wirkung der gestalteten Kante einzuschätzen.

◄ **Abbildung 14.67**
Ebenen-Palette mit der neuen weißen Ebene.

3 Farbe und Deckkraft einstellen

Die Spielregeln sind nun einfach: Sie können auf die Maske schwarze und weiße Farbe auftragen, Schwarz deckt Pixel ab, Weiß legt sie frei bzw. lässt sie stehen. Drücken Sie [D], um sicher zu gehen, dass in der Werkzeugleiste die Standardfarben Schwarz und Weiß eingestellt sind. Sie können auch neutrale Grautöne auftragen, um eine teilweise Abdeckung zu erreichen.

Ein Auftrag von Schwarz oder Weiß mit verminderter Deckkraft hat dieselbe Wirkung wie das Malen mit Grau. Da Sie bei der Deckkraft jedoch einen Prozentwert einstellen – und nicht Farbwerte im Farbregler –, ist es ein wenig einfacher, im Voraus einzuschätzen, wie stark die aufgetragenen Pixel ungefähr decken. Auch die Füllmethode des Farbauftrags auf die Maske kann in der Pinsel-Optionsleiste variiert werden und zu interessanten Ergebnissen führen.

4 Pinseleigenschaften festlegen

Die Pinseleigenschaften haben wohl den größten Einfluss auf das spätere Ergebnis. Für den Rand der koreanischen Straßenszene scrolle ich in der Pinselliste weit nach unten und wähle den Pinsel GROBE RUNDE BORSTEN ❷. Dessen Größe verändere ich auch noch ein wenig (HAUPTDURCHMESSER, ❸), und ich senke den Wert bei FLUSS ❶, um ein noch borstigeres Aussehen des Farbauftrags zu erzielen.

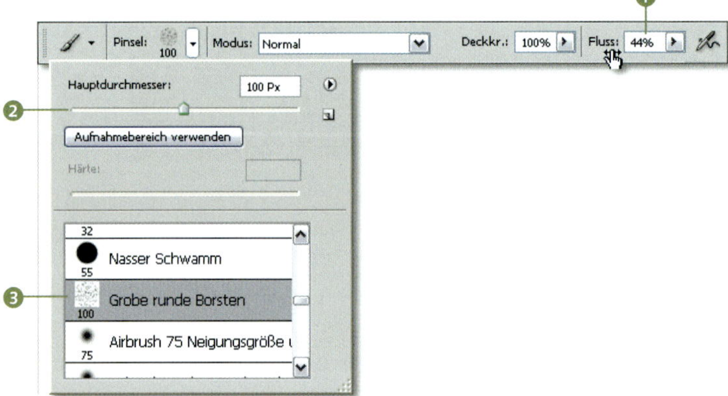

Abbildung 14.68 ▶
Die Pinseleigenschaften

5 Maskenränder schwarz bepinseln

Nun trage ich auf die Kanten der Maske vorsichtig schwarze Pinselstriche auf. Die Strichführung weist strahlenförmig nach außen, was gut zum Motiv passt. Mit weißen Pinselstrichen kann korrigiert werden. Nutzen Sie den Shortcut [X], um Vorder- und Hintergrundfarbe (also hier Schwarz und Weiß) zu vertauschen und so schnell zwischen beiden Farben zu wechseln. Meist braucht man mehrere Anläufe, bis alles wirklich gut aussieht. Neu anzufangen ist oft besser, als zu akribisch zu korrigieren. Ich habe hier zusätzlich eine Auswahl erzeugt, um zu verhindern, dass zu viel vom Innenbereich des Bildes durch das auf die Maske aufgepinselte Schwarz abgedeckt wird. Danach hebe ich die Auswahl auf und pinsele vorsichtig weiter innen.

◂ **Abbildung 14.69**
Maskenränder anlegen – unten links sehen Sie den Pinsel in Aktion.

6 Maske filtern

Sie können auch anstandslos Filter auf Masken anwenden. Ich möchte die einzelnen Pinselstriche etwas weichzeichnen und der Maske gleichzeitig ein etwas dynamischeres Aussehen geben. Dazu rufe ich FILTER • WEICHZEICHNUNGSFILTER • RADIALER WEICHZEICHNER auf. Mit der einer STÄRKE von 14 und der METHODE • STRAHLENFÖRMIG habe ich die Maske bearbeitet. Unter MITTELPUNKT kann man, indem man die Maus bewegt, noch den imaginären Fluchtpunkt der strahlenförmigen Weichzeichnung festlegen. In diesem Fall bleibt er aber in der Mitte. Achten Sie darauf, dass Sie wirklich die Maske filtern – nicht die Bildebene!

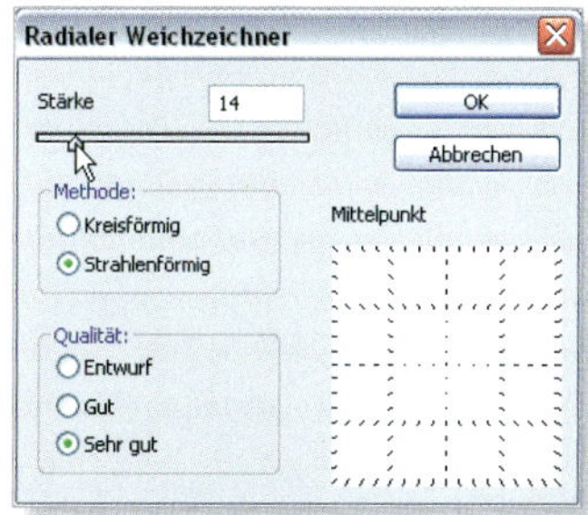

◂ **Abbildung 14.70**
Einstellungen des radialen Weichzeichners

7 Fertig! Das Endergebnis

Das Bild ist fertig und sieht jetzt so aus wie in Abbildung 14.71. Hier sehen Sie übrigens auch, wie eine unscharfe Aufnahme durch einen kleinen Gestaltungstrick aufgewertet wurde. Als repräsentatives Foto eignet sich diese Aufnahme, die ohne Stativ bei schlechtem Licht gemacht wurde, nicht – die Maskierung passt jedoch gut zum Charakter des Bildes und lässt die Unschärfe aussehen wie gewollt.

Abbildung 14.71 ▸
Das fertige Bild

Dateien auf der Buch-DVD: »Sprechblase.tif«, »Schlote.tif«

Weitere Beispiele | Wie Sie sehen, ist es ganz einfach, Masken per Pinsel und mit anderen Werkzeugen zu bearbeiten. Die Sprechblasen-Kontur um die Frau herum entstand mithilfe eines Pfades und dem Befehl PFADKONTUR MIT PINSEL FÜLLEN. Zudem kam ein Schatteneffekt zum Einsatz.

Für die rauchenden Industrieschlote wurde erst eine Maske, dann ein Auswahlrechteck angelegt. Dieses wurde bewegt und mehrfach mit schwach deckenden schwarzen Pixeln gefüllt.

Bild: Fotolia, Ikophotos

▴ Abbildung 14.72
Maske plus Eigene-Form-Werkzeug (Mehr darüber finden Sie in Kapitel 34, »Pfadbasierte Formen«)

Bild: vitamin a

Abbildung 14.73 ▸
Hier kamen das Füllwerkzeug und das Auswahlrechteck (keine Pinsel) zum Einsatz.

Ihrer Kreativität sind keine Grenzen gesetzt! Lesen Sie unbedingt auch die Abschnitte über Pinseleinstellungen (siehe Kapitel 25, »Farbe einstellen, malen und radieren«) – da haben Sie viel kreativen Spielraum!

Was wollen Sie tun?	Windows	Mac
Weiße Maske erstellen	in der Ebenen-Palette in der Masken-Palette	in der Ebenen-Palette in der Masken-Palette
Schwarze Maske erstellen	+ Alt in der Ebenen-Palette + Alt in der Masken-Palette	+ ⌥ in der Ebenen-Palette + ⌥ in der Masken-Palette
Graustufenansicht der Maske anzeigen	Alt + Klick auf die Maskenminiatur	⌥ + Klick auf die Maskenminiatur
Maskierungsfolie anzeigen	⇧ + Alt + Klick auf die Maskenminiatur	⇧ + ⌥ + Klick auf die Maskenminiatur
Maskenwirkung temporär ausschalten	⇧ + Klick auf die Maskenminiatur	⇧ + Klick auf die Maskenminiatur
Maske als Auswahl laden	Strg + Klick auf die Maskenminiatur	⌘ + Klick auf die Maskenminiatur
Maskenoptionen aufrufen	Doppelklick auf die Maskenminiatur oder Rechtsklick und Maskenoptionen...	Doppelklick auf die Maskenminiatur oder Ctrl-Klick und Maskenoptionen...

◂ **Tabelle 14.1**
Wichtige Tastenkürzel für die Arbeit mit Masken

14.7 Vektormasken: Auflösungsunabhängig

14.7.1 Das Prinzip

In Photoshop gibt es nicht nur Ebenenmasken, die auf pixelbasierten Graustufen-Kanälen basieren (und um die es in diesem Kapitel bisher ging), sondern auch Vektormasken. Deren Wirkprinzip ist dasselbe wie bei Ebenenmasken, mit einem entscheidenden Unterschied: Nicht Pixel definieren die Maskenform, sondern Vektorinformationen. Damit sparen Sie zwar Speicherplatz und können frei skalieren.
Bearbeitet werden Vektormasken nicht per Pinsel und anderen Werkzeugen, sondern mit den Formwerkzeugen (alle erreichbar mit dem Shortcut U) und den verschiedenen Zeichenstift-Werkzeugen P – mehr über deren Handhabung lesen Sie in Teil IX, »Pfade und Formen«.

Für die meisten der bisher gezeigten Arbeitstechniken eignen sich Vektormasken nicht. Insgesamt werden sie viel seltener gebraucht als die normalen Ebenenmasken. Aus diesem Grund gibt es weniger Befehle, die auch etwas versteckter angeordnet sind. Bei Füllebenen sind sie ein wichtiger Bestandteil, werden

Vektormasken mit weichen Übergängen
Dank der Masken-Palette lassen sich jetzt auch bei Vektormasken weiche Übergänge zwischen »maskiert« und »nicht maskiert« realisieren (siehe Kapitel 14.3.3, »Konturbereiche in Masken nachbessern«, im Abschnitt »Weiche Kante nicht nur für Pixel-Masken«).

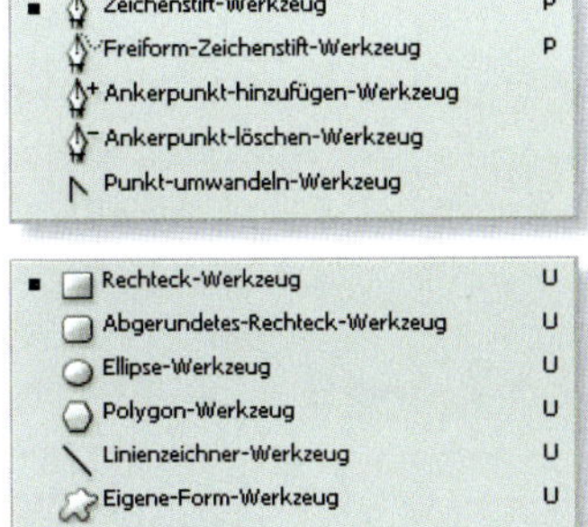

▴ **Abbildung 14.74**
Die Zeichenstift- und Form-Werkzeuge

dort aber automatisch erzeugt (siehe Abbildung 14.1 und 14.2 ganz am Anfang dieses Kapitels).

14.7.2 Mit Vektormasken arbeiten

Um eine Vektormaske anzulegen, können Sie den entsprechenden Button in der Masken-Palette nutzen. Oder Sie arbeiten mit dem Menü und verwenden die Befehle unter EBENE • VEKTORMASKE. Der Befehl ALLE EINBLENDEN erstellt eine weiße Vektormaske, die keinen Bildteil ausblendet. ALLE AUSBLENDEN legt eine schwarze Vektormaske an, die alle Bildteile ausblendet.

Der Menübefehl AKTUELLER PFAD ist nur sinnvoll, wenn im Bild mindestens ein Pfad (quasi eine vektordefinierte Konturlinie) vorhanden ist. Die Maske zeigt dann den Inhalt der Ebene, auf der sie liegt, nur innerhalb der Pfadkontur.

Abbildung 14.75 ▸
Vektormaske auf einer eigenen, weißen Ebene (»Ebene 1«). Grundlage war ein sprechblasenförmiger Pfad, der zuvor per Formwerkzeug angelegt wurde.

Wenn auf einer Ebene bereits eine Ebenenmaske vorhanden ist und Sie erneut auf das Icon EBENENMASKE HINZUFÜGEN klicken, wird ebenfalls eine Vektormaske angelegt. Die Ebene trägt dann zwei Masken: eine Ebenen- und eine Vektormaske.

Die anderen Befehle zum Entfernen und (De-)Aktivieren von Vektormasken sollten Ihnen nach der Lektüre des Maskenkapitels keine Schwierigkeiten bereiten. Sie sind weitestgehend identisch mit den Befehlen zur Verwaltung von pixelbasierten Masken.

Interessant ist die Möglichkeit, eine Vektor- in eine Ebenenmaske umzuwandeln. Dazu klicken Sie auf EBENE • RASTERN • VEKTORMASKE. Dieser Befehl ist nicht umkehrbar.

TEIL V

Korrigieren und Optimieren

15 Regeln und Werkzeuge

Mit Versuch und Irrtum kommt man bei der Bildkorrektur nicht weit – nur die Bildqualität verschlechtert sich schnell. Wenn Sie einige Grundregeln einhalten und pixelschonende Einstellungsebenen für alle Korrekturen benutzen, kommen Sie jedoch schnell zu akzeptablen Ergebnissen und können ohne Qualitätseinbußen experimentieren. Und mithilfe des Histogramms gelingt es Ihnen, kritische Bildbereiche auszumachen und die Korrektur gezielt anzusetzen.

15.1 Regeln für eine gute Korrektur

Neben Photoshops wilden Filtern und Effekten wirkt das oft behutsame, graduelle Korrigieren von Bildern unspektakulär. Mit der Methode **Trial and Error**, die in vielen anderen Bereichen weiterhilft, kommt man bei der Korrektur von Farbstichen, schlechten Kontrasten oder falscher Helligkeit selten zu befriedigenden Ergebnissen. Auch ein wenig Hintergrundwissen über Farben ist für das korrekte Analysieren und die zielgerichtete Korrektur von Bildfehlern notwendig.

Ich möchte daher für die eingehende Beschäftigung mit dem Thema werben: Wer planvoll vorgeht, wird schnell zu guten Resultaten kommen, und ganz nebenher steht Ihnen mit der Bildkorrektur auch ein wichtiges **Gestaltungsmittel** zur Verfügung, mit dem Sie Atmosphäre und inhaltliche Akzente eines Bildes subtil, aber wirkungsvoll verändern können.

Kein Bild ist wie das andere, und jedes Bild stellt eigene Aufgaben an die Bildkorrektur. Ein Patentrezept, das in jedem Fall zu einem guten Bild führt, gibt es nicht. Doch wie immer Ihr Bild aussieht, die folgenden Regeln sollten Sie auf jeden Fall beherzigen.

15.1.1 Nehmen Sie sich nichts Unmögliches vor

Mangelhafte Helligkeit, Farbstiche oder schlechte Kontraste als Nebenwirkung des Digitalisierungsprozesses oder aufgrund von Neuberechnungen lassen sich meist recht gut korrigieren. Die Rettung völlig misslungener Fotos – aufgrund schlechter Aufnahmebedingungen oder mangels vernünftiger Vorlage – ist jedoch extrem zeitaufwendig und führt nicht zwangsläufig zu guten Ergebnissen. Wo Bildinformationen fehlen, können sie nicht »hingezaubert« werden ... Wie Sie Bilder analysieren und die Chancen auf eine gute Korrektur einschätzen, lernen Sie in den folgenden Kapiteln.

Dateien auf der Buch-DVD: »verhunzt.tif«, »korrigierbar.tif«

Bild: S. Mühlke

Abbildung 15.1 ▶
Der Papierabzug von einem Dia wurde gescannt: heftiger Farbstich, zu dunkle Tiefen, in den Mitteltönen schwache Kontraste – hier ist nichts mehr zu machen.

Bild: F. Gaebler

Abbildung 15.2 ▶
Gescannte Version eines ansonsten technisch gelungenen Fotos. Die durch den Scan entstandene Kontrastschwäche lässt sich leicht ausgleichen.

15.1.2 Analyse

Das Allerwichtigste: Analysieren Sie Ihr Bild sorgfältig, und gehen Sie gezielt vor. Versuchen Sie nicht »irgendwas«. Die meisten sichtbaren Bildfehler haben klar feststellbare Ursachen – die müssen Sie aufspüren und beheben. Nutzen Sie alle objektiven Kontrollmöglichkeiten aus, und verlassen Sie sich nicht allein auf die Bilddarstellung am Monitor!

15.1.3 Korrigieren Sie nicht »hin und her«

Bei Pixelbildern hinterlässt jede Bearbeitung untilgbare Spuren, die ein Bild im schlechtesten Fall sichtbar schädigen können. Versuchen Sie nicht, eine missratene Korrektur mit dem nächsten Korrekturschritt auszubügeln. Es ist besser, eine nicht so gelungene Veränderung gänzlich zurückzunehmen, am besten über die Einstellungsebenen.

15.1.4 Die größten Korrekturen zuerst

Es empfiehlt sich, nach einer bestimmten Reihenfolge zu arbeiten: Die fundamentalen, umfassenden Korrekturen erledigen Sie als Erstes – oft haben sich kleinere Probleme damit auch schon gelöst! –, danach sind die Details dran.

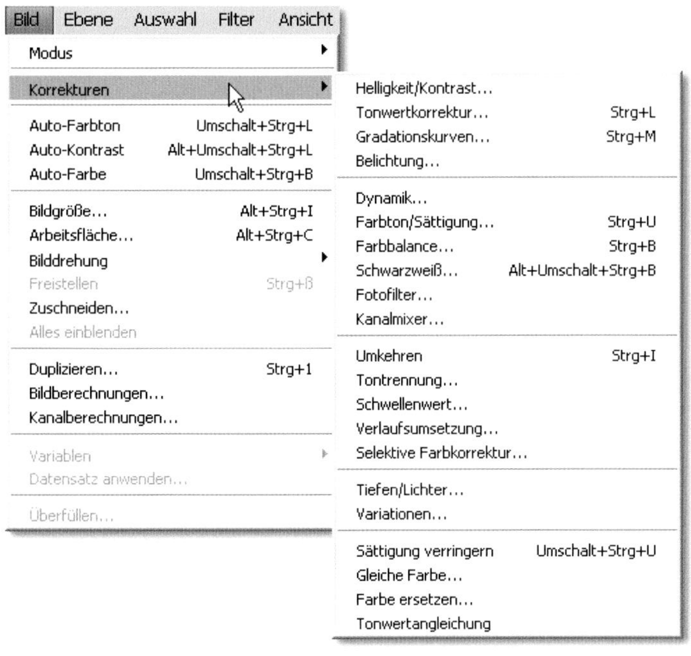

◄ **Abbildung 15.3**
Photoshops Werkzeuge für die Bildkorrektur und -manipulation. Die Anordnung im Menü entspricht ungefähr auch der idealen Reihenfolge ihrer Anwendung.

15.1.5 Korrigieren Sie so wenig wie möglich!

Während Sie sich auf die Korrektur eines bestimmten Bildaspekts konzentrieren, kann es in den weniger beachteten Bereichen unbemerkt zu Verlusten kommen. Dosieren Sie Ihre Änderungen also vorsichtig.

15.1.6 Der Bildmodus RGB macht Ihnen Korrekturen leichter

Es gibt Ausnahmefälle, für die sich Korrekturen im Bildmodus Lab anbieten. Doch im Allgemeinen empfiehlt es sich, die Korrekturen im Bildmodus RGB durchzuführen. Dies ist ohnehin der

TOP-TIPP: Ein farblich neutraler Arbeitsplatz hilft Ihnen

Auch wenn es einige Möglichkeiten gibt, um Bildqualität objektiv(er) zu beurteilen, spielt Ihr Urteil eine Rolle – und das treffen Sie in der Regel am Bildschirm. Sie erleichtern sich diese Aufgabe, wenn Sie sich Ihre Arbeitsumgebung richtig einrichten. Sorgen Sie für möglichst **neutrales Licht und unauffällige Farben** in der unmittelbaren Nähe Ihres Arbeitsplatzes. Eine grellblaue Schreibtischplatte wird Ihr Urteilsvermögen ebenso beeinträchtigen wie rot gestrichene Wände oder eine wohlig warme, gelbgetönte Beleuchtung. Auch der **Arbeitsbereich auf Ihrem Bildschirm** sollte neutral erscheinen. Neutrales Grau beeinflusst Ihre Farbwahrnehmung am wenigsten. Mac-User sollten spätestens, wenn es an Bildkorrekturen geht, den neuen CS4-Anwendungsrahmen dazuschalten – er beschert Ihnen mit einem Klick eine neutral graue Programmoberfläche, die andere »Schreibtisch«-Elemente abdeckt (Menü Fenster • Anwendungsrahmen).

gängige Eingangsbildmodus für digitale Bilddaten, und Sie sparen sich eine Umwandlung. RGB-Werte sind auch einfacher zu interpretieren und somit zu kontrollieren als Lab- und CMYK-Werte. Zudem kommen Sie an die wichtigsten Bildparameter in RGB einfacher heran. Darüber hinaus ist eine gute RGB-Korrektur Grundstein für ein qualitativ zufriedenstellendes Bild nach der Umwandlung in den Modus CMYK.

15.1.7 Mehr Bildinformationen bedeuten weniger Verluste

Die meisten Bilddateien sind sogenannte 8-Bit-Bilder. Das heißt, pro Farbkanal stehen 8 Bit zur Verfügung, um die Bildfarben und Tonwerte zu beschreiben. Manche hochwertige Kameras (und einige Scanner) können auch 2- oder 16-Bit-Bilder erzeugen – also Dateien, deren Farbkanäle eine höhere Datentiefe haben und in denen deshalb mehr genuine Bildinformation vorliegt. Dateien, die per se über mehr Bildinformation verfügen sind logischerweise unempfindlicher gegenüber Verlusten, die bei der Korrektur auftreten können.

▲ **Abbildung 15.4**
Zu dunkles Ausgangsbild

Bild: F. Gaebler

▲ **Abbildung 15.5**
Sichtbarer Datenverlust durch übertriebene Korrektur: Die Wolken haben alle Tonwertnuancen verloren und erscheinen als blanke Flächen.

Zum Weiterlesen: Optimale Arbeitsbedingungen
Mehr zum Thema »Arbeitsbereich« können Sie in Kapitel 38, »Farbmanagement«, lesen. Dort finden Sie auch Informationen über das Kalibrieren von Bildschirmen.

Wenn Sie eine Kamera haben, die 12- oder 16-Bit-Bilder aufnimmt, richten Sie Ihren Workflow möglichst so ein, dass Ihnen diese Bilder bis zur Korrektur erhalten bleiben. Auch Camera Raw kann Ihnen dabei helfen.

15.2 Einstellungsebenen: Bildkorrektur auf Widerruf

Zum Weiterlesen: Camera Raw
Adobes Raw-Konverter ist fester Bestandteil von Photoshop. In Kapitel 23, »Das Camera-Raw-Modul«, erfahren Sie mehr darüber.

An sich ist Bildkorrektur ein Eingriff, der die Originalpixel eines Bildes verändert. Je mehr man korrigiert, umso stärker geschieht das. Das ist nicht immer unproblematisch – vor allem bei Korrekturen, die nicht ganz sachgerecht ausgeführt wurden – und lässt einem wenig Spielraum, um einmal vorgenommene Korrekturen zu verändern.

Doch glücklicherweise gibt es Einstellungsebenen. Eine Einstellungsebene wirkt wie ein korrigierender Filter, durch den die darunterliegende Bildebene angezeigt wird. Der Vorteil: die Korrekturen sind zerstörungsfrei, die ursprünglichen Bildpixel werden nicht verändert. Änderungen der Korrektureinstellungen sind jederzeit möglich. Einstellungsebenen ermöglichen es, verschiedene Korrekturen an einer einzigen Datei bequem durchzuspielen, zu speichern und zu überarbeiten, ohne dass die Pixel des Bildes tatsächlich verändert werden. Sie lassen sich in beliebiger Anzahl in einer Datei kombinieren, werden mitgespeichert (sofern das Dateiformat Ebenen unterstützt) und können jederzeit verändert, gelöscht oder ausgeblendet werden.

15.2.1 Die neue Steuerzentrale für Einstellungsebenen: die Korrekturen-Palette

CS4

Schon in früheren Programmversionen von Photoshop konnte man Bildkorrekturen per Einstellungsebene anbringen. Verwaltet wurden Einstellungsebenen mit der Ebenen-Palette. In Photoshop CS4 gibt jetzt die eigenständige Palette Korrekturen. Sie ist das neue zentrale Element für Bildkorrekturen.

Den Menüpunkt Bild • Korrekturen gibt es zwar weiterhin, und Sie können Einstellungsebenen weiterhin über die Ebenen-Palette steuern. Auch die altvertrauten schwebenden Korrekturdialoge können Sie, wenn Sie unbedingt wollen, per Menü aktivieren – dann aber nur ohne Einstellungsebenen. Kein Zweifel: Die Programmarchitektur in CS4 ist so ausgelegt, dass die Korrekturen-Palette die zentrale Steuerungsstelle für Korrekturen und die Einstellungsebene ist. Umsteiger von älteren Versionen müssen sich von einigen gewohnten Arbeitstechniken und Handgriffen verabschieden. Doch das Umlernen fällt leicht und wird mit mehr Effizienz und besserer Kontrolle über die Ergebnisse belohnt!

Doppelnutzen der Korrekturen-Palette | Wann immer Sie eine Korrektur mittels Einstellungsebene ausführen wollen, führt an der neuen Korrekturen-Palette kein Weg vorbei. Sie erfüllt einen Doppelnutzen:

- Mit ihr legen Sie Einstellungsebenen für alle bekannten – und einige neue – Bildkorrekturen an.
- Die Palette übernimmt die Aufgabe der bisherigen schwebenden Korrekturdialoge. Das heißt, Sie nehmen die Einstellungen für die jeweilige Korrektur auch dort vor.

Vorgaben
Vorgaben (»Presets«) sind Einstellungsebenen mit fertig konfigurierten Einstellungen. Sie stehen für die sieben gebräuchlichsten Korrekturfunktionen zur Verfügung. Diese »Werkseinstellungen« können Sie leicht um eigene Vorgaben für Ihre typischen Korrekturaufgaben ergänzen (mehr dazu in Kapitel 18). Erst dann entfaltet das Konzept »Vorgabe« seinen ganzen Nutzen – die mitgelieferten Vorgaben sind nicht für alle Anwendungsfälle brauchbar.

Dementsprechend hat die Korrekturen-Palette zwei »Gesichter«: die **Korrekturlisten-Ansicht** und die **Ansicht mit Funktionselementen** der jeweiligen Korrektur.

Sofern in Ihrem aktuellen Dokument noch keine Einstellungsebene vorhanden ist oder eine andere Bildebene als die Einstellungsebene aktiv ist, sehen Sie auf der Palette eine Reihe von Icons ❶ und darunter eine Liste von Vorgaben ❷ (Adobe nennt diese Ansicht »Korrekturliste«).

Das Klicken auf eines der Icons oder eine der Vorgaben erzeugt eine neue Einstellungsebene oberhalb der Bildebene, die zuletzt aktiv war. Sie erreichen die Vorgaben der jeweiligen Werkzeuge, indem Sie die Liste mittels Dreieckspfeil ❸ aufklappen.

Sobald Sie eine neue Einstellungseebene erzeugt haben oder eine bestehende Einstellungsebene aktivieren, schaltet die Palettenansicht um. Sie sehen die Steuerelemente für die aktuell aktive Einstellungsebene: also genau die Funktionen, die in älteren Photoshop-Versionen in frei schwebenden Programmfenstern angezeigt wurden. Je nach Art der Einstellungsebene variieren die angezeigten Steuerungsfunktionen.

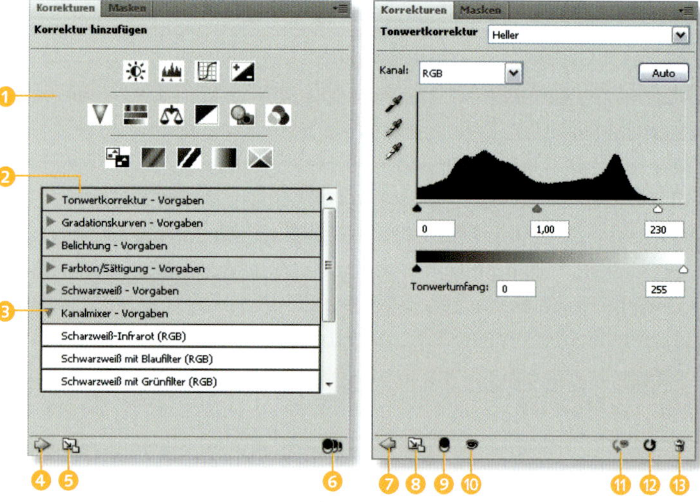

Abbildung 15.6 ▶
Die Korrekturen-Palette in der Ansicht Korrekturliste

Abbildung 15.7 ▶▶
Die Korrekturen-Palette übernimmt die Funktionen der bisherigen Korrektur-Dialogfenster. Hier sehen Sie die Palette mit den Steuerelementen für eine Tonwertkorrektur-Einstellungsebene.

Allgemeine Funktionen der Korrekturen-Palette | Insgesamt 15 verschiedene Korrektur- und Kreativfunktionen können Sie über Einstellungsebenen steuern. Entsprechend variabel ist das Aussehen der Korrekturen-Palette. Doch trotz aller Unterschiede gibt es einige Funktionen, die immer gleich sind. Diese finden Sie in Gestalt kleiner Schaltflächen am Fuß der Korrekturen-Palette. Einige sehen Sie in der Korrekturliste-Ansicht, die meisten jedoch in der Ansicht Steuerelemente.

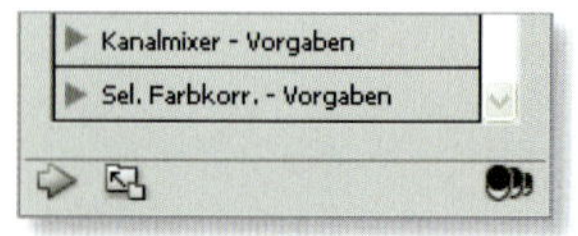

▲ **Abbildung 15.8**
Schaltflächen in der Korrekturliste-Ansicht

In der **Korrekturliste-Ansicht** stehen Ihnen folgende Buttons und Funktionen zur Verfügung:

- Der Pfeil ganz links ❹ ist der Umschalter zwischen den beiden Ansichtsvarianten der Palette.
- Das Icon rechts daneben ❺ kann die Palette vergrößern oder verkleinern. Besonders beim Hantieren mit den Steuerungselementen ist die Palette oft etwas zu klein.
- Das Kreissymbol ganz rechts ❻ sorgt dafür, dass die neue Einstellungsebene mit der darunterliegenden Ebene zu einer Schnittmaske zusammengefasst wird. In diesem Fall wirkt die Einstellungsebene nur auf die *direkt* unter ihr liegende Ebene. Normale Einstellungsebenen wirken auf *alle* Bildebenen unterhalb. Es ist auch möglich, Einstellungsebenen erst später zur Schnittmaske zusammenzufassen.

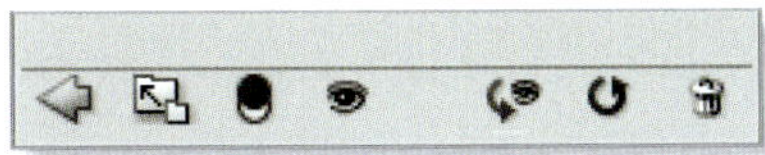

▲ **Abbildung 15.9**
Schaltflächen für aktive Einstellungsebenen Steuerelemente-Ansicht

In der **Steuerelemente-Ansicht** stehen Ihnen noch mehr Buttons und Funktionen zur Verfügung:

- Ganz links sehen Sie wieder den Umschalter-Pfeil ❼ …
- … und daneben den Button für die Palettengröße ❽.
- Auch hier können Sie entscheiden, ob eine Einstellungsebene sich nur auf die direkt unter ihr liegende Bildebene oder auf alle Bildebenen unterhalb beziehen soll. Der Schnittmasken-Button ❾ ist der dritte von links.
- Das Auge ❿ blendet die aktive Einstellungsebene aus. Es ist der Ersatz für die Vorschau-Option der herkömmlichen Dialogfenster. Sie können für diese Aufgabe auch das altbekannte Augen-Symbol in der Ebenen-Palette nutzen, denn Einstellungsebenen werden natürlich auch dort angezeigt.

Die nächsten zwei Buttons sind genial für alle, die gerne mit Einstellungen experimentieren. Sie ermöglichen das schrittweise Ausblenden oder Löschen von Korrektureinstellungen.

- Das Icon »Auge mit gebogenem Pfeil« ⓫ nimmt den letzten Korrekturschritt – also Ihre letzte Einstellungsänderung für die aktive Einstellungsebene – *temporär* zurück, solange Sie es gedrückt halten. Es ist nur unmittelbar nach einer Einstellungsänderung aktiv.
- Der gebogene Pfeil ⓬ eliminiert Ihren zuletzt durchgeführten Korrekturschritt, wenn Sie darauf klicken.
- Die unvermeidliche Mülltonne ⓭ löscht die aktive Einstellungsebene. Sie können für diese Aufgabe jedoch auch die Ebenen-Palette nutzen.

Zum Nachlesen: Schnittmasken
In Abschnitt 11.3, »Schnittmasken und Aussparung«, erfahren Sie mehr über diese Möglichkeit, die Wirkung von Einstellungs- und anderen Ebenen einzuschränken.

Für Gewohnheitstiere: Einstellungsebenen in der Ebenen-Palette | Traditionalisten und eingefleischte Gewohnheitstiere können für viele – nicht für alle – Aufgaben rund um Einstellungsebenen wie gewohnt die Ebenen-Palette verwenden. Vermutlich muss jeder Anwender für sich selbst angenehme Arbeitsroutinen entwickeln und entscheiden, wann er welche der beiden Paletten benutzt.

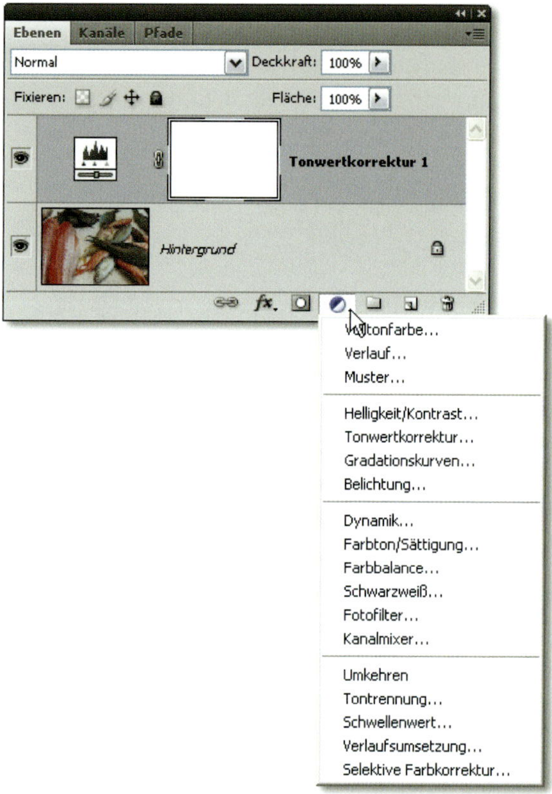

Abbildung 15.10 ▸
Erzeugen von Einstellungsebenen per Ebenen-Palette

Sie können für Einstellungsebenen die gleichen Verwaltungsfunktionen der Ebenen-Palette nutzen wie für normale Bildebenen.

Dazu klicken Sie am Fuß der Palette auf das vierte Icon von links [Icon]. (Es erinnert Sie vielleicht an das »Kontrast«-Symbol auf Ihrer TV-Fernbedienung.) Dann öffnet sich ein langes Submenü, in dem Sie unter anderem alle Korrekturfunktionen finden. Mit einem Klick auf den Namen des benötigten Korrekturwerkzeugs wird die Einstellungsebene automatisch erzeugt. Gleichzeitig wechselt die Ansicht der Korrekturen-Palette und zeigt die benötigten Steuerungselemente. Alle weiteren Einstellungen für die Korrektur nehmen Sie dann dort vor.

Zum Nachlesen: Ebenenverwaltung per Ebenen-Palette
Im Teil III des Buches werden die Basisfunktionen der Ebenen-Palette – die auch für Einstellungsebenen gelten – ausführlich präsentiert.

15.2.2 Übersicht über die Korrektur-Icons

Die Korrekturen-Palette stellt eine effektive Möglichkeit dar, um schnell Einstellungsebenen zu erzeugen. Wenn da nicht diese fünfzehn Icons wären, die Sie auseinanderhalten müssen. Während einige Korrektur-Tools mit leicht erkennbaren Symbolen gekennzeichnet werden, ist bei anderen die Unterscheidung schwierig. Hier sehen Sie einmal alle Symbole – und deren Bedeutung – auf einen Blick.

Symbol	Korrekturwerkzeug	Funktion
	Helligkeit/Kontrast	Hellt das Bild schnell auf oder verstärkt Kontraste. Ist leicht bedienbar, bietet jedoch wenig Kontrolle.
	Tonwertkorrektur	Setzt Schwarz- und Weißpunkt, gibt Bildern Pep, verändert Helligkeit, kann Kontraste verbessern und leichte bis mittelschwere Farbstiche beheben.
	Gradationskurven	Vielseitiges Profiwerkzeug, mit dem fast alles möglich ist.
	Belichtung	Neu in CS4, vor allem für HDR-Bilder konzipiert. Passt die Tonwerte anhand von Berechnungen in einem linearen Farbraum an.
	Dynamik	Neu in CS4. Intelligentes Tool zur Erhöhung der Farbsättigung im Bild, das Übersättigung verhindert.
	Farbton/Sättigung	Verändert Farbton, Sättigung und Helligkeit, kann Bilder färben (tonen).
	Farbbalance	Ändert die Gesamtfarbmischung im Bild.

◂ **Tabelle 15.1**
Buttons in der Korrekturen-Palette und ihre Funktion

Tabelle 15.1 ▶
Buttons in der Korrekturen-Palette und ihre Funktion (Forts.)

Symbol	Korrekturwerkzeug	Funktion
	SCHWARZWEISS	Erzeugt eine differenzierte Schwarzweißumsetzung von Farbbildern und kann Bilder tonen.
	FOTOFILTER	Simuliert Effekte, die beim Einsatz von Objektivfiltern erzeugt werden. Für Farbverfremdung und leichte Korrekturen.
	KANALMIXER	Erzeugt Schwarzweißumsetzungen und kann Bildfarben durch Neumischen der Farbkanäle verfremden.
	UMKEHREN	Invertiert die Bildfarben (»Negativ«-Effekt).
	TONTRENNUNG	Wirkt bildverfremdend. Der Effekt wirkt comicartig oder wie bei GIFs mit wenigen Farben.
	SCHWELLENWERT	Erzeugt Bilder, die nur aus Schwarz und Weiß ohne Grauwerte bestehen.
	VERLAUFSUMSETZUNG	Dienst zur Bildverfremdung. Tonwerte und Farben des Bildmotivs werden durch Tonwerte und Farben eines zuvor festgelegten Verlaufs ersetzt.
	SELEKTIVE FARBKORREKTUR	Einzelne Farbtonbereiche eines Bildes werden gezielt verändert.

15.2.3 Die Korrekturen-Palette im Praxiseinsatz

An dieser Stelle zeige ich Ihnen Schritt für Schritt, wie Sie mit der Korrekturen-Palette eine einfache Korrektur durchführen, um ein Beispielbild etwas heller zu machen und den leichten Farbstich zu entfernen. Im Zentrum des Workshops stehen dabei noch nicht die Feinheiten der Korrektur-Tools, sondern die Handhabung der Korrekturen-Palette.

Schritt für Schritt: Arbeiten mit der Korrekturen-Palette

1 Die Ausgangssituation

Das Ausgangsbild wirkt insgesamt zu bläulich. Außerdem könnten die dunkelsten Bildpartien, die Tiefen, eine kleine Aufhellung gebrauchen.

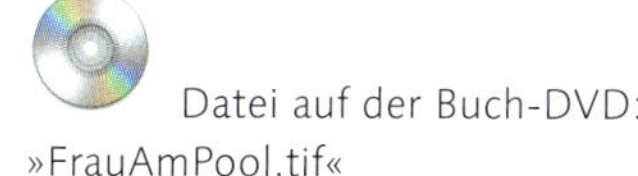

Datei auf der Buch-DVD: »FrauAmPool.tif«

Bild: Fotolia, Kim Melia von Seidl

◂ **Abbildung 15.11**
Das Ausgangsfoto: In den Tiefen ist es zu dunkel, und insgesamt ist es blaustichig – besonders an den Hauttönen fällt das auf.

2 Einstellungsebene per Vorgabe

Der schnellste Weg zu einer neuen Einstellungsebene führt über die Korrekturen-Palette. In der Korrekturliste-Ansicht haben Sie die Wahl zwischen einem Klick aufs Icon für die gewünschte Funktion oder einer Vorgabe. Vorgaben sind Einstellungsebenen mit vorkonfigurierten Einstellungen, die Sie natürlich auch noch weiter anpassen können. Hier soll zunächst eine Einstellungsebene per Vorgabe erzeugt werden. Klappen Sie die Liste Tonwertkorrektur – Vorgaben mit dem kleinen Pfeil auf. Scrollen Sie etwas herunter, und klicken Sie auf Tiefen aufhellen.

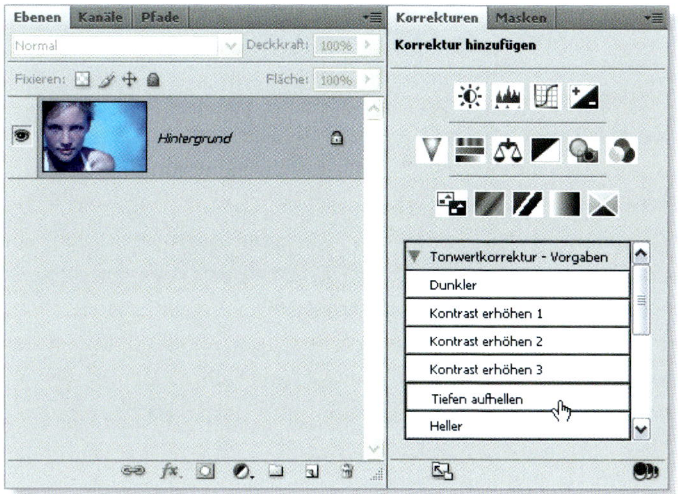

◂ **Abbildung 15.12**
Das Ausgangsbild in der Ebenen-Palette, daneben die aufgeklappte Vorgabenliste für das Tool Tonwertkorrektur.

3 Veränderte Anzeige in den Paletten

Die beiden maßgeblichen Paletten zur Kontrolle Ihrer Korrektur sind die Ebenen-Palette und die Korrekturen-Palette. In der Ebenen-Palette sehen Sie die neue Einstellungsebene, und in der Korrekturen-Palette erscheinen jetzt die Einstellungen für die Tonwertkorrektur. Und natürlich erkennen Sie im Bild selbst die Veränderung.

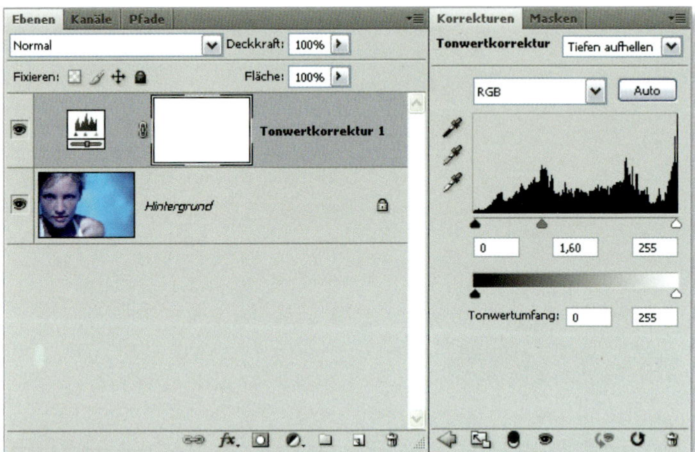

Abbildung 15.13 ▶
Ihre wichtigsten Kontrollinstrumente

Abbildung 15.14 ▶
Das Bild ist aufgehellt, aber selbst für so ein Schwimmbadmotiv immer noch zu blau.

4 Zweite Einstellungsebene

Sie könnten nun die Einstellungen der ersten Einstellungsebene ein wenig modifizieren, um den Farbstich des Bildes abzuschwächen. Es ist jedoch auch möglich, weitere Einstellungsebenen zu erzeugen. Sogar mehrere gleichartige Einstellungsebenen (hier: zweimal Tonwertkorrektur) lassen sich stapeln. Dieses Vorgehen hat den Vorteil, dass Sie beide Korrekturschritte unabhängig voneinander dosieren können.

Kehren Sie also mit dem kleinen Umschalter-Pfeil [Pfeil-Symbol] zur Ansicht KORREKTURLISTE zurück, und klicken Sie diesmal auf das Icon TONWERTKORREKTUR, um eine zweite Einstellungsebene zu erzeugen.

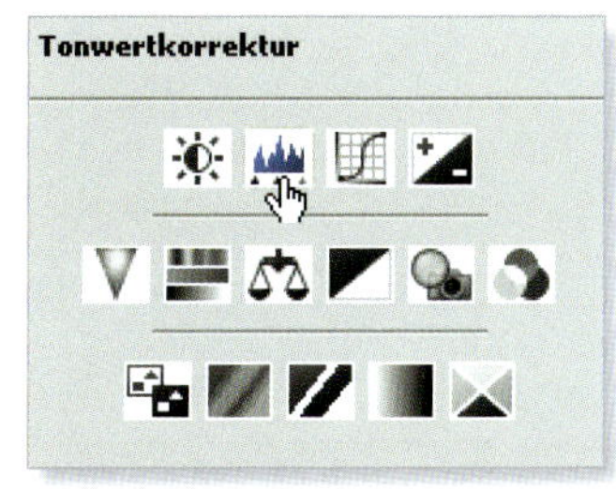

▲ **Abbildung 15.15**
So erzeugen Sie eine Einstellungsebene TONWERTKORREKTUR ohne Presets.

5 Korrektureinstellungen vornehmen

Da Sie hier nicht mit einer Vorgabe arbeiten, müssen Sie nun noch eigene Einstellungen vornehmen. Machen Sie es sich einfach, und klicken Sie auf den Button AUTO. Der Blauschleier verschwindet von den Hauttönen.

◄ **Abbildung 15.16**
Die zweite Einstellungsebene

◄ **Abbildung 15.17**
Das Bild ist aufgehellt. Die Poolfarben wurden beibehalten, doch der Blauschleier wurde verringert.

6 Noch nicht zufrieden? Möglichkeiten für das Feintuning

Die Arbeit mit Ebenen ist vor allem eines: flexibel. Das ist bei Einstellungsebenen nicht anders. Deswegen gibt es auch für das Feintuning der Korrekturen zahlreiche Möglichkeiten. Um die Korrekturwirkung der zweiten Ebene noch zu steigern, duplizieren Sie sie.

Vermutlich erscheint das ganze Bild nun zu gelb. Die Pool-Stimmung ist völlig verschwunden. Kein Problem: Senken Sie einfach die Deckkraft der dritten (oberen) Einstellungsebene.

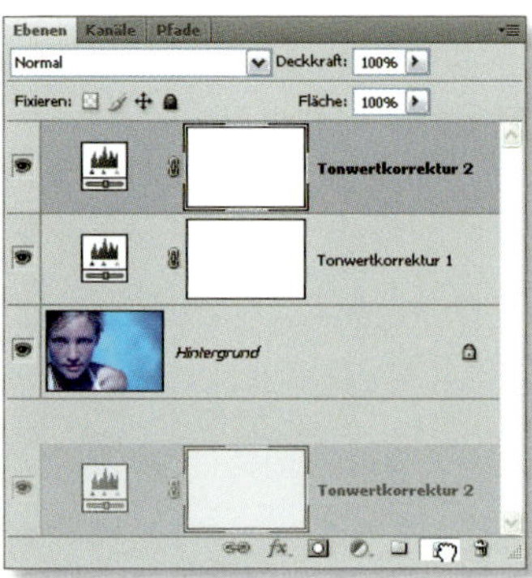

▲ **Abbildung 15.18**
Einstellungsebenen können wie normale Bildebenen dupliziert werden, wenn man die Korrekturwirkung auf die Schnelle potenzieren möchte.

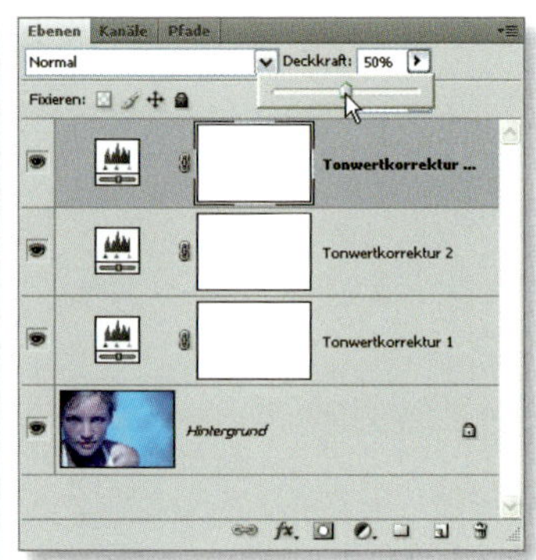

▲ **Abbildung 15.19**
Sie können die Deckkraft und Füllmethode von Einstellungsebenen ändern wie bei normalen Ebenen auch.

Ebenendeckkraft für Feinarbeiten

Feineinstellungen an der Korrekturwirkung der Einstellungsebene können Sie mithilfe der Einstellungen für Deckkraft oder Füllmethode vornehmen. Wichtiger ist es allerdings, dass Sie das Bild genau analysieren und die Korrekturwerkzeuge dann präzise anwenden – Ihnen stehen viele Parameter für eine passgenaue Korrektur zur Verfügung. Wenn Sie zu schnell anfangen, zusätzlich mit den Ebenenoptionen zu experimentieren, verlieren Sie sich schnell im Dschungel der (Korrektur-)Möglichkeiten!

7 Fertig! – Das Endergebnis

Hier sehen Sie noch einmal zum Vergleich das Ausgangsbild und die korrigierte Version.

▲ **Abbildung 15.20**
Das Ausgangsfoto

▲ **Abbildung 15.21**
Das Resultat der Korrektur kann sich bereits sehen lassen.

8 Einstellungsebenen verwalten

Für die komplette Korrektur eines Bildes kommen oft zahlreiche verschiedene Einstellungsebenen für die einzelnen Werkzeuge zusammen. Auch hier ist es zu empfehlen, die wenig aussagekräftigen Standardbezeichnungen der Ebenen durch präzisere Namen zu ersetzen.

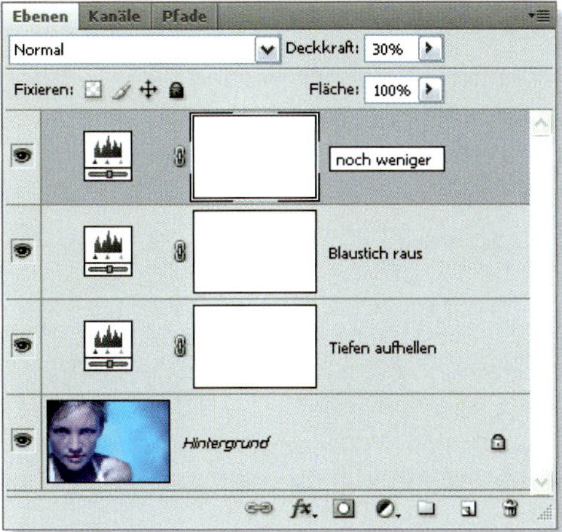

◂ **Abbildung 15.22**
Bei komplexen Korrekturen mit mehreren beteiligten Einstellungsebenen ist ein Umbenennen sinnvoll.

Auch sonst lassen sich Einstellungsebenen wie gewöhnliche Ebenen behandeln und können auf die bekannte Art gelöscht, verschoben und mit dem Bild gespeichert werden. ■

Masken von Einstellungsebenen bepinseln | Mit den Korrekturwerkzeugen von Photoshop können Sie recht genau bestimmen, auf welche Tonwerte oder Farben eine Korrektur wirkt. Vor allem Tonwertkorrektur und Gradationskurve lassen sich mit großer Präzision ansetzen. Doch das klappt nicht immer. Wenn nur ein Teil eines Bildes korrigiert oder verändert werden soll, können Sie den Wirkungsradius von Einstellungsebenen sehr bequem einschränken. Oft reichen nämlich ein paar Striche auf einer Maske aus, und man spart sich das aufwendige Erstellen einer Auswahl. So gehen Sie vor:

1. Legen Sie oberhalb der Ebene, die korrekturbedürftige Bildteile enthält, eine Einstellungsebene für das Tool an, das Sie anwenden wollen.
2. Einstellungsebenen haben automatisch eine leere Maske. Füllen Sie sie mit Schwarz. Sie können dazu bei aktiver Maske einfach mit dem FÜLLEIMER schwarze Farbe über das Bild gießen. Da es sich nur um eine Einstellungsebene handelt, werden keine Bildteile, sondern wird nur die bisherige Korrektur ausgeblendet.
3. Nun muss die Maskierung an der Stelle aufgehoben werden, die tatsächlich korrigiert werden soll. Lassen Sie dazu die Maske aktiv, und pinseln Sie mit einem weichen, nicht zu feinen Pinsel weiße Farbe auf die Stelle im Bild, die Sie korrigieren wollen. Sie können auch im Alpha-Kanal arbeiten, aber meist genügt es, im Blindflug mit der Maus auf dem Bild zu hantieren.

Extremwerte bei der Maskenerstellung

Bei einigen Motiven ist es ratsam, als Korrekturwert zunächst einen extremen Wert einzustellen, damit sich korrigierte und unkorrigierte Bildteile klar voneinander unterscheiden. Es ist dann einfacher, die Maske passgenau aufzupinseln.

Es ist umgekehrt natürlich auch möglich, eine weiße Maske mit Schwarz zu bepinseln – und überhaupt lassen sich die Masken in Einstellungsebenen so behandeln wie andere Ebenenmasken auch!

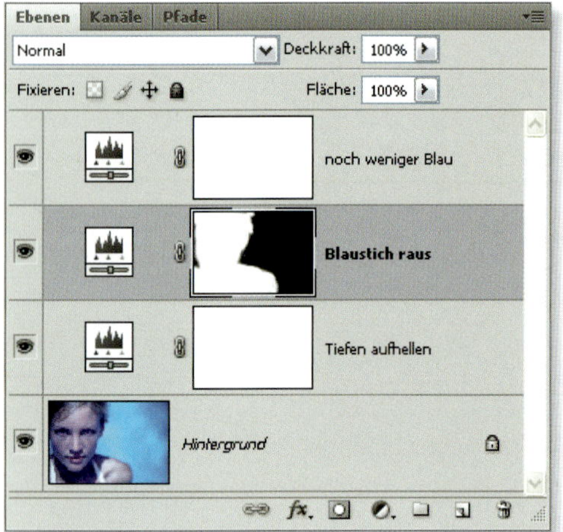

▲ **Abbildung 15.23**
Beim Pool-Bild wurde die mittlere Einstellungsebene maskiert. Dadurch bleibt die Korrektur des Teints erhalten, doch der Hintergrund erhält sein sattes Blau zurück.

▲ **Abbildung 15.24**
Strahlend blauer Pool, gesunde Hautfarbe beim Model – und das Erzeugen der Maske hat nur wenige Augenblicke gedauert!

15.3 Ein unentbehrliches Analyse- und Kontrollwerkzeug: das Histogramm

Mit Einstellungsebenen arbeiten Sie zerstörungsfrei. Die ursprünglichen Bildpixel bleiben unverändert, und Korrekturen können beliebig verändert werden. Das heißt natürlich nicht, dass es nicht auf das Korrekturergebnis ankommt: Falsche Korrekturen können Bilder nach wie vor schädigen! Einstellungsebenen ermöglichen bloß die Korrektur der Korrektur – also nachträgliche Änderungen.

Die Helligkeitsinformationen eines Pixelbildes und seiner Farbkanäle, die Tonwerte, sind die grundlegendste Größe für die Bildfarben und auch der wichtigste Ansatzpunkt für Bildkorrekturen. Das erste Augenmerk bei einer Korrektur gilt daher den Lichtern und Tiefen, also den allerhellsten und dunkelsten Tonwerten eines Bildes. Wie Sie schon in den Abbildungen 15.4 und 15.5 sehen konnten, treten an den Lichtern und Tiefen auch am schnellsten sichtbare Schäden auf. Um so etwas zu vermeiden, sollte eine Bildkorrektur genau an der Problemzone des Bildes ansetzen und Lichter- sowie Tiefenzeichnung – die feine Nuancierung der hellsten und dunkelsten Bereiche im Bild – erhalten. Durch reine Sichtkontrolle am Monitor ist beides schwierig.

Mit dem Histogramm stellt Photoshop ein wirkungsvolles Instrument zur Verfügung, um Tonwertverteilung und -umfang eines Bildes objektiv zu prüfen.

Sie finden es gleich an mehreren Stellen im Programm:

- als Teil des Werkzeugs Tonwertkorrektur, mit dem Sie die Tonwerte bearbeiten
- als eigenständige Histogramm-Palette (zu finden unter Fenster • Histogramm)
- integriert in den Dialog Gradationskurven

Das Histogramm ist ein wertvoller Helfer für die Analyse korrekturwürdiger Bilder und unterstützt Sie während der Korrektur.

15.3.1 Was verrät die Histogramm-Palette?

Die Histogramm-Palette hat den Vorzug, dass sie geöffnet auf der Arbeitsfläche abgelegt werden kann, sodass Sie die Tonwerte eines Bildes *jederzeit* im Blick behalten können. Darüber hinaus ist ein Histogramm als Hilfswerkzeug auch noch in andere Tools integriert, zum Beispiel in den Import-Dialog für Camera-Raw-Bilder.

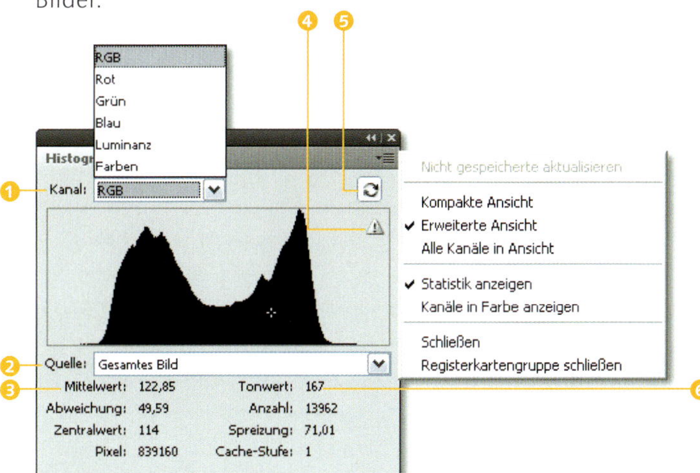

◂ **Abbildung 15.25**
Die Histogramm-Palette in der erweiterten Ansicht mit Statistik. Neben dem eigentlichen Histogramm werden in dieser Ansicht auch statistische Informationen zum Bild geliefert. Die verschiedenen Ansichtsoptionen erreichen Sie über das Seitenmenü, das sich wie gewohnt mit dem kleinen Pfeil rechts oben aufklappen lässt.

Die Histogramm-Balken | Ein Histogramm – gleichgültig ob in der Tonwertkorrektur, den Gradationskurven oder der Histogramm-Palette selbst – bildet die **Tonwerte** aller im Bild vorkommenden Pixel ab.

Ganz links sind die schwarzen Bildpixel (in RGB mit dem Tonwert 0) repräsentiert, und die Anzeige verläuft über die Mitteltöne in die hellen Töne bis zu den weißen Bildpixeln ganz rechts (Tonwert 255).

Die Höhe der kleinen Balken in den unterschiedlichen Tonwertbereichen zeigt an, wie oft ein Tonwert im Bild vorkommt. Je öfter ein Tonwert im Bild vertreten ist, desto länger ist der Balken. Diese Tonwertverteilung können Sie sich für das Gesamtbild oder einzelne Kanäle anzeigen lassen ❶.

In der Histogramm-Palette finden Sie neben dem Histogramm selbst noch weitere Einstellungen und Informationen.

Quelle | Wenn Ihr Bild mehrere Ebenen enthält, können Sie unter QUELLE ❷ auswählen, ob Sie die Tonwerte einer bestimmten Bildebene oder des gesamten Bildes ansehen wollen.

Statistik | Unterhalb des Histogramms finden Sie einige Angaben zur Statistik: Der MITTELWERT ❸ gibt die durchschnittliche Helligkeit eines Bildes an. Liegt der Wert für ein RGB- oder Graustufenbild unter 128, ist das Bild eher dunkel; liegt er darüber, ist das Bild heller. Die ABWEICHUNG gibt nochmals in Zahlen an, wie stark die Helligkeitswerte schwanken (das kann man auch der Histogrammkurve ansehen). Der ZENTRALWERT gibt an, wie hell oder dunkel der mittlere Farbwert des Bildes ist. PIXEL bezeichnet die Menge der Pixel im Bild, die für das Histogramm herangezogen wurden.

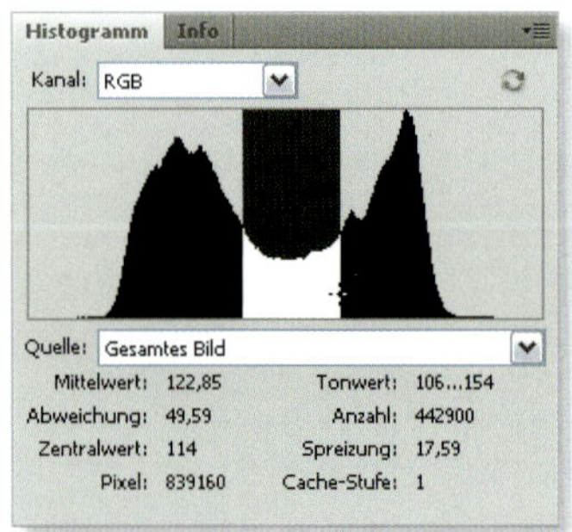

▲ **Abbildung 15.26**
Sie können auch Bereiche des Histogramms durch Überstreichen markieren und erhalten dazu statistische Informationen.

Tonwertangaben | Wenn Sie mit der Maus auf einen Punkt der Histogrammkurve fahren, erscheinen einige Angaben zu dem Tonwert ❻, den Sie aktuell unter der Maus haben. Sie erfahren, was der genaue Wert ist (TONWERT), wie viele andere Pixel es mit diesem Tonwert gibt (ANZAHL) und wie viele dunklere Pixel noch vorhanden sind (SPREIZUNG).

Aktualisieren | Das kleine »Warndreieck« oben rechts ❹ weist Sie darauf hin, dass das Bild geändert wurde, aber dass das Histogramm noch die unveränderte Version anzeigt. Ein Klick auf die darüber liegenden, kreisförmig angeordneten Pfeile ❺ (»Recycling-Symbol«) aktualisiert die Ansicht.

Cache-Stufe | Die CACHE-STUFE bezieht sich nicht auf die Bildqualität oder Bilddaten selbst, sondern systemabhängig darauf, wie diese für das Histogramm aus dem Bild ermittelt werden. Für die Bildkorrektur können Sie diesen Wert ignorieren.

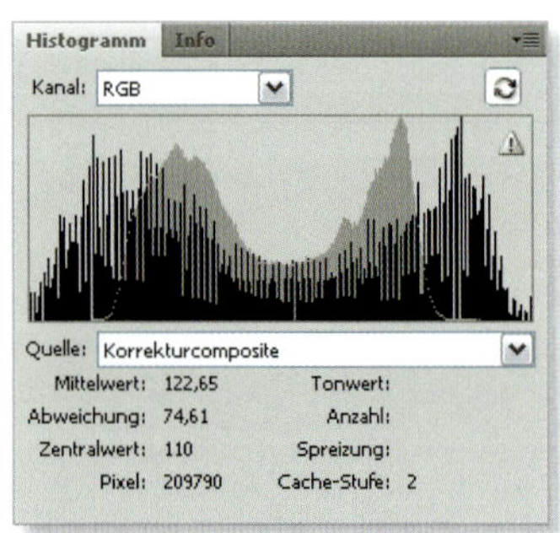

▲ **Abbildung 15.27**
Das Live-Histogramm im Einsatz

Live-Histogramm | In der Histogramm-Palette sowie in der Tonwertkorrektur in der Korrekturen-Palette können Sie Änderungen am Bild live verfolgen. Die grauen »Hügel« zeigen die originalen Werte, und das schwarze Diagramm symbolisiert die

Auswirkungen Ihrer aktuellen Tonwertkorrektur-Einstellungen. Achten Sie darauf, dass QUELLE: KORREKTURCOMPOSITE eingestellt ist, sonst funktioniert es nicht.

15.3.2 Histogramme interpretieren

Auch wenn jedes Bild sein eigenes Profil hat, gibt es Merkmale, die eine ideale Tonwertverteilung auszeichnen, und andere Merkmale, die für bestimmte Bildfehler symptomatisch sind.

Die Histogramm-Hügellandschaft sollte an den Rändern auslaufen und die gesamte Breite der Grafik ausfüllen. Reichen die Histogramm-Hügel nicht über die ganze Breite des Diagramms, fehlen dem Bild eindeutige Tiefen und Lichter. Der Gesamteindruck ist dann meist »flau« und kontrastarm.

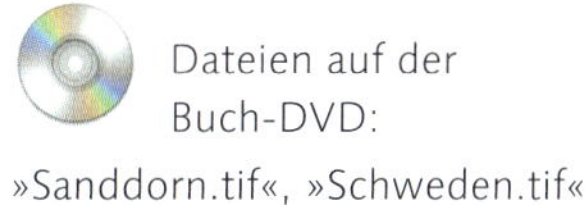

Dateien auf der Buch-DVD: »Sanddorn.tif«, »Schweden.tif«

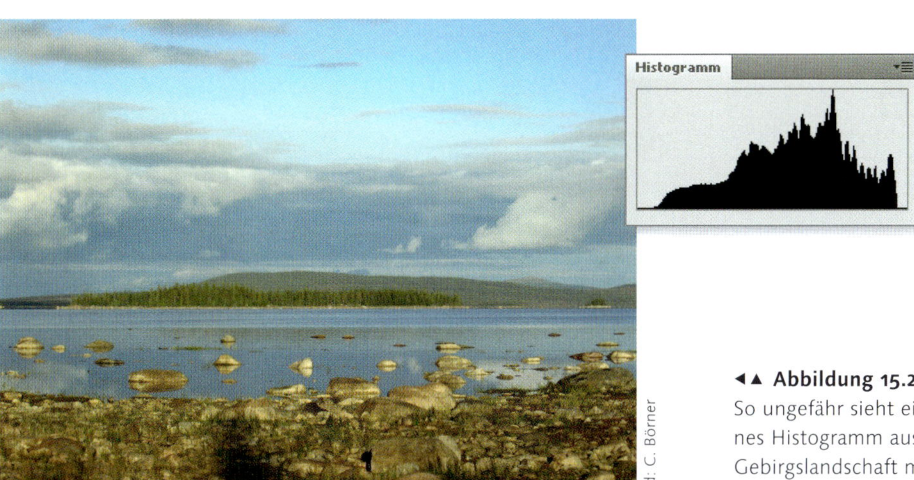

◄▲ Abbildung 15.28
So ungefähr sieht ein ausgewogenes Histogramm aus: wie eine Gebirgslandschaft mit zu den Seiten abfallendem Berg.

Bei den oben gezeigten Histogrammen ist wichtig, dass die gesamte Histogramm-Breite ausgenutzt wird. Schauen Sie genau hin: auch die unscheinbaren, nur ein Pixel hohen Balken an den Rändern der »Histogrammberge« zeigen relevante Tonwerte an.

Dateien auf der Buch-DVD: »Strandspaziergang.tif«, »Helsinki.tif«

Histogramm zu schmal | In Abbildung 15.29 läuft die Gebirgskette des Histogramms in die Ebene aus, bevor die Kanten des Diagramms erreicht sind. Das Bild hat denn auch nur geringe Kontraste und wirkt wie hinter einem Grauschleier. Solche Befunde lassen sich meist gut mit ein paar Handgriffen korrigieren.

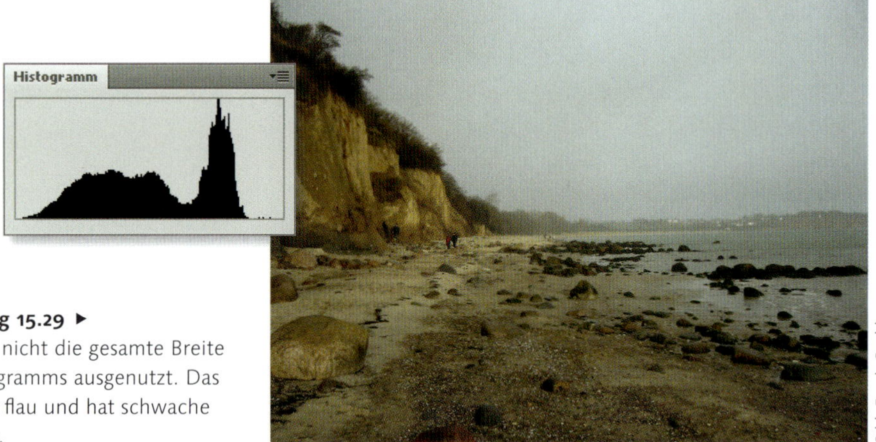

Bild: Frank Gaebler

Abbildung 15.29 ►
Hier wird nicht die gesamte Breite des Histogramms ausgenutzt. Das Bild wirkt flau und hat schwache Kontraste.

Histogramm zu breit | Drängen die Histogramm-Balken aus dem Diagramm hinaus, fehlt es dem Bild vermutlich an **Zeichnung** in den Tiefen oder Lichtern, also an feiner Modulation der dunkelsten oder hellsten Bildpartien.

Bild: Frank Gaebler

Abbildung 15.30 ►
In diesem Bild treten deutlich Zeichnungsverluste in den hellen Bereichen zutage.

Im Bild aus Abbildung 15.30 sind die Balken, die die hellen Tonwerte repräsentieren (rechts im Histogramm), zwar nicht besonders hoch, aber sie drängen deutlich über den Rand hinaus. Mit

Zeichnungsverlusten in den Lichtern des Bildes kann bei einem solchen Histogramm gerechnet werden. »Reparieren« lassen sich solche Bilder schlecht. Wo Bildinformationen (hier: Tonwertabstufungen in den hellen Bildbereichen) fehlen, können auch nachträglich keine beschafft werden.

Dateien auf der Buch-DVD: »Baumstämme.tif«, »Zentralbüro.tif«

Bild: Frank Gaebler

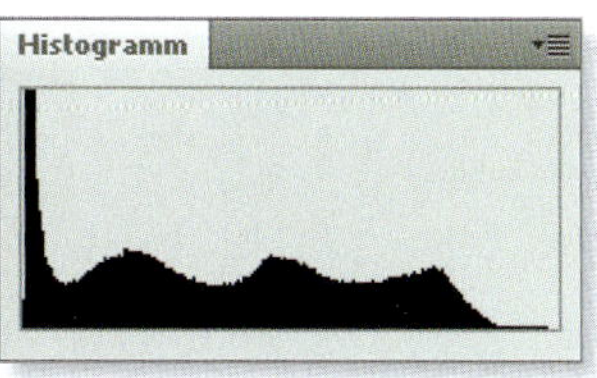

◀ **Abbildung 15.31**
Auch dieses Foto ist durch Zeichnungsverluste gekennzeichnet, diesmal in den Tiefen.

Die Histogramm-Balken türmen sich in Abbildung 15.31 am linken Rand, der für die dunklen Tonwerte steht. Die Zeichnungsverluste der Tiefen sind auch im Bild recht gut zu erkennen: Dunkle Bereiche sind kaum nuanciert, sondern einfach schwarze Flecke. Auch hier wird es wohl schwierig, noch etwas aus dem Bild herauszuholen.

Bild: Sibylle Mühlke

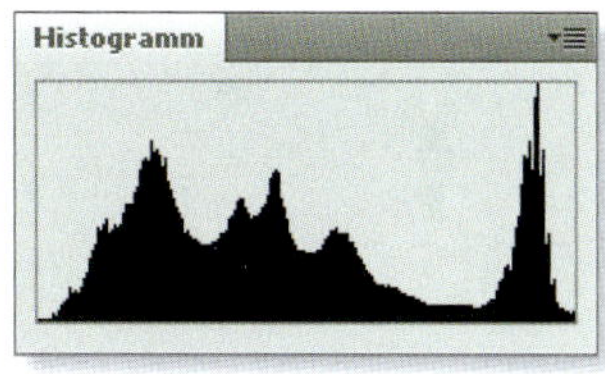

◀ **Abbildung 15.32**
Dieses Foto ist zwar ebenfalls recht dunkel, doch das Histogramm belegt: Es ist stimmig.

Anders in Abbildung 15.32: Auch dieses Bild ist recht dunkel, wie auch die Menge der Tonwertbalken im linken Bereich der Histogramm-Grafik zeigt. Allerdings gibt es im Bild trotzdem noch feine Abstufungen der Tiefen. Das Histogramm fällt links steil ab, die Balken drängen nicht gerade aus der Grafik heraus.

Eine besondere Rolle spielt das Histogramm bei der Arbeit mit dem Werkzeug Tonwertkorrektur – dort ist es zentrales Funktionselement.

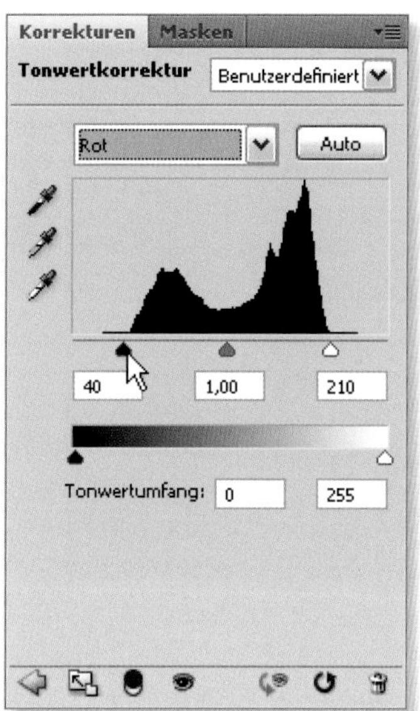

Abbildung 15.33 ▸
Bei der manuellen Tonwertkorrektur arbeiten Sie direkt im Histogramm: die Tonwertspreizungsregler werden ans Histogrammgebirge herangeführt.

Doch auch bei anderen Korrekturen können und sollten Sie die Informationen des Histogramms nutzen – entweder mittels Histogramm-Palette oder bei den Gradationskurven im Werkzeugdialog selbst.

16 Kontraste und Bildhelligkeit korrigieren: Schnelle Problemlöser

16.1 Das Werkzeug Helligkeit/Kontrast

Veränderungen von Helligkeit und Kontrast gehören wohl zu den am häufigsten gebrauchten Bildkorrekturen: Eine Kontrastverstärkung peppt flaue, müde Bilder auf, und mehr Helligkeit kann Bilder freundlicher, »sonniger« machen. So erscheint das Korrekturwerkzeug HELLIGKEIT/KONTRAST oft als naheliegende Wahl für erste Korrekturen.

Sie können die Funktion HELLIGKEIT/KONTRAST über die Korrekturen-Palette oder mit dem Einstellungsebenen-Icon der Ebenen-Palette starten oder können den Menübefehl EBENE • NEUE EINSTELLUNGSEBENE • HELLIGKEIT/KONTRAST nutzen. Wenn Sie den Menübefehl BILD • KORREKTUREN • HELLIGKEIT/KONTRAST anklicken, wird die Korrektur **ohne Einstellungsebene** auf der aktiven Ebene durchgeführt.

Das Werkzeug HELLIGKEIT/KONTRAST bietet nicht so differenzierte Kontrolle wie die Gradationskurven, ist jedoch leicht zu handhaben und seit der Programmversion CS3 sogar tatsächlich brauchbar. In älteren Programmversionen wirkte das Werkzeug ausgesprochen brachial. Inzwischen wurde die Funktionsweise verändert, und das Tool geht behutsamer mit den Bildtonwerten um. Kontrollieren können Sie Ihr Korrekturergebnis über die Bildschirmdarstellung und mit der zugeschalteten Palette HISTOGRAMM.

Korrekturen via Menü – ohne Einstellungsebene

Neben der neuen Korrekturen-Palette gibt es in CS4 immer noch die altbekannten Menübefehle für Korrekturen (unter BILD • KORREKTUREN). Wenn Sie die Menübefehle nutzen, umgehen Sie das Erstellen von Einstellungsebenen. Die Korrekturen werden direkt auf der Bildebene durchgeführt. Ihre Anwendung ist dann irreversibel.

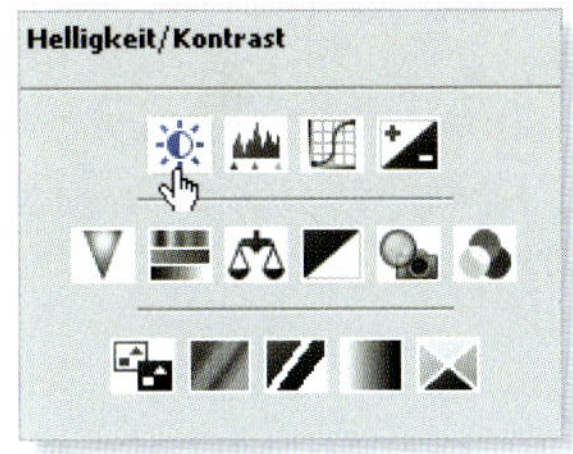

▲ **Abbildung 16.1**
Eine Einstellungsebene HELLIGKEIT/KONTRAST in der Korrekturen-Palette erzeugen

16.1.1 Funktionsweise

Die Bedienung des Werkzeugs HELLIGKEIT/KONTRAST ist denkbar einfach: Zwei Schieberegler und eine Options-Checkbox machen es sehr übersichtlich.

Helligkeit | Ihre erste Maßnahme sollte darin bestehen, die Option FRÜHEREN WERT VERWENDEN zu deaktivieren. Sie macht das Werkzeug mehr oder weniger unbrauchbar. Warum das so ist, erfahren Sie im nächsten Abschnitt.

Wenn Sie den Regler Helligkeit nach rechts schieben, werden die Lichter des Bildes aufgehellt. Dabei werden die hellen Tonwerte zusammengeschoben und die restlichen Tonwerte des Bildes ein wenig aufgespreizt. Schieben Sie den Regler nach links, werden die Tiefen abgedunkelt, indem die dunklen Tonwerte weiter zu den Tiefen hingeschoben und die restlichen Tonwerte gespreizt werden.

Sie können natürlich auch Werte eintippen. Die Zahlenfelder zeigen Werte von –100 bis +100 an. Einen direkten Bezug zu den RGB- oder CMYK-typischen Tonwertskalen haben die Werte übrigens nicht, sie dienen nur als grobe Orientierung.

Datei auf der Buch-DVD: »KleinesLeuchtfeuer_bunt.jpg«

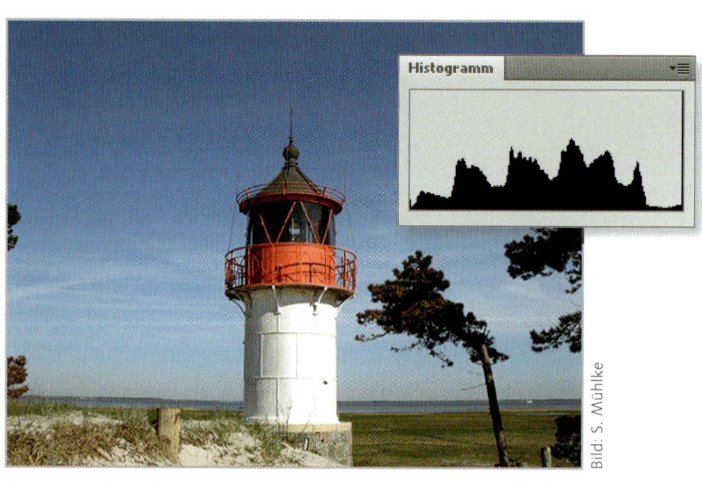

▲ **Abbildung 16.2**
Das Ausgangsbild und das zugehörige Histogramm.

▲ **Abbildung 16.3**
Diese Einstellungen wurden angewendet.

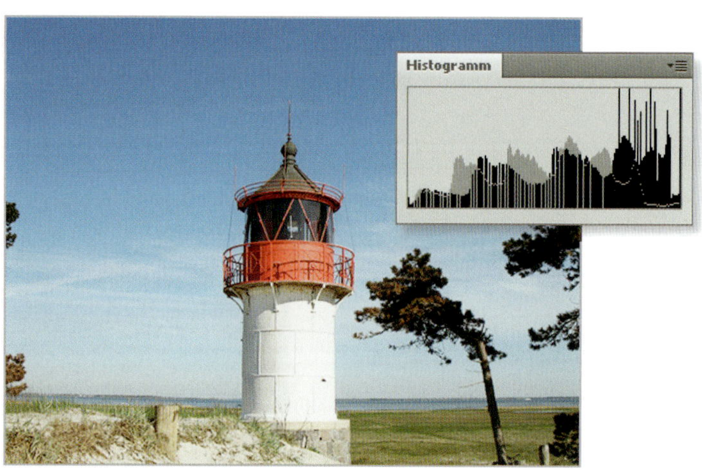

Abbildung 16.4 ▶
Nun ist das Bild deutlich aufgehellt. Auf dem hellen Leuchtturm – ein kritischer Bereich bei diesem Bild – ist jedoch immer noch etwas Zeichnung zu sehen. Im Histogramm erkennt man deutlich die Tonwertspreizung, die vor allem in den Tiefen und Mitteltönen durchgeführt wurde (helle Streifen in den Histogramm-»Bergen«). Die Lichter wurden nach rechts verschoben.

Kontrast | Der Regler KONTRAST wirkt nicht nur auf die Tiefen oder Lichter – so wie der HELLIGKEIT-Regler –, sondern auf den **gesamten** Tonwertbereich; immer jedoch tonwertspreizend.

Früheren Wert verwenden | Die Option FRÜHEREN WERT VERWENDEN greift mitnichten auf eine Ihrer früheren Einstellungen zurück. Stattdessen verschärft sie die Wirkung des Werkzeugs deutlich – es wird dabei auf den früheren, Prä-CS3-Arbeitsmodus zurückgesetzt. Dann kann es bei der Anwendung zu starken Tonwertbeschneidungen kommen. Die vorhandenen Tonwerte des Bildes werden dabei nicht gespreizt (auseinandergezogen), sondern aus dem Histogramm herausgeschoben. Sie gehen dem Bild also verloren.

[Tonwertspreizung]
Für Qualität und Wirkung eines Bildes entscheidend ist die Verteilung der Helligkeitswerte, der sogenannten Tonwerte. Das Histogramm bildet die Tonwertverteilung ab. Im Idealfall liegen Schwarz und Weiß an den äußeren Enden des Histogramms. Tun sie es nicht, ist das Bild kontrastarm und »flau«. Das Auseinanderziehen – **Spreizen** – der Tonwerte verbessert dann den Bildeindruck.

▲ **Abbildung 16.5**
Wird bei dem Beispielbild die Option FRÜHERER WERT VERWENDEN zugeschaltet ...

▲ **Abbildung 16.6**
... ändert sich das Bild dramatisch. Es verblasst – was eine Folge der beschnittenen Tiefen ist –, und Lichterzeichnung geht verloren. Auch im Histogramm ist deutlich zu sehen, dass hier in den Tiefen beschnitten wurde und die hellen Tonwertbereiche aus dem Histogrammbereich herausgeschoben wurden.

16.1.2 Das Problem

Trotz der verbesserten Funktion erzielt man mit diesem Werkzeug bei der Bildkorrektur Ergebnisse, die schnell zu plakativ sind. Das subtile Herausarbeiten einzelner Tonwertbereiche ist nicht möglich, und man erreicht mit dieser Korrektur nicht immer die kritischen Bildbereiche. In jedem Fall sollten Sie bei der Korrektur mittels HELLIGKEIT/KONTRAST das Histogramm im Auge behalten, um Zeichnungsverluste zu vermeiden!

16.2 Pfusch oder schnelle Hilfe? Die Auto-Korrekturen

Farbstiche zuerst entfernen!

Zeigt Ihr Bild außer einer Kontrastschwäche oder zu geringer Helligkeit außerdem einen Farbstich, sollten Sie sich zuerst den Farbwerten widmen und erst danach Kontrast oder Helligkeit einstellen. Diese Reihenfolge empfiehlt sich aus zwei Gründen: Messwerte, die Ihnen beim Korrigieren der Farbbalance helfen, sind aussagekräftiger, wenn Helligkeit und Kontrast noch nicht korrigiert worden sind. Zudem lassen sich Helligkeit und Kontrast bei farblich ausgeglichenen Bildern viel besser korrigieren.

Eine erfolgreiche Bildkorrektur muss nicht immer manuell durchgeführt werden. Photoshop bietet auch eine Reihe von automatischen Korrekturwerkzeugen an, die die Bildpixel selbsttätig analysieren und entsprechend gerade richten. Ob und wann ihr Einsatz sinnvoll ist und welche Möglichkeiten Sie haben, deren Wirkung zu optimieren, erfahren Sie jetzt.

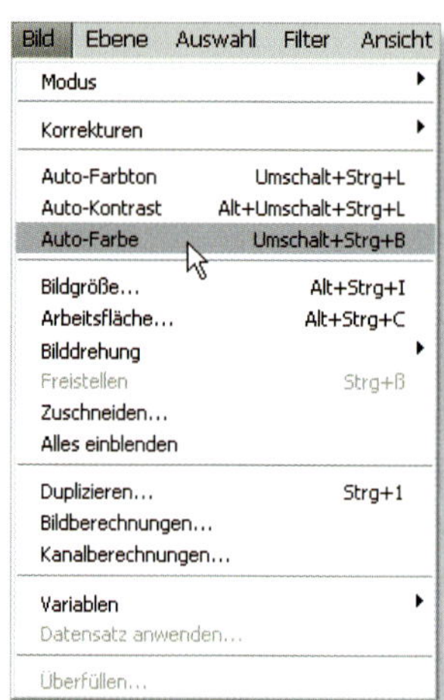

Abbildung 16.7 ▸
Die Auto-Korrekturen unter BILD

Tastenkürzel

AUTO-FARBTON: ⇧+Strg+L bzw. ⇧+⌘+L
AUTO-KONTRAST: Alt+⇧+Strg+L bzw. ⌥+⇧+⌘+L
AUTO-FARBE: ⇧+Strg+B bzw. ⇧+⌘+B

Zum Weiterlesen: Tonwertkorrektur

Wie Sie eine manuelle Tonwertkorrektur durchführen, lesen Sie in Kapitel 18, »Präzisionsarbeit am Histogramm: Die Tonwertkorrektur«. Die halbautomatische Tonwertkorrektur mithilfe der Pipetten lernen Sie in Abschnitt 18.4, »Halbautomatische Tonwertkorrektur mit Pipetten«, kennen.

16.2.1 Auto-Farbton, Auto-Kontrast und Auto-Farbe

In CS3 fanden sich die schnellen Automatik-Korrekturen noch unter BILD • ANPASSUNGEN, nun sind sie eine Menübenene nach oben gerutscht und direkt unter dem Menüpunkt BILD zu finden – ganz im Sinne leichter Zugänglichkeit. Außerdem heißt die bisherige AUTO-TONWERTKORREKTUR jetzt AUTO-FARBTON.

Die **Anwendung** der Auto-Werkzeuge ist denkbar einfach: Klicken Sie einmal auf den Menüpunkt, Photoshop rechnet, fertig. Einstellungsebenen stehen für diese Funktionen nicht zur Verfügung; sie lassen sich jedoch auf einem Umweg einrichten – mehr dazu weiter unten.

Trotz der unterschiedlichen Bezeichnungen handelt es sich übrigens bei allen drei Auto-Funktionen rein technisch um Tonwertkorrekturen, die auf unterschiedliche Weise durchgeführt werden. Welche der Auto-Korrekturen am besten wirkt, ist stark motivabhängig. Die folgende Serie von Beispielbildern hilft Ihnen, die Funktionsweise der drei Automatik-Korrekturen besser einzuschätzen. Und im Zweifelsfall gilt: einfach ausprobieren. Missglückt die Anwendung, können Sie sie mit Strg/⌘+Z schnell zurücknehmen und eines der anderen Tools aus der Reihe probieren. Einen Versuch sind die Auto-Korrekturen allemal wert!

Datei auf der Buch-DVD: »Relief.jpg«

◀ **Abbildung 16.8**
Hier das unbearbeitete Original

Auto-Farbton | Die Korrektur AUTO-FARBTON bearbeitet die Tonwertinformationen des Bildes Kanal für Kanal. So kommt nicht nur mehr Kontrast ins Bild, mit dieser Funktion lassen sich auch Farbstiche beseitigen. Doch zwangsläufig ist das Auto-Werkzeug ignorant gegenüber den Bildinhalten. Es neutralisiert auch dort, wo die Erhaltung eines Farbstichs wünschenswert gewesen wäre – zum Beispiel bei Bildern wie »rotstichigen« Sonnenuntergängen, bläulichen Dämmerungsmotiven und auch bei unserem messingfarbenen Beispielfoto.

◀ **Abbildung 16.9**
AUTO-FARBTON verbessert den Kontrast kanalweise und verändert auch die Bildfarben ein wenig.

Auto-Kontrast | AUTO-KONTRAST verändert die Farbkanäle des Bildes gleichzeitig. Die Farbstimmung eines Bildes bleibt dadurch erhalten. Je nach Motiv kann sich das bei manchen Bildern auch als Nachteil erweisen: Unerwünschte Farbstiche bleiben nämlich ebenfalls im Bild.

Abbildung 16.10 ▶
Bei diesem Motiv führt Auto-Kontrast zu einer Kontraststeigerung, greift jedoch nicht so stark in die Farbigkeit ein wie Auto-Farbton.

Auto-Farbe | Wenn Sie Auto-Farbe wählen, analysiert Photoshop die Tonwertverteilung in jedem Farbkanal einzeln und versucht, Farbstiche zu erkennen. Geändert wird dann die Helligkeit einzelner Kanäle. Je nach Ausgangslage können sich die Bildfarben dabei stark verändern – nicht jedes Motiv verträgt das.

Abbildung 16.11 ▶
Das Ergebnis von Auto-Farbe: starke Farbänderung, kaum veränderte Kontraste.

16.2.2 Auto-Korrekturen mit Einstellungsebene – über Umwege

Neben der Schnelligkeit, mit der sich die Auto-Korrekturen anwenden lassen, haben sie noch einen Vorteil: Sie arbeiten auf Grundlage strikter Tonwertmathematik. So kann es zwar passieren, dass Sie einmal das falsche Werkzeug erwischen und damit nicht den gewünschten Effekt erzielen oder motivtypische Farbstiche eliminieren – doch wirkliche Zeichnungsverluste können Sie damit nur schwerlich produzieren. In gewisser Weise sind die

Auto-Korrekturen also narrensicher. Dennoch wäre es natürlich wünschenswert, man könnte sie ebenfalls per Einstellungsebene einsetzen. Mit einigen Zusatzklicks geht das auch. Denn hinter den AUTO-Optionen der Korrekturwerkzeuge TONWERTKORREKTUR und GRADATIONSKURVEN verstecken sich dieselben Funktionen wie im Menü.

Sie können ein beliebiges Bild zum Testen nehmen, zum Beispiel das Metallrelief aus dem vorigen Abschnitt. Der folgende Workshop zeigt Ihnen, wie Sie vorgehen. Er ist gleichzeitig eine Anleitung zum Einstellen der Automatik-Optionen von TONWERTKORREKTUR und GRADATIONSKURVEN.

Schritt für Schritt: Auto-Korrekturen per Einstellungsebene

1 Einstellungsebene anlegen

Erzeugen Sie zunächst eine Einstellungsebene TONWERTKORREKTUR. In der Korrekturen-Palette erscheinen dann die Steuerungselemente.

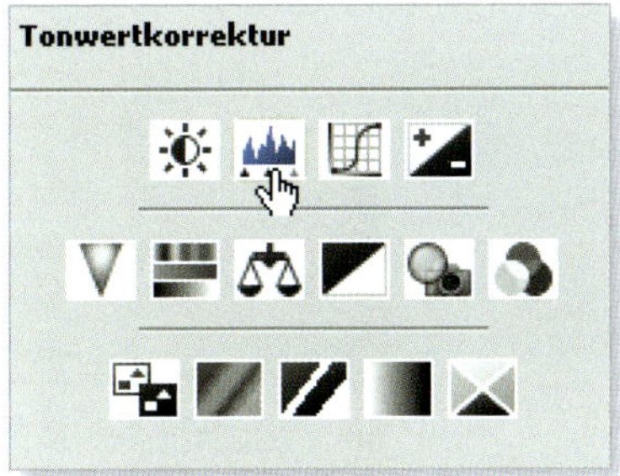

▲ **Abbildung 16.12**
So erzeugen Sie eine Einstellungsebene TONWERTKORREKTUR in der Korrekturen-Palette.

2 Auto-Optionen aufrufen

Innerhalb des Dialogs sehen Sie jetzt den Button AUTO. Wenn Sie einfach den Button anklicken, wird eine Auto-Tonwertkorrektur mit den Standardeinstellungen ausgeführt. Das wollen Sie jedoch jetzt nicht! Drücken Sie die [Alt]/[⌥]-Taste, während Sie auf diesen Button klicken, dann öffnet sich das Optionsfenster.

3 Auto-Optionen einstellen

In diesem Dialogfeld können Sie festlegen, nach welchem Muster eine Auto-Tonwertkorrektur durchgeführt wird. Und je nach Einstellung gleicht das Ergebnis dann einer der drei Auto-Korrekturbefehle aus dem Menü.

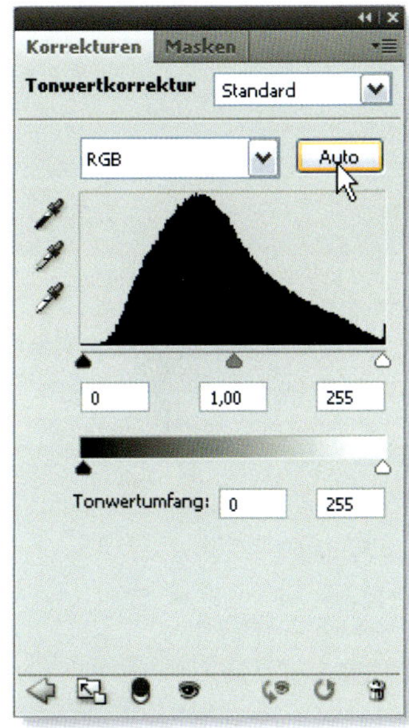

▲ **Abbildung 16.13**
Zu den herkömmlichen schwebenden Korrekturfenstern gibt es für die Auto-Optionen einen Extrabutton. In der CS4-Korrekturen-Palette müssen Sie die [Alt]/[⌥]-Taste beim Klick auf AUTO halten.

- Schwarzweiss-Kontrast verbessern (mit **inaktiver** Option Neutrale Mitteltöne ausrichten) wirkt wie der Menübefehl Auto-Kontrast.
- Die Einstellung Kontrast kanalweise verbessern (mit **inaktiver** Option Neutrale Mitteltöne ausrichten) wirkt wie der Menübefehl Auto-Farbton.
- Dunkle und helle Farben suchen mit **aktiver** Option Neutrale Mitteltöne ausrichten wirkt wie der Menübefehl Auto-Farbe.

Die Option Neutrale Mitteltöne ausrichten kann jederzeit zugeschaltet werden. Sie bewirkt bei den meisten Bildern eine stärkere Verschiebung der Bildfarben.

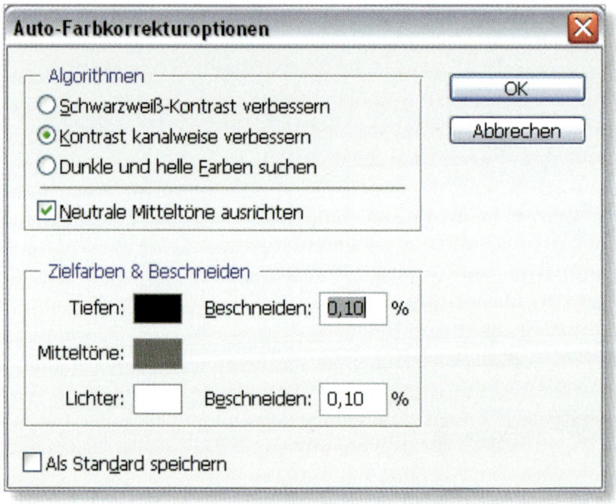

Abbildung 16.14 ▸
Mit den Einstellungen unter Algorithmen steuern Sie, wie die Tonwertkorrektur wirkt.

Zum Weiterlesen: Zielfarben und Beschneiden
Was es mit den Optionen Zielfarben & Beschneiden auf sich hat, erfahren Sie in Kapitel 18 zur Tonwertkorrektur.

4 Änderungen bestätigen und Korrektur anwenden

Klicken Sie auf OK, um die Änderungen der Optionen anzuwenden und gleichzeitig die Korrektur – per Einstellungsebene – durchzuführen. Wenn Sie Ihre Einstellung künftig als Standard für alle Auto-Tonwertkorrekturen (nicht die Menübefehle sind gemeint, sondern per Button Auto im Dialog Tonwertkorrektur!) nutzen wollen, aktivieren Sie zuvor die Checkbox Als Standard speichern.

Die Auto-Optionen im Gradationskurven-Dialog sind identisch
Wenn Sie eine Einstellungsebene Gradationskurve anlegen, sehen Sie auch dort einen Auto-Button. Er funktioniert genauso wie der hier beschriebene und hat dieselben Optionen.

16.2.3 Die Funktion »Tonwertangleichung«

Und noch eine Auto-Tonwertkorrektur gibt es: Unter Bild • Korrekturen finden Sie den Befehl Tonwertangleichung. Das ist der schnellste Weg, um zu einem neuen Schwarz- und Weißpunkt und einer Tonwertspreizung zu kommen – allerdings ohne jegliche Kontrolle und in den meisten Fällen mit zweifelhaften Ergebnissen. Adobe empfiehlt diese Funktion insbesondere für zu dunkel geratene Scans. Aber Achtung: Das Werkzeug kann Bilder mit einem Mausklick verderben.

Datei auf der Buch-DVD: »OranienburgerStraße.tif«

▲ **Abbildung 16.15**
Das Original.

Bild: Fotolia, Yvonne Bogdanski

▲ **Abbildung 16.16**
Die Tonwertangleichung sorgt für einen ungewollten, starken Verfremdungseffekt.

Sofern im Bild keine Auswahl vorhanden ist, erfolgt einfach eine Neuberechnung. Haben Sie zuvor eine Auswahl erstellt, erscheint ein Dialogfeld.

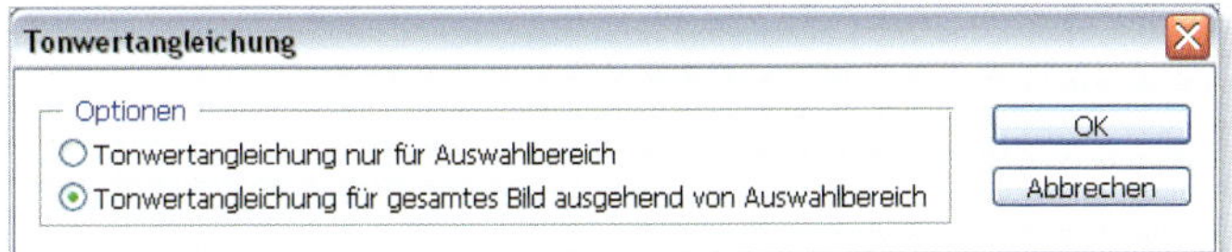

◀ **Abbildung 16.17**
Wie soll mit dem Auswahlbereich verfahren werden?

- Tonwertangleichung nur für Auswahlbereich führt die Tonwertspreizung nur im ausgewählten Bereich durch.
- Tonwertangleichung für gesamtes Bild ausgehend von Auswahlbereich legt die Pixel im Auswahlbereich für die Neuberechnung aller Bildpixel zugrunde.

16.3 Spezialist für harte Schatten und Gegenlichtaufnahmen: Tiefen/Lichter

Die bisher vorgestellten Auto-Tools Helligkeit/Kontrast und die Auto-Korrekturfunktionen korrigieren globale Bildfehler, die in vielen Fotos anzutreffen sind – solche Korrekturen gehören zum Standardrepertoire. Tiefen/Lichter hingegen ist ein Werkzeug für Spezialfälle. Mit ihm können Sie Bilder, die sowohl über- als auch unterbelichtete Partien haben – beispielsweise Gegenlichtaufnahmen – reparieren. Auch zu dunkle Tiefen in ansonsten korrekt belichteten Bildern können damit korrigiert werden, ebenso »angeblitzte« Motive, die durch das Blitzlicht zu hell geworden sind. Funktionieren kann Tiefen/Lichter jedoch nur dann gut, wenn der Tonwertumfang des Bildes nicht von vornherein stark

»Tiefen/Lichter« ohne Einstellungsebene – doch zerstörungsfrei
Als Einstellungsebene steht Tiefen/Lichter nicht zur Verfügung. Dennoch lässt sich Tiefen/Lichter pixelschonend anwenden. Das Werkzeug ist nämlich eigentlich ein Filter, daher kann es als Smartfilter eingesetzt werden. Wie das geht, lesen Sie weiter unten!

Datei auf der Buch-DVD: »Apfelbett.jpg«

eingeschränkt ist. TIEFEN/LICHTER ist meiner Meinung nach die effizienteste und zeitsparendste Korrekturautomatik, die Photoshop zu bieten hat. Was früher sehr aufwendig mithilfe von Masken korrigiert werden musste, lässt sich hiermit in kürzester Zeit erledigen.

▲ **Abbildung 16.18**
Um die zu dunkel geratenen Tiefen in diesem Bild zu korrigieren, ohne dass die übrigen – schon recht ausgewogenen – Bildpartien verändert werden, war vor der Erfindung der TIEFEN/LICHTER-Automatik ein aufwendiges Arbeiten mit Masken nötig.

Bild: vitamin a

▲ **Abbildung 16.19**
Die bearbeitete Version. Diese Korrektur hat keine 3 Minuten gedauert!

16.3.1 Der Dialog »Tiefen/Lichter«

Sie finden das Tool wie alle Korrekturwerkzeuge im Menü BILD • KORREKTUREN. Die Bedienung ist einfach: Der Regler TIEFEN legt fest, wie stark die **Tiefen aufgehellt** werden, und mit dem Regler LICHTER stellen Sie ein, wie stark **Lichter abgedunkelt** werden sollen.

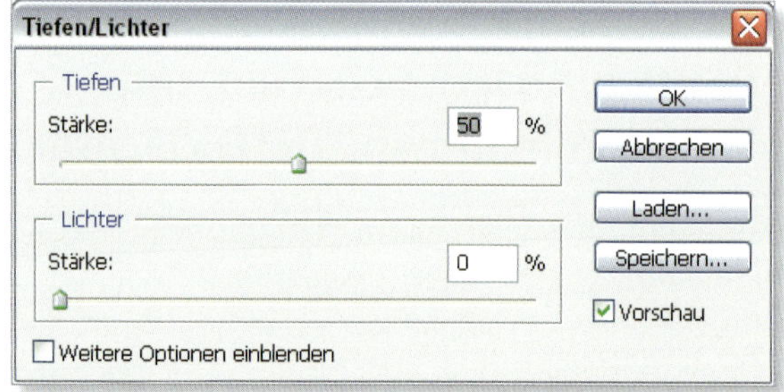

Abbildung 16.20 ▸
Nicht immer reicht es aus, an den Reglern für Tiefen und Lichter zu ziehen, um gute Korrekturergebnisse zu erzielen. Hier sehen Sie den Dialog in der Standardansicht.

Reichen Ihnen diese Einstellungsmöglichkeiten nicht aus, können Sie mit der Checkbox WEITERE OPTIONEN EINBLENDEN das Bedienfeld erweitern. Wie bei vielen anderen Dialogen auch arbeiten Sie sich hier am besten von oben nach unten durch.

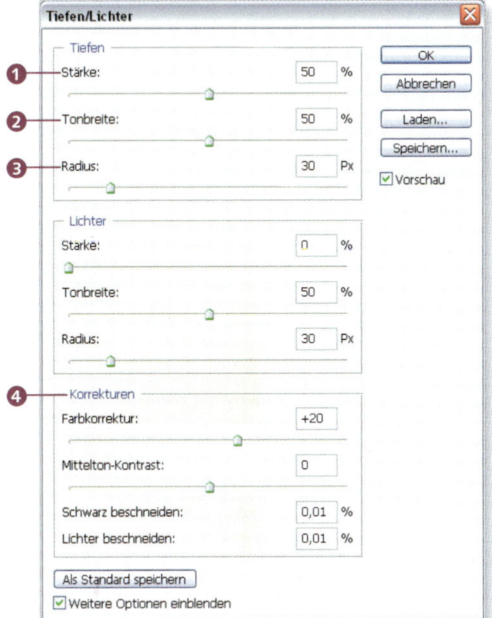

◂ **Abbildung 16.21**
Erweiterte Korrektureinstellungen im Werkzeug TIEFEN/LICHTER

Stärke | Die STÄRKE ❶ – ganz logisch – legt fest, wie kräftig die Korrektur überhaupt wirkt. Mit den Slidern sollten Sie vorsichtig umgehen. Wenn Sie beispielsweise den STÄRKE-Regler unter TIEFEN weit nach rechts ziehen, kann es passieren, dass die aufgehellten Tiefen heller werden als die Lichter des Bildes. Das wirkt stark verfremdend. Gelegentlich kann starkes Aufhellen dunkler Bereiche auch Bildrauschen verstärken.

Tonbreite | Mit TONBREITE ❷ legen Sie fest, wie stark die Korrektur auf Tiefen und Lichter begrenzt wird oder Mitteltöne mit einbezieht. 50 % sind Standard. Je kleiner der Wert ist, desto stärker wird die Korrektur eingegrenzt. Bemerken Sie beispielsweise beim Aufhellen eines dunklen Motivs, dass sich die helleren Töne zu stark verändern, sollten Sie die Tiefen-Tonbreite herabsetzen. Umgekehrt können Sie durch Erhöhen der Tonbreite die Korrektur auf einen breiteren Tonwertbereich ausweiten.

▴ **Abbildung 16.22**
Ausschnitt aus einem (zu) stark aufgehellten Bild. In den dunklen Bereichen wird Rauschen verstärkt sichtbar.

Radius | Der RADIUS ❸ soll unerwünschte Nebeneffekte der Korrektur eingrenzen – und erledigt das auch ganz wirkungsvoll. Diese Einstellung schränkt ebenfalls die Wirkung der Regler ein, nicht aber auf Basis der Tonwerte des Bildes (so wie TONBREITE), sondern ausgehend von einzelnen hellen oder dunklen Bildpixeln. Wenn Ihr Motiv nach der Einstellung von STÄRKE zu wenig Kontraste aufweist und Detailzeichnung verliert, erhöhen Sie den Radius. Wirkt sich die Korrektur auf das ganze Bild aus und nicht nur auf Lichter oder Tiefen, senken Sie die Einstellung.

Korrekturen | Die Einstellungen unter KORREKTUREN ❹ helfen Ihnen, kleinere Farb- und Kontrastfehler, die bei der Korrektur entstanden sein können, wieder auszubügeln. Mit FARBKORREKTUR können Sie Farben, die durch die Luminanzänderung eventuell verändert wurden, mehr oder weniger Leuchtkraft verleihen. (Sie erinnern sich, Farbe und Luminanz hängen zusammen!)

Bei Graustufenbildern steht hier stattdessen ein Regler für die HELLIGKEIT (nicht im Bild) zur Verfügung. Per MITTELTON-KONTRAST kann das Aussehen der Mitteltöne an die korrigierten Tiefen und Lichter angepasst werden.

Die Funktionen SCHWARZ BESCHNEIDEN und LICHTER BESCHNEIDEN grenzen den Tonwertumfang des Bildes ein wenig ein. Das ist manchmal notwendig, wenn Bilder im Rasterverfahren gedruckt werden.

Zum Weiterlesen: Tonwerte beschneiden
Mehr zum Thema lesen Sie in Kapitel 18, »Präzisionsarbeit am Histogramm: Die Tonwertkorrektur«.

Als Standard speichern | ALS STANDARD SPEICHERN ermöglicht es Ihnen, aktuelle Einstellungen als neue Standardwerte festzulegen. Mit den Buttons SPEICHERN und LADEN können Sie einmal festgelegte Einstellungen konservieren und später erneut nutzen.

16.3.2 »Tiefen/Lichter« zerstörungsfrei auf Smart-Objekte anwenden

Smart-Objekte sind spezielle Ebenen, deren Originaldaten im Dokument hinterlegt werden, sodass sie nach der Bearbeitung jederzeit wieder in die ursprüngliche Form gebracht werden können. Nicht alle, jedoch eine ganze Reihe von Photoshop-Werkzeugen lassen sich auf Smart-Objekte anwenden. Neben Transformationen und Filtern gehört dazu auch die Funktion TIEFEN/LICHTER. Der folgende Workshop zeigt, wie Sie mit ihr arbeiten.

Datei auf der Buch-DVD: »matrosen.jpg«

Bild: Sibylle Mühlke

Abbildung 16.23 ▸
Das Ausgangsbild. Vor allem die Tiefen sind hier viel zu dunkel geraten.

Schritt für Schritt: »Tiefen/Lichter« als Smartfilter einsetzen

1 Bildebene in Smart-Objekt konvertieren

Nur zwei Klicks in der Ebenen-Palette sind notwendig, um eine Ebene in ein Smart-Objekt zu konvertieren: Klicken Sie in die Ebenenzeile, um das Kontextmenü zu öffnen, und wählen Sie dort den Befehl In Smart-Objekt konvertieren. Eine Alternative wäre der Menübefehl Ebene • Smart-Objekte • In Smart-Objekt konvertieren.

◀ **Abbildung 16.24**
Wählen Sie In Smart-Objekt konvertieren.

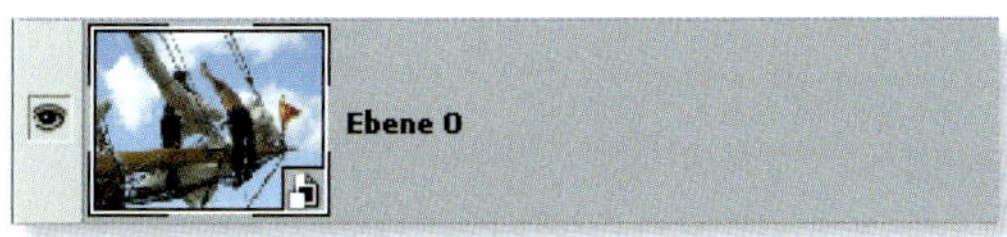

▲ **Abbildung 16.25**
Die Ebene ist keine Hintergrundebene mehr, und die Miniatur hat außerdem ein kleines Icon unten rechts.

2 »Tiefen/Lichter« starten

Die Funktion Tiefen/Lichter rufen Sie wie gewohnt über Bild • Korrekturen • Tiefen/Lichter auf. Da sich zahlreiche Korrekturwerkzeuge nicht auf Smart-Objekte anwenden lassen, sind fast alle anderen Befehle im Menü inaktiv.

3 Einstellungen vornehmen

Stellen Sie nun alle Regler so ein wie benötigt. Dabei nutzen Sie die Monitoranzeige zur Kontrolle. Einzoomen in kritische Bereiche kann hilfreich sein. Hier sehen Sie meine Korrekturen für das Beispielbild »matrosen.jpg«. Ich habe unter Tiefen die Stärke recht hoch eingestellt und die Tonbreite auf dem Standardwert 50 belassen. Dadurch werden die allerdunkelsten Bereiche (Tiefen) stark aufgehellt, aber auch einige der dunklen Bereiche erhalten etwas mehr Helligkeit. Die Lichter bleiben unverändert, und unter Korrekturen genügen die Standardwerte.

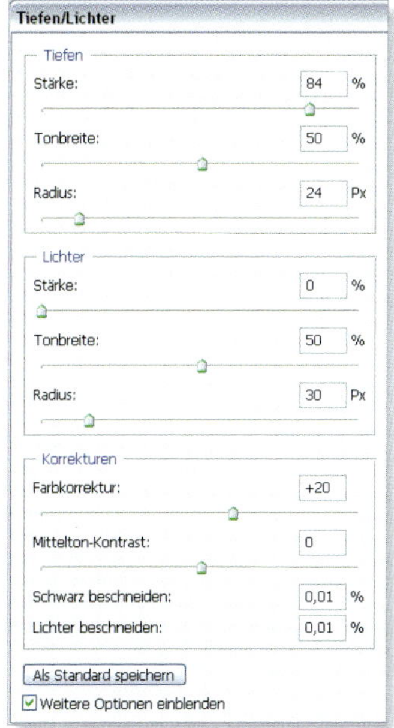

▲ **Abbildung 16.26**
Einstellungen im Dialog Tiefen/Lichter

Nachdem Sie den Dialog geschlossen haben, werden Sie auch eine Änderung in der Ebenen-Palette bemerken. Der Smartfilter TIEFEN/LICHTER hat sich unter das Smart-Objekt – die frühere Hintergrundebene – geklemmt.

Abbildung 16.27 ▶
Nun sehen Sie auch den Smartfilter in der Ebenen-Palette.

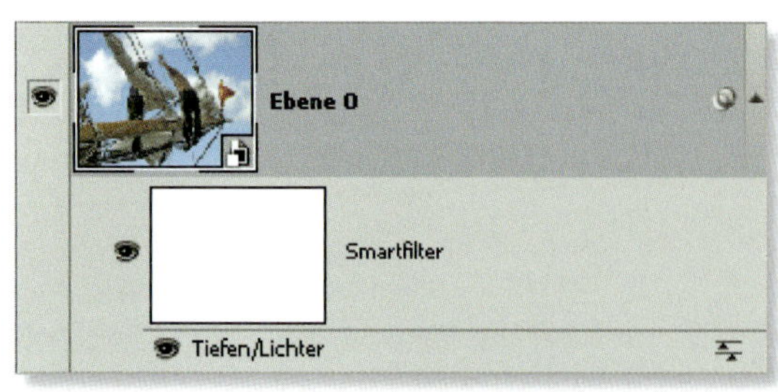

Belichtung: Nur für HDR

Wer das Werkzeug BELICHTUNG aus dem Camera-Raw-Dialog früherer Photoshop-Versionen kennt, erwartet vermutlich auch bei dem neuen Belichtungs-Tool in der Korrekturen-Palette ein Werkzeug, mit dem sich die Helligkeit von Fotos regulieren lässt. Ganz so universell wie das gleichnamige Tool aus Camera Raw arbeitet das Photoshop-Werkzeug leider nicht: Es ist vor allem für HDR-Bilder reserviert. In Abschnitt 24.4, »HDR-Bilder montieren«, erfahren Sie mehr.

Sie können das Bild nun normal weiterverarbeiten. Hier sehen Sie einen Vorher-nachher-Vergleich.

Abbildung 16.28 ▶
Die unkorrigierte Fassung

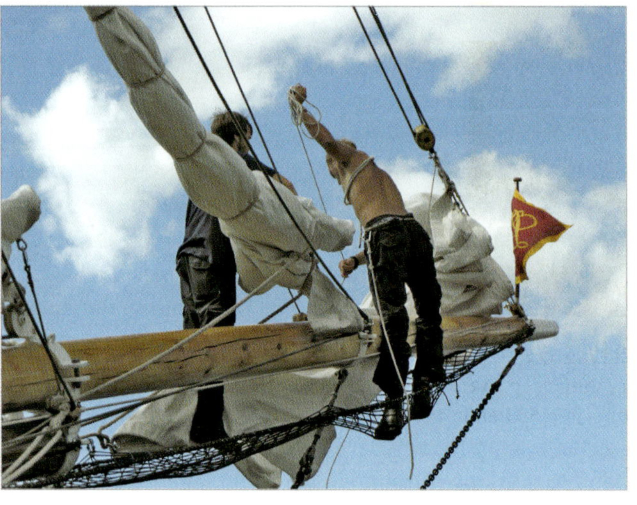

Abbildung 16.29 ▶
Bearbeitete Version. Vor allem die Tiefen (Matrosenhosen) sind deutlich heller, aber auch einige der dunklen Bereiche (gefaltetes Segel unterhalb des Klüverbaums).

17 Wie bunt soll's sein? Farben flott gerade rücken

Leichte bis mittlere Farbstiche lassen sich meist schon durch eine Tonwertkorrektur – ob automatisch ausgeführt oder manuell – beheben.

Doch nicht immer genügt das: sei es, dass ein Bild einen hartnäckigen Farbstich aufweist, der sich mit den genannten Mitteln nicht entfernen lässt; sei es, dass Sie einem Bild bewusst eine bestimmte Farbstimmung geben möchten. Das wird manchmal erforderlich, um Bildelemente in Montagen aneinander anzupassen, und natürlich ist Farbe auch ein gestalterisches Element, wie die Bilderfolge zeigt.

Zum Weiterlesen: Tonwertkorrekturen
Mehr über automatische Tonwertkorrekturen lesen Sie in Abschnitt 16.2, »Pfusch oder schnelle Hilfe? Die Auto-Korrekturen«. Mehr Informationen zum Werkzeug TONWERTKORREKTUR, mit dem Sie detailgenaue Korrekturen durchführen können, erhalten Sie im folgenden Kapitel.

Datei auf der Buch-DVD: »Porträt-Varianten.tif« – Die Datei enthält alle Einstellungsebenen für die gezeigten Bildvarianten.

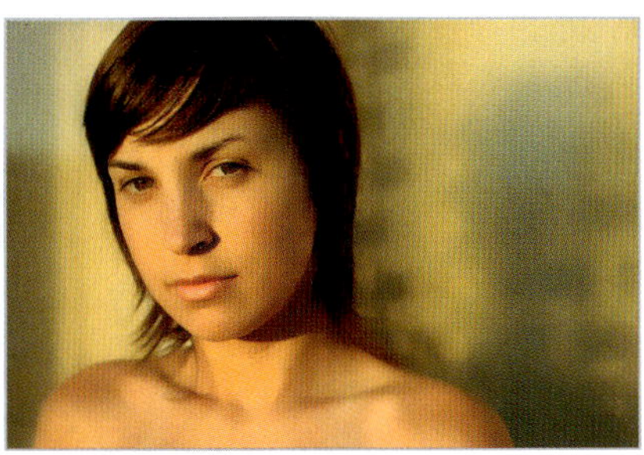

◂ **Abbildung 17.1**
Das Porträt lebt von den warmen Gelbtönen.

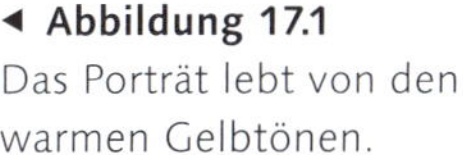

▴ **Abbildung 17.2**
Mit dem Werkzeug FARBBALANCE wurden differenziertere Farben herausgearbeitet.

Bild: Fotolia, Rui Vale De Sousa

▴ **Abbildung 17.3**
Auch in dieser recht kühlen und zusätzlich kontrastverstärkten Variante funktioniert das Bild – die Wirkung ist jedoch eine gänzlich andere als bei den anderen Versionen.

17.1 Grundlage jeder Farbkorrektur: der Farbkreis

Ganz ohne Basiswissen geht es auch beim intuitivsten Korrekturtool nicht. Um Farbkorrekturen erfolgreich durchführen zu können, müssen Sie den Farbkreis kennen und wissen, was Komplementärfarben sind. Was hat es damit auf sich?

Es gab und gibt immer wieder die Bestrebung, ein objektives und naturwissenschaftlich fundiertes Ordnungssystem zu schaffen, das alle für den Menschen sichtbaren Farben zeigt und vor allem ihre Beziehung zueinander deutlich macht. Als Ordnungsmodell bewährt hat sich dabei der Farbkreis, den wir uns auch bei der Farbkorrektur zunutze machen können.

▲ **Abbildung 17.4**
Diese schlichte Version des Farbkreises ist gut geeignet, um die für die Farbkorrektur wichtigen Zusammenhänge zwischen den einzelnen Farben zu verdeutlichen. In der Mitte sehen Sie nochmals die Grund- und Mischfarben des RGB-Modells zum Vergleich.

Im Farbkreis finden Sie alte Bekannte – nämlich die Farben, die Sie schon aus den Systemen RGB und CMYK kennen. Zwischen diesen sechs Farben besteht ein enger Zusammenhang: Aus Rot, Grün und Blau können Cyan, Magenta und Gelb gemischt werden und umgekehrt. Angeordnet sind die Farben so, dass jeweils drei nebeneinanderliegende Farben zueinander im Verhältnis *erste Grundfarbe – gemeinsame Mischfarbe – zweite Grundfarbe* stehen. Beispielsweise ergeben Rot und Grün zusammen Gelb, Cyan und Magenta mischen sich zu Blau, und Cyan wiederum wird aus Grün und Blau gemischt.

Komplementärfarben | Interessant ist vor allem auch das Verhältnis der Farben, die sich jeweils direkt gegenüberliegen. Solche Farbenpaare nennt man Komplementärfarben. Die Komplementärfarbenpaare sind:

- Magenta und Grün
- Blau und Gelb
- Cyan und Rot

Zwei Komplementärfarben »neutralisieren« sich gegenseitig.

Für die Bearbeitung und Korrektur von Bildfarben hat dieses Prinzip natürlich große Bedeutung: Ein Farbstich lässt sich entfernen, indem man den Anteil der entsprechenden Komplementärfarbe im Bild erhöht. So kann ein zu gelbes Bild durch die Zugabe von Blau und ein Bild mit Magenta-Stich durch Erhöhen des Grünanteils korrigiert werden und so weiter.

Zudem ist der Farbkreis die »interne« Berechnungsgrundlage verschiedener Photoshop-Farbkorrekturen und liegt auch der Gestaltung und Handhabung verschiedener Korrektur-Dialogboxen zugrunde. Halten Sie sich den Farbkreis bei der Durchführung von Farbkorrekturen also immer vor Augen – buchstäblich oder im metaphorischen Sinne!

17.2 Farbbalance: Globale Farbmischung ändern

Um schnell und unkompliziert die Farbbalance von Bildern zu verändern und Farbstiche, die das gesamte Bild betreffen, zu entfernen, bietet Photoshop das Werkzeug FARBBALANCE an.

Sie finden die FARBBALANCE in der Korrekturen-Palette und im Einstellungsebenen-Icon der Ebenen-Palette und können außerdem den Menübefehl EBENE • NEUE EINSTELLUNGSEBENE • FARBBALANCE nutzen. Wenn Sie den Menübefehl BILD • KORREKTUREN • FARBBALANCE oder den Shortcut [Strg]/[⌘]+[B] verwenden, erscheint der altbekannte Korrekturdialog, und die Korrektur wird **ohne Einstellungsebene** direkt auf die aktive Bildebene angewandt.

Alternative: Gradationskurven
Die Gradationskurven sind das Universalgenie unter den Korrekturwerkzeugen. Sie lassen sich ebenfalls nutzen, um die Farbbalance einzustellen, und bieten dabei sogar noch differenziertere Möglichkeiten, um auf das Bild einzuwirken.

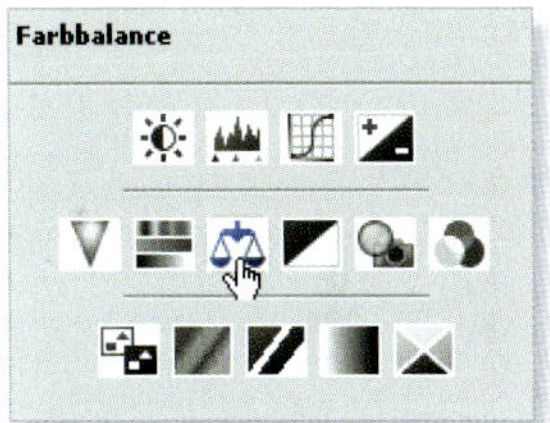

▲ **Abbildung 17.5**
Eine Einstellungsebene FARBBALANCE erzeugen

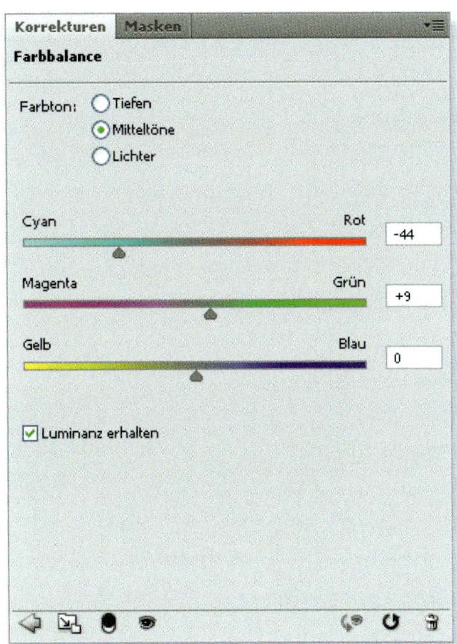

◀ **Abbildung 17.6**
Leichte Bedienbarkeit, aber weniger Kontrolle über die Korrektur als mit Gradationskurven: FARBBALANCE

- Unter FARBTON lässt sich festlegen, welcher Tonwertbereich des Bildes bearbeitet werden soll – LICHTER, MITTELTÖNE und TIEFEN stehen zur Auswahl.
- Die Farbbalance wird mithilfe der Schieberegler eingestellt. Die sechs bekannten Grundfarben finden Sie hier zu drei Komplementärpaaren angeordnet. Dazwischen befindet sich jeweils ein Regler, mit dem sich die Balance korrigieren lässt.
- Alternativ können Sie numerische Werte in die Eingabefelder eintragen.
- Die Option LUMINANZ ERHALTEN kann zusätzlich aktiviert werden. Sie verhindert, dass mit dem Verschieben der Farbbalance auch die Bildhelligkeit verändert wird.

Korrekturen per Ebenen-Füllmethode steuern

Sie können die Wirkung einer Bildkorrektur nicht nur über die Werkzeugeinstellungen, sondern auch durch die Füllmethode der Einstellungsebene beeinflussen. Besonders die Füllmethoden FARBE und FARBTON sind bei Farbkorrekturen interessant. Sie können der Farbveränderung ein natürlicheres Aussehen geben. LUNINANZ hingegen verhindert eine Farbveränderung – günstig bei Helligkeits- und Kontrastkorrekturen. INEINANDERKOPIEREN und die »Licht«-Füllmethoden wirken zusätzlich kontraststeigernd.

17.2.1 Vorgehensweise

Die Vorgehensweise erschließt sich fast schon von selbst: Sie legen fest, welchen Tonwertbereich des Bildes (Tiefen, Mitteltöne oder Lichter) Sie ändern wollen, markieren das entsprechende Feld und verändern dann per Schieberegler oder Zahleneingabe die Balance von Cyan/Rot, Magenta/Grün oder Blau/Gelb – je nachdem, wie der Farbstich des Bildes beschaffen ist. Hilfreich ist es auch hier, wenn man den Farbkreis und das Prinzip der Komplementärfarben kennt.

Vor- und Nachteile | Die Bedienung ist einfach genug, und das Verfahren ist deutlich schneller als die haargenau angepasste Farbkorrektur mit Gradationskurven und Messpunkten.

Zum Weiterlesen: Korrektur mit Messwerten
Wenn Sie vor der Bildkorrektur Messpunkte für Farbwerte setzen, ist die Bildschirmanzeige nicht mehr Ihr einiges Kontrollinstrument. Mehr dazu finden Sie in Kapitel 19, »Universalhelfer für professionelle Ansprüche: Gradationskurven«.

Problematisch ist, dass der Monitor das *einzige* und entscheidende Instrument zur Beurteilung des Bildes und der vorgenommenen Korrekturmaßnahmen ist. Wie Sie sicherlich wissen, erscheinen Farben auf jedem Monitor ein wenig anders. Eine genaue Dosierung der Korrektur mit dem Farbbalance-Werkzeug ist schwierig. Mit Gradationskurven lässt sich der zu verändernde Tonwertbereich besser eingrenzen und exakter bearbeiten. So lässt sich nicht jeder Farbstich restlos entfernen, doch als schneller Soforthelfer und auch als Kreativtool und unterstützendes Werkzeug bei Montagen ist FARBBALANCE vielseitig einsetzbar.

17.2.2 Farbbalance im Direktvergleich: Variationen

Zum Nachlesen: Bildkorrektur mit Smartfiltern
Lesen Sie in Abschnitt 16.3.2, »›Tiefen/Lichter‹ zerstörungsfrei auf Smart-Objekte anwenden«, im Detail, wie Sie Bildkorrekturen auf Smart-Ebenen durchführen. Das dort beschriebene Verfahren funktioniert auch beim VARIATIONEN-Dialog.

Das Werkzeug VARIATIONEN spitzt das Prinzip der Bildkorrektur nach Augenmaß noch zu: Hier können Sie mehrere Korrekturvarianten desselben Bildes in Miniaturansicht miteinander vergleichen und natürlich auch Korrektureinstellungen festlegen.

Sie erreichen die Dialogbox über den Menübefehl BILD • KORREKTUREN • VARIATIONEN. Das Tool kann nicht als Einstellungsebene eingesetzt werden. Eine zerstörungsfreie Bildkorrektur ist dennoch möglich: Es lässt sich als Smartfilter auf Smart-Ebenen anwenden.

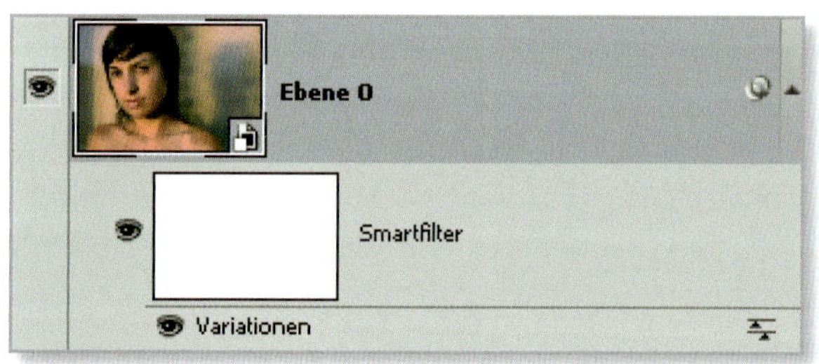

▲ **Abbildung 17.7**
VARIATIONEN funktioniert als Smartfilter.

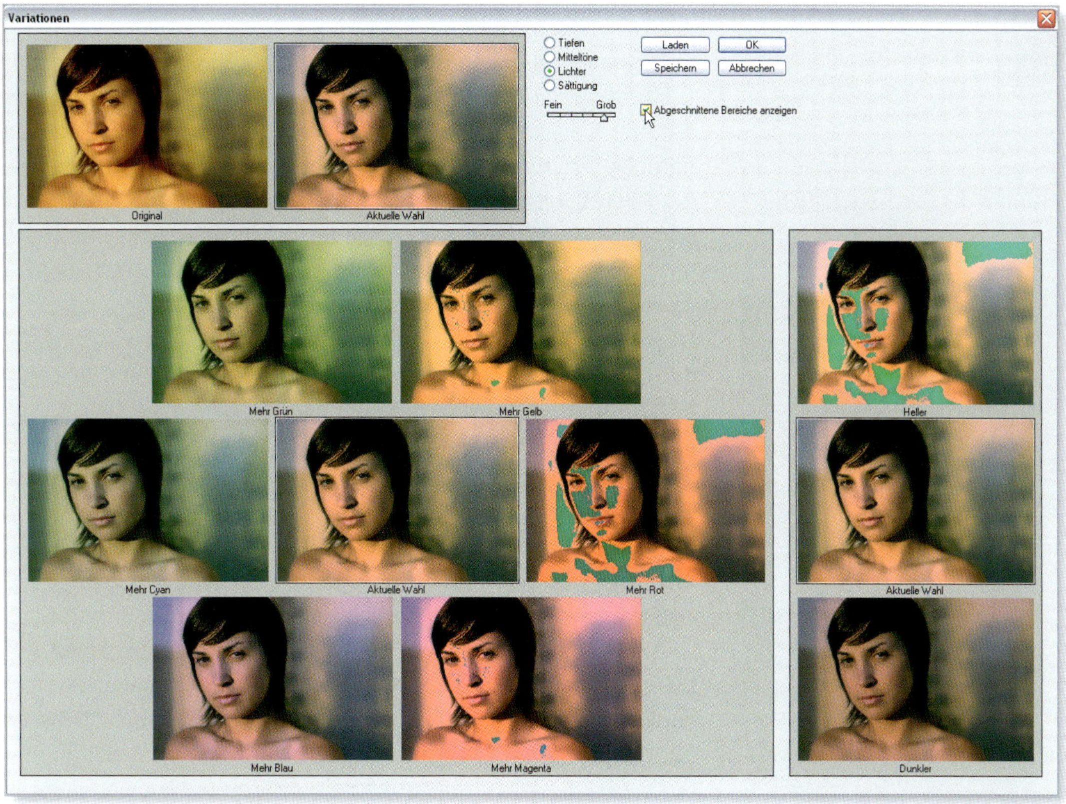

▲ **Abbildung 17.8**
Das umfangreiche Dialogfeld Variationen

Neben der Farbbalance können Sie hier auch Farbsättigung und Helligkeit einstellen. Wie auch beim Farbbalance-Werkzeug lassen sich Tiefen, Mitteltöne und Lichter separat ansteuern. Änderungen nehmen Sie vor, indem Sie auf eines der Vorschaubilder klicken. Mehrfaches Klicken auf ein Vorschaubild verstärkt die Wirkung. Der Regler Fein/Grob legt fest, wie nachdrücklich die Änderungen wirken. Ist die Option Abgeschnittene Bereiche anzeigen aktiv, werden die Bildpartien, die durch Ihre aktuelle Korrektureinstellung Lichter- oder Lichterzeichnung verlieren würden, farbig hervorgehoben.

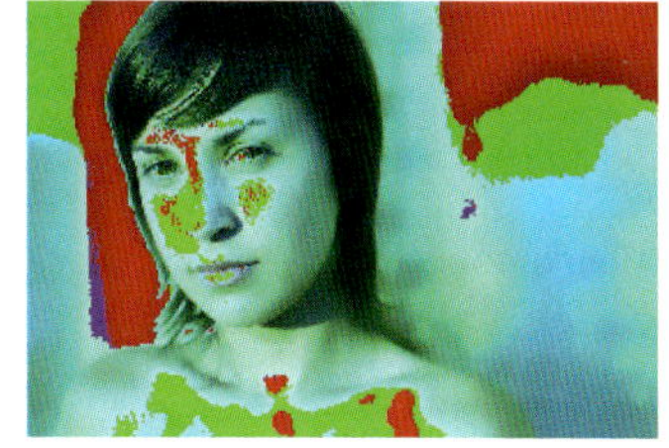

▲ **Abbildung 17.9**
Anzeige möglicher Zeichnungsverluste (Beschneidung). In diesem Extrembeispiel sind gleich mehrere Farbkanäle betroffen und werden durch unterschiedliche Vorschaufarben angezeigt.

17.3 Dynamik: Pep für Porträts ohne Übersättigung

Mit dem Werkzeug Dynamik bearbeiten Sie die Bildsättigung und machen Bilder lebendiger und farbiger. Anders als das andere Sättigungswerkzeug an Bord – Farbton/Sättigung –,

CS4 Aus Camera Raw eingewandert: Dynamik
In Camera Raw – Adobes Konverter für Kamera-Rohdaten, der auch Bridge und Photoshop beiliegt (mehr in Kapitel 23) – gibt es diese Funktion schon länger. Nun gehört Dynamik auch zu den regulären Photoshop-Korrekturfunktionen.

Zum Weiterlesen: Farbton/Sättigung
Das Tool FARBTON/SÄTTIGUNG greift radikaler in die Sättigungswerte von Bildfarben ein als DYNAMIK und kann außerdem dazu genutzt werden, um Bilder zu tonen (einzufärben). Für Korrekturen wird es eher selten eingesetzt. Mehr über dieses Werkzeug lesen Sie in Abschnitt 28.1, »Bilder färben: zurückhaltend bunt«.

das sich gleichmäßig auf alle Bildbereiche auswirkt, passt das DYNAMIK-Tool seine Wirkung an.

In bereits gesättigten Bildpartien wird die Sättigung weniger erhöht als in anderen. Dadurch wirkt die Dynamik-Einstellung schonender und kann auch gut für Porträts angewendet werden. Bei Anwendung des herkömmlichen Tools FARBTON/SÄTTIGUNG ähnelten Porträtfotos schnell Bildern von Sonnenbrandopfern. DYNAMIK vermeidet diesen unerwünschten Effekt.

Sie können das Werkzeug auf allen bekannten Wegen aufrufen: **mit einer Einstellungsebene** über die Korrekturen- und die Ebenen-Palette sowie über den Menübefehl EBENE • NEUE EINSTELLUNGSEBENE und **ohne Einstellungsebene** über das Menü BILD • KORREKTUREN.

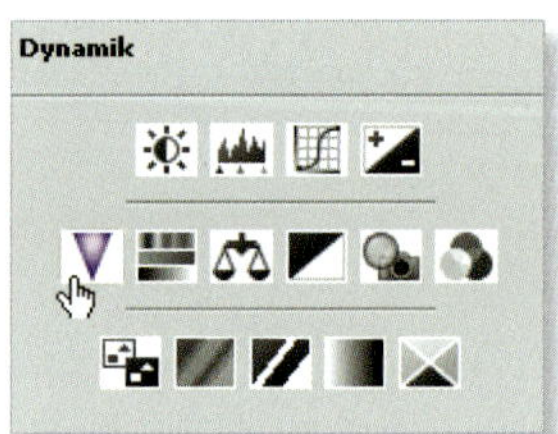

▲ **Abbildung 17.10**
Eine Einstellungsebene DYNAMIK erstellen

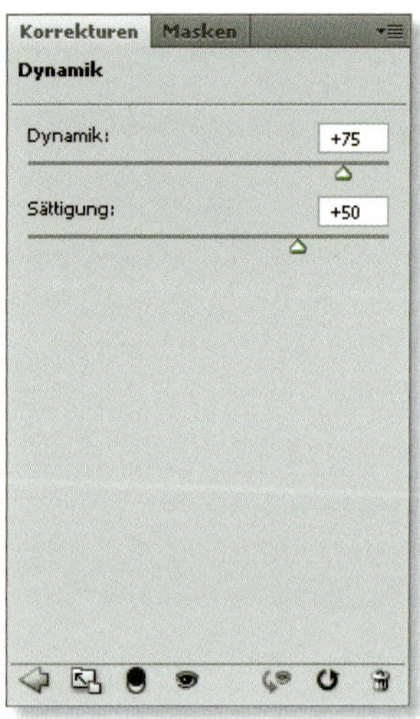

▲ **Abbildung 17.11**
Zwei Slider genügen: DYNAMIK repariert untersättigte Bilder effektiv.

Werte »blind« per Tastatur ändern

Aktivieren Sie einfach eines der Eingabefelder, indem Sie mit der Maus hineinklicken, und nutzen Sie dann die Pfeiltasten Ihrer Tastatur, um Werte zu erhöhen [↑] oder zu verringern [↓]. Diese Eingabemöglichkeit **funktioniert fast bei allen Werkzeugen und Optionsfeldern** und hat den Vorteil, dass Sie sich voll auf das Korrekturergebnis im Bild konzentrieren können.

Wie das Werkzeug funktioniert, erschließt sich einem auf den ersten Blick: Das Ziehen der Regler nach links reduziert den Sättigungsanteil, das Bewegen der Slider nach rechts erhöht die Sättigung. Alternativ lassen sich auch Werte eintippen.
Die beiden Slider wirken unterschiedlich:

- Der DYNAMIK-Regler korrigiert nur die weniger gesättigten Farben eines Bildes und lässt gesättigte Farben unangetastet – oder korrigiert sie sanfter.
- Mit der Einstellung SÄTTIGUNG bekommen alle Farben im Bild – unabhängig von ihrer aktuellen Sättigung – dasselbe Maß an Sättigungskorrektur. Ohne zu verraten, wie es genau funktioniert, verspricht die Adobe-Hilfe, dass die Funktion immer noch schonender arbeitet als eine Sättigungserhöhung

per Farbton/Sättigung. Vor allem die Bildung verräterischer Farbstreifen soll verhindert werden.

Datei auf der Buch-DVD: »Testbild_Sättigungstools_Hauttöne.tif«

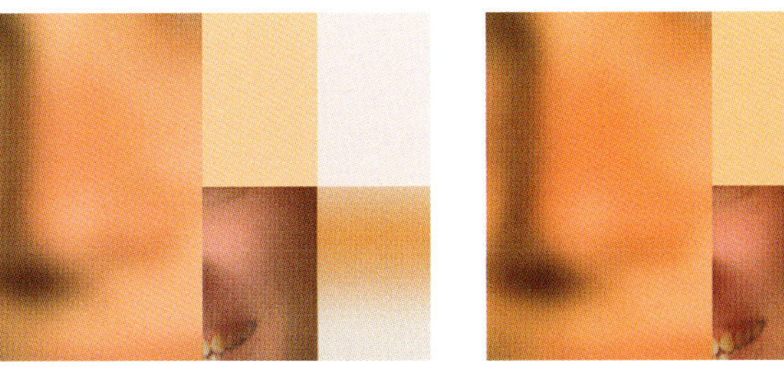

▲ **Abbildung 17.12**
Mit diesem Testbild können Sie die verschiedenen Sättigungstools durchspielen – am Bildschirm sehen Sie die Änderungen viel besser als hier im gedruckten Buch! Hier das Original.

▲ **Abbildung 17.13**
Hier wurde der Dynamik-Wert auf »80« erhöht. Die Farben wirken kräftiger, aber nicht übersättigt.

▲ **Abbildung 17.14**
Die Sättigungseinstellung des Werkzeugs Farbton/Sättigung macht mit demselben Wert aus denselben Hauttönen unbrauchbare Rot-Orange-Verläufe.

17.4 Selektive Farbkorrektur: Einzelne Farben gezielt verändern

»Das Bild ist ja ganz gut, aber leider ist das Blau zu lila ...« Auch solchen Fällen kann man mithilfe von Photoshop beikommen, besonders wenn man eine Angabe wie »zu lilafarben« übersetzen kann: Das heißt vermutlich zu viel Magenta, zu wenig Grün.

Das Werkzeug zum Ausgleich solcher partiellen Farbstiche ist die Selektive Farbkorrektur. Damit lassen sich ausgewählte Farben isoliert bearbeiten, ohne dass die übrigen Bildfarben verändert werden. Das Werkzeug wurde ursprünglich entwickelt, um die Mischung einzelner Druckfarben zu erhöhen oder zu verringern. Es eignet sich aber auch hervorragend, um unerwünschte Farbabweichungen in einzelnen Farbbereichen eines Bildes zu korrigieren. Außerdem leistet die Selektive Farbkorrektur auch gute Dienste bei kreativen Aufgaben und kann dabei helfen, wichtige Bildinhalte durch erhöhte Farbigkeit zu betonen.

17.4.1 Der Dialog »Selektive Farbkorrektur«

Selektive Farbkorrektur gibt es als Einstellungsebene. Auf Wunsch kann das Tool auch direkt auf Bildebenen angewendet werden. Sie erreichen es auf allen bekannten Wegen:

- Korrekturen-Palette
- Ebenen-Palette
- Menü Ebene • Neue Einstellungsebene
- Menü Bild • Korrekturen (ohne Einstellungsebene)

Schieberegler | Sie arbeiten hier mit Schiebereglern, ähnlich wie beim Farbbalance-Werkzeug auch. Die jeweiligen Komplementärfarben Rot, Grün und Blau, wie Sie sie von der FARBBALANCE kennen, sind in diesem Dialogfeld nicht vermerkt, aber Sie sollten sie sich mitdenken. Neben den schon bekannten Farbpaaren ❸ gibt es hier noch einen Regler ❹, um den Schwarzanteil von Farben zu steuern.

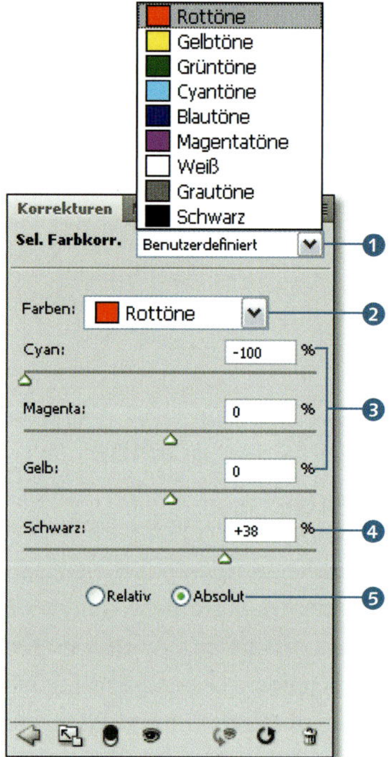

Abbildung 17.15 ▸
Die SELEKTIVE FARBKORREKTUR ermöglicht den Zugriff auf einzelne Farben des Bildes.

Prozentangaben | Auffallend sind die aus dem CMYK-System stammenden Prozentangaben neben den Eingabefeldern. Wer den Farbkreis kennt, kann natürlich auch Bilder im RGB-Modus erfolgreich bearbeiten!

Farbbereiche | In der Dropdown-Liste ❶ haben Sie die Auswahl zwischen neun Farbbereichen, die Sie separat bearbeiten können. Zur Verfügung stehen Ihnen die bekannten sechs Farben, die RGB und CMYK entsprechen, sowie Weiß, Grautöne und Schwarz.

Methode | Im unteren Bereich ❺ der Dialogbox können Sie festlegen, wie sich Ihre Korrekturen auf die bestehenden Bildfarben auswirken sollen. RELATIV legt den jeweils schon im Bild vorhandenen Anteil einer Farbe zugrunde. Wenn Sie beispielsweise Pixel bearbeiten wollen, die schon zu 50 % Rot enthalten, und 10% Rot hinzufügen, wird der Rotanteil um 5% nach der Rechnung 10% von 50%=5% auf insgesamt 55% erhöht. Die Einstellung RELATIV wirkt also recht sanft. Oft sieht man wenig Veränderung. ABSOLUT definiert die Farbänderungen in absoluten Werten und wirkt durchschlagender. Erhöht man bei einem fünfzigprozentigen Rot den Rotanteil um 10%, lautet die Rechnung 50% Rot+10%=60%. Wenn Sie Bilder bearbeiten, die viele sensible helle Tonwerte enthalten, fahren Sie meist mit RELATIV besser, sonst tut es auch ABSOLUT.

Zum Weiterlesen: Farbwerte und Messwerkzeuge
Wer RGB-Farbwerte interpretieren kann, hat es bei Farbkorrekturen leichter. Denn diese drei Ziffern geben Auskunft über die Farbmischung und Korrekturmöglichkeiten. In Kapitel 19 zu Gradationskurven finden Sie mehr zu diesem Thema.

Handhabung | Die Handhabung des Werkzeugs ist einfach, wenn die Grundregeln der Farbmischung bekannt sind: Sie stellen als Erstes im Dropdown-Menü FARBEN ❷ ein, welcher Farbbereich Ihres Bildes bearbeitet werden soll. Es erfordert ein wenig Erfahrung festzulegen, welcher Farbbereich nun eigentlich korrekturbedürftig ist. Eine kurze Messung mit Pipette oder Farbaufnehmer kann hier jedoch weiterhelfen. Anschließend korrigieren Sie das Bild mithilfe der Schieberegler.

Datei auf der Buch-DVD: »Zollverein.jpg«

Bild: vitamin a

▲ **Abbildung 17.16**
Weltkulturerbe: die Zeche Zollverein in Essen. Rote Stahlelemente akzentuieren den Baukörper aus Backstein.

▲ **Abbildung 17.17**
Die roten Bauteile wurden mittels SELEKTIVE FARBKORREKTUR betont. Die Werte: ABSOLUT; CYAN –100 (verstärkt Rotanteil); MAGENTA –100 (verhindert, dass die ebenfalls rötlichen Ziegel zu bunt werden).

17.5 Gleiche Farbe: Bildfarben synchronisieren

Wenn Bilder aus unterschiedlichen Quellen nebeneinander präsentiert werden sollen, wird oft angestrebt, dass sie dieselbe Farbstimmung aufweisen. Das Werkzeug GLEICHE FARBE hilft Ihnen, die Farben mehrerer Bilder untereinander zu synchronisieren, indem es Helligkeit, Farbsättigung und Farbbalance verändert. Auch einzelne – zuvor ausgewählte – Bildpartien kann das Werkzeug farblich angleichen.

Dateien auf der Buch-DVD: »GleicheFarbe_Quelle.tif«, »GleicheFarbe_Ziel.tif«

Für dieses Werkzeug gibt es keine Einstellungsebene, und auch als Smartfilter lässt es sich nicht anwenden, also arbeiten Sie am besten mit einer Ebenenkopie. Sofern diese über der Originalebene liegt, können Sie das Ergebnis mit der Ebenen-Füllmethode feinjustieren.

▲ **Abbildung 17.18**
Die Farbstimmung dieses Stadtpanoramas ...

▲ **Abbildung 17.19**
... soll an die strahlenden Farben in diesem Bild angeglichen werden, ...

Alle Bilder: vitamin a design

Abbildung 17.20 ▶
... was mithilfe des Werkzeugs GLEICHE FARBE auch ganz gut gelingt.

17.5.1 Gleiche Farbe anwenden

Vollkommen unterschiedliche Bilder kann das Werkzeug nicht in Einklang bringen, kleinere Unterschiede werden aber mit Erfolg ausgeglichen. Wichtig ist auch, dass das Zielbild halbwegs in akzeptabler Qualität vorliegt: Kompressionsartefakte, Störungen und andere Bildfehler können durch die Gleiche-Farbe-Automatik deutlich sichtbar werden. Das Quellbild hingegen muss nicht unbedingt perfekt sein, wenn Ihnen dessen Farbstimmung gefällt.

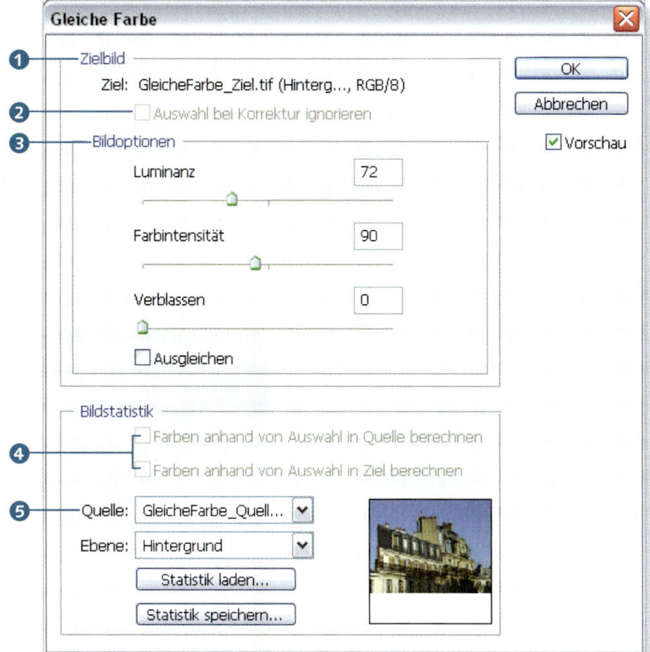

◂ **Abbildung 17.21**
Schnelle Hilfe zum Angleichen von Bildern mit unterschiedlicher Farbstimmung

Zielbild und Quelle | Rufen Sie die Bilder auf, die Sie aneinander anpassen möchten. Das Bild, das aktiv ist, wird im Werkzeug GLEICHE FARBE automatisch als ZIELBILD ❶ – also als zu veränderndes Bild – festgelegt.

Unter QUELLE ❺ finden Sie in einer Dropdown-Liste alle aktuell geöffneten Bilder. Legen Sie fest, an welches Bild und welche Ebene das Zielbild angepasst werden soll. Enthält das Quellbild mehrere Bildebenen, können Sie auch eine Ebene auswählen (Liste unter EBENE). Wenn die Vorschau aktiv ist, können Sie in Ihrem Zielbild nun schon Veränderungen sehen.

Justieren | Unter BILDOPTIONEN ❸ können Sie die Resultate noch feinjustieren. Meist wird das Bild durch die Anpassung zu stark verfremdet sein. Ziehen Sie dann den Regler VERBLASSEN so weit nach rechts, bis das Ergebnis stimmt. Mit den Reglern LUMINANZ und FARBINTENSITÄT können Sie Bildhelligkeit und die Leuchtkraft seiner Farben (die Farbsättigung) verändern. Beide Regler wirken sehr rigoros und sollten mit Vorsicht bedient werden. AUSGLEICHEN soll Farbstiche aus dem Zielbild entfernen, macht aber auch oft das Werkzeug wirkungslos.

Arbeiten mit Auswahlen | Wenn Sie alle Bildpixel von Quell- und Zielbild vollständig in die Berechnung eingehen lassen (was standardmäßig der Fall ist), sind die Ergebnisse nicht immer zufriedenstellend. Manchmal wird eher eine Bildverfremdung als eine

-anpassung erzielt, oder gerade die Bereiche, die man anpassen wollte, ändern sich zu wenig. In solchen Fällen sollte man mit **Auswahlen** arbeiten. Im Dialog GLEICHE FARBE kann man ferner festlegen, wie mit eventuell vorhandenen Auswahlen umgegangen wird:

- AUSWAHL BEI KORREKTUR IGNORIEREN ❷ bewirkt, dass jegliche Auswahl in einem der beiden Bilder – wenn vorhanden – übergangen wird. Ist diese Option aktiv, werden die *gesamten* Bilder einander angeglichen, auch wenn Auswahl(en) vorhanden sind.
- Sie können im Quellbild, im Zielbild oder in beiden Bildern Auswahlen anlegen. Mit den zwei Auswahloptionen (unter BILDSTATISTIK ❹) weiter unten legen Sie fest, welche Auswahlen berücksichtigt werden. Sie können eine oder beide Optionen aktivieren.

18 Präzisionsarbeit am Histogramm: Die Tonwertkorrektur

Die Helligkeitsinformationen eines Pixelbildes und seiner Farbkanäle – die Tonwerte – sind eine konstitutive Größe für die Bildfarben und daher ein wichtiger Ansatzpunkt für Bildkorrekturen. Besonderes Augenmerk gilt den Lichtern und Tiefen, also den allerhellsten und dunkelsten Tonwerten. Diese stellen gewissermaßen die Eckpunkte der im Bild vertretenen Tonwerte dar. Sie sollten tatsächlich wenigstens annähernd schwarz und weiß sein. Sind sie es nicht, ist eine Korrektur vonnöten. Im Bildbearbeiter-Deutsch spricht man dann vom Festlegen von **Schwarz-** und **Weißpunkt** oder von einer Tonwertkorrektur. In Abhängigkeit von Schwarz- und Weißpunkt verändern sich auch die übrigen Farben und Tonwerte des Bildes. Mit einer Tonwertkorrektur verbessern sich Kontraste, und Farbstiche verschwinden.

Tonwertkorrekturen können Sie nicht nur mit dem Werkzeug TONWERTKORREKTUR durchführen: Die Auto-Funktionen AUTO-FARBTON, AUTO-KONTRAST und AUTO-FARBE leisten dasselbe. Und wenn Sie wollen, können Sie sogar das Tool GRADATIONSKURVE heranziehen.

Zum Nachlesen: Auto-Funktionen
Die drei schnellen Korrektur-Automatiken werden in Kapitel 16, »Kontraste und Bildhelligkeit korrigieren: Schnelle Problemlöser«, vorgestellt.

Doch das Werkzeug TONWERTKORREKTUR bietet die besten Anpassungsmöglichkeiten und hat überdies den Vorteil, dass das Histogramm direkt integriert ist.

Tonwertkorrektur öffnen | Sie erreichen das Werkzeug TONWERTKORREKTUR wahlweise über die Korrekturen- oder die Ebenen-Palette und können natürlich auch den Menübefehl EBENE • NEUE EINSTELLUNGSEBENE • TONWERTKORREKTUR nutzen.

Wenn Sie den Menübefehl BILD • KORREKTUREN • TONWERTKORREKTUR oder den Shortcut Strg/⌘+L verwenden, erscheint das aus CS3 und früheren Versionen bekannte schwebende Dialogfenster – und Ihre Tonwertkorrektur wird **ohne Einstellungsebene** angewandt. Der Arbeit mit Einstellungsebenen sollten Sie hier wie in den meisten anderen Fällen den Vorzug geben.

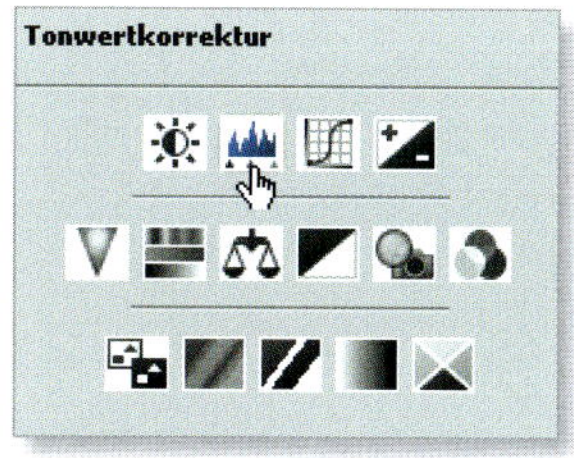

▲ **Abbildung 18.1**
So legen Sie eine Einstellungsebene TONWERTKORREKTUR über die Korrekturen-Palette an.

18.1 Steuerungselemente für Tonwertkorrekturen

Live-Histogramm
Erfreuliche Neuerung in Photoshop CS4: Das Histogramm innerhalb des TONWERTKORREKTUR-Dialogs ist nun *live*. Das heißt, dass sich die dargestellten Tonwertbalken verändern, sobald Sie an den Reglern ziehen.

Zentrales Element des Dialogfeldes ist das schon bekannte **Histogramm**. Darüber und darunter sind die wichtigsten Bedienelemente angeordnet.

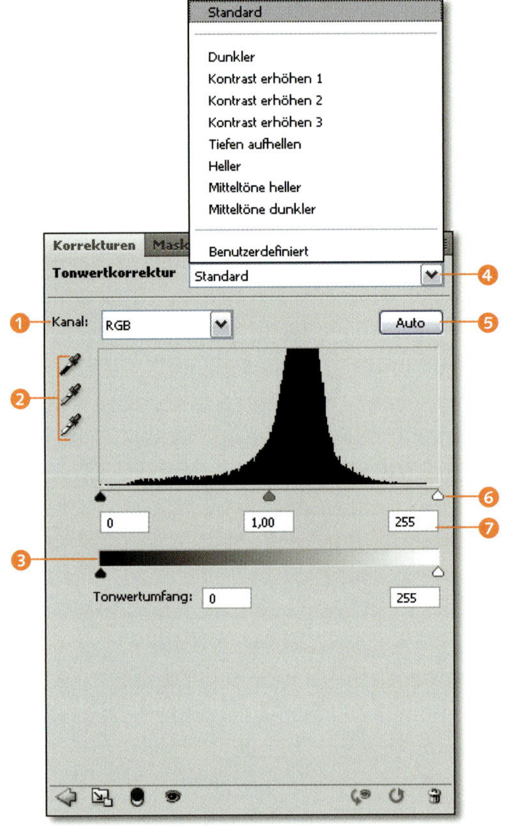

Abbildung 18.2 ▸
Das effizienteste Werkzeug, um den Schwarz- und den Weißpunkt von Bildern mit guter Kontrolle über die Tonwertverteilung zu korrigieren (hier mit ausgeklappter Vorgaben-Liste).

Tonwertspreizungsregler | Unterhalb des Histogramms finden Sie die kleinen beweglichen **Pfeile** 6 (im Adobe-Jargon »Tonwertspreizungsregler«), mit denen Sie hauptsächlich arbeiten. Die Regler lassen sich mit der Maus verschieben.

Der linke, schwarze Regler verändert den Schwarzpunkt, der rechte, weiße Pfeil stellt den Weißpunkt ein. Mit dem grauen Mittenregler können Sie die Gesamthelligkeit des Bildes korrigieren. Das Werkzeug GRADATIONSKURVE hält dazu noch differenziertere Möglichkeiten bereit.

Die Zahlenfelder 7 unterhalb des Histogramms zeigen dann an, wie viele Tonwerte im Bild vorhanden sind, die dunkler als die aktuelle Pfeilposition sind.

Zum Weiterlesen: Gradationskurve
Mit der Gradationskurve machen Sie Bilder heller oder dunkler, verändern den Kontrast und beseitigen hartnäckige Farbstiche, die sich durch die Tonwertkorrektur nicht beheben lassen. Wie das geht, erfahren Sie in Kapitel 19, »Universalhelfer für professionelle Ansprüche: Gradationskurven«.

Kanal | Mithilfe des Dropdown-Feldes KANAL ❶ können Sie festlegen, ob Sie das Bild insgesamt oder jeden Kanal einzeln bearbeiten wollen. Meist empfiehlt es sich, kanalweise vorzugehen.

Das Werkzeug lässt Ihnen die Wahl, die Tonwerte des **gesamten** Bildes auf einen Streich zu verändern oder **kanalweise** vorzugehen. Letzterem ist, obschon Sie hier die dreifache Arbeit haben, meist der Vorzug zu geben, da die einzelnen Farbkanäle sehr unterschiedliche Profile haben können. Mit einer Gesamtkorrektur kommen Sie an die wirklichen »Problemzonen« eines Bildes mitunter gar nicht heran. Besonders Farbstiche lassen sich so schlecht kompensieren – und der Weißpunkt soll doch wirklich weiß und nicht hellblau oder rosa sein!

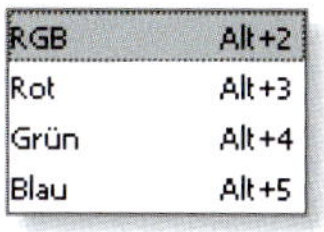

RGB	Alt+2
Rot	Alt+3
Grün	Alt+4
Blau	Alt+5

▲ **Abbildung 18.3**
Wählen Sie einen Kanal aus – schneller geht das mit Tastenkürzeln.

Datei für die Buch-DVD: »KleinerHund.jpg«

Bild: S. Mühlke

▲ **Abbildung 18.4**
Das Originalbild. Über die Korrektur des RGB-Composite-Kanals kann man bei diesem Bild kaum etwas bewirken. Das Bild wird dann lediglich etwas heller.

▲ **Abbildung 18.5**
Tonwertkorrektur in den einzelnen Kanälen: Hier wird es möglich, gleichzeitig mit der Anpassung der Tonwerte auch den Farbstich zu beseitigen.

Grauskala | Mithilfe der Grauskala und den darunter angebrachten Reglern können Sie den **Tonwertumfang begrenzen** ❸. Das ist wichtig, wenn Ihr Bild später im Vierfarbdruck reproduziert werden soll.

Auto-Tonwertkorrektur | Wenn Sie wollen, können Sie auch die Automatik ❺ für sich arbeiten lassen. Der Button entspricht dem Menübefehl BILD • AUTO-FARBTON.

Pipetten | Mithilfe der Pipetten ❷ können Sie Schwarz- und Weißpunkt auch bestimmen, indem Sie ins Bild klicken (siehe Abschnitt 18.5).

Beschneidung im Bild anzeigen | Eine Beschneidung (oder *Clipping*) von Tonwerten sollten Sie bei Bildkorrekturen tunlichst

Neue Kürzel!
Wer es bereits von früheren Photoshop-Versionen gewohnt ist, in den Dialogen TONWERTKORREKTUR und GRADATIONSKURVEN die Bildkanäle mit Shortcuts zu aktivieren, muss sich jetzt umstellen. Durch die Verlegung der Korrekturen in die Korrekturen-Palette sind viele vertraute Tastaturkürzel weggefallen. Den **RGB-Composite-Channel** erreichen Sie jetzt mit ⌥/Alt+2, den **Rotkanal** mit ⌥/Alt+3, den **Blaukanal** mit ⌥/Alt+4 und den **Grünkanal** mit ⌥/Alt+5.

▲ **Abbildung 18.6**
Bilddarstellung mit aktiver Funktion BESCHNEIDUNG FÜR SCHWARZ-/WEISSPUNKT ANZEIGEN. Um solche Vorschaubilder zu produzieren, müssen Sie jedoch schon wild an den Reglern ziehen.

vermeiden: Beschnittene Tonwertbereiche führen zu glatt weißen oder schwarzen Bildpartien, also dem unerwünschten Zeichnungsverlust. Kritische Bildbereiche können Sie sich während der Korrektur anzeigen lassen. Dazu

- aktivieren Sie entweder im Seitenmenü der Palette die Option BESCHNEIDUNG FÜR SCHWARZ-/WEISSPUNKT ANZEIGEN, oder
- Sie halten die [⌥]/[Alt]-Taste gedrückt, während Sie die Tonwertspreizungsregler bewegen.

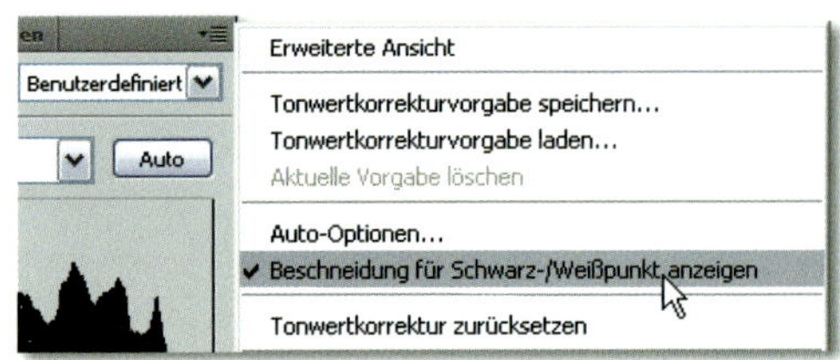

▲ **Abbildung 18.7**
Beschneidungsanzeige via Palettenmenü aktivieren – schneller geht es per Tastenkürzel!

Die Funktion hebt während der Korrektur Bildbereiche hervor, die durch die aktuellen Einstellungen von Zeichnungsverlust bedroht wären. In den meisten Fällen sehen Sie eine weiße oder schwarze Vorschau ohne oder nur mit kleinen hervorgehobenen Bereichen – dann ist alles okay. Sobald Sie den Mauszeiger von den Spreizungsreglern wegbewegen, erscheint wieder die normale Bildansicht.

Kontrolle im Detail: Genaueres Histogramm

Gelegentlich erscheint während des Korrigierens links vom Diagramm ein kleines zusätzliches Icon. Wenn Sie darauf klicken, wird das dargestellte Histogramm neu berechnet.

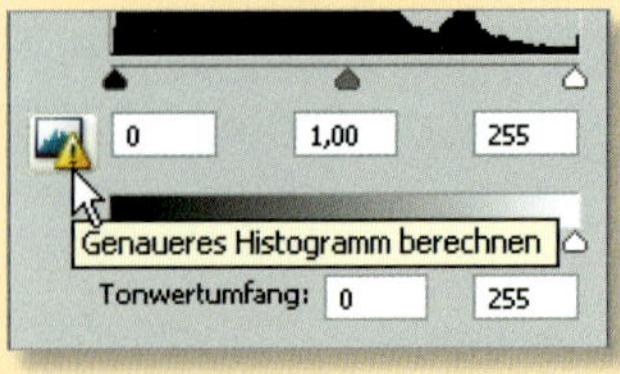

▲ **Abbildung 18.8**
Wenn es auf Details ankommt – Histogramm neu berechnen

Vorgaben | Wie für viele andere Korrekturwerkzeuge stehen auch für die Tonwertkorrektur sogenannte Vorgaben – also vorkonfigurierte Einstellungen – zur Verfügung. Sie erreichen sie in der Korrekturlisten-Ansicht der Korrekturen-Palette, aber auch im TONWERTKORREKTUR-Dialog ❹.

Um der von Adobe mitgelieferten Vorgabenliste eigene Einstellungen hinzuzufügen, müssen Sie das etwas sperrige Palettenmenü bemühen (siehe Abbildung 18.9).

Der Befehl TONWERTKORREKTURVORGABE SPEICHERN erzeugt beim Speichern eine Datei mit der Endung *.elv*, die dann im Ordner LEVELS (unter PRESETS) landet. Diesen Ordner gibt es bei der Standardinstallation jedoch zweimal: Je nachdem, ob Sie auf die eigenen (selbst gemachten) oder auf mitgelieferte Kurvendateien zugreifen wollen, müssen Sie an einem anderen Ort nachsehen:

- **Programmeigene Vorgaben** werden im Photoshop-CS4-Programmordner gespeichert.
- **Selbst gemachte Vorgaben** werden abhängig vom Betriebssystem in unterschiedlichen Ordnern gespeichert:

- **Mac OS:** <Benutzer>/Library/Application Support/Adobe/Adobe Photoshop CS4/Presets/[Name des Werkzeugs]
- **Windows XP:** [Laufwerk]:\Dokumente und Einstellungen\<Benutzername>\Anwendungsdaten\Adobe\Adobe Photoshop CS4\Presets\[Name des Werkzeugs]
- **Windows Vista:** [Laufwerk]:\Benutzer\<Benutzername>\AppData\Roaming\Adobe\Adobe Photoshop CS4\Presets\[Name des Werkzeugs]

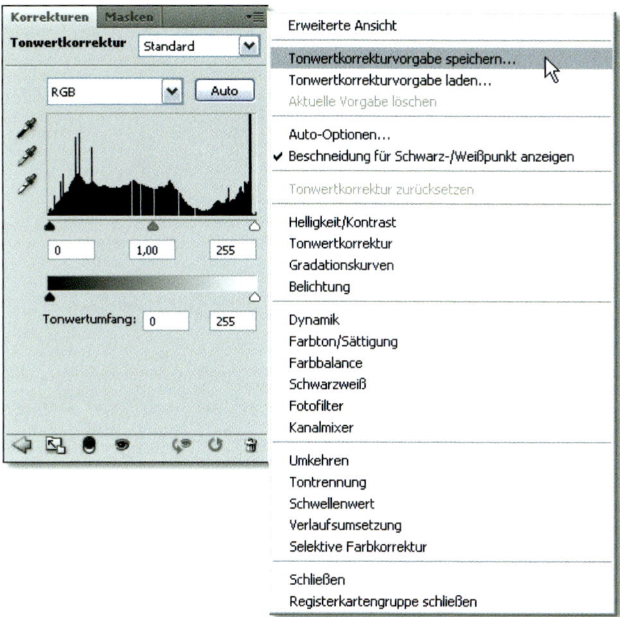

◂ **Abbildung 18.9**
Einige häufig genutzte Funktionen sind bei der Korrekturen-Palette ins Seitenmenü gewandert und nicht mehr so gut zugänglich wie in den herkömmlichen Dialogen. Das gilt auch für die Befehle zur Verwaltung von Vorgaben.

Diese Einteilung gilt für alle Vorgaben und Ressourcen, die Sie in Photoshop speichern können, nicht nur für Einstellungen der Tonwertkurven!

Wie heißen die Korrekturen auf Englisch?

Adobe benennt auch in manchen deutschsprachigen Programminstallationen die Vorgabenordner auf Englisch. Hier eine kleine Übersetzungshilfe.

- *Black and White* – Schwarzweiß
- *Curves* – Gradationskurven
- *Exposure* – Belichtung
- *Hue and Saturation* – Farbton/Sättigung
- *Levels* – Tonwertkorrektur
- *Selective Color* – Selektive Farbkorrektur

Eine ausführlichere Photoshop-Übersetzung finden Sie im Serviceteil dieses Buches.

18.2 Kanal für Kanal manuell korrigieren

In vielen Fällen reicht die automatische Tonwertkorrektur aus. Und auch die Pipetten, die weiter unten vorgestellt werden, sind schnell und effizient. Doch in manchen Fällen geht es nicht ohne Hirn und Hand des menschlichen Bildbearbeiters: bei Bildern, deren Stimmung durch die Automatik nicht zerstört werden soll, oder wenn die Korrekturautomatiken das Bild nicht hinreichend verbessern. In diesen Fällen empfiehlt sich die manuelle Korrektur.

Datei auf der Buch-DVD: »Segelboot.jpg«

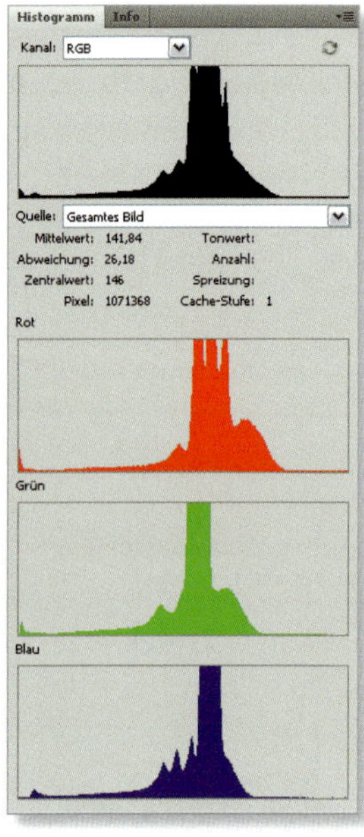

Abbildung 18.10 ▸
Etwas flau, ein Rotstich – das ist das Ausgangsbild.

Abbildung 18.11 ▸▸
Das Histogramm des Bildes mit verschiedenen Kanälen (Sie sehen die Histogramm-Palette hier übrigens mit den Optionen ALLE KANÄLE IN ANSICHT und KANÄLE IN FARBE anzeigen – die Einstellung erfolgt über das Palettenmenü.)

Schritt für Schritt: Eine Tonwertkorrektur durchführen

1 Einstellungsebene »Tonwertkorrektur« anlegen

Erzeugen Sie eine Einstellungsebene. Die Korrekturen-Palette schaltet jetzt um zur Ansicht mit den Steuerungselementen der Tonwertkorrektur.

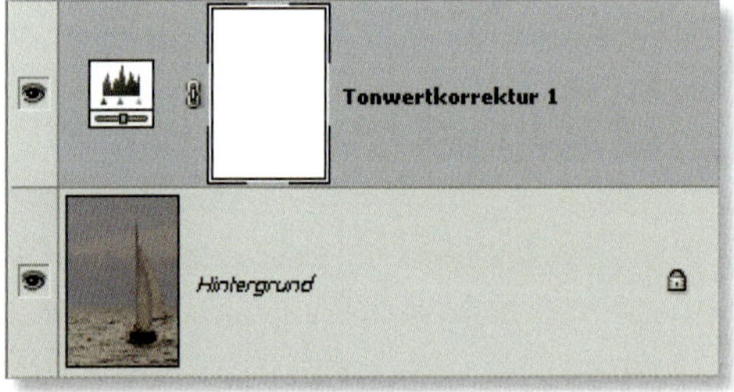

Abbildung 18.12 ▸
Beispielbild mit neuer Einstellungsebene Tonwertkorrektur

2 Bildkanal aufrufen

Sie lassen den Composite-Kanal RGB unangetastet und rufen über das Listenmenü den Rotkanal auf.

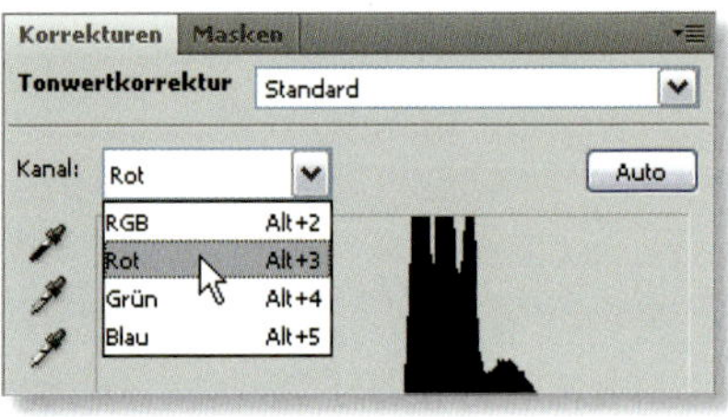

Abbildung 18.13 ▸
Bearbeiten Sie als Erstes den Rotkanal.

3 Tonwertspreizungsregler verschieben

Nun fassen Sie die Tonwertspreizungsregler mit der Maus und führen sie an den Beginn der Histogramm-Hügel heran. Den Mittenregler müssen Sie nicht verschieben, und bei diesem Beispielbild brauchen Sie auch nicht den Tiefenregler zu bewegen – das kann bei einem anderen Foto schon wieder anders aussehen. Je nach Ausgangsbild entsteht nun unter Umständen ein Farbstich – diese Verfärbung sollte aber wieder verschwinden, wenn die anderen Kanäle auch bearbeitet wurden.

Mit Grün- und Blaukanal gehen Sie anschließend genauso vor, wie es hier für den Rotkanal beschrieben wurde.

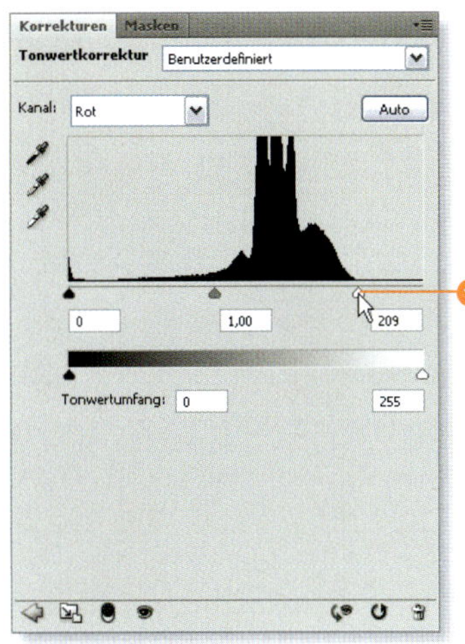

▲ **Abbildung 18.14**
Verschieben Sie den rechten Tonwertspreizungsregler ①.

4 Wo fangen relevante Tonwerte an?

Das Histogramm erfasst ausnahmslos alle Bildpixel – zwischen wichtig und unwichtig kann es nicht unterscheiden. Bisweilen finden Sie im Histogramm versprengte Tonwerte, also Einzelpixel, so wie sie hier zu sehen sind. Die Wahrscheinlichkeit, dass diese eher von Bildstörungen herrühren als von wichtigen Bildinformationen, ist recht groß. Sie können solche Pixel also meist ignorieren und den Spreizungsregler noch ein wenig näher an die Bergkette heranziehen.

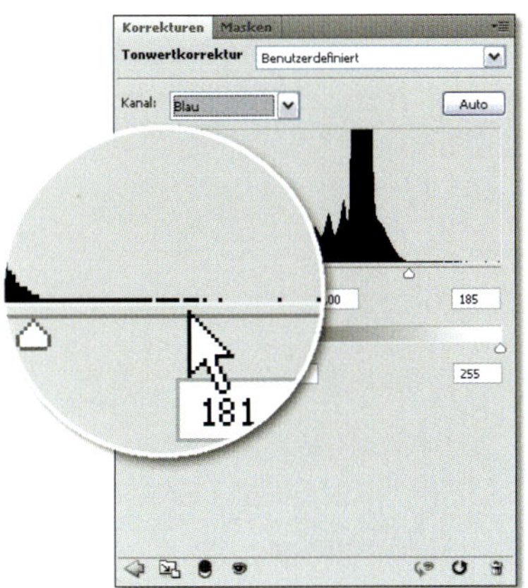

◀ **Abbildung 18.15**
Die Vergrößerung zeigt die »Streupixel« deutlich.

5 Hilfe, das Histogramm hat Löcher!

Durch die Spreizung der Tonwerte bekommt ein Histogramm zwangsläufig Lücken. Die vorhandenen Tonwerte wurden durch die Korrektur auseinandergezogen. Problematisch sind solche Lücken nur dann, wenn sie sehr groß oder mit einer niedrigen Pixelzahl verbunden sind.

Bei jeder Bildkorrektur, auch mit anderen Werkzeugen, können solche Lücken im Histogramm entstehen. Die Wahrscheinlichkeit für solche Schäden nimmt ab, wenn von vorneherein mehr Tonwerte im Bild vorhanden sind.

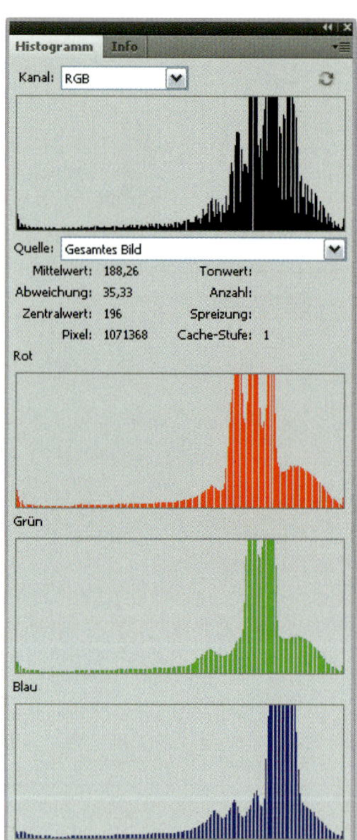

▲ **Abbildung 18.16**
Das Histogramm nach der Tonwertkorrektur

6 Nach der Korrektur

Das korrigierte Segelbild sieht nun so aus: Der flaue Schleier ist verschwunden, und auch der Farbstich konnte getilgt werden.

▲ **Abbildung 18.17**
Das korrigierte Bild kann sich sehen lassen.

Tonwertänderungen bei Graustufenbildern

Wenn Sie ein Graustufenbild bearbeiten, müssen Sie nicht umlernen. Die Interpretation des Histogramms und die spätere Bearbeitung sind gleich. Einziger Unterschied: Es gibt statt der drei Farbkanäle des RGB-Bildes nur einen einzigen Graustufenkanal. Graustufenbilder reagieren auf Tonwertänderungen sensibler als farbige RGB-Bilder. Doch durch das Fehlen von Farbigkeit können Änderungen besser eingeschätzt werden.

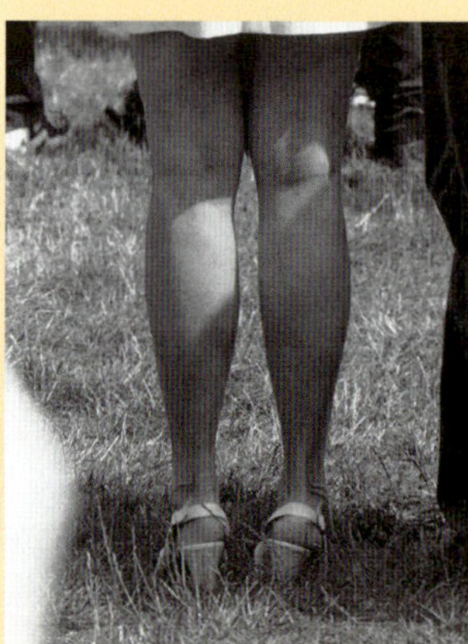

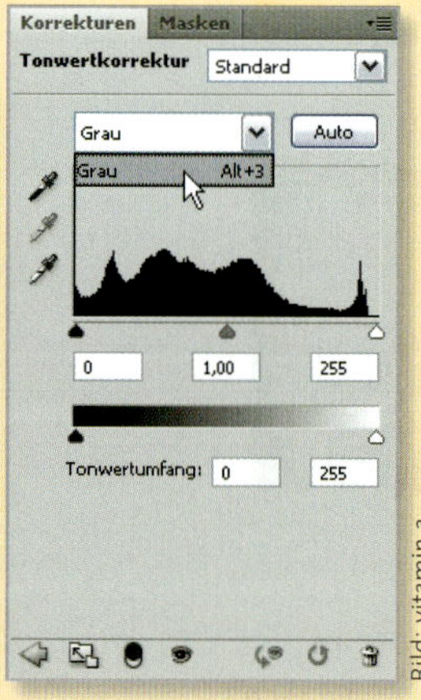

Bild: vitamin a

▲ **Abbildung 18.18**
Graustufenbilder verfügen bekanntlich nur über einen Kanal. Entsprechend fallen auch die Histogramm-Palette und das Dialogfeld der Tonwertkorrektur etwas anders aus. In der Bearbeitung gibt es sonst aber keine Unterschiede zu RGB-Bildern.

18.3 Bilder ohne Schwarz oder Weiß – keine Regel ohne Ausnahme

Das Histogramm allein entscheidet nicht über das beste Vorgehen bei Bildkorrekturen. Auch der Bildinhalt sollte immer berücksichtigt werden. Bei manchen Bildern führt die Methode, die Spreizungsregler bis an den Beginn der »Histogramm-Bergkette« heranzuziehen, zu Ergebnissen, die dem Bildgegenstand nicht angemessen sind. Das ist vor allem dann der Fall, wenn das Motiv richtiges Schwarz oder Weiß weder verlangt noch verträgt.

Klassische Beispiele sind Sonnenuntergänge oder Bilder mit Dämmerungsstimmung oder Schneeaufnahmen, die kaum Schwarz enthalten. In solchen Fällen sollten Sie von einer Extremwertkorrektur Abstand nehmen. Oft reicht es, das Bild insgesamt mit der Gradationskurve etwas aufzuhellen.

Dateien auf der Buch-DVD: »Sonnenuntergang.tif«, »Schneespuren.tif«

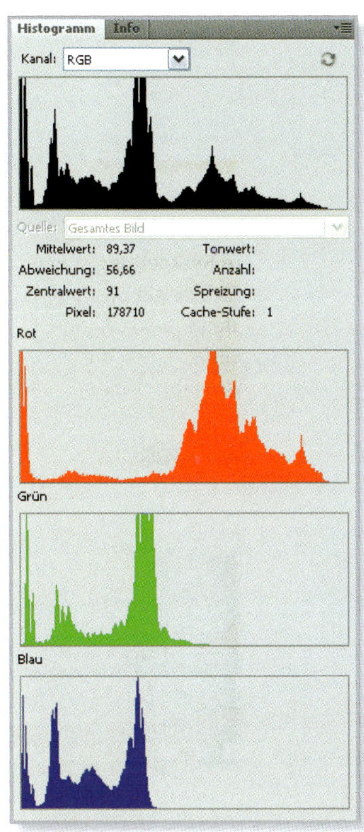

▲ **Abbildung 18.19**
Farbgebungen, die technisch als »Farbstich« bezeichnet werden könnten, kennzeichnen beispielsweise Aufnahmen von Sonnenuntergängen. So ein »Stich« zeigt sich darin, dass im Grün- und Blaukanal die Histogramm-Breite nicht genutzt wird – Rot ist die dominierende Farbe.

Bild: Onno K. Gent

▲ **Abbildung 18.20**
Durch die Tonwertkorrektur geht die Charakteristik des Bildes verloren.

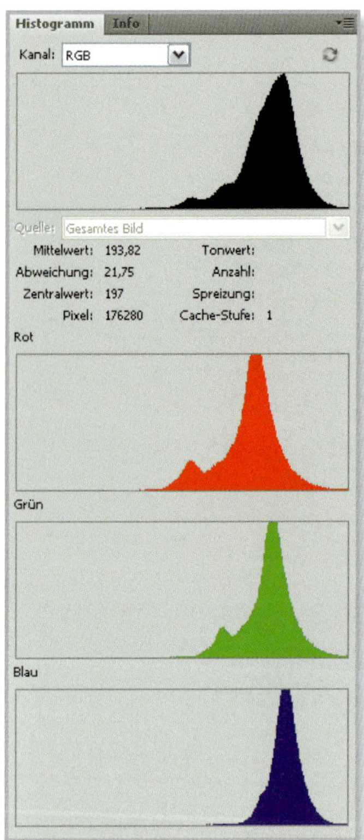

▲ **Abbildung 18.21**
Der Mangel an Tiefen und mittleren Tonwerten ist für Schneeaufnahmen charakteristisch.

Bild: Thilo Frank

▲ **Abbildung 18.22**
In der »korrigierten« Version sieht der eigentlich frische Schnee aus wie auf einer viel befahrenen Hauptstraße: schmutzig-schwarz.

18.4 Halbautomatische Tonwertkorrektur mit Pipetten

Identische Pipetten bei den Gradationskurven
Sie können auch mit dem GRADATIONSKURVEN-Dialog Tonwertkorrekturen durchführen. Sie finden dort den bekannten AUTO-Button, Spreizungsregler und drei Pipetten. Deren Wirkung ist in beiden Dialogen identisch: Sie können damit manuell Schwarz- und Weißpunkt und mittleres Grau festsetzen.

Bei den bisher vorgestellten Methoden der Tonwertkorrektur und der Auto-Korrekturen werden die Tonwerte des korrigierten Bildes auseinandergezogen (gespreizt). Dadurch werden auch Schwarz- und Weißpunkt automatisch neu gesetzt. Es geht jedoch auch umgekehrt: Setzen Sie Schwarz- und Weißpunkt durch Klicks ins Bild, und spreizen Sie damit die vorhandenen Tonwerte auf. Das Werkzeug der Wahl sind die Pipetten, die Sie links im Tonwertkorrektur-Dialog sehen. Damit klicken Sie einfach auf den dunkelsten bzw. hellsten Punkt im Bild – diese Stellen werden dann als neuer Schwarz- und Weißpunkt festgesetzt.

Ich zeige Ihnen in den folgenden zwei Absätzen, wie Sie die ungünstigen Voreinstellungen von Photoshop ändern, und vor allem, wie Sie Tiefen und Lichter mit Sicherheit finden.

18.4.1 Werkzeugwirkung drosseln: Zielfarben einstellen

Mit den Standardeinstellungen der Pipetten ist es selten möglich, gute Korrekturergebnisse zu erzielen, und die Pipetten wirken viel zu hart – ein Grund, wieso viele Nutzer dieses an sich praktische Werkzeug kaum benutzen. Die Einstellung lässt sich leicht ändern.

Bild: Thilo Frank

◂ **Abbildung 18.23**
Solch harte Korrekturergebnisse erzielt man mit den Pipetten in der Standardeinstellung. Tiefen und Lichter brechen aus, die Kontraste im Bild sind sehr scharf. Das Ausgangsfoto sehen Sie in Abbildung 18.26.

1. Erzeugen Sie in einem beliebigen Bild eine Tonwertkorrektur-Einstellungsebene.
2. Wechseln Sie zur Korrekturen-Palette. Dort müssten jetzt die Steuerungselemente der Tonwertkorrektur verfügbar sein. Klicken Sie auf den Button Auto, während Sie ⌥/Alt gedrückt halten.
3. Sie kommen zum Dialog Auto-Farbkorrekturoptionen. Dort sollen nun die Zielfarben für Tiefen und Lichter eingestellt werden. Die Mitteltöne können so bleiben, wie sie sind.

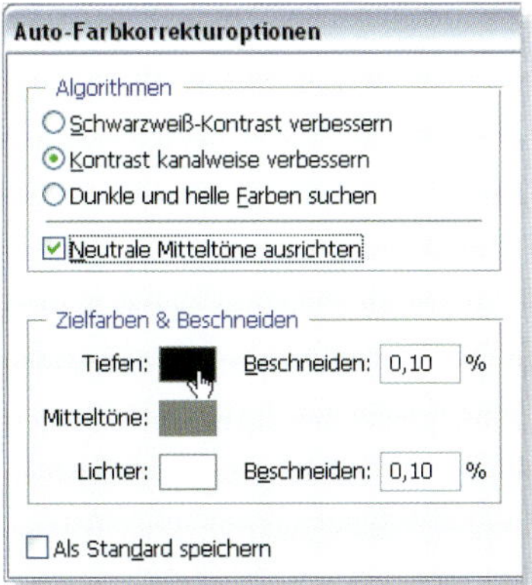

◂ **Abbildung 18.24**
Klicken der Farbfelder öffnet den Farbwähler. So können Sie die Zielfarben neu festlegen.

4. Klicken Sie auf das Farbfeld für Tiefen. Der Farbwähler öffnet sich. Unter RGB tragen Sie dreimal den Wert »20« ein. Das Ergebnis ist ein sehr dunkles Grau (auf dem Monitor erscheint es fast schwarz). Schließen Sie den Farbwähler.

5. Dieselbe Prozedur wiederholen Sie für die Lichter. Dort stellen Sie den RGB-Wert »240-240-240« ein.
6. Schließen Sie den Farbwähler und die Auto-Farbkorrekturoptionen. Die Abfrage, ob Sie die neuen Zielfarben als Standard speichern wollen, bestätigen Sie mit JA.

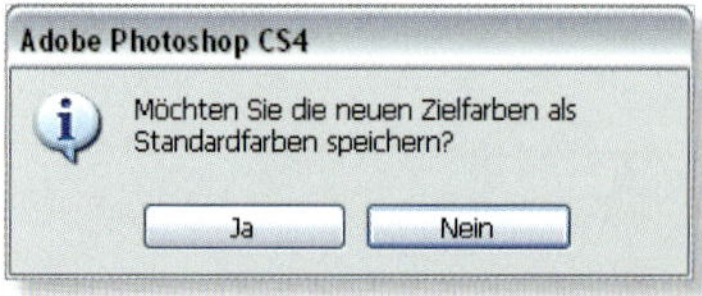

Abbildung 18.25 ▶
Die veränderten Zielfarben sind ein besserer Standard als die Grundeinstellungen von Photoshop.

18.4.2 Pipetten in der Praxis: Wie findet man Lichter und Tiefen?

Die Anwendung der Pipetten ist ganz einfach: Aktivieren Sie die Tiefen-Pipette, klicken Sie die dunkelste Stelle im Bild an, rufen Sie die Lichter-Pipette auf, und klicken Sie den hellsten Punkt an.

Im praktischen Bildbearbeiter-Leben steht man jedoch öfter vor dem Problem, die richtigen Stellen zum Klicken aufzuspüren. Sucht man sich die falsche Stelle aus, kann das Bild viel zu hell oder ganz dunkel werden oder bekommt gar einen unerwünschten Farbstich. Doch es gibt einen recht einfachen Trick, um bei schwierigen Motiven Tiefen und Lichter aufzuspüren.

Schritt für Schritt: Tiefen und Lichter finden

1 Die Ausgangssituation

Datei auf der Buch-DVD: »eisspeedway.jpg«

Eine sanfte Tonwertkorrektur täte dem Bild aus Abbildung 1.26 trotz des kontrastreichen Motivs gut. Bei so viel Schwarz- und Weißnuancen ist es jedoch schwer auszumachen, wo die Pipette angesetzt werden soll.

Abbildung 18.26 ▶
Das Bild vor der Korrektur

2 Hilfsebene »Schwellenwert« erzeugen

Eine Einstellungsebene SCHWELLENWERT soll Ihnen helfen, Tiefen und Lichter eindeutig festzulegen. Erzeugen Sie eine solche Einstellungsebene oberhalb der Bildebene.

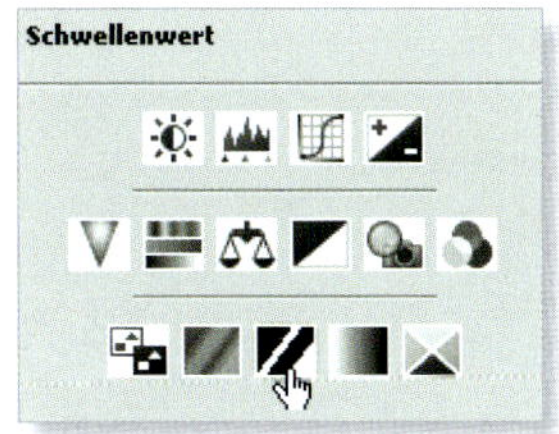

▲ **Abbildung 18.27**
So legen Sie eine Schwellenwert-Einstellungsebene an.

▲ **Abbildung 18.28**
Zwischenstand

3 Wo sind die Tiefen?

In der Korrekturen-Palette führen Sie nun den Schwellenwertregler ganz nach links. Das Bild wird Weiß. Vorsichtig schieben Sie den Regler wieder nach rechts. Beobachten Sie dabei das Bild. Sobald die ersten schwarzen Flecke auftauchen, hören Sie auf.

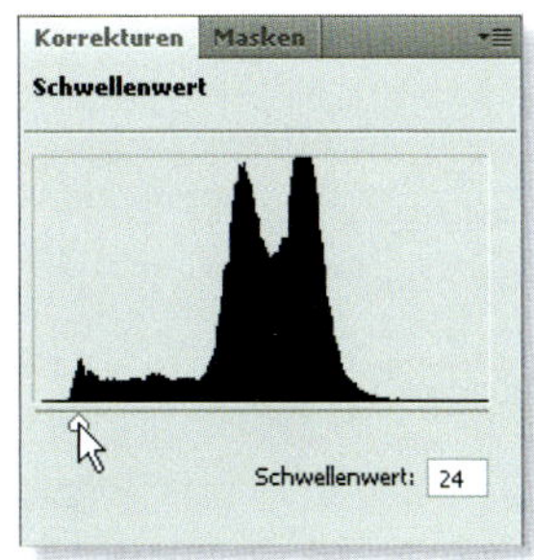

▲ **Abbildung 18.29**
Bewegen Sie den Regler nach links, um die Tiefen im Bild zu finden.

4 Spätere Korrekturpunkte für Tiefen markieren

Solange die Schwellenwert-Einstellungsebene eingeblendet ist, lässt sich keine Tonwertkorrektur durchführen. Die aufgespürten Tiefen müssen also auf andere Weise markiert werden, um später genau dort die Pipettenklicks platzieren zu können. Dazu nutzen Sie das Werkzeug FARBAUFNAHME (Kürzel I). Es ist ein Unterwerkzeug des Pipette-Werkzeugs.

Klicken Sie an eine oder zwei Stellen im Bild, die Ihnen geeignet erscheinen. Sie sehen im Bild jetzt zwei Messpunkte ❶ und ❷. Diese bleiben im Bild, bis Sie sie löschen; sie stehen also auch später noch zur Verfügung.

Unterschiedliche Pipette-Werkzeuge

Das Pipettenwerkzeug aus der Werkzeugleiste und der verwandte Farbaufnehmer sind nicht mit den Korrektur-Pipetten zu verwechseln. Erstere messen Farben, die zweitgenannten korrigieren!

◄ **Abbildung 18.30**
Das Bild sieht nun ungefähr so aus. Mögliche Messpunkte sind hier markiert.

5 Lichter finden und markieren

Für die Lichter gehen Sie analog vor. Ziehen Sie den Regler im SCHWELLENWERT-Dialog erst nach rechts. Das Bild wird schwarz. Bewegen Sie den Regler vorsichtig zurück, bis die ersten hellen Flecke zu sehen sind. Markieren Sie diese mit dem Messwerkzeug. Bis zu vier Messpunkte sind insgesamt möglich. Ihre müssten nun von 1 bis 4 durchnummeriert sein.

6 Schwellenwert-Einstellungsebene löschen

Die Einstellungsebene SCHWELLENWERT brauchen Sie nicht mehr. Sie können sie löschen.

7 Tonwertkorrektur durchführen

▲ **Abbildung 18.31**
Die Tiefen-Pipette

Erzeugen Sie eine neue Einstellungsebene TONWERTKORREKTUR oberhalb der Bildebene. Aktivieren Sie die Pipette für die Tiefen.

Klicken Sie auf eine der dunklen Stellen im Bild, die Sie zuvor mit dem Farbaufnehmer markiert haben. Wenn Sie im Bild keine Markierung sehen, ist vermutlich das Farbaufnahme-Werkzeug inaktiv.

▲ **Abbildung 18.32**
Die Lichter-Pipette

Wechseln Sie dann zur Pipette für die Lichter. Klicken Sie auf eine der hellen Bildpartien, an denen Sie eine Markierung angebracht haben.

8 Fertig! – Das Endergebnis

Das Bild wirkt aufgefrischt, hat aber seine Charakteristik – die vielen blauen Farbtöne und das spätnachmittägliche Winterlicht – behalten.

▲ **Abbildung 18.33**
Das korrigierte Bild ■

Zum Weiterlesen: Farbkorrektur per Pipette
Sogar Farbkorrekturen lassen sich so durchführen – mit der Mittelton-Pipette. Wie das geht, lesen Sie in Kapitel 19 zu den Gradationskurven.

18.5 Tonwertumfang begrenzen – vor dem Druck

Im Idealfall erzielen Sie durch die Tonwertkorrektur ein Bild mit gutem Kontrastumfang und einer feinen Modulation auch in den hellen und dunklen Bildpartien, der sogenannten **Lichter- und Tiefenzeichnung**.

Diese Qualitäten lassen sich leider nicht immer erhalten, wenn das Bild im Druck wiedergegeben wird. Aus technischen Gründen schaffen es die allerhellsten Bildpixel meist nicht auf das Papier. Wo in Ihrer Datei noch eine zarte Modulation der Lichter zu sehen war, ist unter Umständen auf dem Papier nichts – eine blanke Fläche.

Tonwertzuwachs | Auch die Tiefen sind nicht immer verlustfrei auf das Papier zu bekommen. Gedruckte Bildrasterpunkte ändern durch das Auslaufen der Farbe auf dem Papier ihre Größe. Dadurch wird das Bild insgesamt dunkler (der berüchtigte Tonwertzuwachs), und Tiefenzeichnung geht verloren. Aus diesem Grund wird der Tonwertumfang eines Bildes nach der Korrektur wieder leicht eingeschränkt.

Bearbeitung ist motivabhängig | Bei einer Tonwertbegrenzung werden die Tonwerte gestaucht. Aus diesem Grund sollte eine Tonwertbegrenzung nicht routinemäßig bei jedem Bild durchgeführt werden, das für den Druck bestimmt ist. Wann sie sinnvoll ist, ist auch motivabhängig. Immer dann, wenn die Tiefen oder Lichter eine wichtige Funktion im Bild haben und Sie keinen Zeichnungsverlust riskieren wollen, sollten Sie in Erwägung ziehen, den Tonwertumfang etwas zu kappen.

Stärke der Bearbeitung | Wie stark der Tonwertumfang eines Bildes tatsächlich eingegrenzt werden muss, richtet sich nach Randbedingungen wie Druckverfahren und Papiersorte. Orientieren können Sie sich an Werten aus dem Druckhandwerk: Dort rechnet man mit Prozentwerten zwischen 0% (Weiß) und 100% (Schwarz) und meint die **Flächendeckung** der gedruckten Bildrasterpunkte. Je »schlechter« das Druckverfahren ist, desto stärker muss auch der Tonwertumfang gekappt werden. Als **Faustregel** gilt: Bei hellen Bildbereichen müssen die Druckrasterpunkte eine Flächendeckung von 3% bis 10% aufweisen, um druckbar zu sein. 5% Flächendeckung sind ein Durchschnittswert, mit dem sich bei Bildkorrekturen gut arbeiten lässt. Die Flächendeckung dunkler Bildpartien sollte auf 90% bis 95% herabgesetzt werden.

Tonwertbegrenzung | Die Tonwertbegrenzung erfolgt mithilfe der Schieberegler oder der Zahlenfelder neben TONWERTUMFANG. In Photoshop ist die Eingabe der Zahlenwerte leider mit einem kleinen Umweg verbunden, denn die Tonwerte in Adobes Dialogfeld stammen ja aus dem 8-Bit-System und reichen von 0 (Schwarz) bis 255 (Weiß). Die Eingabe von Flächendeckungsprozenten ist nicht vorgesehen. Jetzt müssen Sie also ein wenig rechnen:

2,55 x (100 – x %, also Prozentwert der empfohlenen Flächendeckung) = neuer Tonwert für die Begrenzung

Soll also zum Beispiel eine Begrenzung auf 95 % Flächendeckung in den Tiefen vorgenommen werden, rechnen Sie

2,55 x (100 – 95) = 12,75

und runden diesen Wert. Für die Lichter rechnen Sie ähnlich:

2,55 x (100 – 5) = 242,25

Die so ermittelten Werte geben Sie nun in die Zahlenfelder unterhalb des Grauwertbalkens ein, oder Sie verschieben die Pfeile auf der Grauskala, bis die gewünschten Werte erreicht sind. Dadurch werden die vorhandenen Tonwerte zusammengeschoben. Das Bild verliert infolgedessen etwas Kontrast und erscheint weniger brillant.

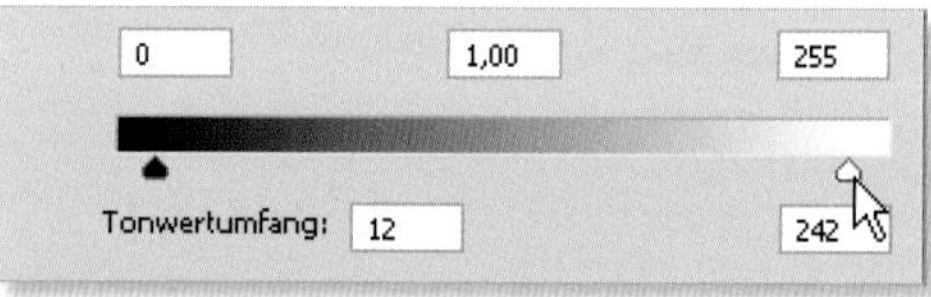

Abbildung 18.34 ▸
Die Tonwertbegrenzung kann per Zahleneingabe oder mittels Schieberegler erfolgen.

19 Universalhelfer für professionelle Ansprüche: Gradationskurven

Nicht wenige Photoshop-Einsteiger, aber auch einige gestandene Nutzer machen um das Gradationskurven-Werkzeug lieber einen Bogen, denn es gilt als schwierig. Zu Unrecht, wie ich finde. Zugegebenermaßen sieht der Kurvendialog anfangs etwas abschreckend aus, doch wenn man sich einmal darauf einlässt, erkennt man schnell die Vorteile – und die Bedienung ist nicht weiter schwierig. Die Beschäftigung mit dem Werkzeug lohnt sich auf jeden Fall! Mit keinem anderen Tool arbeiten Sie so präzise, und keines ist so vielseitig einzusetzen.

[Gradation]
Der Begriff *Gradation* kommt aus dem Lateinischen und heißt *Abstufung*. Sie verändern durch die Abstufung der Tonwerte einzelner Farbkanäle die Helligkeit, Kontraste oder die Farbmischung des Bildes. Ähnliches haben Sie bereits mit der Tonwertkorrektur getan. Mit Gradationskurven kann man den Tonwertbereich, der verändert werden soll, jedoch genauer eingrenzen.

Den Gradationskurven-Dialog öffnen | Wie die meisten anderen Korrekturwerkzeuge können – und sollten! – Sie Gradationskurven als Einstellungsebene einsetzen. Die direkte Anwendung auf Bildebenen ist auch möglich. Für beides gibt es mehrere Wege.

Um eine **Gradationskurven-Einstellungsebene** zu erzeugen, können Sie

- die Korrekturen-Palette nutzen,
- das Icon ❶ in der Ebenen-Palette verwenden
- oder den Befehl EBENE • NEUE EINSTELLUNGSEBENE • GRADATIONSKURVEN.

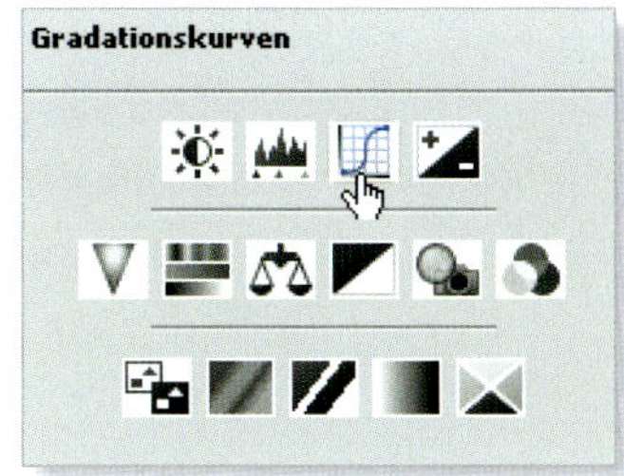

◂ **Abbildung 19.1**
So erzeugen Sie eine Gradationskurven-Einstellungsebene mit der Korrekturen-Palette.

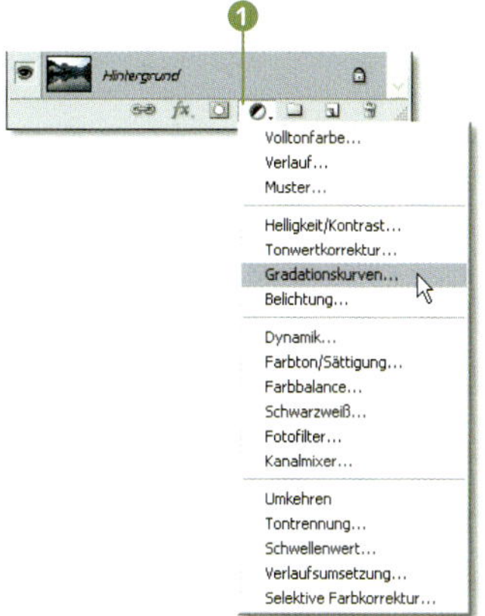

▴ **Abbildung 19.2**
So legen Sie eine Gradationskurven-Einstellungsebene mit der Ebenen-Palette an.

Um Gradationskurven **unmittelbar auf eine Ebene anzuwenden**,

- wählen Sie BILD • KORREKTUREN • EINSTELLUNGSEBENE oder
- das Tastenkürzel [Strg]/[⌘]+[M].

19.1 Steuerungselemente für Gradationskurven

CS4 Überarbeitetes Dialogfeld – die Änderungen
Die Grundfunktionen der Gradationskurve sind dieselben wie eh und je. Wegen der neuen Korrekturen-Palette hat sich am Handling jedoch einiges geändert.
Die **Shortcuts** zum Ansteuern der Kanäle sind neu: Den RGB-COMPOSITE-CHANNEL erreichen Sie jetzt mit [⌥]/[Alt]+[2], den ROTKANAL mit [⌥]/[Alt]+[3], den BLAUKANAL mit [⌥]/[Alt]+[4] und den GRÜNKANAL mit [⌥]/[Alt]+[5].
Einzelne Punkte auf der Gradationskurve aktivieren Sie nun nicht mehr wie gewohnt mit [⌘]/[Strg] + [⇆], sondern mit [+] (Pluszeichen) und [-] (Minuszeichen).
Die **Kurvenanzeigeoptionen** erreichen Sie jetzt nur noch über das Palettenmenü, ebenso den **Anzeige-Umschalter** von der Lichtfarben-Ansicht (RGB) zur Druckfarben-Ansicht (CMYK).

Die markanteste und wichtigste Funktion ist die Gradationskurve ⑤ selbst. In Abbildung 19.3 ist sie bereits in bearbeiteter Form zu sehen.

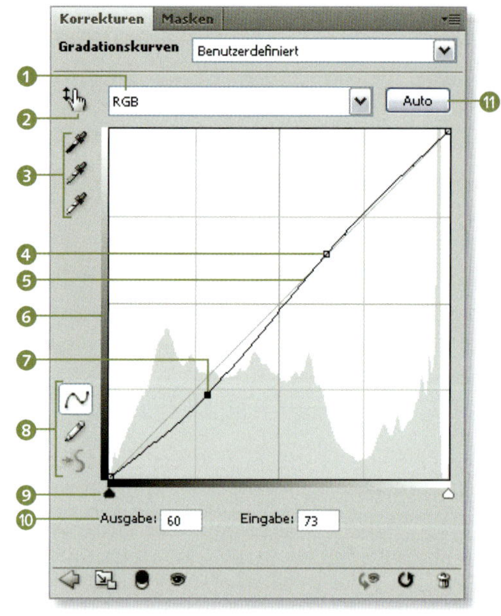

▲ **Abbildung 19.3**
Das Dialogfeld für das mächtige und vielseitige Werkzeug GRADATIONSKURVEN

Die Kurve ist eine grafische Darstellung der Tonwerte des ursprünglichen und des korrigierten Bildes. Dabei steht

- die **waagerechte Achse** für die Tonwerte des unkorrigierten sogenannten **Eingangsbilds**,
- und an der **Senkrechten** sind die Werte des bearbeiteten **Ausgangsbilds** zu finden.

Die Position der hellen, mittleren und dunklen Tonwerte wird durch die parallel zu den Achsen liegenden Grauskalen ⑥ angezeigt.

Gitternetz | Das Gitternetz ist eine Hilfe, um die Eingangswerte (Tonwerte des unkorrigierten Bildes) und die Ausgangswerte (Tonwerte der korrigierten Version) zueinander in Beziehung zu setzen. Das hört sich zunächst kompliziert an, Sie werden aber sehen, dass es sich sehr gut mit der Kurve arbeiten lässt.

Steuerpunkte | Indem Sie die Kurve mit der Maus verändern, können Sie helle, mittlere und dunkle Tonwerte heller oder dunkler machen. Mithilfe sogenannter Anker- oder Steuerpunkte lassen sich einzelne Bereiche der Kurve fixieren und so auch nur Teile der Kurve verändern (inaktiver ❹ und aktiver ❼ Steuerpunkt). Damit ist eine genaue Eingrenzung des zu ändernden Tonwertbereiches möglich. Alternativ zur Arbeit mit der Maus können Sie auch die numerischen Eingabefelder oder das neue Im-Bild-Korrekturwerkzeug ❷ nutzen.

Eingabefelder | Unterhalb der Kurve finden Sie Eingabefelder ❿. Sie sind jedoch nur dann aktiv, wenn Sie zuvor einen der Steuerpunkte aktiviert haben. Dort lassen sich die genauen Tonwerte ablesen und verändern. Adobe hat hier leider einen kleinen Umweg eingebaut: Wenn Sie das Dialogfeld neu geöffnet haben, ist zunächst keine Eingabemöglichkeit vorhanden. Die Zahlenfelder sind erst dann zugänglich, wenn Sie einmal in das Diagramm geklickt haben.

Bildkanäle | Auch hier steht eine Dropdown-Liste ❶ zur Verfügung, um entweder den Composite-Kanal oder die Farbkanäle Ihres Bildes einzeln anzusteuern.

Wenn Sie die Kurve für den Composite-Kanal (alle Bildkanäle zusammen) verändern, werden **Helligkeit** oder **Kontrast** des Bildes verändert. Durch unabhängiges Verändern einzelner Farbkanäle können Sie die **Farbbalance** des Bildes bearbeiten.

▲ **Abbildung 19.4**
Das Bearbeiten des RGB-Kanals wirkt sich auf Helligkeit und Kontrast aus, Korrekturen einzelner Farbkanäle beeinflussen die Farbmischung des Bildes.

Weitere Funktionen | Zudem finden Sie im Gradationskurven-Dialog Funktionen, die Ihnen auch in der Tonwertkorrektur begegnet sind:

- den Auto-Button ⓫ mit seinen Optionen (über Klick+[⌥]/[Alt] erreichbar) und
- die Pipetten ❸.

Kurven selbst-zeichnen | Das Dialogfeld enthält außerdem zwei Umschalter und einen Kurvenglättungs-Button ❽ wenn Sie Kurvenverläufe mit der Hand zeichnen wollen und schließlich Tonwertspreizungsregler ❾ unterhalb der Kurvenansicht.

Diese Funktionen können Sie genau so anwenden, wie Sie es von der Tonwertkorrektur gewohnt sind.

19.1.1 Presets nutzen und eigene Vorgaben speichern

Schon in der Korrekturlisten-Ansicht der Korrekturen-Palette können Sie auf die Vorgaben verschiedener Werkzeuge – so auch der Gradationskurve – zurückgreifen.

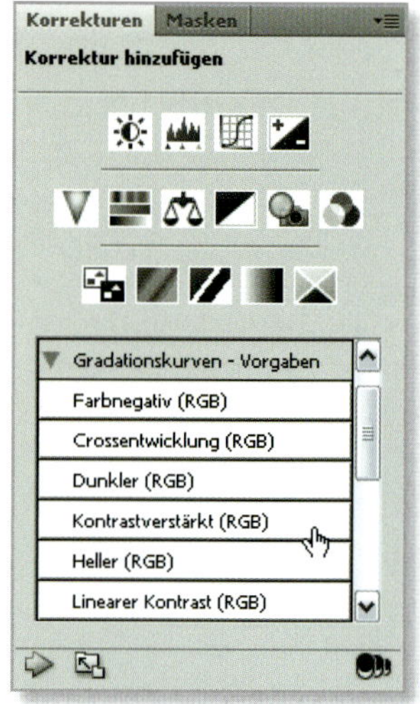

▲ **Abbildung 19.5**
Die mitgelieferten Kurvenverläufe

Doch auch direkt im Korrekturdialog können Sie eine Liste mit einigen vorgefertigten Kurvenverläufen ausklappen – ähnlich, wie Sie es bereits beim Werkzeug TONWERTKORREKTUR gesehen haben. Und auch das Speichern und Laden von Voreinstellungen funktioniert so, wie es bereits im vorangehenden Tonwertkorrektur-Kapitel beschrieben wurde (siehe Abschnitt »Vorgaben« in Kapitel 18.1, »Steuerungselemente für Tonwertkorrekturen«).

19.1.2 Hilfsmittel für die Ergebniskontrolle: Anzeigeoptionen

Der große Vorteil des Werkzeugs GRADATIONSKURVEN ist, dass Sie Ihr Korrekturergebnis nicht nur am Monitor ansehen, sondern auch mithilfe von objektiveren Kontrollinstrumenten überprüfen können. Im Palettenmenü legen Sie fest, welche Vorschauoptionen Ihnen zur Verfügung stehen.

Beschneidung anzeigen | Da Sie im GRADATIONSKURVEN-Dialog auch auf einige Funktionen der Tonwertkorrektur zurückgreifen können, gibt es hier ebenfalls die Möglichkeit, sich die mögliche Beschneidung von Tonwerten anzeigen zu lassen. Wählen Sie dazu im Palettenmenü den Befehl BESCHNEIDUNG FÜR SCHWARZ-/WEISSPUNKT ANZEIGEN ❷, oder halten Sie [⌥]/[Alt] gedrückt, während Sie die Tonwertspreizungsregler bedienen.

Erweiterte Anzeigeoptionen | Der Befehl KURVEN-ANZEIGEOPTIONEN ❶ im Palettenmenü öffnet eine Dialogbox, in dem Sie festlegen können, welche Kontrollelemente im GRADATIONSKURVEN-Dialog angezeigt werden sollen. Standardmäßig sind alle aktiviert.

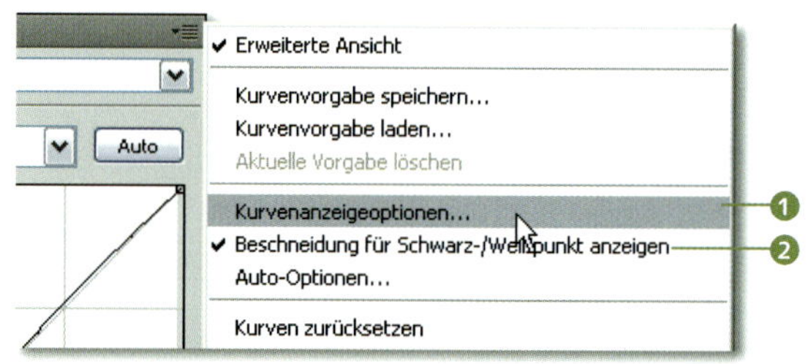

Abbildung 19.6 ▶
In der CS4-Korrekturpalette sind die Anzeigeoptionen nicht mehr so gut erreichbar wie in den schwebenden Korrekturfenstern.

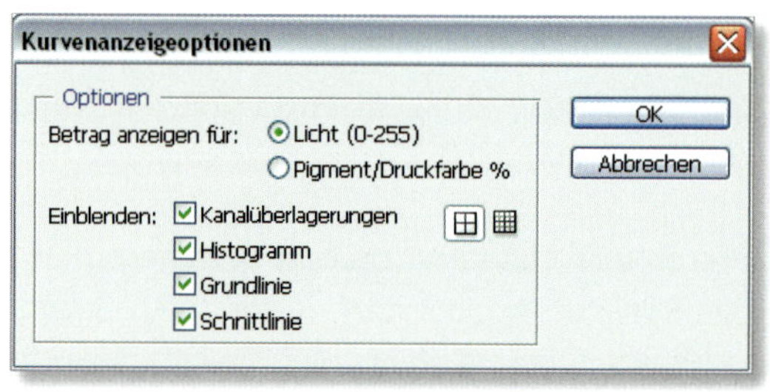

Abbildung 19.7 ▶
Welche Hilfsmittel sollen angezeigt oder ausgeblendet werden?

In den folgenden Absätzen lernen Sie die Optionen im Detail kennen.

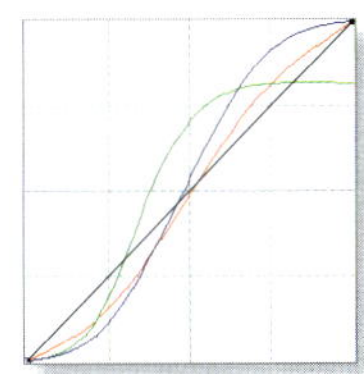

▲ **Abbildung 19.8**
KANALÜBERLAGERUNGEN zeigen Ihnen die Veränderungen aller Kanäle auf einen Blick.

Betrag anzeigen für | Am nachdrücklichsten wirkt wohl BETRAG ANZEIGEN FÜR LICHT bzw. PIGMENT/DRUCKFARBE. Mit dieser Option kehren Sie die Anordnung der Tonwerte auf den Balken, die Anzeige der Werte (Prozentwerte oder Tonwerte von 0–255) und somit auch die Kurvenwirkung – unabhängig vom tatsächlichen Bildmodus – um.

Kanalüberlagerungen | KANALÜBERLAGERUNGEN sind nur dann wirksam, wenn Sie die Farbkanäle einzeln bearbeitet haben, sich jedoch wieder in der RGB- oder CMYK-Gesamtansicht befinden. Diese Option gibt Ihnen eine gute Übersicht darüber, welche Veränderungen vorgenommen worden sind.

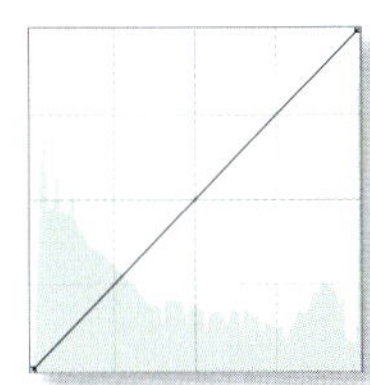

▲ **Abbildung 19.9**
Eingeblendetes Histogramm

Histogramm | Das HISTOGRAMM erscheint grau unterlegt direkt im Kurvendiagramm. Leider ist dies – anders als bei der Histogramm-Palette – kein Live-Histogramm. Bei Bildern mit mehreren Ebenen ist dies übrigens immer das Histogramm der aktiven Ebene, nicht des gesamten Bildes.

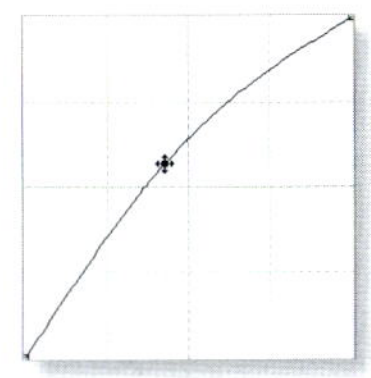

▲ **Abbildung 19.10**
So würde das Kurvendiagramm ohne Grundlinie aussehen – ungewohnt nackt.

Grundlinie | Die Option GRUNDLINIE ist standardmäßig immer aktiv. Sie gibt Ihnen eine gute Orientierung darüber, wie weit Sie die Kurve bereits verschoben haben.

Schnittlinie | Die SCHNITTLINIE ist nur dann sichtbar, wenn Sie die Kurvenlinie gerade mit der Maus »anfassen« und verschieben. Sie soll Sie dabei unterstützen, den neuen Ankerpunkt präzise zu positionieren.

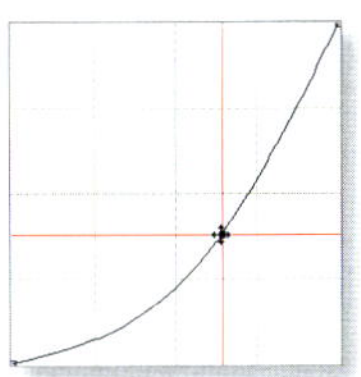

▲ **Abbildung 19.11**
Zwei sich im bewegten Ankerpunkt kreuzende Linien: die Schnittlinien (hier zum besseren Verständnis farbig hervorgehoben)

Gitteransicht ändern | Ist Ihnen das vorhandene Gitter nicht präzise genug, klicken Sie einfach bei gehaltener [Alt]/[⌥]-Taste mit der Maus ins Diagramm. Die Ansicht wechselt zu einem feineren Gitternetz. Zurück zum groben Gitter geht es auf demselben Weg. Außerdem finden Sie in den erweiterten Kurven-Anzeigeoptionen einen kleinen Umschalter.

▲ **Abbildung 19.12**
Feines oder grobes Gitternetz?

19.2 Arbeiten mit den Gradationskurven

Die Kurve ist das A und O im Werkzeug GRADATIONSKURVEN. Sie haben verschiedene Eingabemöglichkeiten, um deren Form zu beeinflussen. Hier lernen Sie sie kennen. Außerdem erfahren Sie, wie sich die Kurve in verschiedenen Bildmodi verhält.

19.2.1 Kurve in unterschiedlichen Bildmodi

Die Position von Lichtern und Schatten auf den Achsen und die Anzeige der Tonwerte unterscheiden sich bei RGB-, CMYK- und Graustufenbildern. Auch die »Zugrichtung« der Kurve ist dann natürlich umgekehrt.

Dateien auf der Buch-DVD: »Pepperoni.jpg«, »RoteGerbera.tif«, »KleinesLeuchtfeuer.jpg«

Gradationskurve im RGB-Modus | In RGB sind die **Tiefen** unten links. Die Tonwerte werden in Binärzählung von 0–255 angezeigt. Für die Arbeit im RGB-Modus gilt: Bewegen Sie die Kurve nach oben, wird das Bild heller; ziehen Sie sie herunter, wird das Bild abgedunkelt.

Bild: dieblen.de

▲ **Abbildung 19.13**
Ein RGB-Bild. In der Standardansicht des Kurven-Dialogs ...

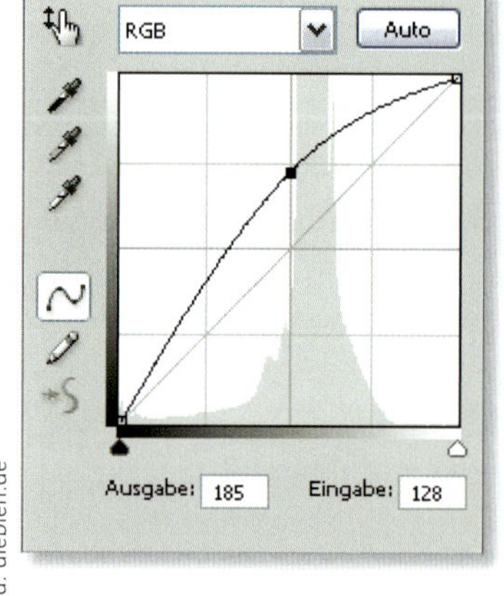

▲ **Abbildung 19.14**
... bewirkt das Hochziehen der Kurve ...

▲ **Abbildung 19.15**
... eine Aufhellung.

Zum Nachlesen: RGB und CMYK
Mehr zu den Farbsystemen finden Sie in Kapitel 6, »Bildbearbeitung: Fachwissen«.

Gradationskurve im CMYK-Modus | Bei CMYK-Bildern finden Sie unten links die **Lichter**. Tonwerte werden in CMYK-typischen Prozenten gezählt (maximal 100%). Standardmäßig ist auch das angezeigte Gitternetz feiner. Für die Arbeit im CMYK-Modus gilt: Bewegen Sie die Kurve nach oben, wird das Bild dunkler; ziehen Sie sie herunter, wird das Bild heller.

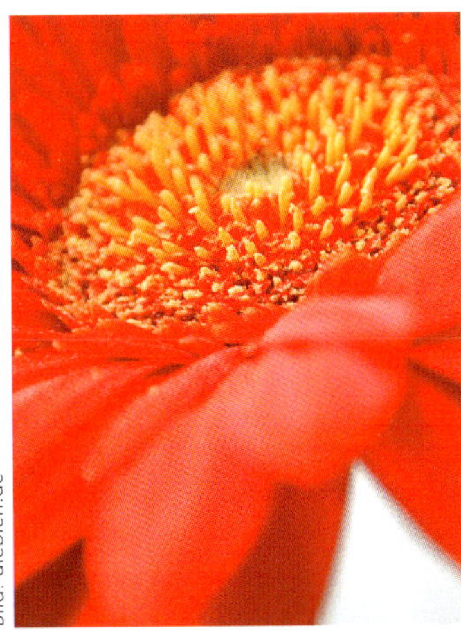
Bild: dieblen.de

▲ **Abbildung 19.16**
Hier zum Vergleich ein CMYK-Bild.

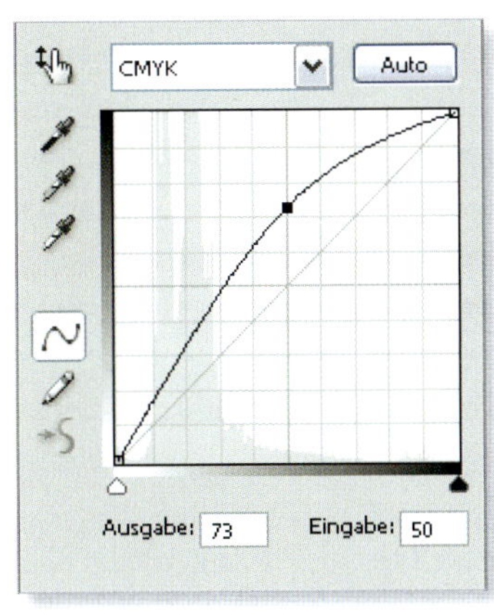

▲ **Abbildung 19.17**
Die Kurvenform ist ähnlich. Beachten Sie jedoch die umgekehrte Tonwertverteilung auf den »grauen Balken« im Gradationskurven-Dialog (links und unterhalb der Kurve)!

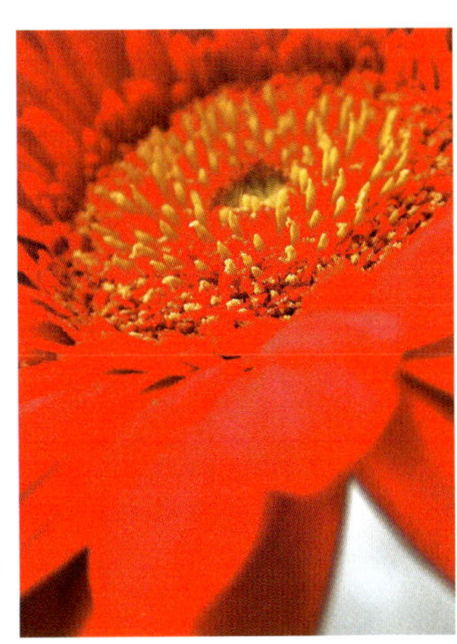

▲ **Abbildung 19.18**
Beim CMYK-Bild wirkt die Kurvenform abdunkelnd.

Gradationskurve bei Graustufenbildern | Die Gradationskurven von Graustufenbildern verhalten sich genauso wie bei CMYK-Bildern – also gegenläufig zur Gradationskurve bei RGB-Bildern.

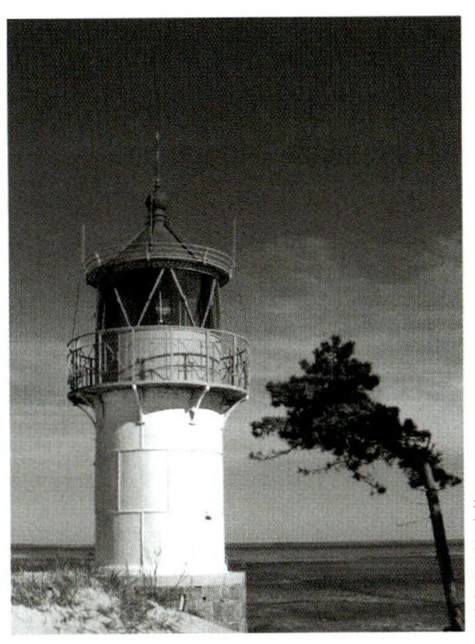

▲ **Abbildung 19.19**
Bei einem Graustufenbild ...

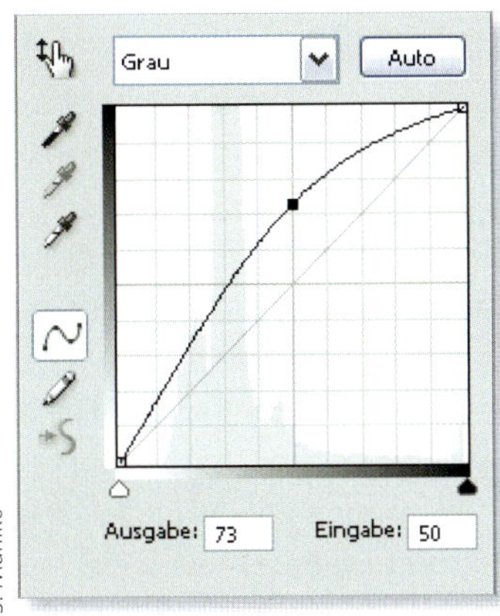

Bild: S. Mühlke

▲ **Abbildung 19.20**
... ist die Standardeinstellung der Kurve dieselbe wie bei CMYK-Bildern.

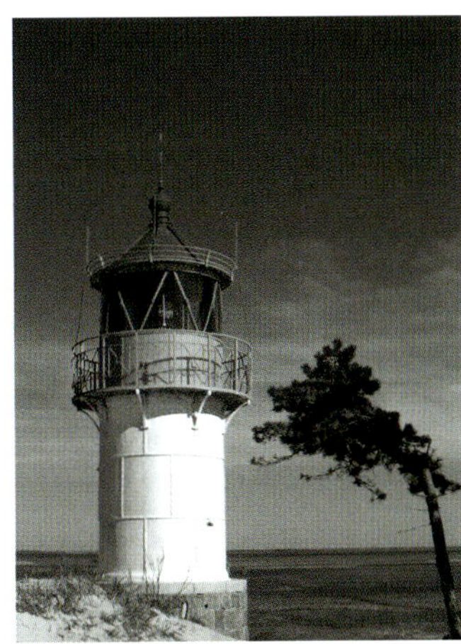

▲ **Abbildung 19.21**
Das Bild wird beim Hochziehen der Kurve dunkler.

19.2.2 Kurvenpunkte setzen, Kurven verformen

Um die Kurve überhaupt mit Kurvenpunkten zu verformen, gibt es verschiedene Möglichkeiten. Welche die beste ist, hängt einerseits davon ab, wie exakt Sie gerade arbeiten wollen und ist natürlich auch eine Frage der persönlichen Vorlieben. Oft kombiniert man auch verschiedene Eingabemöglichkeiten.

Bildbereiche direkt ansteuern | Recht oft erkennt man im Bild selbst »Problemzonen«, weiß aber nicht genau, welcher Kurvenabschnitt verformt werden muss, um genau diesen Bildbereich anzusprechen. Für solche Fälle gibt es in Photoshop ein neues Tool und eine altbewährte Arbeitstechnik.

Das sogenannte IM-BILD-KORREKTURWERKZEUG (oder die »Korrekturhand«) gab es in CS3 bereits für im Dialog SCHWARZWEISS. In CS4 steht es auch für die Werkzeuge GRADATIONSKURVEN und FARBTON/SÄTTIGUNG zur Verfügung. Bevor Sie es benutzen können, müssen Sie es erst mit einem Klick auf die Schaltfläche aktivieren.

▲ **Abbildung 19.22**
So aktivieren Sie die Korrekturhand. Die Gestaltung der Schaltfläche ist ein Hinweis darauf, wie die Maus über dem Bild bewegt werden muss.

Danach können Sie im Bild auf genau den Bereich klicken, der korrigiert werden soll, und die Maus **hoch oder herunter** bewegen, um Tonwerte anzuheben oder zu senken. Doch Achtung: Bei allzu freigiebigem Gebrauch bringt man mit dem Werkzeug leicht neue Fehler ins Bild hinein, wenn man die Kurvenform aus dem Auge verliert – nicht jede mögliche Kurvenform tut einem Bild gut (siehe auch den Abschnitt 19.3, »Gradationskurven – typische Fehler und wie man sie vermeidet«, weiter unten).

Doch auch ohne die Korrekturhand ist es möglich, zielsicher Kurvenpunkte für bestimmte Bildpartien zu setzen.

- Klicken Sie auf das Bild, und halten Sie dabei die Taste ⌘/Strg gedrückt. Es wird ein Punkt auf der Kurve des aktuell aktiven Bildkanals (standardmäßig ist das der RGB-Composite-Kanal) gesetzt.
- Klicken Sie auf das Bild, und halten Sie dabei die Tasten ⌘+⇧ bzw. Strg+⇧ gedrückt. Es werden eigene Kurvenpunkte auf allen Bildkanälen gesetzt, die Sie danach separat weiterbearbeiten können.

Klicken auf die Kurve: bewegliche und fixierte Punkte | Ein Klick auf die Kurve ist wohl die am häufigsten benutzte Technik, um Kurvenpunkte zu setzen. Sie können so gesetzte Punkte

- mit der Maus,
- mit den Pfeiltasten Ihrer Tastatur oder
- durch Zahleneingabe

bewegen.

Außerdem lassen sich Kurvenpunkte nutzen, um die Kurve in einem Tonwertbereich, der nicht verändert werden soll, zu **fixieren**.

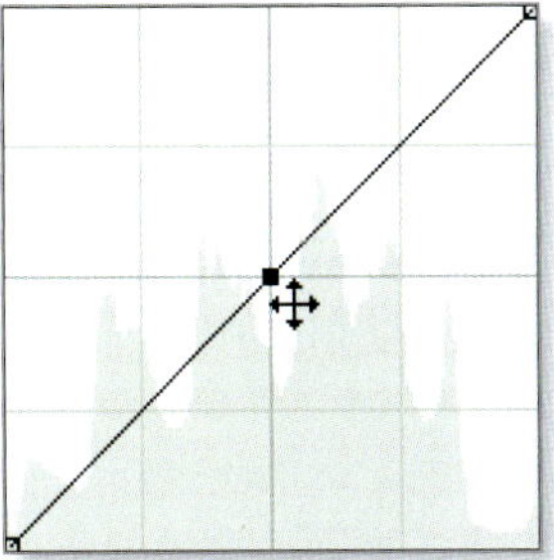

▲ **Abbildung 19.23**
Mit diesem Kurvenpunkt werden die Mitteltöne fixiert …

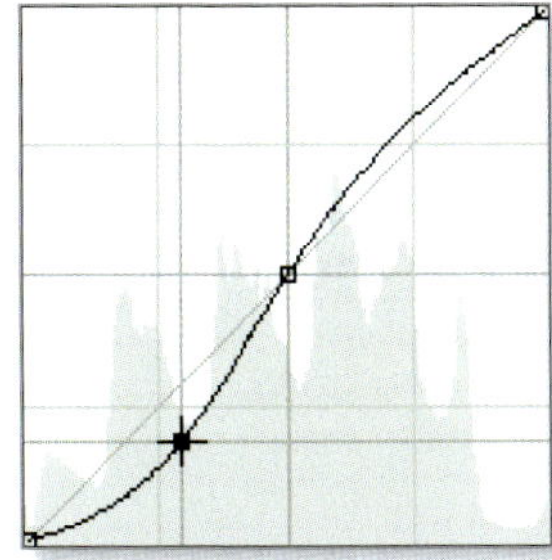

▲ **Abbildung 19.24**
… und die Tiefen werden nach unten gezogen. Der erste Kurvenpunkt wirkt zugleich als Achse, um die die Kurve schwingt: Auch die Lichter werden verändert. Die Mitteltöne bleiben unverändert.

Bereits gesetzte Kurvenpunkte aktivieren: Shortcuts

Kurvenpunkte, die verändert werden sollen, müssen nicht nur gesetzt, sondern auch aktiv sein. Sie aktivieren Kurvenpunkte durch Anklicken.
Mehrere Punkte auf einmal können Sie bei gehaltener [⇧]-Taste aktivieren.
Ein Klick auf das Raster oder [⌘]/[Strg]+[D] hebt die Aktivierung mehrerer Punkte wieder auf.
Mit den Tasten [+] (Plus) und [-] (Minus) können Sie zwischen gesetzten Kurvenpunkten »springen«.

Zahleneingabe: Präzisionsarbeit | Wie oben schon erwähnt wurde, gibt es auch Eingabefelder, in die Sie Zahlen eintippen können – die exakteste Steuerungsmöglichkeit für die Kurve. Die Eingabefelder sind erst dann zu sehen, wenn mindestens ein Kurvenpunkt gesetzt wurde. Die Werte des jeweils aktiven Punktes (schwarz dargestellt) können dann verändert werden. Auch mit den Pfeiltasten auf der Tastatur lassen sich Ankerpunkte und Kurvenform exakt steuern.

▲ **Abbildung 19.25**
Umschalten in den Kurve-Zeichnen-Modus

Selbst Kurven zeichnen | Im Werkzeug Gradationskurven sind zwei **Betriebsarten** möglich. Neben den geschilderten Eingabemöglichkeiten ist es auch möglich, ganz eigene Kurven zeichnen. Das Zeichnen von Kurven dient eher dem Erstellen von Bildverfremdungen. Für die Bildkorrektur sind die anderen Eingabemethoden besser geeignet! Zum Umschalten stehen zwei **Schaltflächen** neben dem Diagramm zur Verfügung.

Gezeichnete Kurven wirken oft extrem. Ein Klick auf den Button Kurve glätten – direkt unterhalb des Buntstift-Buttons – macht sie etwas abgerundeter und sanfter.

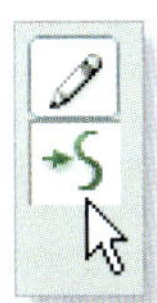

▲ **Abbildung 19.26**
Gezeichnete Kurvenverläufe glätten

19.2.3 Falsch gesetzte Kurvenpunkte korrigieren

Zum Entfernen falsch gesetzter Punkte gibt es zwei Möglichkeiten.

Steuerpunkte korrigieren | Einzelne Punkte können Sie einfach mit der Maus anfassen und aus dem Kurvenbereich herausziehen. Dabei verzieht sich die Kurve ganz entsetzlich, springt aber wieder zurück. Alternative: Aktivieren Sie den Punkt durch einen Klick oder per Shortcut – er ist dann schwarz –, und drücken Sie Entf.

Zurücksetzen | Wenn Sie mit wirklich allen Änderungen an der Kurve unzufrieden sind, können Sie die Kurve vollständig zurücksetzen. Klicken Sie dazu einfach auf den ZURÜCKSETZEN-Button am unteren Rand der Korrekturen-Palette.

Wenn Sie nicht mit Einstellungsebenen, sondern mit dem schwebenden Dialogfenster arbeiten, drücken Sie Alt oder ⌥: Damit verwandelt sich der Button ABBRECHEN kurzfristig in einen ZURÜCKSETZEN-Button. Klicken Sie darauf, um die Kurve wieder in den »Urzustand« zu bringen.

19.3 Gradationskurven – typische Fehler und wie man sie vermeidet

Sie haben nun schon recht viel über Gradationskurven gelernt und sich hoffentlich schon anhand der mitgelieferten Übungsbilder oder eigener Fotos mit der Handhabung des Werkzeugs vertraut gemacht. Die eigentliche Bedienung des Werkzeugs sollte Ihnen nun keine Schwierigkeiten mehr bereiten. Umso größer ist die Gefahr, dass Ihnen beim eifrigen Üben und Experimentieren einmal Fehler unterlaufen. Hier zeige ich Ihnen typische Kurvenverläufe, bei denen Vorsicht geboten ist oder die Sie **meiden** sollten. Das gilt sowohl für Farbkorrekturen als auch für das Einstellen von Helligkeit und Kontrast – kurzum, für alle denkbaren Nutzungen der Gradationskurve.

Testdateien und Graukeil | Um die Wirkung verschiedener Kurvenformen zu demonstrieren, benutze ich hier zwei Testbilder. Das Besondere daran: Zusätzlich zum eigentlichen Motiv habe ich einen sogenannten Graukeil in die Bilder montiert. An ihm können Sie die Wirkung der verschiedenen Kurven besonders gut beurteilen, ohne von Bildinhalten abgelenkt zu werden.

Hier sehen Sie noch einmal die unbearbeiteten Originale zum Vergleich. Übrigens: Zwar sind die Kurvenverläufe von RGB- und Graustufengradationskurven gegenläufig, wie oben gezeigt. Das kann man bei den Beispieldateien jedoch nicht in jedem Fall wahrnehmen, weil die Kurven manchmal nahezu symmetrisch oder zu sanft sind, um die Unterschiede deutlich zu zeigen.

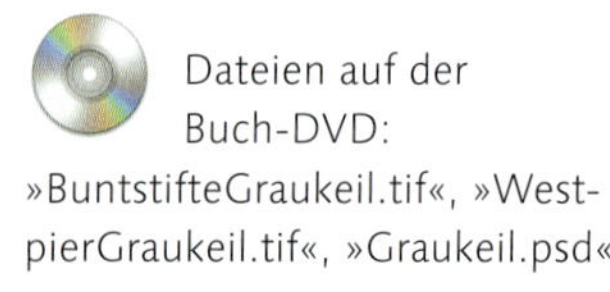

Dateien auf der Buch-DVD: »BuntstifteGraukeil.tif«, »WestpierGraukeil.tif«, »Graukeil.psd«

Bild: Fotolia, Hans-Ulrich Stiehl

▲ **Abbildung 19.27**
Ein RGB-Bild …

Bild: vitamin a

▲ **Abbildung 19.28**
… und, weil Schwarzweißbilder Korrekturfehler oft viel gnadenloser zeigen, auch eine Graustufendatei.

19.3.1 Steigung der Kurve erhalten

Damit die Modulation der einzelnen Tonwertbereiche des Bildes erhalten bleibt, muss die Gradationskurve immer eine leichte Steigung aufweisen. Ist dies nicht der Fall, wird die Kurve zu flach. Dadurch besteht die Gefahr, dass die Zeichnung des Bildes verloren geht.

▲ **Abbildung 19.29**
Ein falscher Versuch, die Tiefen eines Bildes aufzuhellen. Die Gradationskurve verläuft stellenweise fast waagerecht.

◄ **Abbildung 19.30**
In den Bereichen, die dieser Kurvenpartie entsprechen, also den Mitteltönen des Bildes, kommt es zu deutlichen Zeichnungsverlusten, die hier als fast graue Bereiche sichtbar sind.

Abbildung 19.31 ▸
Dieselbe Wirkung an einem Graustufenbild

19.3.2 Nicht zu viele Punkte setzen

Obwohl Adobe bis zu 14 Steuerpunkte auf einer einzigen Kurve erlaubt, sollten Sie von dieser Möglichkeit nur sparsamsten Gebrauch machen. Schon ab drei Punkten wird es schwierig, die notwendige Steigung der Kurve zu erhalten, wie das Steigungsbeispiel, aber auch die Mittelton-Korrektur oben zeigen.

19.3.3 Eckpunkte nicht ins Diagramm ziehen

Schreckliche Konsequenzen für Ihr Bild haben auch Kurven, bei denen die Eckpunkte ins Diagramm hineingezogen werden. Das wirkt bei manchen Bildern wie eine kräftige Betonung von Lichtern und Schatten, allerdings gehen vorhandene Differenzierungen in den Tonwerten durch den Einsatz solcher rabiaten Kurven verloren. Der Graukeil belegt, dass es in Tiefen und Lichtern keine Zwischentöne mehr gibt.

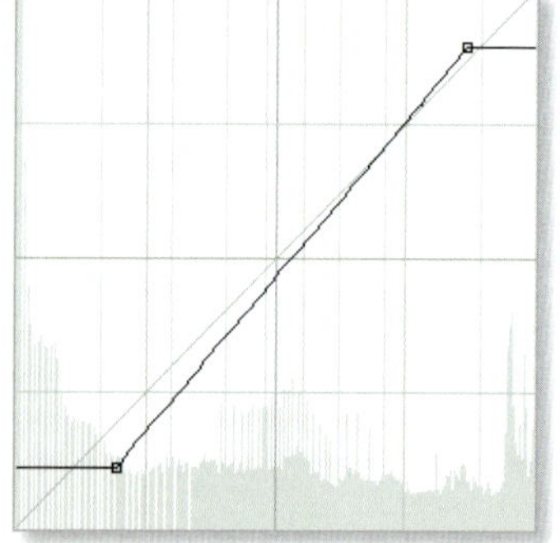

▴ **Abbildung 19.32**
Die Eckpunkte einer Gradationskurve sollten Sie nie ins Innere des Diagramms hineinziehen, denn die dadurch entstehenden Tonwertverluste sind immens.

Abbildung 19.33 ▸
Die hellsten und dunkelsten Tonwerte können nicht mehr differenziert werden.

◂ **Abbildung 19.34**
Am Graustufenbild sind die drastischen Auswirkungen dieser Kurve noch besser zu beobachten, besonders in den Tiefen.

19.3.4 Eckpunkte hoch- oder herunterziehen

In Ausnahmefällen dürfen Sie durchaus die Eckpunkte in vertikaler Richtung entlang der Diagrammkante bewegen. Allerdings ist hier ein wenig Vorsicht geboten: Man kann auch mit Gradationskurven den Schwarz- und Weißpunkt von Bildern verschieben. Genau das wäre mit so einer Kurve der Fall! Was fehlt, ist die Kontrolle durch das Histogramm. Wenn Sie also tatsächlich so eine Kurve zur Anwendung bringen wollen, sollten Sie die Histogramm-Palette öffnen. Oder Sie greifen gleich zum bewährten Instrument TONWERTKORREKTUR. Solche Kurven sind manchmal die letzte Rettung für Bilder mit zu dunklen Tiefen, an die man mit den sanfteren Kontrast- und Helligkeitskurven nicht herankommt.

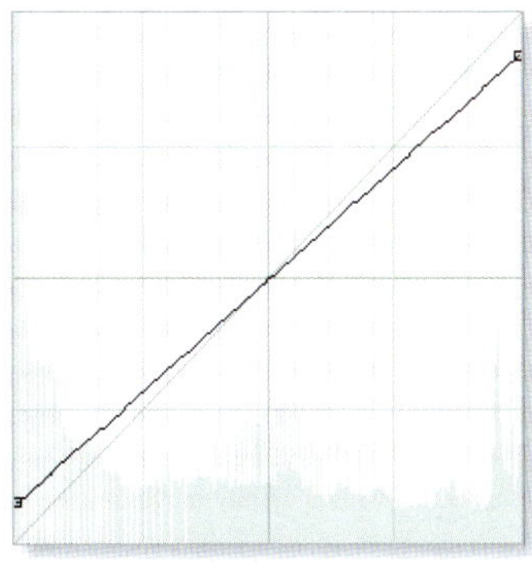

▴ **Abbildung 19.35**
Eine radikal wirkende Kurve für Ausnahmefälle

◂ **Abbildung 19.36**
Sie sehen, dass das ursprüngliche Weiß nicht mehr ganz weiß, Schwarz nicht mehr vollkommen schwarz ist: eindeutig eine Änderung von Schwarz- und Weißpunkt, bei der die Eckpunkte der Tonwertskala zusammengeschoben wurden.

▲ **Abbildung 19.37**
Diesem Motiv bekommt eine solche Kurve nicht.

19.4 Helligkeit und Kontrast mit Gradationskurven einstellen

Mit dem Werkzeug GRADATIONSKURVEN selbst und seinem Funktionsprinzip konnten Sie sich nun bereits vertraut machen. Die Handhabung der Kurve beim Einstellen von Helligkeit und Kontrasten unterscheidet sich nicht wesentlich von der Farbkorrektur. Allerdings sollten Sie Änderungen von Helligkeit und Kontrast am gesamten RGB-Kanal vornehmen. Sie wirken sich gleichmäßig auf alle Farbkanäle aus und ändern so nichts mehr an der bereits eingestellten Farbbalance.

Es gibt einige klassische Kurvenformen, mit denen sich alle typischen Anwendungsfälle abdecken lassen und die Sie immer wieder nutzen werden. Ich zeige Ihnen die Wirkung der »Standards« an den schon bekannten Testbildern.

19.4.1 Allgemeine Helligkeit verändern

Dateien auf der Buch-DVD: »BuntstifteGraukeil.tif«, »WestpierGraukeil.tif«, »Graukeil.psd«

Die Helligkeit von Bildern zu verändern ist ganz einfach: Sie brauchen die RGB-Kurve dazu nur nach oben zu bewegen. Bei den meisten Bildern wirkt die Aufhellung am besten, wenn Sie an den Mitteltönen ansetzen. Abdunkelung funktioniert analog durch Ziehen der Kurve nach unten, wird aber eher selten gebraucht.

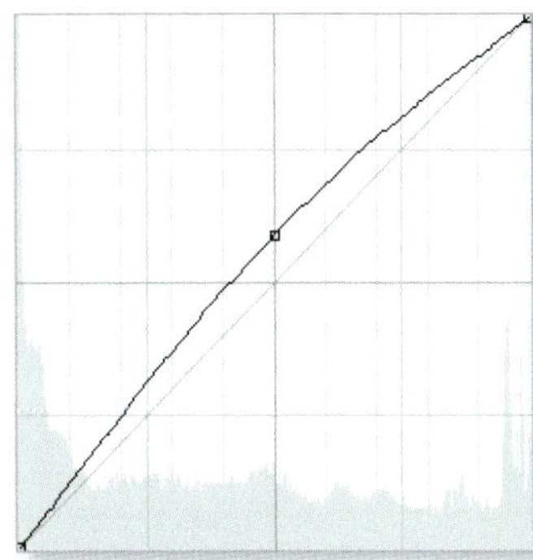

▲ **Abbildung 19.38**
Eine Aufhellung der Mitteltöne mit einer solchen Kurvenform ...

◂ **Abbildung 19.39**
... lässt das Bild **insgesamt** heller erscheinen, weil sich die benachbarten Tonwerte mit verändern.

◂ **Abbildung 19.40**
Dieselbe Kurve, auf das Schwarzweißbeispiel angewendet

19.4.2 Kontraste erhöhen

Kontraste erhöhen Sie mit einem sehr sanften, lang gezogenen S-Schwung der Gradationskurve. Sie können dabei mit zwei oder drei Steuerpunkten arbeiten. Ich fange meist bei den Mitteltönen an und nutze die Gelegenheit, um auszuprobieren, ob sie vielleicht noch etwas verändert werden können. Den Steuerpunkt auf der Kurvenmitte benutze ich dann als feststehenden Drehpunkt und ziehe dann die Lichter ein wenig hoch und die Tiefen herunter. Diese Methode führt zu etwas härteren Kontrasten.

Alternativ können Sie auch mit zwei Punkten arbeiten. Dazu setzen Sie einfach in Tiefen und Lichtern je einen Steuerpunkt und verschieben ihn. Der Kurvenbereich, der den Mitteltönen des Bildes entspricht, nimmt dann von selbst eine mittlere Position ein. So bearbeitete Kurven wirken meist etwas sanfter.

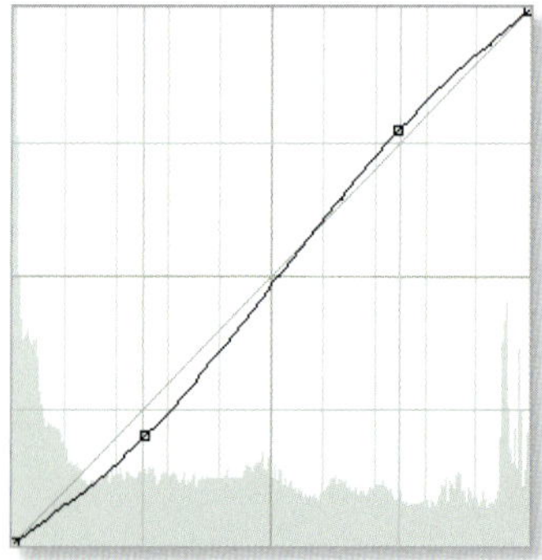

▲ **Abbildung 19.41**
Hier wurde die Kurve vorsichtig mittels zweier Punkte verändert und der Kontrast **behutsam** angehoben, ...

Abbildung 19.42 ►
... da die leuchtenden Farben des Bildes eine hohe Kontrastverstärkung kaum vertragen hätten – und sie auch gar nicht brauchen.

Abbildung 19.43 ►
Nochmals die behutsame Kontrastverstärkung – diesem Bild tut etwas mehr Kontrast ganz gut.

19.4.3 Kontraste abschwächen

Es gibt natürlich auch Fälle, in denen die Kontraste zu ausgeprägt sind und **gesenkt** werden müssen. Das Vorgehen ist ähnlich wie beim Anheben der Kontraste. Allerdings werden hier die Lichter abgedunkelt (die Kurve nach unten verschoben) und Tiefen aufgehellt (Kurve hoch).

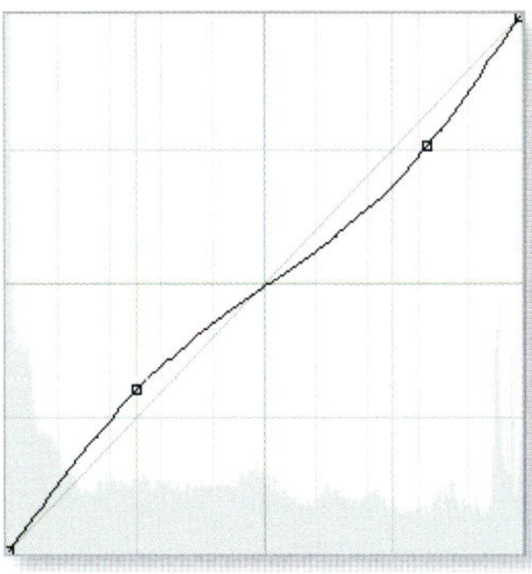

▲ **Abbildung 19.44**
Mit einer solchen Kurve senken Sie die Kontraste im Bild.

◀ **Abbildung 19.45**
Das RGB-Testbild mit einer behutsamen Kontrastabschwächung

◀ **Abbildung 19.46**
Hier wurde ebenfalls an der Kontrastkurve gedreht, der Kontrast gesenkt – nicht unbedingt zum Vorteil *dieses* Bildmotivs, das nun ziemlich breiig wirkt.

19.4.4 Tiefen oder Lichter betonen

Recht häufig kommt es vor, dass man nicht das gesamte Bild aufhellen, sondern allein die Tiefen oder Lichter bearbeiten will. Durch leichtes Abdunkeln der Lichter werden vorhandene Tonwertunterschiede deutlicher, und ein vorsichtiges Aufhellen von Tiefen kann die Zeichnung etwas besser sichtbar machen.

Zu solch einer Änderung brauchen Sie zwei Kurvenpunkte: Der eine hellt die Tiefen auf oder dunkelt die Lichter leicht ab, Mitteltöne und restliche Tonwerte werden durch einen weiteren Punkt auf der Diagonalen festgestellt. Wenn man die Kurve stärker zieht, ist eine geringe Veränderung der fixierten Tonwerte nicht ganz zu unterbinden. Das tut einer harmonischen Gesamtwirkung der Korrektur aber ganz gut.

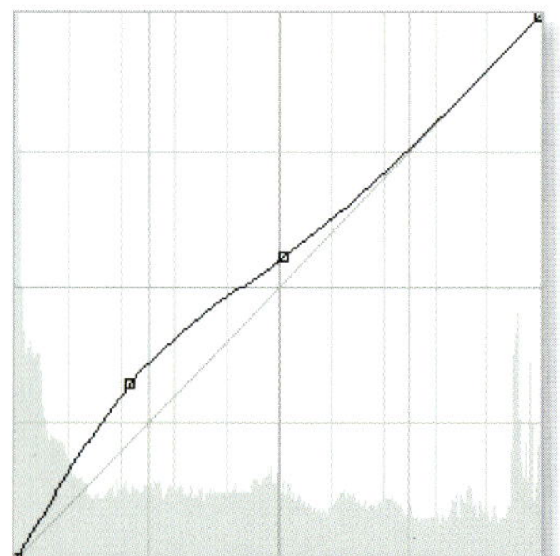

▲ **Abbildung 19.47**
Mit so einer Kurve werden die Tiefen des Bildes aufgehellt.

Abbildung 19.48 ▶
Bei diesem Testbild ist das keine besonders sinnvolle Operation. Oft kann eine solche Kurve jedoch Bilddetails herausbringen, die bisher im Schatten versteckt lagen (ausreichende Tiefenzeichnung des Bildes vorausgesetzt).

Abbildung 19.49 ▶
Und so würde das Graustufenbild aussehen, wenn man die Tiefen aufhellt.

19.4.5 Nur Mitteltöne aufhellen

Sie können auch die Mitteltöne eines Bildes separat bearbeiten und den ganzen »Rest« fixieren. Sie brauchen dazu dann zwei Ankerpunkte, mit denen Sie Tiefen und Lichter fixieren. Die Mitteltöne werden vorsichtig angehoben. Hier muss man aber sehr vorsichtig vorgehen, denn es lauern gleich zwei fatale Fehler: zu geringe Kurvensteigung und zu viele Kurvenpunkte.

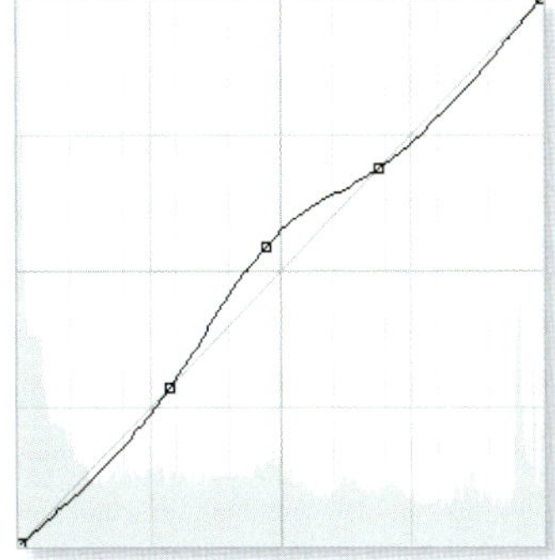

▲ **Abbildung 19.50**
So eine Kurve ist nicht ganz ungefährlich – schnell wird die Steigung zu gering.

◂ **Abbildung 19.51**
Der Graukeil zeigt, dass die Anwendung der Kurve mit Vorsicht zu genießen ist: Die Mitteltöne werden zwar heller, verlieren aber auch an Unterscheidbarkeit – eben an ihrer Zeichnung.

◂ **Abbildung 19.52**
Diesem Bildmotiv schadet die Kurve nicht so sehr.

19.5 Farbkorrekturen für höchste Ansprüche

19.5.1 Helfer für die Bilddiagnose: Graubalance

Das Komplementärfarben-Prinzip kann wirkungsvoll angewandt werden, um Farben zu korrigieren. Bevor man die Korrekturwerkzeuge ansetzt, sollte man allerdings schon wissen, in welche Richtung die Korrektur gehen soll. Und das ist nicht immer ganz leicht zu beurteilen, besonders im Kontext eines vielfarbigen Bildes. Ob ein Bild zum Beispiel einen Cyan- oder Grünstich hat, sieht ihm oftmals nicht einmal der erfahrene Bildbearbeiter an. Und dann ist da ja auch noch das Problem, dass ein Bild auf jedem Monitor, an jedem Rechner anders erscheint.

Sensible Haut(töne)

Mit besonderer Sorgfalt sollten Sie die Kontraste von Porträts und anderen Bildern bearbeiten, auf denen viel Haut zu sehen ist. Die Porträtierten erscheinen auf Bildern mit starken Kontrasten schnell wie Sonnenbrandopfer oder so, als hätten sie schwere Ekzeme. Geringfügige Rötungen und Hautunreinheiten werden durch die Kontrastverstärkung deutlich herausgebracht. Dazu kommt, dass das menschliche Auge beim Betrachten besonders sensibel auf Farbabweichungen bei Hauttönen reagiert und diese verstärkt als Missklang wahrgenommen werden. Kontrastabsenkende Kurven bekommen den Gesichtsfarben meist besser. Wenn man mit Einstellungsebenen arbeitet, kann man über die Bearbeitung der Maske auch ganz einfach verhindern, dass andere Bildbereiche von der Kontrastabsenkung betroffen werden.
Bei Porträts kann das Werkzeug Dynamik eine gute Alternative zum Hantieren mit Gradationskurven sein. Es wird in Abschnitt 17.3, »Dynamik: Pep für Porträts ohne Übersättigung«, vorgestellt.

Indikatoren für die Farbmischung | Ein guter und objektiverer Indikator dafür, ob die Farbmischung im Bild ausgeglichen ist oder in welche Richtung eine eventuelle Korrektur gehen müsste, sind die Grautöne eines Bildes. Dabei macht man sich zwei Prinzipien zunutze:

- Im Bildmodus RGB entsteht ein neutrales Grau dann, wenn die Farbwerte für die drei Farbkanäle Rot, Grün und Blau gleich sind. Bestehen bei Grautönen Abweichungen, lässt sich das leicht an den RGB-Werten ablesen. So erhalten Sie schnell einen Eindruck davon, welche Farbe zu stark und welche zu wenig im Bild vertreten ist. Das gilt nicht nur für R, G und B – deren Komplementärpartner kann man natürlich gleich mitdenken.
- Wenn in einem Bild die Graubalance stimmt, sollten auch alle anderen Farben keinen Farbstich aufweisen.

Mithilfe der RGB-Werte von Bildpartien, die eigentlich neutralgrau sein sollten, kann man also die Farbmischung eines Bildes bestimmen und erhält Anhaltspunkte, in welche Richtung ein eventueller Ausgleich erfolgen muss. Theoretisch klappt das auch bei CMYK-Bildern – deren Werte sind allerdings weit schwieriger zu beurteilen. Deshalb arbeitet man hier mit Bildern im RGB-Modus.

Farbbeurteilung | Welches Rot aus Abbildung 19.53 ist »roter«? Enthält der linke Rotton zu viel Blau oder zu wenig Gelb? Ist das Rot rechts heller oder gelber als sein Nachbar? Das ist schwer zu entscheiden und immer auch eine Sache der persönlichen Vorlieben. Im Bildzusammenhang wird die Beurteilung von Farben noch schwieriger!

▲ **Abbildung 19.53**
Drei unterschiedlich zusammengesetzte Rottöne

Nicht nur vom optischen Eindruck her ist es einfacher festzustellen, welches Grau rot, welches neutral und welches eher grünlich ist. Vor allem die RGB-Werte sprechen hier eine deutliche Sprache.

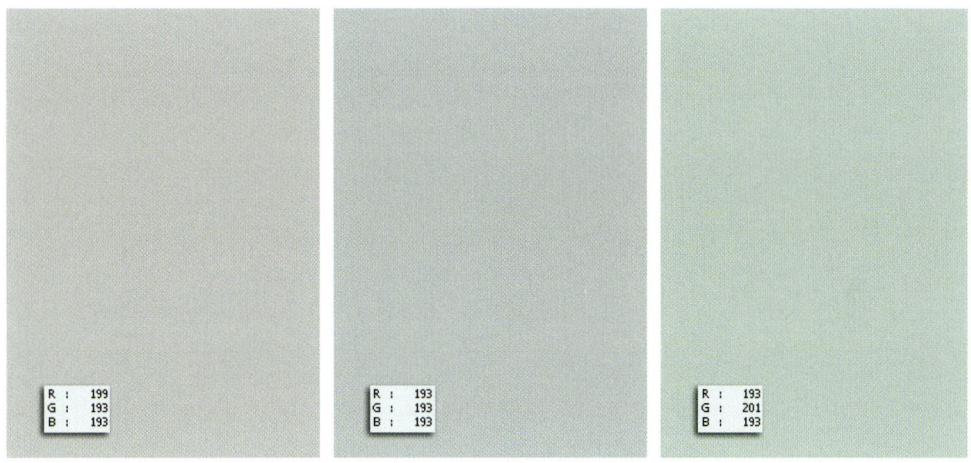

▲ **Abbildung 19.54**
Hier drei verschiedene Grautöne zum Vergleich

Besonders einfach ist die Anwendung des Graubalance-Prinzips natürlich, wenn Ihr Bild einen Gegenstand zeigt, von dem Sie schon wissen, dass er (eigentlich) einen neutralen Grauton haben sollte. Aber auch in anderen Fällen können die Farbwerte eines Bildes recht aufschlussreich sein und Ihnen den Weg für Korrekturen weisen.

19.5.2 Graubalance einstellen

In der folgenden Anleitung zeige ich Ihnen, wie Sie Farbwerte von bestimmten Bildpartien exakt messen und interpretieren – später erfahren Sie dann, wie Sie dieses Wissen in eine zielgerichtete Korrektur umsetzen.

Schritt für Schritt: Farbwert messen und Graubalance einstellen

Datei auf der Buch-DVD: »Regierungsviertel.jpg«

1 Die Ausgangssituation

Das Beispielbild hat einen Farbstich, aber es lässt sich nicht genau sagen, ob dieser grün, gelblich oder eher cyan ist. Da bekannt ist, das die Fassade einen nahezu neutralen Grauton hat, kann eine Messung Auskunft darüber geben, in welche Richtung korrigiert werden muss.

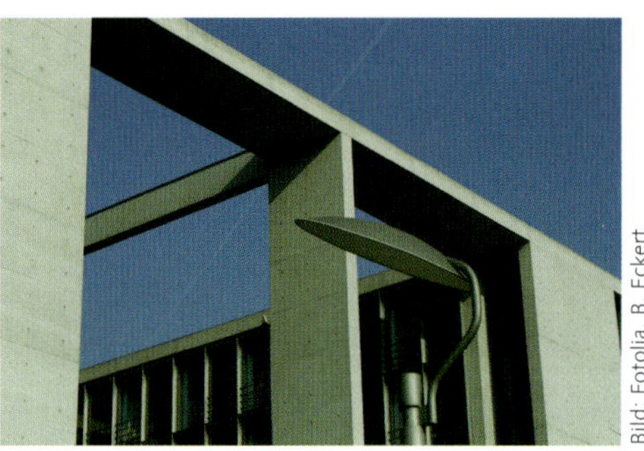
Bild: Fotolia, B. Eckert

Abbildung 19.55 ▶
Dieses Bild hat eindeutig einen Farbstich.

2 Aktivieren und justieren des Pipette-Werkzeugs

Die Pipette finden Sie im oberen Bereich der Werkzeugleiste. Das Tastenkürzel zum schnellen Aufruf ist I. Die Wirkung des Pipette-Werkzeugs ist nicht zu verwechseln mit den Pipetten, die Sie aus der Tonwertkorrektur schon kennen! Mit der Pipette aus der Werkzeugleiste messen Sie Farbwerte, führen aber keine wie auch immer gearteten Änderungen am Bild durch.

In der Optionsleiste sollten Sie festlegen, wie groß der Bereich ist, aus dem die Farbe aufgenommen wird. Die Standardeinstellung 1 Pixel ist nicht geeignet, um einen aussagekräftigen Wert zu erhalten – zwischen einzelnen Pixeln einer einheitlich erscheinenden Farbfläche kommt es doch immer zu Abweichungen. Legen Sie hier einen größeren Aufnahmebereich fest. Der Durchschnittswert sollte zum Bildmotiv und der Dateiauflösung passen: So ist 11×11 Pixel für ein kleinteiliges Foto, das in geringer Auflösung vorliegt, schon recht viel, während dieser Wert für ein flächiges hochaufgelöstes Motiv passend sein kann.

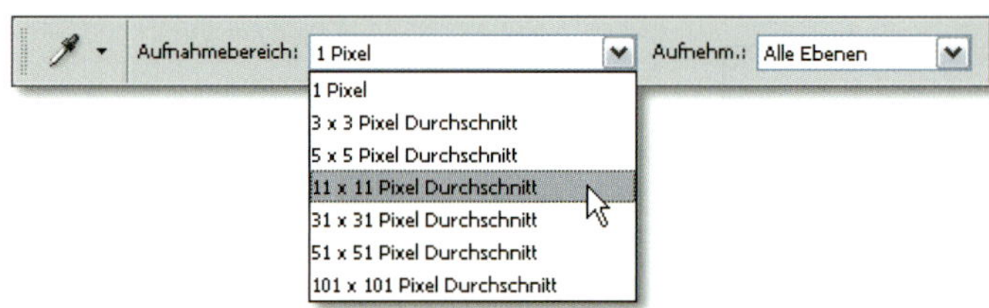

Abbildung 19.56 ▶
Die Optionsleiste der Pipette mit den Einstellungen zum Aufnahmebereich

3 Info-Palette öffnen

Um die mit der Pipette aufgenommenen Farbwerte schnell ablesen zu können, brauchen Sie noch die Info-Palette. Sie können sie über den Menübefehl FENSTER • INFO oder per Shortcut [F8] aufrufen.

4 Farbe aufnehmen und Werte ablesen

Bewegen Sie die Maus auf die Farbfläche im Bild, deren Werte Sie ermitteln wollen und von der Sie annehmen, dass sie tatsächlich neutral ist. In der Info-Palette werden dann die Werte angezeigt, die Sie aktuell unter der Maus haben.

Per Pipette wurde der Fassadenteil rechts im Bild gemessen. Dessen Grau ist – erwartungsgemäß – nicht ausgeglichen, wie die Anzeige in der Info-Palette zeigt.

Der Grünwert ist der höchste, der Blauwert der niedrigste. Sie wissen jetzt also: Das Bild hat zu viel Grün und zu wenig Blau, also einen Grün-Gelb-Stich. Damit ist auch die Korrekturrichtung für dieses Bild klar: Sie müssen ihm Grün entziehen (und damit Magenta hinzufügen) sowie Blau hinzufügen (und damit Gelb entfernen).

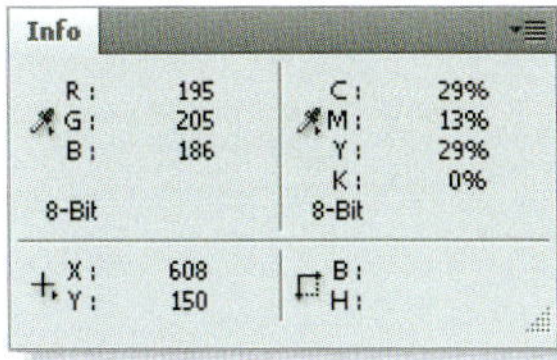

▲ **Abbildung 19.57**
Werte in der Info-Palette auslesen

5 Einstellungsebene mit Gradationskurven anlegen

Dieser Punkt sollte Ihnen nun ja keine Schwierigkeiten mehr bereiten.

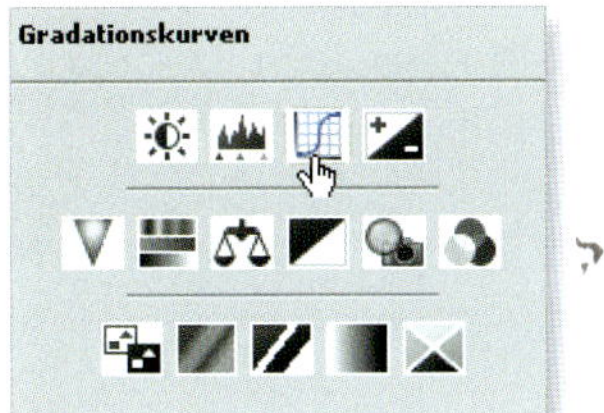

◀ **Abbildung 19.58**
Legen Sie eine Einstellungsebene GRADATIONSKURVEN an.

6 Farbkanal für die Korrektur festlegen

Die drei Farbwerte Rot, Grün und Blau sollen am Messpunkt, der grauen Fassade, aneinander angeglichen werden. Für die Graubalance ist es prinzipiell nebensächlich, welche Werte verändert werden – die drei Werte müssen nur am Ende annähernd gleich sein. Allerdings verändert sich mit den Tonwerten auch die Bildhelligkeit. Ein hoher RGB-Zahlenwert erzeugt eine helle Farbe, dunkle Tonwerte werden durch niedrige Zahlen ausgedrückt. Bei diesem ohnehin recht hellen, unproblematischen Motiv ist das nicht so wichtig, bei anderen Bildern ist dies jedoch eine Überlegung wert. Allerdings kann die Helligkeit auch nachträglich immer noch verändert werden.

Keine Farbkorrektur um jeden Preis!

Nicht jeder Farbstich muss herauskorrigiert werden. Spezielle Farbgebungen können auch bildgestaltend wirken, eine bestimmte Atmosphäre schaffen oder sogar ein Bild zeitlich verorten – man denke an die typischen Farbstiche von Fotos aus den Siebzigerjahren.

Im Beispielbild weichen alle drei Werte voneinander ab, so müssen ohnehin zwei der Kanäle bearbeitet werden. Ich entscheide mich dafür, den Grün- und den Blaukanal dem Wert im Rotkanal anzupassen. Als Erstes rufe ich den Kanal GRÜN auf.

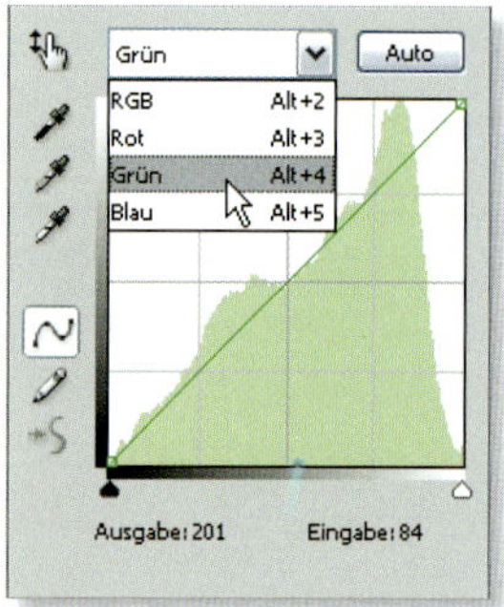

Abbildung 19.59 ▸
Den Farbkanal GRÜN aufrufen

7 Eingabefelder aktivieren und Werte eingeben

Die zuvor gemessenen Werte können nun direkt auf die Kurve übertragen werden.

Dazu bieten sich die **Eingabefelder** an. Um die Felder zu aktivieren, klicken Sie einmal irgendwo ins Diagramm. Wenn sich die Kurve dabei etwas verzieht, ist das nicht schlimm. Das wird im nächsten Schritt behoben.

Nun schreiben Sie in das Feld EINGABE den im letzten Arbeitsschritt ermittelten aktuellen **Grünwert**, also »205«. In das Feld AUSGABE tragen Sie den gewünschten Wert ein, in diesem Fall den ermittelten Wert des Rotkanals (»195«), an den die beiden anderen Kanäle angepasst werden sollen.

Info

R:	195	C:	29%
G:	205	M:	13%
B:	186	Y:	29%
		K:	0%
8-Bit		8-Bit	
X:	608	B:	
Y:	150	H:	

▲ Abbildung 19.60
Zur Erinnerung: die gemessenen Werte

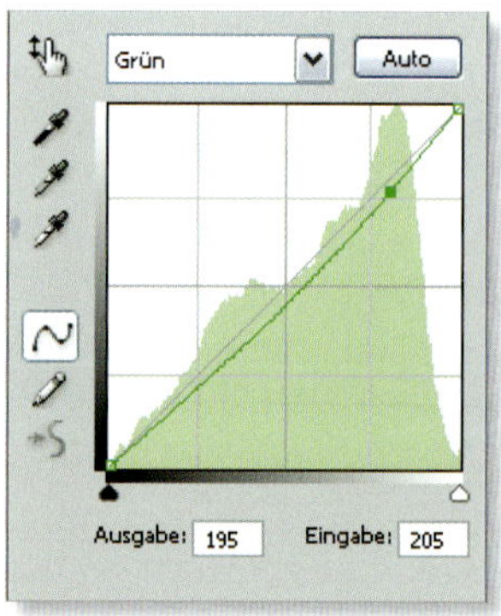

Abbildung 19.61 ▸
Tragen Sie die gewünschten Werte in die Eingabefelder ein.

8 Blauwert einstellen

Sie können nun eine zweite Einstellungsebene GRADATIONSKURVEN anlegen, um den Blaukanal zu bearbeiten, oder in derselben Einstellungsebene einfach zum Blaukanal wechseln. Die erste Möglichkeit bietet mehr Flexibilität beim Feintuning der Korrektur, aber die zweite ist schneller – und für dieses Arbeitsbeispiel ausreichend.

Wie auch immer, im Blaukanal gehen Sie genauso vor wie eben im Grünkanal und tragen als EINGABE den aktuellen Wert »186«, als AUSGABE wiederum den Blauwert »195« ein.

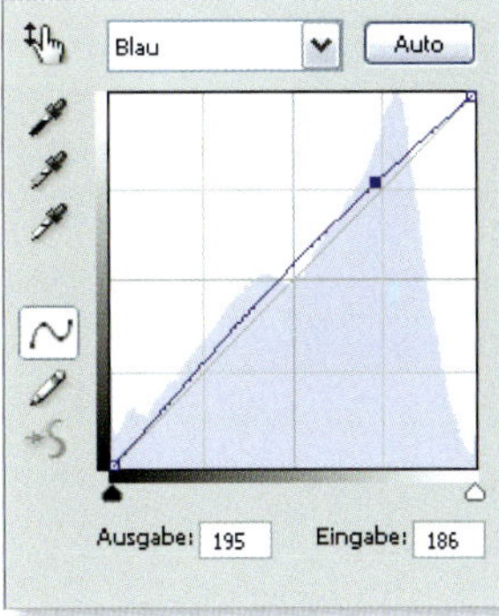

◂ **Abbildung 19.62**
Die Werte für den Blaukanal

9 Kontrolle per Pipette und Info-Palette

Wenn Sie möchten, können Sie nun durch eine erneute Messung möglichst am selben Messpunkt wie zuvor die RGB-Werte kontrollieren. Die Werte sind nun nahezu angeglichen (durch Abweichungen in der Pipettenposition sind von den Eingaben leicht abweichende Werte möglich).

10 Wenn nötig: Korrekturen dosieren

Manchem mag das Motiv nun zu steril vorkommen. Sie sehen: Eine Bildkorrektur streng nach Rezept führt zwar zu mathematisch ausgeglichenen Bildern, der Bildzusammenhang und Ihr Urteil spielen aber auch eine Rolle!

Sie könnten nun in der Einstellungsebene die Gradationskurven erneut aufrufen und ändern. Es gibt jedoch auch eine elegantere Möglichkeit: Reduzieren Sie einfach die **Deckkraft** der Einstellungsebene! Eine stufenlose Dosierung lässt sich so mit einem Handgriff erledigen.

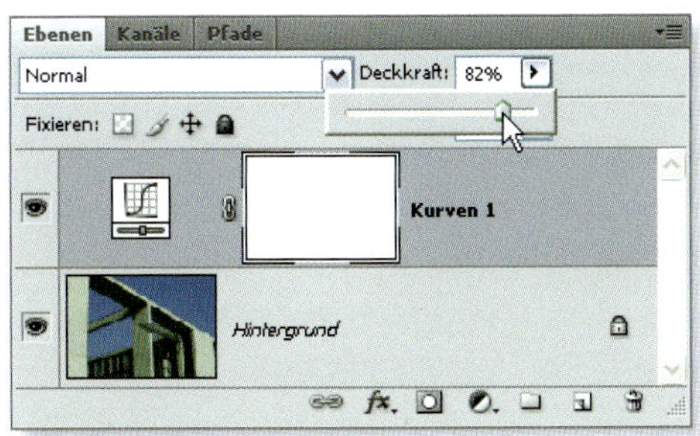

◂ **Abbildung 19.64**
Reduzieren Sie die Deckkraft, um die Korrektur zu dosieren.

Graubalance schon beim Fotografieren berücksichtigen

Wenn Sie Motive fotografieren, die möglichst farbtreu wiedergegeben werden sollen, können Sie das Graubalance-Prinzip ebenfalls nutzen: Wenn Sie eine sogenannte Graukarte neben das fotografierte Objekt legen, können Sie die dort gemessenen Werte verwenden, um die Farben des Bildes nachträglich zu korrigieren – oder bereits während der Aufnahme einen Weißabgleich machen.

▴ **Abbildung 19.63**
Eine einfache, nicht genormte Tonwertkarte wie diese kann auch schon weiterhelfen

Graukarten kosten um die 10 Euro und sind im Fotofachhandel zu bekommen. Wenn Sie häufiger farbsensible Fotojobs haben, lohnt sich die Investition. Es bleibt zwar immer noch das Problem der farbechten Reproduktion, aber immerhin ist schon die erste Fehlerquelle ausgeschaltet.

11 Vorher-nachher-Vergleich

Durch Ein- und Ausschalten der Augen-Icons der Einstellungsebene haben Sie außerdem einen guten Vorher-nachher-Vergleich.

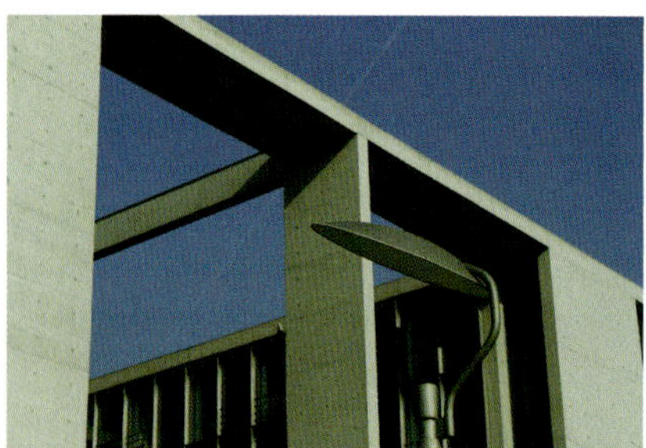

▲ **Abbildung 19.65**
Hier sehen Sie nochmals das unkorrigierte Bild ...

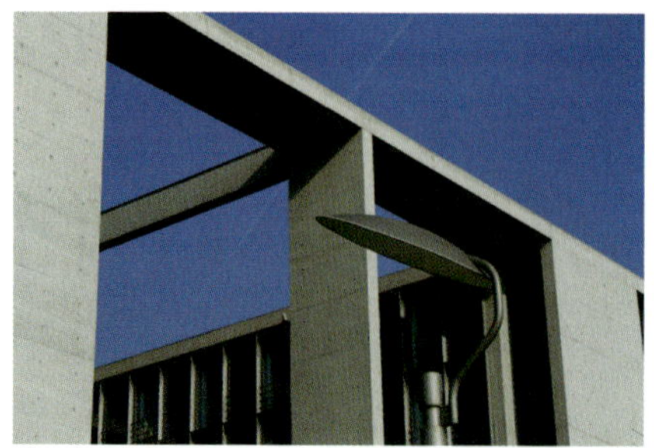

▲ **Abbildung 19.66**
... und hier die bearbeitete Version.

19.5.3 Bilder ohne neutralen Punkt analysieren und korrigieren

Im Arbeitsbeispiel eben war das Einstellen der Graubalance einfach, denn es war recht eindeutig, dass die graue Betonwand gute Messwerte liefern würde. Auch Asphalt oder Steine sind oft gute Ansatzpunkte für eine Messung. Leider weist nicht jedes Bild so einen praktischen neutralgrauen Gegenstand auf. Meist haben Sie Bilder vor sich, bei denen Sie von keiner Farbe mit Sicherheit sagen können, dass diese – eigentlich – ein neutraler Grauton sein sollte. In solchen Fällen können Sie mit mehreren Messpunkten operieren (siehe Kasten) oder aber Sie nutzen ähnlich wie bei der Tonwertkorrektur per Pipette eine Schwellenwert-Einstellungsebene als Hilfsmittel.

Farbtendenz ermitteln – mehrere Messpunkte setzen

Bei Bildern ohne eindeutigen neutralen Punkt können Sie mithilfe des Farbaufnahme-Werkzeugs mehrere Messpunkte setzen und so versuchen, die **Farbtendenz** des Bildes zu ermitteln. Nicht immer funktioniert das hundertprozentig: Bisweilen werden Bilder, deren Korrektur nach den Messwerten ausgerichtet wird, auch schlechter. Trotzdem hilft das Verfahren oftmals, Verbesserungsmöglichkeiten oder alternative Korrekturwege zu entdecken, die dem Bild mit bloßem Auge nicht anzusehen sind.

Im Dialog TONWERTKORREKTUR sind sie zu finden, und bei der Gradationskurve auch: die drei Korrektur-Pipetten. Die Tiefen- und die Lichter-Pipette haben Sie im vorangehenden Abschnitt bereits kennengelernt. Die dritte, die Mittelton-Pipette, kann auch derbe Farbstiche korrigieren. Theoretisch ist das ganz einfach: Sie klicken auf eine Bildpartie, die in natura – also ohne den Farbstich – annähernd Neutralgrau wäre. Doch diesen Punkt zu finden ist meist ein Ratespiel, und Herumprobieren führt selten zu guten Ergebnissen.

Mit einem kleinen Workaround steigern Sie Ihre Erfolgsquote beträchtlich. Die Basis der Methode ist reine Farbwert-Mathematik – Sie können sie also auch einsetzen, wenn Sie der Farbwiedergabe Ihres Monitors nicht ganz trauen. Die hier gezeigte Methode ist eine Erweiterung der in Abschnitt 18.4.2, »Pipetten in der Praxis: Wie findet man Lichter und Tiefen?«, demonstrierten Technik.

Schritt für Schritt: Den neutralsten Punkt im Bild finden und mit der Mittelton-Pipette die Graubalance einstellen

1 Die Ausgangssituation

Wenn man ein Bildobjekt schnell erwischen will, ist vor dem Abdrücken keine Zeit für Einstellungen. So hat das Ausgangsbild durch einen falschen Weißabgleich einen diffusen Grün-Gelbstich. Da ich weiß, dass das Bild am beginnenden Abend aufgenommen ist, will ich die Korrektur möglichst unter Erhaltung der eigentlichen Lichtstimmung durchführen. Da hier nicht nach Augenmaß, sondern streng mit »Pixelmathematik« korrigiert wird, ist diese Art der Korrektur besonders geeignet, möglichst viel vom »unverfälschten Originalbild« herauszuschälen.

Datei auf der Buch-DVD: »Abflug.tif«

Bild: Onno K. Gent

▲ **Abbildung 19.67**
Das Ausgangsfoto

2 Hilfsebenen anlegen

Erzeugen Sie über Ihrer eigentlichen Bildebene eine leere Ebene, die Sie mit einem fünfzigprozentigen neutralen Grau füllen (RGB-Wert: 128-128-128). Die Füllmethode dieser Ebene setzen Sie auf DIFFERENZ. Darüber legen Sie eine Einstellungsebene SCHWELLENWERT an.

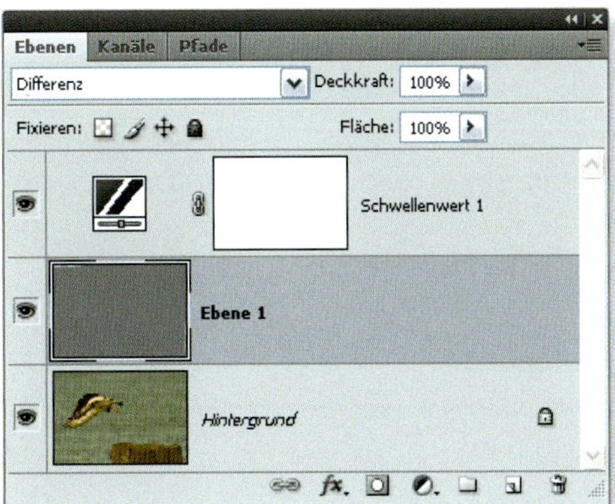

◀ **Abbildung 19.68**
Aufbau der Datei mit Hilfsebenen

3 Schwellenwert verändern

Wechseln Sie zur Korrekturen-Palette. Ziehen Sie den Schwellenwert-Regler zunächst ganz nach links, bis das Bild weiß wird. Anschließend bewegen Sie den Regler vorsichtig wieder nach rechts, bis sich die ersten schwarzen Bereiche zeigen.

4 Neutrale Stellen markieren

Wechseln Sie zum Farbaufnahme-Werkzeug (Shortcut [I]). Klicken Sie in einen der eindeutig schwarzen Bereiche ❶ und ❷ im Bild, um dort einen Marker zu setzen.

Abbildung 19.69 ▸
Zwischenstand. Mögliche Stellen für Markierungen sind hervorgehoben.

5 **Hilfsebenen löschen**

Die beiden Hilfsebenen werden nicht mehr gebraucht, Sie können sie löschen oder ausblenden.

6 **Die eigentliche Korrektur ausführen**

Nun beginnen wir mit der Korrektur. Erzeugen Sie anschließend oberhalb der Bildebene eine neue Einstellungsebene GRADATIONSKURVEN (das Ganze würde auch mit den Pipetten in der TONWERTKORREKTUR funktionieren). Aktivieren Sie nun die Mittelton-Pipette.

▴ **Abbildung 19.70**
Mittelton-Pipette

Damit klicken Sie dann genau auf die Bildpartie, die Sie zuvor mit dem Farbaufnahme-Werkzeug markiert haben. Der Farbstich wird neutralisiert. Wenn Ihr erster Klick Sie nicht zufriedenstellt, nehmen Sie Ihre Korrektur zurück und versuchen Sie es mit einem anderen Messpunkt.

7 **Vorher-nachher-Vergleich**

Durch Ein- und Ausschalten der Augen-Icons der Einstellungsebene haben Sie einen guten Vorher-nachher-Vergleich. Das Bild ist nicht vollkommen ausgeglichen – technisch hat es immer noch einen leichten »Rotstich«. Doch das war hier beabsichtigt – die Abendstimmung bliebt erhalten.

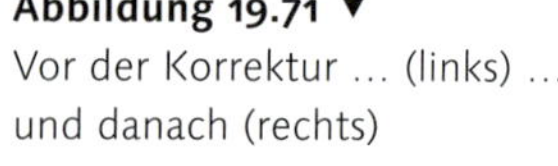

Abbildung 19.71 ▾
Vor der Korrektur … (links) … und danach (rechts)

TEIL VI

Reparieren und Retuschieren

20 Bilder beschneiden, ausrichten und skalieren

Das Beschneiden von Bildern ist ein Verfahren, um die Bildgröße zu ändern – vor allem ist es aber auch ein gestalterischer Eingriff, der Bildmotive und -aussagen neu akzentuieren kann. Das Ändern von Bildgröße und Auflösung verändert den Datenbestand eines Bildes, und das unwiderruflich. Lesen Sie in diesem Kapitel, wie Sie mit Bedacht vorgehen und im nächsten, wie Sie eventuellen Nebenwirkungen durch das Anwenden von Schärfungsfiltern entgegenwirken.

20.1 Bilder durch Beschneiden ins richtige Format bringen

20.1.1 Bildgegenstand – Bildausschnitt – Bildwirkung

Der Beschnitt von Bildkanten hat eine praktische Funktion: Auf diese Weise werden Sie Ränder oder Bildobjekte los, die versehentlich den Weg auf das Foto gefunden haben – ein notorisches Problem bei Digicams mit ungenauer Sucheranzeige. Natürlich ist Beschnitt auch ein einfacher Weg, um Bildformate zu ändern. Darüber hinaus hat das Beschneiden von Bildern auch eine **redaktionelle Funktion**. Denn der Bildausschnitt ist maßgeblich daran beteiligt, wie der Gegenstand des Bildes in Szene gesetzt ist und wie ein Bild wirkt. In der Regel entscheidet sich das schon beim Fotografieren, doch ein nachträglicher Beschnitt kann die Intentionen des Fotografen unterstützen oder sogar aus einem banalen Motiv eine interessante Detailstudie machen. Beschnitt ist eine Möglichkeit, Bildmotive zu inszenieren, sie zu betonen (oder aus dem Mittelpunkt herauszunehmen) und die Blickrichtung des Betrachters zu steuern. Das sollten Sie sich vor Augen halten, wenn Sie mit Freistellungswerkzeug & Co. hantieren.

Werkzeugbezeichnung trifft nicht zu

Der Name »Freistellungswerkzeug« ist von Adobe etwas unglücklich gewählt, denn »Freistellen« ist in der Bildbearbeitung ein feststehender Begriff für das Isolieren eines Bildgegenstandes von seinem Hintergrund. Mit dem Freistellungswerkzeug kappen Sie aber lediglich die Bildkanten. Daher sollte Adobe es in der nächsten Version besser in »Beschnitt-Werkzeug« umbenennen, was näher am *crop* der amerikanischen Programmversion ist und Verwechslungen mit tatsächlichen Freistellfunktionen vermeidet.

20.1.2 Das Freistellungswerkzeug

Was auch immer Sie beabsichtigen – in Photoshop steht Ihnen zum Beschneiden von Bildkanten das sogenannte **Freistellungswerkzeug** zur Verfügung.

Sie finden das Freistellungswerkzeug in der Werkzeugleiste oder rufen es über den Shortcut C (wie *crop*) auf. Mit ihm lassen sich rechteckige oder quadratische Auswahlen erstellen, die den Bildbereich markieren, der *erhalten* werden soll. Die Kanten außerhalb der Markierung werden abgeschnitten.

Bildausschnitt definieren | Sie haben zwei Möglichkeiten, um den späteren Bildausschnitt zu definieren:

- Sie geben in der Optionsleiste exakte Werte für Auflösung oder/und Kantenlänge ein und ziehen dann einen Auswahlrahmen auf.
- Sie arbeiten nach Augenmaß und erzeugen einfach den Auswahlrahmen.

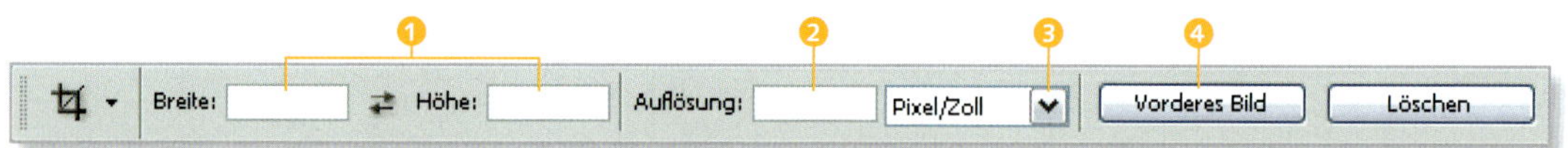

▲ Abbildung 20.1
Optionen für das Freistellungswerkzeug, bevor Sie einen Auswahlrahmen aufgezogen haben.

Um eine genaue Bildgröße zu erzielen, geben Sie einfach in der **Optionsleiste** die gewünschten Breiten- und Höhenmaße 1 ein. Die Maßeinheit können Sie frei eintragen (»px« für Pixel, »cm« für Zentimeter, »mm« für Millimeter und so weiter). Ein einfacher Klick auf den Doppelpfeil vertauscht die Werte in den Feldern.

Ebenfalls in der Optionsleiste kann zusammen mit der Bildgröße die AUFLÖSUNG 2 geändert werden. Achten Sie auch darauf, dass die richtige Maßeinheit in der Dropdown-Liste 3 eingestellt ist. Die Auflösung bleibt unverändert, wenn Sie das Feld leer lassen. Nachdem alle Werte festgelegt sind, können Sie wie gewohnt den Markierungsrahmen aufziehen – er arretiert an der festgelegten Größe.

Die Funktion 4 ist dafür gedacht, größere Mengen von Bildern auf das gleiche Maß zu bringen. Dazu benötigen Sie ein Bild, das die gewünschten Maße bereits hat. Öffnen Sie es, aktivieren Sie das Freistellungswerkzeug, und klicken Sie auf VORDERES BILD. Beim Öffnen weiterer Bilder werden diese Einstellungen übernommen.

Eine Alternative zur Zahleneingabe ist die Arbeit per **Maus**: Bewegen Sie sie ins Bild, und ziehen Sie einfach mit gehaltener Maustaste ein passendes Rechteck auf. Hier kann die Info-Palette sehr nützlich sein – sie zeigt ja nicht nur Farbwerte an, sondern auch verschiedene Bildmaße, darunter auch die einer Auswahl oder eben des Beschnittrechtecks.

Vorsicht: Bildpixel werden interpoliert

Wenn Sie die gewünschte spätere Bildgröße oder Auflösung per Optionsleiste festlegen, wird das Bild nicht einfach beschnitten, sondern auch neu berechnet. Sie müssen dann mit Schärfeverlusten rechnen.

Zum Nachlesen: Bilderstapel

Eine noch effektivere Möglichkeit zur Bearbeitung ganzer Bilderstapel bieten Photoshops und Bridges Aktionen und die Stapelverarbeitung (mehr darüber lesen Sie in Kapitel 9, »Automatismen in Photoshop und Bridge«).

Bildvorschau und Beschnitt auf Widerruf | Sobald Sie einen Beschnittrahmen aufgezogen haben, ändert sich die Optionsleiste, und Sie erhalten weitere Einstellungsmöglichkeiten.

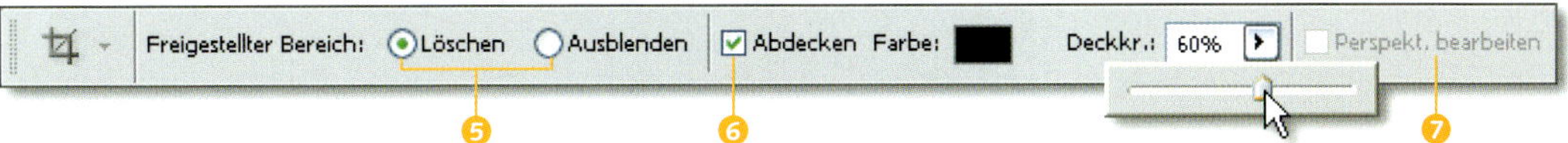

▼ Abbildung 20.2
Wenn Sie einen Beschnittrahmen aufgezogen haben, ändert sich die Optionsleiste.

Damit Sie eine bessere Vorstellung davon bekommen, wie das beschnittene Motiv wirkt, werden die wegfallenden Bildpartien abgedeckt. In der Optionsleiste können Sie die Farbe und die Deckkraft der Abdeckung festlegen. Wenn Sie das Häkchen bei ABDECKEN 6 entfernen, werden die für den Beschnitt vorgesehenen Bildbereiche nicht abgedeckt.

Die Optionen AUSBLENDEN und LÖSCHEN 5 sind nur für Smart-Objekte und normale Bildebenen verfügbar, nicht jedoch für Hintergrundebenen. Mit diesen Optionen legen Sie fest, wie endgültig der Beschnitt ist: LÖSCHEN schneidet die ausgeblendeten Bildkanten wirklich ab. Die Option AUSBLENDEN blendet Bildteile lediglich aus: Sie werden nicht dauerhaft aus dem Bild entfernt. Mithilfe des Verschieben-Werkzeugs  kann der weggeschnittene Bereich wieder ins Bild gezogen werden. Der Befehl BILD • ALLES EINBLENDEN holt die ausgeblendeten Bildpartien wieder zurück.

Das Freistellungswerkzeug funktioniert nicht richtig?

Sollte sich das Freistellungswerkzeug einmal nicht nach Ihren Wünschen verhalten, denken Sie an Folgendes: Einmal eingestellte Werte bleiben erhalten, bis sie mit dem Button LÖSCHEN entfernt werden. Haben Sie das vielleicht übersehen?

Zum Nachlesen: Hintergrundebene und Smart-Objekte
Wie Sie eine Hintergrundebene in eine normal editierbare Bildebene verwandeln, lesen Sie in Kapitel 10, »Ebenen«.
Grundlegendes zum Thema Smart-Objekte finden Sie in den Abschnitten 7.1.4, »Als Smart-Objekt öffnen«, und 11.4, »Unterschätzte Datencontainer: Smart-Objekte«.

Datei auf der Buch-DVD: »Kirche.jpg«

Bilder perspektivisch korrigieren oder drehen | PERSPEKTIVISCH BEARBEITEN 7 soll die Korrektur stürzender Linien und das Beschneiden eines Bildes in einem Arbeitsgang erledigen. Das ist eigentlich eine gute Idee, weil man ein Bild, in dem man per Ebenentransformation oder mit anderen Mitteln die Perspektive zurechtgerückt hat, meist eh beschneiden muss. Allerdings erfordert diese Funktion Fingerspitzengefühl und viel räumliches Vorstellungsvermögen.

Bild: stock.exchng, Cristian Popescu

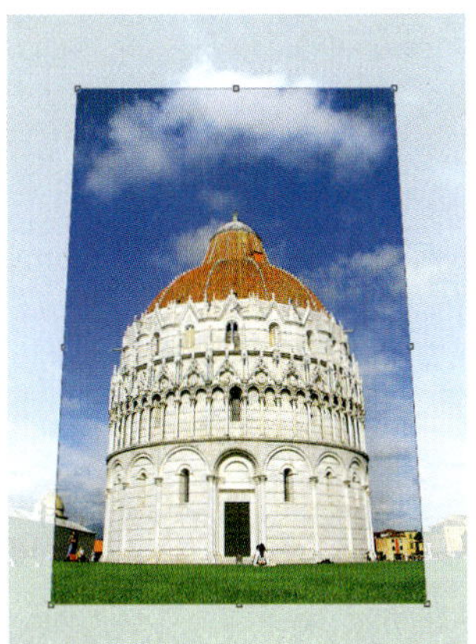

◂◂ Abbildung 20.3
Das unbeschnittene Foto mit dem zunächst nur grob angepassten Beschnittrahmen. Das Motiv ist aufgrund der Perspektive charakteristisch verzerrt.

◂ Abbildung 20.4
Der perspektivisch verzerrte Auswahlrahmen – Sie bearbeiten ihn, indem Sie mit der Maus an den viereckigen »Anfassern« ziehen.

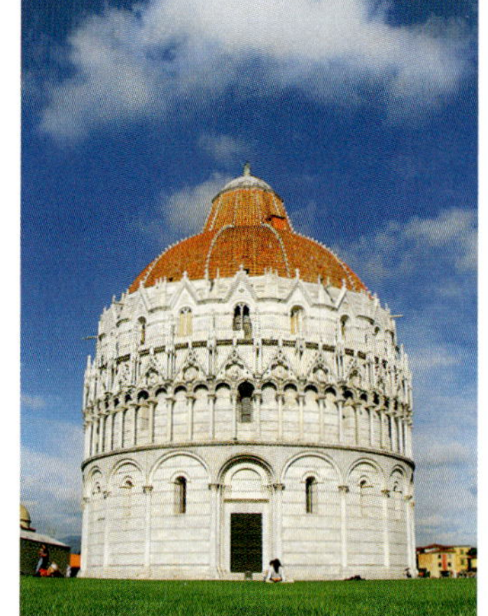

Abbildung 20.5 ▸
Beschnittene und perspektivisch bearbeitete Version – hier kann man auch erkennen, dass eine zu starke Korrektur stürzender Linien irritierend wirkt und die Proportionen des Baukörpers verändert!

Auch den nichtperspektivischen Auswahlrahmen können Sie selbst per »Anfasser« anpassen. Das funktioniert genau so, wie schon beim Öffnen von Vektordateien beschrieben wurde: Sie können den Freistellrahmen vergrößern und verkleinern und mit der Maus verschieben.

▴ **Abbildung 20.6**
Bestätigen eines Vorgangs

▴ **Abbildung 20.7**
Abbrechen der Aktion

Beschneiden bestätigen oder verwerfen | Wenn Sie fertig sind, müssen Sie Ihre Änderung wiederum bestätigen, entweder per Häkchen-Button in der Optionsleiste ganz rechts oder mit der ↵-Taste. Erst danach erfolgt der Beschnitt. Um das Beschneiden abzubrechen, drücken Sie Esc oder klicken auf das kleine »Halteverbot«-Icon.

20.1.3 Bildkanten vollautomatisch kappen: Zuschneiden

Unter Bild • Zuschneiden finden Sie einen Befehl, mit dem Sie ebenfalls unerwünschte Randpixel loswerden können. Der Befehl funktioniert am besten bei geradestehenden Bildern. Ob der zu tilgende Rand transparent oder farbig ist, spielt keine Rolle.

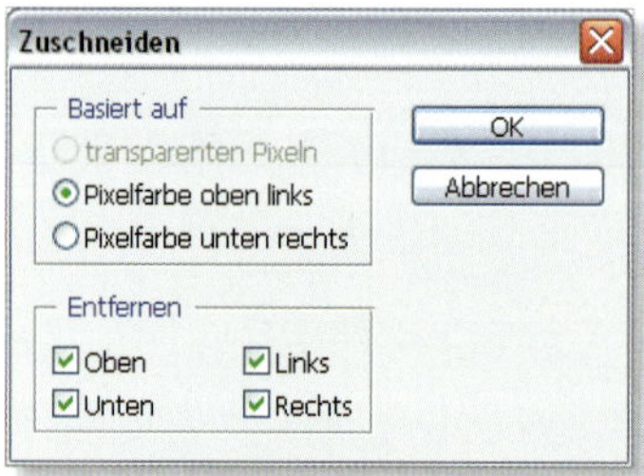

Abbildung 20.8 ▸
Der Zuschneiden-Dialog

Eigentlich ist diese Funktion ganz praktisch, denn man spart sich das manchmal mühsame genaue Positionieren des Beschnittrahmens. Jedoch wäre so eine Automatik vor allem für schiefe Bilder nützlich – das funktioniert aber nicht.

20.2 Bilder gerade richten

Recht häufig muss man etwas schief geratene Bilder gerade richten, beispielsweise Scans, die nicht grade auf dem Scannerglas lagen, oder Fotos, bei denen der Horizont nicht exakt ausgerichtet ist. Das Freistellungswerkzeug eignet sich sehr gut, um solche Bilder direkt beim Beschnitt auszurichten. Dazu drehen Sie den Freistellrahmen einfach ein wenig.

Einrasten am Bildrand

Am Bildrand rastet das Auswahlrechteck automatisch ein. Falls Sie nur wenige Pixel vom Rand entfernt schneiden wollen, halten Sie einfach [Strg]/[⌘] gedrückt, während Sie den Auswahlrahmen aufziehen oder verändern. Damit ist die Funktion kurzfristig außer Betrieb.

Bild: Stock. exchng, Karin Lindstrom

◂ **Abbildung 20.9**
Bilder mit dem Freistellungswerkzeug gerade richten: Bewegen Sie den Mauszeiger von außen an eine der Auswahlecken des Freistellrahmens heran. Er verwandelt sich dann in einen gebogenen Doppelpfeil (hier vergrößert). Beschnittrahmen können wie Transformationsrahmen gedreht, verschoben und in der Größe geändert werden.

Schritt für Schritt: Bilder gerade richten – ganz exakt

1 Der Befehl »Bilddrehung«

Eine exaktere Methode zum Geraderichten von Scans als die in der Abbildung gezeigte Drehung mit der Maus bietet der Befehl Bild • Bilddrehung .

Datei auf der Buch-DVD: »See.jpg«

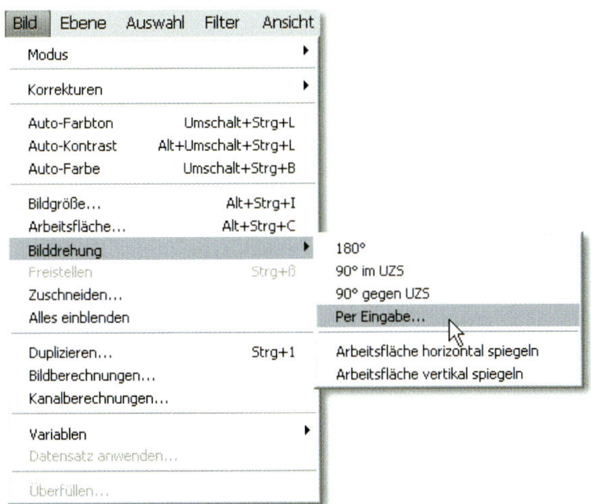

◂ **Abbildung 20.10**
Drehen Sie die Arbeitsfläche.

Dort können Sie unter PER EINGABE sogar auf das halbe Grad genaue Drehungen eingeben. Dann brauchen Sie ein gutes Augenmaß oder müssen das Messwerkzeug zum Feststellen der richtigen Gradzahl hinzuziehen. Auch Hilfslinien als optische Achsen können hier helfen. Nach der Drehung müssen Sie das Bild meist noch beschneiden.

2 Augenmaß reicht nicht?

Manchmal schafft man es trotz aller Bemühungen nicht, mit dem Freistellungswerkzeug oder dem Drehen der Arbeitsfläche das Bild exakt senkrecht oder waagerecht auszurichten. Dann hilft folgender Trick:

3 Messlinie an schiefer Kante ziehen

An einer der schiefen Kanten des Bildes ziehen Sie mit dem Linealwerkzeug (Kürzel: [I], das Lineal ist in CS4 ein Unterwerkzeug der Pipette) eine Linie, die exakt dem schiefen Winkel folgt. Dazu ist es unter Umständen notwendig, in das Bild hineinzuzoomen. Die Messlinie muss nicht über die ganze Länge der Kante gehen.

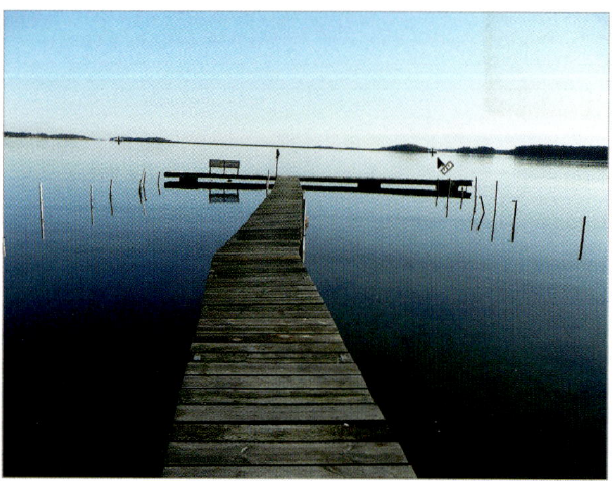

Abbildung 20.11 ▸
Ziehen Sie über dem Bild entlang des Horizonts eine Messlinie.

4 Arbeitsfläche drehen

Rufen Sie nun den Befehl BILD • BILDDREHUNG • PER EINGABE auf.

Verändern Sie den im Dialogfeld eingetragenen Wert *nicht* – er zeigt genau den Winkel an, um den das Bild gedreht werden muss, damit es korrekt begradigt wird. Bestätigen Sie mit OK.

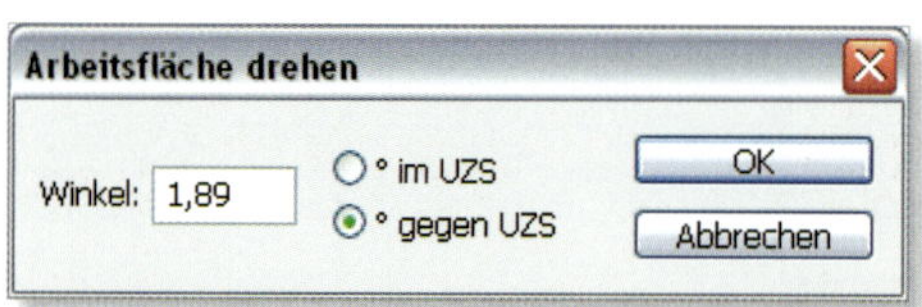

Abbildung 20.12 ▸
Übernehmen Sie den voreingestellten Wert.

5 Fertig gedreht

Das Bild ist nun so gedreht, dass der eigentliche Bildinhalt genau gerade ausgerichtet ist – vorausgesetzt, Sie haben mit dem Messwerkzeug genau gearbeitet. Beim Drehen des Bildes vergrößert Photoshop die Bildfläche und füllt sie in der aktuell eingestellten Hintergrundfarbe auf (hier war es ein heller Gelbton). Wenn im Bild keine Hintergrundebene vorhanden ist, bleiben die Kanten transparent. Mit der erweiterten Bildfläche wird verhindert, dass »Zipfel« der gedrehten Bildfläche über den sichtbaren Arbeitsbereich hinausragen.

Zum Nachlesen: Ebenen transformieren
Im Abschnitt 11.2, »Ebenen transformieren«, finden Sie detaillierte Informationen zum Thema.

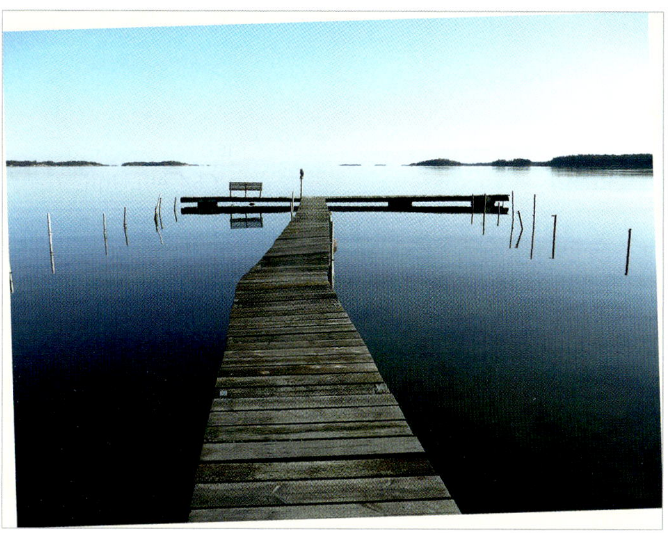

▲ **Abbildung 20.13**
Das Bild wird korrekt gedreht.

6 Beschneiden oder skalieren

Nun müssen Sie die neu hinzugekommenen Kanten noch loswerden. Dazu können Sie das Bild transformieren oder mit dem Freistellungswerkzeug gerade abschneiden. Fertig! ■

Gute Alternativen zum Freistellen-Werkzeug

Gute und oftmals präzisere Alternativen zum Geraderichten per Freistellungswerkzeug sind das **perspektivische Transformieren** (siehe Abschnitt 11.2.5). Der Filter OBJEKTIVKORREKTUR (unter FILTER • VERZERRUNGSFILTER) kann Bilder gerade richten, perspektivisch korrigieren und sogar Bildpixel an den Kanten ergänzen, die durch eine etwaige Drehung der Bildfläche fehlen. Das Werkzeug FLUCHTPUNKT unterstützt Sie bei fortgeschritteneren Arbeiten mit Perspektive, zum Beispiel beim Anpassen von Strukturen an vorgegebene perspektivisch verzerrte Flächen oder auch bei perspektivischen Montagen. (Beide Verfahren sind in Kapitel 24, »Werkzeuge für die digitale Fotografie«, beschrieben.)

20.3 Bildgröße und Auflösung

Wenn Sie Ihr *gesamtes* Bild vergrößern oder verkleinern wollen, ohne den Ausschnitt zu verändern, hilft das Freistellungswerkzeug nicht weiter. Sie müssen das Dialogfeld BILDGRÖSSE aufrufen (unter dem Menüpunkt BILD oder per [Alt]+[Strg]+[I] bzw. [⌥]+[⌘]+[I]).

Die Handhabung des Dialogs ist einfach. Durchgeführte Änderungen können jedoch weitreichende Folgen für die Bildqualität haben. Ich hole also ein wenig aus.

Bei Adobe heißt es Zoll statt Inch

Inch ist das Standardmaß für die Bezeichnung von Bild- und Geräteauflösung (dpi = *dots per inch*; ppi = *pixel per inch*). Seit der Version CS2 nutzt Adobe durchgängig den deutschsprachigen Begriff *Zoll*. Gemeint sind zwar in beiden Fällen **2,54 cm**, etwas seltsam ist diese Umbenennung aber schon, denn Inches sind als Begriff in der Bildbearbeitung gut eingeführt.

20.3.1 Hintergrundwissen zur Bildgröße

Im Dialog BILDGRÖSSE können Sie die Pixelmaße, die Kantenlänge (im Dialogfeld als DOKUMENTGRÖSSE bezeichnet) und die Auflösung eines Bildes ändern. Sie haben ja bereits in Abschnitt 6.2, »Bildgröße und Auflösung«, erfahren, dass zwischen diesen Parametern eine enge Verbindung besteht. Im Folgenden beschreibe ich diesen Zusammenhang genauer.

Auflösung verringern | Wird die Auflösung eines Bildes verringert, zum Beispiel von 180 ppi (eine typische Digicam-Auflösung) auf 96 ppi, heißt das, dass statt 180 nun nur noch 96 Pixel auf ein Inch/Zoll kommen. Die einzelnen Pixel sind also zwangsläufig größer, und die Kantenlänge des Bildes erhöht sich.

Bildgröße verändern | Wird die Bildgröße verändert, das Bild zum Beispiel verkleinert, ändert sich die Auflösung ebenfalls – sie wird höher. Die gleiche Menge Pixel drängt sich nun auf einer kürzeren Strecke (den verkürzten Bildkanten), und die Pixel selbst sind feiner.

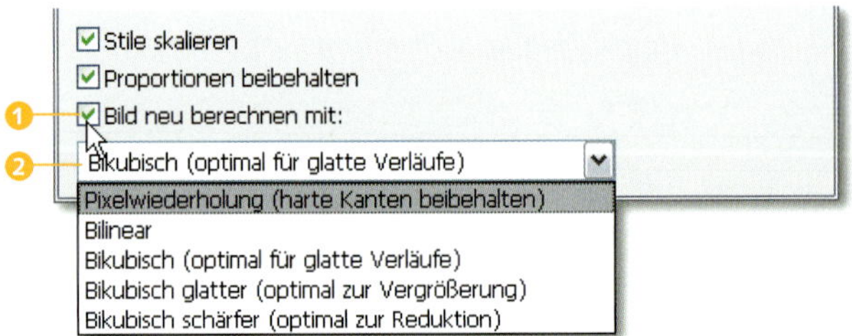

Abbildung 20.14 ▸
Wenn bei BILD NEU BERECHNEN ein Häkchen steht, werden bei jeder Änderung der Bildgröße Pixel hinzugerechnet oder entfernt.

Die Neuberechnung | Die Option BILD NEU BERECHNEN MIT... ❶ ermöglicht es, Bildgröße und Auflösung auch unabhängig voneinander zu ändern. Das geht allerdings nicht ohne Eingriffe in die Bildpixel: Wird die Kantenlänge eines Bildes bei gleichbleibender Auflösung verlängert oder die Bildauflösung bei gleichbleibender Kantenlänge erhöht, werden die dann fehlenden Pixel interpoliert – also »dazuerfunden«. Beim Verringern von Kantenlänge oder Auflösung werden Pixel einfach aus dem Bild entfernt.

Interpolationsmethoden | Für die Neuberechnung können Sie unter fünf verschiedenen Interpolationsmethoden ❷ wählen:

- BIKUBISCH ist als Standard eingestellt und führt meist auch zu den besten Ergebnissen. Es gibt noch zwei verfeinerte Varianten. BIKUBISCH GLATTER soll beim Vergrößern von Bildern zu besseren Ergebnissen führen. BIKUBISCH SCHÄRFER verwenden Sie, wenn Sie ein Bild verkleinern. Welche Berechnungsmethode am besten wirkt, ist auch vom Motiv abhängig.

- Nur in Ausnahmefällen sollten Sie PIXELWIEDERHOLUNG einstellen. Diese Methode verzichtet auf jegliche Glättung, und zusätzliche Farben werden nicht hinzugefügt. Dies macht PIXELWIEDERHOLUNG interessant für die Skalierung von Bildern, bei denen die Beibehaltung von Strichstärken wichtiger ist als die Glättung. Für Fotos eignet sie sich in der Regel nicht!
- Das Rechenverfahren BILINEAR können Sie getrost ignorieren; es ist zwar etwas schneller als die anderen, aber in der Qualität zu schlecht.

Bei Pixelebenen immer nur einmal skalieren | Welche Interpolationsmethode Sie auch wählen, ob Sie Pixelmaß, Dateigröße oder Auflösung ändern – Modifikationen am Pixelbestand eines Bildes bleiben immer problematisch, denn einmal durch Skalieren verloren gegangene Bildinformationen lassen sich nicht wieder zurückholen!

Aus diesem Grund sollten Sie ein Bild auch immer nur einmal skalieren und nicht erst vergrößern und dann wieder etwas verkleinern, falls es noch nicht ganz passt. Nehmen Sie besser Ihre letzte Aktion zurück, und fangen Sie von vorne an. Dasselbe gilt für Interpolationen und andere Eingriffe in den Original-Pixelbestand eines Bildes oder einer Ebene.

Eine Ausnahme bilden Smart-Objekte, die sich zerstörungsfrei hin- und herskalieren lassen.

Weniger ist mehr | Je höher die Skalierung ist, desto mehr Bildpixel werden entfernt oder auch dazuerfunden. Es gilt: Weniger (Skalierung) ist mehr (erhaltene Bildqualität). Generell sollten Sie bei Vergrößerungen 130% nicht überschreiten, weil die Bildqualität sich dann drastisch verschlechtert. Ein Rechenexempel macht deutlich, warum das so ist: Wenn Sie das Originalbild von 100% auf 130% vergrößern, werden die Bildkanten jeweils zwar nur um 30% länger. Die Fläche des Bildes aber vergrößert sich um 69% – und diese zusätzliche Fläche muss Photoshop mit rechnerisch ermittelten Pixeln füllen.

Proportionen beachten | Es lohnt sich auch, auf günstige Proportionen zu achten. Bei einer Skalierung von 1:2 oder 1:4 ist der Qualitätsverlust nicht so hoch wie bei »krummen« Zahlen. Wenn Sie Ihr Bild nicht auf vorgegebene Maße bringen müssen, sondern es einfach nur größer oder kleiner haben wollen, sollten Sie zuerst versuchen, ob eine Skalierung um das Zweifache oder Vierfache passt.

TOPP-TIPP: Ändern der Standardinterpolationsmethode

Welche Interpolationsmethode als Standard in Photoshop wirksam ist, können Sie in den Voreinstellungen ändern. Diese Umstellung wirkt sich nicht nur auf die Bildgröße-Berechnung aus, sondern auch bei allen anderen Gelegenheiten, bei denen interpoliert wird, zum Beispiel beim Transformieren von Ebenen oder wenn Sie die Bildgröße mit dem Freistellungswerkzeug ändern. Rufen Sie dazu die allgemeinen VOREINSTELLUNGEN auf (Strg+K/⌘+K). Dort finden Sie die Option BILDINTERPOLATION. Aus einer Dropdown-Liste können Sie die gewünschte Interpolationsart auswählen.

20.3.2 Der Bildgröße-Dialog

Alle Eingriffe in die Bildpixel sind also problematisch für die Bildqualität. Ansonsten ist die **Handhabung** des Dialogfeldes recht einfach.

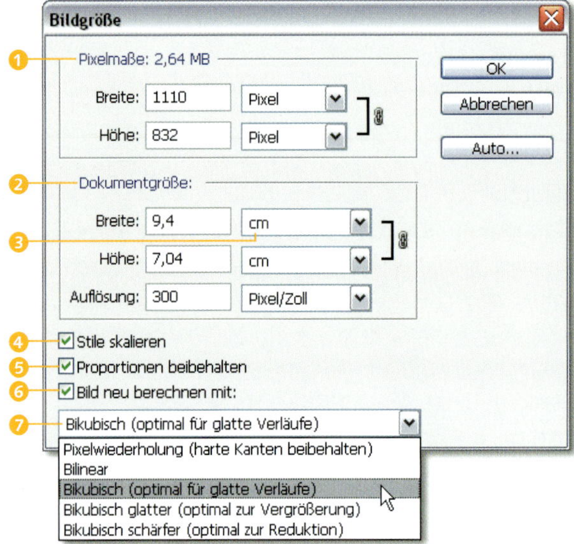

Abbildung 20.15 ►
Der Bildgrösse-Dialog mit ausgeklappten Listen

- Entscheiden Sie, ob Sie das Bild neu berechnen lassen wollen oder nicht. (De)aktivieren Sie entsprechend die Option Bild neu berechnen mit... ❻, und ändern Sie gegebenenfalls die Interpolationsmethode ❼.
- Wenn Sie die **Auflösung** Ihres Bildes ändern wollen, müssen Sie die neuen Werte unter Dokumentgrösse ❷ eintragen.
- Nach der Lektüre von Abschnitt 6.2, »Bildgröße und Auflösung«, wissen Sie, dass Änderungen der Kantenlänge oder Bildauflösung keinen Einfluss auf die Anzeige des Bildes am Monitor haben. Im Web sind nicht Inches, Zoll, Zentimeter oder Millimeter das entscheidende Maß, sondern Pixel. Wenn Sie Bilder speziell für den Internet-Einsatz vorbereiten, müssen Sie die Pixelmasse ❶ verändern.
- Wenn das Kästchen bei Proportionen beibehalten ❺ aktiviert ist, wird eine unproportionale Verzerrung des Bildes vermieden, ohne dass Sie viel rechnen müssen. Sie erkennen es auch an den Kettensymbolen, die Breiten- und Höhenangaben verbinden.
- Stile skalieren ❹ sollte in jedem Fall aktiviert sein, wenn Ihr Bild Ebeneneffekte wie Schlagschatten, Relief oder Ähnliches enthält und diese »mitwachsen« sollen (mehr über Ebeneneffekte finden Sie in Kapitel 33).

TOPP-TIPP: Einfach Prozent eingeben

Ein weiterer Helfer, der Ihnen Rechenarbeit spart, verbirgt sich im Dropdown-Menü mit den Maßeinheiten ❸. Der Wert Prozent ermöglicht es Ihnen, Werte als Prozentwerte vom aktuellen Bildmaß einzugeben.

20.4 Inhaltssensitiv skalieren: Strukturen skalieren, Hauptmotive schützen

Bisher gab es zwei Möglichkeiten, um Bilder, deren Maße nicht zum geplanten Einsatzzweck oder Medium passen, auf Format zu bringen:

- das **Skalieren** des ganzen Bildes
- den **Beschnitt**

Oft ist keine der beiden Lösungen zufriedenstellend: Beim Skalieren wird der Hauptbildgegenstand oft zu klein. Außerdem lassen sich extreme Formate, wie sie zum Beispiel für Webdesign-Elemente (Header, Banner und Ähnliches) notwendig sind, auf diese Weise nicht immer erreichen. Und beim Beschneiden muss man oft erhaltenswerte Bildteile opfern.

Die neue Funktion SKALIEREN (INHALT BEWAHREN) ist die Alternative zu Skalieren und Beschnitt. Sie finden sie wie alle anderen Skalierungsfunktionen im BEARBEITEN-Menü. Im Idealfall werden Bilder so verkleinert, dass unwichtige Inhalte zusammengeschoben, wichtige Bildelemente jedoch erhalten werden. So sind ganz neue Bildkompositionen und Bildformate möglich.

Ob das klappt, ist weitestgehend motivabhängig. Zwar können Sie mit Alphakanälen (gespeicherte Auswahlen oder Ebenenmasken) beeinflussen, welche Bildteile geschützt werden sollen, doch weitestgehend arbeitet die Funktion automatisch. Versagt sie, haben Sie nur wenige Möglichkeiten, um gegenzusteuern. Doch in Zeiten von Mobile Content und variantenreichen Displaygrößen – vom Handheld bis zum 24-Zöller – ist das neue inhaltssensitive Skalieren durchaus hilfreich.

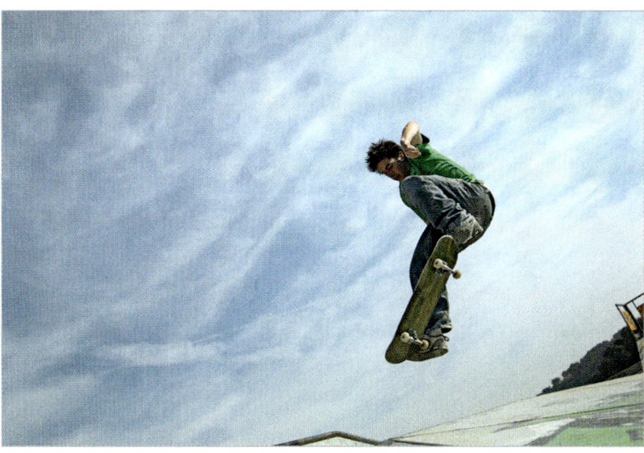

▲ **Abbildung 20.16**
Das Originalbild

Neuerung mit Wow-Effekt
Im Menü BEARBEITEN versteckt sich die neue Funktion SKALIEREN (INHALT BEWAHREN). Sie ist kein Tool für die tägliche Praxis – doch trotz des unauffälligen Namens gehört sie zu den eindrucksvollsten Neuerungen, die CS4 zu bieten hat: definitiv etwas zum Staunen (und für manche Anwendungsfälle).

Dateien auf der Buch-DVD: »SkaterQuerformat.tif«

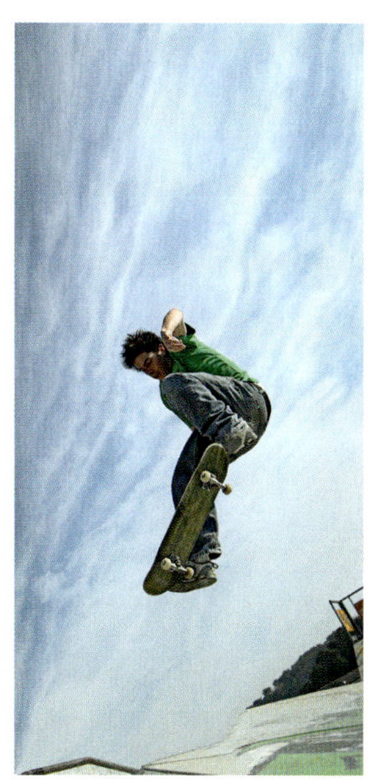

▲ **Abbildung 20.17**
Mithilfe der neuen Skalierungsfunktion lässt sich daraus beispielsweise so ein Hochformat machen... (hier genügte Zuschalten des »Personenerkennungs-Buttons«)

Abbildung 20.18 ▶
...oder aber ein extremes Querformat (mit schützender Maske für den Skateboarder). Bildwichtige Teile bleiben erhalten, die Strukturen im fotografierten Himmel werden neu berechnet.

20.4.1 Wie funktioniert inhaltssensitives Skalieren?

Wenn Sie bereits mit den normalen Transformationswerkzeugen gearbeitet haben, sollte Ihnen das neue keine Schwierigkeiten bereiten. Einige Details sollten Sie jedoch beachten:

- Wie alle Transformationen lassen sich auch inhaltssensitive Skalierungen **nicht auf Hintergrundebenen** anwenden. Anders als andere Transformationen funktioniert SKALIEREN (INHALT BEWAHREN) nicht bei Smart-Objekten. Sie müssen eine Hintergrundebene also zunächst in eine gewöhnliche Bildebene umwandeln, bevor Sie die Funktion nutzen können.
- **Bildfläche erweitern**: Je nachdem, was Sie mit Ihrer Datei vorhaben, sollten Sie das Bild gegebenenfalls an den Kanten anstückeln.
- Das Werkzeug hat eine automatische »Personenerkennung«, die auch oftmals gut funktioniert: Strukturen wie Rasen, Wellen, Sand und Ähnliches werden zusammengeschoben, während menschliche Umrisse als solche erkannt werden und erhalten bleiben. Bei extremen Transformationen oder wenn sie andere Gegenstände als Menschen im Bild erhalten wollen, empfiehlt es sich, zunächst eine **Auswahl zu schützender Bildpartien** anzulegen und diese zu speichern. Auf die Informationen im Alphakanal können Sie während der Transformation zugreifen.

Rufen Sie dann den Befehl BEARBEITEN • SKALIEREN (INHALT BEWAHREN) auf. Der Transformationsrahmen, der dann erscheint, unterscheidet sich nicht von anderen derartigen Rahmen. Sie können ihn an den Seiten anfassen und verschieben, um den Inhalt zu einer Seite zu dehnen oder stauchen.

Erst längs, dann quer – bessere Ergebnisse durch mehrfaches Skalieren | Skalieren ist ein Eingriff in den Original-Pixelbestand eines Bildes. Wenn Sie nicht gerade mit Smart-Objekten arbeiten, gilt beim normalen Skalieren: Führen Sie so wenige einzelne Skalierungsoperationen wie möglich durch, um das Bild zu schonen. Hier ist das anders. Das Ziehen an den Eck-Anfassern des Transformationsrahmens verändert Breite und Höhe gleichzeitig.

Doch das sollten Sie besser lassen, denn dabei stellen sich schnell grobpixelige Bildpartien ein! Auch bei gut geeigneten Motiven erreichen Sie bessere Ergebnisse, wenn Sie erst in die eine Richtung skalieren, dann die Operation abschließen und danach in einem zweiten Arbeitsgang die Skalierung fortsetzen. So verbessern Sie Ihre Chancen auf glatte, gut interpolierte Konturen und vermeiden Strukturenwirrwarr.

Zum Nachlesen: Transformationen
In Kapitel 11, »Fortgeschrittene Ebenentechniken«, erfahren Sie Grundlegendes über die gewöhnlichen Transformationsfunktionen von Photoshop.

Optionen | In der Optionsleiste können Sie Ihre Wunschmaße auch numerisch eingeben. Entscheidend ist der Button mit der kleinen Menschenfigur 1: Ist er aktiviert, werden menschliche Motive (via Hautton-Erkennung) automatisch geschützt. Im Zweifelsfall heißt es hier: ausprobieren. Versagt der Button und werden Menschen zu stark verzerrt, muss eine Auswahl her.

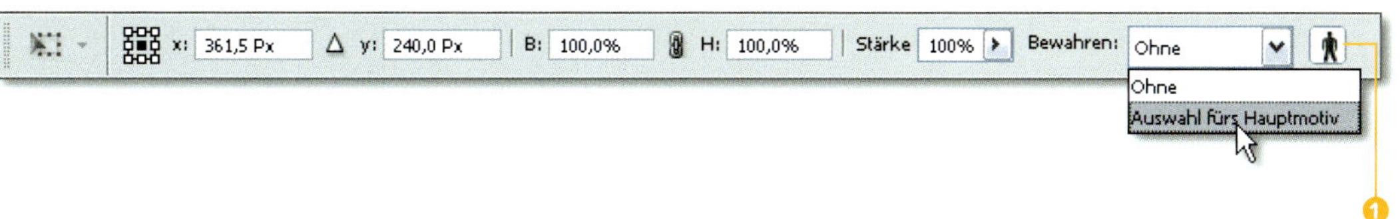

▼ **Abbildung 20.19**
Die Liste unter Bewahren zeigt – zuvor vom Benutzer erzeugte – Alphakanäle an. Die anderen Optionen gleichen denen beim gewöhnlichen Transformieren.

20.5 Bildfläche anbauen

Bisweilen wird es nötig, Bildfläche anzufügen – das bedeutet eine Größenänderung des Bildes, bei der nicht die Bildpixel größer skaliert werden, sondern zusätzliche Bildfläche und, wenn es im Bild eine Hintergrundebene gibt, auch neue Pixel angebaut werden. Der Befehl dazu heißt Bild • Arbeitsfläche (Alt+Strg+C/⌥+⌘+C).

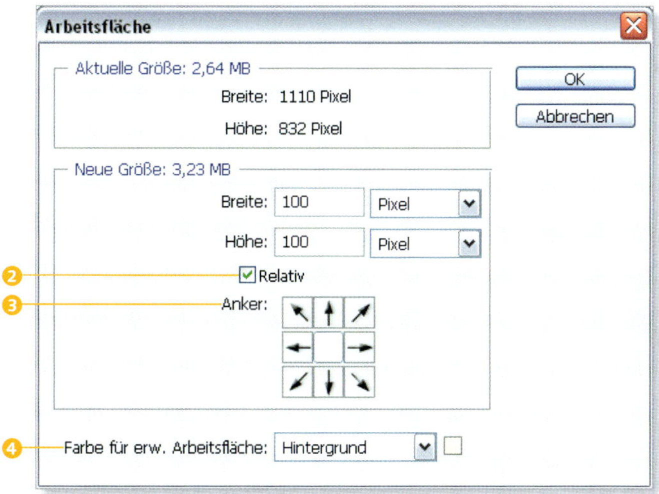

◀ **Abbildung 20.20**
Der Dialog zum Erweitern der Bildfläche

Datei auf der Buch-DVD: »calla_dunkelrot.jpg«

▲ **Abbildung 20.21**
Das Originalbild

Oben sehen Sie die aktuelle Bildgröße – angezeigt in der Maßeinheit, die Sie in den VOREINSTELLUNGEN als Standard festgelegt haben –, darunter können Sie die neue Größe angeben.

Ist die Option RELATIV ❷ **aktiv**, wird das Bild um die angegebene Größe erweitert. Ist die Option **deaktiviert**, wird das Bild auf die eingegebenen Maße gebracht. Wenn die von Ihnen festgelegten Maße geringer sind als die ursprüngliche Bildgröße, wird das Bild nach Anzeige einer Warnung beschnitten! Unter ANKER ❸ legen Sie durch Klicks auf die einzelnen Schaltflächen fest, an welche Position der erweiterten Arbeitsfläche die schon vorhandenen Bildpixel gerückt werden sollen.

FARBE FÜR ERW.(EITERTE) ARBEITSFLÄCHE ❹ ist nur aktiv, wenn es im Bild eine Hintergrundebene gibt. Sie legen damit fest, in welcher Farbe der angestückelte Bildrand aufgefüllt wird. Ohne Hintergrundebene werden automatisch transparente Pixel genommen.

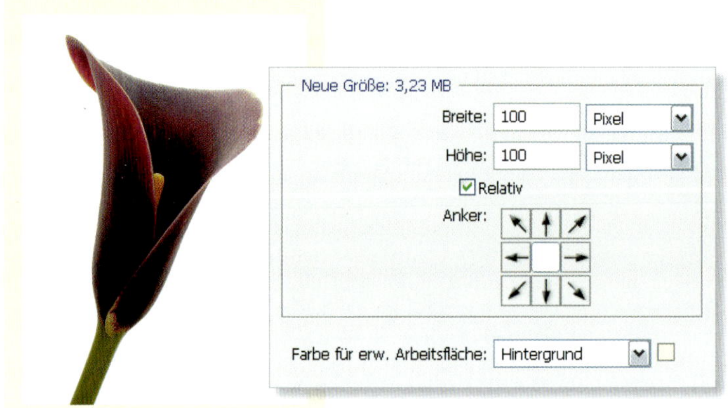

Abbildung 20.22 ►
Hier wurde an allen Seiten zusätzliche Arbeitsfläche in der aktuellen Hintergrundfarbe angebaut.

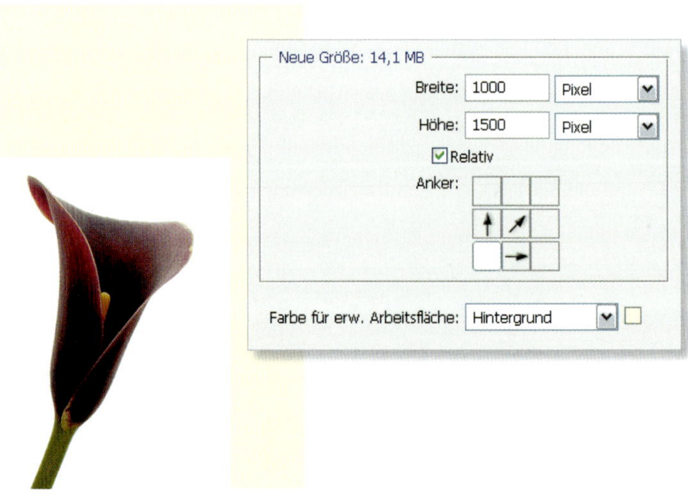

Abbildung 20.23 ►
Die Position der Anbauflächen kann durch einen Klick auf einen der Buttons unter ANKER verändert werden – aber nicht nachträglich.

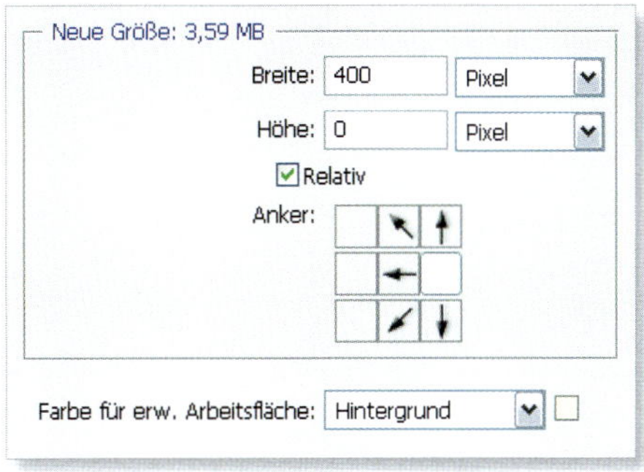

▲ **Abbildung 20.24**
Hier wurde die Arbeitsfläche nur seitlich nach links erweitert.

21 Bilder schärfen

Zum Scharfzeichnen eines Bildes gibt es viele Anlässe. Besonders nach dem Neuberechnen eines Bildes durch das Skalieren muss man oft etwas nachschärfen, aber auch nach der Anwendung von »Entstörungs«-Filtern, um scanbedingte Unschärfen auszubügeln, oder wenn ein Bild einfach nicht mit ausreichender Schärfe vorliegt und kein Ersatz beschafft werden kann oder um einem Bild den letzten Schliff zu geben. Auch im Druckvorstufen-Workflow gehört das Schärfen einfach dazu.

Digitales Scharfzeichnen ist (leider) nicht mit dem Scharfstellen eines Kameraobjektivs zu vergleichen, denn es werden nicht mehr Motivdetails oder mehr Bildinformationen ins Bild gebracht – das ist nachträglich auf digitalem Wege gar nicht möglich. Digitales Scharfzeichnen ist lediglich eine **Rechenoperation**, bei der benachbarte Pixel miteinander verglichen werden. Dort, wo Pixel unterschiedlicher Helligkeit aneinandergrenzen, setzt der Scharfzeichnungsfilter an und erhöht den Kontrast zwischen den Pixeln. Dadurch *wirkt* das Bild schärfer, auch wenn in Wahrheit nicht mehr Details hinzugekommen sind. Es kann aber auch leicht passieren, dass ein Bild zu stark scharfgezeichnet wird. Ein zu deutlich verstärkter Kontrast äußert sich in Farbsäumen in Bereichen, an denen Pixel unterschiedlicher Farbe und Helligkeit aneinandergrenzen.

21.1 Scharfzeichnen ohne Steuerungsmöglichkeiten: wenig empfehlenswert

Unter FILTER • SCHARFZEICHNUNGSFILTER finden Sie die fünf verschiedenen Scharfzeichnungsfilter, die Photoshop anbietet.

Abbildung 21.1 ▸
Der Scharfzeichnungsfilter von Photoshop

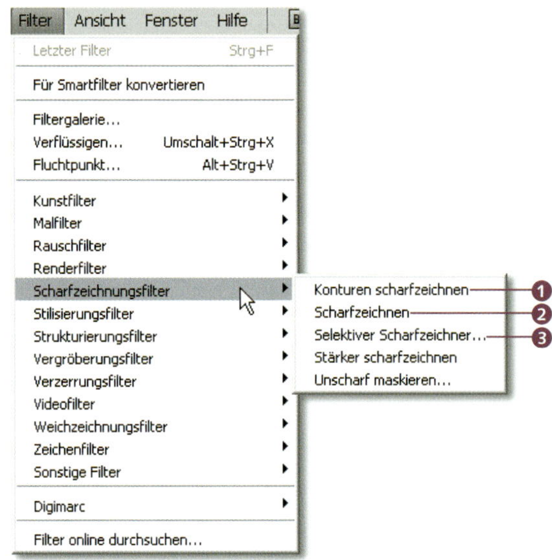

Datei auf der Buch-DVD: »DomdachHimmel.tif«

Die Filter KONTUREN SCHARFZEICHNEN ❶, SCHARFZEICHNEN ❷ und STÄRKER SCHARFZEICHNEN ❸ können lediglich angeklickt werden und bieten keinerlei Steuerungsmöglichkeit.

▲ Abbildung 21.2
Hier hat die Autofokus-Funktion der Kamera nicht sauber gearbeitet. So entstand ein schönes, aber leider leicht unscharfes Foto.

▲ Abbildung 21.3
Durch falsches Scharfzeichnen mit der Funktion STÄRKER SCHARFZEICHNEN wurde das Bild verdorben.

Ein Vergleich der beiden Bilder zeigt, dass Scharfzeichnen durchaus eine anspruchsvolle Aufgabe ist – Chancen, das Bild zu verderben, inbegriffen. Besonders die Vergrößerung zeigt deutlich die charakteristischen hellen Farbsäume. Vor allem im Bereich der Dachziegel wird eine störende helle Körnung sichtbar, am Turm tritt Bildrauschen deutlich hervor, und man kann eine helle Konturlinie zwischen Turm und Himmel erkennen. Am

Gesamteindruck des Bildes ist auch gut erkennbar, dass digitales Schärfen eigentlich eine Kontraststeigerung ist – das Bild wirkt nun insgesamt viel kontrastreicher.

Fazit: Scharfzeichnen einfach nur per Knopfdruck mit den Filtern KONTUREN SCHARFZEICHNEN, SCHARFZEICHNEN und STÄRKER SCHARFZEICHNEN geht nur selten gut, denn Sie haben dabei zu wenige Möglichkeiten, das Schärfen an die Gegebenheiten im Bild anzupassen. Aus diesem Grund sollten Sie auf den Einsatz dieser Filter verzichten. Verwenden Sie lieber die bewährte Funktion UNSCHARF MASKIEREN oder den SELEKTIVEN SCHARFZEICHNER.

21.2 Vor dem Scharfzeichnen

Auf gewöhnliche Bildebenen angewandt, ist Scharfzeichnen ein unwiderruflicher Eingriff in den Pixelbestand eines Bildes. Sie können zwar die Protokollfunktion nutzen, aber wenn die Datei einmal geschlossen wurde, gibt es keinen Weg zurück. Aus diesem Grund sollten Sie besonders sorgfältig arbeiten und sich an folgende Regeln halten:

- Hüten Sie die Originalfassung Ihres Bildes.
- Bringen Sie das Bild auf 100%-Ansicht.
- Schärfen Sie das Bild als letzten Korrekturschritt.

Arbeiten Sie bildschonend | Sie sollten Ihr Originalbild – das digitale Negativ – nicht unwiderruflich verändern, auch beim Schärfen nicht. Wenn Sie ein Bild in verschiedenen Medien ausgeben, müssen Sie vermutlich ohnedies mehrere Schärfungsversionen anfertigen. Bilder für den Druck müssen oft kräftig geschärft werden: Sie erscheinen am Bildschirm dann fast schon zu scharf. Auch deswegen ist es günstig, eine unversehrte Bild- oder Ebenenversion zu haben.

Um schonend zu schärfen, gibt es drei praktikable Möglichkeiten:

- die Arbeit mit Smart-Objekten und Smartfiltern
- das Filtern von Datei- oder Ebenenkopien anstelle der Originaldaten
- das Entwickeln von Raw-Bildern (Kamera-Rohdaten) mithilfe von Adobe Camera Raw

Die **Smart-Objekte** gestatten die zerstörungsfreie Anwendung von Filtern, den sogenannten Smartfiltern. Smartfilter können auch nachträglich jederzeit verändert werden und lassen die Originaldaten eines Bildes intakt. Ihre Anwendung ist also unbedenklich. Da sich auf jedes Smart-Objekt mehrere Filter – auch

Zum Weiterlesen: Camera Raw und Smartfilter
Mehr über den Umgang mit Raw-Files lesen Sie in Kapitel 23, »Das Camera-Raw-Modul«. Details zum Einsatz von Smartfiltern erfahren Sie in Abschnitt 29.3, »Smart-Objekte und Smartfilter«.

mehrfach derselbe – anwenden lassen, haben Sie eine gute Vergleichsmöglichkeit. Nachteilig ist allenfalls, dass Smartfilter nicht umbenannt werden können: Wenn Sie denselben Filter mit unterschiedlichen Einstellungen mehrfach anwenden, kommen Sie leicht durcheinander.

Wenn Sie exzessiv mit Filtereinstellungen experimentieren und dabei auch noch den Durchblick behalten wollen, können Sie auch mit **Ebenenduplikaten** arbeiten, auf die Sie unterschiedliche Filter anwenden. Den Ebenen lassen sich dann entsprechend aussagekräftige Namen zuweisen.

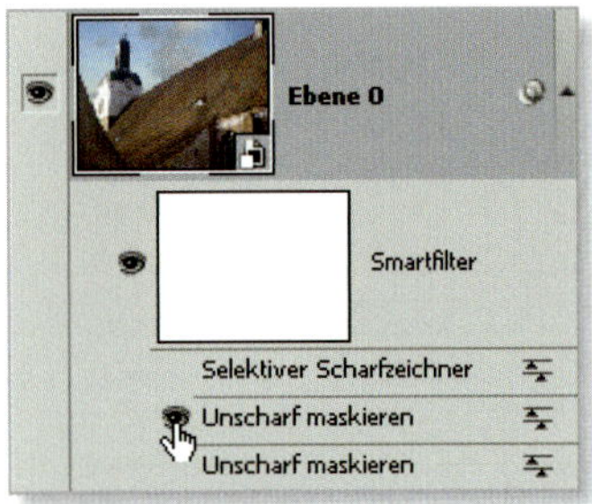

▲ **Abbildung 21.4**
Blenden Sie Smartfilter mittels Augen-Icon ein oder aus, um Versionen zu vergleichen. Ein Umbenennen ist leider unmöglich.

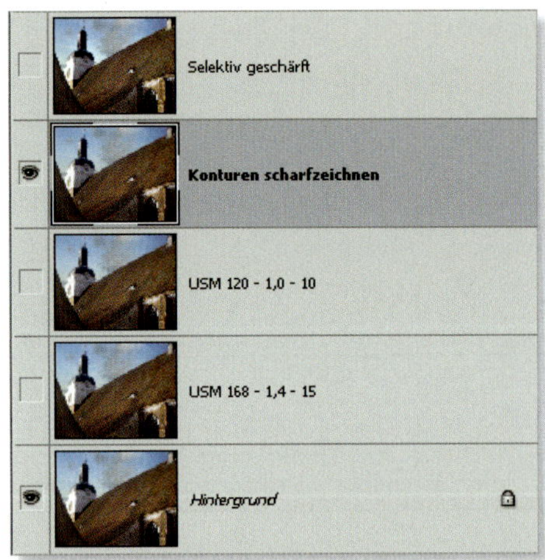

Abbildung 21.5 ►
Unterschiedlich gefilterte Ebenenduplikate. Die Ebenentitel sorgen für Orientierung.

Shortcuts: Denselben Filter erneut anwenden

Wenn Sie einen Filter mehrfach hintereinander brauchen, können Sie die folgenden Tastenkürzel nutzen.
[Strg]+[F] (bzw. unter Mac OS [⌘]+[F]) wendet den letzten Filter mit den zuletzt benutzten Einstellungen ohne weitere Einstellungsmöglichkeiten an.
[Alt]+[Strg]+[F] (bzw. unter Mac OS [⌥]+[⌘]+[F]) ruft den Dialog des zuletzt benutzten Filters erneut auf. Sie können die Einstellungen dann nochmals ändern und den Filter erneut anwenden.
Diese Kürzel funktionieren nicht nur beim Schärfen, sondern mit allen Filtern.

Bringen Sie das Bild auf 100%-Ansicht | Wie schon angesprochen, werden die Bildpixel für eine vergrößerte oder verkleinerte Bilddarstellung umgerechnet. Trotz der in CS4 deutlich verbesserten Vorschauqualität sollten Sie Bilder vor dem Schärfen auf 100% zoomen. Eine wirklich verlässliche Einschätzung der Bild(un)schärfe bekommen Sie nur in dieser Ansicht. In anderen Ansichten kann ein Bild brillant wirken, während die maßgebliche Ansicht in der Originalgröße schon völlig überzeichnet oder noch unscharf ist. Umgekehrt können in gezoomten Monitordarstellungen Störungen hervortreten, die in der 1:1-Ansicht nicht ins Gewicht fallen. Daher ist es Pflicht, vor dem Scharfzeichnen zur 100%-Ansicht zu wechseln.

Sollte das Bild in der Vollansicht nicht zur Gänze im Dokumentenfenster angezeigt werden können, schieben Sie es mithilfe der Hand so hin, dass die wichtigen Bildbereiche gut sichtbar sind.

Auch von der Möglichkeit, die **Miniatur-Vorschau** in den Scharfzeichnungs-Dialogfeldern zu skalieren (mit den kleinen Plus- und Minus-Buttons unterhalb des Vorschaufensterchens), sollten Sie lieber absehen. Stattdessen können Sie mit der Maus ins Vorschaufenster fahren und das Bild mit der dann erscheinenden Hand verschieben.

Schärfen als letzter Korrekturschritt | Alle Eingriffe in den Original-Pixelbestand, wie das Ändern der Auflösung oder der Bildgröße, sollten vor dem Schärfen erfolgen. Auch das Entfernen von Störungen wie z. B. Bildrauschen oder Moiré muss vor dem Schärfen erfolgen – hier sollten Sie dann besonders behutsam schärfen, um die entfernte Störung nicht wieder ins Bild hereinzuholen. Wenn Sie vorhaben, den Bildkontrast zu bearbeiten, sollten Sie auch das vor dem Schärfen tun, denn oft ändert sich der »Schärfeeindruck« eines Bildes mit verbesserten Kontrasten – und umgekehrt kann eine Schärfung auch die Kontraste verstärken.

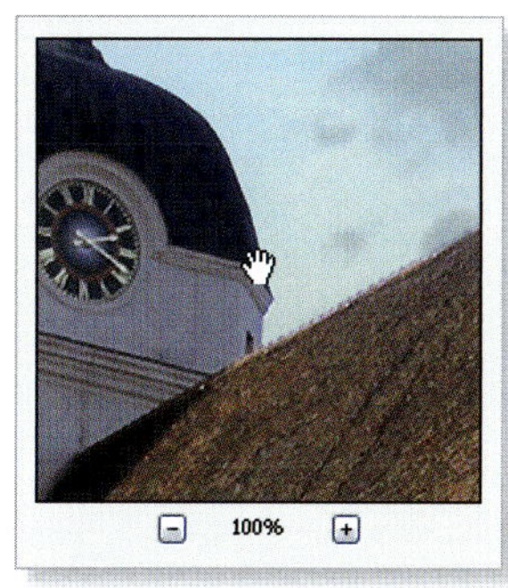

▲ **Abbildung 21.6**
Das Hand-Werkzeug funktioniert auch im Vorschaufenster innerhalb von Dialogen, hier zum Beispiel beim Filter UNSCHARF MASKIEREN.

21.3 Unscharf maskieren

Datei auf der Buch-DVD: »dom_brandenburg.tif«

Der Filter UNSCHARF MASKIEREN (oft auch als »USM« abgekürzt) entlehnt seinen etwas verwirrenden Namen einem Fotolabortrick: Beim unscharfen Maskieren wird ein unscharfes Bildpositiv auf die vorhandene Negativversion gelegt, anschließend wird beides zusammen auf Fotopapier belichtet. Dadurch werden die Konturen an hellen Stellen noch heller und in dunklen Bereichen dunkler, was subjektiv als höhere Schärfe empfunden wird. USM ist eine alltagstaugliche und mit einiger Übung auch rasch und gezielt anwendbare Scharfzeichnungstechnik.

Parameter | Zur Erinnerung: Beim digitalen Scharfzeichnen werden benachbarte Pixel miteinander verglichen. Wo Pixel unterschiedlicher Helligkeit aneinandergrenzen, erhöht der Scharfzeichnungsfilter die Kontraste. Es gibt also drei für die Schärfung wesentliche Parameter:

- Wie stark ist der Helligkeitsunterschied von Nachbarpixeln, damit der Filter greift?
- Wie viele Pixel im Umfeld eines einzelnen Pixels werden für den Vergleich herangezogen und anschließend verändert?
- Wie stark wird der Kontrast erhöht?

Praktische Vorschau | Wenn Sie während des Schärfens einen Vorher-nachher-Vergleich benötigen, können Sie einfach den Haken bei VORSCHAU kurzzeitig entfernen. Bei sehr großen Bilddateien hat das einen Nachteil: Die Aktualisierung der Bildansicht dauert eine geraume Weile. In solchen Fällen lassen Sie den Vorschau-Haken unberührt und klicken einfach mit der Maushand ins Vorschaubild. Solange Sie die Maustaste gedrückt halten, ist dort die ungeschärfte Bildversion zu sehen.

21.3.1 Der Unscharf-maskieren-Dialog

Der Filter Unscharf maskieren setzt genau bei diesen drei Faktoren an. So können Sie den Schärfegrad exakt den Anforderungen Ihres Bildes anpassen.

Abbildung 21.7 ▸
Der Dialog des Filters Unscharf maskieren mit seinen Einstellungsmöglichkeiten

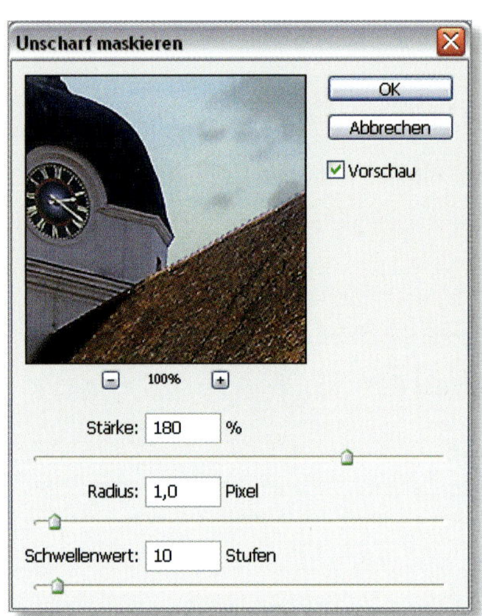

Lieber mehrfach, aber sanft schärfen!

Es hat sich in der Praxis bewährt, ein stark unscharfes Bild mehrfach nacheinander mit moderaten Schärfungseinstellungen (geringem Schwellenwert, Radius so gering wie möglich) zu bearbeiten. Die Gefahr des Überschärfens ist dabei geringer als bei der einmaligen Schärfung mit hohen Werten.

Schwellenwert | Der Schwellenwert (0–255 Stufen) gibt an, wie hoch der Helligkeitsunterschied zwischen den einzelnen Pixeln sein muss, damit die Kontrasterhöhung greift.

In der Praxis bedeutet das: Je niedriger der Schwellenwert ist, desto radikaler wirkt der Filter – und je höher der Schwellenwert ist, desto geringer ist die erreichte Schärfung. Ein hoher Schwellenwert verringert das Risiko, dass Körnung und Bildrauschen durch die Schärfung verstärkt werden. Umgekehrt werden Störungen in Bildern durch rabiates Schärfen mit niedrigem Schwellenwert betont.

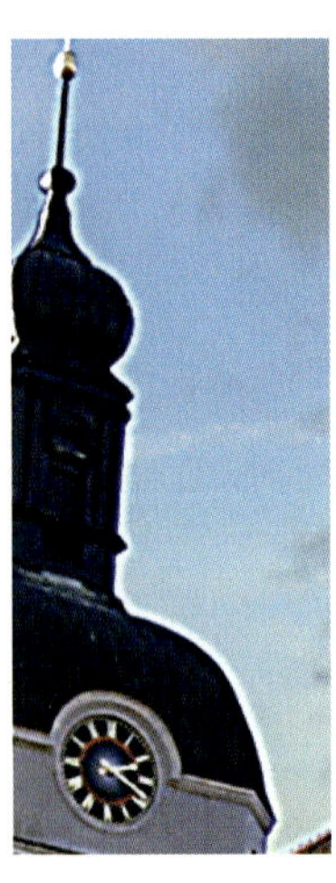

▲ Abbildung 21.8
Helle Farbsäume sind ein typischer Effekt, der eintritt, wenn mit zu hohem Radius geschärft wird.

Radius | Unter Radius stellen Sie ein, wie viele Pixel im Umfeld des zu schärfenden Bereichs in diese Kontrasterhöhung eingerechnet werden. Einstellbar sind Werte von 0,1 bis 250 Pixel. So hohe Radien sind allerdings schlichtweg Unsinn, denn Werte über 3 Pixel zerstören jedes normale Bild. Den Radius sollte man auch immer **in Relation zur Bildauflösung** sehen: Bei niedrig aufgelösten Bildern sollte nicht mehr als 1 Pixel eingestellt werden. Folgendes sollten Sie sich merken: Der Radiuswert hält die hellen Konturlinien im Zaum, die für falsches Schärfen typisch sind. Zu hohe Radien führen zu einer Kontrastüberzeichnung an den Kanten, eben den farbigen, meist hellen »Säumen«.

TOPP-TIPP: Farbsäume dämpfen mit »Verblassen«

Nicht immer findet man beim Schärfen einen Radiuswert, der zwar einerseits eine gute Schärfung bringt, andererseits aber helle Farbsäume unterdrückt. In solchen Fällen können Sie die unerwünschte helle Akzentuierung von Konturen mit dem Befehl BEARBEITEN • VERBLASSEN (⇧+Strg+F bzw. ⇧+⌘+F) zum Verschwinden bringen oder zumindest unauffälliger machen. Aber Achtung: Dieser Befehl steht nur **unmittelbar nach dem Schärfen zur Verfügung!** Sobald Sie einen weiteren – noch so banalen – Arbeitsschritt machen, ist dieser Weg verbaut.

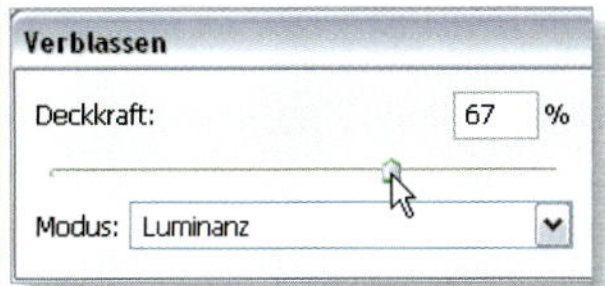

◂ **Abbildung 21.9**
Verblassen-Einstellungen

Insbesondere, wenn Sie Farbsäume reduzieren möchten, kann es hilfreich sein, unter MODUS die Option LUMINANZ einzustellen. Der DECKKRAFT-Slider reguliert dann die Wirkung des Verblassens.
Bei völlig missratenen Filter-Eingriffen ist es meist günstiger, die Filterung mit ⌘/Strg+Z ganz zurückzunehmen und nochmals sanfter zu dosieren.

Stärke | Die STÄRKE (von 0–500%) regelt, wie stark der Kontrast der angrenzenden Pixel erhöht wird. Sie steuert also, wie stark der Scharfzeichner wirkt.

Für die Praxis: Meist fahren Sie mit Werten zwischen 80% und 200% ganz gut. Wenn Sie die STÄRKE auf 300% oder mehr erhöhen, müssen Sie meist den RADIUS auf unter 1 senken, um brauchbare Ergebnisse zu bekommen. Wie beim SCHWELLENWERT ist es auch hier oft günstiger, den Filter mit einer milde wirkenden Einstellung mehrfach hintereinander anzuwenden als einmal radikal.

21.3.2 Welche Einstellungen für welches Bild?

Die drei Faktoren STÄRKE, RADIUS und SCHWELLENWERT beeinflussen sich gegenseitig, daher muss man sich immer an die beste Einstellung herantasten, indem man alle drei Regler nacheinander verstellt. Es gibt aber einige Anhaltspunkte, die ich im Folgenden vorstelle.

Geringe Unschärfe | Feine, detaillierte Motive mit nur geringer Unschärfe profitieren vom Schärfen mit kleinem RADIUS (weniger als 1) und hoher STÄRKE (um 150–200) bei moderatem SCHWELLENWERT. Diese Einstellungen sind gut geeignet, um die leichte Unschärfe auszugleichen, die beim Digitalisieren (z. B. Scannen) auch guter Vorlagen entsteht, und geben Bildern so den letzten

Dateien auf der Buch-DVD: »moos_16-Bit.tif« »alexanderplatz-fernsehturm.jpg«, »Mann-in-schwarzem-Hemd.tif«

Schliff. Rauschen und Staub auf stark unscharfen Bildern werden durch diese Kombination aber verstärkt.

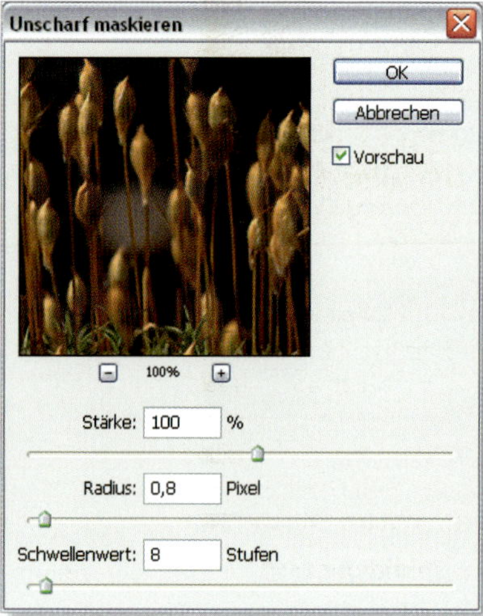

Abbildung 21.10 ►
Ein detailreiches Foto, das bereits in recht guter Schärfe vorliegt, …

Abbildung 21.11 ►►
… wird mit geringem Radius und höherer Stärke geschärft, um scanbedingte leichte Unschärfen auszubügeln.

Unscharfe Scans | Großer RADIUS (2–3) und hohe STÄRKE (um die 200) bei moderatem SCHWELLENWERT – mit dieser Einstellung kann ein Bild schon vergröbert wirken und die typischen hellen Konturlinien aufweisen. Bei unscharfen Scans kann so eine Einstellung aber die letzte Rettung sein.

▲ **Abbildung 21.12**
Ein derb unscharfes Bild …

▲ **Abbildung 21.13**
… kann mit solchen Einstellungen notfalls gerettet werden. Zwar treten hier schon die ersten Schärfungsfehler (helle Pixel an den Tonwertgrenzen) auf, aber der Gesamteindruck des Bildes ist schärfer und besser.

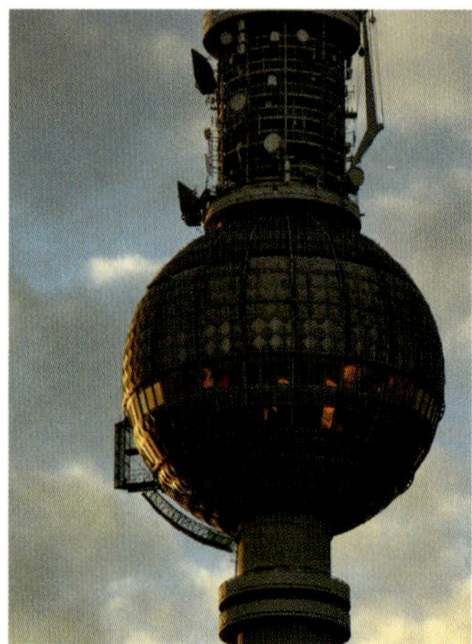

▲ **Abbildung 21.14**
Die geschärfte Variante. Per VERBLASSEN mit dem Modus LUMINANZ wurden die beim Schärfen entstandenen hellen Kanten noch etwas zurückgenommen.

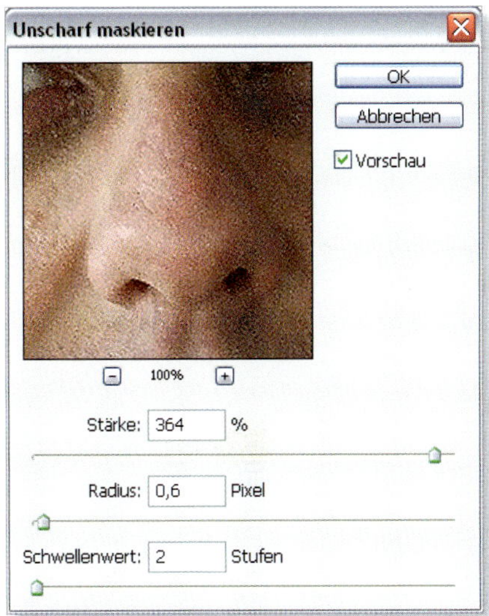

▲ **Abbildung 21.15**
Dieselben Einstellungen an einem Porträt ...

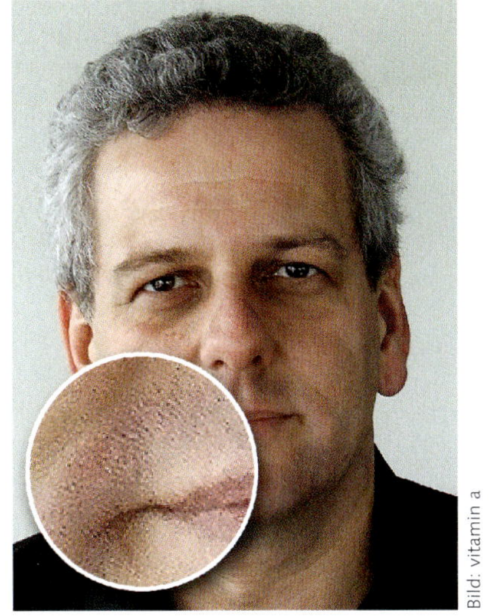

Bild: vitamin a

▲ **Abbildung 21.16**
... wirken fatal, wie besonders die Vergrößerung zeigt.

Kontrastarme Bilder | Bei Bildern, die viele kontrastarme Partien aufweisen – so Porträts und andere Bilder mit viel Haut –, führt oft ein hoher Schwellenwert (10 oder mehr) bei durchschnittlichem Radius (1) und normaler Stärke zu guten Resultaten. Sie sollten dabei den Schwellenwert jedoch nicht zu stark erhöhen, weil sonst auch die Stärke wieder angehoben werden muss, was schnell zu einzelnen, hell aufblitzenden Pixeln führen kann.

Eigene Lösungen sind wichtig! | Das sind nur ein paar Hinweise, in welche Richtung Sie beim Schärfen arbeiten sollten. Für manche Bilder müssen ganz eigene Lösungen gefunden werden.

21.4 Der selektive Scharfzeichner

Der Filter Selektiver Scharfzeichner verfügt über noch weitergehende Einstellungsmöglichkeiten als Unscharf maskieren, und seine Anwendung erfordert natürlich auch ein wenig mehr Zeit. Das grundlegende Funktionsprinzip ist jedoch ähnlich wie beim Unscharf maskieren: Ein virtuelles »unscharfes Bildpositiv« – die namensgebende Unscharfmaske des USM-Filters – wird mit dem virtuellen »Negativ« abgeglichen, was zu einer Anhebung der Kontraste an den Bildkonturen führt.

Datei auf der Buch-DVD: »flamingo.jpg«

Bild: Fotolia, Enrique Sallent

▲ **Abbildung 21.17**
Das Schärfen dieses Bildes ist eine besondere Herausforderung: Besonders in den dunklen Bereichen ist starkes Rauschen zu erkennbar – im gedruckten Buch weniger, in der digitalen Version sehr deutlich. Diese Rausch-Struktur soll durch das Schärfen nicht verstärkt werden.

Die einfachen Einstellungen | So sieht das Dialogfeld aus:

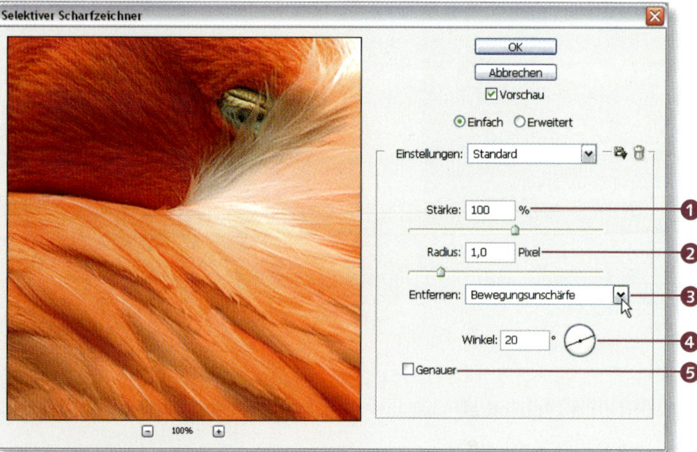

▲ **Abbildung 21.18**
Einstellungen für den selektiven Weichzeichner

Stärke ❶ wirkt genauso wie die Stärke beim Filter Unscharf maskieren auch. Auch die Einstellung Radius ❷ birgt hier nichts Neues.

Entfernen | Interessant ist die Option Entfernen ❸. Dabei wird mitnichten die Wirkung eines zuvor angewandten Weichzeichners entfernt, wie man irrigerweise vielleicht annehmen könnte, da in der Liste die Namen bekannter Weichzeichnungsfilter auftauchen. Vielmehr legen Sie hier fest, mit welchem Rechenalgorithmus das gedachte »unscharfe Bildpositiv«, also die Unscharfmaske, erzeugt wird. Dazu haben Sie hier drei verschiedene Möglichkeiten: Gaussscher Weichzeichner, Tiefenschärfe abmildern und Bewegungsunschärfe.

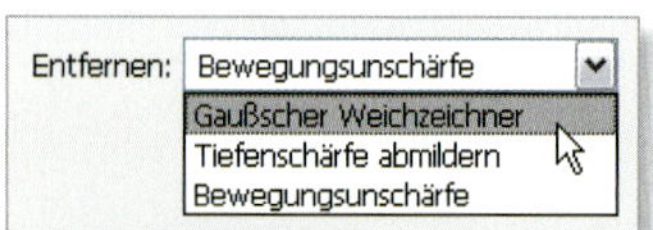

▲ **Abbildung 21.19**
Optionen für die Unscharf-Maske des selektiven Scharfzeichners

- Die Entfernen-Option Gaussscher Weichzeichner ist eine gute Universaleinstellung, die auch vom eigentlichen USM verwendet wird.
- Tiefenschärfe abmildern eignet sich besonders gut für detailreiche Bilder und vermeidet helle Farbkränze.
- Die Einstellung Bewegungsunschärfe ist dazu gedacht, Unschärfen zu reduzieren, die durch Verreißen der Kamera oder ein bewegtes Motiv entstanden sind. Mit der Einstellung Winkel ❹ legen Sie dann die »Bewegungsrichtung« der Bewegungsunschärfe fest. Sie sollte der Richtung der Bewegungsunschärfe im Bild folgen.

Genauer | Mit der Option Genauer ❺ können Sie eine präzisere, aber langsamere Berechnungsweise der Schärfung aktivieren.

Wenn Sie mit Ihren Einstellungen zufrieden sind, können Sie nun den Vorgang mit OK abschließen und die Schärfung anwenden.

21.4.1 Erweiterte Einstellungen

Sie können jedoch auch auf ERWEITERT ❻ klicken und bekommen dann weitere Einstellungsmöglichkeiten. Die Einstellungen auf den Registerkarten TIEFEN und LICHTER sind dazu gedacht, das Scharfzeichnen heller und dunkler Bildbereiche zu steuern und insbesondere die hellen oder auch zu dunklen Farbsäume zu reduzieren, die beim Schärfen auftreten. Die Einstellungen auf dem Register SCHARFZEICHNEN sind die gleichen wie in der einfachen Ansicht.

Tiefen und Lichter einstellen | Die Einstellungsmöglichkeiten für LICHTER gleichen denen für die TIEFEN. Auf jeder Registerkarte gibt es drei weitere Funktionen.

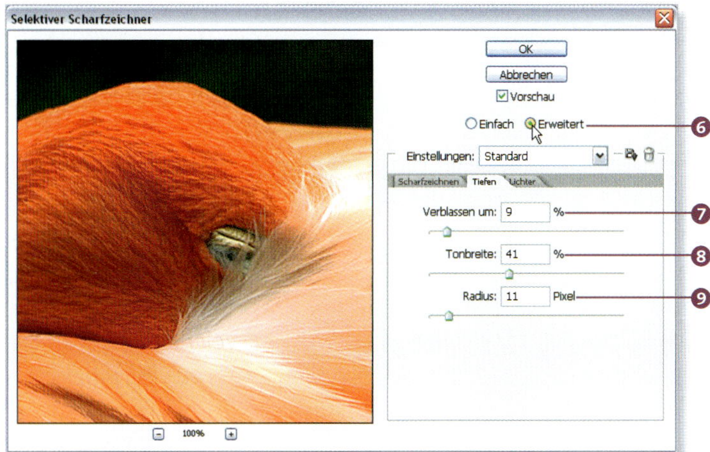

◂ **Abbildung 21.20**
Erweiterte Einstellungen, hier am Beispiel der Tiefen

- Die Funktion VERBLASSEN UM ❼ arbeitet ähnlich wie der schon angesprochene Menübefehl BEARBEITEN • VERBLASSEN. Hier ist es allerdings nicht notwendig, die Wirkung mittels Luminanz-Einstellung einzuschränken. Es werden automatisch ausschließlich die zu dunklen (im Dialogfeld TIEFEN) bzw. zu hellen (bei LICHTER) Farbsäume korrigiert.
- Die TONBREITE ❽ legt fest, wie viele dunkle bzw. helle Tonwerte bei der Korrektur der Tiefen oder Lichter mit einbezogen werden. Wenn Sie den Regler nach links verschieben, verringert sich der Wert der Tonbreite – die Korrekturen werden eng auf die dunkelsten (TIEFEN) oder allerhellsten Bildbereiche (LICHTER) beschränkt. Wenn Sie den Tonbreite-Wert erhöhen, indem Sie den Regler nach rechts ziehen, werden

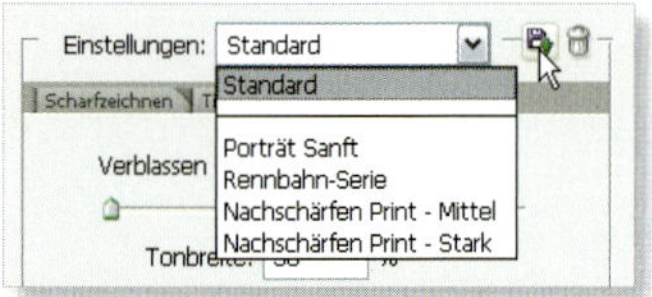

▲ **Abbildung 21.21**
Einstellungen können auch gespeichert und durch späteren Zugriff auf die Liste erneut verwendet werden. Nicht immer jedoch ist so ein »Schärfen von der Stange« sinnvoll.

auch mehr dunkle oder helle Tonwerte von der Korrektur erfasst.

- Radius ❾ wirkt hier wie von den anderen Scharfzeichnungsfiltern bekannt.

21.4.2 Einstellungen abspeichern

Wenn Sie mit Ihren Einstellungen zufrieden sind, können Sie sie anwenden oder aber auch zum erneuten Gebrauch speichern. Dazu genügt ein Klick auf das Diskettensymbol. Sie können dann einen Namen für die entsprechende Filtereinstellung vergeben. Die gespeicherten Einstellungen tauchen dann in der Liste auf.

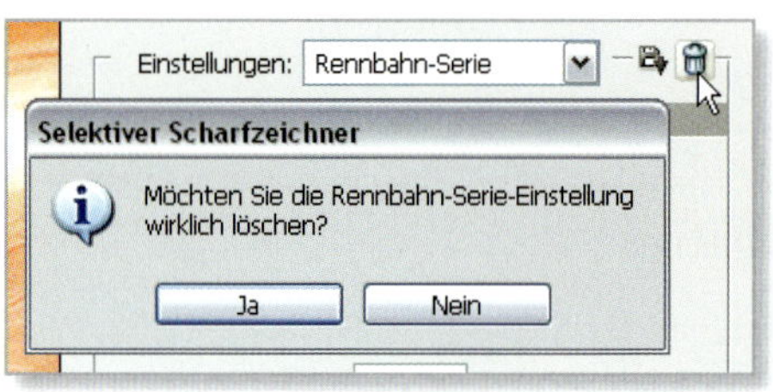

Abbildung 21.22 ▶
Nicht mehr benötigte Einstellungen werden Sie – wie könnte es anders sein – durch einen Klick auf das Mülltonnen-Symbol (rechts oben) los.

21.5 Nur Luminanz schärfen: Scharfzeichnen ganz ohne Farbverfälschung

Manchmal kommt man um ein kräftiges Schärfen nicht herum: zum Beispiel, wenn man Bilder stark skalieren muss, was dann deutliche Unschärfen mit sich bringt, oder wenn man ohnehin nur eine unscharfe Bildversion zur Verfügung hat, die unbedingt noch nutzbar gemacht werden muss. Auch die differenziertesten Schärfungsfilter helfen dann nicht mehr weiter – ein stark geschärftes Motiv zeigt Farbsäume an den Kanten und hell aufblitzende Pixel in den Flächen. Doch es gibt Tricks, um doch noch zu einem schärferen und nicht völlig verunstalteten Bild zu kommen – zum Beispiel diesen hier. (Übrigens ist er auch ein schönes Beispiel dafür, dass man »theoretisches« Basiswissen in Sachen Bildbearbeitung durchaus nutzbar machen kann!)

Es ist die Luminanz – die Helligkeit – der einzelnen Bildpixel, die für den Schärfeeindruck im Bild sorgt. Nicht umsonst greifen Schärfungsfilter an Helligkeitsunterschieden innerhalb des Bildes an und verstärken diese. Bei Bildern im RGB-Modus sind Farbe und Helligkeit eines Pixels zwei untrennbar miteinander verbundene Faktoren. Aus diesem Grund treten nach zu starker Schärfung eben auch Farbverfälschungen wie Konturlinien auf.

Erinnern Sie sich noch an den Absatz über die verschiedenen Bildmodi aus Kapitel 6? Im Bildmodus L*a*b sind die Farb- und Helligkeitsinformationen der Bildpixel voneinander getrennt – die

Farbkanäle a und b beinhalten die Bildfarben, und der Luminanzkanal enthält Informationen zur Helligkeit, auf die separat zugegriffen werden kann, ohne die Farbinformationen zu verändern.

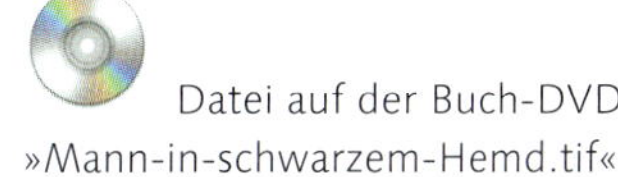

Datei auf der Buch-DVD: »Mann-in-schwarzem-Hemd.tif«

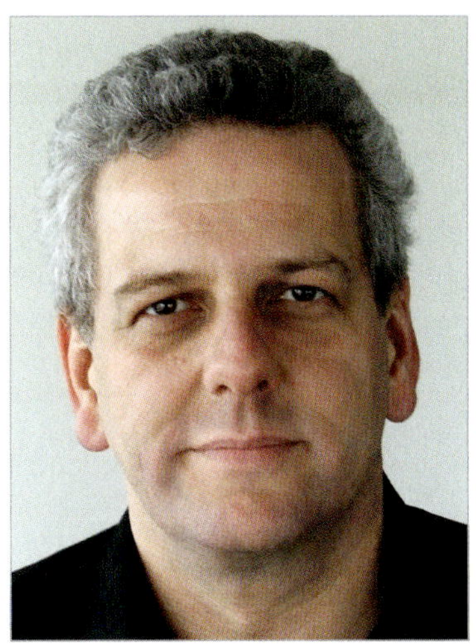

◀ **Abbildung 21.23**
Das Schärfen im L*a*b-Modus kann die letzte Rettung für schwierige Motive sein – hier nochmals das Männerporträt, dem das herkömmliche Schärfen nicht so gut bekommen ist.

Schritt für Schritt: Schärfen mit dem L*a*b-Modus

Bei schwierigen Bildern, die sich nicht gut schärfen lassen, lohnt sich der Umweg über den L*a*b-Modus.

1 Modus umstellen

Stellen Sie den Bildmodus via Menü Bild • Modus • Lab-Farbe von RGB nach L*a*b um. Anders als beim Wechsel von RGB nach CMYK oder umgekehrt sind hier keine Qualitätsverluste am Bild zu erwarten.

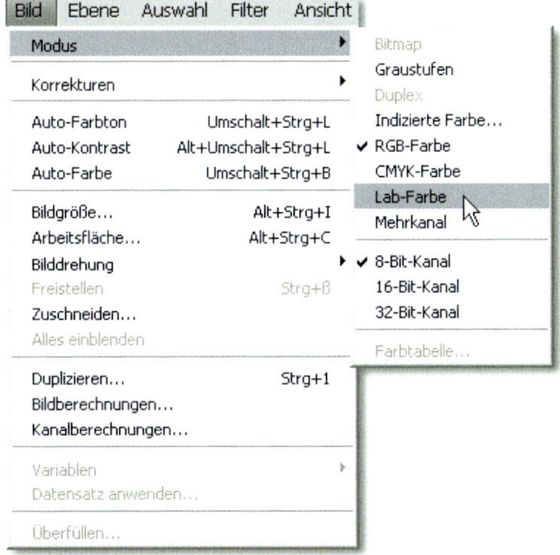

◀ **Abbildung 21.24**
Wechseln Sie in den L*a*b-Modus.

2 Kanal »Helligkeit« aktivieren

Danach rufen Sie die Kanäle-Palette auf und klicken auf den Kanal HELLIGKEIT, um ihn zu aktivieren. Nutzen Sie gegebenenfalls die Augensymbole der Palette, um versehentlich ausgeblendete Kanäle wieder einzublenden. Die Scharfzeichnung funktioniert zwar in jedem Fall, aber es ist günstiger, wenn Sie das Bild in Farbe vor sich haben.

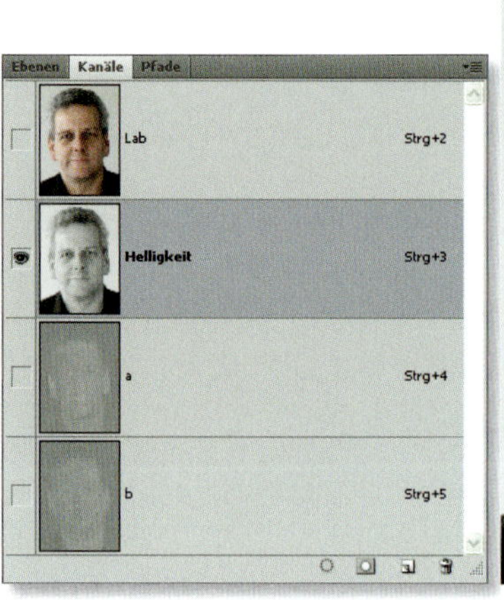

Abbildung 21.25 ▶
Aktivieren Sie den Kanal »Helligkeit«.

Abbildung 21.26 ▶▶
Das Bild sieht nun ungefähr so aus – die Graustufen sind etwas blass.

Die Palette muss so aussehen wie in Abbildung 21.26 . Wichtig: Sie sollten den Schärfungsfilter in jedem Fall in der 100%-Bildansicht anwenden!

3 Filter anwenden

Auf diesen Kanal wenden Sie den Filter UNSCHARF MASKIEREN oder den SELEKTIVEN SCHARFZEICHNER an – ganz wie bei der Arbeit auf einer normalen Bildebene auch.

Ich habe die oben gezeigten Werte **zweimal angewandt** und kam zu einem akzeptablen Ergebnis. Das Bild zeigt immer noch nicht perfekte Schärfe – was bei der Vorlage auch kaum zu erreichen ist – ist aber zumindest brauchbar.

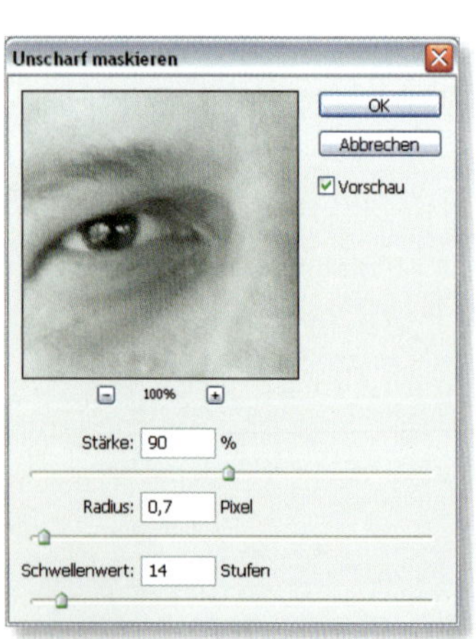

▲ **Abbildung 21.27**
Die Vorschau im USM-Dialog ist in Graustufen – ganz wie der Kanal, den Sie bearbeiten.

4 Abschließende Arbeiten

Anschließend können Sie das Bild wieder zurück in den RGB-Modus bringen. ■

Alternative: Arbeiten mit der Füllmethode | Wer das gezeigte Verfahren zu umständlich findet, kann mit einer Ebenenkopie arbeiten, diese schärfen und dann die Ebenen-Füllmethode auf LUMINANZ umstellen. Und auch bei Smartfiltern lässt sich die Füllmethode einstellen.

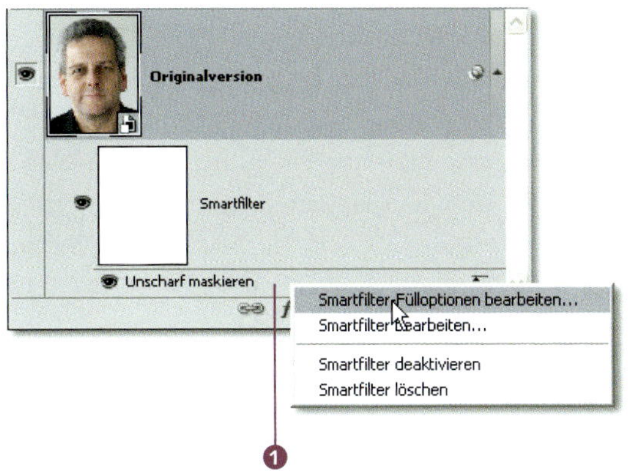

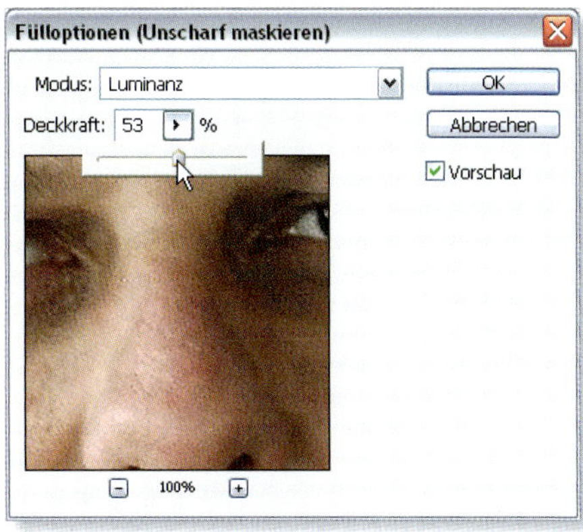

▲ **Abbildung 21.28**
Smartfilter-Fülloptionen verändern: Sie müssen genau klicken ❶, um das Kontextmenü aufzurufen.

▲ **Abbildung 21.29**
Sie können für Smartfilter die Füllmethode und die Deckkraft ändern – ein Reduzieren der DECKKRAFT wirkt wie die Funktion VERBLASSEN.

21.6 Das Scharfzeichner-Werkzeug: lokal scharfzeichnen

Mit dem Scharfzeichner-Werkzeug bietet Adobe ein Tool an, mit dem Sie einzelne Bildpartien gezielt schärfen können. Sie arbeiten dabei wie mit einem Pinsel direkt auf der Bildebene. Da die Gefahr, einzelne Stellen zu überzeichnen, hier recht groß ist, sollten Sie wiederum exzessiven Gebrauch von Schnappschüssen und Ebenenkopien machen, wenn Sie mit diesem Werkzeug arbeiten.

Unter PINSEL stellen Sie natürlich die Größe und Art der Werkzeugspitze ein. STÄRKE dosiert die Wirkung des Tools. Der Standard 50 % ist übrigens meist viel zu hart. Interessant sind die Einstellungen unter MODUS. Auch hier können Sie mit LUMINANZ meist recht gute Ergebnisse erzielen.

▼ **Abbildung 21.30**
Die Optionen des Scharfzeichners sind überschaubar.

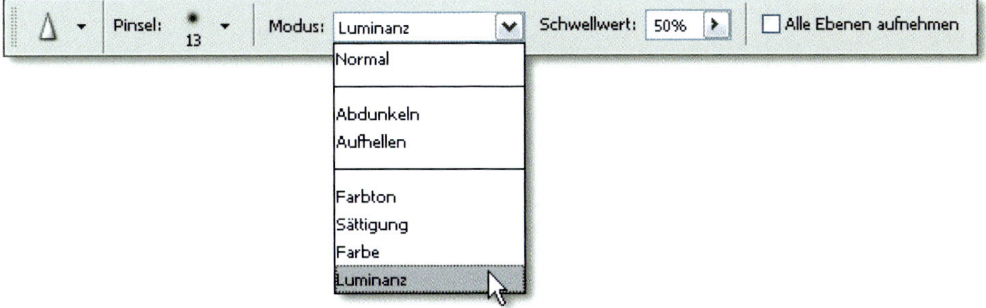

21.6.1 Weichzeichner und Wischfinger

Zum Weiterlesen: Filter per Protokollpinsel lokal anwenden
Der Protokollpinsel stellt eine sehr elegante Möglichkeit dar, um Scharf- oder Weichzeichnung lokal und wohldosiert ins Bild zu bringen. Besonders bei der kniffligen Porträtretusche ist er eine große Hilfe! Mehr darüber erfahren Sie in Kapitel 22, »Reparieren und retuschieren«.

Ganz ähnlich lassen sich auch Weichzeichner und Wischfinger-Werkzeug bedienen, die Sie beide unterhalb des Scharfzeichners finden. Allerdings sollten Sie sich hüten, eine zu starke Scharfzeichnung mit den beiden »Weichmachern« zu beheben – das Ergebnis ist unweigerlich ein Pixelbrei. Das Zurücknehmen der Aktion ist besser!

22 Reparieren und retuschieren

Detailarbeit mit Filtern und Retuschetools: Ihre Bildvorlage hat Kratzer? Das Bild ist verrauscht? Störende Details verwässern das Motiv? Sie möchten Sorgenfalten von einem Porträt verschwinden lassen? Wenn Sie die klassischen Bildkorrekturen wie Tonwertkorrektur und das Einstellen von Kontrast und Helligkeit erledigt haben, können Sie sich Reparaturen dieser Art zuwenden. Hier erfahren Sie, welche Werkzeuge Sie einsetzen und was Sie sonst noch beachten müssen.

Zum Nachlesen: Bildkorrektur
Alles, was Sie über Bildkorrekturen wissen müssen, erfahren Sie in Teil V, »Korrigieren und Optimieren«.

22.1 Bildrauschen, Filmkorn und Artefakte entfernen

22.1.1 Woher kommen Bildstörungen?

Nicht immer haben digitalisierte Bilder die gewünschte gute Qualität.

- Körniges Bildrauschen wird von fast allen digitalen Kameras produziert, wenn die Lichtbedingungen nicht optimal sind.
- Auch beim Digitalisieren von Bildern im Scanner entsteht unweigerlich ein mehr oder minder starkes Rauschen. Durch die Oberflächenbeschaffenheit der Bildvorlage und den Kontakt zur Glasscheibe des Scanners können Störungen noch verstärkt werden.
- Manchmal haben Sie schlicht den Abzug von einem staubigen Negativ vor sich, oder ein Bild zeigt starke Kompressionsspuren, wie sie für verlustbehaftete Dateiformate wie JPEG typisch sind.

Dateien auf der Buch-DVD: »Strand.jpg«, »BlaueSchere.jpg«, »Zirkus.jpg«

Nicht immer können solche Bilder tatsächlich gerettet werden – auf einen Versuch kommt es jedoch an. Das Instrumentarium, das Ihnen in Photoshop dazu zur Verfügung steht, stelle ich Ihnen hier vor.

Entstören immer in 100%-Ansicht!

Die Arbeit mit den Störungs- und Entstörungsfiltern gehört zu denjenigen Tätigkeiten, die man unbedingt in der 100%-Ansicht des Bildes durchführen sollte, weil in skalierten Bilddarstellungen kein genaues Urteil über die wirkliche Bildqualität möglich ist.

Bild: Frank Gaebler

▲ **Abbildung 22.1**
Nicht immer ist Bildrauschen so deutlich zu sehen wie hier. Professionelle Scanner und eine leistungsfähige Scan-Software können es unterdrücken, und gute Digitalkameras produzieren weniger Störungen. Hier äußert sich die Störung vor allem in Farbabweichungen (**chromatisches Rauschen**).

Bild: dieblen.de

▲ **Abbildung 22.2**
Die Effekte zu starker JPEG-Kompression sind vor allem auf glatten Farbflächen und an Kanten, wo unterschiedliche Farben aneinanderstoßen, in Form quadratischer Artefakte erkennbar. Die hier sichtbare Quadratstruktur geht nicht auf einen zu hohen Zoomfaktor (Sichtbarwerden der Bildpixel) zurück, sondern ist ein Kompressionsschaden.

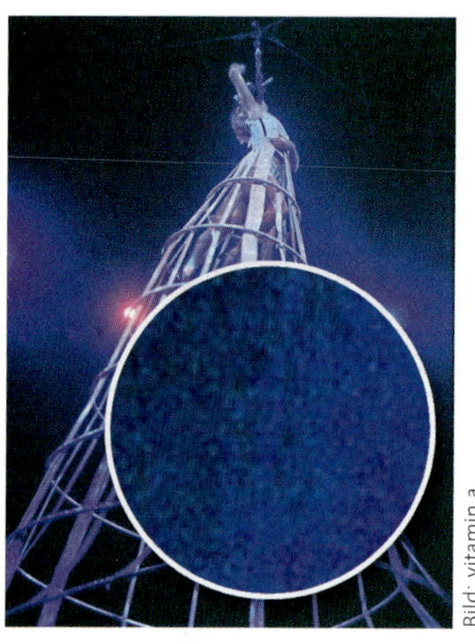

Bild: vitamin a

▲ **Abbildung 22.3**
Dieses Bild zeigt die Struktur von »Filmkorn«, wie sie für Aufnahmen typisch ist, die mit hoher ISO-Zahl gemacht wurden. Diese Störung bezeichnet man als **Graustufen-** oder **Luminanzrauschen**, für das vor allem Tonwertschwankungen charakteristisch sind.

22.1.2 Rauschen entfernen: Schnelle Hilfe für leichte Fälle

Rauschen heißt, dass Flächen, die eigentlich einfarbig sein sollten, Helligkeitsunterschiede zeigen. Außerdem können Farbmuster auftreten. Bei starkem Rauschen leidet auch die Bildschärfe. Für leichte Schäden dieser Art hält Adobe den Filter Rauschen entfernen bereit, den Sie unter Filter • Rauschfilter finden.

Ein Klick auf den Befehl Rauschen entfernen setzt den Filter gleich in Kraft. Steuerungsmöglichkeiten haben Sie nicht. Funktionieren kann das nur bei wenig detaillierten und nicht zu stark verrauschten Bildern, denn die Entrauschung geht mit einer Weichzeichnung des Bildes einher.

[ISO]
ISO (abgeleitet vom Normungsinstitut *International Organization for Standardization*) bezeichnet die Lichtempfindlichkeit von Filmen und digitalen Sensoren. Je höher der ISO-Wert ist, desto empfindlicher reagiert die Kamera auf einfallendes Licht. Hohe ISO-Zahlen eignen sich also für Fotos unter schlechten Lichtverhältnissen. Allerdings muss man dann Rauschen in Kauf nehmen (bei Digitalbildern und Filmen).

22.1.3 Helligkeit interpolieren

Wie viele Scharfzeichnungs- und Entstörungsfilter führt auch Helligkeit interpolieren zunächst einen Vergleich benachbarter Pixel durch. In einem zweiten Schritt werden Pixel, die sich zu stark von den Nachbarpixeln unterscheiden, durch Pixel mit einem mittleren Farbtonwert ersetzt. Die Einstellung Radius bestimmt, wie groß der Bereich ist, in dem nach Vergleichspixeln gesucht wird.

◂ **Abbildung 22.4**
Radius ist die einzige Steuerungsmöglichkeit – Bilder bekommen leicht einen unerwünschten »Aquarelleffekt«.

Adobe empfiehlt den Filter, um Bewegungseffekte auf einem Bild zu reduzieren oder zu entfernen – trotz seiner Anordnung im Menü Rauschfilter ist er zum Entrauschen aber nur begrenzt nutzbar.

22.1.4 Staub und Kratzer

Mehr Einstellungsmöglichkeiten haben Sie mit Filter • Rauschfilter • Staub und Kratzer. Auch dieser Filter analysiert benachbarte Pixel. Weichen diese zu stark voneinander ab, reduziert er Störungen wie Staub und Kratzer durch Ändern der differenten Pixel. Hier haben Sie jedoch bessere Steuerungsmöglichkeiten.

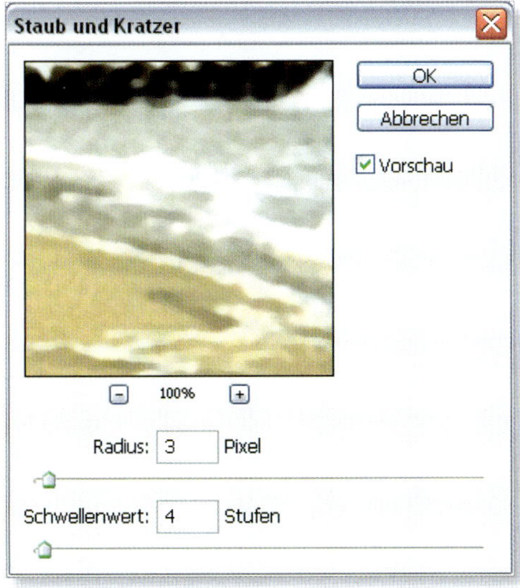

◂ **Abbildung 22.5**
Auch wenn im Dialogfeld die Eingabe sehr hoher Werte für den Radius möglich ist, sollten Sie an der unteren Grenze operieren. Und auch der Schwellenwert sollte nicht zu hoch gewählt werden, sonst funktioniert der Filter nicht. Probieren Sie es aus!

Den Parametern Radius und Schwellenwert sind Sie ja bereits beim Scharfzeichnen von Bildern begegnet. Sie können die Werte per Schieberegler oder durch Zahleneingabe verändern.

- Radius bestimmt, wie groß der Bereich ist, in dem der Filter nach unähnlichen Pixeln sucht. Je höher der Radius ist, desto stärker ist die Unschärfe, die ins Bild kommt. Sie sollten den Radius so klein wie möglich halten.
- Schwellenwert legt fest, in welchem Maß die Helligkeits- und Farbwerte der Pixel voneinander abweichen müssen, damit der Filter darauf angewendet wird. Je geringer der Wert ist, desto stärker wirkt der Filter.

Die Ergebnisse der Staub- und Kratzerentfernung sind nicht immer zufriedenstellend. Die Funktion eignet sich nur für zartere Verunreinigungen und bei Bildern, die keine kleinteiligen Motive aufweisen. Mit Schärfeverlusten muss auch hier gerechnet werden. Zwar lassen sich die Unschärfen mit einem der Schärfungsfilter teilweise korrigieren – doch nicht selten holt man sich damit die eben erst entfernten Kratzer wieder ins Bild zurück.

22.1.5 Rauschen reduzieren

Der Filter, der die meisten Einstellungsmöglichkeiten bietet und die besten Erfolge verspricht, ist unter Filter • Rauschfilter • Rauschen reduzieren zu finden.

In einem umfangreichen Dialogfeld können Sie die Entstörung auf verschiedene Störungstypen wie Luminanz- oder Farbrauschen oder die Entfernung von JPEG-Artefakten abstimmen. Für besonders harte Fälle gibt es sogar die Möglichkeit, kanalweise vorzugehen. Das bietet sich besonders an, um gegen Luminanzrauschen vorzugehen.

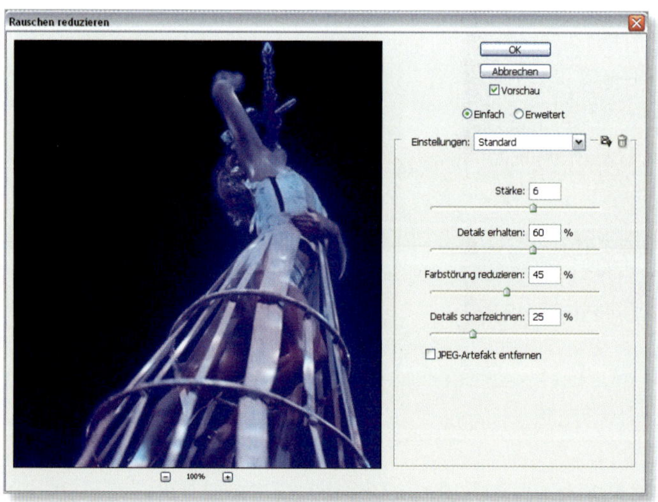

Abbildung 22.6 ▸
Rauschen reduzieren bietet differenzierte Einstellungsmöglichkeiten.

- Stärke regelt den Grad der Reduzierung vor allem von Luminanzrauschen in allen Bildkanälen gleichzeitig.

- DETAILS ERHALTEN soll Kanten und feine Bilddetails erhalten. Bei hohen Werten bleiben die meisten Details erhalten, allerdings wird auch das Rauschen nicht mehr wirksam beseitigt. Meist lässt sich durch Ausprobieren verschiedener Kombinationen der Einstellungen STÄRKE und DETAILS ERHALTEN ein guter Mittelweg finden.
- FARBSTÖRUNG REDUZIEREN ist die Einstellung, die Sie nutzen sollten, um chromatisches Rauschen zu beheben.
- DETAILS SCHARFZEICHNEN soll Schärfeverluste ausgleichen, die durch das Entstören auch hier unweigerlich auftreten. Wenn Sie mehr Kontrolle über die Scharfzeichnung haben wollen, als dieser einfache Regler bietet, verzichten Sie hier auf die Scharfzeichnung und nutzen einen der bewährten Scharfzeichnungsfilter.
- Die Option JPEG-ARTEFAKT ENTFERNEN kann jederzeit zugeschaltet werden. Sie soll die typischen Viereckmuster bekämpfen, die bei zu starker JPEG-Kompression auftreten.

Kanalweise Bearbeitung | Für hartnäckige Luminanzstörungen bietet Photoshop die kanalweise Bearbeitung an. Meist ist der Blaukanal derjenige, der die meisten Störungen enthält – dann sollten Sie dort auch ansetzen. Auch hierbei müssen Sie die STÄRKE und die Einstellung DETAILS ERHALTEN austarieren.

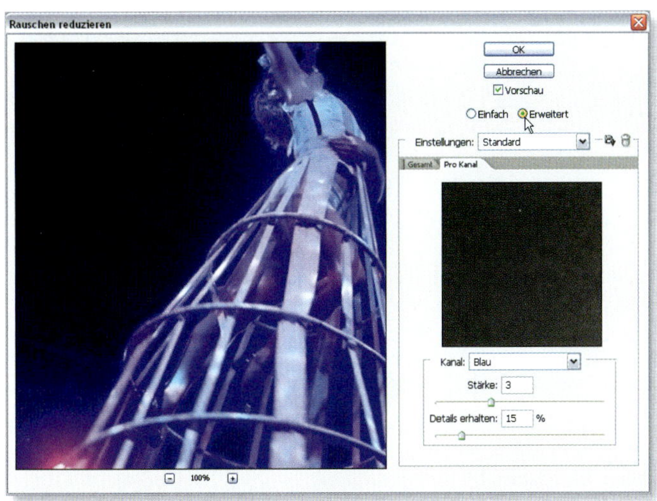

◂ Abbildung 22.7
Kanalweises Entstören in der erweiterten Dialogansicht

Wie von anderen Dialogfeldern bekannt ist, können Sie auch hier Einstellungen speichern und erneut verwenden. Aber gerade beim Entrauschen ist das nicht unbedingt eine gute Idee – in den meisten Fällen ist es günstiger, wenn Sie die Einstellungen für jedes Bild individuell festlegen.

22.1.6 Entstören per Kanäle-Palette

Was der Filter RAUSCHEN REDUZIEREN anbietet kann auch per Kanäle-Palette und Schärfungsfilter durchführen. Diese Methode hat sogar die Vorteile, dass die Graustufen-Voransicht mehr Kontrolle erlaubt und ein Weichzeichner wie der Gaußsche differenzierter weichzeichnet als der Filter RAUSCHEN REDUZIEREN. Außerdem können Sie auch in Kanälen mit Auswahlen arbeiten, die die Wirkung der Weichzeichnung eingrenzen und Bilddetails schonen.

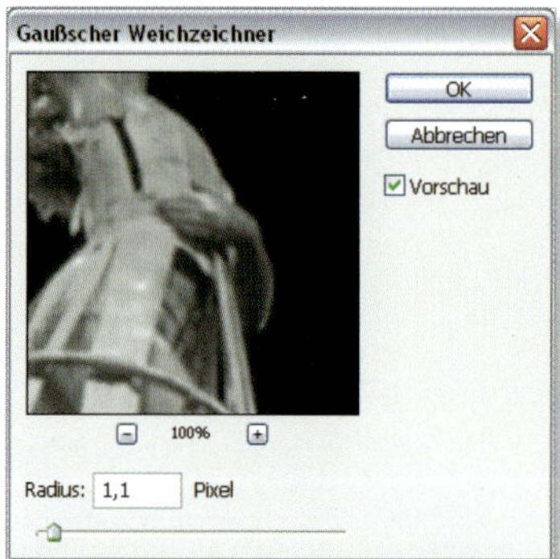

Abbildung 22.8 ▸
Verwenden Sie die Kanäle-Palette und einen Weichzeichner, wie hier zum Beispiel den GAUSSSCHEN WEICHZEICHNER.

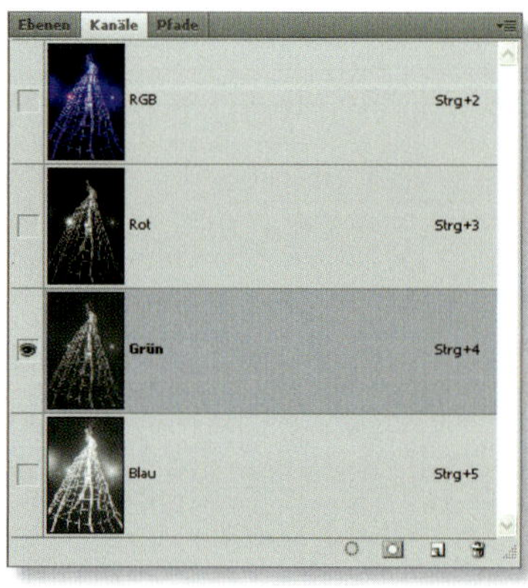

Abbildung 22.9 ▸
Das Weichzeichnen einzelner Bildkanäle funktioniert auch ohne speziellen Entstörungsfilter und ist manchmal sogar wirksamer.

22.2 Tipps für gute Retuschen

Retusche ist keine Spielerei detail- und schönheitsfanatischer Fotografen, sondern gehört zum gängigen Repertoire professioneller Bildbearbeiter. Motive werden günstiger ins Licht gerückt, kleine Fehler ausgebügelt und Unzulänglichkeiten der Fototechnik ausgeglichen. Auch wenn sich jedes Motiv unterscheidet und andere Aufgaben stellt, gibt es ein paar Tipps, von denen nahezu jede Retusche profitiert.

22.2.1 Reihenfolge beachten

Vor der Retusche liegen die allgemeinen Bild- und Farbkorrekturen. Retusche ist Feinarbeit am bereits fertig korrigierten Bild – die Ihnen im Übrigen auch leichterfallen sollte, wenn Störungen wie Farbstiche und anderes bereits behoben sind.

22.2.2 Schritte zurück

Machen Sie reichlich **Schnappschüsse**. Es ist eine der größten Schwierigkeiten beim Retuschieren, rechtzeitig aufzuhören – ein Klick zu viel, und das bis dahin ganz gelungene Werk erscheint künstlich und offenbart die »Fälschung«. Beim Retuschieren wird jedes einzelne Ansetzen des Retuschewerkzeugs als eigener Arbeitsschritt protokolliert. Die zugewiesene Menge der Protokollschritte ist dann schnell erreicht, und es kann passieren, dass Sie einen etwas weiter zurückliegenden Missgriff nicht mehr erreichen können. Ein konsequenter und systematischer Schnappschuss-Gebrauch ermöglicht es Ihnen, zu entscheidenden Bildstadien zurückzukehren.

Verbesserte Vorschau der einretuschierten Bildpixel

Eine wirklich alltagsgerechte Vorschau war bis dato für Stempel & Co. nicht zu haben. Man hatte die Wahl zwischen einer normalen Werkzeugspitze (die nichts über die aufgenommenen Pixel verrät) oder einer viel zu großen Überlagerung. Das hat sich in CS4 geändert. Sie sehen jetzt innerhalb der Werkzeugspitze die Pixel, die Sie aktuell aufstempeln.

22.2.3 Füllmethoden ausspielen

Photoshops Retuschewerkzeuge Kopierstempel, Ausbessern-Werkzeug, Reparatur-Pinsel-Werkzeug – so die etwas hölzernen Bezeichnungen – arbeiten alle nach einem ähnlichen Prinzip. Sie kopieren Pixel von einer unbeschädigten Partie des Bildes (dieser Vorgang wird auch **Aufnehmen** genannt) und fügen sie an der reparaturbedürftigen Stelle ein. Eine Ausnahme stellt das Bereichsreparatur-Pinsel-Werkzeug dar. Es sammelt selbständig Reparaturpixel aus dem Bild, Aufnehmen entfällt.

In den Optionen der Werkzeuge stehen Ihnen – ähnlich wie in der Ebenen-Palette – ebenfalls verschiedene Füllmethoden zur Verfügung. Hier firmieren sie unter dem Namen MODUS. Diese Modi legen fest, wie sich die zur Reparatur einkopierten Pixel auf die darunterliegenden Originalpixel auswirken. Sie können und sollten die MODUS-Option unbedingt einsetzen, wenn Sie retuschieren. Dadurch können Sie die Wirksamkeit der Retuschewerkzeuge erhöhen und ein »retuschiertes Aussehen« der bearbeiteten Bilder verhindern. So sollten Sie mit den abdunkelnden Modi ABDUNKELN, MULTIPLIZIEREN und den beiden Nachbelichter-Modi experimentieren, wenn Sie zu helle Pixel retuschieren wollen. Um zu dunkle Bildpartien – zum Beispiel dunkle Augenringe oder Muttermale – zu retuschieren, empfehlen sich der Modus AUFHELLEN und verwandte Modi.

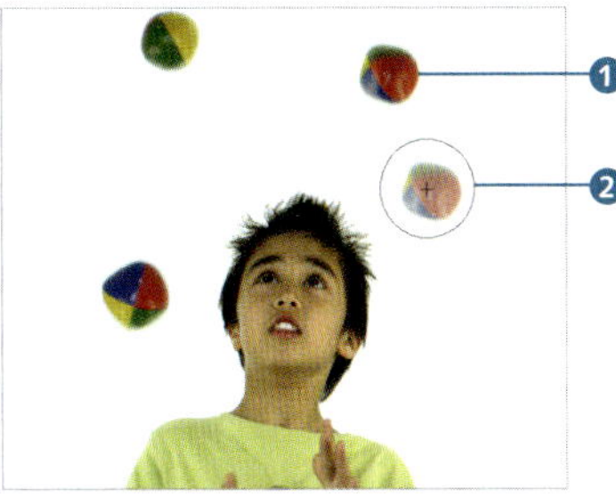

▲ **Abbildung 22.10**
Hier sollen mehr Jonglierbälle ins Bild gestempelt werden. Ein Ball ❶ wurde mit dem Stempel als Aufnahmebereich festgelegt. Sie sehen dieselben Pixel innerhalb der Werkzeugspitze ❷.

Datei auf der Buch-DVD: »FrauMitMuttermalen.tif«

Abbildung 22.11 ▶
Geschickter Einsatz von Ebenenmodi: Die Leberflecken sollen retuschiert werden – ohne dass die Retusche erkennbar ist, und bei vertretbarem Zeitaufwand.

Abbildung 22.12 ▶▶
Im Modus HELLERE FARBE ist diese Retusche eine leichte Aufgabe für den Kopierstempel.

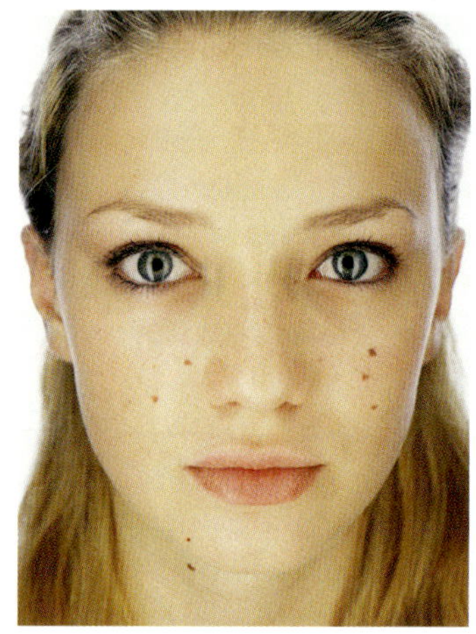

Bild: Fotolia, Franz Pfluegl

22.2.4 Eigene Retuscheebene

Wenn Sie Retuschen auf einem Duplikat der Originalebene vornehmen, haben Sie nicht nur den Vorteil, bei Missgriffen schnell wieder eine unversehrte Bildversion zur Hand zu haben. Sie können so auch Ihre Retusche fein abstimmen!

Die Schwierigkeit bei Ausbesserungsarbeiten – besonders bei Gesichtern – ist oft, dass die Bilder *zu* glatt, zu wächsern wirken. Der Trick, auf einer duplizierten Ebene zu retuschieren, kann Abhilfe schaffen. *Bevor* Sie die Retusche starten, ziehen Sie die Bildebene über das Symbol für NEUE EBENE. Damit wird die Ebene kopiert und liegt in der Ebenen-Palette über dem Original. Sie bearbeiten dann die Kopie. Nach vollendeter Retusche können Sie die Deckkraft der oben liegenden Ebene reduzieren. Die darunter liegende Originalebene scheint dann durch und verleiht dem Bild Natürlichkeit, ohne dass die Retuschen völlig verloren gehen.

Abbildung 22.13 ▶
Dieses Bild wurde recht intensiv mit Retuschetools bearbeitet. Manchem mag das Ergebnis ein wenig zu leblos erscheinen.

Abbildung 22.14 ▶▶
Hier wurde auf der duplizierten Ebene retuschiert und später deren Deckkraft reduziert.

Bild: Fotolia, Christophe Denis

Die meisten Retuschewerkzeuge funktionieren auch, wenn Sie sie auf einer leeren Ebene anwenden, die oberhalb der eigentlichen Bildebene liegt. Auch dies ist eine Möglichkeit für zerstörungsfreies Arbeiten, mit der Sie außerdem die Wirkung der Retusche via Ebenendeckkraft regulieren können.

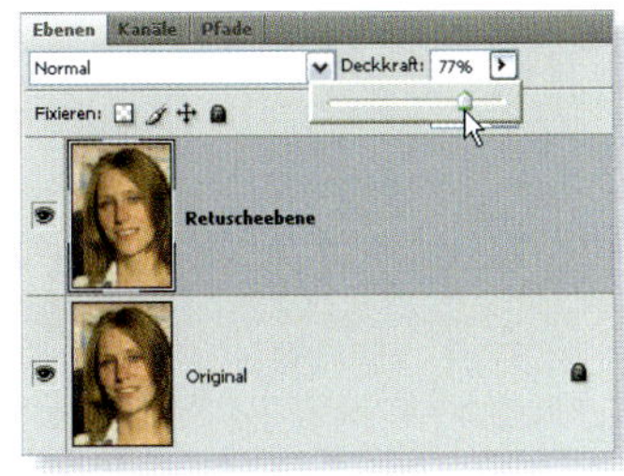

▲ **Abbildung 22.15**
Retuschiert wurde auf der oberen Ebene. Deren Deckkraft wurde herabgesetzt. Die untere Ebene scheint durch und verbindet sich mit der retuschierten Ebene zu einem natürlicheren Gesamtbild.

22.3 Retusche mit dem Kopierstempel

In der Werkzeugleiste von Photoshop befinden sich gleich zwei Stempelwerkzeuge: den Kopierstempel [S] und den Musterstempel. Der Musterstempel wird eher selten eingesetzt, während der Kopierstempel zu »Photoshoppers Alltag« gehört.

Mit dem Kopierstempel können Sie sogar kräftige Kratzer, eingerissene Ecken, aber auch unerwünschte Bildelemente verschwinden lassen. Auch für Porträtretuschen eignet er sich. Und mit Unterstützung der KOPIERQUELLE-Palette können Sie den Kopierstempel auch als Helfer für kleine Montagearbeiten verwenden.

Datei auf der Buch-DVD: »usedom.tif«

Bild: S. Mühlke

▲ **Abbildung 22.16**
Vor der Retusche

▲ **Abbildung 22.17**
Der Kopierstempel ist vielseitig und leistet Erstaunliches. Die abgerissene Bildecke ist wiederhergestellt, und auch die groben Fussel, denen mit den Entstörungsfiltern nicht beizukommen ist, sind weggestempelt.

Ich stelle Ihnen zunächst die Optionen und Funktionsweise vor und mache Sie dann mit den erweiterten Kontrollmöglichkeiten der Palette KOPIERQUELLE vertraut.

22.3.1 Optionen des Kopierstempels

Ob das Ergebnis einer Stempelretusche gut ausfällt, ist neben Ihrem Geschick von den eingestellten Optionen abhängig.

Pinsel- und Pixeleigenschaften | Unter PINSEL ❶ stellen Sie ein, mit welcher Werkzeugspitze der Stempel arbeiten soll. Oft sind weiche Pinselspitzen die beste Wahl.

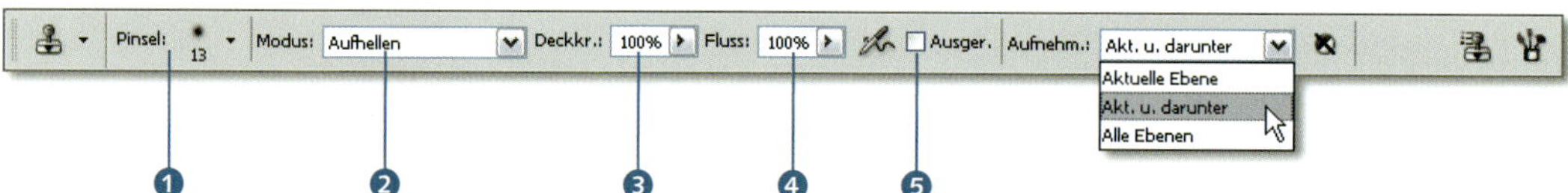

▲ **Abbildung 22.18**
Optionen des Kopierstempels. Sie können genau festlegen, von welcher Ebene die Pixel aufgenommen werden sollen – so können Sie auch auf einer leeren Ebene oberhalb der Bildebene stempeln.

Datei auf der Buch-DVD: »irischer_esel.jpg«

▲ **Abbildung 22.19**
Drei Pinselstriche zum Vergleich: Links HÄRTE 100%, in der Mitte HÄRTE 50%, rechts HÄRTE 0%. Die Größe der Pinselspitze war gleich.

Bild: S. Mühlke

▲ **Abbildung 22.20**
Dieser Esel soll mithilfe des Stempels von seinem blauen Strick befreit werden. Zunächst wurde mit einer **harten** Werkzeugspitze, Größe 25 Px, gestempelt. Die einzelnen Stempelabdrücke sind nicht nur in der Vergrößerung deutlich zu erkennen. Das ist nicht ganz im Sinne einer erfolgreichen Retusche.

Mit MODUS ❷ bestimmen Sie, wie die aufgetragenen Pixel mit den Bildpixeln verrechnet werden, DECKKRAFT ❸ regelt die Deckkraft bzw. Transparenz der Retuschepixel. FLUSS ❹ und das nebenstehende Airbrush-Symbol sind bei vielen Mal- und Retuschewerkzeugen anzutreffen. Sie stellen den Pixelauftrag ein: FLUSS simuliert zähe oder dünnflüssige (digitale) Farbe, vor allem in Zusammenarbeit mit der Airbrush-Option macht sich das bemerkbar. Beim Stempel können Sie diese Optionen getrost ignorieren, wichtiger sind sie bei Illustrationen.

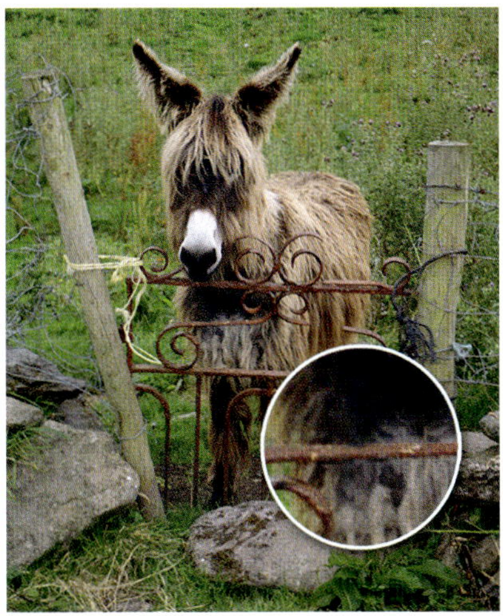

◀ **Abbildung 22.21**
Viel bessere Ergebnisse erzielt man in den meisten Fällen mit **weichen** Werkzeugspitzen. Bei geschicktem Einsatz sind Stempelspuren nicht mehr zu erkennen.

Ausgerichtet | Nicht ganz leicht zu durchschauen ist die Stempeloption AUSGER.(ICHTET) ❺. Sie bezieht sich auf das Verhältnis von Aufnahmepunkt und gestempelten Pixeln.

- Ist die Option **nicht aktiviert**, wird mit jedem Stempeldruck oder Malstrich der ursprünglich aufgenommene Bildbereich erneut eingefügt. Diese Einstellung eignet sich nach meiner Erfahrung am besten für Detailretuschen.
- Ist die Option **aktiv** und stempeln Sie mehrmals, reproduziert nur der erste Stempeldruck den originalen Aufnahmepunkt.

Jedes erneute Stempeln oder Malen fügt *ohne erneute Aufnahme* weitere Stellen des Bildes ein, und zwar in korrekter (dem Originalbild entsprechender) räumlicher Proportion zum ersten Stempeldruck. Das Bild wird also nicht zerstückelt. Auf diese Art und Weise soll man größere Bildpartien stempelnd ausfüllen. Die Gefahr, dass man unversehens prägnante, verräterische Billddetails oder gar den Fehler erneut einkopiert, ist allerdings recht groß.

Geeignete Motive für die Stempelretusche

Ob die Retusche glückt – also ganz diskret angebracht werden kann – hängt auch vom Motiv ab. Diffuse Strukturen wie Gras, Fell oder Wasser eignen sich gut für das Stempeln. Achten Sie immer darauf, dass der Aufnahmebereich keine prägnanten Muster oder Elemente enthält – wenn die sich an anderer Stelle wiederholen, ist die Retusche schnell entlarvt!

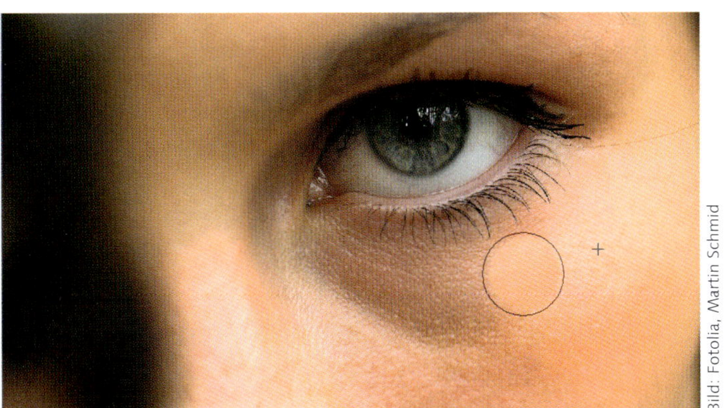

Bild: Fotolia, Martin Schmid

◀ **Abbildung 22.22**
Der Kopierstempel in Aktion. Das kleine Kreuz (hier rechts von der Werkzeugspitze) signalisiert den Aufnahmepunkt. Beachten Sie einmal das unterschiedliche Verhalten dieser Markierung beim Aktivieren der Option AUSGERICHTET!

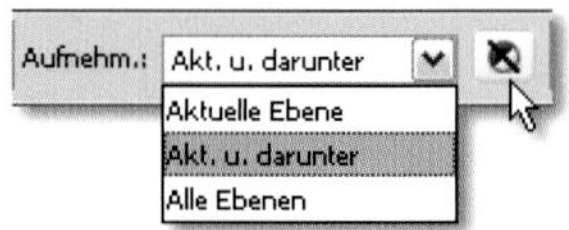

▲ **Abbildung 22.23**
Einstellungsebenen werden auf Wunsch bei der Retusche ignoriert – ein Klick auf das Icon genügt.

Aufnehmen | Unter AUFNEHM(EN) können Sie genau festlegen, von welchen Bildebenen die aufgenommenen Pixel stammen.

- Ist AKTUELLE EBENE gewählt, nimmt der Stempel nur Pixel der aktuell aktiven Ebene auf.
- AKT. U. DARUNTER bedeutet, dass Pixel von der aktiven Ebene und der unmittelbar darunter liegenden Ebene aufgenommen werden.
- ALLE EBENEN bezieht sich auf alle unter dem Auhnahmepunkt sichtbaren Ebenen.

Das kleine Icon neben der Liste bedeutet EINSTELLUNGSEBENEN IGNORIEREN. Es ist nur aktiv, wenn im Bild tatsächlich Einstellungsebenen vorkommen, und kann bei Bedarf zugeschaltet werden.

22.3.2 Vorgehen

Das Arbeitsprinzip ist einfach: Sie rufen den Stempel auf, stellen die Optionen ein und nehmen dann Reparaturpixel auf, indem Sie [Alt] oder [⌥] drücken und gleichzeitig auf die Partie des Bildes klicken, die Sie über die Fehlstelle des Bildes kopieren wollen. Wenn Sie nun – *ohne* [Alt]/[⌥] zu drücken – an die reparaturbedürftige Stelle des Bildes klicken, wird der eben aufgenommene Bildausschnitt an diese Stelle kopiert. Sie können mit einer Vielzahl von Klicks die Retusche eher »auftupfen« oder bei gehaltener Maustaste »aufmalen«. Bei sehr feinen Korrekturen empfiehlt sich das »Tupfen«; größere Korrekturbereiche lassen sich besser malend auftragen. Um die Retusche unauffällig zu gestalten, sind häufige Wechsel der Pinselgröße, des Aufnahmebereichs und die Wahl einer geeigneten Füllmethode Pflicht. Je differenzierter die Details des Bildes sind, desto öfter müssen Sie einen neuen Bildbereich aufnehmen!

22.3.3 Kontrollzentrum für Stempel & Co.: Die Palette »Kopierquelle«

Mit der Palette KOPIERQUELLE erhalten Sie eine frei justierbare Vorschau des Stempelbereichs. Sie können schon beim Stempeln Versatz und Skalierung des eingestempelten Objekts bestimmen und mehrere Kopierquellen – zum Beispiel auch aus anderen Bildern – bequem verwalten. Die Palette funktioniert nicht nur beim Stempel, sondern auch bei den anderen Werkzeugen, die nach demselben Prinzip arbeiten.

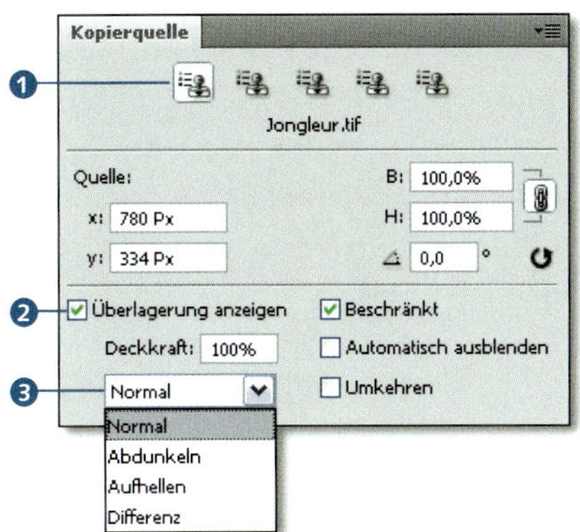

◂ **Abbildung 22.24**
Klein und extrem hilfreich: die Kopierquelle-Palette

Aufnahmequellen | Die fünf Stempel-Icons im oberen Bereich der Palette ❶ sind Ihre neue Aufnahmequellen-Verwaltung. Bis zu fünf verschiedene Aufnahmequellen können Sie gleichzeitig ablegen und nach Aufruf ins Bild stempeln. Dabei ist es gleichgültig, ob diese Quellen innerhalb eines Bildes liegen oder aus mehreren geöffneten Dokumenten stammen. Wenn Sie die Dokumente schließen, werden die Kopierquellen gelöscht.

Es Funktioniert eigentlich ganz einfach: Sie aktivieren einen der fünf Buttons und nehmen mit dem gewohnten [Alt]-Klick bzw. [⌥]-Klick Pixel auf. Um eine weitere Kopierquelle festzulegen, klicken Sie einen weiteren der Buttons an, nehmen dann die Pixel auf … und so weiter.

Um dann die Pixel aufzustempeln – oder mit einem der anderen Retuschetools ins Bild zu bringen –, aktivieren Sie den Button, der der gewünschten Kopierquelle entspricht, und retuschieren ins Bild hinein.

Im Detail ist das manchmal ein wenig tückisch. Obwohl die verbesserte Stempel-Vorschau im Bild anzeigt, welche Pixel man nun gerade aufstempeln will, kommt man im Eifer des Gefechts manchmal durcheinander. Alle fünf Buttons sehen ja leider gleich aus. Eine Vorschau der Kopierquelle direkt auf den Buttons steht jedenfalls auf meiner Wunschliste für die nächste Photoshop-Version.

Retuschevorschau | In der unteren Abteilung der Palette finden Sie die Einstellung für die Retuschevorschau innerhalb der Werkzeugspitze bzw. innerhalb des Bildes.

- Ist die Option Überlagerung anzeigen ❷ inaktiv, wird gar keine Vorschau der aufgetragenen Bildpixel gezeigt.
- Beschränkt sorgt dafür, dass Sie eine Vorschau innerhalb der **Werkzeugspitze** sehen.

Wenn Sie die Option Beschränkt deaktivieren, wird das **komplette Bild**, aus dem die aufgenommenen Pixel stammen, als »Geisterbild« angezeigt, sobald Sie den Stempel (oder ein anderes Werkzeug aus dieser Familie) über das Bild führen.

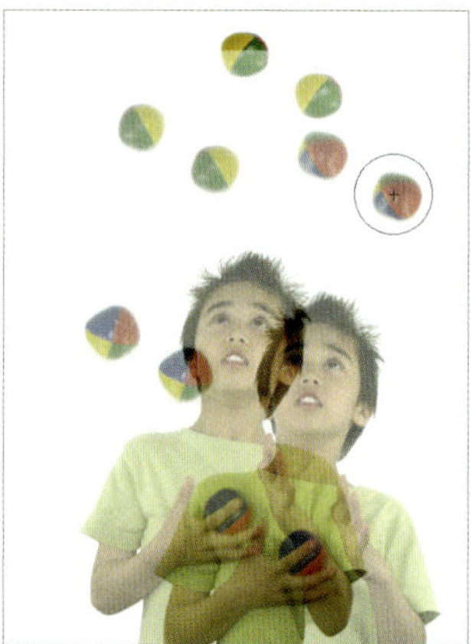

Abbildung 22.25 ▸
Die Vorschau des Kopierstempels mit **aktiver** Funktion Beschränkt: die aufgenommenen Pixel sind nur innerhalb der Werkzeugspitze sichtbar.

Abbildung 22.26 ▸▸
Die Vorschau des Kopierstempels mit **deaktivierter** Funktion Beschränkt: Die Vorschau zeigt das ganze Bild, aus dem die aufgenommenen Pixel stammen. (Hier sind Quelle und Ziel identisch – zweimal dasselbe Bild.)

- Mit Deckkraft regeln Sie, wie deutlich sichtbar die Überlagerung ist.
- Sie können den Modus ❸ ändern oder sogar die Farben der Vorschau invertieren (Umkehren), um auch bei schwierigen Motiven den Überblick nicht zu verlieren.
- Automatisch ausblenden lässt das Vorschaubild in dem Moment verschwinden, in dem Sie den Stempel betätigen.

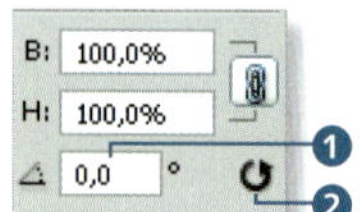

▲ Abbildung 22.27
Das Kettensymbol signalisiert an vielen Stellen in Photoshop »Proportionen erhalten«

Kopierquelle bearbeiten | Sie können eine Kopierquelle schon skalieren und drehen, während Sie sie auftragen. Auf diese Weise lassen sich Bildobjekte vermehren – so machen sich die Retuschetools auch als Helfer bei Bildmontagen nützlich. Unter B und H tragen Sie die neue Größe ein (Prozent der Ausgangspixel). Ist das kleine Ketten-Icon aktiviert, erfolgt die Skalierung proportional. Wenn Sie einen Gegenstand nicht-proportional skalieren – also verzerren – wollen, klicken Sie die Kette an. Die Option ist dann inaktiv.

Im Eingabefeld Kopierquelle drehen ❶ [2,5 °] können Sie die Gradzahl eintragen, um die ein Objekt beim Stempeln gedreht werden soll. Ein Klick auf den Button Transformation zurücksetzen ❷ setzt die Werte wieder zurück.

Zum Nachlesen: Highlights und Schatten nachbessern
In Kapitel 12, »Füllmethoden«, habe ich Ihnen gezeigt, wie Sie Lichter und Schatten ins Bild malen – zum Beispiel, um solche Montagen nachzubessern.

Realität schaffen | Nicht nur bei diesem, auch bei vielen anderen Motiven kann man durch Stempeln oder auch mit Copy & Paste Objekte kopieren und einfügen und so eine neue Bildsituation schaffen. Leider ist es damit nicht getan. Schatten und Lichter verraten dem aufmerksamen Betrachter sofort, wenn geschummelt wurde – das Anpassen der Lichtverhältnisse gehört bei Profi-Montagen unbedingt dazu.

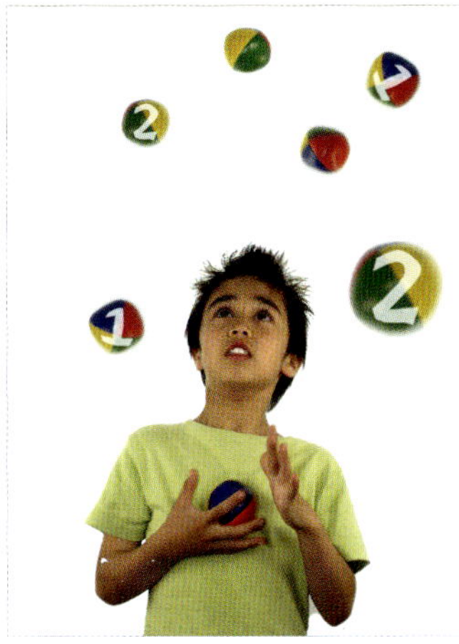

▲ **Abbildung 22.28**
Skalieren und Drehen von Retuscheobjekten – der Anschaulichkeit halber einmal mit nummerierten Bällen. Die Bälle 1 und 2 links vom Jungen sind die Originale. Der Ball 1 rechts oben vom Jungen ist eine um 60° gedreht eingestempelte Kopie der originalen Ball-Pixel. Ball 2 rechts außen ist die um 200 % vergrößerte Version des Originalballs 2.

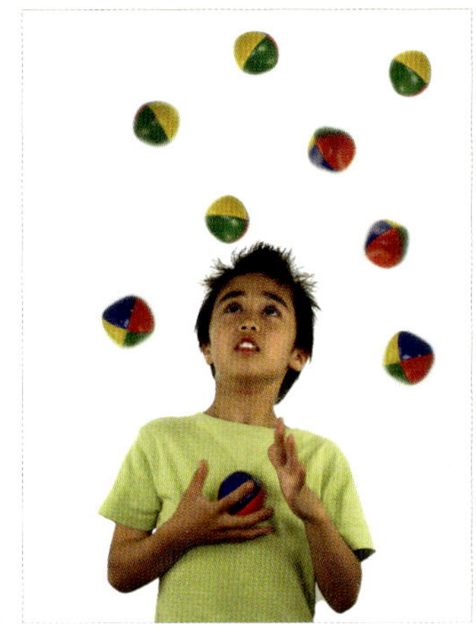

▲ **Abbildung 22.29**
Der kleine Jongleur wird hier nicht nur fast von Bällen erschlagen. Die Lichter, die bei nahezu jedem Ball anders positioniert sind, entlarven sofort die nicht zu Ende geführte Montage.

TOPP-TIPP: Welche Werte für welche Drehung?

- Ein Objekt **gegen den Uhrzeigersinn** drehen: Negative Werte im Eingabefeld KOPIERQUELLE DREHEN.
- Ein Objekt **im Uhrzeigersinn** drehen: Positive Werte im Eingabefeld KOPIERQUELLE DREHEN.
- Ein Objekt **horizontal spiegeln**: Tippen Sie unter B »–100« und unter H »100« ein.
- Ein Objekt **vertikal spiegeln**: Tippen Sie unter B »100« und unter H »–100« ein.
- Ein Objekt **um 180°** drehen: 180° im Eingabefeld KOPIERQUELLE DREHEN.

Dateien auf der Buch-DVD:
»Jongleur.jpg«,
»Jongleur-nummeriert.tif«

22.3.4 Musterstempel

Die Arbeit mit dem Verwandten des Kopierstempels, dem MUSTERSTEMPEL , funktioniert ähnlich. Hier übertragen Sie allerdings nicht einen vorher festgelegten Bildbereich an eine andere Stelle, sondern ein Muster, das Sie aus dem Photoshop-Sortiment wählen.

22.4 Lokal abwedeln, nachbelichten und Sättigung korrigieren per Werkzeug

In der Werkzeugleiste finden Sie mit Abwedler , Nachbelichter und Schwamm (alle mit dem Kürzel O) Werkzeuge, mit denen sich einzelne Bildpartien aufhellen oder abdunkeln lassen. Der Schwamm verändert die Farbsättigung. Die Werkzeuge eignen sich gut für Mini-Anpassungen an Montagen, die sonst schon gut ganz gut sitzen, und für Detailretuschen.

Eine dezente, aber sehr wirkungsvolle Neuerung
Bisher gehörten Abwedler & Co. nicht gerade zu den Werkzeugen, die man gerne zu Retuschen heranzog: damit behandelte Bildpartien neigten zu starkem Ausgrauen. Nun sollten Sie die altbekannten und lange ignorierten Werkzeuge erneut ausprobieren. Adobe hat die Wirkungsweise der Tools grundlegend verbessert! Der einziger Hinweis darauf ist die neue Option TONWERTE SCHÜTZEN bzw. DYNAMIK (beim Schwamm).

22.4.1 Optionen von Nachbelichter und Abwedler

Die Einstellungen in der Optionsleiste für Abwedler und Nachbelichter sind recht einfach zu durchschauen.

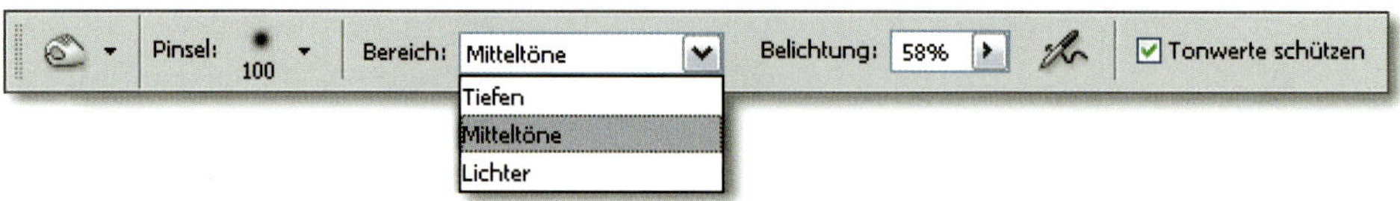

Abbildung 22.30 ▲
Die Optionen des Nachbelichters (Die Abwedler-Optionen sind dieselben.)

- Unter PINSEL stellen Sie Form, Schärfe und Größe der Werkzeugspitze ein.
- Mit BEREICH (beim Abwedler und Nachbelichter) schränken Sie die Wirkung des Werkzeugs ein. Dort legen Sie fest, ob die hellsten (LICHTER), dunkelsten (TIEFEN) oder mittleren Helligkeitswerte (MITTELTÖNE) des Bildes verändert werden sollen.
- BELICHTUNG legt fest, wie stark das jeweilige Werkzeug wirkt. Meist liegen Sie mit Werten zwischen 10% und 20% schon ganz gut – höhere Werte wirken schnell viel zu hart.
- Die Option TONWERTE SCHÜTZEN ist neu. Sie sollten Sie aktivieren und dann das Häkchen niemals mehr entfernen: Ist diese Option eingeschaltet, operieren die Werkzeuge bildschonend. Das bisher nahezu unausweichliche Ausgrauen retuschierter Bildteile unterbleibt.

22.4.2 Optionen des Schwamms

Die Optionen des Schwamm-Werkzeugs sind ein wenig anders.

Abbildung 22.31 ▼
Die Schwamm-Optionen

Zum Nachlesen: Malen mit Licht und Schatten
Für aufwändigere Retusche- und Montageaufgaben sollten Sie mit eigenen Retuscheebenen arbeiten. Diese Technik erlaubt Feineinstellungen wie das Weichzeichnen, Verformen oder Abschwächen einzelner Lichter und Schatten und sogar das Auftragen von »farbigem Licht«. Wie das geht, lesen Sie im Workshop »Malen mit Licht und Schatten« in Abschnitt 12.8.2.

- Dort gibt es die Einstellung MODUS. Mit den bekannten Bildmodi hat das nichts zu tun – hier legen Sie fest, ob die Sättigung des Bildes partiell erhöht oder verringert werden soll.
- Die Option FLUSS gibt an, wie schnell Pixel aufgetragen werden – Sie können also einstellen, wie »dünnflüssig« oder »zäh« die virtuell aufgetragene Farbe bzw. die Wirkung des Schwamms sein soll. Je kleiner der Wert ist, desto geringer ist die Werkzeugwirkung.
- DYNAMIK setzt die in CS4 verbesserte Wirkungsweise des Werkzeugs in Kraft. Sie reduziert die Beschneidung bei vollständig gesättigten oder schon vollkommen entsättigten Farben.

22.5 Retusche mit den Reparatur-Pinseln

Das Reparatur-Pinsel-Werkzeug J, das Bereichsreparatur-Pinsel-Werkzeug J und das Ausbessern-Werkzeug J tragen nicht einfach zuvor definierte Bildpixel an anderer Stelle wieder auf. Hier werden die Pixel des zu korrigierenden Bildbereichs mit den dorthin übertragenen Bildpixeln vermischt. Anwendung finden diese Tools, wenn das Stempeln zu drastisch wirken würde – was oft bei Gesichtern der Fall ist – oder wenn die Korrektur per Stempel durch vielschichtige Strukturen, enges Beieinander von Licht und Schatten oder Ähnliches erschwert wird. Sie finden die Werkzeuge direkt über den Stempeln in der Werkzeugleiste.

22.5.1 Der Reparatur-Pinsel

Eigentlich sollten Ihnen die Reparatur-Pinsel-Optionen keine großen Schwierigkeiten bereiten. Wenn Sie nur kleinere Bereiche retuschieren, kann es sinnvoll sein, eine Pinselspitze zu wählen, die etwas größer ist als der zu reparierende Bereich. Dann kommen Sie mit einem Klick zur Reparatur aus.

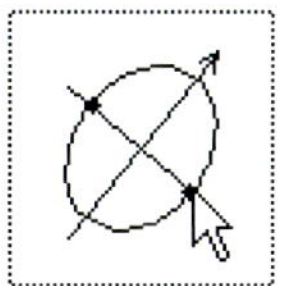

▲ **Abbildung 22.32**
So machen Sie die Pinselspitze flacher, …

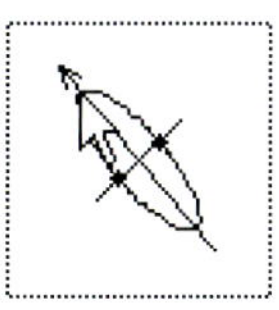

▲ **Abbildung 22.33**
… und so können Sie sie drehen.

Die Optionen des Reparatur-Pinsels | Anders als beim Stempel können Sie hier auch flache Pinsel definieren und die Neigung der Werkzeugspitze einstellen (über die Optionen WINKEL und RUNDHEIT oder direkt in der Pinsel-Vorschau).

▲ **Abbildung 22.34**
Die Reparatur-Pinsel-Optionen

Die Pinseloption ABSTAND bezieht sich auf den – in älteren Programmversionen sogenannten – Malabstand. Mit einem Malabstand von etwa 25 entsteht eine durchgehende Linie; höhere Werte erzeugen punktierte Linien. Meist ist es nicht notwendig, diese Option zu verstellen. Die Ergebnisse werden zu unvorhersehbar.

▲ **Abbildung 22.35**
Malabstand 25 (links – die Standardeinstellung bei Mal- und Retuschewerkzeugen) und 110 (rechte Linie).

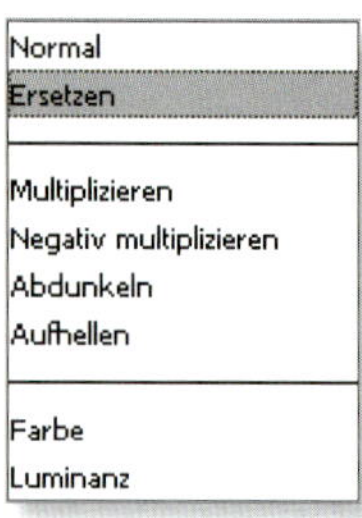

▲ **Abbildung 22.36**
Modi beim Reparaturpinsel

Die Modi lohnen einen genaueren Blick, denn hier gibt es einen Modus, den Sie aus der Ebenen-Palette noch nicht kennen: ERSETZEN. Diesen Modus sollten Sie wählen, wenn Ihr Bild eine (erhaltenswerte) Körnung oder Störungen hat. Im Modus ERSETZEN bleiben Störungen und Strukturen an den Kanten des Malstrichs erhalten, was ein nahtloseres Einpassen der Retuschestriche erlaubt.

Wählen können Sie auch, ob Sie mit einem aufgenommenen Bereich (QUELLE: AUFGENOMMEN) oder einem Muster (QUELLE: MUSTER) arbeiten. Und wie beim Stempel gibt es die Option AUSGER.(ICHTET).

Anwendung | Das Vorgehen ist wieder folgendes: Sie stellen die Werkzeugspitze und andere Optionen wie z. B. auch den Modus ein und nehmen durch Mausklick bei gehaltener [Alt]-Taste (bzw. [⌥]-Taste unter Mac OS) den Bereich des Bildes auf, der die Fehlstelle kaschieren soll. Dann bewegen Sie den Mauszeiger an die Stelle, die retuschiert werden soll, und malen dort mit der Maus. So können Sie Stück für Stück kleinere und größere Reparaturen durchführen.

Der während des Pinselns oft sichtbare große Unterschied zwischen den aufgetragenen Pixeln und der Umgebung verschwindet, sobald Sie die Maustaste loslassen – dann vermischen sich die aufgemalten mit den darunterliegenden Pixeln. Bei Porträtretuschen führt das jedoch zu stark weichgezeichneten, »matschigen« Bildpartien, die sich nicht gut ins Bild einfügen. Manchmal kommt man mit dem Stempel bei gut eingestellten Optionen weiter als mit Photoshops halbautomatischen Retuschewerkzeugen.

Datei auf der Buch-DVD: »mädchengesicht.jpg«

Bild: Fotolia, Marilyn Barbone

Abbildung 22.37 ▶
Werkzeugspitze und Aufnahmepunkt sind gut zu sehen.

22.5.2 Der Bereichsreparatur-Pinsel: Reparieren auf die Schnelle

Der Bereichsreparatur-Pinsel J arbeitet ähnlich wie der Reparatur-Pinsel: Pixel werden aus einem Bild aufgenommen (oder stammen aus einem fertigen Muster) und in Struktur, Farbnuancierung und Transparenz mit den zu reparierenden Bildpixeln abgeglichen und an sie angepasst.

Es gibt allerdings einen gewichtigen Unterschied: Nicht Sie selbst müssen einen Aufnahmepunkt definieren. Das erledigt das Werkzeug **automatisch**. So können Sie schneller arbeiten, haben aber weniger Kontrolle. Das Bereichsreparatur-Werkzeug eignet sich vor allem für kleine Reparaturen bei Motiven, die nicht allzu detailreich sind, und für Retuschen in strukturierten Flächen.

Die Optionen des Bereichsreparatur-Pinsel-Werkzeugs | PINSEL und MODUS kennen Sie nun schon zur Genüge, und auch beim Bereichsreparatur-Pinsel-Werkzeug können Sie entscheiden, ob Sie lediglich Pixel der aktiven Ebene oder von allen Ebenen aufnehmen wollen. Neu sind die ART-Optionen, mit denen Sie ein wenig Einfluss darauf haben, welche Pixel als Reparaturpixel herangezogen werden.

▼ **Abbildung 22.38**
Ihre Optionen beim Bereichsreparatur-Pinsel-Werkzeug

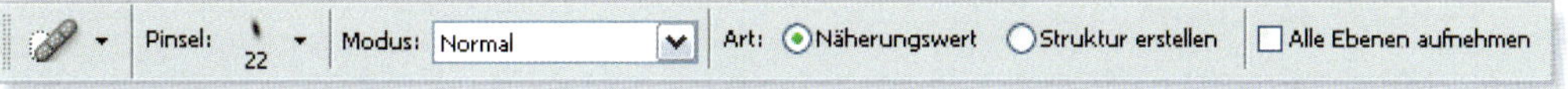

- NÄHERUNGSWERT verwendet die Pixel an den Kanten der Bereiche, die Sie gerade unter dem Mauszeiger haben, um geeignete Reparaturpixel zu finden.
- Ist STRUKTUR ERSTELLEN aktiviert, werden alle Pixel, die Sie unter dem Mauszeiger respektive dem Bereichsreparatur-Pinsel haben, herangezogen, um eine Struktur für die Reparatur des beschädigten Bereichs zu berechnen.

Wenn Sie mit keiner der beiden Optionen gute Ergebnisse erzielen, sollten Sie es mit dem normalen Reparatur-Pinsel versuchen.

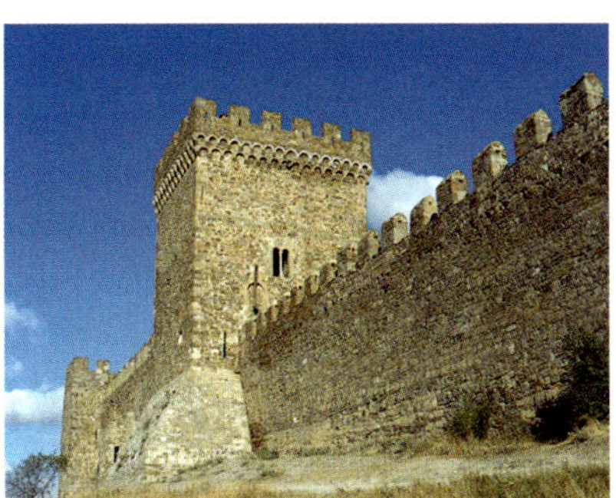

◀ **Abbildung 22.39**
Durch eine Retusche soll das Fenster aus der Turmmauer verschwinden.

▲ **Abbildung 22.40**
Der Bereichsreparatur-Pinsel hinterlässt zunächst deutlich sichtbare dunkle Striche auf dem Bild, bis die Pixel eingerechnet werden.

▲ **Abbildung 22.41**
Die fertige Bildversion

22.5.3 Das Ausbessern-Werkzeug

Das Ausbessern-Werkzeug [J] verrechnet Pixel ähnlich wie der Reparatur-Pinsel, die Technik der Pixelübertragung ist jedoch anders: Sie ziehen um einzelne Bildbereiche mit der Maus eine geschlossene Markierungslinie, die dann an eine neue Position verschoben wird. Die Pixel, die die Markierungslinie vor und nach dem Verschieben umfängt, werden dann miteinander verrechnet.

Das Ausbessern-Werkzeug ist eine Alternative zum Reparatur-Pinsel. Sie können es einsetzen, wenn einmal nicht so genau am Detail gearbeitet werden soll wie mit dem Pinsel.

Die Optionen des Ausbessern-Werkzeugs | Die Optionsleiste ermöglicht nur wenige, aber sehr wichtige Einstellungen, mit denen Sie den auszubessernden Bereich (die reparaturbedürftige Bildpartie) und den fehlerfreien Bereich (aus dem die Bildpixel stammen, mit denen die Fehlstelle retuschiert wird) festlegen.

Abbildung 22.42 ▸
Beim Ausbessern-Werkzeug brauchen Sie keinen Pinsel.

- Ist AUSBESSERN: QUELLE aktiviert, wird die ursprüngliche Markierung retuschiert, und zwar mit den Pixeln aus der Bildpartie, auf die Sie die Markierung ziehen.
- Ist AUSBESSERN: ZIEL angeklickt, liefert die als Erstes markierte Stelle die retuschierenden Pixel. Ausgebessert wird dann die neue Position der Markierungslinie.
- Die Einstellung MUSTER VERWENDEN ist nur aktiv, wenn im Bild bereits eine Auswahl erzeugt wurde. Klicken Sie auf den Button, um die Auswahlfläche mit dem zuvor aus der Liste gewählten Muster zu füllen.

Da Sie mit dem Ausbessern-Werkzeug auch eine Auswahl anlegen, um es zu benutzen, finden Sie in der Optionsleiste außerdem die schon von den regulären Auswahlwerkzeugen bekannten kleinen Buttons, mit denen Sie festlegen können, wie sich mehrere Auswahlbereiche im Bild zueinander verhalten.

Ausbessern-Auswahl per Shortcuts verändern | Sie müssen nicht zwangsläufig mit den Schaltflächen arbeiten. Es gibt auch Tastaturkürzel zum Modifizieren von Auswahlen.

- Halten Sie [⇧] gedrückt, und ziehen Sie im Bild eine weitere Auswahl auf, um die vorhandene Auswahl zu vergrößern (Auswahlbereiche addieren).
- Ziehen Sie bei gedrückter [Alt]- (Windows) bzw. [⌥]-Taste (Mac OS) einen zweiten Auswahlbereich auf, um die ursprüngliche Auswahl zu verkleinern (Auswahlbereiche subtrahieren).
- Drücken Sie [Alt] und [⇧] (Windows) bzw. [⌥] und [⇧] (Mac OS) im Bild, um einen Bereich auszuwählen, der sich mit der vorhandenen Auswahl überlappt (Auswahl-Schnittmenge bilden).

Anwendung | Die Arbeitsweise erfordert ein wenig Geschick im Umgang mit der Maus und ein gutes Auge dafür, welche Bildpartien sich zu einer harmonischen Retusche ergänzen könnten. Anhand eines Beispiels zeige ich Ihnen die Prozedur Schritt für Schritt.

Schritt für Schritt: Das Ausbessern-Werkzeug im Einsatz

1 Quelle und Ziel festlegen

Der Abzug dieses Fotos wurde beschädigt. Ein Negativ ist nicht mehr vorhanden. Also wurde das Bild gescannt und soll jetzt digital restauriert werden: eine Aufgabe für das Ausbessern-Werkzeug.

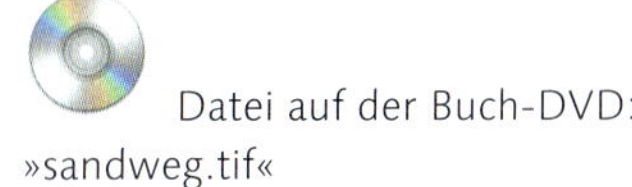

Datei auf der Buch-DVD: »sandweg.tif«

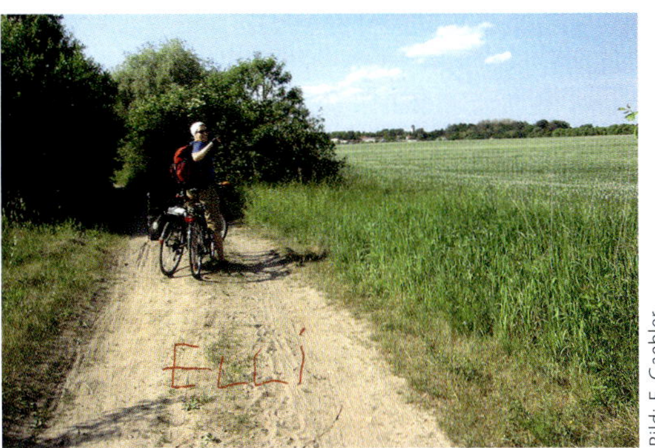

Bild: F. Gaebler

◂ **Abbildung 22.43**
Das Ausgangsbild. Die Schrift soll entfernt werden.

Das Werkzeug wird aktiviert, ich entscheide mich für die Option Ausbessern: Quelle. Mir erscheint die Arbeit damit ein wenig einfacher, besonders im Hinblick darauf, passende Retuschepixel zu finden – das ist aber Geschmackssache. Achten Sie auch darauf, dass die richtige Auswahloption aktiv ist – bei einer mehrteiligen Auswahl müssen diese Stellen ja addiert werden, sonst löscht jedes neue Ansetzen des Ausbessern-Werkzeugs die vorhergehende Auswahl.

2 Bei Bedarf Ebenenkopie anlegen

Wer sich mit dem Werkzeug noch unsicher fühlt oder sorglos experimentieren will, kann wiederum eine Ebenenkopie anlegen und diese bearbeiten.

3 Fehlerhaften Bereich markieren

Mit der Maus ziehe ich nun eine Linie um den missliebigen Schriftzug. Die Auswahlfunktion des Ausbessern-Werkzeugs lässt sich wie das bekannte Lasso-Werkzeug bedienen. Ich arbeite recht eng an den Buchstaben, um den zu retuschierenden Bereich nicht unnötig groß werden zu lassen.

Abbildung 22.44 ▸
Wählen Sie den unerwünschten Schriftzug mit dem Ausbessern-Werkzeug aus.

Das Ausbessern-Werkzeug ist zwar sehr effektiv, der Sand weist jedoch eine komplizierte Musterung aus Spuren, Licht, Schatten und Bewuchs auf, die möglichst erhalten bleiben soll. Je kleiner Sie den von der Auswahllinie umfangenen Bereich halten, desto besser wird die Retusche. Das »i« spare ich zunächst aus; der Gesamtschriftzug ist zu groß, um auf dem Sandweg einen passenden zusammenhängenden Bereich zu finden.

Achten Sie auch darauf, dass die Auswahllinie wirklich geschlossen ist!

4 Markierung bewegen

Nun ziehe ich den Mauszeiger über die Markierung, halte die Maustaste gedrückt und bewege die Maus und damit die Markierungslinie. Unterhalb der Schrift sind prägnante Unkrautbüschel, die die Retusche verraten würden, wenn sie übertragen werden. Ich ziehe die Auswahllinie also nach oben und achte darauf, dass sie weder über Resten der Schrift noch auf den Fahrrädern liegt.

◂ **Abbildung 22.45**
Auswahl verschieben

5 Resultat beurteilen, Auswahllinie löschen

Mit dem Loslassen der Maus springt die Auswahl an ihren alten Ort zurück. Die Schrift ist nun verschwunden. Wenn nötig, kann der Vorgang auch zurückgenommen (mit dem bewährten Strg+Z (Windows) oder ⌘+Z für Macianer) bzw. noch einmal wiederholt werden, bis die Retusche sitzt. Ich bin hier aber ganz zufrieden und entferne die Auswahllinie mit Strg+D bzw. ⌘+D oder mit Auswahl • Auswahl aufheben.

◂ **Abbildung 22.46**
Der Zwischenstand

6 Zweite Runde

Für das »i« gehe ich genauso vor.

▲ **Abbildung 22.47**
Auch der letzte Buchstabe wird ausgewählt und verschoben.

7 Endergebnis

Das Resultat kann sich sehen lassen. Der Sandweg wurde zwar ein wenig verändert, als solche erkennbar ist die Retusche aber nicht.

Abbildung 22.48 ▶
Das Ergebnis könnte mit anderen Retuschewerkzeugen weiter optimiert werden.

Natürlich können alle Retuschewerkzeuge kombiniert werden. Man könnte nun beispielsweise auf den vielleicht zu kahlen Sandweg per Stempel einige Grasbüschel aufbringen. ■

22.6 Rote Augen retuschieren

22.6.1 Rote-Augen-Retusche per Automatik

Rote Augen auf Fotos entstehen, wenn in dunklen Räumen geblitzt wird. Durch die weit geöffnete Pupille wird dann der Augenhintergrund fotografiert, und statt der eigentlichen Augenfarbe ist nur Rot zu sehen. Adobe bietet auch ein spezielles

Werkzeug an, das verblitzte Augen nahezu vollautomatisch retuschieren soll: das Rote-Augen-Werkzeug [J].

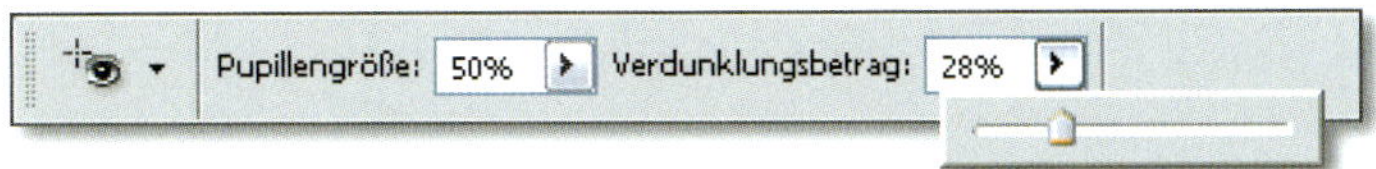

◂ **Abbildung 22.49**
Sparsame Einstellungsmöglichkeiten zur Augenretusche

Hier haben Sie nur zwei Einstellungsmöglichkeiten:

- Die PUPILLENGRÖSSE legt die Größe der Pupille fest.
- Die Einstellung VERDUNKLUNGSBETRAG bestimmt, wie stark die Pupille abgedunkelt wird.

Besonders nachvollziehbar sind diese Prozentangaben nicht, sodass die Anwendung des Werkzeugs auf Ausprobieren und Verwerfen hinausläuft. Adobe selbst empfiehlt in seiner Hilfe:

»Wenn Sie mit dem Ergebnis nicht zufrieden sind, machen Sie die Korrektur rückgängig, wählen Sie beliebige der folgenden Optionen aus, und klicken Sie erneut auf das rote Auge.«

Doch selbst mit fleißigem Ausprobieren kommt man nicht zu immer guten Ergebnissen, denn das Werkzeug arbeitet recht unpräzise. An ein Wiederherstellen der eigentlichen Augenfarbe ist auch nicht zu denken – das Rot wird lediglich abgedunkelt.

Datei auf der Buch-DVD: »Blitzlichtkind.tif«

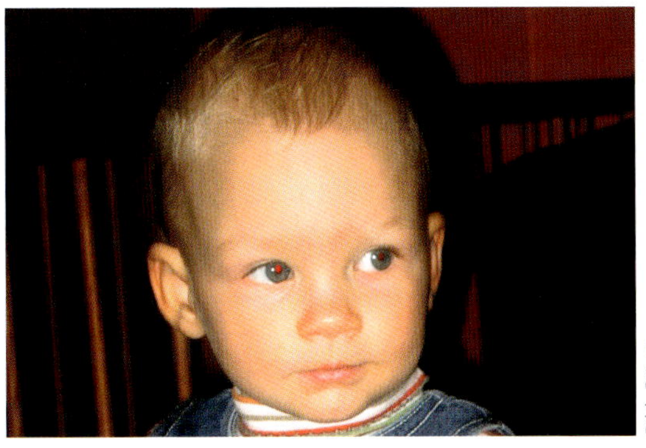

Bild: Privat

▴ **Abbildung 22.50**
Vor der Retusche mit dem Rote-Augen-Werkzeug ...

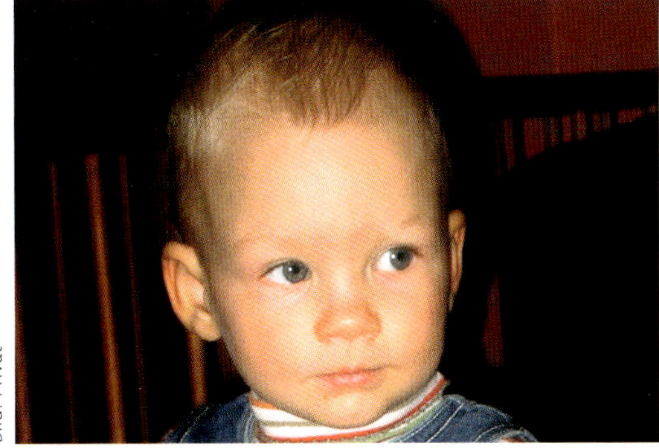

▴ **Abbildung 22.51**
... und danach. Bei diesem Motiv funktioniert das Rote-Augen-Werkzeug ganz gut.

22.6.2 Rote-Augen-Retusche manuell

Da die Automatik nur bei besonders günstigen Motiven zufriedenstellende Ergebnisse liefert, zeige ich Ihnen hier noch eine Möglichkeit, die roten Augen von Hand zu retuschieren. Zum Thema Rote-Augen-Retusche gibt es ganz verschiedene Lösungsansätze und Retuschetechniken.

Ich zeige Ihnen hier eine Arbeitsweise, die sehr schnell geht, leicht zu merken ist und zudem die originalen Bildpixel nicht antastet. Sie arbeiten mit einer gesonderten Bildebene und gegebenenfalls einer zusätzlichen Einstellungsebene. Das bedeutet, dass Sie sehr flexibel sind und nachträgliche Änderungen und Anpassungen einfach durchführen können.

Datei auf der Buch-DVD: »RoteAugenModel.tif«

Bild: Fotolia, Marina Dykova

▲ **Abbildung 22.51**
Das Ausgangsbild – hier noch in der 100%-Ansicht.

Schritt für Schritt: Maßarbeit gegen rote Augen

1 Die Ausgangssituation

Ein Porträt mit roten Blitzlichtaugen. Sie können die in diesem Workshop beschriebene Technik auch anwenden, um unverblitzte Augen umzufärben.

2 Zoomen und neue Ebene

Zoomen Sie sich die zu retuschierenden Augen heran, sodass Sie bequem und exakt pinseln können. Ein 100%-Zoom ist dabei nicht zwingend erforderlich. Vergrößern ist erlaubt – und vielen Fällen sogar notwendig, um akkurat zu arbeiten.

Dann legen Sie oberhalb der zu retuschierenden Ebene eine neue, leere Ebene an. Deren Füllmethode stellen Sie zunächst auf Farbe. Es kann später noch notwendig sein, auf andere Füllmethoden umzuschalten, um die Retusche endgültig anzupassen. Farbe macht die Wirkung der Retusche jedoch zunächst gut sichtbar.

3 Spätere Augenfarbe einstellen

Nun legen Sie fest, welche die neue Augenfarbe sein soll. Die Farbe muss zum Typus der fotografierten Person und natürlich auch zu der Belichtungssituation passen. Ich habe hier einfach einen Blauton aus einem anderen Porträtfoto per Pipette [I] »aufgepickt«. Sie können natürlich auch einfach im Farbwähler experimentieren. Die Farbe kann nachträglich noch etwas verändert werden – hundertprozentig passen muss sie also nicht, die Richtung sollte aber stimmen.

4 Pinsel einstellen ... und los geht's

Gearbeitet wird nicht mit Retuschetools, sondern mit dem Pinsel-Werkzeug [B].

Nun muss noch eine richtige Werkzeugspitze eingestellt werden. Dabei richten Sie sich nach Ihrem Gefühl und den Gegebenheiten des Bildes. Ich habe zunächst mit einem recht großen Pinsel mit 50% Kantenschärfe gearbeitet. Nun übermalen Sie auf der neuen Ebene den Bereich der Augen.

▲ **Abbildung 22.52**
Mit der Füllmethode Farbe bei 100 % Deckkraft ist das Retuscheergebnis zunächst zu »knallig«. So erkennen Sie jedoch die Retuschewirkung am besten. Das Feintuning kommt später.

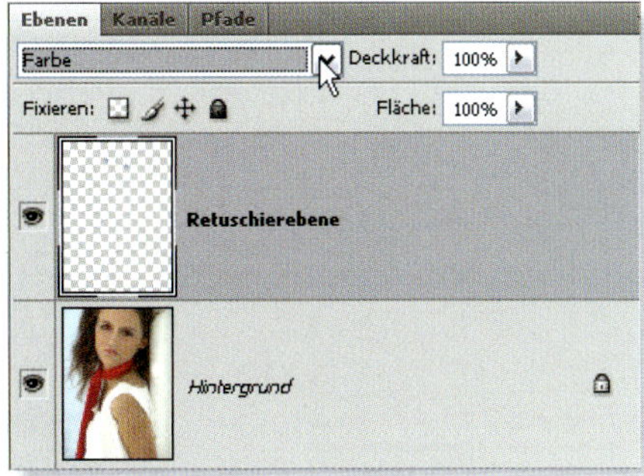

▲ **Abbildung 22.53**
Konstellation in der Ebenen-Palette

5 Wenn nötig: Feinarbeit per Maske

Sie können den Farbauftrag per Radiergummi korrigieren. Einfacher ist es jedoch meist, wenn Sie sich schnell eine Maske anlegen und diese bearbeiten.

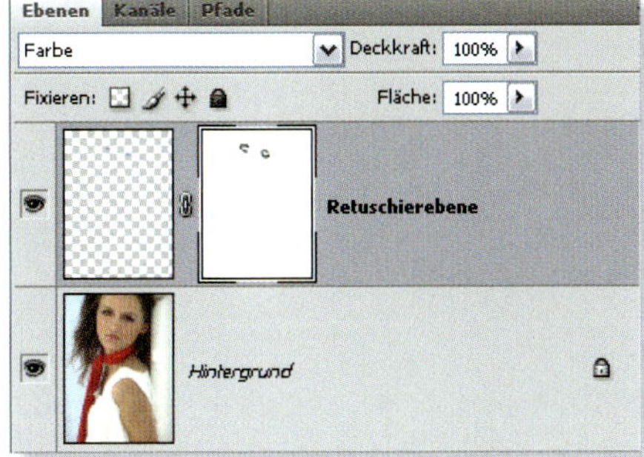

◄ **Abbildung 22.54**
Hier arbeiten Sie mit einer Maske.

6 Anpassen der Augenfarbe

Meist muss die Augenfarbe noch weiter angepasst werden. Dazu ändern Sie die Deckkraft und Füllmethode der Retuscheebene. Ein weiterer guter Füllmethoden-Kandidat für die Feinabstimmung ist Farbton. Wie die Füllmethode Farbe auch lässt diese Füllmethode die Luminanzwerte der unten liegenden Ebene intakt – die Struktur der Iris bleibt weiterhin sichtbar (sofern sie auf dem Originalbild zu sehen war). Es gibt keine Patentrezepte: Entscheiden Sie im konkreten Fall, welche Einstellung

▲ **Abbildung 22.55**
So erzeugen Sie eine Einstellungsebene FARBTON/SÄTTIGUNG.

▲ **Abbildung 22.56**
Denken Sie daran, die neue Einstellungsebene mit der Retuscheebene zu einer Schnittmaske zusammenzufassen.

die beste ist! Dabei kann es nicht schaden, das Bild wieder in die 100%-Ansicht zu bringen.

Wenn Ihnen die Augenfarbe immer noch nicht gefällt, können Sie noch eine Einstellungsebene FARBTON/SÄTTIGUNG anlegen. Diese muss mit der Retuscheebene zu einer Schnittmaske zusammengefasst werden, damit sich nicht auch das Porträt farblich verändert.

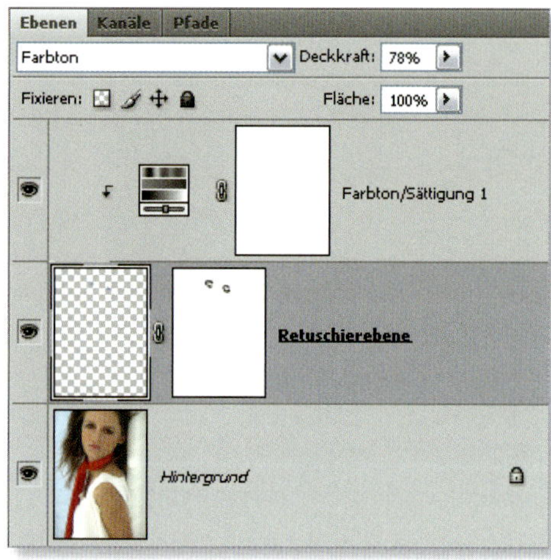

◀ **Abbildung 22.57**
In der Ebenen-Palette sieht das dann so aus.

7 Fertig! – Das Endergebnis

Die Arbeit hat sich doch gelohnt: Das Endergebnis ist deutlich besser als mit der von Photoshop angebotenen Automatik.

Abbildung 22.58 ▶
Das realistisch wirkende Endergebnis.

Mit der hier beschriebenen Arbeitstechnik können Sie natürlich auch andere Bildbereiche umfärben: aus blauen Augen grüne machen, Haare färben, T-Shirt-Farben ändern – und alles ganz flexibel und ohne Schäden an der Originalebene. Das ist der große Vorteil gegenüber dem Farbe-ersetzen-Werkzeug [B], das in die Pixel auf der eigentlichen Bildebene eingreift.

22.7 Das Werkzeug »Farbe ersetzen«

Das Farbe-ersetzen-Werkzeug [B], das in der Werkzeugleiste unter den Malwerkzeugen versteckt ist, kann viel mehr, als lediglich eine Farbe zu ersetzen. Mit ihm ist die separate Änderung von Farbton, Sättigung, Farbe oder Luminanz von Bildpixeln möglich, ohne dass die jeweils anderen Parameter beeinträchtigt würden. Das bietet für Retuschen den enormen Vorteil, dass Sie sich beispielsweise um die Helligkeitswerte eines Bildbereichs keine Sorgen machen müssen, wenn Sie die Farbe ändern. Wichtige Bilddetails bleiben so erhalten.

Das Werkzeug malt aber nicht nur, es berücksichtigt auch die Pixel, die es aktuell unter der Werkzeugspitze hat. Es schränkt so den Bereich ein, auf den es wirkt, und verhindert mehr oder minder wirksam das »Danebenmalen«. Es eignet sich zur Retusche roter »Blitzlichtaugen«, aber auch für andere lokale Farbänderungen.

Einziger Nachteil: Sie arbeiten direkt auf der Bildebene. Wenn Sie etwas mehr Flexibilität bei Schonung der Bildpixel brauchen, müssen Sie so vorgehen, wie oben im Rote-Augen-Tutorial beschrieben wurde.

22.7.1 Die Optionen von »Farbe ersetzen«

Unter MODUS stellen Sie wiederum ein, wie die mit dem Werkzeug aufgetragenen Pixel mit den bestehenden Bildpixeln verrechnet werden sollen. Für die meisten Retuschen und kreativen Einsätze sind FARBE oder FARBTON die beste Einstellung. Wenn Sie sich unsicher sind, wie die einzelnen Modi wirken, lesen Sie nochmals in Kapitel 12 über Ebenen-Füllmethoden nach – die Berechnungen sind identisch.

▼ **Abbildung 22.59**
Neben der von den Auswahlwerkzeugen schon bekannten TOLERANZ (rechts) steuern drei weitere Optionen die Wirkung des Werkzeugs FARBE ERSETZEN.

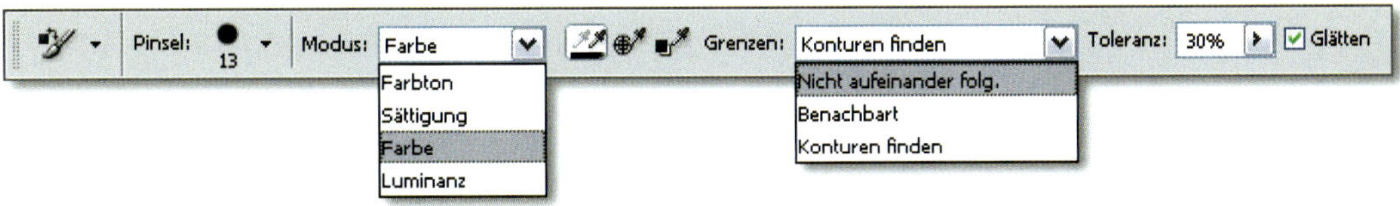

▲ **Abbildung 22.60**
Sampling: Kontinuierlich

▲ **Abbildung 22.61**
Sampling: Einmal

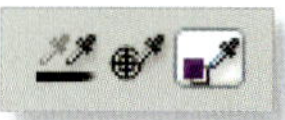

▲ **Abbildung 22.62**
Sampling: Hintergrund

Samplings | Die folgenden drei Schaltflächen bestimmen die Art des sogenannten Samplings, also auf welche Art und Weise die Farben der gerade bearbeiteten Bildpixel festgestellt werden:

- KONTINUIERLICH bedeutet eine ständige »Pixelkontrolle« und eignet sich gut für schwierige Retuschebereiche.
- EINMAL stellt die Original-Pixelfarbe nur – wenig überraschend – einmalig fest, und zwar an dem Punkt, den Sie als Erstes mit dem Tool anklicken.
- Ist HINTERGRUND eingestellt, sucht das Werkzeug nach Bildpixeln, die genau der in der Werkzeugleiste eingestellten Hintergrundfarbe entsprechen.

Grenzen | Die Option GRENZEN bestimmt, wie mit den so ermittelten Informationen über die Originalpixel verfahren wird, wie also die Grenzen des Bereichs, in dem Farbe aufgetragen werden kann, beschaffen sind.

- NICHT AUFEINANDER FOLGEND ermöglicht das Bemalen von Flächen einer bestimmten (nämlich der mit einer der drei Sampling-Methoden festgelegten) Farbe auch dann, wenn diese Flächen nicht zusammenhängen.
- BENACHBART schränkt das Bepinseln auf direkt zusammenhängende Farbbereiche ein.
- KONTUREN FINDEN sucht nach kontrastierenden Kanten im Bild, um die Wirkung des Farbe-ersetzen-Pinsels zu beschränken, und sorgt für besonders saubere Abschlüsse – vorausgesetzt, im bearbeiteten Bild sind solche Kanten auch vorhanden.

22.8 Filter plus Protokollpinsel – digitales Augen-Make-up oder Abpudern

Scharfzeichnungsfilter sind nicht nur ein wichtiges Hilfsmittel, um Bildern, die frisch aus der Digicam oder vom Scanner kommen, ein Quäntchen mehr Knackigkeit zu verleihen. Auch als Retuschewerkzeug eignen sie sich gut.

Dosiert eingesetzt, lässt eine Scharfzeichnung matte Augen strahlen oder betont die Lippen. Sie erinnern sich: Scharfzeichner wirken kontraststeigernd. Davon profitieren eben auch Porträts oder zumindest einige Partien davon – dass Schärfen fotografierte Gesichter auch entstellen kann, wurde ja bereits in Kapitel 21, »Bilder schärfen«, deutlich. Ähnlich verhält es sich mit dem Weichzeichnen: Haut, die nicht unter idealen Lichtbedingungen aufgenommen wurde, wirkt auf Fotos schnell fleckig, grobporig und glänzt zu stark. Hier würde Weichzeichnen Abhilfe schaffen, es soll sich aber wiederum nicht auf das gesamte Bild erstrecken.

In beiden Fällen ist es also wichtig, die **Filterwirkung lokal einzugrenzen** und nur die wirklich retuschierbedürftigen Bildpartien damit zu behandeln. Gleichzeitig wäre ein einfaches, intuitives Handling wünschenswert, denn Porträtretusche erfordert schon viel Konzentration auf das Objekt. Die Arbeit mit Masken wäre hier zu umständlich und würde schlecht vorhersagbare Ergebnisse liefern.

Eine hervorragende Technik, um die Filterwirkung gut dosiert nur auf einzelne Bildpartien anzuwenden, ist der Protokollpinsel (Kürzel [Y]).

Für Porträtretuschen lässt sich diese Arbeitsweise besonders gut anwenden, aber auch andere Zwecke sind denkbar. Ich zeige Ihnen hier exemplarisch, wie Sie mithilfe von Weichzeichnungsfilter und Protokollpinsel ein weicheres Hautbild erzielen können. Mit dieser Technik lassen sich Glanzstellen, Hautunreinheiten und Rötungen, Sommersprossen und Ähnliches gut kaschieren – digitales Abpudern eben!

Schritt für Schritt: Filter und Protokollpinsel als digitale »Puderquaste« zur Hautretusche

1 Ausgangsbild und Zielsetzung

Das vorliegende Porträt soll digital etwas abgepudert, das Hautbild ruhiger werden. Eigentlich sind hierfür keine separaten Ebenen nötig, und es kann auch wenig schiefgehen – vorsichtige Naturen können sich dennoch ein Ebenenduplikat anlegen und darauf arbeiten.

Datei auf der Buch-DVD: »BlondeFrau.tif«

◂ **Abbildung 22.63**
Das Ausgangsbild – das Hautbild ist nicht ganz ebenmäßig, außerdem sind leichte Glanzstellen zu sehen.

2 Weichzeichnen

Ich arbeite hier mit dem universellen Weichzeichner, dem GAUSSSCHEN (unter FILTER • WEICHZEICHNUNGSFILTER).

Abbildung 22.64 ▶
Einstellungen des GAUSSSCHEN WEICHZEICHNERS

Welcher Wert der richtige ist, ist von Bild zu Bild verschieden. Hochaufgelöste Bilder brauchen meist höhere Radien als 72-ppi-Webbilder. Auch hier ist die 100%-Ansicht ratsam, um die Filterwirkung realistisch einzuschätzen. Verändern Sie den Wert so lange, bis die zu entfernenden »Fehler« nicht mehr zu sehen sind und die Haut schön weich und ebenmäßig aussieht. Im Zweifelsfall dosieren Sie den Filter lieber zu hoch als zu niedrig – bei der eigentlichen Retusche kann die Filterwirkung gleich noch etwas reduziert werden. Konzentrieren Sie sich nur auf die Haut. Alles andere, was jetzt viel zu weich aussieht, wird gleich wieder korrigiert.

3 Protokoll-Palette aufrufen und einstellen

Sie arbeiten nun mit dem Protokollpinsel-Werkzeug [Y]. Dazu brauchen Sie auch die Protokoll-Palette (rufen Sie sie über FENSTER • PROTOKOLL auf).

Aktivieren Sie durch Klicken auf die entsprechende Zeile denjenigen Protokollzustand, der *direkt vor* dem Weichzeichnen liegt. In meinem Fall ist es das Duplizieren der Ebene. Das Bild nimmt jetzt wieder den Zustand an, den es vor der Weichzeichnung hatte. Zudem muss noch festgelegt werden, welches Bildstadium mit dem Protokollpinsel-Werkzeug ins Bild hineingepinselt werden soll. Das ist natürlich die Weichzeichnung. Klicken Sie einmal in das leere Kästchen vor der entsprechenden Protokollzeile (dort, wo GAUSSSCHER WEICHZEICHNER steht). Dort ist dann das Protokollpinsel-Icon zu sehen.

▲ **Abbildung 22.65**
So sollte Ihre Protokoll-Palette aussehen.

4 Protokollpinsel aufrufen und einstellen

Der Protokollpinsel lässt sich handhaben wie ein normaler Pinsel auch. Wenn Sie losmalen, wird die Weichzeichnung an den bemalten Stellen wieder ins Bild übernommen.

▼ **Abbildung 22.66**
Die Optionen des Protokollpinsels

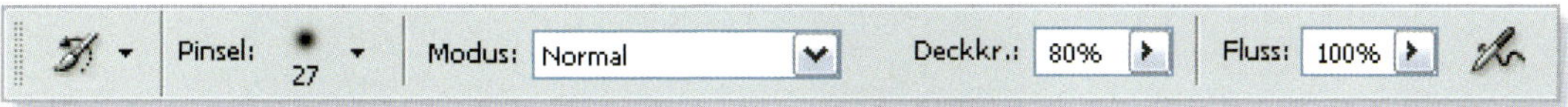

Über die Optionen des Protokollpinsels können Sie steuern, wie und wie stark die Weichzeichnung wirken soll. Die **Pinselgröße** muss an das Motiv angepasst werden. Weiche Werkzeugspitzen sind meist von Vorteil. Wenn Ihre Retusche ein zu künstliches Aussehen hat – das merken Sie meist nach den ersten zwei, drei Pinselstrichen –, kann die DECKKRAFT des Protokollpinsels unter Umständen etwas reduziert werden. Wenn Sie ein Gesicht nur etwas mattieren wollen, sollte der MODUS NORMAL genügen. Wenn Sie aber zum Beispiel Sommersprossen verschwinden lassen wollen, ist der geeignetste Modus AUFHELLEN (um helle Flecken abzudecken, wäre der Modus ABDUNKELN die bessere Wahl).

5 Weichzeichnung wieder ins Bild malen

So wie in Abbildung 22.63 sah die Person vorher aus. Nun malen Sie überall über die Hautpartien, die Sie digital »abpudern« wollen – fertig.

◀ **Abbildung 22.67**
Die Weichzeichnung wird ins Bild gemalt.

6 Fertig! – Das Endergebnis

Das Bild wirkt deutlich ausgelichener. Nur die von Ihnen bepinselten Hautstellen sind weichgezeichnet. In den anderen Bildpartien wurde die Schärfe erhalten.

Abbildung 22.68 ▸
Nach der Retusche: ein ausgeglichenes, aber nicht »totretuschiertes« Ergebnis

Nach demselben Rezept können Sie auch andere Filter – und natürlich auch andere Arbeitsschritte – dosiert wieder ins Bild bringen. ■

22.9 Der Verflüssigen-Filter: als Spielzeug unterschätzt

Der VERFLÜSSIGEN-Filter macht zunächst einmal Spaß: Hat man ihn einmal entdeckt (FILTER • VERFLÜSSIGEN oder das Kürzel ⇧+⌘+X bzw. ⇧+Strg+X), probiert man alle darin enthaltenen Werkzeuge aus, verschandelt die Gesichter von Freunden, die man irgendwann einmal fotografiert hat – und dabei bleibt es dann meist.

Dabei kann der Filter weit mehr als karikaturistische Verzerrungen. Man kann ihn auch als ernsthaftes Retuschewerkzeug einsetzen, wenn man sich ein wenig mit seinen Funktionen auseinandersetzt. Zum Bearbeiten von Mimik, aber auch für die Veränderung von (Gesichts)proportionen eignet sich der Filter gut.

Originalbild: istockphoto.com

Abbildung 22.69 ▸
Irres Lachen, wirre Haare, dicke Nasen – Nebenwirkungen der Behandlung mit dem VERFLÜSSIGEN-Filter.

Bild: Fotolia, Aleksey Poprugin

▲ **Abbildung 22.70**
Das Ausgangsbild

▲ **Abbildung 22.71**
Und das Ergebnis nach behutsamer Verflüssigen-Retusche: ein dickerer Haarschopf, größere Augen, stärkeres Lächeln

22.9.1 Einstellungen für das Verflüssigen-Werkzeug

Im Folgenden finden Sie eine Übersicht über die zahlreichen Funktionen des Verflüssigen-Werkzeugs.

Datei auf der Buch-DVD: »JungeFrau.tif«

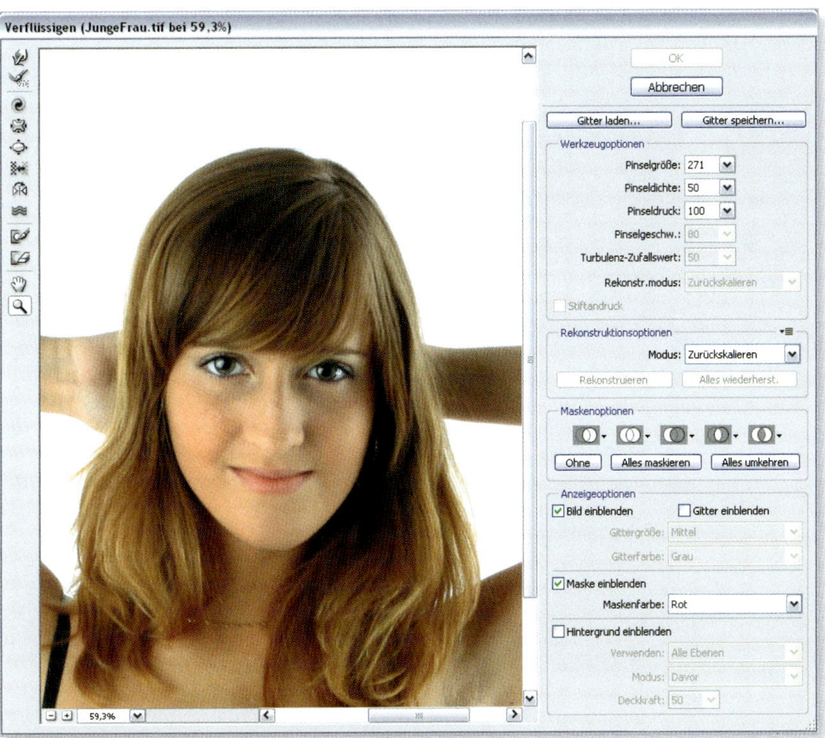

▲ **Abbildung 22.72**
Die Vielzahl interner Werkzeuge und Funktionen wirkt auf den ersten Blick erschlagend.

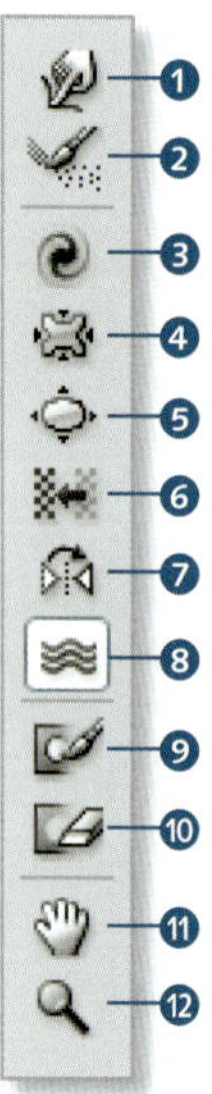

▲ **Abbildung 22.73**
Die Werkzeuge des VERFLÜSSIGEN-Filters

▲ **Abbildung 22.74**
Werkzeug-, Rekonstruktions- und Ansichtsoptionen im Detail

Einzelne Bildpartien werden verflüssigt (technisch gesprochen: Pixel werden verschoben), indem man den Mauszeiger auf die zu verändernden Bildpartien setzt und (meist) ein wenig schiebt.

Werkzeuge | Ganz verschiedene Werkzeuge stehen dazu zur Verfügung. Von oben nach unten:

❶ Pixel wie mit dem Finger **vorwärts schieben** – sicher eines der meistgenutzten Werkzeuge: das Vorwärts-krümmen-Werkzeug, Tastenkürzel [W].
❷ Nach Änderungen wieder einen früheren Zustand rekonstruieren: das Rekonstruktionswerkzeug, Tastenkürzel [R].
❸ Im Uhrzeigersinn **strudelförmig** verdrehen. Wenn Sie gegen den Uhrzeigersinn strudeln wollen, halten Sie [Alt] (Windows) oder [⌥] (Mac OS) gedrückt: das Strudel-Werkzeug, Tastenkürzel [C].
❹ Bildpartien **zusammenziehen**: das Zusammenziehen-Werkzeug, Tastenkürzel [S].
❺ Einzelne Bildpartien können **aufgeblasen** werden: das Aufblasen-Werkzeug, Tastenkürzel [B].
❻ Sie können Bildpixel auch **versetzen**. Das sogenannte Nach-links-schieben-Werkzeug [O] arbeitet etwas komplizierter als das erste Verschieben-Tool. Wenn Sie es gerade nach oben ziehen, schiebt es Pixel nach links. Ziehen Sie es nach unten, schiebt es Pixel nach rechts. Durch Umfahren eines Bereichs wird dieser vergrößert (Maus im Uhrzeigersinn bewegen) oder verkleinert (gegen den Uhrzeigersinn).
❼ Das nächste Werkzeug führt zu wirren, kaum zu steuernden Ergebnissen: das Spiegeln-Werkzeug, Tastenkürzel [M].
❽ Schön und nachvollziehbar wirkt hingegen das Turbulenz-Werkzeug [T]. Es vermischt die Pixel allmählich.
❾ Das nächste Werzeug kann eingesetzt werden, um **Masken aufzutragen**: das Fixierungsmaske-Werkzeug, Kürzel [F].
❿ Masken können auch gelöscht werden: das Maske-löschen-Werkzeug, Tastenkürzel [D].
⓫ Darunter finden Sie die schon vertrauten Tools Hand-Werkzeug [H]
⓬ und das Zoomwerkzeug [Z], um die Bildansicht zu verändern.

Werkzeugoptionen | Die Werkzeugoptionen rechts bestimmen, wie intensiv die einzelnen Werkzeuge wirken.

- PINSELGRÖSSE ist selbsterklärend. Bei vielen Operationen erzielt eine etwas größere Pinselspitze meist bessere Ergebnisse. Die Pinsel wirken auch an den Rändern nicht so stark wie im Zentrum.

- Die PINSELDICHTE steuert, wie sehr die Pinselwirkung zum Pinselrand weicher wird. Diese Option ist also gut geeignet, um Übergänge mehr oder weniger sanft zu gestalten.
- PINSELDRUCK und PINSELGESCHWINDIGKEIT bestimmen beide die Geschwindigkeit, mit der Deformierungen erfolgen. PINSELDRUCK ist auf Werkzeuge bezogen, bei denen man die Maus bewegt, PINSELGESCHWINDIGKEIT bezieht sich vor allem auf das Strudel- und Turbulenzwerkzeug, bei denen die Maus auf einem Punkt verharrt.
- Der TURBULENZ-ZUFALLSWERT steuert, wie sehr das Turbulenz-Werkzeug Pixel verwirbelt.
- Die Einstellungen unter REKONSTRUKTIONSMODUS beziehen sich auf das Rekonstruktionswerkzeug. Rekonstruktionen wenden Sie nach dem Verformen an. Mit ihnen lassen sich die Änderungen ganz zurücknehmen (WIEDERHERSTELLEN) oder in verschiedenen Graden mildern. Mit dem Rekonstruktionswerkzeug bearbeiten Sie gezielt einzelne Bereiche des verflüssigten Bildes.

▲ **Abbildung 22.75**
Übrigens: Auch für das nachträgliche Glattbügeln …

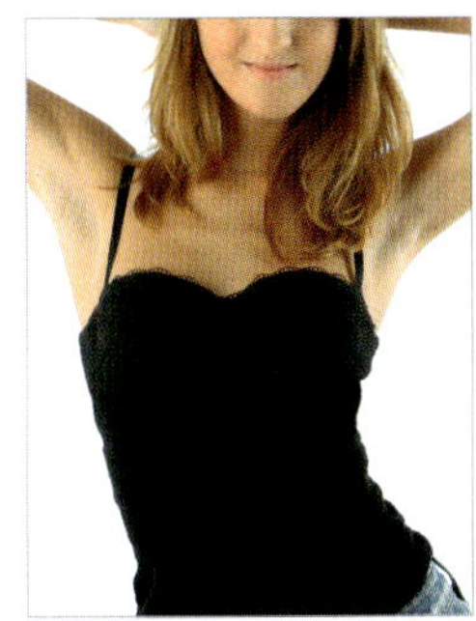

▲ **Abbildung 22.76**
… von Kleidung eignet sich das Verflüssigen-Werkzeug. (Hier kamen die Funktionen ZUSAMMENZIEHEN und VORWÄRTS KRÜMMEN zum Einsatz.)

Rekonstruktionsoptionen | Verwirrend ist der Umstand, dass gleich unterhalb des REKONSTRUKTIONSMODUS noch ein Punkt REKONSTRUKTIONSOPTIONEN auftaucht. Dieser bezieht sich aber auf Rekonstruktionsarbeiten am gesamten Bild. Der Button REKONSTRUIEREN schwächt alle Änderungen gemäß Einstellung ab, und der Button ALLES WIEDERHERST. bringt das Bild in den Urzustand zurück.

Maskenoptionen | Einzelne Bildteile lassen sich auch durch Masken schützen. Das können sowohl die mit den Maskenwerkzeugen aufgetragenen Masken des Verflüssigen-Fensters sein als auch schon im Bild bestehende Masken, Auswahlen oder Alpha-Kanäle. Die Buttons unter MASKENOPTIONEN legen fest, wie sich diese Elemente jeweils zueinander verhalten.

Anzeigeoptionen | Die ANZEIGEOPTIONEN ermöglichen es Ihnen, neben dem Bild auch ein Gitternetz – das dann mit verzerrt wird – einzublenden, andere Bildebenen zu zeigen und die Maskenfarbe einzustellen.

Gitter laden und speichern | Eine gelungene Verflüssigung – bzw. das der Berechnung zugrunde liegende (verformte) Gitter – kann auch **gespeichert** und später wieder **geladen** und weiterbearbeitet werden (siehe Abbildung 22.72, über den Werkzeugoptionen).

Verflüssigen mit Masken – Vorgehen

Mit Masken können Sie Bildpartien vor dem Verflüssigen schützen – das führt aber sehr oft zu hässlichen Kanten zwischen den bearbeiteten und unbearbeiteten Bereichen. In der Praxis ist es viel sinnvoller, Bildteile *nach* dem Bearbeiten zu maskieren und *vor der Rekonstruktion* zu schützen. Damit bleiben gelungene Änderungen erhalten, während der Rest sanft »zurückgebogen« wird – so lassen sich weichere Übergänge erzielen.

TEIL VII

Lösungen für Fotografen

23 Das Camera-Raw-Modul

Neben den klassischen Korrektur- und Retuschefunktionen bietet Photoshop spezielle Werkzeuge für die digitale Fotobearbeitung. Das wichtigste davon ist Camera Raw.

Camera Raw ist der Name der mächtigen Toolbox in Photoshop, RAW ist aber auch die Bezeichnung für Rohdaten aus einer digitalen Kamera. Nicht jeder Kameratyp erlaubt den Zugriff auf diese Rohdaten, aber schon eine ganze Reihe von Modellen, durchaus nicht nur aus der Profiliga, tun es.

RAW = Roh(daten)

Genau genommen bezeichnet das Drei-Buchstaben-Kürzel »RAW« gar kein spezielles Dateiformat. Es ist der *Oberbegriff* für »Kamera-Rohdaten«. Diese Rohdaten können wiederum in unterschiedlichen Dateitypen vorliegen, die sich meist von Kamerahersteller zu Kamerahersteller unterscheiden. Die verschiedenen RAW-Formate sind nicht zueinander kompatibel. Aus diesem Grund kann auch Photoshops Camera Raw-Funktion nicht aus jedem Kameramodell die Rohdaten herausziehen. Wenn Photoshop mit Ihrem Kameramodell prinzipiell zusammenarbeitet, brauchen die unterschiedlichen Formate Sie jedoch nicht zu kümmern. Photoshops Camera Raw funktioniert für alle unterstützten Raw-Variationen gleich.

23.1 Was ist Camera Raw?

RAW ist mehr als nur ein weiteres Format, in dem Grafikdateien daherkommen: RAW-Dateien eröffnen für Digital-Fotografen neue Arbeitsweisen, denn die Rohdaten sind weitestgehend frei von Korrektureingriffen durch die Kamera und haben meist auch eine höhere Bittiefe (16 statt 8 Bit/Kanal). Was mit den Bilddaten geschieht, bestimmen Sie – mithilfe von Photoshops Camera Raw-Funktion. Nachteile, die insbesondere die JPG-Ausgabe mit sich bringt, können durch RAW umschifft werden. Zwar benötigen die Rohdaten viel mehr Speicherplatz als Fotos im JPG-Format, aber seit Speicherplatz für Kameras erschwinglicher geworden ist, ist RAW eine echte Alternative zu den herkömmlichen Ausgabeformaten.

Seit Photoshop CS3 können Sie übrigens auch TIFF- und JPG-Dateien mit Adobes Raw-Konverter bearbeiten. Dabei stehen Ihnen zwar nicht so viele Bildinformationen zur Verfügung wie bei genuinen Kamera-Rohdaten – von den smarten Funktionen des Raw-Konverters profitieren Sie dennoch. Allerdings müssen Sie die Korrekturen etwas behutsamer dosieren: Da von der Kamera ausgegebene JPG-Dateien und teilweise auch TIFFs nur über 8 Bit Datentiefe pro Kanal verfügen (anstatt 12 bis

16, wie die Kamera-Rohdaten), kann ein beherzter Zug an den Korrekturreglern die Bilder schnell verderben.

23.1.1 Vorteile von Camera Raw

Auf den ersten Blick scheint die Arbeit mit Kamera-Rohdaten umständlich zu sein: Die Dateien sind riesig, und wenn man die Rohdaten dann in CAMERA RAW betrachtet, fragt man sich oft, wo denn die viel gelobte Qualität sein soll: Die Rohbilder erscheinen häufig dunkel und wenig eindrucksvoll. Welche Vorteile hat es also, die Rohdaten zu bearbeiten?

Bilder: Onno K. Gent

▲ **Abbildung 23.1**
RAW – das bedeutet Bilddaten ohne kameraseitige »Schönrechnerei«. Sie erscheinen zuweilen dunkel und trübe.

▲ **Abbildung 23.2**
Man kann aus Rohdaten häufig »mehr herausholen« als aus den kameraüblichen JPGs. Mit nur drei Klicks erzeugt die Einstellautomatik im Raw-Modul daraus so etwas (individuelle Korrekturen wurden hier noch gar nicht angewandt).

Bildeingriffe durch die Kamera | Die Daten, die eine digitale Kamera aufnimmt, und die Daten, die sie herausgibt, unterscheiden sich gravierend. Auch dann, wenn alle Korrekturfunktionen abgeschaltet sind, führt die Kamera vor der Ausgabe eines Bildes als JPG oder TIFF aus technischen Gründen Korrekturberechnungen durch. Auf diese automatischen Bearbeitungsprozesse hat ein Fotograf kaum Einfluss. Das Bild wird unter Umständen

- geschärft,
- sein Weißpunkt wird eingestellt (Weißabgleich, entspricht in etwa der in Photoshop durchgeführten Tonwertkorrektur),

- eventuell wird sogar der Farbraum verändert,
- und das Bild wird ins JPG-Dateiformat gebracht und komprimiert. Es gibt zwar auch Kameras, die TIFF-Dateien erzeugen können, JPG ist jedoch weit häufiger im Einsatz. Die JPEG-Kompression greift die ursprünglichen Farbinformationen der Aufnahme an, kann aber bei Kameras selten gesteuert werden.

Die Vorteile von Rohdaten | RAW bietet nun die Möglichkeit, die Rohdaten – also die Daten, die vom lichtempfindlichen CCD-Chip der Kamera aufgenommen wurden – so zu übernehmen, wie sie sind. Das ist vor allem für Fotografen und Bildbearbeiter mit hohen Ansprüchen interessant, die bereit sind, für ein perfektes Bild ein wenig Handarbeit zu investieren.

- Beim Fotografieren selbst sind unter Umständen weniger Parameter zu beachten – Sie erledigen ja vieles erst mit Photoshops Raw-Werkzeug.
- Sie sparen Zeit, denn unerwünschte automatische »Korrekturen« müssen nicht mühsam ausgebügelt werden. Außerdem finden Sie im Raw-Dialog viele wichtige Werkzeuge handlich zusammengefasst und können so zügig arbeiten.
- Ihnen stehen mehr Bilddaten als Ausgangsbasis der Korrekturen zur Verfügung: RAW-Daten können auch mit 16 oder 12 (statt 8) Bit je Farbkanal ausgegeben werden. Außerdem liefern RAW-Daten per se mehr Informationen als andere Ausgabeformate: Die Rohdaten enthalten ja *alles*, was der Kamerachip erfasst hat – und nicht nur einen schon irgendwie gefilterten oder interpretierten Teil davon.
- Haben Sie die RAW-Daten erst einmal unter der Maus, können Sie *zielgerichtete* Korrekturen mit professionellen Bildbearbeitungswerkzeugen durchführen.
- Die Daten, die Sie von Ihrer Kamera holen, sind das digitale Äquivalent zu Filmnegativen. Entsprechend sorgsam sollten sie behandelt werden. Die Bearbeitung mit CAMERA RAW wird dem Wert Ihrer digitalen Negative gerecht – sie schont die kostbaren Originaldaten. Das Raw-Modul wendet Ihre Änderungen und Korrekturen erst beim endgültigen Öffnen in Photoshop an – und zwar auf eine neue Instanz der Datei. Die originalen Daten bleiben unangetastet, und das ganz automatisch. Aus einem RAW-File können also ganz unterschiedliche Bildversionen entstehen. Und irrtümliches Überschreiben des frischen Imports mit einer Korrektur ist ausgeschlossen.

23.2 Auf RAW-Daten zugreifen

Sie können mit Photoshop die RAW-Daten aus Ihrer Kamera direkt importieren oder auf Daten zugreifen, die Sie bereits mit anderen Mitteln – zum Beispiel der Importsoftware Ihrer Kamera, einem externen Bildbetrachter oder mit Adobe Bridge – auf Ihren Rechner transferiert haben.

23.2.1 Voraussetzungen für den Import

Um RAW-Daten von der Kamera importieren und bearbeiten zu können, müssen folgende Voraussetzungen erfüllt sein:

- **Unterstützung durch Photoshop?** Ihr Kameratyp wird grundsätzlich von Photoshops CAMERA RAW-Plug-in unterstützt.
- **Plug-in aktuell?** Adobe baut die Unterstützung für Raw-fähige Kameras kontinuierlich aus. Daher gibt es auf der Website öfter neue Versionen des Import-Plug-ins. Überprüfen Sie, ob die aktuelle Version des Plug-ins installiert ist.
- **Überprüfen Sie auch Ihre Foto-Voreinstellungen:** Bei manchen Kameramodellen muss »RAW« als Aufnahmeformat eigens eingestellt werden – und zwar vor der Aufnahme.
- **Kameratreiber installiert?** Gegebenenfalls muss auch der Kameratreiber auf Ihrem System installiert sein. Sie beziehen ihn über Ihren Kamerahersteller.
- **Alles angeschlossen?** Die Kamera ist an den Rechner angeschlossen und eingeschaltet.

23.2.2 Raw und Adobe Bridge

Adobe Bridge arbeitet mit Photoshops Raw-Modul perfekt zusammen. Der Bridge-Befehl DATEI • BILDER VON DER KAMERA ABRUFEN lädt die Daten zügig in das zuvor von Ihnen festgelegte Verzeichnis. Sie können die Bilder dann sichten, eines oder mehrere auswählen und zur Weiterbearbeitung mit dem Raw-Konverter öffnen.

Dabei kommt es durchaus auf das »Wie« an. Wussten Sie, dass Bridge und Photoshop jeweils über eine eigene Version des Camera-Raw-Dialogs verfügen? Wenn Sie Photoshops Raw-Konverter benutzen, ist Photoshop für alle anderen Arbeiten blockiert. Arbeiten Sie jedoch mit dem Raw-Modul aus Bridge, können Sie in Photoshop weiterarbeiten. Gerade beim Synchronisieren und Speichern vieler Bilder in Serie ist das sinnvoll! Ansonsten sind beide Dialoge identisch.

- Um RAW-Bilder im **Raw-Konverter von Adobe Bridge** zu öffnen, wählen Sie die Dateien in Bridge aus und drücken dann ⌘/Strg+R.

- Um Bilder in **Photoshops Raw-Konverter** zu öffnen, genügt ein **Doppelklick** auf die zuvor ausgewählten Dateien.
- Wenn Sie **JPG- und TIFF-Dateien** vorzugsweise im Raw-Modul bearbeiten, öffnen Sie in Bridge die CAMERA RAW-VOREINSTELLUNGEN (unter Windows im Menü BEARBEITEN, unter MacOS im Menü BRIDGE). Setzen Sie dann ein Häkchen bei den Optionen JPEG-/TIFF-DATEIEN UND DEREN EINSTELLUNGEN IMMER MIT CAMERA RAW ÖFFNEN. Dann funktioniert das Kürzel [⌘]/[Strg]+[R] auch für diese Dateiformate.
- Neben den genannten Shortcuts können Sie natürlich auch die **Menübefehle** unter DATEI oder das **Kontextmenü** ([Ctrl]-Klick/Rechtsklick mit der Maus über den Bridge-Miniaturbildern) nutzen.
- Sie können auch **Rohdaten direkt in Photopshop öffnen** – unter Umgehung des Raw-Dialogs. Dazu drücken Sie die [⇧]-Taste und doppelklicken auf die gewünschte Datei. Das Bild wird dann direkt in Photoshop geöffnet. Bildgröße, Auflösung, Bittiefe und Farbraum richten sich nach den im Raw-Modul festgelegten ARBEITSABLAUF-OPTIONEN (mehr dazu etwas später).

▲ **Abbildung 23.3**
Ein Rechtsklick (oder [Ctrl]-Klick am Mac) auf die Bildminiatur in Bridge ist eine weitere Möglichkeit, um Rohdaten, TIFFs und JPGs im Raw-Konverter von Bridge zu öffnen.

23.3 Camera-Raw-Voreinstellungen

RAW-Dateien selbst werden niemals mit Änderungen überschrieben. Wenn Sie Korrekturen im Raw-Dialog durchgeführt haben, wird anschließend eine Kopie der ursprünglichen Datei geöffnet. Die Einstellungen, die Sie an der RAW-Datei vornehmen, gehen dennoch nicht verloren. Wenn Sie eine einmal bearbeitete RAW-Datei erneut aufrufen, können Sie auch auf die alten Einstellungen zugreifen. Diese werden in einem gesonderten Dokument gesichert.

Mit [⌘]/[Strg]+[K] oder über den Button VOREINSTELLUNGEN in der CAMERA RAW-Werkzeugleiste gelangen Sie in ein Dialogfenster, in dem Sie nähere Angaben zu Speicherort und Speicherart machen können.

▲ **Abbildung 23.4**
Der Weg zu den CAMERA RAW-Voreinstellungen

Allgemein | Unter BILDEINSTELLUNGEN SPEICHERN IN ① können Sie wählen, ob Ihre Einstellungen in einer eigenen Datenbank abgelegt werden sollen oder in Filialdokumenten.

- Die **Filialdokumente** tragen die Endung **.xmp** und werden im gleichen Ordner abgelegt wie die eigentliche RAW-Datei. Diese Option ist vorzuziehen, wenn Sie häufig Dateien austauschen oder in Mehrbenutzer-Umgebungen arbeiten.

XMP-Dateien in Bridge sichtbar machen
Wählen Sie in Bridge ANSICHT • VERBORGENE DATEIEN ANZEIGEN, um die XMP-Dokumente einzublenden.

Die **Datenbank** wird

- unter Windows XP im Ordner DOKUMENTE UND EINSTELLUNGEN/[BENUTZERNAME]/ANWENDUNGSDATEN/ADOBE/CAMERA-RAW/DEFAULTS,
- unter Vista in BENUTZER/[BENUTZERNAME]/APPDATA/ROAMING/ADOBE/CAMERA RAW/DEFAULTS
- und unter Mac OS in BENUTZER/[BENUTZERNAME]/LIBRARY/PREFERENCES gespeichert.

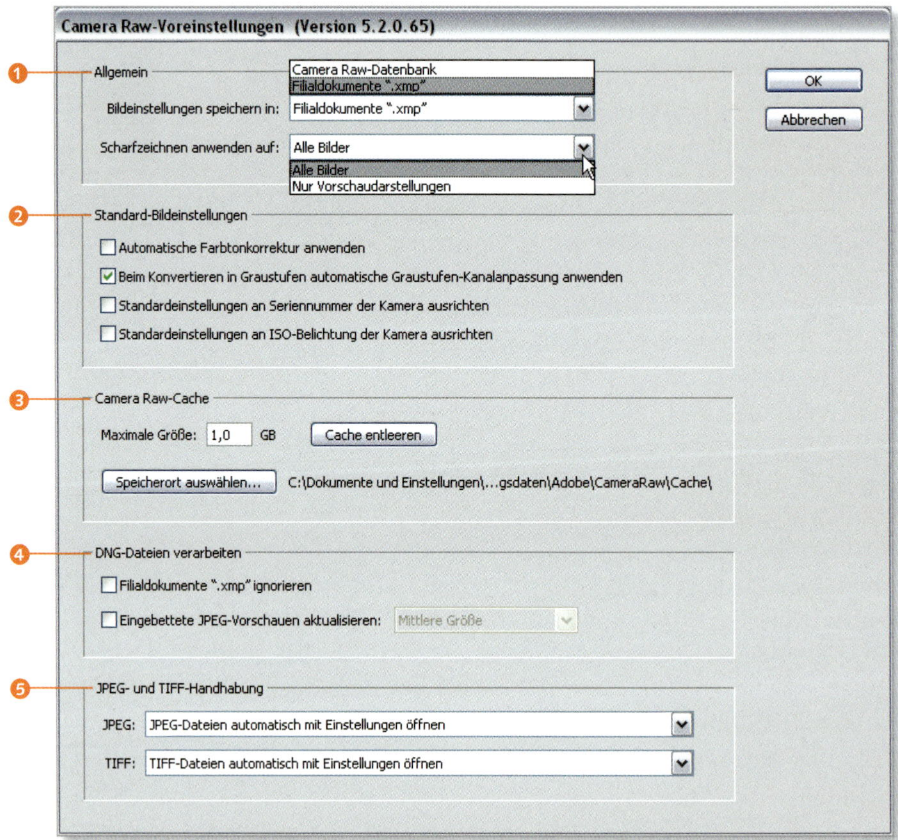

▲ **Abbildung 23.5**
Hier legen Sie die Speicherposition und das Dateiformat für die mit CAMERA RAW durchgeführten Änderungen an den Rohdaten fest.

Die in der Datenbank abgelegten Einstellungen können auch dann weiterhin der Datei zugeordnet werden, wenn diese verschoben oder umbenannt wird. Sie können auch Daten aus einer Datenbank nachträglich in Filialdokumente exportieren (Befehl EINSTELLUNGEN IN XMP-DATEI EXPORTIEREN im CAMERA RAW-Seitenmenü). Das geht allerdings nur für jedes Bild einzeln – bei größeren Bildbeständen recht mühsam.

Standard-Bildeinstellungen | Unter STANDARD-BILDEINSTELLUNGEN ❷ können Sie festlegen, welche Korrekturen routinemäßig auf jedes Bild angewandt werden sollen.

Camera Raw-Cache | Der Camera Raw-Cache ❸ bezieht sich auf die Anzeige der Dateien in Bridge. In Bridge werden nämlich auf Wunsch bereits die Bildminiaturen und Vorschaudarstellungen mit Ihren Einstellungen gezeigt. Im Cache werden unter anderem Daten für diese Dateiminiaturen hinterlegt, was die Ladezeit der Bilder in Bridge reduziert. Pro GB Cache können etwa die Daten für 200 Bilder gespeichert werden. Hier können Sie die Größe des Caches verändern – was an anderer Stelle die Ressourcen verknappt oder erweitert.

▲ **Abbildung 23.6**
Bridge »merkt« sich Camera Raw-Einstellungen und zeigt die Bildminiaturen verändert an. Kleine Icons (oben rechts) symbolisieren, ob Änderungen durchgeführt werden.

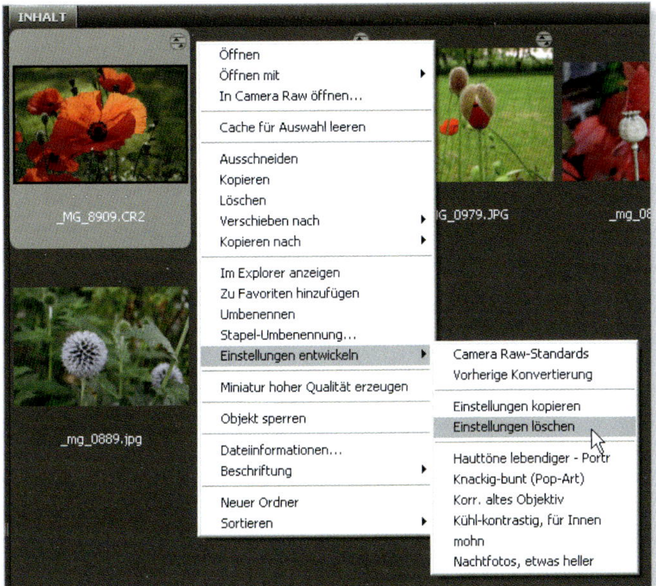

◄ **Abbildung 23.7**
Ein Rechtsklick (bzw. `Ctrl`-Klick) auf die Icons öffnet ein Kontextmenü, mit dem Sie die Einstellungen verwalten oder aber auch zuvor gespeicherte Settings auf das Bild anwenden können.

DNG-Dateien verarbeiten | DNG (»Digital Negative«) ist ein offenes, nicht-proprietäres Format für Rohdaten, das – aufgrund seiner offenen Quellen – von Adobe Camera Raw und anderen Raw-Programmen gelesen werden kann, ohne dass spezielle Informationen zum Rohdatenformat eines bestimmten Kameratyps vorliegen. Anders als die zahlreichen typspezifischen RAW-Formate ist DNG universeller einsetzbar. Die Verwendung dieses Formats wird derzeit stark vorangetrieben. So wie es im Augenblick aussieht, könnte DNG, anders als die proprietären Spezialformate der Kamerahersteller, halbwegs zukunftssicher sein. Leichter austauschbar ist es ohnehin. Mit dem externen Programm Adobe DNG-Konverter können Sie Rohdaten in das DNG-Format konvertieren. Hier ❹ legen Sie fest, wie mit DNG-Daten umgegangen werden soll. Da beim DNG-Format die Metadaten mit Änderungsinformationen direkt in die Datei eingebettet werden können, können Sie außerdem wählen, ob Filialdokumente für DNGs ignoriert werden sollen.

Bridge-Absturzursache überfüllter Cache

Falls Bridge instabil läuft, kann das auch an einem zu vollen Cache liegen. Unter Bearbeiten • Voreinstellungen • Cache können Sie den Cache leeren.

> **Linktipp: DNG**
>
> Auf der Webseite *www.adobe.com/de/products/dng* erhalten Sie weitergehende Informationen zum DNG-Format. Dort können Sie auch den DNG-Konverter herunterladen.

JPEG- und TIFF-Handhabung | Sofern Sie JPEG und TIFF von Ihrer Kamera im Raw-Dialog öffnen wollen, können Sie das hier ⑤ ebenfalls einstellen.

23.4 Effektiv arbeiten mit Camera Raw: Basisfunktionen

Ob Sie nun den Bridge- oder Photoshop-Raw-Dialog nutzen: Das Camera Raw-Werkzeug ist fast schon eine eigene kleine Applikation: Im rechten Bereich ⑦ finden Sie vorwiegend Funktionen, um Belichtung, Farben und typische Kamera- und Objektivfehler zu bearbeiten. Insgesamt zehn verschiedene Korrekturdialoge verbergen sich hinter den Karteireitern. Hinzu kommen in der horizontalen Leiste über der Bildvorschau ⑥ einige Werkzeuge – einen Teil davon kennen Sie bereits aus Photoshops Werkzeugpalette. In CS4 gibt es zwei **neue Tools für lokale Korrekturen,** die Sie gleich noch näher kennenlernen werden. Einstellungen ⑩ für Farbtiefe, Auflösung und Bildmaße beim Öffnen der Datei in Photoshop finden sich unterhalb der Vorschau.

Abbildung 23.8 ▼
Das Camera Raw-Dialogfeld bündelt zahlreiche Korrektur- und Kreativwerkzeuge.

In den folgenden Absätzen stelle ich Ihnen die Werkzeuge im Detail vor und zeige Ihnen, wie Sie am besten vorgehen.

Zum Nachlesen: Farbaufnehmer, Histogramm, Tiefen und Lichter
Auch wenn der Raw-Dialog mit einigen speziellen Funktionen aufwartet – grundsätzlich funktionieren die Werkzeuge wie in Photoshop auch. Lesen Sie hierzu Teil 6, »Bildkorrektur«.

Arbeitsweise | Die Arbeitsweise ist eigentlich immer gleich: Sie legen fest, welche Bilder ins CAMERA RAW-Dialogfeld geladen werden sollen, und nehmen dann die Einstellungen vor, indem Sie sich nach und nach durch die zahlreichen Funktionen hindurcharbeiten und dann den Vorgang abschließen. Doch eins nach dem anderen und im Detail ...

23.4.1 Welches Bild soll bearbeitet werden?

Im Filmstreifen links neben der Bildvorschau finden Sie alle Bilder, die Sie zuvor ausgewählt haben. Sie können nun alle Bilder auf einmal bearbeiten, indem Sie sie nacheinander mit gehaltener [Strg]/[⌘]-Taste anklicken oder auf ALLES AUSWÄHLEN 8 klicken. Das erspart Ihnen Klicks, wenn Sie größere Mengen Bilder geladen haben. Die kleinen Pfeile 11 helfen Ihnen beim Navigieren zwischen einzelnen Bildern.

Sie können aber auch erst Einstellungen an einem Bild vornehmen und diese dann mit der Taste SYNCHRONISIEREN 9 auf alle anderen geladenen Bilder übertragen.

Filmstreifen nicht vorhanden?
Wenn Sie nur ein Bild im Raw-Dialog aufgerufen haben, fehlen der Filmstreifen am linken Rand des Dialogfelds und die Navigationspfeile.

Bilder zum Löschen vormerken | Mithilfe des Papierkorb-Symbols [Papierkorb] in der Werkzeugleiste können Sie Bilder für das Löschen vormerken. Beim Schließen des CAMERA RAW-Dialogs wird die Datei dann in den Papierkorb verschoben. Diese Funktion ist besonders nützlich, wenn Sie CAMERA RAW auch zum Sichten frischer Fotos verwenden. Die aus Bridge bekannte Wertung mit Sternchen unterhalb der Bildminiatur funktioniert übrigens auch hier!

◀ **Abbildung 23.9**
Die Bildminiatur und die große Bildvorschau zeigen an, dass eine Datei zum Löschen vorgesehen ist.

23.4.2 Alles im Blick: Bildanzeige

Es gibt in CAMERA RAW zahlreiche Vorschau-Optionen, die Ihnen eine exakte Bildbearbeitung so einfach wie möglich machen. Oberhalb der Bildvorschau finden Sie die wichtigsten Werkzeuge und Funktionen in einer Leiste angeordnet.

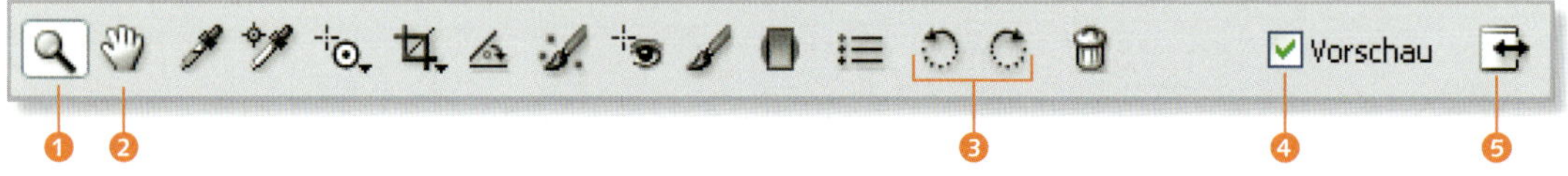

▲ **Abbildung 23.10**
Die Raw-Werkzeuge

Unter Vorschau ❹ muss die Live-Bildvorschau erst einmal aktiviert werden. Sie können den Bildzoom (wie immer – Kürzel Z) ❶ und die Position des Bildausschnitts ❷ (Hand-Werkzeug – H) einstellen.

▲ **Abbildung 23.11**
Bilddrehung

Mit den Drehen-Werkzeugen ❸ im Camera Raw-Dialog können Sie quer liegende Bilder aufrichten. Jeder Klick auf eine der Dreh-Schaltflächen rotiert das Bild um 90° in die angegebene Richtung.

Mit dem Button ganz rechts ❺ bringen Sie das Dialogfenster auf volle Bildschirmgröße und machen es auch wieder klein (für beide Richtungen funktioniert auch der Shortcut F).

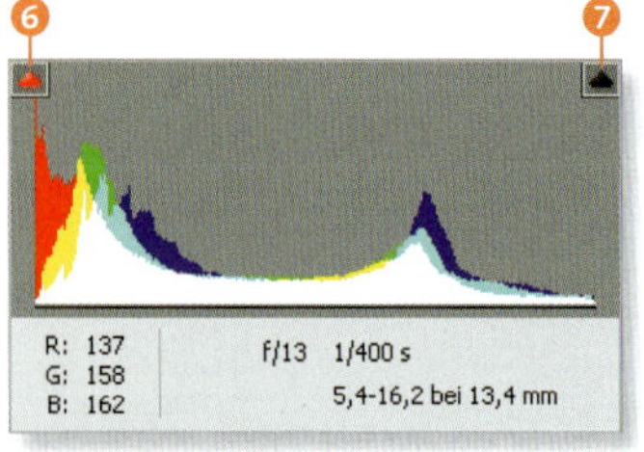

▲ **Abbildung 23.12**
Das Histogramm. Eine Tonwertwarnung kann zugeschaltet werden, indem Sie die Dreiecke ❻ und ❼ anklicken. Sie leuchten dann farbig, wenn Tonwertverluste drohen (hier bei den Tiefen, links).

23.4.3 Kontrolle bei Korrekturen: Das Histogramm

Um beim Festlegen der Einstellungen (im Grunde ist das ja eine Bildkorrektur am Rohbild) alle Parameter bestens unter Kontrolle zu haben, gibt es noch weitere Vorschau- und Kontrollinstrumente. Im Histogramm werden die Histogrammkurven aller Farbkanäle gleichzeitig gezeigt – der besseren Unterscheidung wegen farbig und mit bunten Überschneidungen. Diese Ansicht ist etwas gewöhnungsbedürftig. Wie beim normalen Histogramm auch sind hier die Tiefen links, die Lichter rechts angeordnet.

Unauffällig, aber wirkungsvoll sind die beiden kleinen Dreieck-Buttons oberhalb des Histogramms. Mit denen schalten Sie die Farbumfang-Warnung ein (Anklicken!). Direkt im Vorschaubild werden dann die Tiefen (also die dunkelsten Bildbereiche) und die Lichter (die hellsten Bildpartien) farbig hervorgehoben, wenn dort Zeichnungsverlust respektive Beschneidung droht. Diese Eckdaten eines Bildes reagieren auf Fehler bei der Korrektur am sensibelsten, und hier sind am ehesten Datenverluste zu befürchten.

Abbildung 23.13 ▶
Der Anschaulichkeit halber wurde an diesem Bild einmal eine Extremkorrektur durchgeführt. Die Tonwertbeschneidung wird farbig markiert: in den Lichtern mit Rot, in den Tiefen mit Blau.

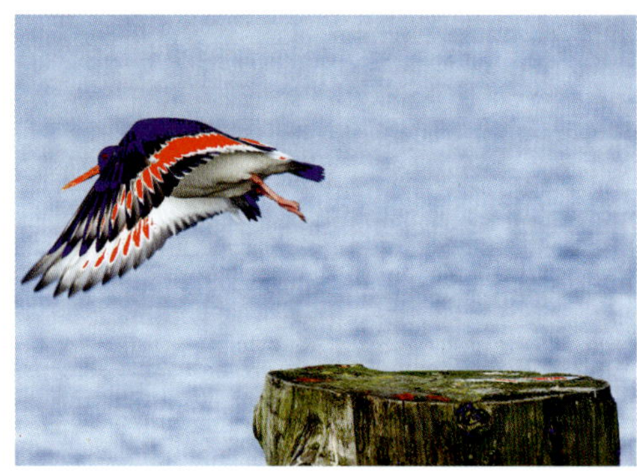

Bild: Onno K. Gent

23.4.4 Bildzustände sichern: Schnappschüsse

Bei den Paletten gibt es eine kleine Neuerung, die schon längst überfällig war und die Arbeit mit den vielfältigen Einstellungen erheblich erleichtert: die Palette SCHNAPPSCHÜSSE (TASTENKÜRZEL: [⌥]+[⌘]+[9]/[Alt]+[Strg]+[9]). Schnappschüsse sind Momentaufnahmen des Bildes. Mit einem Schnappschuss können Sie wichtige Arbeitsstadien sichern. Später ist es möglich, zu diesen früheren Arbeitsstadien zurückzukehren. Bei Experimenten können Sie so schnell wieder einen bestimmten Zwischenstand herstellen. Oder Sie entwickeln ausgehend von einem bestimmten Bearbeitungsstand unterschiedliche Bildversionen. Die Schnappschüsse-Palette funktioniert also so ähnlich wie das bekannte Protokoll aus Photoshop – mit dem Unterschied, dass die Liste nicht zwingend chronologisch geordnet ist.

- Ein Klick auf das NEU-Icon erzeugt einen neuen Schnappschuss. Um die Namensvergabe müssen Sie sich dann natürlich auch noch kümmern. Klare, aussagekräftige Bezeichnungen sind hier sehr hilfreich.
- Ein Klick auf einen Schnappschuss in der Liste bringt das Bild in den im Schnappschuss fixierten Zustand zurück.
- Das Anklicken des Mülltonnen-Icons entfernt den Schnappschuss aus der Liste.

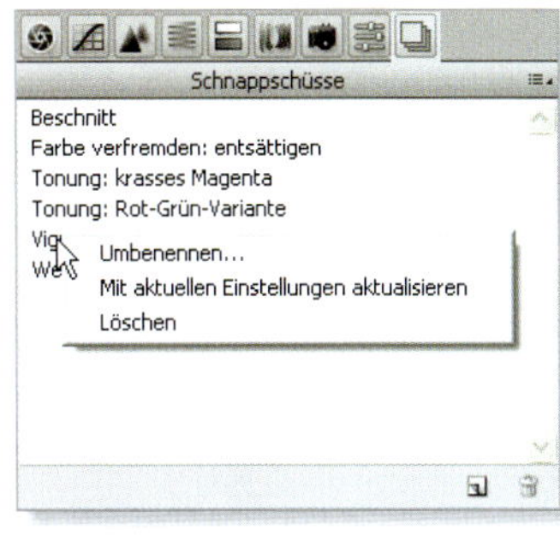

▲ **Abbildung 23.14**
Ein Rechtsklick ([Ctrl]-Klick) öffnet ein Kontextmenü, mit dessen Hilfe Sie Schnappschüsse aktualisieren, umbenennen und löschen können.

Genauso wie in Photoshop wird die Liste der Schnappschüsse verworfen, wenn Sie die Arbeitssitzung beenden und den CAMERA RAW-Dialog schließen.

23.4.5 Raw-Einstellungen speichern und anwenden

Bevor Sie sich daran machen, bei der Bildbearbeitung in CAMERA RAW alle Paletten mit den Korrekturfunktionen durchzuackern, sollten Sie überlegen, ob Sie nicht bereits früher getroffene Einstellungen nutzen. Das kann bei Bildern, die unter ähnlichen Bedingungen aufgenommen wurden, aber auch für Kreativjobs und dann, wenn Bildern ein einheitlicher Look verpasst werden soll, durchaus sinnvoll sein!

Ein kleines Icon 8 öffnet das CAMERA RAW-Palettenmenü. Darüber können Sie auf bisherige Einstellungen erneut zugreifen.

Außerdem finden Sie dort Befehle, um alle bisherigen Einstellungen an einem Bild zurückzusetzen.

- BILDEINSTELLUNGEN 9 bringt das schon veränderte Bild schnell wieder in den unbearbeiteten Urzustand zurück.
- Die CAMERA RAW-STANDARDS 10 wirken sich auf alle Bilder aus, die aus derselben Kamera stammen. Sie können hier eigene Einstellungen als Standard für alle Bilder aus einer Kamera festlegen, die denselben ISO-Wert haben. Da das Raw-Modul

jedoch auch eigene Kamera-Standards mitbringt, ist es nicht zwingend erforderlich, hier etwas festzulegen. Ich finde es sogar ganz interessant, individuelle Einstellungen mit den von Photoshop errechneten Werten zu vergleichen (wie das geht, erfahren Sie weiter unten).

- VORHERIGE KONVERTIERUNG ⑪ ruft Ihre letzte Einstellung erneut auf – unabhängig davon, ob Sie diese zuvor extra gespeichert haben oder nicht.
- VORGABE ANWENDEN ⑫ führt Sie zu einem weiteren Fly-out-Menü, in dem Sie schnellen Zugriff auf die zuvor gespeicherten Settings haben.
- EINSTELLUNGEN LADEN ⑬ ist die Alternative zum Befehl VORGABE ANWENDEN und lädt ebenfalls ein zuvor gespeichertes Set von Einstellungen. EINSTELLUNGEN SPEICHERN führt zum Speicherdialog, mit dem Sie Ihre aktuell vorliegenden Einstellungen festhalten können.

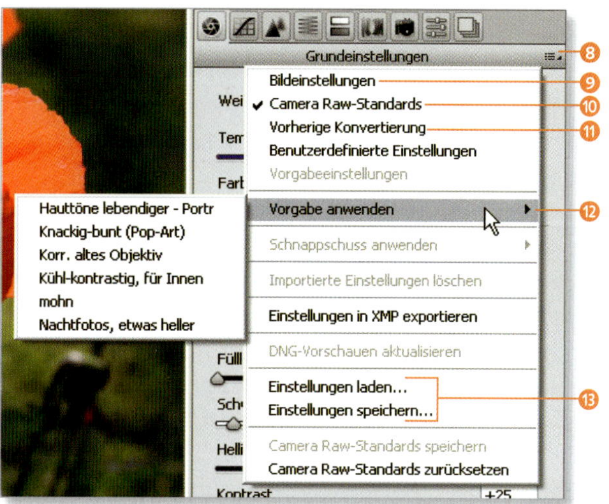

Abbildung 23.15 ▶
Frühere Einstellungen verwalten und anwenden per Seitenmenü. Vor allem in Zusammenarbeit mit der Palette VORGABEN ist dieses kleine Menü sehr hilfreich.

Die Palette »Vorgaben« | Übersichtlicher als der LADEN- und der SPEICHERN-Dialog ist die Palette VORGABEN (Tastaturkürzel [⌥]+[⌘]+[8]/[Alt]+[Strg]+[8]). Mit ihr können Sie Ihre erprobten Einstellungskombinationen bequem verwalten. Das Kernstück ist eine Liste mit den schon gespeicherten Vorgaben, und am Fuß der Palette finden Sie die Icons NEU und LÖSCHEN. Diese sollten Ihnen ja inzwischen bekannt sein. Ansonsten ist die Bedienung nahezu selbsterklärend: Klicken Sie auf den Button NEU, legen Sie den Namen der neuen Vorgabe fest, und stellen Sie ein, welche Eigenschaften aufgenommen werden sollen. Bestätigen Sie dann mit OK – und das war's. Die neue Vorgabe erscheint sofort im Fly-out-Menü und der Vorgaben-Palette.

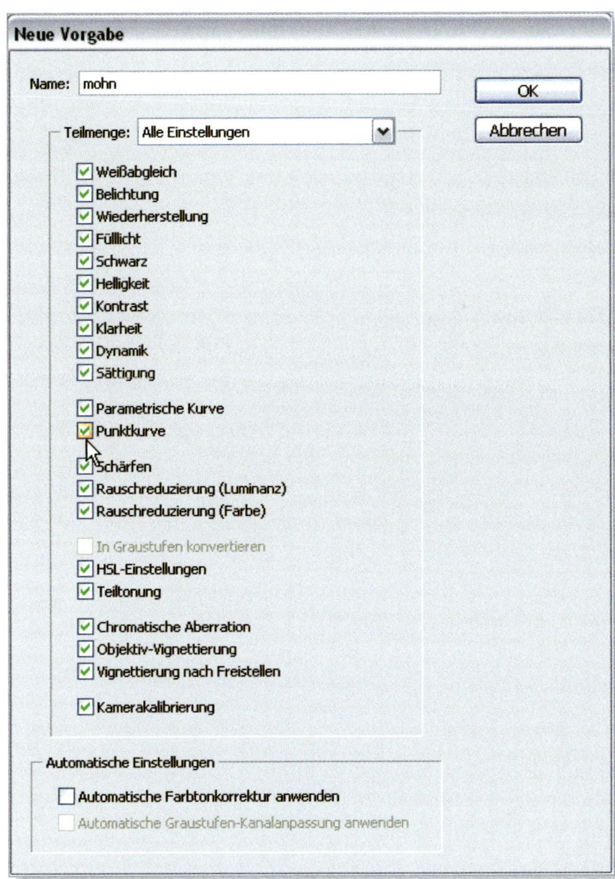

▲ **Abbildung 23.16**
Wenn Sie eine neue Vorgabe speichern, können Sie detailliert festlegen, welche Eigenschaften mit aufgenommen werden sollen.

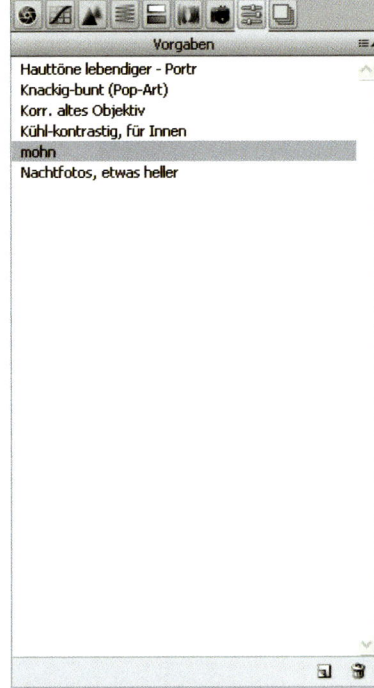

▲ **Abbildung 23.17**
Die Vorgaben-Palette mit einigen bereits gespeicherten Einstellungen

23.4.6 Arbeitsablauf-Optionen: Wie soll das Bild geöffnet werden?

Unterhalb der Bildvorschau finden Sie eine blau dargestellte Zeile mit Angaben zu Dateieigenschaften wie Farbraum, Farbtiefe, Auflösung und Ähnliches. Mit diesen Eigenschaften wird eine Datei geöffnet, wenn Sie mit der Bearbeitung in Camera Raw fertig sind. Adobe nennt diese Einstellung wechselweise »Workflow«- oder »Arbeitsablauf-Optionen«. Treffender wäre wohl die Bezeichnung »Dateiausgabe-Optionen«.

Zum Nachlesen
Die einzelnen Parameter – Farbraum, (Farb)tiefe, Grösse und Auflösung – sollten Ihnen nach der Lektüre von Kapitel 6, »Bildbearbeitung: Fachwissen«, keine Schwierigkeiten mehr bereiten.

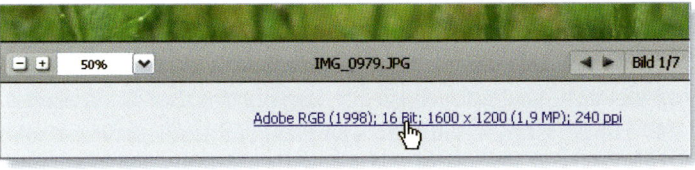

◀ **Abbildung 23.18**
Der Link zu den Workflow-Optionen ist gleichzeitig eine Information über die aktuellen Einstellungen.

Wenn Sie auf diese Zeile klicken, gelangen Sie zu einem Dialogfeld, in dem Sie Grundparameter für Dateien festlegen können, die mit CAMERA RAW geöffnet werden.

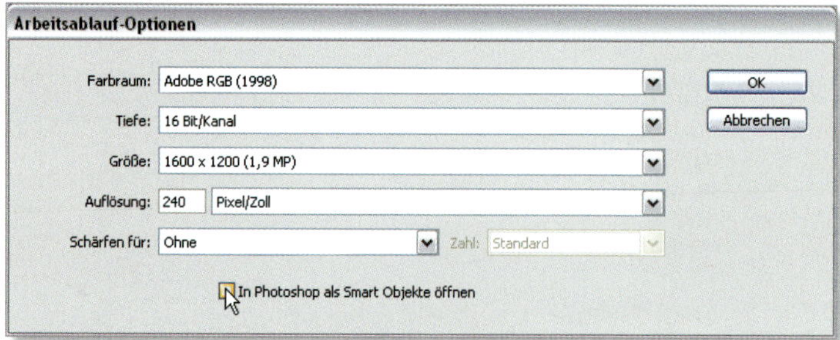

Abbildung 23.19 ▶
Mit welchen Einstellungen soll die Datei geöffnet werden?

FARBRAUM, (Bit-)TIEFE, GRÖSSE und AUFLÖSUNG sollten Ihnen aus Photoshop geläufig sein. In CS4 ist in diesem Dialog die Funktion SCHÄRFEN FÜR neu hinzugekommen. Die Bedienung ist einfach: Sie wählen aus, für welches Medium das Bild eingerichtet werden soll, und entscheiden sich zwischen drei Stärken der Schärfung – fertig.

Achtung: Schärfe ohne Vorschau

Wenn Sie sich entscheiden, eine der Schärfungsregeln in den ARBEITSABLAUF-OPTIONEN zu aktivieren, bedenken Sie, dass dafür nie eine Vorschau angezeigt wird. Wenn Sie zusätzlich andere Schärfungstools in Camera Raw anwenden, kann das Bild unter Umständen nach dem Import in Photoshop überschärft sein.

Schärfen schon in Camera Raw? | Trotz der einfachen Handhabung wirft diese Funktion einige Fragen auf – Fragen grundsätzlicher Natur. Nicht selten hört man, dass das Schärfen erst ganz an das Ende der Bildkorrekturen gehöre. Ist es zu diesem frühen Zeitpunkt der Bearbeitung überhaupt sinnvoll oder »erlaubt«, zu schärfen? Ich denke schon. Wenn Sie RAW-Dateien unter der Maus haben, ist die Bearbeitung ohnehin zerstörungsfrei, weil Sie immer nur eine Bild*version* öffnen und das Originalbild erhalten bleibt. Sie entwickeln lediglich eine mögliche Variante Ihres digitalen Negativs. Außerdem können Sie Dateien sicherheitshalber als Smart-Objekt öffnen (siehe unten). So haben Sie jederzeit die Möglichkeit, auf Ihre Einstellungen erneut zuzugreifen – ob Schärfung oder andere Korrekturen. Das ist besonders praktisch, wenn Sie JPGs oder TIFFs mit CAMERA RAW bearbeiten – hier verändern Sie, anders als bei echten Rohdateien, das Original.

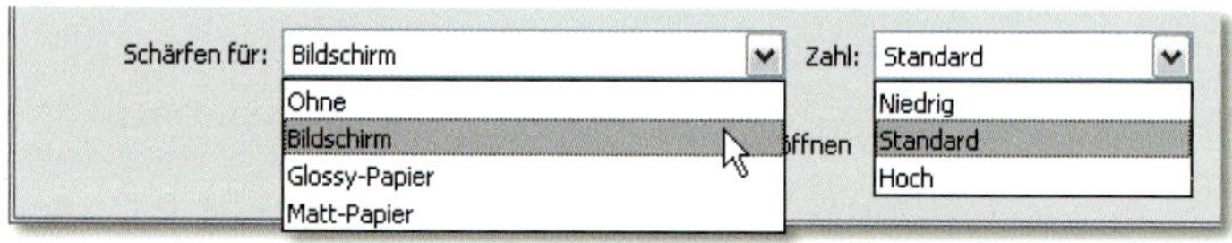

Abbildung 23.20 ▶
Drei Ausgabearten, drei verschiedene Stärken: Vorschärfen in Camera Raw

So oder so: Ihre Schärfungseinstellungen sind lange nicht so irreversibel und endgültig, wie das mit älteren Photoshop-Versionen der Fall war. Dazu kommt, dass RAW-Bilder aus Digicams – auch aus guten – aus technischen Gründen zwangsläufig immer ein klein wenig unscharf sind. Deswegen kann behutsames Vorschärfen einige Bildbearbeitungsaufgaben sogar erleichtern. So lassen sich zum Beispiel Tonwertverteilung und Kontraste realistischer beurteilen. Scharfzeichnen während der Raw-Entwicklung ist also durchaus angebracht.

Wenn Sie das nicht pauschal bei allen Bildern und nicht erst beim Öffnen in Photoshop durchführen wollen, nutzen Sie statt der Einstellung in den ARBEITSABLAUF-OPTIONEN die Registerkarte DETAILS (Kürzel: [⌥]+[⌘]+[3]/[Alt]+[Strg]+[3]) für globales Schärfen am ganzen Bild. Für lokales Schärfen einzelner Partien können Sie außerdem den neuen Anpassungspinsel (Kürzel [G]) verwenden.

Raw-Einstellungen flexibel: Als Smart-Objekt öffnen | Wie schon erwähnt: Wenn Sie im Dialog ARBEITSABLAUF-OPTIONEN ein Häkchen bei IN PHOTOSHOP ALS SMART OBJEKTE ÖFFNEN setzen, werden alle Dateien standardmäßig als Smart-Objekt in Photoshop geöffnet, sobald Sie auf den Button BILD(ER) ÖFFNEN im Raw-Konverter klicken. Sie können die Bilder dann weiterbearbeiten wie alle anderen Smart-Objekte auch. Ein schneller Doppelklick auf die Smart-Objekt-Miniatur in der Photoshop-Ebenen-Palette führt Sie bei Bedarf sofort zu den Raw-Einstellungen der Datei zurück.

- Diese Option wirkt sich auf *alle* Bilder aus, die geöffnet werden. Sie können jedoch auch **einzelne Bilder als Smart-Objekt öffnen**. Wenn die Smart-Objekt-Option in den ARBEITSABLAUF-OPTIONEN **nicht aktiviert** ist und Sie dann die [⇧]-Taste drücken, ändert der Button BILD(ER) ÖFFNEN seinen Namen und heißt OBJEKT(E) ÖFFNEN. Klicken Sie darauf, und Ihr Foto wird in Photoshop als Smart-Objekt geöffnet.
- Das funktioniert auch umgekehrt. Trotz **aktivierter** Smart-Objekt-Option können Sie **einzelne Bilder als normales Pixelbild öffnen**. Halten Sie beim Klick auf den Button BILD(ER) ÖFFNEN wieder einfach die [⇧]-Taste gedrückt.

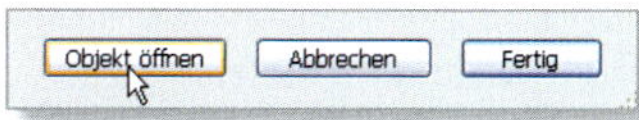

▲ **Abbildung 23.21**
Die Aufschrift OBJEKT ÖFFNEN zeigt an, dass ein Bild in Photoshop als Smart-Objekt geöffnet wird.

23.4.7 Bearbeitung abschließen

Wenn Sie mit Ihren Einstellungen fertig sind, haben Sie verschiedene Möglichkeiten, den Vorgang abzuschließen.

- BILD ÖFFNEN öffnet eine Kopie der RAW-Bilddaten in Photoshop und wendet Ihre Einstellungen an. Die Bilder können in Photoshop normal weiterbearbeitet werden. Um sie endgültig zu sichern, müssen sie jedoch noch gespeichert werden.
- ABBRECHEN bricht den Vorgang ab und schließt den CAMERA RAW-Dialog ohne Änderungen an der Datei.

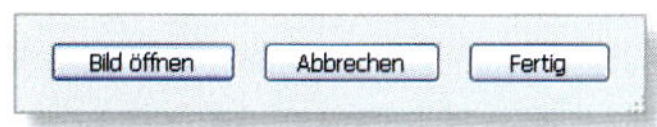

▲ **Abbildung 23.22**
Normalerweise sehen Sie diese Buttons.

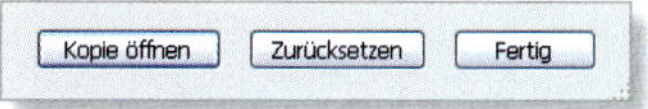

▲ **Abbildung 23.23**
Wenn Sie zusätzlich [Alt]/[⌥] drücken, gibt es weitere Funktionen.

Welches Dateiformat?

Wenn Sie die RAW-Bildeigenschaften weitestgehend erhalten wollen, bieten sich dazu die Dateiformate PHOTOSHOP RAW oder TIFF an. Beide Formate unterstützen auch 16-Bit-Bilder.

Raw-Import automatisieren

Der Import von RAW-Daten eignet sich auch sehr gut, um daraus eine Photoshop-Aktion zu machen. Mit dem einmal aufgezeichneten Makro können Sie dann bequem ganze Bilderstapel von Ihrer Kamera holen. Die Photoshop-Stapelverarbeitung macht es möglich! Mehr zu Photoshops zeitsparenden Automatik-Funktionen lesen Sie in Abschnitt 9.7.

- FERTIG schließt das Raw-Import-Dialogfeld und speichert die Einstellungen – ohne Bilder zu öffnen.
- KOPIE ÖFFNEN (mit [Alt]/[⌥]) öffnet das Bild in der Bildversion, die Sie zuletzt im Raw-Dialog eingestellt haben, sichert diese Einstellungen jedoch nicht mit der Ausgangsdatei. Ihre Änderungen werden also auf eine Bildkopie angewandt und ansonsten verworfen.
- ZURÜCKSETZEN verwirft alle Änderungen, lässt den Dialog jedoch geöffnet.

23.5 Die wichtigsten Korrekturen: die Palette »Grundeinstellungen«

Nachdem Sie die Optionen des Raw-Moduls an Ihre Bedürfnisse angepasst haben, können Sie anfangen, Ihre Bilder zu bearbeiten. Fast alle Bildeinstellungen nehmen Sie in den Paletten rechts neben der Bildvorschau vor. Die GRUNDEINSTELLUNGEN ([⌥]+[⌘]+[1]/[Alt]+[Strg]+[1]) finden Sie an prominenter Stelle als erste Palette des umfangreichen Sortiments. Nicht ohne Grund: Meist bekommen Sie schon mit den hier angebotenen Einstellungen ein recht gutes Ergebnis.

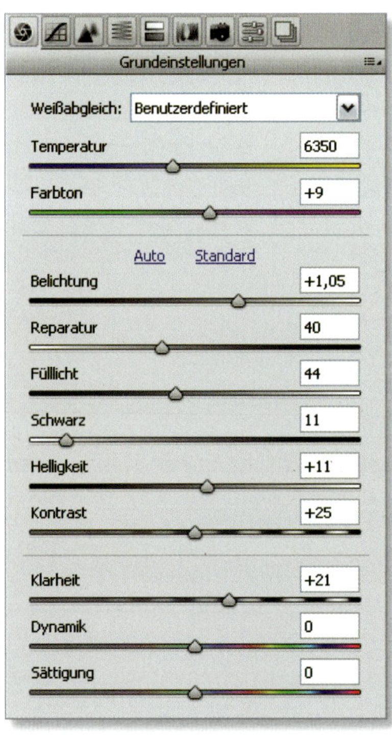

Abbildung 23.24 ▶
Die wichtigsten Einstellungen für Ihre Bilder

Wie bei der »normalen« Bildbearbeitung ist auch bei Raw-Korrekturen die Reihenfolge nicht unwichtig. Das Layout des Dialogfelds liefert hier schon die richtige Vorgabe. Nacheinander stellen Sie den Weißabgleich, den Tonwertbereich und die Farbsättigung ein.

23.5.1 Weißabgleich

Durch den Weißabgleich wird ein gewichtiger Unterschied zwischen dem menschlichen und dem Kamera-Auge ausgeglichen: Wir Menschen sehen Licht fast immer »weiß«, auch wenn es in Wirklichkeit sehr unterschiedliche Lichtfarben (»Temperaturen«) gibt.

Diesen Ausgleich kann eine Kamera nicht leisten – auf dem fotografierten Bild manifestieren sich unterschiedliche Lichtfarben als Farbstiche. Man muss einer Kamera (oder hier dem Raw-Werkzeug) also mitteilen, unter welchen Bedingungen das Bild aufgenommen wurde, damit solch ein Farbstich ausgeglichen werden kann. Dazu steht eine je nach Kameratyp unterschiedlich bestückte Dropdown-Liste zur Verfügung. Alternativ können Sie auch die Farbtemperatur und (für das Feintuning) den Farbton mit den Reglern von Hand eingestellen.

Weißabgleich per Pipette | Wenn Sie lieber intuitiv arbeiten, können Sie auch das Weißabgleich-Werkzeug (Kürzel I) aus der Werkzeugleiste nutzen. Es wirkt so wie die Lichter-Pipette, die Sie bereits aus den Photoshop-Funktionen TONWERTKORREKTUR und GRADATIONSKURVEN kennen: Klicken Sie auf den Punkt des Bildes, der neutralisiert werden soll. Die restlichen Bildfarben verändern sich entsprechend. Beim Klicken auf zu helle Bildbereiche funktioniert das jedoch nicht!

Temperatur gängiger Lichtquellen

Wenn Sie eigene Lichttemperaturen festlegen wollen und sich nicht der vorgefertigten Liste bedienen, müssen Sie natürlich die Temperatur gängiger Lichtquellen und typischer Beleuchtungssituationen kennen.

- **Kerze**: 1500 K
- **Glühbirne**: (40 W): 2680 K
- **Glühbirne**: (100 W): 2800 K
- **Glühbirne**: (200 W): 3000 K
- **Leuchtstoffröhre** (Warmweiß): 3000 K
- **Leuchtstoffröhre** (Kaltweiß): 4000 K
- **Fotolampe, Halogen-Lampe**: 3400 K
- **Elektronenblitzgerät**: 5500–5600 K
- **Morgen-/Abendsonne**: 5000 K
- **Mittagssonne, sonniger Himmel**: 5500–5800 K
- **Bedeckter Himmel**: 6500–7500 K
- **Blauer Himmel**: 9000–12000 K
- **Vormittags-/Nachmittagsonne**: 5500 K
- **Sonne eine Stunde vor Dämmerung**: 3400 K

▲ **Abbildung 23.25**
Im Eifer, das Motiv schnell zu erwischen, blieb keine Zeit, den Weißabgleich der Kamera zu ändern. Das Bild wirkt zu gelb. Ein Klick mit der Pipette auf das helle weiße Gefieder …

Bild: Onno K. Gent

▲ **Abbildung 23.26**
… und die Farben sind gerade gerichtet. Mit dem TEMPERATUR-Regler wurde das Bild anschließend wieder etwas wärmer gemacht.

Mit der Pipette des Farbaufnahme-Werkzeugs [S] können Sie zudem Messpunkte in das Bild setzen, um bei der Korrektur die Farbwerte neuralgischer Bildpartien jederzeit im Blick zu haben.

23.5.2 Bildhelligkeit und Kontrast einstellen

Belichtung und Schwarz | Die Regler Belichtung und Schwarz legen fest, wie hell oder dunkel die Lichter oder Tiefen des Bildes sind. Dabei werden hellste und dunkelste Tonwertbereiche des Bildes weitestgehend isoliert bearbeitet – der Rest bleibt unangetastet. Interessant ist die Möglichkeit, beim Ziehen am Belichtungs- oder Tiefenregler eine Vorschau der aktuell veränderten Bereiche einzublenden: Drücken Sie dazu [Alt] oder [⌥], während Sie den Regler bedienen.

Abbildung 23.27 ▸
Die Belichtung für das Mohnblumenbild aus Abbildung 23.8 wird erhöht; veränderte Bereiche werden so dargestellt.

Reparatur | Mit dem Regler Reparatur können Sie versuchen, in überstrahlte Lichter einen Rest von Zeichnung hereinzubekommen. Zwar gilt auch hier die alte Regel: Wo keine Tonwerte sind, kann Photoshop sie auch nicht hinzaubern. Das Werkzeug greift jedoch auch auf Tonwertinformationen zurück, die nur in einem oder zwei der drei RGB-Farbkanäle vorliegen und deswegen üblicherweise nicht angezeigt werden. In gewissem Maße hilft die Reparatur-Funktion also wirklich!

Fülllicht | Fülllicht hellt Bilder viel sanfter auf als der brachiale Helligkeitsregler – die Funktion wirkt nur auf dunkle Bereiche, lässt ganz dunkle Partien jedoch unangetastet. Mit dieser Funktion können Sie zum Beispiel unterbelichtete Bildmitten retten oder ein Bild sanft aufhellen, wenn tiefe Schatten mit hellen Partien zu stark kontrastieren.

Helligkeit und Kontrast | Die Werkzeuge KONTRAST und HELLIGKEIT arbeiten wie die gleichnamigen Photoshop-Korrekturwerkzeuge. Um Helligkeit und Kontrast anzupassen, können Sie alternativ auch die Einstellung unter GRADATIONSKURVE nutzen. Deren Bedienung erfordert einige Hintergrundkenntnisse über Gradationskurven, aber mit ihr lässt es sich genauer arbeiten.

Klarheit | KLARHEIT macht – wie der Name schon sagt – Bilder durch behutsame Kontraststeigerung »knackiger« und verstärkt so den Tiefeneindruck. Die Funktion wirkt sich lediglich auf Mitteltöne aus, sodass Tiefen und Lichter nicht ausbrechen. Dies prädestiniert den Regler für Motive, bei denen Tiefen oder Lichter ohnehin schon etwas problematisch sind, und natürlich für alle Bilder, die etwas mehr Pepp brauchen – von der Landschaft bis zum Architekturmotiv. Anders als der KONTRAST-Regler lässt sich KLARHEIT auch bei Porträts mit Gewinn einsetzen, ohne dass die Hauttöne in Sonnenbrand-Nuancen umschlagen.

Genau genommen ist KLARHEIT ein Schärfungs-Tool. Es wirkt ähnlich wie der bekannte Photoshop-Filter UNSCHARF MASKIEREN mit einem extrem hohen RADIUS-Wert – und beschränkt auf mittlere Tonwerte. Wie bei allen Schärfungsoperationen sollten Sie darauf achten, dass ein Zoomfaktor von 100 % eingestellt ist. Für gute Ergebnisse ziehen Sie den Regler dann so weit nach rechts, bis Sie erste Farbsäume an den Kanten Ihres Motivs erkennen. Dann nehmen Sie die Einstellungen wieder ein wenig zurück.

Hilfe – zu viele Einstellungen?

Die Menge der zur Verfügung stehenden Regler kann dazu führen, dass man nicht mehr weiß, welche Konstellation eigentlich gut ist. Oben in der Palette finden Sie die Schaltflächen AUTO und STANDARD in Form von Hyperlinks. Damit können Sie zwischen den Bildstandards (Einstellungen in der Datei selbst – STANDARD) und den in CAMERA RAW hinterlegten Kamerastandards (AUTO) hin- und herwechseln. Zuweilen ist ein Klick auf AUTO recht hilfreich, um Einstellungen zu finden, die dem Bild gut tun. Es ist dann leichter, auf dieser Basis die Einstellungen weiter zu verfeinern.
Klicks auf einen der beiden Links bringen Sie auch wieder auf »sicheren Boden«, wenn Sie sich in den Einstellungen völlig verhaspelt haben.

23.5.3 Einstellungen für die Farbsättigung

Sättigung | Die Einstellung SÄTTIGUNG ist Ihnen längst aus Photoshop bekannt. Wenn Sie diesen Regler bewegen, werden Bilder sehr schnell bunt. In der verstärkten Farbigkeit gehen jedoch auch die Kontraste leicht unter. Beim Entsättigen werden Bilder schnell zu flach und grau.

Dynamik | Der Regler DYNAMIK wirkt zwar auch auf die Bildfarben ein, arbeitet aber eher kontrasterhaltend. Während der normale Sättigungsregler auf alle Bildfarben gleichermaßen einwirkt, greift DYNAMIK bei Farben mit geringer Sättigung stärker als bei Farben, die ohnehin schon sehr stark gesättigt sind. Diese Einstellung ist auch sehr gut geeignet, um Porträts mit viel Hauttönen zu bearbeiten. Auch um »ausgeblichene« alte Fotos vorzutäuschen, eignet sich die Funktion gut.

Dynamik jetzt auch in Photoshop

In CAMERA RAW gibt es DYNAMIK schon länger. Unter demselben Namen gibt es das Tool jetzt auch in Photoshop. Sie finden es in der Korrekturen-Palette (und hier im Buch in Abschnitt 17.3).

23.6 Gradationskurve

In der nächsten Abteilung, GRADATIONSKURVE ([⌥]+[⌘]+[2]/[Alt]+[Strg]+[2]), finden Sie gleich zwei Gradationskurven.

23.6.1 Punkt

Unter PUNKT befindet sich ein Werkzeug, das der normalen Gradationskurve stark ähnelt und auch genauso angewendet wird. Hier gibt es außerdem ein Dropdown-Feld mit einigen Standardkurven, und im Hintergrund der Kurve ist in Hellgrau die Tonwertverteilung des Bildes (Histogramm) eingeblendet.

23.6.2 Parametrisch: Differenzierte Bildeinstellungen ohne Kurvenpunkte

Die parametrische Gradationskurve ist eine Spezialität von CAMERA RAW. Mit ihr können Sie *per Regler* differenziert auf verschiedene Tonwertbereiche einwirken, ohne dass Sie auf der Kurve selbst Ankerpunkte setzen müssen. Die Gefahr von Tonwertabrissen infolge zu zahlreicher Ankerpunkte und zu flacher Kurven ist damit gebannt.

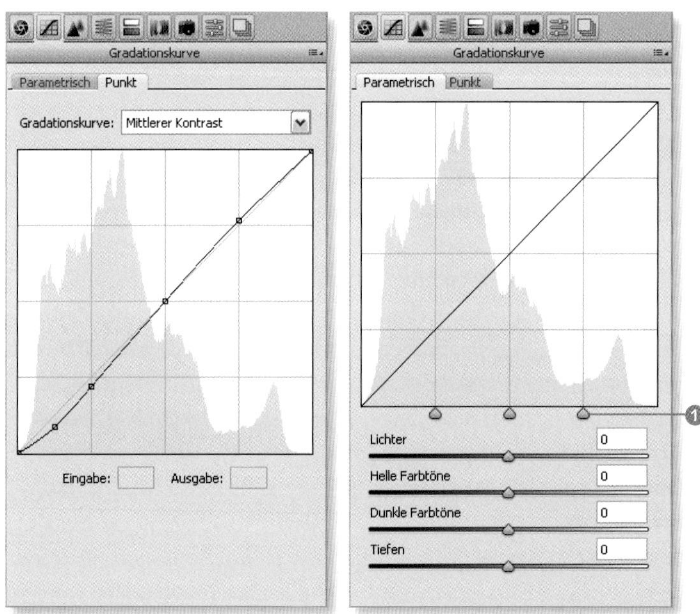

Abbildung 23.28 ▸
Die übliche, durch Ankerpunkte gesteuerte Gradationskurve

Abbildung 23.29 ▸▸
Bei der parametrischen Gradationskurve dient die eigentliche Kurve nur Kontrollzwecken – Sie arbeiten mit Reglern.

Einstellungen | LICHTER wirkt auf die allerhellsten Tonwertbereiche des Bildes ein, TIEFEN auf die dunkelsten. Mit dem Regler HELLE FARBTÖNE bearbeiten Sie nur die hellen Farbtöne – nicht aber die allerhellsten. Analog wirkt DUNKLE FARBTÖNE, nur eben in den dunklen Tonwertbereichen.

Wenn Sie erst einmal die Wirkung dieses Werkzeugs durchschaut haben – die Gestaltung der Kurve könnte etwas klarer sein – können Sie Erstaunliches bewirken. Es ist zum Beispiel möglich, zunächst die hellen Tonwerte eines Bildes aufzuhellen und dann isoliert davon die Lichter wieder abzudunkeln, um Tonwertverluste zu vermeiden. Eine solche Korrektur wäre mit der normalen Gradationskurve zwar auch machbar, aber es ist ein wenig schwieriger, durch Setzen von Punkten und Ziehen mit der Maus die »Idealkurve« zu finden.

Indem Sie die Dreieckspfeile ❶ unterhalb der Kurvendarstellung verschieben, können Sie außerdem festlegen, wie groß der Tonwertumfang der einzelnen Bereiche ist. Mit diesen Trennern definieren Sie, welche Tonwertbereiche während der Korrektur überhaupt als »Tiefen«, »Lichter« oder »helle/dunkle Farbtöne« interpretiert werden. Wie immer sind die Tiefen links, die Lichter rechts angeordnet. Wenn Sie den rechten und linken Regler mehr an den Rand schieben, grenzen Sie die Wirkung des Werkzeugs noch stärker auf hellste bzw. dunkelste Tonwertbereiche ein. Wenn Sie den mittigen Regler nach links bewegen, wirkt die Korrektur der Lichter stärker; bewegen Sie ihn nach rechts, werden mehr Tonwerte den Tiefen zugeschlagen, und Korrekturen der Tiefen greifen mehr. Vor allem in Zusammenarbeit mit HELLE FARBTÖNE und DUNKLE FARBTÖNE wirkt sich das deutlich aus.

Das Verschieben der kleinen Dreiecksregler *allein* bewirkt übrigens gar nichts – Sie legen damit nur die Korrekturwirkung der vier Schieber fest. Solange diese nicht bewegt werden, bleibt das Bild unverändert.

23.7 Mausgesteuert korrigieren: »Selektive Anpassung«

In Photoshop gab es die praktische Maus-im-Bild-Steuerung erstmals in CS3 beim Werkzeug SCHWARZWEISS, jetzt in CS4 steht sie für eine Reihe weiterer Korrekturwerkzeuge zur Verfügung.

Auch in CAMERA RAW steht Ihnen diese geniale Funktion nun für einige Werkzeuge zur Verfügung. Gerade bei Rohbildern mit höheren Bit-Werten können Sie sie mit Gewinn einsetzen, denn hier sind nicht so leicht Tonwertverluste durch zu beherzten Mauseinsatz zu befürchten.

Sie finden diese Funktion nicht in den für die Korrekturen zuständigen Paletten, sondern in der Werkzeugleiste: Wählen Sie das Werkzeug SELEKTIVE ANPASSUNG (Shortcut: T). Ein kurzer Klick aktiviert das Werkzeug. Wenn Sie mit der Maus bei gedrückter Maustaste etwas länger auf dem Werkzeug-Icon

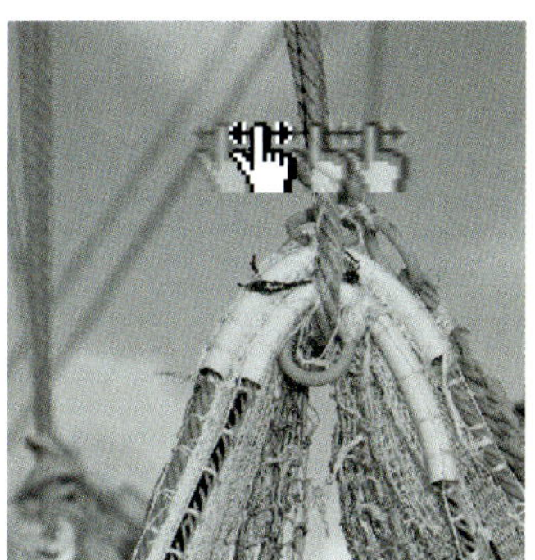

▲ **Abbildung 23.30**
Ein Klick plus das Bewegen des Mauszeigers über dem Bild steuert Korrekturwerkzeuge: eine intuitive und schnelle Arbeitsweise, hier das Schwarzweiß-Tool.

verweilen, öffnet sich ein Submenü. Darin stellen Sie ein, welches Korrektur-Tool Sie per Mausbewegung steuern wollen.

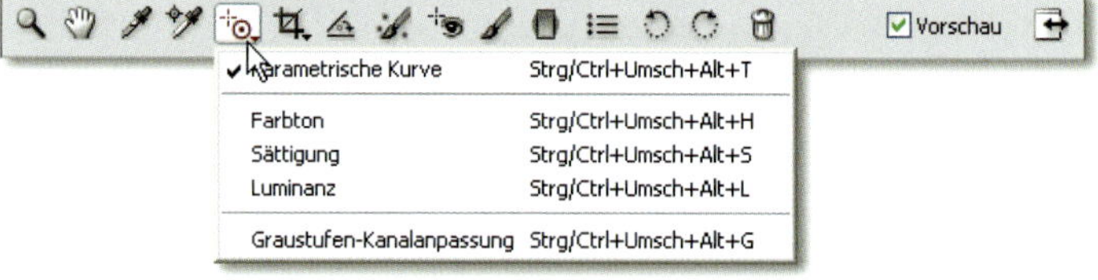

Abbildung 23.31 ▶
Mit dem Tool SELEKTIVE ANPASSUNG können Sie verschiedene Korrekturen durch Mausbewegung über dem Bild steuern.

▲ **Abbildung 23.32**
Das Selektive-Anpassung-Werkzeug im Modus PARAMETRISCHE GRADATIONSKURVE.

Die **Anwendung des Werkzeugs** ist einfach:

1. Wählen Sie aus, mit welchem Tool Sie das Bild verändern wollen. Zur Auswahl stehen die parametrische Gradationskurve, FARBTON, SÄTTIGUNG, LUMINANZ und GRAUSTUFEN-KANALANPASSUNG.
2. Klicken Sie im Bild auf den Bereich, den Sie verändern wollen, lassen Sie die Maustaste jedoch gedrückt.
3. Bewegen Sie die Maus dann nach rechts oder links oder nach oben und unten, um die Einstellungen zu ändern. Die Bewegungsrichtung ist je nach Werkzeug verschieden, wird jedoch durch die Form des Mauscursors angezeigt.

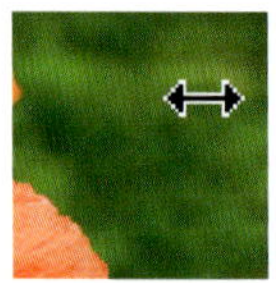

▲ **Abbildung 23.33**
Das Selektive-Anpassung-Werkzeug im Modus SÄTTIGUNG

Tabelle 23.1 ▶
Tastaturbefehle für das Raw-Werkzeug SELEKTIVE ANPASSUNG auf einen Blick

Was wollen Sie tun?	Windows	Mac
Werkzeug aufrufen (mit der zuletzt benutzten Einstellung)	T	T
Modus: Parametrische Gradationskurve verändern	Strg+⇧+Alt+T	⌘+⇧+Alt+T
Modus: Farbton verändern	Strg+⇧+Alt+H	⌘+⇧+Alt+H
Modus: Farbsättigung verändern	Strg+⇧+Alt+S	⌘+⇧+Alt+S
Modus: Farbhelligkeit verändern	Strg+⇧+Alt+L	⌘+⇧+Alt+L
Modus: Kanalmischung bei der Graustufen-Umsetzung steuern	Strg+⇧+Alt+G	⌘+⇧+Alt+G

23.8 Details: Schärfen und Rauschreduzierung

Auf der Registerkarte DETAILS (Kürzel ⌥+⌘+3/Alt+Strg+3) finden Sie Regler zum Schärfen des Bildes und zur Rauschreduzierung. Es ist sinnvoll, diese zwei Funktionen zusammenzufassen: RAUSCHREDUZIERUNG macht Bilder unschärfer, SCHÄRFEN lässt das Rauschen stärker hervortreten. Hier können Sie beides austarieren.

23.8.1 Scharfzeichnen

Die Regler sehen zunächst so aus, wie man es auch von Photoshop kennt. Das CAMERA RAW-Schärfen enthält jedoch einige unbekannte Funktionen und unterscheidet sich in wichtigen Details von den bekannten Photoshop-Filtern.

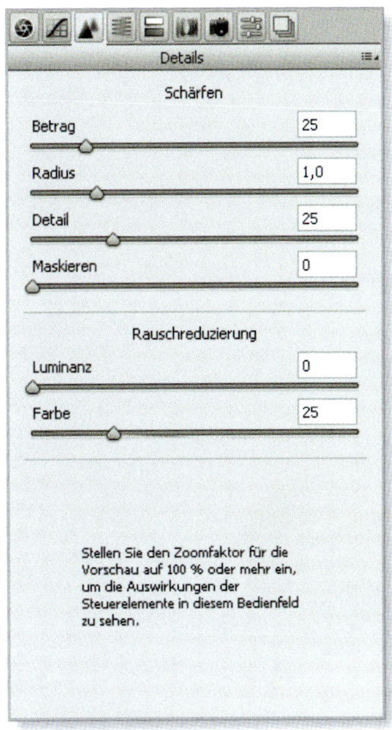

▲ **Abbildung 23.34**
Die Werte für das Schärfen und die Rauschunterdrückung können hier einfach aufeinander abgestimmt werden.

Grundeinstellungen | Was geschieht beim digitalen Schärfen? Zunächst werden benachbarte Pixel miteinander verglichen. Dort, wo unterschiedlich helle Pixel aneinandergrenzen – an den Konturen innerhalb des Bildes also – setzt die Schärfungsfunktion an und erhöht den Kontrast. Dadurch entsteht der optische Eindruck größerer Schärfe.

- Mit BETRAG steuern Sie, wie stark der Kontrast benachbarter Pixel erhöht wird. Sie bestimmen so, wie kräftig scharfgezeichnet wird.
- Der RADIUS legt fest, wie breit der Konturbereich ist, an dem die Kontrasterhöhung greift.

Vorsicht | BETRAG und RADIUS ähneln den Reglern STÄRKE und RADIUS in Photoshops Schärfungsklassiker UNSCHARF MASKIEREN. Doch in CAMERA RAW wirken beide Regler **viel intensiver** als ihre Pendants in Photoshops »USM« (unscharf maskieren) und sollten vorsichtig gehandhabt werden. Ein hoher BETRAG um die 150 ruiniert ein Bild fast immer, wenn Sie nicht mit DETAIL und MASKIEREN gegensteuern.

Bildansicht 100 % ist Pflicht!

Nur bei einer Bildansicht von 100 % (oder mehr) werden Ihre Änderungen auch im Vorschaufenster angezeigt. Ein Doppelklick auf den Lupen-Button bringt das Bild schnell in den gewünschten Darstellungsmaßstab. Durch Drücken der Leertaste wechseln Sie kurzfristig zum Hand-Werkzeug, um sich den gewünschten Bildausschnitt ins Vorschaufenster zu ziehen.

Filterwirkung fein dosieren | Aus Photoshop noch unbekannt ist der Regler DETAIL. Damit stellen Sie ein, ob die Schärfung Motivkanten betont (niedrige Werte) oder ob auch Texturen und Strukturen im Bild hervorgehoben werden (höhere Werte). Wenn Sie diesen Regler einige Male ausprobiert haben, werden Sie seinen Nutzen schnell erkennen! Eine zu kräftige Schärfung kann er ganz leicht feinjustieren, ohne dass Sie minutenlang im Wechsel BETRAG und RADIUS verschieben müssen, bis Sie die optimale Konstellation gefunden haben. Außerdem unterdrückt diese Einstellung unerwünschte Halo-Effekte an den Konturen.

Störungen unterdrücken, Schärfen auf Konturen einschränken | Schärfen macht Fotos nicht nur kontrastreicher und knackiger. Es betont auch unerwünschte Bildstörungen. Ein wirksamer Schutz gegen solche Nebenwirkungen der Schärfung ist die Funktion

Maskieren. Mit diesem Regler erzeugen Sie eine Konturenmaske, die die Schärfungswirkung auf mehr oder weniger deutliche Motivkonturen einschränkt – also die Bildbereiche, auf die es beim Schärfen ankommt. Flächen werden geschützt. Ist die Maske deaktiviert (Wert »0«), werden alle Bildteile in gleichem Maß geschärft. Je weiter Sie den Maskieren-Regler nach rechts schieben, desto stärker wirkt die Scharfzeichnung ausschließlich auf die Konturen im Bild. Die mitunter empfindlichen Flächen im Bild bleiben unangetastet. Unerwünschte Nebeneffekte des Schärfens wie Halo-Effekte oder eine Verstärkung von Bildstörungen werden vermindert oder ganz unterbunden.

Außerdem bietet Camera Raw ein geniales Kürzel, das Ihnen wirklich gute Kontrolle über Ihre Scharfzeichnung gibt: Sobald Sie [⌥]/[Alt] drücken und dabei einen der Regler bewegen, wechselt die Vorschauansicht und wird zu einer Maske. Das funktioniert für alle Schärfungsregler, ist jedoch vor allem bei Maskieren von Nutzen. So können Sie jede Einstellung exakt anpassen.

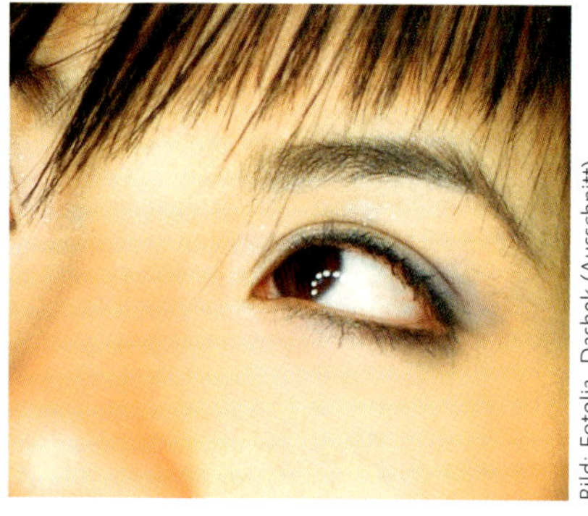

Bild: Fotolia, Dashek (Ausschnitt)

▲ **Abbildung 23.35**
Bildausschnitt in der Normalansicht (bereits geschärft) ...

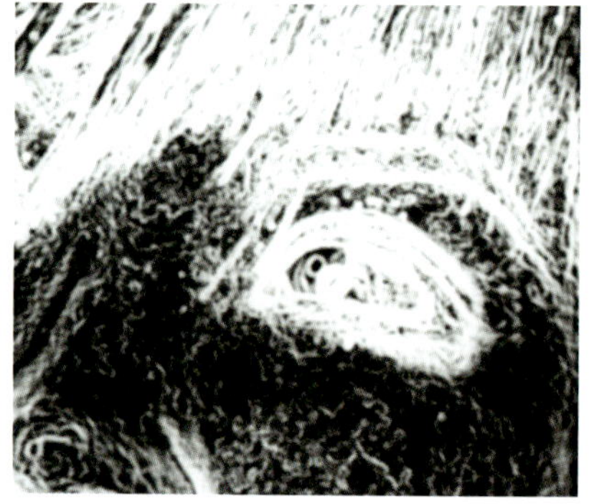

▲ **Abbildung 23.36**
... und mit Vorschau der Konturenmaske. Extrem hilfreich! Nur die hell dargestellten Bereiche (Motivkonturen) werden geschärft. Dunkle Bereiche (Flächen) bleiben vom Schärfen verschont.

23.8.2 Weitere Rauschreduzierung

Das Bildrauschen ist eine leidige Begleiterscheinung gerade bei kompakten Digicams (abhängig von der Größe der eingesetzten Sensoren). Es kann nach dem Schärfen stärker werden, tritt aber auch solo auf. Bei der Rauschunterdrückung gibt es nur zwei Regler:

- Luminanz setzt am Helligkeitskanal des Bildes an – ein Versuch, die Schärfeverluste, die mit dem Entrauschen eines Bildes meist einhergehen, gering zu halten.
- Ergänzt wird sie durch die Farbstörungsreduktion (Farbe) an den Farbkanälen.

23.9 HSL/Graustufen: Farbe und Schwarzweiß

Nicht nur Korrekturen, auch kreative Farbveränderungen können Sie mithilfe der Palette HSL/Graustufen (Shortcut [⌥]+[⌘]+[4]/[Alt]+[Strg]+[4]) durchführen. Farbton, Sättigung und Luminanz lassen sich einzeln und sehr differenziert bearbeiten. Außerdem können Sie auch hier Farbbilder in »Schwarzweißfotos» verwandeln.

[HSL]
Das namensgebende Kürzel der Palette bezeichnet die drei Farbbeschreibungsparameter Farbton, (**H**ue), Sättigung (**S**aturation) und Helligkeit (**L**uminance). HSL ist außerdem ein Farbraum, der in Photoshop zum Beispiel im Farbregler anzutreffen ist.

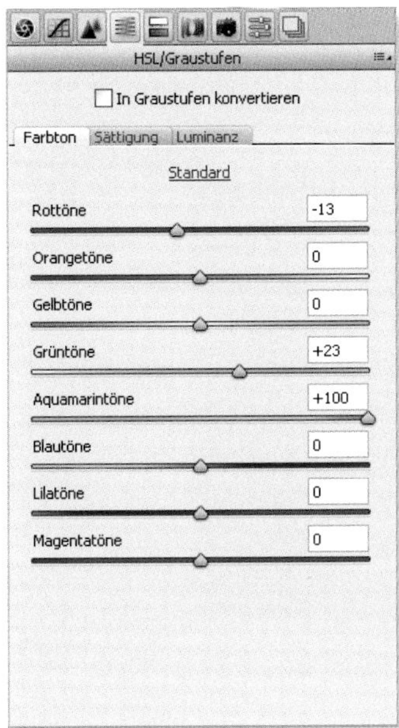

▲ **Abbildung 23.37**
Gleich drei Unterabteilungen ...

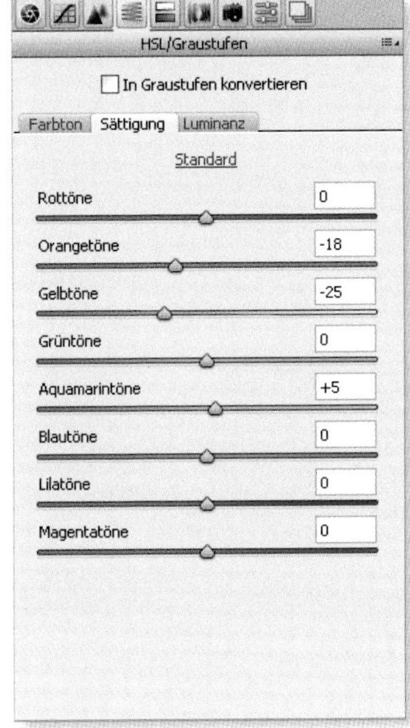

▲ **Abbildung 23.38**
... bietet die Palette HSL/Graustufen, ...

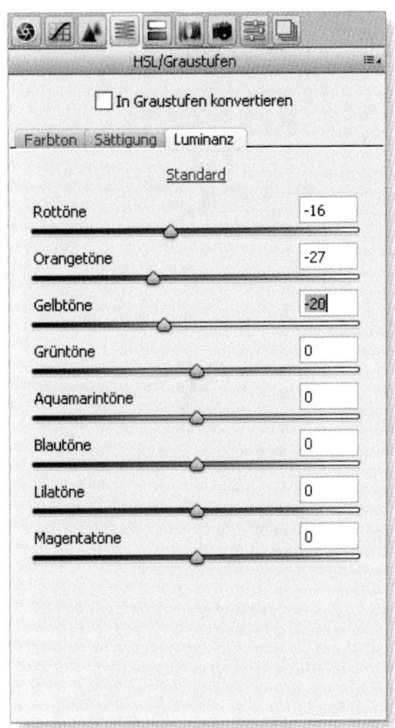

▲ **Abbildung 23.39**
... um die Farbmischung und Graustufenumsetzung zu beeinflussen.

Die Bedienung ist einfach: Durch Verschieben der Regler können Sie die Bildfarben beeinflussen. Für acht Farbton-Bereiche können Sie Farbton, Sättigung und Luminanz (Helligkeit) separat einstellen.

Ein Häkchen bei In Graustufen konvertieren macht aus dem Farbbild zusätzlich ein Graustufenbild. Bei aktivierter Graustufen-Funktion auch hier die Schaltflächen Auto und Standard, mit denen Sie zwischen den Bildstandards und den in Camera Raw hinterlegten Kamerastandards hin- und herwechseln können. Mithilfe des Tools Selektive Anpassung (Kürzel: [T]) können Sie alle Werkzeuge unter HSL/Graustufen auch intuitiv mit der Maus über dem Bild steuern.

Zum Nachlesen:
Aus Bunt mach Schwarzweiß
Diesem Thema ist ein ganzes Kapitel gewidmet – mehr erfahren Sie in Kapitel 27.

23.10 Teiltonung: Farbe verfremden

Mit der Palette Teiltonung (Shortcut ⌥+⌘+5/Alt+Strg+5) können Sie Graustufenbilder abtönen und farbig variieren.

Sie können ein Bild einer Farbe durchgehend tonen oder Tiefen und Lichtern unterschiedliche Farbtonwerte zuweisen. Die allerhellsten und allerdunkelsten Bereiche bleiben aber in jedem Fall Schwarz und Weiß. Die Funktion Abgleich schafft einen Ausgleich zwischen zwei von Ihnen gewählten Farbtönen. Obwohl sich dieses Konzept des Tonens mit zwei Farben zunächst etwas wild anhört, entstehen dadurch recht harmonische Bilder. In den Beispielabbildungen wurde das Originalbild erst in eine Graustufenversion verwandelt und dann getont.

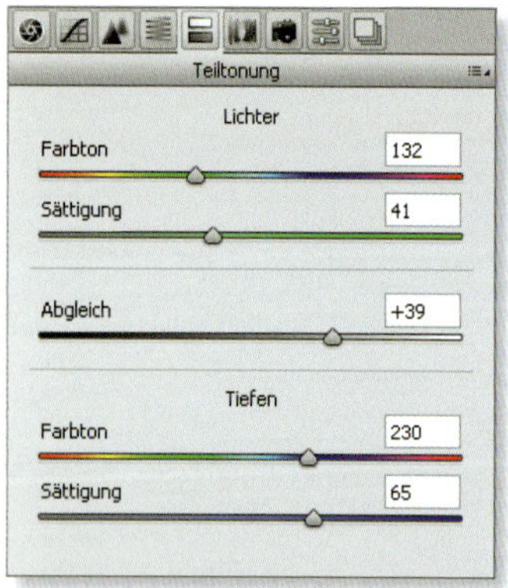

▲ **Abbildung 23.40**
Differenzierte Einstellungen für farbige Graustufen

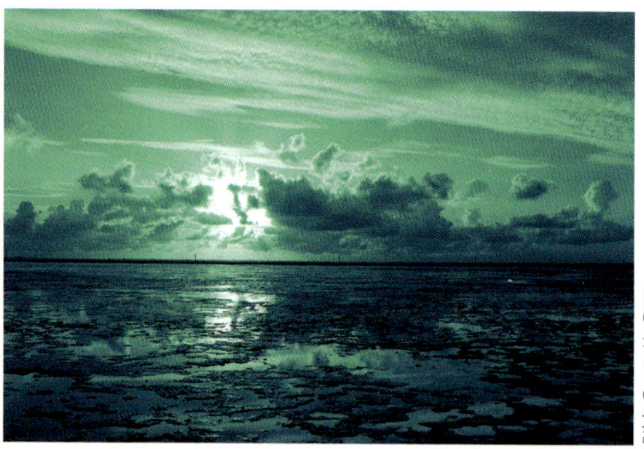

Bild: Onno K. Gent

▲ **Abbildung 23.41**
Hier eine Kombination aus Blau und Grün bei moderater Sättigung (die Einstellungen sehen Sie in Abbildung 23.40).

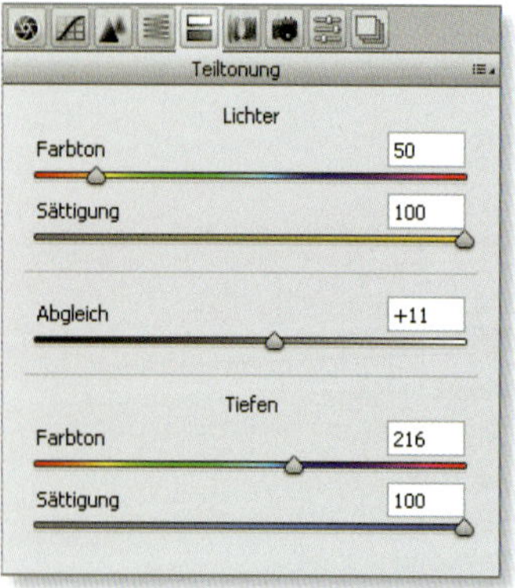

▲ **Abbildung 23.42**
Die Sättigung war hier voll aufgedreht.

▲ **Abbildung 23.43**
Auch Blau und Gelb fügen sich zu einem harmonischen Ganzen (Einstellungen in Abbildung 23.42).

23.11 Objektivkorrekturen: Objektiv- und Kamerafehler ausgleichen

Die Funktionen unter OBJEKTIVKORREKTUREN (erreichbar mit dem Kürzel [⌥]+[⌘]+[6]/[Alt]+[Strg]+[6]) machen nicht nur farbigen Lichtsäumen den Garaus, sie lassen sich zum Teil auch kreativ nutzen.

23.11.1 Chromatische Aberration

Die chromatische Aberration ist ein natürlicher Effekt, der beim Gebrauch optischer Linsen immer eintritt: Lichtbestandteile verschiedener Frequenzbereiche (»Farben«) werden unterschiedlich abgelenkt. Durch Benutzung mehrerer Linsen im Objektiv kann das ausgeglichen werden. Funktioniert das nicht ganz, zeigen sich Farbsäume am Bild. In Photoshop können Sie Rot-, Cyan- und Blau-Gelb-Farbsäume reparieren.

▲ **Abbildung 23.44**
In diesem Bild ist eine recht heftige chromatische Aberration sichtbar – sie ist an bunten Details wie dem hier vergrößerten Schifffahrtssignal erkennbar, aber auch an den Wellen.

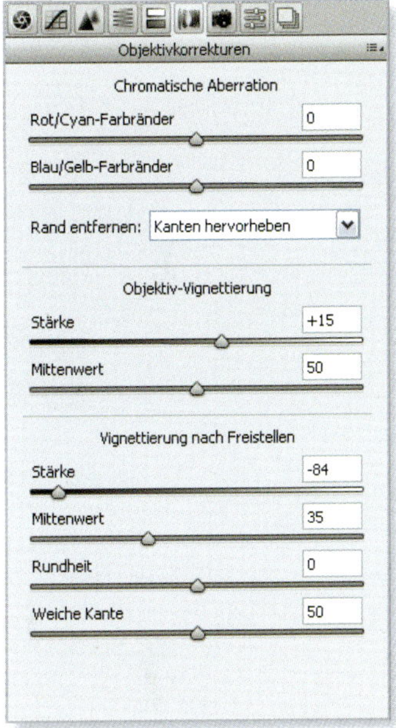

▲ **Abbildung 23.45**
Die Einstellungen unter OBJEKTIVKORREKTUREN sollen verschiedene gängige Objektivfehler ausgleichen.

Damit Sie die richtige Einstellung finden, zoomen Sie sich am besten in Ihr Bild hinein. Suchen Sie eine Stelle mit starken Farbsäumen. Die finden Sie vermutlich am ehesten in Bereichen, die sehr dunkle oder schwarze Details vor einem sehr hellen oder weißen Hintergrund enthalten. Welcher Regler der richtige ist, hängt davon ab, was Sie im Bild vorfinden:

- ROT/CYAN-FARBRÄNDER passt die Größe des Rot-Kanals relativ zum Grün-Kanal an. So werden Rot/Cyan-Farbränder kompensiert.
- BLAU/GELB-FARBRÄNDER berichtigt Blau/Gelb-Farbränder.

Die Option RAND ENTFERNEN verringert die Sättigung der Farbränder, wie sie manchmal um spiegelartige Lichter herum auftreten. Hier müssen Sie ein wenig herumprobieren, um festzustellen, welche Einstellung am besten passt.

- Wählen Sie ALLE RÄNDER, um alle Farbränder sowie größere Abweichungen der Farbwerte zu korrigieren.
- Wenn dies zu dünnen grauen Linien an den Rändern oder zu anderen unerwünschten Effekten führt, wählen Sie KANTEN HERVORHEBEN.

23.11.2 Objektiv-Vignettierung

Als Vignette-Effekt bezeichnet man Verschattungen an den Bildrändern. Sie rühren vom Objektivrand her und können mit den Reglern unter OBJEKTIV-VIGNETTIERUNG ebenfalls korrigiert werden:

- Mit STÄRKE stellen Sie ein, wie hell oder dunkel die Vignettenkorrektur ist.
- MITTENWERT legt fest, wie weit die Vignetten-Korrektur sich von den Bildecken ins Bildzentrum erstreckt.

In CS4 hat CAMERA RAW zusätzliche Vignettierungsfunktionen bekommen: VIGNETTIERUNG NACH FREISTELLEN. Diese Funktion ist besonders dann praktisch, wenn man sie nicht benutzt, um tatsächliche Objektivfehler auszugleichen – vor allem im Kreativeinsatz macht sie sich gut. Dunkle Verschattungen an den Bildkanten betonen das Hauptmotiv im Bild und retten manch ungünstigen Beschnitt. Sie können die Funktion VIGNETTIERUNG NACH FREISTELLEN vor oder nach dem Beschneiden des Bildes einsetzen: Der Effekt ändert sich mit den Bilddimensionen.

Bild: Fotolia, Sascha Burkhard

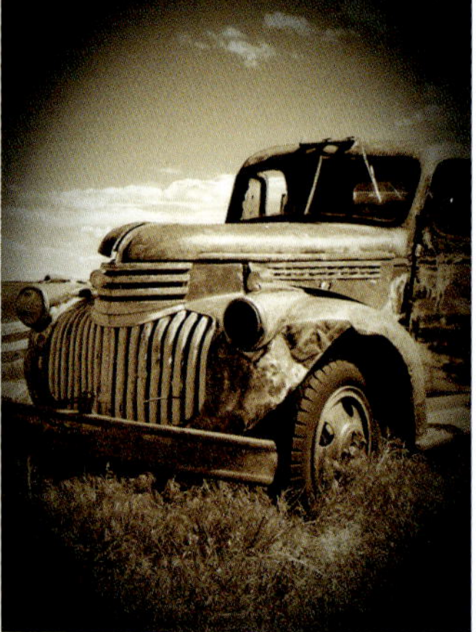

Abbildung 23.46 ▸▸
So getont wirkt das ursprünglich farbige Motiv schon recht nostalgisch.

Abbildung 23.47 ▸
Die Vignette verstärkt diesen Effekt.

23.12 Kamerakalibrierung

Die Einstellungen unter KAMERAKALIBRIERUNG ([⌥]+[⌘]+[7]/[Alt]+[Strg]+[7]) sollen Unterschiede zwischen dem tatsächlichen Verhalten Ihrer Kamera und dem im Photoshop-Raw-Plugin integrierten Profil für Ihr Kameramodell ausgleichen und Farbstichen entgegenwirken. Die Einstellungen sind jedoch mit Vorsicht zu genießen: Sie arbeiten ausschließlich per Sichtkontrolle über den Monitor, der ja wiederum eine andere Farbdarstellung hat als Kamera und Raw-Plugin. Die Fotos, die letztlich ausgegeben werden, können deutlich anders ausfallen als erwartet!

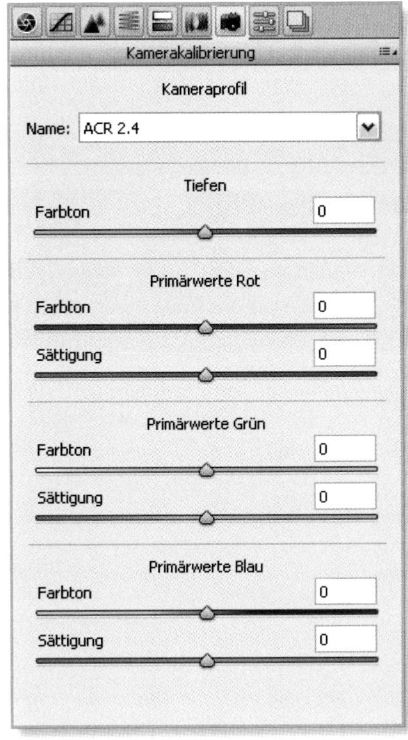

◂ **Abbildung 23.48**
Es ist meist besser, mit den von CAMERA RAW mitgelieferten Kameraprofilen zu arbeiten, als hier manuell etwas zu ändern.

23.13 Reparieren und retuschieren mit Camera Raw

Neben der Einstellung von Farbe, Kontrast oder Farbmischung des Bildes können Sie direkt im Raw-Dialog auch andere Eingriffe vornehmen, wie zum Beispiel Geraderichten und Beschnitt. Das geht zwar auch in Photoshop ganz flott, aber es ist doch angenehm, auch diese oft gebrauchten Funktionen hier zu finden. Außerdem sind in der Werkzeugleiste einige Retuschewerkzeuge für lokale Korrekturen untergebracht.

▲ **Abbildung 23.49**
Die Camera Raw-Werkzeuge

23.13.1 Ist Ihr Bild schief oder zu groß?

Direkt per Raw-Dialog können Sie auch Bilder beschneiden und gerade richten. Das schon aus Photoshop bekannte Beschnitt-Werkzeug (Kürzel: C) ❶ und ein Ausrichten-Tool (Kürzel: A) ❷ finden Sie ebenfalls in der Werkzeugleiste. Der Gebrauch sollte Sie vor keine größeren Schwierigkeiten stellen.

Bild: Onno K. gent

▲ **Abbildung 23.50**
Um ein Bild gerade zu richten, wählen Sie das Ausrichten-Tool und ziehen einfach eine Linie über den schiefen Horizont – oder über andere Objekte, die die Schräglage des Bildes indizieren. (Der Mauscursor ist hier vergrößert dargestellt.)

▲ **Abbildung 23.51**
Die Bildvorschau wird dann gedreht. An den »Anfassern« können Sie Feineinstellungen vornehmen. Erst beim Öffnen in Photoshop wird die Korrektur angewandt.

Zum Nachlesen: Bilder beschneiden
Wie das Beschneiden und Ausrichten in Photoshop funktionieren, lesen Sie in Kapitel 20, »Bilder beschneiden, ausrichten und skalieren«.

Diese Arbeitsschritte schon im Camera Raw-Dialog vorzunehmen bietet nicht so viele Vorteile gegenüber der Bearbeitung in Photoshop wie bei den sonstigen Rohbild-Korrekturen. Sie können das Geraderichten also auch ganz regulär in Photoshop vornehmen.

23.13.2 Rote Augen korrigieren

Wenn Sie möchten, können Sie rote Blitzlicht-Augen gleich in Camera Raw retuschieren. Das Rote-Augen-Werkzeug ❹ (Kürzel: E) funktioniert ebenso wie das Photoshop-Pendant. Wenn Sie höhere Ansprüche an die Korrektur haben, sollten Sie in jedem Fall manuell korrigieren.

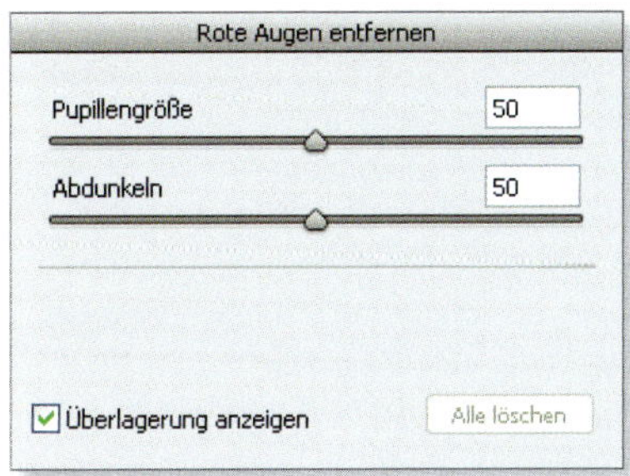

◂ **Abbildung 23.52**
Etwas anderes Layout, aber dieselben Optionen wie bei Photoshops Rote-Augen-Werkzeug

23.13.3 Sensorstaub, Fussel und andere kleine Störungen entfernen: Bereichsreparatur

Das Bereichsreparaturwerkzeug ❸ (Kürzel B) von Camera Raw erscheint zunächst etwas ungewohnt: Zwei Kreise signalisieren den gerade reparierten Bereich und den Quellbereich, dem soeben die Reparaturpixel entnommen werden.

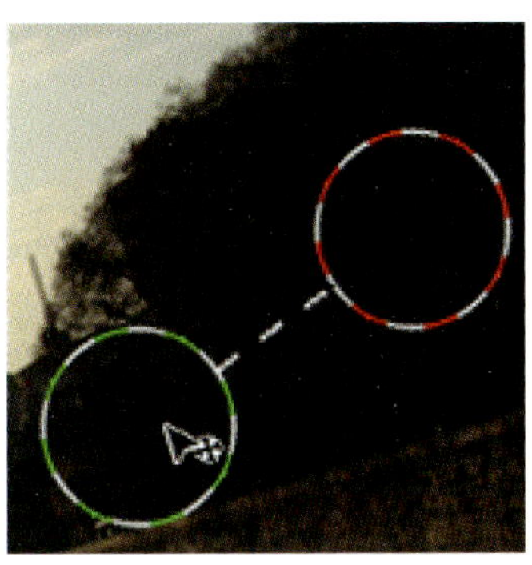

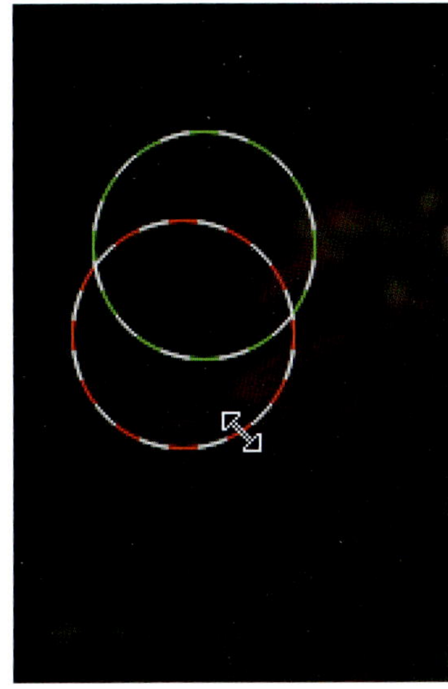

◂ **Abbildung 23.53**
Bereichsreparatur: Der rot gestreifte Kreis markiert die Bildpartie, die retuschiert wird, der grüne die Quelle der Reparaturpixel. Die Kreise lassen sich unabhängig voneinander verschieben (links) oder gemeinsam in der Größe verändern (rechts).

Das Tool funktioniert entweder in der Manier des Photoshop-Kopierstempels oder ähnlich wie das Reparatur-Pinsel-Werkzeug: Im Modus Kopieren werden Reparaturpixel mit weicher Kante auf die schadhafte Stelle aufgetragen, und im Modus Reparieren werden die Pixel der zu reparierenden Stelle und die aus einer anderen Bildpartie einkopierten Reparaturpixel miteinander verrechnet.

Für Detailretuschen eignen sich die Funktionen nicht, aber kleine Störungen wie Sensorstaub oder Ähnliches werden Sie auf diese Weise schnell los. Vor allem in Zusammenarbeit mit der Synchronisieren-Funktion macht sich das Werkzeug gut.

▴ **Abbildung 23.54**
Unter Radius legen Sie die Größe des Reparaturbereichs fest und unter Art die Funktionsweise des Werkzeugs. Neu in CS4 ist der Deckkraft-Regler.

Zum Nachlesen: Retuschieren

Tipps zur individuellen Retusche rot verblitzter Augen, zum Gebrauch des Stempels und des Reparaturpinsels finden Sie in Kapitel 22, »Reparieren und retuschieren«.

TOPP-TIPP: Retusche in Serie – Synchronisieren

Vor allem bei Bildern, die mit hoher Blendenzahl aufgenommen wurden, ist er gut erkennbar: Sensorstaub. Meist sind es nur wenige Staubkörnchen, die auf dem empfindlichen Kamerasensor sitzen, doch sie sind dann bei fast jeder Aufnahme zu sehen und verderben manches gute Bild. Glücklicherweise sind diese Störungen meist schnell zu retuschieren. Da sie immer an derselben Stelle auftreten, können Sie dazu die CAMERA RAW-Funktion SYNCHRONISIEREN nutzen. Mit ihr lassen sich dieselben Einstellungen und Korrekturen auf mehrere geöffnete Bilder anwenden. Das Vorgehen ist einfach:

- Aktivieren Sie das erste Bild, und führen Sie dort die notwendigen Änderungen durch.
- Klicken Sie auf den Button ALLES AUSWÄHLEN oberhalb des Filmstreifens.
- Der Button SYNCHRONISIEREN ist nun ebenfalls aktiv. Klicken Sie darauf.
- In einem Dialog legen Sie fest, welche Änderungen übernommen werden sollen. Dann werden die Korrekturen des ersten Bildes auf alle in CAMERA RAW geladenen Bilder übertragen.

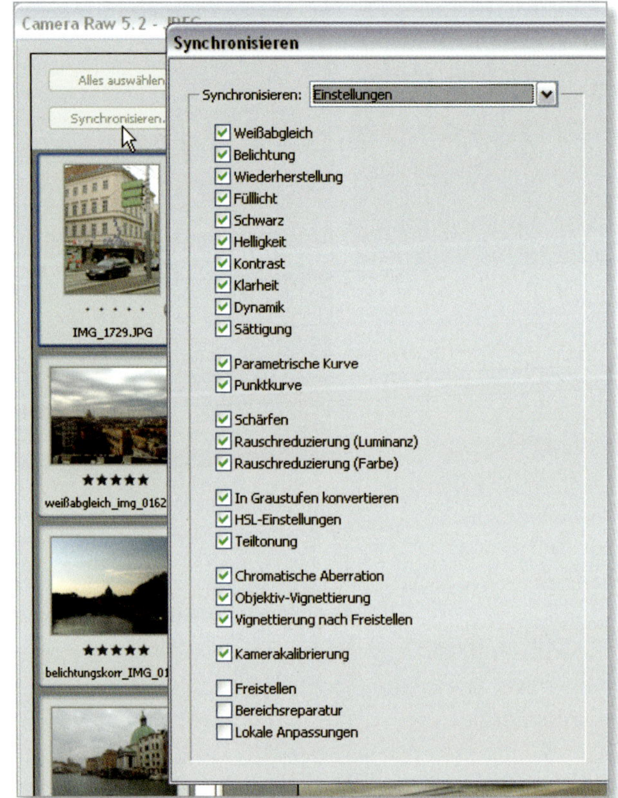

▲ **Abbildung 23.55**
Neben Retuschen können auch andere Raw-Einstellungen synchronisiert werden. Hier legen Sie fest, welche.

23.13.4 Lokal korrigieren mit dem Anpassungspinsel

Der Anpassungspinsel (Shortcut K) ist eine der großen Neuerungen im CAMERA RAW-Dialog. Er erweitert das Anwendungsfeld von CAMERA RAW enorm. Korrekturen wie Belichtung, Sättigung oder Bildschärfe können nun mit einem Pinsel exakt dort angebracht werden, wo sie notwendig sind. Die Eigenschaften des Pinsels können Sie detailliert steuern. Auf Wunsch arbeitet das Werkzeug auch mit einer automatischen »Konturenerkennung«, was Ihnen dabei hilft, die Korrekturen besser auf bestimmte Bildteile einzugrenzen (Option AUTOMATISCH MASKIEREN). Im folgenden Workshop erfahren Sie genau, wie das geht.

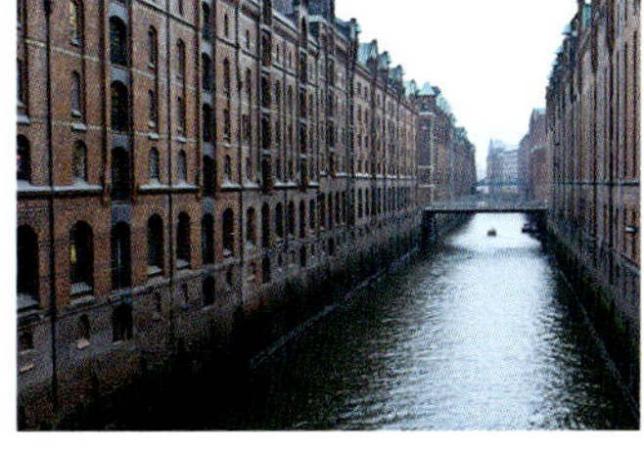

▲ **Abbildung 23.56**
Die RAW-Datei ohne Änderungen

Schritt für Schritt: Der Anpassungspinsel

1 Rohversion: Das Ausgangsbild

Das Foto in Abbildung 23.55 wurde an einem grauen, regnerischen Tag aufgenommen. Es wirkt sehr kühl, die Häuser im Hintergrund grauen ein.

2 Nach dem Weißabgleich

An den Grundeinstellungen wurde nicht viel gemacht: Ein Klick auf AUTO regelt die Belichtung ein wenig, die WEISSABGLEICH-Einstellung TRÜB entspricht den Lichtverhältnissen bei der Aufnahme. Die Häuser zeigen nun Ihren typischen rötlichen Ziegelstein-Charakter, doch leider wurde auch das Wasser in der Mitte viel zu rot. Das Bild erscheint farbstichig.

▲ **Abbildung 23.57**
Zwischenstand: Nicht nur die Ziegelwände, auch das Wasser wurde rot verfärbt.

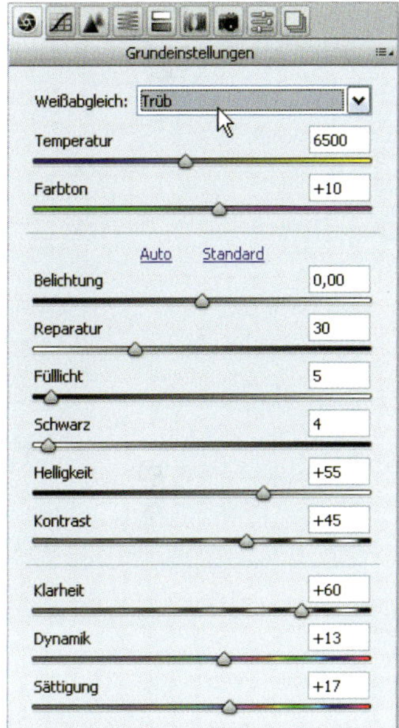

▲ **Abbildung 23.58**
Erste Korrekturen

3 Wasser blau malen

Dies ist ein Fall für den Anpassungspinsel. Starten Sie das Werkzeug, und klicken Sie auf das Farbfeld. Eine kleine Version des Farbwählers öffnet sich. Dort stellen Sie einen blauen Farbton ein. Sie können diese Farbe später noch verändern, falls sie im Bild nicht passt.

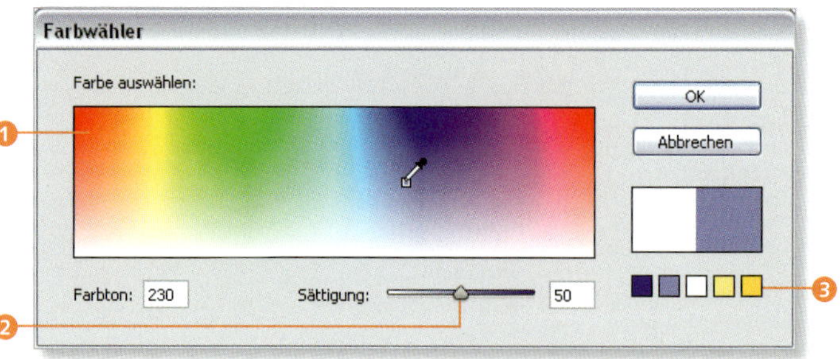

Abbildung 23.59 ▸
Das Spektrum ❶ erlaubt die Farbeinstellung durch Klicks; die Sättigung wird per Slider ❷ geregelt. Die wichtigsten Farben zum »Anwärmen« oder »Abkühlen« von Bildpartien finden Sie unten rechts ❸ – ein Klick auf das Kästchen genügt zum Aktivieren.

Pinseln Sie damit im Bild über die Wasserflächen. Beachten Sie, dass als Pinselmodus Neu eingestellt ist.

Der grüne Pin ❹ zeigt an, wo der Ursprung der ersten lokalen Korrektur ist und dass diese Korrektur aktiv ist – also gerade bearbeitet wird. Vor allem, wenn Sie mehrere Korrekturen im Bild haben, sind die Pins und die Schalter für den Pinselmodus wichtig: Damit stellen Sie sicher, dass Sie immer die richtige Korrektur verändern.

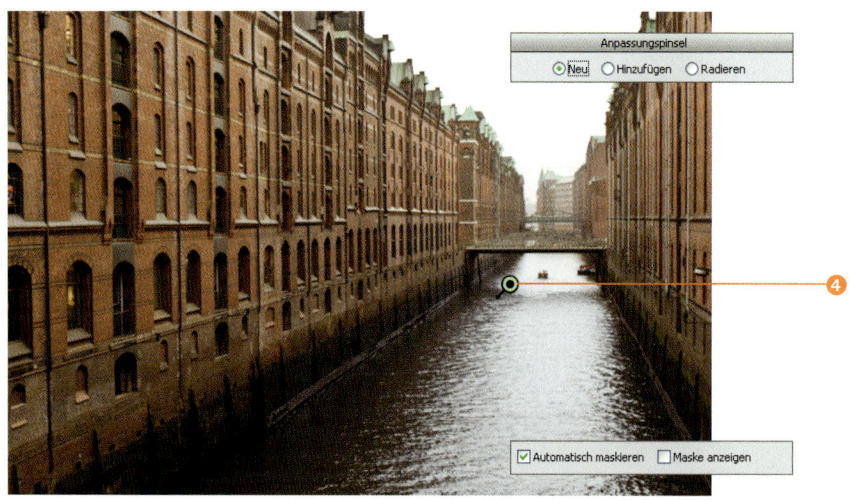

Abbildung 23.60 ▸
Blau wurde aufgetragen: Das Wasser ist nicht mehr so rotstichig.

4 Zu viel gepinselt? Radieren

Die Option Automatisch maskieren, mit der Bildkonturen erkannt werden sollen, war zugeschaltet. Wegen der diffusen Objektkanten ist sie bei diesem Motiv jedoch nur begrenzt wirksam. So sind irrtümlich auch Teile der Hauskanten zu blau geraten. Um solche Fehler zu korrigieren, schalten Sie oben auf Radieren um. Wenn Sie zusätzlich die Option Maske anzeigen aktivieren, wird eine graue Fläche eingeblendet. Diese zeigt die Ausdehnung der aktiven Korrektur. Denselben Effekt haben Sie kurzzeitig auch, wenn Sie mit dem Mauszeiger auf den Pin fahren. Entfernen Sie die unerwünschte Blaufärbung. Wenn Sie wieder Blau dazumalen wollen, aktivieren Sie den Pinselmodus Hinzufügen.

▼ **Abbildung 23.61**
Radieren bei aktiver Maskenansicht (Grau)

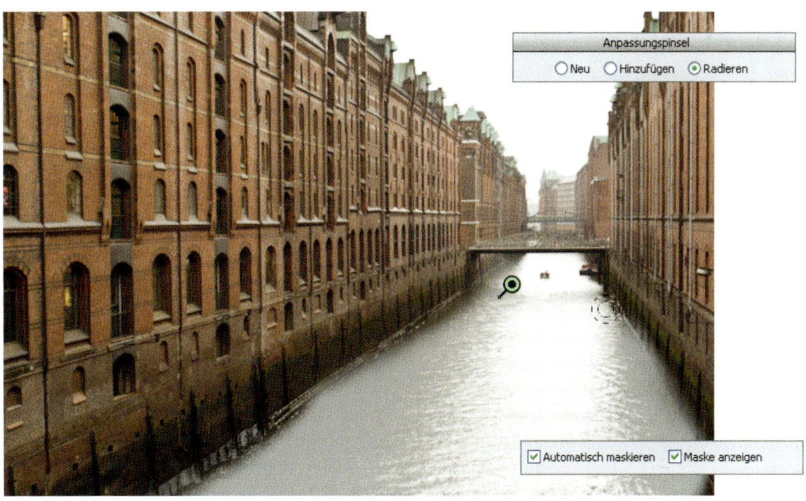

5 Zweite Korrektur: Klarheit

Nun sollen noch die im Dunst verschwindenden Häuser im Hintergrund stärker betont werden. Das erledigt die Funktion Klarheit. Klicken Sie auf Hinzufügen, stellen Sie die Regler ein, und malen Sie los. Ein zweiter Pin 5 erscheint im Bild; der erste ist nun inaktiv.

▼ **Abbildung 23.62**
Mehr Klarheit im Hintergrund: Hier kommt man ohne Maske aus.

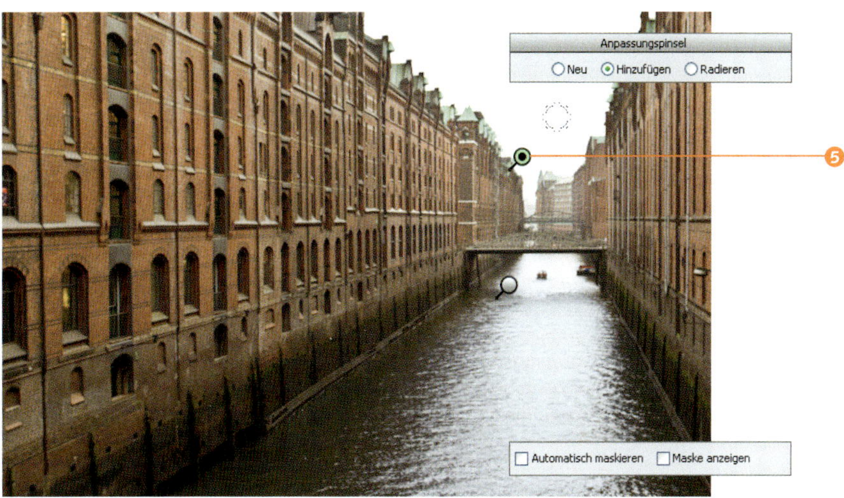

6 Fertig! – Das Endergebnis

Wärmere kräftigere Farben, ohne dass die Wasserfläche farblich verfremdet ist: So wirkt das Bild nach Abschluss der Bearbeitung mit dem Anpassungspinsel.

Abbildung 23.63 ▼
Die fertige Korrektur

CS4

23.13.5 Sanft auslaufende Korrekturflächen: Verlaufsfilter

In der Fotografie kennt man sie schon lange: Vorsatzfilter, mit denen sich unspektakuläre Lichtverhältnisse aufpeppen lassen. Nun gibt es das digitale Pendant in CAMERA RAW. Das Tool VERLAUFSFILTER  (Kürzel G) kann jedoch nicht nur Farbstimmungen im Bild verändern, sondern auch Belichtungs-, Farb- und Kontrasteigenschaften. Wie mit einer weich verlaufenden Maske können Korrekturen auf bestimmte Bildteile aufgebracht werden. Die Handhabung erinnert stark an Photoshops Verlaufswerkzeug.

Die Anwendung des Verlaufsfilters ist einfach: Sie stellen die gewünschten Eigenschaften ein und ziehen mit der Maus einen Verlauf über dem Bild. Sofern die Option ÜBERLAGERUNG ANZEIGEN ❷ aktiviert ist, sehen Sie jetzt eine Markierung. Die grün gestrichelte Linie mit Punkt ist der Ausgangspunkt des Filters, rot markiert ist sein Ende. Zum Ende hin läuft die Korrekturwirkung des Filters sanft aus. Durch Ziehen, Drehen und Verschieben können Sie die Position des korrigierenden Filters anpassen, auch ein nachträgliches Verändern der Regler ist möglich. Außerdem lassen sich mehrere Filter im Bild kombinieren. Mit den Optionen NEU und BEARBEITEN ❶ bestimmen Sie, ob Sie einen vorhandenen Filter verändern (BEARBEITEN) oder ob Sie einen weiteren Filter anlegen (NEU).

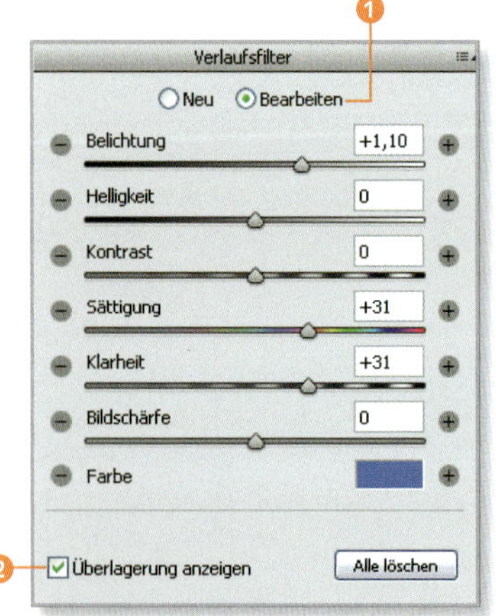

▲ **Abbildung 23.64**
Optionen des Verlaufsfilters. Die Einstellungen gelten für den unteren Filter in Abbildung 23.65: Der Bereich wird gleichzeitig aufgehellt und gefärbt.

◂ **Abbildung 23.65**
Das Ausgangsbild: eine schöne Landschaft, doch insgesamt zu dunkel und mit wenig Sättigung

▴ **Abbildung 23.66**
Hier wurden zwei Verlaufsfilter kombiniert. Der obere (inaktiv) färbt den Wald grünlich, der untere macht das Wasser heller und blauer. Er wird gerade größer gezogen.

▴ **Abbildung 23.67**
Mit wenigen Klicks wird daraus so etwas: zwei Verlaufsfilter; die Sättigung der roten Häuser wurde separat noch etwas angehoben.

24 Werkzeuge für die digitale Fotografie

Photoshop bietet eine Reihe mächtiger Werkzeuge – fast schon eigene kleine Applikationen –, die speziell auf die Bedürfnisse von Fotografen zugeschnitten sind. Neben dem bereits an anderer Stelle besprochenen Bildverwalter Adobe Bridge und den Funktionen zur automatischen Bildverarbeitung sowie der CAMERA RAW-Engine sind das vor allem einige Filter, die sich speziellen Problemen der Digitalfotografie widmen, und Werkzeuge zum Montieren von Panorama- und HDR-Bildern. Neu in CS4 ist die stärkere Einbindung von Bridge, und die Panorama-Funktion Photomerge wurde gründlich überarbeitet und liefert nun spürbar bessere Ergebnisse. Auch die Befehle zum Ausrichten von Ebenen wurden in der Wirkung deutlich verbessert. Außerdem gibt es eine erweiterte Überblenden-Funktion, mit der Sie Bilder mit optimierter Tiefenschärfe montieren können. In diesem Kapitel erfahren Sie, worum und wie es geht.

24.1 Inhaltssensitiv: Ebenen automatisch ausrichten

Neben den bekannten Funktionen zum Ausrichten von Ebenen anhand der Kanten und Mittellinien gibt es in Photoshop auch **intelligente Ausrichtungsfunktionen**, die die Ebenenpixel berücksichtigen. Mit deren Hilfe können Sie Dateien mit mehreren ähnlichen Ebenen auf Montagen vorbereiten und so zum Beispiel Teile von Bildern, die denselben Hintergrund haben, entfernen oder einblenden.

◂ **Abbildung 24.1**
In der Optionsleiste des Verschieben-Werkzeugs finden Sie Buttons zum Ausrichten und Verteilen von **Ebenenkanten** und **-mittellinien**. Wie sie funktionieren, lesen Sie in Kapitel 11.

Der Befehl BEARBEITEN • EBENEN AUTOMATISCH AUSRICHTEN geht noch einen Schritt weiter als die AUSRICHTEN-Buttons in der

Optionsleiste des Verschieben-Werkzeugs. Diese Funktion analysiert den Inhalt von Ebenen und richtet sie entsprechend aus.

Abbildung 24.2 ▶
Nicht nur der Dialog wurde in CS4 etwas verändert, auch unter der Haube wurde kräftig überarbeitet: Das Tool EBENEN AUTOMATISCH AUSRICHTEN liefert meist sehr gute Ergebnisse.

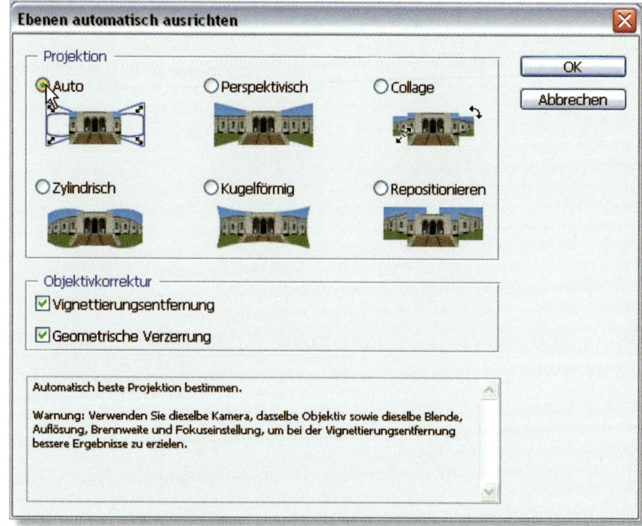

Referenzbilder im Ebenenstapel

In unserem Beispiel-Workshop auf der nächsten Seite ist die Bildreihenfolge im Ebenenstapel nicht relevant, für andere Ausrichtungsaufgaben ist sie es jedoch schon: Meist wird das mittlere Bild eines Ebenenstapels als **Referenzbild** verwendet, an das die übrigen Bilder angepasst werden. Wenn Sie die Funktion zum Herstellen von Panoramen einsetzen wollen, müssen Sie unter Umständen die Ebenenschichtung zuvor manuell anpassen.

- PERSPEKTIVISCH und ZYLINDRISCH sind zwei Optionen, die sich für die Montage von **Bildpanoramen** eignen. Es gibt in Photoshop jedoch auch noch eine eigene Panoramafunktion, Photomerge (mehr dazu später).
  PERSPEKTIVISCH gibt einen starken Raumeindruck, aber verzerrt die Ausgangsbilder unter Umständen recht stark.
  ZYLINDRISCH kommt mit weniger Verzerrungen aus und eignet sich sehr gut für das Erstellen von breiten Panoramabildern.
- AUTO wählt selbstständig zwischen den Optionen PERSPEKTIVISCH oder ZYLINDRISCH – anhand des Bildmaterials.
- KUGELFÖRMIG ist für das Ausrichten von Bildern mit breitem Blickfeld (vertikal und horizontal) gedacht.
- COLLAGE richtet Ebenen so aus, dass überlappender (identischer) Inhalt genau übereinanderliegt, dabei sollen die Formen von Bildobjekten jedoch vor Verzerrung bewahrt werden. (So bleibt ein Kreis beispielsweise ein Kreis.)
- REPOSITIONIEREN richtet die Ebenen aus und passt den überlappenden Inhalt an. Dabei werden jedoch keine Transformationen wie Dehnen oder Neigen angewendet.

Die neuen Optionen VIGNETTIERUNGSENTFERNUNG und GEOMETRISCHE VERZERRUNG können bei fast allen Ausrichtungsoptionen frei zugeschaltet werden. Sie entfernen auf sehr effektive Weise Objektivfehler. Lesen Sie unter »Bildpanoramen mit Photomerge« auch die Hinweise zu optimalen Aufnahmebedingungen für Panoramen!

Schritt für Schritt: Ebenen automatisch ausrichten – Grundlage für Montagen und Retusche

1 Vorbereitungen: Aufgabenstellung und Vorbereitung der Datei

Der Passant soll aus der Gasse herausretuschiert werden. Dazu sollen zwei ähnliche Aufnahmen in einer Datei als Ebenen übereinandergestapelt werden.

Das geht manuell, doch Bridge bietet dafür einen praktischen Befehl. Aktivieren Sie die Bilder, die in einer Datei zusammengefügt werden sollen, in Bridge (in diesem Fall also die Dateien »Gasse_1.tif« und »Gasse_2.tif« von der Buch-DVD). Wählen Sie dann Werkzeuge • Photoshop • Dateien in Photoshop-Ebenen laden. Der Prozess läuft dann automatisch ab.

Dateien auf der Buch-DVD: »Gasse_1.tif«, »Gasse_2.tif«

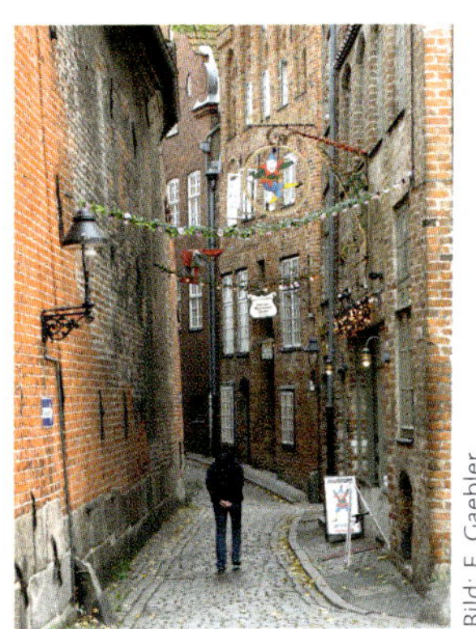
Bild: F. Gaebler

▲ **Abbildung 24.3**
Das Ausgangsbild: Der Passant soll herausretuschiert werden.

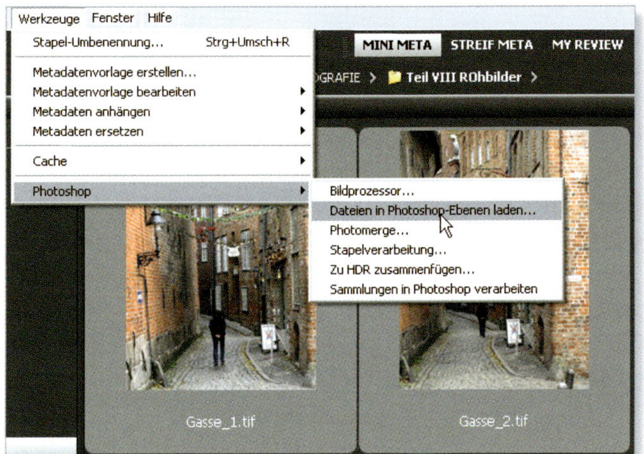

◄ **Abbildung 24.4**
Dateien in Ebenen stapeln – das braucht man öfter. Bridge erledigt die Sache automatisch.

2 Die vorbereitete Datei

Die Aufnahmen wurden in einer Datei gestapelt. Für den Befehl Ebenen automatisch ausrichten ist es wichtig, dass keine der auszurichtenden Ebenen eine Hintergrundebene oder fixiert ist. Alle auszurichtenden Ebenen müssen markiert sein.

Damit eine Retusche wie hier gezeigt funktionieren kann, sollten alle beteiligten Bilder auch dieselbe Farbigkeit haben. Achten Sie möglichst schon beim Fotografieren darauf. In Photoshop können die Funktionen Tonwertkorrektur und Gleiche Farbe weiterhelfen.

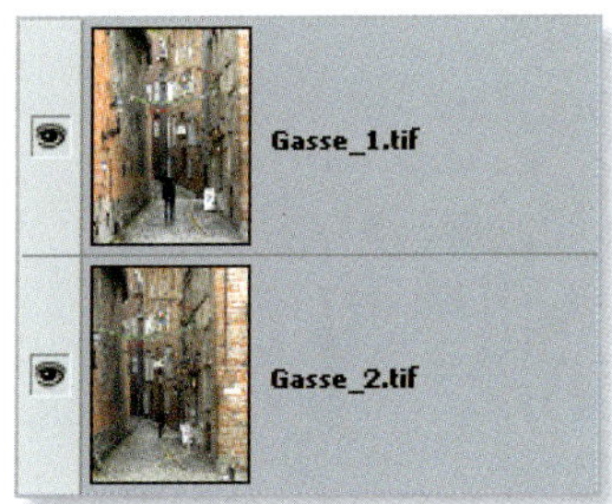

▲ **Abbildung 24.5**
Die gestapelten Ebenen

3 Befehl anwenden

Wählen Sie nun Bearbeiten • Ebenen automatisch ausrichten. Um die Ebenen passgenau übereinanderzustapeln, ist Repositionieren die richtige Wahl.

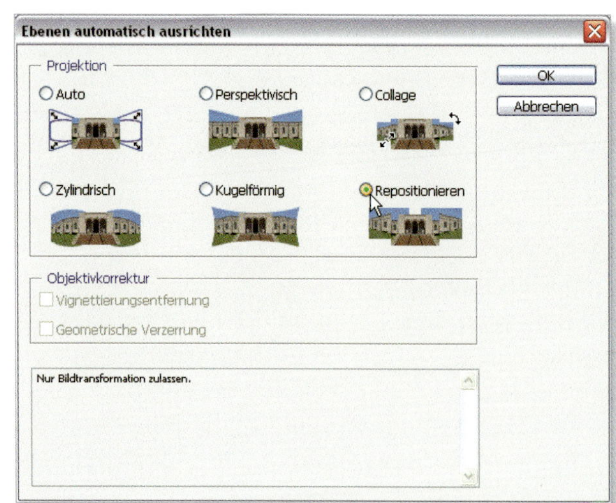

Abbildung 24.6 ►
Ausrichten der Ebenen

▲ **Abbildung 24.7**
Sie erreichen die AUSRICHTEN-Funktion übrigens auch mit einem Button in der Optionsleiste des Verschieben-Werkzeugs.

4 Situation im Bild – passt alles?

Die Arbeitsfläche wurde automatisch erweitert, die Ebenen wurden ein wenig gegeneinander verschoben. Vor allem in der Ebenen-Palette ist das auffällig – das Bild selbst sieht zunächst einmal ein wenig breiter aus. Durch Ein- und Ausblenden der oberen Ebene (per Augensymbol in der Ebenen-Palette!) können Sie prüfen, ob die Ebenen gut übereinander positioniert sind.

Abbildung 24.8 ►
Nach der Anwendung von REPOSITIONIEREN. (Beachten Sie die angefügten Teile: Das Bild ist durch die automatische Montage breiter und etwas länger geworden. Unten links und oben rechts sieht man einen Versatz, hier blau hervorgehoben.)

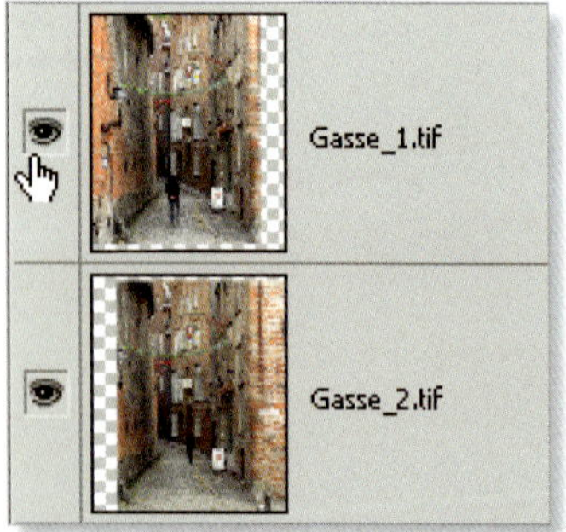

▲ **Abbildung 24.9**
In der Ebenen-Palette sieht man deutlich den Versatz.

5 Ebenen nicht ganz deckungsgleich?

Bei diesem Motiv funktioniert die Ausrichtung gut. Funktioniert das einmal nicht ganz, sollten Sie anstelle von REPOSITIONIEREN einmal das AUTO-Ausrichten probieren.

6 Der entscheidende Schritt: die Retusche

Nun muss noch der Fußgänger aus der oberen Ebene gelöscht werden. An dieser Stelle kann man dann die Pixel der unteren Ebene sehen – an denen sich nur Kopfsteinpflaster und Ziegelsteine befinden und kein Passant. Da die Ebenen exakt übereinander positioniert sind, sollte kein Bruch sichtbar sein. Sie können dazu einfach zum Radiergummi greifen, eleganter ist jedoch die Arbeit mit einer Maske.

◀ **Abbildung 24.10**
Leere Gasse per Retusche

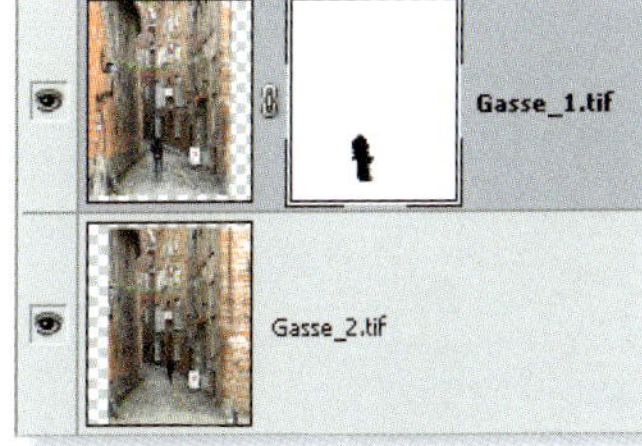

▲ **Abbildung 24.11**
Der schwarze Bereich der Maske blendet den Fußgänger aus.

Abschließend muss das Bild noch beschnitten werden, um die gestückelten Kanten (oben rechts, unten links) zu entfernen. ■

Zum Nachlesen: Arbeiten mit Masken
Ebenenmasken sind der Helfer schlechthin für komplexe und auch einfache Montage-Aufgaben. Mehr darüber erfahren Sie im Buchteil IV, »Auswählen, Freistellen und Maskieren«.

In dieser Manier können Sie – wenn Sie entsprechendes Fotomaterial haben – endlich einmal das Brandenburger Tor ohne Touristenbus, ihr Kind allein im Sandkasten oder sich selbst als einzigen Besucher des Eiffelturms zeigen.

24.2 Bilder überblenden

CS4

In CS4 gibt es noch eine weitere neue Ebenenfunktion: den Befehl Ebenen automatisch überblenden. Wie der Befehl Ebenen automatisch ausrichten lässt sich auch der Überblenden-Befehl auf Dateien anwenden, in denen mehrere Einzelbilder in Ebenen gestapelt sind. Er kann jedoch auch Tonwerte und Farben in den Bildebenen aneinander angleichen. Mit Gewinn lässt er sich zum Beispiel auf Bilderserien anwenden, die dasselbe Objekt mit unterschiedlicher Schärfentiefe abbilden. Das Endergebnis ist ein Bild mit vollständig durchgezeichneter Schärfe.

Die Anwendung ist einfach, Das Wichtigste ist, dass Sie gutes Fotomaterial haben.

▲ **Abbildung 24.12**
Der Überblenden-Dialog

1. Wählen Sie die Bilder in Bridge aus, und laden Sie sie in Photoshop-Ebenen (Werkzeuge • Photoshop • Dateien in Photoshop-Ebenen laden).
2. Richten Sie die Ebenen mit dem Befehl Ebenen automatisch ausrichten aus. Auto oder Repositionieren sind hier wieder die Optionen der Wahl.
   Auch bei Bilderserien, deren Motiv auf jeder Ebene an derselben Position zu sein scheint, ist das Ausrichten zu empfehlen. Kleine Abweichungen können beim Überblenden zu Farb- und Tonwertverfremdungen führen.
3. Wählen Sie den Befehl Datei • Ebenen automatisch überblenden.

Interessant ist hier vor allem Bilder stapeln. Achten Sie darauf, dass Nahtlose Töne und Farben aktiv ist. Klicken Sie auf Ok, und Photoshop rechnet.

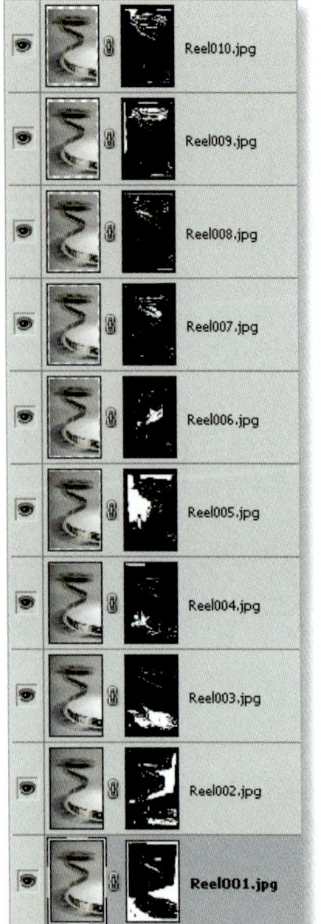

▲ **Abbildung 24.13**
Der Ebenenaufbau. Die Maskierung der Ebenen ist sehr detailliert – ein Hinweis darauf, wie differenziert diese Funktion arbeitet.

Bild: Adobe

◂ **Abbildung 24.14**
Aus zehn Einzeldateien wird ein Bild mit gleichmäßiger Beleuchtung und perfekter Schärfe an jedem Punkt.

24.3 Bildpanoramen mit Photomerge

PHOTOMERGE fügt mehrere Bilder zu einem Panorama zusammen und arbeitet – wie es die Anordnung im Photoshop-Menü DATEI • AUTOMATISIEREN nahelegt – tatsächlich automatisch.

Schon beim Sprung von CS2 zu CS3 ist PHOTOMERGE kräftig überarbeitet worden, und jetzt hat Adobe nochmals nachgelegt. Die Montage läuft zur Gänze automatisiert ab; der ehemals interaktive Dialog wurde gestrichen. Auch Objektivfehler werden nun aus den Panoramen herausgerechnet.

24.3.1 Geeignete Fotos aufnehmen

Die Qualität einer solchen Panorama-Aufnahme steht und fällt mit der Auswahl der geeigneten Fotos. Je besser die Ausgangsfotos sind, desto besser kann auch Photomerge arbeiten. Aufnahmebedingungen und Motiv müssen stimmen.

Motive | Motive mit bewegten Objekten (wie zum Beispiel eine befahrene Straße) kommen nicht infrage, denn es lässt sich kaum vermeiden, dass solche Objekte sich auch an den Bildrand bewegen – ohne dass es im Anschlussbild eine Fortsetzung gibt. Problematisch können bei Außenaufnahmen auch windige Tage mit schnell ziehenden Wolken sein: In jedem Bild gibt es dann andere Lichtverhältnisse und Schattenwürfe. Auch brauchen Panoramen eine gewisse Weite, um zu wirken – das Panoramabild eines 15-Quadratmeter-Raumes macht einfach nichts her. Bilder mit prägnanten Merkmalen wie beispielsweise Hauskanten oder Mauern können meist besser zusammengefügt werden als Bilder mit zu wenigen Unterschieden. Wasserflächen, Gras und Laub und ähnliche Strukturen stellen eine nahezu unlösbare Aufgabe für Photomerge dar, wenn nicht noch andere, markante Elemente im Bild vorhanden sind.

Aufnahmebedingungen | »Einheitlichkeit« ist hier das Schlüsselwort: Brennweite und Belichtung sollten auf allen Bildern gleich sein, ebenso die Verwendung von Blitzlicht. Die automatische Einstellung von Belichtungszeiten – typisch für viele Digicams – muss deaktiviert sein. Geringe Belichtungsunterschiede kann Photomerge zwar ausgleichen, aber die Ausrichtung der Bilder kann erschwert werden. Auch die Position der Kamera sollte nicht verändert werden. Ohnehin sind Sie mit einem Stativ mit rotierbarem Kopf gut beraten. Es genügt nicht, bei Aufnahmen den Horizont nach Augenmaß auf einer Höhe zu halten: Es zeigt sich dann meist eine deutliche Drehung zwischen den Bildern. Damit die Kanten der einzelnen Bilder aneinanderpassen, sollten

Dateien auf der Buch-DVD: »baustelle_1.jpg«, »baustelle_2.jpg«, »baustelle_3.jpg«. Weitere Bilder zum Testen finden Sie im Ordner BEISPIELE in Ihrer Photoshop-Installation (ADOBE/ADOBE PHOTOSHOP CS4/BEISPIELE/PHOTOMERGE). Diese Bilder sind technisch perfekt für die Panoramamontage vorbereitet.

Bilderserien automatisch zusammenstellen

Bridge unterstützt Sie dabei, aus Bilderserien die Bilder herauszufischen, die für die Montage als Panorama- oder HDR-Bild geeignet sind. Wählen Sie den Befehl STAPEL • AUTOMATISCHE STAPELANORDNUNG FÜR PANORAMA/HDR. Der Inhalt des aktuellen Ordners wird dann von Bridge durchsucht – je nach Ordnergröße kann das eine Weile dauern. Bilderreihen, die sich für Panoramen oder HDR-Montagen eignen, werden dann zu Bridge-Stapeln zusammengefügt.

▲ **Abbildung 24.15**
Hier hat Bridge zwei panoramataugliche Serien entdeckt und zu Stapeln gebündelt. In einer XML-Datei hat Bridge die internen Informationen festgehalten.

Sie auch keine Verzerrungslinsen wie Fischaugen einsetzen. Außerdem sollten sich die Einzelbilder um 25–40 % überlappen. Die Verwendung des optischen Suchers (anstelle des Vorschaudisplays) hilft Ihnen, die richtigen Ausschnitte zu finden.

24.3.2 Die Fotos montieren

Panorama-Montage in Photoshop starten | Unter DATEI • AUTOMATISIEREN • PHOTOMERGE erreichen Sie den Panorama-Monteur in Photoshop. Als Erstes müssen Sie festlegen, welche Dateien Sie verarbeiten wollen. Unter VERWENDEN ❷ stellen Sie ein, welche Dateien zusammengefügt werden sollen. Wählen Sie DATEIEN, müssen Sie sie mit dem Befehl DURCHSUCHEN noch auf Ihrem Rechner lokalisieren. Auf Wunsch können Sie Ihrer Bildauswahl auch Dateien hinzufügen, die bereits in Photoshop geöffnet sind (Button GEÖFFNETE DATEIEN HINZUFÜGEN).

Panorama-Montage in Bridge starten | Wie beim Stapeln von Ebenen bietet Adobe Bridge auch für das Erstellen von Panoramen den größten Arbeitskomfort. Dort können Sie die Bilder anhand der Vorschauminiaturen auswählen – oder sogar automatisch auswählen lassen – und Photomerge direkt aus Bridge starten.

Wählen Sie im Bridge-Vorschaufenster zuerst die Bilder oder Bildstapel aus, die zum Panorama zusammenmontiert werden sollen.

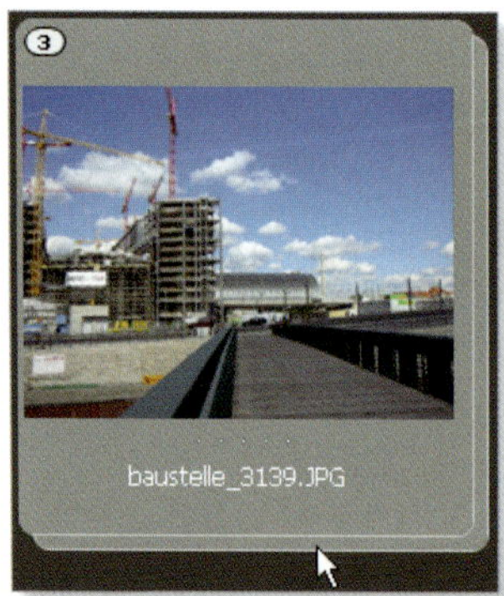

▲ **Abbildung 24.16**
Achten Sie beim Aktivieren von Bridge-Stapeln darauf, dass der ganze Stapel markiert ist. Sie müssen auf die **Kante** der verdeckten Miniatur klicken.

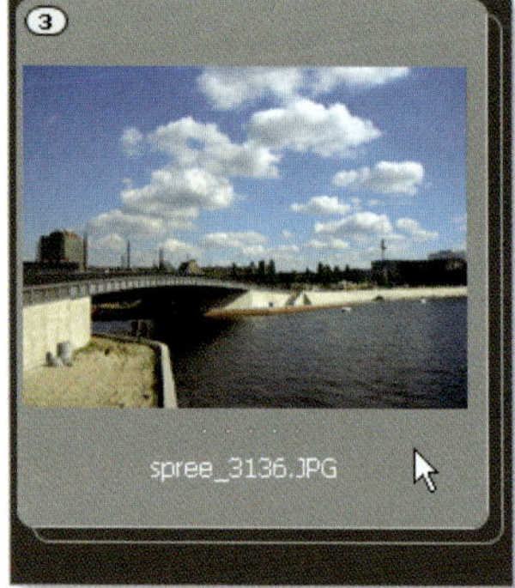

▲ **Abbildung 24.17**
So ist nur das obere Bild des Stapels aktiviert, HDR oder Photomerge können mangels Input nicht arbeiten.

Der Befehl WERKZEUGE • PHOTOSHOP • PHOTOMERGE startet dann den PHOTOMERGE-Dialog in Photoshop.

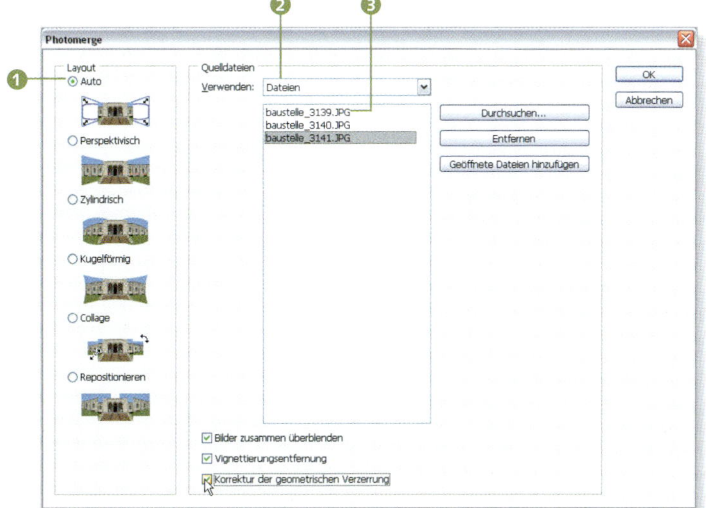

◀ **Abbildung 24.18**
Wenn Sie Photomerge aus Bridge heraus aufrufen, sind die zuvor ausgewählten Bilder automatisch als Quelldateien geladen ❸.

Montageoptionen | Unter LAYOUT ❶ legen Sie fest, in welcher Art und Weise die Bilder montiert werden sollen. Wenn Sie bereits mit EBENEN AUTOMATISCH FÜLLEN gearbeitet haben, sollten Ihnen die Optionen bekannt vorkommen.

- Die Option PERSPEKTIVISCH erstellt das Panorama, indem eines der Ausgangsbilder (wenn möglich das mittlere) als Referenzbild festgelegt wird. Die anderen Bilder werden dann daran ausgerichtet und dabei neu positioniert, gedehnt oder geneigt, sodass überlappender Inhalt über mehrere Ebenen übereinstimmt.

▼ **Abbildung 24.19**
Je nach Ausgangsmaterial kann bei perspektivischer Montage eine starke Verzerrung auftreten.

Bilder: F. Gaebler

- ZYLINDRISCH arbeitet anders und mit weniger Verzerrungen. Auch hier wird ein Bild – meist das mittlere – als Referenzbild festgelegt, und die übrigen werden daran ausgerichtet. Allerdings erfolgt die Anordnung der einzelnen Bilder wie auf einem auseinandergeklappten Zylinder. Diese Option eignet sich am besten für das Erstellen von breiten Panoramabildern.

▲ **Abbildung 24.20**
Die Option ZYLINDRISCH arbeitet der Verzerrung entgegen.

- Ist die Option AUTO gewählt, analysiert Photoshop die Ausgangsbilder und wendet dann entweder das perspektivische oder das zylindrische Layout an – je nachdem, welches besser passt.

▲ **Abbildung 24.21**
Das AUTO-Panorama analysiert zuerst die Gegebenheiten im Bild und wählt dann die beste Projektionsmethode – hier war es ZYLINDRISCH.

- KUGELFÖRMIG transformiert die Bilder so, dass sie aussehen, als würden sie das Innere einer Kugel auskleiden. Diese Option eignet sich vor allem für sehr umfangreiche 360°-Panoramen.
- COLLAGE bringt identische Bildinhalte in Deckung und dreht oder skaliert die Ebenen, damit sie besser zusammenpassen. Die Transformationen NEIGEN und VERZERREN werden nicht angewendet.
- REPOSITIONIEREN heftet die Bilder ohne Eingriffe in die Perspektive und ohne Transformationen zusammen.

▲ **Abbildung 24.22**
Hier wurden drei Bilder repositioniert.

Ein Klick auf OK startet schließlich die Montage der Bilder in einer neuen Datei. Sie müssen nun gar nichts mehr machen, außer ein wenig zu warten – und bei der fertigen Montage die Kanten abzuschneiden, am besten mit dem Freistellungswerkzeug (Shortcut C).

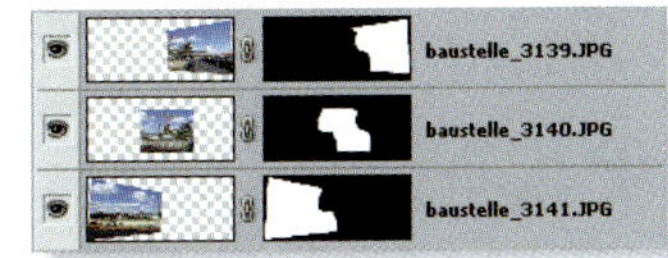

▲ **Abbildung 24.23**
Die Ebenen-Palette zeigt, dass das Photomerge-Werkzeug ähnlich arbeitet wie andere Ebenen-Automatiken. Überlappende Bildbereiche werden mit differenzierten Masken ineinandermontiert. Sowohl der Bildinhalt als auch die Bildstruktur und -farben werden dabei von der Automatik berücksichtigt.

24.4 HDR-Bilder montieren

HDR-Bilder haben einen besonders hohen Kontrastumfang – (HDR bedeutet **High Dynamic Range**). Sie werden vor allem in Kinofilmen, 3D-Grafiken und für Special Effects eingesetzt.

24.4.1 Funktionen

HDR-Bilder zu bearbeiten ist also nicht gerade eine typische Bildbearbeitungsaufgabe. Dennoch stellt Photoshop einige Funktionen für solche Bilder bereit:

- HDR-Bilder werden **generiert**, indem mehrere (meist fünf bis sieben) absolut *identische* Aufnahmen desselben Motivs – nur unterschiedlich belichtet – zusammengefügt werden. Diese Ausgangsbilder müssen qualitativ sehr hochwertig sein: Schon etwas Rauschen oder eine leichte Vignettierung kann stören.
- Da HDR-Bilder Helligkeitsinformationen enthalten, die die Darstellungskapazitäten eines Standardmonitors bei Weitem sprengen und auch über den Tonwertumfang gedruckter Bilder weit hinausgehen, können Sie in Photoshop zudem die **Darstellungsweise von HDR-Bildern am Monitor** einstellen (ANSICHT • 32-BIT-VORSCHAUOPTIONEN).

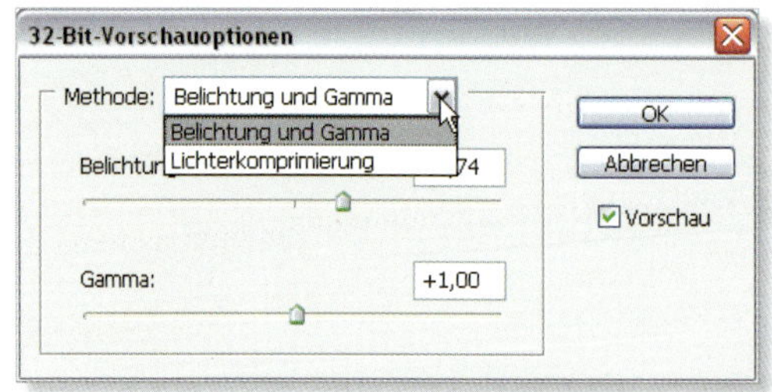

Abbildung 24.24 ►
Sie können einstellen, wie Bilder mit hoher Dynamik auf Ihrem Bildschirm erscheinen sollen.

- Das Korrekturwerkzeug BELICHTUNG ist speziell auf HDR-Bilder ausgerichtet. Sie finden es im Menü BILD • KORREKTUREN, außerdem steht es als Einstellungsebene zur Verfügung.

24.4.2 HDR-Bilder montieren

Der Start der Montage funktioniert so ähnlich wie bei Bildpanoramen: entweder aus Photoshop via DATEI • AUTOMATISIEREN • ZU HDR ZUSAMMENFÜGEN oder aus Bridge mit dem Befehl WERKZEUGE • PHOTOSHOP • ZU HDR ZUSAMMENFÜGEN.

Abbildung 24.25 ▼
Hightech im schlichten Dialogfeld

Quellen | Unter QUELLEN ❶ im linken Bereich des Dialogfeldes wählen Sie durch Setzen von Häkchen aus, welche Bilder montiert werden sollen. Das vorläufige Ergebnis sehen Sie sofort in der Vorschau.

Übungsbilder
Zum Üben sollten Sie auf den Ordner BEISPIELE in Ihrer Photoshop-Installation zurückgreifen (ADOBE/ ADOBE PHOTOSHOP CS4/ BEISPIELE/ ZU HDR ZUSAMMENFÜGEN). Diese Bilder erfüllen die hohen Qualitätsansprüche an HDR-Montagen.

Bittiefe | Als Nächstes sollten Sie unter BITTIEFE ❷ auswählen, ob das Bild als 32-Bit-Bild gespeichert werden soll oder mit 16 oder nur 8 Bit je Kanal. Nur bei 32-Bit-Bildern bleibt der gesamte dynamische Bereich des Bildes erhalten.

Bildanzeige | Unterhalb des Histogramms finden Sie einen Schieberegler ❸, mit dem Sie die Bildanzeige anpassen können. Die Bildinformationen werden dabei nicht verändert, aber jedes Mal, wenn Sie die Datei öffnen, wird sie in der von Ihnen gewählten Vorschauansicht angezeigt.

Der übliche Klick auf OK schließt die Eingabe ab, und das Bild wird montiert und in Photoshop geöffnet.

▲ **Abbildung 24.26**
Das Dokumentfenster von HDR-Bildern verfügt ebenfalls über einen Regler, mit dem Sie die Helligkeit der Darstellung anpassen können.

24.4.3 Das Werkzeug »Belichtung«

Das Tool BELICHTUNG ist eigens für High-Dynamic-Range-Bilder (HDR) konzipiert worden. Sie finden es unter BILD • KORREKTUREN und in der Korrekturen-Palette. Wenn Sie die KORREKTUREN-Palette nutzen, wird das Tool automatisch als Einstellungsebene eingesetzt. Das funktioniert jedoch nur bei Bildern mit 8 und 16 Bit.

Der Dialogbefehl BELICHTUNG lässt sich auch auf 32-Bit-Bilder anwenden.

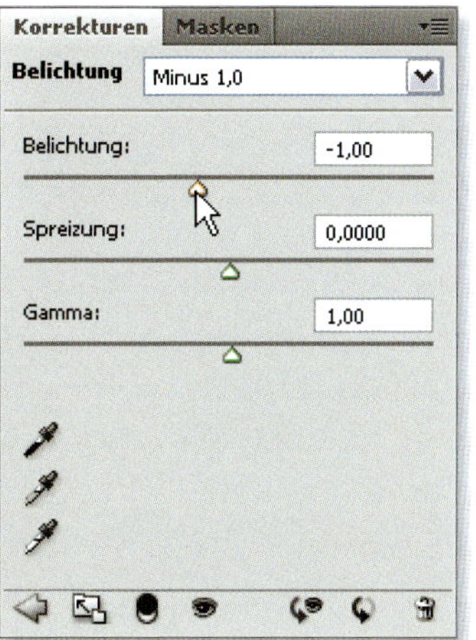

◄ **Abbildung 24.27**
So erzeugen Sie eine BELICHTUNG-Einstellungsebene.

◄◄ **Abbildung 24.28**
BELICHTUNG lässt sich mit drei einfachen Schiebern bedienen.

Um zu verstehen, wie das funktioniert, sollten Sie ein wenig über den Begriff der »Dynamik« wissen: Er bezeichnet die Unterschiede, die Bandbreite der Tonwerte zwischen Hell und Dunkel, Lichtern und Tiefen. Während das menschliche Auge unterschiedliche dynamische Bereiche wahrnehmen kann – so erkennt man sowohl in einem schattigen Wald als auch auf einem sonnenhellen Platz Unterschiede zwischen Hell und Dunkel –, können Kameras und andere optische Aufnahmegeräte das nicht und werden mit manchen Belichtungssituationen nicht fertig. Bilder, die zu hell oder zu dunkel aufgenommen sind, lassen sich nicht retten, und durch nachträgliche Bearbeitung der Tonwerte können keine anderen Belichtungsverhältnisse simuliert werden.

Anders HDR-Bilder: Sie verfügen tatsächlich über einen viel höheren Kontrastumfang und können den gesamten dynamischen

Bereich der sichtbaren Welt abbilden. Daher hat das Bearbeiten der BELICHTUNG bei HDR-Bildern denselben Effekt wie das Ändern der Belichtung schon beim Fotografieren. Damit können ganz realistische Beleuchtungseffekte und auch Unschärfen nachträglich in ein Bild eingefügt werden. Dieser schöne Effekt naturalistischer Belichtungsänderung per Bildkorrektur funktioniert aber leider nur bei Bildern mit hoher Bitzahl. Die Funktion BELICHTUNG bearbeitet zwar auch normale 8-Bit-Bilder – für diese kann jedoch keine veränderte oder korrigierte Belichtung herbeigezaubert werden, wenn grundlegende Bildinformationen fehlen.

Einstellungsmöglichkeiten für die Belichtung | Folgende Optionen stehen Ihnen im BELICHTUNG-Dialog zur Verfügung:

- BELICHTUNG verändert vor allem die Lichter. Tiefen werden so weit wie möglich beibehalten. Veränderungen an diesem Regler kommen der Wirkung einer längeren Belichtung oder größeren Blende beim Fotografieren recht nahe.
- SPREIZUNG erhält die Lichter eines Bildes weitestgehend und dunkelt Tiefen und Mitteltöne ab.
- GAMMA verändert die gesamte Bildhelligkeit.

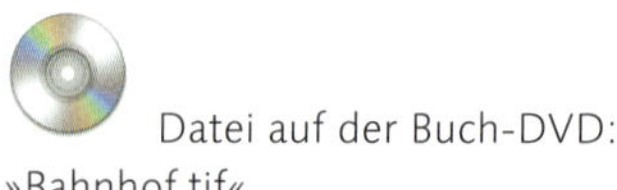
Datei auf der Buch-DVD: »Bahnhof.tif«

Pipetten | Die Pipetten unten links stehen – wie im Dialogfeld TONWERTKORREKTUR auch – für Lichter, Mitteltöne und Tiefen eines Bildes und lassen sich auch ganz genauso wie diese Pipetten bedienen. Allerdings gibt es einen entscheidenden Unterschied: Während die Tonwertkorrektur-Pipetten auf alle Farbkanäle zugreifen, werden mit den Belichtungspipetten allein die Luminanzwerte (Helligkeitswerte) des Bildes angepasst.

24.5 Tiefenschärfe abmildern: Falsche fotografische Unschärfe

Bild: vitamin a

▲ **Abbildung 24.29**
Das Ausgangsbild

Die Unschärfe ist ein ebenso wichtiger Bestandteil der Bildkomposition wie die Schärfe. Unschärfe gibt einem Bild Räumlichkeit und Tiefe und ist natürlich auch ein wichtiges Mittel, um den Blick des Betrachters zu lenken. Leider erzeugen vor allem die kompakten Digitalkameras Bilder mit übermäßig viel Tiefenschärfe – bildgestaltende Unschärfe kommt allenfalls zustande, wenn man im Makro-Modus fotografiert. Die Ursache sind die zum Teil sehr kleinen Aufnahmechips, auf die das Licht gebündelt wird. Der Filter TIEFENSCHÄRFE ABMILDERN, zu finden unter WEICHZEICHNUNGSFILTER, kann sehr genau abgestimmte fotografische Unschärfen in das Bild hineinfälschen.

24.5.1 Alphakanal oder Maske anlegen

Um beste Ergebnisse zu erzielen, bedarf es allerdings einiger Vorarbeit: Sie brauchen einen Alphakanal – also z. B. eine abgespeicherte Auswahl – oder eine Ebenenmaske, um die weichzuzeichnenden Bereiche zu bezeichnen. Bei den Kanal-Standardeinstellungen gilt: Bereiche, die schwarz maskiert sind, werden gar nicht weichgezeichnet, Bildpartien, die hellen Bereichen des Alphakanals entsprechen, werden stark weichgezeichnet, und Graustufen liegen dazwischen. Der Filter verfügt selbst aber auch über eine Option, um diese Anordnung umzukehren. Übrigens lohnt es sich gerade für diesen recht rechenintensiven Filter, eine verkleinerte Bildversion zum Testen anzulegen.

▲ **Abbildung 24.30**
Sie können bei dieser und ähnlichen Aufgaben auch die Funktion MASKIERUNGSMODUS (Quick Mask – Kürzel M) einsetzen, um zunächst eine passgenaue Auswahl und dann durch Sichern der Auswahl den benötigten Alphakanal zu erzeugen. Hier im Bild: Die Quick Mask wird bearbeitet.

24.5.2 Einstellungen im Dialog »Tiefenschärfe abmildern«

Tiefen-Versetzung | Als Erstes sollten Sie unter TIEFEN-VERSETZUNG • QUELLE ❶ den Namen des von Ihnen erstellten Alpha-Kanals oder der Ebenenmaske einstellen, auf dessen bzw. deren Basis scharfe und unscharfe Bereiche definiert werden sollen. Im Beispiel ist »Alpha 1« der Name des von mir erstellten Alphakanals. Sie haben den Alphakanal »falsch herum« angelegt (die Bereiche, die unscharf werden sollen, sind weiß)? Dann aktivieren Sie die Option UMKEHREN.

Achtung – nicht als Smart-Filter

Anders als viele andere Filter lässt sich TIEFENSCHÄRFE ABMILDERN nicht als Smartfilter einsetzen.

◄ **Abbildung 24.31**
Zahlreiche Einstellungen für falsche Unschärfe

Weichzeichnen-Brennweite | Nun gilt es, die virtuelle Brennweite einzustellen. Das können Sie mit dem Regler

Weichzeichnen-Brennweite ❷ oder indem Sie mit der Maus in die Bildvorschau klicken. Der Cursor nimmt dann Kreuzform an. Es kann hilfreich sein, vorher den Radiuswert ❹ sehr stark anzuziehen, um die Wirkung besser abzuschätzen. Nach dem Setzen der Brennweite können Sie Radius dann wieder auf ein verträgliches Maß herunterregeln.

Iris | Im Bereich Iris ❸ steuern Sie das Aussehen der virtuellen Blende, die die Weichzeichnung bewirkt. Die zur Verfügung stehenden Größen entsprechen dem Aufbau echter fotografischer Objektive.

- Form imitiert verschiedene Blenden-Bauarten – also die Zahl und Gestalt der Blendenlamellen. Nicht immer ist die Auswirkung dieser Option im Bild erkennbar, am ehesten noch in den vom Filter weichgezeichneten und verstärkten Lichtern (die Sie auch unter Spiegelartige Lichter bearbeiten).
- Radius bestimmt wieder die Stärke der Weichzeichnung.
- Auch Wölbung der Irisblende hat Einfluss auf die Weichzeichnung – hohe Werte unterminieren übrigens die Wirkung der Form-Einstellung.
- Drehung dreht die (virtuelle) Blende. Auch diese Einstellung wirkt nur dann sichtbar, wenn Sie in Radius und Wölbung nicht zu hohe Werte eingestellt haben.

Spiegelartige Lichter | Echte fotografische (Tiefen-)Unschärfe ist oft auch durch weiche und vergrößerte Lichter gekennzeichnet. Unter Spiegelartige Lichter ❺ stellen Sie diese im digitalen Unschärfe-Imitat ein. Die Wirkung wird auf den weichgezeichneten Bereich des Bildes (Alphakanal!) eingeschränkt.

- Mit Schwellenwert bestimmen Sie die Ausdehnung und Konturschärfe der Lichter. Je niedriger der Schwellenwert ist, desto mehr Bildbereiche werden aufgehellt. Hohe Schwellenwerte imitieren Spitzlichter. So hellt beispielsweise eine Einstellung von 200 alle Bild-Tonwerte zwischen 200 (Einstellung) und 255 (maximal höchster Wert und hellster Tonwert in RGB-Bildern) auf.
- Helligkeit steuert die Stärke der Aufhellung. Der Schwellenwert und der Helligkeit-Wert sollten mit dem Radius korrespondieren, um glaubhafte Ergebnisse zu erzielen. Eine starke Aufhellung bei nur geringer Weichzeichnung ist eher unwahrscheinlich!

Rauschen | Mit der Weichzeichnung verschwindet auch eine eventuell vorhandene Körnung aus dem Bild. Zwischen gefilterten und ungefilterten Bereichen kann ein Unterschied sichtbar werden. Die

Optionen unter RAUSCHEN ❻ sollen das ausgleichen. Sie funktionieren wie beim regulären Filter RAUSCHEN HINZUFÜGEN.

◂ **Abbildung 24.32**
So kann TIEFENSCHÄRFE ABMILDERN wirken.

◂◂ **Abbildung 24.33**
So sieht der zugrunde liegende Alphakanal aus (wesentlich genauer brauchen Sie nicht zu arbeiten). Ich habe zunächst einen Verlauf angelegt, mit dem Pinsel die hellen Bereiche (Absperrschild und Gestänge, Mauer ganz rechts) nachgearbeitet und dann den Alphakanal selbst leicht weichgezeichnet.

24.6 Objektivkorrektur

Der Filter OBJEKTIVKORREKTUR (unter FILTER • VERZERRUNGSFILTER) hieß in den Vorversionen noch »Blendenkorrektur«. Er ist ein weiterer Spezialist für Fotografen: Er korrigiert häufige Bildfehler wie tonnen- und kissenförmige Verzerrungen, Vignettierungen und chromatische Aberrationen, die abhängig von verwendeten Objektiven und Brennweiten entstehen können. Somit stehen Korrekturmöglichkeiten für diese Fehler nicht nur beim Import von RAW-Bildern im Dialog CAMERA RAW zur Verfügung, sondern auch für andere Dateien. Auch perspektivische Verzerrungen lassen sich gut mit diesem Filter korrigieren. Er funktioniert nicht als Smartfilter!

[Chromatische Aberration]
Dieser Begriff beschreibt einen Abbildungsfehler bei Objektiven, bei dem Unschärfen und Farbsäume entstehen.

24.6.1 Einstellungsmöglichkeiten

Das Raster ist Ihr wichtigstes Hilfsmittel, um die Stärke der vorgenommenen Entzerrung nicht nur anhand der Bildinhalte, sondern etwas objektiver zu beurteilen.

Rastergröße | Am unteren Rand des Dialogfeldes finden Sie Einstellungen, um die Rastergröße und -farbe anzupassen ❽. Mit dem RASTER-VERSCHIEBEN-WERKZEUG [Z] können Sie das Raster noch verschieben und am Bild ausrichten. Unterhalb des Vorschaubildes können Sie auch die Farbe und Größe der Rasterlinien definieren oder das Raster ganz abschalten. Zum Anpassen der Bildvorschau finden Sie außerdem wieder die HAND [H] und das ZOOM-WERKZEUG [Z].

Abbildung 24.34 ▲
Das Dialogfeld OBJEKTIVKORREKTUR. Auf den ersten Blick bietet es ein Funktionswirrwarr, doch ist die Arbeit mit diesem Dialog schnell zu erlernen.

Datei auf der Buch-DVD: »Außenamt.tif«

Vorgaben | Wenn Sie bereits Vorgaben – zum Beispiel für eine bestimmte Kamera oder ein bestimmtes Objektiv – gespeichert oder den Filter bereits einmal benutzt haben, können Sie sie über die Option EINSTELLUNGEN ❶ wieder aktivieren. Wenn Sie die Einstellungen von Hand vornehmen (oder weiter an das Bild anpassen wollen), haben Sie folgende Möglichkeiten:

Verzerrungen entfernen | Um kissen- oder tonnenförmige Verzerrungen zu entfernen, können Sie entweder das VERZERRUNG-ENTFERNEN-WERKZEUG D oder die Einstellungen unter VERZERRUNG ENTFERNEN nutzen. Letztere sind ganz einfach per Schieberegler zu bedienen. Die Wirkung ist offensichtlich. Und wenn das VERZERRUNG-ENTFERNEN-WERKZEUG aktiv ist, können Sie das Raster – und damit die Bildpixel – einfach per Maus im Vorschaufenster ziehen.

Bild drehen | Die Einstellung WINKEL ❺ und das GERADE-AUSRICHTEN-WERKZEUG A drehen das Bild. Damit können Sie die Kameraneigung ausgleichen oder das Bild nach der Korrektur der Perspektive nachbearbeiten. Die Bedienung des Werkzeugs erfolgt intuitiv: Sie müssen eine Linie in das Bild ziehen. Entsprechend dem Winkel und der Position wird das Bild dann gedreht.

Für alle weiteren Einstellungen stehen nur Optionen und Schieberegler – keine eigenen Werkzeuge – zur Verfügung.

Farbsäume korrigieren | Die Einstellung CHROMATISCHE ABERRATION ❷ korrigiert Farbsäume. Es empfiehlt sich, die Bildansicht zu vergrößern, um die Farbsäume beim Durchführen der Korrektur genau zu sehen. Der Regler ROT/CYAN-FARBRÄNDER kompensiert Rot/Cyan-Farbsäume; BLAU/GELB-FARBRÄNDER behebt entsprechend Blau/Gelb-Chromafehler.

Abgedunkelte Ränder korrigieren | VIGNETTE ❸ korrigiert Bilder mit abgedunkelten Rändern, wie sie durch Objektivfehler oder falsche Blendeneinstellungen entstehen, und STÄRKE legt fest, wie stark die Aufhellung oder Abdunklung an den Bildkanten ist. Mit der Einstellung MITTENWERT legen Sie die Breite des Bereichs fest, auf den sich die Betrag-Einstellung auswirkt. Je niedriger der Wert ist, desto größer sind die Bildteile, die korrigiert werden, und je größer der Wert ist, desto stärker wird der Effekt lediglich auf die Bildkanten beschränkt.

Perspektive korrigieren | Unter TRANSFORMIEREN ❹ finden Sie Einstellungen zur Perspektivkorrektur. VERTIKALE PERSPEKTIVE korrigiert falsche Bildperspektiven, die durch eine aufwärts oder abwärts geneigte Kamera entstanden sind, HORIZONTALE PERSPEKTIVE korrigiert eine fehlerhafte Bildperspektive durch paralleles Ausrichten der horizontalen Linien.

Leere Bereiche mit Pixeln auffüllen | Beim Durchführen der Korrekturen entstehen schnell leere Bereiche ohne Pixel. Mit der Einstellung KANTE ❻ bestimmen Sie, wie solche »Leerstellen« behandelt werden. Sie können sie mit Transparenz oder einer Farbe füllen oder die Randpixel des Bildes ausdehnen.

Auch SKALIEREN ❼ dient vorrangig dem Beseitigen leerer Randflächen. Der Befehl vergrößert oder verkleinert die Ausdehnung der Bildpixel, ohne die Pixelmaße (Kantenlängen) des Bildes zu ändern. Das heißt, die Bildpixel werden so weit ausgedehnt, dass die vormals leeren Bereiche nun unsichtbar jenseits der Bildkanten liegen – das Bild wird also interpoliert und beschnitten.

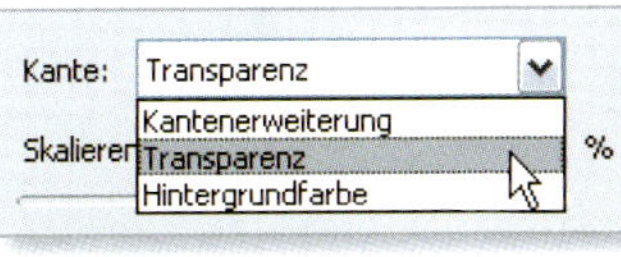

▲ **Abbildung 24.35**
Die Optionen unter KANTE

24.7 Der Filter »Fluchtpunkt«

24.7.1 Worum geht es?

Der Filter FLUCHTPUNKT ist ein komplexes Werkzeug, das Sie bei der perspektivisch korrekten Bearbeitung von Bildern unterstützt, bei denen Elemente wie beispielsweise die Seiten eines Gebäudes durch die Perspektive bei der Aufnahme verzerrt sind.

Durch ein Gitternetz, das Sie erst anlegen müssen, teilen Sie dem Fluchtpunkt-Filter mit, wie die perspektivischen Verhältnisse im Bild sind. Innerhalb dieses Gitternetzes ausgeführte Arbeiten

Einarbeitung ist nötig

Mit dem Gebrauch des Fluchtpunkt-Tools können Sie sich unter Umständen viel Kleinarbeit mit Bildebenen, perspektivischen Transformationen und Retuschen sparen, doch müssen Sie mit einer **langen Einarbeitungszeit** rechnen, um alle Funktionen auszureizen. Der Gebrauch des Fluchtpunkt-Filters geht zudem alles andere als schnell von der Hand – hier ist äußerste Akribie gefragt, vor allem beim Anlegen der perspektivischen Flächen (die von Adobe verwirrend auch »Ebenen« genannt werden).

erfolgen automatisch in der richtigen Perspektive. Möglich sind das Auswählen, Verschieben oder Kopieren (Klonen) von Bildelementen, das Transformieren schwebender Auswahlen, das Stempeln, um Strukturen zu übertragen, oder das Malen mit Farbe.

Einsatzbereich ... und Einschränkungen | Das aufwendige und tatsächlich beeindruckend wirkungsvolle Werkzeug kann nur bei »perfekten« Bildern wirksam sein. Klinisch saubere Architekturaufnahmen, leere Plätze und sauber gewinkelte Flächen sind prima, krumme Wände, von Vegetation überdeckte Ecken und Winkel sind dagegen eher problematisch. Und auch mit Schattenwurf und Lichtrichtung wird das Werkzeug nicht fertig. Zumindest bei typischen Fotomontagen kann das Werkzeug seine Vorzüge nur am Idealbild ausspielen – das man meist wohl gerade nicht vor sich hat. Für eher freiere Arbeiten oder das Erschaffen neuer, artifizieller Räume und Plätze ist das Tool jedoch sehr wirkungsvoll!

24.7.2 Die Fluchtpunkt-Option aufrufen

Spektakulär ist sie, die Fluchtpunkt-»Option« (wie Adobe das mächtige Tool tiefstapelnd nennt). Das Fenster, das als schwebende Auswahl rechts zu sehen ist, wurde von der rechtwinklig dazu liegenden Fassadenseite kopiert, verschoben und dabei automatisch perspektivisch angepasst. Hier werden allerdings auch schon die Grenzen klar: Lichtverhältnisse können beispielsweise nicht angeglichen werden.

Sie finden das Werkzeug unter FILTER • FLUCHTPUNKT oder rufen es mit [Alt]+[Strg]+[V] bzw. [⌥]+[⌘]+[V] auf.

Datei auf der Buch-DVD: »Ziegelhaus.tif«

Abbildung 24.36 ▸
Wenige Schaltflächen, spektakuläre Wirkung: die Option FLUCHTPUNKT.

24.7.3 Wie gehen Sie vor?

Ebene erstellen | Ihr erster Schritt ist es, das sogenannte EBENE-ERSTELLEN-WERKZEUG (Tastenkürzel [C]) zu aktivieren und mit ihm ein Gitternetz anzulegen, das die perspektivischen Verhältnisse im Bild nachzeichnet. Adobe nennt die so definierten Flächen »Ebenen«. Erst danach kann das Werkzeug perspektivisch korrekt arbeiten. Je genauer Sie hier arbeiten, desto besser wird die spätere Wirkung des Fluchtpunkt-Filters!

Mit dem EBENE-ERSTELLEN-WERKZEUG ziehen Sie einfach geometrische Flächen auf. Das Werkzeug erstellt dann die blauen Linien, die Sie im Screenshot sehen (und Rasterlinien, die gerade nicht eingeblendet sind). Sie können diese Rastergitter auch durch Ziehen an den kleinen Griffen an der Seite noch anpassen. Man muss nicht ganz präzise arbeiten – das wäre sonst auch ein mühsames Geschäft.

▲ **Abbildung 24.37**
Das Perspektiv-Gitter wird bearbeitet (Mauszeiger oben rechts).

Begrenzung einblenden | Die Option BEGRENZUNG EINBLENDEN (zu finden unter dem kleinen Pfeil oben links ①) unterbindet oder aktiviert die Anzeige dieser Linien. Die bekannten Werkzeuge HAND [H] und Zoom [Z] stehen auch hier zur Verfügung, um die Bildansicht anzupassen. Auch die bekannten Zoom-Shortcuts funktionieren hier.

Rechtwinklige Flächen | Um Flächen, die – in Wirklichkeit, nicht in der Bilddarstellung – rechtwinklig zueinander angeordnet sind, mit einem Raster zu umfangen, drücken Sie [Strg] bzw. [⌘] bei immer noch aktivem EBENE-ERSTELLEN-WERKZEUG und ziehen an einer der Seiten. Es wird eine neue Fläche angelegt, die den 90°-Winkel weitestgehend perspektivisch korrekt darstellt.

Seitenverhältnisse | Wird das Raster, das die perspektivischen Flächen beschreibt, gelb oder rot angezeigt, ist dies eine Warnung, dass die Seitenverhältnisse nicht ganz stimmen. Differenziert wird hier zwischen

- schwerwiegenden Problemen mit den Seitenverhältnissen der Ebene (rot)
- und Problemen beim Auflösen der Fluchtpunkte in der perspektivischen Ebene (gelb).

Bild: dieblen.de

▲ **Abbildung 24.38**
Das sogenannte »Abreißen« einer 90°-Fläche. Für Motive wie dieses wünscht man sich eine andere Rasterfarbe.

Perspektivraster verändern | Wenn Sie zum EBENE-BEARBEITEN-WERKZEUG [V] wechseln, können Sie das Perspektivraster verändern. Die Bearbeitung sollte Ihnen keine Schwierigkeiten bereiten, wenn Sie mit Transformationsrahmen sicher umgehen können.

Sie können nun schon den Vorgang mit OK bestätigen – das Raster ist dann gesichert und steht beim nächsten Start des Filters wieder zur Verfügung.

24.7.4 Bild weiterbearbeiten

Um nun das Bild weiterzubearbeiten und dabei die perspektivischen Vorgaben zu nutzen, stehen mehrere Funktionen zur Verfügung:

Auswahlrechteck | Das AUSWAHLRECHTECK [M] können Sie für verschiedene Operationen nutzen: Indem Sie [Alt]/[⌥] drücken und einen ausgewählten Bereich per Maus verschieben, klonen Sie ihn automatisch. Der geklonte Bereich wird dann als schwebende Auswahl angelegt. Sie können beliebig viele Klone von einer Auswahl erzeugen. Um eine **Auswahl mit einem anderen Bereich aus dem Bild zu füllen**, ziehen Sie eine Auswahl auf, aktivieren die Option VERSCHIEBUNGSMODUS: QUELLE und bewegen dann den Mauszeiger auf den Bildbereich, der in die Auswahl eingefügt werden soll. Wenn Sie dann erneut Bereiche klonen wollen, muss allerdings wieder VERSCHIEBUNGSMODUS: ZIEL aktiviert sein!

▲ **Abbildung 24.39**
Die Perspektiv-Funktionen erweitern das die Möglichkeiten des Stempelwerkzeugs. Hier wird ein Plakat mit »Ziegelsteinen« überdeckt. Dank WEICHE KANTE funktioniert das ganz gut! Lange Malstriche mit dem Stempel werden perspektivisch angepasst.

Weitere Werkzeuge | Das TRANSFORMIEREN-WERKZEUG [T] passt schwebende Auswahlen an. Das STEMPEL-WERKZEUG [S] funktioniert so wie der bekannte normale Kopierstempel aus der Werkzeugleiste auch, mit dem Unterschied, dass innerhalb des Perspektivrasters eingefügte Pixel gleich perspektivisch angepasst werden. Mit dem PINSEL-WERKZEUG [B] tragen Sie Farbe auf. Die Form des Pinsels wird beim Malen – wenn Sie innerhalb des Rasters malen – perspektivisch angepasst.

Bilder oder Bildelemente aus der Zwischenablage einfügen | Wenn Sie Bilder oder Bildelemente aus der Zwischenablage einfügen wollen, benutzen Sie einfach den bekannten Shortcut [Strg]+[V] bzw. [⌘]+[V]. Sie können die eingefügten Objekte dann mit der Maus anfassen und in den Perspektiv-Rahmen ziehen; sie werden dann angepasst. Sie müssen die Bildelemente, die Sie transferieren wollen, allerdings in die Zwischenablage kopieren, *bevor* Sie den Fluchtpunkt-Filter aufrufen. (Wählen Sie dazu den entsprechenden Bereich aus, und drücken Sie dann [Strg]+[C] bzw. [⌘]+[C], oder klicken Sie auf BEARBEITEN • KOPIEREN IM MENÜ.)

Bearbeitungsschritte rückgängig machen | Um im Fluchtpunkt-Werkzeug Bearbeitungsschritte rückgängig zu machen, gibt es verschiedene Befehle mit unterschiedlichem Wirkungsgrad:

- Das bekannte Tastaturkürzel [Strg]+[Z] (Windows) bzw. [⌘]+[Z] (Mac OS) wirkt auch hier. Mehrfaches Drücken nimmt mehrere Schritte zurück.
- [Strg]+[⇧]+[Z] (Windows) bzw. [⌘]+[⇧]+[Z] (Mac OS) stellt irrtümlich zurückgenommene Befehle wieder her.
- Wenn Sie [Alt] bzw. [⌥] drücken, wird die Schaltfläche ABBRECHEN zur Schaltfläche ZURÜCKSETZEN, mit der Sie alle Einsellungen zurücksetzen, ohne das Dialogfeld schließen zu müssen.
- [Esc] wirkt wie ABRECHEN und schließt das Dialogfeld, ohne Änderungen zu speichern.

Viele andere bekannte Shortcuts funktionieren auch hier:

Was wollen Sie tun?	Windows	Mac
Auswahl und Ebenen ausblenden	[Strg]+[H]	[⌘]+[H]
Auswahl in Schritten von einem Pixel verschieben	Pfeiltasten	Pfeiltasten
Auswahl in Schritten von 10 Pixeln verschieben	[⇧]+Pfeiltasten	[⇧]+Pfeiltasten
Schwebende Auswahl aus aktueller Auswahl erstellen	[Strg]+[Alt]+[T]	[⌘]+[⌥]+[T]
Auswahl mit Bild unter dem Mauszeiger füllen	Ziehen bei gedrückter [Alt]-Taste	Ziehen bei gedrückter [⌥]-Taste
Duplikat einer schwebenden Auswahl erstellen	[Strg]+[Alt]+Ziehen	[⌘]+[⌥]+Ziehen
Letztes Duplikat wiederholen und verschieben	[Strg]+[⇧]+[T]	[⌘]+[⇧]+[T]
2 × zoomen (vorübergehend)	[X]	[X]
Zum Zentrieren bei 100 % zoomen	Auf Zoomwerkzeug doppelklicken	Auf Zoomwerkzeug doppelklicken
Drehung auf 15°-Winkel beschränken	[⇧]+Objekt ziehen	[⇧]+Objekt ziehen
Ebene unter einer anderen ausgewählten Ebene auswählen	[Strg]+auf die Ebene klicken	[⌘]+auf Ebene klicken

◀ **Tabelle 24.1**
Tastaturbefehle für die Arbeit mit der Fluchtpunkt-Funktion auf einen Blick

Tabelle 24.1 ▶
Tastaturbefehle für die Arbeit mit der Fluchtpunkt-Funktion auf einen Blick (Forts.)

Was wollen Sie tun?	Windows	Mac
Ebenenraster rendern	Alt + auf OK klicken	⌥ + auf OK klicken
Winkel der Ebene drehen	Ziehen bei gedrückter Alt-Taste	Ziehen bei gedrückter ⌥-Taste
Letzten Knoten während Ebenenerstellung löschen	←	←
Vollständige Arbeitsflächenebene erstellen, quadratisch zur Kamera	Auf das Ebene-erstellen-Werkzeug doppelklicken	Auf das Ebene-erstellen-Werkzeug doppelklicken
Messungen ein-/ausblenden (nur Photoshop Extended)	Strg + ⇧ + H	⌘ + ⇧ + H
In DFX-Datei exportieren (nur Photoshop Extended)	Strg + E	⌘ + E
In 3DS-Datei exportieren (nur Photoshop Extended)	Strg + ⇧ + E	⌘ + ⇧ + E

TEIL VIII

Farbe und Farbveränderungen

25 Farbe einstellen, malen und radieren

Pinseleigenschaften individuell anpassen, Farben festlegen und verwalten: Wer seine Pinsel – und verwandte Werkzeugspitzen – flott an individuelle Mal- und Retuscheaufgaben und unterschiedliche Bildmotive anpassen kann, spart Zeit und erhält präzisere Ergebnisse.

25.1 Farben einstellen

25.1.1 Vorder- und Hintergrundfarbe im Farbwahlbereich

In Photoshop gibt es mehrere Funktionen, um die Farbe des »Pixelauftrags« festzulegen – egal ob mit dem Pinsel oder einem anderen Werkzeug gearbeitet wird. Der kürzeste Weg zur Farbe ist sicherlich der Farbwahlbereich in der Werkzeugleiste.

Standardeinstellung | In der Standardeinstellung ist die Vordergrundfarbe ❶ Schwarz, die Hintergrundfarbe ❹ Weiß, denn diese sind sicherlich die am häufigsten benutzten Farben – vor allem auch bei der Arbeit an Ebenenmasken und Alpha-Kanälen.

Mit der kleinen Schaltfläche ❷ unten links unterhalb der eigentlichen Farbfelder oder mit dem Tastenkürzel [D] (»D« steht für *Default Colors*) kehren Sie schnell wieder zu den Standardfarben Schwarz und Weiß zurück. Wenn Sie in die Bearbeitung einer Ebenenmaske oder in den Maskierungsmodus (*Quick Mask*) wechseln, werden die Farben sogar automatisch umgestellt.

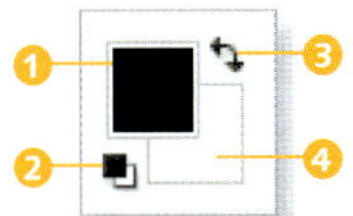

▲ **Abbildung 25.1**
Der Farbwahlbereich im unteren Teil der Werkzeugleiste

Vorder- und Hintergrundfarbe tauschen | Mit dem gebogenen Doppelpfeil ❸ oberhalb der Farbfelder können Vorder- und Hintergrundfarbe schnell getauscht werden (das betreffende Tastenkürzel lautet dazu [X]; X steht für *Exchange*).

Was bewirken Vorder- und Hintergrundfarbe? | Die Vordergrundfarbe ist maßgeblich für die Malfarbe, die mit den

Werkzeugen Pinsel [B] und Buntstift [B] aufgetragen wird, und für die mit dem Füllwerkzeug [G] applizierte Pixelfarbe.

Vorder- und Hintergrundfarbe können beim Anlegen von Verläufen mit dem Verlaufswerkzeug [G] berücksichtigt werden, es ist jedoch auch möglich, Verläufe anzulegen, die völlig unabhängig von den aktuell eingestellten Farben sind. Eine Rolle spielen kann die Hintergrundfarbe auch beim Arbeiten mit dem Hintergrundradiergummi oder beim Erweitern der Arbeitsfläche mit dem Befehl BILD • ARBEITSFLÄCHE. In zahlreichen anderen Dialogfeldern, in denen Sie Farben festlegen, werden Vorder- und Hintergrundfarbe als Optionen angeboten. Wie Sie diese beiden Farben festlegen, erfahren Sie in den folgenden Abschnitten.

Tabelle 25.1 ▸
Tastaturbefehle für den Werkzeugleisten-Farbwahlbereich auf einen Blick

Was wollen Sie tun?	Win	Mac
Zu den Standardfarben Schwarz und Weiß zurückkehren	[D]	[D]
Vorder- und Hintergrundfarbe vertauschen	[X]	[X]

25.1.2 Der Farbwähler: Alle Farbmodelle im Blick

Der mächtige Farbwähler ist an vielen Stellen in Photoshop präsent.

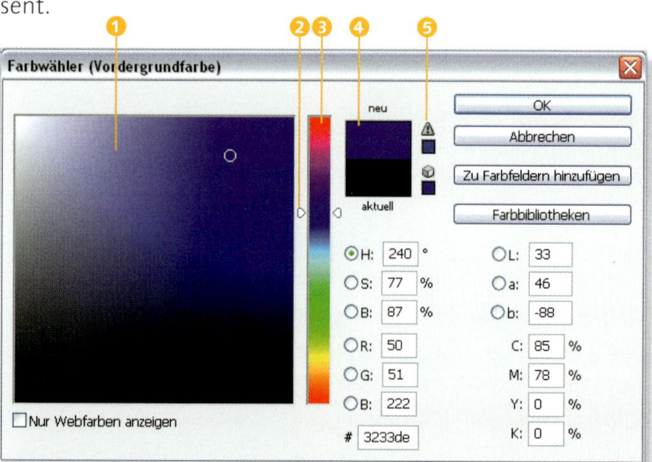

Abbildung 25.2 ▸
Vielseitig, aber raumgreifend: der Farbwähler

Farbwähler öffnen | Sie erreichen ihn per Klick auf eines der Farbfelder, können ihn aber auch aus zahlreichen verschiedenen Dialogen und Optionen aufrufen: zum Beispiel bei der Arbeit mit den Befehlen FLÄCHE FÜLLEN und KONTUR FÜLLEN sowie bei mehreren Ebeneneffekten oder Beleuchtungsfiltern.

Vor- und Nachteile | Er ist in der Bedienung sehr intuitiv, und die Farbwerte verschiedener Farbmodelle können direkt verglichen werden. Wenn sich eine Farbe für den CMYK-Druck nur eingeschränkt eignet oder nicht websicher ist, wird das gleich angezeigt. Der Nachteil dieses bequemen Werkzeugs ist, dass es groß ist und unter Umständen die Sicht auf wichtigere Bildschirminhalte versperrt.

Vorder- und Hintergrundfarbe einstellen | Um den Farbwähler aufzurufen und die Vordergrundfarbe einzustellen, klicken Sie auf das Farbfeld VORDERGRUNDFARBE EINSTELLEN in der Werkzeugleiste. Wenn Sie die Hintergrundfarbe ändern wollen, klicken Sie in der Werkzeugleiste auf das Farbfeld HINTERGRUNDFARBE EINSTELLEN.

Der Farbwähler erlaubt das Einstellen von Farbe in den verschiedensten Farbsystemen. Sehr angenehm und intuitiv ist das System HSB (**H**ue – Farbton, **S**aturation – Sättigung, **B**rightness – Helligkeit). Um eine Farbe und verwandte Farben (Farbvarianten) zu finden, setzen Sie zunächst bei H, S oder B einen Klick.

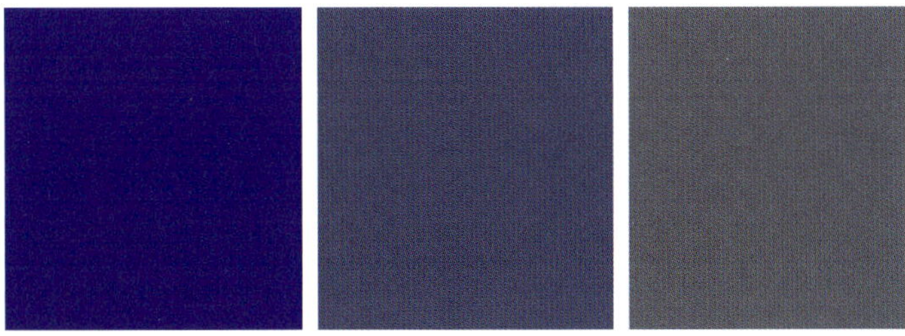

▲ **Abbildung 25.3**
Helligkeit und Farbton sind bei allen Farbbeispielen gleich – nur die Sättigung wurde variiert. Hier die HSB-Werte der drei Farbfelder (von links nach rechts): H: 229, S: 100, B: 51, H: 229, S: 42, B: 51, H: 229, S: 20, B: 51

Andere Farbwähler-Ansicht?

Ihr Farbwähler sieht anders aus als hier gezeigt?
Prüfen Sie in den Voreinstellungen (Strg+K/ ⌘+K), ob unter FARBWÄHLER tatsächlich ADOBE eingestellt ist oder der Farbwähler Ihres Betriebssystems. ADOBE ist die richtige Einstellung!

▲ **Abbildung 25.4**
FARBWÄHLER: WINDOWS ist nicht zu empfehlen.

Je nachdem, welche der drei Optionen H, S oder B aktiviert wurde, ändert sich das Aussehen des schmalen Farbbalkens ❸ in der Mitte des Farbreglers. Dort können Sie nun durch Verstellen des Schiebers ❷ die Farbe ändern – geändert wird eben entweder die Helligkeit, die Sättigung oder der Farbton, je nach der Voreinstellung, die Sie im ersten Schritt vorgenommen haben.

Im großen Farbfeld links ❶ werden nun verwandte Farben angezeigt – Variationen des zuvor im Farbbalken eingestellten Farbtons. Die Variationen basieren auf den zwei anderen Farbparadigmen.

- Haben Sie im ersten Schritt Farbton (H – *Hue*) gewählt, wird die eingestellte Farbe in Helligkeit und Sättigung variiert.
- Wenn Sie Sättigung (S – *Saturation*) eingestellt haben, erscheinen im großen Feld Varianten in Farbton und Helligkeit.
- War die Helligkeit (B – *Brightness*) Ihre erste Einstellung, werden Sättigung und Farbton variiert.

[Sättigung]
Während Farbton und Helligkeit zwei recht einleuchtende Beschreibungskriterien für Farben sind, ist der Begriff »Sättigung« zunächst etwas erklärungsbedürftig. Er beschreibt den **Grauanteil** einer Farbe. Eine stark gesättigte Farbe enthält wenig oder kein Grau, eine Farbe mit geringer Sättigung enthält viel Grau.

Was sind websichere Farben?

In der Anfangszeit des Internets waren die sogenannten websicheren Farben ein Versuch, eine Farbpalette zu definieren, die es erlaubt, mit unterschiedlichsten Systemvoraussetzungen (Grafikkarten, Monitore, Browser, Browsereinstellungen ...) überall dieselben Farben anzuzeigen – wenigstens annäherungsweise. Websichere Farben sind auch auf Systemen reproduzierbar, die Farben nur mit 8 Bit Farbtiefe darstellen können. Inzwischen ist das Konzept der websicheren Farben überholt, da sich die allgemeinen Hardware-Voraussetzungen stark verändert haben. Auch wenn Sie für das Internet produzieren, müssen Sie sich nicht auf diese »websichere« Farbauswahl beschränken. Wichtig ist in der Praxis eher, dass Sie die BinHex-Werte von Farben kennen. Im Farbwähler sind sie in dem Eingabefeld unter RGB zu finden (mit # davor). Sie können den Farbwähler auch zum Umrechnen von Farbwerten zwischen den verschiedenen Farbsystemen nutzen!

Sie können Ihre Farbwahl nun durch Verschieben des Reglers oder durch Klicken ins Farbfeld weiter ändern. Das kleine Farbmusterfeld ④ zeigt dann übereinander den ursprünglichen Farbton (unten) und dessen Variante (oben). Wenn Sie auf den unteren Bereich des Farbmusters klicken, werden Ihre letzten Einstellungen zurückgesetzt.

Sehr oft werden Sie rechts neben dem Farbmusterfeld zwei kleine Symbole – ein Warndreieck und einen kleinen Quader – mit je einem weiteren Miniatur-Farbfeld zu sehen bekommen ⑤.

- Das **Warndreieck** weist auf Farben hin, die im professionellen Vierfarbdruck nicht darstellbar sind. Der Inhalt des kleinen Farbfeldes zeigt die nächstgelegene Alternative; wenn Sie darauf klicken, wird diese Farbe eingestellt.
- Der **Quader** ist ein Hinweis darauf, dass die eingestellte Farbe nicht »websicher« ist. Sie können sich auch ausschließlich »websichere Farben« anzeigen lassen, wenn Sie die Checkbox Nur Webfarben anzeigen unten links aktivieren. Dann verändert sich das Aussehen der Farbvorschau und des Einstellungsbalkens erheblich. Alle sanften Farbübergänge verschwinden, und nun werden nur noch die 216 Farben angezeigt, die als »websicher« gelten.

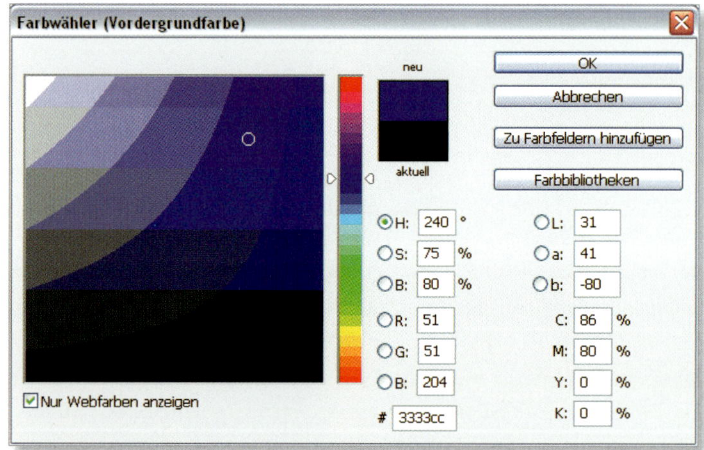

Abbildung 25.5 ▸
In der Ansicht Nur Webfarben anzeigen ist die Farbauswahl stark eingeschränkt.

Die hier beschriebene Methode der Farbeinstellung ist die intuitivste, weil Farbton, Sättigung und Helligkeit auch diejenigen Faktoren sind, die in unserer eigenen Wahrnehmung Farbe am deutlichsten definieren. Sie funktioniert natürlich ähnlich auch mit den Farbmodellen RGB und Lab. Für CMYK-Farbwerte funktioniert diese Methode nicht. Sie können CMYK-Werte nur auf dem Umweg über andere Farbmodelle »finden« oder müssen die numerischen Werte eingeben.

Alternativ können Sie natürlich auch Farbwerte eintippen – das funktioniert für alle Farbsysteme. Sie haben die Wahl zwischen HSB, RGB, Lab und CMYK sowie BinHex-Farbbezeichnungen, wie sie im Webdesign verwendet werden. Wenn Sie die Farbe per Regler ändern, werden die Farbwerte automatisch angepasst, sodass Sie sie bequem ablesen können.

Sobald Sie mit Ihrer Auswahl fertig sind und OK klicken, wird die Farbe in der Werkzeugleiste als Vordergrundfarbe angezeigt.

Zum Weiterlesen: Farbsysteme
Mehr zu den Farbsystemen finden Sie in Kapitel 6, »Bildbearbeitung: Fachwissen«.

TOPP-TIPP: Farben aus dem Farbregler speichern

Wenn Ihnen eine eingestellte Farbe gut gefällt, müssen Sie die Farbwerte nicht auf Papier notieren: Der Button ZU FARBFELDERN HINZUFÜGEN legt die Farbe in der Palette FARBFELDER ab. Mehr zu dieser Palette finden Sie in Abschnitt 25.1.6, »Der handliche Farbverwalter: Die Farbfelder-Palette«.

Zu Farbfeldern hinzufügen

▲ **Abbildung 25.6**
Mit diesem Button fügen Sie Farben direkt aus dem Farbwähler zur Palette FARBFELDER hinzu.

25.1.3 Arbeiten mit Volltonfarben über die Farbbibliotheken im Farbwähler

Im professionellen Druck müssen Sie nicht unbedingt ausschließlich mit den vier **Prozessfarben** Cyan, Magenta, Gelb und Schwarz arbeiten. Sie können auch festlegen, dass eine spezielle Farbe eines bestimmten Druckfarbenherstellers verwendet wird. Das bietet sich insbesondere dann an, wenn absolute Farbgenauigkeit gefragt ist – beispielsweise, wenn es um den Druck von Logos in festgelegten Firmenfarben geht. Beim Druck mit Prozessfarben kann eine 100%ige Farbgenauigkeit nicht garantiert werden. Der Druck mit vorgemischten Druckfarben – sogenannten **Volltonfarben** (auch als *Schmuckfarben, Sonderfarben* oder *Spotfarben* bezeichnet) – ermöglicht eine deutlich höhere Farbgenauigkeit. Auch besondere Farbeffekte wie Metallic- und fluoreszente Farben oder Glanzlack können mit normalen Prozessfarben nicht realisiert werden.

Um den Druck mit Volltonfarben zu ermöglichen, brauchen Sie zweierlei:

- einen eigenen Volltonfarbkanal für jede einzelne Volltonfarbe, die im Dokument verwendet werden soll
- und dazu die Möglichkeit, solche Volltonfarben zuverlässig und eindeutig zu benennen und dem Volltonfarbkanal zuzuordnen.

Verwirrende Doppeldeutigkeit: »Bibliotheken«
Hier hat Adobe in der deutschen Programmversion eine terminologische Stolperfalle eingebaut. Sie können eigene Farben in der Palette FARBFELDER sichern. Diese Sammlungen eigener Farben heißen intern ebenfalls »Bibliotheken«. Sie sind jedoch nicht mit den »Farbbüchern« der verschiedenen Farbhersteller zu verwechseln, die Sie im Farbwähler mit dem Button FARBBIBLIOTHEKEN aufrufen.

Diese Möglichkeit bietet Ihnen der Farbwähler. Wenn Sie die Schaltfläche FARBBIBLIOTHEKEN oben rechts im Farbwähler anklicken, kommen Sie zu verschiedenen Farbenlisten unterschiedlicher Farbenhersteller.

Farbbibliotheken

◀ **Abbildung 25.7**
So erreichen Sie die Farbenlisten verschiedener Druckfarben-Hersteller.

Unter BUCH ① (siehe Abbildung 25.8) wählen Sie eines der Sortimente aus, und mit Klicks auf den Farbbalken oder die Farbvorschau links wählen Sie die Farbe aus.

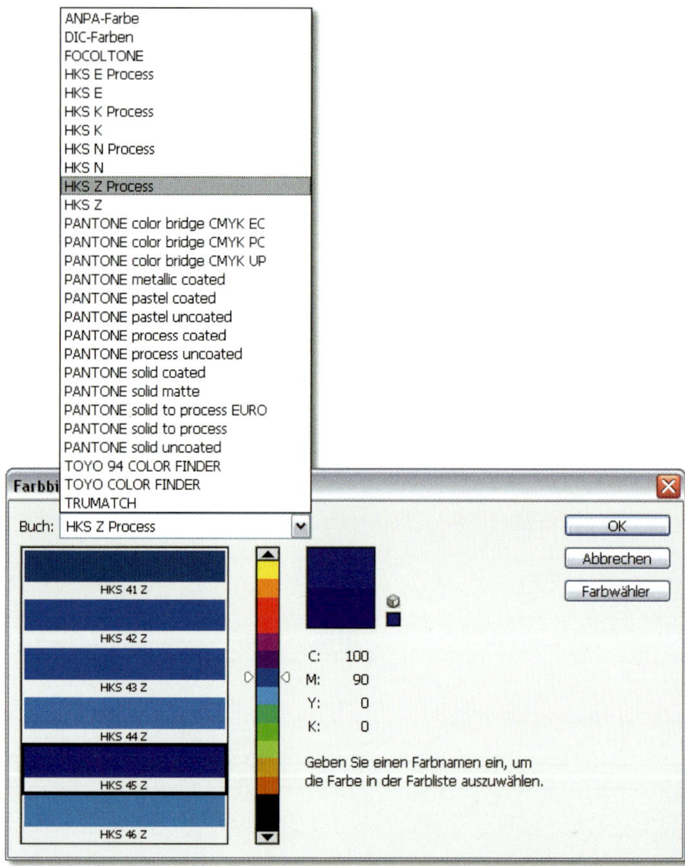

Abbildung 25.8 ▶
Farbenlisten verschiedener Hersteller und für verschiedene Papiere

Kuler: Die Farbkombi-Community mit CS4-Anschluss
Mit der Version CS4 baut Adobe die Angebote für die Online-Community aus. Unter *http://kuler.adobe.com* finden Sie eine Plattform zum Erzeugen, Durchsuchen und Verwalten von Farbschemata – eine großartige Inspirationsquelle, wenn Sie Farbkombinationen entwickeln. Außerdem können Sie aus Photoshop direkt darauf zugreifen. Mehr zum Thema finden Sie in Abschnitt 25.1.7, »Farbharmonien online und lokal: Kuler«.

Sie können die Farbbibliotheken auch als **Brainstorming-Hilfe** benutzen, um schöne Farben für einen Entwurf zu finden. Das bringt manchmal mehr als das Verschieben von HSB-Reglern im normalen Farbregler-Modus!

25.1.4 Schnellzugriff über die Farbe-Palette

Die Farbe-Palette ist kleiner und handlicher als der Farbwähler und kann jederzeit griffbereit auf der Arbeitsfläche liegen. In den Vorversionen wurde sie Farbfelder-Palette genannt. Die Funktionen sind ähnlich wie beim Farbwähler, nur ist deren Anordnung kompakter.

Farbe-Palette aufrufen | Sie rufen die Palette über Fenster • Farbe, mit dem Shortcut F6 oder mit einem Klick auf das Palettensymbol auf.

Vorgehen | Das Vorgehen ist einfach: Klicken Sie auf das Vordergrund- oder Hintergrundfarbfeld in der Farbe-Palette (nicht in der Werkzeugleiste!), je nachdem, welche Farbe Sie einstellen wollen. Eine Umrandung zeigt an, welches Farbfeld Sie aktuell verändern. In Abbildung 25.11 ist es das Vordergrundfarbfeld. Durch die Eingabe von Werten oder durch ein Verschieben der Regler legen Sie dann eine neue Farbe fest.

Der kleine Balken unterhalb der Schieberegler ist in der Farbe-Palette das Pendant zum großen Farbfeld des Farbwählers. Sie können auch Farben einstellen, indem Sie auf diesen Balken klicken.

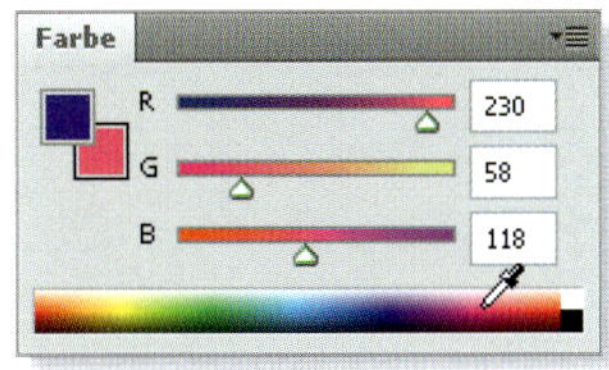

▲ **Abbildung 25.9**
Farbeinstellung per Farbregler-Balken. Der Mauscursor verwandelt sich automatisch in die Pipette. (Hier wird gerade die Hintergrundfarbe eingestellt.)

Farbmodi von Spektrumsbalken und Farbreglern | Die Regler der Palette und der angezeigte Spektrumsbalken müssen nicht zwangsläufig im selben Farbmodus funktionieren. Es ist auch möglich, Regler und Spektrum in unterschiedlichen Farbsystemen anzeigen zu lassen. Der Photoshop-Standard ist ein RGB-Regler und ein CMYK-Spektrum. Das erklärt auch, warum die Spektrumsfarben bei genauerer Betrachtung relativ matte, wenig strahlende Farben zeigen. Diese sind für die Bildschirmdarstellung von CMYK charakteristisch.

Im Seitenmenü der Farbe-Palette lässt sich festlegen, welche Farben im Spektrumsbalken angezeigt werden und wie die Farbslider beschaffen sind.

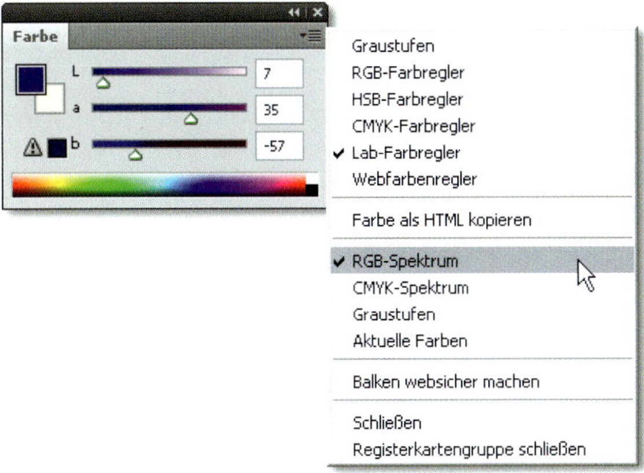

▲ **Abbildung 25.11**
Die Palette Farbe mit ausgeklapptem Palettenmenü. Angezeigt werden die drei Lab-Farbregler und ein RGB-Spektrum.

Anderes Farbsystem

RGB-Regler sind der Paletten-Standard. Wenn Sie in einem anderen Farbsystem arbeiten, können Sie das umstellen. Rufen Sie dazu über die Mini-Schaltfläche oben rechts das Palettenmenü auf. Dort lassen sich andere Farbmodelle auswählen.

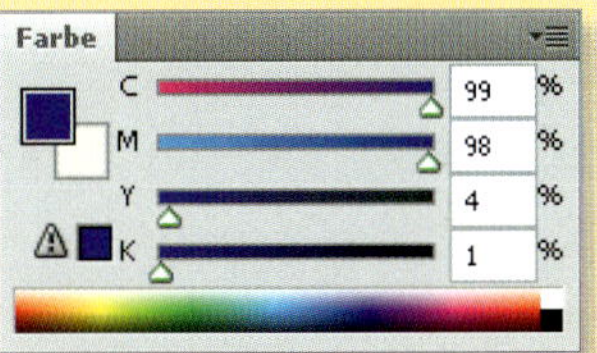

▲ **Abbildung 25.10**
Wenn Sie per Palettenmenü ein anderes Farbsystem vorgeben, ändert sich die Darstellung der Palette. Hier sehen Sie die CMYK-Anzeige, die im Bedarfsfall auch mit einer Farbumfangswarnung aufwartet (Warndreieck).

Für die Regler sind alle gängigen Farbmodi einstellbar, und beim Spektrum haben Sie die Wahl zwischen RGB, CMYK, Graustufen und Variationen der aktuell eingestellten Farben. Auch ein Rechtsklick (unter Mac OS [Ctrl]-Klick) auf den Farbbalken führt zu dieser Einstellung. Mit mehrfachen [⇧]-Klicks auf den Farbbalken navigieren Sie stufenweise durch die verschiedenen Arten der Anzeige.

Tabelle 25.2 ▸
Tastaturbefehle für das Arbeiten mit der Farbe-Palette auf einen Blick

Was wollen Sie tun?	Windows	Mac
Vordergrundfarbe aus Farbbalken auswählen	Klick auf den Farbbalken	Klick auf den Farbbalken
Hintergrundfarbe aus Farbbalken auswählen	Alt + Klick auf den Farbbalken	⌥ + Klick auf den Farbbalken
Durch verschiedene Farbbalken-Ansichten navigieren	⇧ + Klick auf den Farbbalken	⇧ + Klick auf den Farbbalken

25.1.5 Farben per Pipette aufnehmen: Farbinspiration aus Bildern

Man kann sich bei der Suche nach guten Farben auch von vorhandenem Bildmaterial inspirieren lassen. Sehr oft wird man Farben für Designprojekte direkt aus den zum Einsatz kommenden Fotos übernehmen wollen. Das ist eine gute Methode, um zu einem harmonischen Erscheinungsbild zu kommen. Und bei Retuschen kann diese Methode helfen, einen realistischen Farbton für Haut oder Augen zu finden. Das Werkzeug, das Ihnen dabei hilft, Farbwerte zu ermitteln, ist die Pipette I.

Klicken Sie einfach an die Stelle des Bildes, deren Farbe Sie als Vordergrundfarbe einstellen wollen. Um die Hintergrundfarbe einzustellen, halten Sie zusätzlich Alt/⌥ gedrückt.

Aufnahmebereich | Denken Sie auch daran, die Option Aufnahmebereich festzulegen! Damit regeln Sie, wie viele Pixel im Umkreis der geklickten Stelle in die Farbmessung einbezogen werden. Höhere Werte als 1 Pixel ermitteln einen Durchschnittsfarbwert der aufgenommenen Pixel.

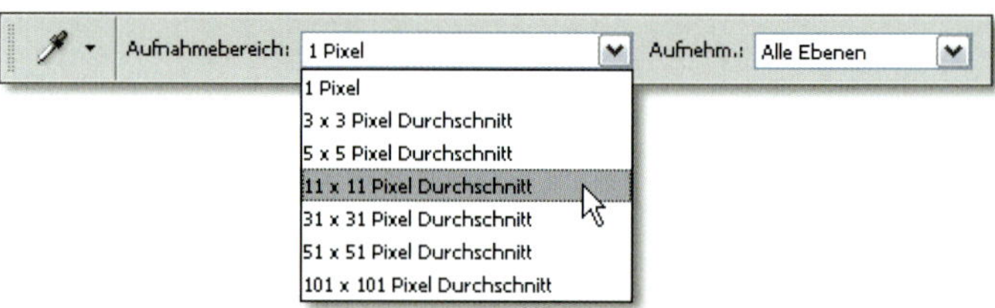

Abbildung 25.12 ▸
Die Pipetten-Optionen

Aus Bildern per Pipette übernommene Farben erscheinen als Vordergrundfarbe in der Werkzeug-Palette und können natürlich später auch ganz einfach per Farbwähler modifiziert werden.

Tabelle 25.3 ▸
Tastaturbefehle für das Pipette-Werkzeug auf einen Blick

Was wollen Sie tun?	Windows	Mac
Pipette aufrufen	I	I
Kurzfristig von beliebigem Malwerkzeug zur Pipette wechseln	Beliebiges Malwerkzeug + Alt und ins Bild klicken	Beliebiges Malwerkzeug + ⌥ und ins Bild klicken

Was wollen Sie tun?	Windows	Mac
Vordergrundfarbe per Pipette einstellen (bei aktivem Pipette-Werkzeug)	Klick ins Bild	Klick ins Bild
Hintergrundfarbe per Pipette einstellen (bei aktivem Pipette-Werkzeug)	[Alt] + Klick ins Bild	[⌥] + Klick ins Bild
Von der Pipette schnell zum **Farbaufnahme-Werkzeug** (vier fixe Messpunkte in der Info-Palette) wechseln	Pipettenklick ins Bild + [⇧]	Pipettenklick ins Bild + [⇧]

◂ **Tabelle 25.3**
Tastaturbefehle für das Pipette-Werkzeug auf einen Blick (Forts.)

Zum Weiterlesen: Farbaufnehmer

Das Farbaufnahme-Werkzeug im Praxiseinsatz können Sie in Kapitel 18 und 19 erleben.

25.1.6 Der handliche Farbverwalter: Die Farbfelder-Palette

Ein weiteres Photoshop-Tool, das Ihnen den Umgang mit Farben erleichtert, ist die Palette FARBFELDER (FENSTER • FARBFELDER). Ganz neue Farben kreieren können Sie dort nicht, die Palette ist jedoch enorm hilfreich für die Verwaltung eigener Farben und Farbkombinationen. Sie können dort eigene Farben speichern und später wieder darauf zurückgreifen. Zudem zeigt die Palette auch vorgefertigte Farbkollektionen – sogenannte Bibliotheken – an. Die Farbfelder-Palette ist also die ideale Ergänzung zu Farbwähler und Farbregler.

◂ **Abbildung 25.13**
Die Farbfelder-Palette in der Standardansicht. Hier wird gerade eine Farbe als Vordergrundfarbe aufgenommen.

Farben aus der Farbfelder-Palette auswählen | Um eine neue **Vordergrundfarbe** festzulegen, klicken Sie einfach auf das gewünschte Farbfeld. Eine kleine Auswahlhilfe: Wenn Sie mit dem Mauszeiger über einer Farbe verweilen, wird der Titel eingeblendet.

Um eine neue **Hintergrundfarbe** einzustellen, drücken Sie [Strg] bzw. [⌘] und klicken in das betreffende Farbfeld.

Farbfelder anlegen | Ein eigenes Farbfeld anzulegen oder bestehende Farbfeld-Bibliotheken zu verändern kostet Sie nur wenige Mausklicks und fast gar keine Zeit. Um ein neues Farbfeld zu ergänzen, stellen Sie als Erstes die gewünschte Farbe als Vordergrundfarbfeld in der Werkzeugleiste ein. Dazu nutzen Sie den Farbwähler oder die Farbe-Palette. Fahren Sie dann mit der Maus

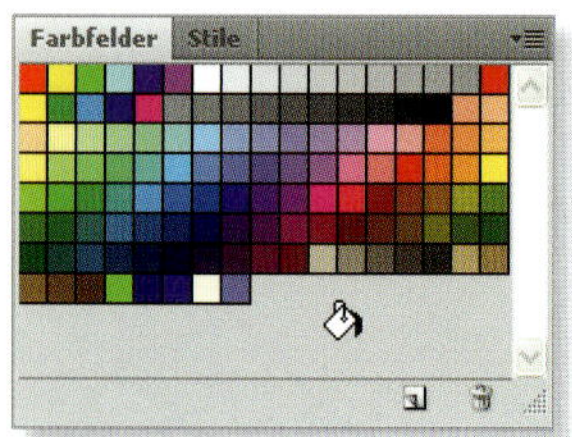

▲ **Abbildung 25.14**
Bereit zum Ablegen einer neuen Farbe ...

über ein freies Eckchen auf der Farbfelder-Palette – wenn schon sehr viele Farbfelder dort abgelegt sind, müssen Sie sich die Palette eventuell etwas größer ziehen. Der Mauszeiger wird nun zum Eimer-Symbol.

Wenn Sie dann klicken, dürfen Sie noch einen Namen für das neue Farbfeld angeben – fertig. Alternativ können Sie auch den Befehl NEUES FARBFELD... aus dem Palettenmenü nutzen (mehr zur Arbeit mit dem umfangreichen Palettenmenü folgt unter »Mit Farbbibliotheken arbeiten« etwas weiter unten). Das Farbfeld wird an das Ende der Liste gesetzt.

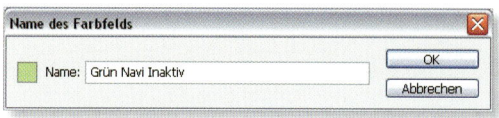

Abbildung 25.15 ►
... und Festlegen des Farbnamens

Vorgaben
Neben Farbfeldern lassen sich auch Pinselspitzen, Verläufe, Ebenenstile und weitere Tools und Gestaltungselemente auf analoge Weise verwalten. Der Sammelbegriff dafür ist »Vorgaben«.

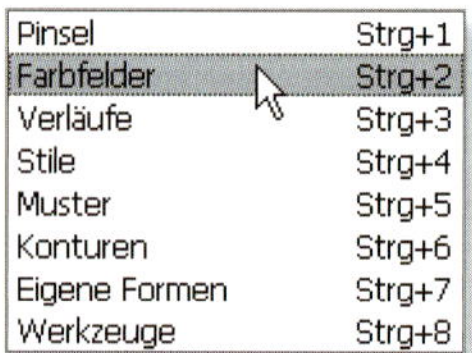

▲ **Abbildung 25.16**
Diese Vorgaben kann der Vorgaben-Manager verwalten.

Farbfelder sortieren | Nicht alle Verwaltungsaufgaben für Farbfelder und andere Kreativ-Ressourcen lassen sich direkt mit der Palette erledigen. Etwas mehr Bedienungskomfort und weitergehende Verwaltungsfunktionen bietet der Vorgaben-Manager (BEARBEITEN • VORGABEN-MANAGER). Mit dessen Hilfe können Sie auch die Anordnung der einzelnen Farbfelder verändern. Das geht ganz einfach mittels Drag & Drop.

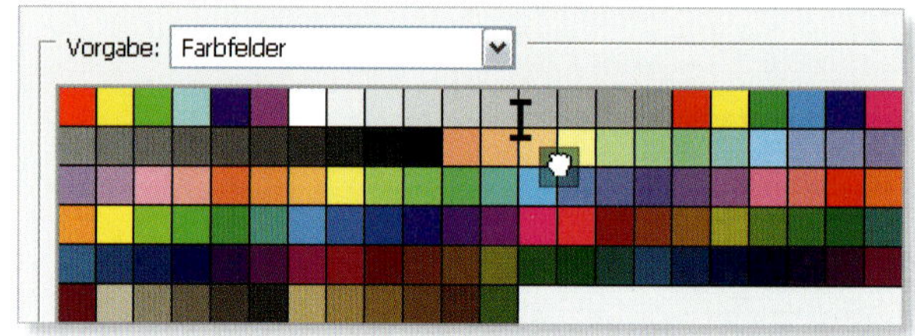

▲ **Abbildung 25.17**
Per Drag & Drop lassen sich die Farbfelder an andere Positionen innerhalb der Liste ziehen.

Die Reihenfolge, die Sie im Vorgaben-Manager eingestellt haben, wird in die Farbfelder-Palette übernommen, sobald Sie den Vorgang mit FERTIG quittieren.

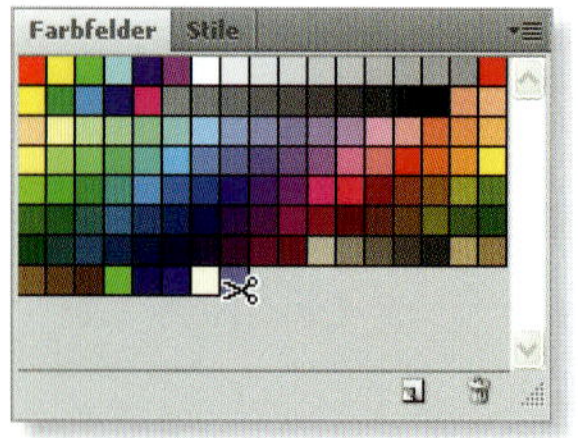

▲ **Abbildung 25.18**
Das Scheren-Symbol zeigt an, dass auf Klick ein Farbfeld gelöscht wird. Das Zielen ist allerdings etwas schwierig, und man erwischt schnell das falsche Farbfeld, das dann unwiderbringlich verloren ist.

Einzelne Farbfelder löschen | Das Löschen einzelner Farbfelder können Sie direkt in der Farbfelder-Palette erledigen. Dazu drücken Sie `Alt` (oder unter Mac OS `⌥`) und klicken das entsprechende Farbfeld an. Gelöscht wird das Farbfeld, das sich unter dem Scheren-Symbol befindet. Das erfordert etwas Maus-Feingefühl. Wenn Ihnen das Hantieren in dieser Ansicht zu »fummelig« ist, können Sie via Palettenmenü die Ansicht ändern oder den Vorgaben-Manager bemühen.

Im Vorgaben-Manager mehrere Farben auf einmal löschen | Auch um mehrere Farben auf einmal zu löschen, muss wieder der Vorgaben-Manager her. [⇧] hilft Ihnen, mehrere benachbarte Farben auf einmal auszuwählen und dann zu löschen, [Strg]/[⌘] ermöglicht das Markieren mehrerer nicht zusammenhängender Farben. Die Schaltfläche LÖSCHEN entfernt die Farbfelder schließlich.

Verwaltungszentrale
Auch mit dem mächtigeren Vorgaben-Manager können Sie Bibliotheken verwalten. (siehe Abschnitt 36.5, »Eigene Effekte systematisch sichern«) Im Alltag ist das Palettenmenü jedoch etwas schneller zur Hand.

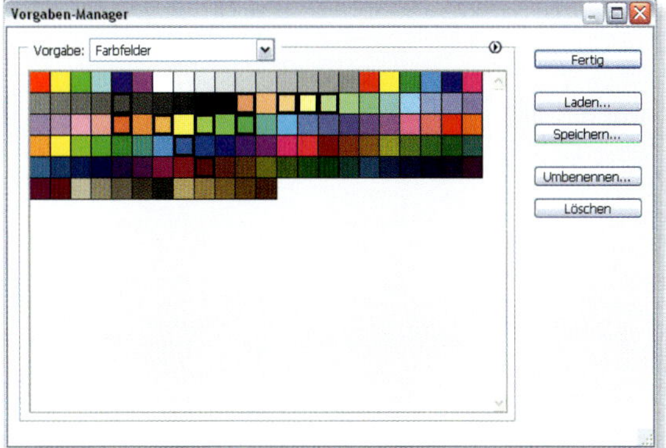

▲ **Abbildung 25.19**
Kontrollierteres Entfernen von Farbfeldern: Im Vorgaben-Manager klicken Sie zu löschende Farbfelder erst an (dunkler Rahmen als Markierung), dann klicken Sie auf LÖSCHEN.

Mit Farbbibliotheken arbeiten | In den bisherigen Abschnitten haben Sie erfahren, wie Sie einzelne Farbfelder verwalten. Organisiert sind diese Farbfelder in unterschiedlichen Sammlungen, den Bibliotheken. Jede Bibliothek kann zahlreiche verschiedene Farbfelder enthalten. Die Unterteilung in Bibliotheken hat zahlreiche Vorteile: Die Liste der Farbfelder wird nicht unübersichtlich lang, und es lassen sich nutzer-, projekt- und themenbasierte Farbkollektionen anlegen. Im Palettenmenü finden Sie die wichtigsten Befehle für das Handling der Farbfelder-Bibliotheken.

Hier können Sie die Ansichtsoptionen festlegen ❷, neue Farbfelder speichern ❶ oder fertige Farbfeld-Sammlungen in die Palette hineinladen ❸. Viel Platz nehmen auch die Farbbibliotheken der Druckfarben-Hersteller ❹ ein (dieselben, die Sie auch über den Farbwähler erreichen). Eine ganze Reihe von Befehlen ❸ steht wiederum zur Verfügung, um direkt festzulegen, ob Farbfeld-Sammlungen zu den aktuell gezeigten Farbfeldern dazugeladen werden (FARBFELDER LADEN) sollen oder ob die aktuellen Farbfelder gespeichert werden sollen (FARBFELDER SPEICHERN). Sie können die aktuellen Farbfelder auch durch eine andere Sammlung ersetzen (FARBFELDER ERSETZEN). FARBFELDER ZURÜCKSETZEN aktiviert wieder die Photoshop-Standardeinstellungen.

▲ **Abbildung 25.20**
Das Palettenmenü der Farbfelder-Palette. Unten ❺ sehen Sie einige individuell gespeicherte Bibliotheken.

Gleiches Funktionsprinzip
Nach einem ähnlichen Muster funktioniert auch die Verwaltung von Stilen (Ebeneneffekten), Pinseln, Mustern, Werkzeugspitzen und anderen Vorgaben in Photoshop.

Farbfelder CS-weit nutzen | Wenn Sie die oben beschriebenen Speicherbefehle nutzen, werden die Farbfeld-Bibliotheken im Dateiformat **.aco** abgelegt. Diese Farbfelder können Sie ausschließlich in Photoshop benutzen. Wenn Sie Farbbibliotheken auch in anderen Anwendungen der Creative Suite nutzen wollen, müssen Sie den Speicherbefehl FARBFELDER FÜR AUSTAUSCH SPEICHERN nutzen. Dabei erzeugen Sie Dateien im Format **.ase.** Diese Dateien können nicht allein in Photoshop, sondern auch in Illustrator, Flash, Fireworks und Indesign eingesetzt werden.

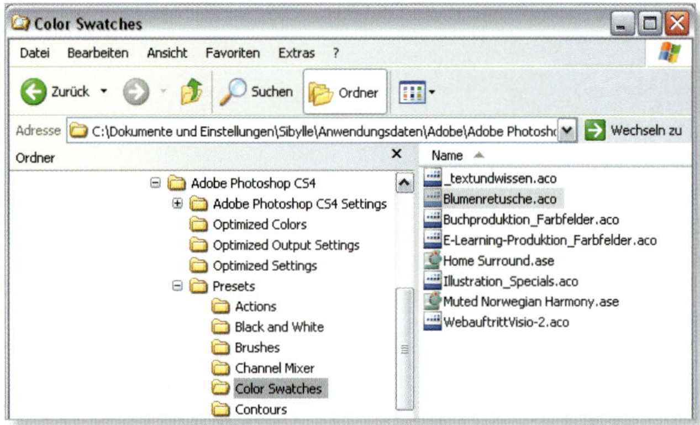

▲ **Abbildung 25.21**
Benutzerdefinierte Farbfelder im Color-Swatches-Ordner. Ausschließlich in Photoshop nutzbare Farbfeld-Bibliotheken haben die Endung **.aco**. CS-weit nutzbare Farbfelder sind **.ase**-Dateien.

Speicherorte für Vorgaben

Seit der Version CS3 unterscheidet Photoshop zwischen den im Programm mitgelieferten Farbfeldern, Pinseln und anderen Vorgaben und den von Ihnen selbst definierten. Sie werden standardmäßig in zwei verschiedenen Ordnern gespeichert: Die programmeigenen Vorgaben finden Sie jeweils in den Photoshop-CS4-Programmordnern unter PRESETS. Selbst gemachte Vorgaben werden in **Windows XP** nach [LAUFWERK]:\DOKUMENTE UND EINSTELLUNGEN\ <BENUTZERNAME>\ANWENDUNGSDATEN\ADOBE\ADOBE PHOTOSHOP CS4\PRESETS gespeichert und landen unter **Vista** in [LAUFWERK]:\BENUTZER\ <BENUTZERNAME>\APPDATA\ ROAMING\ADOBE\ADOBE PHOTOSHOP CS4\ PRESETS . **Mac OS** sichert Vorgaben unter <BENUTZER>/LIBRARY/ APPLICATION SUPPORT/ADOBE/ADOBE PHOTOSHOP CS4/PRESETS. Diese Aufteilung kann zu Irritationen führen, wenn man z. B. aus dem Farbfelder-Palettenmenü eine neue Bibliothek laden möchte und die gewohnten Standardbibliotheken nicht zu finden sind.

Merken Sie sich auch, wo Sie die **.ase**-Datei ablegen – der von Photoshop vorgeschlagene Standardpfad wird von InDesign oder Illustrator nicht unbedingt automatisch gefunden!

Was wollen Sie tun?	Windows	Mac
Neues Farbfeld aus der aktuellen Vordergrundfarbe in der Palette ablegen	Klick an das Listenende der Palette	Klick an das Listenende der Palette
Farbfeld löschen	Alt + Klick auf das Farbfeld	Alt + Klick auf das Farbfeld
Vordergrundfarbe aus Farbfelder-Palette einstellen	Klick auf das Farbfeld	Klick auf das Farbfeld
Hintergrundfarbe aus Farbfelder-Palette einstellen	Strg + Klick auf das Farbfeld	⌘ + Klick auf das Farbfeld

▲ **Tabelle 25.4**
Tastaturbefehle für die Arbeit mit der Farbfelder-Palette auf einen Blick

25.1.7 Farbharmonien online und lokal: Kuler

Adobe baut das Internet-Angebot für Kreativarbeiter aus. Mit einigen der Online-Ressourcen sind die Anwendungen der Creative Suite 4 eng verzahnt, beispielsweise die Online-Community **Kuler**, die Sie unter *http://kuler.adobe.com* finden. Kuler ist englischsprachig.

Flickr
Flickr ist ein Online-Portal mit Community- und Schlagwort-Funktion (Tags) zum Einstellen von Fotos, vor allem für private Nutzer: *www.flickr.com*

Was kann Kuler online ? | Online-Tools, mit denen sich nach verschiedenen Harmonieregeln verschiedene Farbkombis finden lassen, gibt es schon seit Langem. Kuler hat jedoch einen breiteren Funktionsumfang:

- Sie können eigene Farbharmonien mithilfe des Farbkreises erzeugen (Menüpunkt ① CREATE • FROM A COLOR).
- Sie können auch aus hochgeladenen eigenen Fotos oder Flickr-Fotos Farbkombinationen entwickeln (Menüpunkt CREATE • FROM AN IMAGE).
- Außerdem können Sie natürlich die Farbschemata anderer Nutzer durchsuchen (Menüpunkt ② THEMES).

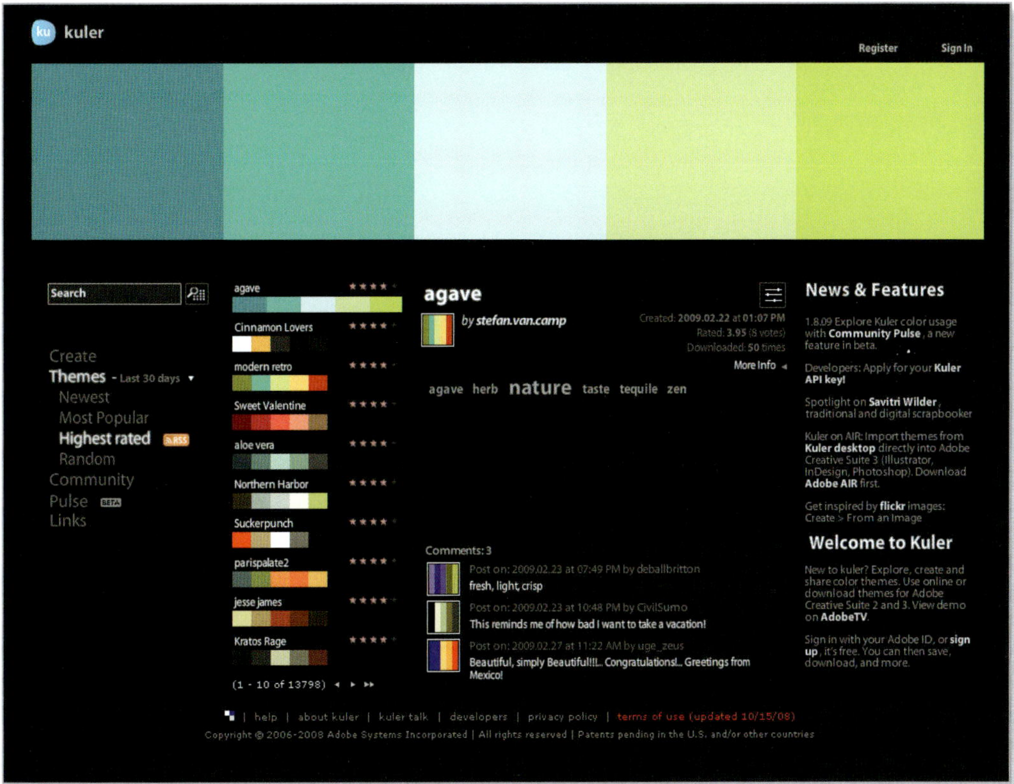

▼ **Abbildung 25.22**
Kuler – Inspiration, Handwerkszeug und Community gleichzeitig. Hier sehen Sie die Community-Seite mit der Farbschema-Suche.

Diese Funktionen stehen allen Anwendern zur Verfügung. Wer sich **registriert**, kann darüber hinaus eigene Farbschemata, mit

Titel und Schlagwörtern versehen, online speichern. Dabei haben Sie die Wahl, ob Sie das Schema öffentlich zeigen oder nur privat nutzen. Registrierte Nutzer können außerdem eigene und fremde Farbkombinationen herunterladen und auf dem eigenen Rechner speichern. Die Farbmuster aus Kuler liegen im .ase-Dateiformat vor und sind mit vielen CS4-Programmen nutzbar. Beachten Sie auch hier den richtigen Speicherort.

Zuerst einmal online stöbern
Ein, zwei kurze Besuche bei Kuler online machen auch die Benutzung der CS-integrierten Kuler-Version leichter. Man versteht einfach viel besser, was alles hinter der kleinen Palette mit den bunten Farbfeldern steckt!

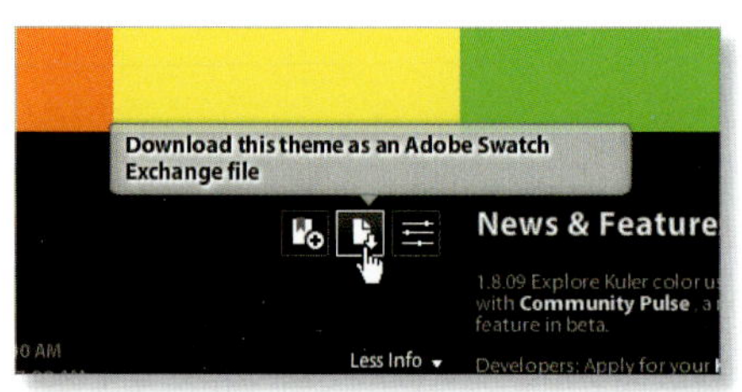

Abbildung 25.23 ▸
Registrierte Nutzer können Farbkombinationen zur Benutzung in CS4-Programmen herunterladen.

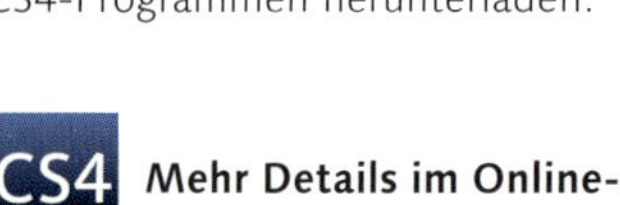

Mehr Details im Online-Bereich zu diesem Buch
Detaillierte Informationen über Kuler und andere Online-Angebote von Adobe finden Sie – thematisch ganz passend – bei Galileo im Bereich BUCHUPDATE: *http://www.galileodesign.de/1869.*

Die Kuler-Palette in Photoshop: Kuler durchsuchen | *Kuler online* macht wirklich Spaß. Die Funktionen sind durchdacht, die Benutzung funktioniert auf Anhieb – wo nötig, helfen einem kleine Sprechblasen mit Infotexten weiter –, und dank Flash läuft auch alles angenehm flüssig. Doch Sie müssen nicht unbedingt die Kuler-Website besuchen, um die dort gespeicherten Farbschemata auf der Suche nach Inspiration und genau der richtigen Farbfolge zu durchsuchen. Mit einer weniger opulenten Ansicht geht das auch direkt aus Photoshop heraus, denn Kuler hat seine eigene Palette. Die finden Sie nicht wie die anderen Paletten direkt unter dem Menüpunkt FENSTER, sondern unter FENSTER • ERWEITERUNGEN • KULER.

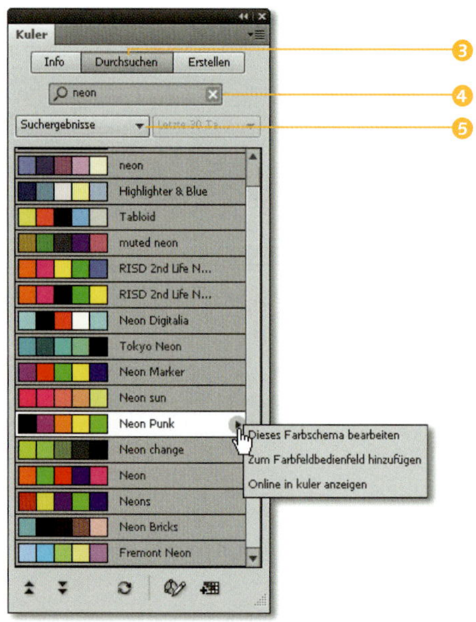

Abbildung 25.24 ▸
Das Kuler-Bedienfeld in Photoshop – sofern Ihr Rechner mit dem Internet verbunden ist, haben Sie hier direkten Zugriff zu allen Online-Farbmustern.

Unter INFO finden Sie nur einige allgemeine Informationen über Kuler.

Die DURCHSUCHEN-Funktion 3 verbindet Sie mit Kuler online. Suchen können Sie nach Stichwörtern (Tags) oder anderen Suchkriterien.

- Für die Suche nach Tags tragen Sie einfach im Suchfeld 4 ein Stichwort ein und drücken die [↵]-Taste. Als Stichwort eignet sich fast alles (auf Englisch, versteht sich): Farbbezeichnungen, Ortsnamen, Jahreszeiten und Monate, Adjektive für Stimmungen oder andere Begriffe, die Sie mit einer bestimmten Farbstimmung assoziieren. Online ist die Stichwort-Suche ein wenig einfacher, weil man sich dort nach dem Schneeball-System durch die (verlinkten) Tags hangeln kann.

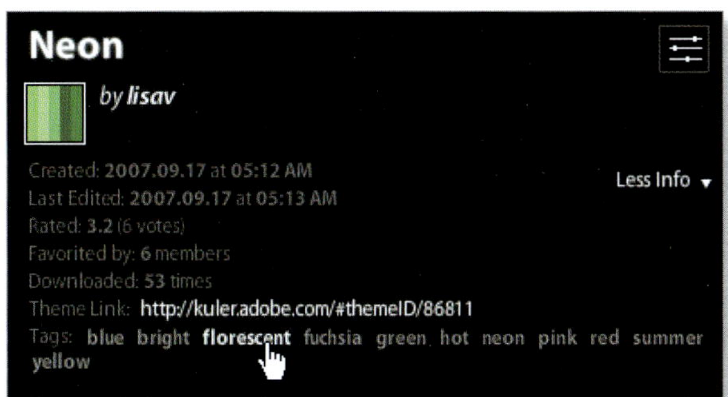

◂ **Abbildung 25.25**
Kuler online zeigt alle Stichwörter eines Farbschemas an. Diese sind anklickbar. Eine solch assoziative Suche bietet das Kuler-Bedienfeld nicht.

- Anders, als man annehmen könnte, ist die Liste SUCHERGEBNISSE 5 nicht dazu da, um einmal gefundene Ergebnisse zu sortieren. Stattdessen dient sie dazu, den Gesamtbestand der Farbmuster auf Kuler nach Datum, Beliebtheit und einigen anderen Kriterien sortiert anzuzeigen. Die Liste daneben sorgt für zeitliche Eingrenzung.
  Außerdem können der Liste bis zu vier eigene Stichwörter hinzugefügt werden. Klicken Sie dazu unter SUCHERGEBNISSE auf BENUTZERDEFINIERT, und tragen Sie häufig genutzte Suchbegriffe ein.

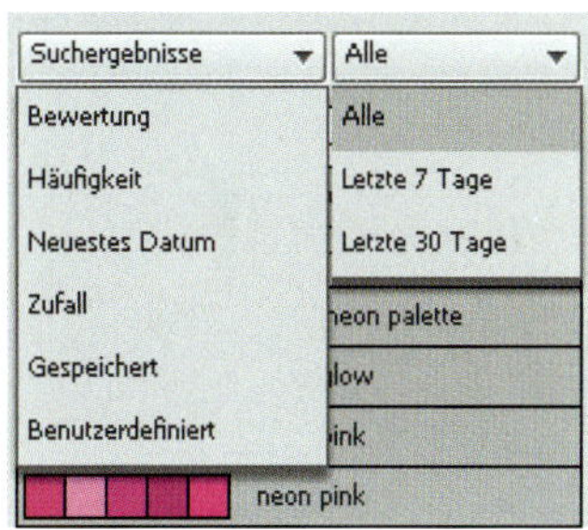

▴ **Abbildung 25.26**
Diese Listen durchforsten den Kuler-Gesamtbestand.

Für wichtige Funktionen stehen am unteren Rand der Kuler-Palette einige Icons zur Verfügung. Wie überall in Kuler gibt es auch hier ziemlich smart formulierte und daher wirklich hilfreiche Quickinfos.

- Mithilfe der Pfeile navigieren Sie in den – oft sehr langen – Listen.
- Das »Recycling«-Symbol aktualisiert die Liste – sinnvoll, wenn man das Kuler-Bedienfeld längere Zeit nicht benutzt hat. Der Onlinebestand ändert sich ja kontinuierlich.

▴ **Abbildung 25.27**
In Listen blättern

▲ **Abbildung 25.28**
Anzeige aktualisieren

▲ **Abbildung 25.29**
Schemas bearbeiten

▲ **Abbildung 25.30**
Schemas in die Farbfelder-Palette befördern

Kuler immer griffbereit

Wie alle Paletten lässt sich auch die Kuler-Palette als Symbol im Dock ablegen.

▲ **Abbildung 25.32**
Die Kuler-Palette zum Symbol minimiert.

- Der Buntstift mit stilisiertem Farbkreis führt zu den Berbeitungsfunktionen der Kuler-Palette, ebenso wie der Button ERSTELLEN oben in der Palette.
- Mit dem letzten Button können Sie ausgewählte Schemas ohne weitere Umwege der Farbfelder-Palette hinzufügen. Wenn Ihnen ein Schema wirklich gut gefällt, sollten Sie das tun: Aufgrund der Dynamik und Größe von Kuler kann es schwierig sein, bestimmte Schemas wiederzufinden, besonders, wenn man sich Namen, Ersteller oder Tags nicht gemerkt hat.

Farben in der Kuler-Palette bearbeiten | Die Bearbeitungsfunktion in der Kuler-Palette ist nicht so komfortabel wie online. Dennoch ist sie eine gute Ergänzung zu Photoshops anderen Farbtools, weil Sie hier nach Harmonieregeln arbeiten können.

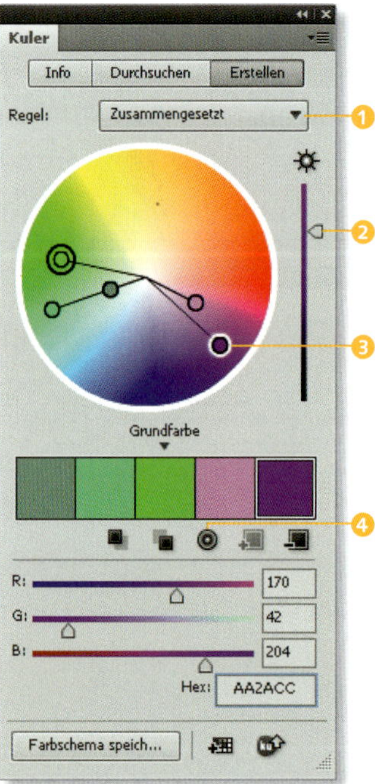

◀ **Abbildung 25.31**
Kuler-Farbschemas bearbeiten. Auch hier gibt es viele nützliche QuickInfos.

Durch Festlegen unterschiedlicher Farbharmonie-Regeln ❶ verändern Sie das **gesamte Farbschema**. Maßgeblich für die Wirkung der Regeln ist, welche Farbe als Grundfarbe eingestellt ist – dazu genügt ein Klick auf einen der kleinen Kreise innerhalb des Spektrums ❸. Diese lassen sich auch manuell verschieben.

Wenn Sie die Grundfarbe geändert haben oder eine neue Harmonieregel anwenden wollen, klicken Sie auf das Kreis-Icon ❹ unterhalb der Farbfelder, um die Anzeige zu aktualisieren.

Sie können auch **einzelne Farben des Schemas** gezielt bearbeiten. Manchmal kommt es dabei auch zu Veränderungen des gesamten Schemas, je nach eingestellter Harmonieregel. In jedem Fall muss eine Farbe ausgewählt sein. Das erreichen Sie durch Anklicken eines der Farbfelder. Es ist dann mit einem weißen Rand hervorgehoben (in Abbildung 25.31 ist es der Violett-Ton ganz rechts).

- Sie können die RGB-Regler benutzen oder Farbwerte in die Felder eintippen. Je nach gewählter Regel ändern sich dabei unter Umständen alle Farben des Schemas mit.
- Außerdem können Sie die Helligkeit einstellen ②. Auch hier ist es von der wirksamen Harmonieregel abhängig, ob nur eine oder alle Farben des Schemas verändert werden.
- Um eine Farbe aus der Reihe zu entfernen und damit Platz für eine ganz neue Farbe zu schaffen, klicken Sie auf das Quadrat-Icon mit dem dem Minuszeichen.
- Aktivieren Sie dann das leere Farbfeld, stellen Sie eine neue Farbe ein, und nutzen Sie das Quadrat-Icon mit dem Pluszeichen, um die neue Farbe hinzuzufügen.

Sind Sie mit Ihrer Farbeinstellung zufrieden, gilt es, die Ausbeute zu **sichern**:

- Einzelne Farben können Sie per Icon als Vordergrundfarbe oder als Hintergrundfarbe in der Photshop-Werkzeugleiste einstellen.
- Der Button Farbschema speichern sichert ein Schema innerhalb der Kuler-Palette. In der Durchsuchen-Ansicht können Sie eigene Schemas dann wiederfinden.
- Außerdem können Sie die Farben in der Farbfelder-Palette ablegen oder zu Kuler online hochladen.

▲ **Abbildung 25.33**
Unter Gespeichert tauchen die eigenen Farbfolgen auf.

25.2 Die Malwerkzeuge: Pinsel, Buntstift und Radierer

Pinsel und Buntstift (beide erreichbar per Shortcut B – für *Brush*) sind die Standard-Malwerkzeuge, auch wenn zahlreiche andere Tools (vor allem die Retuschewerkzeuge, sie werden später besprochen) ebenfalls mit Werkzeugspitzen arbeiten, deren Einstellungsmöglichkeiten den Pinsel- und Buntstift-Einstellungen ähneln.

Pinsel und Buntstift sind in der Werkzeugleiste im gleichen »Fach« angesiedelt, und sie wirken auch sehr ähnlich: Der Anwender stellt die Vordergrundfarbe ein, legt die Pinselspitze und andere Werkzeugoptionen fest und trägt die Pixel per Maus oder Stift auf. Die Unterschiede zwischen beiden Werkzeugen liegen im Detail.

25.2.1 Pinsel

Das Pinsel-Werkzeug erzeugt Striche mit wahlweise glatten oder weichen Kanten. Zahlreiche zusätzliche Maleffekte können hinzugenommen werden. Für Mal- und Illustrationszwecke auf Pixelbildern ist es bestens geeignet, ebenso für die Bearbeitung von Ebenenmasken oder der Quick Mask. Allerdings ist das ambitionierte Malen mit der Maus ein wenig umständlich – wenn Sie öfter detaillierte Kolorierungsarbeiten und Illustrationen anfertigen wollen, sollten Sie an die Anschaffung eines Grafiktabletts denken, das es Ihnen erlaubt, mit einem Stift zu arbeiten. Mit einiger Übung arbeiten Sie damit präziser und schneller. Photoshop bietet in seinen Pinseleinstellungen verschiedene Optionen, mit denen Sie die Funktionen eines solchen Grafiktabletts ausreizen können.

Pinsel-Optionen | Die Pinsel-Optionen liefern wenig Neues: Unter MODUS können Sie festlegen, wie der aufgetragene Malstrich mit den darunterliegenden Pixeln verrechnet wird. Die Modi wirken wie die schon bekannten Ebenen-Füllmethoden und tragen auch dieselben Bezeichnungen. DECKKRAFT reguliert – wenig überraschend – die Deckkraft bzw. Transparenz des aufgetragenen Strichs. Mit einem Pinselauftrag, dessen Deckkraft reduziert ist, lassen sich lebendige Farbflächen gestalten.

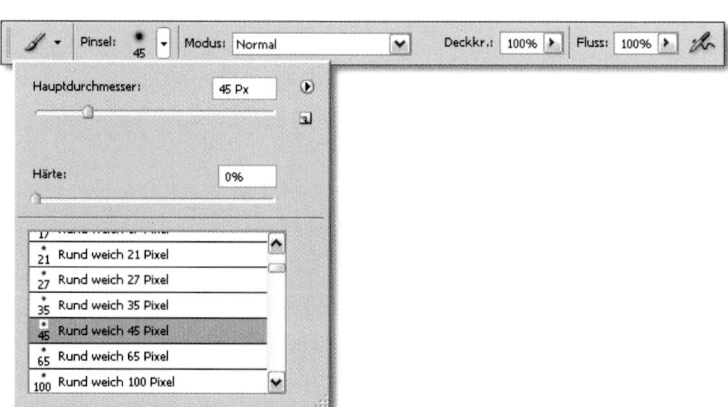

Abbildung 25.34 ▶
Optionen für den Pinsel. Zu den Pinseleinstellungen selbst erfahren Sie mehr in den folgenden Abschnitten.

Die Option FLUSS regelt – wie beim Schwamm-Werkzeug auch – die Viskosität der aufgetragenen virtuellen Farbe. Das heißt, je geringer der Wert ist, desto »zäher« fließen die Pixel aus dem Pinsel.

Die Option AIRBRUSH , die Sie durch Anklicken der Schaltfläche ganz rechts auf der Optionsleiste aktivieren können, hilft

Ihnen, weiche Farbübergänge zu erstellen, die an traditionelle Airbrush-Techniken erinnern. Während im Normalbetrieb nur dann »Farbe« aus der Werkzeugspitze strömt, wenn Sie die Maus bewegen, sondert das Pinsel-Werkzeug mit aktiver Airbrush-Option auch bei Stillstand farbige Pixel ab.

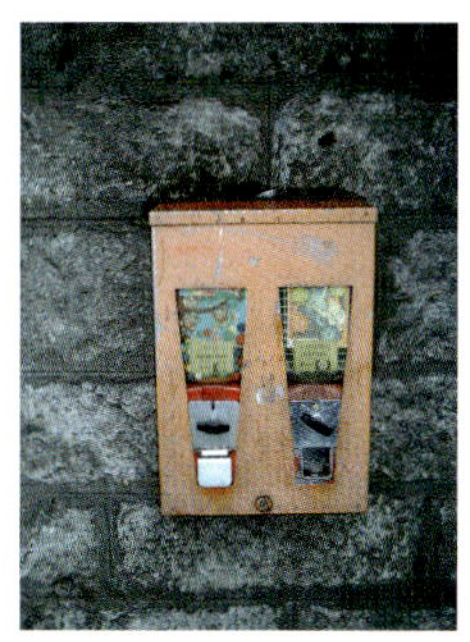

▲ **Abbildung 25.35**
Das Originalbild

Malmodus vs. Ebenen-Füllmethode | Auch wenn die Berechnungen, die der Ebenen-Füllmethode und den Modus-Optionen der Mal- und Retuschewerkzeuge zugrunde liegen, dieselben sind, ist es nicht einerlei, wie Sie arbeiten. Mit Ebenen haben Sie immer noch den Vorteil, flexibel zu sein, Korrekturen leicht anbringen zu können und einfach zu experimentieren!

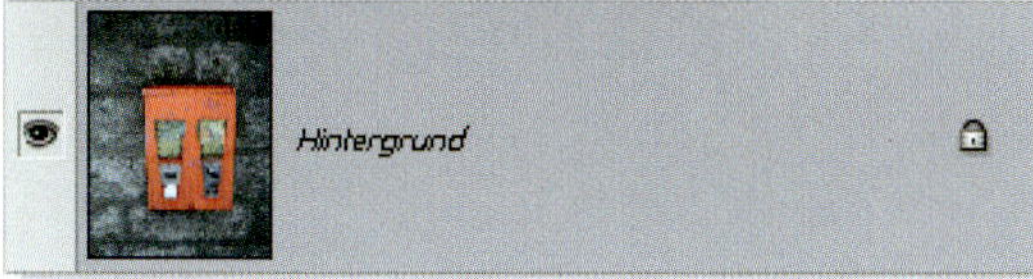

▲ **Abbildung 25.36**
Hier wurden mit der Pinseloption Modus: Weiches Licht rote Pixel direkt auf die Bildebene aufgepinselt. Um korrekt zu arbeiten, brauchen Sie entweder eine Auswahl und sehr viel Geduld. Ein Nachbessern oder nachträgliches Anpassen des Modus ist nicht möglich!

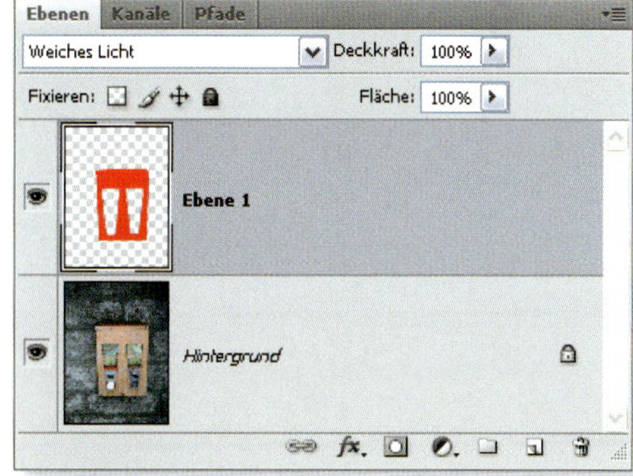

▲ **Abbildung 25.37**
Die elegantere und flexiblere Lösung: Ebenen. Das Bild erscheint gleich. Erst die Ebenen-Palette zeigt den Unterschied. Hier kann man z. B. durch Masken einfacher Pannen ausbessern oder verschiedene Versionen vergleichen. Viel zeitaufwendiger als das Arbeiten mit Auswahl und Pinsel ist das nicht!

25.2.2 Buntstift

Das Buntstift-Werkzeug kann Linien in verschiedener Form, aber immer nur mit harten Kanten erzeugen. In der Liste, die über die Optionsleiste erreichbar ist, sind zwar auch Werkzeugspitzen mit weichen Kanten aufgeführt – dieselben wie beim Pinsel-Werkzeug auch. Allerdings erzeugen diese dann keine weiche Kante, sondern »unsaubere« Kanten mit einer Störungsstruktur, wie sie auch für echte Buntstiftlinien typisch ist.

▲ **Abbildung 25.38**
Typische Buntstift-Werkzeug-Linie, die mit einer Werkzeugspitze mit weicher Kante erzeugt wurde. Da der Buntstift keine weichen Übergänge darstellt, entstehen solche strukturierten Linienkanten.

Der Buntstift wird gerne bei Bildern im Bitmap-Modus verwendet, die ohnehin nur auf schwarze und weiße Bildpunkte eingeschränkt sind. Auch wenn Sie mit kleinen Werkzeugspitzen arbeiten und unbedingt scharfe, harte Linien brauchen, sollten Sie zum Buntstift greifen. Beim Pinsel werden nämlich auch vermeintlich »harte« Linien immer ein wenig geglättet.

Buntstift-Optionen | Bei den Optionen gibt es gegenüber dem Pinsel-Werkzeug wenig Neues, mit einer Ausnahme: der Option AUTOMATISCH LÖSCHEN. Damit können Sie mit der Hintergrundfarbe, die Sie in der Werkzeugleiste eingestellt haben, über Bildbereiche malen, die die Vordergrundfarbe enthalten – und zwar ausschließlich über diese Bereiche. Sie können diese Option also z. B. gut verwenden, um Vorder- und Hintergrundfarbe zu vertauschen.

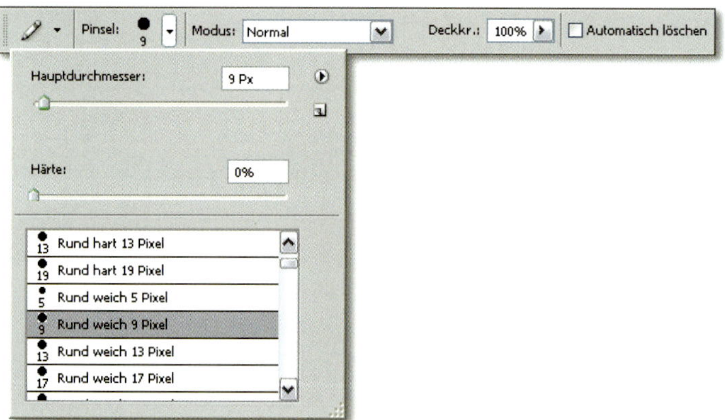

Abbildung 25.39 ▶
Optionen für den Buntstift

Natürlich brauchen Sie für das Pinseln und Radieren eine gute Unterlage und eine ruhige Maushand – oder besser noch ein Grafiktablett. Doch die Handgriffe für den Gebrauch der Malwerkzeuge sind einfach: Malfarbe festlegen, Pinselgröße und weitere Optionen festlegen – losmalen. Hilfreiche Shortcuts für den effektiven Gebrauch der Malwerkzeuge finden Sie wiederum am Ende dieses Abschnitts.

25.2.3 Das Radiergummi-Werkzeug: Pixel entfernen

Der Radiergummi (E – wie *Eraser*) entfernt natürlich nicht nur per Pinsel oder Buntstift aufgetragene »Farbe«, sondern generell alle Bildpixel. Er eignet sich aber besonders gut für die Zusammenarbeit mit den Malwerkzeugen, weil er schnell zur Hand ist.

Anwendung | Die Anwendung ist einfach: Optionen festlegen, Maus ins Bild setzen und losradieren. Allerdings ist das Löschen von Pixeln per Radiergummi unwiderruflich – auch beim Malen sollte man überlegen, ob man nicht lieber zunächst Bildbereiche per Maske ausblendet. Der Masken-Befehl EBENENMASKE ANWENDEN löscht unerwünschte Pixel dann auf Wunsch dauerhaft. Ein geschickter Einsatz von Ebenen kann ebenfalls dazu beitragen, dass man das radikale Löschen von Pixeln – die man womöglich später doch noch braucht – vermeiden kann.

Optionen | Die Optionen für den Radiergummi ähneln den Pinseloptionen. Unbekannt ist lediglich der Befehl BASIEREND AUF PROTOKOLL LÖSCHEN. Diese Option entschärft die Wirkung des Radiergummis ein wenig: Wenn sie aktiv ist, entfernt der Radiergummi nicht alle Bildpixel, sondern nur die zuletzt aufgetragenen – so setzen Sie Teile des Bildes also auf ein früheres Stadium zurück.

▼ Abbildung 25.40
Die Liste zur Pinselauswahl steht nur zur Verfügung, wenn die Option MODUS: QUADRAT *nicht* aktiviert ist.

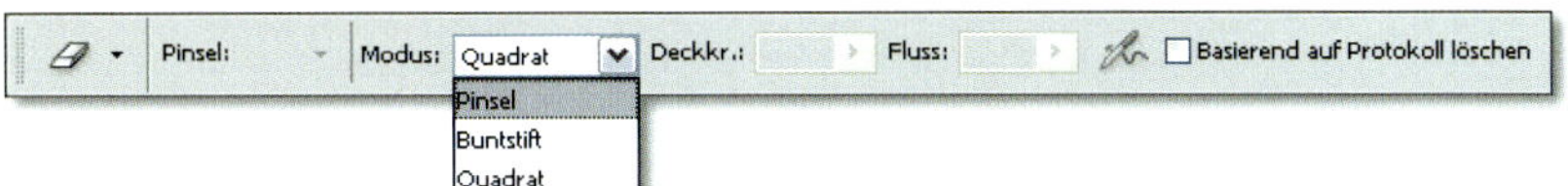

Schritt für Schritt: Die Radiergummi-Option »Basierend auf Protokoll löschen« anwenden

1 Werkzeug aktivieren, Option einstellen

Als Erstes aktivieren Sie das Radiergummi-Werkzeug und setzen bei der Option BASIEREND AUF PROTOKOLL LÖSCHEN ein Häkchen.

2 Festlegen, welches Bildstadium wiederhergestellt werden soll

Rufen Sie per FENSTER • PROTOKOLL die Protokoll-Palette auf. Klicken Sie auf eines der leeren Kästchen vor dem Protokollschritt, der dem Bildstadium entspricht, das Sie partiell – durch Radieren – wiederherstellen wollen. Im bis dahin leeren Kästchen steht dann das Symbol WÄHLT DIE QUELLE FÜR DEN PROTOKOLL-PINSEL (bzw. Radierer).

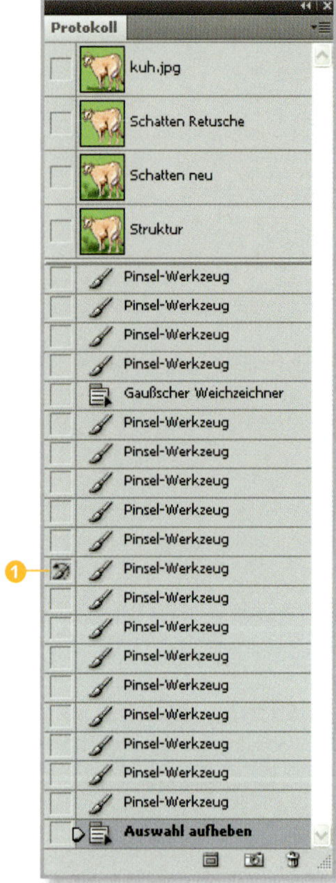

▲ **Abbildung 25.41**
Das Symbol ❶ wählt die Quelle für den Protokoll-Pinsel und den Protokoll-Radierer.

3 Vorteile von Schnappschüssen

Jeder einzelne Pinselstrich wird vom Protokoll als eigenständiger Protokollschritt verbucht. Mit den standardmäßig zur Verfügung stehenden 20 Protokollschritten können Sie also bei einer aufwendigen Malerei nicht wirklich weit in der Bearbeitungs»geschichte« des Bildes zurückgehen. Und auch die Orientierung in der Protokollliste fällt schwer, da alle Schritte einförmig nach dem benutzten Werkzeug benannt sind. Wenn Sie fleißig Schnappschüsse machen und diese eindeutig benennen, machen Sie sich die Arbeit leichter! Auch Schnappschüsse können Sie ganz leicht zur Quelle des protokollbasierten Radiergummis machen.

▲ **Abbildung 25.42**
Ein Schnappschuss als Basis für den protokollbasierten Radierer

Der Schieber ❸ zeigt das aktuelle Bildstadium, und das Pinsel-Symbol ❷ legt fest, zu welchem Bildstadium der Protokollradierer zurückkehren soll.

4 Radieren

Nun können Sie gegebenenfalls noch andere Optionen (wie z. B. die Werkzeugspitzen-Größe und Deckkraft oder Fluss) einstellen und den Radierer wie gewohnt benutzen. ■

Aus Hintergrundebenen werden Bildebenen

Übrigens werden Hintergrundebenen, auf die der magische Radiergummi angewendet wird, automatisch in normale Bildebenen umgewandelt, denn die Pixel sollen wirklich gelöscht werden. Da Hintergrundebenen keine Transparenz erlauben, ist dieser Schritt notwendig.

25.2.4 Magischer Radiergummi: Großflächig Pixel entfernen

Das Magischer-Radiergummi-Werkzeug [E] vereint die Eigenschaften des Zauberstabs mit denen des Radiergummis. Das heißt, es spürt Pixel eines Farbbereichs auf (wie der Zauberstab) und entfernt diese (wie das Radiergummi-Werkzeug).

Optionen | Die vom Zauberstab bekannten Optionen Toleranz und Glätten sind auch hier zu finden. Benachbart ist das Pendant zur gleichnamigen Zauberstab-Option. Hier legen Sie fest, ob nur **zusammenhängende** Pixelbereiche eines Farbtons gelöscht werden sollen – bei aktiver Option – oder ob **alle** Pixel dieser Farbe gelöscht werden, wenn die Option inaktiv ist. Maßgeblich ist wie beim Zauberstab die Farbe derjenigen Pixel, die man beim Klick ins Bild unter der Maus hat.

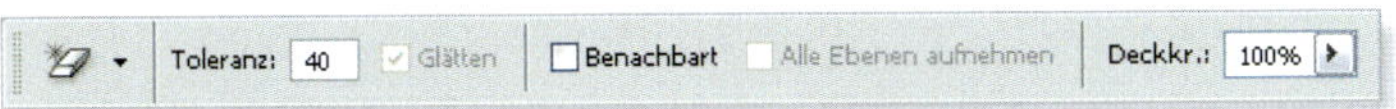

▲ **Abbildung 25.43**
Die Optionen des magischen Radiergummis ähneln den Zauberstab-Optionen.

Datei auf der Buch-DVD: »blumen.tif«

Bild: vitamin a

▲ **Abbildung 25.44**
Hier war die Option Benachbart aktiv. Ein Klick mit einem Toleranzwert von 32 erbrachte dieses Ergebnis.

▲ **Abbildung 25.45**
Ein Klick ungefähr an dieselbe Stelle mit der gleichen Toleranz, aber mit **inaktiver** Option Benachbart. Der magische Radiergummi löscht gleich viel mehr Pixel.

◀ **Tabelle 25.5**
Die Tastaturbefehle für die Arbeit mit Malwerkzeugen auf einen Blick

Was wollen Sie tun?	Windows	Mac
Pinsel-Werkzeug aktivieren	[B]	[B]
Buntstift-Werkzeug aktivieren	[B]	[B]
Radiergummi-Werkzeug aktivieren	[E]	[E]
Magischer-Radiergummi-Werkzeug aktivieren	[E]	[E]
Bei allen Malwerkzeugen: Punkte durch eine gerade Linie verbinden (jeglicher Winkel)	[⇧] + auf den Start- und den Endpunkt der Linie klicken	[⇧] + auf den Start- und den Endpunkt der Linie klicken
Bei allen Malwerkzeugen: genau senkrechte oder waagerechte Linien ziehen	[⇧] + malen	[⇧] + malen
Bei allen Malwerkzeugen: Ebenen-Paletten-Option Transparente Pixel fixieren kurzzeitig ein- und ausschalten	[ß]	[ß]
Werkzeugspitze vergrößern	[#]	[#]

Tabelle 25.5 ►
Die Tastaturbefehle für die Arbeit mit Malwerkzeugen auf einen Blick (Forts.)

Was wollen Sie tun?	Windows	Mac
Werkzeugspitzen verkleinern	Ö	Ö
Zum nächst**unteren** Pinsel in der Pinselliste wechseln (funktioniert auch bei zugeklappter Liste)	, (Komma)	, (Komma)
Zum nächst**höheren** Pinsel in der Pinselliste wechseln (funktioniert auch bei zugeklappter Liste)	. (Punkt)	. (Punkt)
Werkzeugspitzenanzeige: Fadenkreuz	⇧	⇧

25.3 Pinsel- und Werkzeugspitzen

Pinsel, Pinselspitze oder Werkzeugspitzen? | Adobe nennt die Spitzen von Werkzeugen rundweg »Pinsel« – gleichgültig ob diese tatsächlich zum Pinsel-Werkzeug oder einem anderen Tool gehören. Viele Werkzeuge, wie zum Beispiel der mit dem »echten« Pinsel eng verwandte Buntstift B, die Spezialpinsel Protokoll-Pinsel-Werkzeug Y und Kunstprotokoll-Pinsel (Kürzel Y) oder Retuschierwerkzeuge wie das Farbe-ersetzen-Werkzeug B, der Bereichsreparatur-Pinsel (Kürzel J) oder das Reparatur-Pinsel-Werkzeug (ebenfalls erreichbar mit dem Kürzel J), arbeiten zwar mit pinselähnlichen Werkzeugspitzen und mit pinselähnlicher Wirkung auf die bearbeiteten Pixel – aber es sind keine Pinsel im engeren Sinne. Das heißt also: An vielen Stellen, an denen im Programm der Begriff »Pinsel« oder »Pinselspitze« auftaucht, sind eigentlich Werkzeugspitzen gemeint, die eben auch zu anderen Werkzeugen als exklusiv dem Pinsel gehören können. Das sollten Sie zum besseren Verständnis im Hinterkopf behalten!

Was sind Pinselspitzen? | Werkzeugspitzen sind vielfach präsent und vielfach einsetzbar in Photoshop – nicht nur bei den klassischen Malwerkzeugen, sondern auch bei vielen Retuschetools. Und nicht allein bei Illustrationen und Retuschen, auch bei der kniffligen manuellen Korrektur einer Maske muss die Werkzeugspitze gut angepasst sein. Darüber hinaus lassen sich mithilfe von Pinseleinstellungen auch interessante Effekte realisieren. Kein Wunder, dass Adobe einer so wichtigen Werkzeugeigenschaft nicht nur Einstellungsmöglichkeiten in den jeweiligen Optionsleisten der Werkzeuge, sondern auch eine eigene Palette, die **Pinsel-Palette** (korrekter wäre »Werkzeugspitzen-Palette«), spendiert hat. Ich stelle Ihnen beide Einstellungsmöglichkeiten vor. Die Beschäftigung mit dem Ein- und Erstellen von Werkzeugspitzen lohnt sich für kreative wie rein handwerkliche Aufgaben und macht außerdem Spaß!

25.3.1 Einstellungen über die Optionsleiste

Eine maßgebliche Option für die Arbeit mit Pinsel & Co. ist die Beschaffenheit der Werkzeugspitze. Zur schnellen Einstellung von Werkzeugspitzen-Eigenschaften verfügen Pinsel, Buntstift und alle Werkzeuge, die mit pinselähnlichen Werkzeugspitzen arbeiten, über ein Menü, das Sie über die Optionsleiste erreichen.

Im Pinselmenü der Optionsleiste legen Sie Eigenschaften wie die Größe der Pinselspitze (HAUPTDURCHMESSER oder DURCHMESSER) und die Konturschärfe des Malstrichs (HÄRTE) fest. Aus einer Liste können weitere vorgefertigte Spitzen ganz einfach geladen werden. Auch beim Buntstift-Werkzeug lassen sich weitere Spitzen nachladen.

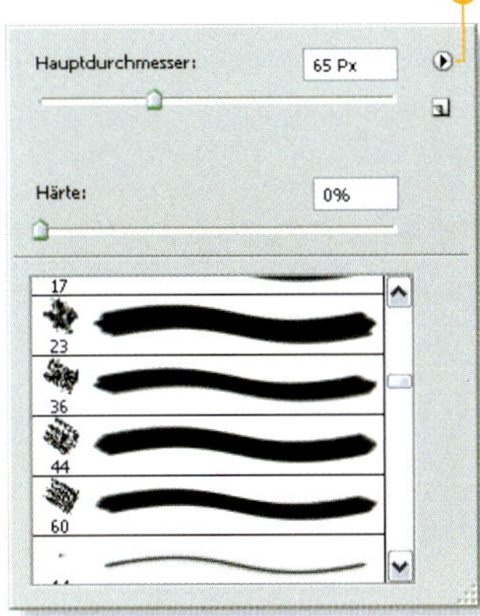

▲ **Abbildung 25.46**
Schnelle Pinseleinstellung beim Pinsel-Werkzeug. Die Pinselliste ist hier in der Ansicht MINIATUR UND PINSELSTRICH zu sehen. Andere Ansichten stellen Sie über das Seitenmenü 1 ein.

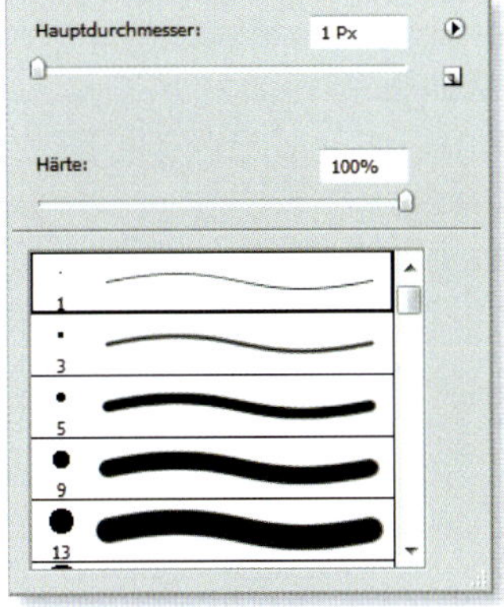

▲ **Abbildung 25.47**
Pinseloptionen beim Buntstift: Weiche Kanten sind hier zwar unbekannt, dennoch gibt es eine Option HÄRTE. Ist dieser Wert gesenkt, entstehen Malstriche mit harten, aber unregelmäßigen Kanten – so, wie es für echte Buntstiftlinien typisch ist.

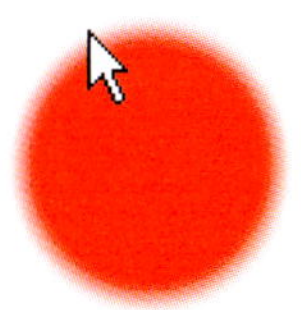

▲ **Abbildung 25.48**
Ein roter Kreis innerhalb der Pinselspitze zeigt die durch Mausbewegung eingestellte Pinselgröße an.

Pinseleinstellung per Tastaturkürzel | Bei vielen Arbeiten muss man laufend Größe und Härte der Werkzeugspitze ändern: bei der Retusche, beim Bepinseln von Masken und natürlich auch bei klassischen Illustrationsaufgaben. In CS4 gibt es jetzt zwei neue handliche Shortcuts, mit denen Sie das auch im laufenden Betrieb erledigen können, ganz ohne Klicks zur Pinselliste.

Um die **Pinselgröße** zu verändern,

- halten Sie unter **Windows** Alt gedrückt, während Sie die Maus mit der rechten gedrückten Maustaste bewegen.

- **Mac-Nutzer** drücken [⌥] und bewegen die Maus mit gehaltener rechter Maustaste.
- Sofern Sie eine **Mac-Eintastenmaus** benutzen, drücken Sie [⌥]+[Ctrl] und die Maustaste, während Sie die Maus bewegen.

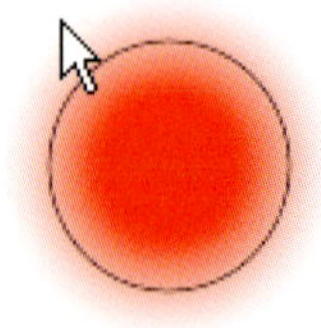

▲ **Abbildung 25.49**
Auch die Härte bzw. Weichheit von Werkzeugspitzen wird in der roten Vorschau angezeigt.

Mit einer zusätzlichen Taste können Sie auch die **Härte** einer Werkzeugspitze im laufenden Betrieb verändern:

- Unter **Windows** drücken Sie [⇧]+[Alt], während Sie die Maus mit der rechten gedrückten Maustaste bewegen.
- **Mac-Besitzer** nutzen [⇧]+[⌥] und bewegen die Maus mit gehaltener rechter Maustaste.
- Sofern Sie mit einer **Mac-Eintastenmaus** arbeiten, halten Sie die Tasten [⇧]+[⌥]+[Ctrl] und die Maustaste gedrückt, während Sie die Maus bewegen.

Das liest sich jetzt etwas kompliziert, aber wenn Sie es zwei, drei Mal ausprobieren, werden Sie sich an diese Shortcuts schnell gewöhnen!

TOPP-TIPP: Minimale Kantenglättung

Übrigens – auch bei einer Härte von 100% wendet Photoshop beim Pinsel-Werkzeug bei Werkzeugspitzen mit gerundeten Konturen immer noch eine geringe Kantenglättung an (Anti-Aliasing). Wenn Sie eine wirklich harte Linie brauchen, sollten Sie deshalb zum Buntstift-Werkzeug greifen.

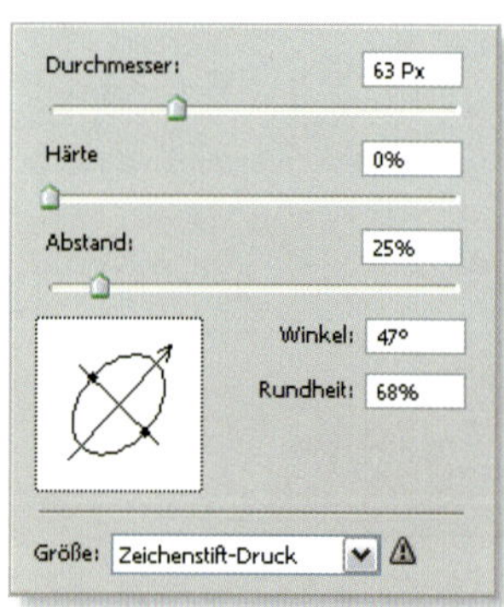

▲ **Abbildung 25.50**
Erweiterte Einstellungsmöglichkeiten gibt es für manche Retuschepinsel, hier das Reparatur-Pinsel-Werkzeug. Über die Pinseleinstellungen mit der Pinsel-Palette können Sie solche Eigenschaften übrigens auch anderen Pinseln zuweisen – wie das geht, lesen Sie in Abschnitt 25.4.

Retusche-Pinselspitzen einstellen | Leicht abweichende, erweiterte Einstellungsmöglichkeiten haben die Retusche-Werkzeugspitzen: Hier kann man Form (RUNDHEIT) und Neigung (WINKEL) der Pinselspitzen sowie den ABSTAND, d.h. den Malabstand festlegen, dafür gibt es aber keine Pinselliste. Die Option ZEICHENSTIFT-DRUCK bei GRÖSSE, die bei einigen Retusche-Pinseln anzutreffen ist, braucht Mausbenutzer nicht zu interessieren. Sie ist lediglich für die Besitzer von druckempfindlichen Grafiktabletts interessant.

Pinsel-Eigenschaften am Beispiel | Welche Werkzeugspitzen wurden in Abbildung 25.51 verwendet? Von links nach rechts:

1. Pinsel-Werkzeug: HAUPTDURCHMESSER 3 Px, HÄRTE 100%, ABSTAND 25%, WINKEL 0°, RUNDHEIT 100%
2. Pinsel-Werkzeug: HAUPTDURCHMESSER 60 Px, HÄRTE 50%, ABSTAND 25%, WINKEL 0°, RUNDHEIT 100%
3. Pinsel-Werkzeug: HAUPTDURCHMESSER 60 Px, HÄRTE 0%, ABSTAND 25%, WINKEL 0°, RUNDHEIT 100%

4 Buntstift-Werkzeug: HAUPTDURCHMESSER 50 PX, HÄRTE 20%, ABSTAND 25%, WINKEL 0°, RUNDHEIT 100%
5 Pinsel-Werkzeug: HAUPTDURCHMESSER 40 PX, HÄRTE 100%, ABSTAND 150%, WINKEL 0°, RUNDHEIT 100%
6 Pinsel-Werkzeug: HAUPTDURCHMESSER 20 PX, HÄRTE 100%, ABSTAND 25%, WINKEL 45°, RUNDHEIT 25%
7 Pinsel-Werkzeug: HAUPTDURCHMESSER: 20 PX, HÄRTE 100%, ABSTAND 650%, WINKEL 45°, RUNDHEIT 25%

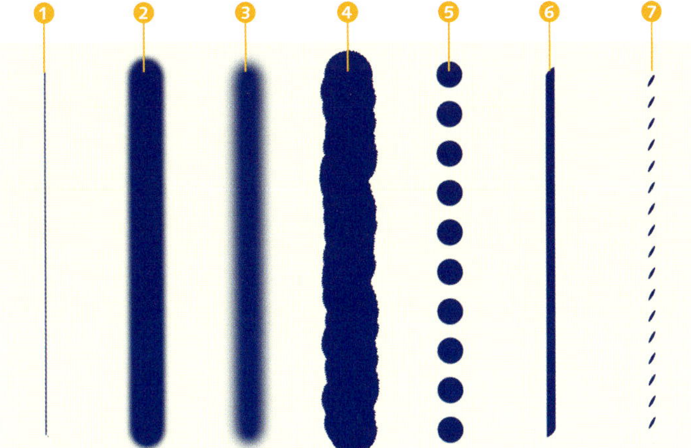

▲ **Abbildung 25.51**
Verschiedene Pinsel- und Buntstift-Eigenschaften und ihre Wirkung. Einige der hier gezeigten Eigenschaften können lediglich über die Pinsel-Palette und nicht über die Pinseleinstellung in der Optionsleiste erzeugt werden.

»Abstand« – was ist das?

In der Programmlogik von Photoshop besteht eine mit einem Pinsel-Werkzeug erzeugte Linie aus einzelnen Pinselpunkten. Wenn diese eng zusammenstehen, entsteht eine durchgezogene Linie. Der Wert ABSTAND regelt nun den Abstand dieser Punkte. Der Standardwert für *durchgehende Linien* liegt bei 25%. Stark erhöhte Malabstände eignen sich für das Anlegen punktierter Linien, außerdem kann ein nur leicht erhöhter Malabstand dazu beitragen, einen etwas »raueren« Strich zu erzeugen, der Pastellkreide oder einem anderen trockenen Malmedium ähnelt.

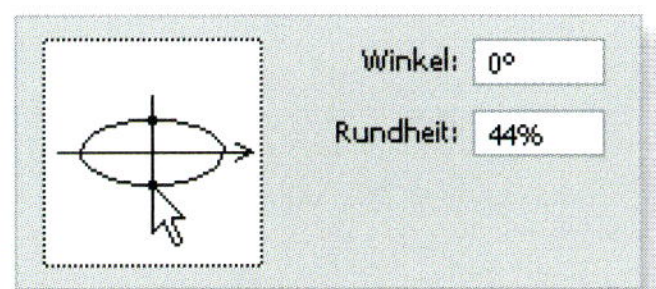

▲ **Abbildung 25.52**
Ziehen oder Schieben an einem der kleinen viereckigen Anfasser verändert die Pinselspitzenform und simuliert so auch Flachpinsel. Alternative: Ändern Sie den Wert RUNDHEIT.

Handhabung der Pinselmenüs | Die Handhabung der Pinselmenüs, gleichgültig ob beim Pinsel, Buntstift oder einem der Retuschewerkzeuge, ist eigentlich fast selbsterklärend. Um die Pinselgröße (HAUPTDURCHMESSER oder DURCHMESSER), die HÄRTE oder den ABSTAND festzulegen, bedienen Sie einfach einen der entsprechenden Schieberegler oder geben einen Wert ein. Um eine Pinselspitze aus der Liste der fertigen Pinsel zu aktivieren, genügt es, den gewünschten Listeneintrag anzuklicken. WINKEL und RUNDHEIT lassen sich ebenfalls per Zahleneingabe steuern, können aber auch intuitiver verändert werden, indem Sie die grafische Darstellung der Pinselspitze per Maus neigen und verformen.

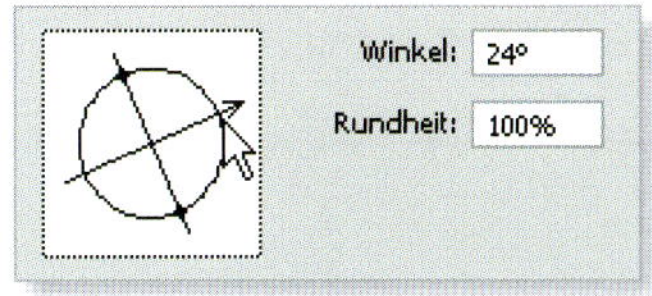

▲ **Abbildung 25.53**
Das Ganze lässt sich auch drehen, indem Sie die Achse mit der Pfeilspitze daran per Maus bewegen. Alternative: Ändern Sie den Wert WINKEL.

25.3.2 Darstellung von Pinselspitzen

Gerade beim Malen und Retuschieren ist es wichtig, die volle Kontrolle über die Werkzeugspitze zu haben. Dafür unerlässlich ist eine Darstellung der Werkzeugspitzen, die deren Größe exakt wiedergibt. Sie erreichen sie über die Voreinstellungen (Strg+K/⌘+K) und dort in der Unterkategorie Zeigerdarstellung.

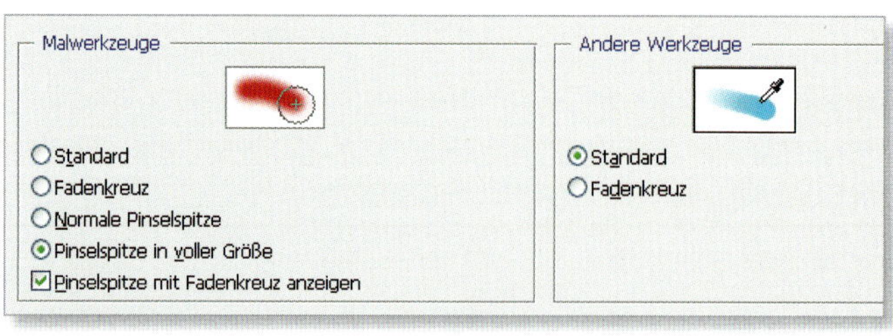

▲ **Abbildung 25.54**
Mit diesen Einstellungen haben Sie eine gute Kontrolle über die Pinselspitzen.

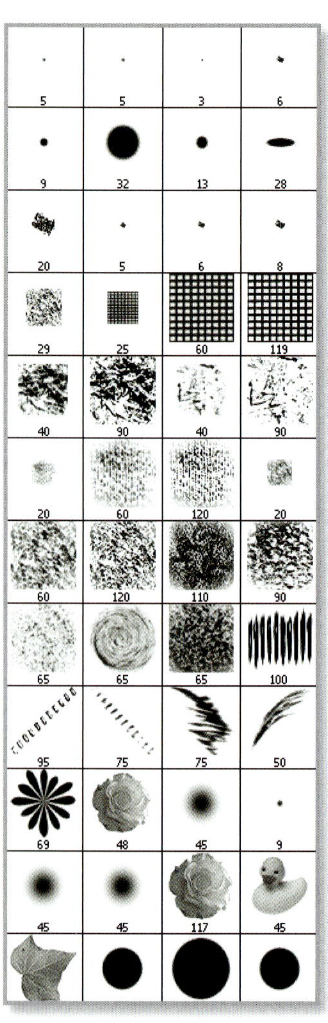

▲ **Abbildung 25.56**
Eine kleine Auswahl der vorgefertigten Pinsel, die Sie über das Nachladen weiterer Bibliotheken in die Liste erreichen können (Hier mit der Ansichtsoption Grosse Miniatur – diese eignet sich besonders zur Ansicht von Pinselspitzen mit speziellen Effekten sehr gut.)

Für die Darstellung der Malwerkzeuge empfiehlt es sich, Pinselspitze in voller Grösse zu wählen. Die Option Pinselspitze mit Fadenkreuz anzeigen ist besonders nützlich, wenn man mit weichen Werkzeugspitzen operiert. Ein kleines Kreuz zeigt die Mitte der Werkzeugspitze an. Das macht es leichter, die (abnehmende) Werkzeugwirkung zum Rand hin realistischer einzuschätzen.

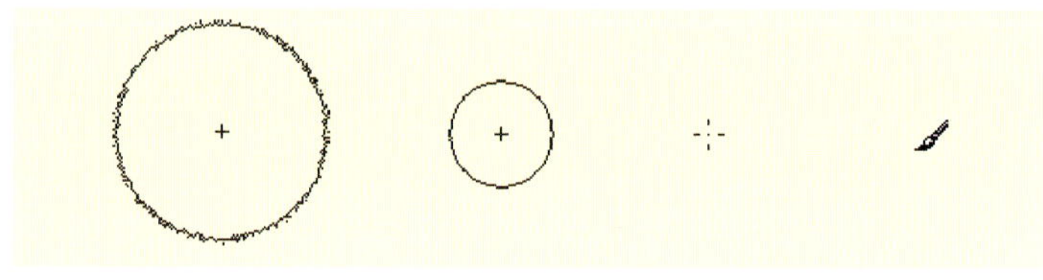

▲ **Abbildung 25.55**
Viermal ein 100-Px-Pinsel mit einer Kantenschärfe von 0%: in den Ansichten Pinselspitze in voller Grösse (mit Fadenkreuz), Normale Grösse (mit Fadenkreuz), Fadenkreuz und Standard

Wenn Sie ⇪ arretieren, werden Malwerkzeuge immer in der Ansicht Fadenkreuz angezeigt. So müssen Sie nicht unbedingt die Voreinstellungen bemühen, sondern können die Ansicht kurzzeitig umschalten.

25.3.3 Werkzeugbibliotheken verwalten

Nicht alle der in Photoshop vorhandenen Werkzeugspitzen stehen standardmäßig zum Zugriff in der Liste bereit – dann würde sie nämlich viel zu lang und unübersichtlich.

Die Werkzeugspitzen (bzw. *Pinsel* in der Adobe-Terminologie) sind in Bibliotheken organisiert, die Sie per Seitenmenü und auch über den Vorgaben-Manager verwalten – so wie Stile und andere Vorgaben auch.

Pinselspitzen laden | Um zusätzliche Pinselspitzen in die Liste zu laden, öffnen Sie als Erstes das Pinselmenü in der Optionsleiste und klicken dort auf den kleinen Pfeil ❶, der zum Seitenmenü führt.

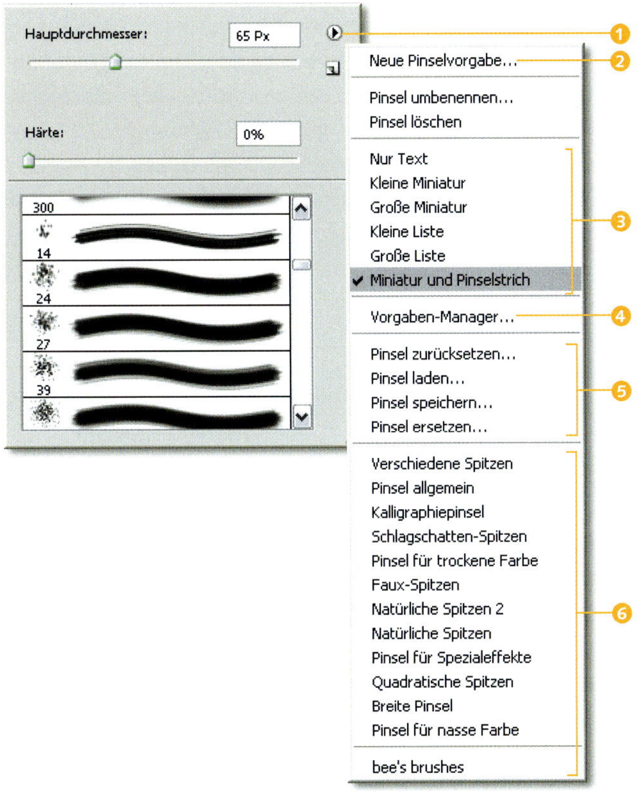

◀ **Abbildung 25.57**
Pinsel-Liste mit Seitenmenü

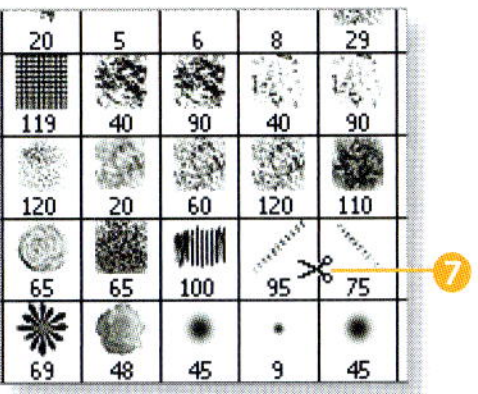

▲ **Abbildung 25.58**
Per [Alt] (oder [⌥] am Mac) und Mausklick auf einen Pinsel können Sie ihn schnell wieder aus der Liste entfernen ❼.

Im Seitenmenü können Sie die Ansicht der Pinselliste einstellen ❸ oder schnell zum Vorgaben-Manager wechseln ❹. Der Befehl Neue Pinselvorgabe... ❷ fügt die aktuellen Pinseleinstellungen unten an die gerade geladene Liste an.

Im unteren Bereich des Seitenmenüs ❻ finden Sie alle vorhandenen Pinselbibliotheken. Wenn Sie direkt auf einen der Bibliothekstitel klicken, erscheint eine Anfrage zum weiteren Verfahren.

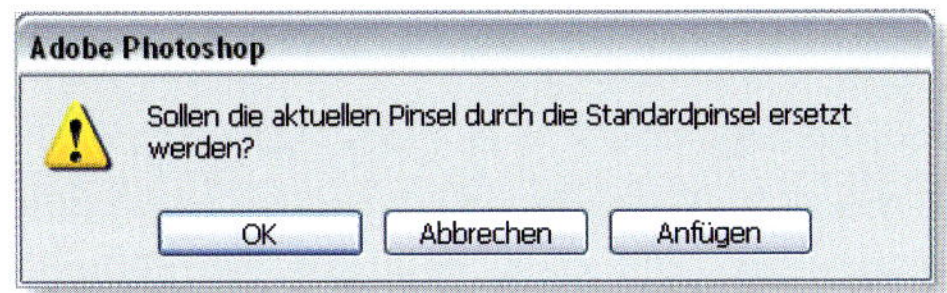

◀ **Abbildung 25.59**
OK entfernt die aktuell geladenen Pinsel aus der Liste und lädt stattdessen die neue Bibliothek. Anfügen erweitert die bestehende Liste um die eben angeklickte Pinselbibliothek.

Mit den Befehlen in der Mitte des Seitenmenüs ❺ können Sie auch direkt festlegen, wie mit der Liste und den hineinzuladenden Pinseln verfahren wird:

- Pinsel zurücksetzen... stellt den Urzustand der Liste wieder her, versetzt die Pinsel sozusagen wieder in den Werkszustand.
- Pinsel laden... ruft den Ordner auf, in dem die Photoshop-Pinsel standardmäßig abgelegt sind.
- Pinsel speichern... speichert die aktuelle Liste. Sinnvoll ist das, wenn Sie die Liste verändert haben. Achten Sie dann auf die Vergabe eines neuen, eindeutigen Namens und darauf, die neue Bibliothek ebenfalls im Standardordner abzulegen – nur dann erscheint sie beim nächsten Programmstart unten im Seitenmenü bei den anderen Bibliothekstiteln.
- Pinsel ersetzen... nimmt die aktuell geladenen Pinsel aus der Liste und lädt eine neue Bibliothek. Wenn Sie zuvor Änderungen an der Liste vorgenommen haben, werden Sie gefragt, ob Sie sie speichern möchten.

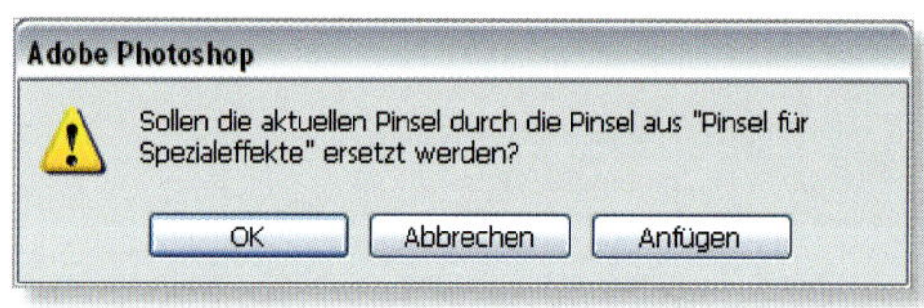

Abbildung 25.60 ▸
Änderungen gehen dank dieser Anfrage beim Laden neuer Bibliotheken nicht irrtümlich verloren.

Vorgaben-Manager | Bequeme Verwaltungsmöglichkeiten für Werkzeugspitzen bietet auch der Vorgaben-Manager (unter Pinsel) – die Funktionsweise ist Ihnen ja schon von den Farbfeldern vertraut. Dort können Sie zum Beispiel auch die Reihenfolge der Werkzeugspitzen in der Liste durch einfaches Drag & Drop ändern.

25.3.4 Individuelle Pinselspitzen aus Bildbereichen erstellen

Um besondere Effekte zu erzielen, können Sie mithilfe der Auswahlwerkzeuge auch bestimmte Teile eines Bildes aufnehmen und als Werkzeugspitze definieren. Auf diese Art und Weise können auch interessante Strukturen als Werkzeugspitze eingesetzt werden. Auch einige der mitgelieferten Photoshop-Werkzeugspitzen wurden so erstellt. Sie können diese sogenannten aufgenommenen Werkzeugspitzen (bzw. aufgenommenen Pinsel) in der Werkzeugspitzenliste leicht erkennen: Der Button Aufnahmebereich verwenden ist aktiv, wenn Sie die Pinselspitze größer machen, als die ursprüngliche Vorlage des Pinsels war.

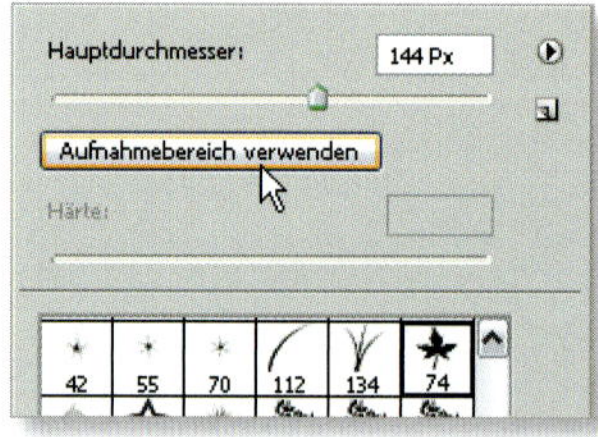

Abbildung 25.61 ▸
Die Schaltfläche Aufnahmebereich verwenden ist ein Hinweis auf die Herkunft der Werkzeugspitze.

Typische Anwendungsfälle | Mit aufgenommenen Pinselspitzen lassen sich gut die Malstriche von Medien wie Zeichenkohle oder Pastellfarbe oder der Farbauftrag mit einem groben Pinsel simulieren. Sie leisten auch gute Dienste beim Erstellen von Bildeffekten wie abgerissenen Fotokanten, die sonst jedes Mal mühevoll von Hand erstellt werden müssten – dazu genügt es, einfach einmal eine solche abgerissene Kante zu scannen und als Werkzeugspitze zu definieren.

Aber wie genau geht das?

1. Als Erstes legen Sie sich eine Struktur an oder erstellen oder öffnen ein Bild, aus dem Sie eine Werkzeugspitze erstellen wollen. Das können übrigens durchaus auch Elemente aus Halbtonbildern (Fotos) sein – nicht nur schwarzweiße Strukturen.
2. Erstellen Sie dann eine Auswahl um den Bereich des Bilds, der später als eigener Pinsel verwendet werden soll. Der Auswahlbereich kann maximal 2500×2500 Px groß sein. Wenn der Pinsel später eine harte Kante haben soll, darf die Option WEICHE AUSWAHLKANTE nicht verwendet werden!
3. Wählen Sie dann den Befehl BEARBEITEN • PINSELVORGABE FESTLEGEN. Sie müssen dann noch einen Namen vergeben.

Zum Weiterlesen: Farbigkeit der Vorlage konservieren
Es ist nicht möglich, mit den auf diese Weise erzeugten Pinseln auch Farben in das Bild zu übertragen. Gemalt wird immer in der aktuell eingestellten Vordergrundfarbe. Wenn Sie auch die Farben einer Vorlage dauerhaft konservieren und zum schnellen Zugriff bereitstellen wollen, müssen Sie ein Muster definieren. Wie das geht, erfahren Sie in Abschnitt 26.3.1, »Eigene Muster erzeugen«.

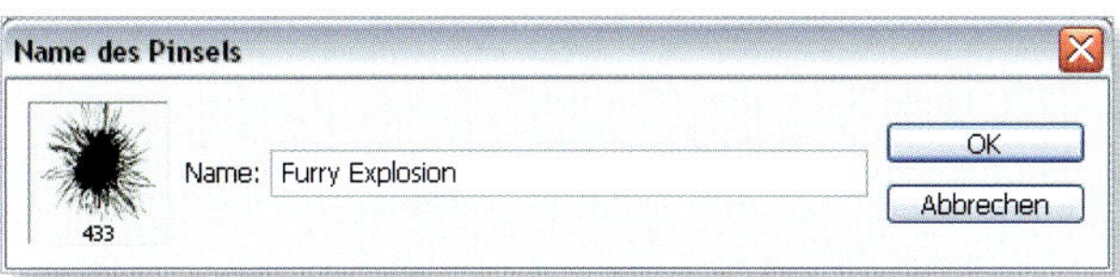

◂ **Abbildung 25.62**
Namensvergabe bei aufgenommenen Werkzeugspitzen

4. Die eben definierte Werkzeugspitze taucht nun in der Werkzeugspitzenliste aller Werkzeuge auf, die über eine solche Liste verfügen.

Die Schaltfläche AUFNAHMEBEREICH VERWENDEN ist in der Pinselliste nur dann aktiv, wenn die Größe der Werkzeugspitze gegenüber der ursprünglichen Aufnahmegröße verändert wurde. Mit AUFNAHMEBEREICH VERWENDEN stellen Sie die Größe der Werkzeugspitze wieder auf die Dimensionen des Bereichs zurück, der beim Erstellen des Pinsels ausgewählt war.

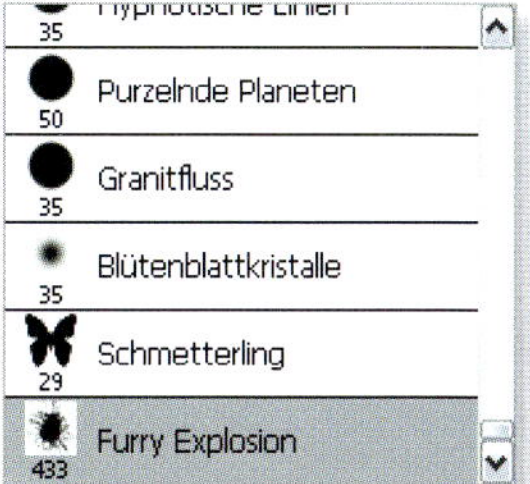

▴ **Abbildung 25.63**
Die Pinselliste wurde um den eben angelegten Pinsel verlängert.

Damit die Pinselvorgabe gut gelingt … | Meist müssen Bildvorlagen noch kräftig bearbeitet werden, bis sie eine gute Vorlage als Pinselvorgabe abgeben.

- **Bildgröße:** Die meisten Bildelemente sind viel zu groß, um als Pinselvorgabe dienen zu können. Duplizieren Sie das Bild oder die Ebene, um das Bildobjekt kleiner zu skalieren.

- **Weißer Hintergrund:** Die umgebenden Pixel des Bereichs, den Sie als Pinsel aufnehmen wollen, sollten weiß sein, damit die tatsächlichen Konturen des künftigen Pinsels auch gut zu erkennen sind.
- **Kontraste und Helligkeit:** Vielfach ist es notwendig, die Kontraste aufzunehmender Bildbereiche zu erhöhen und das Bildelement insgesamt stark abzudunkeln. Wenn Sie nur sehr zart gefärbte Bildelemente als Pinsel aufnehmen, wird später auch der Farbauftrag mit dieser Werkzeugspitze sehr schwach! Hier helfen Gradationskurven und der Befehl BILD • KORREKTUREN • HELLIGKEIT/KONTRAST. Um strikt schwarzweiße Vorlagen ohne Graustufen zu erstellen, nutzen Sie am besten den Befehl BILD • KORREKTUREN • SCHWELLENWERT.
- **Malabstand:** Um Werkzeugspitzen mit Effekt, z. B. aus einzelnen Figuren bestehende »Linien«, wie sie per aufgenommener Pinselvorgabe entstehen, richtig zur Geltung zu bringen, ist ein hoher Malabstand notwendig, da sonst die einzelnen Figuren ineinanderrutschen und nicht mehr zu unterscheiden sind.

▲ **Abbildung 25.64**
Originalbild

Hartes Schwarzweiß mit der Schwellenwert-Einstellung | Um Farb- oder Graustufenbilder in radikales Schwarzweiß ganz ohne Graustufen zu verwandeln, können Sie gut die Funktion SCHWELLENWERT nutzen (unter BILD • KORREKTUREN und als EINSTELLUNGSEBENE). Im SCHWELLENWERT-Dialog legen Sie fest, welche der originalen Tonwerte eines Bildes weiß und welche schwarz dargestellt werden. Der Effekt ist derselbe wie bei der Umwandlung in den Bitmap-Modus, nur kontrollierter.

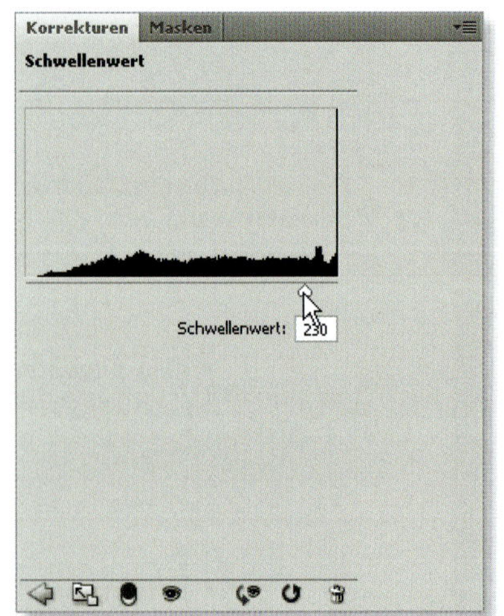

▲ **Abbildung 25.65**
Einstellen des Schwellenwertes

▲ **Abbildung 25.66**
Das Ergebnis: eine blumige Pinselspitze

25.4 Die Pinsel-Palette: Pinseleinstellung für Profis

Wenn Ihnen die in den jeweiligen Optionsleisten angebotenen Einstellungsmöglichkeiten für Werkzeugspitzen nicht genügen, sollten Sie Photoshops mächtige Werkzeugspitzen-Engine bemühen, die Pinsel-Palette.

In der Pinsel-Palette definierte Werkzeugspitzen stehen wiederum nicht allein für das Pinsel-Werkzeug, sondern für alle Werkzeuge zur Verfügung, die mit pinselähnlichen Werkzeugspitzen arbeiten.

Pinsel-Palette öffnen | Diese sehr umfangreiche Palette erreichen Sie über den Menübefehl FENSTER • PINSEL oder mit dem Shortcut [F5].

Welchen Weg auch immer Sie wählen, um die Palette zu öffnen, Ihnen müsste sich in jedem Fall ungefähr der folgende Anblick bieten:

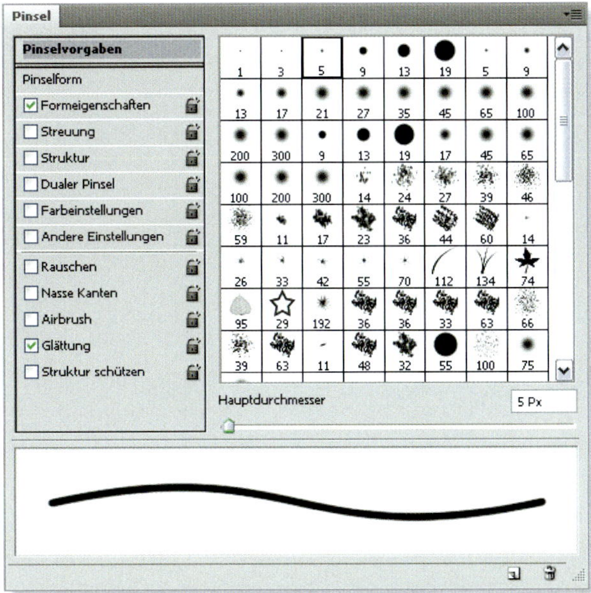

▲ **Abbildung 25.67**
Grundeinstellungen der Pinsel-Palette. Je nachdem, welche Kategorie in der Liste links aktiviert ist, ändert sich auch der Fensterinhalt rechts.

▲ **Abbildung 25.68**
Im Palettenmenü der Pinsel-Palette legen Sie unter anderem die Ansicht der Palette fest. Die ERWEITERTE ANSICHT ❶ brauchen Sie in jedem Fall für detaillierte Pinseleinstellungen. Die Ansichtsoption MINIATUR UND PINSELSTRICH ❷ bietet eine gute Übersicht über die Wirkung der eingestellten Pinseloptionen.

25.4.1 Pinsel-Palette: Übersicht

Kategorien | In sieben Kategorien sind die zahlreichen möglichen Einstellungen sortiert. Dazu kommen noch fünf Extra-Eigenschaften, die den verschiedenen Pinselspitzen beliebig zugeschaltet werden können.

- Pinselvorgaben bietet wenig Spielraum für Einstellungen. Hier können Sie sich über die Eigenschaften der gerade aktiven Werkzeugspitze orientieren.
- Unter Pinselform finden Sie die wichtigsten Eigenschaften für Werkzeugspitzen. Die meisten der Einstellungen (Durchmesser, Härte, Malabstand, Winkel und Rundheit) kennen Sie bereits aus den Werkzeugspitzen-Einstellungen in den jeweiligen Werkzeug-Optionen.
- Die Formeigenschaften ermöglichen es Ihnen, die bekannten Werkzeugspitzen-Eigenschaften zu jittern, das heißt, kalkulierten Schwankungen zu unterwerfen. Dadurch entstehen lebendigere, unregelmäßige Linien.

Abbildung 25.69 ▸
Eine 50 Px große Linie mit 50 % Kantenschärfe. Oben die normale Version, unten mit Jitter in Größe, Rundheit und Winkel.

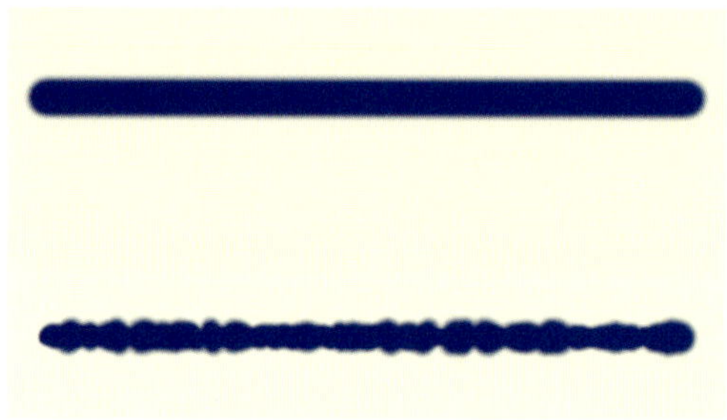

- Streuung legt fest, wie »spurtreu« ein Malstrich ist, also wie viele Pixel rechts und links der eigentlichen Mallinie angeordnet werden.
- Einstellungen für die Struktur brauchen Sie, um eine Textur oder Struktur in den Pixelauftrag zu integrieren. Ihnen stehen dabei alle Muster aus den Musterbibliotheken zur Verfügung.
- Die Option Dualer Pinsel ermöglicht es, eine zweite Pinselvorgabe innerhalb der Form des ersten Pinsels zu definieren. Die Erstellung ist zeitaufwendig und erfordert Experimentierfreude.
- Mit Farbeinstellungen können Sie festlegen, inwieweit aktuelle Vorder- und Hintergrundfarben beim Farbauftrag berücksichtigt werden.
- Andere Einstellungen bietet zwei zusätzliche Jitter-Einstellungen, nämlich für Deckkraft und Fluss.

Pinseleinstellungen inaktiv? Palette sieht anders aus als abgebildet?
Die Funktionen der Pinsel-Palette stehen nur zur Verfügung, wenn das Pinsel- oder das Buntstift-Werkzeug aktiv ist – ansonsten sind alle Optionen ausgegraut dargestellt und inaktiv. Von den Retuschetools aus, die auch mit pinselähnlichen Werkzeugspitzen arbeiten, können Sie die Pinsel-Palette nicht bedienen.
Sie müssen die Pinsel-Palette übrigens nicht schließen, um per Shortcut (B – wie *Brush*) oder Mausklick den Pinsel oder den Buntstift zu aktivieren.
Wenn Ihre Pinsel-Palette wesentlich anders dargestellt wird als in unserer Abbildung, ist entweder nicht die »Startkategorie« Pinselvorgaben aktiv oder im Seitenmenü der Palette ist eine andere Ansicht eingestellt.

Einstellungen in Kategorien vornehmen | Um eine der Kategorien verändern zu können, müssen Sie zunächst deren Namen in der Liste links anklicken. Die Einstellungen selbst nehmen Sie dann im rechten Bereich der Palette vor. Die Ansicht dieses Bereichs wechselt, je nachdem, welche Kategorie Sie gerade bearbeiten. Einen Eindruck von der definierten Pinselspitze gibt das Vorschaufenster rechts unten.

Wenn Sie die Einstellungen aus einer der Eigenschaften-Kategorien verwenden wollen, muss auch in der Checkbox vor deren Titel ein Häkchen gesetzt sein. Damit wird die jeweilige Kategorie eingeschaltet. Umgekehrt bietet Ihnen das Entfernen der Häkchen die Möglichkeit, sich *temporär* von einigen der festgelegten Werkzeugspitzen-Eigenschaften zu trennen.

Vorgehen | Ihr Vorgehen sollte so aussehen, dass Sie sich von oben nach unten durch die Liste durcharbeiten. Eigenschaften, die Sie nicht interessieren, *müssen* Sie natürlich nicht verändern. Um gezielt wirklich gute Pinseleinstellungen vornehmen zu können, braucht es ein wenig Übung und Erfahrung. Zu viele Eigenschaften auf einmal sollten Sie nicht verändern, weil Ihnen sonst die Auswirkungen jeder einzelnen Eigenschaft schnell aus dem Blickfeld geraten. Es kann auch sehr hilfreich sein, die Einstellungen der zahlreichen vorgefertigten Werkzeugspitzen genauer in der Pinsel-Palette unter die Lupe zu nehmen, denn dabei können Sie sich einiges abschauen! Sie sollten Sie sich hier ein wenig Zeit zum Üben und Ausprobieren nehmen – wie bei den Ebeneneffekten auch …

Durch Kombination der zahlreichen möglichen Einstellungen kann jedenfalls eine nahezu unendliche Menge von Werkzeugspitzen-Formen erstellt werden. Im Folgenden stelle ich Ihnen die verschiedenen Kategorien und ihre Einstellungsmöglichkeiten vor.

Vor Änderungen schützen

Das Schloss , das Sie hinter jeder Eigenschaftskategorie finden, fixiert die Pinseleigenschaften gegen unbeabsichtigtes Verstellen. Ein Klick auf das Schloss-Icon genügt: Das Schloss wird dann verriegelt dargestellt und schützt die Pinseleigenschaften.

Weitere Optionen

Die zusätzlichen Optionen Rauschen, Nasse Kanten, Airbrush, Glättung und Struktur schützen können Sie zu jeder Einstellungskonstellation hinzuschalten.

25.4.2 Pinselform

Die Einstellungen unter Pinselform legen die Basis-Pinseleinstellungen fest.

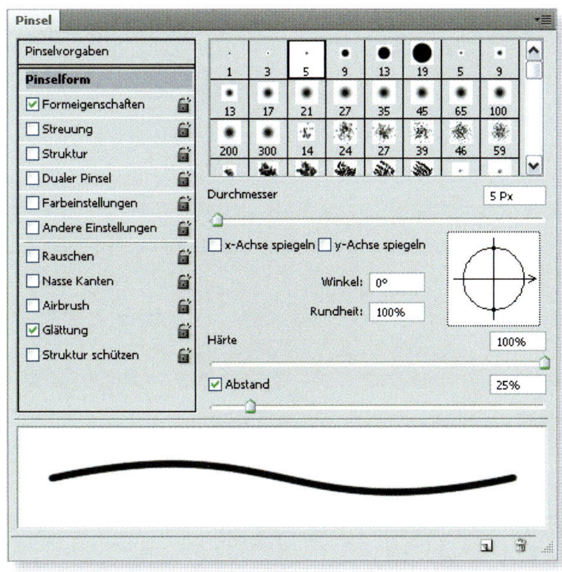

◂ **Abbildung 25.70**
Die Grundeinstellungen zur Form des Pinsels

Hier finden Sie neben den schon bekannten Kategorien DURCHMESSER, HÄRTE, WINKEL und RUNDHEIT sowie ABSTAND auch die Werkzeugspitzenliste.

X- und Y-Achse | Die Einstellungen X-ACHSE SPIEGELN und Y-ACHSE SPIEGELN haben bei ganz symmetrischen (z. B. runden) Werkzeugspitzen wenig Wirkung, können aber zum Beispiel Linien aus »Flachpinseln« und anderen asymmetrischen Werkzeugspitzen auflockern. Die Option X-ACHSE SPIEGELN spiegelt die Werkzeugspitze horizontal, Y-ACHSE SPIEGELN dreht sie auf den Kopf.

25.4.3 Formeigenschaften

Wie schon erwähnt, bieten sich die Einstellungen unter FORMEIGENSCHAFTEN an, um aus statischen Linien dynamischere zu machen, indem einzelne oder mehrere Eigenschaften wie Größe, Durchmesser, Rundheit, Winkel etc. innerhalb einer Linie variiert – also »gejittert« – werden.

Gejittert wird die Linie in jedem Fall, wenn Sie hier die entsprechenden Einstellungen vornehmen. Voll ausreizen lassen sich diese Einstellungen allerdings nur dann, wenn man mit Grafiktablett und Stift anstelle der Maus arbeitet, denn die Wirkung der verschiedenen »Jitter»-Werte kann dann aktiv durch den Zeichenstift gesteuert werden. Mausnutzer müssen auf die handgesteuerte Dynamik der Linie, die per Grafiktablett möglich ist, leider weitestgehend verzichten.

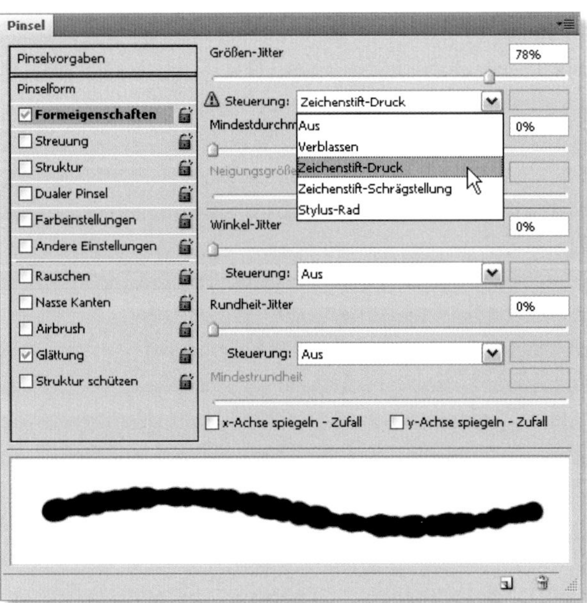

Abbildung 25.71 ▸
Einstellung der FORMEIGENSCHAFTEN. Wenn Sie in den jeweiligen Dropdown-Listen versuchen, eine nur für Grafiktabletts vorhandene Steueroption einzustellen, ohne dass ein Grafiktablett installiert ist, erscheint ein kleines Warndreieck.

Steuerung | Wie der Jitter gesteuert wird, legen Sie unter Steuerung fest:

- Aus setzt eine Zufallssteuerung in Gang.
- Zeichenstift-Druck, Zeichenstift-Schrägstellung und Stylus-Rad sind nur für Zeichentabletts wirksam.
- Einzig die Option Verblassen steht uneingeschränkt auch für den Mausbetrieb zur Verfügung. Sie beschränkt die Jitter-Wirkung auf das Ende der Linie. Wenn Sie diese Option aktivieren, können Sie zusätzlich noch festlegen, auf welche Länge der Linie das Verblassen angewendet wird.

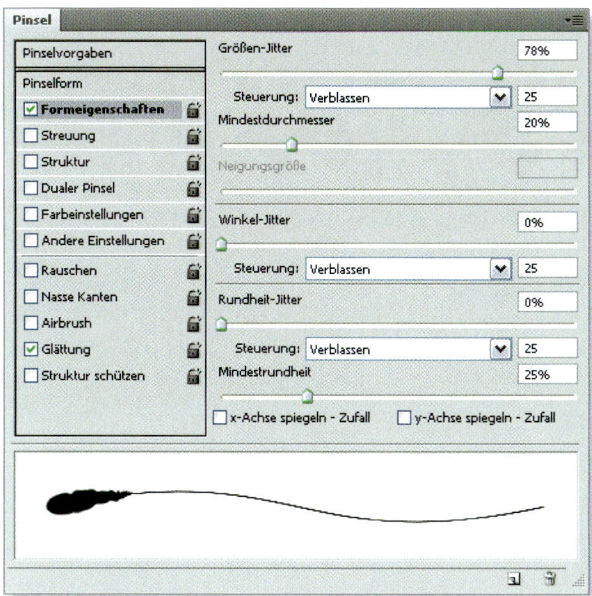

◂ **Abbildung 25.72**
Wie »lang« wirkt das Verblassen? Die Werte beziehen sich übrigens auf die virtuellen »Malpunkte«, aus denen Linien in der Photoshop-Logik bestehen.

25.4.4 Streuung

Um die Funktion Streuung zu verstehen, muss man sich klarmachen, dass für Adobe ein gemalter Strich kein Strich ist, sondern aus immer wiederholten Formen (Punkten, Quadraten oder auch aus Objekten wie »Grashalmen« u.a.) besteht. Während der schon besprochene Malabstand nun festlegt, wie nahe beieinander diese einzelnen Formen innerhalb der Linie stehen, können Sie mit den Streuungseigenschaften den Winkel und die Anzahl der wiederholten Formen innerhalb der Linie variieren.

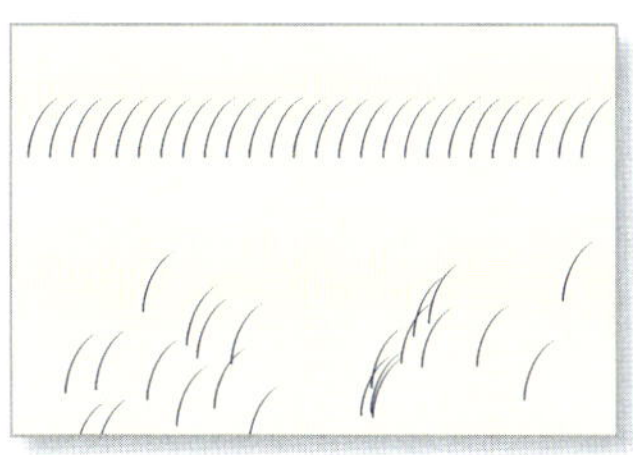

◂ **Abbildung 25.73**
Besonders für Effektpinsel wie Dünengras oder Gras (aus der Standardbibliothek) kann die Streuung entscheidend für die Wirkung sein. Hier sehen Sie den Gras-Pinsel ohne und mit 380% Streuung.

Abbildung 25.74 ▶
Die Streuungseigenschaften

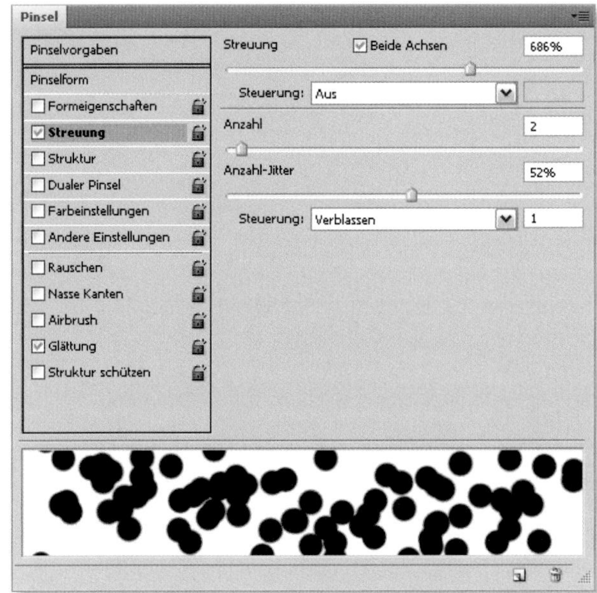

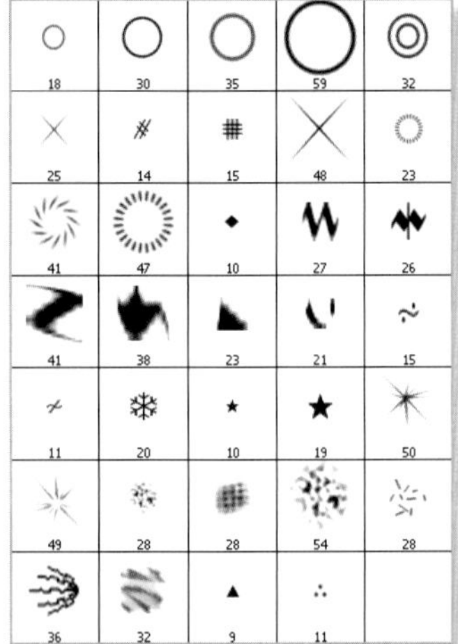

▲ **Abbildung 25.75**
Die Bibliothek VERSCHIEDENE SPITZEN bietet noch mehr »gegenständliche« Werkzeugspitzen.

Diese Eigenschaften lassen sich dann besonders gut einsetzen, wenn man reale Malpinsel nachbilden will. Sie eignen sich für Pinselspitzen, die Objekte abbilden wie zum Beispiel VERSTREUTE AHORNBLÄTTER oder STERNENREGEN (aus dem Standard-Pinselsortiment).

Intensität der Streuung | Einfluss haben Sie auf die Intensität der Streuung (Schieberegler STREUUNG plus Option BEIDE ACHSEN). ANZAHL und ANZAHL-JITTER legen fest, wie locker oder eng gestreut wird. Hohe Anzahl-Werte führen zu einer rauen, aber eher geschlossenen Linie, geringe Werte eher zu einer Linie aus klar erkennbaren Einzelpunkten. Auch hier sind Grafiktablett-Nutzer klar im Vorteil, denn sie können die STEUERUNG-Optionen besser nutzen.

25.4.5 Struktur

Die Bezeichnung »Struktur« ist etwas irreführend. Tatsächlich kann hier dem Pinselstrich ein **Muster** unterlegt werden – und zwar aus den Photoshop-Musterbibliotheken, die Sie bereits beim Ebeneneffekt MUSTERÜBERLAGERUNG kennengelernt haben. So lassen sich Malgründe wie Leinwand oder Ähnliches simulieren oder einfach interessante Linieneffekte erzielen.

Besonders gut wirken Struktur-Werkzeugspitzen oft dann, wenn ein Pinsel mit weicher Kante die Grundlage ist. Auch einige der Jitter-Effekte bringen den Struktureffekt wirkungsvoll zum Vorschein.

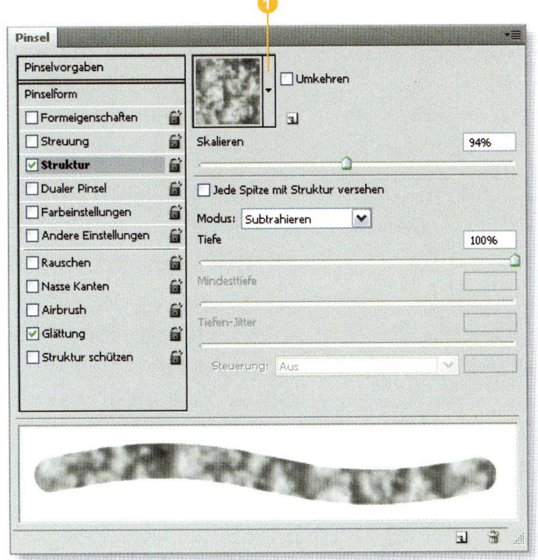

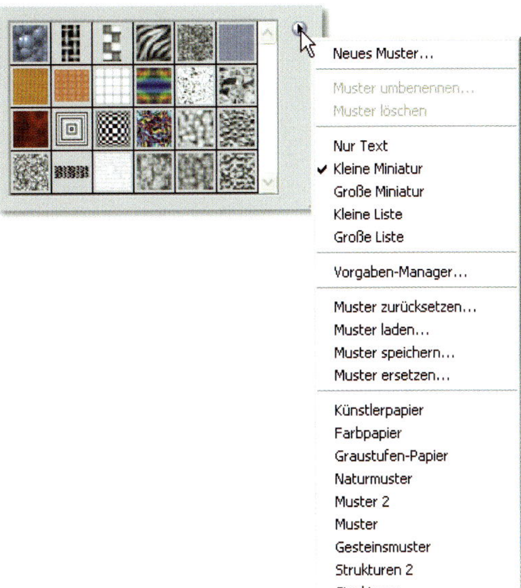

▲ **Abbildung 25.76**
Die Einstellungen für die Struktur. Sie erreichen ein umfangreiches Mustermenü, wenn Sie auf den kleinen Pfeil neben der Mustervorschau 1 klicken.

▲ **Abbildung 25.77**
Das Mustermenü im Detail. Muster werden nach demselben Prinzip verwaltet wie Farbfelder, Pinsel und anderes.

Die Muster lassen sich verwalten wie andere Photoshop-Vorgaben auch. Sie können per Vorgaben-Manager angesteuert werden, sind aber auch in unterschiedliche Engines und Werkzeuge – so wie hier in die Pinsel-Palette – integriert und können mit einem eigenen Mustermenü bedient werden. Zur Verwaltung und insbesondere zum (Nach-)Laden weiterer Bibliotheken steht auch wieder ein Seitenmenü zur Verfügung. Die Bedienung erfolgt wie bei Stilen oder Pinseln auch.

Umkehren | Die Option Umkehren, die neben der Mustereinstellung zu finden ist, kehrt das »Relief« der Struktur um und kann die Tonwerte der Mallinien nochmals stark verändern oder aufhellen.

Skalieren und Modus | Maßgeblich für die Wirkung des Musters sind dessen Größenmaßstab (Skalieren) und natürlich die Füllmethode (Modus), mit der das Muster mit dem Malstrich verrechnet wird. Viele der Modi dunkeln die Linien stark ab.

Struktur | Die Option Jede Spitze mit Struktur versehen legt fest, ob jede Spitze individuell mit einer Struktur versehen wird.

Ist diese Option *deaktiviert*, sind die folgenden Optionen für die Tiefe der angewandten Struktur nicht in vollem Umfang verfügbar.

Tiefe | Die Option Tiefe legt fest, wie tief die virtuelle Farbe in die virtuell unterlegte Struktur eindringt. Sie bestimmt also ungefähr die Reliefhöhe und Dunkelheit des späteren Strichs. Bei einem Wert von 100 % erhalten die flachen Stellen der Struktur keine Farbe. Bei 0 % erhalten alle Partien der Struktur dieselbe Farbmenge – das Muster wird unkenntlich.

Tiefen-Einstellungen | Der Tiefen-Jitter bestimmt, wie die Tiefe variiert. Wenn Sie mit dem Grafiktablett arbeiten und eine der typischen Steuerungseinstellungen gewählt haben, kann es sinnvoll sein, eine Mindesttiefe festzulegen.

25.4.6 Dualer Pinsel

Beim dualen Pinsel werden zwei Pinselspitzen zu einem Pinsel kombiniert, nämlich die als Erstes unter Pinselform festgelegte Spitze (primärer Pinsel oder primäre Spitze) mit den dann vorgenommenen Einstellungen unter Dualer Pinsel (duale Spitze). Die duale Spitze bringt ebenfalls Struktur in den Farbauftrag der primären Spitze. In der Adobe-Hilfe ist meist von »dualen Pinselspuren« die Rede – das bringt es ganz gut auf den Punkt!

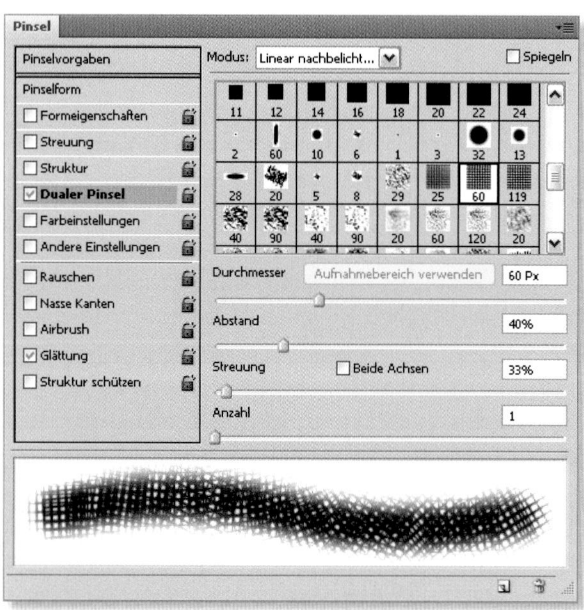

▲ **Abbildung 25.78**
Einstellungen für duale Pinsel, Schritt zwei – Schritt eins erfolgt ja bereits unter Pinselform.

Die Einstellungen unter DUALER PINSEL kommen vor allem für kreative Zwecke zum Einsatz, sind aber auch sehr nützlich, um Werkzeugspitzen zu definieren, die spezifische Auftragwerkzeuge und -medien wie dickflüssige Ölfarbe oder Kreide imitieren. Zum Beispiel gibt es in der Pinselbibliothek PINSEL FÜR TROCKENE FARBE eine ganze Reihe solcher Werkzeugspitzen. Um hier zu einem guten Ergebnis zu kommen, ist viel Geduld beim Experimentieren vonnöten!

Modus | In der Feineinstellung sehen Sie wiederum die Option MODUS, die die Füllmethode zum Kombinieren der Pinselspuren aus der primären und der dualen Spitze festlegt.

Durchmesser | Der DURCHMESSER steuert hier allein die Größe des dualen Pinsels – die Größe des primären Pinsels haben Sie ja schon zuvor eingestellt. Die zusätzliche Einstellung AUFNAHMEBEREICH VERWENDEN ist nur verfügbar, wenn die Pinselform durch Aufnehmen von Bildpixeln entstanden ist. Damit können Sie (wie gewohnt) den ursprünglichen Durchmesser des aufgenommenen Pinsels wieder einstellen.

Abstand | ABSTAND bestimmt den Abstand, in dem die dualen Pinselspuren in den (primären) Malstrich eingestreut werden. Geringe Abstandswerte erzeugen meist einen dichteren, dunklen Strich, hohe Abstandswerte erzeugen dagegen einen weniger stark deckenden Strich.

Streuung | Mit der STREUUNG hingegen bestimmen Sie, wie die dualen Pinselspuren in einem Strich verteilt werden. Die Wirkung ähnelt der regulären Streuungseinstellung. Ist zusätzlich BEIDE ACHSEN aktiviert, werden die dualen Pinselspuren radial verteilt – ein lockeres, lebendiges Bild ist das Ergebnis. Ist diese Option nicht aktiv, werden sie lediglich senkrecht zur ursprünglichen Strichrichtung verteilt.

Anzahl

Der Regler ANZAHL legt die Anzahl der dualen Pinselspuren fest, die in jedem Abstandsintervall angezeigt werden.

25.4.7 Farbeinstellungen

Auch die Farbeigenschaften von Pinseln können festgelegt werden, nämlich unter FARBEINSTELLUNGEN.

Die Grundlage aller Farbeigenschaften ist, dass sich die in der Werkzeugleiste zuvor festgelegte Vorder- und Hintergrundfarbe abwechseln. Die meisten interessanten Steuerungsoptionen für den VORDERGRUND/HINTERGRUND-JITTER funktionieren nur per Grafiktablett – Mausnutzer können wiederum nur die Zufallssteuerung benutzen oder VERBLASSEN wählen.

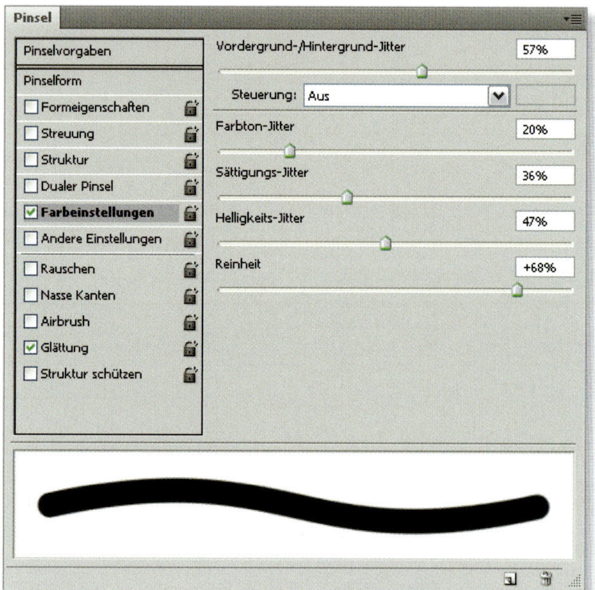

Abbildung 25.79 ►
Die Vorschau liefert leider keinen Eindruck der Farbwirkung, ...

Die drei Parameter FARBTON, SÄTTIGUNG und HELLIGKEIT sowie REINHEIT können ebenfalls gejittert werden. REINHEIT ist eine Zusatzoption zur SÄTTIGUNG. Der Sättigungs-Jitter verändert die Sättigung nur innerhalb eines engen Rahmens – die Abweichungen zur ursprünglichen Sättigung von Vorder- und Hintergrundfarbe sind nicht allzu groß. Die Option REINHEIT erhöht oder verringert die Sättigung der Farbe großzügiger. Damit lassen sich Pinselstriche z. B. leichter einer bestimmten, schon im Bild vorhandenen Farbstimmung anpassen.

Abbildung 25.80 ►
... hier muss man selbst testen. Das ist zweimal derselbe Pinsel: oben ohne besondere Farbeinstellungen des Pinsels, unten mit veränderten Farbeinstellungen. Das kleine Bild zeigt, welche Farben beide Male als Vorder- und Hintergrundfarbe eingestellt waren.

25.4.8 Andere Einstellungen

Die ANDEREN EINSTELLUNGEN variieren schließlich Deckkraft und Fluss und simulieren damit echte, aus dem Pinsel fließende Farbe.

DECKKRAFT und FLUSS sind eigentlich keine neuen Einstellungen mehr, und auch das Jitter-Prinzip sollte Ihnen jetzt schon bekannt sein. Die Steuerungseinstellungen sind hier dieselben wie sonst auch. Gerade die Einstellungen, die Sie hier finden, machen im Mausbetrieb eigentlich wenig Sinn, können beim Gebrauch eines Grafiktabletts jedoch Linien sehr lebendig und realistisch wirken lassen.

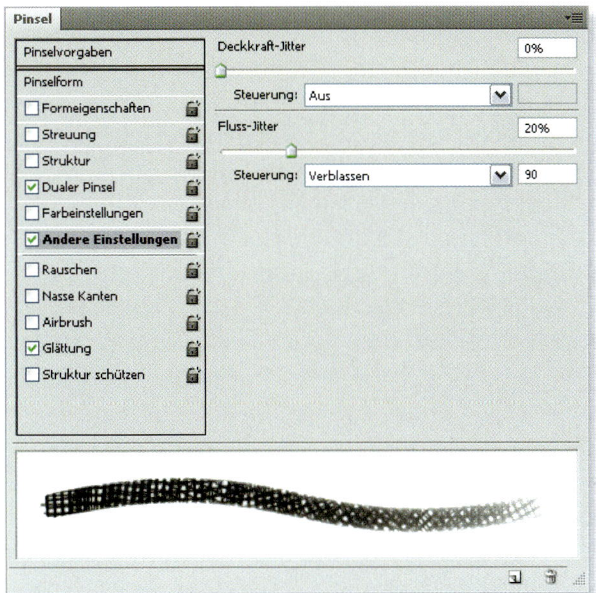

◂ **Abbildung 25.81**
ANDERE EINSTELLUNGEN – hier angewendet auf die zuvor definierte duale Spitze

25.4.9 Die Zusatzoptionen

Schließlich gibt es noch eine Reihe von Zusatzoptionen, die mit allen anderen Einstellungen kombiniert werden können. Sie lassen sich einfach durch ein Häkchen zuschalten.

Rauschen | Dies wirkt nur auf Pinsel mit weicher Kante oder anders hergestellter Unregelmäßigkeit. Die Einstellung fügt den Linienrändern Unregelmäßigkeiten hinzu und kann so »trockene Farben« (Kreide, Kohle etc.) realistischer wirken lassen.

Nasse Kanten | NASSE KANTEN bewirkt einen Aquarell-Effekt.

Airbrush | AIRBRUSH soll bewirken, dass Farbe aus der Werkzeugspitze fließt, solange der Mauszeiger gedrückt ist (analog zum Knopf der Sprühdose oder zum Kompressorenhebel) – im Gegensatz zum Normalbetrieb, bei dem die Bewegung von Maus oder Grafiktablett-Stift den Farbfluss bewirkt.

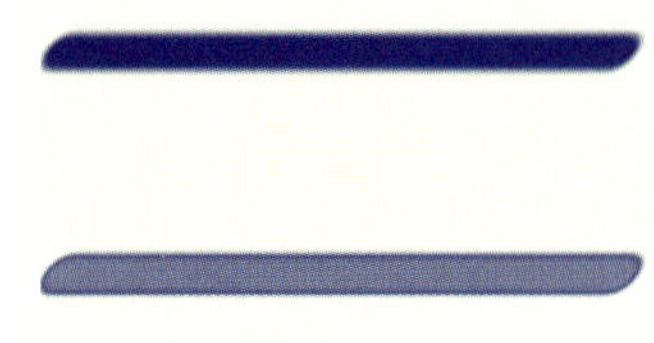

▴ **Abbildung 25.82**
Ein 90-Pixel-Flachpinsel mit 30 % Kantenschärfe. Oben ohne, unten mit NASSER KANTE. NASSE KANTE funktioniert aber auch bei scharfen Werkzeugspitzen!

Glättung | Diese Einstellung »anti-aliast« Linienkanten, wie der Name schon nahelegt. Diese Option wirkt jedoch nicht beim Buntstift-Werkzeug.

Struktur schützen | Diese Option ergänzt die Struktureinstellungen sinnvoll: Damit werden die Struktureinstellungen auf alle in einem Projekt benutzten Pinsel angewendet – das ist sehr zu empfehlen, wenn ein bestimmter Malgrund wie Leinwand oder Papierstruktur nachgestellt werden soll.

Einstellungen zurücksetzen | Der Befehl PINSEL-STEUERUNGEN LÖSCHEN aus dem Seitenmenü der Pinsel-Palette löscht alle Werkzeugspitzen-Optionen, die Sie eingestellt haben. Der Befehl ALLE FIXIERTEN EINSTELLUNGEN ZURÜCKSETZEN versetzt auch diejenigen Einstellungen wieder in den Urzustand zurück, die Sie zuvor per Schloss-Symbol fixiert haben.

25.4.10 Verwaltung der Werkzeugspitzen

Es stellt sich natürlich die Frage, wie mit der neuen Vielfalt von Werkzeugspitzen und Werkzeugspitzen-Eigenschaften umzugehen ist. Wenn Sie öfter eigene Pinsel anlegen, ist es sicher sinnvoll, diese in eigenen Bibliotheken abzulegen und sie nicht nur an bestehende Bibliotheken anzuhängen. Als Helfer für die Verwaltung der Pinselbibliotheken empfiehlt sich natürlich wiederum der Vorgaben-Manager.

Ansonsten können Sie per Pinsel-Palette erstellte Werkzeugvorgaben auch mit dem Seitenmenü der Palette schnell verwalten. Die Einstellungen ähneln denen, die in den Seitenmenüs der »kleinen« Werkzeugspitzen-Optionen bei den jeweiligen Werkzeugen zur Verfügung stehen.

26 Einfarbig, mit Verlauf oder Muster: Flächen füllen

Es gibt effizientere Werkzeuge als den Pinsel, um größere Bildflächen einzufärben. Beim Ausfüllen von Flächen, haben Sie die Wahl zwischen flächigem Farbauftrag, Verläufen und Mustern. Gerade Verläufe spielen nicht nur bei der Bildgestaltung, sondern auch als Hilfsmittel eine große Rolle. Hier erfahren Sie auch, wie Sie sie anlegen und zur Wiederverwendung sichern.

26.1 Das Füllwerkzeug

Um einheitlich gefärbte oder transparente Flächen mit einer neuen Farbe zu füllen, ist das Füllwerkzeug [G] die beste Wahl. Wenn Sie eine Fläche, die bereits mit einem Muster oder unterschiedlichen Farben gefüllt ist, einheitlich einfärben wollen, funktioniert das Füllwerkzeug nur eingeschränkt. Wie der Zauberstab auch verfügt es über eine Toleranzeinstellung, die bereits vorhandene Bildpixel analysiert.

Um bereits gefüllte Bildpartien einheitlich mit Farbpixeln zu überdecken, ist die Arbeit mit einer Auswahl und dem Befehl BEARBEITEN • FLÄCHE FÜLLEN meist besser geeignet.

26.1.1 Füllwerkzeug-Optionen

Standardmäßig wendet das Füllwerkzeug die aktuelle Vordergrundfarbe an. Ist die Option MUSTER aktiv, können Sie Flächen auch mit Mustern füllen, die Sie aus einer Liste aussuchen können. Die Verwaltung der Muster funktioniert wie die Verwaltung von Pinseln, Farbfeldern, Stilen und anderen Vorgaben. Anders als beim Ebeneneffekt MUSTERFÜLLUNG haben Sie hier allerdings nicht die Möglichkeit zur **nachträglichen** Anpassung!

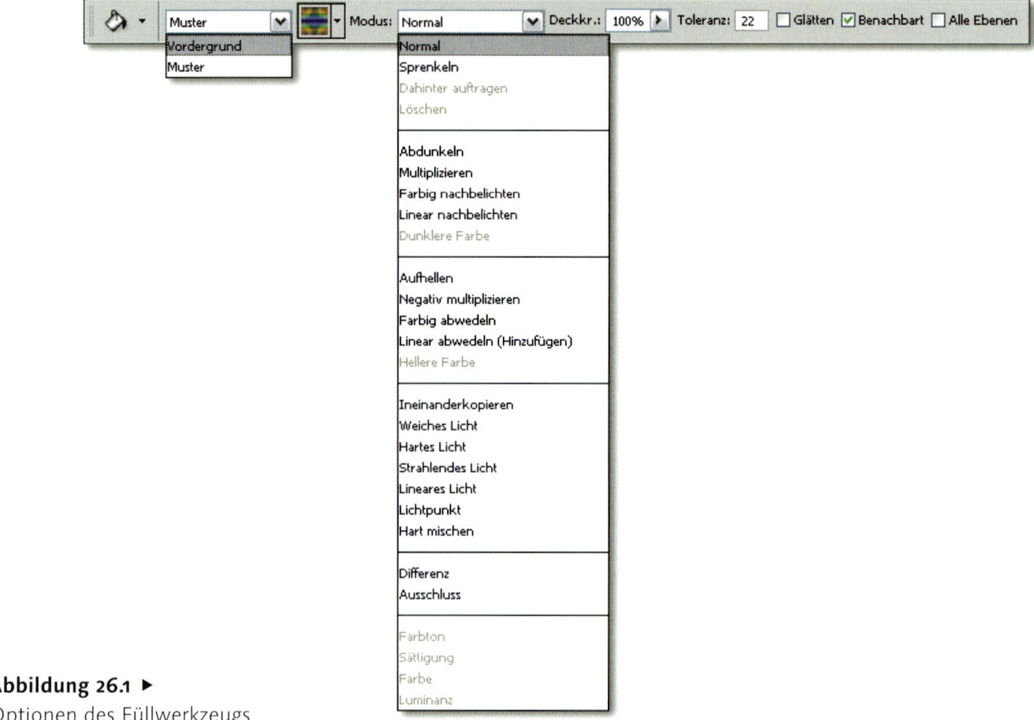

Abbildung 26.1 ▶
Optionen des Füllwerkzeugs

Unter MODUS finden Sie die bekannten Füllmethoden, und die DECKKRAFT reguliert die Transparenz der aufgetragenen »Farbe«. Die auch hier zur Verfügung stehende TOLERANZ ist ein Hinweis darauf, dass das Füllwerkzeug nicht einfach füllt, sondern auch die Pixelfarben sondiert. Je höher der Toleranzwert ist, desto mehr Farbnuancen werden von der mit dem Füllwerkzeug aufgebrachten Farb- oder Musterfüllung überdeckt. BENACHBART legt – wie beim Zauberstab auch – fest, ob alle ähnlichen Farbtöne im Bild oder nur die mit dem angeklickten Farbbereich zusammenhängenden Pixel eingefärbt werden. GLÄTTEN glättet die Kanten der Farbfüllung. Wenn Sie ALLE EBENEN aktivieren, werden die Pixel anhand der zusammengeführten Farbdaten aller sichtbaren Ebenen gefüllt. Klicken Sie dann einfach mit der Maus ins Bild, um die Pixel »auszugießen«, oder wenden Sie einen der Shortcuts aus der Tabelle an.

Zum Weiterlesen: Muster- und Verlaufsfüllung als Ebeneneffekt
In Kapitel 33, »Ebenenstile: Text mit Effekt«, erfahren Sie mehr darüber, wie Sie Muster und Verläufe auf flexible Art mit Ebenen verbinden können.

Tabelle 26.1 ▶
Tastaturbefehle für das Füllen von Flächen auf einen Blick

Was wollen Sie tun?	Windows	Mac
Auswahl oder Ebene mit der Vordergrundfarbe füllen	Alt + ←	⌥ + ←
Auswahl oder Ebene mit der Hintergrundfarbe füllen	Strg + ←	⌘ + ←
Dialogfenster FLÄCHE FÜLLEN einblenden	⇧ + ←	⇧ + ←

26.2 Das Verlaufswerkzeug: Farbverläufe erstellen

Verläufe sind in der täglichen Photoshop-Praxis nahezu unentbehrlich, denn sie können die Grundlage zahlreicher fortgeschrittener Arbeitstechniken oder kreativer Weiterverarbeitung sein. Gut dosiert eingesetzt, können sie außerdem ein interessantes Gestaltungsmittel sein. Das Verlaufswerkzeug G versteckt sich in der Werkzeugpalette unter dem Fülleimer.

Genau horizontal, exakt vertikal

Wenn Sie den Verlauf aufziehen, können Sie die Maus in jede gewünschte Richtung bewegen. Dementsprechend verläuft dann der Übergang zwischen den Farbtönen schräg oder auch gerade. Oft ist es allerdings wichtig, dass der Verlauf exakt horizontal oder vertikal positioniert ist. Um das zu erreichen, halten Sie während des Aufziehens die ⇧-Taste gedrückt. Sie können dann nur vertikale oder horizontale Geraden aufziehen.

26.2.1 Verlauf anlegen

Das Erstellen eines Verlaufs ist denkbar einfach: Sie aktivieren das Werkzeug, klicken ins Bild und ziehen bei gedrückter Maustaste in die Richtung, die Ihr Verlauf haben soll. Die Länge der Strecke, die Sie ziehen, bestimmt, wie lang und damit wie weich der Verlauf wird – wie groß der Bereich ist, in dem die Farben ineinander übergehen. Grundsätzlich erstreckt sich ein Verlauf (unabhängig von der Länge, auf die er ausgezogen wird) immer über die ganze Bildfläche. Wenn Sie seine Ausbreitung beschränken wollen, müssen Sie zunächst eine Auswahl anlegen.

26.2.2 Optionen des Verlaufs

Farben und Proportionen | Mit der hier ausgeklappt dargestellten Liste ❶ können Sie die Farben und Proportionen Ihres Verlaufs kontrollieren und auch genau nachstellen. Standardmäßig werden hier als Erstes die von Ihnen eingestellten Vorder- und Hintergrundfarben angezeigt, dann folgt eine Reihe vorgefertigter Verläufe.

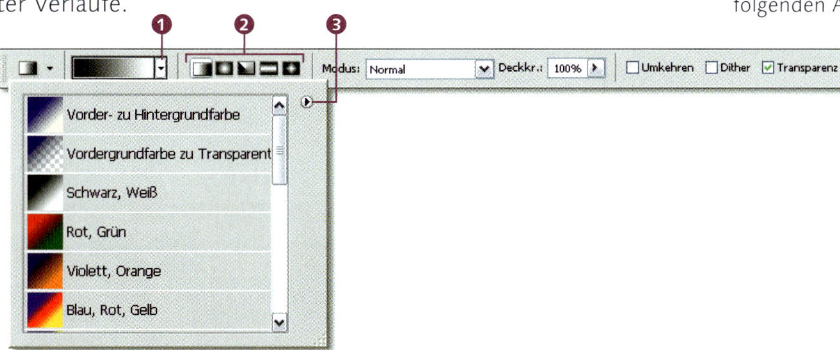

▼ **Abbildung 26.2**
Verlaufsoptionen. Die wichtigsten individuellen Einstellungsmöglichkeiten verstecken sich in der ausgeklappten Liste – mehr dazu im folgenden Abschnitt.

Seitenmenü | Mit einem Klick auf den kleinen Pfeil ❸ öffnen Sie wieder ein Seitenmenü, mit dem Sie – ähnlich wie die Stile, Werkzeugspitzen oder Farbfelder – Verlaufsbibliotheken managen, eigene Verläufe oder ganze Verlaufsbibliotheken ergänzen können.

Abbildung 26.3 ▸
Das Seitenmenü der Verlaufsoptionen zur Verwaltung der Bibliotheken. Wie Sie sehen, sind hier auch Verläufe mit Transparenz aufgeführt. Die Transparenz wird – wie gewohnt – durch ein grau-weißes Schachbrettmuster angezeigt.

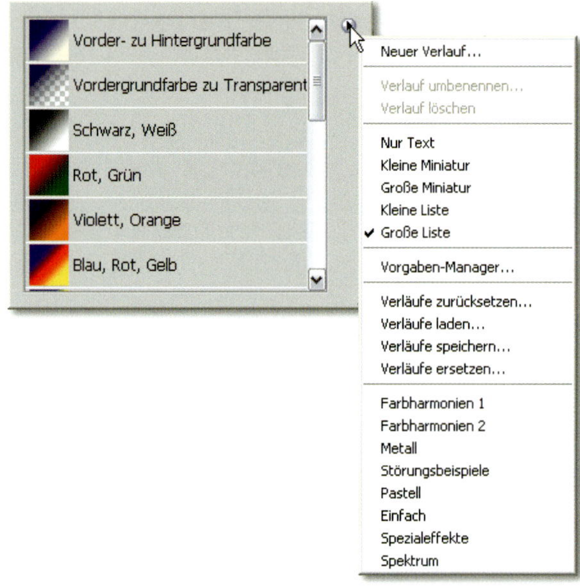

Verlaufstyp | Mit den Miniatur-Schaltflächen unter ❷ können Sie durch Klicken den Verlaufstyp wählen. In der Erstellung sind sie alle gleich, die Ergebnisse sind recht unterschiedlich.

Abbildung 26.4 ▸
Verschiedene Verlaufstypen; von links, entsprechend der Anordnung der Schaltflächen in der Optionsleiste: linear, radial, »Verlaufswinkel«, reflektierter Verlauf und Rauteverlauf

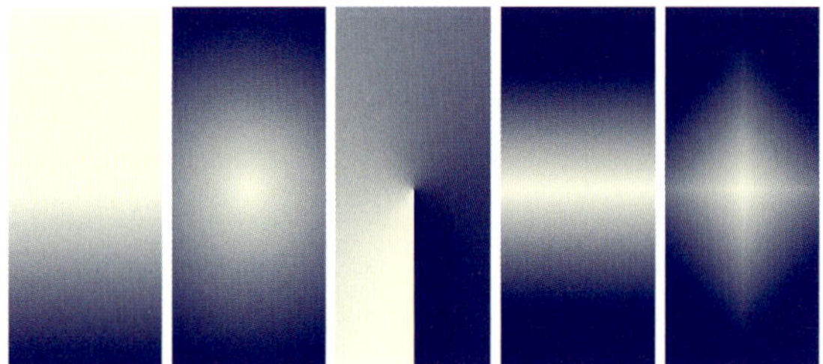

Die nächsten Einstellungen beziehen sich wiederum auf DECKKRAFT und den MODUS des Farbauftrags. Daneben finden Sie noch drei weitere Optionen, die per Häkchen zugeschaltet werden können. Wenn Sie eine dieser drei Optionen anwenden wollen, müssen Sie sie *vor* dem Aufziehen des Verlaufs, auf den sie angewandt werden sollen, aktivieren. Nachträglich geht es nicht!

- UMKEHREN – Damit können Sie die Verlaufsrichtung bzw. die Farben des eingestellten Verlaufs vertauschen.
- DITHER fügt dem Verlauf ein Dither-Muster hinzu. Das kann sinnvoll sein, wenn Sie einen Verlauf für den Einsatz als Internetbild anlegen. Nicht alle Browser können Verläufe korrekt wiedergeben. Manchmal werden in einem »stufenlosen« Verlauf Streifen sichtbar. Wenn Sie schon bei der Erstellung ein Dither-Muster einfügen, wird diesem unerwünschten Effekt entgegengewirkt.

- TRANSPARENZ **muss** unbedingt aktiviert sein, wenn Sie einen Verlauf wählen, der Transparenz enthält. Wenn Sie dieses Häkchen vergessen, wird die gewünschte Transparenz schlicht nicht dargestellt, und Sie erhalten einfach einen opaken Farbbereich.

26.2.3 Verläufe nachbearbeiten, eigene Verläufe erstellen

Die Standardeinstellungen bieten schon eine ganze Menge Möglichkeiten, die es Ihnen erlauben, das Erscheinungsbild Ihres Verlaufs zu gestalten. Richtig spannend wird es allerdings, wenn Sie Verläufe bearbeiten und dadurch ganz eigene Verläufe gestalten.

Die Dialogbox dazu rufen Sie auf, indem Sie ins Vorschaufeld des Verlaufs in der Optionsleiste doppelklicken.

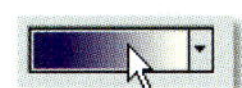

▲ **Abbildung 26.5**
Wenn Sie hier doppelklicken, kommen Sie direkt zur Dialogbox VERLÄUFE BEARBEITEN.

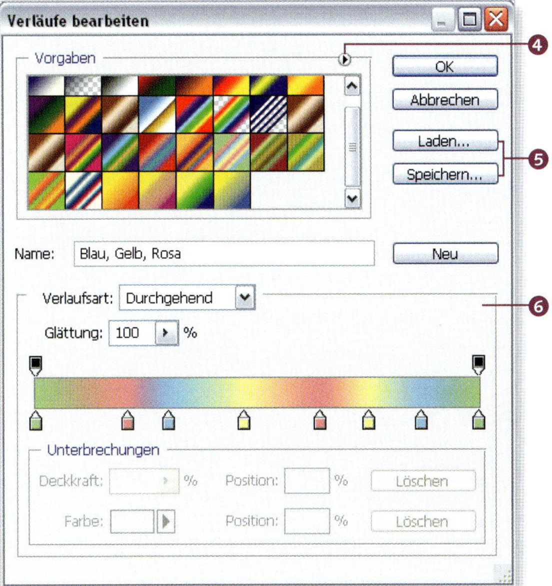

◄ **Abbildung 26.6**
Die Dialogbox zum Variieren bestehender bzw. zum Anlegen eigener Verläufe

Hier haben Sie zunächst folgende Möglichkeiten:

- Ein Klick auf den KLEINEN PFEIL ❹ ruft wiederum das gewohnte Seitenmenü mit allen Angaben zum Verwalten von Bibliotheken auf.
- Die Schaltflächen LADEN und SPEICHERN ❺ sind eine noch schnellere Möglichkeit als das Seitenmenü, um weitere Bibliotheken nachzuladen oder um eine modifizierte – also um eigene Verläufe erweiterte – Fassung der aktuell geladenen Bibliothek zu sichern.
- Um einen fertigen **Verlauf zu aktivieren** (und dann anzuwenden), klicken Sie ihn im Vorschaufenster unter VORGABEN an und bestätigen einfach mit OK. Wenn Sie mit dem Mauszei-

Sie vermissen die Einblendung von Verlaufsnamen?
Wenn unter VOREINSTELLUNGEN • BENUTZEROBERFLÄCHE die Option QUICKINFO ANZEIGEN **deaktiviert** ist, werden die mitunter hilfreichen Verlaufsnamen (und Titel anderer Vorgaben) nicht angezeigt.

ger auf einem der Verläufe verharren, wird Ihnen auch dessen Name angezeigt.

- Die entscheidenden Einstellungen zum **Bearbeiten von Verläufen** nehmen Sie im unteren Teil des Dialogfeldes ❻ vor. Sie können Anzahl und Verteilung der Verlaufsfarben, den genauen Farbübergang und etwaige Transparenzen definieren. Wie das im Einzelnen geht, lesen Sie in der folgenden Schritt-für-Schritt-Anleitung.

Schritt für Schritt: Eigene Verläufe erstellen

1 Grundlage auswählen

Ganz streng genommen legen Sie nie neue Verläufe an, sondern modifizieren bestehende Verläufe und sichern sie unter einem neuen Namen. Dazu suchen Sie sich als Erstes einen Verlauf, der eine gute Basis für Ihren eigenen geplanten Verlauf abgibt, und klicken ihn in der Liste an ❶. Dass er aktiviert ist, erkennen Sie daran, dass er auch im Balken ❷ dargestellt wird. Es lohnt sich meist, die Bibliotheken nach einer guten Verlaufsgrundlage zu durchsuchen – Sie brauchen dann nur ein paar Klicks, um diese anzupassen.

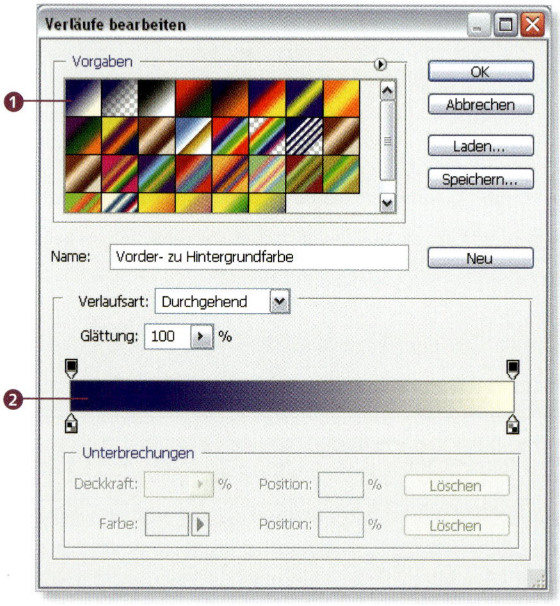

Abbildung 26.7 ▸
Das Dialogfeld VERLÄUFE BEARBEITEN

2 Neue Farbe hinzufügen

Unter VERLAUFSART lassen Sie DURCHGEHEND stehen, und eine hohe GLÄTTUNG garantiert sanfte Übergänge. Ihr wichtigstes

Arbeitsinstrument sind nun der Farbbalken und die kleinen Marker ober- und unterhalb.

Die oberen Marker legen die eventuelle Transparenz fest (offiziell: **Transparenzunterbrechungsregler**), die unteren Markierungen (**Farbunterbrechungsregler**) bestimmen, welche Farbe an welcher Stelle verwendet wird. Alle Marker lassen sich verschieben, und durch Klicks fügen Sie neue hinzu.

Durch einfaches Klicken **unter** den Farbbalken ❷ (die Maus wird zu einem Hand-Symbol) wird eine neue Farbe hinzugefügt, eine sogenannte Unterbrechung.

Mit einem Klick in das Feld FARBE oder in die Farbmarkierung des Markers rufen Sie den bekannten Farbwähler auf und können die Farbe neu definieren. Das im Beispiel gezeigte Grün hat die RGB-Werte 192-238-138.

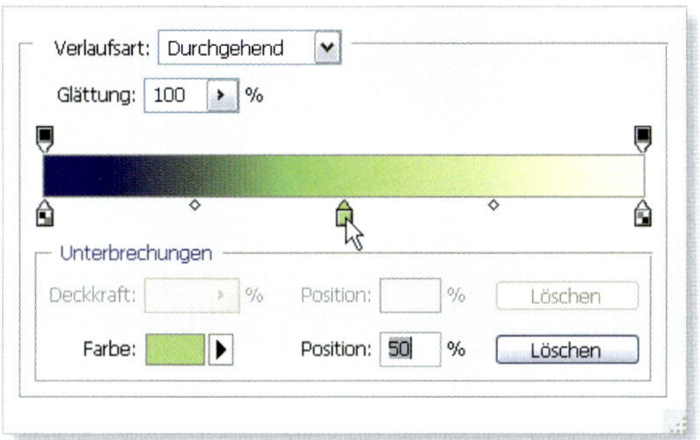

◂ **Abbildung 26.8**
Die Unterbrechung wurde eingefügt und hat auch schon die neue Farbe.

3 Position der Farben festlegen

Nun können Sie noch die Position des Markers verändern. Entweder ziehen Sie den Marker einfach mit der Maus, oder Sie aktivieren ihn durch Anklicken und geben in den Eingabefeldern exakte Werte ein. Gerade bei komplexeren Verläufen, die ganz regelmäßig sein müssen, ist das sinnvoll.

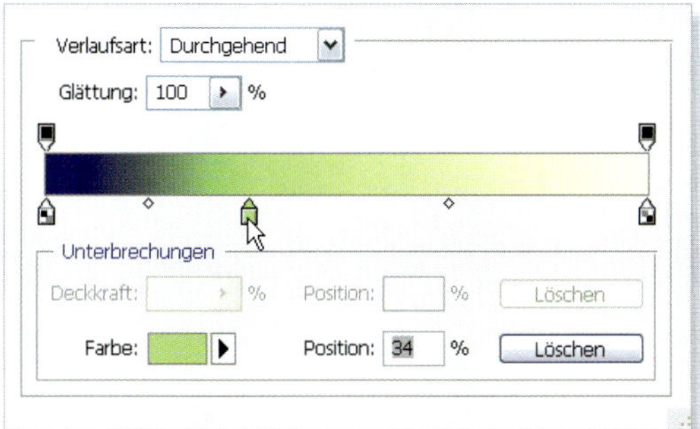

◂ **Abbildung 26.9**
Legen Sie die Position der Farben fest.

4 Verlaufsübergänge verändern

Die kleinen Rauten-Symbole zwischen den Farbmarkern zeigen an, wo die Mitte des Farbübergangs liegt. Diese Mittelpunkte können Sie verschieben und dadurch die Gestalt des Verlaufs noch ändern. Alternativ können Sie die Zahleneingabe nutzen. Dazu muss erst wieder die entsprechende Mittelpunktraute durch Anklicken aktiviert werden.

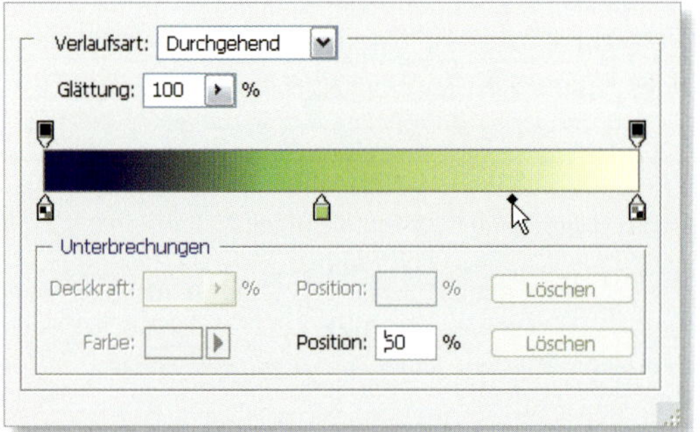

Abbildung 26.10 ▸
Hier verändern Sie die Verlaufsübergänge.

5 Transparenz einstellen

Die Einstellung der Transparenz erfolgt ganz analog. Auch hier ist der aktive Marker durch eine schwarze Spitze gekennzeichnet. Für ihn müssen Sie dann im unteren Einstellungsfeld UNTERBRECHUNGEN für den Grad der Transparenz anlegen. Rauten bestimmen wiederum den »Scheitelpunkt« des Verlaufs.

6 Verlauf benennen und sichern

Um den neuen Verlauf zu sichern, tragen Sie unter NAME ❷ eine möglichst sinnreiche Bezeichnung ein und klicken auf den Button NEU ❸. Das Duplikat erscheint nun am Ende der Liste in der Übersicht ❶.

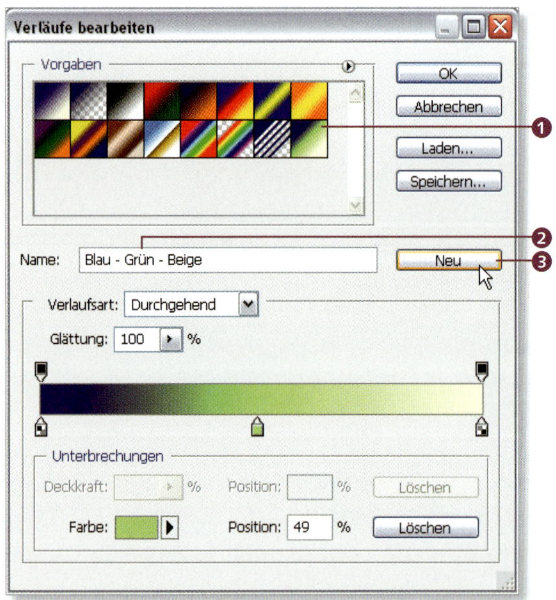

Abbildung 26.11 ▸
Der Verlauf wird gespeichert.

Unbeabsichtigte Veränderungen des Verlaufs beim Wechsel von Vorder- und Hintergrundfarbe | Das Verlaufswerkzeug unterscheidet zwischen absoluten Farbdefinitionen (Angaben von fixen Farbwerten) und Farben, die in Bezug zur aktuellen Vorder- oder/und Hintergrundfarbe in der Werkzeugleiste stehen. Absolut definierte Verläufe zeigen die Farben im Marker, die sie repräsentieren, abhängige Verläufe haben Farbmarker mit einem kleinen Karomuster.

Wenn Ihr Verlauf auf einem Verlauf basiert, der wiederum von der Vorder- und Hintergrundfarbe abhängig ist, wird er sich mit dem Ändern dieser Farben ebenfalls ändern. Um das zu verhindern, müssen Sie eine sogenannte BENUTZERDEFINIERTE FARBE (als absolut definierte Farbe) einsetzen. Klicken Sie dazu vorsichtig auf die Spitze des Markers, sodass sie schwarz hervorgehoben ist, und dann auf den Pfeil neben dem dann aktivierten Farbfeld. Wenn Sie dann BENUTZERDEFINIERTE FARBE wählen, können Sie den Status des Farbmarkers ändern.

TOPP-TIPP: Zuverlässig und dauerhaft sichern!

Achtung – die im Workshop beschriebene Art der Sicherung ist nicht dauerhaft. Auf diese Art gesicherte neue Verläufe und andere Vorgaben werden lediglich in einer Voreinstellungendatei gespeichert. Wird diese Datei gelöscht oder beschädigt – was bei einem Systemabsturz schnell passieren kann – oder werden die Verläufe per Befehl VERLÄUFE ZURÜCKSETZEN auf die Standardbibliothek zurückgestellt, gehen Ihre Änderungen verloren. Möchten Sie neue Verläufe dauerhaft speichern, speichern Sie sie in einer eigenen Bibliothek, zum Beispiel über den Befehl SPEICHERN. Das gilt nicht nur für Verläufe, sondern auch für alle anderen Vorgaben, die an bestehende Listen unten angehängt werden!

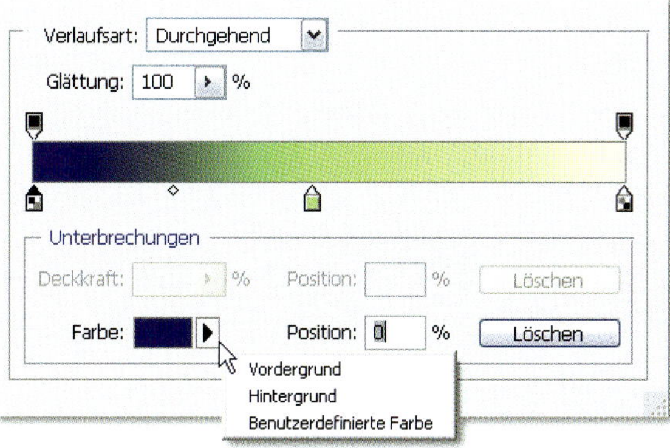

◄ **Abbildung 26.12**
Abhängige Farbdefinition in einen absoluten Farbwert umwandeln

26.2.4 Rauschverläufe

Ein schönes Spielzeug – das auch zum Erzielen durchaus ernstzunehmender Ergebnisse taugt – ist der Rauschverlauf. (Er wurde in alten Photoshop-Versionen als »Störungsverlauf» bezeichnet.) Dabei werden auf Knopfdruck streifige Zufallsverläufe erstellt, und Sie können festlegen, wie hart oder weich diese Streifen ineinander übergehen und wie groß der Farbumfang sein soll.

Hier müssen Sie als Erstes die VERLAUFSART ❹ auf RAUSCHEN stellen. Der Standardwert für KANTENUNSCHÄRFE ❺ ist 50%. Dieser Wert erzeugt regelrechte Streifen, niedrigere Werte sind für etwas weichere Verläufe besser. Sie können ebenfalls einstellen, nach welchem FARBMODELL ❻ (RGB, HSB und Lab stehen zur Verfügung) und wie gemischt wird. Dazu verstellen Sie die Regler unter den Farbbalken.

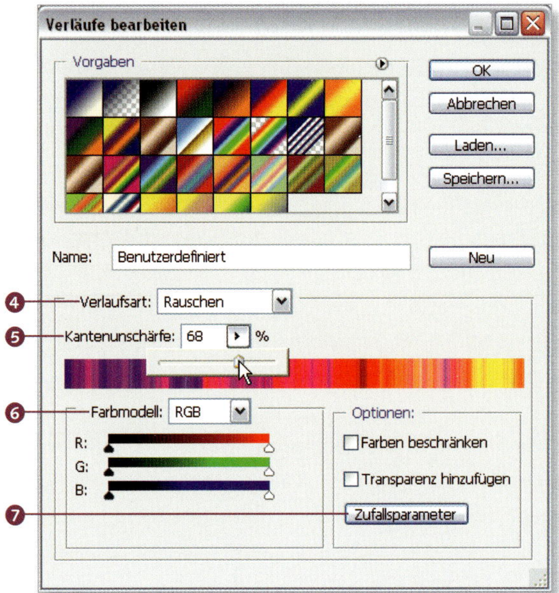

Abbildung 26.13 ▶
Die Einstellungsmöglichkeiten für einen Rauschverlauf

Die Option FARBEN BESCHRÄNKEN wirkt sich auf die Sättigung des Verlaufs aus. Zu grelle Farben werden unterdrückt. TRANSPARENZ HINZUFÜGEN erklärt sich von selbst. Der Farbbalken zeigt den aktuell eingestellten Störungsverlauf an.

Mit jedem Klick auf den Button ZUFALLSPARAMETER ❼ erzeugen Sie nun einen neuen, zufällig ermittelten Verlauf aus Ihren Vorgaben. Wenn Sie das Spektrum und die Kantenschärfe gut gewählt haben, werden Sie nach wenigen Klicks einen Verlauf haben, der Ihren Vorstellungen entspricht. Sie können das aktuelle Ergebnis durch Verstellen der Regler an den Farbbalken und durch Abwählen oder Zuschalten von Optionen verändern.

Abbildung 26.14 ▶
Einige Beispiele für Rauschverläufe. Auch der Kreis ist so entstanden – mit einem radialen Verlauf!

26.2.5 Verläufe im Webeinsatz – Streifenbildung verhindern

Verläufe neigen – auch wenn sie in einer hohen JPEG-Qualität gespeichert wurden – bei der Bildschirmdarstellung zur Streifenbildung. Wenn Sie Verläufe für den Bildschirmeinsatz produzieren, können Sie diese Streifenbildung unterbinden, indem Sie dem Bild RAUSCHEN HINZUFÜGEN. Sie finden diese Funktion unter FILTER • RAUSCHFILTER.

Zum Weiterlesen: Webgerechte Bilder
Wie Sie Bilder für den Screeneinsatz optimieren, lesen Sie in Kapitel 37, »Bildoptimierung für Internet und mobile Geräte«.

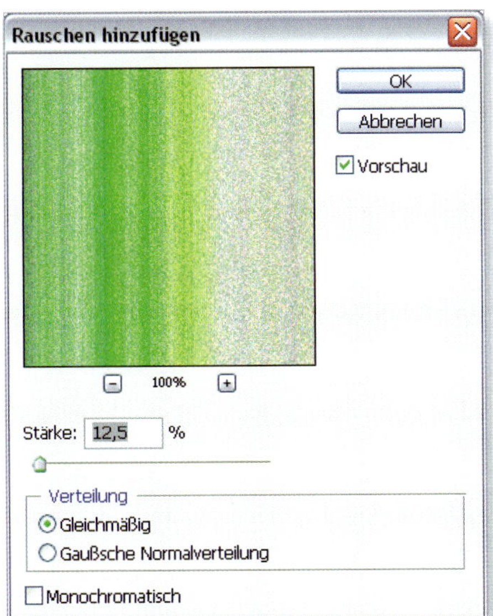

▲ **Abbildung 26.15**
RAUSCHEN HINZUFÜGEN: Die Option MONOCHROMATISCH ist vor allem gut geeignet, um Filmkorn zu simulieren (die körnige Struktur hochempfindlicher Filme).

Sie sollten hier nur eine niedrige Prozentzahl verwenden, da es bei einer großen Menge Störungen zu Moiré-Bildung in der Bildschirmwiedergabe kommen kann. Die Stärke der Streifenbildung auf einem Verlauf ist auch von dessen Helligkeit abhängig – bei einem dunklen Verlauf müssen unter Umständen mehr Störungen hinzugefügt werden. Der ideale Wert kann in jedem Fall nur durch Austesten festgestellt werden. Nutzen Sie auch die Browser-Vorschau im Tool FÜR WEB UND GERÄTE SPEICHERN!

26.3 Muster

Wenn Sie bis hierher aufmerksam gelesen haben, ist es Ihnen vermutlich schon aufgefallen – Muster sind eine weitere Kreativressource in Photoshop, die Ihnen an verschiedenen Stellen des Programms begegnet: Beim Füllen von Flächen (Füllwerkzeug-Option MUSTER), als Eigenschaft von Pinseln (Option STRUKTUR in der Pinsel-Palette) und bei vielen anderen Gelegenheiten. Adobe liefert zahlreiche Muster für viele Gelegenheiten mit, aber Sie können sich auch eigene Muster definieren.

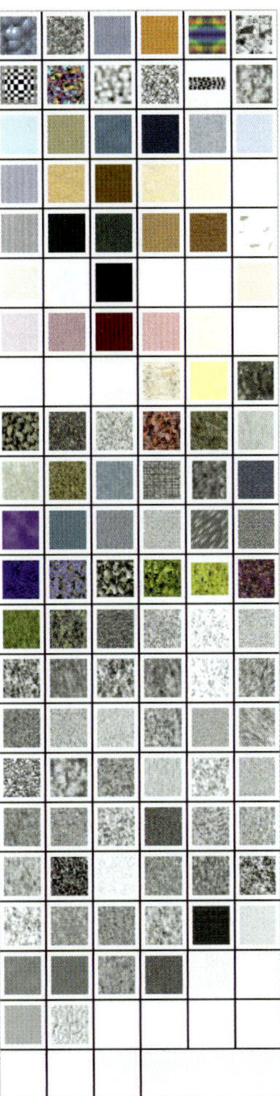

▲ **Abbildung 26.16**
Mitgelieferte Muster in Photoshop

26.3.1 Eigene Muster erzeugen

Sie können aus jeder beliebigen Datei Muster erstellen und in Musterbibliotheken ablegen. Das Verfahren eignet sich gut für strenge, grafische Muster wie zum Beispiel Streifen. Aber auch fotografierte Texturen lassen sich auf diese Weise als Muster verwerten. Wenn Sie einmal gezielt auf Fotopirsch gehen, werden Sie sehen, wie viele interessante Texturen sich schon bei einem kurzen Spaziergang finden lassen. Sie müssen beim Fotografieren nur darauf achten, möglichst neutrale, gleichmäßig strukturierte Bereiche aufzunehmen. Interessante, hervorstechende Partien akzentuieren bei späterer Anwendung des Musters die Grenzen der einzelnen Musterelemente. Und das ist natürlich nicht erwünscht.

CS4 **Der Mustergenerator ist passé.**
Musterkacheln – zum Beispiel als Website-Hintergrund – sind endgültig aus der Mode. Passenderweise hat Adobe den Mustergenerator aus dem Funktionsumfang von Photoshop CS4 entfernt. Er kann nur noch nachinstalliert werden. Eine genaue Beschreibung des Mustergenerators können Sie im Buch-Update unter *www.galileodesign.de/1869* nachlesen.

Dateien auf der Buch-DVD: »Putz.jpg«, »Beton.jpg«, »Rost.jpg«, »Glas.jpg«

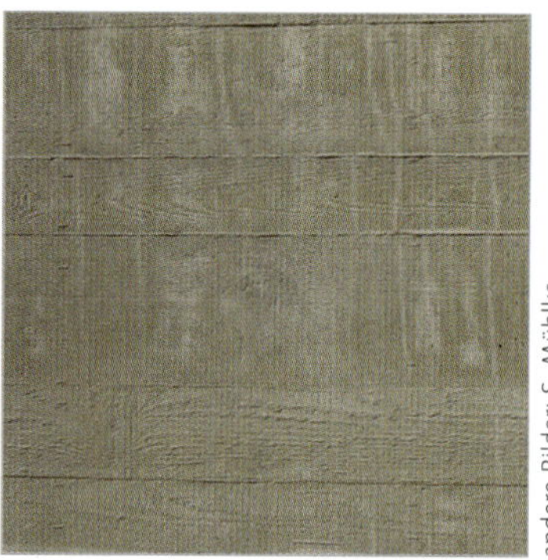

andere Bilder: S. Mühlke

Bild: dieblen.de

Abbildung 26.17 ▸
Eine verputzte Wand, Sichtbeton, eine rostige Metallwand oder das Detail einer Glasfläche – potenzielle Photoshop-Muster finden sich überall.

Der Aufwand, um ein eigenes Muster zu erzeugen, ist gering. Sie brauchen natürlich eine geeignete Vorlage. Überlegen Sie auch, ob Sie dem Bild vielleicht etwas Farbe entziehen, die Kontraste erhöhen oder es etwas verfremden wollen. Dann müssen Sie den passenden Bildausschnitt festlegen. Muster müssen nicht quadratisch sein, für viele Zwecke ist das jedoch am besten. Erzeugen Sie eine Auswahl um den Bildbereich, der die Mustervorlage sein soll. Wählen Sie dann Bearbeiten • Muster festlegen, und vergeben Sie einen neuen Namen für das Muster. Und das war's auch schon – fertig ist Ihr Muster!

Musterverwaltung
Für die Verwaltung der Musterbibliotheken gilt das bereits für Farbfelder, Pinsel und andere Vorgaben Gesagte: Sie lassen sich bequem per Vorgaben-Manager und über die bekannten Befehle im Seitenmenü verwalten.

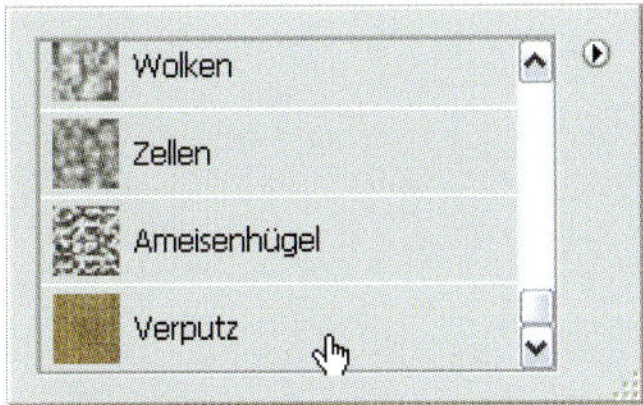

▲ **Abbildung 26.18**
In allen Werkzeugen, die Muster verwenden, tauchen nun die neuen Muster am Ende der aktuellen Musterbibliothek auf.

▲ **Abbildung 26.19**
Per Ebenenstil MUSTERÜBERLAGERUNG wurde das neue Muster gleich auf eine Textebene angewandt.

26.3.2 Muster aus Filtern

Im FILTER-Menü findet sich neben dem Mustergenerator noch mehr, um »Bilder aus dem Nichts« zu machen und Strukturen zu erzeugen. Sie finden diese Filter unter FILTER • RENDERFILTER. Die hier besprochenen Filter lassen sich auch kombinieren.

Muster aus Differenz-Wolken | Die Datei, die Sie mit diesem Filter behandeln wollen, muss mit (beliebigen) Pixeln gefüllt sein, sonst funktioniert es nicht. Der Filter verwendet nach dem Zufallsprinzip ermittelte Werte, die auf Basis der Füllmethode DIFFERENZ zwischen der aktuell eingestellten Vordergrund- und der Hintergrundfarbe variieren und ein Wolkenmuster erzeugen. Mehrfache Anwendung erzeugt ein **Marmormuster**.

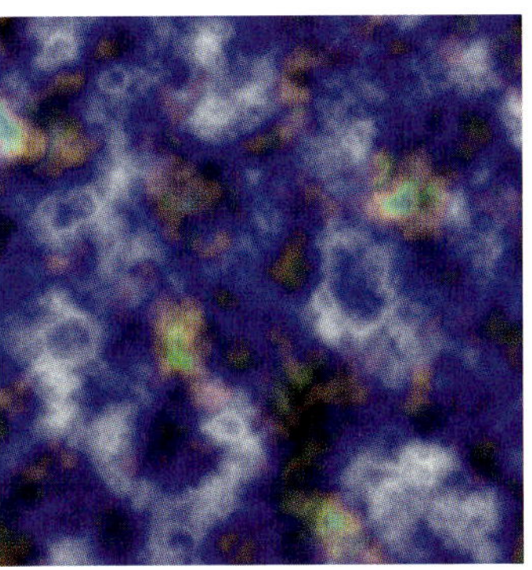

◄◄ **Abbildung 26.20**
Differenz-Wolken

◄ **Abbildung 26.21**
Die mehrfache Anwendung des Filters kann auch die Farbigkeit des Bildes stark verändern.

Muster mit Fasern | Der Filter FASERN erzeugt mit den Vorder- und Hintergrundfarben einen holzähnlichen Effekt. Er ist per ZUFALLSPARAMETER steuerbar.

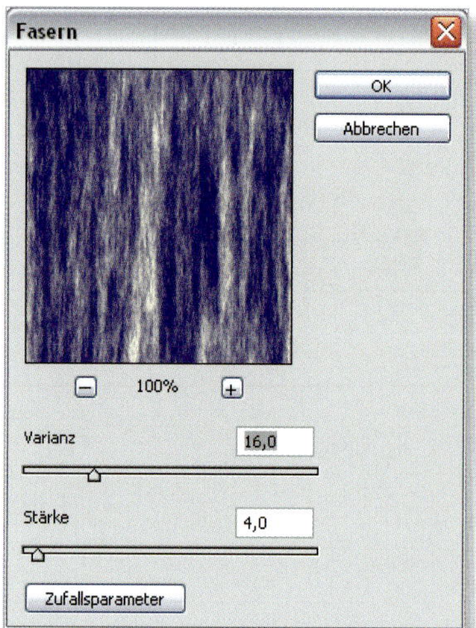

Abbildung 26.22 ▶
Der Dialog des FASERN-Filters ist leicht bedienbar.

Mit einer bräunlichen Verlaufsumsetzung ergeben sich interessante Holzstrukturen.

Muster mit dem Filter »Wolken« | Der Filter WOLKEN ist etwas weicher in der Wirkung als DIFFERENZ-WOLKEN und greift direkt auf die eingestellte Vorder- und Hintergrundfarbe zu. Das Muster wird mithilfe von Zufallswerten erzeugt, die zwischen der Vorder- und Hintergrundfarbe variieren. Einzige Steuerung: Drücken Sie beim Klicken des Filterbefehls zusätzlich [Alt]/[⌥] – das Muster wird dadurch kontrastreicher.

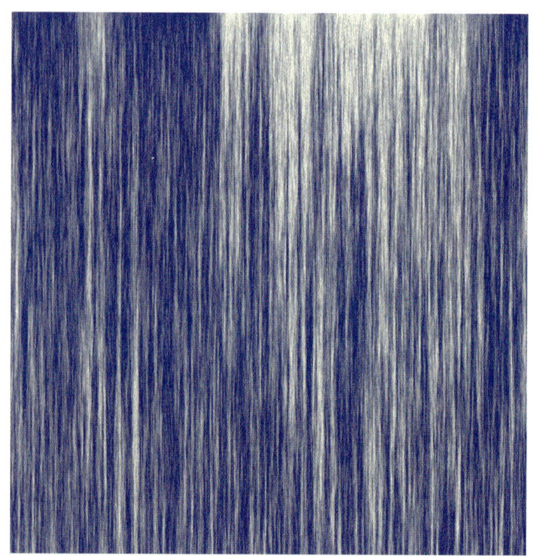

▲ **Abbildung 26.23**
Die Wirkung des Filters FASERN

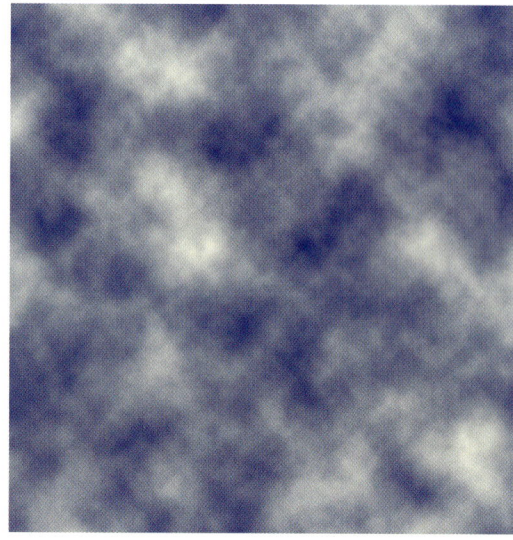

▲ **Abbildung 26.24**
Wolken

27 Schwarzweißbilder erstellen

Schwarzweißbilder haben ihren eigenen ästhetischen Reiz: Die Bildaussage wird hier nachdrücklicher in den Vordergrund gerückt als bei Farbbildern, und ihre dezente Erscheinung setzt ein angenehmes Gegengewicht zur schrill-bunten Gestaltungsgegenwart. Und wer seine Erzeugnisse in der einen oder anderen Form druckt, wird es zu schätzen wissen, dass Schwarzweißbilder auch die kostengünstigste Form sind, Bilder auf Papier zu bringen.

Es sollte selbstverständlich sein, aus dem Farbbild, das in Graustufen verwandelt werden soll, das Optimum herauszuholen: Erhalt der Kontraste, gute Überführung der Tonwerte ins Graustufenbild, Detailzeichnung. Da es immerhin um die Verwandlung von 16,7 Millionen Farben (so viele sind in RGB möglich) in 256 Graustufen geht, können Sie sich gewiss vorstellen, dass hier auch einiges schiefgehen kann …

27.1 Schwarzweiß via Modusänderung

Der naheliegendste Weg – die Modusänderung von RGB in Graustufen – ist meist nicht der beste und führt zu flauen, kontrastarmen Bildern.

◂ **Abbildung 27.1**
Dies ist der schnellste, aber nicht der beste Weg, um aus einem Farb- ein Graustufenbild zu machen.

Bild: Onno K. Gent

▲ **Abbildung 27.2**
Der Reiz dieses Bildes liegt in den fein detaillierten Strukturen der Fischernetze und in seiner ruhigen Farbigkeit: Es ist eine Herausforderung, dieses Motiv in ein Schwarzweißbild umzuwandeln.

▲ **Abbildung 27.3**
Unser erster Versuch liefert ein langweiliges, recht dunkles Grau: Wird diese per Modusänderung erzeugte Graustufenversion dem Originalbild gerecht?

Datei auf der Buch-DVD: »Fischernetze.jpg«

Der Befehl »Sättigung verringern«

Um einem Bild die Sättigung auf einen Schlag zu entziehen, können Sie den Befehl SÄTTIGUNG VERRINGERN aus dem Menü BILD • KORREKTUREN (⇧+Strg+U bzw. ⇧+⌘+U) nutzen. Mit einem Mausklick ist Ihr Bild entfärbt.

Das Umwandeln des Bildes in den Graustufenmodus sollte – wenn überhaupt – **am Ende** des Entfärbens stehen, wenn Sie Ihre angepasste Schwarzweißversion erzeugt haben. Bisweilen kann es auch ganz nützlich sein, es als RGB-Bild weiterzubearbeiten – bekanntlich stehen dann die meisten Photoshop-Funktionen zur Verfügung. Auch dann, wenn Sie ein digitales Graustufenbild ausbelichten lassen wollen, muss es in der Regel im Modus RGB vorliegen.

Es gibt aber noch eine Reihe anderer Methoden, die ich Ihnen im Folgenden vorstellen will: Neben der eigens dafür entwickelten Funktion SCHWARZWEISS. Daneben gibt es eine Reihe bewährter Tricks, um aus einem farbigen Bild ein Schwarzweißbild zu machen. Welche Methode die richtige ist und welche völlig falsch, ist schwer zu sagen und hängt von der Vorlage und letzten Endes auch von Ihren Arbeitsvorlieben ab.

Ein schlechtes Bild wird mit keiner der Methoden verbessert – was aber in Farbe gut aussieht, ergibt wahrscheinlich auch ein gutes Schwarzweißbild!

27.2 Schwarzweiß erstellen über RGB-Kanäle

Bei RGB-Bildern ist es möglich, einfach einen einzelnen Bildkanal zur Grundlage für das Graustufenbild zu machen. Die Kanäle selbst sind nämlich auch Graustufenbilder, und jeder Kanal beinhaltet eine spezifische und einzigartige Version Ihres Bildes. Auch damit können Sie bei manchen Bildern gute Ergebnisse erzielen.

27.2.1 Welchen Kanal bearbeiten?

Welcher der Kanäle die beste Grundlage für ein Graustufenbild abgibt, richtet sich nach dem Motiv und den Originalfarben.

- Bilder mit **starken Hell-Dunkel-Unterschieden** sehen in der Regel im Rotkanal am besten aus.
- Auch Bilder mit vielen **Hauttönen** wirken meist im Rotkanal am besten.
- Wenn Sie die **Detailzeichnung** Ihres Bildes herausarbeiten wollen, sind Sie vermutlich im Grünkanal richtig.
- Der Blaukanal weist oft Störungen auf und ist zu dunkel. Für ein **dramatisches Bild** – beispielsweise sich auftürmende Wolkenberge vor starkem Himmelblau – kann er sich aber ganz gut eignen.

27.2.2 Technik

Die Technik ist ganz einfach: Sie wechseln in die Kanäle-Palette, deaktivieren alle Farbkanäle und klicken die Kanäle nacheinander jeweils einzeln an. Ist der bestaussehende Kanal gefunden, duplizieren Sie ihn und löschen die übrigen Kanäle.

Nach dem Entfernen der ursprünglichen RGB-Kanäle wird als Bildmodus automatisch MEHRKANAL angezeigt. Wenn Sie das Bild aus dem Mehrkanalmodus wieder in RGB umwandeln wollen, müssen Sie es zunächst in den Graustufenmodus bringen. Erst danach lässt sich der Moduswechsel nach RGB vollziehen.

Kanäle schnell durchklicken

Das Ein- und Ausblenden der einzelnen Kanäle geht am schnellsten, wenn Sie einfach auf die entsprechenden Kanalminiaturen klicken und nicht mit den Augen-Symbolen hantieren.

Kanalberechnungen | Wenn keiner der Bildkanäle als Graustufenbild überzeugen kann, könnte der Klick auf BILD • KANALBERECHNUNGEN helfen. Dieses Werkzeug erlaubt es Ihnen, die Graustufeninformationen von zwei Farbkanälen des Bildes miteinander zu kombinieren und mit verschiedenen Füllmethoden miteinander zu verrechnen. Die Ausgabe dieses neu gemischten Graustufenkanals erfolgt in einem Alphakanal.

Unter QUELLE 1 und QUELLE 2 geben Sie an, welche Kanäle gemischt werden sollen. Es ist auch möglich – in diesem Fall aber nicht zweckdienlich – zweimal denselben Kanal als Quelle anzugeben und mit sich selbst verrechnen zu lassen. Wenn Ihr Bild

Umwandlung über Lab

Auch den Lab-Modus können Sie nutzen, um aus Farbbildern Schwarzweißbilder zu machen. Hier ist es unweigerlich der Kanal LAB-HELLIGKEIT, den Sie erhalten müssen; die anderen Kanäle werden gelöscht. Der Kanal wechselt während des Löschens der anderen Kanäle seinen Namen in ALPHA 1, seine Funktionsweise wird jedoch nicht beeinträchtigt.

mehrere Ebenen enthält, können Sie unter EBENE noch festlegen, ob die Kanalinformationen des gesamten Bildes (Option ZUSAMMENGEFÜGT) oder einzelner Ebenen berücksichtigt werden sollen.

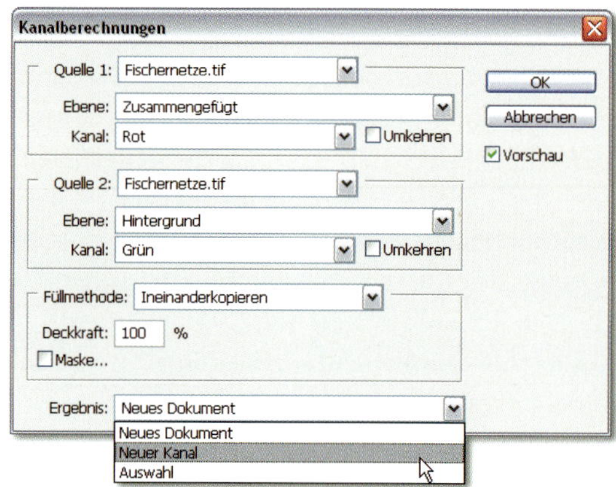

Abbildung 27.4 ▶
KANALBERECHNUNGEN ist ein nicht gerade intuitv zu bedienendes Werkzeug, doch wer gerne mit Füllmethoden arbeitet, wird Gefallen daran finden. Übrigens können Sie dieses und das verwandte Tool BILDBERECHNUNGEN auch nutzen, um RGB-Bilder farblich zu verfremden.

Unter FÜLLMETHODE stellen Sie ein, wie die Graustufeninformationen der beiden Quellen verrechnet werden. Unter ERGEBNIS legen Sie fest, ob Sie einen neuen (Alpha-)Kanal in der Ausgangsdatei oder gleich ein neues Bild erzeugen wollen. Wenn Sie die Option MASKE anklicken, wird das Dialogfeld erweitert. Sie können dann erneut einen Kanal auswählen, der als Maske für die Füllmethoden-Berechnung dient, oder im Bild vorhandene Masken in die Berechnung einfließen lassen.

Abbildung 27.5 ▶
Hier der Grünkanal des Ausgangsbildes. Er sieht brauchbar aus, verfügt aber teilweise über zu wenig Kontrast. Rot- und Blaukanal (nicht abgebildet) hingegen sind zu kontrastreich.

Abbildung 27.6 ▶▶
Die mit den Einstellungen aus den KANALBERECHNUNGEN erzeugte Mischung aus Rot- und Grünkanal.

27.2.3 Kanäle mischen: der Kanalmixer

Wenn Ihnen die KANALBERECHNUNGEN zu technisch und zu mathematisch vorkommen, können Sie alternativ zum Kanalmixer greifen. Sie finden ihn im Menü BILD • KORREKTUREN • KANALMIXER. Es können aber auch Einstellungsebenen für dieses Tool angelegt werden, was neben den guten Ergebnissen ein weiterer Vorteil dieser Methode ist.

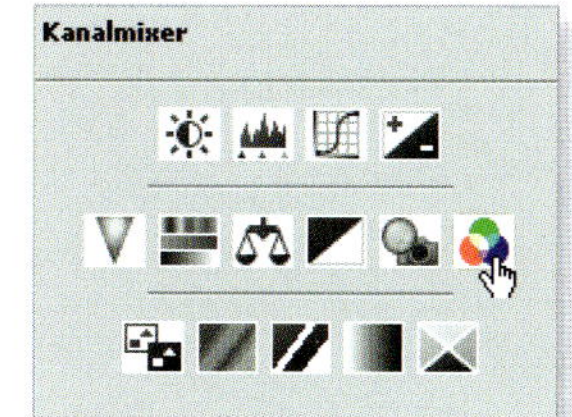

▲ **Abbildung 27.7**
Erzeugen einer neuen Kanalmixer-Einstellungsebene in der Korrekturen-Palette

Handhabung | Die Handhabung ist einfach: Erzeugen Sie eine Einstellungsebene KANALMIXER, klicken Sie die Option MONOCHROM ❷ an, und bearbeiten Sie durch Ziehen an den Reglern die Kanalmischung.

Als Faustregel gilt, dass die Werte für die einzelnen Kanäle nach erfolgter Einstellung wiederum ungefähr 100 % ergeben sollten. Die Einstellung KONSTANTE ❸ soll Helligkeit und Kontrast regeln, arbeitet aber nicht besonders differenziert – bessere Ergebnisse erhalten Sie mit Gradationskurven!

Korrekturen ganz neu organisiert
Durch die neue Korrekturen-Palette sind die gewohnten Korrektur-Dialoge weitgehend weggefallen. Mit der Palette erzeugen Sie Einstellungsebenen und nehmen auch gleich die Einstellungen darin vor. Eine ausführliche Einführung in eine der wichtigsten Neuerungen der Version CS4 und einen Überblick über Einstellungsebenen finden Sie in Teil V, »Korrigieren und Optimieren«.

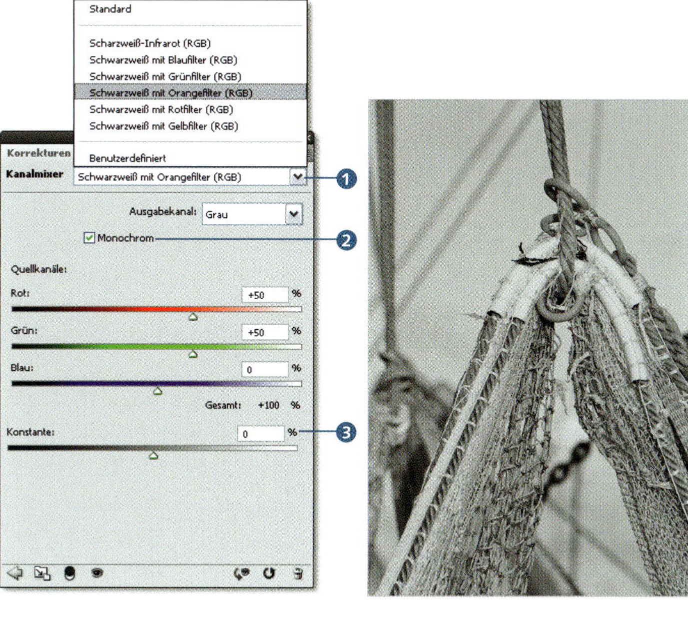

▲ **Abbildung 27.8**
Der Kanalmixer in der neuen Korrekturen-Palette mit seinen Reglern für die einzelnen Farbkanäle und der Vorgabenliste ❶

▲ **Abbildung 27.9**
Das Beispielbild nach der Umwandlung mit dem Kanalmixer

27.3 Der Experte – das Tool Schwarzweiß

Anders als sein Name nahelegt, kann das Werkzeug SCHWARZWEISS mehr, als nur Bilder zu entfärben: Mit ihm können Sie auch Fotos tonen, also die Tonwerte anstatt in schwarzweißen in »farbigen Graustufen« darstellen. Wie fast alle anderen Korrekturwerkzeuge gibt es SCHWARZWEISS als Einstellungsebene.

Auf den ersten Blick sieht das Werkzeug SCHWARZWEISS wie eine etwas erweiterte Version des Kanalmixers aus, doch das täuscht, Sie können hier viel intuitiver arbeiten.

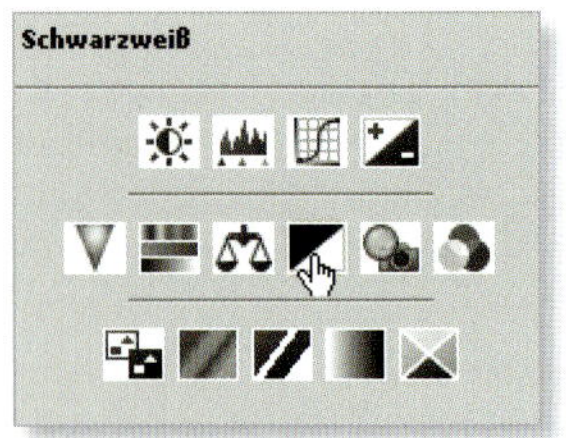

▲ **Abbildung 27.10**
Ein Klick auf dieses Icon der Korrekturen-Palette startet SCHWARZWEISS.

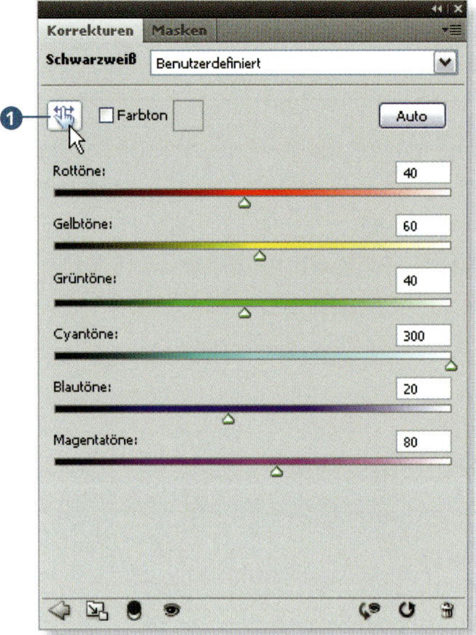

Abbildung 27.11 ▶
Die sechs Regler bestimmen die Kanalmischung. Ist die Option FARBTON aktiviert, wird das Bild gemäß Ihren Einstellungen getont.

Sie können – wie beim Kanalmixer – durch Ziehen an den Reglern bestimmen, wie stark die unterschiedlichen Anteile der ursprünglichen Bildfarben bei der Umsetzung in Schwarzweiß berücksichtigt werden. Bei sechs Reglern hat man da eine Menge zu tun ... und die Konzentration auf das Umwandlungsergebnis im Dokumentfenster fällt schwer. Doch Sie können auch anders arbeiten.

Auto | Ein Klick auf den Button AUTO produziert nach automatischer Auswertung der Bilddaten oft schon ein akzeptables Ergebnis, zumindest aber Einstellungen, die als Ausgangsbasis für das Feintuning dienen können.

Tonwerte mit der Maus verändern | Wirklich genial ist die Möglichkeit, die Tonwerte des Bildes direkt durch Mausbewegungen im Bild zu beeinflussen.

Klicken Sie nach der Aktivierung der Funktion ❶ direkt im Bild den Bereich an, den Sie verändern wollen. Der Mauszeiger hat zunächst Pipettenform, verwandelt sich dann jedoch in eine Hand mit Doppelpfeil. Wenn Sie diese Hand nach links bewegen, wird der Bereich dunkler; ziehen Sie die Hand nach rechts, wird er aufgehellt.

Direktsteuerung per Mauszeiger muss erst aktiviert werden
Anders als in CS3 muss in der CS4-Version des SCHWARZWEISS-Dialogs die direkte Steuerung per Maus erst aktiviert werden. Dazu klicken Sie auf das Maushand-Icon (❶ in Abbildung 27.11).

▲ **Abbildung 27.13**
Der Himmel soll abgedunkelt werden. Ein Klick in diesen Bereich …

▲ **Abbildung 27.14**
… Bewegen der Maushand nach links, fertig. Das geschieht ganz ohne Ziehen an den Reglern und sehr treffsicher.

▲ **Abbildung 27.12**
Diese Mauszeigerform deutet an, dass Sie durch Verschieben der Maus Einstellungen ändern können.

27.4 Bildelemente durch (Ent)färben akzentuieren

Eine der wichtigsten Aufgaben der Bildbearbeitung – neben Korrekturen und kreativen Montagen – ist es, Bilder so zu bearbeiten, dass die Bildaussage klar herausgestrichen und das Augenmerk auf das wichtigste Motiv gelenkt wird. Im letzten Abschnitt ging es um Schwarzweißbilder – nun will ich Ihnen zeigen, wie Sie Bilder **teilweise entfärben**, in anderen Bereichen die Farbwirkung steigern können und so Ihren Bildgegenstand effektvoll in Szene setzen.

Schritt für Schritt: Durch Farbe hervorheben

1 Auswahl anlegen

Auch hier ist die Basis der ganzen Operation eine Auswahl. Wählen Sie zunächst mithilfe des Schnellauswahlwerkzeugs das Laub aus. Im Maskierungsmodus können Sie die Auswahl ein wenig nachbessern. Dann kehren Sie sie um – über AUSWAHL • AUSWAHL UMKEHREN (⇧+Strg+I/⇧+⌘+I).

Falls Sie den Aufwand scheuen: In der Übungsdatei ist die notwendige Auswahl bereits gespeichert und kann via AUSWAHL • AUSWAHL LADEN aktiviert werden.

Datei auf der Buch-DVD: »Laub.tif«

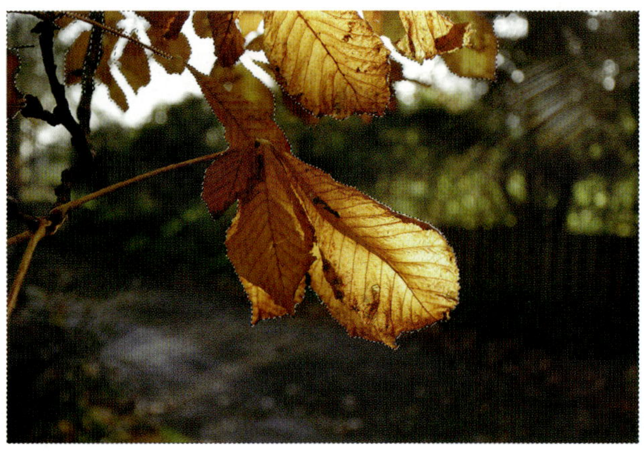

▲ **Abbildung 27.15**
Legen Sie eine Auswahl um die Blätter herum an, und kehren Sie sie dann um.

2 Einstellungsebene erzeugen

Erzeugen Sie nun bei aktiver Auswahl eine Einstellungsebene SCHWARZWEISS. Die in Einstellungsebenen standardmäßig vorhandene Maske wurde in die Auswahl übernommen; das Laub ist maskiert. Entfärbt wird nur die Umgebung. Auf das maskierte Laub wirkt sich die Einstellungsebene nicht aus.

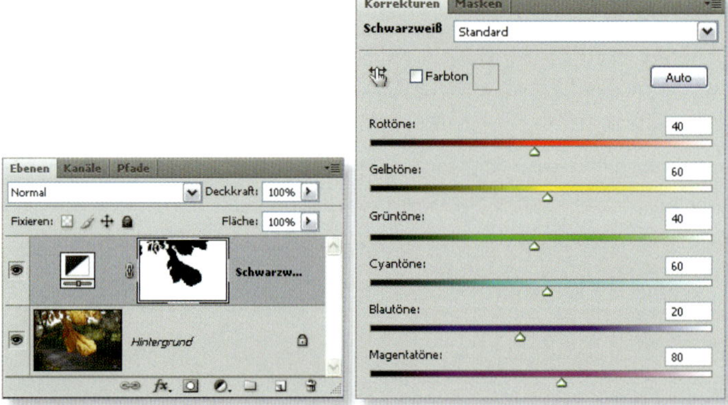

▲ **Abbildung 27.16**
Die Einstellungsebene mit Maske ist in der Ebenen-Palette zu sehen. Gleichzeitig öffnen sich in der Korrekturen-Palette die Einstellungen für das gewählte Werkzeug.

3 Bildhintergrund entfärben

Im Werkzeug SCHWARZWEISS können Sie nun die gewünschten Einstellungen vornehmen. Ich habe hier den AUTO-Button benutzt und einzelne Partien teilweise etwas aufgehellt, indem ich mit der Maus direkt im Dokumentenfenster arbeite.

Das Bild sieht jetzt so aus.

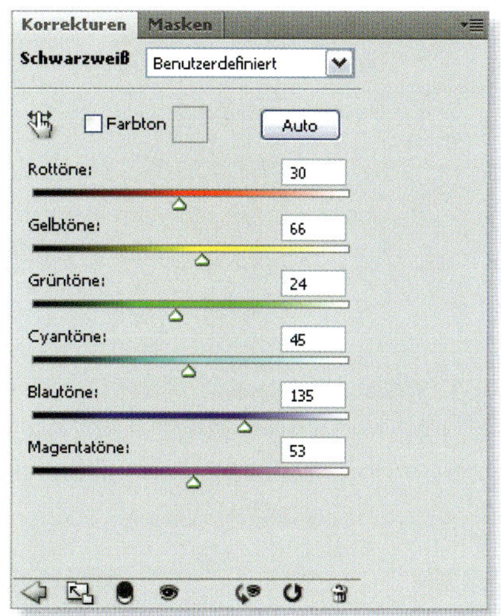

▲ **Abbildung 27.17**
Einstellungen für die Schwarzweißumsetzung des Bildhintergrundes

▲ **Abbildung 27.18**
Der Zwischenstand

4 Zweite Einstellungsebene

Das wirkt schon ganz gut. Der Unterschied zwischen farbigen und weniger farbigen Bereichen soll aber noch ein wenig verstärkt werden. Durch einfaches Klicken auf die Maskenminiatur der Einstellungsebene laden Sie die Auswahl erneut. Kehren Sie sie um.

Nun soll eine neue Einstellungsebene FARBTON/SÄTTIGUNG erzeugt werden. Dazu klicken Sie zunächst auf den kleinen Pfeil ① am unteren linken Rand der Palette, um zur Palettenansicht mit den Icons zu wechseln und klicken dann auf das Icon für FARBTON/SÄTTIGUNG ②.

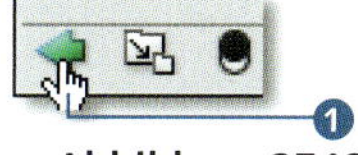

▲ **Abbildung 27.19**
Mit dem Pfeil schalten Sie die Korrekturen-Palette um.

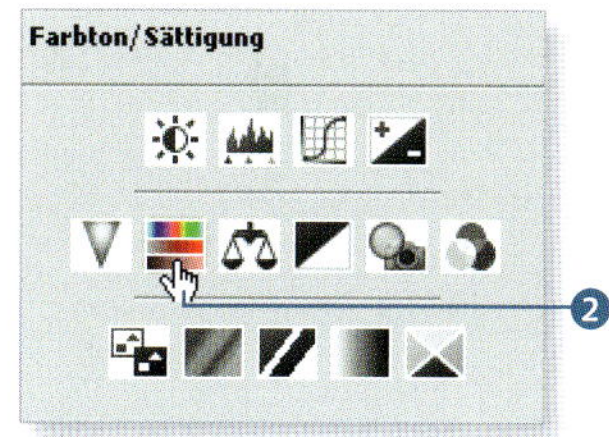

▲ **Abbildung 27.20**
Erzeugen einer Farbton/Sättigung-Einstellungsebene

5 Sättigung der Herbstblätter anziehen

Aufrund der zuvor aktiven Auswahl ist die Maske der neuen Einstellungsebene nun so eingestellt, dass sie nur auf das Laub – nicht auf den Rest des Bildes – wirkt. Im Dialogfeld FARBTON/SÄTTIGUNG verschieben Sie den Sättigungsregler behutsam nach rechts. Auch die Helligkeit können Sie ein wenig verändern. Beachten Sie, dass dabei die Option FÄRBEN nicht angeklickt sein darf.

Abbildung 27.21 ▸
Die Einstellungen unter Farbton/Sättigung

Abbildung 27.22 ▾
Das Ergebnis

Hier sehen Sie das Bild in der Vorher-nachher-Ansicht.

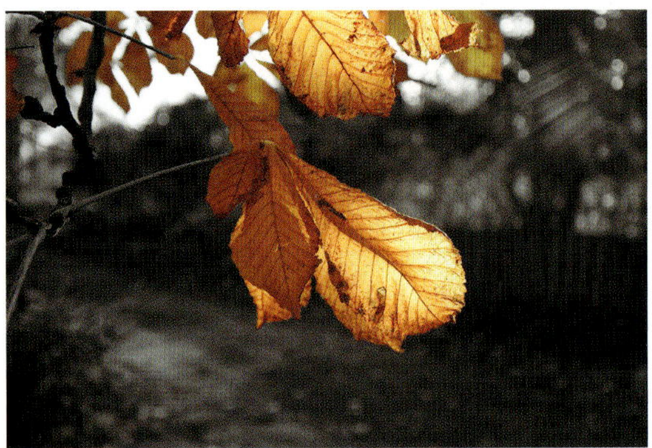

27.5 Graustufenbilder kolorieren

Echte Graustufenbilder lassen sich mit Farbton/Sättigung nicht kolorieren, denn das Werkzeug greift auf bestehende Farbinformationen zu und verändert sie – es fügt einem Bild aber keine Farben hinzu.

Wenn Sie ein Graustufenbild kolorieren wollen, müssen Sie selbst zum Pinsel greifen – und es vorher natürlich in RGB umwandeln. Auch Farbverläufe kann man zum Kolorieren oft gut einsetzen. Mithilfe von Auswahlen, Masken und vielen Ebenen – auch hier lassen sich die Füllmethoden gut ausspielen – kann so ein koloriertes Schwarzweißbild mit dem Charme alter handkolorierter Abzüge entstehen …

Diese Technik ist aber in jedem Fall nur etwas für geduldige Naturen, die gerne akribisch arbeiten!

▲ **Abbildung 27.23**
Selbst eine so einfache Kolorationsarbeit ...

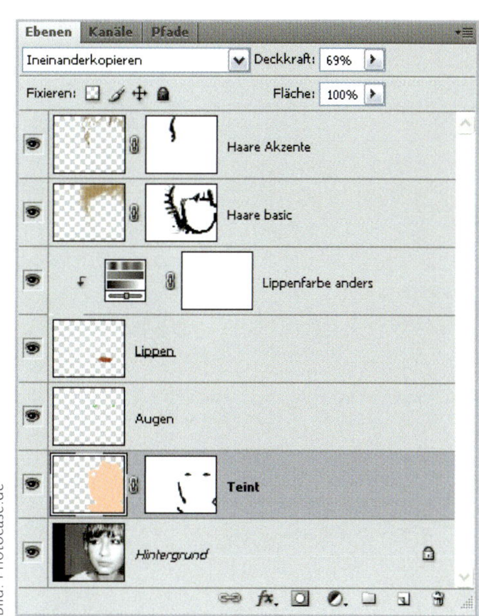

▲ **Abbildung 27.24**
... kommt schon auf eine erkleckliche Anzahl von Ebenen und Masken.

Ein Problem bei solchen Kolorierungen ist es oft, die richtige Hautfarbe zu treffen. Öffnen Sie dann am besten ein anderes Farbfoto, und nehmen Sie den Farbton von dort mit der Pipette ab. In der Palette FARBFELDER können Sie einmal eingestellte Farben bequem speichern und haben sie schnell wieder zur Hand. Auch Augen- und Haarfarben lassen sich so bequem übertragen und sichern.

28 Farbverfremdungen

Farbverfremdungen machen Bilder zum Eyecatcher und passen sie farblich an ein Layout an.

Bild: Onno K. Gent

▲ **Abbildung 28.1**
Sepia-Tonungen werden recht häufig angewendet. Sie erinnern an Abzüge aus den Anfängen der Fototechnik und verleihen Bildern ein nostalgisches Flair.

28.1 Bilder färben: zurückhaltend bunt

Um komplette Bilder zu tönen – oder, wie es in der Fotografensprache heißt, zu tonen –, können Sie auf die schon bekannten Werkzeuge SCHWARZWEISS oder FARBTON/SÄTTIGUNG zurückgreifen. Mit beiden Werkzeugen lassen sich Graustufenbilder einfärben, die überhaupt keine eigene Farbinformation enthalten – Sie müssen sie allerdings zuvor in den Bildmodus RGB bringen. Aber auch bei farbigen Vorlagen wirken die Werkzeuge interessant.

28.1.1 Bedienung

Die Bedienung der beiden Tools ist sehr ähnlich. Bei beiden Werkzeugen müssen Sie zunächst einen Klick auf FÄRBEN bzw. FARBTON setzen. Mit welchem Tool Sie dann lieber arbeiten, bleibt Geschmackssache.

Bei FARBTON/SÄTTIGUNG lässt sich zusätzlich die HELLIGKEIT einstellen, im SCHWARZWEISS-Werkzeug haben Sie dagegen die Möglichkeit, die Helligkeit einzelner Bildbereiche kontrolliert festzulegen. Außerdem ist dort die Farbwahl etwas einfacher gestaltet als in FARBTON/SÄTTIGUNG.

Einen Vorteil hat FARBTON/SÄTTIGUNG allerdings – Sie können mit ihm die **Wunschfarbe punktgenau einstellen**: Wenn Sie die Farbe, die das getonte Bild bekommen soll, zuvor als Vordergrundfarbe einstellen und dann die Option FÄRBEN aktivieren, wird das Bild in den zuvor festgelegten Farbton getaucht.

Bild: Frank Gaebler

▲ **Abbildung 28.2**
Eine blaue Tonung passt gut zu technischen und Business-Motiven.

Abbildung 28.3 ▸
Ausschnitt aus dem Dialog Farbton/Sättigung: Um Graustufenbilder einzufärben, müssen Sie Färben in jedem Fall anklicken.

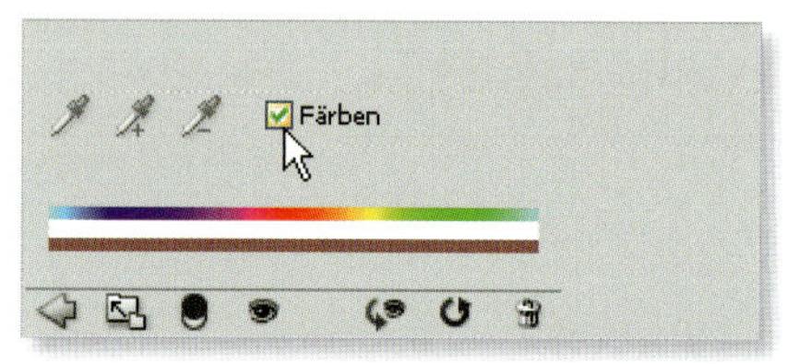

Abbildung 28.4 ▸
Ausschnitt aus dem Dialog Schwarzweiss: Ein Klick in das Feld Farbton verändert die Wirkung: Das Bild wird getont.

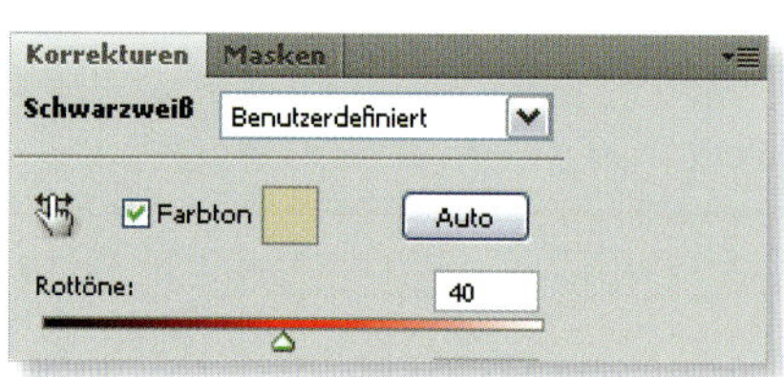

Dateien auf der Buch-DVD: »Kommode.tif«

28.1.2 Kreativ arbeiten

Interessant ist eigentlich nicht die Bedienung der Werkzeuge – sie erschließt sich intuitiv. Spannender ist, was Sie machen, wenn Sie mit dem Färben fertig sind. Die Arbeit mit Einstellungsebenen eröffnet viele Möglichkeiten, um die Farbwirkung weiter zu justieren. Sowohl die Deckkraft als auch die Füllmethode einer solchen Einstellungsebene können Sie einstellen und damit das Ergebnis nochmals entscheidend variieren.

Abbildung 28.5 ▸
Das Ausgangsbild ist ein Foto in Graustufen.

Abbildung 28.6 ▸▸
Mit einer Einstellungsebene Schwarzweiss gefärbt. Die Einstellungsebene wurde auf den Modus Hartes Licht, Deckkraft 78 % gestellt.

Bild: dieblen.de

Abbildung 28.7 ▸
Das Ausgangsbild.

Abbildung 28.8 ▸▸
Die Einstellungsebene Schwarzweiss mit einer Sepia-Tonung wurde in der Deckkraft auf 55 % reduziert. Der Ausbleich-Effekt passt gut zum Motiv.

Bild: dieblen.de

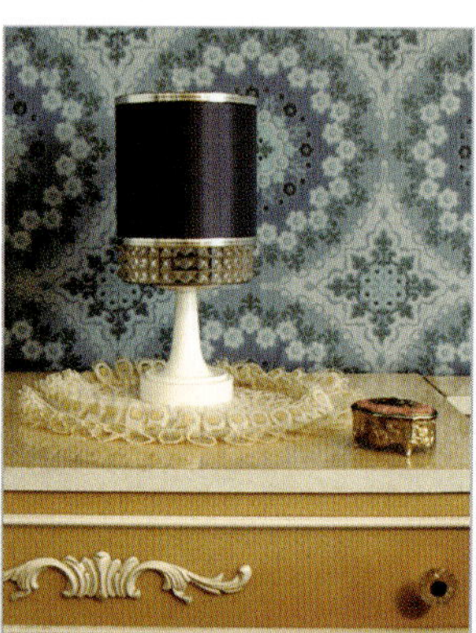

28.2 Subtile Farbverschiebung: Fotofilter

Man schraubt sie sich als farbige Vorsätze vor die Kamera-Linse, um einem Motiv eine spezifische Stimmung zu geben, um für interessante Kontraste zu sorgen oder um Bilder in farbiges Licht zu tauchen: Fotofilter. Und in Photoshop geht das natürlich auch nachträglich, auf digitalem Weg. Fotofilter wirken in der Regel subtiler als die Werkzeuge FARBTON/SÄTTIGUNG und SCHWARZWEISS. Wenn man sie hoch dosiert anwendet, kann man jedoch auch mit Fotofiltern einen ordentlichen Verfremdungseffekt hinbekommen. Mit Fotofiltern machen Sie kalte Bilder wärmer, kühlen gelb-rötliche Farbstimmungen ab oder beleuchten Bildmotive mit blaugrünem Aquarienlicht (der Fotofilter UNTERWASSER kam beispielsweise bei der Aquariumsmontage im Ebenen-Teil mehrfach zum Einsatz). Außerdem können Sie den Filter nutzen, um mehreren Bildern einer Serie eine ähnliche Farbstimmung zu geben.

Wie fast alle Korrektur- und viele Kreativtools lässt sich auch die Funktion FOTOFILTER per Einstellungsebene anlegen. Außerdem finden Sie das Tool auch im Menü unter BILD • KORREKTUREN.

Zum Weiterlesen: Farbangleichung bei unterschiedlichen Bildern
Sind die Ausgangsbilder sehr unterschiedlich, klappt eine Farbangleichung per Fotofilter meist nicht. In diesen Fällen hilft Ihnen das Werkzeug GLEICHE FARBE. In Abschnitt 17.5, »Gleiche Farbe: Bildfarben synchronisieren«, lesen Sie mahr darüber.

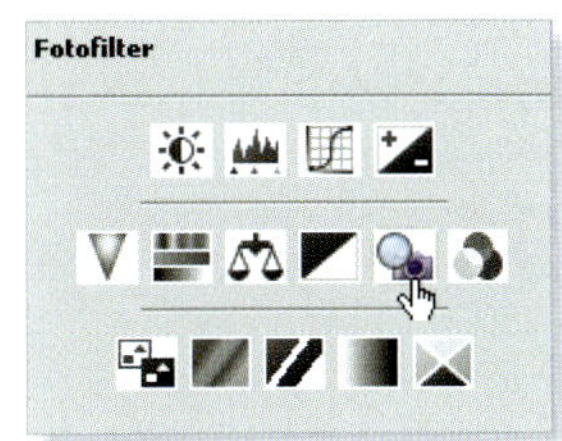

▲ **Abbildung 28.9**
In der Korrekturen-Palette erkennen Sie das Fotofilter-Icon leicht: Es zeigt eine Kamera samt Vorsatzfilter.

Einfache Anwendung | Die Handhabung des Filters ist unkompliziert. Das Wichtigste dabei ist eigentlich, dass Sie genau hinsehen und sich einen Moment Zeit nehmen, um herauszufinden, welcher Filter am besten wirkt.

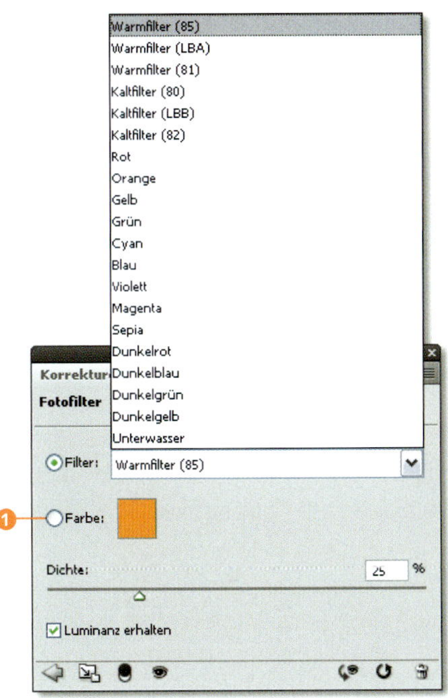

◄ **Abbildung 28.10**
Aus der Fotopraxis bekannte Filter können hier auch nachträglich noch angewendet werden.

Wenn Ihnen die mitgelieferten Filterfarben nicht genügen, nutzen Sie die Option FARBE ①. Klicken Sie auf das Farbfeld, um den bekannten Farbwähler zu aktivieren. Sie können dort dann Ihre Wunschfarbe einstellen.

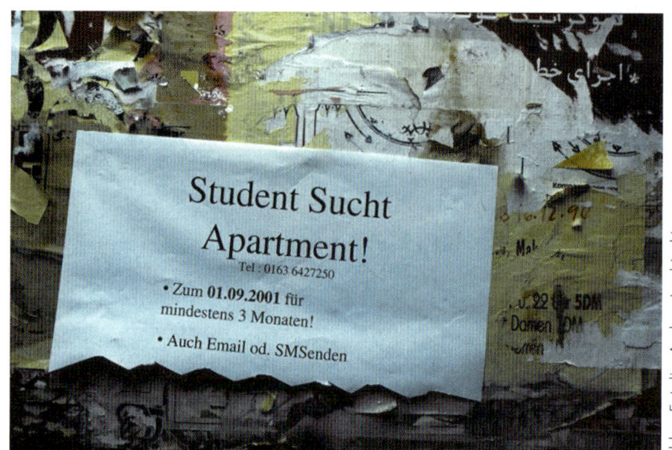

Bilder: Fotolia, Andrea Jaschinski

Abbildung 28.11 ▸
Farbstiche sind nicht immer ein Makel – Sie können auch stilbildend sein. Diese Fotos illustrieren einen Beitrag über das erste Jahr, das junge Menschen in einer fremden Stadt verbringen. Die ursprünglich recht unterschiedlichen Bilder bekamen mit Fotofiltern einen kühlen Farbton, der zum Thema – fremde urbane Umgebung, Alleinsein ... – passt.

28.3 Das ganze Bild in Verlaufsfarben: Verlaufsumsetzung

Sie können einen Verlauf auch auf die Tonwerte eines Bildes anwenden. Die Anwendung des Befehls VERLAUFSUMSETZUNG ist ganz einfach und erzielt interessante, sehr poppige Effekte, kann aber auch genutzt werden, um Bilder (auch Graustufenbilder, sofern sie zuvor in den Modus RGB gebracht werden) zu tonen.

Sie finden die Verlaufsumsetzung unter BILD • KORREKTUREN • VERLAUFSUMSETZUNG... und können Verlaufsumsetzungen auch als Einstellungsebenen anlegen.

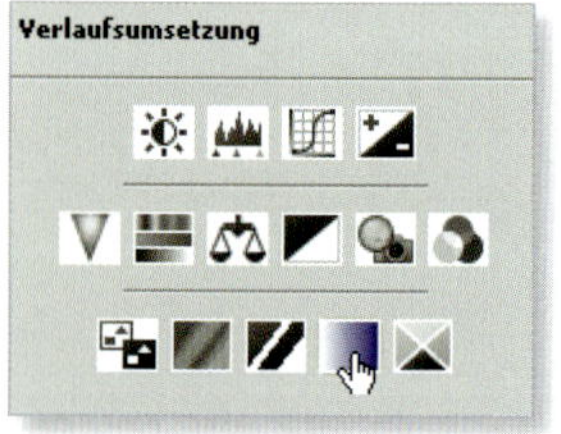

▴ **Abbildung 28.12**
Eine Einstellungsebene VERLAUFSUMSETZUNG mit der Korrekturen-Palette erzeugen

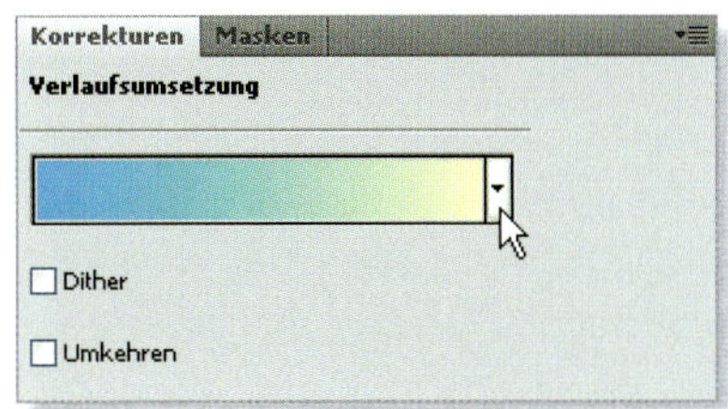

◄ **Abbildung 28.13**
Ein Klick auf den Pfeil neben dem Farbbalken ruft die bekannte Verlaufsliste auf, und ein Doppelklick auf den Balken führt zur Verlaufsbearbeitung.

Die Farben links im Verlauf ersetzen die Tonwerte des Bildes, die im Histogramm links stehen, also die dunklen Farben. Die Farben rechts im Verlauf werden für die Tonwerte des Bildes eingesetzt, die im Histogramm auch rechts stehen, also für die hellen Farben.

Die Option UMKEHREN kehrt den Verlauf um und kann so auch eine Verlaufsumsetzung mit Negativanmutung erzeugen (oder diese beheben). DITHER fügt ein Störungsmuster in den Verlauf ein.

Datei auf der Buch-DVD: »Gänseblümchen.jpg«

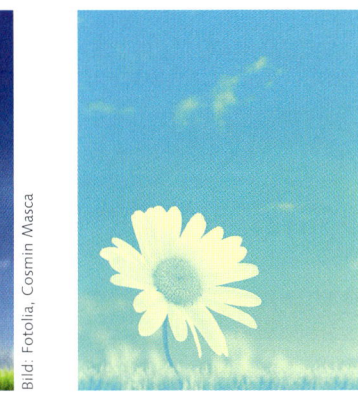

▲ **Abbildung 28.14**
Das Originalbild.

▲ **Abbildung 28.15**
Normale Verlaufsumsetzung

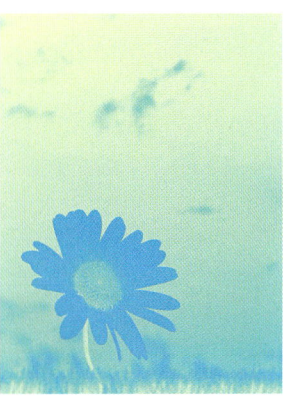

▲ **Abbildung 28.16**
Negativeffekt und eine komplett andere Bildwirkung durch das Umkehren

Die Variationsmöglichkeiten für Verlaufsumsetzungen sind unendlich. Sie können sich aus den fertigen Verlaufsbibliotheken bedienen – Photoshop bietet zahlreiche gut geeignete Verläufe an. Wenn Sie selbst Verläufe für Verlaufsumsetzungen anlegen, sollten Sie für harmonische Ergebnisse darauf achten, dass die beteiligten Farben eine ähnliche Sättigung haben. Ansonsten kommt es schnell zu Verfremdungseffekten – aber auch diese können ja bisweilen durchaus erwünscht sein. In jedem Fall sollten Sie vorher das Histogramm des Bildes kontrollieren und gegebenenfalls eine Tonwertkorrektur durchführen, damit die Verlaufsumsetzung auf einem möglichst hohen Tonwertumfang aufsetzen kann.

Zum Weiterlesen: Bildkorrektur
Mehr zu Bildkorrekturen finden Sie in Teil V des Buches!

28.4 Tontrennung

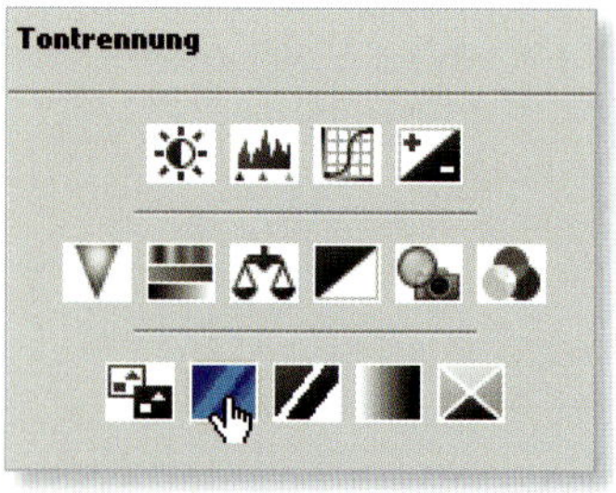

Etwas ganz anderes als die subtile Tonung ist die Funktion Tontrennung. Auch sie ist unter Bild • Korrekturen zu findean und steht als Einstellungsebene zur Verfügung. Mit der Tontrennung können Sie die im Bild enthaltenen Tonwerte reduzieren. Das Ergebnis ähnelt Pop-art-Siebdrucken oder GIFs mit sehr wenigen Farben.

▲ **Abbildung 28.17**
Einstellungsebene Tontrennung anlegen.

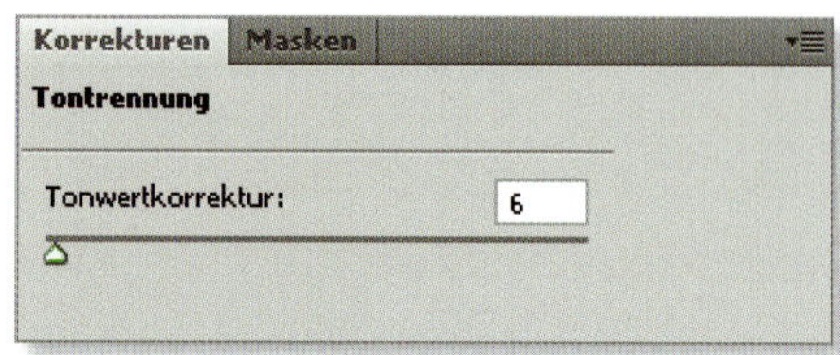

▲ **Abbildung 28.18**
Je geringer die Anzahl der Stufen (also der im Bild enthaltenen Tonwerte) ist, desto grober wird das Bild.

28.5 Umkehren

Der Befehl Bild • Korrekturen • Umkehren erzeugt eine invertierte Bildansicht. Die Farben erinnern an ein Negativ.

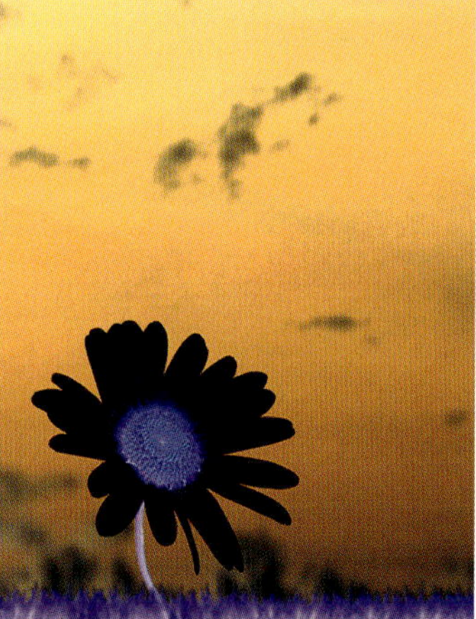

Abbildung 28.19 ▶
Tontrennung – manchen Motiven bekommt diese Behandlung ganz gut.

Abbildung 28.20 ▶▶
Invertiertes Bild

TEIL IX

Filter – kreativ & effektiv

29 Besser filtern

Dieses Kapitel bietet Praxistipps für den effizienten und produktiven Umgang mit Filtern: Sie erfahren, wie Sie Zeit sparen, bei der Arbeit mit Filtern flexibel bleiben und originellere Ergebnisse erzielen.

Nicht alle Filter können und müssen ausführlich erläutert werden, viele sind selbsterklärend – wie Sie sie kreativ einsetzen, liegt in Ihrem Ermessen. Die besten, wichtigsten und anspruchsvollsten Filter stelle ich Ihnen jedoch gleich ausführlich vor – mit zahlreichen Praxistipps zum allgemeinen Umgang mit Filtern. Am Ende dieses Teils gibt es außerdem eine nahezu vollständige Übersicht mit Beispielbildern.

29.1 Orientierung in Photoshops Filter-Dschungel

Unter dem Menüpunkt FILTER hat Photoshop mehr als hundert Filter und eine Reihe von Funktionen im Programm zusammengestellt, deren Umfang und Wirkungskraft sie fast schon wie eigene kleine Anwendungen erscheinen lassen. Einige der Filter und Werkzeuge haben Sie bereits in früheren Kapiteln kennengelernt.

Manche Filter verfremden ein Foto zu einer überraschenden Illustration und sind auf diese Weise oft ein wirkungsvolles Mittel, um aus nicht ganz so gelungenen Bildern doch noch etwas zu machen. Andere sind wertvolle Helfer beim Ausbügeln von Unzulänglichkeiten und Bildfehlern (so zum Beispiel die bereits in Kapitel 21 und 22 besprochenen Rausch- und Schärfungsfilter) oder gehören einfach zum alltäglichen Handwerkszeug wie viele der Weichzeichnungsfilter, denen ein eigenes Kapitel (Kapitel 30) gewidmet ist.

▲ **Abbildung 29.1**
Der Einstieg in die Welt der Filter

Sich in dieser Fülle von Funktionen und Menüeinträgen, die nicht immer ganz logisch angeordnet sind, zu orientieren, ist nicht leicht. Hier kommt der Wegweiser.

29.1.1 Übersicht

Die über hundert Filter hat Adobe in 14 streng nach Alphabet sortierten Filter-Untermenüs angeordnet.

Schwierige Rubrikenbildung | Sich dort zurechtzufinden ist nicht immer leicht, nicht nur wegen der schieren Menge der vorhandenen Filter, sondern auch wegen der etwas undurchschaubaren Rubrikenbildung, besonders bei den kreativen Filtern: Die Aufteilung in KUNSTFILTER, MALFILTER und ZEICHENFILTER ist nicht ganz klar. Wieso ist zum Beispiel ÖLFARBE GETUPFT nun ein KUNSTFILTER, KANTEN BETONEN aber ein MALFILTER? Eine Anordnung nach Wirkung (z. B. Strukturen betonen, Bild mit Struktur überlagern, Kanten hervorheben, Mal- und Zeichenwerkzeuge imitieren...) wäre sinnvoller als diese künstliche Unterteilung.

Ähnliche Wirkung | Dazu kommt, dass manche Filter sich in der Wirkung stark ähneln – so zum Beispiel BASRELIEF, STUCK (beide unter ZEICHENFILTER) und RELIEF (unter STILISIERUNGSFILTER).

Ähnliche Namen – unterschiedliche Wirkung | In einigen Fällen verwirrt auch die Namensähnlichkeit, auch wenn die Wirkung der Filter sich nicht unbedingt gleicht, so wie im Fall von KORNEFFEKT (unter STILISIERUNGSFILTER) und KÖRNUNG & AUFHELLUNG (unter KUNSTFILTER). Und sich bei den Verzerrungsfiltern (WELLEN, OZEANWELLEN, KRÄUSELN & Co.) zurechtzufinden, ist auch nicht ganz einfach.

Sie können die Filter-Übersicht in Kapitel 31, »Filter im Schnelldurchlauf«, als erste Orientierungshilfe nutzen.

Vorschau abschalten, Rechenzeit sparen

Bei einigen Filtern werden Änderungen am Filterdialog auch direkt in die Datei eingerechnet – nämlich all jene, die eine VORSCHAU-Option mit Checkbox zum Aktivieren/Deaktivieren haben. Dann kann es bei großen Dateien oder komplexeren Filtern schon eine Weile dauern, bis Sie die nächste Änderung an den Reglern durchführen können. Entfernen Sie dann zunächst das Häkchen bei der VORSCHAU-Option. Kurzzeitiges Abschalten der Vorschau ist bei solchen Filtern außerdem eine gute Methode für den Vergleich zwischen aktuellen Filtereinstellungen und dem Originalbild.

Filter suchen – und finden | »Den richtigen Filter zu suchen« bedeutet oft nicht nur das Durchklicken aller Menüs, sondern zusätzlich (vergebliches) Ausprobieren mehrerer Filter, bis der gewünschte gefunden ist. Wenn Sie häufiger mit Filtern arbeiten, lohnt es sich, ein wenig Zeit zu investieren, um für mehr Übersicht zu sorgen. Nutzen Sie die Möglichkeiten, die Photoshop zum Anpassen von Menüs bietet! Sie können Menüs mit farbigen Markierungen übersichtlicher gestalten und so zum Beispiel wirkungsverwandte Filter mit der gleichen Farbe kennzeichnen oder Ihre Lieblinge hervorheben.

Filter entfernen | Von manchen der Doppelgänger-Filter können Sie sich außerdem ohne Reue trennen und sie einfach aus dem Menü ausblenden.

So erledigt der Filter MIT STRUKTUR VERSEHEN die Aufgaben der Filter RISSE... und KACHELN... – und Sie haben dort sogar bessere Einstellungsmöglichkeiten. Auch die verschiedenen Filter mit »Kontur« im Namen ähneln sich mehr oder weniger in der Wirkung (schauen Sie unter STILISIEREN und bei den Malfiltern).

Zum Nachlesen: Menüs abspecken
Mehr über maßgeschneiderte Menüs finden Sie in Abschnitt 5.4, »Menüs anpassen«.

29.2 Effektiv mit Filtern arbeiten

29.2.1 Vorschaufenster im Filterdialog

Sehr viele der Filter verfügen über ein Vorschaufenster. Einige Filter zeigen die Vorschau ohnehin parallel in der geöffneten Datei und im Vorschaufenster an, aber beileibe nicht alle tun das. Da manche Filter sehr lange brauchen, bis sie in das Bild eingearbeitet sind, sodass »einfach mal ausprobieren« eine sehr zeitraubende Option ist, sollten Sie die Möglichkeiten, die das Vorschaufeld bietet, voll ausnutzen.

Datei auf der Buch-DVD: »Gänseblümchen.tif«

Vorschau-Ausschnitt verschieben | Wenn Sie mit dem Mauscursor ins Vorschaufeld fahren, wird er zum Hand-Werkzeug, mit dem Sie den Vorschau-Ausschnitt verschieben können. Während des Verschiebens sehen Sie sinnvollerweise kurz die unbehandelte Bildversion, auf der Sie sich besser orientieren können.

▲ **Abbildung 29.2**
Verschieben des Ausschnitts im Vorschau-Fenster eines Filterdialogs.

Ausschnitt verändern | Bei manchen Filtern bringen auch Klicks direkt in das Bild einen anderen Ausschnitt in das Vorschaufenster.

Bild: Fotolia, Cosrr in Masca

◄ **Abbildung 29.3**
Der Mauscursor wird zum Quadrat, wenn Sie ihn bei geöffnetem Filter in das Bild setzen. Ein Klick bringt die Bildpartie, die Sie unter der Maus haben, in das Vorschaufenster.

▲ **Abbildung 29.4**
Zoomen auf Knopfdruck – hier am Beispiel des STRUDEL-Filters. Es wird nur das Vorschaufenster skaliert – nicht die Haupt-Bildansicht.

Optimale Vorschau-Ansicht

Nicht alle Filter lassen sich realistisch einschätzen, wenn die Vorschau oder das Bild skaliert ist. Scharfzeichnungsfilter oder Filter mit feinen Strukturveränderungen wie zum Beispiel STÖRUNGEN HINZUFÜGEN oder die strukturverändernden Filter unter STRUKTURIERUNG sollten Sie prinzipell in der 1:1-Ansicht einstellen.
Andere Filter brauchen eine Ansicht des Gesamtbildes, damit ihre Wirkung korrekt beurteilt werden kann. Dazu gehören zum Beispiel BLENDENFLECKE, BELEUCHTUNGSEFFEKTE und die VERZERRUNGSFILTER.

Zoomstufe | Um eine höhere oder geringere Zoomstufe der Vorschau einzustellen, können Sie die kleinen Plus- bzw. Minus-Schaltflächen unterhalb des Vorschaufensters nutzen. Die aktuelle Zoomstufe wird mittig angezeigt.

29.2.2 Filter per Tastenkürzel erneut anwenden

Um einen Filter mehrfach hintereinander anzuwenden, müssen Sie sich nicht jedes Mal mühsam durch das Filter-Menü klicken. Es gibt auch schnelle Shortcuts:

- Strg+F (bzw. unter Mac OS ⌘+F) wendet den letzten Filter mit den zuletzt benutzten Einstellungen noch einmal auf das Bild an. Hier haben Sie keine weiteren Einstellungsmöglichkeiten.
- Alt+Strg+F (bzw. unter Mac OS ⌥+⌘+F) ruft den *Dialog* des zuletzt benutzten Filters erneut auf. Sie können die Einstellungen nochmals ändern und den Filter erneut anwenden.

Diese Shortcuts funktionieren nicht nur beim Schärfen, sondern mit allen Filtern; der zweite natürlich nur bei Filtern, die über eine eigene Dialogbox verfügen. Das ist nicht bei allen Filtern der Fall.

29.2.3 Rechenzeit beim Experimentieren sparen

Nicht immer reicht das kleine Vorschaufenster aus, um die Wirkung von Filtern auf ein Bild zu beurteilen. Manchmal ist es einfach besser, die Filterwirkung am ganzen Bild zu beurteilen. Sie müssen den Filter also anwenden. Bei großen Formaten oder komplexen Filterkombis kann das eine Weile dauern. Besonders, wenn man sich an die optimalen Einstellungen durch Herumprobieren herantastet, kann das ganz schön nerven. Damit Sie beim Experimentieren mit Filtern nicht zu viel Zeit oder gar die Nerven verlieren, können Sie:

- den Filter zunächst nur in einem kleinen Auswahlbereich testen.
- ein Duplikat des Bildes erzeugen, dann mit BILD • BILDGRÖSSE die Pixelmenge verkleinern und die Filter darauf ausprobieren. Das ist nicht ratsam bei Filtern, deren Wirkung mit der Bildauflösung zusammenhängt.
- ein Ebenenduplikat mit einem Bildausschnitt in derselben Datei anlegen, um zu experimentieren. Die Originalebene blenden Sie dabei am besten aus, damit sie nicht stört. Dabei müssen Sie nur darauf achten, dass die gefilterte Ebene nicht durch andere Ebenen abgedeckt ist.

▲ **Abbildung 29.5**
So könnte die Ebenen-Palette aussehen, um an einem Bild Filterexperimente durchzuführen. Hier wurden gleich mehrere Kopien mit einem Ausschnitt der Originalebene angelegt – der besseren Vergleichbarkeit verschiedener Filter(kombinationen) wegen.

▲ **Abbildung 29.6**
Auch dies ist eine Möglichkeit, um mehrere Filter vergleichend zur Anwendung zu bringen. Smartfilter lassen sich ähnlich wie Einstellungsebenen per Augen-Icon ein- und ausschalten.

29.3 Smart-Objekte und Smartfilter: zerstörungsfrei filtern

Seit Photoshop CS3 lassen sich normale Bildebenen in Smart-Objekte verwandeln – und die können Sie mit fast allen Photoshop-Filtern bearbeiten. Die Filter heißen dann Smartfilter, funktionieren aber ebenso wie normale Filter auf Bildebenen – jedoch werden die originalen Ebenenpixel dadurch nicht dauerhaft verändert. Der Bearbeitungskomfort ist ähnlich wie bei Einstellungsebenen.

Die Arbeit mit Smartfiltern | Sie können mehrere Smartfilter auf eine Ebene anwenden und

- die Filter einzeln ein- und ausblenden,
- für jeden Filter einzeln Deckkraft und Füllmethode einstellen und
- die Einstellungen jedes Filters nachträglich ändern, indem Sie den Filterdialog erneut aufrufen und verändern.
- Sie können die Anordnung der Filter innerhalb des Filterstapels verändern und dadurch die Wirkung der Filterkombination variieren.
- Eine Maske ist standardmäßig ebenfalls dabei und kann die Wirkung des gesamten Filterstapels auf einige Bereiche der Bildebene eingrenzen.

Zum Nachlesen: Smart-Objekt-Grundlagen
Die Anwendung von Filtern ist nicht die einzige Arbeitstechnik, die für Smart-Objekte zur Verfügung steht. Mehr zum Thema erfahren Sie in Kapitel 11, »Fortgeschrittene Ebenentechniken«.

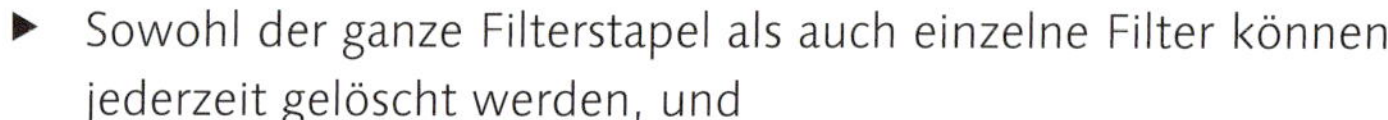

- Sowohl der ganze Filterstapel als auch einzelne Filter können jederzeit gelöscht werden, und
- natürlich kann so ein Filterstapel jederzeit um weitere Filter ergänzt werden.

Diese Filter funktionieren nicht »smart«:

Auf die Smartfilter-Funktion verzichten müssen Sie, wenn Sie mit den Funktionen VERFLÜSSIGEN, FLUCHTPUNKT oder OBJEKTIVKORREKTUR arbeiten.

Die Arbeit mit Smartfiltern ist ganz leicht. Wenn Sie mit dem in der Ebenen-Palette vorherrschenden Arbeitsprinzip Drag & Drop gut zurechtkommen, bereits mit Einstellungsebenen gearbeitet haben und Ebenenmasken für Sie kein Buch mit sieben Siegeln sind, dann können Sie diese Photoshop-Funktion sofort produktiv nutzen.

Zum Weiterlesen: Ebenen, Einstellungsebenen und Ebenenmasken

Grundlegende Informationen zur Arbeit mit der Ebenen-Palette finden Sie in Kapitel 10. Mehr über die Arbeit mit Einstellungsebenen erfahren Sie in Kapitel 15. Den Masken ist Teil IV dieses Buches gewidmet.

29.3.1 Bildebene in ein Smart-Objekt verwandeln

Damit Sie mit Smartfiltern arbeiten können, müssen Sie zunächst eine normale Bildebene in ein Smart-Objekt verwandeln. Das geht am schnellsten über die Ebenen-Palette. Sie können aber auch die Befehle FILTER • FÜR SMARTFILTER KONVERTIEREN oder EBENE • SMART-OBJEKTE • IN SMART-OBJEKT KONVERTIEREN nutzen. Der Befehl funktioniert bei Hintergrund- und anderen Bildebenen. Wenn Sie anschließend einen Filter aus dem FILTER-Menü anwenden, wird er automatisch als Smartfilter angelegt.

Abbildung 29.7 ▸
Ein Rechtsklick (bzw. Ctrl-Klick) in die Ebenenzeile führt Sie zu diesem Menü. Der Konvertierungsbefehl ist außerdem auch im Palettenmenü verfügbar.

Smart-Objekt in Bildebene zurückkonvertieren | Mit dem Befehl EBENE RASTERN im Kontextmenü machen Sie die Konvertierung wieder rückgängig. Alternativ können Sie auch EBENE • RASTERN • SMART OBJEKT wählen, aber wie immer geht die Arbeit in der Ebenen-Palette etwas flotter als mit den Menübefehlen.

29.3.2 Smartfilter anwenden

Sie erkennen Smart-Objekte an der leicht veränderten Miniatur in der Ebenen-Palette: Ein kleines Icon ist hinzugekommen. Sobald Sie das sehen, können Sie die gewünschten Filter – nun als Smartfilter – anwenden.

Die Smartfilter werden in der Ebenen-Palette *unterhalb* der Ebene angeordnet, zu der sie gehören. Wenn Sie mehrere Filter

▴ Abbildung 29.8
In der Ebenenminiatur erkennen Sie, dass die Ebene zum Smart-Objekt umbewandelt wurde.

auf ein Smart-Objekt anwenden, werden diese zu einem Stapel zusammengefasst. Auffallend ist auch die Filtermaske: Jeweils eine gehört zu einem Smartfilter-Stapel. Filtermasken lassen sich bearbeiten wie normale Ebenenmasken auch. Sie finden hier auch die vertrauten Augensymbole, mit denen Sie einzelne Filter oder den gesamten Stapel ausblenden können.

◄ **Abbildung 29.9**
Smart-Objekt und Smartfilter-Stapel mit zwei einzelnen Filtern. Klicks auf die Augen-Symbole blenden einzelne Filter oder den gesamten Stapel aus.

29.3.3 Smartfilter variieren: Filtereinstellungen und Fülloptionen

Um die Filterwirkung nun zu variieren, haben Sie mehrere Möglichkeiten: Sie können die Filtereinstellungen selbst oder die Füllmethode der Filter ändern. Befinden sich mehrere Smartfilter im Stapel, können Sie diese neu sortieren.

Um nun auf die Filtereinstellungen erneut zuzugreifen, können Sie einfach auf den Namen des jeweiligen Filters doppelklicken – und zwar wirklich auf die Filterbezeichnung und nicht auf das Wort »Smartfilter«.

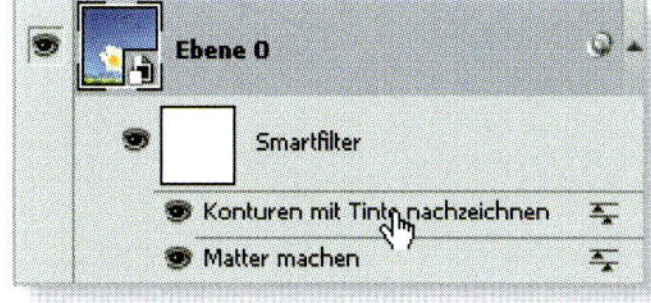

▲ **Abbildung 29.10**
Wie so oft in der Ebenen-Palette ist auch bei Smart-Objekten Zielgenauigkeit gefragt: Um die Filtereinstellungen erneut aufzurufen, müssen Sie exakt auf den Namen des Filters klicken.

Fülloptionen | Die Füllmethode und Deckkraft des Smartfilters sind über ein kleines Menü erreichbar, das Sie aufrufen, indem Sie auf das kleine »Zacken«-Icon rechts vom Filternamen rechtsklicken.

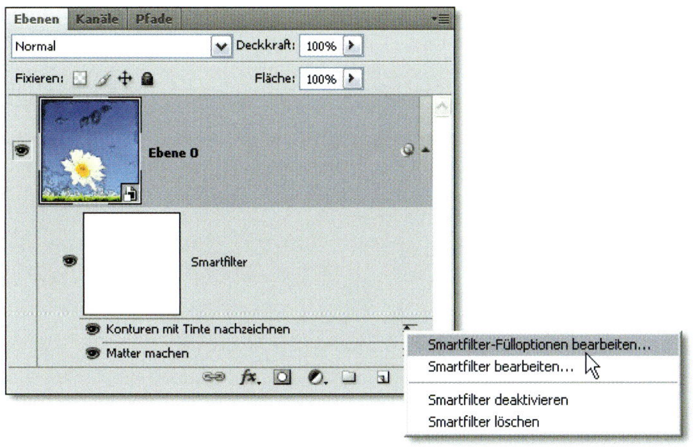

◄ **Abbildung 29.11**
Smartfilter-Fülloptionen bearbeiten führt zu den Fülloptionen, Smartfilter bearbeiten ruft den Filterdialog auf.

▲ **Abbildung 29.12**
Fülloptionen und Deckkraft für Smartfilter einstellen

Im Fülloptionen-Dialog des jeweiligen Smartfilters finden Sie ein kleines Vorschaubild, können den Modus des Smartfilters einstellen (bzw. der Füllmethode – Adobe ist hier terminologisch nicht so streng) und seine Deckkraft.

Die Vorschau hat allerdings ein kleines Manko: Wenn Sie einen Smartfilter innerhalb eines Stapels bearbeiten, sehen Sie dort nur die Ansicht des jeweiligen Filters, den Sie gerade verändern. Wie die veränderten Fülloptionen dieses Filters mit den eventuell vorhandenen anderen Filtern zusammenwirken, sehen Sie erst, wenn Sie die Einstellungen mit Ok bestätigt haben.

Smartfilter-Anordnung | Die Anordnung der Smartfilter innerhalb eines Stapels können Sie ganz einfach über Drag & Drop in der Ebenen-Palette verändern.

Abbildung 29.13 ▶
Der Filter Konturen mit Tinte nachzeichnen wird nach unten gezogen.

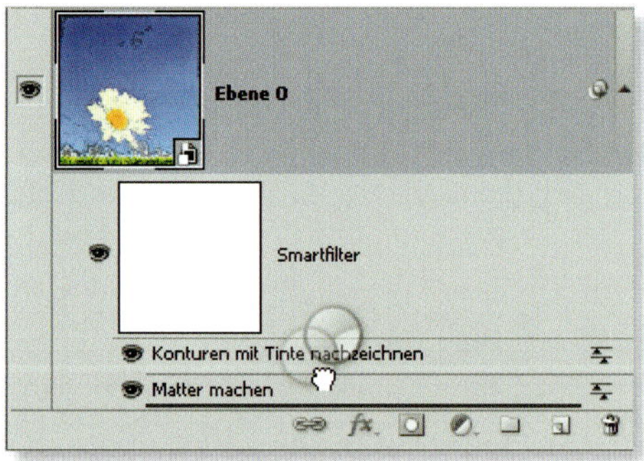

Smartfilter löschen | In derselben Manier werden Sie nicht benötigte Filter auch los, indem Sie sie auf das Mülltonnen-Icon in der Ebenen-Palette ziehen.

Filtermaske bearbeiten | Die Maske, die bei Smartfiltern mitgeliefert wird, bezieht sich immer auf den kompletten Filterstapel. Sie verhält sich so, wie Sie es von Ebenenmasken kennen: Sie können die Maske bemalen, mit einem Verlauf versehen, selbst filtern – oder auch ignorieren.

Abbildung 29.14 ▼
Wie bei den Ebenenmasken auch, müssen Sie acht geben, dass auch wirklich die Maske des Smart-Objekts und nicht etwa die Bildebene aktiv ist, wenn Sie die Maske verändern wollen. Die Titelleiste des Dokumentfensters ❶ und ein dezenter Rahmen um die Maskenminiatur ❷ in der Ebenen-Palette geben Auskunft.

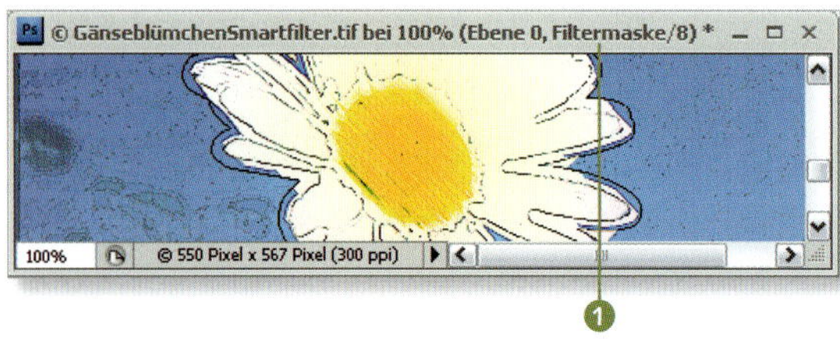

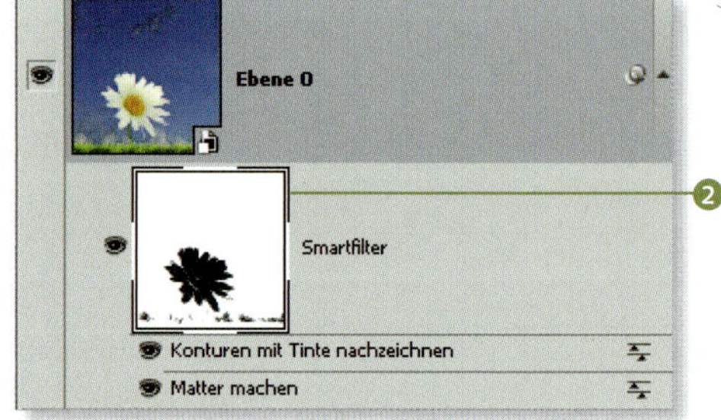

Übersicht in der Ebenen-Palette | Smartfilter-Stapel mit zahlreichen verschiedenen Filtern nehmen in der Ebenen-Palette viel Platz weg. Ein Klick auf den kleinen Pfeil ❹ ganz rechts klappt den kompletten Stapel zu – und auf Wunsch natürlich auch wieder auf.

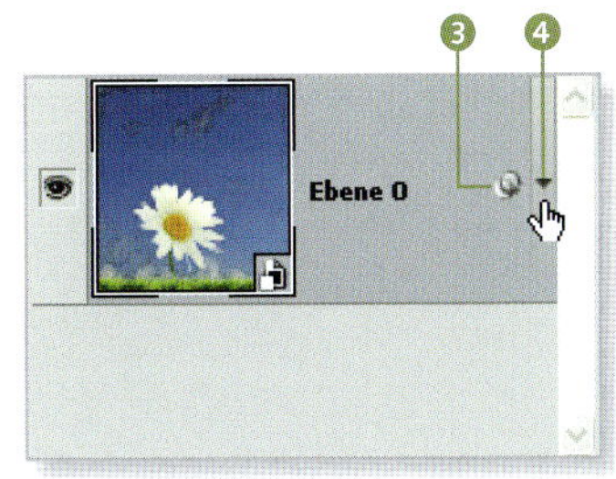

▲ **Abbildung 29.15**
Die Smartfilter sind eingeklappt, nur ein kleines Symbol ❸ verweist auf ihr Vorhandensein.

Smartfilter auf andere Dateien übertragen | Smartfilter sind eine geniale Möglichkeit, um Filter und vor allem aufwendige Filterkombinationen von einer Datei auf die andere zu übertragen. Gearbeitet wird dabei wie so oft mit der Drag-&-Drop-Technik. Voraussetzung ist, dass auch die Ebene im Zielbild zuvor in ein Smart-Objekt konvertiert wird.

Bild: stock.exchng, Ulrike Groesel

◀ **Abbildung 29.16**
Aus der Datei mit dem Gänseblümchen wird die Smartfilter-Kombination in ein anderes Bild übertragen.

▲ **Abbildung 29.17**
Dieses Icon erscheint immer, wenn Sie einen Smartfilter per Drag & Drop bewegen.

Dabei müssen Sie ein wenig aufpassen, wo Sie mit der Maus in der Palette des Quellbildes »anfassen«, denn Sie können sowohl einzelne Filter (dazu fassen Sie nur den Filtertitel an) als auch den kompletten Stapel verschieben (dazu fassen Sie nur die oberste Zeile des Stapels an). Ziehen an der Filtermaske bewegt den Filter hingegen gar nicht.

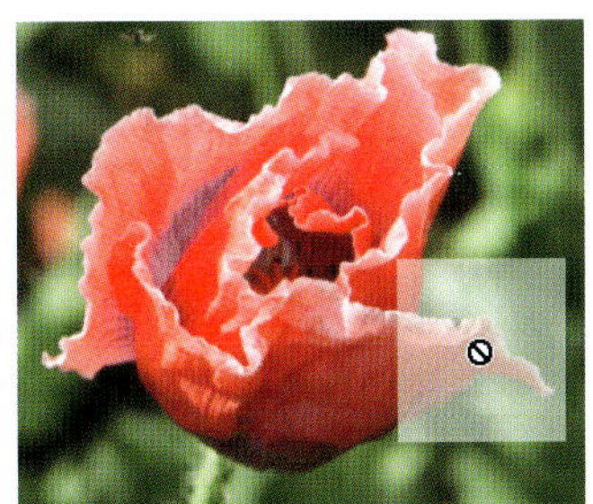

▲ **Abbildung 29.18**
Wenn Sie versehentlich an der Filtermaske ziehen, tut sich gar nichts.

29.4 Die Filtergalerie: Vorschau für Filter-Kombinationen

Trotz der neuen genialen Kombinationsmöglichkeiten, die Sie mit den Smartfiltern haben, ist es nicht immer einfach, eine passende Kombination von Kreativfiltern zu finden. Abhilfe schafft Photoshops Filtergalerie.

29.4.1 Arbeiten mit der Filtergalerie

Die Filtergalerie ist ein etwas sperriges, aber sehr wirkungsvolles Instrument, um Filter auszuprobieren und um unterschiedliche **Filterkombinationen** durchzuspielen. In ihr sind vor allem Photoshops Kreativfilter versammelt. Sie finden dort alle Kunst-,

Mal- und Zeichenfilter, die Strukturierungsfilter sowie einige Verzerrungs- und einen Stilisierungsfilter. Alle Filter können in der Filtergalerie beliebig miteinander kombiniert werden – Ihrer Kreativität sind kaum Grenzen gesetzt. Sie können die Filter der Filtergalerie als Smartfilter auf Smart-Objekte anwenden, aber auch auf gewöhnliche Bildebenen.

Filtergalerie aufrufen | Sie aktivieren die Filtergalerie, indem Sie den Befehl Filter • Filtergalerie wählen oder indem Sie einen der dort vertretenen Filter über sein reguläres Menü und Submenü aufrufen. Es ist nicht möglich, einen dieser Filter ohne die Filtergalerie zu starten (das ist aber auch nicht nötig).

Abbildung 29.19 ▼
Vorschaubild, Filtersortiment und die Filtersteuerungen bilden zusammen die Schaltzentrale für kreatives Filtern.

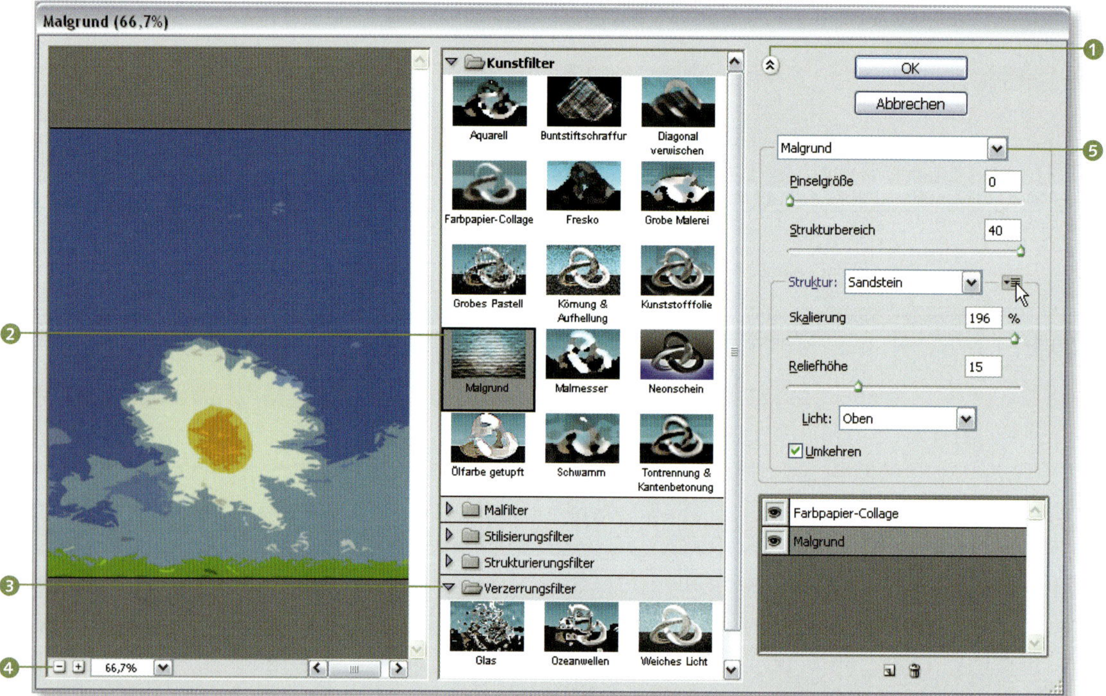

Die Bildvorschau kann vergrößert oder verkleinert werden ❹, und wenn Sie den Mauscursor über das Vorschaubild setzen, wird dieser zum Hand-Werkzeug, mit dem Sie den Bildausschnitt positionieren können. Ist die Bildfläche zu klein, besteht die Möglichkeit, die Filterlisten einzuklappen ❶. Indem Sie an der schraffierten Ecke unten rechts ❻ ziehen, können Sie auch das gesamte Dialogfeld vergrößern.

29.4.2 Filter anwenden

Um auf ein Bild einen einzelnen Filter anzuwenden, klappen Sie durch Klick auf den kleinen Dreieckspfeil ❸ die Liste der Filter aus und klicken den gewünschten Filter an – er ist dann grau hinterlegt ❷. Alternativ können Sie sich den Filter auch aus der alphabetischen Liste ❺ heraussuchen – eine gute Möglichkeit, wenn man immer vergisst, zu welchem Menü der Filter, den man sucht, überhaupt gehört. Rechts können Sie dann die Einstellungen vornehmen.

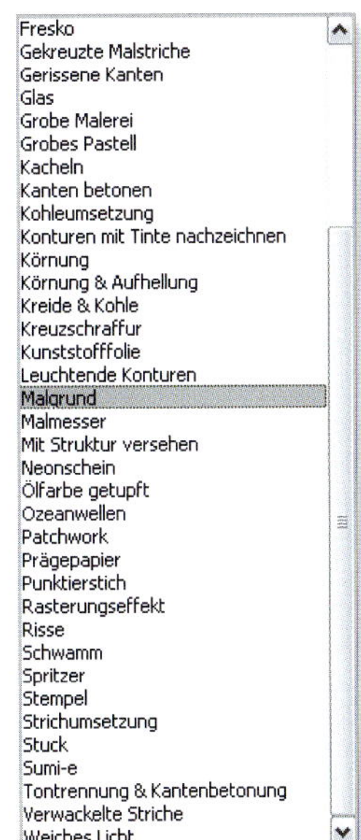

▲ **Abbildung 29.20**
Wenn Sie mit den Filterminiaturen der Filtergalerie nicht zurechtkommen, können Sie auch mit der alphabetischen Liste arbeiten.

Rückgängig machen | Das Zurücksetzen der Filtereinstellungen funktioniert auf dreierlei Weise:

- Strg + Z bzw. ⌘ + Z funktioniert auch hier, um letzte Änderungen zurückzunehmen.
- Drücken Sie Alt/⌥, dann wird der ABBRECHEN-Button wiederum zur ZURÜCKSETZEN-Schaltfläche, mit der sich alle Filtereinstellungen in den Zustand bringen lassen, den sie beim Öffnen der Filtergalerie hatten.
- Drücken Sie Strg/⌘, dann wird ABBRECHEN zu einer Schaltfläche namens STANDARD. Dieser Befehl löscht bei der Arbeit mit Filterkombinationen alle Einstellungen und entfernt alle Filter aus der Filterliste.

29.4.3 Filter kombinieren

Wie Sie Filterkombinationen anlegen, erfahren Sie in der folgenden Schritt-für-Schritt-Anleitung.

Schritt für Schritt: Filterkombinationen erstellen über die Filtergalerie

1 In Smart-Objekt konvertieren

Wenn die Filter, die Sie in der Filtergalerie zusammenstellen, als Smartfilter angewandt werden sollen, müssen Sie die betreffende Ebene bereits vor dem Starten der Filtergalerie in ein Smart-Objekt verwandeln.

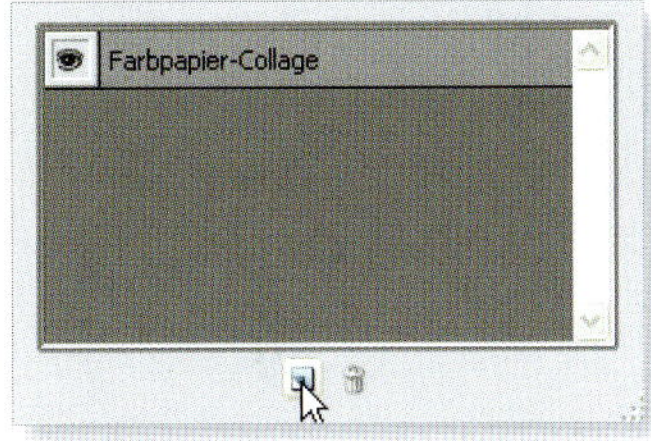

▲ **Abbildung 29.21**
Eine neue Effektebene wird erzeugt …

2 Einen ersten Filter anlegen und einstellen

Den ersten Filter der Kombination erzeugen Sie so, wie oben beschrieben wurde. Sie haben auch nach dem Anlegen und Einstellen weiterer Filter die Möglichkeit, die Einstellungen des ersten Filters anzupassen.

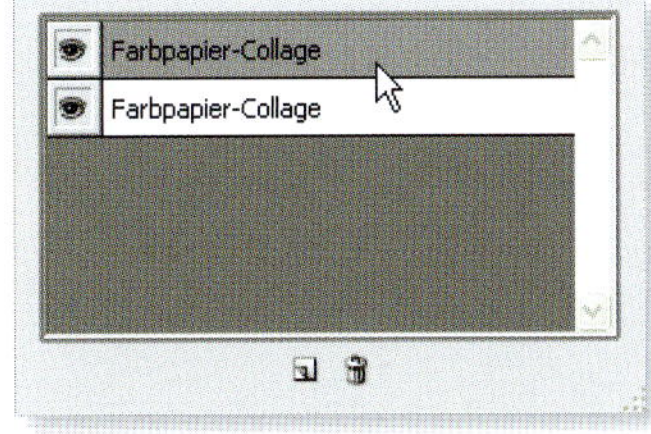

▲ **Abbildung 29.22**
… und hat zunächst die gleichen Einstellungen wie der erste Filter.

3 Einen weiteren Filter anlegen

Um nun einen zweiten Filter über den ersten zu legen, klicken Sie auf die kleine Schaltfläche NEU.

Der erste Filter wird dann verdoppelt, wie in der Filterliste zu sehen ist. Es ist also durchaus auch möglich, Filter mit sich selbst zu kombinieren.

In der Adobe-Terminologie heißen die in der Filtergalerie übereinandergeschichteten Filter übrigens **Effektebenen**. Mit Bildebenen hat das nichts zu tun, der Terminus macht aber schön deutlich, wie dieses Kontrollfeld der Filtergalerie wirkt: ganz ähnlich wie die Ebenen-Palette auch.

4 Den zweiten Filter verändern

Die jeweils grau hinterlegte Effektebene in der Liste ist aktiv und kann nun verändert werden. Dazu rufen Sie aus der Dropdown-Liste oder der großen Übersichtsliste mit den Miniaturen einfach den Filter auf, den Sie als Nächstes anwenden möchten. Das kann ein Filter aus derselben oder einer anderen Gruppe sein. Sie können dann die Einstellungen für diesen Filter vornehmen.

Alternative Arbeitsweise: Sie drücken nach dem Anlegen und Einstellen des ersten Filters einfach [Alt]/[⌥] und klicken dann auf den gewünschten nächsten Filter. Er wird dann automatisch der Effektebenen-Liste hinzugefügt.

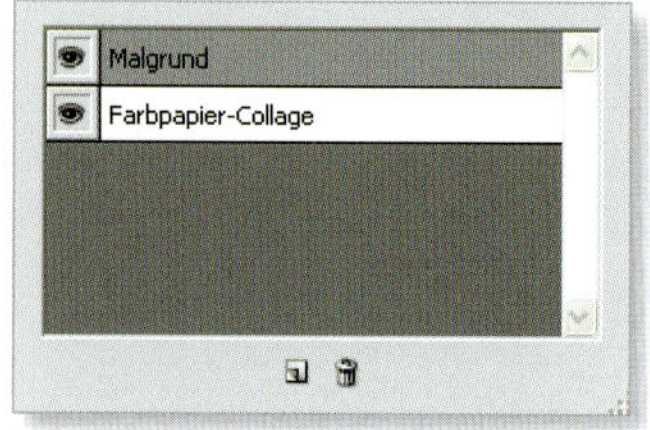

▲ **Abbildung 29.23**
Die neue Effektebene wurde geändert.

5 Reihenfolge verändern

Per Drag & Drop kann auch die Anordnung der Filter übereinander verändert werden. In vielen Fällen verändert sich damit auch die Wirkung der Filterkombination.

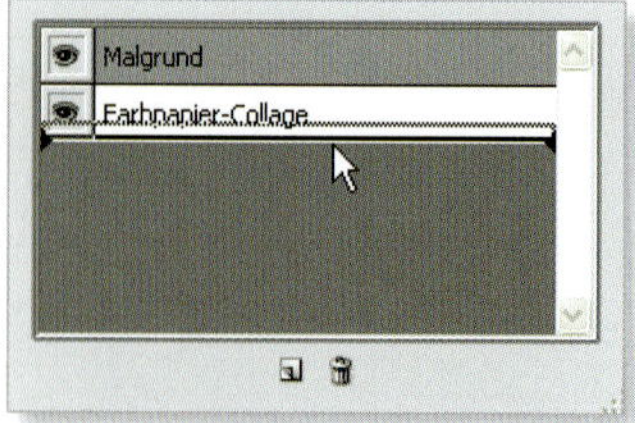

▲ **Abbildung 29.24**
Neu sortieren

6 Effektebenen ausblenden

Zum munteren Experimentieren können Sie Effektebenen auch ausblenden – ein Klick auf das Auge-Icon vor der entsprechenden Zeile genügt.

7 Effektebenen ganz löschen

Wenn Sie einen Filter aus der Filterkombination entfernen wollen, aktivieren Sie die Effektebene und klicken auf das Papierkorb-Icon.

▲ **Abbildung 29.25**
Ausblenden

8 Filterkombination anwenden

Ein Klick auf OK wendet die von Ihnen zusammengestellten Filter auf die aktive Ebene Ihres Bildes an. Wenn die Ebene zuvor in ein Smart-Objekt verwandelt wurde, geschieht das als Smartfilter, ansonsten auf die gewöhnliche, irreversible Art und Weise. ■

Was wollen Sie tun?	Windows	Mac
Neuen Filter über dem derzeit aktiven Filter anwenden	Alt + auf gewünschten Filter klicken	⌥ + auf gewünschten Filter klicken
Schaltfläche ABBRECHEN in ZURÜCKSETZEN verwandeln	Alt	⌥
Schaltfläche ABBRECHEN in STANDARD verwandeln	Strg	⌘
Rückgängig/Wiederherstellen	Strg + Z	⌘ + Z
Schritt vorwärts	Strg + ⇧ + Z	⌘ + ⇧ + Z
Schritt zurück	Strg + Alt + Z	⌘ + ⌥ + Z

◀ **Tabelle 29.1**
Tastaturbefehle für die Arbeit mit der Filtergalerie auf einen Blick

29.5 Filterwirkung beeinflussen

Auch wenn Sie einmal nicht mit Smartfiltern arbeiten, sondern die Filter direkt auf der Ebene anwenden, haben Sie einige Möglichkeiten, die Filterwirkung zu dosieren.

29.5.1 Filter zurücknehmen und abschwächen

Für die flüssige Arbeit mit Filtern gibt es eine Reihe nützlicher Befehle und Tastaturkürzel. Sie können Befehle zurücknehmen (BEARBEITEN • RÜCKGÄNGIG oder BEARBEITEN • SCHRITT ZURÜCK), Filterwirkungen dosieren (BEARBEITEN • VERBLASSEN) oder den zuletzt angewandten Filter erneut anwenden (FILTER • [NAME IHRES ZULETZT BENUTZTEN FILTERS]).

▲ **Abbildung 29.26**
Indem Sie die Füllmethode im VERBLASSEN-Dialog umstellen, können Sie das Aussehen des gefilterten Bildes entscheidend verändern. Der Deckkraft-Regler verringert die Filterwirkung stufenlos.

Verblassen | Besonders die Funktion VERBLASSEN verdient ein wenig mehr Aufmerksamkeit, denn mit ihr können Sie nicht nur die Wirkung des letzten Filters **unmittelbar nach seiner Anwendung** stufenlos herunterregeln, sondern auch die Füllmethode nachträglich ändern.

Was wollen Sie tun?	Windows	Mac
Filtervorgang abbrechen	Esc	⌘ + . (Punkt)
Filter widerrufen	Strg + Z	⌘ + Z
Den letzten Filter ohne Änderung der Einstellungen erneut anwenden (z. B. auf eine weitere Datei)	Strg + F	⌘ + F

◀ **Tabelle 29.2**
Tastaturbefehle für die Arbeit mit Filtern auf einen Blick

Verblassen – ein Befehl mit kurzem »Verfallsdatum«

Der Befehl VERBLASSEN steht nur unmittelbar nach der Anwendung des Filters zur Verfügung. Wurden zwischenzeitlich andere Arbeitsschritte durchgeführt, kann der Filter nicht mehr verblasst werden – oder nur, wenn Sie zuvor im Protokoll die letzten Schritte zurücknehmen.

Was wollen Sie tun?	Windows	Mac
Dialog für den letzten Filter erneut aufrufen	Strg + Alt + F	⌘ + ⌥ + F
Dialog VERBLASSEN aufrufen	⇧ + Strg + F	⇧ + ⌘ + F

▲ **Tabelle 29.2**
Tastaturbefehle für die Arbeit mit Filtern auf einen Blick (Forts.)

29.5.2 Filtereffekte eingrenzen und variieren – Ebenen und Masken

Um die Wirkung von Filtern auf bestimmte Bildpartien einzuschränken, kann man natürlich mit Auswahlen arbeiten. Sehr gute Wirkungen erzielt man jedoch auch, wenn man mit Ebenen und Masken arbeitet – und zeitsparender als das Anlegen exakter Auswahlen ist diese Technik außerdem.

Bei vielen Filtern ist es außerdem viel einfacher, die Wirkung *nach* der Anwendung durch Masken einzuschränken, als vor dem Filtern abzuschätzen, wie der Filter wirkt und wie die Auswahl angelegt werden sollte. Zudem bieten Masken auch beim Filtern die bekannten Vorteile: leichte nachträgliche Bearbeitung und flexibles Handling. Ich zeige Ihnen an einem konkreten Beispiel, wie Sie vorgehen können. Was hier anhand der Bewegungsunschärfe vorgeführt wird, ist auch für viele andere Filter sinnvoll.

TOPP-TIPP: Wenn Auswahl, dann mit weicher Kante

Wenn Sie Auswahlen nutzen, um die Wirkung von Filtern auf isolierte Bildbereiche zu beschränken, sollten es Auswahlen mit weicher Kante sein, damit der Übergang zwischen der gefilterten Auswahl und dem ungefilterten Rest des Bildes nicht allzu hart gerät.

Datei auf der Buch-DVD: »SkateboarderInRot.tif«

Schritt für Schritt: Dynamik für bewegte Objekte

Dies ist die Ausgangsdatei. Das Ganze soll durch eine Bewegungsunschärfe noch mehr Dynamik bekommen.

1 Ebene duplizieren

Diesmal brauchen Sie wirklich ein Ebenenduplikat. Eine leichte Übung ... Sie können es anschließend auf herkömmliche Weise filtern oder mit einem Smartfilter bearbeiten.

Bild: stock.exchng, Christophe Libert

▲ **Abbildung 29.27**
Die Ausgangsdatei.

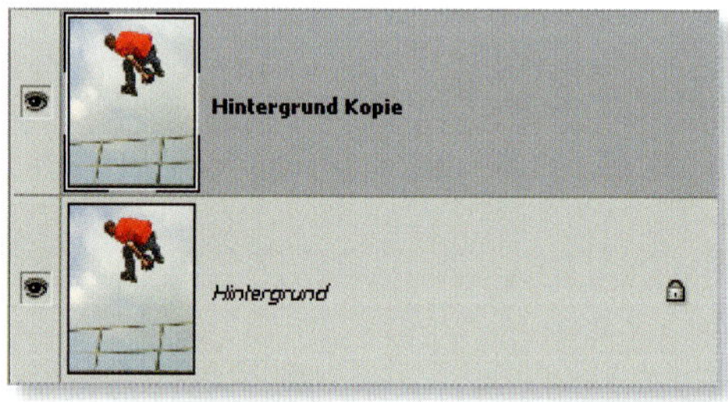

▲ **Abbildung 29.28**
Die vorbereitete Datei

2 Weichzeichnen

Mit dem Filter BEWEGUNGSUNSCHÄRFE (unter FILTER • WEICHZEICHNUNGSFILTER) wird nun die obere Ebene weichgezeichnet. Konzentrieren Sie sich dabei vor allem auf die Filterwirkung in den Bereichen rund um den jungen Mann. Ob das Hauptmotiv zu unscharf und unkenntlich wird, ist hier unerheblich – das wird im nächsten Schritt behoben. Die Stärke (ABSTAND) sollte hier allerdings nicht zu hoch liegen, sonst lässt sich der Effekt nicht nahtlos in das Bild integrieren.

Der WINKEL sollte der Bewegungsrichtung des bewegten Motivs – hier des Skateboarders – folgen. Bei einem so hohen ABSTAND wirken sich schon kleine Veränderungen des Winkels stark auf das Bild aus. Geringe Änderungen des Winkelwerts lassen sich am besten durch direkte Zahleneingabe bewerkstelligen. Das Ziehen per Maus am Winkelmesser wirkt für Feineinstellungen zu grob.

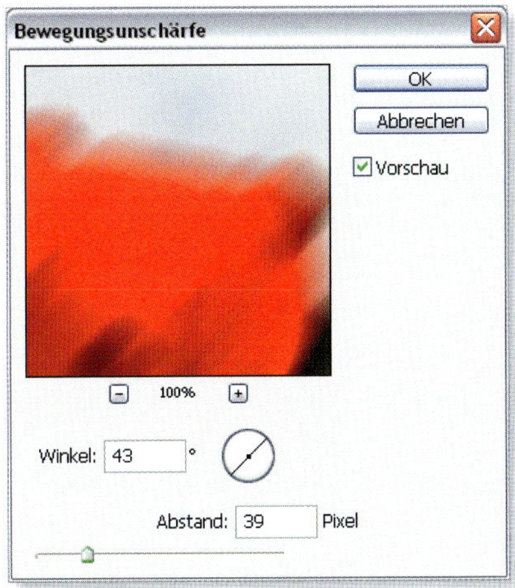

◀ **Abbildung 29.29**
Einstellungen zur Bewegungsunschärfe

3 Maske vorbereiten

Nun wird die Unschärfe dort, wo sie nicht gebraucht wird, ausgeblendet. Dazu gibt es zwei Möglichkeiten:

- Legen Sie auf der gefilterten Ebene eine zunächst ganz schwarze Maske an, die die Unschärfeebene komplett abdeckt.
- Oder füllen Sie die schon vorhandene Filtermaske des Smartfilters mit Schwarz. (Diese Möglichkeit sehen Sie hier im Workshop.)

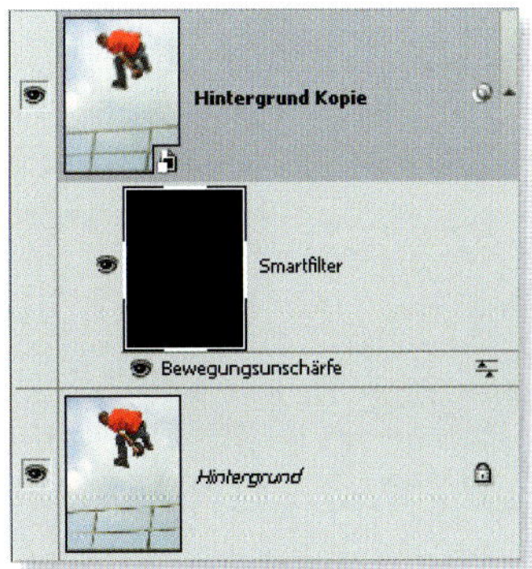

▲ **Abbildung 29.30**
Die Filtermaske verdeckt jetzt die Filterwirkung komplett.

4 Unschärfe wieder freilegen

Die Bereiche, die nun unscharf verwischt angezeigt werden sollen, legen Sie durch Aufpinseln von Weiß und Graustufen frei. Bei geschicktem Pinseln erhalten Sie so nahezu stufenlose Übergänge und können interessante Effekte realisieren. Ich habe zunächst mit einem großen weichen Pinsel gearbeitet. Feinere Details habe ich mit einem kleineren Pinsel freigelegt.

Weichzeichner und Wischfinger-Werkzeug eignen sich ebenfalls ganz gut, um Masken für den nahtlosen Übergang zwischen gefilterten und ungefilterten Partien zu bearbeiten.

Abbildung 29.31 ▶
Freilegen der Unschärfe – vor allem an der in Flugrichtung hinteren Partie des Skateboardfahrers.

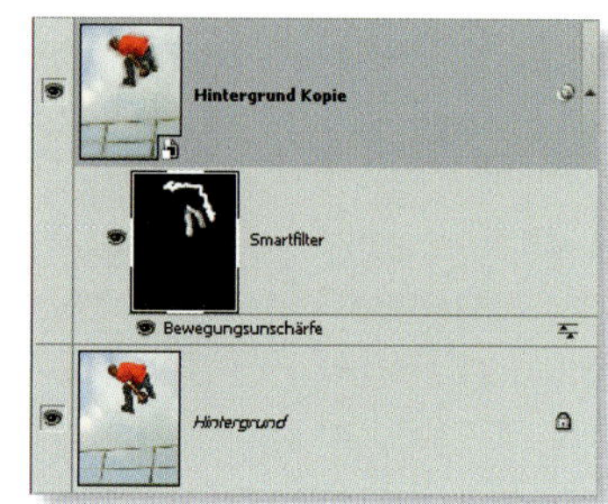

Abbildung 29.32 ▶▶
In der Ebenen-Palette sieht das so aus.

5 Feinabstimmung und Resultat

Wenn Ihnen die Weichzeichnung zu intensiv geraten ist, können Sie das noch regulieren, indem Sie

- die Ebenendeckkraft der oberen Ebene
- oder die Deckkraft des Smartfilters zurücknehmen.

Und natürlich lässt sich die Maske durch das Auftragen schwarzer oder grauer Pixel so bearbeiten, dass mehr von der Unschärfe verdeckt wird. Nach meiner Erfahrung bringt es aber nicht so viel, allzu lange herumzupinseln: Am besten wirkt dieser Effekt, wenn man mit einigen beherzten, dynamischen Pinselstrichen arbeitet.

▲ Abbildung 29.33
Mein Resultat sehen Sie hier.

6 Alternative Methode: Bewegungsunschärfe und Auswahlrahmen

Eine andere, oft sehr gut wirksame Möglichkeit, um eine Bewegungsunschärfe auf die Kanten eines Objekts einzuschränken, ist die Auswahloption Rand. Legen Sie zunächst eine Auswahl um das Objekt an, und wandeln Sie sie dann in einen nicht zu schmalen Auswahlrahmen um (Auswahl • Auswahl verändern • Rand). Diesen schieben Sie dann bei aktivem Auswahlwerkzeug in die Richtung, in die die Bewegungsunschärfe laufen soll. Anschließend erzeugen Sie noch eine Weiche Kante und setzen dann den Filter ein. ■

29.5.3 Filter auf separater Ebene anlegen

Natürlich ist es ohne Weiteres möglich, einen Filter direkt auf eine Bildebene oder ein Smart-Objekt anzuwenden. Meist sind die Ergebnisse auch zufriedenstellend. Manchmal ist es jedoch arbeitstechnisch günstiger, den Filter auf einer *eigenen* Ebene anzuwenden, die dann per Füllmethode auf die eigentliche Bildebene wirkt. Das macht zwar ein wenig mehr Arbeit, bietet aber mehr Spielraum für kreative Variationen. Eine große Hilfe dabei ist das Konzept der **neutralen Farbe.**

Tipp: Fotografische »Bewegungen simulieren Unschärfe«

Die im Workshop gezeigte Methode erzeugt eher comic-artige *Speedlines*. Wenn Sie eine fotografische Unschärfe simulieren wollen, wie sie durch Mitziehen der Kamera beim Fotografieren bewegter Objekte entsteht, müssen Sie den ganzen Hintergrund »unscharf pinseln« und das bewegte Hauptobjekt scharf belassen.

Neutrale Farbe | Für Ebenen lassen sich unterschiedliche Füllmethoden einstellen. Die Füllmethode legt fest, wie die Pixel zweier Ebenen miteinander verrechnet werden. Und jede Füllmethode wirkt anders auf die Tonwerte der darunterliegenden Ebene. Eine »neutrale Farbe« ist in diesem Kontext eine Farbe oder vielmehr ein Tonwert (Helligkeitswert), der durch eine bestimmte Füllmethode ausgeblendet wird. Das kann man sich zum Beispiel zunutze machen, indem man durch Umschalten auf die Füllmethode Abdunkeln unerwünschte weiße Bildelemente ausblendet (siehe Kapitel 12, »Füllmethoden: Pixel-Interaktion zwischen Ebenen«). Und auch für kreative Aufgaben ist dieses Konzept nützlich – im folgenden Workshop erleben Sie es gleich live.

Neutrale Ebene erzeugen | Im Dialogfeld Neue Ebene können Sie für neue Ebenen festlegen, dass diese automatisch beim Erstellen mit der in einem bestimmten Modus »unsichtbaren« Farbe – eben der neutralen Farbe – gefüllt werden. Wenn kein Filter angewendet oder kein sonstiger Eingriff durchgeführt wird, wirkt sich das Füllen mit einer neutralen Farbe nicht auf die übrigen Ebenen aus. Die neutrale Farbe ist entweder Schwarz, Weiß oder 50%iges Grau. Für Ebenen mit den Füllmethoden Normal, Sprenkeln, Farbton, Sättigung, Farbe und Luminanz ist die Option Neutrale Farbe nicht verfügbar.

Entwickelt wurde diese Funktion, weil einige Filter (z. B. der Filter Renderfilter • Beleuchtungseffekte) nicht auf leere Ebenen ohne Pixel angewendet werden können. Sie können sie jedoch auch für andere Filter nutzen.

Die Funktion im Einsatz | Das hier gezeigte Verfahren funktioniert vor allem mit allen Filtern, die Strukturen in das Bild bringen oder die über Änderungen der Luminanzwerte wirken. Besonders für letztgenannte ist die Funktion Neutrale Ebene interessant.

Schritt für Schritt: Filtern auf »neutraler« Ebene

Datei auf der Buch-DVD: »Alexanderplatz_Original.tif«

1 Ausgangsbild und Zielsetzung

Das Originalbild: Auf dieses Bild soll der Filter BLENDENFLECKE angewendet werden, um die perspektivische Untersicht durch Sonnenreflexe zu ergänzen. Der Filter selbst bietet wenig Variationsmöglichkeiten und lässt sich nur schwierig im Bild positionieren. Mit der hier beschriebenen Arbeitstechnik können Sie das ändern!

Bild: vitamin a

▲ **Abbildung 29.34**
Das Ausgangsbild

2 Neue Ebene anlegen und zum Smart-Objekt konvertieren

Nun soll eine Ebene angelegt werden, die als neutraler Träger der neuen Bildstruktur geeignet ist. Das Anlegen der Ebene erfolgt ausnahmsweise über den Menübefehl EBENE • NEU • EBENE – nicht per Palette. Es kommt dabei auf die erweiterten Einstellungen dieses Dialogfelds an. Als MODUS (Füllmethode) stellen Sie bitte HARTES LICHT ein und aktivieren die Option MIT NEUTRALER FARBE FÜR DEN MODUS 'HARTES LICHT' FÜLLEN. Für mehr Flexibilität konvertieren Sie die entstandene Ebene anschließend in ein Smart-Objekt.

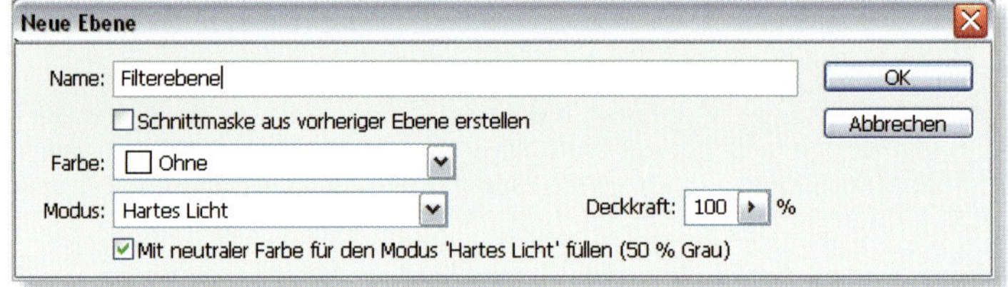

Abbildung 29.35 ▸
Erzeugen der neuen Ebene – achten Sie auf die Einstellungen unter MODUS und die aktivierte Option MIT NEUTRALER FARBE FÜR DEN MODUS ,HARTES LICHT' FÜLLEN.

Zum Weiterlesen: Füllmethoden
Mehr zu Füllmethoden lesen Sie in Kapitel 12, »Füllmethoden: Pixel-Interaktion zwischen Ebenen«.

Die Ebenen-Palette sieht dann so aus wie hier. Im Bild verändert sich vorerst nichts.

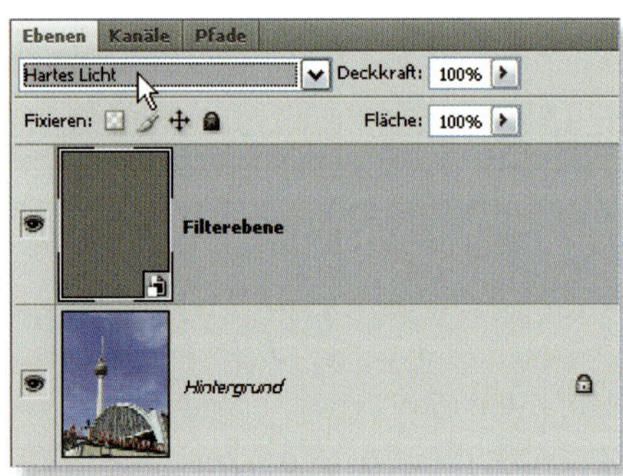

Abbildung 29.36 ▸
Die neue Ebene hat die zuvor eingestellte Füllmethode und wurde schon in ein Smart-Objekt umgewandelt.

3 Filter anwenden

Nun wird gefiltert. Sie finden den gesuchten Filter unter FILTER • RENDERFILTER • BLENDENFLECKE. Sie haben die Wahl zwischen vier verschiedenen simulierten Linsentypen und können auch die Helligkeit einstellen. Wenn Sie das Kreuz ❶ im Vorschaufenster verschieben, ändert sich die Lage des Lichtflecks. Sie können – da Sie mit Smartfiltern arbeiten – auch nachträglich die Einstellungen noch ändern. Sie sollten jedoch die Helligkeit nicht zu hoch setzen und die Position der Blendenflecke schon halbwegs anpassen. Andernfalls ist es schwierig, die Wirkung zu beurteilen.

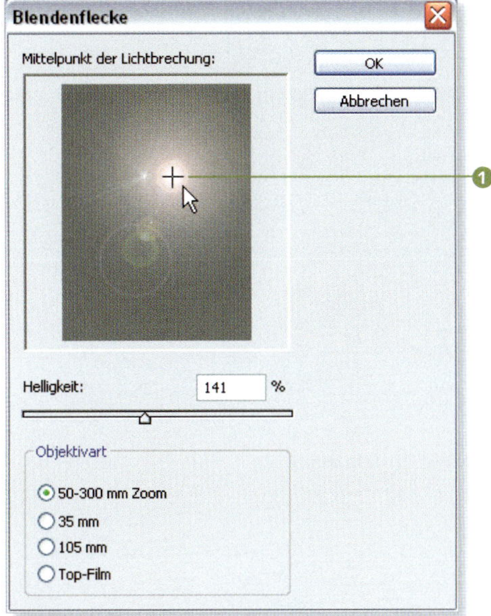

◂ **Abbildung 29.37**
Einstellungen der Blendenflecke

▴ **Abbildung 29.38**
Zwischenstand

4 Filterebene justieren

Die Lichtflecke überstrahlen das Bild nun kräftig. Bei Bedarf kann die Deckkraft der Filterebene oder des Smartfilters gesenkt werden. In begrenzten Maßen kann auch die Füllmethode der Ebene verändert werden – die »Licht«-Füllmethoden haben alle dieselbe neutrale Farbe, und so können Sie zum Beispiel einmal Weiches Licht probieren, wenn Hartes Licht zu intensiv erscheint.

5 Bei Bedarf: Filterebene verschieben und transformieren

Um die Position der Lichtflecke anzupassen, können Sie entweder erneut auf die Smartfilter-Einstellungen zugreifen oder die graue Hilfsebene selbst verschieben. Beim Verschieben der Ebene ist es ein wenig einfacher, die richtige Position zu treffen, als beim Ändern der Filtereinstellungen. Allerdings kann es passieren, dass die graue Fläche der Hilfsebene das Bild dann nicht mehr ausfüllt. In diesem Fall stückeln Sie beispielsweise mithilfe des Fülleimers einfach etwas 50%iges Grau an (RGB-Wert: 128-128-128). Auch die Transformation der Ebene ist möglich, um die Lichtflecke anzupassen.

Abbildung 29.39 ▶
Mit dem Verschieben der Filterebene lassen sich die Blendenflecke leicht positionieren und transformieren, doch es ist dann in der Regel notwendig, graue Pixel anzustückeln. Im Bild ist der Ebenenrand deutlich erkennbar.

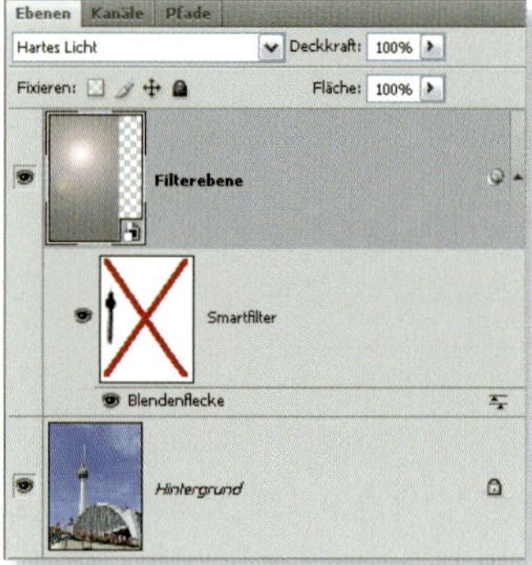

▲ **Abbildung 29.40**
Auch die Ebenen-Palette zeigt an, dass die Filterebene die Bildfläche nicht mehr ganz ausfüllt.

6 Filterebene weiter verfeinern

Sie haben nun freie Hand bei der Bearbeitung der Filterebene und des Smartfilters. Ich habe mithilfe der Filtermaske die Lichtflecke im Bereich des Turms ausgeblendet.

Abbildung 29.41 ▶
Das fertige Bild. Durch die Maske entsteht der Eindruck, als ob der Turm die Lichtquelle teilweise verdeckt.

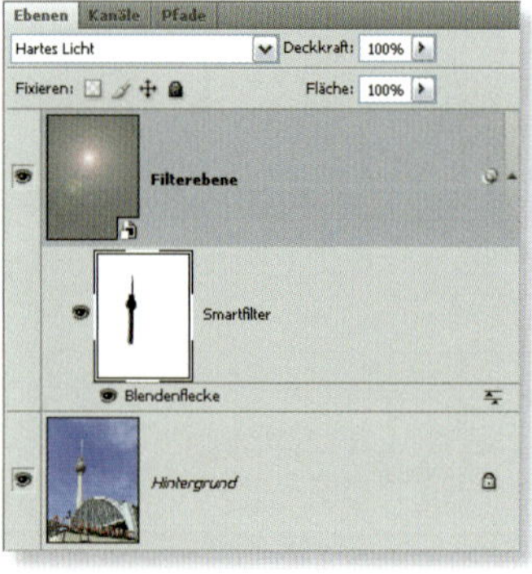

▲ **Abbildung 29.42**
Die Ebenen-Palette nach der Bearbeitung

29.6 Bildränder gestalten, Masken filtern

Datei auf der Buch-DVD: »Flugzeug.tif«

Während viele Filter an den Konturen oder Kanten innerhalb des Bildes – also an angrenzenden Farbbereichen – ansetzen, können sich einige der Vergröberungsfilter tatsächlich an den Außenkanten von Bildern nützlich machen. Sie können sie nutzen, um den Übergang vom Bild zu seinem Hintergrund interessant zu gestalten.

Das ist eine gute Lösung vor allem für Internet-Bilder. Die flexible Größe und die Scrollbarkeit von Websites erlauben es oft nicht, das stabile Gleichgewicht von Textblöcken, Weißraum und Bildern zu schaffen, das *rechteckige* Bilder brauchen, um im Gesamtlayout gut positioniert zu wirken. Unregelmäßiger geformte Bilder oder Bilder mit einem Übergang zum Seitenhintergrund werden mit den Bedingungen oft besser fertig.

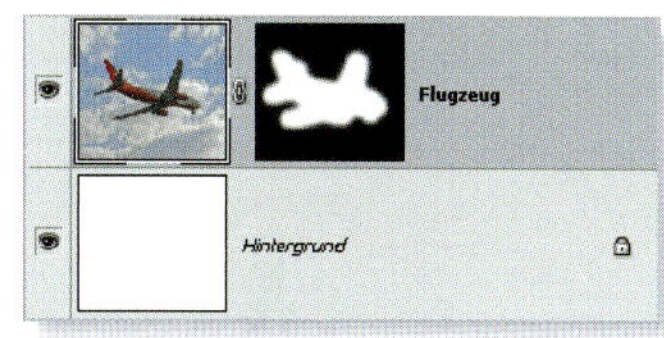

▲ **Abbildung 29.43**
Die Testanordnung

Maske erzeugen | Als Erstes sollten Sie eine Maske mit weichen Übergängen zu den Bildrändern erzeugen. Unregelmäßige Maskenformen, die das Bild aus der strengen Rechteckform befreien, sind hier ganz effektvoll. Gefiltert wird dann nicht das Bild, sondern die Maske. Unten sehen Sie drei mögliche Filterbeispiele.

▲ **Abbildung 29.44**
Auf die *Maske – nicht die Ebene* – wurde der Filter Farbraster angewandt (zu finden unter Vergröberungsfilter). Ebeneneffekte können so ein Raster zusätzlich betonen. Vor allem »junge«, schräge oder auch technische Motive passen gut zu so einer Bearbeitung.

▲ **Abbildung 29.45**
Auch der Filter Mosaikeffekt (unter Vergröberungsfilter) schafft interessante Motivkanten.

▲ **Abbildung 29.46**
Der Filter Verwackelte Striche (ein Malfilter) bringt Dynamik ins Motiv.

30 Weichzeichnen

Zum Nachlesen: Bewegungsunschärfe und Tiefenschärfe
Der Filter BEWEGUNGSUNSCHÄRFE wurde im Abschnitt 29.5.2 in einem Workshop vorgestellt. TIEFENSCHÄRFE ABMILDERN lernen Sie in Abschnitt 24.5.

Dateien auf der Buch-DVD: »Takelage.tif«, »Pfirsichblüte-Freigestellt.tif«

Der Weichzeichner ist sicherlich der meistgebrauchte Filter überhaupt: Inzwischen gibt es ihn schon in elf Varianten. Den Filter BEWEGUNGSUNSCHÄRFE und den Filter TIEFENSCHÄRFE ABMILDERN kennen Sie schon – die anderen werden Sie gleich kennenlernen!

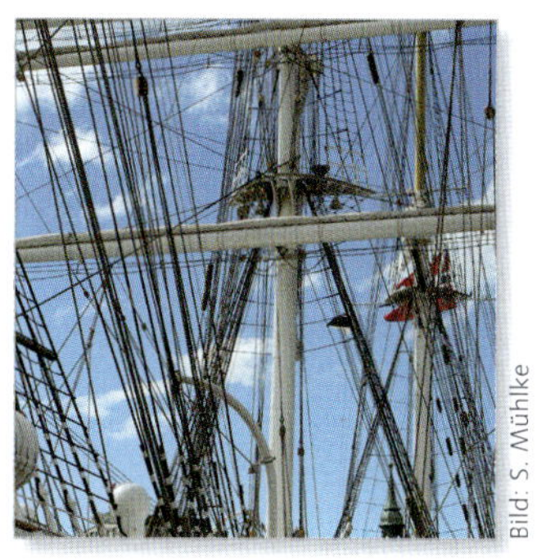

Bild: S. Mühlke

▲ **Abbildung 30.1**
Die unbearbeitete Originaldatei

30.1 Schnelle Wirkung ohne Steuerung

Drei Weichzeichnungsfilter arbeiten ganz auf die Schnelle ohne eigenes Dialogfeld. Sie können – oder brauchen – keine Optionen festzulegen: Klicken Sie einfach den Filterbefehl an; das war's.

- Der Filter WEICHZEICHNEN soll harte Farbübergänge dämpfen. Bildpixel, die neben harten Kanten im Bild oder in Schattenbereichen liegen, werden aufgehellt.
- STÄRKER WEICHZEICHNEN arbeitet nach demselben Wirkungsprinzip, jedoch mit drei- bis vierfacher Stärke.

▲ **Abbildung 30.2**
WEICHZEICHNEN

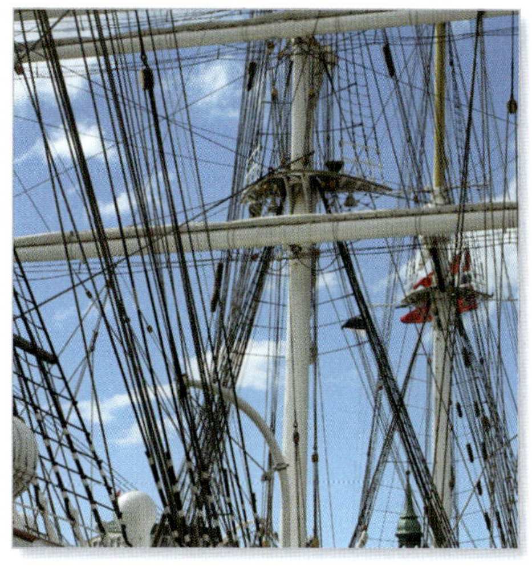

▲ **Abbildung 30.3**
STÄRKER WEICHZEICHNEN

▲ **Abbildung 30.4**
Der Filter Durchschnitt berechnen lässt sich sinnvoll nur auf Teilbereiche von Bildern anwenden – er färbt Flächen mit dem Durchschnittsfarbwert der Datei ein.

- Durchschnitt berechnen sucht im Bild seinen mittleren Farbwert und füllt das Bild – oder, wenn vorhanden, eine Auswahl – mit Pixeln in eben dieser Farbe. Dieser Filter kann ganz nützlich sein, um Farbkombinationen aus Bildern zu entwickeln oder um eine Farbe zu finden, mit der sich Bildränder harmonisch fortsetzen lassen. Als Solo-Weichzeichner ist der Filter nicht konzipiert.

Erkennt der Weichzeichner die Auswahl scheinbar nicht?

Sehr oft kommt es vor, dass man nur einen bestimmten Bildausschnitt weichzeichnen will. Dabei arbeitet man in der Regel mit Auswahlen. Wer dies einmal zusammen mit dem Gaussschen Weichzeichner – oder den Filtern Feld weichzeichnen, Bewegungsunschärfe oder Form weichzeichnen – ausprobiert hat, wird festgestellt haben, dass diese Filter eine Auswahllinie nicht so recht zu erkennen scheinen. Auch Bereiche außerhalb der Auswahl werden aufgeweicht. Das liegt an den internen Berechnungsmustern der Filter. Nutzen Sie den Selektiven Weichzeichner oder den Filter Tiefenschärfe abmildern, wenn Sie eine klare Kante zwischen weichgezeichneten und unbearbeiteten Partien benötigen!

30.2 Gaußscher Weichzeichner: der Allrounder

Sie haben ihn hier im Buch bereits bei mehreren Gelegenheiten kennengelernt: den Gaußschen Weichzeichner. Weichzeichnungsfilter operieren ähnlich wie Scharfzeichner, nur in umgekehrter Richtung: Sie ermitteln den Kontrast benachbarter Pixel und senken ihn dann (Scharfzeichnungsfilter heben den Kontrast an, um Motive knackiger zu machen). Auch der Gaußsche Weichzeichner arbeitet so. Das Besondere an ihm ist, dass er es schafft, Bilder weichzuzeichnen, ohne deren Helligkeitseindruck wesentlich zu verändern. Weich auslaufende Kanten, weiche Masken, sanfte Übergänge sind seine Spezialität.

▲ **Abbildung 30.5**
In der Handhabung ist der Gaußsche Weichzeichner unkompliziert.

30.3 Feld weichzeichnen: weichzeichnen, ohne aufzuweichen

Auch der Filter Feld weichzeichnen ermittelt erst einmal Durchschnittsfarbwerte im Bild. Auf der Grundlage des durchschnittlichen Farbwerts benachbarter Pixel wird dann weichgezeichnet. Der Regler passt die Größe des Bereichs an, der für die Berechnung des Durchschnittswerts eines bestimmten Pixels verwendet wird. Bei einem großen Radius wird stärker weichgezeichnet.

◂ **Abbildung 30.6**
Das überschaubare Dialogfeld

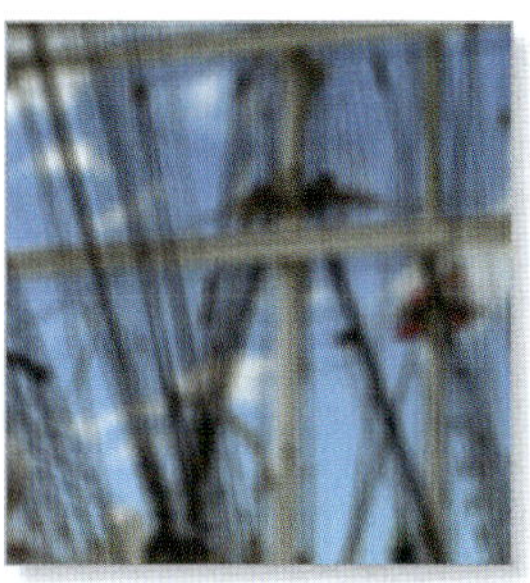

▴ **Abbildung 30.7**
Feld weichzeichnen mit Radius 8

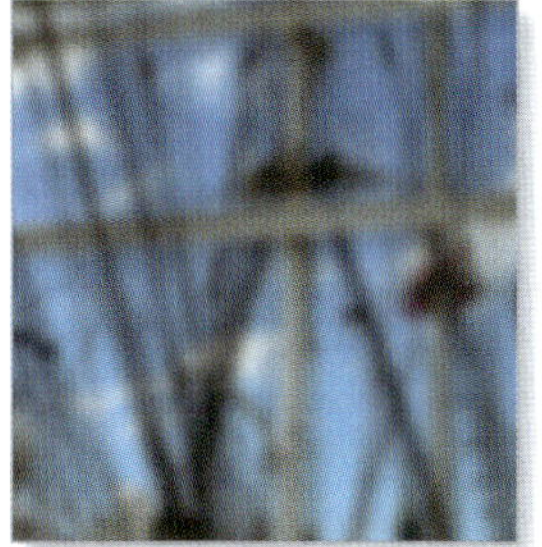

▴ **Abbildung 30.8**
Die Wirkung des Gaussschen Weichzeichners, ebenfalls mit Radius 8, zum Vergleich. Das Bild wird insgesamt stärker aufgeweicht.

30.4 Weiches Licht: sanft, weich und duftig ...

Wenn Sie eine Möglichkeit suchen, um ein Bild weich und gleichzeitig optisch leicht zu machen, könnte auch der Filter Weiches Licht (der irritierenderweise unter Filter • Verzerrungsfilter angeordnet ist) eine Möglichkeit für Sie sein. Je nach Motiv macht er Bilder weicher und heller. Einen sehr ähnlichen Effekt erzielen Sie, wenn Sie zwei Ebenen übereinanderlegen, die Deckkraft der oberen Ebene senken, diese weichzeichnen und mit einer der Licht-Füllmethoden auf die untere Ebene aufrechnen lassen – Filter sind oft nur die Abkürzung für Effekte, die sich auch mit Handarbeit erzielen lassen!

Bild: stock.exchng, Dora Pete

▴ **Abbildung 30.9**
Beim Schiffsmotiv aus dem vorigen Abschnitt wirkt der Filter nicht gut, wohl aber bei dieser Blüte. Hier das Ausgangsbild.

▴ **Abbildung 30.10**
Die gefilterte Version: Weiches Licht mit geringer Körnung, niedriger Lichtmenge und mittlerem Kontrast

30.5 Form weichzeichnen: Effektvielfalt

Zum Weiterlesen: Arbeiten mit Formen

Formen sind Photoshop-Vorgaben, die auch per Vorgaben-Manager verwaltet werden können. Weiterführendes über die Arbeit mit dem Eigene-Form-Werkzeug U und den Umgang mit Formen lesen Sie in Kapitel 34, »Pfadbasierte Formen«.

Beim Filter FORM WEICHZEICHNEN bilden Photoshop-Formen die Grundlage als »Kern« der Weichzeichnung. Wiederfinden kann man diese Formen im weichgezeichneten Bild nicht immer, interessante Variationen sind dies jedoch allemal!

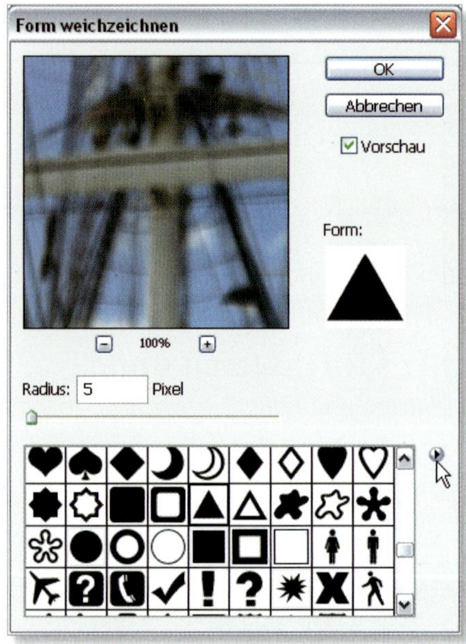

Abbildung 30.11 ►
Neue Formen können über ein Seitenmenü (Mauszeigerposition) nachgeladen werden.

Je größer und kompakter die eingestellte Form ist, desto deutlicher wird die Weichzeichnung. Filigrane Formen erzeugen eher Effekte, die an verwackelte Fotografien erinnern.

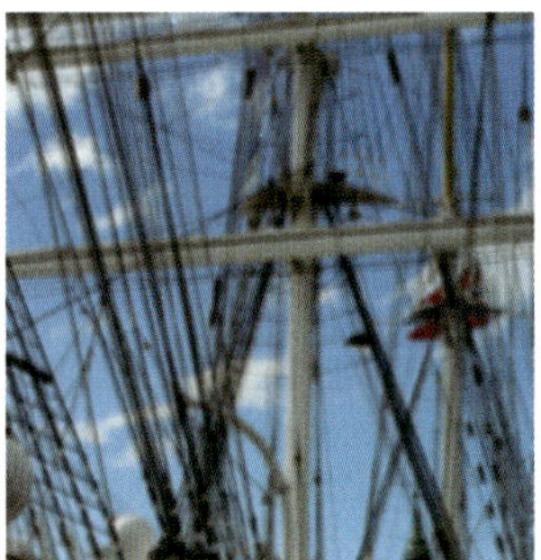

Abbildung 30.12 ►
Der Effekt von FORM WEICHZEICHNEN auf Basis einer Dreiecksform

30.6 Matter machen: flächig und weich

Der Filter MATTER MACHEN erhält bei der Weichzeichnung die Kanten im Bild, er wirkt mehr auf Flächen. Er kann beim Entfernen von Störungen und Körnigkeit eine große Hilfe sein, eignet sich aber auch gut, um Teile von Bildern unauffälliger, aber nicht ganz unkenntlich zu machen, wenn Sie beispielsweise Schriftblöcke darauf positionieren wollen. Matter machen weicht das Bild dabei nicht so stark auf wie der Gaussche Weichzeichner.

▲ **Abbildung 30.13**
Der Dialog Matter machen

Die Funktionsweise ähnelt interessanterweise dem unscharfen Maskieren – jedenfalls werden dieselben Bildparameter herangezogen. Radius wirkt so, wie Sie es schon von anderen Filtern kennen. Sie legen damit die Größe des Bereichs um jeden Pixel fest, der für das Weichzeichnen »betrachtet« werden soll. Mit Schwellenwert steuern Sie, wie stark die Farbtonwerte benachbarter Pixel abweichen müssen, damit sie weichgezeichnet werden. Pixel, deren Farben sich um weniger als den unter Schwellenwert angegebenen Wert unterscheiden, werden nicht weichgezeichnet. Je geringer der Schwellenwert ist, desto stärker ist die Weichzeichnung.

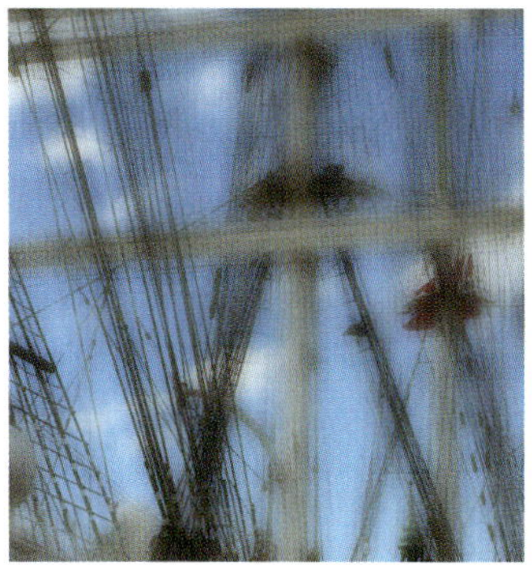

▲ **Abbildung 30.14**
Die Wirkung von Matter machen am Beispielbild

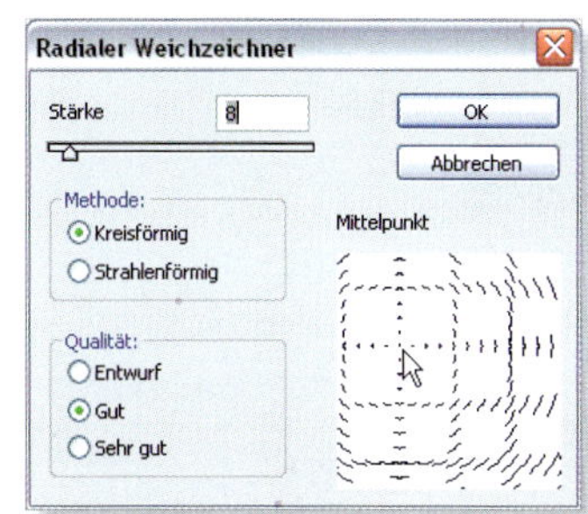

▲ **Abbildung 30.15**
Per Mauszeiger können Sie das Zentrum der Weichzeichnung im Bild verschieben. Manchmal sind mehrere Versuche nötig, um den idealen Punkt zu finden, denn die kleine Vorschau ist nicht sonderlich präzise.

30.7 Radialer Weichzeichner: Rotation und Geschwindigkeit simulieren

Der radiale Weichzeichner und der im gleichen Dialogfeld untergebrachte Strahlenförmige Weichzeichner eignen sich hervorragend, um Bildern etwas mehr Dynamik zu verleihen. Auch abstrakte Bilder wie zum Beispiel Muster können damit weiter verfremdet werden.

▲ **Abbildung 30.16**
Radial weichgezeichnet, strahlenförmig mit STÄRKE 8.

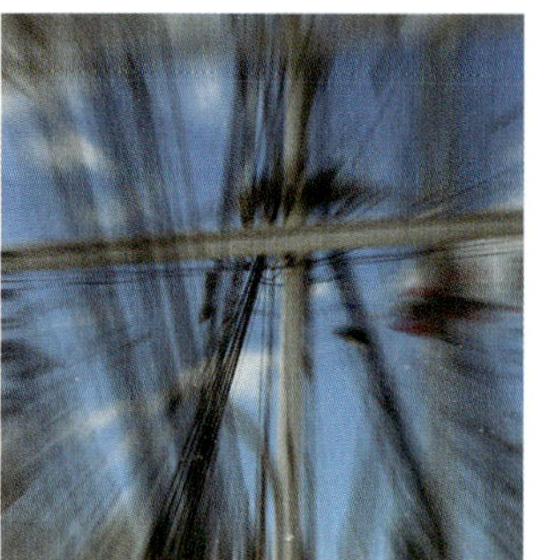

▲ **Abbildung 30.17**
Und eine strahlenförmige Weichzeichnung, hier STÄRKE 42. Es ist gut erkennbar, dass der Filter an Konturen im Bild am meisten Wirkung zeigt.

30.8 Selektiver Weichzeichner: kreatives Genie

Der SELEKTIVE WEICHZEICHNER ist ein eher kreativer Weichzeichner mit vielen Einstellungsmöglichkeiten. Die Ergebnisse erinnern teilweise an Filter aus den Abteilungen KUNSTFILTER und MALFILTER. Der Gedanke liegt nahe, dass die hier verwendeten Filteralgorithmen auch bei »kantensuchenden« Filtern wie TONTRENNUNG & KANTENBETONUNG (bei KUNSTFILTER zu finden) oder KANTEN BETONEN (unter MALFILTER) und anderen zum Einsatz kommen.

Abbildung 30.18 ▶
Einstellungen für den selektiven Weichzeichner

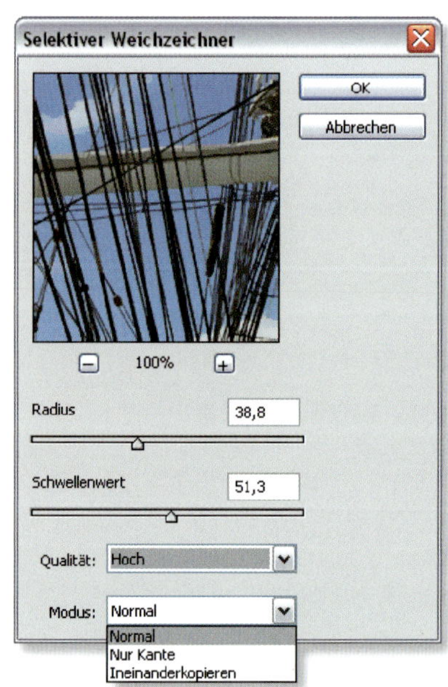

Zum Weiterlesen: Tiefenschärfe abmildern
Sie vermissen den Filter TIEFENSCHÄRFE ABMILDERN in diesem Kapitel? Dieser Filter ist speziell auf die Bedürfnisse von Digital-Fotografen ausgerichtet, deren Kameras nur überscharfe Bilder produzieren. Aus diesem Grund finden Sie ihn in Kapitel 24, »Werkzeuge für die digitale Fotografie«.

Die Regler für RADIUS und SCHWELLENWERT sind für Sie nichts Neues mehr. Unter MODUS haben Sie die Wahl zwischen:

- NORMAL – Diese Einstellung bezieht sich auf das gesamte Bild (oder die gesamte Auswahl) und erzeugt Ergebnisse, die an den MALMESSER-Filter (unter KUNSTFILTER) erinnern. Diese Funktion kann auch eine gute, feinere Alternative zur TONTRENNUNG sein.
- NUR KANTE verwandelt das Bild in eine Schwarzweißgrafik. Das können zwar einige der Kreativfilter auch, der Weichzeichner macht es jedoch differenzierter.
- INEINANDERKOPIEREN mischt das Originalbild mit der Grafikumsetzung.

▲ **Abbildung 30.19**
Je besser die QUALITÄT ist, desto länger dauert die Berechnung.

Das Ganze gibt es dann auch noch in drei Qualitätsstufen: NIEDRIG, MITTEL und HOCH.

▲ **Abbildung 30.20**
Selektive Weichzeichnung, MODUS: NORMAL

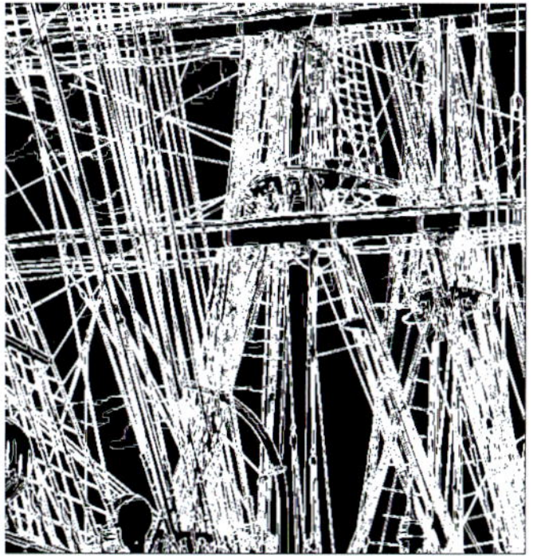

▲ **Abbildung 30.21**
MODUS: NUR KANTE – invertiert (Strg+I/⌘+I) wäre so etwas schon ein ganz brauchbarer Illustrationsbaustein!

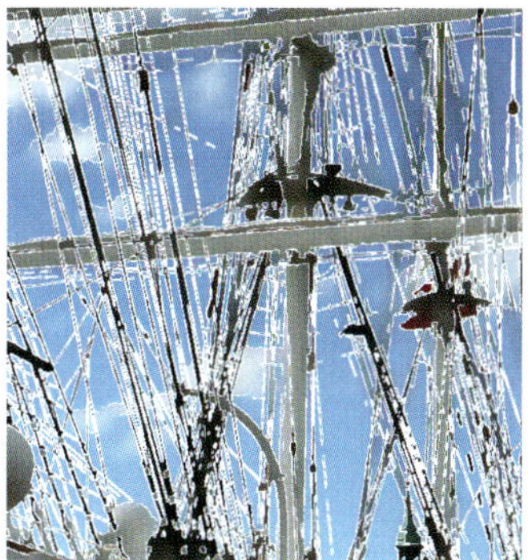

▲ **Abbildung 30.22**
MODUS: INEINANDERKOPIEREN – er ist nicht bei allen Motiven sinnvoll.

31 Filter im Schnelldurchlauf

Hier stelle ich Ihnen bisher noch nicht genannte Filter mit Beispielen und einer kurzen Erklärung vor – mehr ist in der Regel auch nicht nötig, denn die meisten Filter sind nahezu selbsterklärend und erschließen sich am besten, wenn Sie zwei oder drei Nachmittage lang mit ihnen experimentieren.

Dateien auf der Buch-DVD: »Pfirsichblüte.jpg«, »PfirsichblüteFreigestellt.tif«

Bild: stock.xchng, Dora Pete

◂ **Abbildung 31.1**
Das Ausgangsbild für alle Filterexperimente.

31.1 Kunstfilter

Kunstfilter verfremden Ihr Bild meist ganz gehörig. Flächige oder auch körnig strukturierte Bilder lassen sich so schnell erstellen – beispielsweise als Hintergründe. Als realistisches Imitat von Pastellkreide, Aquarell & Co. taugen die Kunstfilter, trotz der entsprechenden Filternamen, jedoch eher selten. Kunst- und Malfilter können die letzte Rettung für ein langweiliges oder technisch mangelhaftes Foto sein – oft genug sind sie aber auch nur ein einfallslos zusammengeklickter Effekt, dem man den Photoshop-Filter aus fünf Kilometern Entfernung ansieht. Seien Sie findig, und kombinieren Sie Filter untereinander und mit anderen Photoshop-Techniken!

Aquarell...
Buntstiftschraffur...
Diagonal verwischen...
Farbpapier-Collage...
Fresko...
Grobe Malerei...
Grobes Pastell...
Körnung & Aufhellung...
Kunststofffolie...
Malgrund...
Malmesser...
Neonschein...
Ölfarbe getupft...
Schwamm...
Tontrennung & Kantenbetonung...

▴ **Abbildung 31.2**
Die Kunstfilter

▲ **Abbildung 31.3**
Aquarell liefert Ergebnisse von realistischer »Malerei« bis zur Bildverfremdung.

▲ **Abbildung 31.4**
Buntstiftschraffur: Allein mit diesem Filter spannende Ergebnisse zu erzeugen ist schwierig. Als Unterlegung für eher flächige Filter ist er aber nicht schlecht.

▲ **Abbildung 31.5**
Diagonal verwischen: Hier können Sie leider keinen Winkel vorgeben.

▲ **Abbildung 31.6**
Farbpapier-Collage erzeugt interessante flächige Effekte, die sich auch gut steuern lassen. Dieser Filter ist eine gute Alternative zur Funktion Tonwerttrennung. Ich würde mir Funktionen wünschen, um einzelne Bilddetails gezielt vor zu starker Abstraktion zu schützen.

▲ **Abbildung 31.7**
FRESKO: Bilder werden stark abgedunkelt, die Pixel bekommen ein »aquarelliges« Aussehen.

▲ **Abbildung 31.8**
GROBE MALEREI macht Bilder flächiger und kann Bilddetails auf Wunsch gut erhalten.

▲ **Abbildung 31.9**
GROBES PASTELL: Hier können auch Strukturen angebracht werden, die Maluntergründe simulieren. Ein kreidiger Farbauftrag lässt sich nur bei einigen Motiven erzielen.

▲ **Abbildung 31.10**
KÖRNUNG & AUFHELLUNG sprüht einen dunklen Tuschenebel auf die Tiefen des Bildes, Lichter werden zusätzlich ausgeleuchtet.

▲ **Abbildung 31.11**
KUNSTSTOFFFOLIE: Plastikglanz auf allen Bildern

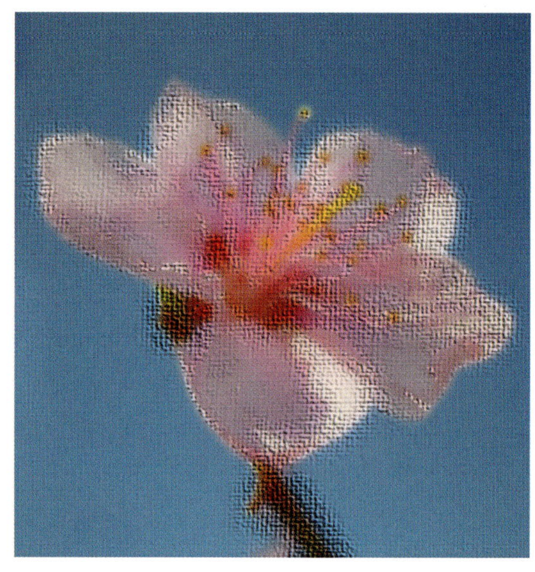

▲ **Abbildung 31.12**
MALGRUND ähnelt dem GROBEN PASTELL oder einer Kombination aus MALMESSER und einem Strukturfilter – Sie erhalten also einen flächigen Farbauftrag plus Struktur.

▲ **Abbildung 31.13**
MALMESSER wirkt wie MALGRUND, jedoch ohne unterlegte Struktur. Es würde der Übersicht in den Filtermenüs wirklich nicht schaden, wenn Adobe einige Doppelungen beseitigen würde – mit eigenen Menüeinstellungen können Sie das ja auch tun!

▲ **Abbildung 31.14**
NEONSCHEIN allein bringt kaum brauchbare Ergebnisse: Er erzeugt eine Umsetzung des Bildes gemäß der eingestellten Vorder- und Hintergrundfarbe, zeichnet weich und färbt. Die Farbe für das Licht legen Sie im Filterdialog fest.

▲ **Abbildung 31.15**
Ölfarbe getupft: Hier können »Pinselstriche« sichtbar gemacht werden. Je nach Einstellung wirkt dieser Filter stark abstrahierend.

▲ **Abbildung 31.16**
Tontrennung & Kantenbetonung: Hier wird Comicstil als Ergebnis angestrebt, aber nicht erreicht. Besser ist die Arbeit mit der echten Tontrennung und dem Selektiven Weichzeichner. Sie kommen um viel Handarbeit nicht herum, wenn Sie aus einem Foto eine Illustration machen wollen – selbst Zeichnen geht oft schneller. Die Einstellungsebene Tontrennung ist eine Alternative zum Filter.

◀ **Abbildung 31.17**
Schwamm: Als Filter im Soloeinsatz ist er nicht überzeugend, er kann aber ein spannender Baustein für Effekte sein.

31.2 Malfilter

Die Malfilter schlagen in die gleiche Kerbe wie die Kunstfilter auch. Hier finden sich tendenziell mehr Filter, die die Bildkonturen auflockern oder auflösen. Aber auch Farbflächen sind immer wieder als Ergebnis anzutreffen.

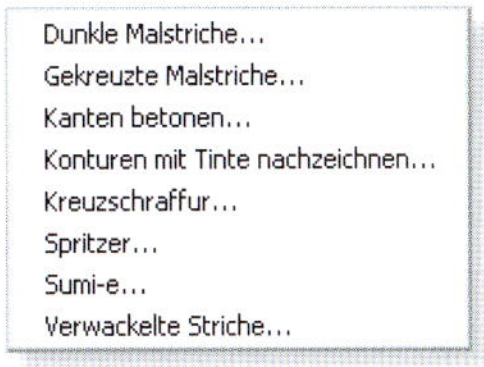

Dunkle Malstriche...
Gekreuzte Malstriche...
Kanten betonen...
Konturen mit Tinte nachzeichnen...
Kreuzschraffur...
Spritzer...
Sumi-e...
Verwackelte Striche...

▲ **Abbildung 31.18**
Die Malfilter

▲ **Abbildung 31.19**
DUNKLE MALSTRICHE ist einer der Filter, die die Bilder abdunkeln und mit schwarzen Schlieren überziehen.

▲ **Abbildung 31.20**
GEKREUZTE MALSTRICHE ist einer der besseren Malimitierungsfilter mit vernünftiger Steuerung.

▲ **Abbildung 31.21**
Der Malfilter KANTEN BETONEN wirkt manchmal auch stark aufhellend für das ganze Bild.

▲ **Abbildung 31.22**
KONTUREN MIT TINTE NACHZEICHNEN: Leider unterscheidet Photoshop nicht zwischen wichtigen und unwichtigen Konturen.

▲ **Abbildung 31.23**
KREUZSCHRAFFUR: Auch dezentere Ergebnisse als dieses hier sind möglich.

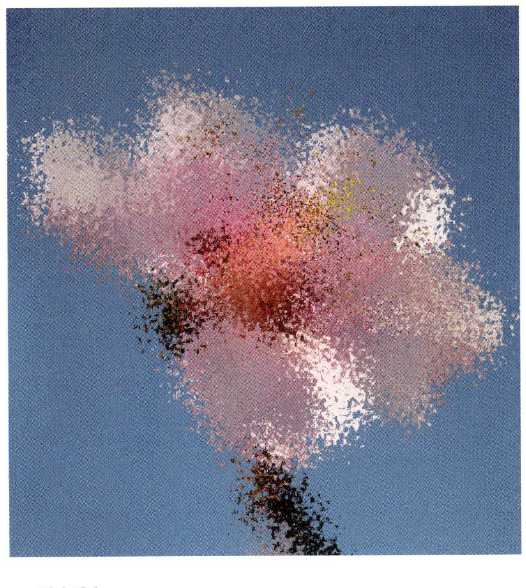

▲ **Abbildung 31.24**
SPRITZER: Dieser Filter löst Konturen auf. Die Ergebnisse ähneln denen des Verzerrungsfilters GLAS.

▲ **Abbildung 31.25**
SUMI-E soll eine japanische Maltechnik imitieren – und dunkelt stark ab.

▲ **Abbildung 31.26**
VERWACKELTE STRICHE: Auftrag von Malstrichen mit Steuerung von Strichlänge, Radius und Richtung. Nützlich in allen Filterkombinationen, die Bewegung und Dynamik brauchen.

31.3 Stilisierungsfilter

▲ **Abbildung 31.27**
Die Stilisierungsfilter

Die hier versammelten Filter setzen unterschiedlich an, haben aber eines gemeinsam: Sie wirken stark verfremdend.

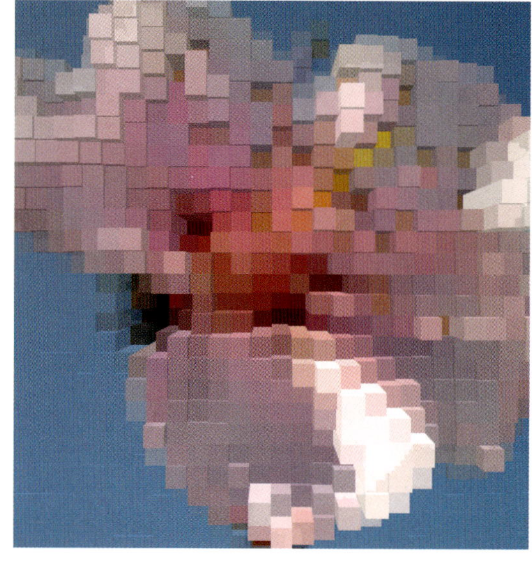

Abbildung 31.28 ▶
EXTRUDIEREN zerlegt Bilder wahlweise in räumlich angeordnete Klötzchen oder Pyramiden, die in der Größe und räumlichen Anordnung variiert werden können.

▲ **Abbildung 31.29**
KACHELEFFEKT: Auch eine Möglichkeit der Auflösung von Bildern. Die Farbe der Fugen können Sie im Dialog steuern.

▲ **Abbildung 31.30**
KONTUREN FINDEN hat dasselbe Problem wie alle Konturfilter, nämlich zu viele Konturen.

▲ **Abbildung 31.31**
Konturen nachzeichnen hat bessere Einstellungsmöglichkeiten als Konturen finden.

▲ **Abbildung 31.32**
Korneffekt löst Kanten körnig auf. Nicht zu verwechseln mit der Körnung in den Störungsfiltern!

▲ **Abbildung 31.33**
Leuchtende Konturen ist als einziger Stilisierungsfilter auch in der Filtergalerie zu finden.

▲ **Abbildung 31.34**
Relief erzeugt ein graues Gepräge.

▲ **Abbildung 31.35**
SOLARISATION bietet wenig Einstellungsmöglichkeiten. Hier wurde der Smartfilter auf die Füllmethode FARBTON gestellt, um die Filterwirkung zu variieren.

▲ **Abbildung 31.36**
Der Filter WINDEFFEKT ist Bestandteil zahlreicher Effekte wie Flammenschrift, Metall und Ähnliches. Hier wurde er auf die freigestellte Blütenebene angewandt.

31.4 Strukturierungsfilter

Ebenenstil als Alternative zu Strukturfiltern
Eine gute, weil flexible Alternative zum Einfiltern einer Struktur in ein Bild ist übrigens immer noch der Ebeneneffekt MUSTERÜBERLAGERUNG.

Strukturierungsfilter tun, was der Name verspricht: Sie sorgen für raue Bildoberflächen. Viele Filter, die mit Strukturen arbeiten, bieten standardmäßig bloß vier Strukturen zur Auswahl an – auf die Dauer wird das zu eintönig. Strukturen sind zwar keine Vorgaben wie Muster, Stile, Pinsel etc., aber Sie können beliebige PSD-Dateien als Struktur benennen (diese dürfen ausschließlich aus einer Hintergrundebene bestehen – keine Ebenen, keine Alpha-Kanäle!).

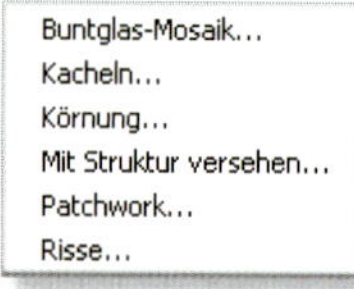

◂ **Abbildung 31.37**
Die Strukturierungsfilter

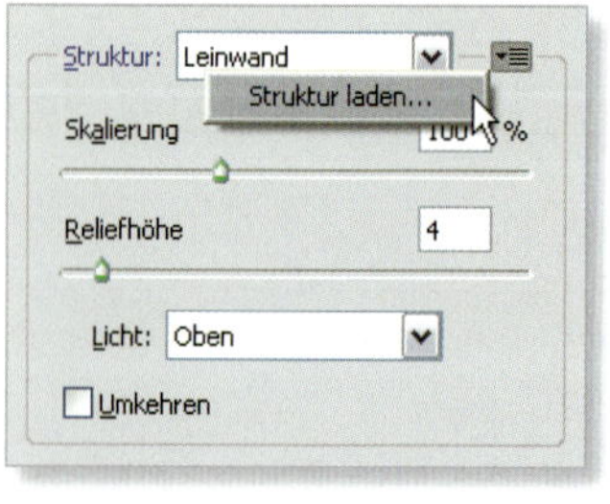

▲ **Abbildung 31.38**
Ausschnitt aus der Filtergalerie. Für manche Strukturfilter können Sie eigene Strukturen laden.

Eigene Strukturen nutzen | Viele Filter nutzen Strukturen wie Sandpapier, Leinwand und ähnliches. Sie können auch eigene Bilder als Strukturvorlagen einsetzen. Jede Datei, die im PSD-Format vorliegt, ist theoretisch geeignet. In der Filtergalerie laden Sie zusätzliche Strukturen über ein unauffälliges Seitenmenü.

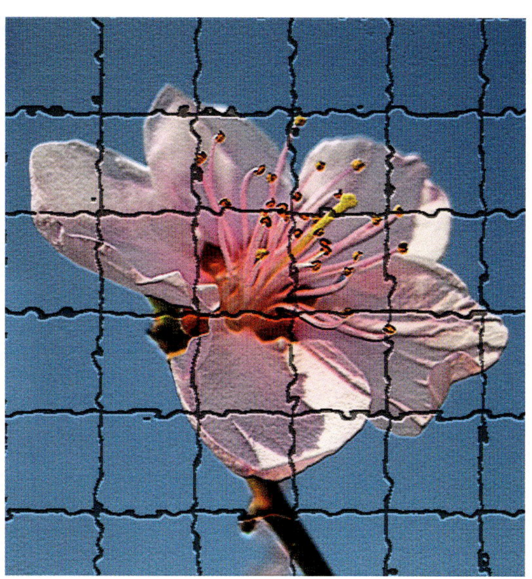

▲ Abbildung 31.39
Die Fugenfarbe bei BUNTGLAS-MOSAIK hängt von der eingestellten Vordergrundfarbe ab. Sie können die Größe der Steinchen und die Fugenbreite einstellen. Eine imaginäre Lichtquelle beleuchtet das Bild aus der Mitte.

▲ Abbildung 31.40
KACHELN ist Langeweile pur, denn man hat diesen Effekt schon hundertmal gesehen.

▲ Abbildung 31.41
KÖRNUNG legt verschiedene Strukturen und Muster über das Bild – gestreift und grob oder fein gekörnt. Mit diesem Filter können Sie Bildrauschen simulieren.

▲ Abbildung 31.42
MIT STRUKTUR VERSEHEN bietet von allen Strukturierungsfiltern die besten Steuerungsmöglichkeiten. Merken Sie sich diesen Filter, und werfen Sie alle anderen aus dem Menü!

▲ **Abbildung 31.43**
PATCHWORK ähnelt trotz des Namens eher Mosaiksteinchen als einer Flickendecke.

▲ **Abbildung 31.44**
RISSE ist eigentlich ebenso langweilig wie KACHELN; mit einem hohen Abstandswert (weniger, zufällig verteilten Rissen) ist dieser Filter jedoch eine brauchbare Ergänzung, um ein naturalistisches FRESKO hinzubekommen.

31.5 Vergröberungsfilter

Facetteneffekt
Farbraster...
Kristallisieren...
Mezzotint...
Mosaikeffekt...
Punktieren...
Verwackelungseffekt

▲ **Abbildung 31.45**
Die Vergröberungsfilter

Die Vergröberungsfilter verfremden Bilder ganz enorm: Bildpixel werden in unterschiedlicher Weise zu Blöcken zusammengefasst. Die Ergebnisse reichen von pointilistischen Strukturen bis hin zu sehr technisch-industriell anmutenden Rastern.

Abbildung 31.46 ▶
Der FACETTENEFFEKT wirkt oft erst bei mehrfacher Anwendung. Er soll Bilder flächiger machen. Entbehrlich!

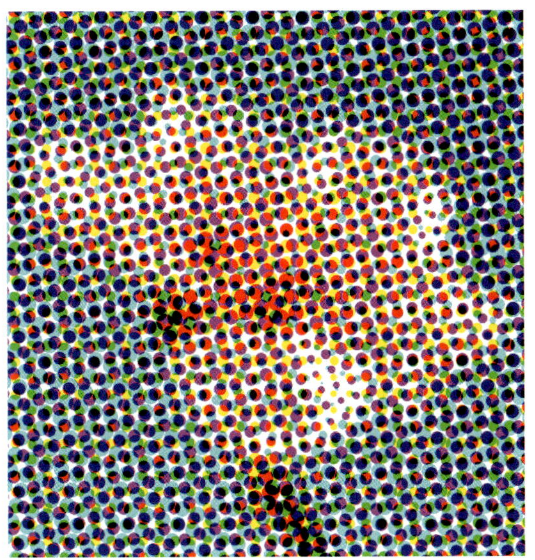

▲ **Abbildung 31.47**
Der Filter FARBRASTER – nicht zu verwechseln mit dem Zeichenfilter RASTERUNGSEFFEKT

▲ **Abbildung 31.48**
KRISTALLISIEREN ist eine wildere, aber fugenlose Variante von BUNTGLAS-MOSAIK.

▲ **Abbildung 31.49**
MEZZOTINT löst Bilder in Striche, Linien oder Punkte auf und lässt sich gut steuern.

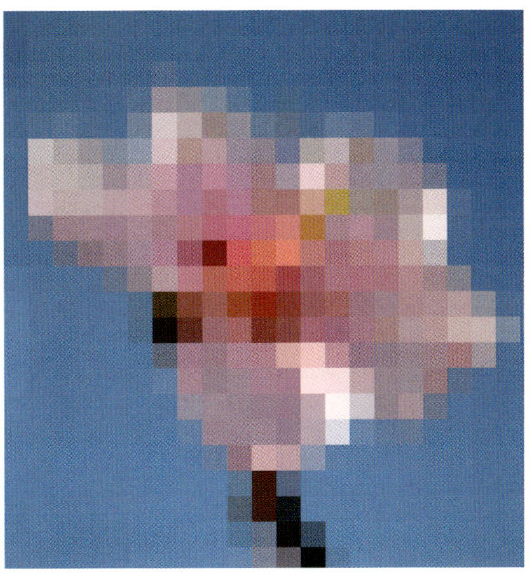

▲ **Abbildung 31.50**
Der MOSAIKEFFEKT löst das Bild in ordentlich aufgereihte, flächige Quadrate auf.

▲ **Abbildung 31.51**
Beim Punktieren sind kleinere oder größere Punkte möglich. Die Farbe zwischen den Punkten ist von der eingestellten Hintergrundfarbe abhängig.

▲ **Abbildung 31.52**
Der Filter Verwackelungseffekt bietet keinerlei Steuerung. Eigentlich ist er auch ein Weichzeichner.

31.6 Verzerrungsfilter

Die Verzerrungsfilter verformen Bilder in zwei oder drei Dimensionen. Sie können sie nutzen, um Bilder auf geometrische Körper zu »projizieren«, um Bildelemente in Montagen an bewegte Untergründe anzupassen, oder als Baustein komplexerer Effekte. Einige der Filter – moderat eingesetzt – machen sich auch bei der kreativen Schriftgestaltung nützlich. Wenn Ihnen die Möglichkeiten der hier gebotenen Filter nicht ausreichen, sollten Sie testen, ob der Verflüssigen-Filter Ihnen weiterhilft.

Distorsion...
Glas...
Kräuseln...
Objektivkorrektur...
Ozeanwellen...
Polarkoordinaten...
Schwingungen...
Strudel...
Verbiegen...
Versetzen...
Weiches Licht...
Wellen...
Wölben...

▲ **Abbildung 31.53**
Die Verzerrungsfilter

Zum Nachlesen: Verflüssigen – wie geht das?
Der Filter Verflüssigen wird in Kapitel 22, »Reparieren und retuschieren«, ausführlich vorgestellt.

Objektivkorrektur
Mehr zum Filter Objektivkorrektur finden Sie in Kapitel 24, »Werkzeuge für die digitale Fotografie«.

▲ **Abbildung 31.54**
DISTORSION: Das Bildinnere wird scheinbar nach hinten gedrückt. Um den Filter richtig zu beurteilen, brauchen Sie Übersicht über das Gesamtbild. Hier ein Extremwert.

▲ **Abbildung 31.55**
GLAS: Verschiedene Strukturen und Einstellungsparameter stehen bereit. Mit diesem Filter lassen sich ganz unterschiedliche Effekte – vom »Glasbaustein« bis zur hauchdünnen Glanzlasur – erzielen.

▲ **Abbildung 31.56**
KRÄUSELN: Im Filterdialog gibt es leider nur eine sparsame Steuerung – hier müssen Sie ein wenig herumprobieren. KRÄUSELN ist ein nützlicher Filter, um z. B. in Montagen nachträglich Spiegelungen von einmontierten Objekten auf Wasseroberflächen anzupassen.

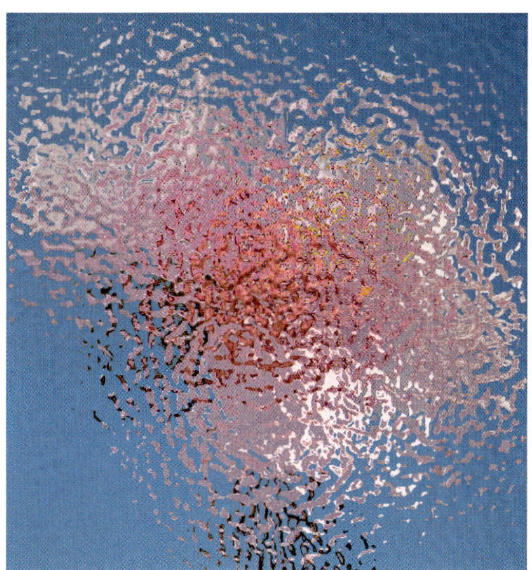

▲ **Abbildung 31.57**
OZEANWELLEN ist ein enger Verwandter von GLAS und KRÄUSELN.

▲ **Abbildung 31.58**
POLARKOORDINATEN soll vorrangig auf Auswahlen angewendet werden. Die Adobe-Hilfe vermeldet außerdem: »Mit diesem Filter können Sie eine Zylinder-Anamorphose erstellen – eine im 18. Jahrhundert populäre Kunstform –, bei der das verzerrte Bild normal wirkt, wenn es durch einen Spiegelzylinder betrachtet wird.«

▲ **Abbildung 31.59**
SCHWINGUNGEN: Der beste aller Wellenfilter, allerdings auch etwas umständlicher zu bedienen. Wenn es schnell gehen muss, nehmen Sie KRÄUSELN, aber wenn es präzise sein muss, nehmen Sie diesen hier. Das Beispielbild zeigt nur eines von Hunderten möglichen Ergebnissen.

▲ **Abbildung 31.60**
STRUDEL erzeugt Psychowirbel ohne viel Steuerung, und es geht immer nur im Uhrzeigersinn. Besser ist das STRUDEL-Werkzeug im Filter VERFLÜSSIGEN!

▲ **Abbildung 31.61**
VERBIEGEN: Grundlage der Biegung ist eine Linie, die Sie per Maus verformen – ähnlich wie eine Gradationskurve.

▲ **Abbildung 31.62**
WEICHES LICHT ist zu Unrecht unter VERZERRUNGSFILTER untergebracht. Der Filter macht Bilder weicher, hellt sie auf und fügt ein mehr oder minder starkes, monochrom weißes Rauschen hinzu – lesen Sie dazu auch in Kapitel 30, »Weichzeichnen«, nach.

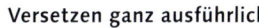

▲ **Abbildung 31.63**
WELLEN: Wirf einen Stein in einen ruhigen See ...

Versetzen ganz ausführlich
Den VERSETZEN-Filter lernen Sie am Ende dieses Kapitels in einem Schritt-für-Schritt-Workshop kennen.

◂ **Abbildung 31.64**
WÖLBEN zieht Bilder auf Kugeln oder zylindrische Objekte auf. Dieser Filter sollte für realistische Effekte mit entsprechenden Schattenwürfen kombiniert werden.

31.6.1 Helfer für kreative Montagen: Versetzen-Filter

Der VERSETZEN-Filter ermöglicht es, Schriften, Logos und andere Objekte exakt gemäß der Form Ihres Hintergrundes zu modellieren. So können beispielsweise fotografierte Flaggen, T-Shirts oder andere strukturierte Untergründe nachträglich beschriftet

Dateien auf der Buch-DVD: »logo.tif«, »Stofffalten.jpg«

werden. Der Filter ist witzig und für Montagespezialisten oft auch sehr nützlich, aber anders als die anderen hier vorgestellten Filter ist er nicht auf Anhieb verständlich – daher folgt jetzt ein kleines Workshop-Intermezzo.

▲ **Abbildung 31.65**
Das Verlagslogo …

Bild: Fotolia, Tomo Jesenicnik

Abbildung 31.66 ►
… soll so gebogen werden, dass es sich an diese Stoff-Falten anschmiegt.

1 Faltenmatrix herstellen

Die Voraussetzung für die Anwendung des Filters ist, dass eine Graustufenversion des Ausgangsbildes als sogenannte Verschiebungsmatrix zur Verfügung steht.

Duplizieren Sie als Erstes die Datei, auf die die Schrift oder hier das Logo appliziert werden soll. Diese neue Datei soll nun in ein Schwarzweißbild verwandelt werden. Nutzen Sie den Kanalmixer oder die Funktion Schwarzweiss.

Sehr dunkle Faltenwürfe müssen eventuell erst mit Gradationskurven aufgehellt werden. In einigen Fällen hilft es auch, die Kontraste zu verstärken. Besonders wenn Sie Schrift in Falten legen – und bei niedrig aufgelösten Bildern – empfiehlt es sich, diese Ebene etwas weichzuzeichnen (mit dem Gaussschen Weichzeichner). Das erhöht die Lesbarkeit der Schrift.

Abbildung 31.67 ►
Die kontrastverstärkte und weichgezeichnete Graustufenversion der Datei »Stofffalten.jpg«, die als Verschiebungsmatrix dienen soll

Speichern Sie diese Datei unbedingt im Format PSD, und merken Sie sich, wo Sie sie abgelegt haben. Sie können sie dann schließen.

2 Objekt einfügen, Position anpassen

Zurück zum ursprünglichen Faltenbild: Dort fügen Sie nun auf einer eigenen Ebene das Logo ein – oder was immer Sie in Falten legen wollen. Durch Ebenentransformation können Sie die Lage des Objekts nachjustieren. Falls Sie mit einer Textebene oder einem Smart-Objekt arbeiten, müssen Sie dieses noch rastern: Ebene • Rastern.

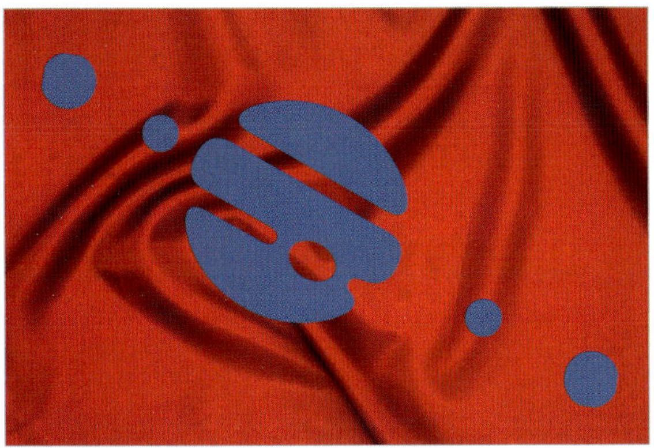

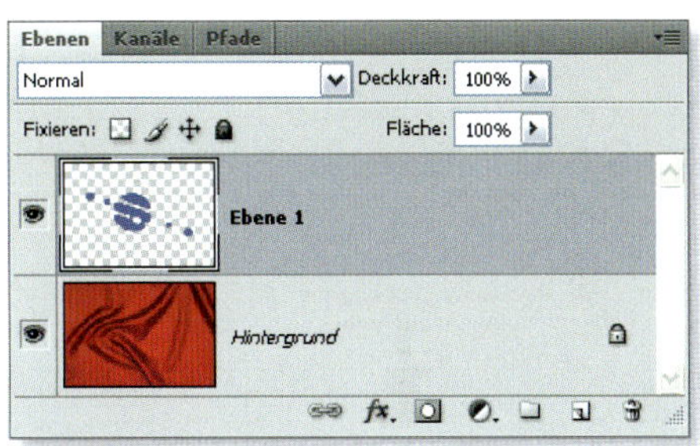

◀▲ Abbildung 31.68
Jetzt kann es losgehen.

3 Jetzt kommt die Matrix ins Spiel

Unter Filter • Verzerrungsfilter rufen Sie den Filter Versetzen auf. Wichtig sind hier die Einstellungen für die horizontale und vertikale Skalierung. Sie legen fest, wie stark die Verzerrung sein soll. Die günstigste Einstellung hängt vom Motiv und der Bildauflösung ab. Bei 72-ppi-Bildern führen Werte höher als 10 meist schon zur Unkenntlichkeit des verzerrten Objekts. Bei höher aufgelösten Bildern können Sie auch höhere Werte eintragen – es kommt wiederum auf den Versuch an. Die Werte im unteren Bereich des Dialogs bleiben so stehen, wie sie sind. Sie spielen nur eine Rolle, wenn die Verschiebungsmatrix andere Maße hat als das Originalbild.

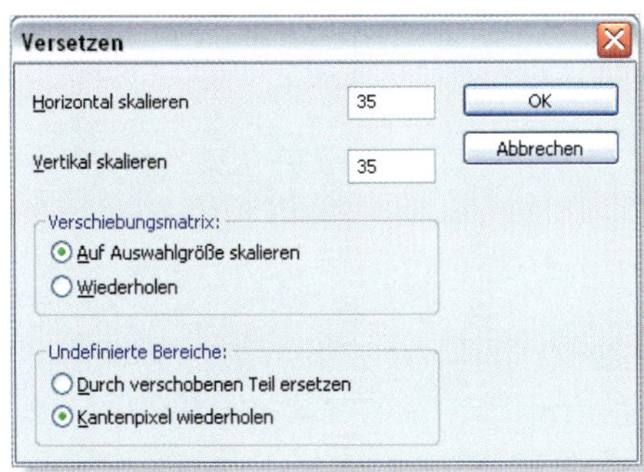

◀ Abbildung 31.69
Filtereinstellungen

Wenn Sie dann mit OK bestätigen, werden Sie aufgefordert, den Namen und den Speicherort der Graustufen-Version Ihres Faltenwurfs einzugeben. Diese Datei dient dann als Basis für das Berechnen der Verzerrung. Das Dialogfeld funktioniert wie die bekannten Dialoge für das Speichern und Öffnen.

Abbildung 31.70 ▸
Auswahl der Verschiebungsmatrix

4 Zwischenresultat

Das Logo sieht nun schön gefältelt aus, aber insgesamt wirkt das Bild immer noch nicht wie bedrucktes Tuch.

Abbildung 31.71 ▸
Der Zwischenstand ist noch nicht überzeugend.

5 Feintuning

Hier hilft wiederum das Einstellen von Füllmethode und Deckkraft. Ineinanderkopieren, Multiplizieren, Farbe und Farbton sind ganz aussichtsreiche Kandidaten. Auch die untere Ebene wurde mit einer Einstellungsebene Farbton/Sättigung noch etwas verändert.

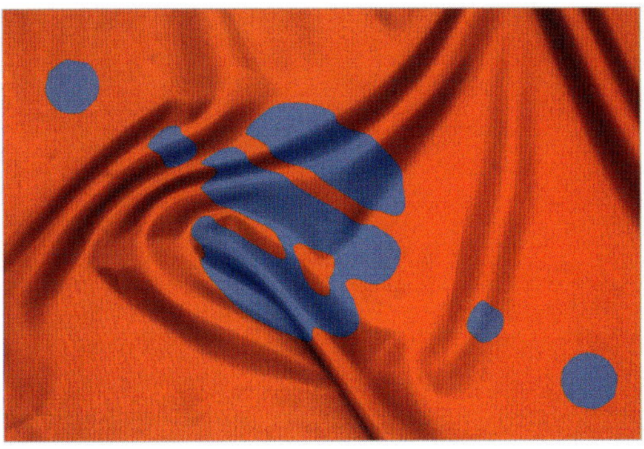

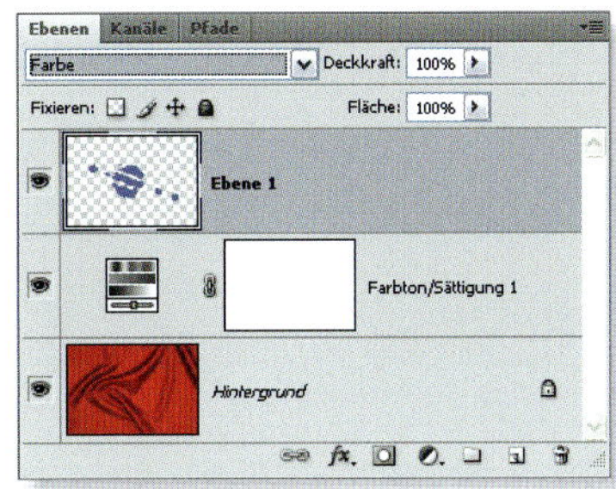

◄▲ **Abbildung 31.72**
Das Resultat

▲ **Abbildung 31.73**
Die Zeichenfilter

31.7 Zeichenfilter

Alle Zeichenfilter sind über die Filtergalerie zugänglich. Wie Mal- und Kunstfilter auch erzeugen sie eher künstlerische Verfremdungen. Anders als die Mal- und Zeichenfilter verändern die meisten Zeichenfilter jedoch auch die Bildfarben ganz beträchtlich – und zwar auf Grundlage der aktuell eingestellten Vorder- und Hintergrundfarbe. Viele der Zeichenfilter können auch hilfreich sein, um Fotos für die Verwendung als Aufgenommene Pinselspitzen vorzubereiten.

▲ **Abbildung 31.74**
Basrelief: Von allen Relieffiltern ist dieser sicherlich der brauchbarste. Farbig überlagert, ergibt er mit Fresko oder anderen Kunstfiltern eine schöne Kombination. Dabei ist es in jedem Fall ratsam, mit Smartfiltern zu arbeiten – die Filtergalerie bietet keine Kontrolle über Deckkraft und Füllmethoden.

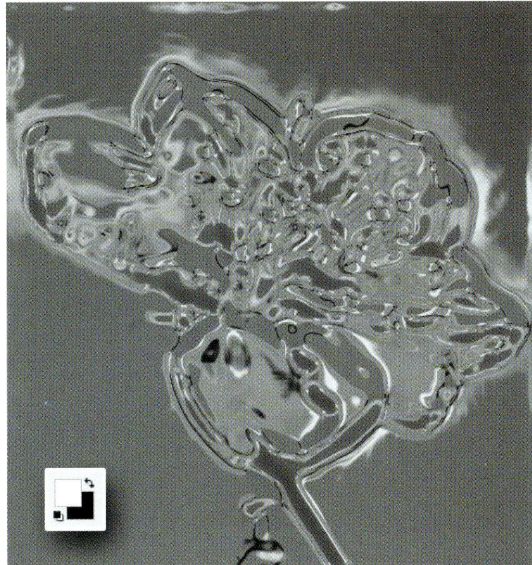

▲ **Abbildung 31.75**
Chrom ist als bloßer Bildeffekt langweilig, jedoch ein wichtiger Baustein für allerhand Effekte, die Metall oder auch Wasserflächen nachstellen. Dieser Filter ist eine stärkere Version von Kunststoffverpackung!

▲ **Abbildung 31.76**
CONTÉ-STIFTE: Die Mischung von Vorder- und Hintergrundfarbe und die Struktur (hier: Sackleinen) können Sie einstellen.

▲ **Abbildung 31.77**
FEUCHTES PAPIER kombiniert man ganz gut mit AQUARELL. Eigentlich gehört dieser Filter eher zu KREUZSCHRAFFUR und GEKREUZTE MALSTRICHE.

▲ **Abbildung 31.78**
FOTOKOPIE stellt die schlechte Qualität einer mehrfach kopierten Vorlage nach. Das ist ganz nützlich, um raue, abgegriffen aussehende Designs zu gestalten.

▲ **Abbildung 31.79**
GERISSENE KANTEN ist der zweifarbige Kollege von FARBPAPIER-COLLAGE. Eine Alternative ist die Funktion SCHWELLENWERT (als Einstellungsebene und unter BILD • KORREKTUREN).

▲ **Abbildung 31.80**
KOHLEUMSETZUNG: Details, Stärke und die Helldunkel-Mischung können Sie einstellen.

▲ **Abbildung 31.81**
Bei KREIDE & KOHLE können Sie die Anteile von Hell und Dunkel und die Kontraste (über DRUCK) einstellen.

▲ **Abbildung 31.82**
PRÄGEPAPIER: Körnung plus Relief plus extreme Flächigkeit. Vorder- und Hintergrundfarbe werden gemischt.

▲ **Abbildung 31.83**
PUNKTIERSTICH erinnert an alte Grafiken.

Zum Nachlesen: Pinselspitzen aus Fotovorlagen
In Kapitel 25, »Farbe einstellen, malen und radieren«, können Sie nachlesen, wie Sie aus Fotos und anderen Illustrationen Pinselspitzen erzeugen.

▲ **Abbildung 31.84**
Mit dem RASTERUNGSEFFEKT kann man solche Muster, aber auch klassische Punktraster erzeugen. Graustufen werden dabei allerdings nicht zwingend radikal aufgelöst, sondern bleiben erhalten. Neuerdings können Sie auch die Kontraste direkt im Filtermenü festlegen.

▲ **Abbildung 31.85**
STEMPEL ist eine brauchbare Alternative zur Funktion SCHWELLENWERT, denn Sie können mit dem Filter besser bestimmen, wie viele Bilddetails erhalten bleiben.

▲ **Abbildung 31.86**
STRICHUMSETZUNG: Hier können Sie Strichlänge und -richtung und die Helldunkel-Balance einstellen.

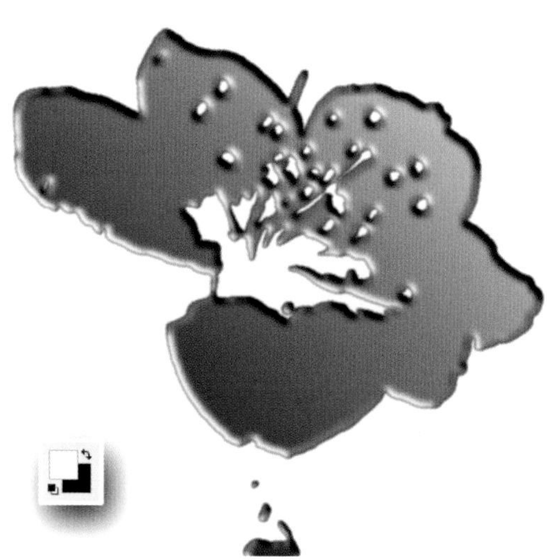

▲ **Abbildung 31.87**
STUCK ist eine weitere Alternative zum Filter RELIEF. Der Filter zerlegt das Bild in großzügige Flächen, die mit einem Glanzeffekt überzogen sind.

TEIL X
Text und Effekte

32 Text erstellen und gestalten

In diesem Kapitel erfahren Sie, wie Photoshops Text-Werkzeug funktioniert und worauf Sie achten müssen, um Text ansprechend, zweckgemäß und lesbar zu gestalten.

Adobe hat das Photoshop-Text-Werkzeug kontinuierlich verbessert und ausgebaut, sodass sich dessen Funktionsumfang nicht vor dem von DTP-Programmen wie Adobe InDesign oder QuarkXPress zu verstecken braucht. Damit wird Photoshop zwar noch nicht zum vollwertigen Ersatz für die Layoutspezialisten unter den Programmen – kleinere Textprojekte können Sie damit jedoch schnell und komfortabel erledigen. Den umständlichen Export in Layoutprogramme zum Zweck der Textgestaltung können Sie sich sparen: In Photoshop können Sie Text und Bild kombinieren, ohne auf Gestaltungsmöglichkeiten zu verzichten.

32.1 Texterstellung mit Photoshop

Sie haben zwei verschiedene Möglichkeiten, um mit dem Text-Werkzeug Text zu generieren:

- als sogenannten Punkttext
- als Absatztext

Punkttext wird eingesetzt, wenn Sie nur eines oder wenige Wörter schreiben wollen – beispielsweise als Grundlage für Effekte. Absatztext sollten Sie immer dann benutzen, wenn größere Textmengen (Fließtext) erzeugt werden sollen oder wenn Sie die genaue Kontrolle über die Breite und Höhe des Textblocks brauchen.

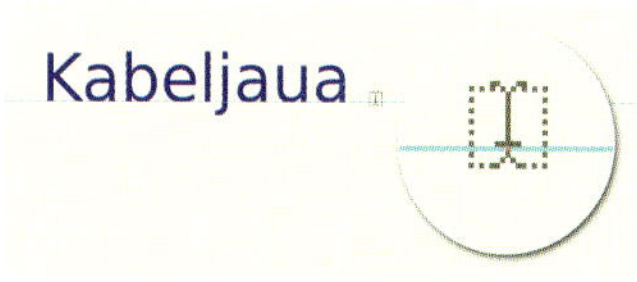

▲ **Abbildung 32.1**
Der kurze vertikale Strich der Einfügemarke entspricht der **Grundlinie** der Schrift. Damit ist ein genaues Positionieren des Textes beispielsweise auf Hilfslinien möglich.

32.1.1 Punkttext für einzelne Wörter

Um Punkttext zu erstellen, aktivieren Sie einfach das Horizontale Text-Werkzeug [T], indem Sie in die Werkzeugleiste klicken oder den Shortcut [T] drücken. Bewegen Sie dann den Mauszeiger in

Textlaufrichtung: horizontal oder vertikal?

Mit dem Vertikalen Text-Werkzeug [T] können Sie Ihre Schrift auch von oben nach unten laufen lassen. Die Handhabung ist identisch mit dem Horizontalen Text-Werkzeug, daher gehe ich hier nicht gesondert auf das Vertikale Text-Werkzeug ein. Auch bei fertigem Text können Sie die **Textlaufrichtung umschalten**: Aktivieren Sie die gewünschte Textebene, und klicken Sie auf das Symbol TEXTAUSRICHTUNG ÄNDERN ganz links in der Optionsleiste der Text-Werkzeuge.

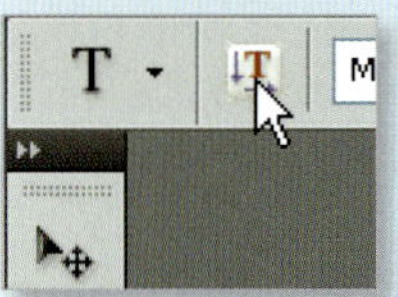

▲ **Abbildung 32.2**
So schalten Sie die Textlaufrichtung in der Text-Werkzeug-Optionsleiste um.

▲ **Abbildung 32.4**
Eingabe bestätigen

▲ **Abbildung 32.5**
Eingabe abbrechen (oder [Esc])

Von Punkt- zu Absatztext und umgekehrt
Sie können Punkt- in Absatztext verwandeln und umgekehrt. Unter EBENE • TEXT finden Sie die Befehle IN ABSATZTEXT KONVERTIEREN und IN PUNKTTEXT KONVERTIEREN. Je nachdem, welche Form Ihr aktueller Text hat, ist nur einer der beiden Befehle verfügbar.

Ihr Bild. Der Mauscursor wird nun zu einem Symbol, das an einen Anker erinnert: zur sogenannten Einfügemarke.

Wenn Sie bei aktivem Text-Werkzeug ins Bild klicken, sehen Sie – wie aus Textverarbeitungsprogrammen bekannt – zur Orientierung einen blinkenden Cursor. Sie können direkt losschreiben. Dabei bleibt der Text so lange in derselben Zeile, bis Sie mit der [↵] (Return) einen manuellen Umbruch setzen. Mehrzeiler sollten Sie allerdings ohnehin besser als Absatztext anlegen.

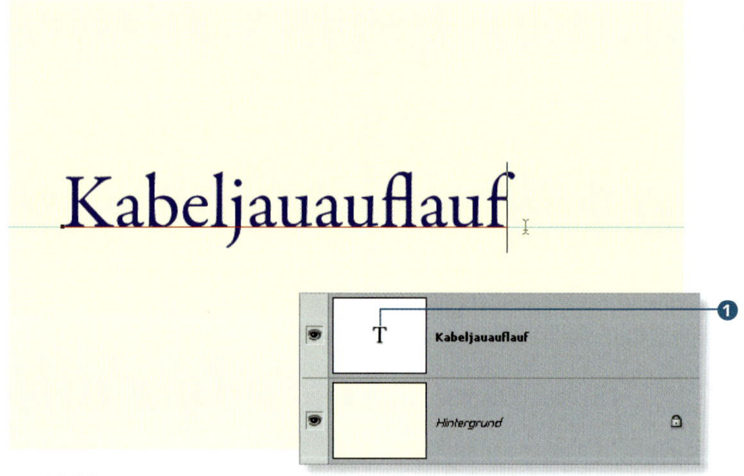

▲ **Abbildung 32.3**
Eingabe von Punkttext. Geschrieben wird in der Vordergrundfarbe und mit der Schrift, die in der Optionsleiste eingestellt ist. Textebenen werden automatisch als eigenständige Ebenen angelegt.

Texteingabe bestätigen | Wenn Sie mit der Eingabe fertig sind, müssen Sie die Eingabe noch bestätigen. Dazu können Sie entweder auf das schon bekannte Häkchen ganz rechts in der Optionsleiste klicken, in ein anderes Werkzeug wechseln oder die [↵]-Taste des *Ziffernblocks* drücken. Notebook-Nutzer ohne Ziffernblock drücken stattdessen [Strg]/[⌘] und die normale [↵]-Taste.

Textebene | Eingegebener Text – egal ob Punkt- oder Absatztext – wird automatisch auf einer neuen Ebene abgelegt, die in der Ebenen-Palette über der zuletzt aktiven Ebene angeordnet ist. Der automatisch generierte Ebenentitel besteht aus den ersten Zeichen des Textes. Erkennbar sind **Textebenen** an einem eigenen Icon (»T«) in der Ebenen-Palette ❶.

32.1.2 Absatztext für Mengen- und Fließtext

Um umfangreicheren Absatztext zu erstellen, legen Sie zunächst die Größe eines Texteingabefeldes fest, in das der Text dann getippt oder auch mit Copy & Paste aus einer anderen Anwendung eingefügt werden kann. Dazu aktivieren Sie das Text-Werkzeug, klicken dann mit dem ankerartigen Mauszeiger in das Bild, halten die Maustaste gedrückt und ziehen in diagonaler Richtung einen Rahmen auf. Wenn Sie die Maus loslassen, bleibt der Rahmen stehen. Oben blinkt der Cursor, und Sie können mit der Texteingabe beginnen.

▲ **Abbildung 32.6**
Beim Aufziehen des Textrahmens legen Sie die Größe des späteren Textblocks fest. Auch nach der Texteingabe können Sie die Größe und Lage des Textrahmens noch verändern.

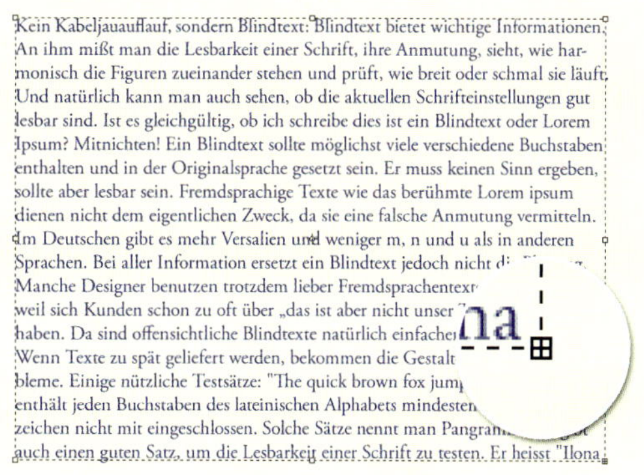

Kein Kabeljauauflauf, sondern Blindtext: Blindtext bietet wichtige Informationen.
An ihm mißt man die Lesbarkeit einer Schrift, ihre Anmutung, sieht, wie harmonisch die Figuren zueinander stehen und prüft, wie breit oder schmal sie läuft.
Und natürlich kann man auch sehen, ob die aktuellen Schrifteinstellungen gut lesbar sind. Ist es gleichgültig, ob ich schreibe dies ist ein Blindtext oder Lorem Ipsum? Mitnichten! Ein Blindtext sollte möglichst viele verschiedene Buchstaben enthalten und in der Originalsprache gesetzt sein. Er muss keinen Sinn ergeben, sollte aber lesbar sein. Fremdsprachige Texte wie das berühmte Lorem ipsum dienen nicht dem eigentlichen Zweck, da sie eine falsche Anmutung vermitteln.
Im Deutschen gibt es mehr Versalien und weniger m, n und u als in anderen Sprachen. Bei aller Information ersetzt ein Blindtext jedoch nicht
Manche Designer benutzen trotzdem lieber Fremdsprachentext
weil sich Kunden schon zu oft über „das ist aber nicht unser
haben. Da sind offensichtliche Blindtexte natürlich einfacher
Wenn Texte zu spät geliefert werden, bekommen die Gestalt
bleme. Einige nützliche Testsätze: "The quick brown fox jum
enthält jeden Buchstaben des lateinischen Alphabets mindesten
zeichen nicht mit eingeschlossen. Solche Sätze nennt man Pangram
auch einen guten Satz, um die Lesbarkeit einer Schrift zu testen. Er heisst "Ilona

▲ **Abbildung 32.7**
In einen Textrahmen eingegebener Absatztext. Hier wurde mehr Text eingegeben, als der Rahmen aufnehmen kann. Das kleine Symbol in der Ecke unten rechts weist darauf hin. Dagegen helfen das Kürzen des Textes, das Verkleinern der Schrift oder das Vergrößern des Rahmens.

Größe des Absatztextes | Wenn Sie sich beim Aufziehen des Rahmens mit der Maus nicht auf Ihr Augenmaß verlassen wollen, können Sie die Größe des Textfeldes auch **pixelgenau** angeben: Drücken Sie dazu die [Alt]-Taste (bzw. [⌥]), und klicken Sie dann in das Bild. Danach erscheint ein kleines Dialogfeld, in das Sie die gewünschte Rahmengröße ganz genau eingeben können.

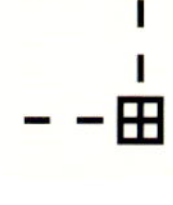

▲ **Abbildung 32.8**
Text-»Überlaufsymbol«

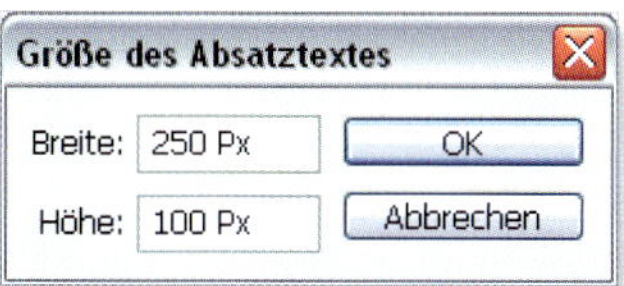

◀ **Abbildung 32.9**
Die Größe für den Texteingabe-Rahmen kann auch ganz genau eingegeben werden.

Zeilenumbrüche und Worttrennungen | Wie auch immer Sie Ihren Textrahmen erstellen: Die Zeilenumbrüche und Worttrennungen erledigt Photoshop beim Absatztext für Sie. Zugrunde gelegt wird das Wörterbuch, das Sie zuvor in der Zeichen-Palette ausgewählt haben.

Abbildung 32.10 ▶
Ihr Absatztext wird nicht umbrochen? Kontrollieren Sie das Palettenmenü: Ist die Option KEIN UMBRUCH ❷ im Seitenmenü aktiviert? Unten links ❶ können Sie einstellen, welches Wörterbuch benutzt werden soll.

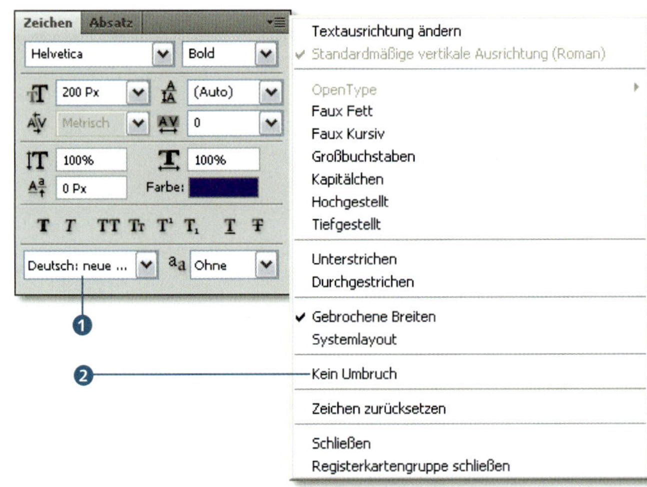

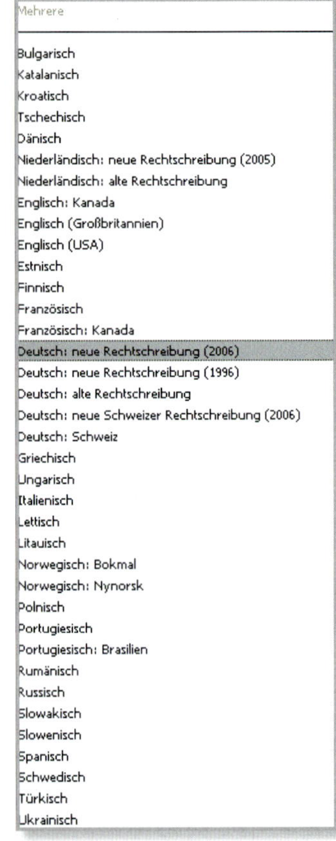

▲ **Abbildung 32.11**
Photoshop bietet eine reichhaltige Auswahl an Wörterbüchern für Silbentrennung und Rechtschreibung.

Allerdings ist Misstrauen gegenüber der Wortrennungsautomatik angebracht: Schnell wird z. B. aus *beinhalten* das grammatikalisch korrekte, aber ansonsten eher sinnlose *bein-halten*. Sinnentstellende Trennungen und solche, die den Lesefluss an ungünstigen Stellen unterbrechen, sollten Sie ohnehin vermeiden. Neue Absätze und damit **manuelle Zeilenumbrüche** können Sie mit der [↵]-Taste einfügen.

32.1.3 Absatztext-Rahmen transformieren

Sie können den Textrahmen samt Text auch nach der Eingabe noch ändern. Er lässt sich skalieren, drehen oder neigen. Die Bedienung unterscheidet sich nicht sehr vom Transformieren normaler Pixelebenen. Der Text behält seine Editierbarkeit.

Aktivieren Sie die richtige Textebene, und klicken Sie in den Text. Damit ist der Rahmen erneut eingeblendet.

Textrahmengröße | Wenn Sie die Größe des Textbegrenzungsrahmens ändern möchten, positionieren Sie den Zeiger auf einem der viereckigen »Anfasser«. Der Mauszeiger wird dann zu einem Doppelpfeil, und Sie können den Rahmen verändern.

- Ziehen an den Ecken verändert den Rahmen in beide Richtungen, jedoch proportional.
- Wenn Sie beim Ziehen an den Ecken [⇧] gedrückt halten, kann auch die Proportion des Rahmens verschoben werden.
- Ziehen an einem der seitlichen Griffe verändert die Höhe oder Breite des Rahmens.
- Der Textumbruch wird wenn nötig erneuert.

Textrahmen drehen | Wenn Sie den Rahmen drehen möchten, positionieren Sie den Mauszeiger vor dem Ziehen außerhalb des

Rahmens, sodass er zu einem gebogenen Doppelpfeil wird, mit dem Sie den Rahmen drehen. Wenn Sie beim Ziehen [⇧] drücken, wird die Drehung auf 15-Grad-Schritte beschränkt. Um den Drehmittelpunkt zu ändern, können Sie die Mittenmarkierung des Rahmens mit der Maus an eine neue Position ziehen. Dabei müssen Sie [Strg] bzw. [⌘] gedrückt halten. Der Drehmittelpunkt darf übrigens auch außerhalb des Begrenzungsrahmens liegen. Das Verfahren verzerrt den Text nicht, und die Zeilenumbrüche werden auch nicht neu berechnet.

Textrahmen neigen | Um den Textrahmen zu neigen, ziehen Sie an den seitlichen Griffen und halten dabei die Taste [Strg] bzw. [⌘] gedrückt. Aber Achtung: Der Text wird dabei ebenfalls verzerrt!

Textebenen transformieren – mit Textverzerrung | Ohne den Textrahmen zu reaktivieren, können auf Textebenen auch die bekannten Ebenentransformationen angewandt werden, die Sie mit [Strg]+[T]/[⌘]+[T] aufrufen. Dabei passiert es jedoch sehr schnell, dass der Text verzerrt wird, denn die Umbrüche werden nicht erneuert.

Sogar Punkttext lässt sich in dieser Manier transformieren: Wenn Sie [Strg]/[⌘] drücken, erscheint ein Transformationsrahmen um den Text.

32.1.4 Text editieren, Textebenen bearbeiten

Sie können jederzeit Eingriffe am Text vornehmen. Dazu reicht es aus, die Textebene und das Text-Werkzeug zu aktivieren und den Mauszeiger an die gewünschte Stelle zu setzen. Er nimmt dann die vertraute Form eines Textcursors an, und Sie können Text hinzufügen oder löschen.

Wie schon erwähnt wurde, stellen Textebenen im pixelspezialisierten Bildbearbeitungsprogramm Photoshop eine Besonderheit dar: Der Text ist in Form von **Vektorinformationen** abgelegt. Damit bleiben seine Kanten bei Skalierungen des Bildes oder Größenänderungen des Textes, beim Speichern einer PDF- oder EPS-Datei oder beim Drucken auf einem PostScript-Drucker gestochen scharf (auch wenn die Darstellung von Text auf Ihrem Bildschirm mitunter pixelig ausfällt). Trotz dieser Besonderheit können Sie Textebenen mit fast allen Photoshop-Befehlen bearbeiten. Dabei bleibt der Text voll editierbar – Sie können den Wortlaut weiterhin ändern. Es gibt allerdings auch Ausnahmen: Filter und Malwerkzeuge können auf Textebenen in ihrer Vektorform nicht ohne Weiteres angewendet werden.

»Rechtschreibprüfung« und »Suchen und Ersetzen«

Photoshop beherrscht nicht nur Gestaltung, sondern auch die Rechtschreibung. Legen Sie das gewünschte Wörterbuch in der Zeichen-Palette fest, aktivieren Sie die Textebene, und wählen Sie dann BEARBEITEN • RECHTSCHREIBPRÜFUNG. Der Rest erklärt sich eigentlich von selbst.

▲ **Abbildung 32.12**
Sie können zwar Wörter zu den bestehenden Wörterbüchern hinzufügen, jedoch keine eigenen Benutzerwörterbücher anlegen.

Wenn Sie nur bestimmte Textteile bearbeiten wollen, markieren Sie zuvor den Text, den Photoshop überprüfen soll.
BEARBEITEN • SUCHEN UND ERSETZEN ist eine weitere Funktion, mit der Sie Tipp- und anderen Fehlern den Garaus machen können.
Beide Funktionen verweigern die Arbeit, wenn die Ebene verriegelt ist.

Zum Nachlesen: Smart-Objekte verändern
Im Abschnitt 11.4.4, »Quelldaten von Smart-Objekten bearbeiten«, lernen Sie eine Arbeitstechnik kennen, mit deren Hilfe sich auch Text-Smart-Objekte nachträglich editieren lassen.

- In so einem Fall muss die Vektorinformation der Textebene erst in Pixel umgerechnet werden. Diesen Vorgang nennt man **rastern** (in einigen Programmen auch »rendern«). Damit verliert der Text seine Editierbarkeit und seine günstigen Vektoreigenschaften.
- Alternativ können Sie Schrift auch in ein Smart-Objekt konvertieren (zum Beispiel mit dem Befehl EBENE • SMART-OBJEKTE • IN SMART-OBJEKT KONVERTIEREN). Text-Smart-Objekte lassen sich filtern und können auf einem Umweg sogar noch editiert werden.

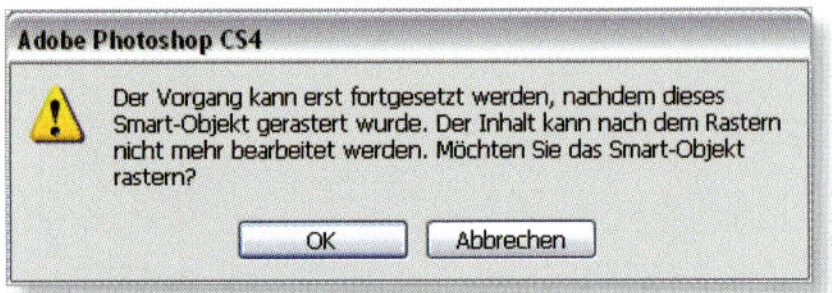

▲ **Abbildung 32.13**
Diese Meldung bekommen Sie, wenn Sie einen Arbeitsschritt ausführen wollen, der sich auf Textebenen nicht anwenden lässt.

TOPP-TIPP: Die richtige Textebene erwischen – Pannen vermeiden

Die Handgriffe, um eine bestehende Textebene zu aktivieren oder eine neue Textebene zu erzeugen, ähneln sich. Photoshop würfelt die beiden Funktionen manchmal durcheinander. Denn gelegentlich passiert es, dass Photoshop eine neue Textebene anlegt, anstatt den **Cursor in eine vorhandene Textebene zu setzen**. Drücken Sie [Alt]/[⌥], wenn Sie im Dokumentfenster auf den Text klicken, um die bestehende Textebene zu aktivieren.
Umgekehrt werden Textebenen manchmal unbeabsichtigt verändert, wenn eigentlich eine weitere Textebene erstellt werden soll. Wenn Sie eine **neue Textebene erzeugen** möchten und dabei immer wieder versehentlich bestehende Textebenen aktivieren, drücken Sie [⇧], um das zu unterbinden.
Auf jeden Fall sind wiederholte Kontrollblicke in die Ebenen-Palette empfehlenswert. Gerade weil das Verändern von Text so einfach ist, sollten Sie auch verstärkt von der Ebenenverriegelung Gebrauch machen!

32.1.5 Photoshop-Voreinstellungen für Text

In den VOREINSTELLUNGEN von Photoshop ([⌘]/[Strg]+[K]) gibt es zwei Bereiche mit Einstellungen, die für die Textbearbeitung interessant sind: der Bereich MASSEINHEITEN UND LINEALE und der Bereich TEXT.

Wie alle anderen Maße kann auch die Textgröße in Photoshop in verschiedenen Maßeinheiten angegeben werden. Für Text gebräuchliche (und hier verfügbare) Maßeinheiten sind Millimeter, Pixel und Punkt. Die Einstellung PIXEL ist sinnvoll, wenn Sie für das Web gestalten, denn dort sind Pixelgrößen die einzig verlässlichen Maßeinheiten. PUNKT ist eine spezielle typografische Maßeinheit. Unter PUNKT/PICA-GRÖSSE legen Sie fest, welcher Größendefinition die Einheit »Punkt« folgen soll.

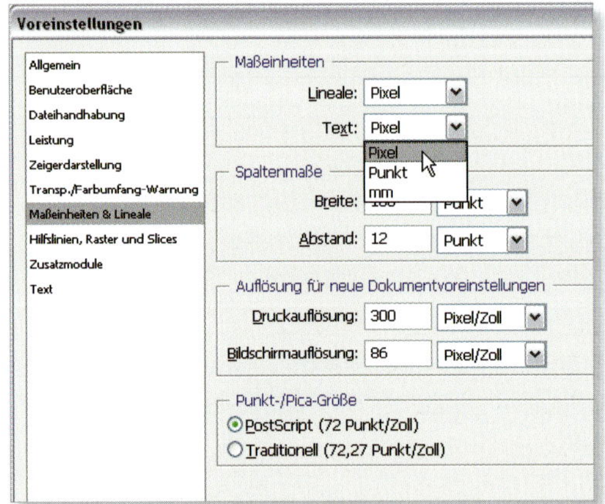

Abbildung 32.14 ▶
Maßeinheiten für Text festlegen

Die Einstellungen unter Text betreffen vor allem die Anzeige der Schriftbezeichnungen in der Schriftenliste.

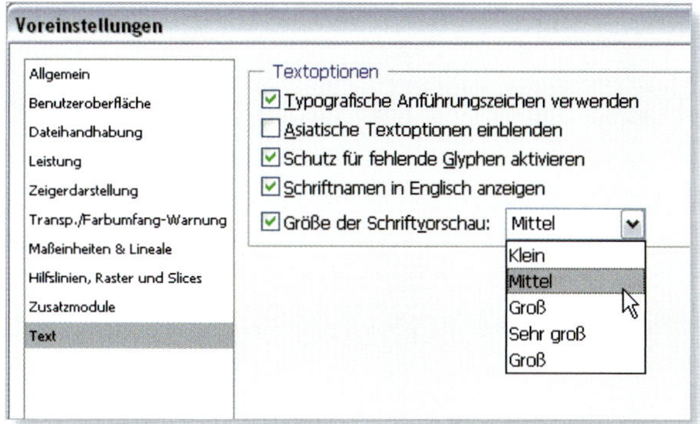

◂ **Abbildung 32.15**
Weitere Textoptionen

32.2 Text gestalten: Schriftschnitt, Satz & Co.

32.2.1 Optionen für die Texteingabe

Egal, ob Sie Punkttext oder Absatztext anlegen: In der Optionsleiste finden Sie die wichtigsten Formatierungen für Schrift. Sie können die Formatierung festlegen, bevor Sie mit der Eingabe beginnen, oder Ihren Text nachträglich verändern.

Die Optionen des Text-Werkzeugs

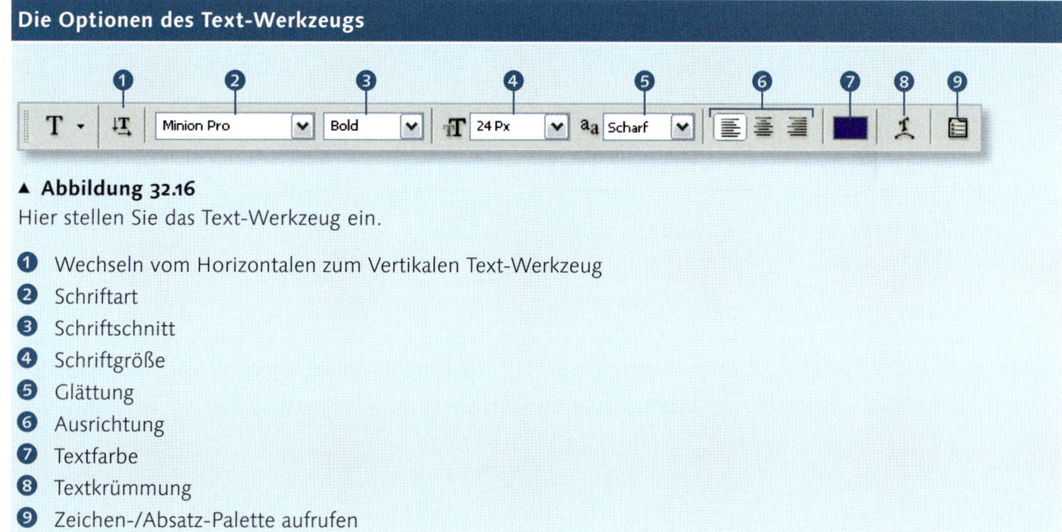

▴ **Abbildung 32.16**
Hier stellen Sie das Text-Werkzeug ein.

1 Wechseln vom Horizontalen zum Vertikalen Text-Werkzeug
2 Schriftart
3 Schriftschnitt
4 Schriftgröße
5 Glättung
6 Ausrichtung
7 Textfarbe
8 Textkrümmung
9 Zeichen-/Absatz-Palette aufrufen

Textausrichtung 1 | An erster Stelle finden Sie wie bei jedem Werkzeug die Werkzeugvorgaben, direkt daneben folgt die schon erwähnte Funktion zur Änderung der Laufrichtung Ihres Textes von horizontal zu vertikal und vice versa. Allerdings sind westliche Schriften »hochkant« meist ziemlich schlecht zu lesen – Vertikalschrift sollten Sie nur ausnahmsweise nutzen.

Schriftart ❷ | Hier können Sie die Schriftart einstellen. Um eine bestimmte Schriftart zu erzeugen, muss der entsprechende Font auf Ihrem Rechner installiert sein. Übrigens finden Sie viele Schriften in der Liste nicht unter dem Schriftnamen, sondern unter dem Namen des Herstellers, so z. B. die hier mehrfach verwendete Musterschrift *Vera Sans* unter *Bitstream Vera Sans*.

Schriftschnitt ❸ | Wichtig für das Aussehen Ihres Textes ist auch, welcher Schriftschnitt eingestellt ist. Von einer einzigen Schriftart kann es fette, halbfette, breite, schmale, feine, kursive oder besonders magere Schnitte geben. Man nennt so etwas dann eine Schriftfamilie. Manche Schriften sind so gut ausgebaut, dass sie hundert und mehr Varianten haben!

Schriftgröße ❹ | Wichtig ist natürlich auch die Schriftgröße (der »Schriftgrad«). Der Wert bezieht sich immer auf die Versalhöhe (Höhe der Großbuchstaben).

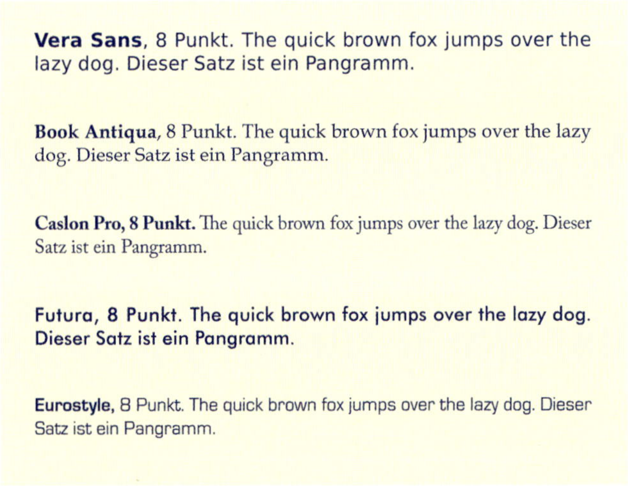

Vera Sans, 8 Punkt. The quick brown fox jumps over the lazy dog. Dieser Satz ist ein Pangramm.

Book Antiqua, 8 Punkt. The quick brown fox jumps over the lazy dog. Dieser Satz ist ein Pangramm.

Caslon Pro, 8 Punkt. The quick brown fox jumps over the lazy dog. Dieser Satz ist ein Pangramm.

Futura, 8 Punkt. The quick brown fox jumps over the lazy dog. Dieser Satz ist ein Pangramm.

Eurostyle, 8 Punkt. The quick brown fox jumps over the lazy dog. Dieser Satz ist ein Pangramm.

Abbildung 32.17 ▶
Ob Punkt, Millimeter oder Pixel – die Größenangabe ist nur eine grobe Orientierung für die Schriftgröße. Trotz gleicher Punktgröße und vergleichbaren Schriftschnittes weichen Wirkung und Laufweite dieser Schriften voneinander ab.

Schriftglättung ❺ | Im Dropdown-Feld mit dem kleinen Symbol »a« können Sie die Schriftglättung (Anti-Aliasing) einstellen.

Weil mit den eckigen »Pixel-Mosaiksteinchen«, aus denen die Buchstaben aufgebaut sind, die Rundungen nicht glatt dargestellt werden können, werden farblich abgestufte Pixel an den Schriftkanten hinzugefügt. Dadurch soll ein harter »Treppeneffekt» vermieden werden. Photoshop bietet vier verschiedene Glättungsarten an, die unterschiedlich wirken. Sowohl die Schärfe als auch die Länge des Textes können dabei variieren.

Ohne Glättung. Vera Sans, 9 Punkt. The quick brown fox jumps over the lazy dog. Dieser Satz ist ein Pangramm.

Glättung: Scharf. Vera Sans, 9 Punkt. The quick brown fox jumps over the lazy dog. Dieser Satz ist ein Pangramm.

Glättung: Schärfer. Vera Sans, 9 Punkt. The quick brown fox jumps over the lazy dog. Dieser Satz ist ein Pangramm.

Glättung: Stark. Vera Sans, 9 Punkt. The quick brown fox jumps over the lazy dog. Dieser Satz ist ein Pangramm.

Glättung: Abrunden. Vera Sans, 9 Punkt. The quick brown fox jumps over the lazy dog. Dieser Satz ist ein Pangramm.

▲ **Abbildung 32.18**
Fünfmal die Schriftart Vera Sans in 9 pt: oben ohne Glättung, darunter in den vier verschiedenen Glättungsstufen

▲ **Abbildung 32.19**
Glättung: Ohne

▲ **Abbildung 32.20**
Glättung: Scharf

▲ **Abbildung 32.21**
Glättung: Abrunden

Manchmal führt keine der Glättungseinstellungen zu einem guten Ergebnis. Sie müssen sich dann zwischen dem Treppeneffekt der ungeglätteten Schrift oder einer leichten Unschärfe entscheiden. Welche Art der Glättung Sie verwenden, liegt an der Art und Größe der Schrift – probieren Sie es aus. Bei kleinen Schriften sollten Sie auf Glättung grundsätzlich verzichten – sonst wird sie schnell unlesbar.

Ausrichtung ❻ **|** Die Icons rechts daneben kommen Ihnen sicherlich aus Ihrem Textverarbeitungsprogramm bekannt vor: Hier stellen Sie die Ausrichtung Ihres Textes ein. Sie können zwischen rechts- und linksbündigem sowie zentriertem Text wählen.

Schriftfarbe ❼ **|** Auch die Schriftfarbe können Sie natürlich einstellen. Ein Doppelklick auf das Farbfeld öffnet den schon bekannten Farbwähler, wo Sie dann eine Farbe einstellen können.

Verkrümmung ❽ **|** Die Verkrümmung ist ein witziger Spezialeffekt, bei dem die Editierbarkeit des Textes dennoch erhalten bleibt. Mehr zu verkrümmtem Text finden Sie in Abschnitt 36.4.1.

Sonstige Einstellungen | Für das wichtige »Feintuning« stehen Ihnen auch noch zwei **Paletten** ❾ zur Verfügung, die Sie mit dem kleinen Button aufrufen. Was sich hinter den Text-Paletten verbirgt, erkläre ich Ihnen gleich! Rechts in der Optionsleiste folgen die schon bekannten Buttons Bestätigen/Abbrechen.

32.2.2 Textmaskierungswerkzeuge

Die beiden Textmaskierungswerkzeuge HORIZONTALES TEXTMASKIERUNGSWERKZEUG [T] und VERTIKALES TEXTMASKIERUNGSWERKZEUG [T] haben bei Weitem nicht die Bedeutung wie die regulären Textwerkzeuge. Die beiden Werkzeuge sind dazu ausgelegt, eine Auswahl in Form des Textes zu erstellen.

▲ **Abbildung 32.22**
Während der Texteingabe wird eine Maske – ähnlich der Quick Mask – eingeblendet.

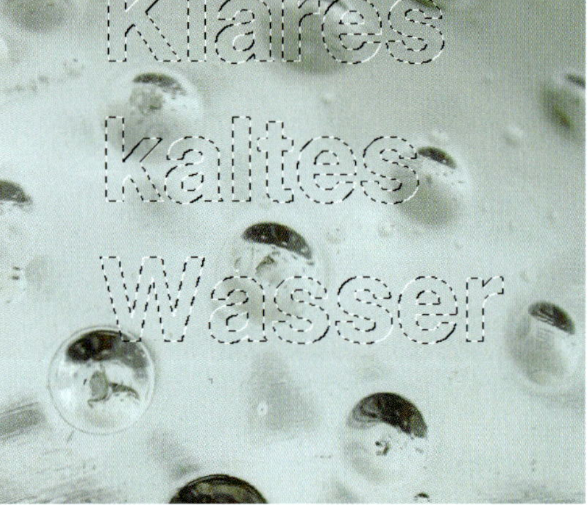

Bild: dieblen.de

▲ **Abbildung 32.23**
Sobald Sie die Eingabe abschließen, erscheinen Auswahllinien in Form der Textkonturen.

Auswahl aus Text: flexible Alternative zum Textmaskierungswerkzeug

Sie können auch aus normalen Textebenen im Nu Auswahlen erstellen, indem Sie bei gehaltener [Strg]- bzw. [⌘]-Taste in der Ebenen-Palette auf die Ebenenminiatur klicken. Das dauert nicht länger als die Arbeit mit den Textmaskierungswerkzeugen. Das Anlegen des Textes ist jedoch deutlich angenehmer, und Änderungen lassen sich leicht anbringen. In Kapitel 14 erleben Sie diese Arbeitstechnik »live«.

Die so angelegte, »textförmige« Auswahl wird in der jeweils aktiven Ebene angezeigt. Sie kann wie jede andere Auswahl auch verschoben, kopiert, gefüllt oder konturiert werden. Verzichten müssen Sie dabei allerdings auf die flexible Bearbeitung des Textes – weder Wortlaut noch Layout lassen sich verändern.

32.2.3 Text editieren

Verändern können Sie entweder den gesamten Inhalt einer Textebene oder auch einzelne Teile.

Einzelne Zeichen verändern | Wollen Sie nur einzelne Zeichen, Wörter oder Absätze bearbeiten, ist es nötig, diese zu markieren. Das geht – wie Sie es von Ihrem Textverarbeitungsprogramm vermutlich auch kennen –, indem Sie einfach mit dem Cursor bei gedrückter Maustaste über das oder die zu markierenden Zeichen streichen.

Gesamten Text bearbeiten | Um einen kompletten Text zu bearbeiten, gibt es zwei Möglichkeiten:

- Durch einen Doppelklick in das T-Icon auf der Ebenen-Palette markieren Sie den gesamten Text und können dann die Einstellungen ändern.
- Es geht auch einfacher: Wenn die Texteingabe schon einmal bestätigt wurde und der Cursor *nicht* im Text steht, können Sie die Formatierungseinstellungen einfach verändern – sie wirken sich sofort auf den Text aus, müssen dann aber erneut bestätigt werden. Bei diesem Verfahren müssen Sie natürlich wieder darauf achten, dass die richtige Ebene aktiv ist.

32.2.4 Zeichen-Palette – das Werkzeug für die Feinarbeit

Es gehört zu den Charakteristika von Photoshop, dass für dieselbe Aufgabe verschiedene Wege angeboten werden. So kommt es auch zwischen der Text-Optionsleiste und den Paletten zu einigen Doppelungen; die Zeichen-Palette beinhaltet aber auch weitergehende Formatierungseinstellungen.

Die Zeichen-Palette

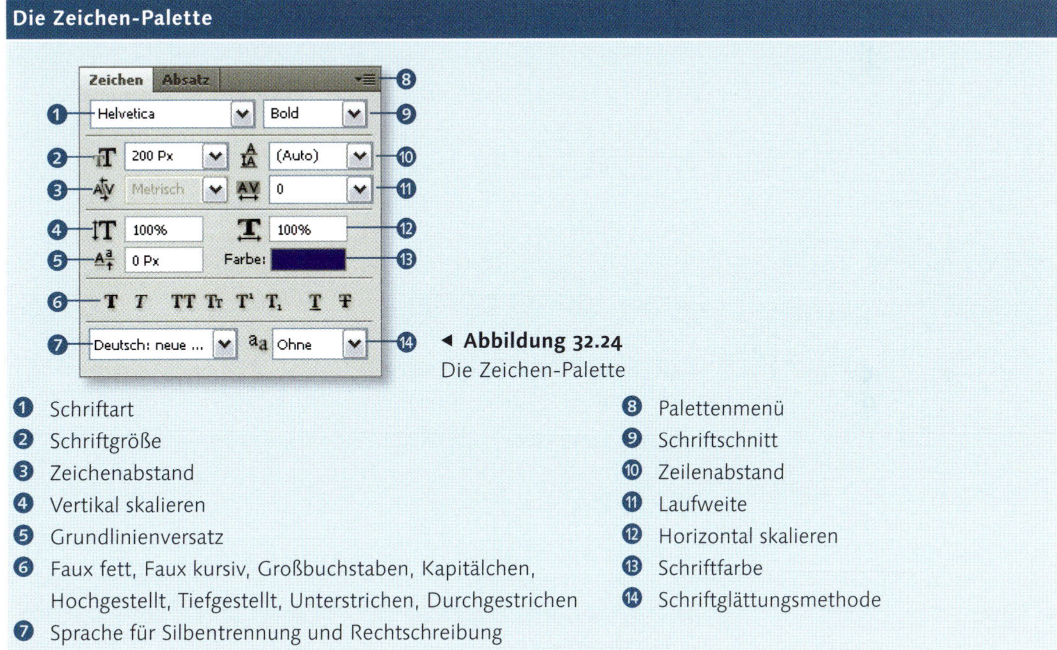

◄ Abbildung 32.24
Die Zeichen-Palette

❶ Schriftart
❷ Schriftgröße
❸ Zeichenabstand
❹ Vertikal skalieren
❺ Grundlinienversatz
❻ Faux fett, Faux kursiv, Großbuchstaben, Kapitälchen, Hochgestellt, Tiefgestellt, Unterstrichen, Durchgestrichen
❼ Sprache für Silbentrennung und Rechtschreibung
❽ Palettenmenü
❾ Schriftschnitt
❿ Zeilenabstand
⓫ Laufweite
⓬ Horizontal skalieren
⓭ Schriftfarbe
⓮ Schriftglättungsmethode

Schriftfamilie und Schriftschnitt | Als erste »alte Bekannte« treffen wir hier die Einstellung der Schriftart (bzw. -familie) ❶ und rechts daneben die Einstellung des Schriftschnittes ❾.

Schriftgrad und Zeilenabstand | Darunter sind diejenigen Einstellungen zusammengefasst, die für die Lesbarkeit eines Textes maßgebliche Bedeutung haben. Links ❷ stellen Sie den Schriftgrad ein, rechts ❿ den Zeilenabstand. Standard ist hier die Einstellung Auto.

Schriftzeichenabstand | Die nächsten zwei Einstellungen beeinflussen den Abstand der Schriftzeichen. Links ❸ können Sie den **Abstand zwischen einzelnen Buchstabenpaaren** (Kerning) regulieren bzw. festlegen, wie die Automatik arbeitet. Das automatische Kerning greift auf Schriftzeicheninformationen zurück, die vom Erfinder der Schrift (hoffentlich!) bereits in die Schriftdatei eingebaut worden sind. Manuelles Kerning steht nicht für alle Schriftsätze zur Verfügung. Hier stehen Ihnen die Optionen METRISCH oder OPTISCH zur Verfügung. Für die meisten Fälle reicht das aus. Die Einstellung 0 unterbindet das Kerning – dies ist interessant zum Vergleich. Ein individueller Wort- oder Buchstabenausgleich kann bei größeren Schriftgraden und geringen Textmengen sinnvoll sein.

Laufweite | Rechts neben dem Kerning finden Sie die Laufweite der Schrift ⓫. Damit können Sie die Abstände aller Zeichen insgesamt enger oder weiter stellen. Der Standard ist hier null, und ohne Not sollte hier auch nichts verändert werden. Bei guten Schriften ist die beste Laufweite schon vorgegeben, und Änderungen dieses Abstandes stören den Leseprozess empfindlich.

Skalierung | Zu eher fragwürdigen Ergebnissen führen die horizontale ⓬ und die vertikale Skalierung ❹ von Schriften. Man sollte einer Schrift höchstens zu Verfremdungszwecken Gewalt antun!

Grundlinienversatz und Farbe | Wohl ebenso selten brauchen Sie den Grundlinienversatz ❺. Die Schriftfarbe ⓭ ist selbsterklärend. (Mit einem Doppelklick öffnen Sie den Farbwähler.)

Zeichenvarianten | Die Reihe von »T«s darunter ❻ besteht aus Schaltflächen, mit denen Sie Ihren Schriften weitere Zeichenvarianten wie Kapitälchen, hoch- oder tiefgestellte Zeichen und Ähnliches hinzufügen können. Im Seitenmenü ❽ finden Sie diese Einstellungen nochmals.

Als Notnagel interessant sind die **Faux-Funktionen**. Nicht zu jeder Schrift ist von Haus aus der Schriftschnitt vorhanden, den man gerade benötigt. FAUX FETT und FAUX KURSIV stellen diese Schnitte digital nach – die ursprüngliche Grundschrift wird streng genommen verzerrt. (Eine echte Kursive oder echte Kapitälchen sind schöner proportioniert.)

Wörterbuch und Glättung | In der Wörterbuch-Dropdown-Liste ❼ können Sie die Sprache des Wörterbuches festlegen, das der Silbentrennung und der Rechtschreibprüfung zugrunde liegt. Rechts daneben ⓮ finden Sie wiederum die Optionen zur Glättung.

32.2.5 Das Palettenmenü der Zeichen-Palette

Das Seitenmenü ergänzt das Angebot an Optionen. Allerdings sollten Sie sich von deren Länge nicht beeindrucken lassen. Bekannte Funktionen werden nochmals wiederholt, und eine ganze Reihe – nämlich alles unter OpenType – funktioniert nur unter bestimmten Bedingungen.

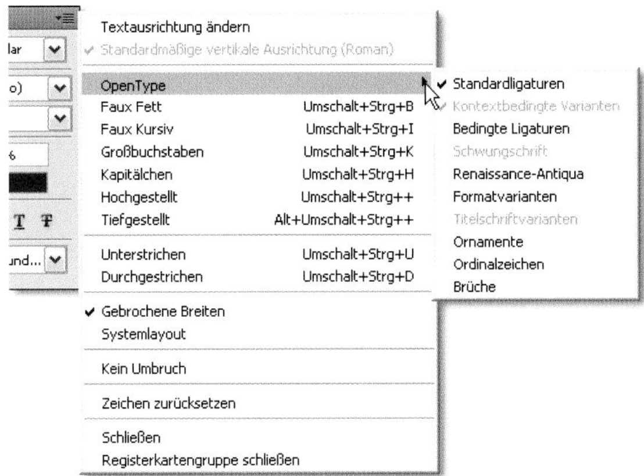

◂ **Abbildung 32.25**
Das Menü der Zeichen-Palette mit Open-Type-Optionen

Gebrochene Breiten | Im Fließtext kommen Gebrochene Breiten zum Einsatz, d.h., zwischen den Zeichen werden millimetergroße Abstände eingefügt, um bei optisch problematischen Buchstabenkombinationen eine bessere Lesbarkeit zu gewährleisten. Die Option können Sie meist unangetastet lassen. Bei Internet-Schriften sollte sie deaktiviert sein, es kann sonst am Monitor zu Darstellungsproblemen kommen.

Systemlayout | Die Funktion Systemlayout ist für Gestalter von Programmoberflächen gedacht – sie zeigt Schriften so, wie sie von Betriebssystemen standardmäßig angezeigt werden.

Kein Umbruch | Diese Option kann verhindern, dass einzelne Wörter am Zeilenende getrennt (umbrochen) werden. Das ist ganz nützlich bei Begriffen, bei denen der Umbruch zu Missverständnissen führt. Markieren Sie einfach das betreffende Wort, und klicken Sie dann diese Option an.

Zeichen zurücksetzen | Mit diesem Befehl setzen Sie sämtliche Einstellungen wieder auf den letzten Stand zurück. Dabei darf sich der Textcursor nicht im Schriftzug befinden, und die Textebene muss aktiviert sein.

OpenType | Alle Funktionen im Untermenü OpenType lassen sich nur auf spezielle OpenType-Schriften anwenden.

[OpenType]
OpenType ist ein von Adobe maßgeblich mitentwickeltes Dateiformat für Schriftarten, das viel umfangreichere Zeichensätze enthalten kann als die bekannten Font-Formate. Sie erkennen OpenType-Schriften am Zusatz »O« im Font-Ordner Ihres Rechners und in der Photoshop-Schriftenliste meist an den Namenszusätzen »Adobe…« oder »…Pro«.

Viele der Optionen sind nicht sonderlich sinnvoll, und die brauchbaren Funktionen zum Erzeugen von Ligaturen, Bruchzahlen und Mediävalziffern sind leider nicht bei allen OpenType-Schriften verfügbar.

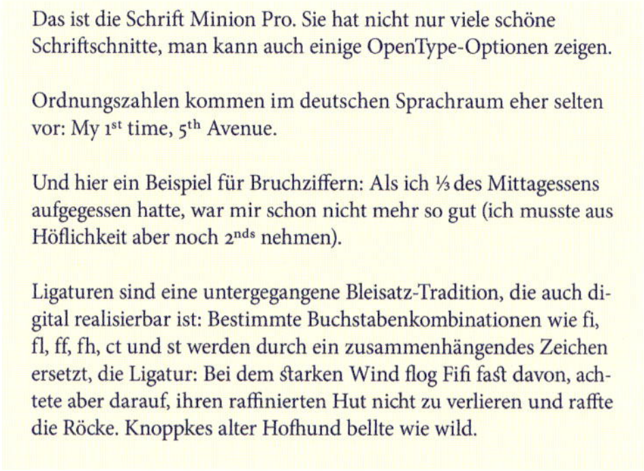

Das ist die Schrift Minion Pro. Sie hat nicht nur viele schöne Schriftschnitte, man kann auch einige OpenType-Optionen zeigen.

Ordnungszahlen kommen im deutschen Sprachraum eher selten vor: My 1st time, 5th Avenue.

Und hier ein Beispiel für Bruchziffern: Als ich ⅓ des Mittagessens aufgegessen hatte, war mir schon nicht mehr so gut (ich musste aus Höflichkeit aber noch 2^{nds} nehmen).

Ligaturen sind eine untergegangene Bleisatz-Tradition, die auch digital realisierbar ist: Bestimmte Buchstabenkombinationen wie fi, fl, ff, fh, ct und st werden durch ein zusammenhängendes Zeichen ersetzt, die Ligatur: Bei dem ſtarken Wind flog Fifi faſt davon, achtete aber darauf, ihren raffinierten Hut nicht zu verlieren und raffte die Röcke. Knoppkes alter Hofhund bellte wie wild.

Abbildung 32.26 ▸
Anwendungsbeispiele für die Open-Type-Funktionen von Photoshop

Individueller Buchstabenausgleich per Tastendruck | Will man den Buchstabenabstand bei großer, besonders exponierter Schrift (Überschriften ...) individuell feinjustieren, geht das einfach mit Textcursor und Pfeiltasten:

Um den **Buchstaben-** oder **Wortabstand** zu ändern, setzen Sie den Cursor in die Lücke, deren Weite geändert werden soll. Drücken Sie [Alt] oder [⌥] und dann die Tasten [←] und [→], um den Abstand zu verringern oder zu vergrößern.

32.2.6 Absatz-Palette: Feinarbeit für Ausrichtung und Abstände

Damit ein Text gut wirkt, muss nicht nur die Schrift passen, sondern auch sein **Satz**. Ihr wichtigstes Hilfsmittel für die differenzierende Arbeit an größeren Textblöcken ist die Absatz-Palette.

Die Absatz-Palette

▲ Abbildung 32.27
Die Absatz-Palette

1. Linksbündig
2. Zentriert
3. Rechtsbündig
4. Blocksatz, letzte Zeile linksbündig
5. Blocksatz, letzte Zeile zentriert
6. Blocksatz, letzte Zeile rechtsbündig
7. Blocksatz
8. Einzug links
9. Einzug rechts
10. Einzug erste Zeile
11. Abstand vor Absatz
12. Abstand nach Absatz
13. Silbentrennung aktivieren

Textausrichtung | Ganz oben finden Sie die Optionen für die Ausrichtung des Textes. Die ersten drei Buttons sind für linksbündigen, zentrierten und rechtsbündigen Text, danach folgen gleich vier verschiedene Einstellungsmöglichkeiten für Blocksatz. Maßgeblich ist dabei jeweils der Umgang mit der letzten Zeile eines Absatzes: Mal steht diese rechtsbündig unter dem Textblock, mal zentriert oder linksbündig. Der letzte Button in der Reihe setzt alle Zeilen – auch wenn diese nur wenige Zeichen enthalten – konsequent auf die Blockbreite. Das kann zu extrem löcherigen Texten führen. Eine (meist nicht notwendige) millimetergenaue Einstellung der Ausrichtung ermöglicht der Befehl Abstände im Seitenmenü.

Verschiedene Blocksatz-Optionen

Letzte Zeile linksbündig

Blindtext. Es gibt Personen, die dem Lesen eines Blindtextes nicht wiederstehen können. Nun, das ist auch kein Schaden, denn manchmal ist in solchen Texten Amüsantes oder Informatives versteckt. Wussten Sie, dass Lorem Ipsum oder Guredisch Nedfuneg Ihren Job nicht tun?

Letzte Zeile zentriert

Blindtext. Es gibt Personen, die dem Lesen eines Blindtextes nicht wiederstehen können. Nun, das ist auch kein Schaden, denn manchmal ist in solchen Texten Amüsantes oder Informatives versteckt. Wussten Sie, dass Lorem Ipsum oder Guredisch Nedfuneg Ihren Job nicht tun?

Letzte Zeile rechtsbündig

Blindtext. Es gibt Personen, die dem Lesen eines Blindtextes nicht wiederstehen können. Nun, das ist auch kein Schaden, denn manchmal ist in solchen Texten Amüsantes oder Informatives versteckt. Wussten Sie, dass Lorem Ipsum oder Guredisch Nedfuneg Ihren Job nicht tun?

Alles im Block

Blindtext. Es gibt Personen, die dem Lesen eines Blindtextes nicht wiederstehen können. Nun, das ist auch kein Schaden, denn manchmal ist in solchen Texten Amüsantes oder Informatives versteckt. Wussten Sie, dass Lorem Ipsum oder Guredisch Nedfuneg Ihren Job nicht tun?

◂ **Abbildung 32.28**
Die Handhabung der letzten, kurzen Zeile eines als Block gesetzten Absatzes beeinflusst die Lesbarkeit und das Erscheinungsbild des gesamten Texts.

Einzug | Ebenfalls einstellen können Sie den Einzug von kompletten Absätzen oder der ersten Zeile eines Absatzes. Sie haben die Wahl zwischen Einzug links oder Einzug rechts für einen vollständigen Textabsatz oder Einzug links für die oberste Zeile. Wenn Sie hier einen negativen Wert eingeben, wird die Zeile nicht eingezogen, sondern nach links aus dem Text herausgeschoben.

Abstand zwischen Absätzen | Auch den Abstand zwischen Absätzen können Sie pixelgenau festlegen – eine gute Alternative zur Leerzeile, die oft einen zu großen Abstand schafft. Hier können Sie den Abstand vor oder nach Absätzen vergrößern.

Wie weisen Sie Absätzen Formate zu? | Klicken Sie entweder in den zu formatierenden Absatz oder markieren Sie mehrere Absätze, um diese zusammen zu bearbeiten. Um alle Absätze einer Textebene zu formatieren, reicht es, die Textebene in der Ebenen-Palette zu aktivieren. Führen Sie dann die Formatierung durch, indem Sie auf die entsprechenden Buttons klicken oder Werte in der Palette eintragen.

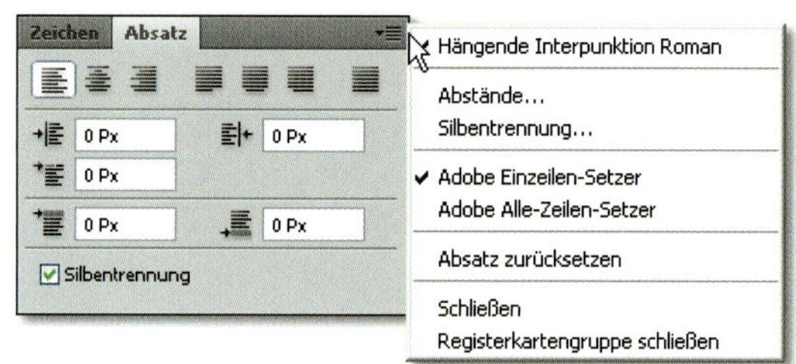

Abbildung 32.29 ▸
Die Absatz-Palette wirkt aufgeräumter als die Zeichen-Palette – ihre Funktionen sind jedoch ebenso entscheidend für die Gestaltung lesbaren Textes!

32.2.7 Das Palettenmenü der Absatz-Palette

Das Seitenmenü brauchen Sie für die tägliche Arbeit wohl selten. Interessant ist die Option Hängende Interpunktion Roman. Sie steuert, ob Satzzeichen innerhalb oder außerhalb des Textrahmens liegen. Dadurch können sich auch die Umbrüche eines Textes verändern.

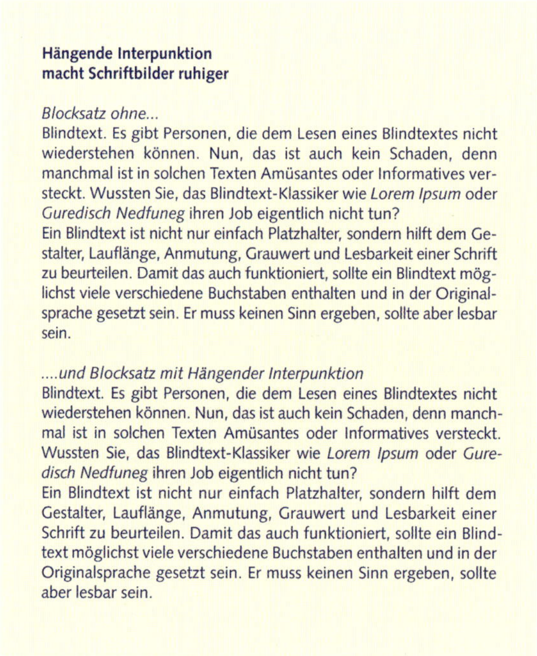

Hängende Interpunktion macht Schriftbilder ruhiger

Blocksatz ohne...
Blindtext. Es gibt Personen, die dem Lesen eines Blindtextes nicht wiederstehen können. Nun, das ist auch kein Schaden, denn manchmal ist in solchen Texten Amüsantes oder Informatives versteckt. Wussten Sie, das Blindtext-Klassiker wie *Lorem Ipsum* oder *Guredisch Nedfuneg* ihren Job eigentlich nicht tun?
Ein Blindtext ist nicht nur einfach Platzhalter, sondern hilft dem Gestalter, Lauflänge, Anmutung, Grauwert und Lesbarkeit einer Schrift zu beurteilen. Damit das auch funktioniert, sollte ein Blindtext möglichst viele verschiedene Buchstaben enthalten und in der Originalsprache gesetzt sein. Er muss keinen Sinn ergeben, sollte aber lesbar sein.

....und Blocksatz mit Hängender Interpunktion
Blindtext. Es gibt Personen, die dem Lesen eines Blindtextes nicht wiederstehen können. Nun, das ist auch kein Schaden, denn manchmal ist in solchen Texten Amüsantes oder Informatives versteckt. Wussten Sie, das Blindtext-Klassiker wie *Lorem Ipsum* oder *Guredisch Nedfuneg* ihren Job eigentlich nicht tun?
Ein Blindtext ist nicht nur einfach Platzhalter, sondern hilft dem Gestalter, Lauflänge, Anmutung, Grauwert und Lesbarkeit einer Schrift zu beurteilen. Damit das auch funktioniert, sollte ein Blindtext möglichst viele verschiedene Buchstaben enthalten und in der Originalsprache gesetzt sein. Er muss keinen Sinn ergeben, sollte aber lesbar sein.

Abbildung 32.30 ▸
Die Option Hängende Interpunktion Roman (unten) führt zu einem ruhigeren Erscheinungsbild des Textes.

Setzer | Die Optionen ADOBE EINZEILEN-SETZER und ADOBE ALLE-ZEILEN-SETZER funktionieren nur bei Absatztext. Sie legen fest, welche internen Parameter Photoshop bei den automatischen Funktionen wie Wortabständen und Umbrüchen zugrunde legt. Der ALLE-ZEILEN-SETZER arbeitet komplexer, berücksichtigt den Gesamttext und scheint tendenziell Silbentrennung eher zu umgehen, der EINZEILEN-SETZER soll sich dagegen am traditionellen »zeilenweisen« Satz orientieren.

32.3 Grundlegendes zur Typografie

Mit der Texteingabe allein ist es natürlich nicht getan. Ein gut gestalteter Text soll gut lesbar sein und gleichzeitig die Textinhalte visualisieren – das erfordert nicht nur ein wenig mehr Arbeitsaufwand in Photoshop, sondern vor allem Überlegung. Im Folgenden gebe ich Ihnen einen kurzen Einblick in das Thema Typografie und stelle Ihnen einige wichtige Entscheidungskriterien für die Textgestaltung vor.

32.3.1 Eine geeignete Schriftart finden

Um die Schrift festzulegen, in der ein Text angelegt werden soll, müssen Sie über den Inhalt und Umfang des Textes und die künftigen Leser Bescheid wissen. Diese Kriterien helfen Ihnen, eine Schrift zu finden, deren Stil zum Text und der Textaussage passt und die eine gute Lesbarkeit gewährleistet.

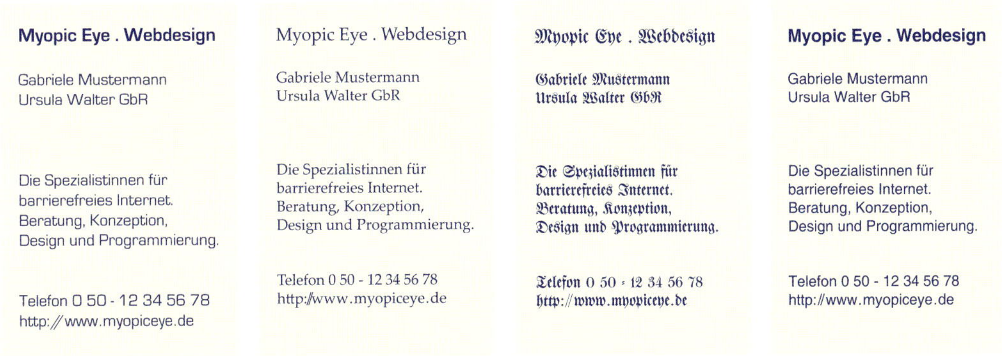

▲ **Abbildung 32.31**
Von links nach rechts: Eurostyle, Palatino, Walbaum Fraktur und Helvetica

Schriftwirkung | Die Wirkung von Schriften kann sehr verschieden sein und unterschiedliche Werte implizieren. Dazu muss man noch nicht einmal auf »Exoten« zurückgreifen oder besondere Effekte anwenden: Die Beispielschriften aus Abbildung 32.31 von links nach rechts: Eurostyle, Palatino, Walbaum Fraktur und

Helvetica sind oder waren einmal gängige Schriften und sind schlicht linksbündig gesetzt. – Wo würden Sie Ihre Website in Auftrag geben?

Textinhalt | Werbetext oder Schulbuchtext? Unternehmensbroschüre oder Geburtstagskarte? Jede Textart hat auch ihre eigene Stimmung, und so, wie man sich bei einem gesellschaftlichen Anlass falsch anziehen kann, können auch unpassende Schriften zu Misstönen im Layout führen. Wenn Sie über den Textinhalt Bescheid wissen, fällt es Ihnen leichter, eine Schriftart zu finden, die Inhalte implizit transportiert und die passenden Assoziationen weckt.

Textmenge | Ist der Text kurz und knapp oder sehr umfangreich? Wie viele Gliederungsebenen gibt es? Diese Fragen sind ebenfalls für die Schriftwahl wichtig. Ein langer Lesetext muss eine Schrift bekommen, die – bei gutem Satz – angenehm zu lesen ist. Einem kurzen Text darf man etwas unkomfortablere Schriften zumuten, und ein einzelnes Wort (bei einem Logo zum Beispiel) kann auch mal unverwechselbar bzw. unleserlich sein. Je nach Größe des Projekts sollten Sie auch im Blick haben, ob Ihre Wunschschrift gut »ausgebaut« ist, das heißt, ob deren Familie zahlreiche verschiedene Varianten (Schriftschnitte) aufweist.

Künftige Leser | Hier spielen die Lesefähigkeit der erwarteten Leser (Leseanfänger oder erwachsene Vielleser?), die Lesesituation (flüchtige Lektüre oder eingehendes Studium? Hinweistafel an der Bundesstraße, Beipackzettel zu einem Medikament oder Zeitschrift?) und all jene Zielgruppenkriterien eine Rolle, die für das Gestalten sonst auch gelten: Sind die Leser alt oder jung? Traditionalisten oder Trendjäger? Was soll der Text vermitteln? Welche Emotionen sollen beim Leser angesprochen werden?

32.3.2 Lesbarkeit

Lesbarkeit hängt von vielen Faktoren ab. In Abbildung 32.32 sehen Sie die Schrift Garamond, die eigentlich unverwüstlich ist. Das Beispiel ist trotzdem schlecht zu lesen: Das Auge kann sich nicht an einzelnen Zeilen entlanghangeln, sondern irrt über die Schriftfläche. Das Verhältnis von Schriftgröße, Buchstabenabstand (zu groß) und Zeilenabstand (zu gering) stimmt nicht. Der Blocksatz hat zudem Löcher in die Zeilen gerissen, in die das Auge förmlich hineinfällt.

Dies ist ein Blindtext, diesmal in der Adobe Garamond Pro. Sie hat es nicht verdient, dass man sie so verschandelt wie hier! Die Garamond ist eine altehrwürdige Buchschrift, die in hunderten Varianten vorliegt. Ich finde sie immer noch sehr schön. Die Wurzeln vieler Schriftarten sind schon 400 Jahre alt oder älter! Es gibt zahlreiche ähnliche Schriften mit unterschiedlichen Namen, und Schriftarten mit gleichem Namen können sehr unterschiedlich aussehen. Aus diesem Grund gibt es Schrift-Aliaslisten. Danach kann man googlen.
Blindtext bietet wichtige Informationen. An ihm mißt man die Lesbarkeit einer Schrift, ihre Anmutung, sieht, wie harmonisch die Figuren zueinander stehen und prüft, wie breit oder schmal sie läuft. Und natürlich kann man auch sehen, ob die aktuellen Schrifteinstellungen gut lesbar sind. Ist es gleichgültig, ob ich schreibe dies ist ein Blindtext oder Lorem Ipsum? Mitnichten! Ein Blindtext sollte möglichst viele verschiedene Buchstaben enthalten und in der Originalsprache gesetzt sein. Er muss keinen Sinn ergeben, sollte aber lesbar sein. Fremdsprachige Texte wie das berühmte Lorem ipsum dienen nicht dem eigentlichen Zweck, da sie eine falsche Anmutung vermitteln. Im Deutschen gibt es mehr Versalien und weniger m, n und u als in anderen Sprachen. Bei aller Information ersetzt ein Blindtext jedoch nicht die Planung. Manche Designer benutzen trotzdem lieber Fremdsprachentexte oder Blabla, weil sich Kunden schon zu oft über „das ist aber nicht unser Text" beschwert haben. Da sind offensichtliche Blindtexte natürlich einfacher zu argumentieren. Wenn Texte zu spät geliefert werden, bekommen die Gestalter meist Terminprobleme. Einige nützliche Testsätze: "The quick brown fox jumps over the lazy dog" enthält jeden Buchstaben des lateinischen Alphabets mindestens einmal - Sonderzeichen nicht mit eingeschlossen. Solche Sätze nennt man Pangramme. Es gibt auch einen guten Satz, um die Lesbarkeit einer Schrift zu testen. Er heisst "Ilona lag fast zehn Radlängen vorn." Am "Il" von "Ilona" sieht man, wie groß die Verwechsungsgefahr des großen "i" mit dem kleinen "L"

◂ **Abbildung 32.32**
Garamond

Century Gothic ist eigentlich keine gute Leseschrift: Durch die gerundeten Buchstabenformen und die kurzen Ober- und Unterlängen sind die Zeichen nicht so leicht zu unterscheiden, die Wortgestalt erschwert also die Zeilenbildung. Trotzdem ist der Text hier ganz gut lesbar: Der weite Zeilenabstand, linksbündiger Satz und gut proportionierter Buchstabenabstand machen es möglich. Übrigens sind beide Schriften in derselben Schriftgröße gesetzt (9 pt) – beachten Sie, wie groß die Unterschiede sein können.

Dies ist ein Blindtext, diesmal in der Century Gothic, einer Schrift, die fast jeder auf dem PC hat. Es gibt zahlreiche ähnliche Schriften mit unterschiedlichen Namen, und Schriftarten mit gleichem Namen können sehr unterschiedlich aussehen. Aus diesem Grund gibt es Schrift-Aliaslisten. Danach kann man googlen.

Blindtext bietet wichtige Informationen. An ihm mißt man die Lesbarkeit einer Schrift, ihre Anmutung, sieht, wie harmonisch die Figuren zueinander stehen und prüft, wie breit oder schmal sie läuft.

Ist es gleichgültig, ob ich schreibe dies ist ein Blindtext oder Lorem Ipsum? Mitnichten! Ein Blindtext sollte möglichst viele verschiedene Buchstaben enthalten und in der Originalsprache gesetzt sein. Er muss keinen Sinn ergeben, sollte aber lesbar sein. Fremdsprachige Texte wie das berühmte Lorem ipsum dienen nicht dem eigentlichen Zweck, da sie eine falsche Anmutung vermitteln. Im Deutschen gibt es mehr Versalien und weniger m, n und u als in anderen Sprachen. Bei aller Information ersetzt ein Blindtext jedoch nicht die Planung.

Einige nützliche Testsätze: "The quick brown fox jumps over the lazy dog" enthält jeden Buchstaben des lateinischen Alphabets mindestens einmal - Sonderzeichen nicht mit eingeschlossen. Es gibt auch einen guten Satz, um die Lesbarkeit einer Schrift zu testen. Er heisst "Ilona lag fast zehn Radlängen vorn." Am "Il" von "Ilona" sieht man, wie groß die Verwechsungsgefahr des großen "i" mit dem kleinen "L" ist.

◂ **Abbildung 32.33**
Century Gothic

32.3.3 Wann ist eine Schrift leicht zu lesen?

Wie gut oder schlecht ein Text bzw. eine Schrift zu lesen ist, ist lesephysiologisch begründbar: Wir tasten jede Zeile mit dem Auge ab, aber wir lesen nicht unbedingt einzelne Buchstaben, sondern Buchstabengruppen. Wichtig ist also die optische Abgrenzung der einzelnen Zeilen untereinander, damit das Auge keine Probleme hat, der Zeile zu folgen und den Anfang einer jeden neuen Zeile zu finden. Buchstaben müssen klar unterscheidbar sein, damit beim Überfliegen keine Lesefehler entstehen, und Wörter sollten im Zeilenband als Einheit erfasst werden können.

Die Lesbarkeit hängt also nicht allein von der Zeichenform, d.h. von der Schriftart, ab. Auch der Zeichenabstand, die Länge der Zeilen, der Zeilenabstand und die Satzart spielen eine Rolle. Man kann eine robuste Leseschrift so setzen, dass sie kaum mehr zu lesen ist, oder eine eher schwierige Schrift gut lesbar gestalten, wie die Beispiele zeigen. Ein paar Regeln – die gut begründet natürlich auch gebrochen werden dürfen – können Ihnen helfen:

Schriftgröße | Für die ideale Schriftgröße lassen sich schlecht Empfehlungen aussprechen, weil sie allein, wie die Schriftart auch, zu wenig zur Lesbarkeit beiträgt. Allgemein gilt, dass Schriften zwischen 9 pt und 12 pt angenehme Leseschriften sind. Wenn Sie für das Web gestalten, sollten Sie wenn möglich keine Schriften kleiner als 14 Pixel nehmen. Am Monitor liest es sich schlechter!

Zeilenlänge | Eine Zeilenlänge von 65–70 Zeichen ist für Lesetexte ideal, das Minimum sollten 35–40 Zeichen sein. Man muss bei diesen Zeilenlängen beim Lesen nicht den Kopf hin- und herbewegen und hat keine Schwierigkeiten, mit dem Auge den Ansatz der neuen Zeile zu finden. Zu kurze Zeilen sind sehr unruhig, und zu lange erschweren den Wechsel von Zeile zu Zeile.

Zeilenabstand | Der Zeilenabstand richtet sich nach der Schriftgröße. Als Faustregel rechnet man zur Schriftgröße etwa 20% dazu. Für eine 11-pt-Schrift sähe die Berechnung eines guten Zeilenabstandes dann so aus:

11 pt + 2,2 (das sind 20 %) = 13,2 pt
gerundet: 13 pt

Zumindest sind die so ermittelten Werte eine Größe, an der man sich orientieren kann. Schmal laufende Schriften kommen meist mit weniger Zeilenabstand aus als breite Schriften, kleine Schriftgrade brauchen mehr. Bei kurzen Textblöcken in großer Schrift wie z. B. Zeitungsüberschriften kann sich ein individueller, am optischen Eindruck orientierter Zeilenausgleich lohnen.

Einige nützliche Testsätze: "The quick brown fox jumps over the lazy dog" enthält jeden Buchstaben des lateinischen Alphabets mindestens einmal - Sonderzeichen nicht mit eingeschlossen. Es gibt auch einen guten Satz, um die Lesbarkeit einer Schrift zu testen. Er heisst "Ilona lag fast zehn Radlängen vorn." Am "Il" von "Ilona" sieht man, wie groß die Verwechsungsgefahr des großen "i" mit dem kleinen "L" ist. "rn" (vorn) fließt gerne mal zusammen. Die Proportionen macht der Vergleich von "hn" aus dem Wort "zehn" deutlich.

Einige nützliche Testsätze: "The quick brown fox jumps over the lazy dog" enthält jeden Buchstaben des lateinischen Alphabets mindestens einmal - Sonderzeichen nicht mit eingeschlossen. Es gibt auch einen guten Satz, um die Lesbarkeit einer Schrift zu testen. Er heisst "Ilona lag fast zehn Radlängen vorn." Am "Il" von "Ilona" sieht man, wie groß die Verwechsungsgefahr des großen "i" mit dem kleinen "L" ist. "rn" (vorn) fließt gerne mal zusammen. Die Proportionen macht der Vergleich von "hn" aus dem Wort "zehn" deutlich.

◂ **Abbildung 32.34**
Die Zeilenbildung verschiedener Schriften: Serifen, die kleinen »Füßchen« von Buchstaben, erleichtern die Wahrnehmung von Textzeilen als Lesebänder, an denen das Auge entlanggleiten kann (Beispiel unten: Vera Serif). Serifenlose sogenannte Groteskschriften (hier die Vera Sans, oben) brauchen in der Regel einen etwas größeren Zeilenabstand als Serifenschriften.

Laufweite | Die Laufweite einer Schrift – der Buchstabenabstand – ist in einer gut eingerichteten Schrift meist schon so angelegt, dass eine gute Lesbarkeit gewährleistet ist (die Garamond aus dem Negativ-Beispiel in Abbildung 32.32 musste ich manuell verschlechtern).

Zeichenabstand | Manchmal ist es angebracht, den Abstand zwischen einzelnen Zeichen nachzujustieren – bei Mengentext geht das nicht, aber für eine Visitenkarte oder eine Überschrift lohnt sich das schon.

Satzart | Die Satzart ist ebenfalls ein bestimmender Faktor für die Lesbarkeit. Fast immer gut lesbar und unverwüstlich ist linksbündiger Satz. Blocksatz ist mit Vorsicht zu genießen. Hier sind die Trennungen mit besonderer Sorgfalt durchzuführen, damit die Löcher in den Zeilen nicht zu groß werden. Bei kurzen Zeilen verbietet er sich ganz. Rechtsbündiger oder zentrierter Satz sollten nur in begründeten Ausnahmen zum Einsatz kommen.

32.3.4 Textstruktur, Schriftschnitte und Schriftmischung

Zur leichten Erfassbarkeit eines Textes trägt auch seine deutliche Gliederung bei. Die inhaltlichen Prioritäten sollten sich in der Textgestaltung wiederfinden. Das gilt für Auszeichnungen (Überschriften) und deren Hierarchie ebenso wie für Hervorhebungen einzelner Begriffe oder Passagen im Text. Als gestalterische Mittel stehen Ihnen hier verschiedene Schriftschnitte, die Mischung von Schriften und die Arbeit mit Absätzen und Einzügen zur Verfügung. Hier ist Planung besonders wichtig, denn Klarheit und Verhältnismäßigkeit der gestalterischen Mittel entscheiden über den Erfolg. Ein zweizeiliger Leerraum zwischen zwei Absätzen wirkt einfach zu dramatisch, eine extrafette Hervorhebung im Text »knallt« zu sehr. Sie sollen dem Text keine Gewalt antun, aber auf die deutliche Unterscheidbarkeit von Absätzen, Einzügen und verschiedenen Schriften achten.

Über Neugier und Grauwert

1 Kapitel 1

Blindtext. Es gibt Personen, die dem Lesen eines Blindtextes
nicht wiederstehen können. Nun, das ist auch kein Schaden,
denn manchmal ist in solchen Texten Amüsantes oder Informatives versteckt. Wussten Sie, das Blindtext-Klassiker wie *Lorem*
2 *Ipsum* oder *Guredisch Nedfuneg* ihren Job eigentlich nicht tun?
3 Ein Blindtext ist nicht nur einfach Platzhalter, sondern hilft dem
Gestalter, Lauflänge, Anmutung, Grauwert und Lesbarkeit einer
Schrift zu beurteilen. Damit das auch funktioniert, sollte ein
Blindtext möglichst viele verschiedene Buchstaben enthalten
und in der Originalsprache gesetzt sein. Er muss keinen Sinn ergeben, sollte aber lesbar sein.

4

Fremdsprachige Texte dienen **nicht** dem eigentlichen Zweck,
5 da sie eine falsche Anmutung vermitteln. Im Deutschen gibt es
mehr Versalien und weniger m, n und u. Trotzdem arbeiten
manche Gestalter lieber mit Nonsense-Texten, weil diese den
Blindtext klarer als solchen ausweisen und man sich beim Betrachten des Entwurfs nicht vom Textinhalt ablenken lässt.
6
Blindtext. Es gibt Personen, die dem Lesen eines Blindtextes
nicht wiederstehen können. Nun, das ist auch kein Schaden,
denn manchmal ist in solchen Texten Amüsantes oder Informatives versteckt. Wussten Sie, dass Blindtext-Klassiker wie *Lorem*
Ipsum oder *Guredisch Nedfuneg* ihren Job eigentlich nicht tun?
Ein Blindtext ist nicht nur einfach Platzhalter, sondern hilft
dem Gestalter, Lauflänge, Anmutung, Grauwert und Lesbarkeit
einer Schrift zu beurteilen. Blindtext. Es gibt Personen, die dem
Lesen eines Blindtextes nicht wiederstehen können. Das ist
aber auch kein Schaden!

Abbildung 32.35 ▸
Ein sehr unruhiger Text, dessen Struktur aus der Gliederung nicht klar erkennbar ist.

Ein Beispiel für falsche und richtige Textgliederung | Abbildung 32.35 zeigt, wie man manches falsch machen kann:

- Die **Überschrift** ist nach meinem Empfinden für einen so schlichten Lesetext zu stark gewichtet.
- Die **Zwischenüberschrift** ❶ wirkt irritierend, weil sie weder zur Hauptüberschrift noch zum Lesetext eine eindeutige Position einnimmt. Sie ist beiden ein wenig ähnlich, und doch fehlt der Eindruck, dass die Seite »aus einem Guss« ist.
  Das kann auch daran liegen, dass die Zwischenüberschrift aus einer anderen Schrift gesetzt ist, nämlich der Eurostyle (der Rest des Textes ist wieder in der Syntax geschrieben). Wenn Sie **Schriftarten mischen**, müssen die Schriften zueinander passen, aber klar unterscheidbar sein. Zwei zu ähnliche Schriften nebeneinander werden unter Umständen nicht mehr als »unterschiedlich«, sondern nur noch als seltsam-disharmonisches Schriftbild wahrgenommen. Außerdem sollten Sie es nicht übertreiben –außer bei Textcollagen sollten nicht mehr als zwei Schriften vermischt werden. Nur Meistertypografen dürfen (und können) mehr.
- Ohne dass klar ist warum, wurden hier auch zwei verschiedene **Auszeichnungen** verwendet. Hier die *Kursive* ❷, eine

klassische Auszeichnung, die sich gut in den Grauwert des Textes integriert, weiter unten die auffälligere **Fettschrift** ❺. Andere Möglichkeiten sind KAPITÄLCHEN (auch eine integrierte Auszeichnung) und Versalien (sie drängen eher nach vorne). Typografisch anspruchsvoller sind die Sperrung, die viel Handarbeit erfordert, und Unterstreichungen, die einen weiten Durchschuss erfordern. Im Internet ist die Unterstreichung allerdings für Hyperlinks reserviert und sollte nicht für andere Zwecke angewendet werden.

- Was ist mit dieser folgenden Zeile ❸ passiert? Hier wurde eine zu schüchterne **Einrückung** am Absatzanfang angebracht. Etwas mehr Deutlichkeit muss schon sein!
- Unklar ist auch, wieso in der Textmitte ein so großer **Absatz** ❹ steht. Ist das ein neues Kapitel? Ein weiterer Absatz?
- Eine ganz gute Absatzlösung findet sich etwas weiter unten im Text ❻. Etwas größer könnte man den Abstand noch machen – und natürlich sollte **ein** Prinzip durchgehalten werden. Einrückung und Absatz lassen sich auch gut kombinieren. Besonders Schriften mit langer Laufweite und sogenannte Monospace-Schriften profitieren davon.

Über Neugier und Grauwert

Kapitel 1

Blindtext. Es gibt Personen, die dem Lesen eines Blindtextes nicht wiederstehen können. Nun, das ist auch kein Schaden, denn manchmal ist in solchen Texten Amüsantes oder Informatives versteckt. Wussten Sie, das Blindtext-Klassiker wie *Lorem Ipsum* oder *Guredisch Nedfuneg* ihren Job eigentlich nicht tun?

Ein Blindtext ist nicht nur einfach Platzhalter, sondern hilft dem Gestalter, Lauflänge, Anmutung, Grauwert und Lesbarkeit einer Schrift zu beurteilen. Damit das auch funktioniert, sollte ein Blindtext möglichst viele verschiedene Buchstaben enthalten und in der Originalsprache gesetzt sein. Er muss keinen Sinn ergeben, sollte aber lesbar sein.

Fremdsprachige Texte dienen nicht dem eigentlichen Zweck, da sie eine falsche Anmutung vermitteln. Im Deutschen gibt es mehr Versalien und weniger m, n und u. Trotzdem arbeiten manche Gestalter lieber mit Nonsense-Texten, weil diese den Blindtext klarer als solchen ausweisen und man sich beim Betrachten des Entwurfs nicht vom Textinhalt ablenken lässt.

Blindtext. Es gibt Personen, die dem Lesen eines Blindtextes nicht wiederstehen können. Nun, das ist auch kein Schaden, denn manchmal ist in solchen Texten Amüsantes oder Informatives versteckt. Wussten Sie, dass Blindtext-Klassiker wie Lorem Ipsum oder Guredisch Nedfuneg ihren Job eigentlich nicht tun?

Ein Blindtext ist nicht nur einfach Platzhalter, sondern hilft dem Gestalter, Lauflänge, Anmutung, Grauwert und Lesbarkeit einer Schrift zu beurteilen. Blindtext. Es gibt Personen, die dem Lesen eines Blindtextes nicht wiederstehen können. Das ist aber auch kein Schaden!

◄ **Abbildung 32.36**
So ist es besser. Hier herrscht mehr Ruhe im Text, und die Hierarchie wird deutlich. Auf die Mischung von Schriften habe ich ganz verzichtet – wenn ein Schriftmix nicht wirklich passt, ist er oft nur die zweitbeste Lösung zur Auflockerung oder Auszeichnung.

Was wollen Sie tun?	Windows	Mac
Absatz linksbündig ausrichten: Textcursor in den Text setzen und ...	Horizontales Text-Werkzeug + Strg + ⇧ + L	Horizontales Text-Werkzeug + ⌘ + ⇧ + L
Absatz rechtsbündig ausrichten: Textcursor in den Text setzen und ...	Horizontales Text-Werkzeug + Strg + ⇧ + R	Horizontales Text-Werkzeug + ⌘ + ⇧ + R
Absatz im Blocksatz ausrichten (Textrahmen muss aktiv sein, Cursor im Text)	Strg + ⇧ + F	⌘ + ⇧ + F
Absatz zentriert ausrichten: Textcursor in den Text setzen und ...	Horizontales Text-Werkzeug + Strg + ⇧ + C	Horizontales Text-Werkzeug + ⌘ + ⇧ + C
Bei vertikaler Schrift: zentrieren, oben oder unten ausrichten	Vertikales Text-Werkzeug + Strg + ⇧ + L, C oder R	Vertikales Text-Werkzeug + ⌘ + ⇧ + L, C oder R
Silbentrennung ein/aus	Strg + ⇧ + Alt + H	⌘ + Ctrl + ⇧ + ⌥ + H
Wechsel zwischen Einzeilen-Setzer und Alle-Zeilen-Setzer	Strg + ⇧ + Alt + T	⌘ + ⇧ + ⌥ + T
Schriftgrad des ausgewählten Texts um 2 Schriftgrade (Punkt oder Pixel, je nach Voreinstellung) verkleinern	Strg + ⇧ + A	⌘ + ⇧ + ?
Schriftgrad des ausgewählten Texts um 2 Schriftgrade (Punkt oder Pixel, je nach Voreinstellung) vergrößern	Strg + ⇧ + W	⌘ + ⇧ + ` (Akzentzeichen)
Schriftgrad des ausgewählten Texts um 10 Schriftgrade (Punkt oder Pixel, je nach Voreinstellung) verkleinern	Strg + Alt + ⇧ + A	⌥ + ⌘ + ⇧ + ?
Schriftgrad des ausgewählten Texts um 10 Schriftgrade (Punkt oder Pixel, je nach Voreinstellung) vergrößern	Strg + Alt + ⇧ + W	⌥ + ⌘ + ⇧ + ` (Akzentzeichen)
Zeilenabstand des ausgewählten Texts um 2 Einheiten (Punkt oder Pixel, je nach Voreinstellung) verkleinern	Alt + ↓-Taste	⌥ + ↓-Taste
Zeilenabstand des ausgewählten Texts um 2 Einheiten (Punkt oder Pixel, je nach Voreinstellung) vergrößern	Alt + ↑-Taste	⌥ + ↑-Taste
Zeilenabstand des ausgewählten Texts um 10 Einheiten (Punkt oder Pixel, je nach Voreinstellung) verkleinern	Strg + Alt + ↓-Taste	⌘ + ⌥ + ↓-Taste
Zeilenabstand des ausgewählten Texts um 10 Einheiten (Punkt oder Pixel, je nach Voreinstellung) vergrößern	Strg + Alt + ↑-Taste	⌘ + ⌥ + ↑-Taste
Grundlinienverschiebung um 2 Einheiten (Punkt oder Pixel, je nach Voreinstellung) verkleinern	⇧ + Alt + ↓-Taste	⇧ + ⌥ + ↓-Taste
Grundlinienverschiebung um 2 Einheiten (Punkt oder Pixel, je nach Voreinstellung) vergrößern	⇧ + Alt + ↑-Taste	⇧ + ⌥ + ↑-Taste
Grundlinienverschiebung um 10 Einheiten (Punkt oder Pixel, je nach Voreinstellung) verkleinern	Strg + ⇧ + Alt + ↓-Taste	⌘ + ⇧ + ⌥ + ↓-Taste
Grundlinienverschiebung um 10 Einheiten (Punkt oder Pixel, je nach Voreinstellung) vergrößern	Strg + ⇧ + Alt + ↑-Taste	⌘ + ⇧ + ⌥ + ↑-Taste
Laufweite/Kerning um 20/1000 Geviert verkleinern	Alt + ←-Taste	⌥ + ←-Taste
Laufweite/Kerning um 20/1000 Geviert vergrößern	Alt + →-Taste	⌥ + →-Taste

▲ **Tabelle 32.1**
Tastaturbefehle für das Formatieren von Text auf einen Blick

33 Ebenenstile: Text mit Effekt

Die typografische Welt besteht nicht allein aus Lesetexten – prägnante Eyecatcher sollten mit ebenso viel Sorgfalt und Überlegung gestaltet werden. Mit Ebeneneffekten lässt sich Text in eine grafisch anspruchsvolle Komposition verwandeln – und das in erstaunlich kurzer Zeit. Wie Sie Photoshops Effektbox handhaben und gelungene Effektkombinationen für den erneuten Zugriff konservieren, erfahren Sie in diesem Kapitel.

33.1 Ebenenstile: Arbeiten mit Photoshops »Effektbox«

Photoshop bietet eine Reihe vorgefertigter Ebeneneffekte, die sich beliebig kombinieren lassen und zu zahlreichen unterschiedlichen Ergebnissen führen. Mithilfe eines eigenen, umfangreichen Tools, das hier der Einfachheit halber »Effektbox« genannt wird, können Sie quasi auf Knopfdruck Effekte generieren. Das spart viel Zeit und Handarbeit, weckt die Experimentierlust und macht Spaß.

Effekte – in Maßen

Die Effektbox ist leicht zu bedienen – und macht Spaß. Versuchen Sie dennoch, bei der Arbeit mit Effekten das richtige Maß zu bewahren und eine klare Bildsprache beizubehalten. Gestalteter Text – sei es als Lesetext oder Überschrift, als Navigationselement oder Logo – soll orientieren und klare Signale setzen, nicht verwirren!

33.1.1 Effekte auf Ebenen anwenden

Sie können Ebeneneffekte auf Bildebenen und Textebenen anwenden. Die wichtige Voraussetzung für fast alle Effekte ist, dass die Ebene, auf die der Effekt angewandt werden soll, deckende und transparente Pixel enthält. Hintergrund des Ganzen: Die transparenten Bereiche einer Ebene sind die Grundlage für die Berechnung der Effekte durch Photoshop. Enthält eine Ebene keine transparenten Pixel, zeigt der Effekt keine Wirkung. Bei Textebenen ist diese Voraussetzung automatisch gegeben, nur wenn Sie andere Bildobjekte mit Effekten versehen wollen, müssen Sie daran denken, dass Hintergrundebenen gegen Ebeneneffekte resistent sind.

Abbildung 33.1 ▶
Ebenentransparenz ist eine Voraussetzung für die Sichtbarkeit verschiedener Effekte, hier gezeigt am Beispiel der schon bekannten Buddha-Figur. Es wurde zweimal der gleiche Effekt (SCHEIN NACH AUSSEN) angewandt. Bei einer Ebene ohne Transparenz bleibt der Effekt unsichtbar, ...

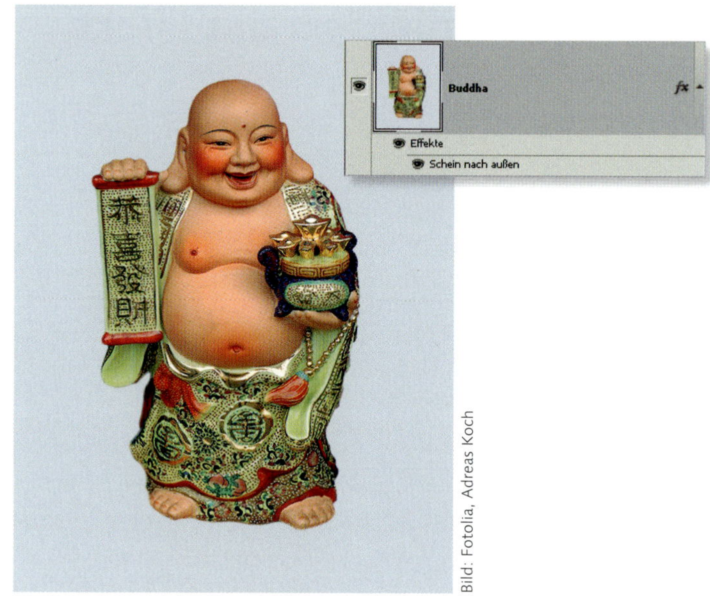

Bild: Fotolia, Adreas Koch

Abbildung 33.2 ▶
... aber bei einer vom Hintergrund getrennten Ebene, die deckende und transparente Pixel enthält, kommt der Effekt gut zur Geltung.

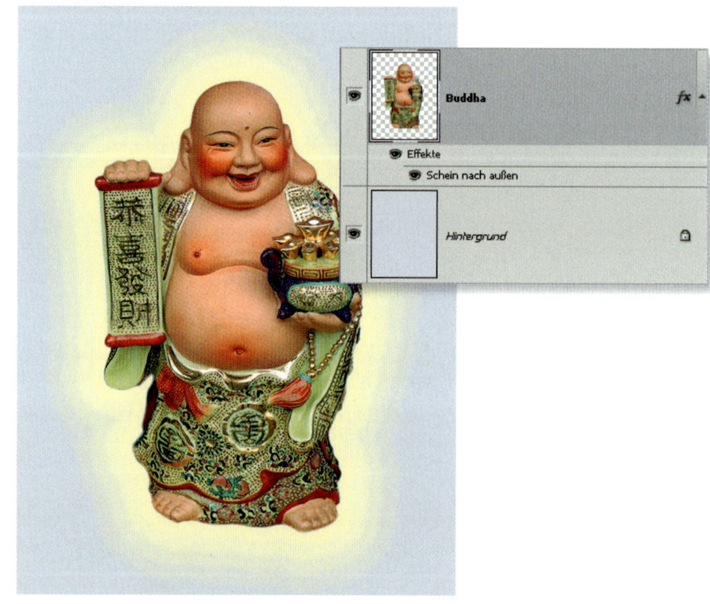

▲ **Abbildung 33.3**
Welcher Effekt darf es sein? Ein Klick auf das »fx«-Icon öffnet das hier gezeigte Untermenü, mit dem Sie direkt zu den entsprechenden Einstellungen in der Effektbox navigieren.

33.1.2 Effekte zuweisen

Um einer Ebene einen Effekt zuzuweisen, müssen Sie die große Effektbox aufrufen und dort die Optionen für den gewünschten Effekt einstellen. Dazu gibt es mehrere Möglichkeiten:

- Doppelklicken Sie in der Ebenen-Palette auf die Fläche der Ebene, der Sie den Effekt zuordnen wollen. (Klicken Sie nicht direkt auf den Ebenentitel, sondern auf die neutrale Fläche.)
- Beim Klick auf das kleine »fx«-Icon am unteren Rand der Ebenen-Palette öffnet sich ein kleines Menü. Nach dem Anklicken

eines Effekts aus der Liste erscheint die Effektbox. Die Optionen für Ihren Wunscheffekt sind dort gleich eingeblendet.

33.1.3 Der Ebenenstil-Dialog

Im Effektdialog können Sie die Wirkung Ihrer Effekte **genauer steuern**. In Kapitel 11, »Fortgeschrittene Ebenentechniken«, haben Sie bereits die erweiterte Füllmethode kennengelernt, die über dasselbe Dialogfeld gesteuert wird. Diesmal benutzen Sie den Dialog als Instrument, um Ebeneneffekte zu erstellen, zu modifizieren und zu komplexen Effektkombinationen – den sogenannten **Stilen** – zusammenzufassen.

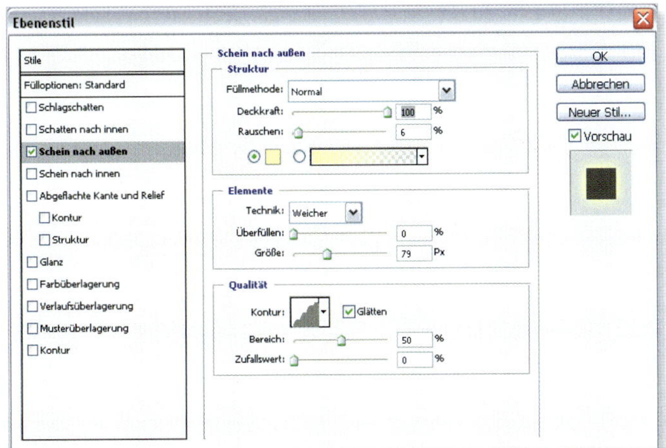

◂ **Abbildung 33.4**
Die Effektbox ist ein perfektes Tool zur Zusammenstellung von Effektkombinationen (Stilen). Einzig ihre Größe macht es etwas schwierig, sie zu handhaben – manchmal ist das zu bearbeitende Bild schlichtweg verdeckt. Hier sehen Sie die Einstellungen für den Effekt SCHEIN NACH AUSSEN, der in Abbildung 33.2 zu sehen ist.

Eine Liste aller möglichen frei kombinierbaren Effekte sehen Sie im linken Bereich der Box unter der Überschrift STILE. Um einen Effekt einer Ebene zuzuweisen und sich die Optionen für diesen Effekt anzeigen zu lassen, müssen Sie auf den Effektnamen klicken. Kleine Häkchen in den Feldern vor den Effektnamen zeigen an, ob diese für die aktive Ebene bereits ausgewählt wurden.

Sobald Sie in der STILE-Liste links einen Stil anklicken, ändert sich auch die Anzeige im rechten Teil der Dialogbox. Sie sehen dann dort die verschiedenen Einstellungsmöglichkeiten für den jeweiligen Effekt.

33.1.4 Anzeige in der Ebenen-Palette

Wenn Sie einer Ebene Ebeneneffekte zugewiesen haben, zeigt die Ebenen-Palette diese Effekte an. Das kann – je nach Komplexität des Stils – eine ganze Reihe von Einzeleffekten sein, die, immer wieder neu variiert und kombiniert, schier endlose Gestaltungsmöglichkeiten bieten.

Zur Kontrolle der Wirkung lassen sich Effekte auch – per Augensymbol vor den eingerückten Einzeleffekten – ausblenden.

Das oberste Augensymbol ❶ blendet den kompletten Stil (alle Effekte dieser Ebene) aus, während die eingerückten Augensymbole ❷ einzelne Effekte aus der Effektkombination ausblenden. Mit dem kleinen Pfeil neben dem »fx«-Icon ❹ lässt sich die Liste ähnlich wie ein Ebenenset einklappen. Und ein Rechtsklick (Ctrl-Klick) auf das »fx«-Icon ❸ der jeweiligen Ebene öffnet ein Menü mit weiteren Befehlen für die Arbeit mit Stilen.

Abbildung 33.5 ▸
Das Kontextmenü der Effekte

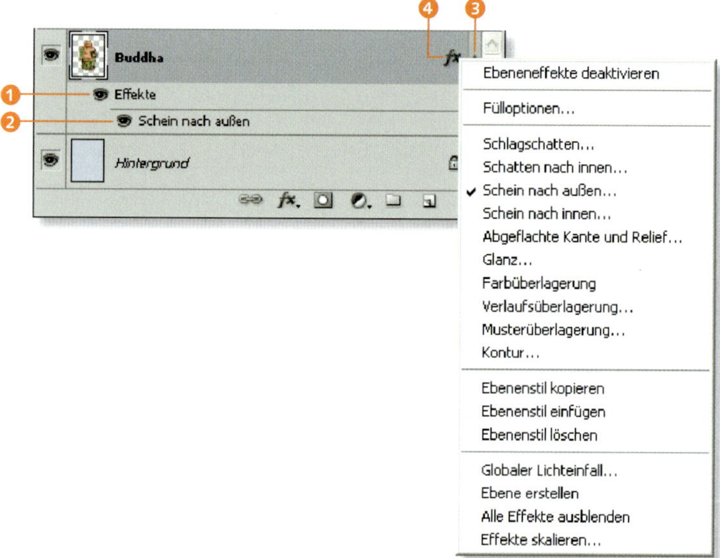

33.2 Die Ebenenstile im Überblick

Webressourcen nutzen

Sollten Sie einen bestimmten Effekt nachbauen wollen und wissen nicht genau wie – das Web liefert zahlreiche Arbeitsanleitungen. Oft reicht es, »Photoshop« und den gesuchten Effekt (Chrom, Glasbutton ...) in der Suchmaschine einzugeben. Sie erhalten dann zahlreiche Tutorials unterschiedlicher Qualität.

In den folgenden Absätzen stelle ich Ihnen die Effekte im Einzelnen vor und zeige mögliche Anwendungsbereiche an Schriften. Aus der Fülle der Möglichkeiten, die sich aus immer neuen Effektkonstellationen ergibt, kann ich hier naturgemäß nur einen kleinen Ausschnitt zeigen. Selbst zu experimentieren ist die beste Möglichkeit, sich mit Ebeneneffekten vertraut zu machen!

Die ersten vier Effekte aus der Liste arbeiten alle mit (simuliertem) Licht und haben recht ähnliche Einstellungen – man kann aber sehr unterschiedliche Ergebnisse erzielen!

33.2.1 Schlagschatten – nicht nur dezent-elegant

Ein Klassiker ist sicherlich der Schlagschatten. Als eleganter oder auch poppiger Soloeffekt kann er Schrift und Ebenenobjekte zum Schweben bringen. In Kombination verhilft er 3D-Effekten zu noch mehr Plastizität.

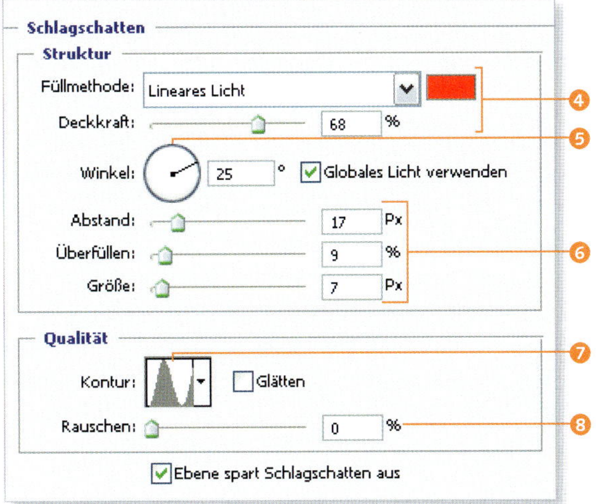

◂ **Abbildung 33.6**
Dies sind die Einstellungen für den 70er-Jahre-inspirierten Texteffekt in Rot-Gelb-Blau. Verantwortlich für die überraschende Outline am Schatten ist die Option Kontur. Das Konturmenü rufen Sie durch einen Klick auf den kleinen Pfeil auf.

Einstellungen zur Struktur | Die ersten Einstellungen des Schlagschattens beziehen sich auf Füllmethode, Farbe und Deckkraft ❹ und sollten Ihnen nun keine Schwierigkeiten mehr bereiten. Den Farbwähler öffnen Sie wiederum durch einen Doppelklick auf das kleine Farbfeld.

Winkel ❺ bezieht sich auf den Lichteinfallswinkel. Sie können den kleinen Gradmesser mit der Maus packen und verschieben oder Zahlenwerte eingeben. Wenn Sie mit mehreren Effekten in einem Bild arbeiten – was meist der Fall sein wird, da sich die Effekte so einfach kombinieren und damit potenzieren lassen –, sind Sie gut beraten, den Haken im Kontrollfeld Globales Licht verwenden beizubehalten. Damit wird für ein gesamtes Dokument die gleiche Lichtrichtung festgelegt. Unterschiedliche Schattenwürfe können optisch sehr verwirrend wirken!

Die Gestalt des Schattens und seine Position bestimmen Sie mit Abstand, Überfüllen und Grösse ❻. Abstand bestimmt, wie weit eine Schrift oder ein anderes freigestelltes Objekt über dem Hintergrund »schwebt«, und Grösse legt die Ausdehnung des Schattens fest. Ist der Wert gering, folgt der Schatten präzise der Schriftform, ist er höher, kann der Schatten schnell bildfüllend werden. Gleichzeitig wird der Schatten durch einen höheren Größenwert weichgezeichnet. Überfüllen vergrößert den Schatten ebenfalls, ohne dass er an Schärfe oder Präzision verliert.

Einstellungen zur Qualität | Nicht nur hier, sondern bei anderen Effekten auch, liefert die Einstellung der Kontur ❼ die erstaunlichsten Variationen. Sie können zwischen verschiedenen vorgefertigten Konturen wählen, wenn Sie auf den kleinen Pfeil klicken. Glätten sollten Sie insbesondere bei kleinen Schatten mit einer komplizierten Kontur aktivieren – gemeint ist hier nicht

Dateien auf der Buch-DVD:
»t_schlagschatten_klassik.tif«, »t_schlagschatten_70s.tif«

▴ **Abbildung 33.7**
Den typischen Schattenwurf haben Sie schon in zahlreichen Varianten gesehen, …

▴ **Abbildung 33.8**
… aber auch so etwas lässt sich mit dem Effekt Schlagschatten bewerkstelligen.

TOPP-TIPP: Schriften mit Schattenwurf besser lesbar machen

SCHLAGSCHATTEN ist auch sehr gut geeignet, um Schriften zu akzentuieren. Ein Schatten kann einen Text vom Hintergrund abheben und einer zu mageren Schrift mehr Gewicht verleihen. Dabei kommt es auf die Richtung des Schattens an! Beim Lesen sind die linken Kanten der Buchstaben für das Auge am wichtigsten. Also sollten diese auch betont werden – ein Schatten nach links ist in solchen Fällen günstiger als der unausgesprochene Standard SCHATTEN NACH RECHTS UNTEN.

▲ **Abbildung 33.10**
Hier erkennen Sie, wie man Schattenwürfe auch einsetzen kann, um magere oder zu wenig kontrastierende Schriften ...

▲ **Abbildung 33.11**
... besser lesbar zu machen. Das klappt bei Überschriften und Schmuckschriften, doch nicht bei Lesetexten. Die Abbildungen finden Sie auf der Buch-DVD unter »schatten_mit.tif« und »schatten_ohne.tif«.

Datei auf der Buch-DVD: »t_schatten_innen.tif«

Anti-Aliasing, sondern ein Ausgleichen detaillierter, verwinkelter Kontur- und Schattenlinien.

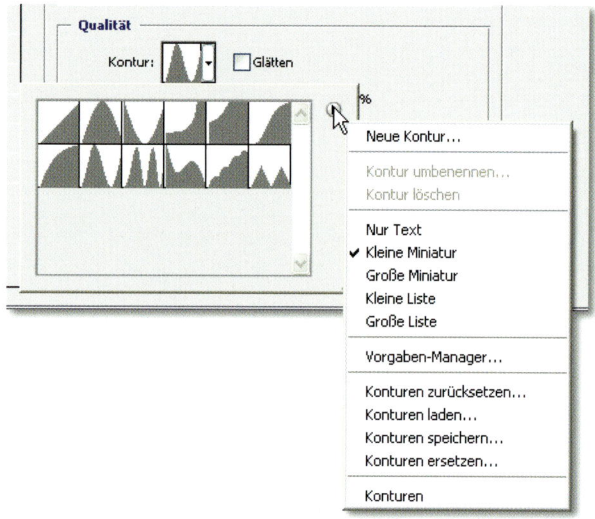

▲ **Abbildung 33.9**
Verschiedene Konturformen für unterschiedlich gestaltete Schatteneffekte. Sie finden diese Option auch bei anderen Stilen.

Auch der Option RAUSCHEN ⑧ werden Sie noch des Öfteren begegnen. Das Rauschen löst einen weichen Farbverlauf in geditherte Sprenkel auf. Diese Option ist dann empfehlenswert, wenn Sie Texteffekte für das Web produzieren – die Bilddatei lässt sich kleiner speichern, und auch mit der Browser-Darstellung gibt es weniger Probleme.

33.2.2 Schatten nach innen: wie ausgestanzt

Der SCHATTEN NACH INNEN funktioniert ähnlich wie der Schlagschatten, produziert aber einen Ausstanz-Effekt. Die Einstellungen sind fast identisch zu denen des Schlagschattens. Einziger Unterschied: Statt ÜBERFÜLLEN finden Sie hier das UNTERFÜLLEN. (Da der Schatten nun in »Gegenrichtung« funktioniert, wurde auch diese Berechnung umgekehrt.) Die Wirkung ist aber dieselbe: Der Schatten wird größer, ohne an Präzision zu verlieren.

▲ **Abbildung 33.12**
So »echt« kann ein Schatten – diesmal nach innen – auch wirken.

Wenn Sie so einen naturalistischen Schattenwurf wie hier produzieren wollen – egal ob nach innen oder als Schlagschatten –, sollten Sie als Füllmethode Multiplizieren wählen. Oft wirkt es auch besser, statt des standardmäßig eingestellten Schwarz eine Farbe zu nehmen, die dem Hintergrund angepasst ist. Ich habe hier ein dunkles Rot als Schattenfarbe eingestellt. Die Konturenform war die einfache Diagonale.

33.2.3 Schein nach außen: Lampe hinter dem Text

Die beiden Scheineffekte lassen den Text selbst leuchten. Als Einzeleffekt ist der Schein nach außen vielleicht ein wenig langweilig, zusammen mit anderen Effekten wie Schein nach innen oder Relief wird er aber recht häufig eingesetzt. Sie können auch mit diesem Effekt Schriften zu besserem Kontrast zum Hintergrund verhelfen!

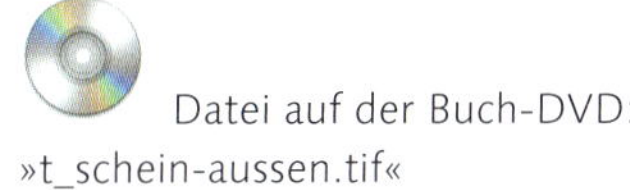

Datei auf der Buch-DVD: »t_schein-aussen.tif«

Die meisten Einstellungen, die hier angeboten werden, kennen Sie nun schon weitestgehend. Die Scheineffekte, aber auch alle anderen, wirken sehr stark durch die Füllmethode. Hier lohnt sich auf jeden Fall das Experimentieren! Noch nicht vorgestellt wurden die folgenden Einstellungen.

▲ **Abbildung 33.13**
Eine etwas Las-Vegas-mäßige Textakzentuierung mit Schein nach aussen

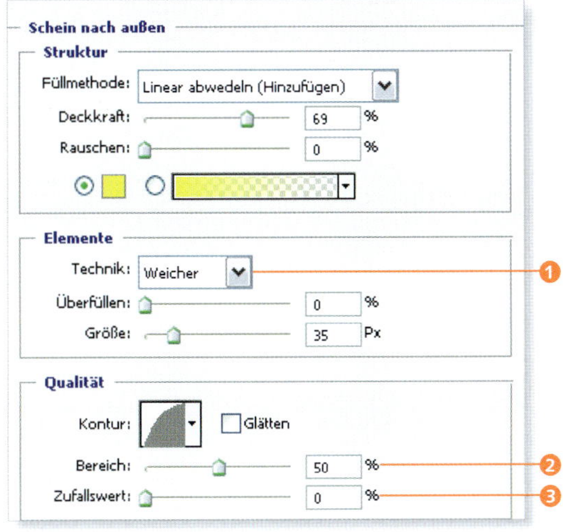

◀ **Abbildung 33.14**
Die Einstellungen für den Beispieleffekt Schein nach aussen

Technik ❶ legt fest, wie genau der Schein an der Kontur ausgerichtet ist. Für kleinteilige Objekte und feinere Schriften empfiehlt sich Präzise, da hier die Details besser erhalten bleiben.

Bereich ❷ bestimmt quasi die Leuchtstärke der hinter dem Text angebrachten imaginären Lichtquelle. Ein geringer Wert führt zu einem breiten, scharf konturierten Schein, höhere Werte führen zu einem weichen und schmalen Lichtbereich.

Datei auf der Buch-DVD: »t_schein-innen.tif«

▲ **Abbildung 33.15**
Ton in Ton, aber auffallend: Hier wurde der Text selbst als Lichtquelle inszeniert. Die Textfarbe ist mit der Hintergrundfarbe fast identisch, erst durch den Effekt wird sie wahrnehmbar.

Der Schein ist technisch gesehen ein Verlauf. ZUFALLSWERT ❸ soll nun die Transparenz und die Farben in diesem Verlauf variieren.

33.2.4 Schein nach innen: selbstleuchtend

SCHEIN NACH INNEN sieht allein schon spektakulär aus, zusammen mit RELIEF und den anderen Schatten- und Scheineffekten ist er eine Grundzutat für komplexere Stile wie Glasschrift, Chromeffekt und Ähnliches.

Im Dialogfeld treffen Sie fast nur noch auf schon bekannte Einstellungen. Neu – und für die Erscheinung des Effekts entscheidend – ist hier die etwas versteckte Einstellung QUELLE ❶. Damit legen Sie fest, in welche Richtung das imaginäre Licht strahlt: MITTE lässt eher die Schriftkanten erglühen, bei KANTE strahlt die Schrift von den Kanten weg nach innen.

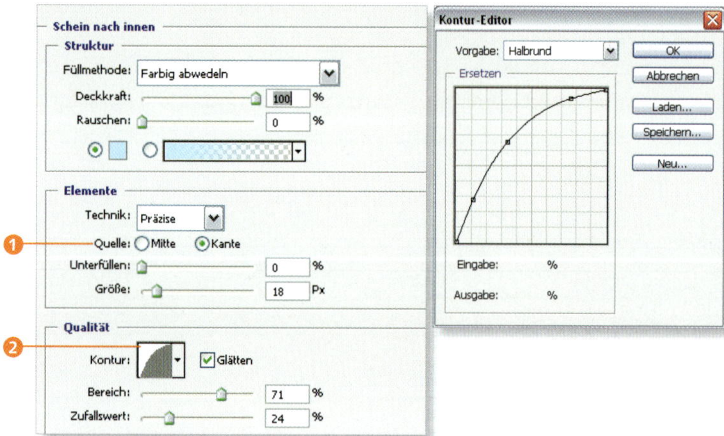

▲ **Abbildung 33.17**
Der Kontur-Editor: Die Kurve lässt sich einfach per Maus verändern.

▲ **Abbildung 33.16**
Meine Einstellungen für die blaue Leuchtschrift. Hier habe ich eine der vorgegebenen Konturkurven etwas modifiziert. Um den Kontur-Editor aufzurufen, müssen Sie in das KONTUR-Icon ❷ selbst klicken.

33.2.5 Abgeflachte Kante und Relief: wohl dosiert anzuwenden

Der Effekt mit den meisten Einstellungsmöglichkeiten, aber wohl auch mit dem größten Potenzial zum optischen Desaster ist ABGEFLACHTE KANTE UND RELIEF. Eine klassische Anwendung sind sicherlich Buttons für eine Website: Dort kann die Dreidimensionalität die Analogie zum Schalter verdeutlichen und hilft, Bedienelemente mit einem Blick zu finden. Die Anwendung solcher

Effekte auf Text sollte jedenfalls immer gut überlegt erfolgen – zumal Gestaltungselemente wie Chromschrift, gläserne Buchstaben und Ähnliches auch schon recht abgenutzt sind.

Die Einstellungen beeinflussen sich gegenseitig sehr stark. Sie sollten sich daher beim Anlegen des Effekts von oben nach unten durch das Dialogfeld arbeiten, um die Übersicht nicht zu verlieren und die Wirkung der einzelnen Änderungen besser einschätzen zu können.

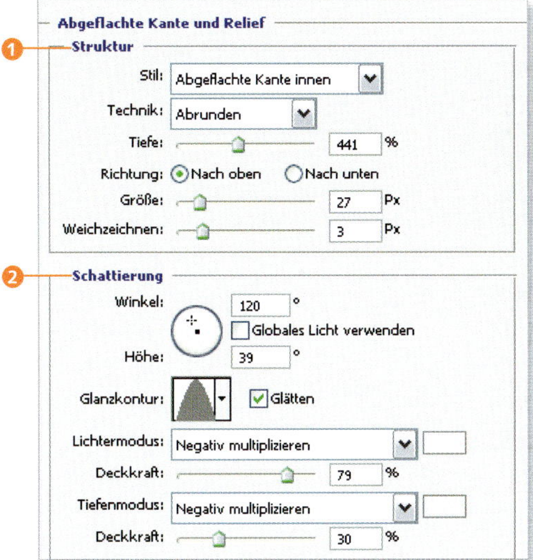

Einstellungen zur Strukur | Unter STRUKTUR 1 legen Sie die 3D-Form fest. Das lässt sich in zwei Schritte gliedern. Es gibt folgende Grundeinstellungen: STIL bestimmt, was mit den Kanten Ihres Textes überhaupt passieren soll, und TECHNIK bietet die Auswahl zwischen verschiedenen Kanten. Die Option ABRUNDEN erzeugt dabei die Illusion einer eher weichen Substanz; die anderen Einstellungen wirken härter. TIEFE legt die Intensität des Effekts fest, RICHTUNG soll eigentlich bestimmen, ob ein Text nach unten eingedrückt oder aus dem Papier (oder Bildschirm) herausgemeißelt erscheint – das ist aber bei komplexen Effekten gar nicht immer so leicht zu erkennen.

GRÖSSE und WEICHZEICHNEN können die bisher erreichte Dreidimensionalität akzentuieren, dosieren oder den Effekt komplett ruinieren – hier ist Vorsicht angebracht. Geringe Einstellungen lassen einen Text oft leicht metallisch erscheinen.

Einstellungen zur Schattierung | Alles unter SCHATTIERUNG 2 dient dem Feintuning für die Belichtung der 3D-Schriften oder -Objekte. Mit den Einstellungen sollten Sie eigentlich keine Probleme haben – es gibt nur bekannte Parameter. Eine kleine

Datei auf der Buch-DVD: »t_relief.tif«

▲ **Abbildung 33.18**
Mit dem plastischen Effekt ABGEFLACHTE KANTE UND RELIEF können fast alle Materialien – von Metall über Kunststoff bis zu Glas – und alle möglichen Aggregatzustände von Marmor bis zur Götterspeise dreidimensional imitiert werden. Hier wurde der Effekt mit SCHLAGSCHATTEN und SCHEIN NACH INNEN kombiniert.

◄ **Abbildung 33.19**
Die komplexen Einstellungsmöglichkeiten für plastische Effekte. Wenn Ihnen das Angebot nicht reicht, können Sie die Ergänzungseffekte KONTUR und STRUKTUR hinzunehmen.

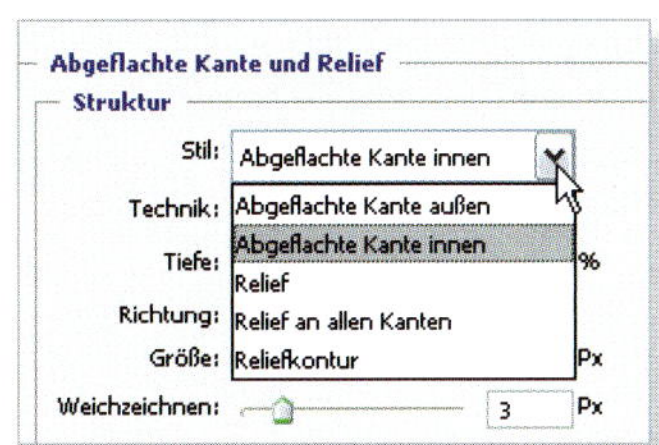

▲ **Abbildung 33.20**
Die Einstellungen unter STIL beeinflussen das Aussehen des Reliefs entscheidend.

Neuerung werden Sie jedoch entdecken: Während Sie bei den Schatten- und Scheineffekten bisher entweder Licht oder Schatten einstellen konnten, haben Sie hier beides auf einen Schlag.

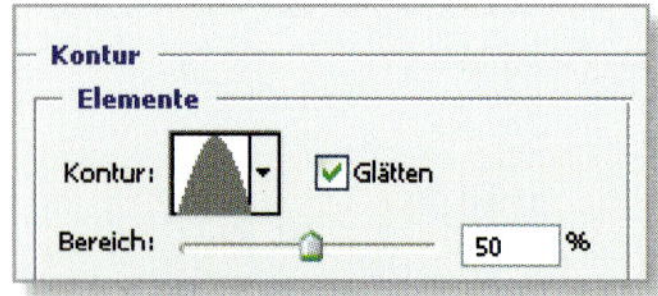

▲ **Abbildung 33.21**
Welche Form sollen die Kanten des Reliefs haben?

Ergänzungseffekte Kontur und Struktur | Mit dem zusätzlichen Effekt KONTUR bestimmen Sie, welche Form die Reliefkanten haben sollen. Hier ist einfach Ausprobieren die beste Lösung. Da man gerade bei diesem komplexen Effekt schnell die Übersicht verliert, möchte ich nochmals an die Möglichkeit erinnern, Schnappschüsse anzulegen oder mit Ebenenduplikaten zu arbeiten. (Letzteres bietet gerade bei Effekten eine gute Vergleichsmöglichkeit mehrerer Varianten.)

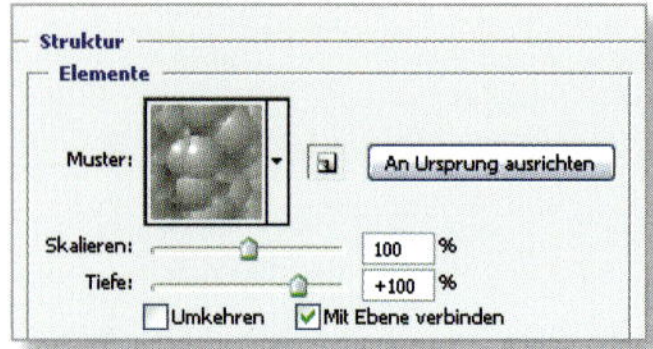

▲ **Abbildung 33.22**
Zusätzliche Möglichkeiten eröffnet der ergänzende Effekt STRUKTUR, mit dem Sie in Schriften und Ebenenobjekten ein Muster »einprägen« können. TIEFE bestimmt den Wirkungsgrad, SKALIEREN die Größe des Musters. Der kleine Pfeil an der Musterliste ❶ klappt die Liste zur Verwaltung der Muster aus.

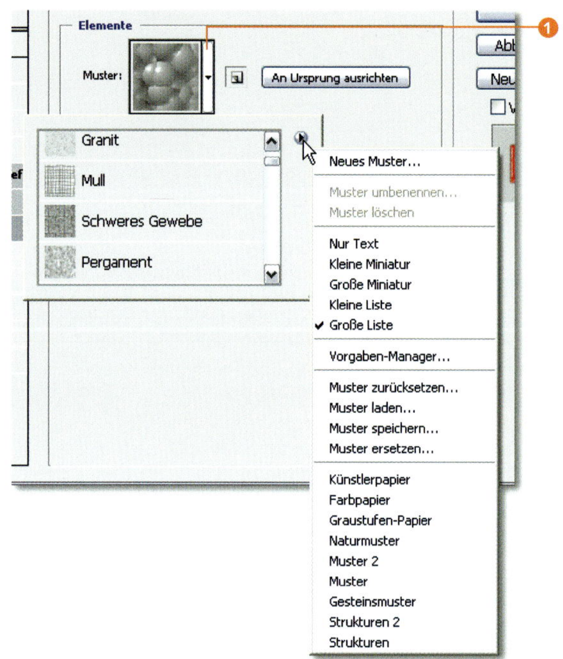

▲ **Abbildung 33.23**
Die bekannte Musterliste ist auch in der Stilbox wiederzufinden, hier bei den STRUKTUR-Einstellungen von ABGEFLACHTE KANTE UND RELIEF.

Zum Weiterlesen: Arbeit mit Mustern
Wie Sie eigene Muster erzeugen und verwalten, lesen Sie in Kapitel 26.

Datei auf der Buch-DVD: »t_glanz.tif«

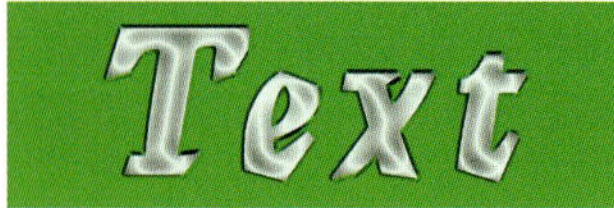

▲ **Abbildung 33.24**
Oft gebraucht als Ergänzung zu 3D-Effekten: GLANZ – hier mit einer leichten Reliefkante kombiniert.

33.2.6 Glanz: wie Glas und Metall

Der Effekt GLANZ wird wohl eher selten allein benutzt, meist ergänzt er andere Effekte. Wie viele plastische Effekte auch erweisen sich Glanzeffekte im Internet-Einsatz als Ressourcenfresser – mehrere Dateien dieser Art summieren sich zu unschön langen Download-Zeiten. Auf Papier wirken Glanz & Co. nur in hochwertigem Druck. Das sollten Sie in jedem Fall bedenken. Die Einstellungen bieten Ihnen nichts Neues – probieren Sie sie einfach aus.

33.2.7 Farbüberlagerung – Farbe flexibel bearbeiten

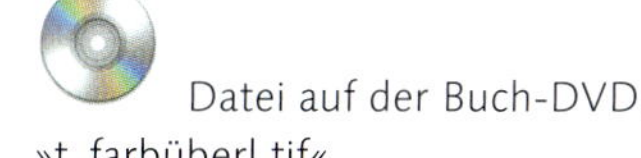

Datei auf der Buch-DVD: »t_farbüberl.tif«

Die nächsten drei Effekte sind auch auf Ebenen ohne Transparenz anzuwenden. Sie sind Bestandteil vieler Foto-Verfremdungseffekte. Aber auch für Texte finden sich effiziente Anwendungen.

Für sich allein und mit der Füllmethode NORMAL ist die Farbüberlagerung fast sinnlos. Der Effekt ist aber eine gute Hilfe, um Schrift, deren ursprüngliche Farbe sich durch Glanzauflegen und andere komplexere Effektkombinationen unerwünscht geändert hat, nachträglich zu verbessern. Trotzdem bleiben Sie dabei flexibel. Der Schlüssel ist wiederum die Füllmethode! Anders als viele andere Effekte eignet sich die Farbüberlagerung – wie die beiden anderen Überlagerungseffekte auch – für komplett pixelgefüllte Ebenen. Sie können Farbüberlagerung z. B. auch nutzen, um Fotos künstlich altern zu lassen.

▲ **Abbildung 33.25**
Die Farbüberlagerung ermöglicht das zielgerichtete nachträgliche Ändern der Farbwirkung von Effektschrift. Ich habe damit die rote Gelee-Schrift aus Abbildung 33.18 blau eingefärbt.

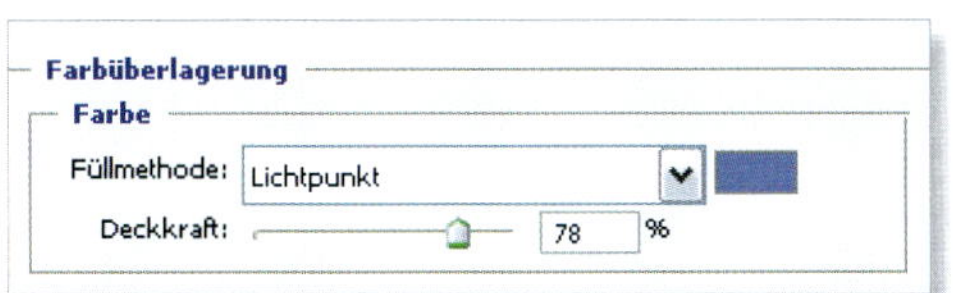

◀ **Abbildung 33.26**
Die Einstellungen für die Farbüberlagerung sind unkompliziert. Die Bedeutung der verschiedenen Füllmethoden wird in Kapitel 12 erläutert.

33.2.8 Verlaufsüberlagerung: Schrift gezielt kontrastieren

Der Verlauf ist eine der vielseitigsten Photoshop-Funktionen. Neben dem eigentlichen Verlaufswerkzeug sind Verläufe in verschiedenen anderen Werkzeugen versteckt und helfen, immer neue Resultate zu erzielen – so auch in den Ebeneneffekten.

Dateien auf der Buch-DVD: »t_verlauf_1.tif« und »t_verlauf_2.tif«

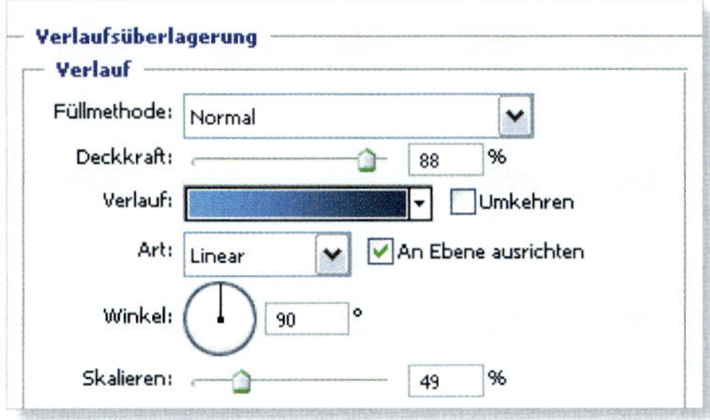

▲ **Abbildung 33.27**
Wenn Sie mit dem Verlaufswerkzeug klarkommen, gibt es bei der Verlaufsüberlagerung auch keine Schwierigkeiten.

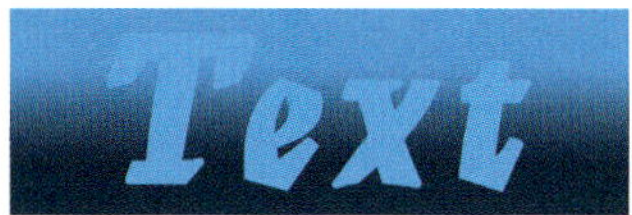

▲ **Abbildung 33.28**
Zu wenig Kontrast von Text und Hintergrund, besonders im oberen Bereich. Eine ähnliche Situation treffen Sie auch öfter an, wenn Sie Schrift auf Fotos setzen wollen.

Ein Klick auf den Farbbalken bei VERLAUF öffnet weitergehende Verlaufseinstellungen (siehe Abbildung 33.30 auf der nächsten Seite). Wie Sie Verläufe bearbeiten, lesen Sie in Kapitel 26.

Vorgefertigte Verläufe sind schnell zur Hand, und ein Klick auf eines der Vorschau-Icons weist den Verlauf der Ebene zu. Danach können Sie Feineinstellungen vornehmen.

▲ **Abbildung 33.29**
Gezielte Abhilfe mithilfe der Verlaufsüberlagerung

Abbildung 33.30 ▶
Liste möglicher Verläufe. Auch hier stehen im Seitenmenü weitere Verläufe zum Nachladen bereit.

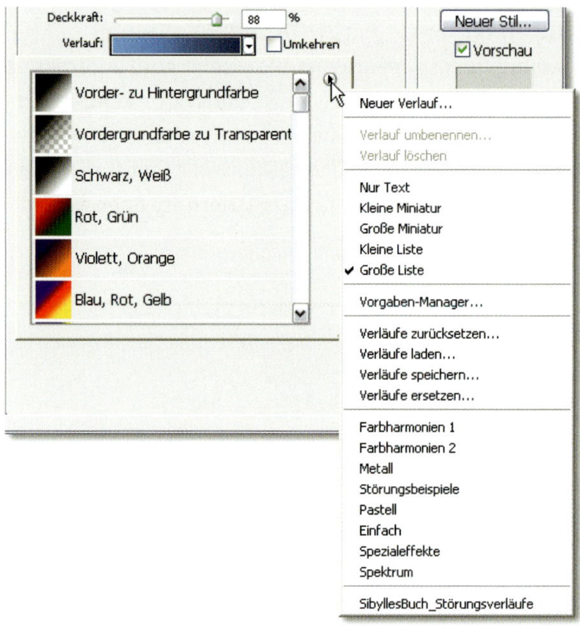

Art legt fest, welche Form der Verlauf annimmt (siehe Abbildung 33.31). Winkel ist für die Akzentuierung von Schrift sehr nützlich: Damit können Sie die helleren oder per Verlauf abgedunkelten Bereiche recht genau an die Stelle der Schrift bugsieren, an der sie sitzen sollen.

Skalieren verkleinert oder vergrößert den Verlauf – in der praktischen Arbeit bedeutet das meist eine mehr oder weniger starke Weichzeichnungswirkung.

Wenn Sie keinen Verlauf finden, der Ihnen zusagt, hilft vielleicht Umkehren. Diese Option spiegelt die bisherige Verlaufsrichtung.

An Ebene ausrichten berechnet die Verlaufsfüllung mit dem Begrenzungsrahmen der Ebene.

Zum Weiterlesen: Verläufe
Die Verlaufsüberlagerung funktioniert ebenso wie das reguläre Verlaufswerkzeug in Photoshop. Mehr darüber finden Sie in Kapitel 26.

Ein Verlaufseffekt kann auch einfach im Bild mit der Maus angefasst und verschoben werden. Das ist extrem nützlich zur genauen Platzierung von Verläufen an der Stelle, wo eine Aufhellung oder Abdunkelung gebraucht wird.

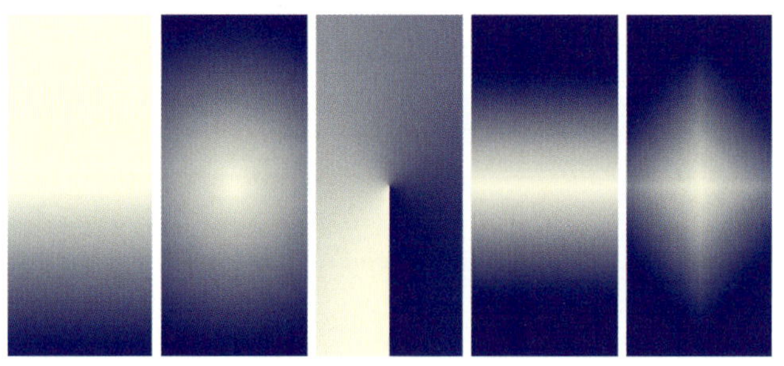

Abbildung 33.31 ▶
Unterschiedliche Verlaufsformen. Von Links: Linear, Radial, Winkel, Gespiegelt und Raute. Für die meisten Zwecke ist ein Linearverlauf ausreichend.

33.2.9 Musterüberlagerung: sehr flexibel

Der Effekt MUSTERÜBERLAGERUNG ist eine sehr gute Alternative zur Füllung von Ebenen mit Mustern (BEARBEITEN • FLÄCHE FÜLLEN oder ⇧+F5). Sie haben hier mehr Einstellungsmöglichkeiten und bleiben flexibel. Dieser Effekt wirkt nicht bei kleinen Schriften oder schmalen Strichstärken, sondern ist eher für kräftige Schriften oder Flächen geeignet.

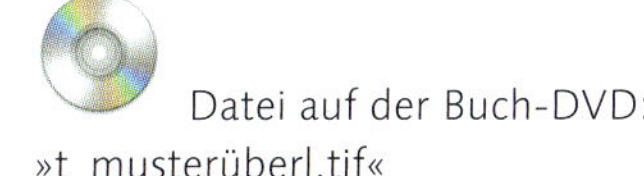

Datei auf der Buch-DVD: »t_musterüberl.tif«

▲ **Abbildung 33.32**
Eine Reminiszenz an das Farbspektrum der Fünfziger: Text mit Musterfüllung

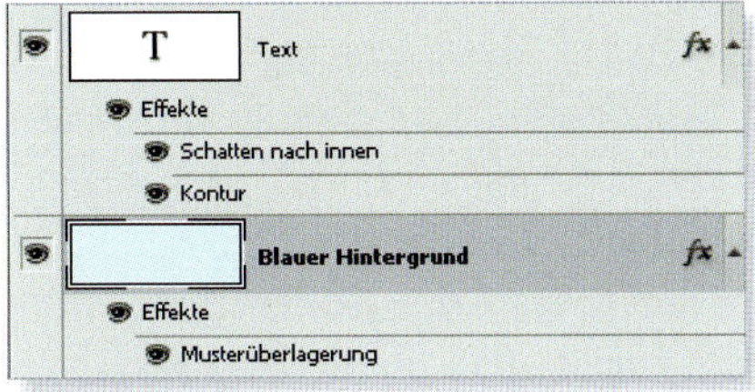

▲ **Abbildung 33.33**
Eine üppigere Variante. Dabei wurden drei Effekte zu einem Stil kombiniert: SCHATTEN NACH INNEN und KONTUR wurden beim rosafarbenen Text eingesetzt, die MUSTERÜBERLAGERUNG liegt auf der hellblauen Ebene unterhalb des Textes (die durch den Schatteneffekt aussieht, als würde sie über der Textebene schweben). Die Ebenen-Palette zeigt den Aufbau.

Die Optionen bieten keine Überraschungen mehr. Hervorzuheben ist die SKALIERUNG. Diese bietet zahlreiche Differenzierungsmöglichkeiten beim Einsatz von Mustern – so kann ein und dasselbe Grundmuster in verschiedenen Größen sehr unterschiedlich wirken.

Zusätzlich können Muster wie Verläufe auch mit der Maus verschoben werden. Hier müssen Sie erst den Haken am Kontrollfeld MIT EBENE VERBINDEN lösen. Wenn Sie fertig sind, sollten Sie den Haken wieder setzen, um zu verhindern, dass Text und Muster unbeabsichtigt gegeneinander verschoben werden.

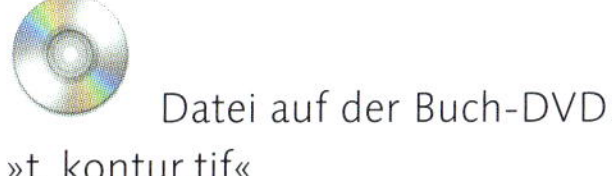

Datei auf der Buch-DVD: »t_kontur.tif«

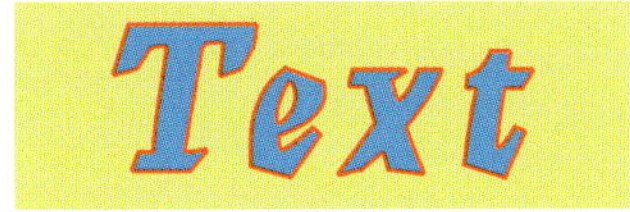

▲ **Abbildung 33.34**
Eine weitere Variante in Gelb-Blau-Rot: der Kontureffekt solo

33.2.10 Kontur: starke Hervorhebung

Kontureffekte an Text wirken nicht immer gut, können aber eine Schrift akzentuieren und lesbarer machen, indem sie Kontrast zwischen Vorder- und Hintergrund schaffen. Den Kontureffekt können Sie aber auch anwenden, um frei stehende Bildelemente zu betonen – Sie haben den Effekt hier schon mehrfach bei Vergrößerungen gesehen.

Abbildung 33.35 ►
Die Optionen des Effekts sind übersichtlich. Wenn Sie mit Schrift arbeiten, achten Sie darauf, dass Sie unter POSITION eine Einstellung wählen, bei der Schriftdetails trotz neuer Kontur erhalten bleiben.

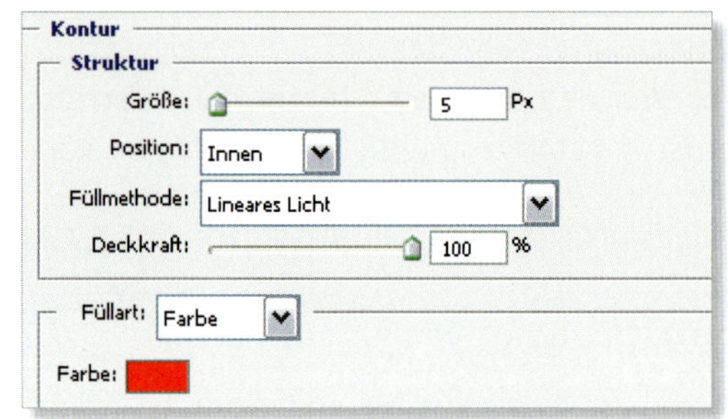

33.3 Effekte modifizieren

Die Effektbox bietet unzählige Variationsmöglichkeiten. Dennoch bleiben es Effekte »von der Stange«, und man wünscht sich manchmal ein wenig mehr Originalität, um Schrift ein unverwechselbares Gesicht zu geben. Eine effiziente Möglichkeit sind Photoshops Filter (dazu müssen Schriften allerdings gerastert werden und sind dann nicht mehr editierbar). Eleganter ist da die erweiterte Füllmethode, mit der sich Effekte modifizieren lassen – die volle Editierbarkeit bleibt erhalten.

Schritt für Schritt: Zurückhaltend und originell – Effekte ohne Text

1 Ebeneneffekt erstellen

Datei auf der Buch-DVD: »SchnörkelBeispiel.tif«

Schreiben Sie als Erstes Ihren Text, und erstellen Sie, wie gewohnt, den gewünschten Ebeneneffekt oder Ebenenstil mithilfe der Effektbox. In Abbildung 33.36 sehen Sie eine bunte Variante mit SCHEIN NACH AUSSEN.

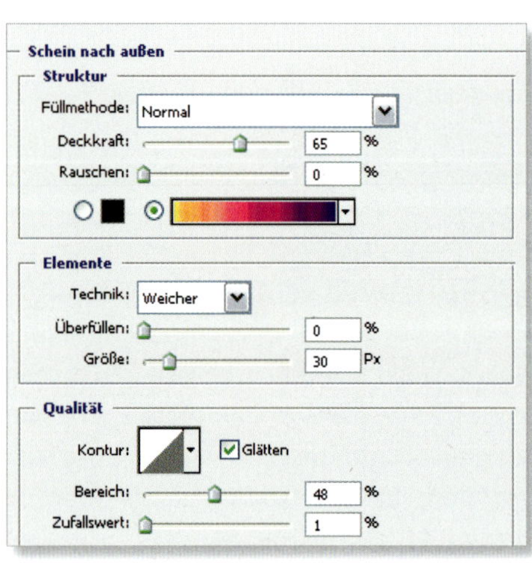

Abbildung 33.36 ▲►
Die Einstellungen für den Effekt – so poppig kann SCHEIN NACH AUSSEN sein!

2 Text ausblenden

Setzen Sie in der Ebenen-Palette unter FLÄCHE den Wert auf null. Zwischenstufen sind natürlich ebenfalls möglich und können ganz reizvoll sein. Der Text wird langsam ausgeblendet. Der Effekt bleibt allerdings stehen!

◂▴ **Abbildung 33.37**
Reduzieren Sie die FLÄCHE-Deckkraft.

Alternativ können Sie die Ebenenfüllung auch direkt in der Effektbox ausblenden. Dazu klicken Sie dort auf FÜLLOPTIONEN: STANDARD. Dort stellen Sie unter ERWEITERTE FÜLLMETHODE – nicht unter ALLGEMEINE…! – die Deckkraft von 100 auf 0.

3 Und so könnte es aussehen …

◂ **Abbildung 33.38**
Ein mögliches Ergebnis ■

Beispiele | Besonderen Charme entwickeln die so bearbeiteten Schriften oft, wenn man sie auf einen strukturierten Untergrund oder ein Foto stellt. Einige Varianten:

Dateien auf der Buch-DVD: »Himmel1.tif«, »Himmel2.tif«, »Himmel3.tif«

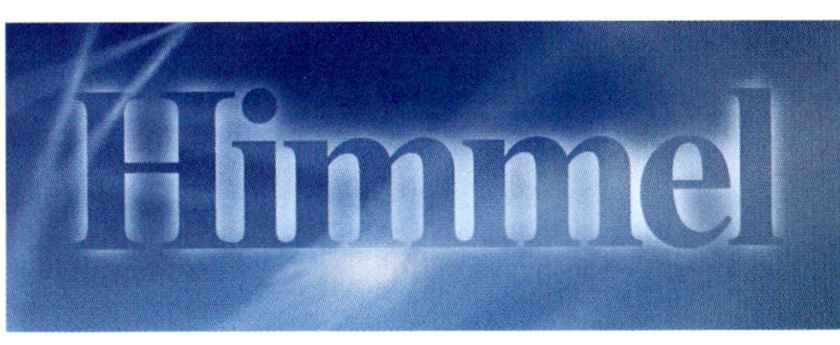

◂ **Abbildung 33.39**
SCHEIN NACH AUSSEN

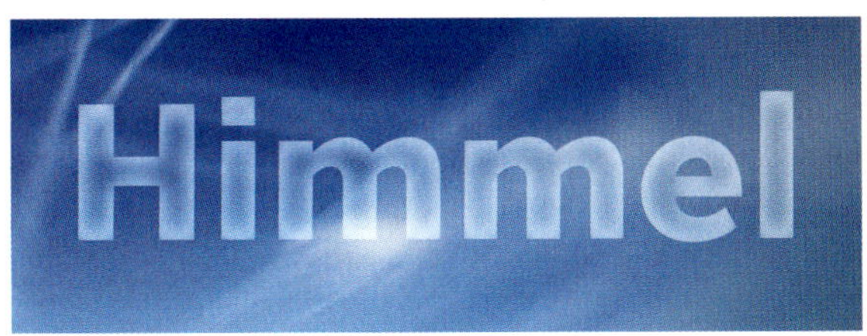

◂ **Abbildung 33.40**
SCHEIN NACH INNEN

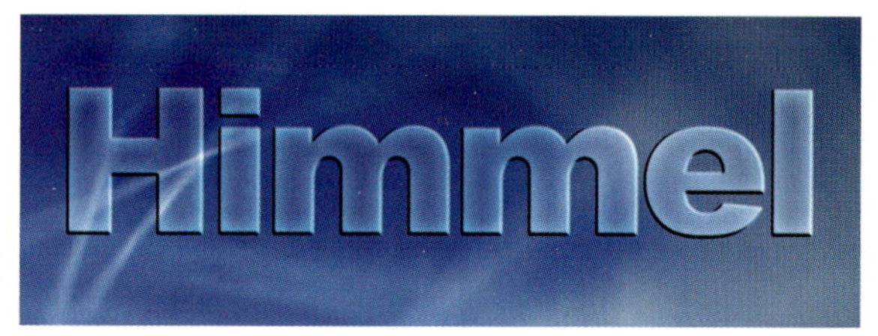

Abbildung 33.41 ▶
Abgeflachte Kante und Relief plus Schein nach innen – alle Effekte mit ausgeblendeter Textebene

33.4 Ebeneneffekte in Ebenen umwandeln

Im normalen Zustand als Ebeneneffekt lassen sich Stile nicht mit Filtern bearbeiten und auch nicht transformieren oder anders verfremden. Allerdings gibt es eine Möglichkeit, wie Sie dennoch zu solchen erweiterten Bearbeitungsmöglichkeiten kommen. Dazu müssen Sie den Ebenenstil über das Kontextmenü des Effekts in eine Ebene umwandeln.

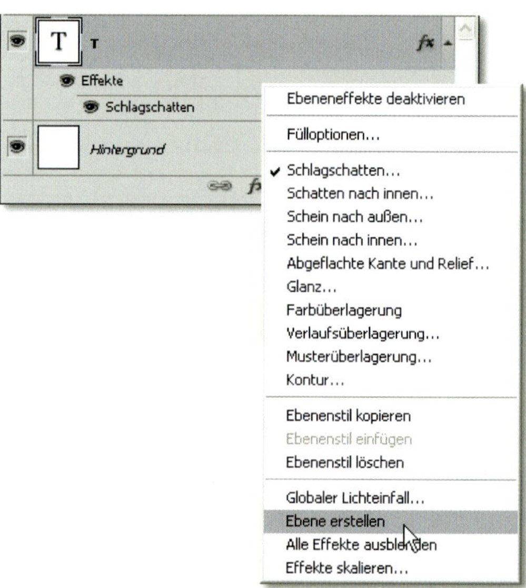

Abbildung 33.42 ▶
Der Befehl Ebene erstellen aus dem Effekte-Kontextmenü macht aus Effekten normale Ebenen, auf die Sie alle bekannten Werkzeuge und Transformationen anwenden können.

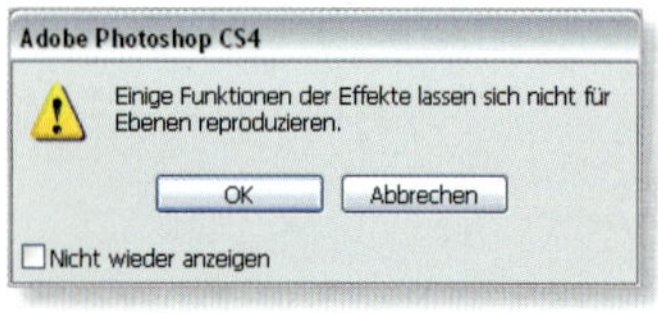

▲ **Abbildung 33.43**
Ein Hinweis auf den Verlust der Stil-Editierbarkeit

Allerdings müssen Sie für die neuen Bearbeitungsmöglichkeiten alle anderen praktischen Änderungsoptionen der Ebeneneffekte opfern. Die so generierte Ebene können Sie über die Effektbox und deren zahlreiche Optionen nicht mehr beeinflussen.

Solche eigenen Ebenen lassen sich nun problemlos weiterbearbeiten. Nicht nur für Texteffekte erweitern Sie damit Ihre Möglichkeiten ganz beachtlich und können eigene Layouts jenseits der »Stile von der Stange« kreieren – auch Effekten wie der Musterfüllung können Sie so ganz neue Wirkungen abgewinnen, zum Beispiel als Fotohintergründe.

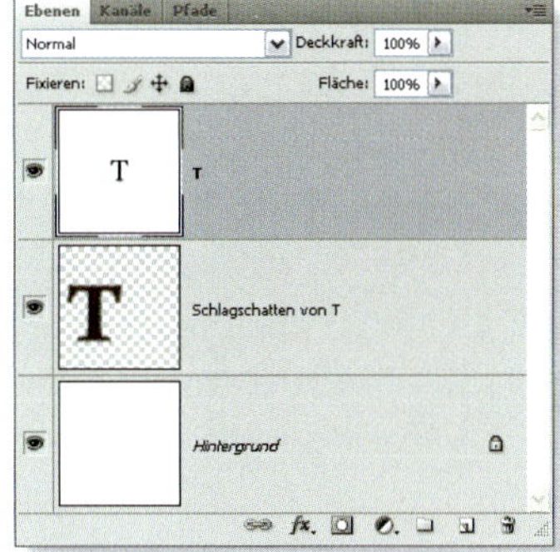

▲ **Abbildung 33.44**
Ein zur Ebene umgewandelter Schlagschatteneffekt …

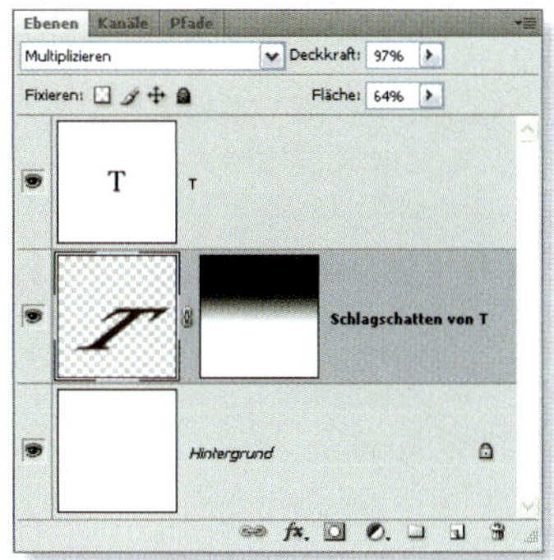

▲ **Abbildung 33.45**
… wird per Transformation verzerrt und mit einer Maske teilweise ausgeblendet.

33.5 Eigene Effekte systematisch sichern

Wenn Sie inzwischen selbst ein wenig mit der Effektbox herumgespielt haben, ist Ihnen vermutlich aufgefallen, dass man eine ganze Weile herumprobieren muss, bis ein Effekt oder Stil zufriedenstellend wirkt.

33.5.1 Ebenenstile auf andere Ebenen übertragen

Um einen einmal erstellten Stil schnell auf eine andere Ebene zu übertragen, gibt es zwei Möglichkeiten:

1. Wenn Sie Stile innerhalb ein und derselben Datei übertragen wollen, ist der schnellste Weg, den Stil in der Ebenen-Palette anzufassen und auf eine andere Ebene zu ziehen – ähnlich wie Sie es ja schon vom Verschieben ganzer Bildebenen kennen. Achten Sie darauf, den Begriff »Effekte« mit der Maus zu erwischen, wenn Sie einen Stil übertragen wollen. Wenn Sie nur einen einzelnen Effekt transferieren wollen, fassen Sie eben diesen an.
2. Um Stile auch in andere Dateien übertragen zu können, rufen Sie per Klick auf das »fx«-Symbol an der Bildebene (nicht das am unteren Palettenrand) das Kontextmenü auf. Wählen Sie EBENENSTIL KOPIEREN. Aktivieren Sie dann die Ebene in der

Datei, auf die der Stil angewendet werden soll. Setzen Sie einen weiteren Rechtsklick auf diese Ebene, und wählen Sie aus dem Menü EBENENSTIL EINFÜGEN.

33.5.2 Stile-Palette: Stile konservieren und aktivieren

Es ist zwar recht komfortabel, mit der Effektbox zu arbeiten, die Erstellung einzelner Effekte und komplexer Stile kann jedoch eine Menge Zeit kosten. Einmal entwickelte Stile lassen sich zwar auch per Copy & Paste auf andere Ebenen übertragen. In diesem Fall wird der Stil aber nur in der Zwischenablage gespeichert – und die wird ja gelöscht, wenn Ihr Rechner herunterfährt.

Eine dauerhafte Lösung bietet die Stile-Palette (FENSTER • STILE). Dort hält Photoshop zum einen eine Reihe vorgefertigter Stile zur Benutzung bereit, es lassen sich aber auch eigene Stile dauerhaft konservieren. Sie sind dann schnell wieder zur Hand. Sie öffnen die Palette mit dem Menübefehl FENSTER • STILE.

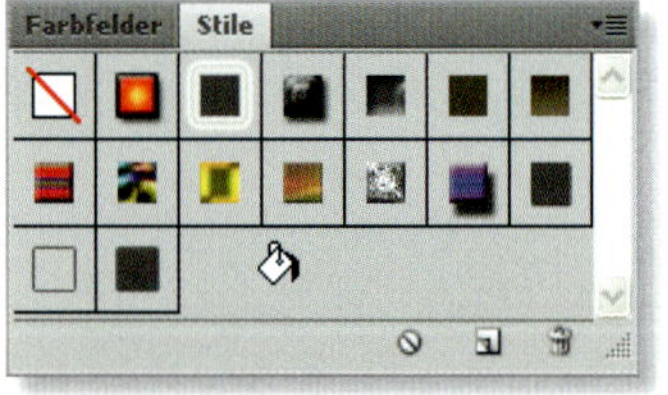

▲ **Abbildung 33.46**
Um Stile zu speichern, müssen Sie in der Stile-Palette klicken.

Stile einer Ebene zuweisen | Durch einen einfachen Klick auf den gewünschten Stil in der Stile-Palette wird dieser der aktiven Ebene zugeordnet. Alternativ können Sie den Stil mit der Maus anfassen und in der Ebenen-Palette auf eine beliebige Ebene ziehen. Danach können Stile auch noch mit der Effektbox modifiziert werden.

Von Ihnen erstellte Stile konservieren | Um Stile zu speichern, reicht es, die Ebene mit dem Stil, den Sie in der Stile-Palette ablegen wollen, zu aktivieren und dann mit dem Mauszeiger an das Ende der Liste in der Stile-Palette zu fahren. Der Mauscursor nimmt die Form eines Fülleimers an.

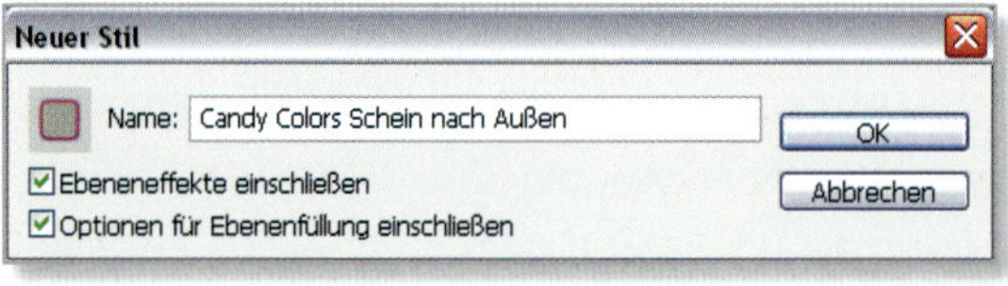

Abbildung 33.47 ▶
Es erscheint ein Dialogfeld zur Namensvergabe.

Palettenmenü der Stile-Palette | Wichtig für die Handhabung der Stile-Palette ist das Palettenmenü. Unter ❶ können Sie zwischen verschiedenen **Ansichten der Palette** wechseln.

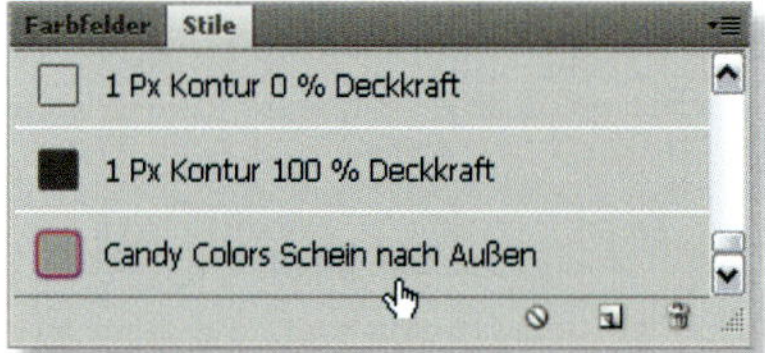

Abbildung 33.48 ▶
Anschließend erscheint der neue Stil in der Liste.

Adobe liefert eine große Anzahl bereits vorgefertigter Stile, die, nach ihrer Funktion sortiert, in verschiedenen Bibliotheken ❸ im Palettenmenü abgelegt sind. Hinter den Bibliotheken stecken normale Dateiordner, in denen die Stile als Dateien abgelegt sind. Wo sich der entsprechende Ordner befindet, hängt von Ihrer Installation ab – wenn Sie auf STILE LADEN... klicken, kommen Sie automatisch zum richtigen Vorgabenordner.

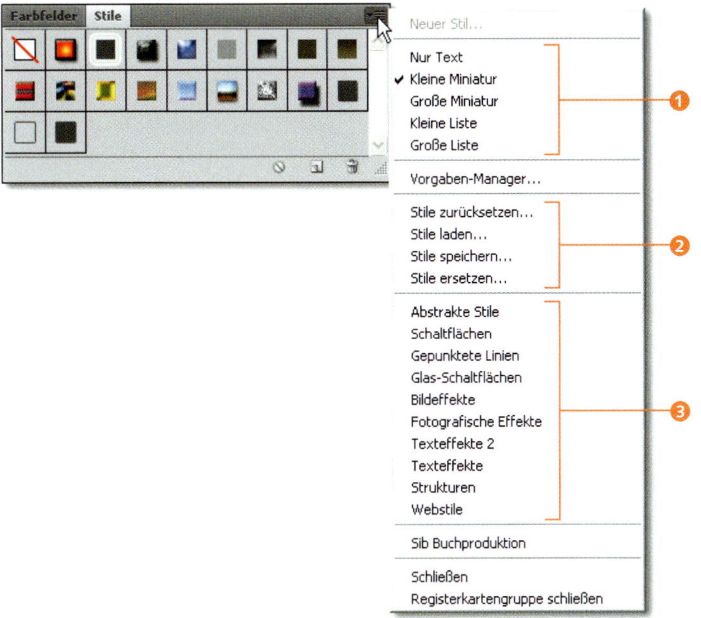

◀ **Abbildung 33.49**
Das Seitenmenü übernimmt die Verwaltungsfunktionen für Stile.

Bibliotheken in die Stile-Palette laden | Wenn Sie auf einen der aufgeführten Bibliotheksnamen klicken, lädt Photoshop die Bibliothek in die Palette. Dort steht sie dann zum Direktzugriff bereit. Hier legen Sie auch fest ❷, wie die Bibliotheken in die Stile-Palette geladen werden. STILE LADEN... öffnet den Ordner mit Stildateien. Die Stile werden dann an die bestehende Liste angehängt. STILE ERSETZEN... ersetzt die aktuelle Bibliothek durch die neu ausgewählte. STILE ZURÜCKSETZEN... stellt die Standardeinstellungen wieder her. STILE SPEICHERN... führt Sie zum Dialog für das Speichern von Stilen (der sich nicht von anderen Speicher-Dialogfeldern unterscheidet) und gibt Ihnen die Möglichkeit, eine von Ihnen durch eigene Einstellungen erweiterte Bibliothek unter eigenem Namen abzulegen. Das ist sinnvoll, da eigene Einstellungen beim unbedachten Zurücksetzen leicht verloren gehen.

Eigene Einstellungen als kreative Programmressource

Eigene Einstellungen speichern und später erneut anwenden – das ist ein überzeugendes Arbeitsprinzip, das nicht nur bei Stilen funktioniert. Nach demselben System können Sie auch andere individuelle Vorgaben wie Farben, Konturen, Pinselspitzen, Vektorformen, Verläufe und Werkzeugoptionen sichern und verwalten – entweder in eigenen Paletten oder im jeweiligen Arbeitszusammenhang. Jede dieser Vorgaben hat eine eigene, spezifische Dateiendung und einen eigenen Unterordner.

33.5.3 Erhöhter Verwaltungskomfort mit dem Vorgaben-Manager

Einen speziellen Vorgaben-Manager bietet Photoshop ebenfalls an. Sie finden ihn über BEARBEITEN • VORGABEN-MANAGER. Auch über das Seitenmenü der Stile-Palette ist er erreichbar. Er bietet erhöhten Verwaltungskomfort und den zentralen Zugriff auf alle eigenen Ressourcen. Änderungen, die Sie hier durchführen, wirken sich im gesamten Programm aus, das heißt an allen Stellen, an denen Sie auf die jeweilige Vorgabe zugreifen können.

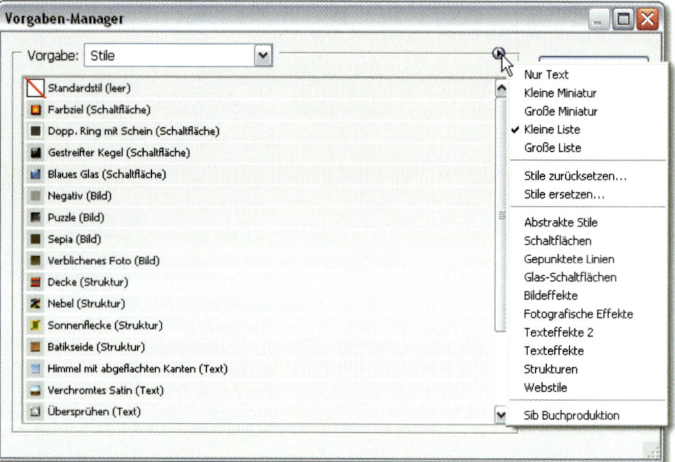

Abbildung 33.50 ▶
Das Seitenmenü des Vorgaben-Managers sollte Ihnen vertraut erscheinen – es unterscheidet sich nicht wesentlich von der Stile-Palette.

Neben all jenen Befehlen, die Sie bereits aus der Stile-Palette kennen, stehen Ihnen einige neue Funktionen zur Verfügung, die Ihnen die Verwaltung von Vorgaben erleichtern. Wirksam werden die Änderungen erst mit dem nächsten Programmstart.

Reihenfolge | Sie können die Reihenfolge von Elementen in einer Bibliothek durch einfaches Verschieben ändern. Dazu fassen Sie das Element mit der Maus an und ziehen es an seinen neuen Platz in der Liste – so wie Sie es auch mit Ebenen in der Ebenen-Palette machen. Bei häufig gebrauchten Vorgaben sparen Sie sich unter Umständen langes Scrollen.

Löschen von Elementen | Einfacher ist auch das Löschen von einzelnen Elementen aus Vorgabenbibliotheken. Das ist besonders dann sinnvoll, wenn Sie eigene Bibliotheken anlegen wollen, die keine der bereits vorgegebenen Elemente enthalten sollen.

- **Einzelne Elemente** löschen Sie, indem Sie sie markieren und dann den LÖSCHEN-Button betätigen. Alternativ klicken Sie bei gehaltener [Alt]- bzw. [⌥]-Taste auf das Element in der Liste, das Sie entfernen wollen.

- Praktisch ist, dass Sie auch **mehrere Elemente** auf einen Schlag löschen können. Nutzen Sie dazu die Strg- bzw. ⌘-Taste, um mehrere einzelne Elemente auszuwählen. Eine Reihe zusammenhängender Listeneinträge markieren Sie am schnellsten, indem Sie mit gehaltener ⇧-Taste das erste und letzte Element der Reihe anklicken. Benutzen Sie dann den Button LÖSCHEN.

Neue Bibliothek erstellen | Sie können auf einfache Weise mit ausgewählten Elementen einer schon bestehenden Bibliothek eine neue Bibliothek erstellen. Dazu gehen Sie wie folgt vor: Markieren Sie die Elemente, die in die neue Bibliothek übernommen werden sollen. Klicken Sie auf SPEICHERN, und geben Sie den Namen und den Speicherort ein. Nur wenn Sie die neue Bibliothek im Standard-Vorgabenordner ablegen, wird deren Name dann im unteren Bereich der Seitenmenüs aufgeführt.

TEIL XI

Pfade und Formen

34 Pfadbasierte Formen

Vektorelemente beim Pixelspezialisten Photoshop: Pfade sind Helfer für verschiedenste Arbeitstechniken. Mit ihrer Hilfe können Sie verlustfrei skalierbare Bildelemente – die sogenannten Formen – anlegen. Formen können mit einer Volltonfarbe, Mustern oder Verläufen gefüllt werden.

34.1 Pfade in der Pixelwelt

Photoshop ist unbestritten ein Pixelspezialist – mit einem klaren Schwerpunkt auf der (Pixel-)Bildbearbeitung. Dennoch finden sich hier auch Funktionen, die eigentlich für Zeichenprogramme wie Adobe Illustrator oder FreeHand charakteristisch sind: Zwar reichen der Funktionsumfang und der Bedienungskomfort von Photoshop nicht ganz an die Vektorspezialisten heran, doch Sie können vektorbasierte Pfade erstellen und bearbeiten.

Pfade liegen auf dem Bild und können mit ihm gespeichert werden. Sie sind dabei undruckbar – und verhalten sich also ganz ähnlich wie Auswahlen. Anders als diese basieren sie jedoch auf Vektorinformationen. Sie lassen sich daher problemlos und gänzlich verlustfrei skalieren und transformieren und – als Formen – beliebig einfärben. Sie sind allerdings auch nicht in der Lage, weiche Übergänge oder Teiltransparenz darzustellen. Masken oder Bildelemente, die auf Grundlage von Pfaden erstellt wurden, haben zunächst harte, scharfe Kanten.

Vektormasken mit weicher Kante

Per se haben Vektormasken immer scharfe Kanten, mit der Maskenpalette können diese Kanten jedoch nachträglich weich gemacht werden. Wie das geht, lesen Sie in Abschnitt 14.3.3, »Konturbereiche in Masken nachbessern«, nach.

Richtig einfach ist das Konstruieren von Pfaden nicht, es braucht schon eine Menge Übung, um mit den sperrigen Segmenten, Knotenpunkten und Ankerpunkten umzugehen und perfekt geschwungene Linien zu erzeugen. Zudem bleibt eine mit Pfaden angereicherte Photoshop-Datei immer noch ein Pixelbild – eine Hybride, die die Vorteile echter Vektorbilder nie ganz ausspielen kann. Wunder bewirken kann man mit Pfaden oder aus Pfaden generierten Formen also nicht, und in Photoshop haben sie eher den Status eines Hilfsmittels als den eines alltäglichen Arbeitsinstruments.

34.1.1 Was können Pfade?

Pfade können als »Linien« in einer Datei abgespeichert werden und dienen dann als Grundlinie für geschwungene Schrift oder als Führung für Malwerkzeuge. Als **Beschneidungspfade** definieren sie transparente Bildpartien bei der Übertragung in Layoutprogramme, und in Vektormasken sorgen sie für gestochen scharfe Kanten.

Sie können Formen bilden, die beliebig mit Farben, Verläufen oder Mustern zu füllen sind, und lassen sich, sofern es sich um **geschlossene Pfade** (keine »Linien«) handelt, ohne Umstände in pixelbasierte Elemente umwandeln. Pfade können in Auswahlen transformiert werden, und umgekehrt lassen sich aus Auswahlen Pfade generieren. Für Formen auf Pfadbasis gibt es Formen-Bibliotheken. Listen mit fertigen Formen können wie Werkzeugspitzen, Farbfelder und andere Vorgaben bearbeitet und auch mit dem Vorgaben-Manager verwaltet werden. Temporäre **Arbeitspfade** können mithilfe der Pfade-Palette in dauerhafte Pfade überführt werden.

Pfade sichern – welches Dateiformat?

Nicht alle Dateiformate können Pfade aufnehmen. Unter Windows sind es Photoshops Hausformat PSD, der Universalist TIFF, natürlich auch PDF, EPS und DCS (eine EPS-Variante) und JPG und JPEG 2000. Unter Mac OS werden Pfade in allen verfügbaren Dateiformaten unterstützt. Beim Transfer zu Windows können sie jedoch verloren gehen.

34.2 Formen anlegen

Mit Formen können Sie immer dann arbeiten, wenn Sie einfache, sauber konturierte und gut skalierbare Objekte brauchen. Das kann beispielsweise ein Logo sein, das in unterschiedlichen Größen auf Briefpapier, Visitenkarten und im Web auftauchen soll – Sie müssen es dann nur einmal »bauen« und können es für jede Anwendung verlustfrei skalieren.

Zwei Komponenten werden gebraucht, um so eine Form anzulegen:

1. eine **Vektormaske**, deren Kontur von einem Pfad definiert wird. Vektormasken tun dasselbe wie Ebenenmasken auch: Sie blenden Teile von Ebenen aus. Da sie aber pfad- und damit vektorbasiert sind, sind die Maskenkonturen »hart«, d.h., weiche Übergänge, die gerade zu den besonderen Vorteilen der Ebenenmaske gehören, gibt es hier nicht. Dafür kann so eine Vektormaske aber problemlos skaliert werden.
2. eine **Füllebene**, auf die sich die Vektormaske bezieht. Zwar lassen sich Vektormasken auch auf gewöhnliche Bildebenen anwenden, Füllebenen haben aber den Vorteil, dass deren Inhalt – das kann eine solide Farbe, ein Verlauf oder ein Muster sein – flexibel geändert werden kann, ohne dass das

Spuren an den Bildpixeln hinterlässt. In der Ebenen-Palette sieht das dann beispielsweise so aus wie in Abbildung 34.1.

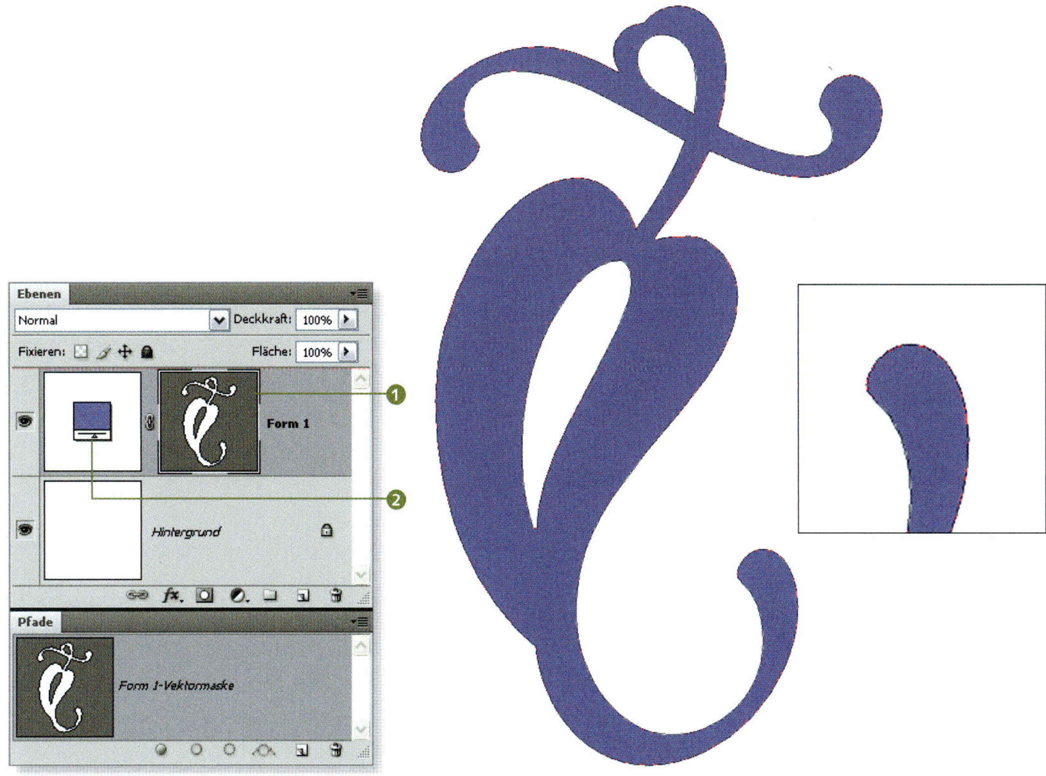

▲ **Abbildung 34.1**
In der Ebenen-Palette sehen Sie rechts die Miniatur der **Füllebene** ❶, links daneben die **Vektormaske** ❷. Beides zusammen nennt man dann **Formebene**. Die Konturlinie, die sich um das Ornament herum zieht, ist der Pfad – in der Pfade-Palette auch als Arbeitspfad zu sehen. Um die Pfadlinie im Bild auszublenden, genügt ein Klick auf die Vektormaske.

Solche Formebenen werden automatisch mit der aktuell eingestellten Vordergrundfarbe generiert, wenn Sie mit einem der sechs Formwerkzeuge eine Form im Bild aufziehen. Alternativ können Sie Formen und Formebenen aber auch mithilfe der Zeichenwerkzeuge erstellen – die lernen Sie etwas später kennen.

34.2.1 Wann sollten Sie mit Formen arbeiten?

Wegen ihrer freien Skalierbarkeit werden Formen gern eingesetzt, wenn die endgültigen Maße eines Entwurfs noch nicht feststehen, beispielsweise zum Erstellen von Buttons und Navigationselementen von Websites (die Anzahl der Navigationspunkte und die Länge der Begriffe ändert sich oft noch nach der Entwurfsphase). Weil Formen sich platzsparend speichern, einfach anwenden und in Maßen auch an verschiedene Designs anpassen lassen, sollte man versuchen, Layoutelemente, die man öfter benötigt, gleich als Form anzulegen. Als Schmuckelement oder zur Abrundung typografischer Gestaltung können sie ebenfalls eingesetzt werden (in der Formen-Bibliothek ORNAMENTE ist eine Reihe von Formen vertreten, die zu den klassischen dekorativen

Elementen der Typografie gehören – so unsere Beispielform, das stilisierte Blatt, eine Variante des *Aldusblatts*, das vor rund 500 Jahren »erfunden« wurde).

34.3 Die Formwerkzeuge und -optionen

Sechs Formwerkzeuge bietet Photoshop zum Erstellen von Vektorformen an:

1. das Rechteck-Werkzeug U für rechteckige und quadratische Formen
2. das Abgerundetes-Rechteck-Werkzeug U, das sich gut für das Erstellen von Buttons mit gerundeten Ecken eignet
3. das Ellipse-Werkzeug U für Kreise und Ellipsen
4. ein Polygon-Werkzeug U für mehreckige Formen
5. ein Linienzeichner-Werkzeug U für Pfeile und Linien
6. das Eigene-Form-Werkzeug U, mit dem auch das Blattornament in den Beispielen angelegt wurde. Die Form stammt aus einer der von Adobe mitgelieferten Formen-Bibliotheken.

34.3.1 Optionen für alle Formwerkzeuge

Die Formwerkzeuge sind in der Werkzeugleiste unter einer Schaltfläche zusammengefasst, und auch ihre Funktionsweise und die zur Verfügung stehenden Optionen sind annähernd gleich.

Abbildung 34.2 ▼
Die Optionen für das Erstellen von Vektorformen

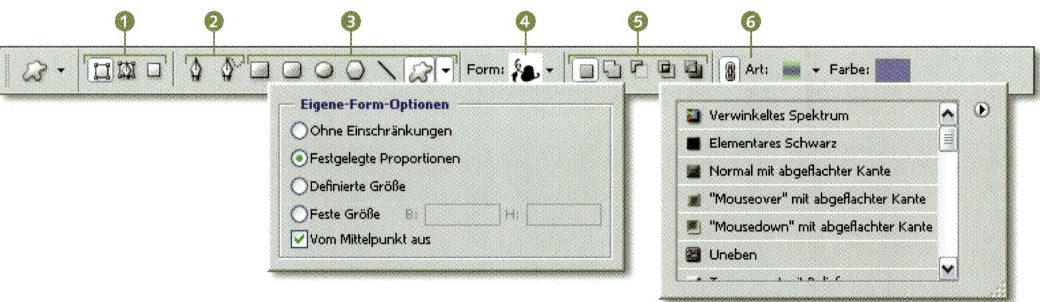

▲ **Abbildung 34.3**
Formebene erzeugen

▲ **Abbildung 34.4**
Form als Pfadlinie erzeugen

Formebene, Pfade, Pixel füllen | Die drei kleinen Schaltflächen 1 links in der Optionsleiste finden Sie bei allen Form- und Zeichenwerkzeugen. Ihre Wirkung ist gravierend, denn mit ihnen legen Sie fest, wie der Pfad, den Sie mit dem Betätigen der Form- oder Zeichenwerkzeuge erstellen, weiterverarbeitet wird.

- Der Button ganz links erstellt automatisch eine Formebene, so wie sie in Abbildung 34.1 zu sehen ist.
- Ist die mittlere Schaltfläche Pfade aktiv, wird der Pfad nur als Pfad angelegt und zunächst nicht gefüllt (Abbildung 34.6).

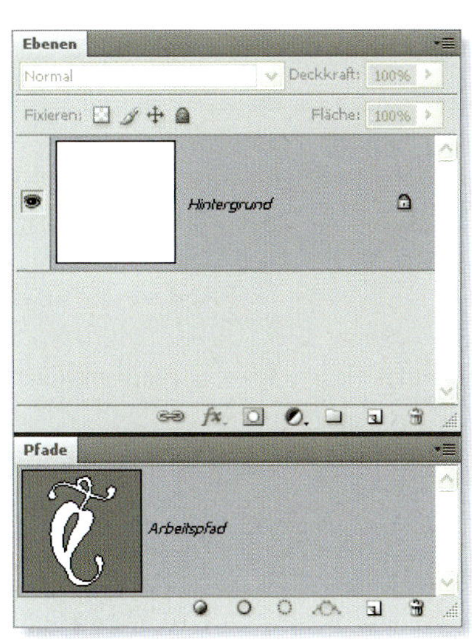

▲ **Abbildung 34.5**
Die Form des Mauscursors ist ein Hinweis darauf, dass gerade eine Pfadlinie (keine Formebene) erstellt wird.

◂ **Abbildung 34.6**
So wirkt das Formwerkzeug, wenn die Option PFADE aktiv ist.

- Ist die rechte Schaltfläche, PIXEL FÜLLEN, gedrückt, werden innerhalb der Formkonturen umstandslos Pixel in der gerade eingestellten Vordergrundfarbe in das Bild eingefügt (Abbildung 34.8). Wenn Sie vorher keine leere Ebene anlegen, werden die Pixel direkt auf der aktuellen Ebene eingefügt und mit ihr verschmolzen.

▲ **Abbildung 34.7**
Gepixelte Form erzeugen

▲ **Abbildung 34.8**
Form aus Pixeln. Die Pfade-Palette bleibt leer, eine Konturlinie gibt es nur direkt während des Aufziehens der Form.

Die Optionen unter ART

Die Optionen unter ART ❻ können Sie einsetzen, um das Verhalten beim Umfärben von Füllebenen und der Vergabe von Ebeneneffekten (Stilen) zu steuern. Mehr dazu finden Sie in Abschnitt 34.4, »Formen bearbeiten«.

Formwerkzeuge | Außerdem finden Sie in der Optionsleiste dieselben Formwerkzeuge ❸ wie in der Werkzeugleiste zum schnellen Zugriff: RECHTECK, ABGERUNDETES RECHTECK, ELLIPSE, POLYGON, LINIENZEICHNER und das EIGENE-FORM-WERKZEUG. Per Pfeil ganz rechts können Sie weitergehende Optionen für die einzelnen Werkzeuge aufrufen und festlegen – in Abbildung 34.2 die Eigene-Form-Optionen.

Zeichenwerkzeuge | Formwerkzeuge und Zeichenfedern sind eine sinnvolle Ergänzung – daher finden Sie die Zeichenwerkzeuge ❷ ebenfalls in der Optionsleiste der Formwerkzeuge. Sie ermöglichen das Anlegen eigener Pfade, aus denen ebenfalls Formen erstellt werden können.

Form-Bibliothek | Wenn das Eigene-Form-Werkzeug aktiv ist, erreichen Sie die Bibliothek ❹ aus vorgefertigten Ornamenten und Zeichen, die Sie auch noch selbst ergänzen können.

Pfade kombinieren – Überlappungsmodus | In einer Datei können mehrere Pfade vorhanden sein. Wenn Sie diese Pfade nicht nur als reine Pfadlinien anlegen, sondern mit Formebenen arbeiten, stellt sich die Frage, wie sich mehrere Pfade zueinander verhalten. Soll für jeden Pfad eine eigene Formebene erzeugt werden? Was geschieht mit den überlappenden Bereichen, wenn mehrere Pfade in einer Formebene kombiniert werden? Diese Verhalten nennt man Überlappungsmodus. Sie steuern ihn mit fünf Miniatur-Buttons ❺. Die meisten müssten Ihnen bereits von den Auswahlwerkzeugen bekannt vorkommen. Sie können diese Optionen gezielt einsetzen, um Formen zu bilden, die weder in den fertigen Formen-Bibliotheken noch per Formwerkzeug angeboten werden. Wie das geht, zeige ich Ihnen in der Schritt-für-Schritt Anleitung unten!

Ist der erste Button ❻ der Reihe aktiviert, wird mit jeder neuen Form auch eine neue Formebene erstellt.

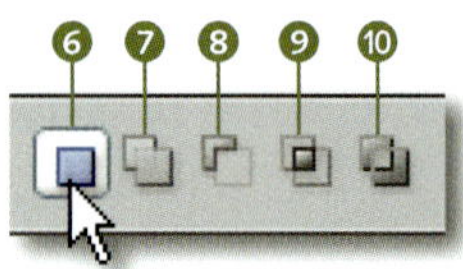

Abbildung 34.9 ▸
Bestimmen Sie, wie sich mehrere Pfade zueinander verhalten sollen.

Ist einer der anderen Buttons aktiv, verhalten sich die bestehende und die neu angelegte Form entsprechend und werden innerhalb derselben Formebene – und auf der Vektormaske – addiert ❼, subtrahiert ❽ oder bilden Schnittmengen ❾.

Die Schaltfläche ÜBERLAPPENDE FORMBEREICHE AUSSCHLIESSEN ⑩ erzeugt eine Variante der Schnittmenge, bei der eben nicht die überlappenden Bereiche erhalten werden, sondern der Rest.

Die Optionsleiste beim Pfadefüllen oder Pixelfüllen | Wenn die Schaltfläche PFADE oder PIXEL FÜLLEN aktiv ist, unterscheidet sich das Aussehen der Optionsleiste geringfügig.

▲ **Abbildung 34.10**
Wurde die Schaltfläche PFAD ERSTELLEN ⑪ angeklickt, ist das Optionsangebot etwas geringer als beim Erstellen von Formen.

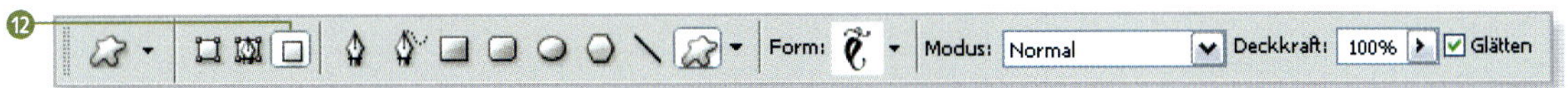

▲ **Abbildung 34.11**
Bei der Funktion PIXEL FÜLLEN ⑫ kommen noch die bekannten Malwerkzeug-Optionen MODUS und DECKKRAFT sowie eine Glättungsoption hinzu.

34.3.2 Eigene-Form-Werkzeug: Optionen

Wie sich die Form beim Aufziehen verhält, wird maßgeblich durch ihre individuellen Optionen bestimmt.

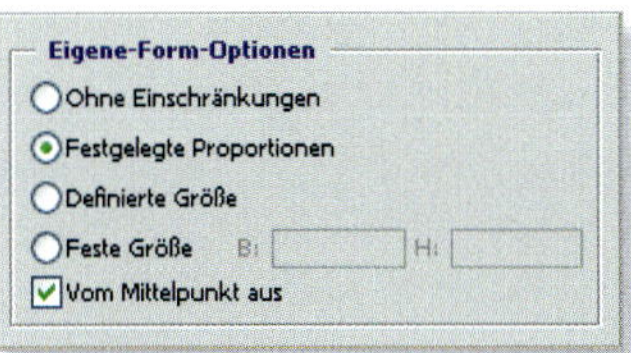

▲ **Abbildung 34.12**
Die Optionen des Eigene-Form-Werkzeugs. Diese Optionen finden Sie größtenteils auch bei den anderen Formwerkzeugen wieder.

- OHNE EINSCHRÄNKUNGEN bedeutet, dass Sie die Breite und Höhe von Rechtecken, abgerundeten Rechtecken, Ellipsen oder eigenen Formen durch Ziehen beliebig festlegen können.
- FESTGELEGTE PROPORTIONEN gewährleistet originalgetreue Formen, so wie sie in der Formenliste aufgeführt werden. Die Form kann beliebig groß aufgezogen werden.
- DEFINIERTE GRÖSSE erhält die Originalproportionen und die Originalgröße, in der die Form angelegt und in der Liste gespeichert wurde. Hier müssen Sie die Form nicht mehr aufziehen: Es genügt, in das Bild zu klicken.
- FESTE GRÖSSE funktioniert für Rechtecke, abgerundete Rechtecke, Ellipsen und eigene Formen. Deren Größe basiert dann auf den unter BREITE und HÖHE eingegebenen Werten.
- VOM MITTELPUNKT AUS kann zu allen übrigen Optionen immer dazugenommen werden (für Rechtecke, abgerundete Rechtecke, Ellipsen und eigene Formen).

Rechteck-Optionen
Ohne Einschränkungen
Quadrat
Feste Größe B: H:
Proportional B: H:
Vom Mittelpunkt aus An Pixeln ausrichten

▲ **Abbildung 34.13**
Optionen des Rechteck-Werkzeugs (Die Optionen für das Abgerundete-Rechteck- und das Kreis-Werkzeug sind ähnlich.)

34.3.3 Ellipse- und Rechteck-Werkzeuge: Optionen

- QUADRAT (oder beim Ellipse-Werkzeug die Einstellung KREIS) schränkt die Form auf eine exakte Quadrat- oder Kreisform ein.

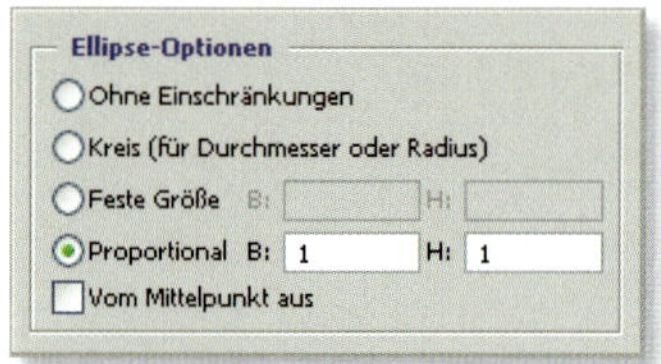

▲ **Abbildung 34.14**
Ellipse-Optionen

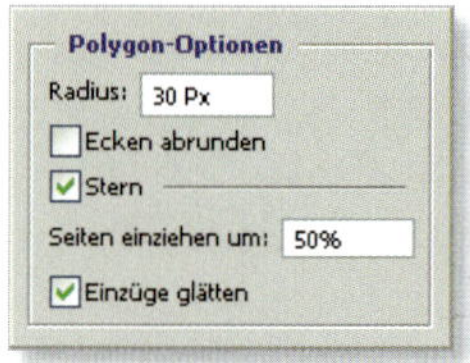

▲ **Abbildung 34.15**
Detailoptionen für das Polygon-Werkzeug

▲ **Abbildung 34.16**
Ein 33-seitiges Polygon in Kombination mit den Detaileinstellungen Stern und Einzüge glätten ist die Grundlage dieser Form.

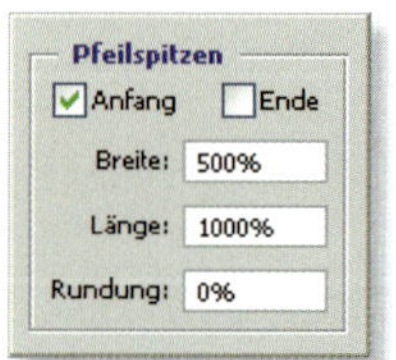

▲ **Abbildung 34.17**
Mit dem Linienzeichner können Sie auch Pfeile erzeugen.

- Proportional erzeugt Rechtecke, abgerundete Rechtecke und Ellipsen in beliebiger Größe, aber mit festen Proportionen, die auf den in den Eingabefeldern Breite und Höhe eingegebenen Werten basieren, wie z. B. 1:2, 1:3 etc.
- An Pixeln ausrichten richtet die Kanten eines Rechtecks oder abgerundeten Rechtecks an den Pixelbegrenzungen aus.

34.3.4 Polygon-Werkzeug: Optionen

In der Optionsleiste gibt es für das Polygon-Werkzeug die Option Seiten, mit der Sie festlegen, wie viele Seiten das Polygon haben soll. Hier sind auch sehr hohe Werte möglich, zum Beispiel für vielstrahlige Sterne.

- Radius legt den Abstand von der Mitte bis zu den äußeren Punkten des Polygons fest.
- Seiten einziehen um ist nur aktiv, wenn auch die Option Stern einen Haken in der Checkbox hat. Damit erzeugen Sie ein Polygon in Sternform. Der Wert bei Seiten einziehen um legt prozentual den von den Zacken eingenommenen Teil des Radius fest. Bei einem Wert von 50 % werden Zacken erstellt, die die Hälfte des Gesamtradius des Sterns ausmachen. Bei einem höheren Wert werden spitzere, dünnere Zacken erstellt, bei einem niedrigeren Wert vollere.
- Ecken abrunden erzeugt ein Polygon mit abgerundeten Ecken.
- Einzüge glätten ist das bei Sternformen wirksame Pendant zu Ecken abrunden – die Rundungswirkung bezieht sich auf die Winkel, in denen die einzelnen Zacken aufeinandertreffen.

34.3.5 Linienzeichner-Werkzeug: Optionen

In der Optionsleiste legen Sie die Stärke der Linie fest.

- Anfang und Ende bestimmen, an welchem Ende der Linie die Spitzen angesetzt werden sollen.
- Breite und Länge beziehen sich nicht auf die Linie, sondern auf die Pfeilspitzen. Die Prozentwerte, die Sie dort eintragen können, sind relativ zur Linienstärke. Erstellt man also eine 5 Pixel starke Linie mit einer Pfeilspitze, deren Breite 400 % und deren Länge 500 % beträgt, ist die Pfeilspitze 20 Pixel breit und 25 Pixel lang.

34.3.6 Formen aufziehen

Um eine Vektorform zu erzeugen, rufen Sie das gewünschte Werkzeug auf, stellen gegebenenfalls dessen individuelle Optionen ein und klicken in das Bild. Sie können die Form dabei mit gehaltener Maustaste beliebig groß aufziehen oder auch im

Voraus in den Formoptionen eine feste Größe angeben. Wenn Sie die Maustaste gedrückt halten und dabei die Leertaste drücken, können Sie die Formkontur auch innerhalb des Bildes verschieben. Wie alle Ebenen lassen sich auch Formebenen nachträglich verschieben. Sobald Sie loslassen, füllt sich die so erstellte Form mit der Vordergrundfarbe. In Ihrer Ebenen-Palette sehen Sie jetzt die typische Formebene mit Füllebene und Vektormaske.

Schritt für Schritt: Neue Formen bilden – ein Ring aus zwei Kreisen

1 Vorbereitungen

Erzeugen Sie eine neue Datei. Das Format sollte quadratisch sein. Es ist außerdem hilfreich, mit einem Kreuz von Hilfslinien zu arbeiten, wenn die Mittelpunkte beider Formen deckungsgleich sein sollen – legen Sie also außerdem zwei Hilfslinien an, die sich im Mittelpunkt des Quadrats kreuzen.

Aktivieren Sie dann das Ellipse-Werkzeug U und den Button FORMEBENE in der Optionsleiste. In den Detailoptionen für das ELLIPSE-Werkzeug stellen Sie KREIS und VOM MITTELPUNKT AUS ein.

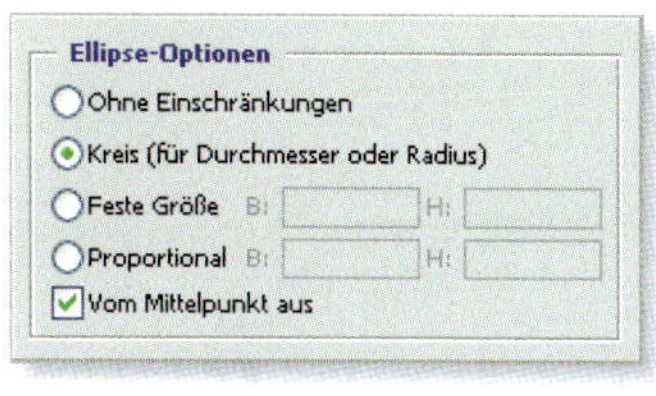

▲ **Abbildung 34.18**
Benötigte Optionen des Ellipse-Werkzeugs

2 Erste Form aufziehen

Ich setze den Mauszeiger genau in die Bildmitte und ziehe die erste Form auf: einen Kreis, wie Sie in Abbildung 34.19 sehen.

▼ **Abbildung 34.19**
Eine kreisförmige Formebene wurde erzeugt.

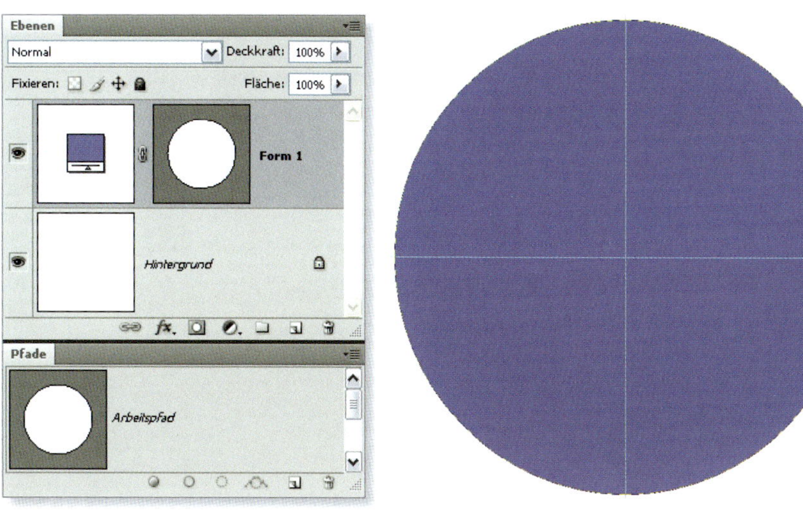

3 Zweite Form aufziehen

Um aus der Kreisscheibe einen Ring zu erstellen, muss in der Mitte ein weiterer Kreis von der ursprünglichen Form subtrahiert werden. In den Optionen muss nun noch die Funktion VON PFADBEREICH SUBTRAHIEREN aktiviert werden. Wieder ausgehend von der Mitte ziehe ich einen zweiten Kreis auf.

Sobald ich die Maustaste loslasse, ist die neue Form im Bild, in der Formebene und in der Pfade-Palette erkennbar.

Abbildung 34.20 ▼
Aus dem Kreis wurde durch Subtraktion zweier Formen ein Ring.

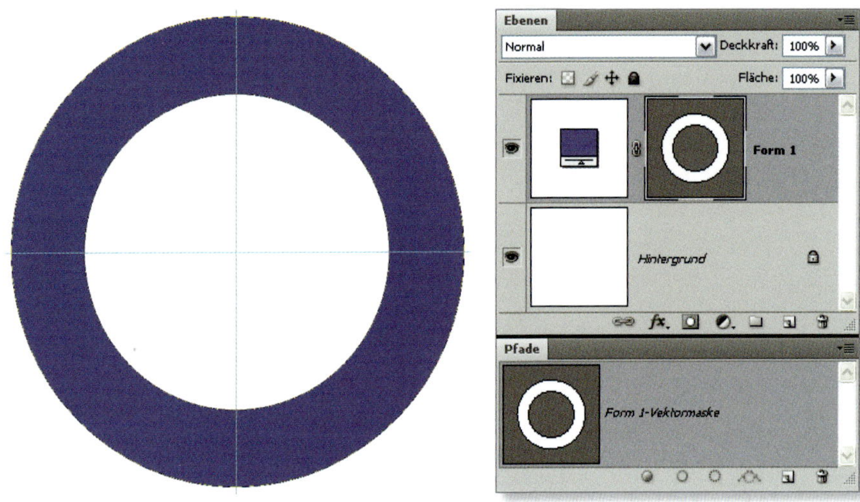

4 Nachbessern, wenn nötig

Es kann notwendig werden, die Position der einzelnen Pfade zu verändern, beispielsweise wenn die zwei Kreise nicht ganz konzentrisch ineinander liegen. Dazu benutzen Sie das Pfadauswahl-Werkzeug [A], das durch einen schwarzen Pfeil symbolisiert wird. Klicken Sie einmal auf den Pfad, den Sie verändern wollen. Sie können nun dessen Position mit der Maus verschieben oder dies auch pixelgenau mit den Pfeiltasten der Tastatur tun.

5 Form passt? Sichern!

Um die Form fürs Erste zu sichern und für spätere Anwendungen verfügbar zu machen, fügen Sie sie an die aktuelle Formen-Bibliothek an. Dazu wählen Sie den Befehl BEARBEITEN • EIGENE FORM FESTLEGEN und geben in dem Dialog, der sich dann öffnet, einen Namen für die neue Form ein.

Abbildung 34.21 ▶
Speichern Sie die Form unter einem eigenen Namen.

Wie bei anderen Vorgaben auch ist dies keine endgültige Form der Sicherung. Bei nächster Gelegenheit sollten Sie die Form in einer eigenen Musterbibliothek speichern.

6 Form erneut anwenden
Die Form steht nun in der Formenliste des Eigene-Form-Werkzeugs [U] zur Verfügung und kann erneut angewendet werden, um Formebenen, Pfade oder gerasterte Bereiche mit Pixelfüllung anzulegen.

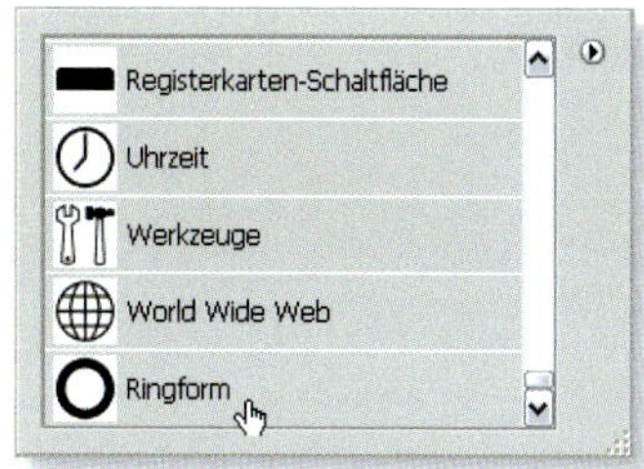

▲ **Abbildung 34.22**
Die Form steht nun in der Liste zur erneuten Anwendung zur Verfügung.

Textebenen als Form sichern | Um Textebenen als Form abzulegen, gibt es einen eigenen Befehl: Markieren Sie die Textebene, deren Inhalt Sie in die Formen-Bibliothek aufnehmen wollen, und wählen Sie dann den Befehl Ebene • Text • In Form umwandeln. Über den Befehl Bearbeiten • Eigene Form festlegen kann der Text dann ganz einfach in eine Formen-Bibliothek übernommen werden.

◀ **Abbildung 34.23**
Fonts müssen nicht immer nur Buchstaben sein. Es gibt auch zahlreiche Symbol- und Ornament-Fonts. Hier sehen Sie verschiedene Elemente des Fonts »Volvox« aus der Typo-Werkstatt »Typecuts«.

Das kann besonders bei Symbol- oder Ornamentfonts wie den bekannten Wingdings sinnvoll sein, denn man kann sich meist nur schwer merken, welches Symbol, Piktogramm oder Ornament mit welchem Buchstaben auf der Tastatur belegt ist. Als Form sind die einzelnen Elemente dann schneller zur Hand.

34.4 Formen bearbeiten

Nun haben Sie also Ihre Form erstellt und hoffentlich auch gespeichert. Bislang ist sie allerdings nur mit einer Farbe gefüllt – das macht noch nicht so viel her!

34.4.1 Füllung der Form ändern

Mit den Formwerkzeugen erstellte Formen sind standardmäßig zunächst einmal mit Farbe gefüllt. Sie können jedoch auch Muster oder Verläufe enthalten, die der Füllebene als Ebeneneffekt (Stil) zugewiesen werden. Sie können dazu entweder die Optionsleiste der Formwerkzeuge oder aber die Ebenen-Palette, den Farbwähler und den Dialog Ebenenstile nutzen.

CS4 Verlauf und Farbe nur noch als Ebenenstil
In älteren Photoshop-Versionen konnte der Inhalt einer Füllebene per Menübefehl verändert werden. Diese Möglichkeit fällt in CS4 weg. Muster oder Verläufe werden Formebenen jetzt als Ebenenstil zugewiesen. Das ist konsequent: Diese naheliegende Möglichkeit gab es früher theoretisch auch schon, und der bisherige Menübefehl war eine unnötige Doppelung.

Formwerkzeug-Option »Art« | In der Optionsleiste des Formwerkzeuges sind die Optionen unter Art für die Ebenenfüllung zuständig. Mit einem Farbfeld stellen Sie die Füllfarbe ein. Außerdem haben Sie hier unkompliziert Zugriff auf die Stilbibliotheken, um den Formebenen Effekte zuweisen.

Das kleine Kettensymbol hilft ihnen dabei, die Wirkung Ihrer Farb- und Effekteinstellungen zu begrenzen. Solange Sie nur mit einer Formebene in einer Datei arbeiten, ist diese Option irrelevant, doch sobald es zwei oder mehr werden, brauchen Sie sie. Sie können damit zwischen zwei Operationsmodi der Art-Option umschalten:

- Wenn Sie der in der Ebenen-Palette aktivierten Formebene **nachträglich** einen Ebenenstil zuweisen oder **Änderungen** am bereits vorhandenen Ebenenstil oder der Farbe vornehmen wollen, muss das **Ketten-Icon aktiv** (d.h. der Button angeklickt) sein.
- Wenn Sie eine **neue Formebene** mit bestimmten Stil- und Farbeigenschaften erzeugen wollen, muss das **Ketten-Icon inaktiv** (d.h. der Button nicht angeklickt) sein.

Zum Nachlesen: Stile
Mehr über Stile lesen Sie in Kapitel 33, »Ebenenstile: Text mit Effekt«.

Bedienungsalternativen: Farbe und Stil ändern | Wenn man die Formwerkzeuge seltener benutzt, kann man sich die Funktionsweise des Ketten-Icons in der Optionsleiste wohl nur schlecht merken. Folgende Bedienungsalternativen sind unkomplizierter:

- Um die **Farbe** einer Form nachträglich zu ändern, genügt ein Doppelklick auf die Füllebenenminiatur in der Ebenen-Palette. Damit rufen Sie den gewohnten Farbwähler auf und können dort eine Farbe einstellen.
- Um den **Stil** einer Form zu verändern, können Sie das bekannte *fx*-Icon in der Ebenen-Palette nutzen und so die Effektbox starten. Oder aber Sie nutzen die Palette Stile.

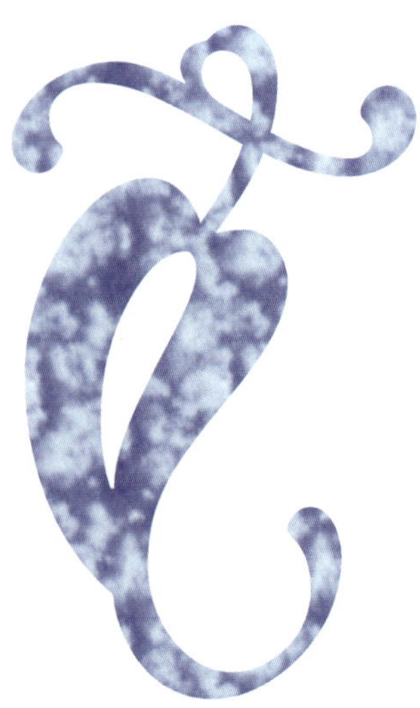

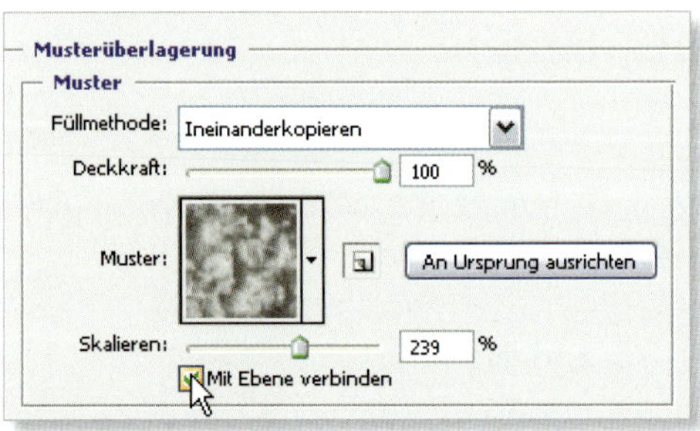

▲ **Abbildung 34.24**
Die Form mit einer Musterfüllung und die benutzten Einstellungen im Dialog Ebenenstil.

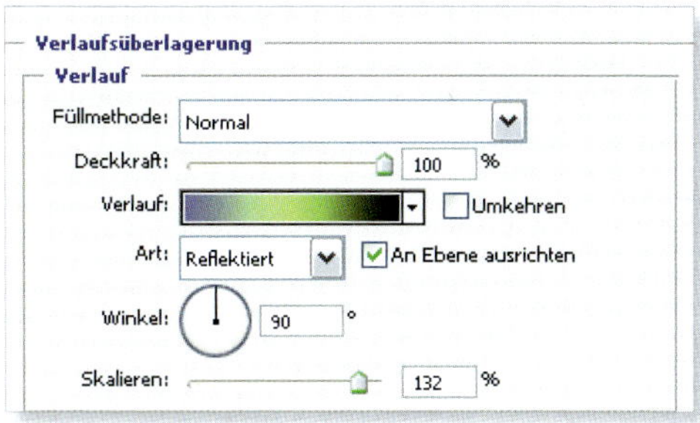

▲ **Abbildung 34.25**
Hier wurde ein Verlauf eingesetzt, um die bisher einfarbige Formebene umzufärben.

34.4.2 Position oder Gestalt der Form ändern

Wenn Sie mit einer Form noch nicht zufrieden sind, können Sie sie noch weiter mithilfe der Pfeil-Werkzeuge mit den komplizierten Namen PFADAUSWAHL und DIREKTAUSWAHL bearbeiten.

Pfadauswahl-Werkzeug | Die einfachste Möglichkeit bietet der schwarze Pfeil, das Pfadauswahl-Werkzeug [A] . Mit dessen Hilfe können Sie eine Form verschieben.

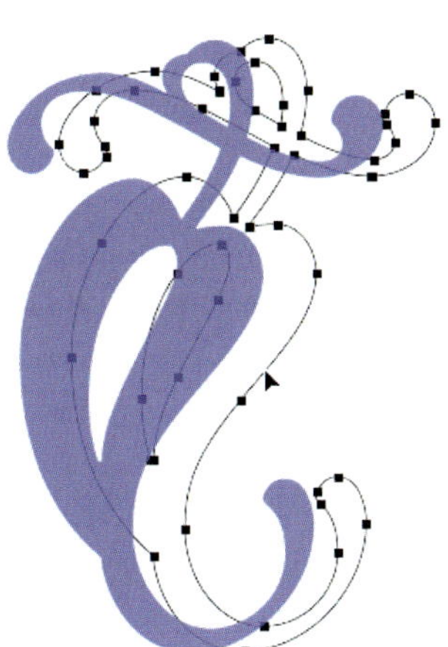

◀ **Abbildung 34.26**
Beim Verschieben der Form werden die relevanten Anker- und Kurvenpunkte des zugrunde liegenden Pfades eingeblendet, aber nicht geändert.

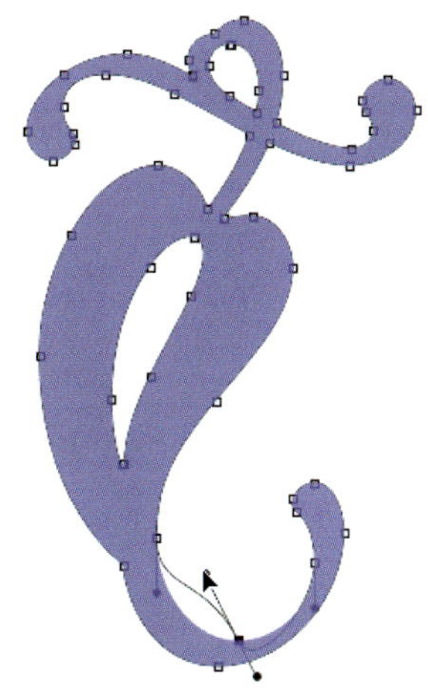

▲ **Abbildung 34.27**
Mit dem Direktauswahl-Werkzeug haben Sie Zugriff auf die Pfadform. Das Bearbeiten von Pfaden ist schwierig, wenn man das Arbeiten mit Knotenpunkten und Segmenten nicht gewohnt ist. Ich empfehle Ihnen dringend, vor Experimenten eine Ebenenkopie anzulegen!

Direktauswahl-Werkzeug | Die Form ändern können Sie mit dem weißen Pfeil, dem Direktauswahl-Werkzeug [A] . Wenn Sie es der Form nähern, erscheinen die relevanten Anker- und Kurvenpunkte, die den Pfad definieren, der wiederum der Vektormaske zugrunde liegt. Die können Sie nun anfassen und ziehen, bis Ihnen die Form gefällt. Ändern Sie den Pfad, bekommen die Vektormaske und damit auch Ihre Form eine neue Gestalt.

Form skalieren und drehen | Wenn Sie die Form als Ganzes skalieren oder drehen wollen, können Sie die bewährte

Ebenentransformation (Strg+T/⌘+T) anwenden. Ihnen stehen alle bekannten Möglichkeiten zur Verfügung.

Mehr über die Feinarbeit an Pfaden erfahren Sie im folgenden Kapitel!

35 Pfade erstellen und anpassen

Zugegeben, das Zeichnen von Pfaden ist gewöhnungsbedürftig. Hier lernen Sie die Werkzeuge dazu kennen, erfahren, wie man perfekte Kurven formt, und lesen, wie man die fertigen Pfade verwaltet.

35.1 Werkzeuge und Optionen

Wenn Sie die Gestalt von Pfaden differenzierter steuern oder offene (linienartige) Pfade anlegen wollen, müssen Sie sie selbst zeichnen. Dazu stehen Ihnen die beiden Zeichenwerkzeuge Zeichenstift-Werkzeug [P] und Freiform-Zeichenstift-Werkzeug [P] zur Verfügung.

Zeichenstift | Mit dem Zeichenstift erstellen Sie gerade und leicht geschwungene, immer akkurate Linien. Er lässt sich auch gut zusammen mit den Formwerkzeugen verwenden, um komplexere Formen anzulegen.

▼ **Abbildung 35.1**
Eine typische Pfadform für den Zeichenstift, hier als Führung für Text.

Freiform-Zeichenstift | Mit dem Freiform-Zeichenstift hingegen zeichnen Sie – ganz frei, wie der Name schon sagt – wie mit einem Stift auf Papier. Er erzeugt rauere, unregelmäßige Konturen und kann, wenn er geschickt gehandhabt wird, auch genutzt werden, um einen Pfad um Bildelemente in Fotos zu zeichnen. Manche Anwender nutzen ihn als Alternative zum Lasso-Werkzeug. Ankerpunkte für die Pfade werden beim Zeichnen automatisch angelegt – wo, das bestimmt das Werkzeug automatisch. Sie können allerdings die Punkte nach Abschluss des Pfades bearbeiten und damit noch seine Gestalt ändern.

35.1.1 Zeichenstift: Optionen

Die Optionen der beiden Zeichenwerkzeuge bieten gegenüber den Formwerkzeug-Optionen nicht viel Neues. Einige Funktionen der Zeichenwerkzeuge erinnern auch an die Lasso-Auswahlwerkzeuge – tatsächlich kann man die Zeichenwerkzeuge auch als Lasso-Alternative einsetzen.

Abbildung 35.2 ▼
Die Optionen des normalen Zeichenstifts

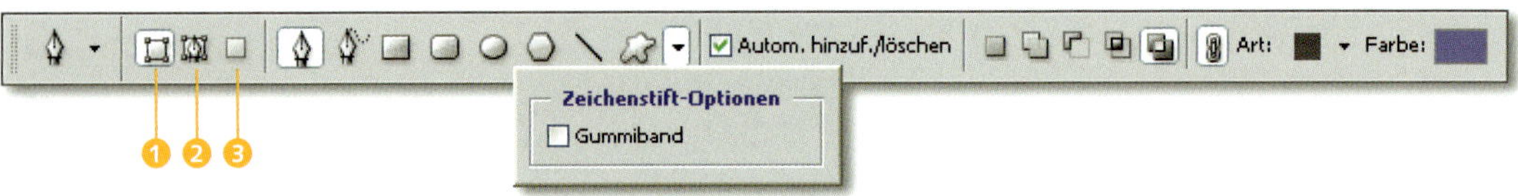

Wie bei den Formwerkzeugen auch finden Sie bei beiden Zeichenwerkzeugen ganz links die drei Schaltflächen, mit denen Sie festlegen,

- ob Sie eine **Formebene** ① anlegen wollen oder
- ob **Pfade** ② gezeichnet werden sollen.

Es folgen die schon bekannten Schaltflächen zum schnellen Wechsel zu den anderen Form- und Zeichenwerkzeugen, und ganz rechts sehen Sie die Schaltflächen für den Überlappungsmodus.

Pixel füllen
Die Option Pixel füllen ③ ist zwar in der Optionsleiste aufgeführt, aber nicht wählbar.

Spezifische Zeichenstift-Optionen gibt es nur zwei. Diese haben jedoch eine entscheidende Wirkung auf das Zeichnen selbst:

- Autom. hinzuf./löschen: Ist diese Option aktiv, wird beim Klicken auf ein Liniensegment automatisch ein Ankerpunkt hinzugefügt oder gelöscht.
- Die Option Gummiband bewirkt, dass Pfadsegmente beim Zeichnen direkt angezeigt werden. Das heißt, dass der voraussichtliche Weg des nächsten Pfadsegments schon angezeigt wird, bevor durch Klicken der zuständige Ankerpunkt gesetzt ist.

35.1.2 Freiform-Zeichenstift: Optionen

Auch hier finden Sie wiederum Schaltflächen, mit denen Sie bestimmen, ob Sie eine Form oder einen Pfad anlegen, Schaltflächen zum schnellen Wechsel zwischen verschiedenen Zeichen- und Formtools und die Optionen zum Überlappungsmodus. Spezifische Zeichenstift-Werkzeug-Optionen gibt es wiederum nur wenige – die meisten sind in der Dropdown-Box neben den Formwerkzeugen versteckt.

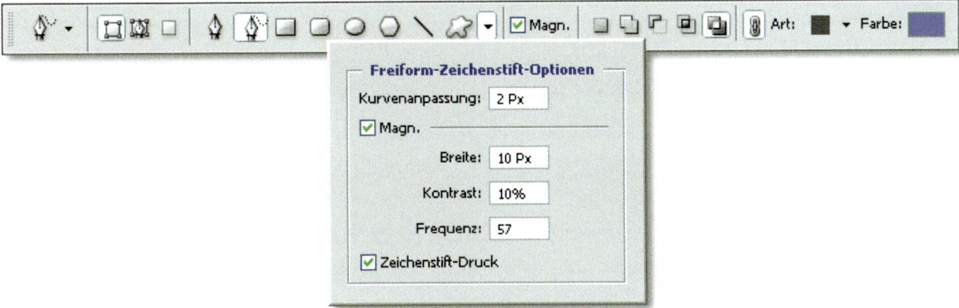

▲ **Abbildung 35.3**
Die Freiform-Zeichenstift-Optionen unterscheiden sich nur in Details von denen des normalen Zeichenstifts.

Kurvenanpassung | Diese Option reguliert, wie viele Ankerpunkte beim Zeichnen erzeugt werden. Sie legen damit fest, wie schnell und wie präzise der Pfad auf Mausbewegungen reagiert. Je höher der Wert ist, desto weniger Ankerpunkte werden angelegt und desto ungenauer ist das Werkzeug. Je geringer der Wert ist, desto mehr Ankerpunkte werden gesetzt und desto genauer arbeitet der Freiform-Zeichenstift.

Magnetisch | Ist die Option MAGN.(etisch) aktiv, sucht der Freiform-Zeichenstift beim Zeichnen selbstständig nach kontrastierenden Kanten, ganz wie das Magnetische-Lasso-Werkzeug [L] auch. Sie können dann auch Optionen für den »Magnetismus« einstellen. Sie sollten Ihnen vom Magnet-Lasso bekannt vorkommen.

Zum Nachlesen: Magnet-Lasso
Sie finden das Magnet-Lasso in Kapitel 13, »Auswahlen«.

Breite, Kontrast und Frequenz | Mit BREITE legen Sie fest, wie breit der Bereich rechts und links von der Pfadlinie ist, in dem der Zeichenstift nach kontrastierenden Pixeln sucht. Möglich sind Pixelwerte zwischen 1 und 256. Unter KONTRAST bestimmen Sie, welcher Kontrastwert zwischen Pixeln für den Freiform-Zeichenstift als Kante gilt. Verwenden Sie für kontrastarme Bilder einen höheren Wert. Sie können Prozentwerte bis 100% angeben. Unter FREQUENZ können Sie einen Wert zwischen 0 und 100 eingeben, um festzulegen, wie schnell der Zeichenstift Ankerpunkte setzt. Bei einem höheren Wert enthält der Pfad mehr Ankerpunkte. Er ist dadurch genauer, aber das Zeichen geht langsamer.

Zeichenstift-Druck | Die Option ZEICHENSTIFT-DRUCK steht nur für Grafiktabletts zur Verfügung. Wenn diese Option aktiviert ist, führt ein höherer Stiftandruck zu einer schmaleren »Kante«.

Weitere Werkzeuge, die für das Bearbeiten von Pfaden unentbehrlich sind, lernen Sie im Laufe des Kapitels kennen.

35.2 Pfad-Terminologie und wichtige Pfadelemente

Grifflinien? Ankerpunkte? Segmente? Diese Terminologie zu kennen erleichtert die Kommunikation über Pfade ungemein – und es gibt wohl kaum eine andere Photoshop-Funktion, bei der ein Klick auf den falschen Punkt oder das zu frühe Loslassen der Maus Arbeitsresultate derart verpfuschen kann wie hier. Es ist also von Vorteil, eine Verständigungsbasis zu haben. Und mit der Pfad-Fachsprache lernen Sie gleichzeitig die Pfadfunktionen kennen.

35.2.1 Offene und geschlossene Pfade

Ein Pfad ist entweder geschlossen (mit dem Formwerkzeug erstellen Sie vornehmlich geschlossene Pfade) oder offen, das heißt, er hat eindeutige Endpunkte. Einfluss hat das auf seine mögliche Füllung: Die verfügbaren Werkzeuge und Befehle sind für beide Pfadarten gleich!

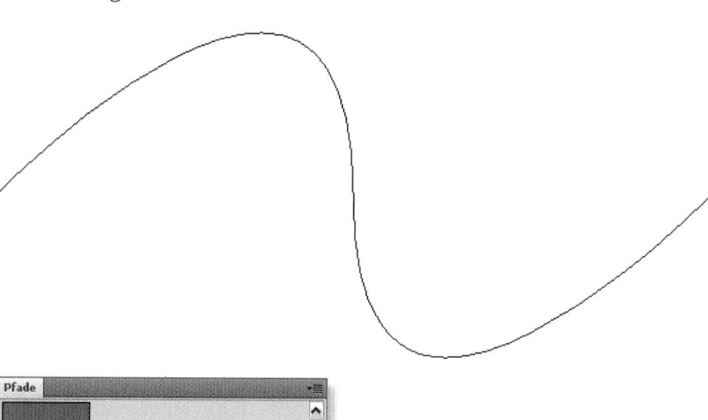

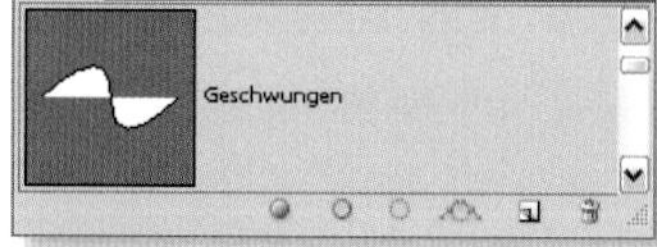

▲ **Abbildung 35.4**
Ein geschlossener Pfad, angelegt mit dem Abgerundetes-Rechteck-Werkzeug. Die Pfade-Palette zeigt die vom Pfad umfangenen Flächen in Weiß.

▲ **Abbildung 35.5**
Ein offener Pfad. Weiß werden in der Pfadminiatur auch diejenigen Bereiche dargestellt, die theoretisch »füllbar« wären.

Pfade nachträglich füllen | Es gibt zwei Möglichkeiten, um einen Pfad nachträglich in eine Füllebene umzuwandeln. Das klappt bei geschlossenen, aber auch bei offenen Pfaden, sofern es sich nicht um eine ganz gerade Linie handelt.

- Um auf der Basis eines offenen Pfades eine **Form** zu erstellen, aktivieren Sie den Pfad durch Klicken in der Pfade-Palette und wählen dann den Menübefehl Ebene • Neue Füllebene. Sie haben dann die Wahl zwischen einer Füllung mit Farbe, einem Verlauf oder einem Muster (Abbildung 35.7).

Dann werden Formebenen erzeugt, die entweder mit einer Volltonfarbe, einem Muster oder einem Verlauf gefüllt sind. Durch Doppelklick auf die Füllebenen-Miniatur in der Ebenen-Palette können Sie die Einstellungen ändern.

- Für eine **Pixelfüllung** wählen Sie den Befehl PFAD MIT VORDERGRUNDFARBE FÜLLEN, indem Sie auf die Schaltfläche am Fuß der Ebenen-Palette oder aus dem Paletten-Seitenmenü klicken. Eine neue Ebene wird dabei nicht eigens angelegt; die Pixel werden einfach in die aktive Ebene eingefügt. Wenn die aktive Ebene eine Text-, Form- oder Füllebene oder verriegelt ist, funktioniert der Befehl nicht.

▲ **Abbildung 35.6**
Füllung per Befehl PFAD MIT VORDERGRUNDFARBE FÜLLEN am Fuß der Pfade-Palette.

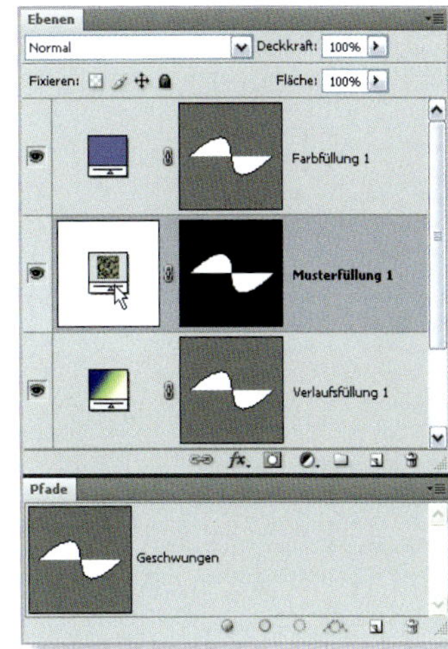

▲ **Abbildung 35.7**
Wenn Sie per Menübefehl aus Pfaden Formebenen erzeugen, haben Sie die Wahl zwischen Farb-, Muster- und Verlaufsfüllung. Wenn Sie auf die Miniatur klicken, öffnet sich der Dialog für Änderungen.

35.2.2 Ankerpunkte, Eckpunkte, Griffe

Nähert man sich einem Pfad mit dem »weißen Pfeil«, also dem Direktauswahl-Werkzeug [A], gibt er seine Konstruktionsgeheimnisse preis und zeigt einzelne Segmente, Ankerpunkte und Grifflinien.

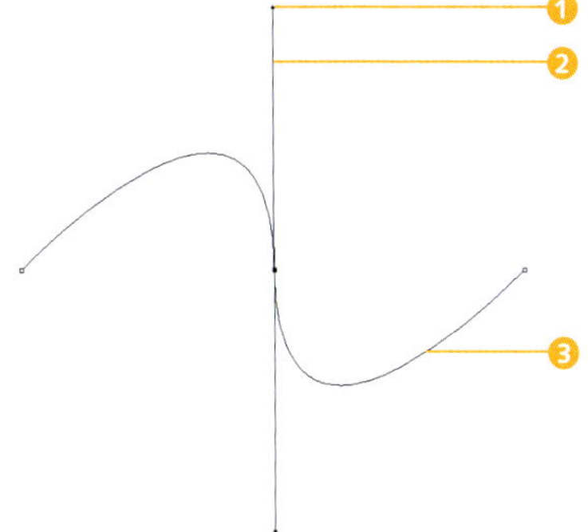

▲ **Abbildung 35.8**
Die Komponenten eines Pfades

Die Bestandteile des Pfads | Pfade bestehen aus der *eigentlichen Pfadlinie*, die meist in einzelne Segmente unterteilt werden kann, und aus Geraden, die Sie brauchen, um Kurvenschwünge herzustellen, indem Sie an den Geraden ziehen. Die Geraden gehen aber später nicht in die Gestalt des eigentlichen Pfades ein. Der Pfad besteht aus:

- **gekrümmten Liniensegmenten** ❸. Das sind Bestandteile des »echten« Pfades,
- deren Krümmung durch die Länge und Position der **Grifflinien** ❷ (also der später nicht weiter wirksamen »Zieh-Geraden«) bestimmt wird.
- Die Grifflinien enden in **Griffpunkten** ❶, die Sie mit dem Direktauswahl-Werkzeug anfassen und verschieben können.

Ankerpunkte | Auf der Pfadlinie sehen Sie verschiedene Quadrate, deren Bezeichnung und Funktion je nach Position (Mitte oder Ende des Pfades), Eigenschaft (mit oder ohne Grifflinie, Art der Grifflinie) und Status (aktiv oder inaktiv) variiert. Der Griffpunkt schwingt um einen Ankerpunkt ②, der durch kleine Quadrate dargestellt wird.

Sie können, wenn Sie genau hinsehen, Unterschiede zwischen den Griffpunkten feststellen:

- Es gibt farbig ausgefüllte Quadrate (das sind dann **aktive Ankerpunkte** so wie ②)
- und unausgefüllte Quadrate, die für **inaktive Ankerpunkte** ① stehen.

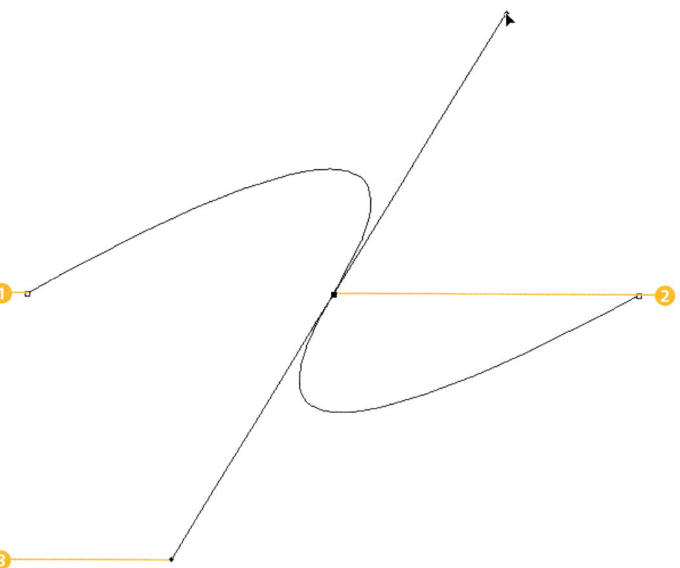

Abbildung 35.9 ▸
Ein Zug am Griffpunkt ändert die Gestalt des Pfades beträchtlich.

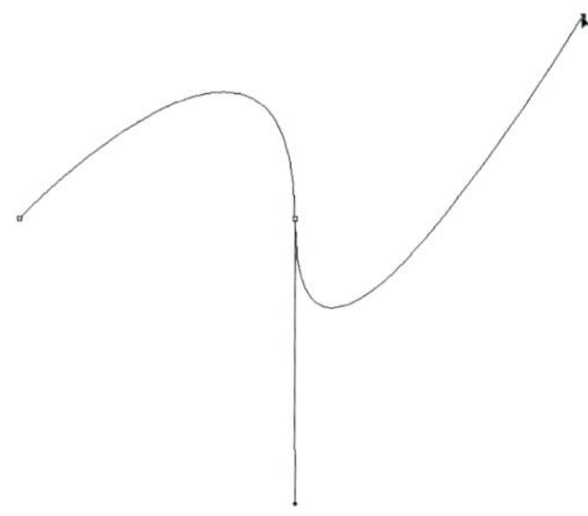

▴ **Abbildung 35.10**
Verschieben eines Ankerpunktes ohne Grifflinie

Je nachdem, welcher Ankerpunkt eines Pfades aktiv ist, zeigen sich andere (oder auch gar keine) Grifflinien und bieten sich andere Ansatzpunkte für Veränderungen der Pfadlinie.

Der aktive Ankerpunkt ② ist gleichzeitig auch ein sogenannter **Kurvenpunkt**, denn er hat eine Grifflinie und kann dadurch Kurvenschwünge definieren. Der Ankerpunkt ① ist gleichzeitig ein »harter« **Endpunkt**, der keine Grifflinie aufweist.

Auch Ankerpunkte ohne Grifflinie können verschoben werden und die Kurvensegmente – und damit die Gestalt des Pfades – ändern.

▴ **Abbildung 35.11**
Zwei geschwungene Pfadsegmente und in der Mitte ein Eckpunkt mit der typischen zweigeteilten (hier: rechtwinkligen) Grifflinie

Eckpunkte | Eine besondere Form des Kurvenpunktes stellen die Eckpunkte dar. Mit Eckpunkten lassen sich besonders spitze Kurven anlegen. Die Grifflinie – die bei normalen Kurvenpunkten eine mehr oder weniger lange Gerade ist, die den Kurvenpunkt schneidet – ist hier geteilt. Beide Hälften der Grifflinie liegen auf einer Seite des Kurvenpunktes.

Eckpunkt aus Kurvenpunkt erstellen | Um aus Kurvenpunkten Eckpunkte zu machen, brauchen Sie das Punkt-umwandeln-Werkzeug (es hat kein Kürzel), das in der Werkzeugleiste unter den Zeichenwerkzeugen verborgen ist.

35.2.3 Pfadsegmente und Pfadkomponenten

Wichtig für das Verständnis ist auch die Unterscheidung von Pfadsegmenten und Pfadkomponenten.

Ein **Pfadsegment** ist ein Teil der Pfadstrecke, der zwischen zwei Ankerpunkten liegt. Ein »Pfad« kann aber aus mehr als einer Linie bestehen. Auch mehrere unverbundene Linien können zusammen einen Pfad bilden. Diese Linien sind dann **Pfadkomponenten**.

Gerade Pfade

Auch Pfade mit ausschließlich geraden Segmenten können angelegt werden. Hier gibt es keine Kurvenpunkte, keine Grifflinien, keine Griffpunkte – bei Pfaden mit geraden Segmenten sind die Funktionen einfacher, die Terminologie überschaubarer (Segmente und Ankerpunkte bleiben unter sich), und das Erstellen ist auch viel einfacher als bei kurvigen Pfaden.

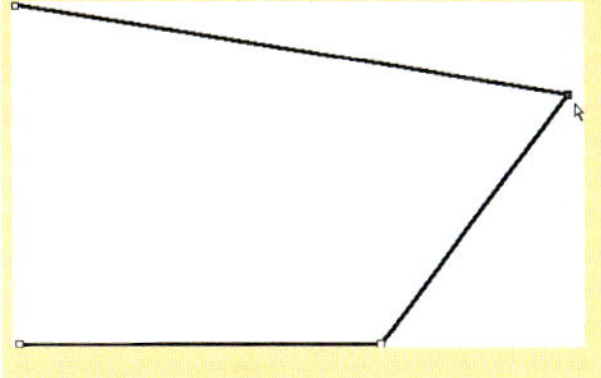

▲ **Abbildung 35.12**
Gerade Pfade

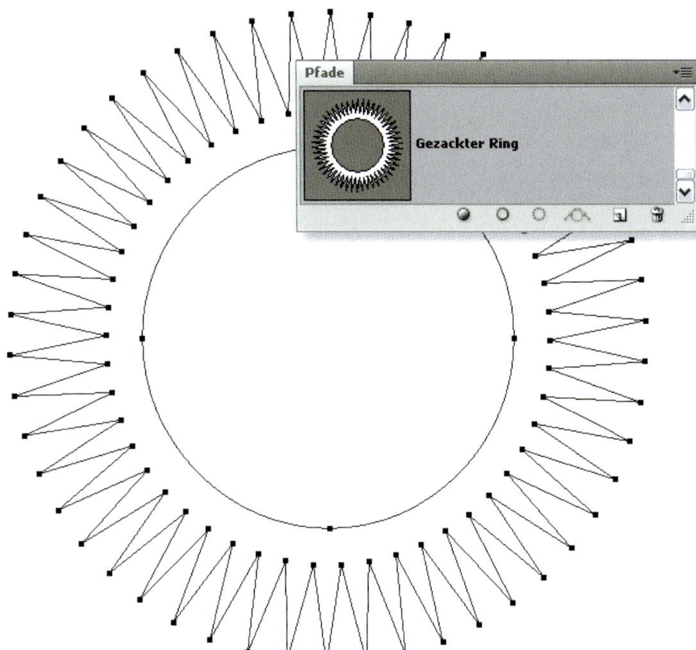

◂ **Abbildung 35.13**
Ein Pfad aus vielen Segmenten (die Ankerpunkte!), aber auch aus zwei Komponenten: der inneren Kreisform und dem Stern, die mit der Option ÜBERLAPPENDE PFADBEREICHE AUSSCHLIESSEN angelegt wurden und nun einen sternförmigen Ring ergeben.

35.3 Pfade zeichnen

35.3.1 Pfade mit Geraden zeichnen

Das Zeichnen mit dem Freiform-Zeichenstift-Werkzeug [P] unterscheidet sich nicht wesentlich von der Arbeit mit dem Magnet-Lasso. Ich weise im Text gelegentlich darauf hin, wenn es etwas Besonderes zu beachten gibt.

Mehr Aufmerksamkeit müssen Sie dem Zeichenstift-Werkzeug [P] widmen: Es braucht etwas Übung, bis man es schafft, schöne gleichmäßige Kurven genau nach Wunsch zu konstruieren.

Meist empfiehlt es sich, die Zeichenstift-Option GUMMIBAND zu deaktivieren – sie wirkt eher irritierend als hilfreich.

1. Positionieren Sie den Zeichenstift an die Stelle im Bild, an der der Pfad beginnen soll. Durch Klicken setzen Sie Ankerpunkte, und Ihr erster Klick beginnt auch den Pfad.
2. Ein erneuter Klick an eine andere Stelle setzt automatisch einen weiteren **Ankerpunkt** – ohne Grifflinie! – und verbindet die beiden Punkte mit einer Geraden.
3. Wenn Sie zusätzlich zum Klick auch [⇧] gedrückt halten, wird das Segment genau im 45°-Winkel oder mit einem Vielfachen von 45° erstellt (sprich: genau senkrecht, waagerecht oder »diagonal«).

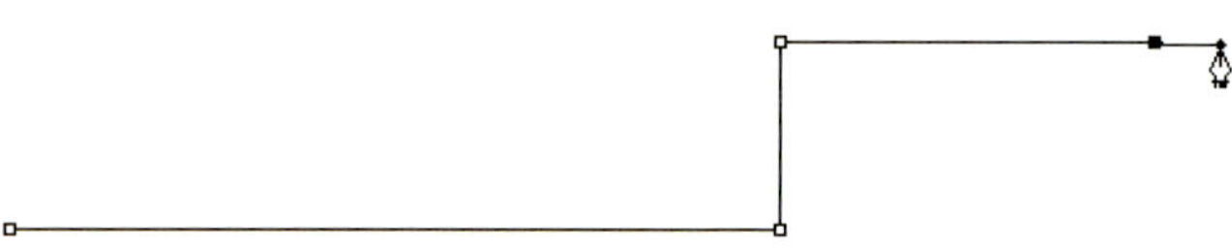

Abbildung 35.14 ▶
Das Zeichnen von Pfaden aus Geraden ist ganz einfach.

35.3.2 Ein Ankerpunkt oder Pfadsegment zu viel?

Ein Tastendruck auf [Entf] (Windows) oder die [←]-Taste (Mac) löscht den letzten Ankerpunkt und damit das letzte Segment. Zweifaches Drücken der Taste löscht alle Ankerpunkte des Pfades oder – bei einem Pfad aus mehreren Komponenten – der betreffenden Komponente. Mit dem bewährten Shortcut [Strg]+[Z]/[⌘]+[Z] können Sie wie immer Ihren letzten Arbeitsschritt zurücknehmen – unter anderem auch die Löschung aller Ankerpunkte.

35.3.3 Pfad beenden

Wenn Sie beim Arbeiten mit dem Zeichenstift-Werkzeug einen **offenen Pfad beenden** möchten, klicken Sie einfach bei gedrückter [Strg]- bzw. [⌘]-Taste ein Stückchen *außerhalb* des Pfades. Wenn Sie aus der Pfadkontur einen **geschlossenen Pfad machen**, ist er automatisch auch beendet. Dazu setzen Sie den Zeichenstift-Mauszeiger wieder auf den ersten Ankerpunkt. Bei richtiger Positionierung sehen Sie neben der Zeichenstiftspitze einen kleinen, leeren Kreis. Klicken Sie dann, um den Pfad zu schließen.

Wenn Sie beim Arbeiten mit dem Freiform-Zeichenstift-Werkzeug einen Pfad fertigstellen möchten, lassen Sie einfach die Maustaste los. Der Pfad ist dann beendet. Wenn Sie einen geschlossenen Pfad erstellen möchten, ziehen Sie die Linie zum Anfangspunkt des Pfades. Wenn er richtig positioniert ist, wird neben dem Mauszeiger dann ein kleiner Kreis angezeigt.

Warum Pfade beenden?

Ein nicht beendeter Pfad funktioniert ebenso gut wie ein beendeter, und Sie können ihn füllen, als Führung für Text verwenden und Ähnliches. Wenn Sie allerdings einen Pfad *nicht* beenden und erneut mit einem der Zeichenwerkzeuge in das Bild klicken, wird der bestehende Pfad einfach fortgesetzt. Um eine zweite Pfadlinie neben der ersten anzulegen, *muss* der erste Pfad beendet werden.

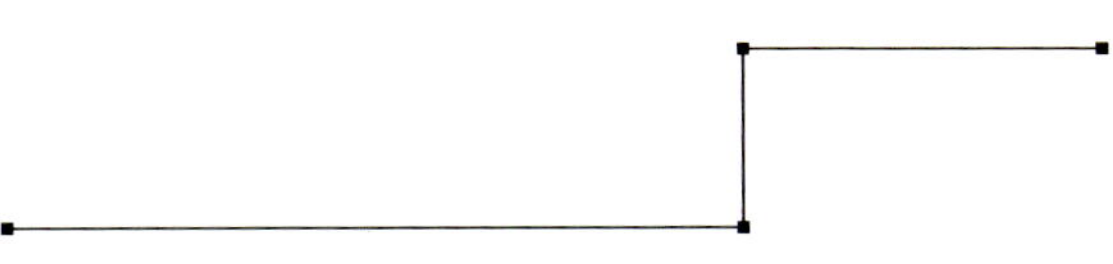

◂ **Abbildung 35.15**
Ein Pfad kann aus mehreren **Pfadkomponenten** bestehen, wie hier der Arbeitspfad, der zwei Linien enthält. Wenn so etwas unerwünscht ist, ist das Beenden des ersten Pfades unerlässlich!

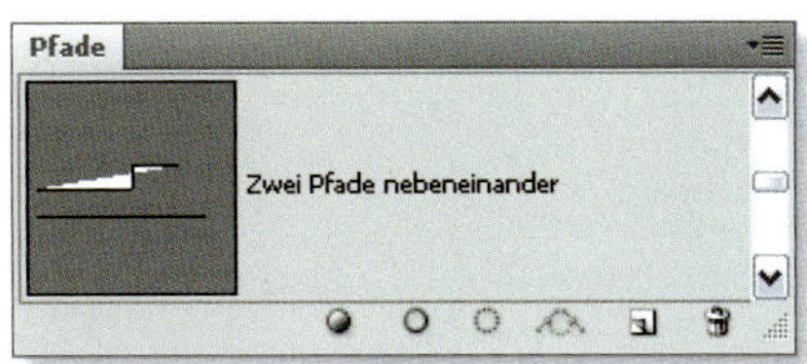

35.3.4 Symbole an der Zeichenfeder

Kleine zusätzliche Symbole neben der Zeichenfeder sind eine zusätzliche Orientierung beim Zeichnen.

- Der kleine Kreis ❶ zeigt an, dass der Pfad mit dem nächsten Klick geschlossen (und beendet) wird.
- Der Endpunkt eines beendeten, offenen Pfades wird durch ein Quadrat ❷ angezeigt.
- Ein kleines Kreuz ❸ neben der Feder zeigt an, dass der erste Ankerpunkt eines neuen Pfades oder einer neuen Pfadkomponente angelegt wird – und dass nicht ein eventuell bestehender Pfad fortgesetzt wird.
- Die Zeichenfeder mit Schrägstrich ❹ zeigt an, dass ein nicht beendeter Pfad fortgesetzt wird.

35.3.5 Kurven zeichnen

Um kurvige Pfade zu zeichnen, müssen Sie anstelle der Ankerpunkte **Kurvenpunkte** erzeugen. Bedenken Sie, dass Sie Kurvenpunkte nicht im Scheitel der Kurve setzen, sondern am Anfang und am Ende der gebogenen Linie. Die Kurve kommt durch das Ziehen der Grifflinien zustande! Sie gehen so vor, wie in der Schritt-für-Schritt-Anleitung erläutert wird.

Die folgenden Abbildungen zeigen schrittweise das Vorgehen zum Anlegen von Kurven. Die Ziffern bezeichnen, wo und in welcher Reihenfolge Sie klicken, und die Pfeile zeigen die »Zugrichtung« der Maus.

Schritt für Schritt: Bézierpfade zeichnen

1 Ersten Ankerpunkt setzen

Setzen Sie die Maus dort in das Bild, wo der erste Ankerpunkt entstehen soll ❺. Klicken Sie, aber ohne die Maustaste danach loszulassen. Mit weiterhin gedrückter Maustaste bewegen Sie den Cursor nun in die Richtung, in die das Kurvensegment gezeichnet werden soll. Es entsteht automatisch ein Kurvenpunkt mit Grifflinie.

Deren Länge und Position – und damit die Gestalt der Kurve – können Sie nachträglich noch anpassen. Lassen Sie nun die Maustaste wieder los.

Abbildung 35.16 ▼
Ziehen Sie einen Kurvenpunkt mit Grifflinien auf.

2 Ihr zweiter Klick – die Maustaste bleibt gedrückt.

Setzen Sie dann den Mauszeiger an die Stelle, an der das Kurvensegment enden soll 6. Klicken Sie, und halten Sie wieder die Maustaste gedrückt.

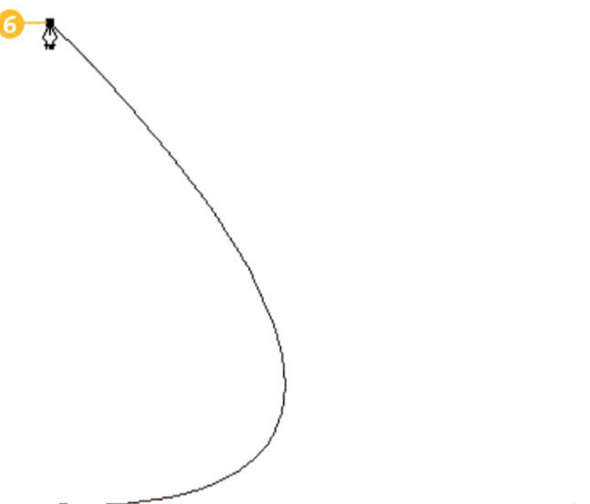

Abbildung 35.17 ▸
An dieser Stelle soll das Kurvensegment enden.

Diesmal ziehen Sie die Maus in die entgegengesetzte Richtung. Es entstehen eine weitere Grifflinie – und eine Kurve!

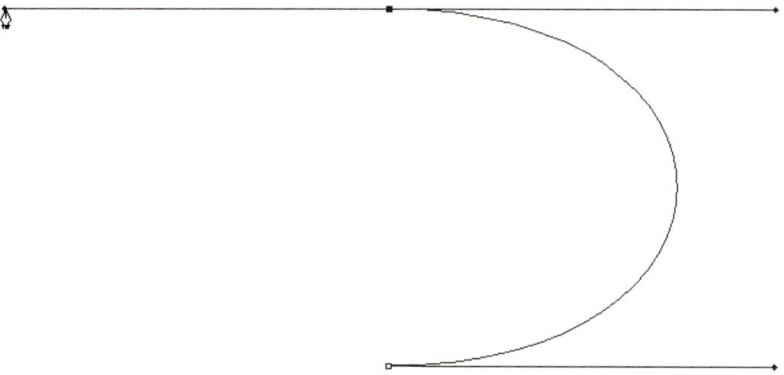

Abbildung 35.18 ▸
Eine Kurve ist entstanden.

3 Anfügen eines weiteren Kurvensegments

Wenn Sie eine S-Kurve zeichnen und das nächste Segment erstellen möchten, wiederholen Sie einfach die letzten Arbeitsschritte an einer anderen Stelle im Bild:

Sie setzen den Mauszeiger an die Stelle, an der das nächste Segment enden soll, und ziehen ihn wiederum von der Kurve weg. Für einen wellenförmigen Pfad wiederholen Sie dasselbe Manöver einfach mehrmals mit kürzeren Griffsegmenten.

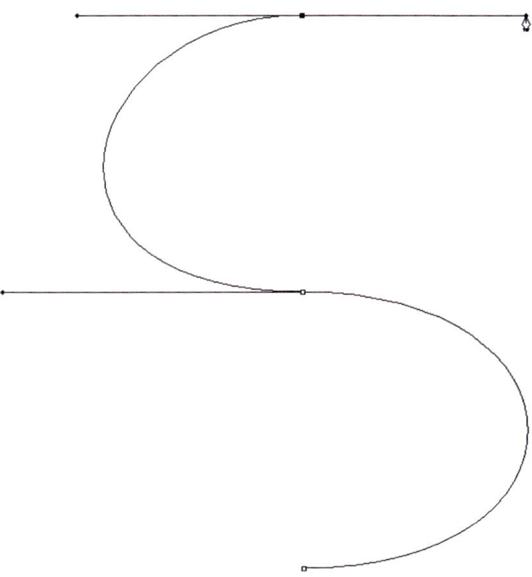

◂ **Abbildung 35.19**
Ein zweites Kurvensegment

4 **Pfad beenden**
Kurvige Pfade beenden Sie ebenso wie Pfade mit geraden Pfadsegmenten. Auch die Hinweise zum Zurücknehmen von Arbeitsschritten und zum Löschen der letzten Ankerpunkte haben hier Geltung. ■

35.3.6 Kurven und Geraden kombinieren

Um kurvige und gerade Pfadsegmente in einem Pfad aneinanderzufügen, kombinieren Sie einfach die beiden hier beschriebenen Arbeitsweisen. Ein einfacher Klick erzeugt einen normalen Ankerpunkt, dessen Fortsetzung eine Gerade ist. Ein Klicken und anschließendes Ziehen bei gehaltener Maustaste erzeugt immer einen Kurvenpunkt, dessen anschließendes Segment zwangsläufig ebenfalls eine Kurve ist.

Pfad-Sichtbarkeit

Sollte ein Pfad unversehens aus Ihrem Bild verschwinden – beispielsweise nach dem Anlegen neuer Ebenen –, ist er nicht gelöscht, sondern lediglich ausgeblendet. Ein Klick auf die Pfadminiatur blendet ihn wieder ein. Sie können Pfadlinien aber auch über die Ansichtsoptionen (ANSICHT • EINBLENDEN • ZIELPFAD) ein- und ausblenden.

35.4 Pfade verändern

35.4.1 Ankerpunkte setzen und löschen

Solange der Pfad **noch nicht beendet** wurde, können Sie auf schon bestehenden Pfadsegmenten Ankerpunkte mit dem Zeichenstift-Werkzeug [P] hinzufügen oder löschen. Dazu muss die Option AUTOM. HINZUF./LÖSCHEN aktiv sein. Wenn Sie dann auf ein Liniensegment klicken, wird ein Punkt hinzugefügt. Ein vorhandener Ankerpunkt wird gelöscht, wenn Sie ihn anklicken.

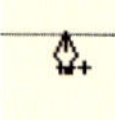

▲ **Abbildung 35.20**
Ankerpunkt hinzufügen

▲ **Abbildung 35.21**
Ankerpunkt löschen

Beachten Sie dabei die Zeichenfeder! Das Pluszeichen signalisiert: Hier wird mit dem nächsten Klick ein Ankerpunkt hinzugefügt. Das Minuszeichen neben der Zeichenfeder zeigt an, dass der Ankerpunkt gelöscht wird.

Ist der Pfad bereits **beendet** worden, können Sie Ankerpunkte nur noch mit den Spezialwerkzeugen Ankerpunkt-hinzufügen-Werkzeug und Ankerpunkt-löschen-Werkzeug (beide ohne Shortcuts) hinzufügen oder entfernen.

35.4.2 Ankerpunkte umwandeln

Sie können auch den Status von Ankerpunkten ändern, also aus Kurvenpunkten Eckpunkte mit geteilter Grifflinie oder normale Ankerpunkte ohne Grifflinie machen und umgekehrt. Dazu brauchen Sie das Punkt-umwandeln-Werkzeug. Sie finden es in einem Fach mit den Zeichenfedern (ohne Tastaturkürzel).

Um mit diesem Werkzeug zu arbeiten, sollten die Ankerpunkte des Pfades eingeblendet sein und, wenn vorhanden, auch die Grifflinien des Punktes, der umgewandelt werden soll. Dazu klicken Sie am besten zunächst einmal mit dem Direktauswahl-Werkzeug [A] auf den Pfad bzw. den umzuwandelnden Punkt. Dann wechseln Sie zum Punkt-Umwandler.

Kurvenpunkt in Ankerpunkt umwandeln | Wenn Sie einen Kurvenpunkt in einen normalen Ankerpunkt ohne Grifflinien konvertieren möchten, klicken Sie mit dem Punkt-umwandeln-Werkzeug einfach auf den Kurvenpunkt. Die Gestalt der Kurve verändert sich beträchtlich, und die Griffpunkte verschwinden.

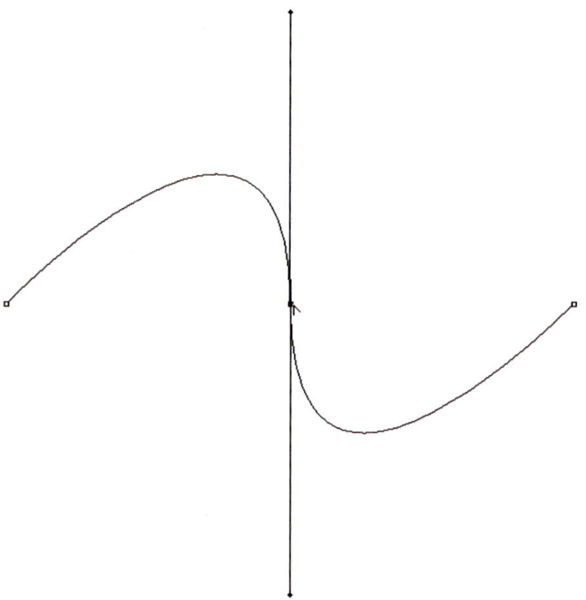

Abbildung 35.22 ▶
Dieser Kurvenpunkt soll in einen Eckpunkt umgewandelt werden.

▲ **Abbildung 35.23**
Nach der Verwandlung ist aus unserer Kurve eine Gerade geworden. Bei komplexeren Pfadformen wirkt eine Punktumwandlung natürlich nicht so radikal.

Ankerpunkt in Kurvenpunkt umwandeln | Um einen normalen Ankerpunkt in einen Kurvenpunkt zu konvertieren, klicken Sie mit dem Punkt-umwandeln-Werkzeug den betreffenden Punkt an, halten die Maustaste gedrückt und ziehen gleich die Grifflinie aus dem Punkt heraus.

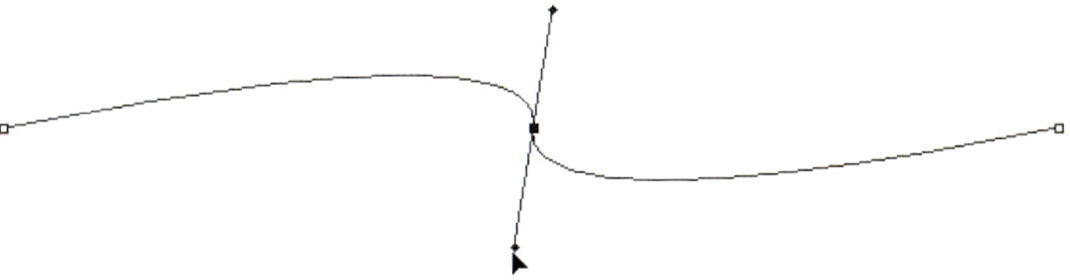

▲ **Abbildung 35.24**
Der Ankerpunkt wurde in einen Kurvenpunkt konvertiert. Der Cursor des Punkt-umwandeln-Werkzeugs wird nach der Umwandlung als schwarzer Pfeil angezeigt.

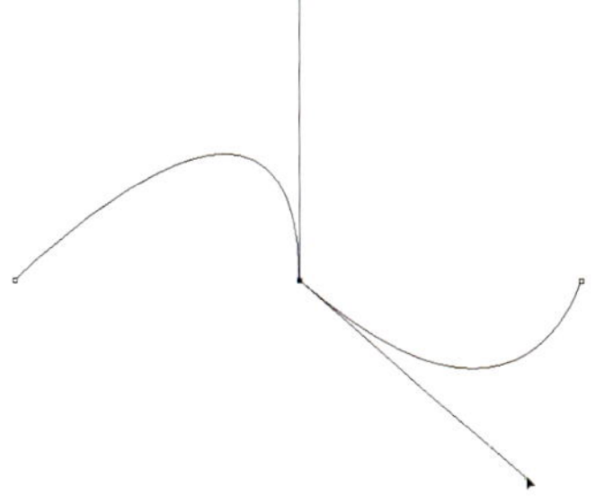

▲ **Abbildung 35.25**
Das untere Ende der Grifflinie wurde mit dem Punkt-umwandeln-Werkzeug gefasst und nach oben geschwungen.

Kurvenpunkt in einen Eckpunkt umwandeln | Sie können auch einen Kurvenpunkt in einen Eckpunkt mit geteilten Grifflinien konvertieren. Dazu ziehen Sie an einem Griffpunkt und schwingen ihn auf den anderen Griffpunkt zu, um die Achse des Ankerpunktes herum. Die Grifflinien trennen sich dann. So sind besonders spitze Kurven möglich (Abbildung 34.25).

TOPP-TIPP: Während des Zeichnens scharfe Kurven anlegen

Sie können auch schon, während Sie eine Kurve anlegen, deren Grifflinie teilen – ohne dass Sie den Ankerpunkt-Umwandler bemühen müssten. Dazu lassen Sie beim Zeichnen ausnahmsweise die Maustaste los und ziehen dann den Griffpunkt bei gehaltener Alt- bzw. ⌥-Taste in Richtung der Kurve. Lassen Sie dann alle Tasten (also Alt/⌥ und die Maustaste) los, setzen Sie den Mauszeiger an die Stelle, an der das Segment enden soll, und klicken und ziehen Sie dann in die entgegengesetzte Richtung, um das Segment fertigzustellen.

35.4.3 Arbeiten mit dem Direktauswahl-Werkzeug

Ein wichtiges Werkzeug zum Beareiten von Pfaden ist das Direktauswahl-Werkzeug A, das bisweilen auch abkürzend »weißer Pfeil« genannt wird. Mit ihm können Sie einzelne Segmente verschieben und dadurch die Pfadform ändern, einzelne Ankerpunkte und Grifflinien verändern oder auch größere Pfadbereiche mit mehreren Segmenten und Ankerpunkten bewegen.

Einzelne Pfadsegmente verschieben | Um einzelne Pfadsegmente zu verschieben und dadurch Kurven zum Beispiel flacher oder bauchiger zu machen, klicken Sie das betreffende Segment an und ziehen daran.

Schnell umschalten
Sie erreichen das wichtige Direktauswahl-Werkzeug von allen Zeichenwerkzeugen aus ohne Umweg, indem Sie Strg bzw. ⌘ drücken und halten.

Anker- oder Griffpunkte bewegen | Um Anker- oder Griffpunkte zu bewegen, klicken Sie den betreffenden Ankerpunkt an und bewegen ihn oder die Griffpunkte, indem Sie sie mit der Maus

»anfassen« und verschieben. Auch hier hilft zusätzliches Drücken von ⇧, um die Bewegung auf 45°-Winkel oder auf ein Vielfaches von 45° zu beschränken.

Mehrere Ankerpunkte markieren | Mit dem »weißen Pfeil« können Sie auch Auswahlrechtecke um einzelne Pfadbereiche ziehen. Damit werden alle Ankerpunkte im Auswahlbereich aktiviert und die Grifflinien eingeblendet. Sie können dann den ausgewählten Pfadteil mit dem Direktauswahl-Werkzeug A bewegen, während der nicht ausgewählte Rest des Pfades fixiert ist.

Abbildung 35.26 ▸
Anlegen einer Auswahl um Teile eines Pfades. Anders, als Sie es von den normalen Auswahlwerkzeugen gewohnt sind, bleibt hier die Auswahllinie nicht sichtbar: Sobald Sie das Auswahlwerkzeug absetzen, wird sie wieder ausgeblendet. Sie erkennen dann an der Verteilung der aktiven und inaktiven Ankerpunkte, welche Pfadteile ausgewählt sind.

Segmente löschen | Um ganze Segmente zu löschen, nutzen Sie ebenfalls den »weißen Pfeil«. Wählen Sie das Segment, das Sie löschen wollen, durch Klicken aus, und drücken Sie ←, um es zu löschen. Durch erneutes Drücken der Taste wird der Rest des Pfades gelöscht. Bei einem Pfad aus mehreren Komponenten wird dagegen der Rest der Komponente gelöscht.

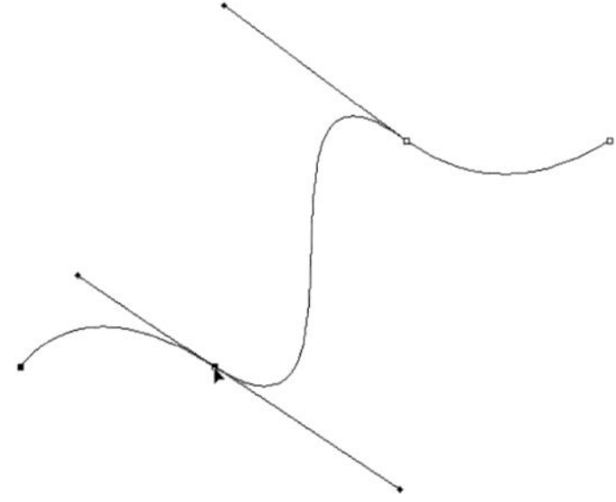

▴ Abbildung 35.27
Mittels Pfadauswahl ist das Verschieben einzelner Segmente des Pfades möglich. Dadurch können Sie Pfadformen entscheidend verändern.

Transformationen für Segmente oder Ankerpunkte
Auf Pfadsegmente und Ankerpunkte können auch Transformationen angewandt werden. Sie finden die Transformationsbefehle in leicht modifizierter Form an gewohnter Stelle unter BEARBEITEN. Statt TRANSFORMIEREN heißt es nun PUNKTE TRANSFORMIEREN, und nicht alle der bekannten Transformationen stehen zur Verfügung. Auch komplette Pfade können transformiert werden. Wenn Sie als Werkzeug entweder ein Zeichenstift- oder eines der beiden Pfadauswahl-Werkzeuge gewählt haben, dann können Sie mit Strg+T/⌘+T das freie Transformieren auch für den Pfad aufrufen.

35.4.4 Pfadauswahl-Werkzeug

Um komplette Pfade oder Pfadkomponenten auszuwählen oder zu verschieben, ist das Pfadauswahl-Werkzeug A das Tool der Wahl. Um mehrere Komponenten auszuwählen, halten Sie ⇧ gedrückt und klicken die Komponenten nacheinander an.

35.5 Feine Unterschiede in der Pfade-Palette

Die Pfade-Palette hat für die Arbeit mit Pfaden keine so große Bedeutung wie die Ebenen-Palette für das Arbeiten mit Ebenen. Viele ihrer Funktionen haben Sie schon en passant kennengelernt bzw. werden Sie in Kapitel 36, »Mit Pfaden arbeiten«, im praktischen Einsatz kennenlernen. Sie erreichen die Palette erwartungsgemäß über FENSTER • PFADE, und standardmäßig ist die Palette neben der Ebenen- und Kanäle-Palette angeordnet.

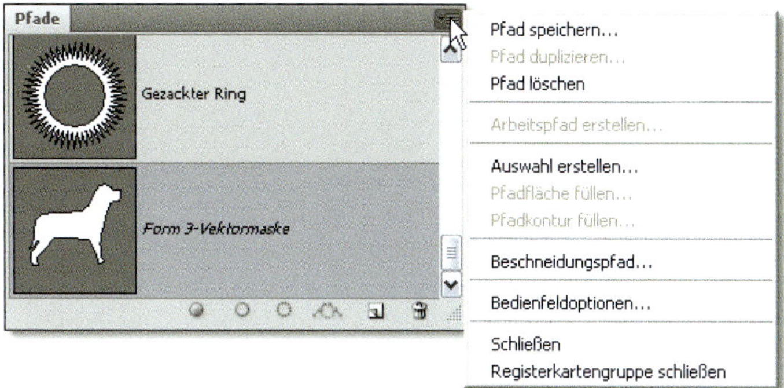

◂ **Abbildung 35.28**
Die Pfade-Palette samt Seitenmenü

35.5.1 Pfade und Arbeitspfade

Alle Pfade, die Sie erstellen – sei es mit den Formwerkzeugen, sei es durch Umwandeln einer Auswahl oder per Zeichenwerkzeug –, werden zunächst einmal als **Arbeitspfade** erstellt. In der Pfade-Palette sind sie am kursiv geschriebenen Titel *Arbeitspfad* erkennbar. Arbeitspfade sind in der Pfade-Palette immer an letzter Stelle (unten) zu finden.

Arbeitspfade sind **temporär** und können verloren gehen. Sie sollten sie daher sichern:

- Doppelklicken Sie dazu auf den Titel, und benennen Sie den Arbeitspfad einfach um, oder
- ziehen Sie den Arbeitspfad auf das NEU-Icon am Fuß der Palette.

35.5.2 Reguläre Pfade anlegen

Besser ist es, von Anfang an nicht mit temporären Arbeitspfaden, sondern mit regulären Pfaden zu arbeiten. Dazu wählen Sie vor jedem Zeichnen, Anlegen von Formen oder sonstigen Aktivitäten, die einen Pfad generieren, einfach den Befehl NEUER PFAD im Palettenmenü oder klicken die NEU-Schaltfläche an. Übrigens werden neue Pfade immer an das untere Ende der Palette angefügt und nicht, wie von der Ebenen-Palette gewohnt, oberhalb der aktiven Ebene.

Bestehende Pfade nicht verpfuschen!

Solange Sie nicht eigens einen neuen Pfad anlegen, arbeiten Sie immer auf demselben Pfad – derselben Pfad«ebene« gewissermaßen, die in der Pfade-Palette durch eine Zeile mit Miniatur repräsentiert ist. Selbst wenn Sie zwischenzeitlich ganz andere Werkzeuge benutzen und andere Arbeiten am Bild durchführen, sobald Sie wieder ein Zeichen- oder Formwerkzeug zur Hand nehmen, wird dem bestehenden Pfad allenfalls eine neue Komponente hinzugefügt. Neue Pfade werden jedoch nicht automatisch angelegt.

Was wollen Sie tun?	Windows	Mac
Mehrere Ankerpunkte auswählen	Direktauswahl-Werkzeug + Klick bei gedrückter ⇧-Taste	Direktauswahl-Werkzeug + Klick bei gedrückter ⇧-Taste
Gesamten Pfad auswählen	Direktauswahl-Werkzeug + Klick bei gedrückter Alt-Taste	Direktauswahl-Werkzeug + Klick bei gedrückter ⌥-Taste
Pfad duplizieren	Beliebiges Zeichenstift-Werkzeug oder Pfadauswahl- oder Direktauswahl-Werkzeug aktivieren + Strg + Alt + Ziehen mit der Maus	Beliebiges Zeichenstift-Werkzeug oder Pfadauswahl- oder Direktauswahl-Werkzeug aktivieren + ⌘ + ⌥ + Ziehen mit der Maus
Vom Pfadauswahl-, Zeichenstift-, Ankerpunkt-hinzufügen-, Ankerpunkt-löschen- oder Punkt-umwandeln-Werkzeug auf das Direktauswahl-Werkzeug umschalten	Strg	⌘
Vom Zeichenstift- oder Freiform-Zeichenstift-Werkzeug zum Punkt-umwandeln-Werkzeug wechseln, wenn der Mauscursor sich gerade auf einem Anker- oder Griffpunkt befindet	Alt	⌥
Bei der Arbeit mit magnetischem Freiform-Zeichenstift: Pfadlinie schließen	Doppelklick oder Pfad zu Ende zeichnen	Doppelklick oder Pfad zu Ende zeichnen
Bei der Arbeit mit magnetischem Freiform-Zeichenstift: Pfad mit geradem Segment schließen	Alt+Doppelklick	⌥+Doppelklick
Pfad ausblenden	Strg+⇧+H	⌘+⇧+H

▲ **Tabelle 35.1**
Tastaturbefehle für die Arbeit mit Pfaden auf einen Blick

36 Mit Pfaden arbeiten

Dieses Kapitel enthält typische Anwendungsfälle bei der Arbeit mit Pfaden: Pfade machen sich bei Alltagsaufgaben nützlich und eröffnen neue kreative Horizonte.

36.1 Pfade und Auswahlen

Sie können Pfade auch aus Auswahllinien erstellen und umgekehrt Auswahlen als Pfade sichern. Das erste Verfahren hat den Vorteil, dass Sie Pfade und dann zum Beispiel auch Formen aus komplizierten Objektkonturen erstellen können, die sich sehr schwierig direkt als Pfad anlegen lassen. Auswahlen als Pfade zu sichern, ist natürlich nur bei hart konturierten Auswahllinien sinnvoll: Weiche Übergänge können in Pfadform ja eben nicht erhalten bleiben. Auswahlen in Pfade zu überführen – und dann vielleicht zurück in Auswahlen –, kann eine Möglichkeit sein, um sehr ungenaue, raue Auswahlkonturen zu glätten. Dabei müssen Sie ein wenig mit dem Wert TOLERANZ experimentieren.

▲ **Abbildung 36.1**
Das Auswahl-Kontextmenü bietet auch einen Befehl, um aus Auswahlen Arbeitspfade zu erstellen.

36.1.1 Pfad aus Auswahl: Arbeitspfad erstellen

Um aus einer Auswahl einen Pfad zu machen, können Sie entweder den Befehl ARBEITSPFAD ERSTELLEN... aus dem Seitenmenü der Pfade-Palette wählen, oder Sie rufen bei aktivem Auswahlwerkzeug und einer aktiven Auswahl im Bild durch Rechtsklick bzw. `Ctrl`-Klick das Auswahl-Kontextmenü auf.

Sobald Sie den Befehl ARBEITSPFAD ERSTELLEN anklicken, erscheint ein Dialog, in dem Sie aufgefordert werden, einen Toleranzwert einzugeben.

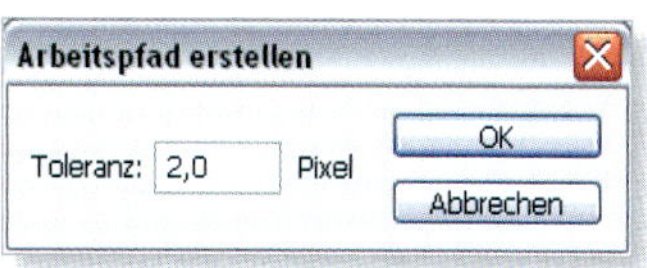

▲ **Abbildung 36.2**
Der Toleranzwert regelt die Umsetzungsgenauigkeit.

Die Toleranz kann zwischen 0,5 und 10 Pixel liegen und bestimmt, mit wie vielen Ankerpunkten der Pfad angelegt wird. Je höher der Toleranzwert ist, desto weniger Ankerpunkte werden verwendet und desto stärker weicht der Pfad von der Originalkontur ab.

▲ **Abbildung 36.3**
Hier wurde aus einer Auswahl der Blume ein Pfad mit einer TOLERANZ von 0,5 erstellt. Der Toleranzwert ist eindeutig zu gering: Die vielen Ankerpunkte machen den Pfad unbrauchbar. Speichersparend ist ein solcher Pfad dann auch nicht mehr.

▲ **Abbildung 36.4**
Ein Toleranzwert von 10 lag diesem Pfad zugrunde – keine sonderlich genaue Umsetzung der Auswahl. Manchmal lässt sich der beste Wert nur durch Ausprobieren ermitteln.

36.1.2 Auswahl aus Pfad erstellen

Umgekehrt geht es auch: Aus jedem Pfad lässt sich eine Auswahl erstellen. Die Funktion AUSWAHL ERSTELLEN finden Sie wiederum im Seitenmenü der Pfade-Palette und auch als Schaltfläche an deren unterem Rand.

Nur wenn Sie den Seitenmenübefehl benutzen, werden Ihnen weitergehende Einstellungsmöglichkeiten angeboten. In den meisten Fällen ist es angebracht, die Glättung zu aktivieren.

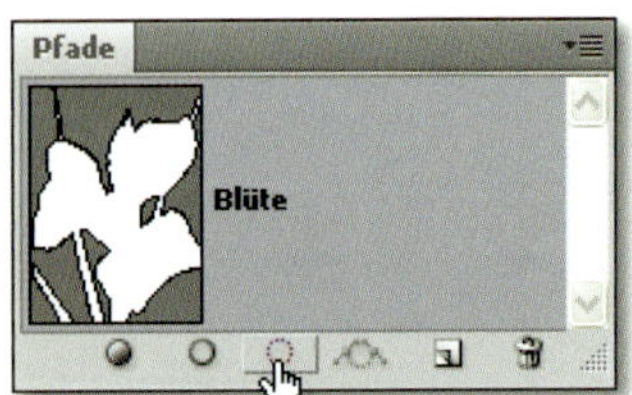

▲ **Abbildung 36.5**
Der schnellste Weg, um aus einem Pfad eine Auswahl zu generieren

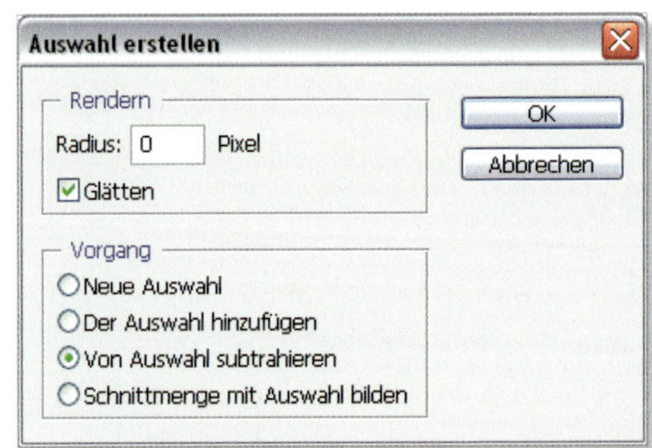

Abbildung 36.6 ►
GLÄTTEN ist eine praktische Option, um zu harten, kantigen Auswahlrändern vorzubeugen.

36.2 Pfade als Exportartikel

36.2.1 Beschneidungspfade

Eine Besonderheit, die für Sie nicht relevant ist, solange Sie ausschließlich in Photoshop arbeiten, stellen Beschneidungspfade dar (manchmal auch **Clipping Paths** oder **Freistellpfade** genannt).

Beschneidungspfade setzen bei Bildern, die für die Weitergabe an Layoutprogramme wie InDesign, QuarkXPress und andere gedacht sind, diejenigen Bildbereiche transparent, die im Layoutprogramm nicht angezeigt werden sollen. Unterstützt werden Beschneidungspfade nur vom Dateiformat EPS. Allerdings neigen manche Layoutprogramme dazu, auch normale Pfade, die in TIFF- oder JPG-Dateien gespeichert sind, als Beschneidungspfade zu interpretieren. Das kann zur Folge haben, dass auch Bildbereiche, die Sie gar nicht ausblenden wollten, nicht angezeigt werden. In solchen Fällen müssen Sie die Pfade löschen, die die Störung verursachen.

Schritt für Schritt: Beschneidungspfad erstellen

1 Pfad erstellen

Erzeugen Sie einen Pfad, der das Bildobjekt, das Sie per Pfad freistellen wollen, möglichst genau umzeichnet. Der Pfad muss geschlossen sein.

Falls Sie zunächst einen Arbeitspfad erzeugt haben, müssen Sie ihn in einen regulären Pfad umwandeln.

2 Beschneidungspfad anlegen

Wählen Sie dann im Seitenmenü der Pfade-Palette den Befehl BESCHNEIDUNGSPFAD.

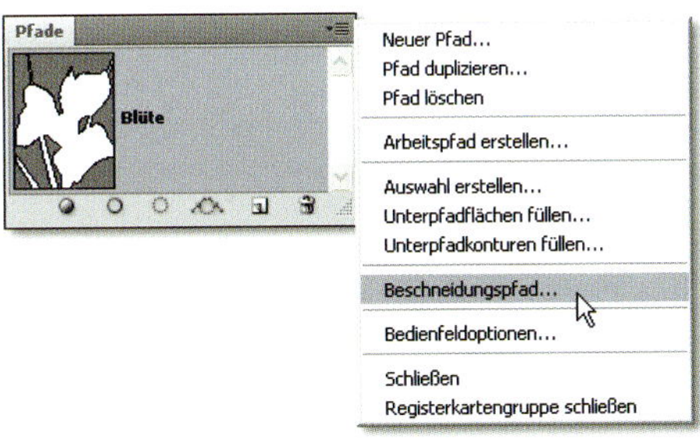

◂ **Abbildung 36.7**
Legen Sie einen Beschneidungspfad an.

Sie erhalten dann ein Dialogfeld, in dessen oberem Teil Sie wählen können, welcher Pfad – wenn mehrere im Bild vorhanden sind – als Beschneidungspfad herhalten soll, und in dem Sie die Kurvennäherung festlegen.

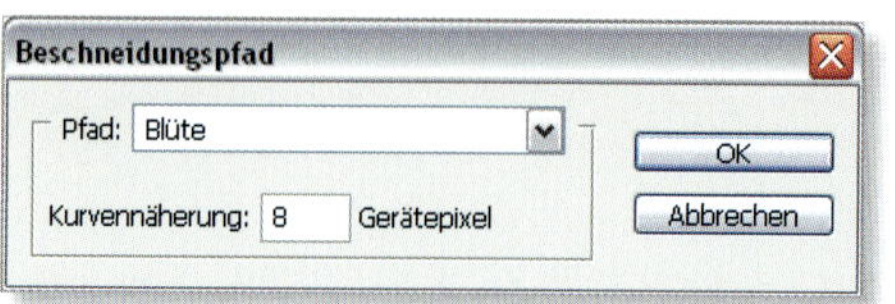

Abbildung 36.8 ▶
Optionen festlegen

Die KURVENNÄHERUNG hat Einfluss auf die spätere Umsetzung des Pfades beim Druck. Möglich sind Werte zwischen 0,2 und 100. OK schließt den Vorgang ab. ■

Kurvennäherung | Wenn Sie das Eingabefeld KURVENNÄHERUNG freilassen, wird das Bild mit den Standardeinstellungen des Druckers ausgegeben. Oft fährt man damit ganz gut. Treten Druckprobleme auf, müssen Sie manuell einen Wert festlegen, den der PostScript-Interpreter für die Kurvennäherung verwenden soll (nicht PostScript-fähige Drucker können mit Beschneidungspfaden nichts anfangen). Ein niedriger Wert führt zu einer etwas gröberen Interpretation des Beschneidungspfades, eliminiert jedoch auch Belichtungsfehler. Im Allgemeinen ist für eine hochauflösende Ausgabe (1200 bis 2400 dpi) ein Wert zwischen 8 und 10 empfehlenswert und für eine Ausgabe mit niedriger Auflösung (300 bis 600 dpi) ein Wert zwischen 1 und 3.

36.2.2 Pfade nach Adobe Illustrator exportieren

Für den Export von Pfaden nach Adobe Illustrator müssen Sie nicht mit Beschneidungspfaden operieren. Hier gibt es einen eigenen Befehl, nämlich unter DATEI • EXPORTIEREN • PFADE • ILLUSTRATOR.

Das Exportieren von Pfaden mit diesem Befehl erleichtert das Kombinieren von Photoshop- und Illustrator-Grafiken und vereinfacht das Anwenden von Photoshop-Funktionen auf Illustrator-Grafiken. So können Sie beispielsweise in Illustrator Text oder Objekte an Photoshop-Pfaden ausrichten. Sie können auch Arbeitspfade auf diese Art und Weise exportieren.

Abbildung 36.9 ▶
Pfade exportieren

Das funktioniert ganz einfach: Wählen Sie einen Speicherort aus, und vergeben Sie einen Dateinamen. Stellen Sie sicher, dass unter PFADE die richtige Option bzw. der richtige Pfad ausgewählt ist. Sie können alle Pfade eines Bildes oder auch vereinzelte Pfade und Arbeitspfade exportieren. Klicken Sie dann auf SPEICHERN. Wenn Sie die Datei anschließend in Adobe Illustrator öffnen, können Sie den Pfad bearbeiten oder ihn verwenden, um Illustrator-Objekte auszurichten, die Sie der Datei hinzufügen.

36.3 Gefüllte Pfadkontur: Pfad plus Malwerkzeug

Pfade müssen keine undruckbaren und meist unsichtbaren Vektoren bleiben – Sie können sie auch mit Pixeln füllen. Besonders schöne und individuelle Ergebnisse erzielen Sie, wenn Sie die Wirkung der Pinselspitze vorher genau einstellen. Ich zeige Ihnen das Ganze wiederum anhand einer Schrift; Sie können aber auch andere Pfade so bearbeiten.

Schritt für Schritt: Pfad aus Text erstellen - Konfetti auf Pfad

1 Schrift anlegen

Diese Technik funktioniert mit allen Arten von Pfaden und allen Mal- und Retuschewerkzeugen mit unterschiedlichsten Werkzeugspitzen. Ich zeige Ihnen – stellvertretend für die vielen Möglichkeiten, die Sie haben –, wie Sie eine Textkontur mit einer bunten Konfettischrift belegen.

Datei auf der Buch-DVD: »Konfettischrift.tif«

Dazu wird ein Pfad in Buchstabenform gebraucht. Ich lege als Erstes den Schriftzug an. Gebraucht wird entweder eine große, flächige Schrift oder ein nicht zu enger Handschriftenfont. Ich verwende die Schrift »Bradley Hand«, und zwar schon gleich in der richtigen Größe – die Umsetzungsgenauigkeit des Pfades ist besser, wenn er nicht mehr skaliert wird. Die Schriftfarbe ist irrelevant.

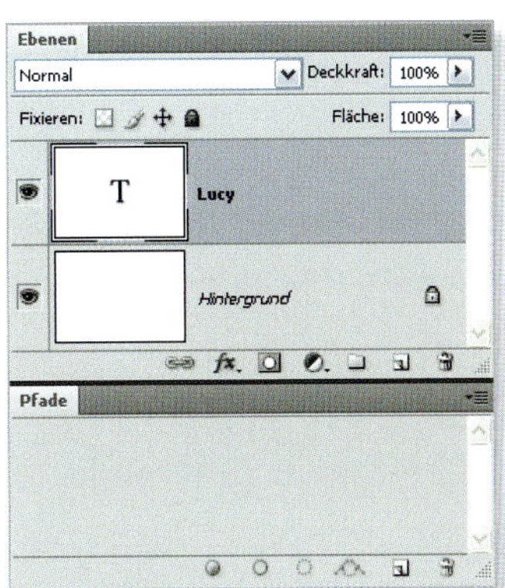

◄▲ **Abbildung 36.10**
Die Textebene wurde erzeugt, Pfade sind noch nicht vorhanden.

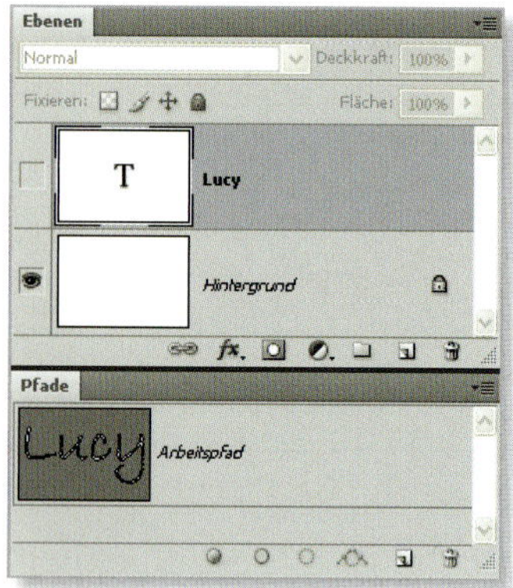

Abbildung 36.11 ▲▶
Die Textebene wurde ausgeblendet. In der Pfadpalette wird der neue Pfad angezeigt, und auch im Bild ist jetzt die Pfadkontur zu sehen.

2 Pfad aus Text erstellen

Aktivieren Sie die Textebene, und wählen Sie dann im Menü den Befehl Ebene • Text • Arbeitspfad erstellen. Die Textebene kann nun ausgeblendet oder ganz gelöscht werden.

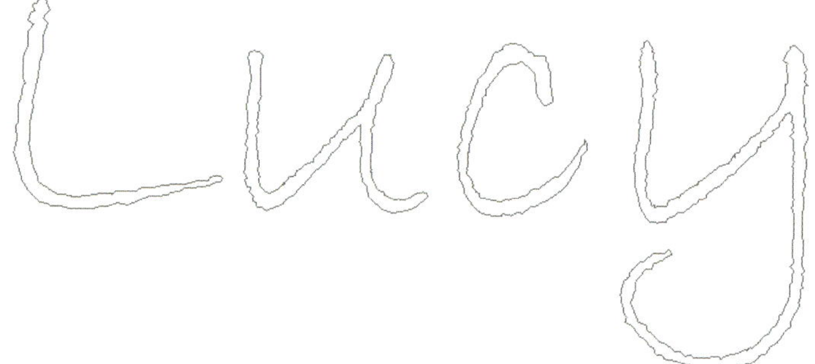

3 Pinselspitze einstellen

Nun muss die Werkzeugspitze eingestellt werden. Zur Erinnerung: Um mit der Pinsel-Palette zu arbeiten, muss das Pinsel-Werkzeug aktiv sein!

Zum Nachlesen: Pinsel-Tuning
Schauen Sie in Kapitel 25, »Farbe einstellen, malen und radieren«, nach, um mehr über das Einstellen von Werkzeugspitzen zu erfahren.

Mein Ziel ist es, eine unregelmäßige Streuung unterschiedlich großer und verschieden gefärbter »runder Malpunkte« einzustellen. Dazu stelle ich eine scharfe, runde Pinselspitze mit erhöhtem Malabstand ein.

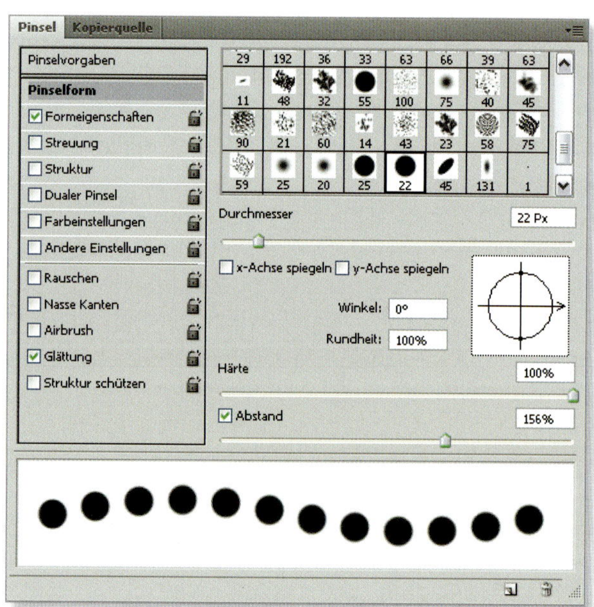

Abbildung 36.12 ▶
Einstellungen unter Pinselform

Ein geringer Grössen-Jitter (unter Formeigenschaften) und eine moderate Streuung kommen dazu. Maßgeblich sind allerdings die Farbeinstellungen. Hier wird kräftig gejittert. Da auch der Vordergrund-/Hintergrundjitter zum Einsatz kommt, stelle ich zwei fröhliche, kräftige Farben in den beiden Farbfeldern der Werkzeugleiste ein. Für die Farbeinstellungen gibt es leider keine Vorschau – hier müssen Sie eventuell einige Probestriche machen, bis Sie die richtige Einstellung gefunden haben.

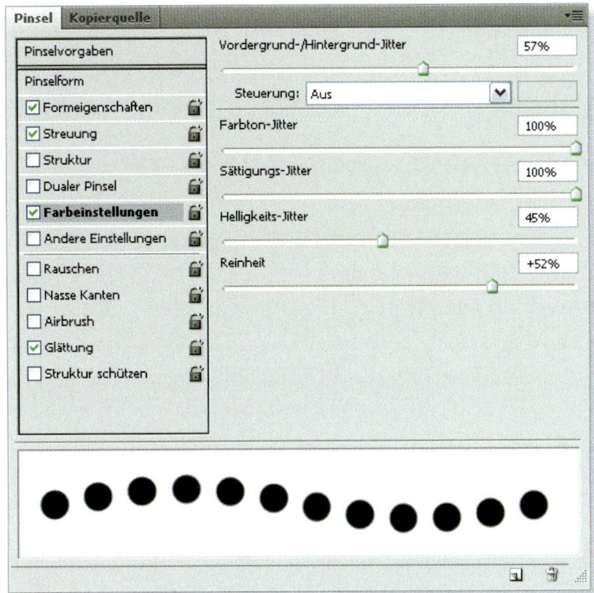

◀▲ **Abbildung 36.13**
Einstellungen unter Farbeinstellungen und die für die Konfettischrift benutzten Farben

4 Für alle Fälle: Pinselspitze sichern

Nun haben Sie den aktuellen Pinsel verändert. Diese Einstellungen sollen aber nicht verloren gehen. Der Befehl Neue Pinselvorgabe im Palettenmenü der Pinsel-Palette fügt den Pinsel zur aktuell geladenen Pinsel-Bibliothek hinzu – temporär, bis Sie das nächste Mal eine andere Pinsel-Bibliothek aufrufen.

5 Pfad mit Pixeln füllen

Nun trennen mich nur noch zwei Klicks von der fertigen Schrift. Ich lege eine neue, leere Ebene an. Die neue Ebene sollte aktiv sein. Dann klicke ich in der Pfade-Palette das Icon Pfadkontur mit Pinsel füllen an.

Automatisch legen sich Pixel gemäß der zuvor definierten Pinselspitze entlang der Pfadkontur – genauer kann man von Hand nicht pinseln. Der Pfad kann nun gelöscht oder mit Strg+H (Windows) oder ⌘+H (Mac OS) ausgeblendet werden. Nach Wunsch geben ein paar Ebeneneffekte dem Ganzen den letzten Schliff.

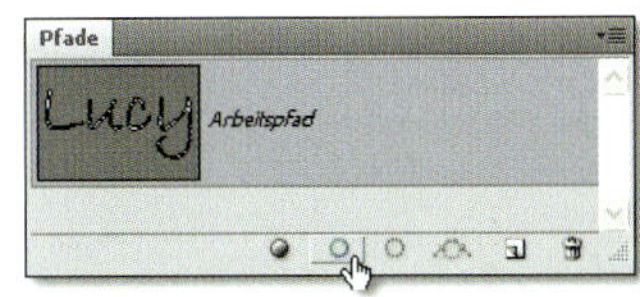

▲ **Abbildung 36.14**
Pfadkontur mit Pinsel füllen

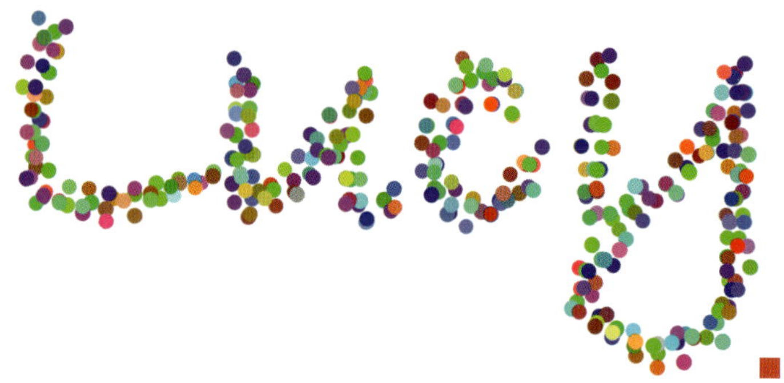

Abbildung 36.15 ▸
Fertig!

36.4 Text auf den richtigen Pfad gebracht

Datei auf der Buch-DVD: »typo_bsp.tif«

Mithilfe von Pfaden können Sie auch geschwungenen, wellenförmigen oder im Kreis laufenden Text erzeugen – eine interessante Gestaltungsmöglichkeit für Text. Der Pfad dient dabei als Führung für den Text, der Akzente setzen soll. Der Text bleibt dabei wie gewohnt editierbar. Ich zeige Ihnen hier, wie man Text in Kreisform bringt. Das Ganze funktioniert jedoch mit allen anderen offenen und geschlossenen Pfaden auch.

Schritt für Schritt: Im Kreis geschrieben

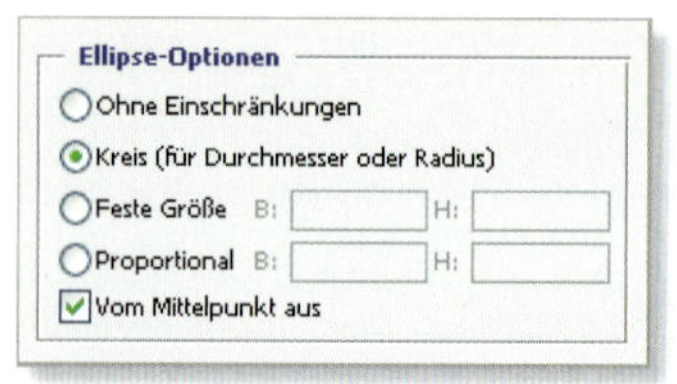

▲ Abbildung 36.16
Einstellungen in den Ellipse-Optionen

1 Kreisförmigen Pfad anlegen

Um einen kreisförmigen Pfad anzulegen, aktivieren Sie das Ellipse-Werkzeug [U] und stellen dort in den Detailoptionen Kreis und Vom Mittelpunkt aus ein. Ziehen Sie dann eine kreisförmige Pfadlinie auf.

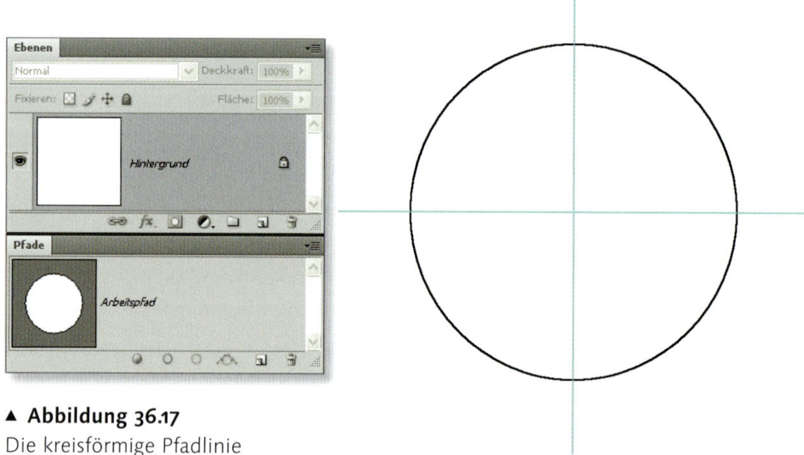

▲ Abbildung 36.17
Die kreisförmige Pfadlinie

2 Text eingeben

Wechseln Sie dann zum Text-Werkzeug [T] [T], und stellen Sie in dessen Optionsleiste Schriftart, Größe, Glättung, Farbe und so weiter ein. Schlichte, klassische Schriften wirken bei so gewagter typografischer Anordnung übrigens oft am besten!

Nun ist alles schon bereit zur Texteingabe. Sie können direkt auf dem Pfad schreiben, und der Text lässt sich wie anderer Text auch bearbeiten. Allenfalls die ungewohnte Anordnung sorgt hier eventuell für Startschwierigkeiten.

Nähern Sie sich mit der Maus dem Pfad. Die Einfügemarke erscheint – allerdings mit diagonaler Grundlinienanzeige. In der Vergrößerung sehen Sie den Cursor, der TEXT AUF PFAD SCHREIBEN anzeigt.

Die Einfügemarke sollten Sie auf oder dicht über den Pfad setzen. Klicken Sie einmal: Es erscheint der bekannte blinkende Cursor, und Sie können losschreiben. Es ist auch möglich, Text aus der Zwischenablage einzufügen (mit [Strg]+[C]/[⌘]+[C]).

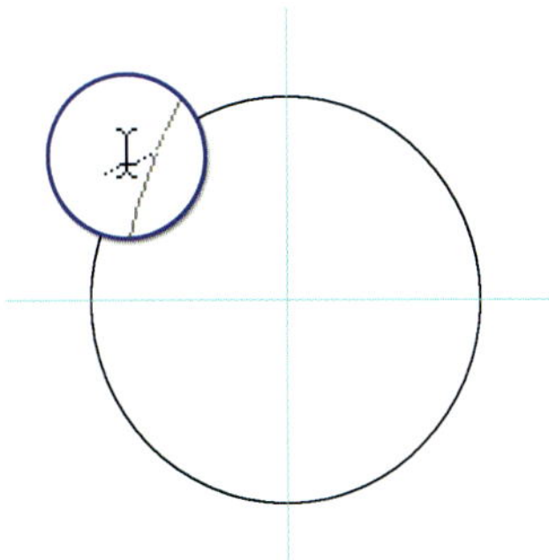

▲ **Abbildung 36.18**
Schreiben Sie auf dem Pfad.

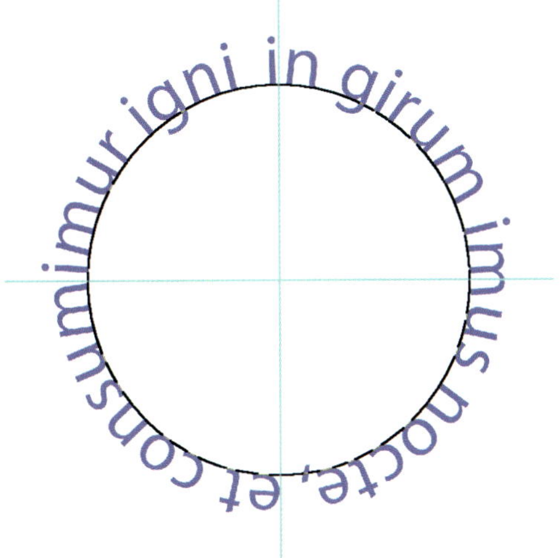

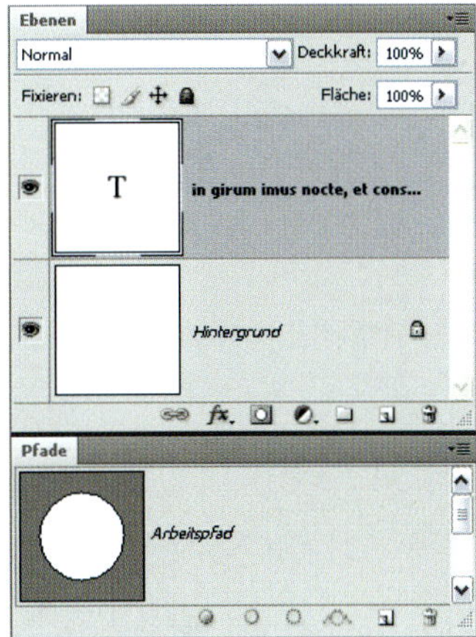

◄▲ **Abbildung 36.19**
Das Bild und die Situation in den beiden hier maßgeblichen Paletten

3 Alternative: Vertikales Text-Werkzeug

Mit dem Vertikalen Text-Werkzeug [T] [T] legen Sie die Buchstaben parallel zum Pfad an. In vielen Fällen wird hier ein manueller Ausgleich des Zeichenabstandes der Lesbarkeit des Textes guttun.

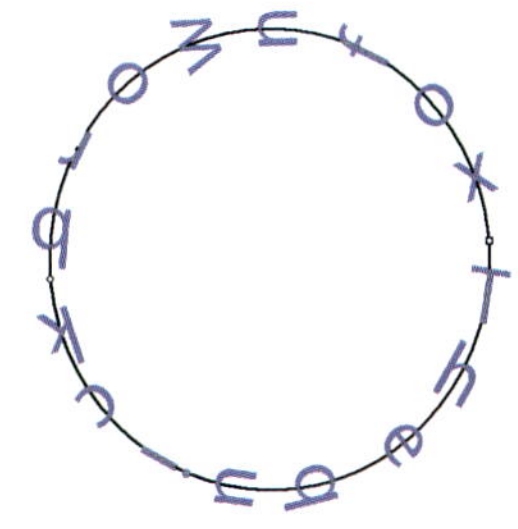

▲ **Abbildung 36.20**
Texteingabe mit dem vertikalen Textwerkzeug

4 Text auf Pfad verschieben

Wenn Sie die Texteingabe abgeschlossen haben, können Sie den Text auch noch **nachbearbeiten**: Er lässt sich am Pfad entlangschieben, auf die andere Pfadseite »umklappen« und mit dem Pfad verschieben. Um die Position der Schrift zu verändern, können Sie das Pfadauswahl- oder das Direktauswahl-Werkzeug aus der Werkzeugkiste benutzen (beide haben den Shortcut [A]).

Wenn Sie den Text einfach etwas **verschieben** wollen, aktivieren Sie eines der beiden Tools und führen den Mauszeiger über den Pfad, sodass er zu einer Einfügemarke mit Pfeil(en) daran wird. Bewegen Sie dann die Maus vorsichtig an dem Pfad entlang in die Richtung, in die Sie den Text schieben wollen (Abbildung 36.21).

Wenn Ihnen das zu kompliziert erscheint, können Sie die Textebene auch ganz einfach per freier Transformation (Strg/⌘+T) drehen.

5 Text »umklappen«

Um Text auf die andere Seite des Pfades zu spiegeln, gehen Sie ähnlich vor, ziehen dann aber die Maus auf die andere Seite des Pfades – hier des Kreisinneren.

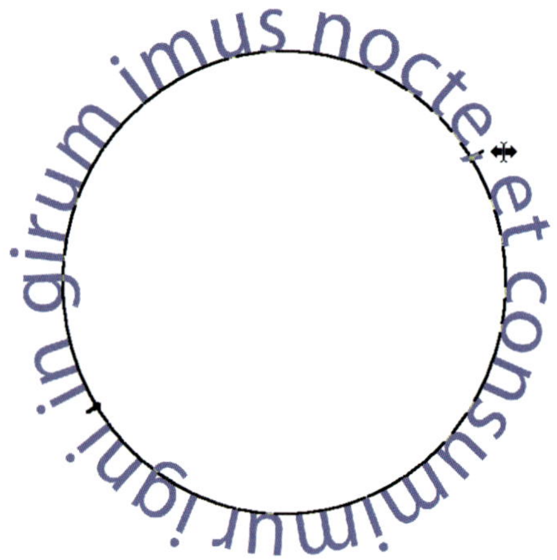

▲ **Abbildung 36.21**
Der Text wurde verschoben.

▲ **Abbildung 36.22**
Der Text wurde gespiegelt.

6 Pfadform ändern

Pfade, auf denen Text liegt, lassen sich ebenso verändern wie andere Pfade auch. Am besten benutzen Sie das Direktauswahl-Werkzeug A, klicken damit auf einen Ankerpunkt auf dem Pfad und ändern mithilfe der Griffe dessen Form.

7 Kompletten Text im Bild verschieben

Zum Verschieben von Pfad und Text im Bild nutzen Sie das übliche Verschieben-Werkzeug V, die Pfeiltasten oder die Maus und bewegen die Textebene. Alternativ können Sie auch das Pfadauswahl-Werkzeug verwenden. ■

Text umklappen ohne Richtungswechsel | Wie Ihnen an den Beispielbildern vielleicht aufgefallen ist, klappt der Text nicht nur auf die andere Seite des Pfades um, sondern er ändert auch seine Richtung. Um Text auf die andere Seite des Pfades zu verschieben, ohne die Richtung umzukehren, können Sie die Option GRUNDLINIENVERSCHIEBUNG ❶ in der Zeichen-Palette verwenden.

Wenn Sie zum Beispiel einen Text erstellt haben, der von links nach rechts außerhalb eines Kreises verläuft, können Sie in das Textfeld GRUNDLINIENVERSCHIEBUNG einen negativen Wert eingeben. Der Text verläuft dann entlang der Innenseite des Kreises – ohne Richtungswechsel!

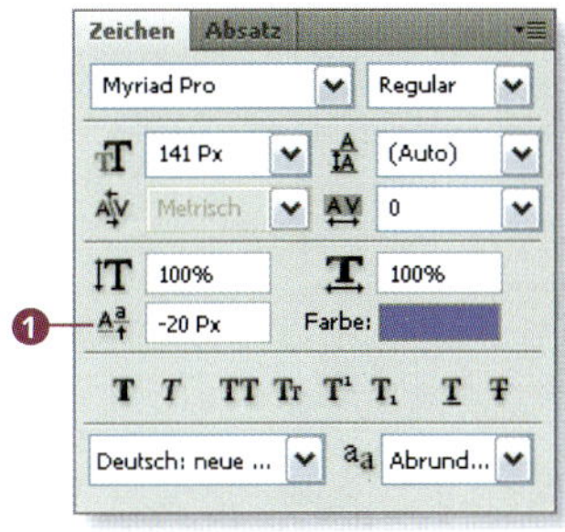

▲ **Abbildung 36.23**
Das Eingabefeld für die Grundlinienverschiebung. Wenn Sie Text auf diese Art und Weise in das Innere eines Kreises oder unter eine Pfadlinie verlagern wollen, muss der eingegebene Wert an die Schrifthöhe angepasst sein.

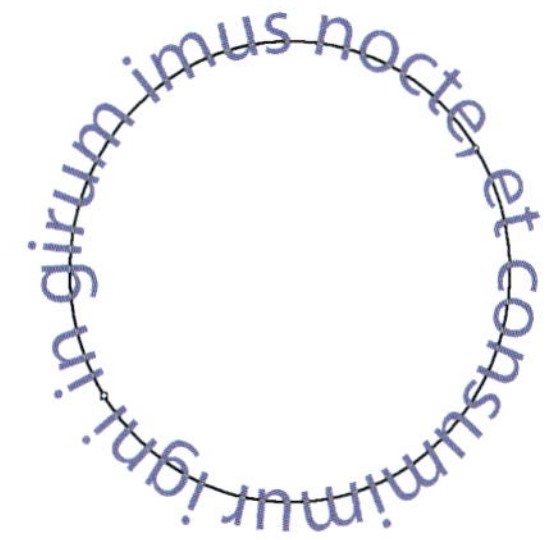

▲ **Abbildung 36.24**
Hier wurde die Grundlinie um 20 Pixel nach unten gesetzt.

▲ **Abbildung 36.25**
Textverkrümmung starten (Button in der Optionsleiste des Textwerkzeugs)

36.4.1 Verzerrter Text bei voller Editierbarkeit – das Textverkrümmungswerkzeug

Wenn Sie nicht nur entlang eines Pfades gebogenen, sondern auch verzerrten Text erstellen wollen, bietet sich die Arbeit mit dem Textverkrümmungswerkzeug an. Um es aufzurufen, aktivieren Sie das Text-Werkzeug. Sie finden den Button, um es aufzurufen, in der Text-Optionsleiste weit rechts.

Alternativ können Sie den Menübefehl EBENE • TEXT • TEXT VERKRÜMMEN wählen.

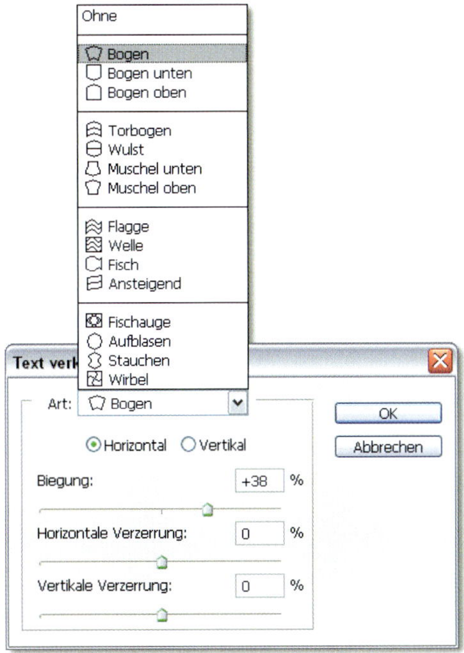

◀ **Abbildung 36.26**
Viele weitere Möglichkeiten und die Steuerung im Detail können Sie sich am besten am konkreten Beispiel erarbeiten.

Um Textverkrümmungen anzuwenden, muss der Text bereits geschrieben und die Textebene aktiv sein. Den Rest erschließen Sie sich am besten durch Ausprobieren. Das Beste an dem

Keine Verkrümmung bei Faux-Fettschrift

Das Werkzeug Text verkrümmen kann nicht arbeiten, wenn die Textebene zuvor mit der Funktion Faux Fett bearbeitet wurde. Bei Faux Kursiv funktioniert die Verkrümmung jedoch.

Werkzeug ist, dass Sie den Text trotz wildester Verbiegungen jederzeit bearbeiten können.

Um eine Verkrümmung wieder aufzuheben, rufen Sie das Werkzeug erneut auf und wählen aus der Dropdown-Liste Art • Ohne.

Es gibt viele Möglichkeiten,
um Text zu verzerren
also auch viele Gelegenheiten,
um ihn unlesbar zu machen!

Abbildung 36.27 ▸
Die Wirkung der Verkrümmungsstile Bogen, Flagge und Muschel

TEIL XII
Bilder ausgeben

37 Bildoptimierung für Internet und mobile Geräte

KAPITEL 37

Die Veröffentlichung von Bildern im Internet und auf mobilen Medien stellt besondere Anforderungen. Mit der Funktion FÜR WEB UND GERÄTE SPEICHERN steht Ihnen in Photoshop ein wirkungsvolles Werkzeug zur Verfügung, mit dem Sie Ihre Bilder für Webseiten und für mobile Geräte optimieren können. Hier erfahren Sie, welches Bild für den Internet-Einsatz geeignet ist, wie Sie Ihre Bilddateien webgerecht »klein kriegen« und was Sie beim Erstellen transparenter GIFs und mobiltauglicher WBMPs beachten müssen. Sie lesen, wie Sie mit gewichteter Optimierung relevante Bildinhalte in guter Darstellungsqualität zeigen, und lernen, wie Sie in Minutenschnelle eine Web- oder PDF-Präsentation zusammenstellen.

Bilder im Web und als PDF präsentieren
Um größere Bildermengen zu präsentieren, können Sie außerdem Web-Fotogalerie nutzen. Für Bilder-Shows im Offline-Modus bietet sich die Funktion PDF-PRÄSENTATION an. In CS4 sind beide Tools nicht mehr in Photoshop zu finden. Sie lassen sich nur noch über Adobe Bridge steuern – und werden in Kapitel 9, »Automatismen in Photoshop und Bridge«, ausführlich vorgestellt.

37.1 Welches Bild ist gut für das Web?

Trotz Kompression bleibt das Optimieren von Bildern für das Web ein Balanceakt zwischen geringer Kilobyte-Zahl und akzeptabler Bildqualität. Doch wenn Sie Bilder für den Internet-Einsatz vorbereiten, haben Sie nicht nur mit Kilobytes zu kämpfen – Sie sollten sich auch vor Augen halten, dass Bilder im Internet anders wirken als Bilder auf Zeitungs- oder Buchseiten oder gar als einzelne Fotoausdrucke. Sie werden wie **Inseln** oder **Signale** wahrgenommen. Daher sollten Sie sich bemühen, mit Ihrem Bild eine Aussage klar zu kommunizieren – Sie haben keine Ladezeit zu verschenken und sollten den kurzen Moment der Surfer-Aufmerksamkeit nutzen!

- Überlegen Sie, ob Ihr Bild die Aussage, die Sie treffen wollen, auch transportiert.
- Zeigen Sie das Wichtigste groß! Ein Porträt, das nur 70 Pixel hoch ist, sollte nicht noch Hintergrund, Lockenberge und Blusenknöpfe zeigen, sondern das Gesicht im Anschnitt.

- Wählen Sie Bilder, die der Stimmung und dem Anspruch der Site entsprechen, für die sie gedacht sind (weichgezeichnete Gegenlichtaufnahmen sind in einem Info-Portal fehl am Platze, Trash-Collagen passen nicht zu einem Webauftritt, der Designermöbel vermarktet usw.).
- Arbeiten Sie heraus, worauf es im Bild ankommt – Photoshop bietet genug Möglichkeiten (Farbe und Schwarz-Weiß-Elemente, Weichzeichnung, Aufhellung oder Abdunkelung einzelner Bildpartien etc.).

Daneben gibt es natürlich auch noch technische Anforderungen. Wenn Sie Ihre Dateien mit dem Befehl FÜR WEB UND GERÄTE SPEICHERN sichern, werden Bildmodus und Auflösung automatisch angepasst.

37.1.1 Dateiformate

Dateien, die für das Internet bestimmt sind, müssen zwei Bedingungen erfüllen:

- Sie sollten von allen Browsern problemlos interpretiert werden und
- bei der Darstellung ihres Motivs mit einer möglichst geringen Datenmenge auskommen, um die Übertragungszeiten kurz zu halten.

Die Grafikformate, die das Web immer noch beherrschen, sind GIF und JPEG. Die Alternative PNG ist unbekannter und daher seltener im Einsatz.

JPG | JPG oder JPEG ist in der Regel das beste Dateiformat für Halbtonbilder wie Fotos. Das JPEG-Format kann pro Bild bis zu 16,7 Millionen Farben speichern – praktisch das gesamte vom menschlichen Auge wahrnehmbare Spektrum. JPGs werden von allen Browsern problemlos reproduziert. Kleingerechnet werden JPG-Dateien per Kompression: Je stärker die Kompression ist, desto geringer ist die Dateigröße. Der verwendete Kompressionsalgorithmus ist jedoch nicht verlustfrei. Das heißt, bei stark komprimierten JPG-Bildern muss man mit Qualitätsverlusten rechnen (siehe Abbildung 37.5).

[Halbtonbild]
Halbtonbilder enthalten außer Schwarz und Weiß auch noch viele Zwischenstufen. Halbtonbilder sind also eigentlich alle Bilder, die für die drucktechnische Reproduktion gerastert werden müssen. Gegensatz: **Strichbild** (es enthält nur Schwarz und Weiß bzw. einen Vollton und Weiß).

GIF | GIF-Dateien sind Webgrafik-Urgestein. Sie verbrauchen wenig Speicherplatz, was vor allem durch Reduktion der Farbtöne im Bild erreicht wird. Maximal 256, minimal 2 Bildfarben sind darstellbar. Zusätzlich werden die GIF-Dateien auch noch komprimiert. Der Kompressionsalgorithmus ist verlustfrei. GIFs unterstützen Transparenz und können außerdem animiert werden.

Für Fotos eignen sie sich in Ausnahmefällen. Motive, bei denen es auf Bildschärfe ankommt – zum Beispiel Schriftbanner – sind als GIF oft gut aufgehoben.

PNG | Das Web-Format PNG wurde als Alternative zu beiden Formaten entwickelt und kombiniert deren Eigenschaften: Die Kompression ist verlustfrei, Transparenz ist möglich, sogar – anders als bei GIF – in Abstufungen. Wie das JPEG-Format unterstützt auch PNG 16,7 Millionen Farben. Möglich ist aber auch das Abspeichern mit einer eingeschränkten Farbpalette (indizierte Farben). PNG ist also ein sehr flexibles Dateiformat. Und trotzdem ist Ihnen das Dateiformat PNG noch nie untergekommen? Kein Wunder. Aufgrund seiner Vielseitigkeit war es lange Zeit nicht mit allen Browsern kompatibel. Zwar beherrschen die aktuellen Browser das PNG-Format inzwischen, doch gegen die Dominanz von JPG und GIF konnten sich PNGs nie richtig durchsetzen. So sind auch ganz normale PNGs ohne Transparenz, die bereits von älteren Browsern ab Version 4.0 problemlos verstanden werden, im Web eher selten anzutreffen.

JPEG oder GIF? | Ihnen bleibt also in den meisten Fällen die Entscheidung zwischen JPEG und GIF. Die bekannte Faustregel

- **JPEG für Fotos,**
- **GIF für flächige Grafiken, Text und Strichzeichnungen**

trifft oft zu – sklavisch daran halten müssen Sie sich nicht. Es gibt kein Patentrezept, und welches Dateiformat passt, ist auch vom Motiv abhängig.

Dateien auf der Buch-DVD: »goldfisch.jpg«, »webworte-logo.tif«

Bild: Fotolia, Scata

◂◂ Abbildung 37.1
Zweimal dasselbe Motiv: Hier als GIF mit 64 Farben, basierend auf der PERZEPTIV-Farbpalette (Siehe Seite 957). Durch die Farbbeschränkung gehen feine Details verloren. Es gibt jedoch auch fotografische Motive, die als GIF gut funktionieren.

◂ Abbildung 37.2
So würde dasselbe Motiv als JPEG in mittlerer Qualität aussehen. Gegenüber dem Original ist das Bild zwar schon weniger brillant, es wirkt jedoch nicht so stark verflacht wie das GIF.

▲ **Abbildung 37.3**
Schrift besser als GIF speichern? Nicht jede Schrift verträgt es, als GIF abgespeichert zu werden. Bei Schrift mit vielen Effekten gehen sanfte Farbabstufungen verloren. Am Bildschirm treten solche Effekte meist noch gnadenloser in Erscheinung als im gedruckten Buch.

▲ **Abbildung 37.4**
Schriften mit aufwendigen Effekten wie Verlauf, Schatten und Reflexion speichern Sie besser als hochwertige JPEG-Dateien.

▲ **Abbildung 37.5**
Wenn ein JPEG mit zu geringer Qualität (und hoher Kompression) gespeichert wird, zeigen sich an den Kanten im Bild hässliche Kompressionsspuren.

37.2 Webspeichern im Überblick: Tools und Funktionen

Die Methoden, mit denen GIF und JPEG die Bilddateien komprimieren, sind sehr verschieden, und entsprechend unterscheiden sich die Speicheroptionen in Photoshop. Ich gebe Ihnen zunächst einen Überblick über das Webspeichern-Werkzeug und erkläre dann die jeweiligen Optimierungsmöglichkeiten für die unterschiedlichen Dateitypen.

Das Dialogfeld erreichen Sie über die Befehle DATEI • FÜR WEB UND GERÄTE SPEICHERN bzw. Strg+Alt+⇧+S/ ⌘+⌥+⇧+S. Es öffnet sich ein fast bildschirmfüllender Dialog, der Ihnen genaue Kontroll- und Vergleichsmöglichkeiten bietet.

37.2.1 Vorschau

Dialog und Vorschaubilder vergrößern
Wenn Sie an der rechten unteren Ecke des Dialogfensters mit der Maus ziehen, vergrößert sich das gesamte Fenster, und damit werden auch die Vorschau-Abbildungen größer.

Das Vorschaufenster ❶ ist das dominante Element. Mithilfe der einzelnen Karteireiter können Sie zwischen verschiedenen Ansichten wählen:

- ORIGINAL zeigt nur das Ausgangsbild.
- OPTIMIERT zeigt allein die optimierte Version.
- 2FACH zeigt die originale Bildversion und das Bild mit den OPTIMIERT-Einstellungen nebeneinander.
- 4FACH (in der Abbildung zu sehen) schließlich zeigt das Original und drei Fenster für unterschiedliche Einstellungskonstellationen im direkten Vergleich. Das ist praktisch, nur werden die Vorschaufenster dann natürlich etwas kleiner.

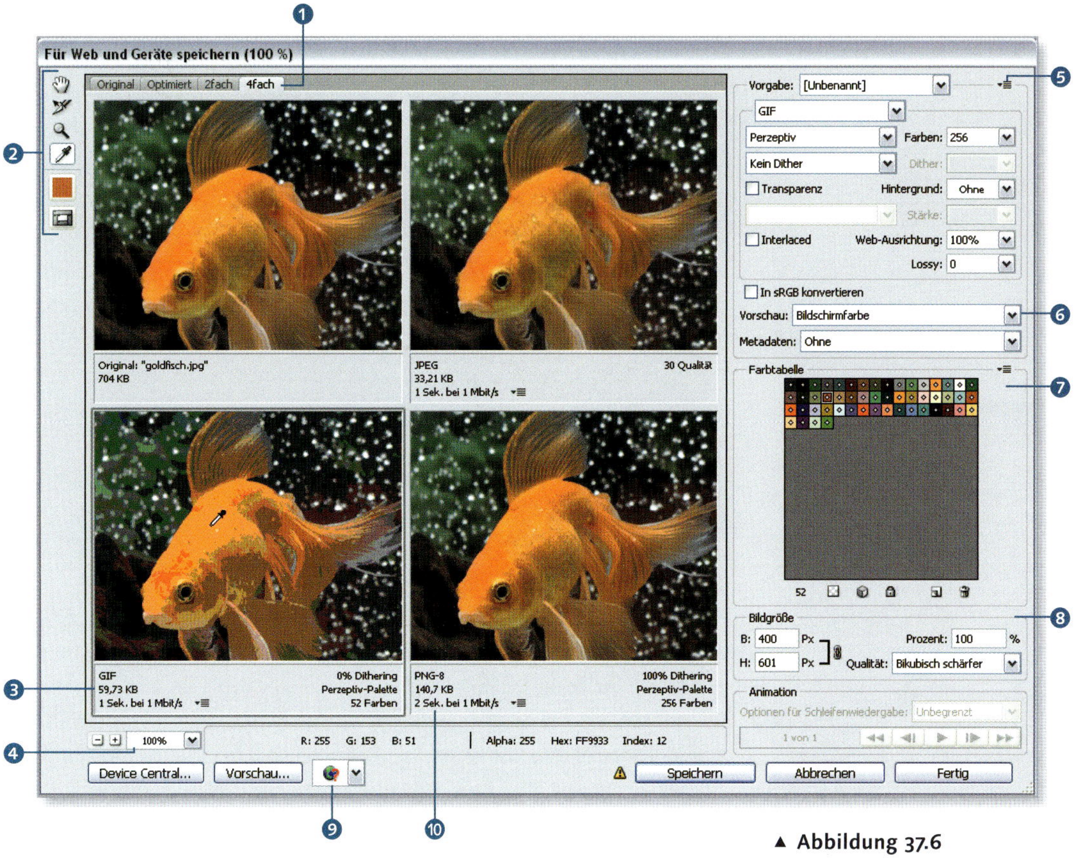

▲ **Abbildung 37.6**
FÜR WEB UND GERÄTE SPEICHERN: Je nach Dateityp ändern sich auch die Speicheroptionen im rechten Bereich. Hier sind die Einstellungen für das GIF-Format zu sehen.

Sich allein das Originalbild oder lediglich die optimierte Version anzeigen zu lassen, ist meines Erachtens nicht so praxistauglich. Besser ist die zwei- oder vierfache Vorschau. Dort können Sie unterschiedliche Optionen durchspielen und vergleichen, ehe Sie diese dem Bild endgültig zuweisen.

Verbesserte Vorschauoption: Mac- und Windows-Gamma | Eine neue Funktion in CS4 sorgt beim Webspeichern für eine bessere Vorschauansicht. Unter VORSCHAU ❻ erreichen Sie eine kleine Liste, in der Sie einstellen können, wie ein Bild im Webspeichern-Tool angezeigt wird.

Es handelt sich hier um Vorschauoptionen – keine Helligkeitskorrektur! Trotzdem ist das ein praktisches Prüfwerkzeug. Der Hintergrund ist, dass der Gammawert (gewissermaßen die Grundhelligkeit) bei Windows- und Macintosh-Systemen unterschiedlich ist. Ein Bild, das am Mac prima aussieht, erscheint auf Windows-Rechnern zu dunkel und umgekehrt.

- BILDSCHIRMFARBE ist die Standardeinstellung und nimmt keine Änderungen an den Gamma-Werten vor.
- MACINTOSH (OHNE FARBMANAGEMENT) zeigt eine auf dem Apple-Standard-Gamma basierende Korrektur an. Das Bild

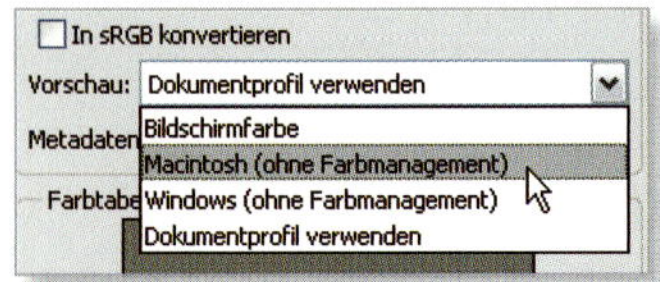

▲ **Abbildung 37.7**
Sie können für jedes Vorschaufenster eine eigene Einstellung wählen und so die Ergebnisse auch vergleichen.

Zum Weiterlesen: Farbmanagement
Was es mit dem Farbmanagement auf sich hat, erfahren Sie in Kapitel 38, »Farbmanagement«.

erscheint so, wie es auf Macs dargestellt würde. Diese Option können Sie nutzen, wenn Sie selbst am Windows-Rechner arbeiten.

- WINDOWS (OHNE FARBMANAGEMENT) ist eine Option für Macianer: Das Bild wird so angezeigt, wie es unter Windows dargestellt würde.
- DOKUMENTPROFIL VERWENDEN passt bei Dokumenten mit Farbverwaltung die Gamma-Werte an das angehängte Dokument-Farbprofil an.

Leider gibt es noch keine Möglichkeit, die Bildhelligkeit direkt im Webspeichern-Dialog zu korrigieren. Wenn Ihr Bild zu hell oder zu dunkel ist, müssen Sie nochmals zu Photoshop zurück und dort korrigieren.

37.2.2 Werkzeuge

Oben links finden Sie eine Reihe hilfreicher Werkzeuge ❷. Die meisten kennen Sie schon aus der regulären Werkzeugleiste und von anderen Tools:

- Das HAND-WERKZEUG [H] verschiebt große Bilder so im Vorschaufeld, dass Sie das entscheidende Detail im Blick behalten.
- Mit der LUPE [Z] können Sie wie gewohnt die Bildansicht zoomen (nehmen Sie [Alt]/[⌥] hinzu, wenn Sie die Ansicht verkleinern wollen). Die jeweilige Zoomstufe wird unten links nochmals in Prozenten angezeigt ❹ und kann auch dort aus einer Liste ausgewählt werden.
- Die PIPETTE [I] nimmt Farben aus dem Bild auf – diese Funktion ist für die GIF-Optimierung vorgesehen. Das darunter liegende Farbfeld zeigt stets die zuletzt aufgenommene Farbe.
- Das stilisierte Papiermesser (Slice-Auswahl-Werkzeug, [K]) und die unterste Schaltfläche (SLICES EINBLENDEN/AUSBLENDEN [Q]) dieser Reihe brauchen Sie nur, wenn Sie mit sogenannten Slices arbeiten. Slices sind ein Schritt von Adobe in Richtung Web-Publishing. Ein »geslictes«, das heißt in unterschiedliche Bereiche aufgeteiltes Bild kann in unterschiedliche Dateien gespeichert und automatisch per HTML-Code zu einer Webseite zusammengefügt werden. Meines Erachtens ist das keine empfehlenswerte Funktion, da Sie ohne Kontrollmöglichkeiten im Blindflug arbeiten!

37.2.3 Einstellungsfelder

Die Steuerungszentrale für das weboptimierte Speichern finden Sie im rechten Bereich des Dialogfeldes. Hier wählen Sie das

Dateiformat und nehmen Ihre Optimierungseinstellungen vor. Je nach gewähltem Dateiformat stehen Ihnen hier unterschiedliche Einstellungsmöglichkeiten zur Verfügung.

Unterhalb der Voreinstellungen finden Sie die **Farbtabelle** ❼ für GIFs; beim JPEG-Speichern ist dieses Feld leer. Darunter ❽ findet sich die Möglichkeit zur **Änderung der Bildmaße** auf die Schnelle – wenn Sie sehen, dass Sie Ihre Datei anders absolut nicht auf ein vernünftiges Maß schrumpfen können.

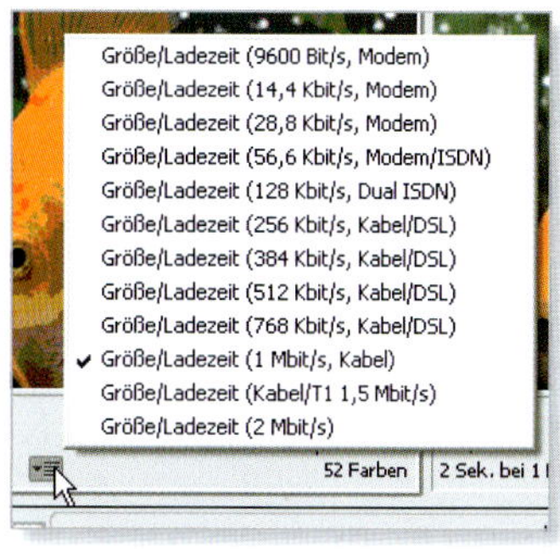

▲ **Abbildung 37.8**
Die (vermutete) Übertragungsrate für die Schätzung der Geschwindigkeit stellen Sie hier ein.

37.2.4 Zusammenfassungen

Unterhalb jeder Vorschau findet sich eine Zusammenfassung ❸ der Einstellungen, unter anderem eine Schätzung der späteren Übertragungsdauer dieser Datei bei einer bestimmten Internet-Anbindung des potenziellen Surfers ❿. Per Klick auf das Icon (siehe Abbildung 37.8) können Sie noch die Übertragungsrate ändern, die dieser Schätzung zugrunde liegt.

37.2.5 Browservorschau

Unten rechts haben Sie über das Browser-Icon ❾ (es erscheint entweder das Icon Ihres Standardbrowsers oder eine stilisierte Weltkugel) zudem die Möglichkeit, für Ihr Bild eine Vorschau direkt im Browser zu aktivieren. Die Browserliste lässt sich beliebig erweitern. Sich das Bild vor dem endgültigen Speichern im Browser anzusehen, kann sinnvoll sein, weil sich die Bilddarstellung – trotz weboptimierten Speicherns – im Browser leicht von der Photoshop-Vorschau unterscheiden kann, zum Beispiel bei der Darstellung von Verläufen.

37.2.6 Einstellungen speichern

Im Seitenmenü ❺ finden Sie über Einstellungen speichern die Möglichkeit, Optimierungseinstellungen als Set unter eigenem Namen abzuspeichern, um sie erneut zu verwenden.

37.2.7 Bild speichern

Wenn Sie mit dem Aussehen Ihres Bildes dann zufrieden sind, müssen Sie nur noch den Speichervorgang abschließen: Wenn Sie sich für eine Einstellung entschieden haben, klicken Sie auf OK. Sie bekommen dann das bekannte Dialogfeld Speichern, in dem Sie den Dateinamen und den Ordner angeben können.

Achtung – die Wunschkonstellation muss aktiv sein! Besonders dann, wenn Sie in der Vierfach-Ansicht arbeiten, müssen Sie darauf achten, dass beim endgültigen Speichern auch diejenige Vorschau aktiv ist, für deren Optionen Sie sich entschieden haben. Die aktive Vorschau ist durch einen schmalen Rahmen hervorgehoben, der aber nicht immer gut zu erkennen ist.

TOPP-TIPP: Webgerechte Dateinamen

Vergeben Sie am besten gleich die Dateinamen so, wie sie für Ihr Webprojekt benötigt werden. Zwar bieten die aktuellen Betriebssysteme die verführerische Möglichkeit, auch längere Dateinamen jenseits der Konvention 8+3 (Beispiel: »dokument.doc«) zu vergeben, die auch Umlaute oder sogar Leerzeichen und Sonderzeichen enthalten können. Beim Webeinsatz kann das jedoch zu Problemen führen, denn solche Namen werden von vielen Servern nicht korrekt verstanden. Halten Sie sich daher an die 8-Buchstaben-Regel, und vermeiden Sie »ä«, »ö« und »ü« sowie Sonderzeichen. Zudem sollten Sie auf strikte Kleinschreibung achten, weil einige Server Betriebssysteme nutzen, die zwischen Groß- und Kleinschreibung unterscheiden. Beispielsweise wird dann eine Datei namens »Image.GIF« nicht gefunden, wenn sie in Ihrem HTML-Code irrtümlich »image.GIF« heißt. Bei konsequenter Kleinschreibung können Sie gar nicht erst durcheinanderkommen.

37.2.8 Metadaten

Zum Nachlesen: Bildverwalter Bridge
Wie Sie mit Metadaten umgehen, lesen Sie in Kapitel 8, »Adobe Bridge«.

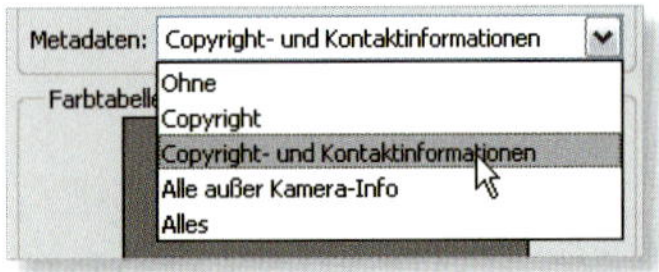

▲ **Abbildung 37.9**
Neu in CS4: Sie können entscheiden, welche Metadaten beim Webspeichern berücksichtigt werden.

Die neue Option METADATEN gibt es nicht nur bei GIFs, sondern auch bei anderen Dateiformaten. Die Metadaten einer Datei können Informationen zu den Aufnahmebedingungen (Kamera-Info), aber auch urheberrechtliche Informationen oder Kontaktdaten enthalten. Bei der Publikation von Bildern im Web ist das hilfreich: Content-Klau wird sicherlich nicht verhindert, doch machen solche Einträge deutlich, dass das Bild nicht frei verfügbar ist. Außerdem wird potenziellen Interessenten die Kontaktaufnahme zu Ihnen erleichtert.

Metadaten werden zur Datei gespeichert. Im Bild sind sie unsichtbar, sich können jedoch mit Adobe Bridge ausgelesen und verwaltet werden.

Naturgemäß machen Metadaten Dateien etwas »schwerer«. Sie können sich entscheiden, ob Sie sie ins Bild aufnehmen oder nicht.

37.3 GIF-Speicheroptionen

Wie klein sollen Dateien für das Web eigentlich werden?

Dabei kommt es auf den Gesamtzusammenhang an, in dem das Bild steht. Wenn Sie eine Site mit nur wenigen Grafiken planen, können Sie bei den einzelnen Dateien etwas großzügiger sein und in höherer Qualität speichern. Haben Sie hingegen eine Seite mit sehr vielen Bildern oder gar Animationen, sollten Sie diese vom Format her so klein wie möglich halten und beim Speichern um jedes Byte kämpfen. Überlegen Sie auch, ob wirklich jedes Bild benötigt wird.

Die vom Graphic Interchange Format (GIF) verwendete LZW-Kompression funktioniert über das Erkennen sich wiederholender Pixelfolgen (also beispielsweise größerer einheitlicher Farbbereiche) innerhalb des Bildes und ist selbst verlustfrei. Wie Sie bereits wissen, können maximal 256 Farben von einem GIF wiedergegeben werden; zusätzliche Bytes lassen sich durch eine weitere Einschränkung der Farbanzahl sparen. Die »Knackpunkte« der GIF-Optimierung sind also die Verwandlung der ursprünglichen Bildfarben in 256 oder weniger Farben und eine weitere Einschränkung der Farbanzahl. Dabei sollte natürlich der Charakter des Bildes erhalten bleiben.

Hier folgt zunächst eine Übersicht über die Standardoptionen, die Specials selteneren Funktionen finden Sie weiter unten.

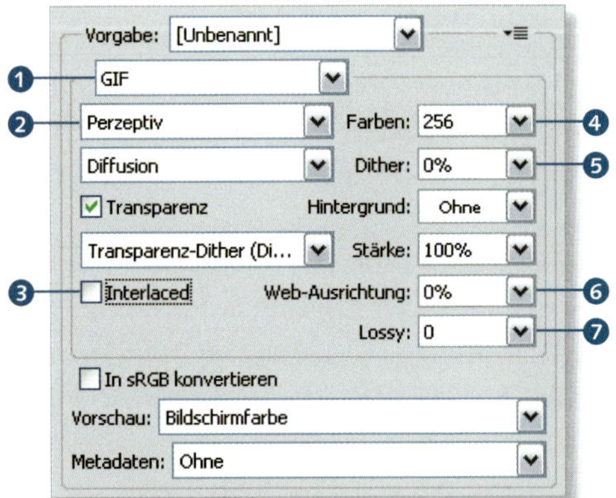

Abbildung 37.10 ▶
Ein mächtiger Helfer, um aus vielen Farben 256 oder weniger Bildfarben zu machen.

Um ein Bild als GIF abzuspeichern, stellen Sie links oben ❶ als Dateiformat »GIF« ein und erhalten damit die weiteren Optionen:

Farbreduktionsalgorithmus | Das Dropdown-Menü Farbreduktionsalgorithmus ❷ ermöglicht Ihnen die wichtige Einstellung verschiedener Farbtabellen bzw. Farbreduktionsalgorithmen, nach denen Ihr Bild bei der Farbreduktion gewissermaßen interpretiert wird. Damit sollten Sie die Bildoptimierung anfangen. Es gibt neun sogenannte **dynamische Farbtabellen**, die aus dem Bild selbst errechnet werden:

- Perzeptiv extrahiert die Farben aus dem Bild und errechnet eine Palette mit denjenigen Farbtönen, die das menschliche Auge verstärkt wahrnimmt. Diese Option ist einen Versuch wert – allerdings besteht hier die Gefahr, dass Farben nicht mehr mit dem Original übereinstimmen.
- Selektiv arbeitet ähnlich wie Perzeptiv, gewichtet aber zusätzlich noch die häufigsten Farben des Bildes. Diese Option ist für Bilder geeignet, deren Farbanzahl stark eingeschränkt werden muss, ohne dass man Farbverfremdungen in Kauf nehmen will: Es ist die Standardeinstellung.
- Adaptiv errechnet eine Palette mit Farben aus ein bis zwei Farbspektren, die im Bild am häufigsten vorkommen. Diese Option ist für Bilder geeignet, in denen einige wenige Farbtöne in vielen Abstufungen vorkommen.
- Restriktiv kann starke Farbverfremdungen bewirken – die Bildfarben werden an die sogenannte websichere Farbpalette angepasst.
- Benutzerdefiniert erscheint immer dann, wenn Sie die Farben der Tabelle manuell bearbeitet haben.
- Dann gibt es noch *statische Farbpaletten*, deren Farben unabhängig vom Bild schon feststehen und die Sie eher im Ausnahmefall benutzen sollten: Graustufen, Mac OS, Schwarzweiss und Windows.

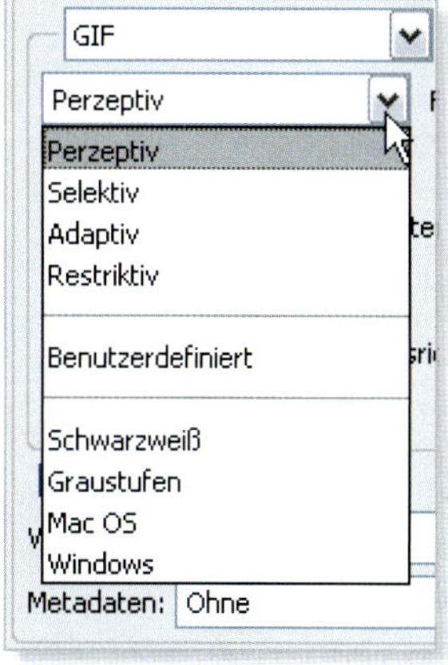

▲ **Abbildung 37.11**
Die Einstellungsmöglichkeiten unter Farbreduktionsalgorithmus

[Websichere Farben?]
Als websichere Farben bezeichnet man eine sehr eingeschränkte Auswahl von Farben, die für Webdesigner eine gewisse Sicherheit bei der Arbeit mit Farben gewährleisten soll. Das Konzept geht auf die Anfangszeit des Internets zurück. Die websicheren Farben sollen auch bei unterschiedlichsten Systemvoraussetzungen (Grafikkarten, Monitore, Browser, Browsereinstellungen etc.) überall gleich angezeigt werden. Aus verschiedenen Gründen funktioniert die Farbechtheit im Web jedoch nicht – auch nicht mit der websicheren Farbpalette!

Nach der Auswahl der Farbtabelle können Sie die **Farbanzahl zusätzlich beschränken** ❹. Für das Web sind Dateien mit bis zu 64 Farben sinnvoll – bei mehr Farben steigt die Dateigröße rasant an. Sieht Ihr Bild mit 64 Farben nicht gut aus, ist es eventuell ein Fall für das Format JPEG.

Lossy | Lossy ❼ macht, wie der Name schon nahelegt, aus der bis dahin verlustfreien GIF-Kompression eine verlustbehaftete Kompression. So kann man aber ein paar weitere Kilobyte einsparen. Die Bildqualität kann dabei jedoch leiden.

Dither | In GIFs können Farbabstufungen durch Dither ❺, d.h. das Anlegen verschiedener Farbraster, vorgetäuscht werden. Die Einstellung erfolgt in Prozent. Allerdings schwillt die Dateigröße dadurch an, weil die Kompression nicht mehr so gut greift, sodass der Vorteil, mit weniger Farben einige Byte gespart zu haben, eventuell wieder verloren geht. Wenn Sie dithern wollen, wählen Sie auf jeden Fall Diffusion aus. Die anderen Möglichkeiten führen zu schlechten Ergebnissen und bieten allenfalls Verfremdungseffekte. Auch ein Transparenz-Dither ist möglich.

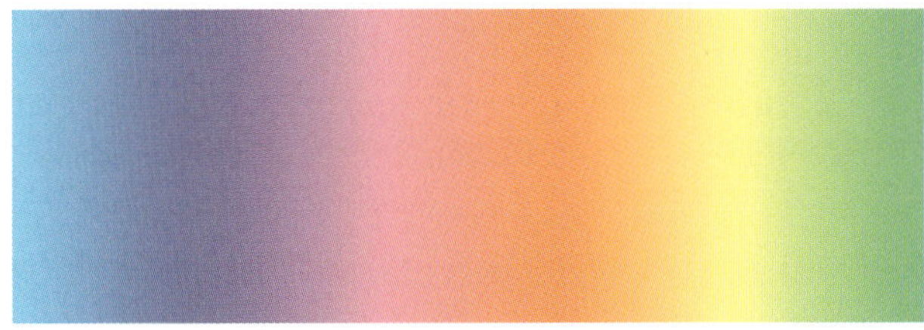

Abbildung 37.12 ▸
Wie funktioniert Dithering? Hier ein normaler Verlauf ...

Abbildung 37.13 ▸
... und derselbe Verlauf in einer geditherten Variante. Unregelmäßige Punktstrukturen täuschen Farben vor, die in der eingeschränkten Farbpalette eigentlich nicht vorhanden sind.

▴ Abbildung 37.14
Mit solchen siebdruck-artigen Verfremdungseffekten muss man rechnen, wenn man Farben zur Web-Palette verschiebt.

Web-Ausrichtung | Web-Ausrichtung ❻ ermöglicht ein dosiertes Verschieben der bestehenden Farben zur sogenannten websicheren Farbpalette. Je höher der Wert ist, desto mehr Farben werden verschoben.

Interlaced | Die frei zuschaltbare Option Interlaced ❸ ermöglicht den allmählichen Bildaufbau im Browser des Betrachters – das verkürzt die Zeit, bis überhaupt ein Bild angezeigt wird. Wenn Sie Grafiken für JavaScript-gestützte Mouse-over-Effekte erstellen, darf diese Funktion keinesfalls aktiviert sein – der Witz bei Mouse-over-Effekten ist ja gerade der unmittelbare Bildwechsel!

37.3.1 Fortgeschrittene Einstellungsmöglichkeiten für GIF-Farbtabellen

So weit die Standardeinstellungen. Durch Bearbeiten der Farbtabelle können Sie den Farbumfang und die Dateigröße weiter reduzieren oder das Aussehen des Bildes verbessern. Unterhalb der Tabelle wird Ihnen die jeweils aktuelle Farbanzahl gezeigt. Um die Farbtabelle zu modifizieren, nutzen Sie die kleinen Symbol-Schaltflächen am unteren Rand der Palette oder die entsprechenden Seitenmenübefehle.

Um Farben für das Sperren, Löschen oder andere Befehle auszuwählen, klicken Sie entweder direkt in das entsprechende Farbfeld, oder Sie klicken mit der Pipette in das Vorschaubild, um die entsprechenden Farben in der Palette auszuwählen. Ausgewählte Farben sind in der Palette dann mit einem **weißen Rand** markiert. Das Drücken von [Strg] bzw. [⌘] ermöglicht die Auswahl mehrerer Farben auf einmal, die dann zusammen bearbeitet werden können.

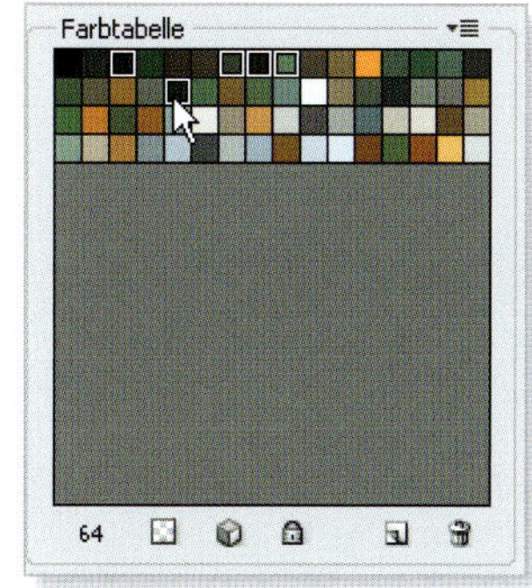

▲ **Abbildung 37.15**
Hier wurden einige Farben ausgewählt, wie die helle Umrandung zeigt.

Farben sperren | Eine nützliche manuelle Anpassung ist das Sperren einzelner Farben; beispielsweise wenn Sie beim Reduzieren von 32 auf 16 Farben bemerken, dass Ihnen eine für das Bild wichtige Farbe verloren geht, oder wenn Sie verhindern wollen, dass diese Farbe von Photoshop gedithert wird. Aktivieren Sie die Farbe(n), und klicken Sie anschließend in das kleine Sperren-Icon, oder wählen Sie den Seitenmenübefehl GEWÄHLTE FARBEN FIXIEREN/LÖSEN.
Die gesperrte Farbe ist dann mit einer **weißen Ecke** markiert. Auf dieselbe Art und Weise heben Sie die Fixierung wieder auf.

Das einfache Fixieren von Farben in der GIF-Palette unterbindet das Dithering durch Photoshop, nicht aber das Browser-Dithering!

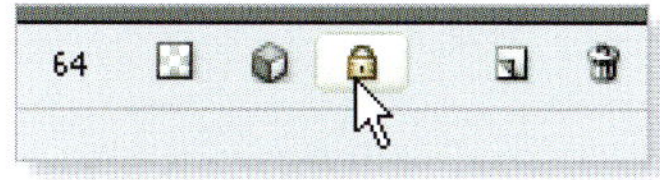

▲ **Abbildung 37.16**
Farben in der Farbtabelle sperren

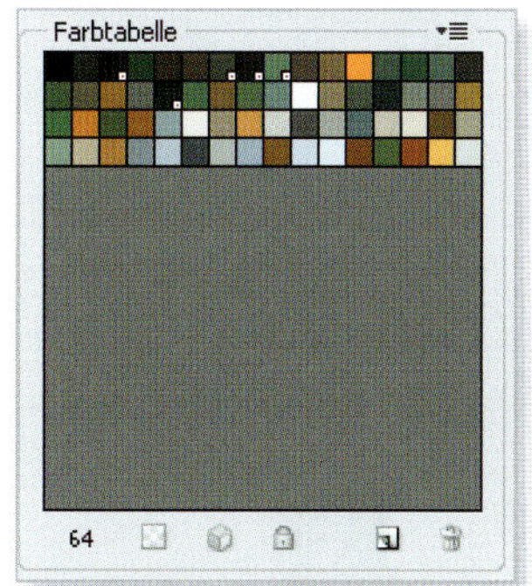

▲ **Abbildung 37.17**
Die helle Ecke rechts unten am Farbfeld zeigt, dass die betreffende Farbe fixiert ist.

Farben hinzufügen und löschen | Um Platz für andere Farben zu machen, können Sie auch Farben löschen: Markieren Sie sie einfach, und klicken Sie den kleinen Papierkorb an, oder wählen Sie den Befehl FARBE LÖSCHEN aus dem Seitenmenü.

Neue Farben fügen Sie hinzu, indem Sie mit der Pipette eine Farbe aus dem Vorschaubild anwählen. Meist ist es sinnvoll, das Vorschaubild ORIGINAL dazu heranzuziehen, denn man will ja mit dieser Operation in der Regel eine zusätzliche wichtige Bildfarbe in die Farbpalette aufnehmen, die bisher in der GIF-Version noch nicht vorhanden ist. Das Farbfeld unterhalb der Pipette zeigt die aufgenommene Farbe an. Dann wechseln Sie wieder in die Vorschau OPTIMIERT, der Sie diese Farbe hinzufügen wollen, und klicken auf das Symbol NEU unterhalb der Farbtabelle.

▲ **Abbildung 37.18**
Farbe aus der Tabelle entfernen

Wenn Sie mit der Palette BENUTZERDEFINIERT arbeiten, wird die Farbe sofort hinzugefügt; bei allen anderen Paletten müssen Sie zunächst durch Löschen einer anderen Farbe Platz gemacht haben. Andernfalls kann es passieren, dass eine der bereits bestehenden Bildfarben in Richtung der neuen Farbe verschoben – also verändert – wird. Die neue Farbe wird nicht an das Ende der Liste angefügt (wie Sie es etwa von der Palette FARBFELDER kennen), sondern entsprechend der im Seitenmenü eingestellten

▲ **Abbildung 37.19**
Farbe zur Tabelle hinzufügen

Anordnung. Nur wenn Nicht sortiert aktiviert ist, wird das neue Farbfeld hinten angefügt.

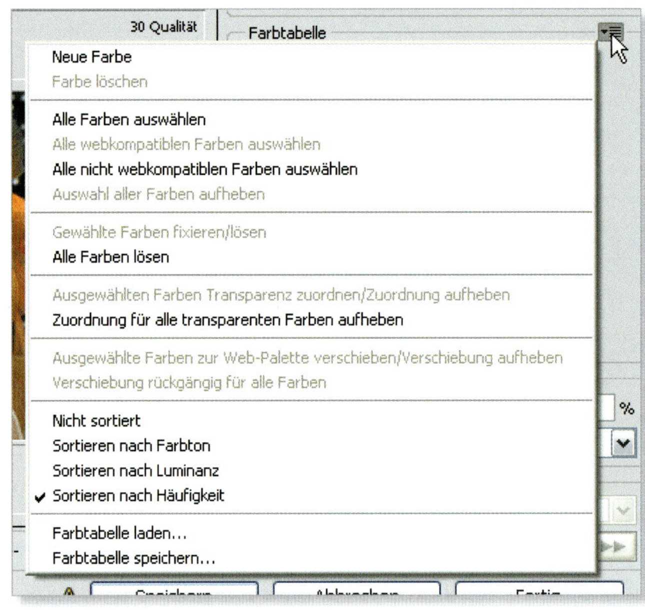

Abbildung 37.20 ▶
Im Seitenmenü der GIF-Farbpalette können Sie auch festlegen, in welcher Anordnung die Palettenfarben gezeigt werden.

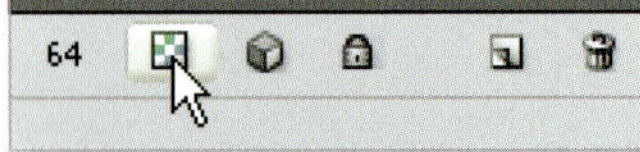

▲ **Abbildung 37.21**
Farben transparent setzen

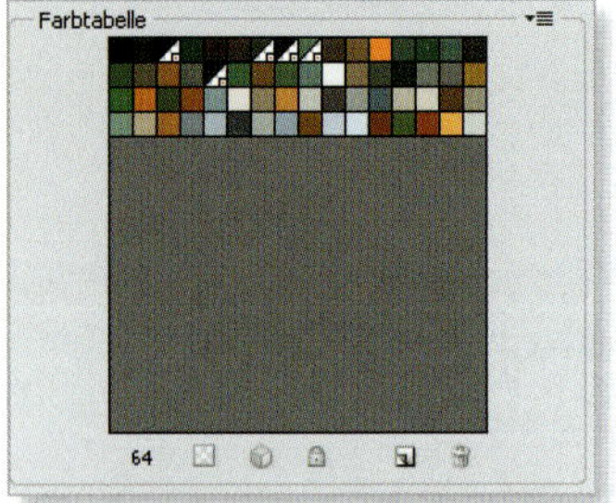

▲ **Abbildung 37.22**
Fünf transparent gesetzte Farben. Die hier ebenfalls angezeigte Verriegelung erfolgt automatisch

Browser-Dithering

Nicht nur Photoshop dithert Farben, um Darstellungsproblemen im Web auszuweichen. Wenn die Grafik-Ausstattung eines Rechners nicht ausreicht, um alle Farben einer Website anzuzeigen, dithert auch der Browser – ganz selbstständig. Aus diesem Grund ist die Browser-Vorschau vor allem bei Verläufen und anderen sensiblen Farbabstufungen sinnvoll.

Bildfarben transparent setzen | Sie können auch Bildfarben transparent setzen. Dazu wählen Sie wiederum die Farbe(n) aus und klicken auf das Transparent-Icon oder wählen den Befehl Ausgewählten Farben Transparenz zuordnen/Zuordnung aufheben im Seitenmenü. Beachten Sie auch, dass die Option Transparenz aktiviert sein muss!

Die Farbfelder werden nun diagonal unterteilt, und ihre untere Hälfte zeigt (kaum kenntlich) das bekannte Transparenz-Schachbrettmuster. Farben nachträglich Transparenz zuzuordnen kann bei gerundeten oder unregelmäßig geformten Elementen sinnvoll sein, die schon auf transparentem Hintergrund stehen und »frei schwebend« in Websites eingebaut werden sollen. Es kann notwendig sein, dann einige Randpixel auszublenden, um einen besseren Übergang zu erzielen (siehe auch Abschnitt 37.3.2, »GIF und Transparenz«).

Farben verschieben | Um das **Browser-Dithering** (nicht das Dithern durch Photoshop) für einzelne Farben wirksam zu unterbinden, aktivieren Sie diese Farben wiederum in der Farbübersicht und klicken auf das würfelförmige Icon unterhalb der Farbpalette.

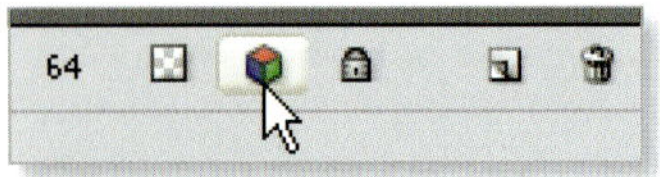

▲ **Abbildung 37.23**
Einzelne Farben zur Web-Palette verschieben

Als Alternative gibt es den Befehl Ausgewählte Farben zur Web-Palette verschieben/Verschiebung aufheben. Das Bild kann sich durch dieses Manöver entscheidend verändern!

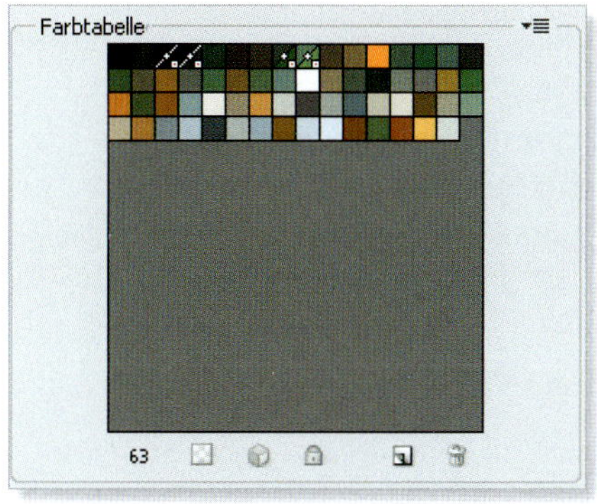

◂ Abbildung 37.24
Hier wurden einige Farben zur Web-Palette verschoben. Sie sind durch eine diagonale Linie und Miniaturraute gekennzeichnet. Dieses Rautensymbol – ohne Diagonale – finden Sie bei allen Farbfeldern, die zur Web-Palette gehören.

Bearbeitung der Farbtabellen rückgängig machen | Um Schritte beim Modifizieren der Farbtabellen rückgängig zu machen, gibt es keinen besonders großen Bearbeitungskomfort. (Das gewohnte Strg+Z bzw. ⌘+Z funktioniert hier nicht!) Einige Befehle stehen aber doch zur Verfügung:

- Verriegelungen lösen, Transparenz und Websicherheit zurücksetzen können Sie so, wie Sie sie auch eingestellt haben: Markieren Sie die Farbfelder, und klicken Sie erneut auf die Schaltfläche bzw. wählen Sie den entsprechenden Befehl im Seitenmenü.
- Um eine einzelne verschobene Farbe wieder zurückzusetzen, doppelklicken Sie auf das Farbfeld. Dadurch öffnet sich der Farbwähler, in dem die ursprüngliche Farbe angezeigt wird. Klicken Sie dann zum Zurücksetzen der Farbe auf OK, ohne weitere Änderungen im Farbwähler vorzunehmen.
- Um zur ursprünglich eingestellten Palette zurückkehren, stellen Sie entweder in der Farbtabellen-Liste statt EIGENE wieder eine der Standardtabellen ein oder wählen im Seitenmenü der Farbtabelle den Befehl VERSCHIEBUNG RÜCKGÄNGIG FÜR ALLE FARBEN.

Gewichtete Optimierung – Bye-bye
Bis zur Version CS3 konnte man Bilder »gewichtet optimieren« – ihnen also mithilfe von Masken unterschiedliche GIF- oder JPG-Optionen für verschiedene Bildteile zuweisen. Diese umständliche und selten benutzte Funktion ist in CS4 gestrichen worden.

37.3.2 GIF und Transparenz: GIFs auf Site-Hintergrund abstimmen

GIF kann auch transparente Pixel speichern. Das ist ein Vorteil für den Einsatz im Web – so können auch gerundete oder unregelmäßig geformte Objekte (Logos, Buttons, Schriften), die nicht der vorgegebenen Rechteckform entsprechen, freischwebend auf einer Website platziert werden, indem man die Hintergrundpixel transparent setzt. Technisch ist das einfach: Üblicherweise erstellen Sie ja auch Webelemente wie Buttons zunächst im PSD-Format. Um dann GIFs mit Transparenz daraus zu machen, können Sie wie folgt vorgehen:

- Nehmen Sie unter FÜR WEB UND GERÄTE SPEICHERN den betreffenden Farbton mit der Pipette auf, und setzen Sie dann die Farbe durch einen Klick auf das Transparenz-Icon unterhalb der Farbpalette transparent oder

- blenden Sie die Hintergrundebene der Ausgangsdatei (PSD oder ein anderes Dateiformat, das Ebenen unterstützt) aus, bevor Sie zum weboptimierten Speichern schreiten. Dieses Verfahren bietet sich an, wenn die auszublendende Farbe auch noch an anderen Stellen des Bildes vorkommt, sodass ein pauschales Transparentsetzen dieser Farbe Löcher ins Bild reißen würde.

▲ **Abbildung 37.25**
Wenn Sie die Pipette im Webspeichern-Werkzeug benutzen, um Bildfarben transparent zu setzen, kann es passieren, dass auch dort Transparenz auftritt, wo sie nicht erwünscht ist, so wie hier im Inneren der Button-Schrift.

Datei auf der Buch-DVD: »testbuttons.psd«

▲ **Abbildung 37.26**
Im PSD sehen die Kanten noch gut aus. Die Vergrößerung zeigt rund um die Rundung des Buttons die Glättungspixel in verschiedenen Grautönen, die die »Pixeltreppen« kaschieren.

▲ **Abbildung 37.27**
Im GIF werden die Buttons ohne Glättungspixel an den Rundungen angelegt, wenn Sie nicht spezielle Einstellungen vornehmen. Entsprechend »pixelig« sehen die gerundeten Ränder aus.

Leider werden gerade an Rundungen oft unschöne »Treppenkanten« sichtbar. Um die GIF-Kanten zu glätten, müssen Sie Photoshop mitteilen, auf welchem Farbhintergrund Ihr GIF mit Transparenz stehen soll – also die Hintergrundfarbe der späteren Website. Die stellen Sie im Dialog Für Web und Geräte speichern unter Hintergrund ❶ ein. Sie können die aktuelle Pipettenfarbe, Schwarz oder Weiß als Basis festlegen, und ein Klick auf Andere... ❷ öffnet den Farbwähler. Am schnellsten geht die Farbeinstellung, wenn Sie den BinHex-Farbwert der Hintergrundfarbe in das Eingabefeld unten links ❸ eintragen.

Sie sehen dann, dass Ihre Bildobjekte – hier die gerundeten Buttons – nun einen Rand in der eben eingestellten Farbe bekommen haben. Noch sieht das störend aus, sobald aber die Buttons (oder andere Bildobjekte) auf dem richtigen – der Basisfarbe entsprechenden – Hintergrund stehen, macht sich eine optische Glättung bemerkbar, die der PSD-Ansicht nur wenig nachsteht.

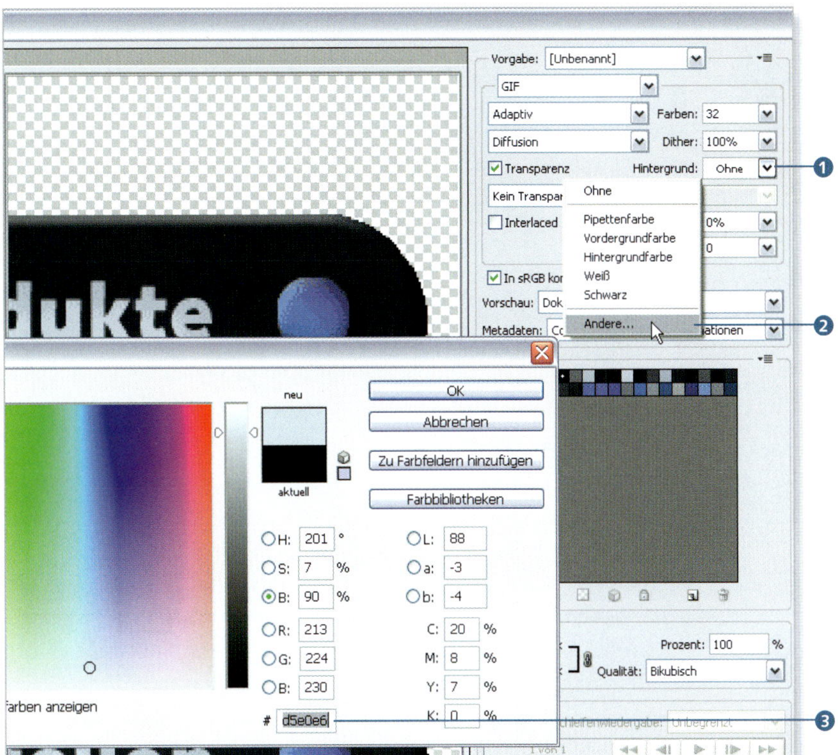

▲ **Abbildung 37.28**
Festlegen der Hintergrundfarbe bei den GIF-Optionen

Leider können Sie solche Transparenzobjekte immer nur für einen bestimmten Hintergrund optimieren. Setzt man die Buttons auf einen helleren Hintergrund, obwohl eine dunkle Basis vorgegeben war, werden die Glättungspixel als »Trauerrand« sichtbar (oder blitzen im ungekehrten Fall hell hervor).

Wenn Sie ein Objekt mit Transparenz auf gemusterte oder mehrfarbige Website-Hintergründe setzen wollen, sollten Sie als Basis eine Farbe einstellen, die sich an alle vertretenen Farben gut anpasst.

▲ **Abbildung 37.29**
Für jeden geplanten Webseiten-Hintergrund muss die Grafik erneut mit einer angepassten Hintergrundfarbe abgespeichert werden, sonst werden die hinzugefügten Randpixel unschön sichtbar.

37.4 JPEG-Speicheroptionen

Am besten funktioniert der JPEG-Kompressionsalgorithmus, wenn das Foto weiche Farbübergänge, wenig Kontrast, sanfte Kurven und nur wenige harte Kanten hat. Schrift oder Strichzeichnungen vertragen die JPEG-Kompression nicht so gut und werden schnell unscharf. Große einheitliche Farbflächen zeigen schnell die typischen Kompressionsspuren (Artefakte), die als mehr oder weniger deutlich sichtbare kleine Quadrate das Bild überziehen. Umgekehrt kann man eine bessere JPEG-Kompression erzielen, indem man das Bild leicht weichzeichnet.

Komische Farbveränderung beim weboptimierten Speichern?

Bisher war hier nur von Farbmodellen und Farbräumen wie »CMYK« und »RGB« die Rede. Tatsächlich gibt es mehr als nur *den* RGB-Farbraum – und abhängig von den Ausgabebedingungen gibt es auch im CMYK-Druck unterschiedliche Farbräume.
Als Quasi-Standard für Webanwendungen hat sich ein RGB-Farbraum namens **sRGB** (das »s« steht für »Standard«) eingebürgert. Das ist ein eher kleiner (und daher nicht unbegrenzt empfehlenswerter) RGB-Farbraum, der jedoch von fast allen Geräten und Software-Anwendungen genutzt wird. Standardmäßig verschiebt das Webspeichern-Modul die Farben von Bildern, die in einem anderen RGB-Farbraum vorliegen, automatisch nach sRGB. Dabei kann es zu deutlichen Farbveränderungen kommen. Um das zu unterbinden, öffnen Sie das Seitenmenü des Dialogs Für Web und Geräte speichern und entfernen den Haken bei In sRGB konvertieren ❺.
Wenn Ihre Bilder in sehr großen Farbräumen wie Adobe RGB oder ProPhotoRGB vorliegen, sollten Sie eine Konvertierung in sRGB in Erwägung ziehen. Eine Profilkonvertierung in Photoshop führt vermutlich zu besseren Ergebnissen als unkontrollierte Farbänderungen durch einen Browser.

Zum Weiterlesen: Farbprofile, Farbkonvertierungen...
Mehr zu allen Themen rund um Farbkonsistenz können Sie in Kapitel 38, »Farbmanagement«, nachlesen.

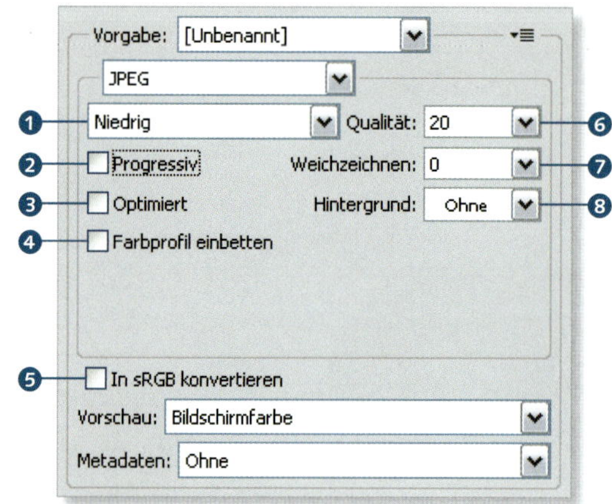

▲ **Abbildung 37.30**
Sobald Sie als Dateiformat JPEG einstellen, bieten sich Ihnen die passenden Optionen. Eine Farbtabelle gibt es hier nicht.

Komprimierungsqualität | Die wichtigste Einstellung, die Sie dann wählen müssen, ist der Grad der Kompression. Hier bedeutet ein hoher Wert hohe Bildqualität und niedrige Kompression, und umgekehrt führt ein niedriger Wert zu einem Bild mit hoher Kompression und geringer Dateigröße, aber weniger guter Qualität. Sie können im Dropdown-Menü ❶ auf eine grobe Einteilung zwischen Niedrig und Maximum zurückgreifen oder im Feld Qualität ❻ mit einem Schieberegler Prozentraten einstellen. Letzteres ermöglicht ein genaueres Austarieren.

Optimiert, Progressiv | Nicht aktivieren sollten Sie die Option Optimiert ❸. Sie führt zwar zu kleinen Dateien, aber leider auch zu Darstellungsproblemen in vielen Browsern.

Die Einstellung Progressiv ❷ wirkt ähnlich wie Interlaced bei GIFs. Die späteren User sehen recht schnell eine unscharfe Version des Bildes auf ihrem Monitor, die dann nach und nach – eben in mehreren Durchgängen – verbessert wird. Allerdings wird diese Anzeige nicht von allen Browsern unterstützt.

Weichzeichnen | Mit der Option Weichzeichnen ❼ können Sie dem Bild zu weicheren Kanten und besserer Komprimierbarkeit verhelfen. Dies ist keine Option für jeden Tag! Nutzen Sie sie nur, wenn sich das Bild sonst absolut nicht kleinkriegen lässt und das Motiv eine Weichzeichnung verträgt.

Farbprofil einbetten | Farbprofil einbetten ❹ speichert Informationen zum Farbmanagement mit der Datei ab, die dann von einigen Browsern zur farbrichtigen Darstellung der Bilder genutzt werden sollen.

Hintergrund | HINTERGRUND ❽ funktioniert hier anders als bei GIF. Die Option bietet bei JPEG-Bildern die Möglichkeit, eventuell vorhandenen transparenten Pixeln eine (nicht transparente) Farbe zuzuweisen – in JPEGs können transparente Pixel ja nicht als solche gespeichert werden. Bessere Kontrolle über das Ergebnis haben Sie natürlich, wenn Sie diesen Schritt noch in der Arbeitsansicht vollziehen.

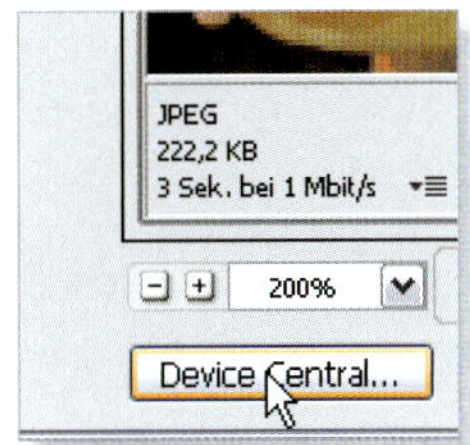

▲ **Abbildung 37.31**
So schalten Sie zu Device Central um.

37.5 Device Central

Ein Klick auf den Button DEVICE CENTRAL unten links im Web-Speichern-Dialog öffnet ein weiteres umfangreiches Dialogfenster.

Device Central ist ein weiterer Bestandteil der Creative Suite. Mit diesem Tool können Sie Werkzeuge für mobile Geräte (vor allem Telefone) testen. Verschiedene Lichtverhältnisse und unterschiedliche Gerätetypen werden simuliert. Sie können unter anderem Kontraste, Helligkeit, Größe und Ausrichtung der Grafik einstellen. Auch Tastaturbenutzung und Speicherverbrauch des Endgeräts lassen sich nachstellen – diese Funktion kommt wohl eher für die Anwender von Flash infrage. Mehr Info zum Thema gibt es in Abschnitt 7.3.4, »Neue Dateien mit Device Central«.

▼ **Abbildung 37.32**
Device Central: Simulation eines Mobiltelefons – inklusive Lichtreflex auf dem Display –, um Bilder optimal anzupassen.

37.6 Animierte Bilder

Um Bewegung auf eine Webseite zu bringen, muss man nicht unbedingt Flash einbinden. Zwar sind animierte GIFs, die es fast seit der Steinzeit des WWW gibt, oft nicht besser als ihr Ruf. Doch es ist durchaus möglich, mit einer kleinen Animation einen krönenden Akzent auf einer Website zu setzen – ein Beispiel ist die Site des Verlags Galileo Press (*http://www.galileo-press.de*). Dort ist das Verlagslogo als animiertes GIF gestaltet.

Praktisch sind Animationen auch dann, wenn man auf einem Werbe- oder Informationsbanner viele Informationen unterbringen muss. In mehreren Phasen können dann unterschiedliche Informationen genannt werden.

Das Erstellen animierter GIFs ist recht einfach, und auch für die Nutzer der späteren Websites bieten solche Animationen Vorteile – die Installation zusätzlicher Plug-ins, wie sie für die Anzeige von Flash-Animationen im Browser zuweilen nötig ist, entfällt bei GIFs. Mit Photoshop haben Sie ein schnelles und komfortables Werkzeug zur Hand, um animierte GIFs zu erstellen.

37.6.1 Animiertes GIF erstellen: Grundlagen und Arbeitsweise

Um eine Animation zu erstellen, brauchen Sie neben der Ebenen- auch die Animation-Palette, die Sie über Fenster • Animation erreichen. In CS4 legt sich die Palette automatisch an den unteren Rand des Programmfensters, sie kann jedoch auch – wie alle Paletten – mit der Maus aus ihrem Dock gezogen und frei positioniert werden. Mithilfe der Palette legen Sie als Erstes für eine Datei verschiedene Animationsstadien an, die sogenannten Frames.

Abbildung 37.33 ▼
Die Animation-Palette samt Seitenmenü

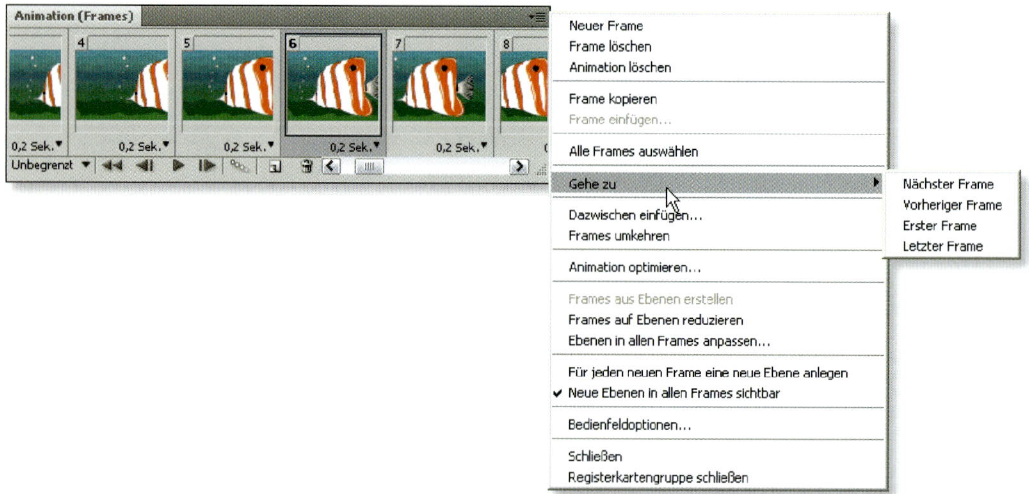

Am Anfang unterscheiden sich die Frames noch nicht voneinander. Erst durch Änderungen an der Ebenen-Palette ordnen Sie jedem Frame bestimmte Eigenschaften zu. Jeder Frame kann andere Konstellationen und Eigenschaften der Ebenen-Palette enthalten und sich von seinem Nachbarn grundlegend unterscheiden. Sie können Ebenen ein- und ausblenden, verschieben oder Deckkraftänderungen vornehmen. Wenn Sie die Ebeneneigenschaften geschickt den Frames zugeordnet haben, entstehen durch das spätere Abspielen der Frames – also der Animation – bewegte Bilder. Das heißt also auch, dass Sie Ihre Datei entsprechend vorbereiten müssen. Das ist aber gar nicht so schwierig, wie es sich anhört, wie Sie gleich sehen werden.

Das Prinzip der Frames

Animationsframes haben nichts mit den Framesets zu tun, wie sie von HTML-Seiten bekannt sind, sondern sind ein aus dem Film-Vokabular entlehnter Begriff. Das schnelle Abspielen der einzelnen (Film-)Frames erzeugt dann den Eindruck der Bewegung. Stellen Sie sich die Animationsframes einfach wie einzelne Filmbilder vor.

Grundsätzlich stehen Ihnen mit der Animation-Palette zwei verschiedene Methoden zur Verfügung, um den einzelnen Frames verschiedene Ebenenkonstellationen zuzuordnen:

- Sie können jeden Frame einzeln von Hand bearbeiten oder
- Sie können per Tweening automatisch Frames mit bestimmten Eigenschaften einfügen und so stufenlos sanfte Bewegungen oder ein Fading (Ausblenden der Deckkraft) erzeugen.

Im Folgenden erfahren Sie, wie das geht, und Sie lesen, wie Sie Animationen optimieren und speichern.

37.6.2 Animiertes GIF erstellen: handgemachte Animation

Als Allererstes müssen Sie natürlich eine Datei entsprechend vorbereiten – wie dies aussehen sollte, richtet sich nach dem, was in der geplanten Animation passieren soll.

Fürs Erste können Sie mit der Datei »Fisch-Animation.psd« von der Buch-DVD trainieren. Wenn Sie einige Animationen übungshalber angelegt haben, wird es Ihnen leichtfallen, passende Dateien zu erstellen. Sie brauchen die geöffnete Datei, die Ebenen-Palette und die Animation-Palette.

Dateien auf der Buch-DVD: »Fisch-Animation.psd«, »Fisch-Animation-Frames.psd«

Ebenen-Palette | Die Ebenen-Palette hat nach dem Aufrufen der Animation-Palette ihr vertrautes Gesicht etwas verändert: Im oberen Bereich sind neue Funktionen hinzugekommen.

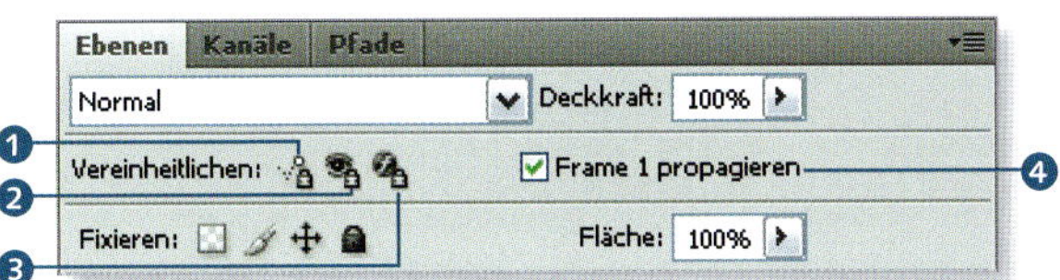

◂ **Abbildung 37.34**
Diese kleinen Schaltflächen erleichtern Ihnen das Animieren erheblich.

Die neu hinzugekommenen Optionen helfen Ihnen, Position, Sichtbarkeit und Effekte einer Ebene in unterschiedlichen Frames zu vereinheitlichen. Sie können die Buttons für einzelne Ebenen

Animierte GIFs: nicht zu bunt
Auch wenn es einige Methoden gibt, um beim Abspeichern der Animationen etwas Speicherplatz zu schinden, werden Animationen schnell zu recht gewichtigen Dateien. Gespeichert werden sie immer als GIFs. Denken Sie vor allem daran, dass sich alle Bilder der Animation die begrenzte GIF-Farbpalette *teilen*, die ja gerade beim Webspeichern klein gehalten werden sollte. Für jedes einzelne Bild stehen also unter Umständen recht wenige Farben zur Verfügung. Dithern ist beim Speichern von Animationen nicht immer eine Option, denn dadurch können wichtige Details oder Schriften unkenntlich werden, oder das Bild »flackert« beim Abspielen der Animation.

aktivieren bzw. deaktivieren, indem Sie die betreffende Ebene markieren und den Button dann anklicken.

- Ist das erste Icon EBENENPOSITION VEREINHEITLICHEN ❶ aktiv, werden Änderungen an der **Position** dieser Ebene auf jeden Frame der Animation angewendet – Sie platzieren den Inhalt der markierten Ebene in jedem Frame der Animation am gleichen Ort. Diese Option darf nicht aktiv sein, wenn in der Animation geplant ist, den Ebeneninhalt zu verschieben.
- Die Schaltfläche EBENENSICHTBARKEIT VEREINHEITLICHEN ❷ wendet Änderungen an der **Sichtbarkeit** auf alle Frames einer Animation an.
- EBENENSTIL VEREINHEITLICHEN ❸ schließlich wendet Änderungen an einem **Ebenenstil** auf jeden Frame der Animation an.
- Wenn die Checkbox FRAME 1 PROPAGIEREN ❹ mit einem Häkchen versehen ist, werden alle Animationsframes auf der Grundlage etwaiger Veränderungen von Position, Sichtbarkeit oder Ebenenstil des ersten Frames mit verändert. Wenn Sie möchten, dass sich die Änderungen im ersten Frame nicht auf andere Frames auswirken, deaktivieren Sie diese Option.

Schritt für Schritt: Animation in Handarbeit

1 Frames erzeugen

Als Erstes erzeugen Sie mit dem Icon NEU (dem vertrauten »Blatt-Papier-Symbol« in der Animation-Palette) so viele Duplikate des ersten Frames, wie Sie für die jeweilige Animation brauchen. Dabei müssen Sie sich immer den Ablauf des »Films« vorstellen – Planung zahlt sich aus. Sie können natürlich auch nachträglich Bilder einfügen oder schon fertige Frames mit der Maus hin und her ziehen. (Das ist ähnlich unkompliziert wie das Umschichten von Ebenen in der Ebenen-Palette.)

Abbildung 37.35 ▸
Legen Sie die Frames in der Animation-Palette an.

2 Frames einstellen

Als Nächstes wählen Sie nacheinander jeden Frame durch Anklicken an und legen mit der Ebenen-Palette sein Aussehen fest. Ich will, dass in jedem Frame eine der Schriftebenen sichtbar ist, sodass sich ein lesbarer Satz ergibt. Übrigens spielt es gar keine Rolle, ob Ebenen aktiviert sind oder nicht. Einzig die Sichtbarkeit ist relevant. Es muss auch nicht zwingend in jedem Frame eine neue Ebene bearbeitet oder eingeblendet werden. Denken Sie jedoch daran, in der Ebenen-Palette den Haken bei FRAME 1 PROPAGIEREN zu entfernen, wenn Sie *nur* den ersten Frame (und nicht alle folgenden) verändern wollen. Die einzelnen Stadien im Beispielbild sind jedenfalls nun so definiert:

▲ **Abbildung 37.36**
Einstellungen für Frame 1

▲ **Abbildung 37.37**
Einstellungen für Frame 2.

Fischmotiv: Fotolia, Ekaterina Lozanova

▲ **Abbildung 37.38**
Einstellungen für Frame 3

▲ **Abbildung 37.39**
Einstellungen für Frame 4

3 Testlauf

Die Animation ist nun im Wesentlichen fertig und kann getestet werden. Die kleinen Buttons am unteren Rand der Animation-Palette ermöglichen es Ihnen, zwischen einzelnen Frames zu springen (also verschiedene Frames zu aktivieren) und die Animation abzuspielen.

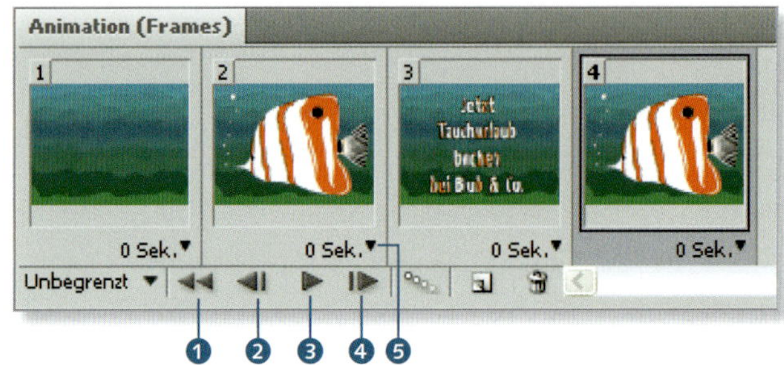

Abbildung 37.40 ▶
Buttons zum Abspielen der Animation

❸ startet das Abspielen, ❹ springt einen Frame vor, ❷ springt einen Frame zurück, und ❶ aktiviert den allerersten Frame in der Animation (Zurückspulen). Klicken Sie also den einfachen Pfeil. Sie werden sehen, dass die Animation viel zu schnell läuft.

4 Verzögerung einstellen

Wenn Sie auf einen der sehr kleinen Dreieckspfeile ❺ rechts neben der aktuellen Geschwindigkeitseinstellung (0 Sek.) klicken, öffnet sich ein Dialogfeld, in dem Sie andere Verzögerungszeiten auswählen können.

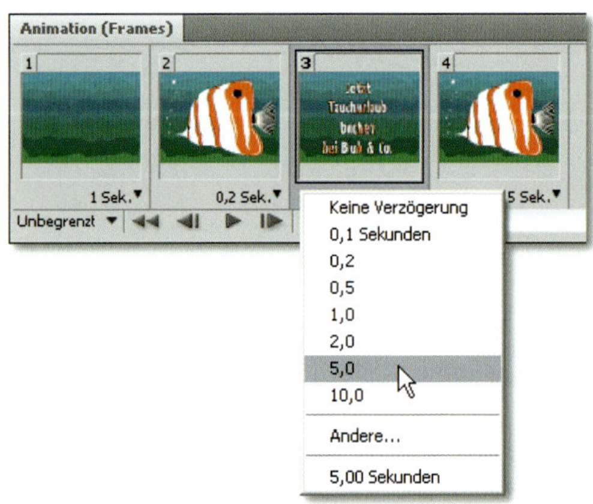

Abbildung 37.41 ▶
Über das Menü stellen Sie die Verzögerung für jeden einzelnen Frame ein.

Verschiedene gängige Zeiten sind schon in der Liste aufgezählt, ein Klick auf ANDERE... erlaubt freie Eingaben. Der Seitenmenübefehl ALLE FRAMES AUSWÄHLEN oder mehrfache Klicks auf die Frames bei gehaltener [Strg]/[⌥]- oder [⇧]-Taste markieren mehrere Frames. Die Zeiteinstellungen beziehen sich dann auf alle markierten Frames.

5 Wiederholung einstellen

Üblicherweise wird eine Animation unbegrenzt wiederholt. Wenn Sie dies aus irgendwelchen Gründen ändern wollen, klicken Sie auf den Befehl UNBEGRENZT unten links. Es öffnen sich andere Einstellungen.

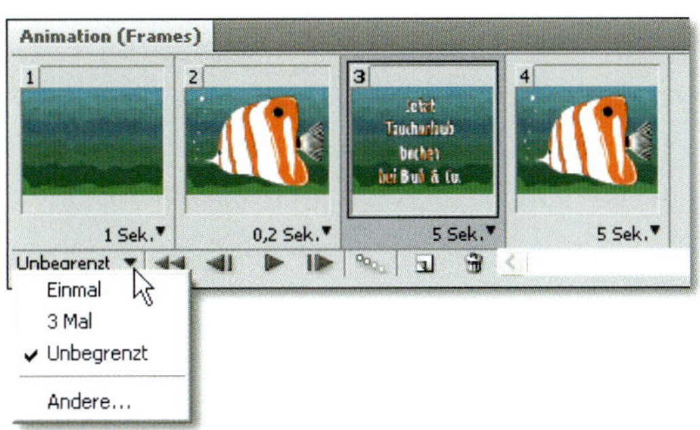

◀ **Abbildung 37.42**
Einstellungen für die Wiederholung einer Animation (Loop)

6 Weitere Möglichkeiten für handgemachte Animationen

Nach der gleichen Methode können Sie auch Animationen mit Drehungen, Farbänderungen, Verzerrungen oder Skalierungen erzeugen, wenn Sie eine .psd-Datei haben, die alle gewünschten Stadien auf eigenen Ebenen enthält. ■

[Tweening]
Tweening ist ein Begriff aus der Animationstechnik, der auch in anderen Programmen verwendet wird. Er leitet sich ab von *in between(ing)*. Beim Tweening werden zwei von Ihnen zuvor festgelegte Frames mit bestimmten Eigenschaften als Schlüsselbilder benutzt, und die dazwischen liegenden Frames werden automatisch erstellt. Dabei werden die Informationen der Schlüsselframes hochgerechnet, um die neuen Frames mit Inhalt zu füllen. In Photoshop können Sie auf diese Art die Ebenenattribute Position, Deckkraft oder Effekteinstellungen gleichmäßig zwischen den neuen Frames abstufen (lassen).

37.6.3 Animationen mit Tweening

Animationen wie stufenloses Auf- und Abblenden via Ebenendeckkraft oder gleichmäßige Bewegungen beispielsweise einer Schrift über das Bild erfordern viele Ebenen und viele, viele Klicks – oder Sie benutzen das sogenannte Tweening. Wie das geht, lässt sich wiederum am konkreten Beispiel am besten demonstrieren.

Schritt für Schritt: Animation mit Tweening erstellen

1 Vorbereitungen

Die Ausgangslage unterscheidet sich kaum von der Arbeit an der handgemachten Animation. Auch hier sind die Ebenen-Palette und die Animation-Palette Ihre wichtigsten Helfer.

Datei auf der Buch-DVD: »Fisch-Animation.psd«

◀ **Abbildung 37.43**
Der Fisch soll durch das Meer schwimmen.

2 Ersten Schlüsselframe anlegen

Aktivieren Sie den ersten Frame sowie in der Ebenen-Palette den Text, und bewegen Sie die Fisch-Ebene mit dem Verschieben-Werkzeug oder den Pfeiltasten ganz nach rechts. Es sollten gerade noch einige Luftblasen aus dem Fischmotiv zu sehen sein. Denken Sie wieder an die Option FRAME 1 PROPAGIEREN in der Ebenen-Palette: Sie sollte nicht aktiv sein.

Abbildung 37.44 ▸
Frame 1: Die Fisch-Ebene wurde rechts aus dem Bild bewegt.

3 Zweiten Schlüsselframe erzeugen

Legen Sie ein Duplikat des ersten Frames an.Wiederholen Sie die Operation im zweiten Frame, aber schieben Sie hier den Fisch nun nach *links* heraus. In beiden Frames bewegen Sie dieselbe Ebene, nur jeweils in unterschiedliche Richtungen!

Abbildung 37.45 ▸
Frame 1: Die Fisch-Ebene wurde links aus dem Bild heraus geschoben.

4 Tweening einfügen

Das war schon alles an Handarbeit. Jetzt kommt das sogenannte Tweening: Es wird eine von Ihnen festgelegte Anzahl von Frames eingefügt, und Photoshop berechnet die Zwischenstadien der Animation. Das erreichen Sie durch den Befehl DAZWISCHEN EINFÜGEN... aus dem Seitenmenü oder indem Sie auf die entsprechende Schaltfläche am unteren Palettenrand klicken. Achten Sie darauf, dass dabei der zweite Frame aktiviert ist und nicht der erste.

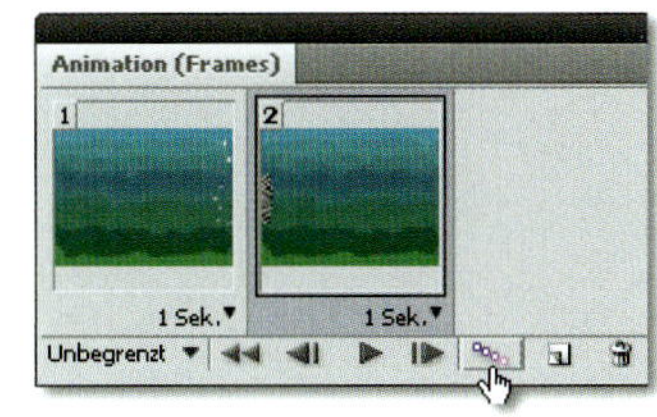

▲ **Abbildung 37.46**
So starten Sie das Dialogfeld für das automatische Einfügen von Frames.

5 Tweening-Optionen festlegen

Im Dialogfeld, das sich dann öffnet, finden Sie folgende Optionen. Übernehmen Sie genau die gezeigten Einstellungen.

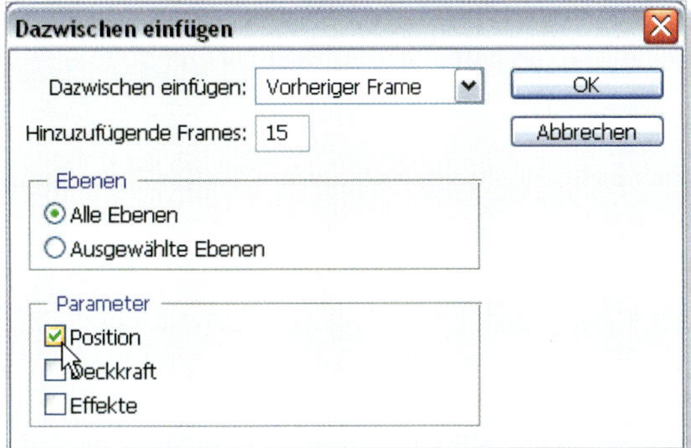

◀ **Abbildung 37.47**
Der Dialog DAZWISCHEN EINFÜGEN

Mit DAZWISCHEN EINFÜGEN steuern Sie, wo genau die Frames eingefügt werden. ERSTER FRAME fügt zwischen dem letzten und dem ersten Frame weitere Frames ein. Diese Option ist nur verfügbar, wenn in der Animation-Palette der letzte Frame ausgewählt ist. VORHERIGER FRAME fügt zwischen dem ausgewählten Frame und dem vorherigen Frame weitere Frames ein. Wenn Sie in der Animation-Palette den ersten Frame gewählt haben, ist diese Option (logischerweise) inaktiv. Die Option LETZTER FRAME ist nur aktiv, wenn der erste Frame der Animation ausgewählt ist. Sie fügt zwischen dem ersten und dem letzten Frame weitere Frames ein. Die Option NÄCHSTER FRAME ist nicht verfügbar, wenn Sie in der Animation-Palette den letzten Frame ausgewählt haben (wie es im Beispiel der Fall sein sollte). Sie fügt zwischen dem ausgewählten Frame und dem nächsten Frame weitere Frames ein.

Die Parameter POSITION, DECKKRAFT und EFFEKTE bezeichnen die Ebenentransformationen, die vom Tweening überhaupt unterstützt werden. Andere Bewegungen oder Effekte wie Drehungen, Verzerrungen oder Rotationen können Sie nicht per Tweening erzeugen. Da in diesem Beispiel eine Bewegung erzeugt werden soll, muss POSITION aktiv sein. Ob die anderen Parameter aktiv sind oder nicht, spielt keine Rolle, da sie in der Beispieldatei gar nicht vorkommen.

Ebenen

ALLE EBENEN und AUSGEWÄHLTE EBENEN bezieht sich auf die Ebenen, die bei der Berechnung der Zwischenbilder berücksichtigt werden. In unserem Beispiel muss ALLE EBENEN aktiviert sein, sonst fehlt die Hintergrundebene in den folgenden Frames.

Unter Hinzuzufügende Frames stellen Sie die Anzahl der neuen Frames ein. Hier brauchen Sie ein wenig Erfahrung, um abzuschätzen, welche Werte gut sind. Je mehr Frames es gibt, desto sanfter ist das Tweening – und desto größer die Datei.

6 Testen, Verzögerung festlegen

Nun hat sich die Animation-Palette gefüllt. Mit dem Abspielbutton können Sie die Animation testen (und wieder stoppen) und anschließend die Verzögerung und gegebenenfalls Wiederholung einstellen.

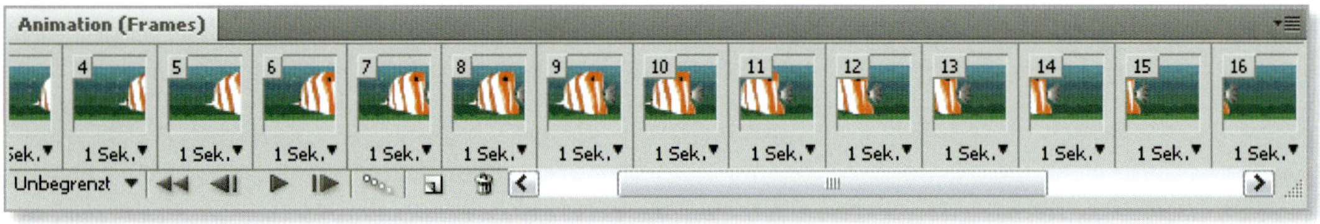

Abbildung 37.48 ▼
Durch das Tweening wurden diverse Frames automatisch erstellt.

Wenn Sie möchten, können Sie in derselben Manier nun auch noch die Textebene in die Animation einbauen. Zum Beispiel könnte sie von oben einschweben, nachdem der Fisch durch das Bild geschwommen ist (wie in der Beispieldatei »Fisch-Animation-Frames.psd« zu sehen).

Abbildung 37.49 ▼
Animation der Textebene

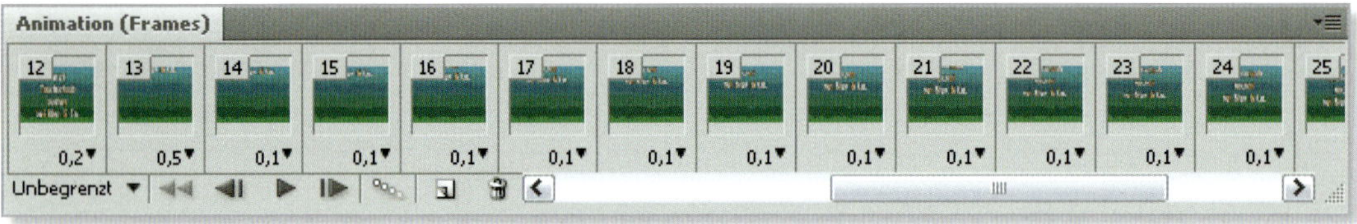

37.6.4 Optimieren von Animationen

Bevor Sie eine Animation mit Für Web und Geräte speichern sichern, sollten Sie sie noch optimieren. Dazu wählen Sie aus dem Seitenmenü der Animation-Palette den Befehl Animation optimieren.

Abbildung 37.50 ▶
Kleines Dialogfeld, aber wirksam

Begrenzungsrahmen stellt in jedem Frame den Bereich frei, der sich im Vergleich zum vorherigen Frame geändert hat. Mit dieser Option erstellte Animationsdateien werden kleiner. Es kann jedoch zu Schwierigkeiten kommen, wenn sie in anderen

GIF-Editoren weiterverarbeitet werden sollen. Die Anzeige im Browser wird jedoch nicht beeinträchtigt.

Entfernen redundanter Pixel verleiht allen Pixeln in einem Frame, die sich im Vergleich zum vorherigen Frame nicht verändert haben, Transparenz. Achtung: Beim Speichern unter Für Web und Geräte speichern müssen Sie später Transparenz aktivieren, wenn Sie diese Option nutzen.

37.6.5 Animation speichern

Um Animationen zu speichern, gehen Sie so vor wie beim Speichern gewöhnlicher GIF-Dateien auch. Als Farbpaletten sollten Sie Perzeptiv, Selektiv oder Adaptiv verwenden, denn nur diese gewährleisten gleiche Farben von Frame zu Frame. Das Verfahren zur Berechnung etwaigen Dithers ist bei Animationen etwas komplizierter als bei normalen GIFs, um Konsistenz zwischen den verschiedenen Frames zu erreichen. Daher kann der Speichervorgang etwas länger dauern.

Ebenen retten, PSD-Version erhalten

Wenn Sie eine Animation als GIF speichern, werden die Animationsframes reduziert, und die ursprünglichen Ebenen gehen verloren. Es empfiehlt sich also, auch die Originaldatei zusätzlich als PSD zu sichern, damit die Ebenen zur erneuten Bearbeitung erhalten bleiben.

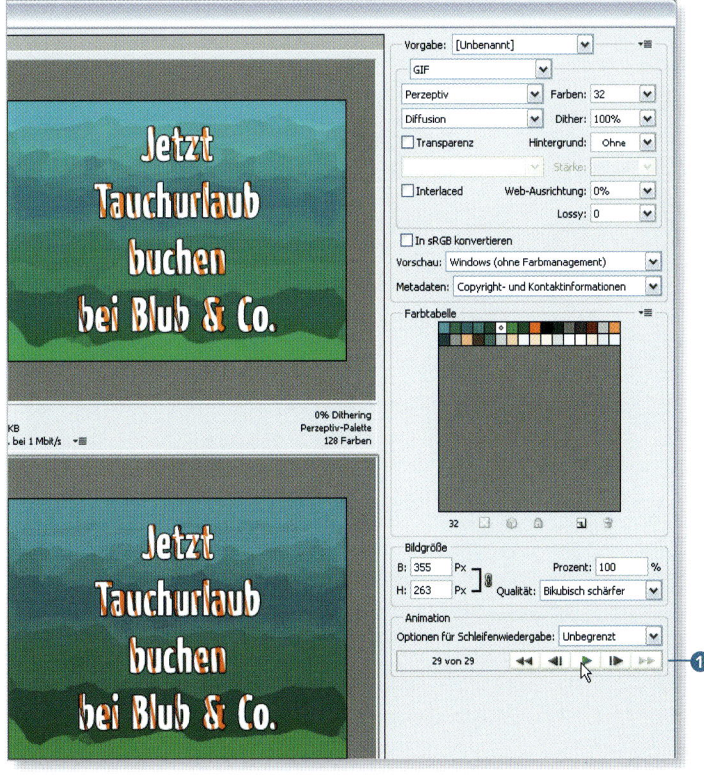

◄ **Abbildung 37.51**
Animationen speichern: Die Buttons ❶ ermöglichen einen letzten Testlauf mit verschiedenen Optimierungseinstellungen.

Abspielen unter »Für Web und Geräte speichern«

Unterhalb der GIF-Farbpalette finden Sie auch Abspielbuttons. Sie funktionieren wie die Buttons in der Animation-Palette auch. Auch die Anzahl der Durchläufe kann hier eingestellt werden (Optionen für Schleifenwiedergabe).

37.6.6 Häufige Bannergrößen

Banner sind sicherlich einer der wichtigsten Anwendungsbereiche für Animationen. Es müssen ja nicht immer schrillbunte Nervtöter sein – animierte Banner können auch einfach eine gute

Banner-Standards

Standards haben es schwer, sich im Internet durchzusetzen. Da Banner jedoch eine wichtige Werbeform im Netz sind, gibt es immerhin eine Reihe von Empfehlungen und Quasi-Konventionen für Bannergrößen. Deutsche Bannergrößen werden vom VDZ, dem *Verband Deutscher Zeitschriftenverleger*, empfohlen. Internationale Empfehlungen für die verschiedenen Bannergrößen gibt das *Interactive Advertising Bureau* (IAB) heraus.

Möglichkeit sein, um mehr Informationen unterzubringen, als der begrenzte Platz eigentlich zulässt.

An der folgenden Übersicht können Sie sich beim Anlegen von Bannern orientieren – der Austausch von Werbebannern kann dadurch erleichtert werden. Allerdings haben diese Quasi-Standardgrößen auch einen Nachteil: Programme, die die Anzeige von Werbung in Browsern unterdrücken sollen, blockieren unter Umständen alle Grafiken in diesen Formaten – auch wenn es sich nicht um Werbung handelt.

VDZ-Bezeichnung	IAB-Bezeichnung	Größe (Breite × Höhe in Pixeln)
Vollbanner	Full Banner	468 × 60
Halbbanner	Half Banner	234 × 60
–	Full Banner with vertical Navigation Bar	392 × 72
Drittelbanner	–	156 × 60
OMS-Banner	–	400 × 50
Großer Button	–	130 × 80
Kleiner Button	–	137 × 60
Großes Quadrat	Square Button	125 × 125
–	Vertical Banner	120 × 240
–	Button I	120 × 90
–	Button II	120 × 60
Kleines Quadrat	–	75 × 75
–	Micro Button (oder Button)	88 × 31
Sonderformat für Banner Exchanges		400 × 40

Tabelle 37.1 ▸ Bannergrößen und ihre Bezeichnungen

37.7 Zoomify: Fotos detailreich und ganz groß

Datei auf der Buch-DVD: »schuh.tif«

Vor allem auf Webseiten, die Produkte zum Verkauf präsentieren, findet man solche Bilder: Fotos, die man mithilfe kleiner Buttons näher heranholen kann und die dann zahlreiche Bilddetails zeigen. Meist lassen sich die vergrößerten Ausschnitte dann noch mit der Maus bewegen. Der Detailreichtum solcher Aufnahmen ist ein sicheres Indiz dafür, dass die Bilder nicht einfach größer skaliert werden – dann wäre ja die Pixelstruktur des Bildes zu sehen –, es handelt sich hier um echtes Zoomen.

Hier steckt offensichtlich ein großformatiges Bild dahinter, das so aufbereitet ist, dass die Ladezeiten nicht unzumutbar lang werden. Dazu kommt eine kleine Bedienungskonsole mit den Buttons zum Herein- und Herauszoomen und Verschieben. So etwas ganz ohne technische Unterstützung »von Hand« zu erzeugen, ist ein mühsames Unterfangen. In Photoshop lassen sich solche zoombaren Bilder ganz einfach mit wenigen Handgriffen herstellen.

37.7.1 Das Dialogfenster »Zoomify«

Um das Zoomify-Werkzeug aufzurufen, wählen Sie Datei • Exportieren • Zoomify. Das Bild, das Sie bearbeiten wollen, muss ebenfalls geöffnet sein.

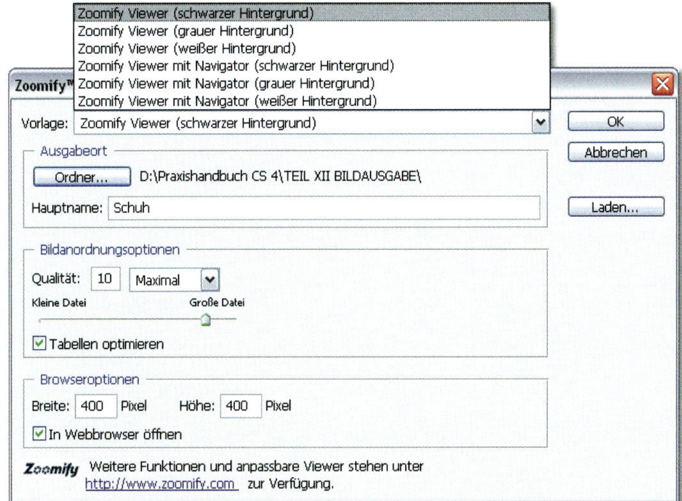

◂ Abbildung 37.52
Wenig Optionen, erstaunliche Wirkung: Zoomify.

- Unter Vorlage stellen Sie ein, in welcher Umgebung das »zoomifizierte« Bild präsentiert werden soll. Sie haben die Wahl zwischen verschiedenen Hintergründen und können entscheiden, ob Sie zusätzlich einen Navigator einblenden möchten. Der Zoomify-Navigator funktioniert ähnlich wie die Palette Navigator in Photoshop und erleichtert späteren Betrachtern die Orientierung.
- Als Ausgabeort müssen Sie einen Ordner festlegen, der Hauptname wird dann der Name des Unterordners, in dem die unterschiedlichen Zoomify-Dateien landen. Die Funktion akzeptiert keine Umlaute und Sonderzeichen als Ordnernamen!
- Unter Bildanordnungsoptionen legen Sie die eigentlichen Arbeitsparameter von Zoomify fest. Ihre Einstellungen wirken sich auf Dateigröße und Bildqualität aus – ähnlich wie beim Speichern von JPEGs im Dialog Für Web und Geräte speichern, aber natürlich nicht so drastisch. Zoomify-Bilder

erscheinen im Vergleich zu normal weboptimierten JPEGs wegen ihrer höheren Auflösung immer als sehr hochwertig.

- Die Option TABELLEN OPTIMIEREN ist ein Hinweis auf das Funktionsprinzip von Zoomify: Große Bilder werden in kleine »Kacheln« zerlegt und im Browser wieder zusammengefügt – offenbar in einer Tabelle, die hier für noch kürzere Ladezeiten eben auch optimiert werden kann.
- Mit den BROWSEROPTIONEN bestimmen Sie, wie groß das Bildfenster im Browser werden soll. Die Maße sollten natürlich die Größe ihres Ausgangsbildes nicht überschreiten. Da das Bild später frei verschiebbar ist, müssen die Proportionen des Bildfensters allerdings nicht zwingend mit den Bildproportionen übereinstimmen.

Der »Laden«-Button hält nicht, was er verspricht

Mit der Schaltfläche LADEN sollen weitere Viewer-Vorgaben geladen werden können. Es gibt auch einen Photoshop-Preset-Ordner namens ZOOMIFY. Der enthält jedoch nur die schon bekannten Vorlagen. Auf der Website, deren Link Sie unten im Dialog finden, habe ich keine Vorlagen zum Download entdecken können. Allerdings kann sich der Besuch trotzdem lohnen: Es gibt dort Upgrades und für Zoomify-Poweruser ergänzende (kostenpflichtige) Software zum Modifizieren der Designs.

Sobald Sie Ihre Einstellungen getätigt haben, klicken Sie auf OK, und der Export beginnt. Haben Sie zuvor IN WEBBROWSER ÖFFNEN aktiviert, wird die Datei auch sofort nach dem Export in Ihrem lokalen Browser angezeigt. Der Zoomify-Export geht so schnell, dass Sie verschiedene Vorlagen ausprobieren können.

Abbildung 37.53 ▸
Die Vorlage, ein Bild mit stattlichen 1125 × 1125 Pixeln, wird flott »zoomifiziert« und anschließend direkt im Browser angezeigt. Hier die Variante mit Navigator.

Ein Blick in den zuvor von Ihnen angegebenen Ordner zeigt, dass für jedes Zoomify-Bild eine HTML-Datei und ein Ordner namens [IHRDATEINAME]_IMG – im Beispiel also SCHUH_IMG – erzeugt wurde. Der Ordner enthält wiederum eine XML-Datei, eine SWF-Datei (Zoomify funktioniert auf Basis von Flash) und einen Unterordner. Wenn Sie den öffnen, können Sie die einzelnen Bildkacheln sehen.

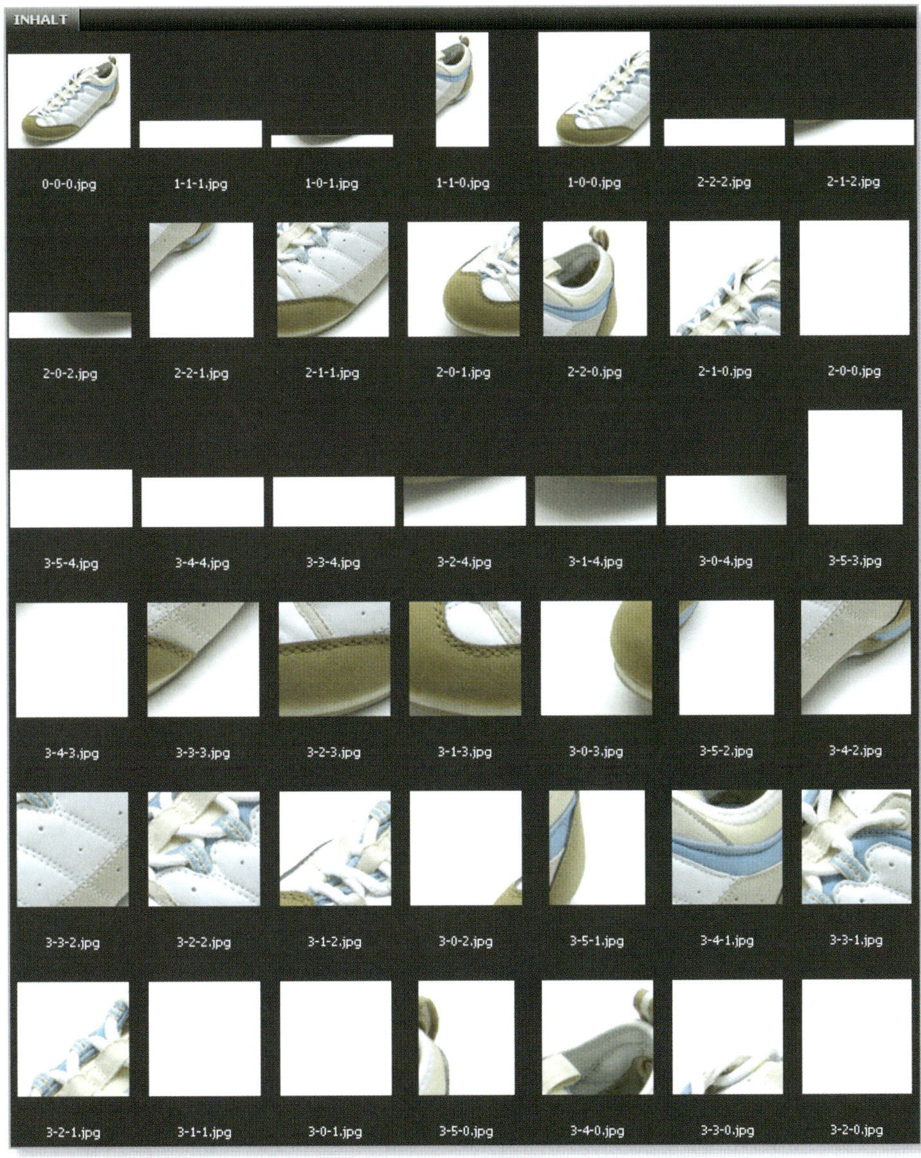

▲ **Abbildung 37.54**
Die von Zoomify erzeugten Einzeldateien aus dem Schuhbild (Ansicht in Bridge)

All diese Dateien und Ordner müssen Sie jetzt noch ins Web hochladen, wenn Sie das Foto online zeigen möchten.

38 Farbmanagement – Mehr Farbtreue auf allen Geräten

Farbkonsistenz ist ein Thema, seit mit dem Computer Druckvorlagen hergestellt und Bilder bearbeitet und in Form digitaler Daten an Ausgabegeräte übergeben werden. Farbmanagement kann es wesentlich erleichtern, dass Farbe vom Foto bis zum Ausdruck, vom Entwurf bis zum fertigen Druck identisch bleibt – wenigstens annähernd.

Dieses Kapitel erklärt, wie Farbmanagement funktioniert. Sie erfahren, was auf Sie zukommt, wenn Sie Farbmanagement in Ihren Arbeitsprozess integrieren wollen, und Sie erhalten natürlich Hinweise zu den Farbmanagement-Einstellungen in Photoshop.

38.1 Funktionsweise und Einsatzgebiete

38.1.1 Wozu Farbmanagement?

Wohl jeder, der auch nur Fotos aus der Digitalkamera mit dem heimischen Tintenstrahldrucker ausgedruckt hat, kennt diese ernüchternde Erfahrung: Die Farben auf dem gedruckten Bild sehen ganz anders aus als auf dem Bildschirm und weichen möglicherweise auch von dem ab, was Sie selbst in der aufgenommenen Situation gesehen haben.

Licht oder Tinte? | Dieser unerwünschte Effekt hängt damit zusammen, dass alle beteiligten Geräte wie Kameras, Monitore, Scanner, Drucker oder Druckmaschinen nur einen Teil der Farben aufnehmen oder darstellen können, die das menschliche Auge sieht. Außerdem haben die verschiedenen an der Bildreproduktion beteiligten Geräte technisch bedingt ein unterschiedliches Farbverhalten. Auf dem Bildschirm oder im Display einer Digicam werden Farben auf ganz andere Art erzeugt als auf Papier, nämlich mit Licht. Beim gedruckten Bild entsteht der Farbein-

Zum Nachlesen
Grundlegende Informationen über Farben und Farbsysteme finden Sie in Kapitel 6, »Bildbearbeitung: Fachwissen«.

druck hingegen durch körperlich fassbare Farben (Tinte, Farbe, Pigment).

Zwangsläufig unterscheiden sich beide Reproduktionsweisen: Die Farbfülle eines Fotos, die Sie am Bildschirm sehen, kann gar nicht in vollem Umfang auf Papier reproduziert werden. Werden ursprünglich digitale Farbdaten gedruckt, muss zwangsläufig mit Farbverschiebungen bzw. -verlusten gerechnet werden.

Farbe ist geräteabhängig | Problematisch hinsichtlich Farbkonsistenz ist auch, dass jedes Gerät die RGB- oder CMYK-Farbdaten, die es erhält, ein wenig anders interpretiert. Woran liegt das? Genau genommen bezeichnen Farbwerte wie RGB 160/140/12 oder CMYK 40/44/60/30 nicht eine bestimmte Farbe. Diese Werte sind vielmehr Reproduktionsanweisungen für das Gerät, das die Farbe darstellen soll. Und diese Reproduktionsanweisungen werden von Gerät zu Gerät unterschiedlich umgesetzt (selbst zwei typgleiche Monitore oder Drucker werden selten dasselbe Bild genau gleich wiedergeben!).

Farbräume und Farbmodelle | Der Schlüsselbegriff, um Farbdarstellung und Farbmanagement zu verstehen, ist »Farbraum«. Ein Farbraum ist ganz allgemein eine Menge von Farben: die Menge aller Farben, die wir sehen können; alle Farben, die eine bestimmte Kamera aufnimmt, die ein Monitor anzeigt oder die ein Drucker auf Papier bringen kann. Gleichzeitig ist ein Farbraum (oder Farbraumsystem) aber auch ein mathematisches Konstrukt, mit dem die räumliche Anordnung von Farben beschrieben wird. Die verschiedenen Farbmodelle, mit denen Farbe erfasst oder reproduziert wird (RGB, CMYK und andere) haben unterschiedlich große, nicht übereinstimmende Farbräume.

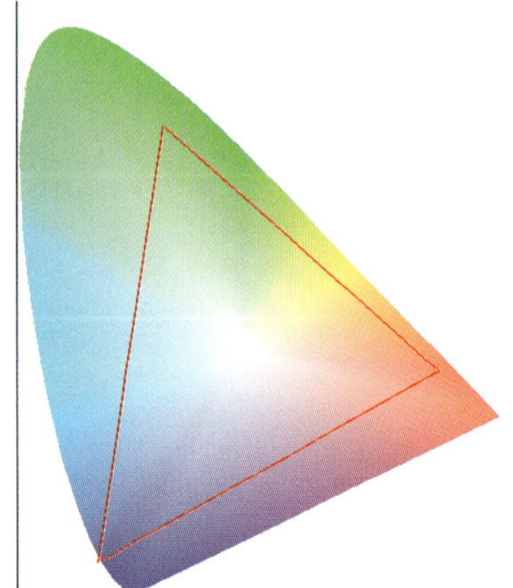

▲ **Abbildung 38.1**
Um den Umfang verschiedener Farbräume zu veranschaulichen, werden diese häufig in der sogenannten »Schuhsohle» …

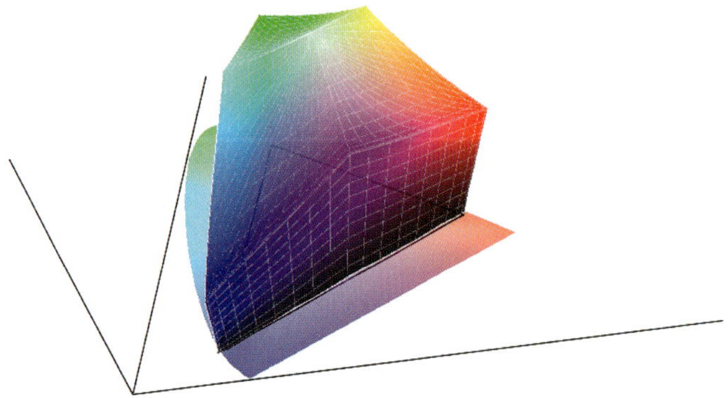

▲ **Abbildung 38.2**
… oder in 3D-Modellen dargestellt. Hier sehen Sie zwei unterschiedliche Darstellungsweisen des Farbraums »Adobe RGB« (Dreieckskontur) in Proportion zu allen sichtbaren Farben (Farbkörper).

Säulen von Farbmanagement-Systemen | Um diese Unterschiede aufzufangen und über den gesamten Arbeitsablauf hinweg für vorhersagbare, möglichst konstante Farbeigenschaften zu sorgen, wurde das Farbmanagement entwickelt. Einige wenige Annahmen bilden die wichtigsten Säulen von Farbmanagement-Systemen:

- Hinsichtlich ihrer Farbwiedergabe sind alle am Herstellungsprozess beteiligten Geräte (Kameras, Scanner, Monitore, Drucker und Druckmaschinen) mehr oder weniger unzuverlässig.
- Das spezielle Farbverhalten der einzelnen Geräte ist messbar.
- Die gemessene Farbcharakteristik von Geräten kann in Dateien festgehalten werden (sogenannten Profildateien, Profilen oder ICC-Profilen – mehr dazu unten). Profile stellen Korrekturanweisungen für gerätespezifische »Falschfarben« dar.
- Profile werden als zusätzliche Information an Bilddateien angefügt, sodass deren eigene Farbeigenschaften bei der Reproduktion idealerweise unverändert bleiben.
- Mit Photoshop verwalten Sie die Profile.

[ICC]
Das ICC (International Color Consortium) ist ein Zusammenschluss von ursprünglich acht Industrieunternehmen aus dem Bereich Druckvorstufe, Soft- und Hardware. Es wurde 1993 gegründet, um herstellerunabhängige, betriebssystem- und softwareübergreifende Standards für das Farbmanagement zu entwickeln. Inzwischen gelten die Farbmanagement-Spezifikationen des ICC als Standard (»ICC-Profile«).

Durch konsequent umgesetztes Farbmanagement wird die Darstellung von Farben innerhalb des Publishing-Arbeitsablaufs von den Geräten und deren speziellen Farbeigenschaften unabhängiger und liefert zuverlässigere Ergebnisse. Vor allem für die Überführung von Farben aus dem relativ großen RGB-Farbraum (bei Monitoren, Kameras, Scannern) in den kleineren Druck-Farbraum CMYK – die unweigerlich mit Verlusten einhergeht – bietet Farbmanagement gute Steuerungsmöglichkeiten. Auch bei der Arbeit mit Farbmanagement geht nicht alles »von allein«: Es ist immer noch der menschliche Bildbearbeiter, der wichtige Entscheidungen treffen muss, und auch mit Farbmanagement bleibt Farbkonsistenz im DTP eine Herausforderung.

◂ **Abbildung 38.3**
Ein Vergleich der Farbräume RGB und CMYK macht deutlich, wieso gedruckte Farben anders aussehen *müssen* als Farben am Bildschirm. Die schuhsohlenförmige Normfarbtafel stellt den Farbraum des normalsichtigen menschlichen Auges dar. Die rote Linie zeigt den Umfang eines RGB-Farbraums, die blaue Linie zeigt den Farbraum, der sich beim Vierfarb-Druck auf hochwertigem Papier ergeben würde.

38.1.2 Wann sollten Sie mit Farbmanagement arbeiten?

Vom Farbmanagement können nicht nur Druckvorstufenprofis profitieren – auch in eine »halb professionelle« Arbeitsumgebung kann Farbmanagement integriert werden, wenn man möchte.

Ein komplexes System

Farbmanagement ist keine alleinige Erfindung von Adobe, und es findet nicht nur auf Photoshop- oder Creative-Suite-Ebene statt – auch wenn die verwendete Publishing-Software ein wichtiger Baustein ist und Adobe als ICC-Mitglied an der Entwicklung wichtiger Standards mitgewirkt hat. Es erstreckt sich über alle Arbeitsschritte der Bildbearbeitung und bezieht verschiedene Stationen und Geräte wie Scanner, Kamera, Monitor, die Bildbearbeitung in Photoshop und das Drucken ein. Daher geht es hier nicht allein um Photoshop, sondern auch um das »Drumherum«.

Für viele Anwender – auch gestandene Grafiker und andere im Prepress-Bereich Arbeitende – ist Farbmanagement ein Thema, um das sie einen weiten Bogen machen. Farbmanagement gilt als sehr trocken und theoretisch, überdies als in der Praxis schwer umsetzbar. In den Anfangstagen des Farbmanagements erschien dessen Integration in den Arbeitsablauf tatsächlich undurchschaubar, selbst für erfahrene Anwender: Anstelle des Workflows ohne Farbmanagement, der aber mit etwas Erfahrung einigermaßen vorhersehbare Ergebnisse produziert, hatte man mit Farbmanagement plötzlich eine Reihe neuer, unbekannter Probleme ...

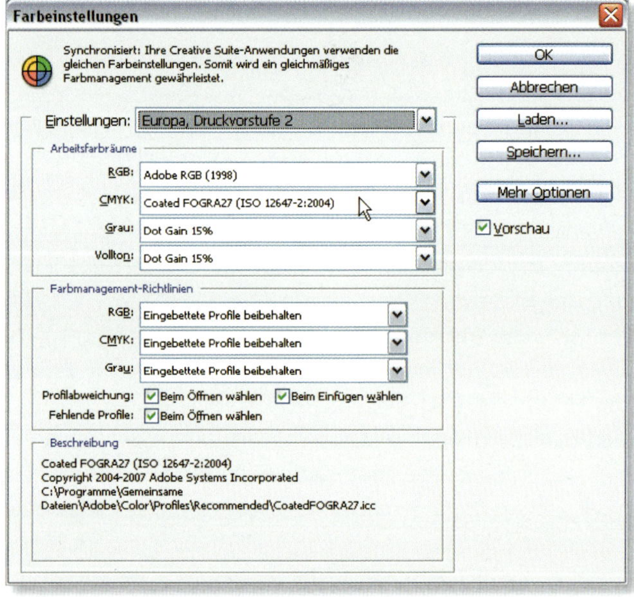

Abbildung 38.4 ▸
Die »Kommandozentrale« für das Farbmanagement in Photoshop. Ein umfangreiches, aber aufgeräumtes Dialogfeld, hinter dem (inzwischen) auch recht schlüssige Konzepte stehen.

Inzwischen, in der Version CS4, ist vieles erheblich einfacher geworden. Dennoch bleibt Farbmanagement ein komplexes Thema, mit dem man sich ein wenig beschäftigen sollte – sonst richtet man eher Schaden als Nutzen an. Ein perfekter Farbmanagement-Arbeitsablauf kostet auch Geld, zum Beispiel für Kalibrierungstools. Und nicht zuletzt: Die Entscheidung für die Arbeit mit Farbmanagement sollte von allen am Workflow Beteiligten – Lieferanten wie Empfängern von Daten – mitgetragen werden. Zwar bringt Farbmanagement wohl jedem Photoshop-Anwender Vorteile. Wegen der Anfangsinvestitionen (Zeit, Lernaufwand, Geld) scheint es jedoch nicht immer angemessen, Farbmanagement einzurichten.

Wer Farbmanagement nicht unbedingt braucht | Wer viel Erfahrung hat und in einer gut kontrollierten Produktionsumgebung für nur ein Medium arbeitet, kommt auch ohne Farbmanagement aus. Wenn Sie zum Beispiel immer mit demselben Druckhaus zusammenarbeiten und wenn entweder Sie selbst oder der Dienstleister die gelieferten CMYK-Daten so bearbeiten kann, dass sie für die festgelegten Druckbedingungen passen, können Sie auf Farbmanagement verzichten.

Auch für Anwender, die nur gelegentlich auf dem Desktop-Drucker Fotos zu Papier bringen wollen, ist es wohl meist zu aufwendig, ein vollständiges Farbmanagement-System einzurichten. Dasselbe gilt wohl auch für Grafik-Freiberufler, die als typische Einzelkämpfer auftreten: Bei nur einem Arbeitsplatz dauert es lange, bis sich die notwendigen Anschaffungen amortisieren.

Farbmanagement im Web?

Auch beim Publizieren für das Web brauchen Sie Farbmanagement in der Regel nicht. Da sich nie voraussagen lässt, auf welchem Monitor Ihre Farbdaten landen, bleiben farbechte Webbilder und Internetseiten weiterhin nur ein unerfüllter Designerwunsch. Grundkenntnisse im Farbmanagement sind aber auch Webdesignern anzuraten, um Probleme bei der Verarbeitung von Bildmaterial mit Farbprofilen zu vermeiden.

Für wen Farbmanagement sinnvoll ist | Professionelle Anwender sollten über die Integration von Farbmanagement in ihren Arbeitsablauf nachdenken. Vor allem dann, wenn Sie Farben auf einem Gerät mit einem relativ kleinen Farbraum – z. B. Vierfarbdruck – ausgeben wollen, ist Farbmanagement von Nutzen. Denn dabei ergeben sich unweigerlich Farbverschiebungen. Wenn Sie nicht gerade, wie oben beschrieben, in einem eingespielten und sehr begrenzten Produktionsrahmen arbeiten, hilft Ihnen Farbmanagement, etwaige Farbveränderungen zu begrenzen und besser zu kontrollieren.

Farbmanagement ist auch dann sinnvoll, wenn Sie häufig verschiedene Ausgabegeräte bedienen oder verschiedene Settings für die Ausgabe wählen (verschiedene Druckumgebungen, Papierarten usw.) oder wenn Sie Bildmaterial aus zahlreichen unterschiedlichen Quellen beziehen – insbesondere dann, wenn die Bilder, die Sie bekommen, ihrerseits Farbprofile haben, also mit Farbmanagement-Einstellungen gespeichert wurden. Auch, wenn Sie gar nicht wissen, auf welchem Ausgabegerät Ihre Daten später landen, ist Farbmanagement sinnvoll – zum Beispiel, wenn Sie Bilder für Bilddatenbanken produzieren.

Bilder: Onno K. Gent

◂ **Abbildung 38.5**
Die Photoshop-Funktion FARBPROOF (unter ANSICHT) simuliert das spätere Druckergebnis am Bildschirm. Um hier eine halbwegs aussagekräftige Ansicht zu erhalten, sind Farbmanagement-Maßnahmen unverzichtbar. Hier sehen Sie links die RGB-Bilder, rechts die Simulation des (ungefähren) Druckergebnisses.

38.2 Farbmanagement einrichten

Wer arbeitet mit Ihnen? Sprechen Sie mit Bildlieferanten, Teamkollegen und Ihrer Druckerei!

Die schönste kalibrierte Arbeitsumgebung mit Farbmanagement bringt nichts, wenn nicht die Lieferanten und Abnehmer Ihrer Dateien mit in die Planung einbezogen werden. Bevor Sie weitere Maßnahmen treffen, klären Sie ab, ob die Lieferanten und vor allem die Empfänger Ihrer Dateien Ihren Farbmanagement-Workflow mittragen oder ob es eventuell sogar schon Farbmanagement-Maßnahmen gibt, an die Sie Ihre Strategie anpassen müssen. Dies betrifft vor allem die zu verwendenden Profile.

Farbmanagement ist – wie bereits erwähnt – nicht nur eine Frage bestimmter Photoshop-Einstellungen, sondern umfasst alle Arbeitsstationen des Desktop-Publishings, von Digicam und Scanner über Ihren eigenen Bildschirm-Arbeitsplatz bis hin zur Druckerei oder dem Desktop-Drucker. Bevor ich Ihnen im nächsten Abschnitt erkläre, wie Farbmanagement in Photoshop funktioniert, folgen hier die wichtigsten Schritte für die Einrichtung eines farbsicheren Publishing-Workflows.

38.2.1 Ihre Arbeitsumgebung

Der Monitor | Der Monitor, an dem Sie arbeiten, ist kein besonders zuverlässiges Instrument für die Farbdarstellung. Bildschirme altern und verändern ihre Farbeigenschaften, und selten liefern zwei gleiche Monitore exakt dieselben Farben ab. Außerdem beeinflusst das Umgebungslicht die Farbwahrnehmung am Monitor erheblich. Dennoch ist der Monitor Ihr wichtigstes Arbeits- und Kontrollinstrument. Umso wichtiger ist, dass Sie dafür sorgen, dass seine Leistung so gut wie möglich ist. Dazu gehört das Kalibrieren des Monitors (siehe den nächsten Abschnitt), aber auch, dass Sie Ihre Arbeitsumgebung mit etwas Sorgfalt einrichten. Davon profitieren Sie nicht nur, wenn Sie Bilder für die Druckausgabe vorbereiten. Auch Korrekturen von Farbe und Kontrast, bei denen der Bildschirm ein wichtiges Kontrollinstrument ist, geraten besser.

▲ **Abbildung 38.6**
Dreimal dasselbe rote Quadrat – dreimal eine andere Wirkung: Die Umgebung beeinflusst die Farbwahrnehmung.

▲ **Abbildung 38.7**
Das lässt sich an dem kleinen Quadrat zeigen,…

▲ **Abbildung 38.8**
… trifft aber auch für die Farben auf Ihrem Bildschirm zu!

Der optimale Arbeitsplatz | Der perfekte Bildbearbeiter- und Druckvorstufen-Arbeitsplatz wäre eine triste Angelegenheit: farbneutrales Grau rundum (auch Ihre Kleidung, die auf den Monitor reflektieren könnte!), kein Tageslicht, stattdessen gleich bleibende künstliche Beleuchtung, keine Blendungen durch Fenster oder Lampen. Damit wären die wichtigsten Fehlerquellen für menschliches Farbsehen ausgeschaltet:

- bunte Farben in der Umgebung des Bildschirms (sie reflektieren in den Monitor und beeinträchtigen Ihr Farbempfinden),
- die Farbe (»Lichttemperatur«) des Umgebungslichts,
- etwaige Blendreflexe und
- allgemein zu große Helligkeit am Arbeitsplatz.

Die Gegebenheiten des Arbeitsplatzes verbessern | Sie müssen sich nicht in einen mittelgrau gewandeten Höhlenbewohner verwandeln, aber bereits mit wenigen Änderungen können Sie die Qualität Ihres Arbeitsplatzes entscheidend verändern.

- Wechselnde Lichtverhältnisse – mal Tageslicht, mal Kunstlicht – führen zu unterschiedlicher Farbwahrnehmung. Für die Beleuchtung professioneller Grafik-Arbeitsplätze gibt es Leuchtmittel, die genormtes Kunstlicht ausstrahlen. Farbkritische Arbeiten sollten Sie lieber im Schein einer solchen Lampe erledigen als bei Tageslicht, das im Tagesverlauf wechselt. Für die gebräuchlichen Normlichtarten gibt es Lichtquellen im Handel.
- Bunte Farben im direkten Arbeitsumfeld können Ihre Farbwahrnehmung beeinflussen. Dazu gehören farbige Tischplatten, Plakate, aber auch die Desktop-Oberfläche Ihres Rechners und Ihre Kleidung. Die meisten solcher Störquellen lassen sich einfach ausschalten.
- Vermeiden Sie Blendungen durch Fenster oder Lampen und allgemein eine zu helle Beleuchtung (dadurch wirken Bildschirmfarben zu hell und zu »schlapp«). Das kommt nicht nur der Farbwahrnehmung zugute: Auch Ihre Augen werden es Ihnen danken.

Bild: EIZO

▲ **Abbildung 38.9**
Gegen Streulicht hilft ein Blendschutz am Bildschirm. High-End-Monitore werden gleich mit dieser sogenannten »Hutze« geliefert, mit etwas Geschick lässt sich so ein Blendschutz aber auch schnell selbst bauen.

[Normlicht]
Wie eine Farbe erscheint, ist entscheidend vom Umgebungslicht abhängig. Das gilt besonders für Gedrucktes: Schließlich entsteht Farbe hier ja durch Reflexion bzw. Absorption von Teilen des Lichtes, mit dem die bedruckte Fläche beleuchtet wird. Um gleichbleibende und vergleichbare Bedingungen für die grafische Industrie zu schaffen, wurden verschiedene Normen für Lichtquellen geschaffen. Heute sind die Normlichtfarben D50 (5000° K) und D65 (6500° K) am gebräuchlichsten. D50 soll dem Mittagslicht entsprechen, es wirkt zunächst etwas ungewohnt gelblich. D65 ist kühler. In Druckereien ist D50 als Proof-Beleuchtung vorgeschrieben. Sie können jedoch auch D65 benutzen und Ihren Arbeitsablauf darauf einstellen.

38.2.2 Den Monitor kalibrieren und profilieren

Monitore sind – neben Desktop-Druckern, deren Farbwiedergabe vom verwendeten Papier, aber auch von Parametern wie der Luftfeuchtigkeit oder der Patronencharge abhängen kann – die unzuverlässigsten Geräte im gesamten Publishing-Prozess: Ihre Farbdarstellung kann sich mit den geleisteten Betriebsstunden ändern und wird (siehe oben) vom Umgebungslicht stark beeinflusst. Dabei ist der Monitor Ihr wichtigstes Anzeigeinstrument. Deswegen sollte er kalibriert werden. Durch die Kalibrierung wird sichergestellt, dass die Farben einer Datei korrekt am Bildschirm angezeigt werden. Gleichzeitig wird dabei ein aktuelles Monitorprofil gewonnen.

Monitorprofile | Das Erzeugen individueller Profile – gleichgültig, ob beim Monitor oder anderen Geräten – läuft immer nach dem gleichen Schema ab: Sie ist der Abgleich von Soll (»Welche Farbe sollte eigentlich vom Gerät dargestellt werden?«) und Ist (»Welche Farbe wurde tatsächlich angezeigt?«).

Konkret geschieht das, indem Testfarben von einer genormten Vorlage ausgegeben oder eingelesen werden. Dann wird mit Hardwareunterstützung ermittelt, wo und wie stark das Ergebnis von der Vorlage abweicht. Diese Abweichung fließt dann in das individuelle Profil des Gerätes ein. So beschreibt das Profil die speziellen Ein- oder Ausgabeeigenschaften des Gerätes. Im Fall der Drucker- oder Kameraprofile spielen auch noch weitere Parameter wie verwendete Papiere oder Belichtung eine Rolle. Konkret heißt das, dass Sie beispielsweise ein für Papiersorte X erzeugtes Druckerprofil beim Drucken auf Papier Y nicht benutzen können und dass ein Kameraprofil für Fotos unter Studiobedingungen beim Waldspaziergang nichts taugt.

Weiterführendes
Wollen Sie mehr zum Thema Kalibrierung wissen, so lesen Sie im Buch »Adobe Photoshop CS4 – fortgeschrittene Techniken« von Thomas Bredenfeld nach (ISBN 978-3-8362-1237-3, Galileo Press).

Kolorimeter | Um einen Bildschirm sachgerecht zu kalibrieren, brauchen Sie ein Kolorimeter. Das Kolorimeter kann Farben objektiver und genauer messen, als es »nach Augenmaß« möglich wäre. Dazu gehört außerdem immer passende Software, die genormte Referenzfarben auf den Bildschirm bringt, die dann vom Kolorimeter gemessen werden. Die Software verarbeitet die gemessenen Werte und speichert sie in einem Profil ab. Für Kalibrierungshard- und -software gibt es verschiedene Hersteller, das Funktionsprinzip ist jedoch immer ähnlich.

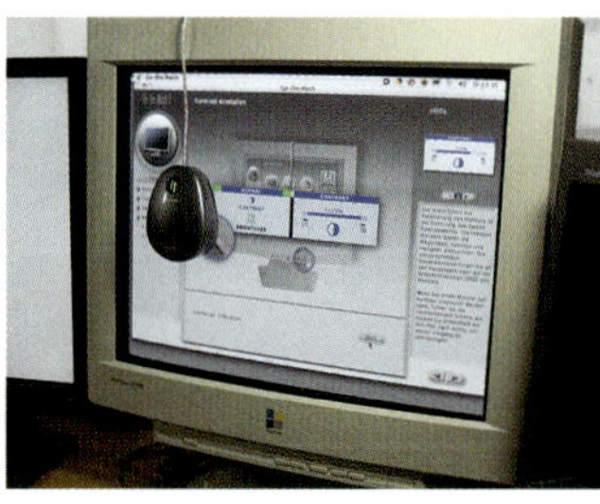

▲ **Abbildung 38.10**
Monitor mit Kolorimeter

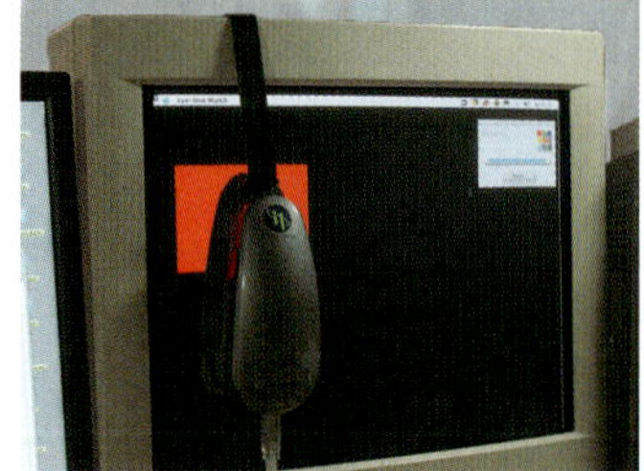

▲ **Abbildung 38.11**
Das Kolorimeter misst die dargestellten Farben (hier ein Gerät vom Hersteller Eye-One).

Kalibrierung | Danach beginnt die eigentliche Kalibrierung. Dazu wird das Kolorimeter direkt vor die Bildschirmoberfläche gehängt. Über USB ist es auch mit dem Rechner verbunden, auf dem die passende Software installiert ist. Die Kalibriersoftware stellt auf dem Bildschirm verschiedene Farben und Grauwerte dar. Das

Kolorimeter misst die Werte, die auf dem Bildschirm »ankommen«, und liefert die Daten an den Rechner zurück. Die Software vergleicht dann die am Monitor dargestellten und gemessenen Werte mit den Referenzfarben, die eigentlich dargestellt werden sollten. Aus der Differenz kann die Software dann die Korrekturen errechnen, die künftig notwendig sind, damit Farben auf diesem Bildschirm korrekt dargestellt werden. Die Ergebnisse der Messung werden dann in einem ICC-Profil abgespeichert. Meist wird dieses Profil dann automatisch im richtigen Ordner abgelegt.

Vorbereitung

Viele Monitore – vor allem Röhrenmonitore – brauchen eine Weile, bis sie die volle Leistung erbringen. Lassen Sie Ihren Bildschirm also mindestens 30 Minuten warmlaufen. Bevor Sie mit der eigentlichen Kalibrierung anfangen, sollten Sie außerdem die Werkseinstellungen Ihres Bildschirms wieder herstellen. Bei einigen Kalibrierungspaketen stellen Sie zunächst unter Regie der Software Helligkeit und Kontrast des Bildschirms ein, um die besten Ergebnisse zu erhalten.

Nachbereitung | Nach der Kalibrierung dürfen die Monitor-Regler zur Einstellung von Farbwiedergabe, Helligkeit und Kontrast nicht mehr verändert werden. Doch auch dann, wenn Sie nicht an den Monitoreinstellungen herumspielen, sollten Sie den Kalibrierungsvorgang von Zeit zu Zeit wiederholen. Denn ob Röhre oder Flachbildschirm – Monitore altern und verändern ihre Farbwiedergabe unmerklich oder werden zunehmend dunkler. Etwa einmal im Monat sollten Sie Ihren Bildschirm neu kalibrieren und das Monitorprofil aktualisieren. Das ist nicht so viel Aufwand: Mit etwas Routine ist die Bildschirmkalibrierung in 10 bis 30 Minuten erledigt.

Kameraprofile

Auch Kameras kann man profilieren, allerdings braucht man verschiedene Profile für unterschiedliche Lichtverhältnisse.

Fertige Bildschirmprofile | Wer das Verfahren zu aufwendig findet, muss nicht ganz auf das Geraderichten der Bildschirm-Farbausgabe verzichten. Manche Monitorhersteller bieten Profile zu ihren Geräten an. Wenn Sie für Ihren Monitor einen Treiber installiert haben, stehen die Chancen gut, dass sich auch das Profil schon im richtigen Systemordner befindet. Falls Sie einen Plug-and-Play-Monitor benutzen, müssen Sie die mitgelieferte Treiber-CD oder das Internet nach einem aktuellen Profil für Ihren Bildschirmtyp durchforsten.

Einstellung nach Augenmaß | Auch für die Pi-mal-Daumen-Einstellung per Sichtkontrolle gibt es Hilfen. Bis zur Version CS2 lieferte Adobe als Photoshop-Zubehör noch das Tool Adobe Gamma aus, mit dem man die Monitoreinstellungen schrittweise justieren konnte. Seit der Version CS3 wird Adobe Gamma nicht mehr mitgeliefert. Wer eine frühere Creative-Suite-Version installiert hatte, kann das Tool weiterhin benutzen. Es gibt jedoch auch noch weitere Quellen für solche Einstellungsassistenten – im Internet.

Bei Apple leistet außerdem das systemeigene ColorSync hilfreiche Dienste. Die Justierung nach Augenmaß ist allerdings deutlich ungenauer als die Vermessung mit dem unbestechlichen Kolorimeter.

Kamera-Farbeigenschaften mit wenig Aufwand verbessern

Auch wenn Ihnen individuelles Profilieren zu aufwendig ist, können Sie die Farbwiedergabe Ihrer Kamera (bei einigen Modellen) optimieren. Maßnahme eins: Machen Sie öfter einen **manuellen Weißabgleich**. Damit stellen Sie die Kamera auf die Lichttemperatur in der aktuellen Aufnahmesituation ein und sorgen so für »farbechtere« Bilder. Gerade bei Mischlicht zahlt sich das aus, denn dabei gerät die halbautomatische Weißabgleich-Vorwahl (mit Einstellungen wie »Tageslicht«, »Bewölkt«, »Innenaufnahme« etc.) schnell an ihre Grenzen. →

→ Bisher war hier meist pauschal von »RGB« die Rede. RGB ist auch der Farbraum, in dem Digitalkameras üblicherweise arbeiten. Doch tatsächlich existiert mehr als nur *ein* RGB-Farbraum. Es gibt zahlreiche *verschiedene RGB-Farbräume* mit unterschiedlich großem Farbumfang. Um die Farbqualitäten Ihrer Kamera zu verbessern, können Sie versuchen, den Farbraum umzustellen, in dem Ihre Kamera arbeitet. Viele Kameras arbeiten standardmäßig im relativ kleinen **sRGB**-Farbraum. Wenn es bei Ihrem Modell möglich ist, sollten Sie **AdobeRGB** einstellen. Der AdobeRGB-Farbraum enthält wesentlich mehr Farben als sRGB.

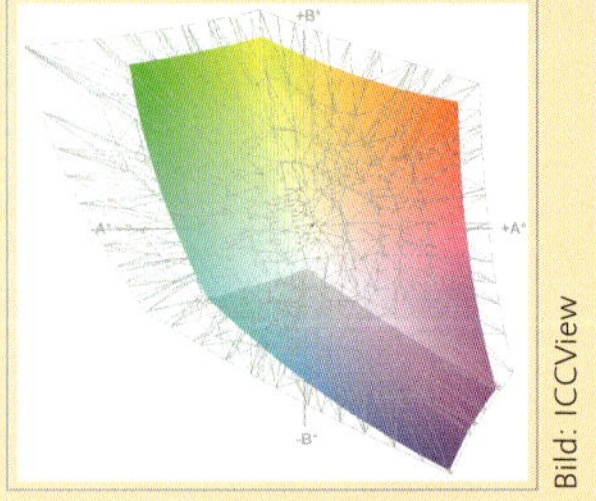

▲ **Abbildung 38.13**
Vergleich der beiden Farbräume sRGB (farbig, innen) und AdobeRGB (Wireframe-Darstellung außen). Es ist sofort zu sehen, dass der AdobeRGB-Farbraum viel größer ist – und folglich mehr Farben umfassen kann – als sRGB.

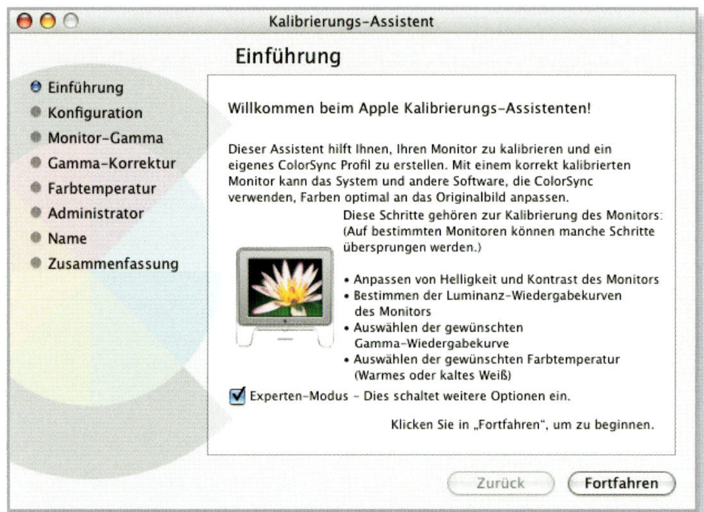

▲ **Abbildung 38.12**
Der Farbverwaltungsassistent von Apples ColorSync unterstützt Sie auch beim »Kalibrieren« Ihres Monitors.

Wenn Sie wirklich für die Druckvorstufe produzieren, ist dieses Verfahren dann auch keine wirkliche Alternative zum hardwaregestützten Kalibrieren. Wenn Ihnen allerdings beispielsweise schon immer die Fotos von Ihrem Belichtungsdienst zu dunkel vorkamen oder Sie versuchen wollen, Ihre Druckausgabe am heimischen Tintenstrahler zu verbessern, kann Ihnen die »visuelle Kalibrierung« schon ein Stück weiterhelfen.

38.2.3 Weitere Profile – individuell erzeugt oder fix und fertig

Wie bereits erwähnt, benötigen Sie für alle beteiligten Geräte – nicht nur für den Monitor – Profil-Dateien (auch Profile, Farbprofile oder ICC-Profile genannt), die die besonderen Farbeigenschaften der jeweiligen Geräte beschreiben.

Während es noch nicht allzu kostspielig ist, ein individuelles Scannerprofil zu erstellen, reißt die Profilierung von Druckern schon eher Löcher in Ihr Budget. Ebenso wie bei Monitoren sollte man Druckerprofile häufig erneuern, da Drucker sehr instabile Farbeigenschaften haben können. Die Papiersorte, die Luftfeuchtigkeit und der Füllstand von Kartusche oder Patrone sind Gründe für Schwankungen.

Sie müssen die Profile jedoch nicht zwangsläufig alle selbst erzeugen, wenn Sie mit Farbmanagement arbeiten wollen.

Es gibt mehrere Möglichkeiten, die sich hinsichtlich des Aufwandes, aber auch in Hinblick auf die Genauigkeit unterscheiden:

Individuelle Profile – alles selbst erstellt | Das funktioniert für alle Geräte ähnlich wie bei der Kalibrierung und Profilierung des Monitors: Das Farbverhalten wird bestimmt, indem man ein genormtes Farbmuster anzeigen oder ausgeben lässt, das Ergebnis mit speziellen Geräten misst und mit einer Kalibrierungssoftware auswerten lässt. Dieses Verfahren ist aufwendig und recht kostspielig, aber wenn Sie richtig arbeiten, ist es exakt.

- Um ein **Druckerprofil** zu generieren, brauchen Sie ein weiteres Messgerät – ein Spektrofotometer – samt Software oder eine teure Kombilösung, die Monitor und Drucker kalibrieren und profilieren kann.
- Um exakte **Scannerprofile** zu gewinnen, ist immerhin auch spezielle Software nötig. Außerdem brauchen Sie eine genormte Scanvorlage, ein sogenanntes Target.
- Auch manche **Digitalkameras** lassen sich profilieren. Dazu benötigen Sie ebenfalls ein Testchart und eine Software, die das Ergebnis auswertet. Es wird unter den Bedingungen fotografiert, für die das Kameraprofil später gelten soll. Vor allem in der Produktfotografie und für wissenschaftliche Aufgaben werden profilierte Kameras eingesetzt.

Individuelle Profile – Auswertung machen lassen | Als preisgünstigere Alternative zum selbst gemachten Druckerprofil können Sie eine bereits gedruckte Normvorlage zu einem Dienstleister schicken, um das Ergebnis dort professionell ausmessen zu lassen. Sie bekommen dann ein fertiges Profil zurück. Sie sparen sich die Kosten für eigene Soft- und Hardware. Diese Variante ist allerdings nur dann zu empfehlen, wenn Sie nur gelegentlich farbkritische Jobs erledigen und Ihre Profile nicht ständig aktuell halten müssen.

Profile im Hardware-Lieferumfang | Vorgefertigte Profile gibt es nicht nur für Monitore. Oft lässt sich mit den Profilen, die im Zubehör etwas besserer Scanner oder Desktop-Drucker enthalten sind, brauchbare Qualität erreichen. Wenn Sie kein Profil auf dem mitgelieferten Installationsmedium finden, lohnt sich auch ein Blick auf die Hersteller-Webseite.

Profile von Dritten | Profile sollten möglichst exakt auf das Gerät angepasst sein, mit dem sie verwendet werden. Insofern hört es sich zunächst widersinnig an, Profile aus »fremden Quellen« zu benutzen. Doch gerade für Vierfarbdruck-Profile und Arbeitsfarbraum-Profile gibt es geeignete Bezugsquellen. Stellen wie das ICC oder das europäische Pendant, die **European Color Initiative**, und andere in Druck und Farbmanagement involvierte

Targets – Funktion und Bezugsquellen

Targets sind Testtafeln mit Referenz-Farbfeldern, deren genaue Farbwerte bekannt sind. Aus der Art und Weise, wie ein Gerät die Farben und Tonwerte des Targets interpretiert, lassen sich Rückschlüsse auf dessen Farbwiedergabe-Eigenschaften ziehen. Je nachdem, welches Gerät profiliert werden soll, sind die Targets unterschiedlich beschaffen. Eines ist allen Targets gemeinsam: Sie müssen sorgfältig behandelt und vor Knicken, Kratzern und vor allem vor Licht geschützt werden.

Auf der schlichten, aber sehr informativen Site **Coloraid** (*www.targets.coloraid.de*) finden sich auch Bezugsquellen für relativ günstige Targets.

Dort gibt es übrigens auch eine Reihe von Links zu Open-Source-Farbmanagement-Software, vor allem für Scanner (*www.coloraid.de*).

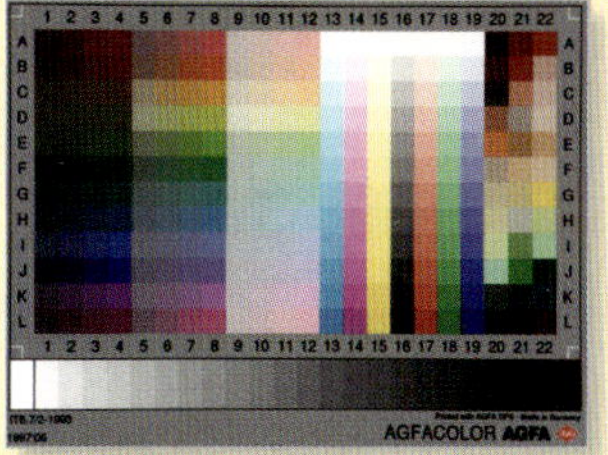

▲ **Abbildung 38.14**
Farbchart für die Kalibrierung, hier ein IT8-Target für Scanner

Firmen und Institutionen sind eine gute Anlaufstelle. Aber auch Ihr Drucker vor Ort hat unter Umständen genau das Profil, das Sie brauchen, wenn Sie auf seinen Maschinen drucken lassen wollen. Fragen Sie nach!

Zum Weiterlesen: Arbeitsfarbraum
Mehr über Arbeitsfarbräume finden Sie Abschnitt 38.3.2.

Linktipps: Quellen für ICC-Profile | Unter diesen Webadressen finden Sie nicht nur Farbprofile, sondern auch weiterführende, zum Teil sehr detaillierte Informationen zum Thema Farbmanagement.

- Die **European Color Initiative** stellt ICC-Profile für den Offsetdruck und den Arbeitsfarbraum ECI-RGB 1.0 zur Verfügung (*www.eci.org*).
- Das **International Color Consortium** (ICC) bietet zahlreiche sehr fachspezifische Informationen und unter dem Menüpunkt ICC RESOURCE CENTER auch Profile zum Herunterladen an (*www.color.org*).
- Die Seite **ICCView** ermöglicht es, Farbraum-Modelle in 3D anzusehen und zu vergleichen. Die Modelle können gedreht und bewegt werden! Die Abbildungen machen das Grundproblem des Digital Publishing – die Arbeit in verschiedenen Farbräumen – sehr anschaulich. Auf der Site gibt es auch Profile zum Herunterladen (*www.iccview.de/content/view/4/8/lang,de*).
- ZMG und Ifra, zwei Organisationen für Zeitungs- und Media-Publishing, haben die **Qualitätsinitiative Zeitungsdruck** (QUIZ) gestartet und bieten auch ein spezielles Profil für den Farbdruck in Zeitungen an. Sie können es unter *www.ifra.com/website/website.nsf/html/CONT_CONS_DL?OpenDocument&CTDL&G* anfordern.

Wohin mit den Profilen? | Profile können nur dann richtig funktionieren, wenn sie an der richtigen Stelle in Ihrem Computer gespeichert sind. Kalibrierungs- und Profilierungssoftware sorgt meist schon von selbst dafür, dass die Profildateien dort landen, wo sie hingehören. Auch beim Installieren neuer Geräte werden die Profile manchmal automatisch hinzugefügt.

Profile, die Sie herunterladen oder vom Dienstleister bekommen, müssen Sie allerdings selbst in den richtigen Ordner befördern:

- Unter Windows werden Profile standardmäßig unter C:\WINDOWS\SYSTEM32\SPOOL\DRIVERS\COLOR gespeichert. Sie erkennen Profildateien an der Endung ».icm«.
- Mac OS X sichert Profile unter /LIBRARY/COLORSYNC/PROFILES.

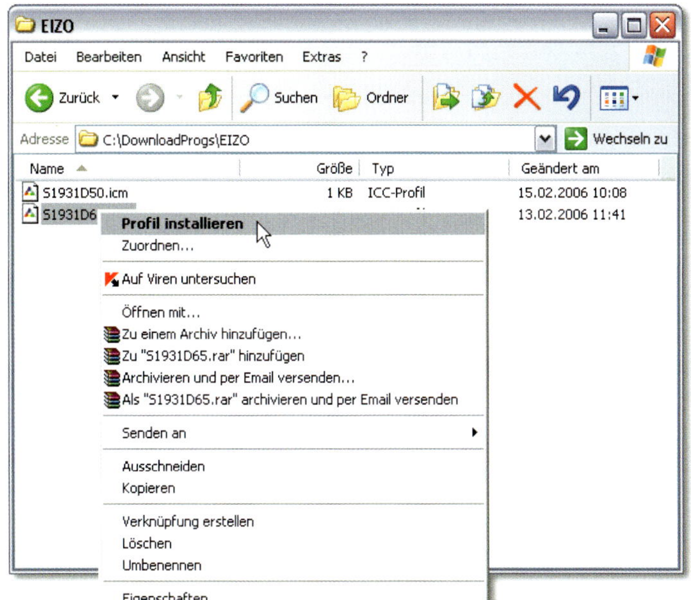

◂ **Abbildung 38.15**
Unter Windows können Sie ein Profil installieren (rechter Mausklick, um das Kontextmenü zu öffnen) oder es manuell in den COLOR-Ordner verschieben.

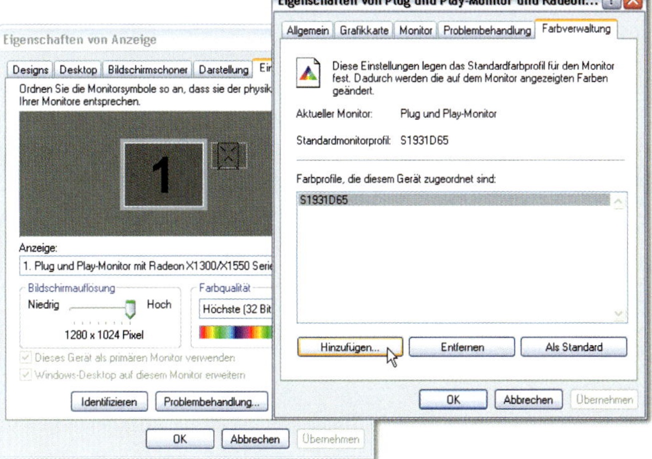

◂ **Abbildung 38.16**
Es genügt nicht, ein Monitorprofil zu haben. Wenn Sie Profile aus dem Web oder von einer Installations-CD beziehen, müssen Sie Ihrem System meist mitteilen, dass ein Profil benutzt werden soll.

Nach dem Installieren von Farbprofilen müssen Sie Photoshop und andere Adobe-Anwendungen neu starten.

38.3 Farbmanagement-Einstellungen in Photoshop

Sie haben die wichtigsten Randbedingungen Ihrer Produktion geklärt, Ihnen liegen Profile für alle beteiligten Geräte vor, und Sie haben sie korrekt installiert bzw. gespeichert? Dann kann es losgehen mit den Farbmanagement-Einstellungen in Photoshop.

Photoshop ist das Bindeglied zwischen allen Eingabe- und Ausgabegeräten und gleichzeitig die Steuerzentrale für das Farbmanagement. Mit dem Befehl BEARBEITEN • FARBEINSTELLUNGEN ([⇧]+[Strg]+[K] bzw. [⇧]+[⌘]+[K]) rufen Sie das kompakte, aber sehr mächtige Dialogfeld auf.

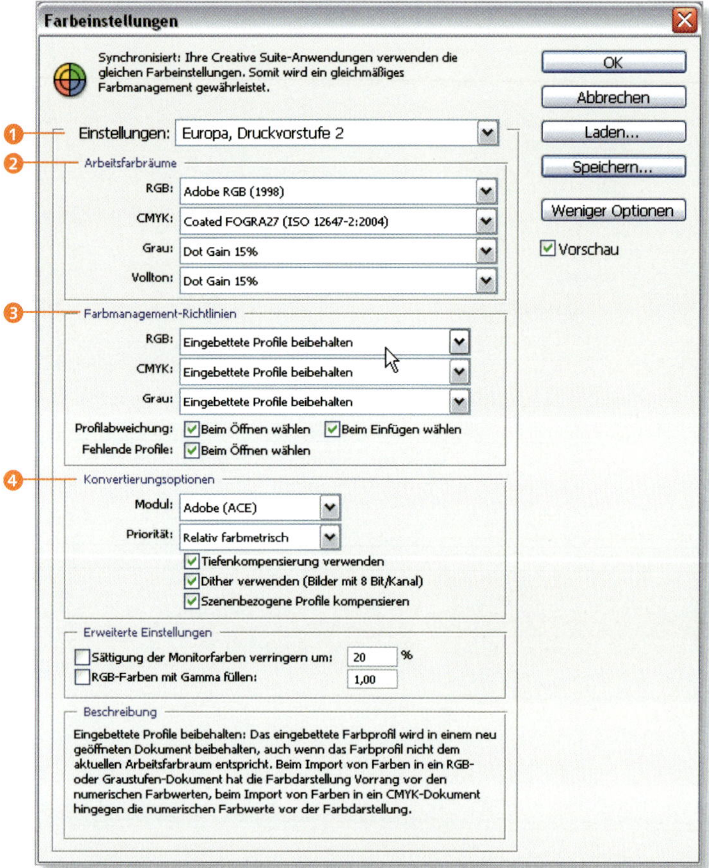

Abbildung 38.17 ▸
Die Einstellungen für das Farbmanagement in Photoshop. Sie müssen zunächst auf die Schaltfläche MEHR OPTIONEN klicken, um diese ausführliche Ansicht zu öffnen.

Der Dialog gliedert sich in vier Blöcke:

- Im ersten Block stellen Sie die ARBEITSFARBRÄUME ❷ für RGB, CMYK, Graustufen und Volltonfarben ein.
- Wenn Sie eine Datei in Photoshop öffnen, hat sie bereits ein Profil – oder auch nicht. Unter FARBMANAGEMENT-RICHTLINIEN ❸ legen Sie fest, wie mit der Datei verfahren werden soll.
- Mit den KONVERTIERUNGSOPTIONEN ❹ steuern Sie, nach welchen Regeln die Umrechnung von einem Farbraum in den anderen erfolgt.
- Dazu kommen noch einige Funktionen, die zum Bedienungskomfort beitragen: Die Liste EINSTELLUNGEN ❶ dient zur Vorwahl von Einstellungskonstellationen, und es gibt auch Buttons zum SPEICHERN und LADEN eigener Einstellungen (rechts

oben) sowie ein Feld BESCHREIBUNG (unten) mit erläuternden Texten. Dessen Inhalt wechselt je nach Mausposition. Die ERWEITERTEN EINSTELLUNGEN werden in der Praxis eher selten genutzt, sie können die Monitordarstellung stark verändern.

Was hat es nun mit den einzelnen Optionen und Funktionen auf sich?

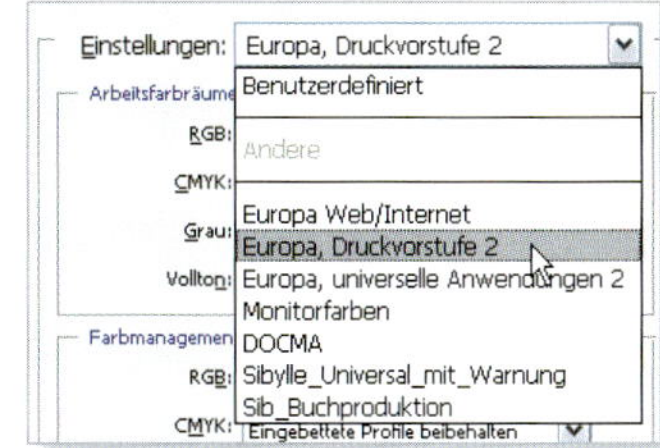

▲ **Abbildung 38.18**
Vorgefertigte Farbmanagement-Einstellungen liefern in den meisten Fällen ausreichend gute Ergebnisse. Neben den Photoshop-Standards sehen Sie hier auch einige individuelle Profile.

38.3.1 Vordefinierte Settings unter »Einstellungen«

Im Dialog FARBEINSTELLUNGEN gibt es eine Vielzahl möglicher Konfigurationen. Welche Konstellation nun »die beste« ist, kann nicht pauschal beantwortet werden. Die Auswahl richtet sich danach, für welches Medium Sie aktuell produzieren. Photoshop bietet für die wichtigsten Workflows fertige Voreinstellungen. Dadurch sparen Sie nicht nur viele Klicks, die angebotenen Optionskonstellationen gelten als »narrensicher«: Sie sind von Adobe getestet worden und werden für weniger erfahrene Nutzer empfohlen. In der Liste unter EINSTELLUNGEN wählen Sie sie aus.

38.3.2 Arbeitsfarbräume

Was ist ein Arbeitsfarbraum? | Arbeitsfarbräume sind ein anfangs schwer fassbares, aber dennoch sehr wichtiges Konstrukt: Sie ermöglichen die von konkreten Geräten unabhängige Beschreibung der Farben einer Datei. Sie sollen den Verlust von Farbinformationen bei der farbmanagement-gestützten Arbeit verhindern – oder zumindest verringern. Wie die profilierten Geräte haben auch Arbeitsfarbräume eigene Profile. Welches das »richtige« Arbeitsfarbraum-Profil ist, entscheidet sich jedoch nicht (anders als bei den Geräten) durch eine Messung. In welchem Arbeitsfarbraum Sie arbeiten, ist eine Festlegung (allerdings keine willkürliche). Photoshop liefert zahlreiche Profile für Arbeitsfarbräume mit.

Welche konkreten Vorteile das Konzept der Arbeitsfarbräume bringt, kann man am besten verstehen, wenn man etwas zurückblickt: Bis vor einigen Jahren war im Farbmanagement nämlich noch der RGB-Farbraum des aktuell verwendeten Monitors der Ausgangspunkt für die Umrechnung von den in RGB vorliegenden Bilddaten in den CMYK-Farbraum. Das war aus zwei Gründen problematisch: Der Farbraum eines durchschnittlichen Feld-Wald-und-Wiesenmonitors enthält im Bereich der Grün- und Cyantöne meist deutlich weniger gesättigte Farben, als im hochwertigen Vierfarbdruck darstellbar sind (Monitore mit besonders großem Farbraum gibt es auch, sie sind aber selten). Wenn Farbkonvertierungen zu CMYK auf der Grundlage eines solchen durchschnittlichen Monitorfarbraums erfolgten, kam es

Farbmanagement-Einstellungen in Arbeitsteams

Die Funktionen SPEICHERN und LADEN können Sie auch nutzen, um sicherzugehen, dass alle Mitglieder eines Teams dieselben Farbmanagement-Einstellungen nutzen. Mit SPEICHERN wird eine Datei erzeugt (Endung ».csf«). Diese Datei können Sie natürlich weitergeben und per Befehl LADEN auf anderen Rechnern verfügbar machen.

- Unter **Mac OS** finden Sie die CSF-Datei hier: BENUTZER/[BENUTZERNAME]/LIBRARY/PREFERENCES/ADOBE PHOTOSHOP CS4 SETTINGS
- **Windows-XP**-Nutzer schauen in diesem Ordner: DOKUMENTE UND EINSTELLUNGEN/[BENUTZERNAME]/ANWENDUNGSDATEN/ADOBE/ADOBE PHOTOSHOP CS4/ADOBE PHOTOSHOP CS4 SETTINGS
- **Vista** speichert die Farbsettings hier: BENUTZER/[BENUTZERNAME]/APPDATA/ROAMING/ADOBE/ADOBE PHOTOSHOP CS4/ADOBE PHOTOSHOP CS4 SETTINGS

bei den später gedruckten Farben fast zwangsläufig zu Verlusten oder Farbverfälschungen. Da außerdem kaum ein Monitor exakt dieselben Farben umfasst wie der andere, erbrachten CMYK-Umwandlungen an verschiedenen Rechnern mit unterschiedlichen Monitoren auch unterschiedliche Ergebnisse. Mit dem Konzept »Arbeitsfarbraum« ist es nun möglich, die Beschreibung von Farbe in einem Dokument von ihrer Darstellung am Bildschirm zu trennen – Monitor und Datei haben jeweils ein eigenes Profil!

Der Arbeitsfarbraum, den Sie in Photoshop einstellen, dient als Quellprofil für alle neuen Dateien, und er bestimmt das Erscheinungsbild von Bildern, die kein eigenes Profil mitbringen. Für den Umgang mit Dateien, deren Profile vom Arbeitsfarbraum abweichen, können Sie eigene Regeln festlegen (im Dialogfeld unter Farbmanagement-Richtlinien).

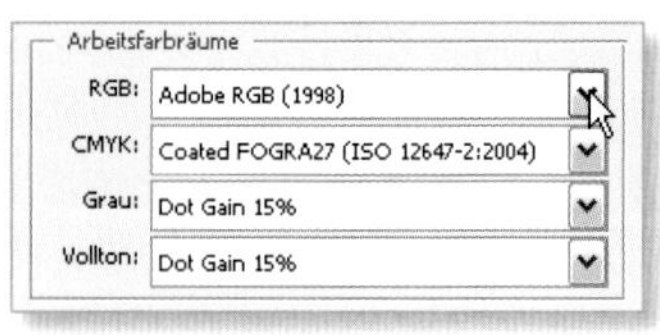

▲ **Abbildung 38.19**
Für RGB, CMYK, Graustufen und Volltonfarben können Sie Arbeitsfarbräume festlegen.

Wann nutzen Sie welchen Arbeitsfarbraum? | Für RGB und auch für CMYK, Graustufen und Volltonfarben können Sie im Farbeinstellungen-Dialog zwischen verschiedenen Arbeitsfarbräumen wählen. Die Einstellungen unter Grau und Vollton können meist vernachlässigt werden; der Wahl des RGB- und CMYK-Farbraums hingegen sollten einige Überlegungen vorangehen.

RGB-Arbeitsfarbräume | Wenn Sie sich mit Farbmanagement befassen, wird Ihnen öfter die Empfehlung begegnen, sRGB als RGB-Arbeitsfarbraum für die Web- und Screenproduktion zu nutzen und größere Farbräume wie AdobeRGB oder auch ColorMatch-RGB oder ECI-RGB als RGB-Arbeitsfarbraum, wenn Sie Bilder für den Druck vorbereiten.

Hat diese Empfehlung ihre Berechtigung? Ja und nein. Um mit Arbeitsfarbräumen und insbesondere dem RGB-Arbeitsfarbraum richtig umzugehen, ist es hilfreich, sich vor Augen zu halten, was ein Arbeitsfarbraum – neben der oben schon angesprochenen Trennung der Dateiprofile vom Bildschirmprofil – leisten soll. Eigentlich könnte der RGB-Arbeitsfarbraum auch »Standardfarbraum« heißen. Es sollte der Farbraum sein, der für das anvisierte Ausgabemedium die besten Bedingungen bietet, *und* idealerweise auch der Farbraum, in dem die meisten Ihrer Dateien sowieso vorliegen – ein Standard-Arbeitsfarbraum eben, mit dem der Farbmanagement-Arbeitsfluss unterbrechungsfrei und gut funktioniert.

Leider sind diese beiden Anforderungen an den idealen RGB-Arbeitsfarbraum oft genug unvereinbar. Insbesondere dann, wenn Sie Ihre **Bilder für den Druck** vorbereiten. Eine wichtige Faustregel lautet: Wählen Sie den RGB-Arbeitsfarbraum so groß, dass die Farbräume aller Eingabegeräte und Ausgabegeräte hineinpassen.

Arbeitsfarbraum CMYK?
Der Begriff *Arbeits*farbraum ist im Zusammenhang mit CMYK etwas irreführend, denn in CMYK wird selten gearbeitet. Die »Arbeits«-farbraum-Einstellungen für CMYK betreffen die Art und Weise, wie die Konvertierung von RGB zu CMYK durchgeführt wird. Ähnlich ist es bei Graustufen und Volltonfarben. Der wichtigste Modus zum *Arbeiten* ist und bleibt RGB. In RGB liegen vermutlich die meisten Ihrer Dateien vor, und in RGB können Sie mit Photoshop am besten arbeiten, weil in diesem Modus der volle Funktionsumfang unterstützt wird und viele Bildmanipulationen einfacher sind als in anderen Modi.

Wenn Sie Ihre Bilder später im Vierfarbdruck reproduzieren wollen, empfiehlt sich – eigentlich – ein großer RGB-Farbraum als Ausgangspunkt, also als Arbeitsfarbraum.

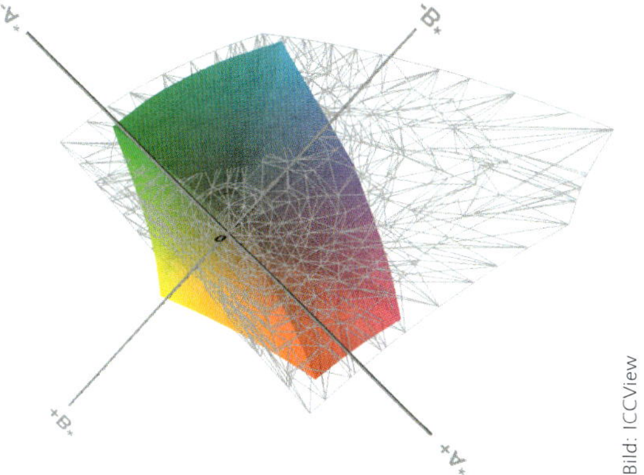

Bild: ICCView

◀ **Abbildung 38.20**
Noch einmal zwei Farbräume im Vergleich. Das Drahtmodell markiert den Umfang des Farbraumes sRGB, der farbige Kern den Farbumfang eines typischen Druckprofils (ISOcoated).

Abbildung 38.20 zeigt den relativ kleinen sRGB-Farbraum im Vergleich zu einem typischen Druckfarbraum. Es ist deutlich zu sehen, dass der Farbumfang von sRGB (Drahtmodell) zwar immer noch viel größer ist als der Farbraum, der mit den gedruckten Farben ausgefüllt werden kann (farbiger Körper). Allerdings ragt der Druckfarbraum auch an einigen Stellen aus dem sRGB-Farbraum heraus. Was folgt daraus? Wenn man sRGB zur Basis für die Konvertierung in CMYK-Druckdaten macht, kann der beim Drucken mögliche Farbumfang nicht vollständig ausgenutzt werden, denn an einigen Stellen fehlen die entsprechenden Farbdaten beim Ausgangsfarbraum schlichtweg. Die Lösung könnte darin bestehen, einen größeren RGB-Farbraum als Ausgangspunkt zu wählen!

Bild: ICCView

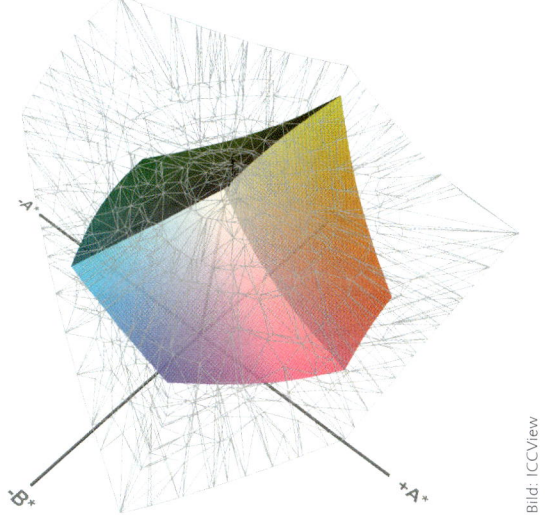

◀ **Abbildung 38.21**
Hier sehen Sie wieder den Farbumfang, der dem Druckprofil ISOcoated entspricht (aus etwas anderer Perspektive). Das umgebende Drahtmodell entspricht diesmal dem Umfang des ECI-Arbeitsfarbraumprofils.

Auf den ersten Blick scheinen mit dem ECI-Profil als Arbeitsfarbraum (dem Drahtmodell in Abbildung 38.21) alle Probleme beseitigt: Es umfasst den Druckfarbraum (bunter Kern) vollständig. Mit ECI-RGB (oder einem anderen, vergleichbar großen Farbraum wie Adobe- oder ColorMatch-RGB) scheint der Farbraum gefunden, der für das geplante Ausgabemedium Druck die besten Bedingungen bietet.

Doch halt, was ist eigentlich mit den Dateien, die in diesem Farbraum verarbeitet werden sollen?

Beherrscht Ihre Kamera Adobe RGB?
Wenn Ihre Digicam Adobe RGB oder einen anderen großen RGB-Farbraum beherrscht, lässt sich der ideale Farbmanagement-Workflow mit wenigen Klicks einstellen. Definieren Sie ADOBE RGB in den Kameraeinstellungen als Ausgabe-Farbraum der Kamera und in den Photoshop-FARBEINSTELLUNGEN als RGB-Arbeitsfarbraum.

Nur in seltenen Fällen liegen alle Bilder in einem der idealen, großen RGB-Farbräume vor. Bilder aus verschiedenen Quellen bringen ganz verschiedene Profile mit: Scans sind im besten Fall mit dem zuvor erstellten oder installierten Scannerprofil versehen, Bilder aus Bilddatenbanken (besonders den semi-professionellen) sind bunt gemischt und oft auch mit sRGB gespeichert. Dann taucht eine neue Frage auf: Soll das ursprüngliche Profil des Bildes erhalten bleiben, oder werden »abweichende« Bilder in den Arbeitsfarbraum konvertiert? Letzteres ist machbar. Je nachdem, mit welchen Profilen gearbeitet wurde und welche KONVERTIERUNGSOPTIONEN eingestellt wurden, kann die Umrechnung der Farbwerte die Bildqualität jedoch durchaus beeinträchtigen.

Abbildung 38.22 ▸
Farbwertumrechnungen können in einigen Fällen bisher glatte Verläufe in solche Streifenmuster zerlegen (sogenanntes Banding). Eine Gegenmaßnahme ist die Option DITHER VERWENDEN (unter KONVERTIERUNGSOPTIONEN im FARBEINSTELLUNGEN-Dialog).

Und wenn das Gros der Dateien, die man bearbeitet, sowieso nicht mit dem gewählten – *eigentlich* idealen – Arbeitsfarbraum übereinstimmt, sollten Sie überlegen, ob der Arbeitsfarbraum tatsächlich geschickt gewählt ist. Bilder ohne Profil hingegen können in der Regel ohne Schwierigkeiten mit dem Arbeitsfarbraum-Profil versehen werden.

Zum Weiterlesen: Konvertieren oder nicht?
Dieser Frage gehen wir in Abschnitt 38.3.3, »Farbmanagement-Richtlinien: Wie wird mit Dateien und Profilen verfahren?«, genauer nach.

Linktipps: Profile für RGB-Arbeitsfarbräume | Photoshop enthält von Haus aus zahlreiche Farbraum-Profile. Außerdem können Sie weitere ICC-Profile für spezielle Anforderungen herunterladen.

ECI-RGB wurde von der European Color Initiative speziell als Arbeitsfarbraum für die spätere CMYK-Ausgabe entwickelt. Adobe liefert dieses Arbeitsfarbraum-Profil nicht mit. Sie können es hier von *www.eci.org* herunterladen und wie oben beschrieben installieren. Es steht dann auch in der Liste unter FARBEINSTELLUNGEN zur Verfügung.

Die Arbeitsgruppe Photogamut (»gamut« bedeutet »Farbraum«) hat mit **PhotoGamutRGB** ein ICC-Profil entwickelt, das sich als RGB-Arbeitsfarbraum speziell für Fotografen, Fachlabore und Digitaldruck-Dienstleister eignet. Mehr Informationen und das Profil zum Herunterladen finden Sie im Web unter *http://www.photogamut.org/*.

Schwierigkeiten mit ProPhoto RGB

Ein großer Umfang qualifiziert einen RGB-Farbraum nicht uneingeschränkt zum besten Arbeitsfarbraum für Foto- und Druckspezialisten: ProPhoto RGB, der speziell für Fotografen gedacht ist, ist nicht nur immens groß, sondern zeichnet sich auch durch besonders satte Farben aus. Bei der Konvertierung durch das Color Management Module (siehe unten) können durch Ungenauigkeiten Farbverluste entstehen.

Bilder für die Bildschirmanzeige | Wer Bilder bearbeitet, die ausschließlich für die Wiedergabe am Bildschirm gedacht sind (also Web- und Screendesigner ist), braucht sich um Farbmanagement im Allgemeinen und so auch um den Arbeitsfarbraum nicht so viele Sorgen machen. Hier kommt man mit sRGB als Arbeitsfarbraum gut zurecht. sRGB ist den meisten Monitorprofilen recht ähnlich, und fast alle Digitalkameras liefern Bilder mit diesem Farbraum (das schon erwähnte AdobeRGB wird nur von höherwertigen Modellen unterstützt). Außerdem ist sRGB vom W3C für die Darstellung von Inhalten im Web empfohlen worden und ist auch der Systemstandard für viele Treiber und andere Devices. Man kann zwar nie wissen, wie der Bildschirm des Surfers eingestellt ist, bei dem die Internetbilder dann landen – insofern ist Farbverbindlichkeit im Netz und für andere Bildschirm-Nutzungen ohnehin nicht zu gewährleisten. In gewisser Weise ist sRGB jedoch der kleinste gemeinsame Nenner und insofern ganz gut geeignet.

[W3C]

Das **World Wide Web Consortium** (W3C) ist ein Anfang der Neunzigerjahre gegründetes Gremium, das die Standardisierung der im Netz benutzten Techniken vorantreibt.

Arbeitsfarbräume für CMYK | Die Wahl des CMYK-Arbeitsfarbraums ergibt sich ziemlich logisch aus dem anvisierten Druckprozess respektive der zu bedruckenden Papierart. In jedem Fall empfiehlt es sich, mit Ihrem Druckdienstleister Rücksprache zu halten. Wenn Sie tatsächlich von Ihrer Druckerei Profile bekommen haben, sollten Sie sie hier nutzen.

Sie können das Profil trotz korrekter Installation in der Liste der CMYK-Arbeitsfarbräume nicht finden? Dann ist es unter Umständen notwendig, dass Sie in der Liste zunächst CMYK-EINSTELLUNGEN LADEN klicken. Dann öffnet sich ein Dialog, der den Inhalt des (systemabhängigen) Profile-Ordners zeigt. Dort können Sie zum gewünschten Profil navigieren und es durch einen Klick auf LADEN zur Liste im FARBEINSTELLUNGEN-Dialog hinzufügen.

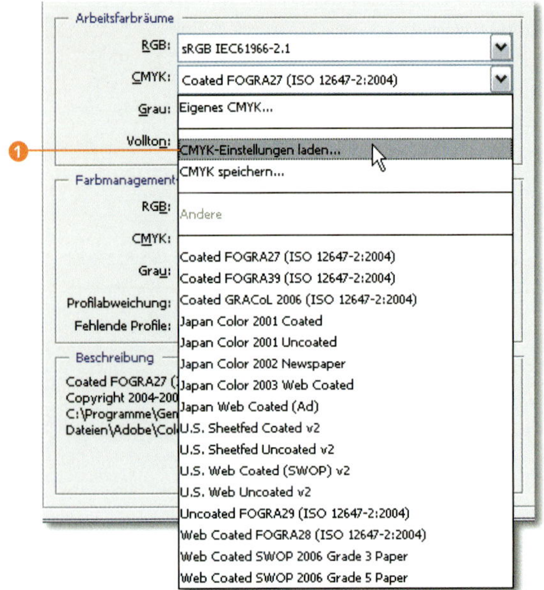

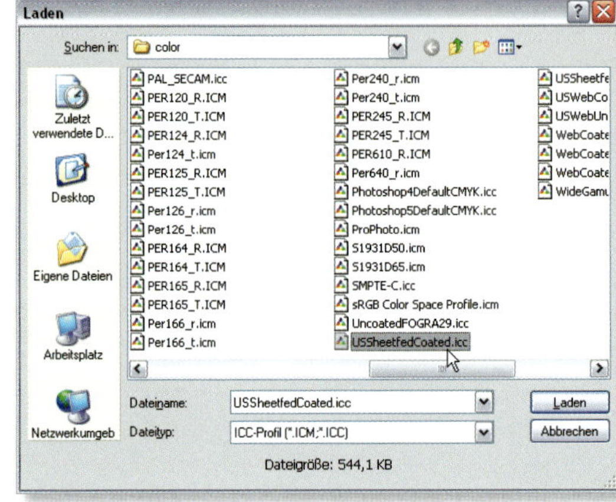

▲ **Abbildung 38.23**
Nicht alle vorhandenen CMYK-Arbeitsfarbraumprofile sind in der Liste zu finden. Profile können aber nachgeladen werden **1**.

▲ **Abbildung 38.24**
Die Auswahl aller aktuell vorhandenen CMYK-Profile. Hüten Sie sich vor veralteten oder US-Profilen!

[Separation]
Ursprünglich wurde mit dem Begriff Separation die Herstellung von einzelnen Farbauszügen (Druckvorlagen) für die vier Durchgänge des Vierfarbdrucks (je ein Auszug für Cyan, Magenta, Gelb und Schwarz) bezeichnet. Heute wird auch das Umrechnen der (RGB-)Dokumentfarben in die vier Druckfarben als »Separation« bezeichnet. In dieser Bedeutung ist der Begriff nicht ganz korrekt, er hat sich aber eingebürgert.

Wenn Sie kein spezielles Profil bekommen haben, müssen Sie sich eines aus der Liste aussuchen. Beachten Sie hierbei, dass sich in der Liste einige Profile tummeln, die für europäische Druck-Gepflogenheiten nicht passen (so die US-Profile) oder die veraltet sind. **Euroskala**-Profile sind definitiv nicht mehr auf der Höhe der Zeit: Manche Druckereien nehmen keine Dateien mehr an, die nach Euroskala separiert worden sind. Mit **ISO coated** oder **Europe ISO FOGRA27** fahren Sie gut, wenn Sie Ihre Datei für den Druck auf gestrichenem Papier vorbereiten. Für Zeitungsdruck tut es das oben erwähnte Profil der QUIZ.

Tonwertzuwachs für Graustufen und Volltonfarben | Unter Grau und Vollton finden Sie nicht so viele Optionen wie bei den RGB- und CMYK-Arbeitsfarbräumen. Hier können Sie lediglich den Tonwertzuwachs festlegen. Er ist im Dialogfeld mit dem amerikanischen Terminus Dot Gain bezeichnet.

Nur wenn Sie Graustufen oder Volltonfarben in Ihrer Datei verwenden, müssen Sie unter Grau oder Vollton etwas einstellen. Sie sollten sich dann entweder mit Ihrer Druckerei absprechen oder den Wert wählen, der für den zuvor festgelegten CMYK-Arbeitsfarbraum gilt. Um den festzustellen, klappen Sie nochmals die CMYK-Arbeitsfarbraumliste auf und gehen dort auf Eigenes CMYK. Im Dialog, der sich dann öffnet, sehen Sie unter

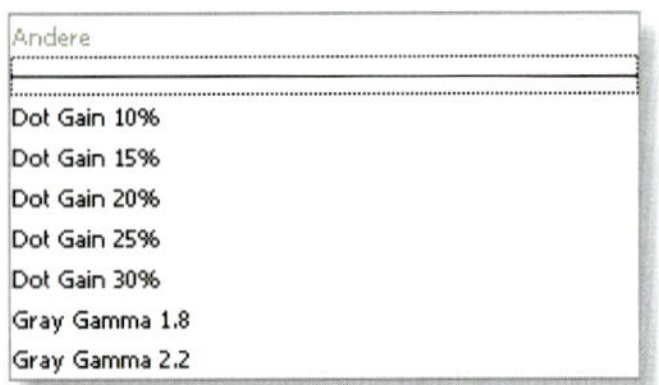

▲ **Abbildung 38.25**
»Arbeitsfarbraum«-Einstellungen für Graustufen

Druckfarben-Optionen auch einen Eintrag bei Tonwertzuwachs. Schließen Sie alle Fenster *ohne Änderung*, und stellen Sie sicher, dass nicht irrtümlich der CMYK-Arbeitsfarbraum verändert wurde.

[Tonwertzuwachs]
Der Tonwertzuwachs bewirkt das unbeabsichtigte »Nachdunkeln« von Bildern beim Drucken. Der Effekt kommt zustande, wenn die Farbe der gedruckten Rasterpunkte auf dem Papier verläuft. Bei guten Papierqualitäten gibt es weniger, bei schlechten mehr Tonwertzuwachs.

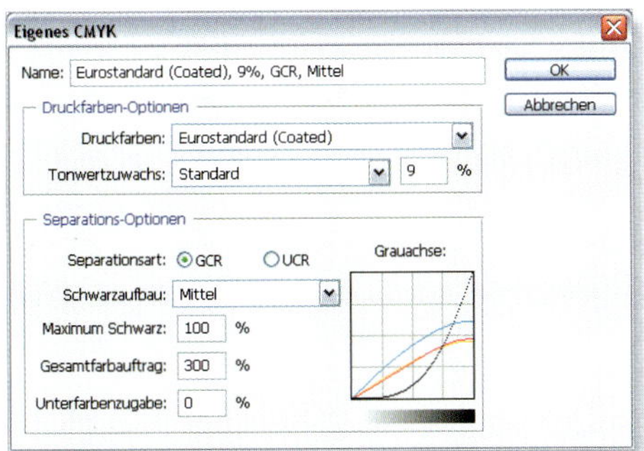

▲ **Abbildung 38.26**
Im Dialog Eigenes CMYK können Sie selbst die gewünschten CMYK-Eigenschaften festlegen, aber auch sehen, welche Parameter Ihr CMYK-Arbeitsfarbraum eigentlich nutzt. In Kapitel 40, »Dateien für den professionellen Druck«, lernen Sie ihn näher kennen. Die Einstellungen hier sind nur etwas für erfahrene Druckprofis!

38.3.3 Farbmanagement-Richtlinien: Wie wird mit Dateien und Profilen verfahren?

Sie haben nun die Arbeitsfarbräume für die verschiedenen Modi festgelegt. Alle neu erzeugten Dateien verwenden automatisch den Farbumfang des Arbeitsfarbraum-Profils.

Mögliche Fälle | Bei allen anderen Dateien sind folgende Fälle denkbar:

- Ihnen liegt eine **Datei vor, deren eigenes Profil mit dem Profil des Arbeitsfarbraums übereinstimmt**. Dieser Fall ist völlig unkompliziert. Sie müssen sich nicht weiter darum kümmern.
- Sie erhalten eine Datei, deren **Profil vom Arbeitsfarbraum abweicht**. Die Datei kann mit einem abweichenden Scanner- oder Kameraprofil ausgestattet sein, oder der Bildlieferant arbeitet absichtlich oder irrtümlich mit anderen Voreinstellungen. (Muss der Workflow besser abgesprochen werden?)
- Sie bekommen eine **Datei ohne Profil**. Das kann passieren, weil entweder die Anwendung, mit der sie erzeugt wurde, kein Farbmanagement beherrscht oder weil die Farbmanagement-Optionen deaktiviert waren.
- Gelegentlich gibt es auch **Dateien mit einem falschen Profil**. Das heißt, jemand hat der Datei ein – irgendein – Profil zugewiesen, das aber nicht die Farbeigenschaften dieser Datei bzw. des Geräts beschreibt, mit dem die Datei erzeugt

wurde. Wenn Ihr Monitor korrekt kalibriert und profiliert ist, stehen die Chancen gut, dass Ihnen solche Dateien durch ihre schräge Farbdarstellung auffallen.

Häufiges Missverständnis
Eigentlich ist es einfach und eindeutig: Das Profil, das an einer Datei hängt, soll die Farbcharakteristik *dieser Datei* beschreiben. Nicht jeder hält sich aber daran. »Große Farbräume sind prima und funktionieren immer«, scheinen sich manche Anwender zu sagen und versehen ihre RGB-Datei willkürlich mit dem Profil eines der großen RGB-Farbräume, die für Printbilder so ideal sind. Dieses Vorgehen wirft alle Intentionen des Farbmanagements über den Haufen!

Optionen | In den FARBMANAGEMENT-RICHTLINIEN legen Sie (für jeden Farbmodus bzw. Arbeitsfarbraum gesondert) fest, wie mit Dateien ohne Profil und mit Dateien, deren Profil von Ihrem Arbeitsfarbraum abweicht, verfahren wird. Die Farbmanagement-Richtlinien sind übrigens nicht nur beim regulären Öffnen von Dateien wirksam. Auch beim Import, bei Drag & Drop zwischen Dateien oder beim Datentransfer per Copy & Paste greifen die gewählten Optionen. Sie haben die Wahl zwischen drei Einstellungen:

- Die Option AUS ignoriert beim Öffnen oder Importieren von Dateien jegliche Profile. Auch beim späteren Speichern wird kein Profil an das Bild angehängt. Ein Farbmanagement findet nicht statt. Diese Option löscht beim Speichern der Datei auch alle eventuellen Profildaten, die ursprünglich in die Datei eingebettet waren. So werden Sie falsche Profile wieder los.
- EINGEBETTETE PROFILE BEIBEHALTEN erhält das – abweichende – Profil, mit dem die Datei versehen ist, die Sie gerade öffnen. Datei und Arbeitsfarbraum haben also weiterhin unterschiedliche Profile. Verfügt ein Bild über kein Profil, kann natürlich auch nichts erhalten werden.
- IN RGB-ARBEITSFARBRAUM KONVERTIEREN konvertiert die Daten eines geöffneten oder importierten Bildes in das aktuelle Arbeitsfarbraum-Profil. Auch Bilder, die kein eigenes Profil haben, werden nun in den Arbeitsfarbraum konvertiert.

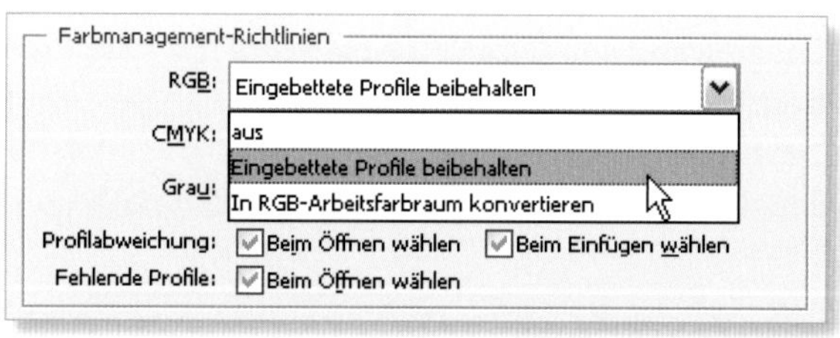

Abbildung 38.27 ▸
Ausschnitt aus dem Dialog FARBEINSTELLUNGEN: Wie soll mit abweichenden Profilen verfahren werden?

Checkboxen | Im Feld FARBMANAGEMENT-RICHTLINIEN finden Sie drei Checkboxen, mit denen Sie sich eine zusätzliche Abfrage auf den Bildschirm zaubern, wenn Sie Bilder ohne Profil oder mit vom Arbeitsfarbraum abweichenden Profilen öffnen. Auch wenn es mit der Zeit nervt – ich kann die Aktivierung dieser drei Kästchen nur empfehlen. Diese kleine Abfrage kann Ihr Bild vor einer durch einen unbedachten Klick ausgelösten Farbraum-Konvertierung retten.

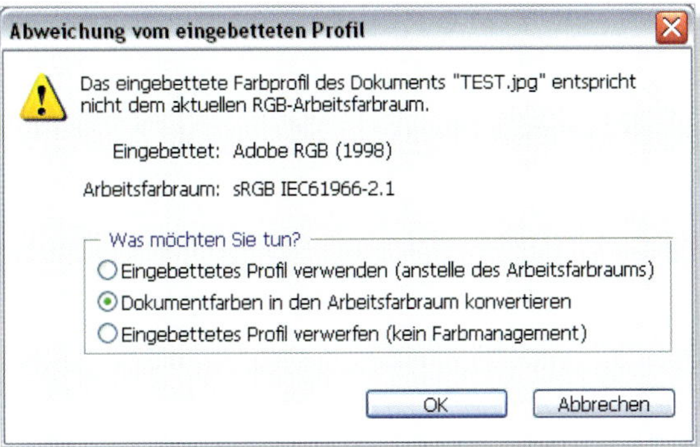
Abweichung vom eingebetteten Profil
Das eingebettete Farbprofil des Dokuments "TEST.jpg" entspricht nicht dem aktuellen RGB-Arbeitsfarbraum.
Eingebettet: Adobe RGB (1998)
Arbeitsfarbraum: sRGB IEC61966-2.1
Was möchten Sie tun?
Eingebettetes Profil verwenden (anstelle des Arbeitsfarbraums)
Dokumentfarben in den Arbeitsfarbraum konvertieren
Eingebettetes Profil verwerfen (kein Farbmanagement)
OK
Abbrechen

◂ **Abbildung 38.28**
Das häufige Erscheinen dieser Benachrichtigung ist zwar ein wenig störend, aber als Erinnerung sehr hilfreich.

Einstellungen bei Dateien mit abweichendem Profil | Bei Dokumenten, deren Profil mit dem Arbeitsfarbraum übereinstimmt, funktioniert der Farb-Workflow nahtlos. Dateien ohne Profil sind gewissermaßen nackt und liefern keine Anhaltspunkte dafür, wie sie eigentlich aussehen sollen – genau das wäre ja die Aufgabe des Dateiprofils. Bei Dateien mit falschem Profil verhält es sich ähnlich. Und bei Dateien mit abweichendem Profil? Grundsätzliche Empfehlungen pro oder contra Farbraum-Konvertierung zu geben ist unmöglich. An kaum einer anderen Stelle im Farbmanagement sind Ihre Entscheidungen so wichtig, und leider ist dieses auch der Punkt, an dem einiges schiefgehen kann.

Es sind Arbeitssituationen und Workflow-Konstellationen denkbar, in denen das Konvertieren besser ist, in anderen Fällen sollte man unbedingt davon Abstand nehmen – und manchmal muss man es einfach ausprobieren. Einige typische Fälle:

- **RGB-Datei mit einem Profil, das vom Arbeitsfarbraum abweicht:** Dokumentprofile transportieren in einem korrekten Farbmanagement-Workflow die notwendigen Informationen, damit das Bild so farbrichtig wie möglich dargestellt werden kann. Das sagt eigentlich alles: Ein Konvertieren ist nur in Ausnahmefällen nötig.
- **RGB-Datei ohne Profil:** Hier haben Sie keinerlei Vorgaben, wie die Bildfarben eigentlich aussehen sollen. Wenn es Ihnen nicht gelingt, durch Rücksprache mit dem Bildlieferanten zu klären, welches der genaue Bild-Farbraum sein könnte, müssen Sie der Datei versuchsweise verschiedene Profile anhängen (z. B. per Bearbeiten • Profil zuweisen) und schauen, welches Profil brauchbare Bildfarben erzeugt. Das hört sich nach viel Arbeit an, da aber sRGB der Standard von sehr vielen Applikationen und Geräten ist (stillschweigend auch von solchen, die kein Farbmanagement betreiben), hat die Suche oft bereits nach einem Versuch ein Ende. Bequemer ist es, eine solche Datei einfach in den Arbeitsfarbraum konvertieren zu lassen. Tatsächlich verwenden viele Nutzer den

Farbmanagement ersetzt das Denken nicht …
Trotz aller Theorie und im Hintergrund laufender Berechnungen – Farbmanagement ist kein rein mechanisch arbeitendes System, das man nur einmal in Gang bringen müsste. Ihre Entscheidungen und Ihre Kenntnisse sind nach wie vor gefragt.

Arbeitsfarbraum als Fallback-Lösung für solche Fälle – dabei werden dann aber die Original-Bilddaten verändert.

- **RGB-Datei mit einem falschen Profil:** Hier entledigt man sich am besten des falschen Profils und geht dann so vor wie bei einer Datei ohne Profil. Vielleicht gelingt es Ihnen aber auch, mit dem Lieferanten des Bildes zu klären, was eigentlich beabsichtigt war.
- **CMYK-Datei mit abweichendem Profil:** Das Profil einer CMYK-Datei enthält Anweisungen für den Druck. Wenn Sie eine solche Datei einfach in den Arbeitsfarbraum konvertieren, gehen nicht nur die ursprünglichen Farbwerte, sondern auch die Informationen über den beabsichtigten Farbaufbau verloren. Können Sie davon ausgehen, dass der Urheber wusste, was er mit der Datei macht? Dann ändern Sie lieber nichts. Zu bedenken ist auch, dass CMYK-Farbräume ohnedies recht klein sind – bei der Umrechnung wird also eine geringere Genauigkeit erreicht als bei RGB. Allenfalls wenn zwischen dem Profil und dem beabsichtigten Druckverfahren eine große Abweichung besteht, sollten Sie konvertieren; zum Beispiel, wenn die Datei qua Profil für den Druck auf hochwertigem Papier eingerichtet ist, eigentlich aber auf Zeitungspapier gedruckt werden soll.

Zum Weiterlesen: Farbaufbau
Der Farbaufbau bestimmt das Farbergebnis im Druck entscheidend mit. Die Informationen dazu sind im Farbprofil einer Datei hinterlegt. Mehr über das Thema lesen Sie in Kapitel 40, »Dateien für den professionellen Druck«.

- **CMYK-Datei ohne Profil:** Auch in so einem Fall fischt man ein wenig im Trüben, denn über das eigentlich gewollte Erscheinungsbild des Dokuments gibt es keine Informationen. Auch hier empfiehlt es sich, das Dokument nicht zu konvertieren, sondern ihm das Arbeitsfarbraum-Profil zuzuweisen. Falls Sie diese Datei zur weiteren Bearbeitung weitergeben, kann es allerdings besser sein, auf ein Farbmanagement zu verzichten und die Datei ohne Profil zu lassen. So vermeiden Sie, dass es zur falschen Farbumsetzung kommt, falls der Nächste, der die Datei anfasst, davon ausgeht, dass Ihr »Notfall«-Profil das eigentlich richtige ist.

Konvertieren oder neue Profile zuweisen? | Sofern Sie sich nicht dafür entscheiden, Farbmanagement ganz zu ignorieren (Option Aus), stellen die Farbmanagement-Richtlinien Sie vor die Wahl, die Dokumentfarben in den Arbeitsfarbraum zu konvertieren oder das eingebettete Profil zu verwenden. Es gibt jedoch noch eine weitere Möglichkeit: Sie können ein bestehendes Profil von der Datei entfernen und ihr ein neues Profil zuweisen. Dafür nutzen Sie den Befehl Bearbeiten • Profil zuweisen.

▲ **Abbildung 38.29**
Profil zuweisen

Mit dem Befehl Farbmanagement auf dieses Dokument nicht anwenden können Sie ein vorhandenes Profil aus dem Dokument entfernen. Das Arbeitsfarbraum-Profil weisen Sie durch einen Klick zum, Sie können aber auch ein beliebiges anderes aus einer Liste auswählen. Durch das Zuweisen eines neuen Profils bleiben die Farbwerte im Dokument unverändert; seine Darstellung am Monitor kann sich allerdings ändern. Umgekehrt verhält es sich beim Konvertieren einer Datei in den Arbeitsfarbraum: Dann bleibt die Farbdarstellung annähernd gleich, aber die Farbwerte ändern sich.

▲ **Abbildung 38.30**
In Profil umwandeln

Auch das können Sie übrigens später noch erledigen – mit dem Befehl Bearbeiten • In Profil umwandeln. Sie finden im Dialog nicht nur eine Liste möglicher Umwandlungsziele, sondern auch die Konvertierungsoptionen. Die Funktion In Profil umwandeln können Sie zum Beispiel nutzen, wenn Sie zwar ein Scannerprofil erstellt haben, Ihre Scannersoftware Ihnen aber nicht die Möglichkeit lässt, das passende Profil direkt an die Datei anzuhängen.

38.3.4 Konvertierungsoptionen: Wie wird umgerechnet?

Die Profile allein bewirken natürlich noch nichts. Erst Photoshop (oder eine andere geeignete Anwendung) kann die in den

Dokumente mit Farbprofilen sichern

Wenn Sie mit Farbmanagement und folglich auch mit Dateien arbeiten, zu denen Profile gehören, achten Sie beim Speichern der Datei darauf, dass die Option Farbe: ICC-Profil: *[Name des Profils]* aktiv ist. Die folgenden Dateiformate lassen das Speichern mit Profilen zu: PSD, PDF, TIFF, JPEG, EPS und das große Dokumentformat PSB.

Profilhinweise in Status- und Titelleiste

Die Bild-Titelleiste ist eine aufschlussreiche Informationsquelle, wenn man sie zu lesen versteht. Adobe hat auch Hinweise zu den Dateiprofilen dort untergebracht. Erscheint hinter der letzten Ziffer (die die Farbtiefe pro Kanal angibt) eine Raute #, bedeutet das, dass die Datei ohne Profil ist. Sehen Sie ein Sternchen *, ist dies der Hinweis, dass das Farbprofil des Bildes nicht mit dem Arbeitsfarbraum übereinstimmt. Wenn Sie hinter der letzten Ziffer kein Zeichen finden, stimmen das Farbprofil der Datei und der Arbeitsfarbraum überein.

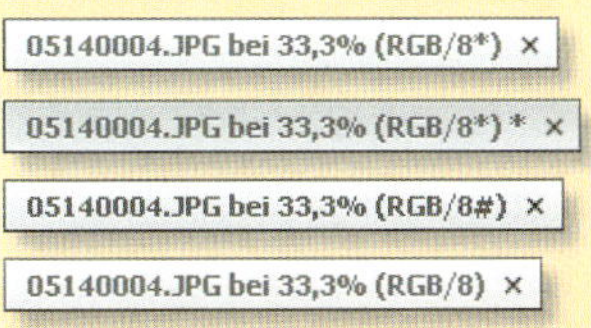

▲ **Abbildung 38.31**
Profilhinweise

Wenn Sie noch genauere Informationen zum Dateiprofil brauchen, können Sie sie sich in der Statusleiste anzeigen lassen. Ein Klick auf das kleine Dreieck öffnet ein kleines Menü, und via Einblenden • Dokumentprofil aktivieren Sie die Anzeige.

Profildateien enthaltenen Informationen verwerten und umrechnen. Unter KONVERTIERUNGSOPTIONEN nehmen Sie die Einstellungen vor, die für diese Berechnungen maßgeblich sind.

Modul | Unter MODUL legen Sie fest, welche »Rechenmaschine« intern benutzt wird, um die Informationen aus den Profilen auszulesen und umzusetzen. Nicht nur Adobe-Anwendungen müssen Farbräume umrechnen, auch andere Applikationen tun das. Daher gibt es neben dem Adobe-eigenen Color-Management-Modul (so der gebräuchlichere Begriff für diese Softwarekomponente) auch Farbrechner auf Systembasis. Das Color-Management-Modul (CMM) von Adobe heißt **ACE** – Adobe Color Engine. Windows bietet das Image Color Matching (**ICM**), bei Apple ist es **ColorSync**, das im Hintergrund rechnet.

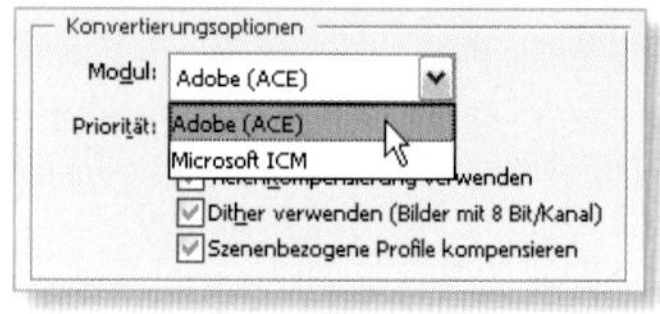

▲ **Abbildung 38.32**
In Photoshop finden Sie immer jeweils die Adobe-Engine und das jeweilige systemeigene CMM.

[Color-Management-Modul]
Color-Management-Module sind Farbrechner: Softwarekomponenten, die die Umrechnung von einem Farbraum in den anderen besorgen. Häufig werden sie auch mit »CMM« abgekürzt. Die Abkürzung ist missverständlich: Auch die PRIORITÄT heißt manchmal CMM – das steht dann aber für »Color Matching Method«.

Die jeweiligen CMMs produzieren durchaus unterschiedliche Ergebnisse, aber es ist zu schwierig, vorherzusagen, wie diese Ergebnisse aussehen. Insofern gibt es auch hier keine Empfehlung, welche Einstellung »besser« ist. Zwei Grundregeln:

- Wenn Sie Daten zwischen verschiedenen Adobe-Anwendungen (bzw. -Anwendern) austauschen, fahren Sie mit Adobes ACE ganz gut. Das gilt insbesondere dann, wenn unterschiedliche Betriebssysteme involviert sind!
- Wichtiger als die Entscheidung, *welches* CMM man verwendet, ist, dass alle Beteiligten im Workflow *das gleiche* CMM benutzen.

Priorität | Interessanter wird es wieder bei der Einstellung der PRIORITÄT. Auch hier hat Adobe eine Bezeichnung gefunden, die sonst eher unüblich ist. Die »Priorität« ist andernorts eher als »Renderpriorität», »Wahrnehmungspriorität» oder häufiger noch als »Rendering Intent» bekannt. Der letzte Terminus – übersetzt bedeutet er etwa »Umrechnungsziel« – trifft den Kern der Sache ganz gut.

Bei der Umrechnung der Farbwerte von einem Farbraum in einen anderen ist häufig mehr als nur ein Ergebnis möglich. Sie haben ja nun bereits an mehreren Farbraum-Modellen gesehen, wie unterschiedlich Farbräume sein können: nicht nur hinsichtlich ihrer schieren Größe, sondern auch in der räumlichen Positionierung. Unter PRIORITÄT bestimmen Sie nun, wie gerechnet wird, und vor allem, wie mit den Farben des Ausgangsfarbraums verfahren wird, die sich nicht innerhalb des Umfangs des Zielfarbraums befinden. PRIORITÄT legt also letzten Endes fest, wie das Bild nach der Berechnung erscheint.

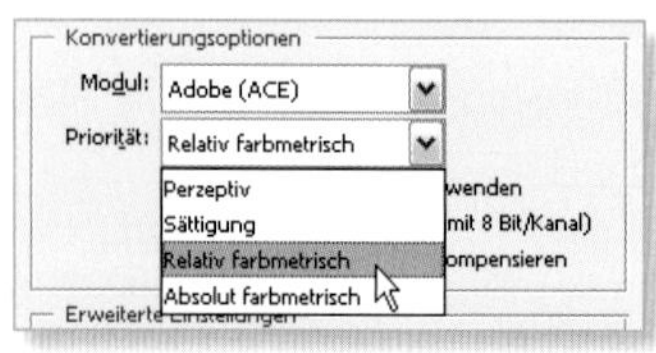

▲ **Abbildung 38.33**
(Wahrnehmungs-)Priorität: Vier Optionen – vier mögliche Wege, um die Farben eines bestimmten Farbraums in einen anderen Farbraum zu überführen.

- Ist die Option PERZEPTIV gewählt, orientiert sich die Umrechnung an der menschlichen Farbwahrnehmung: Die ursprünglichen Farben werden so in den Zielfarbraum umgerechnet, dass sie anschließend für uns sehr ähnlich *wirken*. Die *Farbwerte* können sich dabei ändern. Diese Option ist gut für Fotos geeignet, die zahlreiche Farbwerte außerhalb des Zielfarbraums aufweisen.

- Mit der Renderpriorität SÄTTIGUNG wird – wenig überraschend – versucht, vor allem die Sättigung der Bildfarben zu erhalten. Der Farbeindruck bleibt lebendig und lebhaft, die Relation der Farben zueinander wird jedoch nicht exakt in den Zielfarbraum überführt. Diese Einstellung eignet sich folglich für alle Fälle, in denen es eher auf helle, satte Farben ankommt als auf Genauigkeit, so zum Beispiel Diagramme oder Schaubilder.
- RELATIV FARBMETRISCH gleicht den Weißpunkt von Quell- und Zielfarbraum ab und verschiebt *alle* Farben dementsprechend. Farben, die dann immer noch nicht im Farbumfang des Zielfarbraums liegen, werden in Richtung der ähnlichsten reproduzierbaren Farbe verschoben. Mit diesem Rendering Intent bleiben mehr Originalfarben erhalten als bei der perzeptiven Umrechnung. Insgesamt können die Bildfarben jedoch etwas weniger gesättigt wirken. RELATIV FARBMETRISCH ist die Standard-Renderpriorität für die Druckvorstufe in Europa.
- ABSOLUT FARBMETRISCH wirkt ähnlich wie RELATIV FARBMETRISCH. Hier wird allerdings darauf verzichtet, die Weißpunkte abzugleichen. Das hat zur Folge, dass die Ausgangsfarben, die ohnehin im Farbumfang des Zielfarbraums liegen, gar nicht verändert werden. Es bleiben also viele Originalfarben erhalten, dennoch kann sich die Relation der Farben zueinander ändern, da einige verschoben werden, andere nicht. Diese Priorität eignet sich – laut Adobe – vor allem für das digitale Proofing, denn hier wird das Papierweiß (gemäß Festlegung im CMYK-Profil) simuliert.

Weitere Einstellungen zur Konvertierung | Unterhalb der PRIORITÄT-Einstellung finden Sie noch einige zusätzliche Optionen, die vor allem dazu gedacht sind, Defizite aufzufangen, die sich bei einigen Rendering Intents ergeben.

- Die Option TIEFENKOMPENSIERUNG VERWENDEN ist vor allem bei der relativ farbmetrischen Umrechnung sinnvoll. Denn dabei wird zwar der Weißpunkt angepasst, nicht aber der Schwarzpunkt. Daher kann es zu Verlusten der Tiefenzeichnung kommen (wenn der Schwarzpunkt des Zielfarbraums heller ist als der ursprüngliche Schwarzpunkt; das ist z. B. für den Zeitungsdruck typisch), oder aber der Farbumfang des Zielfarbraums wird in den Tiefen nicht ganz ausgenutzt, und Schwarz erscheint grau. Die Tiefenkompensierung passt die

Enthält mein Bild viele nichtdruckbare Farben?

Um zu überprüfen, wie viele Farben eines Bildes bei der Umwandlung in CMYK kritisch sind, wählen Sie ANSICHT • FARBUMFANG-WARNUNG. Die Bildfarben, die nicht im Farbraumumfang des Zielfarbraums enthalten sind, werden grau markiert. Der Anzeige wird offenbar der CMYK-Arbeitsfarbraum zugrunde gelegt.

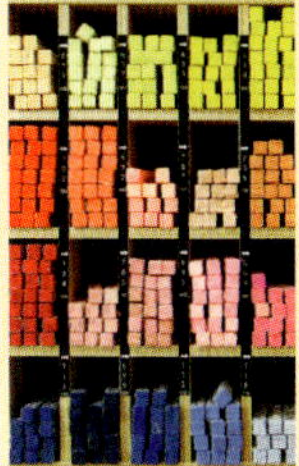

▲ **Abbildung 38.34**
Nicht alle Farben dieses bunten Bildes könnten ohne Weiteres gedruckt werden. Wenn Sie die FARBUMFANG-WARNUNG aktivieren

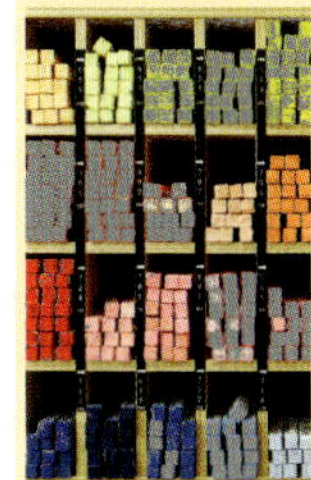

▲ **Abbildung 38.35**
... geben die grauen Bereiche Ihnen eine Übersicht darüber, wie viele Tonwerte bei einer Übertragung in den CMYK-Arbeitsfarbraum umgerechnet werden müssten.

Proofing, Softproof, Digitalproof
Das Proofing liefert eine ungefähre Vorschau des zu erwartenden Druckergebnisses auf dem Bildschirm. In Photoshop über ANSICHT • FARBPROOF.

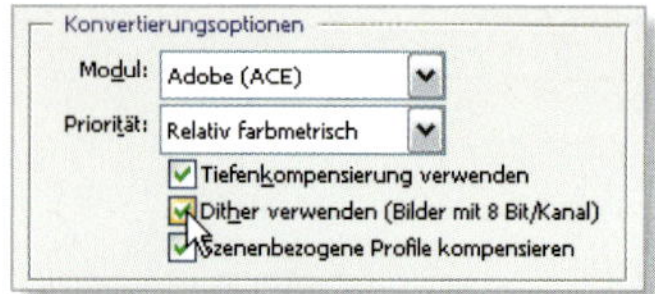

▲ **Abbildung 38.36**
Per Checkbox können Sie zusätzliche Optionen aktivieren.

Zum Nachlesen: Schwarzpunkt, Weißpunkt
Der Schwarz- und der Weißpunkt sind gewissermaßen die Eckdaten von Farbräumen und dem Farbumfang eines Bildes. In Kapitel 18, »Präzionsarbeit am Histogramm: Die Tonwertkorrektur«, erfahren Sie mehr darüber!

Schwarzpunkte an, sodass der volle Tonwertumfang des Ausgangsfarbraums im Zielfarbraum abgebildet werden kann.

- Wie schon erwähnt wurde, können glatte Farbverläufe bei der Umrechnung ungewollt zu streifigen Mustern werden. Das tritt vor allem bei Bildern mit 8-Bit-Farbkanälen auf. DITHER VERWENDEN wirkt dem entgegen, indem es ein Dither-Muster in die errechneten Farbwerte einstreut. Dadurch ist dieser Fehler weniger deutlich zu sehen.

39 Drucken auf dem Desktop-Drucker: Photoshops Druckbefehle

Für viele Anwender bedeut »ein Bild drucken« nichts anderes, als die Datei zum heimischen Drucker zu schicken – sei es nun ein Inkjet-, ein Laser- oder ein spezieller Fotodrucker. Und in der Tat ist es keine schlechte Möglichkeit, ein Bild auf Papier zu bringen: Inzwischen sind akzeptable Drucker zu erschwinglichen Preisen zu haben, und Papiere und Tinten gibt es in guter Qualität. Ein »selbst gedrucktes« Foto kann einem Bild vom Belichtungsdienst qualitativ sehr nahe kommen. Und auch wenn Online-Fotodienste flott arbeiten – das Selbstdrucken zu Hause geht noch schneller.

Der richtige Bildmodus: RGB!

Während Sie Bilder, die auf professionellen Vierfarb-Druckmaschinen reproduziert werden, immer in CMYK konvertieren – jeder Farbkanal entspricht dann einer Druckplatte –, sollten Sie dies unbedingt *unterlassen*, wenn Sie auf Ihrem eigenen Desktop-Drucker drucken. Der Drucker versteht RGB besser.

Photoshop bietet für den Druck am Desktop-Drucker zahlreiche gute Möglichkeiten. Es gibt verschiedene Druckbefehle – vom schnellen Konzeptausdruck bis zum sorgfältig eingerichteten Druckjob. In diesem Kapitel lernen Sie die Photoshop-Druckbefehle und den umfangreichen – und in CS4 erweiterten – Druckdialog kennen.

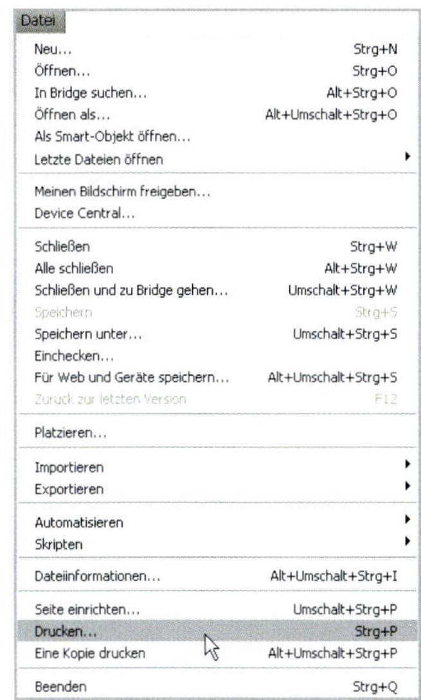

▲ **Abbildung 39.1**
Die Druckbefehle finden Sie unter dem Menüpunkt Datei.

Druckbefehle und -optionen | Photoshop enthält drei verschiedene Druckbefehle. Sie unterscheiden sich vor allem hinsichtlich der Einstellungen, die möglich sind, bevor der Druckprozess in Gang gesetzt wird:

- Da das wichtigste Druck-Dialogfeld – Sie erreichen es über den Befehl Drucken – sehr umfangreich ist, sodass man schon einmal einige Minuten beschäftigt ist, bis man alle Optionen »durch« hat, gibt es noch zwei weitere Druckbefehle für schnelles Ausdrucken bzw. für das Modifizieren der Druck-Parameter.
- Eine Kopie drucken druckt ein Exemplar des aktuellen Dokuments mit den zuletzt unter Drucken gewählten Einstellungen.
- Seite einrichten erlaubt es Ihnen, schnell zu den systemabhängigen Einstellungen Ihres Druckertreibers zu gelangen.

39.1 Der Befehl »Drucken«: üppige Einstellungen für den Desktop-Drucker

Der interessanteste Druckbefehl ist DRUCKEN ([Strg]+[P]/[⌘]+[P]). Hier können Sie die umfangreichen Photoshop-eigenen Ausgabeoptionen bearbeiten. Von hier erreichen Sie wenn nötig auch die Einstellungen des Druckertreibers. Die sind systemabhängig und können ganz unterschiedlich aussehen.

Ganz links sehen Sie (unverkennbar) eine **Druckvorschau**. Position und Größe des zu druckenden Bildes auf dem Papierformat werden anzeigt. Der graue Rand, den Sie dort sehen, markiert den Bereich der Seite, der nicht mehr bedruckbar ist. Die Breite dieses Bereichs ist hardware-abhängig.

In der Mitte finden Sie Einstellungen zum Einrichten des Drucks auf der Seite und einige Druckereinstellungen.

Welche Optionen im rechten Bereich des Dialogs angezeigt werden, hängt davon ab, ob Sie ganz oben ❺ AUSGABE oder FARBMANAGEMENT gewählt haben. Unter AUSGABE können Sie verschiedene Druckmarken aktivieren, und FARBMANAGEMENT enthält die Farbmanagement-Einstellungen, die es Ihnen erleichtern sollen, Ihr Bild farbecht zu Papier zu bekommen.

Gedruckte Randmarkierungen

Wenn Sie wirklich einen Rahmen oder Schnittmarken im Ausdruck brauchen – zum Beispiel, um das Bild sauber zu beschneiden – wählen Sie die Ausgabe-Optionen SCHNITTMARKEN ❻ oder RAND ❼. Die anderen Druckmarken, die unter AUSGABE angezeigt werden, sind eher für den professionellen Vierfarbdruck gedacht.

Abbildung 39.2 ▼
Es gibt zahlreiche Einstellungsmöglichkeiten unter DRUCKEN; links die AUSGABE-Optionen.

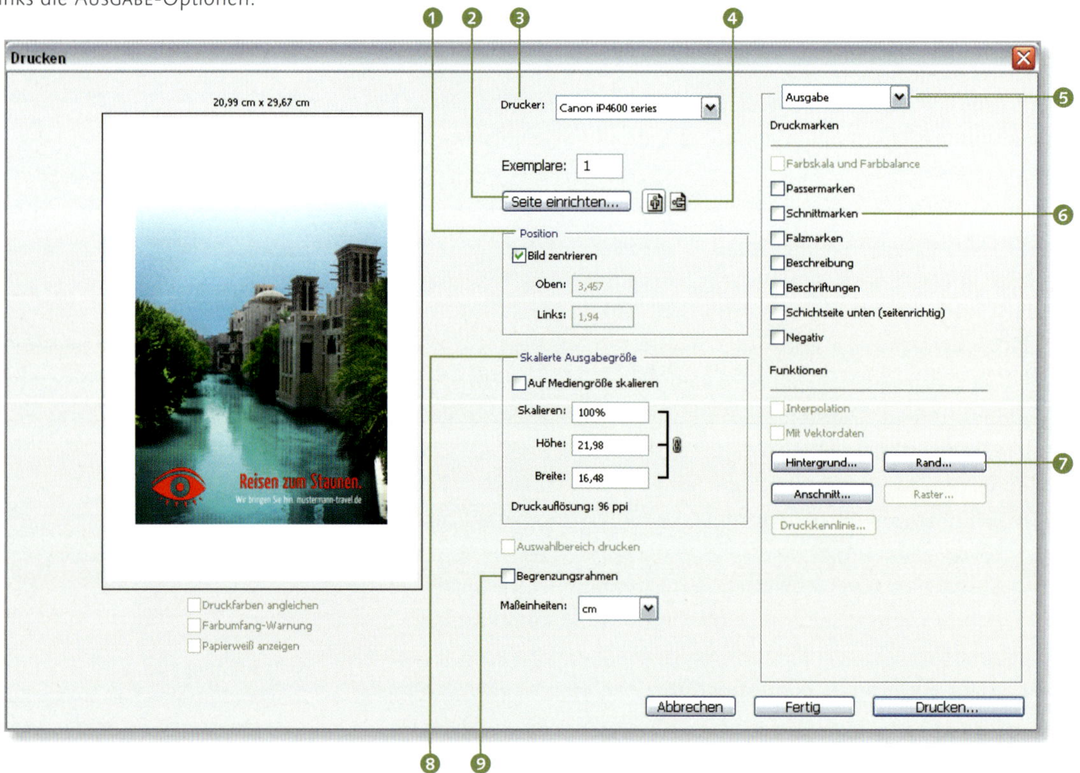

39.1.1 Drucker- und Seiteneinstellungen

Die Anordnung der Drucker- und Seiteneinstellungen suggeriert schon, in welcher Reihenfolge Sie die Optionen am besten abarbeiten (von oben nach unten).

- Im Menü DRUCKER ❸ wählen Sie aus, auf welchem Drucker Ihr Bild ausgegeben werden soll, und direkt darunter legen Sie fest, in wie vielen Exemplaren es gedruckt wird.
- Mit den zwei Buttons ❹ stellen Sie die Seitenausrichtung ein.
- Der Button SEITE EINRICHTEN ❷ führt trotz des gleichlautenden Namens *nicht* zu dem Dialog, den Sie auch mit dem Befehl DATEI • SEITE EINRICHTEN erreichen, sondern zu den Einstellungen, die von der Druckersoftware bereitgestellt werden. Diese sind hersteller- und modellabhängig. Im Regelfall müssen Sie hier nichts verändern. Ausnahme: Angaben zu Tinten- und Papierqualität.
- Unter POSITION ❶ können Sie die Lage des bedruckten Bereichs auf dem Blatt Papier verändern und sehen die Wirkung Ihrer Einstellungen auch gleich im Vorschaufenster. Zu Ihrer Orientierung: Der in der Bildvorschau weiß dargestellte Bereich entspricht dem bedruckbaren Teil der Seite. Wenn Sie die Lage des Bildes auf dem Papier ändern wollen, müssen Sie zunächst das Häkchen bei BILD ZENTRIEREN entfernen. Danach können Sie unter OBEN und LINKS eintragen, wie breit die Bildränder sein sollen.
- Zusätzlich können Sie die Ausgabegröße skalieren ❽. Besonders hilfreich ist hier die Option AUF MEDIENGRÖSSE SKALIEREN, mit der sich Bilder, die nur ein wenig zu groß sind, ohne viel Rechnerei auf die richtige Ausgabegröße bringen lassen.
  Sie können die Ausgabegröße aber auch manuell festlegen. Die Eingabefelder sind erst dann aktiv, wenn Sie den Haken bei AUF MEDIENGRÖSSE SKALIEREN entfernen. Bildgröße und Auflösung sind in dieser Einstellung gekoppelt: Wird zum Beispiel ein 72-ppi-Bild bei 50% gedruckt, ist die Druckauflösung 144 ppi. Die ursprünglichen Bildmaße, die Sie unter BILD • BILDGRÖSSE festgelegt haben, werden dadurch nicht verändert – die Skalierungseinstellungen betreffen immer nur den Druck.
- Die Option BEGRENZUNGSRAHMEN ❾ bezieht sich auf die Ansicht des Bildes im Druckdialog – die Linien werden nicht mitgedruckt. Sie können an den Anfassern des Begrenzungsrahmens mit der Maus ziehen, um das gedruckte Bild zu skalieren. Wenn Sie das Häkchen bei BILD ZENTRIEREN entfernen, lässt sich bei aktivem Begrenzungsrahmen auch die Bildposition per Maus verschieben.

Achtung, Kollisionsgefahr

Druckerhersteller statten ihre Geräte oft mit Treibern aus, die selbst umfangreiche Druckeinstellungen erlauben. Häufig kommt es dabei zu Funktionsdoppelungen mit Photoshop, zum Beispiel bei der Seitenorientierung, bei Farbeinstellungen oder der Bildskalierung. Das ist nicht unproblematisch: Wird z. B. eine Skalierung des Druckmotivs in beiden Dialogen festgelegt, wird sie auch zweimal angewendet und das Bild nicht in der gewünschten Größe gedruckt. Wenn Sie sich an die Photoshop-Einstellungen halten, kann weniger schiefgehen: Die behalten Sie wenigstens leicht im Blick.

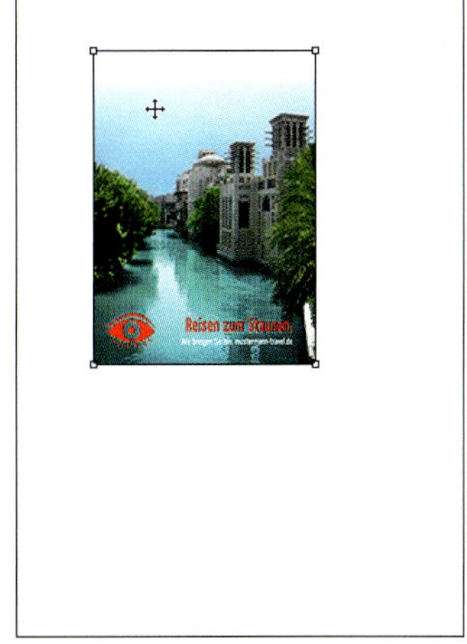

▲ **Abbildung 39.3**
Bei aktivem BEGRENZUNGSRAHMEN kann die Bildposition auf dem Blatt per Maus verändert werden. Die Anfasser erlauben das Skalieren des gedruckten Bilds.

39.1.2 Vektordaten auf PostScript-Druckern ausgeben

Sie haben in diesem Buch schon mehrfach gelesen, dass Daten, die auf Vektorinformationen basieren (wie zum Beispiel Photoshops Textebenen oder Formebenen), die positive Eigenschaft haben, »im Druck immer scharf« zu sein. Das stimmt nicht ganz: Sie *können* immer scharf sein. Man braucht dazu jedoch auch einen Drucker, der in der Lage ist, diese Daten zu interpretieren, also einen PostScript-Drucker.

Die Übermittlung von Vektordruckdaten an PostScript-Drucker funktioniert anders als das bekannte Drucken von Nur-Pixeldaten. Dabei wird für jede Textebene und jede Vektorformebene ein separates Bild an den Drucker gesendet. Diese zusätzlichen Bilder werden auf das pixelbasierte Grundbild gedruckt und entlang der in Text- oder Vektorebenen vorgegebenen Vektorkontur beschnitten. Dadurch ist es möglich, dass die Ränder der Vektorelemente (Text oder Grafiken) mit der höchsten Auflösung des Druckers gedruckt werden, während der Inhalt der einzelnen Ebenen nur mit der Auflösung der Bilddatei gedruckt wird.

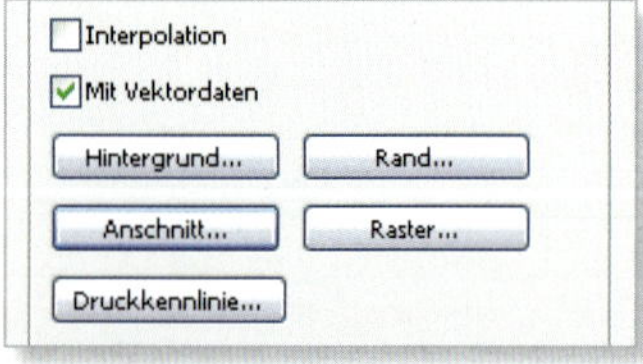

▲ **Abbildung 39.4**
Ihr Drucker ist PostScript-fähig? Dann können Sie die Option MIT VEKTORDATEN nutzen

Wie gehen Sie vor? | Wählen Sie DATEI • DRUCKEN, und aktivieren Sie dort die Option AUSGABE. Dann setzen Sie bei der Option MIT VEKTORDATEN ein Häkchen.

Vektordaten-Optionen inaktiv?

Wenn Ihr Drucker kein PostScript unterstützt oder wenn das Bild keine Vektordaten enthält oder nicht der korrekte Druckertreiber installiert ist, bleiben die Vektor-Optionen inaktiv.

39.1.3 Nur in Ausnahmefällen: Rastereinstellung in Photoshop

Wenn Sie eine CMYK-Datei vor sich haben und außerdem ein Postscript-Drucker angeschlossen ist, sind die Buttons RASTER und DRUCKKENNLINIE im Druckdialog aktiviert.

- DRUCKKENNLINIE ist eine Möglichkeit, dem Tonwertzuwachs entgegenzuwirken. In vielen Fällen ist es aber ohnehin günstiger, den Tonwertzuwachs über die Befehle unter BEARBEITEN • FARBEINSTELLUNGEN zu kompensieren. Mehr dazu erfahren Sie in den Folgekapiteln!
- RASTER legt die Rasterweite und Form der Rasterpunkte für jedes verwendete Raster fest.

Zum Nachlesen: Rastertypen
In Kapitel 6, »Bildbearbeitung: Fachwissen«, finden Sie eine Beschreibung und Abbildungen von frequenzmoduliertem und amplitudenmoduliertem Raster.

Wie Sie vermutlich schon wissen, bringen Druckmaschinen die Farbe in einem Raster aus kleinen und größeren Punkten auf das Papier. Dadurch werden unterschiedliche Tonwerte realisiert. Der Abstand der einzelnen so gebildeten »Rasterlinien« und die Winkel, in denen die Rastermuster der einzelnen Druckfarben zueinander angeordnet sind, sind die relevanten Größen für das Aussehen des Rasters. Wenn Sie die Daten an die Druckerei geben, sollte das Einrichten des Rasters sowieso nicht Ihr Problem sein – das wird vor Ort erledigt. Und auch die üblichen

Desktop-Drucker rastern mit ihren eigenen Einstellungen. Das ist auch gut so, denn Fehler bei der Einrichtung des Rasters – vor allem der Winkel – können zu unangenehmen Effekten führen. Wenn die Rasterwinkel nicht stimmen, können moiré-artige oder auch gitterähnliche Störungen auftreten, oder die Bildfarben werden verfremdet, weil die Farbmischung der lasierenden Druckfarben nicht mehr so funktioniert wie geplant.

Sollten Sie doch einmal in die Verlegenheit kommen, selbst Rastereinstellungen vorzunehmen, wählen Sie im Druckdialog oben rechts AUSGABE. Dann sehen Sie weiter unten den Button RASTER. Ein Klick öffnet ein kleines Dialogfeld.

Übliche Rasterwinkel

Die Winkel, in denen die einzelnen Farbauszüge gerastert sind, müssen unregelmäßig gegeneinander versetzt sein. Ist der Versatz zu regelmäßig, wird das Raster deutlich sichtbar; und wenn alle Winkel gleich sind oder nur geringe Unterschiede aufweisen, werden die Bildfarben verfälscht. Übliche Winkel für die vier Druckfarben sind:
C: 105°, **M:** 75°, **Y:** 90°, **K:** 45°

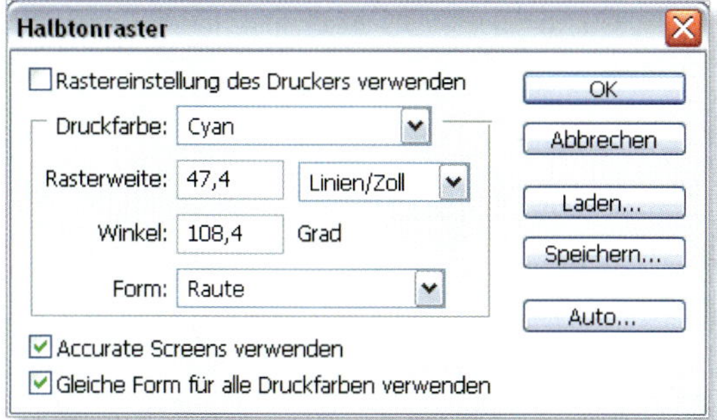

◂ **Abbildung 39.5**
Sie müssen erst die Option RASTEREINSTELLUNG DES DRUCKERS VERWENDEN deaktivieren, um eigene Einstellungen vorzunehmen.

Dort können Sie für jede Druckerfarbe einzeln Rasterwinkel, Rasterweite und die Form der Rasterpunkte einstellen. Ein Klick auf AUTO öffnet einen Dialog, in dem Sie die Rasterwinkel der Automatik überlassen können, aber die Rasterweite und die Auflösung des Druckers eintragen müssen.

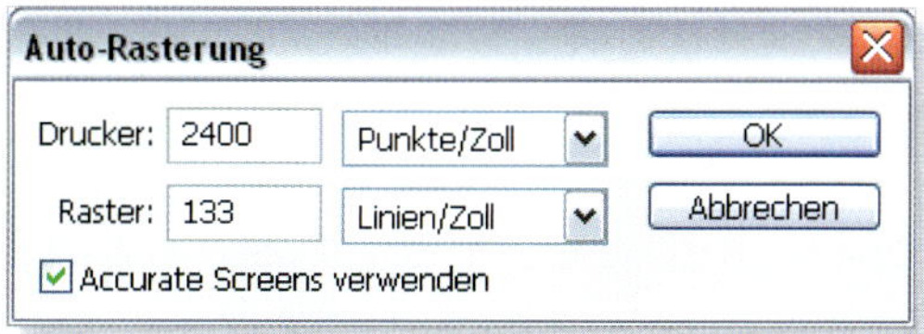

◂ **Abbildung 39.6**
Unter DRUCKER müssen Sie die genuine Druckerauflösung (nicht die Auflösung der darauf gedruckten Dokumente) eintragen, also einen recht hohen Wert.

Wenn Sie fertig sind, klicken Sie im Druckdialog auf DRUCKEN, um den Druck zu beginnen. Klicken Sie auf FERTIG, um die Optionen mit der Datei zu speichern.

39.1.4 Neu und nur für Macianer: Drucken mit 16 Bit

Manche High-End-Drucker können Dateien verarbeiten, die mehr Bildinformationen als nur 8 Bit je Kanal aufweisen. Meist werden diese Drucker als »16-Bit-Drucker« bezeichnet, auch wenn es in der Praxis oft nur 12 Bit Daten je Bildkanal sind, die verarbeitet werden

VIP-Funktion
16-Bit-Unterstützung beim Drucken gibt es bisher leider nur für Mac-Anwender.

Photoshop zählt Bits ungenau
Seit CS3 baut Adobe die Unterstützung für Dateien mit höherer Datentiefe aus. In Photoshop werden solche Dateien immer mit »16-Bit« bezeichnet. Nicht immer ist das ganz korrekt: RAW-Dateien von der Digicam haben oft »nur« 12 Bit je Kanal. Während der Unterschied der höherbittigen Dateien zu normalen 8-Bit-Dateien innerhalb von Photoshop jederzeit deutlich erkennbar ist, unterscheidet Photopshop nicht zwischen 12 und 16 Bit und zeigt immer »16 Bit« an.

Um auf solchen16-Bit-Druckern Bilder mit Photoshop ausgeben zu können, waren bisher spezielle Plug-ins notwendig. Nur für Mac-User gibt es in CS4 im Druckdialog eine neue Option: 16-BIT-DATEIEN SENDEN. Per Häkchen kann sie aktiviert werden.

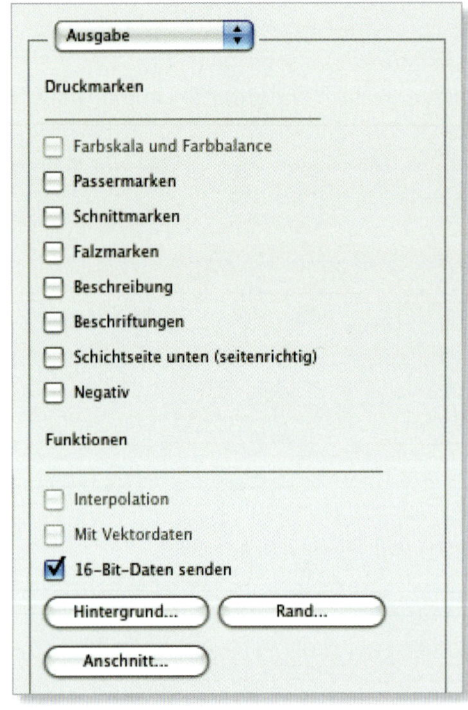

Abbildung 39.7 ▸
Eine Option für Qualitätsfreaks: Drucken mit 16 Bit. Sie gibt es jedoch nur unter Mac OS.

Damit das funktioniert, müssen Sie jedoch 16-Bit-Bilder und einen geeigneten Drucker haben. Bringt diese Option einen entscheidenden Qualitätssprung? Professionelles Fotografieren, gutes Farbmanagement und die Verwendung vernünftiger Tinten und Papiere machen sicherlich den Hauptanteil eines guten Druckergebnisses aus. Wenn diese Parameter stimmen, wird mit der 16-Bit Option aus einem sehr guten ein exzellenter Druck – vielleicht.

39.1.5 Einstellungen zur Farbwiedergabe

Seit CS3 ist der Druckdialog an das Farbmanagement gekoppelt. Sofern Sie Farbmanagement-Einstellungen benutzen, werden die Farben in der Druckvorschau entsprechend angezeigt. In CS4 wurden die Farbmanagement-Einstellungen ausgebaut: Sie können sich nun auch eine Farbumfangwarnung und die Papiertönung (»Papierweiß«) in der Vorschau anzeigen lassen und die Druckfarben angleichen.

Um die für die Farbqualität interessanten Optionen zu erreichen, müssen Sie im Dropdown-Feld ❶ FARBMANAGEMENT einstellen und unter DRUCKEN: DOKUMENT ❷ – es soll ja tatsächlich ein Bild gedruckt werden und kein Proof (ein Testdruck, der eine bestimmte Druckmaschine und -konstellation simuliert). Dann haben Sie die Wahl, ob Sie die Farbverwaltung dem Drucker überlassen oder Photoshop.

Zum Nachlesen: Farbmanagement
Eine Herausforderung bleibt beim Drucken immer: die Farben möglichst »echt« auf das Papier zu bringen. Die gedruckten Farben sehen meist anders aus als die Farben auf dem Monitor – meist sogar sehr anders, wie schon mancher enttäuscht feststellen musste –, und mit der Farbe des fotografierten Objekts stimmen sie auch nicht unbedingt überein. Photoshops Farbmanagement-System kann auch für viele Desktop-Drucker eingesetzt werden. Lesen Sie mehr dazu in Kapitel 38, »Farbmanagement«.

Farbverwaltung durch Drucker | Wenn Sie mit Farbmanagement nicht vertraut sind und kein spezielles Profil für Ihren Drucker angelegt wurde, empfiehlt sich unter FARBHANDHABUNG ❸ die Einstellung FARBVERWALTUNG DURCH DRUCKER. Diese Einstellung wird auch von Adobe empfohlen. Der Druckertreiber wählt dann unter Berücksichtigung verschiedener Kriterien wie Papiersorte und Auflösung unter seinen internen, vorgefertigten Profilen das am besten geeignete aus. Die Treiber der meisten hochwertigen Fotodrucker enthalten bereits relativ exakte Profile – das Profil vom Drucker wählen zu lassen, spart also Zeit und verhindert Fehler.

Wenn Sie diese Option aktivieren, müssen Sie Druckoptionen in den Einstellungen des Druckers festlegen und gegebenenfalls das Farbmanagement im Druckertreiber aktivieren. Wie das geht, unterscheidet sich wiederum von Drucker zu Drucker – diese Optionen kommen nicht von Adobe, sondern vom Hersteller des Druckers. Sie erreichen die Druckereinstellungen über den Button SEITE EINRICHTEN im Druckdialog. Bei fast allen Druckertreibern öffnet sich nach dem Bestätigen des Adobe-Druckdialogs automatisch ein neues Fenster mit den druckereigenen Einstellungen. Sie müssen also gar nicht extra dort hin navigieren.

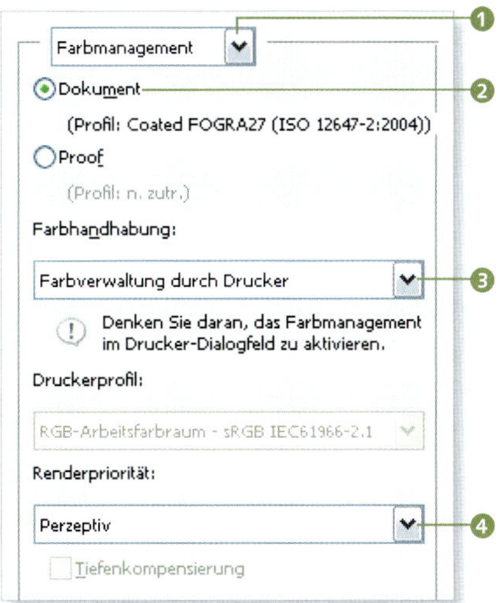

◄ **Abbildung 39.8**
Wenn Sie dem Drucker die Farbverwaltung überlassen ❸, müssen Sie sich um passende Profile nicht mehr kümmern.

Die RENDERPRIORITÄT ❹ hat beim Vierfarbdruck größeren Einfluss auf die Farbwiedergabe. Mit dieser Option wird festgelegt, in

Zum Nachlesen: Renderprioritäten
In Kapitel 38, »Farbmanagement«, finden Sie Erklärungen und Empfehlungen zu den verschiedenen Renderprioritäten.

welcher Art und Weise die Bildfarben an den Farbraum des Druckers angepasst werden. Bei den meisten Desktop-Drucker n ist diese Einstellung allerdings nicht so wichtig: Sie ignorieren diese Vorgabe schlicht und rechnen Farben ungefragt mit der Renderpriorität PERZEPTIV um.

Farbverwaltung durch Photoshop | In Ausnahmefällen – zum Beispiel, wenn Sie ungewöhnliche Konstellationen von Drucker, Tinte und Papier benutzen – kann es sinnvoll sein, Photoshop für die Druck-Farbverwaltung zu verwenden. Überprüfen Sie zuvor in jedem Fall die drucker-eigenen Einstellungen. Das Drucker-Farbmanagement sollte dort (wenn vorhanden) deaktiviert werden, um Konflikte mit dem Photoshop-Farbmanagement zu verhindern.

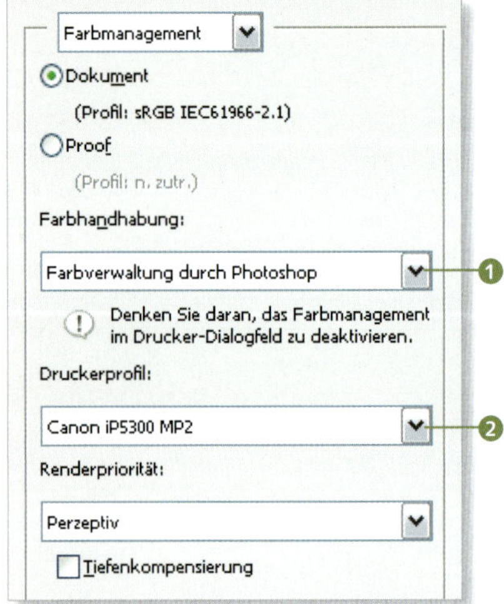

▲ **Abbildung 39.9**
Wenn Photoshop die Farbverwaltung übernimmt ❶, können Sie ein eigenes Druckerprofil ❷ festlegen.

▲ **Abbildung 39.10**

Drei neue Optionen in CS4: So bekommen Sie einen Eindruck davon, wie das gedruckte Bild aussehen könnte. Die Farbumfang-Warnung zeigt problematische Bereiche in Grau an, der Farbton der Druckfarben und Papierweiß werden simuliert.

Unter DRUCKERPROFIL können Sie nun ein Profil einstellen. Zahlreiche Profile – auch von verschiedenen Druckerherstellern – stehen zur Auswahl.

Unterhalb des Vorschaubildes sind nun auch die drei neuen Optionen aktiv und können von Ihnen einzeln zugeschaltet werden (Abbildung 39.10).

- DRUCKFARBEN ANGLEICHEN: Aktivieren Sie diese Option, damit die Bildfarben im Vorschaubereich annähernd so gezeigt werden, wie sie im Druck ausfallen.
- FARBUMFANG-WARNUNG zeigt alle Bildbereiche grau hinterlegt an, deren Darstellung im Druck Probleme bereitet.
- PAPIERWEISS ANZEIGEN führt nicht bei allen Profilen zu einer Änderung der Bildanzeige. Wenn Sie aus der Profile-Liste jedoch eines der Profile wählen, in dem auch Papiereigenschaften hinterlegt sind, ändert sich das Vorschaubild. Der Papierfarbton wird nun ebenfalls dargestellt.

39.1.6 Qualitätsfaktor Papier und Tinte

Wenn man einen halbwegs vernünftigen Drucker zur Verfügung hat, lassen sich mit den heute erhältlichen Spezialpapieren und extra Fototinten auch zu Hause Fotos zu Papier bringen, die an die Qualität von Labor-Prints heranreichen. Jedoch helfen gutes Farbmanagement und exzellente Tinten und Papiere wenig, wenn Sie Ihren Drucker nicht wissen lassen, dass er nun Spezialpapier oder -farbe verarbeiten soll. Diese Einstellung ist immer wichtig – unabhängig davon, ob Sie nun die Farbhandhabung Photoshop oder dem Drucker überlassen! Alle modernen Drucker bieten in einem eigenen Dialog die Möglichkeit, zwischen verschiedenen Voreinstellungen für unterschiedliche Papiere und Tinten zu wählen. Nutzen Sie diese Möglichkeit!

39.1.7 Eingaben abschließen

Im komplexen Druckdialog ist es nicht einfach mit dem routinemäßigen OK-Klick getan. Zum Abschließen Ihrer Eingabe finden Sie unten rechts gleich drei verschiedene Buttons. Und wenn Sie [Alt] bzw. [⌥] gedrückt halten,ergibt sich noch eine weitere Möglichkeit.

▲ **Abbildung 39.12**
Die »normalen« Buttons…

◄ **Abbildung 39.13**
… und in Kombination mit gehaltener [Alt]/[⌥]-Taste

Wozu dienen Profile?

Profile sind wichtige Bausteine für ein geräte-, programm- und plattformunabhängiges Farbmanagement. Die Farbdarstellungseigenschaften von Geräten wie Druckern, Monitoren, Scannern usw. werden in Profilen beschrieben. Mithilfe systemeigener Umrechnungsmechanismen eines Rechners (Color-Management-Module, siehe Kapitel 38) können die verschiedenen Profile aller Geräte, die am Publikationsprozess beteiligt sind, miteinander abgeglichen werden. Im Idealfall sehen dann z. B. die Farben eines gescannten Fotos auf dem Monitor und im Druck annähernd gleich aus. Profile für Geräte können mithilfe spezieller Prüfverfahren und -geräte individuell erstellt und von Standardisierungsgremien wie dem ICC (International Color Consortium) oder Geräteherstellern bezogen werden. Mehr zu diesem Thema lesen Sie in Kapitel 38, »Farbmanagement«.

Mehrere Bilder auf einem Blatt – jetzt mit Bridge

Die Funktionen KONTAKTABZUG und BILDPAKET, mit denen Sie mehrere Bilder auf einem Blatt drucken konnten, gibt es in Photoshop nicht mehr. An deren Stelle ist die Funktion PDF-Ausgabe in Bridge getreten. Mit ihr können Sie Kontaktabzüge und andere Bilderkombinationen zusammenstellen. Das ist komfortabler und intuitiver, als es mit der etwas sperrigen Bildpaket-Funktion je möglich war. Details dazu lesen Sie in Abschnitt 9.2.

TOPP-TIPP: Sparsame Vorabdrucke

Manchmal sind Probedrucke trotz präziser Farbeinstellungen unerlässlich. Doch wer verschleudert gern teure Tinte? Die Option AUSWAHLBEREICH DRUCKEN hilft Ihnen weiter: Sie ermöglicht das tinten- und budget-schonende Probedrucken lediglich einzelner Bildbereiche.

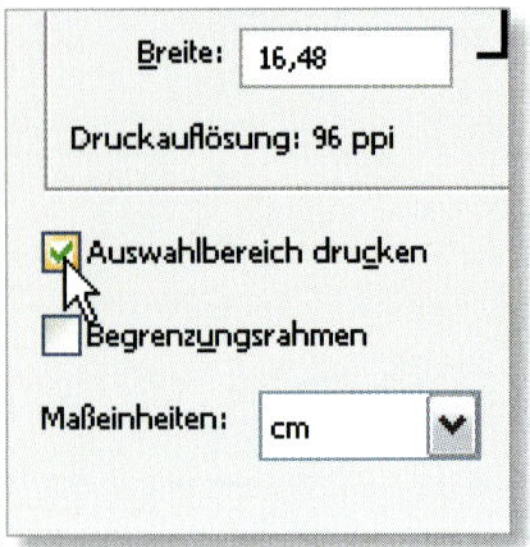

▲ **Abbildung 39.11**
Unterhalb der Skalierungseinstellungen im Druckdialog finden Sie die Option AUSWAHLBEREICH DRUCKEN

Offenbar funktioniert diese Option aber nicht bei allen Hard-/Software-Konstellationen. Mancher Druckertreiber weigert sich, Photoshop-Auswahlen als Markierung zu erkennen, und die Option bleibt inaktiv. Meist hilft es, wenn Sie Rechteck-Auswahlen für zu druckende Bereiche zuvor im Bild speichern (AUSWAHL • AUSWAHL SPEICHERN). Funktioniert auch das nicht, müssen Sie trotzdem nicht auf sparsame Testdrucke verzichten – ein Umweg führt zum Ziel: Es werden nämlich immer nur die Ebenen und Kanäle an den Drucker weitergereicht, die eingeblendet sind. Wenn Sie sich also eine Ebene anlegen, auf der alle Bildpartien versammelt sind, deren Druckqualität Sie prüfen wollen, und dann die restlichen Bildebenen ausblenden, bevor Sie drucken, geht es auch.

- Mit FERTIG sichern Sie Ihre Optionen und schließen das Dialogfeld, drucken aber nicht das Bild.
- Wenn Sie das Dialogfeld wieder schließen möchten, ohne dass Ihre Einstellungen gespeichert werden, klicken Sie auf ABBRECHEN.
- DRUCKEN öffnet zunächst einen weiteren Dialog mit systemeigenen Druckoptionen. Von dort aus können Sie dann den Druck starten.
- Mit [Alt]/[⌥]: Der Unterschied zwischen EIN EXEMPLAR DRUCKEN und DRUCKEN ist zunächst nicht augenfällig. Auch EIN EXEMPLAR DRUCKEN öffnet den Systemdialog, von dem aus Sie dann endlich losdrucken können. Erst, wenn Sie im Systemdialog unter EXEMPLARE (Anzahl der Ausdrucke) mehr als ein Exemplar einstellen, sehen Sie die Wirkung von EIN EXEMPLAR DRUCKEN: Er setzt sich über die EXEMPLAR-Option hinweg und druckt genau ein Exemplar Ihres Bildes. Das ist gut für Vorabdrucke zum Testen, bevor Sie Ihren Großauftrag starten.

39.2 Photoshops schnelle Druckbefehle

39.2.1 Ohne Dialogbox: Eine Kopie drucken

Wenn Sie ein Bild mit den aktuellen Einstellungen »einfach so« ausdrucken wollen, ist der Befehl EINE KOPIE DRUCKEN ([Alt]+[⇧]+[Strg]+[P]/[⌥]+[⇧]+[⌘]+[P]) die richtige Wahl. Der Drucker legt dann ohne weitere Umstände direkt los. Alternative: Rufen Sie den Dialog DATEI • DRUCKEN auf, und klicken Sie dort auf den Button DRUCKEN.

39.2.2 Der Befehl »Seite einrichten«

SEITE EINRICHTEN ([⇧]+[Strg]+[P]/[⇧]+[⌘]+[P]) führt zu einem Dialogfeld, dessen Aussehen vor allem vom verwendeten Betriebssystem, Drucker und Druckertreiber abhängt. Hier können Sie Papierformat und Seitenausrichtung einstellen. In manchen Fällen ist es auch möglich, festzulegen, aus welcher Schublade oder welchem Einzug des Druckers das Druckpapier entnommen werden soll. Das ist sinnvoll, wenn Sie Ihren Drucker mit unterschiedlichen Papierqualitäten bestückt haben. Von hier gelangen Sie außerdem schnell zu den spezifischen Einstellungen Ihres Druckertreibers.

Auch im Haupt-Druckdialog (Befehl DATEI • DRUCKEN) finden Sie Einstellungen zum Einrichten der Druckseite. Der Befehl SEITE EINRICHTEN ist also eine schnelle **Alternative**, eine **Ergänzung** zu den Optionen unter DRUCKEN – kein Dialog, den man zwangsläufig zusätzlich abarbeiten müsste, um korrekte Seiteneinstellungen zu gewährleisten!

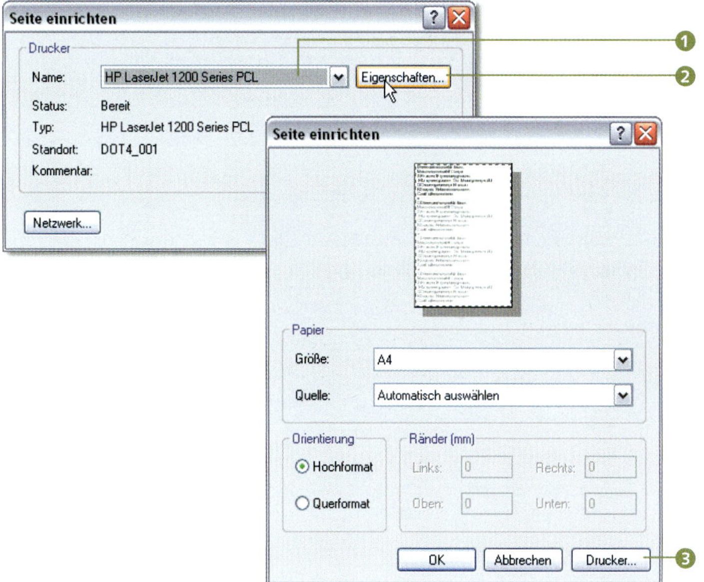

◂ **Abbildung 39.14**
Was unter SEITE EINRICHTEN angezeigt wird, ist von Ihrer Hardware abhängig. Hier führt der Button DRUCKER ❸ zur Auswahl des Druckers ❶, und der Button EIGENSCHAFTEN ❷ öffnet die druckereigenen Optionen.

Im Wesentlichen unterscheidet sich der Dialog nicht von den Einstellungen, die Sie erhalten, wenn Sie aus anderen Anwendungen als Photoshop drucken. Er sollte Ihnen keine Schwierigkeiten bereiten. Allerdings gilt es zwei Besonderheiten zu beachten:

- Die **Seiteneinstellungen gelten immer nur für das aktuelle Dokument** und nicht universell für alle Dokumente in Photoshop.
- Außerdem gibt es – wie schon erwähnt – **Redundanzen, die zu Problemen führen können**. Manche Einstellungen sind unter SEITE EINRICHTEN und im Haupt-Druckdialog (Befehl DATEI • DRUCKEN) vorhanden, zusätzlich lassen sie sich vielleicht auch noch in den herstellerabhängigen Drucker-Einstellungen finden. Sie sollten mehrfach vorhandenen Einstellungen immer nur an einer Stelle nutzen, sonst kommt es zu unvorhergesehenen Ergebnissen.

In vielen Fällen ist es ohnedies günstiger, die Optionen im Haupt-Druckdialog zu nutzen – wegen der Druckvorschau haben Sie dort eine bessere Kontrolle über Ihre Einstellungen.

Gleiche Seiten-Eigenschaften für alle Dokumente

Wenn Sie grundsätzlich bei jedem Dokument die gleichen Seiteneinstellungen benutzen wollen, ohne jedes Mal in der Dialogbox zu hantieren, können Sie sich das Leben leichter machen, indem Sie eine Aktion schreiben, mit der die gewünschten Seiteneinstellungen festgelegt werden. Auf Wunsch lassen sich Aktionen auch per Shortcut auslösen – sie sind also eine gute Alternative zum zeitaufwendigen Einstellen für jedes Dokument.
Mehr über Aktionen können Sie in Abschnitt 9.2, »Aktionen: Befehlsfolgen auf Knopfdruck«, lesen.

40 Dateien für den professionellen Druck

40.1 Alle Farben aus C, M, Y und K

Sie haben Ihr Bild mit aller Sorgfalt bearbeitet, Farbmanagement eingerichtet und unter FARBEINSTELLUNGEN die hoffentlich richtigen Einstellungen gewählt. Nun geht es darum, die Datei für den professionellen Druck – also den Druck auf gewerblichen Druckmaschinen – vorzubereiten. Zwar kommt es äußerst selten vor, dass eine Datei direkt aus Photoshop zur Druckerei gesandt wird. Meist wird sie noch mit einem Layoutprogramm weiterverarbeitet. Die notwendigen Einstellungen sollten Sie jedoch schon jetzt vornehmen.

40.1.1 RGB-Daten in CMYK konvertieren

Das Wichtigste sollte Ihnen als aufmerksamem Leser schon längst klar sein: Die ursprünglichen RGB-Daten müssen in den CMYK-Modus gebracht werden. Das ist mit dem Befehl BILD • MODUS • CMYK-FARBE schnell getan.

[Sonderfarben]
Sonderfarben werden auch als **Schmuckfarben** und bei Adobe als **Volltonfarben** bezeichnet. Sonderfarben werden in gewerblichen Druckverfahren als Alternative oder Ergänzung zu den vier Prozessfarben CMYK verwendet. Während die gewünschte Farbe im CMYK-Verfahren durch Farbmischung (Übereinanderdruck) entsteht und daher nie vollkommen kontrolliert werden kann, sind Sonderfarben bereits vom Hersteller vorgemischt. Man verwendet sie zum Drucken von Farben, die sich nicht durch die Prozessfarben darstellen lassen, oder wenn auf Farbtreue besonders großer Wert gelegt wird.

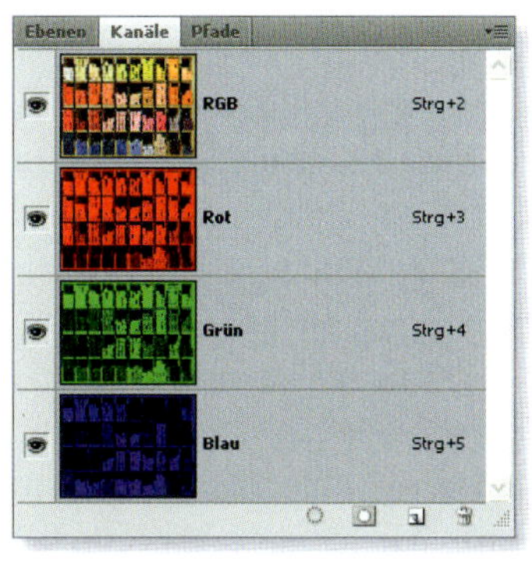

Bild: Onno K. Gent

▲ **Abbildung 40.1**
Der Kanalaufbau derselben Datei in RGB und CMYK zum Vergleich.

Jede der vier CMYK-Farben entspricht dann einem Farbkanal in der Datei und später auch einem Farbauszug und einer gedruckten Farbe. Die Druckfarben sind lasierend, also »durchsichtig«, und durch Übereinanderdrucken der vier Farben in unterschiedlichen Anteilen und durch Rastern entstehen die bunten Bildfarben. Soll mit Sonderfarben gedruckt werden, müssen dafür in der Datei zusätzliche Farbkanäle angelegt werden.

Die Umrechnung der Bildfarben von RGB zu CMYK erfolgt nach den Vorgaben des CMYK-Arbeitsfarbraums und der Konvertierungsoptionen, die Sie unter Bearbeiten • Farbeinstellungen (⇧+Strg+K/⇧+⌘+K) einstellen. Nachdem Sie die Modusänderung durchgeführt haben, sehen Sie in der Titelleiste des Dokumentfensters und natürlich in der Kanäle-Palette die Änderung.

Abbildung 40.2 ▲
Photoshops Vorschau der vier Farbauszüge

Farbauszüge – Vorschau im Photoshop | Für den Vierfarbdruck muss von einer Datei eine eigene Vorlage für jeden der vier Druckdurchgänge – in den Farben Cyan, Magenta, Gelb und Schwarz – angefertigt werden: der Farbauszug. In der Regel sind dies Filme. In Photoshop können Sie die Befehle Farbproof und Proof einrichten nutzen (beide sind unter Ansicht zu finden), um sich eine Vorschau der Auszüge anzeigen zu lassen. In den Voreinstellungen unter Benutzeroberfläche können Sie eine farbige Anzeige der Auszüge aktivieren. Die Option wirkt sich auch auf die Darstellung der Kanäle aus.

40.1.2 Hintergrundwissen

Was bei der Modus-Konvertierung passiert, ist komplexer, als es die drei notwendigen Klicks ahnen lassen.

RGB-Daten umgerechnen | Der CMYK-Farbraum ist viel kleiner als ein RGB-Farbraum. RGB-Bildfarben, die nicht den CMYK-Farbraum passen, werden jedoch nicht einfach gekappt. Um den Farbeindruck zu erhalten, werden die Farben des Ausgangsfarbraums in den CMYK-Farbraum umgerechnet. Wie diese Umrechnung geschieht, legen Sie unter Farbeinstellungen (⇧+Strg+K/⇧+⌘+K) fest. Wenn Sie das Farbmanagement-Kapitel (Kapitel 38) gelesen haben, ist das nichts Neues für Sie.

Zum Nachlesen: Farbeinstellungen
Informationen über Photoshops Farbeinstellungen, über die Optionen zur Farbraum-Konvertierung und über die Rendering Intents finden Sie in Kapitel 38, »Farbmanagement«.

Doch diese Informationen reichen für die drucktechnische Reproduktion noch nicht aus. Abhängig von der Papiersorte, den verwendeten Farben und überhaupt vom ganzen Druckverfahren müssen mit der Datei noch weitere Anweisungen an die Druckmaschine übergeben werden. Farbaufbau, Tonwertzuwachs, Schwarzanteil – das sind nur einige der Größen, die für das spätere Druckergebnis entscheidend sind. Gesteuert werden all diese Eigenschaften über das Dateiprofil, also in den meisten Fällen über Ihr CMYK-Arbeitsfarbraumprofil, das bei der RBG-zu-CMYK-Konvertierung eingestellt war.

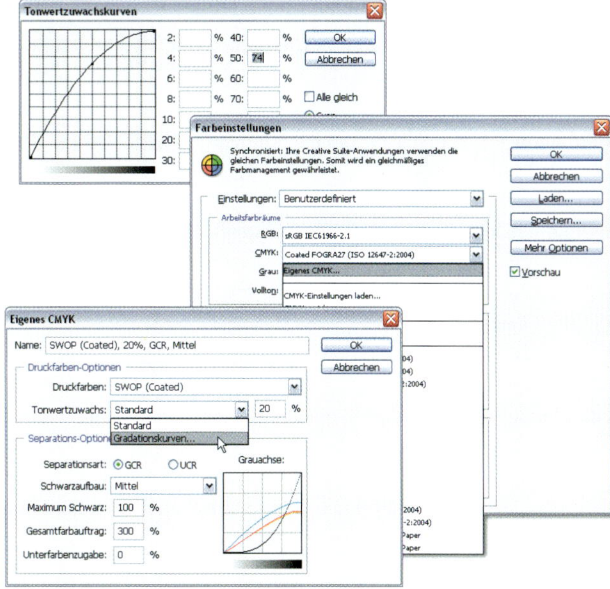

▲ **Abbildung 40.3**
Wenn Sie im FARBEINSTELLUNGEN-Dialog unter ARBEITSFARBRÄUME • CMYK • EIGENES CMYK 1 wählen, öffnet sich ein umfangreicher Dialog 2, in dem Sie Einstellungen zum Druck prüfen und ändern 3 können.

CMYK-Profile ändern?

Die CMYK-Profile, die Photoshop mitliefert, und (hoffentlich) auch die Profile, die Sie aus fremden Quellen bezogen haben, sind so eingerichtet, dass Sie in der Regel nichts mehr verstellen müssen. Nur in Ausnahmefällen sollten Sie sich an Änderungen der bewährten Profilkonfigurationen machen – wenn Sie wissen, was Sie tun. Und auch dann werden selten alle Einstellungen umgeworfen, meist reichen kleine Änderungen. Solche Korrekturen werden eventuell bei Druckjobs mit hohen Qualitätsansprüchen fällig. Vornehmen müssen Sie sie natürlich *vor* der Konvertierung des Bildes in den CMYK-Modus. Worauf es ankommt, zeige ich Ihnen im nächsten Abschnitt.

Farbaufbau | Die Rendering Intents (im Dialog FARBEINSTELLUNGEN unter PRIORITÄT) bestimmen, wie die Farbwerte eines Bildes bei der Konvertierung umgerechnet werden. Doch damit sind die Farben noch lange nicht auf dem Papier! Beim Drucken gibt es nun ebenfalls mehrere Möglichkeiten, wie aus den zuvor errechneten Werten für C, M, Y und K die gewünschte Bildfarbe werden kann. Sehr ähnliche »Farben« – genau genommen eigentlich Farbeindrücke – können mit ganz unterschiedlichen Mischungen erzeugt werden. Die Art der Farbmischung nennt man **Farbaufbau**. Welche Methode des Farbaufbaus gewählt wird, bestimmt, in welchen Anteilen jede einzelne konkrete Druckfarbe auf dem Papier landet. Relevante Größen sind:

- der **Gesamtfarbauftrag:** Welche Menge an Druckfarbe wird überhaupt aufgebracht?
- der **Farbaufbau:** Wie viel Farbe aus jedem Farbtopf trägt dazu bei, die gewünschte Farbe im Druck zu mischen?
- Dazu kommen noch weitere Randbedingungen wie der erwartete **Tonwertzuwachs** und einige Optionen, um den Farbaufbau weiter zu verfeinern.

Sprechen Sie mit Ihrem Dienstleister

Auch hier gilt wieder: Reden Sie mit Ihrer Druckerei! Klären Sie, ob die Anpassung eines Standardprofils sinnvoll ist, und wenn ja, in welchem Maße. Im Allgemeinen beantworten Drucker lieber einige Fragen, anstatt verbogene Profile geradezurichten. Hier ist es sogar im Interesse des Dienstleisters: Falsche Einstellungen zum Farbauftrag können nicht nur grausige Drucke hervorbringen, sondern auch die Maschine verschmutzen.

Alle Parameter müssen auf das Motiv, den Druckprozess und die Papiersorte abgestimmt werden.

40.2 Anweisungen für die Druckmaschine: Einstellungen unter »Eigenes CMYK«

Nehmen wir das Dialogfeld und seine Optionen – und die Konzepte dahinter – einmal näher in Augenschein.

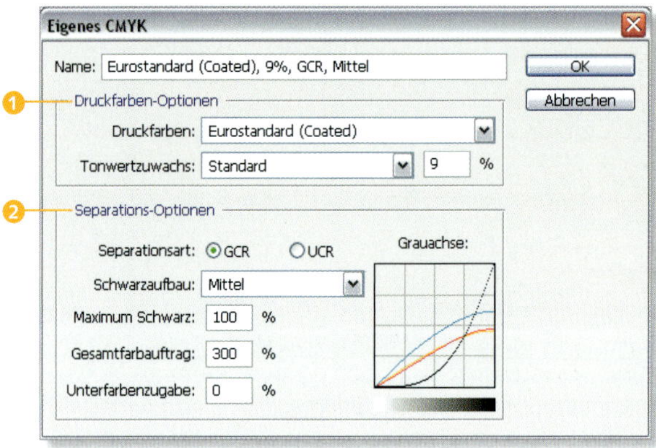

Abbildung 40.4 ▸
Der Dialog Eigenes CMYK

Als Erstes sollten Sie unter Druckfarben-Optionen ① die **Druckfarben** festlegen, die verwendet werden sollen. Auch in dieser Liste finden sich einige Vorgaben, die nicht den in Europa üblichen Druckstandards entsprechen.

Mit den Einstellungen unter Separations-Optionen ② bestimmen Sie, wie der **Farbaufbau** aussieht, also mit welchem Anteil welcher Farbe die Bildfarben gedruckt – und durch Übereinanderdrucken gemischt – werden.

40.2.1 Druckfarben-Optionen

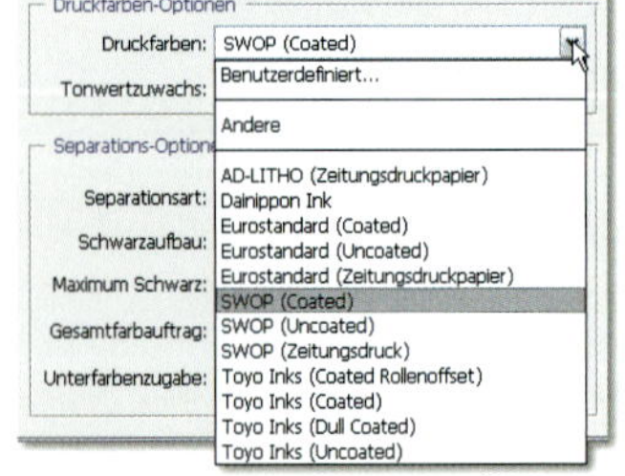

▴ **Abbildung 40.5**
Einstellungen unter Druckfarben

Die Photoshop-Standard-Einstellung SWOP (»Specifications for Web Offset Publications«, eine Standardisierungsstelle) bezeichnet US-amerikanische Druckfarben. Diese weichen ein wenig vom europäischen Standard ab. Obwohl in der Liste der CMYK-Arbeitsfarbräume (unter Farbeinstellungen) schon die zeitgemäßen FOGRA-Presets zu finden sind, fehlen sie in der Druckfarben-Übersicht noch. Hier muss man notgedrungen Eurostandard nehmen.

40.2.2 Tonwertzuwachs

Direkt darunter können Sie den erwarteten Tonwertzuwachs einstellen. Die vordefinierten Werte, die automatisch in das Eingabefeld eingetragen werden, sind in der Regel ganz gut auf die Standard-Druckverfahren abgestimmt. Willkürlich etwas zu ändern bringt meist nur (ungute) Überraschungen. Allerdings ist dies ein Parameter, zu dem Ihnen der Druckdienstleister Ihres Vertrauens meist recht hilfreiche Angaben machen kann.

Bild: Onno K. Gent

▲ **Abbildung 40.6**
Photoshops Softproof-Darstellung eines gedruckten Bildes mit 9 % Tonwertzuwachs (üblich für den Druck auf gestrichenem Papier).

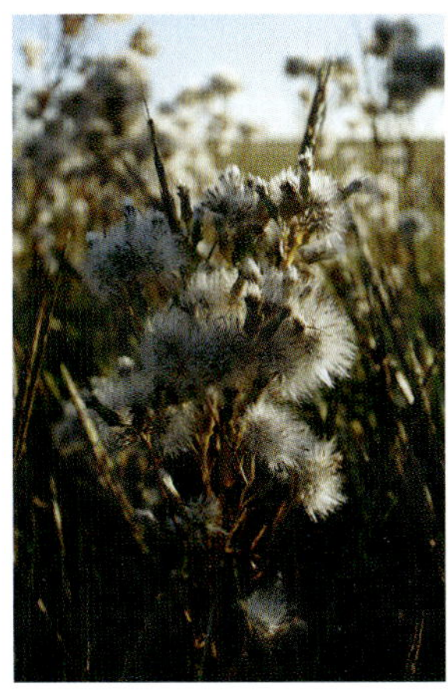

▲ **Abbildung 40.7**
Dasselbe Bild, wie es mit 40 % Tonwertzuwachs – ohne Kompensation – erscheinen würde. 40 % ist ein extremer Wert, den ich hier zur Demonstration gewählt habe. Mit 30 % im Zeitungsdruck kann jedoch gerechnet werden!

Was bewirkt die Einstellung »Tonwertzuwachs«
Sie erinnern sich: Tonwertzuwachs ist das Auslaufen der Druckfarben auf dem Papier und das daraus resultierende Nachdunkeln des Bildes beim Drucken. Wie hoch der Tonwertzuwachs ist, hängt von der Qualität und Saugfähigkeit des bedruckten Materials ab. Der eingestellte Wert für den Tonwertzuwachs geht in die Berechnungen bei der Umwandlung des Bildes in CMYK ein: Je höher der Wert ist, desto heller werden die CMYK-Farben bei der Modusänderung. Durch den hohen Tonwertzuwachs beim Drucken erscheinen sie dann wieder dunkler und stimmen in etwa mit den erwarteten Farbtonwerten überein.

40.2.3 Gesamtfarbauftrag

Recht einleuchtend ist der Gesamtfarbauftrag. Der Wert richtet sich nach dem Druckverfahren und vor allem dem bedruckten Material, meist also der Papierart. Er gibt die maximale Menge Druckfarbe an, die zum Erzeugen der gewünschten Farben benötigt wird oder, anders gesagt, benutzt werden darf. Problematisch ist nämlich meist nicht ein niedriger, sondern ein zu hoher Gesamtfarbauftrag – logisch: Auch das saugfähigste Papier kommt einmal an seine Grenzen. Auch Verarbeitungsgeschwindigkeit und Trocknungszeiten spielen eine Rolle. Angegeben wird der Gesamtfarbauftrag in Prozent; er errechnet sich aus den Prozentwerten für C, M, Y und K. Wenn alle Farben mit 100 % Deckung gedruckt würden, ergäbe sich ein Gesamtfarbauftrag von 400 %. Mit einem so hohen Wert kann jedoch nicht gearbeitet werden. Brauchbare Richtwerte sind 300 % für gestrichenes Papier, rund 240 % beim Zeitungsdruck. Sehr gute Kunstdrucke vertragen 340 % bis 350 %. Die Menge der insgesamt aufgetragenen Farbe wird also begrenzt, um zu verhindern, dass das Papier beschädigt und die Druckmaschine verschmutzt wird.

40.2.4 GCR und UCR: Bunt und Schwarz in verschiedenen Anteilen

Man kann wohl sagen, dass die unterschiedlichen Ansätze zum Farbaufbau dieser technischen Gegebenheit geschuldet sind: Bei limitiertem Gesamtfarbauftrag soll aus den vier Druckfarben das beste Ergebnis herausgeholt werden. Hier gibt es zwei grundsätzliche Möglichkeiten. Sie sind im Dialogfeld durch die Radio-Button-Optionen GCR oder UCR vertreten. Um diese Optionen zu erläutern, muss ich ein wenig ausholen.

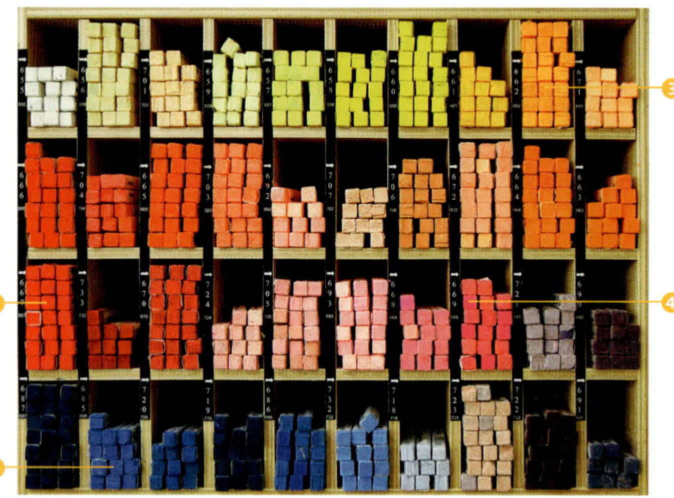

▲ **Abbildung 40.8**
Das RGB-Ausgangsbild …

R: G: B:		C: M: Y: K:	
8-Bit		8-Bit	
X: Y:		B: H:	
1 R: G: B:	48 249 2	2 R: G: B:	48 255 0
3 R: G: B:	74 243 4	4 R: G: B:	73 227 16
Adobe RGB (1998) (8bpc)			

▲ **Abbildung 40.9**
… und die Farbwerte an vier verschiedenen Stellen im Bild

▲ **Abbildung 40.10**
Nochmals dasselbe Bild: diesmal in der Proof-Vorschau; simuliert wird der Druck auf gestrichenem Papier.

C: M: Y: K:		C: M: Y: K:	
8-Bit		8-Bit	
X: Y:		B: H:	
1 C: M: Y: K:	78% 2% 97% 2%	2 C: M: Y: K:	78% 0% 99% 0%
3 C: M: Y: K:	67% 6% 99% 0%	4 C: M: Y: K:	67% 12% 90% 0%
SWOP (Coated), 20%, GCR, Mittel (8bpc)			

▲ **Abbildung 40.11**
Am CMYK-Bild mit **GCR**-Farbaufbau bei mittlerem Schwarzanteil – eine häufig gebrauchte »Universaleinstellung« – ergeben sich diese Werte an denselben Messpunkten.

▲ **Abbildung 40.12**
Eine weitere Bildvariante mit anderen Einstellungen

C: M: Y: K: 8-Bit	C: M: Y: K: 8-Bit
X: Y:	B: H:
1 C: 79% M: 2% Y: 97% K: 4%	2 C: 78% M: 0% Y: 99% K: 3%
3 C: 67% M: 6% Y: 99% K: 3%	4 C: 67% M: 12% Y: 89% K: 3%
SWOP (Coated), 20%, UCR, 300% (8bpc)	

▲ **Abbildung 40.13**
Der **UCR**-Farbaufbau zeigt deutlich abweichende Messwerte, besonders der Schwarzanteil ist merklich höher. Der Gesamtfarbauftrag ist in beiden Beispielen gleich (300 %)!

Schwarz | Der Knackpunkt beim Farbaufbau sind das Schwarz und die dunklen Bildfarben. Beim Drucken lassen sich ja aus Cyan, Magenta und Gelb fast alle Farben mischen, auch neutrale und recht dunkle Töne. Allerdings kommt man mit C, M und Y nur nahezu an Schwarz heran, das wird im Druckverfahren daher noch extra hinzugegeben. Dafür, wie nun aus allen vier Druckfarben die Bildfarben – vor allem die dunklen Farbtöne und Schwarz – erzeugt werden, gibt es mehrere Möglichkeiten. Diese haben unterschiedliche Schwarz- und Buntanteile, aber immer das Ziel, den zulässigen Gesamtfarbauftrag nicht zu überschreiten.

Bei Adobe werden die beiden grundsätzlichen Möglichkeiten zum Farbaufbau mit den englischsprachigen Kürzeln **GCR** und **UCR** bezeichnet.

Das »K« in CMYK ...
... steht für »Key« und bedeutet Schwarz. Dass es nicht CMYB (mit »B« für »Black«) heißt, dient nur der Eindeutigkeit: Verwechslungen mit dem »B(lue)« aus RGB sollten vermieden werden.

Abkürzungen zu kompliziert?
Die Drei-Buchstaben-Kürzel sind nicht so gut zu merken, aber viel exakter als die deutschen Termini **Buntaufbau** (Farbmischungen mit viel Buntanteil) und **Unbuntaufbau** (geringer Bunt-, hoher Schwarzanteil), die ich folglich hier lieber vermeide.

GCR | GCR bedeutet **Grey Component Reduction**, also auf Deutsch ungefähr »Grauwertreduktion«. Die Idee: Der Dunkelanteil *jeder* zu druckenden Farbe wird errechnet. Dann senkt man den entsprechenden Anteil der Farben C, M und Y ungefähr zu gleichen Teilen und gibt stattdessen eine proportionale Menge Schwarz hinzu. Dadurch kann der Gesamtfarbauftrag deutlich gesenkt werden. In welchem Grad C, M und Y durch Schwarz ersetzt werden, steuern Sie mit der Option SCHWARZAUFBAU.

GCR bietet eine Reihe von Vorteilen: Die Druckergebnisse sind recht stabil, und Farbschwankungen sind geringer, weil die Buntfarben teilweise durch Schwarz ersetzt werden. Man schafft mit GCR eine gute Reduktion des Gesamtfarbauftrags, was diese Separationsart für »schnelle« Druckverfahren mit kurzen Trocknungszeiten qualifiziert. Da schwarze Farbe auch preiswerter ist

Grauachse
Die kleine Kurvenvorschau im Dialogfeld EIGENES CMYK zeigt den Anteil der Grauwertreduktion. Wenn Sie eine Gradationskurve lesen können, verstehen Sie auch diese Kurven!

als bunte Druckfarbe, bietet GCR zumindest bei großen Auflagen auch einen Kostenvorteil.

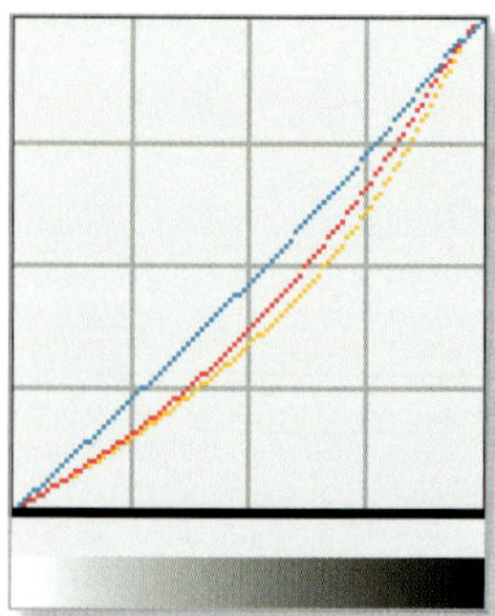

▲ **Abbildung 40.14**
Ohne GCR – hier werden alle Bildfarben, auch die dunklen (in der Kurve rechts und oben repräsentiert), nur durch C, M und Y gemischt. Das ist eine in der Praxis selten gebrauchte Einstellung und dient hier nur zur Demonstration.

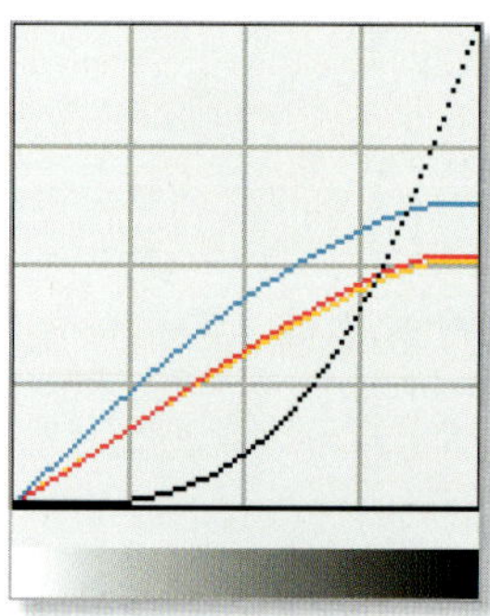

▲ **Abbildung 40.15**
GCR mit mittlerem Schwarzaufbau. Im rechten Teil des Diagramms, das für die dunklen Bildfarben steht, sieht man deutlich, wie der Anteil der Buntfarben abgesenkt ist, während die Kurve für den Schwarzanteil stark nach oben ragt.

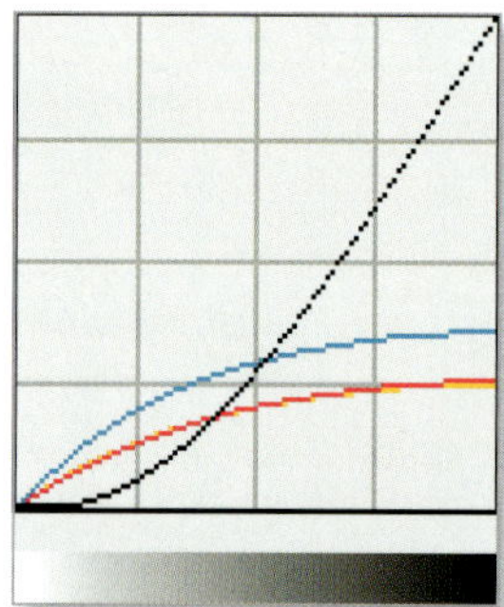

▲ **Abbildung 40.16**
GCR mit starkem Schwarzaufbau. Der steile Anstieg der Schwarzkurve setzt schon in den helleren Farben an, und die Buntfarben werden nachdrücklich gesenkt.

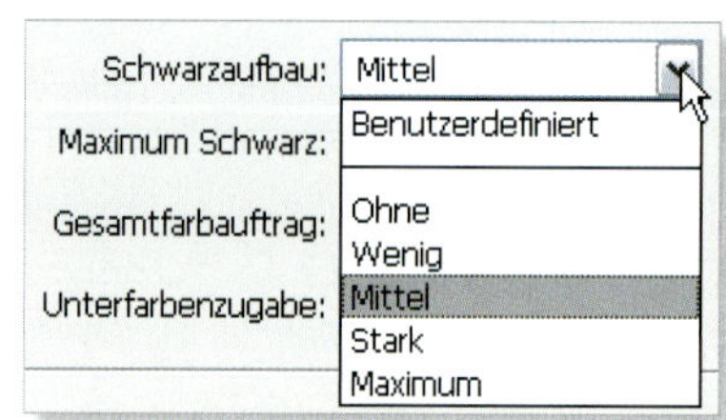

Abbildung 40.17 ▸
Schwarzaufbau-Alternativen

Einen Nachteil hat das Verfahren allerdings auch: Bei stärkerem Schwarzaufbau können auch helle Bildfarben schnell fahl und grau wirken (»Ausgrauen«), wenn der Auftrag der Buntfarben beim Druck nach unten abweicht. Insbesondere auf Hauttöne kann sich das negativ auswirken. Daher setzt man in der Regel GCR allenfalls mit mittlerem Schwarzaufbau ein, zumindest bei Fotos. Diese Separationseinstellung macht es auch schwer, später am Bild Korrekturen vorzunehmen: Wenn der Schwarzanteil der Farben schon sehr hoch ist, lässt sich z. B. die Graubalance des Bildes kaum mehr ändern. Ein weiteres gutes Argument dafür, Bildkorrekturen lieber am RGB-Bild vorzunehmen!

GCR mit starkem Schwarzaufbau ist sinnvoll bei eher grafischen und technischen Motiven mit feinen Details, bei denen es auf die Schärfe und Lesbarkeit ankommt.

Zum Nachlesen: Farbkorrekturen
Mehr zu Farbkorrekturen im Allgemeinen und zur Graubalance im Besonderen lesen Sie in Kapitel 19, »Universalhelfer für professionelle Ansprüche: Gradationskurven«.

UCR | UCR bedeutet Under Color Removal. Es ist ein Spezialfall des GCR. Es wirkt sich nicht auf alle, sondern nur auf die neutralen Farben des Bildes aus, also auf Grautöne und Schwarz. Daher können hier auch keine Einstellungen zum Schwarzaufbau vorgenommen werden. Anders als GCR-Bilder lassen sich UCR-separierte Bilder ganz gut nachträglich korrigieren. Da in den hellen und mittleren Tönen wenig Schwarz ist, aber viele Buntfarben enthalten sind, können mit UCR sehr satte, kräftige Bilder umgesetzt werden. Es gibt jedoch auch hier eine Einschränkung: Bereits geringe Schwankungen im Farbauftrag können sensible Bildpartien wie Haut- und Pastelltöne farbstichig erscheinen lassen. Es fehlt stabilisierendes Grau.

[Passer]
Passer – auch Register oder Farbregister genannt – meint das akkurate Übereinanderdrucken aller Farbschichten im Vierfarbdruck. Eine Passerdifferenz bewirkt unscharfe, wie verschmiert wirkende Bilder. Passermarken erleichtern das Ausrichten der vier Farbvorlagen während des Drucks. Unter DATEI • DRUCKEN im Optionsfeld AUSGABE können Sie Ihrer Datei auch Passermarken und Ähnliches hinzufügen.

Farbauftrag steuern | GCR oder UCR? Das ist gewissermaßen die Grundsatzentscheidung. Wie Sie bemerkt haben, gibt es bei beiden Verfahren Vor- und Nachteile. Haben Sie sich erst einmal für UCR oder GCR und in letzterem Fall noch für den Grad des Schwarzaufbaus entschieden, gibt es noch einige weitere Einstellungen, mit denen Sie den Farbauftrag und folglich die Wirkung des gedruckten Bildes steuern können.

- Die UNTERFARBENZUGABE, zuweilen auch **Under Color Addition** (ein weiteres Kürzel: **UCA**) genannt, ist ein gängiges Verfahren, um besonders satte Tiefen, also kräftige dunkle Tonwerte zu erzielen. Wenn Sie den Wert erhöhen, wird beim Druck den schwarzen Bildpartien Buntfarbe zugegeben. Während GCR und UCR die Bildfarben verändern können, bleiben die Farbtöne bei Unterfarbenzugabe praktisch unverändert. Unterfarbenzugabe eignet sich nicht für Texte oder andere Motive, bei denen Passerprobleme zu erwarten sind, wohl aber für fotografische Motive.
- MAXIMUM SCHWARZ wirkt ähnlich wie die Tonwertbegrenzung bei der Tonwertkorrektur. Sie können diesen Wert senken, um Zeichnungsverlust in den Tiefen zu verhindern, vor allem bei GCR mit starkem Schwarzaufbau.

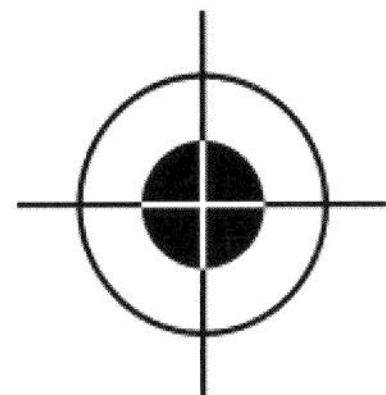

▲ **Abbildung 40.18**
Beispiel für eine Passermarke

Zum Nachlesen: Tonwertkorrektur
Mehr über die Tonwertkorrektur und die Begrenzung des Tonwertumfangs lesen Sie in Abschnitt 18.5.

40.2.5 Einstellungen sichern

Es kann eine ganze Weile dauern, alle Einstellungen zusammenzuklicken. Wenn Sie sie jetzt speichern, können Sie Ihre individuellen Separationseinstellungen später schneller und ohne Fehler erneut anwenden. Auch der Austausch von Einstellungen geht so einfacher.

Sobald Sie im Dialog EIGENES CMYK zur Bestätigung auf den OK-Button klicken, kommen Sie zu den FARBEINSTELLUNGEN zurück. Ihre CMYK-Einstellungen sichern (und laden) Sie nun nicht über die Buttons im FARBEINSTELLUNGEN-Dialog, sondern über die Einträge CMYK SPEICHERN und CMYK-EINSTELLUNGEN LADEN in der Liste der CMYK-Arbeitsfarbräume.

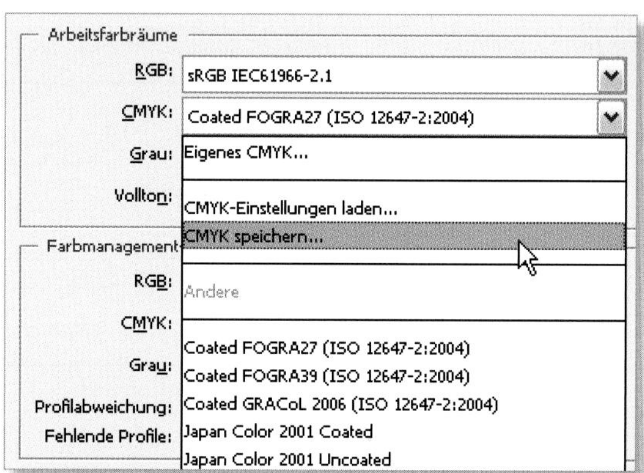

Abbildung 40.19 ▸
Eigene Separationseinstellungen sichern

Ihre eigenen Separationseinstellungen werden dann im systemeigenen Profilordner abgelegt (als normgerechte Profildatei mit der Endung ».icc«). Beim Speichern wird ein Dateiname vorgeschlagen, der die Eigenschaften des Profils recht genau umschreibt. Sie können hier auch einen eigenen Namen vergeben.

Seien Sie nicht irritiert, wenn Sie Ihre Einstellungen später erneut als CMYK-Arbeitsfarbraum laden: In der Anzeige unter dem CMYK-Arbeitsfarbraum taucht dann nicht der von Ihnen vergebene Dateiname auf (z. B. »Separation Druckerei Mustermann«), sondern wieder nur die Beschreibung der Profileigenschaften (»Eurostandard coated, GCR, mittel« oder dergleichen).

TEIL XIII
Infoteil

41 Troubleshooting

In diesem Kapitel haben wir für Sie die nach unserer Erfahrung am häufigsten gestellten Fragen der Photoshop-Anwender gesammelt – und natürlich beantwortet.

41.1 Erste Hilfe

Das Bild kann nicht bearbeitet werden | Für diesen frustrierenden und gar nicht so seltenen Umstand gibt es – je nach konkreter Arbeitssituation – die unterschiedlichsten Gründe. Versuchen Sie, mit der folgenden Liste die Ursache einzugrenzen.

- Ist noch **eine Auswahl aktiv**? Auswahllinien können auch ausgeblendet sein oder sich außerhalb des sichtbaren Dokumentfensters befinden. Mit Strg+H/⌘+H können eventuell verborgene Auswahlen wieder eingeblendet werden, mit Strg+0/⌘+0 bekommen Sie das gesamte Bild in den Blick, um nach versteckten Auswahlen zu suchen. Strg+D/⌘+D hebt eventuell bestehende Auswahlen auf.
- In welchem **Modus** befindet sich das Bild? In den Modi BITMAP, LAB oder INDIZIERTE FARBEN sind viele Photoshop-Funktionen inaktiv. Kontrollieren Sie den Modus in der Bildtitelleiste, und ändern Sie den Bildmodus gegebenenfalls über den Befehl BILD • MODUS in RGB.
- Auch bei **16-Bit-Bildern** und **32-Bit-Bildern** ist der Funktionsumfang eingeschränkt. Wechseln Sie über BILD • MODUS zu 8-BIT-KANAL.
- Werfen Sie einen Blick in die **Ebenen-Palette**: Ist die Ebene fixiert? Ist wirklich die Ebene markiert, die Sie zu bearbeiten meinen? Befinden Sie sich womöglich auf einer Einstellungs-, Text-, Form- oder Füllebene?

- Kontrollieren Sie in der **Kanäle-Palette**, ob der Composite-Gesamtkanal (ganz oben in der Palette) eingeblendet ist (Augensymbol!).
- Wenn Ihr Bild **Masken** enthält: Ist anstelle der Ebene die Ebenenmaske aktiv? Sie können das anhand einer feinen Umrandung der Ebenen-/Maskenminiatur in der Ebenen-Palette und anhand des Eintrags in der Bildtitelleiste unterscheiden.
- Auf **Textebenen** sind längst nicht alle Arbeitsschritte anwendbar. Nutzen Sie gegebenenfalls den Befehl EBENE • RASTERN • TEXT, um aus der Textebene eine normale Pixelebene zu machen, auf die alle Photoshop-Befehle anwendbar sind.
- Wenn eine **noch nicht bestätigte Textbearbeitung oder Transformation** (erkennbar an den jeweils noch offenen Text- oder Transformationsrahmen) im Bild vorhanden ist, sind alle anderen Funktionen und Befehle blockiert. Drücken Sie [Esc], um die Änderung/Transformation abzubrechen, und [↵], um sie abzuschließen.
- Photoshop kann sich drastisch – fast bis zum Stillstand – **verlangsamen**, wenn die Speicherbelegung nicht richtig aufgeteilt ist. Unter VOREINSTELLUNGEN • LEISTUNG sollten bei SPEICHERNUTZUNG mindestens 55–60 % (Adobe-Empfehlung) festgelegt sein.

41.2 Aktionen

▲ **Abbildung 41.1**
Haben Sie alle Befehle in der Aktion aktiviert?

Beim Arbeiten mit Aktionen werden manche Befehle nicht ausgeführt | Das kann mehrere Ursachen haben. Kontrollieren Sie als Erstes, ob die Befehle auch aktiviert sind: Vor dem jeweiligen Befehl muss ein kleines Häkchen stehen!
Andere mögliche Fehlerquellen sind der Bildmodus (nicht alle Arbeitsschritte stehen in allen Modi zur Verfügung), eine eventuelle Ebenenverriegelung oder eine »falsche« aktive Ebene.

41.3 Animation

Ich will nur den ersten Frame ändern, aber alle anderen Frames ändern sich mit | Die in der Ebenen-Palette untergebrachte Option FRAME 1 PROPAGIEREN hat vermutlich Schuld. Entfernen Sie dort das Häkchen, wenn sich Änderungen am ersten Frame nur auf diesen beschränken sollen.

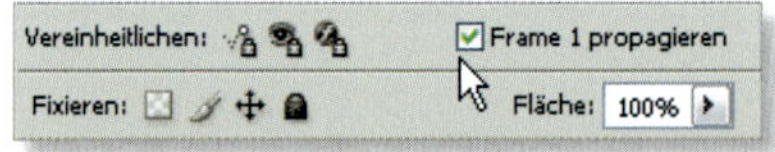

Abbildung 41.2 ►
FRAME 1 PROPAGIEREN

41.4 Arbeitsoberfläche

▲ **Abbildung 41.3**
Wechsel zwischen verschiedenen Ansichtsoptionen der Arbeitsfläche

Die Photoshop-Titelleiste und die Dokument-Titelleiste sind weg | Haben Sie irrtümlich die Taste [F] gedrückt? Damit wechseln Sie zu anderenBildschirmmodi. Drücken Sie so oft erneut auf [F], bis Sie den gewohnten Arbeitsbildschirm sehen, oder nutzen Sie die entsprechende Funktion in der Anwendung-Palette.

Paletten und Optionsleiste sind nicht mehr sichtbar | Ein Druck auf [⇆] war vermutlich die Ursache – drücken Sie erneut auf die [⇆]-Taste, um alles wieder einzublenden.

41.5 Auswahlen

Meine Rechteck-Auswahl hat immer gerundete Ecken | Vermutlich ist in der Opionsleiste noch im Feld Weiche Kante ein Wert eingetragen. Deaktivieren Sie die misslungene Auswahl, markieren und löschen Sie den Eintrag für die Weiche Kante-Option, und versuchen Sie es erneut. Stellen Sie außerdem sicher, dass Sie nicht das Auswahlrechteck-Werkzeug [M] mit dem Abgerundetes-Rechteck-Werkzeug [U] verwechselt haben.

Ich kann meine Auswahl nicht mehr auf eine beliebige Größe aufziehen | Um Rechteck- oder Kreisauswahlen frei aufzuziehen, muss unter Art die Einstellung Normal stehen. Ist dies nicht der Fall, stellen Sie sie um.

41.6 Ebenen

Ich kann eine Ebene nicht mit dem Verschieben-Werkzeug bewegen | Hier kommen mehrere Ursachen in Frage: Ist die Ebene verriegelt? Oder ist sie mit einer anderen Ebene verkettet, die verriegelt ist? Ist tatsächlich die Ebene aktiv, die Sie zu verschieben versuchen? Manchmal bereitet auch die Option Automatisch auswählen (beim Verschieben-Werkzeug) Probleme. Ist sie aktiv und ist das Objekt, das Sie per Maus verschieben wollen, sehr klein, wird die darunter liegende Ebene (meist die Hintergrundebene) aktiviert, sobald Sie in das Bild klicken.

Die oben liegende Ebene wird unsichtbar, wenn die Farbe der darunter liegenden Ebene geändert wird | Kontrollieren Sie die Füllmethode der oberen Ebene.

Ich kann in der Ebenen-Palette keine Ebene mehr aktivieren | Wenn die Ebenenzeilen immer inaktiv bleiben, ist vermutlich der Maskierungsmodus aktiv. Drücken Sie [Q], oder klicken Sie auf das Symbol STANDARDMODUS in der Werkzeugpalette, um in den normalen Modus zurückzukehren.

Der gewohnte Befehl [Strg]+[E]/[⌘]+[E], um eine Ebene mit der darunter liegenden auf eine Ebene zu reduzieren, funktioniert nicht | Entweder sind die Ebenen verriegelt, oder es handelt sich um Vektorebenen. Diese müssen erst *markiert* werden, bevor sie mit diesem Befehl reduziert werden.

Beim Transformieren von Ebenen erhalte ich Ergebnisse in sehr schlechter Qualität | Möglicherweise haben Sie in den VOREINSTELLUNGEN • ALLGEMEIN unter BILDINTERPOLATION statt der empfehlenswerten bikubischen Interpolation als Interpolationsmethode PIXELWIEDERHOLUNG eingestellt.

41.7 Filter

Filter funktionieren nicht oder werden nicht angeboten | Beim Anwenden von Filtern kann sich Photoshop manchmal bockig verhalten: Entweder zeigt der Filter scheinbar keine Wirkung, oder er erzielt völlig unerwartete Ergebnisse – oder wird gar nicht erst angeboten. Auch hier kommt wieder eine Reihe von Ursachen in Frage:

- Nicht alle Filter funktionieren in allen **Modi**. Kontrollieren Sie unter BILD • MODUS oder in der Bildtitelleiste, in welchem Modus das Bild vorliegt, und wandeln Sie es gegebenenfalls um. Im Modus RBG stehen alle Filter zur Verfügung!
- Bei Bildern mit **16 Bit** je Kanal ist nur eine eingeschränkte Auswahl von Filtern wählbar. Über BILD • MODUS können Sie die Datei in eine 8-Bit-Datei umwandeln. Es empfiehlt sich, vom 16-Bit-Original zuvor eine Kopie anzulegen, denn einmal verlorene Informationen sind nicht mehr wiederzubeschaffen.
- Ist die richtige **Ebene** aktiv? Ist die Ebene, die Sie bearbeiten wollen, womöglich ausgeblendet, verdeckt oder aus dem Bild gerückt?
- Wenn **Masken** im Bild sind: Ist möglicherweise eine Maske (anstelle der Ebene) aktiv? Kontrollieren Sie die Bildtitelleiste. Ein Klick auf die Ebenen-Miniatur aktiviert die Ebene.
- Ist die **Ebene fixiert**? Auch die Verriegelungsoption »Transparente Pixel schützen« kann bei freigestellten Ebenen die Anwendung mancher Filter verhindern. (Vor allem trifft das

bei Verzerrungs- und Weichzeichnungsfiltern zu, also bei allen Filtern, die zu einer Ausdehnung des ursprünglichen Ebeneninhaltes führen.)

41.8 Hilfsmittel

Die Arbeit mit dem Linealwerkzeug ist mir zu kompliziert und auch nicht genau. Gibt es Alternativen? | Ein bewährter Workaround ist es, einfach eine Rechteckauswahl über die zu messende(n) Strecke(n) aufzuziehen und deren Größe in der Info-Palette abzulesen. Auf diese Art kann man die Kantenlängen von rechteckigen Objekten in einem Arbeitsgang ermitteln.

Wie kann ich schnell zwei Hilfslinien anlegen, die sich genau im Bildmittelpunkt kreuzen? | Ganz ohne zu rechnen und sehr schnell lässt sich das in drei Schritten bewerkstelligen: Mit [Strg]+[A]/[⌘]+[A] wird eine Auswahl über das gesamte Bild angelegt. Wählt man nun den Befehl AUSWAHL • AUSWAHL TRANSFORMIEREN, kann man den dann angezeigten Drehmittelpunkt als Orientierung für die Position der Hilfslinien nehmen. Sie lassen sich wie gewohnt aus den Linealen herausziehen.

Bild: Adobe, Amana

▲ **Abbildung 41.4**
Hilfslinien können sich am Drehmittelpunkt orientieren.

41.9 Malen und Retusche

Ich sehe meinen Malstrich nicht oder nur ganz schwach | Haben Sie in den Werkzeugoptionen oder in der Ebenen-Palette für die betreffende Ebene die Deckkraft herabgesetzt? Ist in der Ebenen-Palette oder für das betreffende Werkzeug eine andere Füllmethode als NORMAL eingestellt? Kontrollieren Sie auch die Einstellungen für die Werkzeugspitze. Insbesondere in den erweiterten Werkzeugspitzeneinstellungen per Pinsel-Palette verbergen sich viele Optionen, die Pinselstriche zum Verschwinden bringen können. Der Befehl PINSEL-STEUERUNGEN LÖSCHEN im Seitenmenü der Pinsel-Palette setzt das Werkzeug wieder in den Urzustand zurück.

Ich kann die Vorder- und Hintergrundfarbe nicht einstellen; nur Schwarz, Weiß und Grau werden angezeigt | Kontrollieren Sie den Farbmodus des Bildes, und prüfen Sie, ob sich das Bild im Maskierungsmodus befindet oder ob eine Ebenenmaske (anstelle der Ebene) aktiv ist.

Wie kann ich die unterschiedlichen Komponenten einer Montage farblich aneinander anpassen? | Dazu gibt es verschiedene Möglichkeiten, Sie finden sie unter BILD • KORREKTUREN bzw. in der Korrekturen-Palette. Es eignen sich die Tools FARBBALANCE und FARBTON/SÄTTIGUNG. Gute Ergebnisse erzielt man auch mit dem Werkzeug GLEICHE FARBE.

Die Ergebnisse beim (Bereichs-)Reparaturpinsel sehen komisch aus | Ist der Modus ERSETZEN aktiviert? Deaktivieren Sie ihn!

41.10 Pfade & Co.

Das Formwerkzeug lässt sich nicht benutzen | Das kommt vor, wenn die Option PIXELFÜLLUNG aktiv und eine Textebene, verriegelte Ebene oder Form- oder Füllebene markiert ist.

Der Befehl »Pfadfläche füllen« oder »Pfadkontur füllen« ist inaktiv | Als Erstes muss natürlich ein entsprechender Pfad angelegt sein ... und die aktive Ebene muss eine Pixelebene sein. Vektorebenen (Text-, Form oder Füllebenen) lassen sich nicht füllen.

Ich will Pfadkomponenten oder Pfade zwischen zwei Dateien bewegen | Dazu öffnen Sie beide Bilder. Im Quellbild wählen Sie dann mit dem Pfadauswahl-Werkzeug [A] den Pfad oder die Pfadkomponenten aus, die Sie kopieren möchten. Dann ziehen Sie den Pfad oder die Pfadkomponente einfach in das Zielbild. Alternativ können Sie auch die Befehle BEARBEITEN • KOPIEREN und BEARBEITEN • EINFÜGEN benutzen.

41.11 Text

Beim Schreiben von Absatztext verschwindet der eingegebene Text plötzlich (oder Teile davon) | Schauen Sie im Palettenmenü der Zeichen-Palette nach, ob eventuell die Option KEIN UMBRUCH ein Häkchen hat. Klicken Sie die Option an, um das Häkchen zu entfernen und die Option zu deaktivieren.

Ich kann keine neue Textebene in der Nähe einer bestehenden Textebene anlegen | Es wird immer nur die bestehende Textebene aktiviert, aber keine neue angelegt. Das ist normal. Um diesen Effekt zu unterbinden, halten Sie entweder mehr räumlichen Abstand zur ersten Ebene oder drücken zusätzlich zum Mausklick in das Bild die Taste [⇧].

41.12 Workflow

Wie kann ich Dateien beim Öffnen schneller finden? | Wenn Sie die ersten Buchstaben des Namens einer gesuchten Datei in das Namensfeld des Dialogs DATEI ÖFFNEN eintippen, werden alle Dateien, die mit diesen Buchstaben anfangen, in einer Liste aufgeführt. Mit einem Klick können Sie dann die gewünschte Datei öffnen. Noch besser ist es natürlich, Dateien mithilfe von Adobe Bridge zu verschlagworten.

Ich arbeite mit mehreren geöffneten Dokumenten in Tabs. Wie kann ich sie zügig nacheinander aktivieren? | Schneller als mit dem bekannten Mausklick auf die Karteireiter geht der Wechsel zwischen verschiedenen Bildern per Tastenkürzel:

- ⌘/Strg+⇆ springt weiter nach **rechts**.
- ⇧+⌘/Strg+⇆ springt weiter nach **links**.

Die Zahleneingabe in Eingabefelder ist plötzlich nicht mehr möglich | Ist die NumLock-Funktion oder die Feststelltaste Ihrer Tastatur aktiviert?

In Paletten fehlen die QuickInfos auf Vorgaben-Titel | Nicht nur in der Palette FARBFELDER helfen einem solche gelben Hinweise, die richtige Vorgabe zu finden, auch bei Stilen, Werkzeugspitzen und anderen Vorgaben wird Ihnen so die Orientierung erleichtert. Ist in den VORGABEN die Option QUICKINFOS ANZEIGEN deaktiviert, fehlen auch diese Hinweise.

Meine selbst definierten Shortcuts funktionieren nicht mehr | Vermutlich haben Sie unter FENSTER • ARBEITSBEREICH einen anderen Arbeitsbereich eingestellt als den, dem die geänderten Shortcuts ursprünglich zugeordnet wurden.

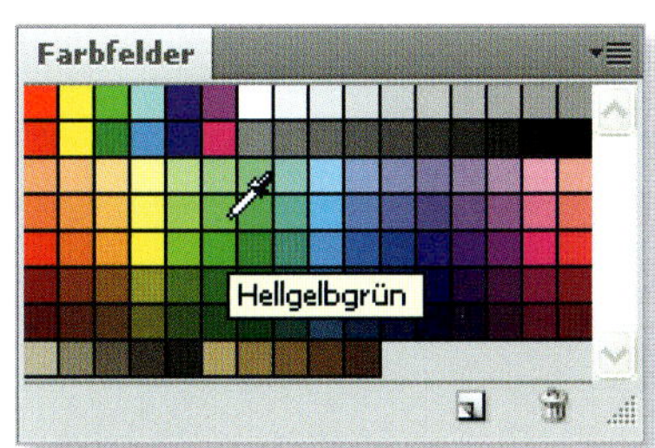

◂ **Abbildung 41.5**
QuickInfos können nützlich sein.

42 Praxishilfen: Werkzeuge und Tastenkürzel

KAPITEL 42

42.1 Tastenkürzel Werkzeuge

Werkzeug		Tastenkürzel	Tastenkürzel kommt von
Abgerundetes-Rechteck-Werkzeug		U	
Abwedler-Werkzeug		O	
Anmerkungen-Werkzeug		I	
Ansichtdrehung-Werkzeug		R	
Ausbessern-Werkzeug		J	
Auswahlellipse-Werkzeug		M	**M**arquee
Auswahlrechteck-Werkzeug		M	**M**arquee
Bereichsreparatur-Pinsel-Werkzeug		J	
Bildschirmmodus ändern (Standardmodus, Vollbildmodus mit Menüleiste, Vollbildmodus)		F	
Buntstift-Werkzeug		B	**B**rush
Direktauswahl-Werkzeug		A	
Eigene-Form-Werkzeug		U	
Ellipse-Werkzeuge		U	
Farbaufnahme-Werkzeug		I	
Farbe-ersetzen-Werkzeug		B	
Freiform-Zeichenstift-Werkzeug		P	
Freistellungswerkzeug		C	**C**rop
Füllwerkzeug		G	

Werkzeug	Tastenkürzel	Tastenkürzel kommt von
Hand-Werkzeug	H	**H**and
Hintergrund-Radiergummi-Werkzeug	E	**E**raser
Horizontales Textmaskierungswerkzeug	T	**T**ext
Text-Werkzeug (Horizontal)	T	**T**ext
Kopierstempel-Werkzeug	S	
Kunstprotokoll-Pinsel	Y	
Lasso-Werkzeug	L	**L**asso
Linealwerkzeug	I	
Linienzeichner-Werkzeug	E	**E**raser
Magischer-Radiergummi-Werkzeug	E	**L**asso
Magnetisches-Lasso-Werkzeug	L	
Musterstempel-Werkzeug	S	
Nachbelichter-Werkzeug	O	
Pfadauswahl-Werkzeug	A	
Pinsel-Werkzeug	B	**B**rush
Pipette-Werkzeug	I	
Polygon-Lasso-Werkzeug	L	**L**asso
Polygon-Werkzeug	U	
Protokollpinsel-Werkzeug	Y	
Radiergummi-Werkzeug	E	**E**raser
Rechteck-Werkzeug	U	
Reparatur-Pinsel-Werkzeug	J	
Rote-Augen-Werkzeug	J	
Scharfzeichner-Werkzeug		
Schnellauswahlwerkzeug	W	
Schwamm-Werkzeug	O	

Werkzeug		Tastenkürzel	Tastenkürzel kommt von
Slice-Auswahlwerkzeug		C	
Slice-Werkzeug		C	
Standard-/Maskierungsmodus auswählen		Q	**Q**uickMask
Standardfarben für Vordergrund und Hintergrund		D	**D**efault Colors
Verlaufswerkzeug		G	**G**radient Tool
Verschieben-Werkzeug		V	Mo**v**e Tool
Vertikales Textmaskierungswerkzeug		T	**T**ext
Vertikales Text-Werkzeug		T	**T**ext
Vorder- und Hintergrundfarbe vertauschen		X	E**x**change
Weichzeichner-Werkzeug			
Wischfinger-Werkzeug			
Zauberstab-Werkzeug		W	Magic **W**and
Zeichenstift-Werkzeug		P	**P**en
Zoomwerkzeug		Z	**Z**oom

42.1.1 Tastenkürzel Werkzeuge alphabetisch

Tastenkürzel	Werkzeug	
A	Direktauswahl-Werkzeug	
A	Pfadauswahl-Werkzeug	
B	Buntstift-Werkzeug	
B	Farbe-ersetzen-Werkzeug	
B	Pinsel-Werkzeug	
C	Freistellungswerkzeug	
C	Slice-Auswahlwerkzeug	
C	Slice-Werkzeug	

Tastenkürzel	Werkzeug	
D	Standardfarben für Vordergrund und Hintergrund	
E	Hintergrund-Radiergummi-Werkzeug	
E	Magischer-Radiergummi-Werkzeug	
E	Radiergummi-Werkzeug	
F	Bildschirmmodus ändern (Standardmodus, Vollbildmodus mit Menüleiste, Vollbildmodus)	
G	Füllwerkzeug	
G	Verlaufswerkzeug	
H	Hand-Werkzeug	
I	Anmerkungen-Werkzeug	
I	Farbaufnahme-Werkzeug	
I	Linealwerkzeug	
I	Pipette-Werkzeug	
J	Ausbessern-Werkzeug	
J	Bereichsreparatur-Pinsel-Werkzeug	
J	Reparatur-Pinsel-Werkzeug	
J	Rote-Augen-Werkzeug	
L	Lasso-Werkzeug	
L	Magnetisches-Lasso-Werkzeug	
L	Polygon-Lasso-Werkzeug	
M	Auswahlellipse-Werkzeug	
M	Auswahlrechteck-Werkzeug	
O	Abwedler-Werkzeug	
O	Nachbelichter-Werkzeug	
O	Schwamm-Werkzeug	
P	Freiform-Zeichenstift-Werkzeug	

Tastenkürzel	Werkzeug
P	Zeichenstift-Werkzeug
Q	Standard-/Maskierungsmodus auswählen
R	Ansichtdrehung-Werkzeug
S	Kopierstempel-Werkzeug
S	Musterstempel-Werkzeug
T	Horizontales Textmaskierungswerkzeug
T	Text-Werkzeug (Horizontal)
T	Vertikales Textmaskierungswerkzeug
T	Vertikales Text-Werkzeug
U	Abgerundetes-Rechteck-Werkzeug
U	Eigene-Form-Werkzeug
U	Ellipse-Werkzeug
U	Linienzeichner-Werkzeug
U	Polygon-Werkzeug
U	Rechteck-Werkzeug
V	Verschieben-Werkzeug
W	Schnellauswahlwerkzeug
W	Zauberstab-Werkzeug
X	Vorder- und Hintergrundfarbe vertauschen
Y	Kunstprotokoll-Pinsel
Y	Protokollpinsel-Werkzeug
Z	Zoomwerkzeug

42.1.2 Werkzeuge englisch – deutsch

Englisch	Deutsch
Add Anchor Point Tool	Ankerpunkt-hinzufügen-Werkzeug
Art History Brush Tool	Kunstprotokoll-Pinsel
Background Color Tool	Hintergrundfarbe
Background Eraser Tool	Hintergrund-Radiergummi-Werkzeug
Blur Tool	Weichzeichner-Werkzeug
Brush Tool	Pinsel-Werkzeug
Burn Tool	Nachbelichter-Werkzeug
Clone Stamp Tool	Kopierstempel-Werkzeug
Color Replacement Tool	Farbe-ersetzen-Werkzeug
Color Sampler Tool	Farbaufnahme-Werkzeug
Convert Anchor Point Tool	Punkt-umwandeln-Werkzeug
Crop Tool	Freistellungswerkzeug
Custom Shape Tool	Eigene-Form-Werkzeug
Default Colors	Standardfarben
Delete Anchor Point Tool	Ankerpunkt-löschen-Werkzeug
Direct Selection Tool	Direktauswahl-Werkzeug
Dodge Tool	Abwedler-Werkzeug
Ellipse Tool	Ellipse-Werkzeug
Elliptical Marquee Tool	Auswahlellipse-Werkzeug
Eraser Tool	Radiergummi-Werkzeug
Exchange Tool	Vorder- und Hintergrundfarbe vertauschen
Eyedropper Tool	Pipette-Werkzeug
Foreground Color	Vordergrundfarbe
Freeform Pen Tool	Freiform-Zeichenstift-Werkzeug
Gradient Tool	Verlaufswerkzeug
Hand Tool	Hand-Werkzeug
Healing Brush Tool	Reparatur-Pinsel-Werkzeug
History Brush Tool	Protokollpinsel-Werkzeug
Horizontal Type Mask Tool	Horizontales Textmaskierungswerkzeug
Horizontal Type Tool	Horizontales Text-Werkzeug
Lasso Tool	Lasso-Werkzeug
Line Tool	Linienzeichner-Werkzeug
Magic Eraser Tool	Magischer-Radiergummi-Werkzeug
Magic Wand Tool	Zauberstab-Werkzeug
Magnetic Lasso Tool	Magnetisches Lasso-Werkzeug
Move Tool	Verschieben-Werkzeug
Note Tool	Anmerkungen-Werkzeug
Paint Bucket Tool	Füllwerkzeug
Patch Tool	Ausbessern-Werkzeug
Path Selection Tool	Pfadauswahl-Werkzeug

Englisch	Deutsch
Pattern Stamp Tool	Musterstempel-Werkzeug
Pen Tool	Zeichenstift-Werkzeug
Pencil Tool	Buntstift-Werkzeug
Polygonal Lasso Tool	Polygon-Lasso-Werkzeug
Polygon Tool	Polygon-Werkzeug
Quick Mask Mode	Maskierungsmodus
Quick Selection Tool	Schnellauswahlwerkzeug
Rectangle Tool	Rechteck-Werkzeug
Rectangular Marquee Tool	Auswahlrechteck-Werkzeug
Red Eye Tool	Rote-Augen-Werkzeug
Rotate View	Ansichtdrehung-Werkzeug
Rounded Rectangle Tool	Abgerundetes-Rechteck-Werkzeug
Ruler Tool	Linealwerkzeug
Sharpen Tool	Scharfzeichner-Werkzeug
Single Column Marquee Tool	Auswahlwerkzeug: Einzelne Spalte
Single Row Marquee Tool	Auswahlwerkzeug: Einzelne Zeile
Slice Select Tool	Slice-Auswahlwerkzeug
Slice Tool	Slice-Werkzeug
Smudge Tool	Wischfinger-Werkzeug
Sponge Tool	Schwamm-Werkzeug
Spot Healing Brush Tool	Bereichsreparatur-Pinsel-Werkzeug
Vertical Type Mask Tool	Vertikales Textmaskierungswerkzeug
Vertical Type Tool	Vertikales Text-Werkzeug
Zoom Tool	Zoomwerkzeug (Lupe)

42.1.3 Werkzeuge deutsch – englisch

Deutsch	Englisch
Abgerundetes-Rechteck-Werkzeug	Rounded Rectangle Tool
Abwedler-Werkzeug	Dodge Tool
Ankerpunkt-hinzufügen-Werkzeug	Add Anchor Point Tool
Ankerpunkt-löschen-Werkzeug	Delete Anchor Point Tool
Anmerkungen-Werkzeug	Note Tool
Ansichtdrehung-Werkzeug	Rotate View
Ausbessern-Werkzeug	Patch Tool

Deutsch	Englisch
Auswahlellipse-Werkzeug	Elliptical Marquee Tool
Auswahlrechteck-Werkzeug	Rectangular Marquee Tool
Auswahlwerkzeug: Einzelne Spalte	Single Column Marquee Tool
Auswahlwerkzeug: Einzelne Zeile	Single Row Marquee Tool
Bereichsreparatur-Pinsel-Werkzeug	Spot Healing Brush Tool
Buntstift-Werkzeug	Pencil Tool
Direktauswahl-Werkzeug	Direct Selection Tool
Eigene-Form-Werkzeug	Custom Shape Tool
Ellipse-Werkzeug	Ellipse Tool
Farbaufnahme-Werkzeug	Color Sampler Tool
Farbe-ersetzen-Werkzeug	Color Replacement Tool
Freiform-Zeichenstift-Werkzeug	Freeform Pen Tool
Freistellungswerkzeug	Crop Tool
Füllwerkzeug	Paint Bucket Tool
Hand-Werkzeug	Hand Tool
Hintergrundfarbe	Background Color Tool
Hintergrund-Radiergummi-Werkzeug	Background Eraser Tool
Horizontales Textmaskierungswerkzeug	Horizontal Type Mask Tool
Horizontales Text-Werkzeug	Horizontal Type Tool
Kopierstempel-Werkzeug	Clone Stamp Tool
Kunstprotokoll-Pinsel	Art History Brush Tool
Lasso-Werkzeug	Lasso Tool
Linealwerkzeug	Ruler Tool
Linienzeichner-Werkzeug	Line Tool
Magischer-Radiergummi-Werkzeug	Magic Eraser Tool
Magnetisches Lasso-Werkzeug	Magnetic Lasso Tool
Maskierungsmodus	Quick Mask Mode
Musterstempel-Werkzeug	Pattern Stamp Tool
Nachbelichter-Werkzeug	Burn Tool
Pfadauswahl-Werkzeug	Path Selection Tool
Pinsel-Werkzeug	Brush Tool
Pipette-Werkzeug	Eyedropper Tool
Polygon-Lasso-Werkzeug	Polygonal Lasso Tool
Polygon-Werkzeug	Polygon Tool
Protokollpinsel-Werkzeug	History Brush Tool
Punkt-umwandeln-Werkzeug	Convert Anchor Point Tool
Radiergummi-Werkzeug	Eraser Tool
Rechteck-Werkzeug	Rectangle Tool
Reparatur-Pinsel-Werkzeug	Healing Brush Tool
Rote-Augen-Werkzeug	Red Eye Tool
Scharfzeichner-Werkzeug	Sharpen Tool
Schnellauswahlwerkzeug	Quick Selection Tool

Deutsch	Englisch
Schwamm-Werkzeug	Sponge Tool
Slice-Auswahlwerkzeug	Slice Select Tool
Slice-Werkzeug	Slice Tool
Standardfarben	Default Colors
Verlaufswerkzeug	Gradient Tool
Verschieben-Werkzeug	Move Tool
Vertikales Textmaskierungswerkzeug	Vertical Type Mask Tool
Vertikales Text-Werkzeug	Vertical Type Tool
Vorder- und Hintergrundfarbe vertauschen	Exchange Tool
Vordergrundfarbe	Foreground Color
Weichzeichner-Werkzeug	Blur Tool
Wischfinger-Werkzeug	Smudge Tool
Zauberstab-Werkzeug	Magic Wand Tool
Zeichenstift-Werkzeug	Pen Tool
Zoomwerkzeug (Lupe)	Zoom Tool

42.2 Tasten

42.2.1 Tastaturen unter Mac und Windows

▲ **Abbildung 42.1**
Die Mac-Tastatur

◄ **Abbildung 42.2**
Die Windows-Tastatur

Die folgende Tabelle zeigt die Entsprechungen der Tasten Windows/Mac. Bitte beachten Sie, dass es für den Mac je nach Baujahr unterschiedliche Tastaturen gibt. Die Abbildung oben zeigt die aktuellste Tastatur, auf der nur noch das [⌘]-Zeichen verwendet wird.

Windows			Mac		
Steuerungstaste	[Strg]	❸	Befehl-Taste oder Apfel-Taste	[⌘]	❿
Alt-Taste	[Alt]	❺	Alt-Taste oder Wahl-Taste	[⌥] oder [option]	❾
Umschalttaste	[⇧]	❷	Umschalttaste	[⇧] oder [shift]	❼
Tabulator	[⇆]	❶	Tabulator	[⇆] oder [tab]	❻
Rechte Maustaste			Control-Taste	[Ctrl] oder [control]	❽
Windows-Taste	[⊞]	❹			

▲ **Tabelle 42.2**
Windows und Mac: Tastenbelegungen

42.3 Tastenkürzel Photoshop

Leider funktionieren am Mac einige Tastenkürzel mit Umlauten oder Sonderzeichen unter Leopard nicht. Weisen Sie das Tastaturkürzel in einem solchen Fall gegebenenfalls über Bearbeiten • Tastaturbefehle neu zu.

42.3.1 Aktionen

Was wollen Sie tun?	Windows	Mac
Aktuellen Befehl aktivieren und alle anderen deaktivieren oder alle Befehle aktivieren	Alt drücken und auf das Häkchen neben einem Befehl klicken	⌥ drücken und auf das Häkchen neben einem Befehl klicken
Aktuelles modales Steuerelement einschalten und zwischen allen anderen modalen Steuerelementen wechseln	Alt drücken und auf das Steuerelement-Icon klicken	⌥ drücken und auf das Steuerelement-Icon klicken
Aktion ausführen	Strg + Doppelklick auf Aktion	⌘ + Doppelklick auf Aktion
Alle Befehle einer Aktion anzeigen/verbergen	Alt + Klick auf das Dreieck	⌥ + Klick auf das Dreieck
Einzelnen Befehl aus einer Aktion ausführen	F12	F12
Einstellungen in Dialogfeldern zurücknehmen, ohne den Dialog zu schließen	Befehl markieren, Strg + Klick auf die Ausführen-Schaltfläche (Play-Button)	Befehl markieren, ⌘ + Klick auf die Ausführen-Schaltfläche (Play-Button)
Neue Aktion erstellen und ohne Bestätigung aufzeichnen	Alt + Klick auf die Schaltfläche Neue Aktion (runder Button)	⌥ + Klick auf die Schaltfläche Neue Aktion (runder Button)

42.3.2 Arbeitsschritte zurücknehmen

Was wollen Sie tun?	Windows	Mac
Einen Arbeitsschritt zurücknehmen	Strg + Z	⌘ + Z
Zurückgenommenen Arbeitsschritt wiederherstellen	⇧ + Strg + Z	⇧ + ⌘ + Z
Mehrere Arbeitsschritte zurückgehen	Alt + Strg + Z	⌥ + ⌘ + Z
Mehrere Arbeitsschritte vorgehen	⇧ + Strg + Z	⇧ + ⌘ + Z
Zurück zur zuletzt abgespeicherten Bildversion	F12	F12
Einstellungen in Dialogfeldern zurücknehmen, ohne den Dialog zu schließen	Alt (Schaltfläche Abbrechen wird Zurücksetzen)	⌥ (Schaltfläche Abbrechen wird Zurücksetzen)
Protokoll-Paletten: **rückwärts** durch Bildstatus	Alt + Strg + Z	⌥ + ⌘ + Z
Protokoll-Paletten: **vorwärts** durch Bildstatus	Strg + ⇧ + Z	⌘ + ⇧ + Z
Protokollliste reversibel löschen	Protokoll löschen (im Palettenmenü)	Protokoll löschen (im Palettenmenü)
Protokoll endgültig löschen	Alt + Protokoll löschen (im Palettenmenü)	⌥ + Protokoll löschen (im Palettenmenü)

42.3.3 Auswahlen

Was wollen Sie tun?	Windows	Mac
Alles auswählen	Strg + A	⌘ + A
Eine bestehende Auswahl löschen	Strg + D	⌘ + D
Letzte Auswahl erneut aktivieren	⇧ + Strg + D	⇧ + ⌘ + D
Auswahl umkehren	⇧ + Strg + I	⇧ + ⌘ + I
Nachträglich weiche Auswahlkante hinzufügen	Strg + Alt + D	⌘ + Alt + D
Auswahllinie ausblenden	Strg + H	⌘ + H
Der Auswahl hinzufügen	Auswahl-Werkzeug benutzen, dabei ⇧ drücken	Auswahl-Werkzeug benutzen, dabei ⇧ drücken
Von Auswahl subtrahieren	Auswahl-Werkzeug benutzen, dabei Alt drücken	Auswahl-Werkzeug benutzen, dabei ⌥ drücken
Schnittmenge mit Auswahl bilden	Alt + ⇧	⌥ + ⇧
Auswahl-Werkzeuge aufrufen	M	M
Exaktes Quadrat aufziehen	⇧ + ⬚	⇧ + ⬚
Exakten Kreis aufziehen	⇧ + ◯	⇧ + ◯
Auswahlform von der Mitte aus aufziehen	Alt	⌥
Exaktes Quadrat von der Mitte aus aufziehen	Alt + ⇧ + ⬚	⌥ + ⇧ + ⬚
Exakten Kreis von der Mitte aus aufziehen	Alt + ⇧ + ◯	⌥ + ⇧ + ◯
Auswahlform – vor dem Abschließen des Vorganges – bewegen	Halten Sie die Maustaste gedrückt, und drücken Sie zusätzlich die Leertaste.	Halten Sie die Maustaste gedrückt, und drücken Sie zusätzlich die Leertaste.
Fertige Auswahlform bewegen (bei aktivem Auswahl-Werkzeug)	Pfeiltasten	Pfeiltasten
Auswahlinhalt **ausschneiden** und verschieben (auf derselben Ebene)	Aktives Verschieben-Werkzeug und Pfeiltasten oder Maus	Aktives Verschieben-Werkzeug und Pfeiltasten oder Maus
Auswahl **kopieren** und verschieben (auf derselben Ebene)	Aktives Verschieben-Werkzeug und Pfeiltasten oder Maus, zusätzlich Alt drücken	Aktives Verschieben-Werkzeug und Pfeiltasten oder Maus, zusätzlich ⌥ drücken
Inhalt einer Auswahl **ausschneiden** und auf neuer Ebene einfügen	⇧ + Strg + J	⇧ + ⌘ + J
Inhalt einer Auswahl **kopieren** und auf neuer Ebene einfügen	Strg + J	⌘ + J

42.3.4 Bildkorrekturen

Was wollen Sie tun?	Windows	Mac
Tonwertkorrektur durchführen	Strg + L	⌘ + L
Auto-Farbton durchführen	⇧ + Strg + L	⇧ + ⌘ + L
Auto-Kontrast durchführen	Alt + ⇧ + Strg + L	⌥ + ⇧ + ⌘ + L
Auto-Farbe durchführen	⇧ + Strg + B	⇧ + ⌘ + B

Was wollen Sie tun?	Windows	Mac
Gradationskurven	Strg + M	⌘ + M
Farbbalance	Strg + B	⌘ + B
Schwarzweiß	Alt + ⇧ + Strg + B	⌥ + ⇧ + ⌘ + B
Farbton/Sättigung	Strg + U	⌘ + U
Sättigung verringern	⇧ + Strg + U	⇧ + ⌘ + U
Bildgröße	Alt + Strg + I	⌥ + ⌘ + I
Arbeitsfläche	Alt + Strg + C	⌥ + ⌘ + C
Frei transformieren	Strg + T	⌘ + T
Erneut transformieren	⇧ + Strg + T	⇧ + ⌘ + T
Verblassen	⇧ + Strg + F	⇧ + ⌘ + F
Fläche füllen	⇧ + F5	⇧ + F5
Farbeinstellungen	⇧ + Strg + K	⇧ + ⌘ + K

42.3.5 Bildlauf

Was wollen Sie tun?	Windows	Mac
Hand-Werkzeug aufrufen	H	H
Hand-Werkzeug kurzzeitig aufrufen	Leertaste	Leertaste
Bildausschnitt hochschieben	Bild ↑	⇞
Bildausschnitt herunterschieben	Bild ↓	⇟
Bildausschnitt langsamer hochschieben	⇧ + Bild ↑	⇧ + ⇞
Bildausschnitt langsamer herunterschieben	⇧ + Bild ↓	⇧ + ⇟
Bildausschnitt nach links schieben	Strg + Bild ↑	⌘ + ⇞
Bildausschnitt nach rechts schieben	Strg + Bild ↓	⌘ + ⇟
Kurzfristig ganzes Bild mit Positionsrahmen einblenden	H + Maustaste gedrückt halten	H + Maustaste gedrückt halten
Zur linken oberen Bildecke	Pos1	Home
Zur rechten unteren Bildecke	Ende	End

42.3.6 Datei

Was wollen Sie tun?	Windows	Mac
Neu	Strg + N	⌘ + N
Öffnen	Strg + O	⌘ + O
In Bridge suchen	Alt + Strg + O	⌥ + ⌘ + O
Öffnen als	Alt + ⇧ + Strg + O	⌥ + ⇧ + ⌘ + O
Schließen	Strg + W	⌘ + W
Alle schließen	Alt + Strg + W	⌥ + ⌘ + W
Schließen und zu Bridge gehen	⇧ + Strg + W	⇧ + ⌘ + W
Speichern	Strg + S	⌘ + S

Was wollen Sie tun?	Windows	Mac
Speichern unter	⇧ + Strg + S	⇧ + ⌘ + S
Für Web und Geräte speichern	Alt + ⇧ + Strg + S	⌥ + ⇧ + ⌘ + S
Datei-Informationen	Alt + ⇧ + Strg + I	⌥ + ⇧ + ⌘ + I
Seite einrichten	⇧ + Strg + P	⇧ + ⌘ + P
Beenden	Strg + Q	⌘ + Q

42.3.7 Drucken

Was wollen Sie tun?	Windows	Mac
Drucken	Strg + P	⌘ + P
Eine Kopie drucken	Alt + ⇧ + Strg + P	⌥ + ⇧ + ⌘ + P
Farb-Proof	Strg + Y	⌘ + Y
Farbumfang-Warnung	⇧ + Strg + Y	⇧ + ⌘ + Y

42.3.8 Ebene erstellen

Was wollen Sie tun?	Windows	Mac
Neue leere Ebene mit Dialogfeld erstellen	Strg + ⇧ + N oder Alt + Klick auf Schaltfläche Neue Ebene erstellen	⌘ + ⇧ + N oder ⌥ + Klick auf Schaltfläche Neue Ebene erstellen
Neue Ebene unter Zielebene erstellen	Strg + Klick auf Schaltfläche Neue Ebene erstellen	⌘ + Klick auf Schaltfläche Neue Ebene erstellen
Ebene umbenennen	Doppelklick auf Ebenennamen	Doppelklick auf Ebenennamen
Ebeneneigenschaften anzeigen	Alt + Doppelklick auf Ebene	⌥ + Doppelklick auf Ebene

42.3.9 Ebenen aktivieren

Was wollen Sie tun?	Windows	Mac
Oberste Ebene auswählen	⇧ + Alt + -	⇧ + ⌥ + -
Unterste Ebene auswählen	Alt + -	⌥ + -
Ebene darüber auswählen	Alt + .	⌥ + .
Ebene darunter auswählen	Alt + ,	⌥ + ,
Ebenenauswahl in Ebenen-Palette erweitern	⇧ + Alt + , oder .	⇧ + ⌥ + , oder .
Auswahl mehrerer benachbarter Ebenen verkleinern/erweitern	Klick und ⇧ drücken	Klick und ⇧ drücken
Auswahl mehrerer nicht benachbarter Ebenen verkleinern/erweitern	Klick und Strg drücken	Klick und ⌘ drücken

42.3.10 Ebenen bearbeiten

Was wollen Sie tun?	Windows	Mac
Ebene ganz nach unten/oben verschieben	Strg + ⇧ + # / Ä	⌘ + ⇧ + # / Ä
Ebene einen Schritt nach unten/oben verschieben	Strg + # / Ä	⌘ + # / Ä
Sichtbare Ebenen auf eine Ebene reduzieren	Strg + ⇧ + E	⌘ + ⇧ + E
Eine Kopie aller sichtbaren Ebenen auf eine neue Zielebene reduzieren	Strg + ⇧ + Alt + E	⌘ + ⇧ + ⌥ + E
Mit darunter liegender Ebene reduzieren	Strg + E	⌘ + E
Aktuelle Ebene in die Ebene darunter kopieren	Alt + MIT DARUNTER LIEGENDER AUF EINE EBENE REDUZIEREN (aus dem Palettenmenü)	⌥ + MIT DARUNTER LIEGENDER AUF EINE EBENE REDUZIEREN (aus dem Palettenmenü)
Alle sichtbaren Ebenen in neue Ebene ganz oben im Stapel kopieren	Alt + SICHTBARE AUF EINE EBENE REDUZIEREN (aus dem Palettenmenü)	⌥ + SICHTBARE AUF EINE EBENE REDUZIEREN (aus dem Palettenmenü)
Ebeneneffekte/Stiloptionen bearbeiten	Alt + Klicken auf Augensymbol	⌥ + Klicken auf Augensymbol
Ebenentransparenz als Auswahl laden	Strg + Klick auf Ebenenminiatur	⌘ + Klick auf Ebenenminiatur

42.3.11 Ebenen ein- und ausblenden

Was wollen Sie tun?	Windows	Mac
Nur diese Ebene(ngruppe) ein-/ausblenden	Klick auf Augensymbol	Klick auf Augensymbol
Alle anderen sichtbaren Ebenen ein-/ausblenden	Alt + Klick auf Augensymbol	⌥ + Klick auf Augensymbol
Ebeneneffekt/Stil ausblenden	Alt + Doppelklick auf Ebeneneffekt/Stil	⌥ + Doppelklick auf Ebeneneffekt/Stil

42.3.12 Ebenengruppen

Was wollen Sie tun?	Windows	Mac
Ebenen gruppieren	Strg + G	⌘ + G
Gruppierung von Ebenen aufheben	Strg + ⇧ + G	⌘ + ⇧ + G
Neue (leere) Ebenengruppe unter aktueller Ebene erstellen	Strg + Klick auf NEUE GRUPPE ERSTELLEN	⌘ + Klick auf NEUE GRUPPE ERSTELLEN
Neue Ebenengruppe mit Dialogfeld erstellen	Alt + Klick auf NEUE GRUPPE ERSTELLEN	⌥ + Klick auf NEUE GRUPPE ERSTELLEN
Eigenschaften der Ebenengruppe anzeigen	Rechtsklick auf Ebenengruppe, Doppelklick auf das Ordnersymbol	Ctrl + Klick auf Ebenengruppe, Doppelklick auf das Ordnersymbol

42.3.13 Ebenenfüllmethoden

Was wollen Sie tun?	Windows	Mac
Durch Füllmethoden navigieren: in der Liste abwärts	Bei aktiver Drop-down-Liste in der Ebenen-Palette (hinterlegt): ↓	Bei aktiver Drop-down-Liste in der Ebenen-Palette (hinterlegt): ↓
Durch Füllmethoden navigieren: in der Liste aufwärts	Bei aktiver Drop-down-Liste in der Ebenen-Palette (hinterlegt): ↑	Bei aktiver Drop-down-Liste in der Ebenen-Palette (hinterlegt): ↑
Abdunkeln	⇧+Alt+K	⇧+⌥+K
Aufhellen	⇧+Alt+G	⇧+⌥+G
Ausschluss	⇧+Alt+X	⇧+⌥+X
Dahinter auftragen (nur Pinsel)	⇧+Alt+Q	⇧+⌥+Q
Differenz	⇧+Alt+E	⇧+⌥+E
Farbig abwedeln	⇧+Alt+D	⇧+⌥+D
Farbe	⇧+Alt+C	⇧+⌥+C
Farbig nachbelichten	⇧+Alt+B	⇧+⌥+B
Farbton	⇧+Alt+U	⇧+⌥+U
Hartes Licht	⇧+Alt+H	⇧+⌥+H
Hart mischen	⇧+Alt+L	⇧+⌥+L
Hindurchwirken	⇧+Alt+P	⇧+⌥+P
Ineinanderkopieren	⇧+Alt+O	⇧+⌥+O
Lichtpunkt	⇧+Alt+Z	⇧+⌥+Z
Linear abwedeln	⇧+Alt+W	⇧+⌥+W
Linear nachbelichten	⇧+Alt+A	⇧+⌥+A
Lineares Licht	⇧+Alt+J	⇧+⌥+J
Löschen (nur Pinsel)	⇧+Alt+R	⇧+⌥+R
Luminanz	⇧+Alt+Y	⇧+⌥+Y
Multiplizieren	⇧+Alt+M	⇧+⌥+M
Negativ multiplizieren	⇧+Alt+S	⇧+⌥+S
Normal	⇧+Alt+N	⇧+⌥+N
Sättigung	⇧+Alt+T	⇧+⌥+T
Sprenkeln	⇧+Alt+I	⇧+⌥+I
Strahlendes Licht	⇧+Alt+V	⇧+⌥+V
Weiches Licht	⇧+Alt+F	⇧+⌥+F

42.3.14 Ein- und ausblenden

Was wollen Sie tun?	Windows	Mac
Alle Extras	Strg + H	⌘ + H
Zielpfad	⇧ + Strg + H	⇧ + ⌘ + H
Raster	Alt + ⇧ + Strg + ,	⌥ + ⇧ + ⌘ + ,
Hilfslinien	Strg + ,	⌘ + ,
Lineale	Strg + R	⌘ + R

42.3.15 Fenster

Was wollen Sie tun?	Windows	Mac
Aktionen	F9	⌥ + F9
Ebenen	F7	F7
Farbe	F6	F6
Info	F8	F8
Pinsel	F5	F5
Photoshop-Hilfe	F1	F1

42.3.16 Filter

Was wollen Sie tun?	Windows	Mac
Letzten Filter erneut anwenden	Strg + F	⌘ + F
Letzten Filterdialog nochmals aufrufen	Strg + Alt + F	⌥ + ⌘ + F
Filtervorgang abbrechen	Esc	⌘ + .
Dialog VERBLASSEN aufrufen	⇧ + Strg + F	⇧ + ⌘ + F
Verflüssigen	⇧ + Strg + X	⇧ + ⌘ + X
Mustergenerator	Alt + ⇧ + Strg + X	⌥ + ⇧ + ⌘ + X
Fluchtpunkt	Alt + Strg + V	⌥ + ⌘ + V

42.3.17 Gradationskurven

Was wollen Sie tun?	Windows	Mac
Dialogfeld GRADATIONSKURVEN öffnen	Strg + M	⌘ + M
Nächsten Kurvenpunkt auswählen	+	+
Vorherigen Kurvenpunkt auswählen	-	-
Mehrere Kurvenpunkte auswählen	⇧ + Klicke auf die Punkte	⌘ + Klicke auf die Punkte
Kurvenpunktauswahl aufheben	Strg + D	⌘ + D
Kurvenpunkt löschen	Entf	Entf
Kurvenpunkt um eine Einheit verschieben	Pfeiltasten	Pfeiltasten
Kurvenpunkt um zehn Einheiten verscheiben	⇧ + Pfeiltasten	⇧ + Pfeiltasten
Anzeigen, welche Lichter und Tiefen beschnitten werden	Weißpunkt- und Schwarzpunktregler mit Alt ziehen	Weißpunkt- und Schwarzpunktregler mit ⌥ ziehen
Rastergröße verändern	Alt + Klick auf das Raster	⌥ + Klick auf das Raster

42.3.18 Kante verbessern

Was wollen Sie tun?	Windows	Mac
Dialogfeld KANTE VERBESSERN öffnen	Strg + Alt + R	⌥ + ⌘ + R
Vorschaumodus vorwärts durchlaufen	F	F
Vorschaumodus rückwärts durchlaufen	⇧ + F	⇧ + F
Zwischen Original und Vorschau wechseln	X	X
Vorschau ein-/ausschalten	P	P

42.3.19 Kopierquelle

Was wollen Sie tun?	Windows	Mac
Kopierquelle zeigen	⇧ + Alt	⇧ + ⌥
Kopierquelle verschieben	⇧ + Alt + Pfeiltasten	⇧ + ⌥ + Pfeiltasten
Kopierquelle drehen	⇧ + Alt + Ü oder +	⇧ + ⌥ + Ü oder +
Kopierquelle vergrößern	⇧ + Alt + ?	⇧ + ⌥ + ?
Kopierquelle verkleinern	⇧ + Alt + =	⇧ + ⌥ + =

42.3.20 Lasso

Was wollen Sie tun?	Windows	Mac
Vorgang abbrechen	Esc	Esc
Lasso aufrufen	L	L
Kurzzeitiger Wechsel vom Lasso zum Polygon-Lasso-Werkzeug (funktioniert auch umgekehrt)	Alt gedrückt halten	⌥ gedrückt halten
Mit Polygon-Lasso erstellte Auswahl-Ankerpunkte entfernen	Entf	Entf
Auswahlbereich endgültig schließen	Maus loslassen	Maus loslassen
Polygon-Lasso aufrufen	L	L
Letzten Ankerpunkt entfernen (kann die Gestalt der Auswahllinie gravierend verändern)	Entf	Entf
Auswahl-Liniensegmente exakt im 45°-Winkel ziehen	⇧	⇧
Kurzzeitiger Wechsel vom Polygon- zum normalen Lasso (funktioniert auch umgekehrt)	Alt gedrückt halten	⌥ gedrückt halten
Auswahlbereich endgültig schließen	Doppelklick oder Strg + Klick	Doppelklick oder ⌘ + Klick
Magnetisches Lasso aufrufen	L	L
Kurzzeitiger Wechsel vom Magnet- zum normalen Lasso	Alt gedrückt halten, dann freihändig »zeichnen«	⌥ gedrückt halten, dann freihändig »zeichnen«
Kurzzeitiger Wechsel vom Magnet- zum Polygon-Lasso	Alt gedrückt halten, dann durch Klicks Liniensegmente anlegen	⌥ gedrückt halten, dann durch Klicks Liniensegmente anlegen
Kantenkontrast erhöhen (während die Auswahl angelegt wird)	.	.
Kantenkontrast verringern (während die Auswahl angelegt wird)	,	,
Breite erhöhen (während die Auswahl angelegt wird) **Hinweis:** Laut Adobe-Handbuch ist der Shortcut das Akzentzeichen ´ – das bewirkt aber gar nichts.	#	#
Breite verringern (während die Auswahl angelegt wird)	Ö	ohne Tastenkürzel
Bildzoom größer – ausnahmsweise ohne zusätzliches Drücken von Strg oder ⌘	+	+
Bildzoom kleiner – ausnahmsweise ohne zusätzliches Drücken von Strg oder ⌘	-	-
Breite des Erkennungsabstandes anzeigen (Mauscursor-Form ändern)	⇩	⇩
Auswahl auf kürzestem Weg schließen	Doppelklick oder Strg + Klick	Doppelklick oder ⌘ + Klick

42.3.21 Malen und Malwerkzeuge

Was wollen Sie tun?	Windows	Mac
Pinsel aktivieren	B	B
Buntstift aktivieren	B	B
Radiergummi aktivieren	E	E
Hintergrund-Radiergummi aktivieren	E	E
Magischer-Radiergummi aktivieren	E	E
Bei allen Malwerkzeugen: Punkte durch eine gerade Linie verbinden (jeglicher Winkel)	⇧ + Klick auf Start- und Endpunkt der Linie	⇧ + Klick auf Start- und Endpunkt der Linie
Bei allen Malwerkzeugen: senkrechte oder waagerechte Linien erzeugen	⇧ und malen	⇧ und malen
Bei allen Malwerkzeugen: Ebenen-Palettenoption Transparente Pixel fixieren und Postion sperren ein- und ausschalten	ß	ß
Werkzeugspitze vergrößern	#	#
Werkzeugspitzen verkleinern	Ö	Ö
Werkzeugspitzenanzeige: Fadenkreuz	⇪	⇪
Auf Pipette umstellen	Alt	⌥
Auf Farbaufnehmer umstellen	⇧ + Alt	⇧ + ⌥
Hintergrundfarbe auswählen	Pipette + Alt	Pipette + ⌥
Mit Vordergrundfarbe füllen	Alt + ↵	⌥ + ←
Mit Hintergrundfarbe füllen	Strg + ↵	⌘ + ←
Fläche füllen einblenden	⇧ + F5	⇧ + F5

42.3.22 Masken

Was wollen Sie tun?	Windows	Mac
Vektormaske deaktivieren/aktivieren	⇧ + Klick auf Vektormaskenminiatur	⇧ + Klick auf Vektormaskenminiatur
Dialogfeld Optionen für die Ebenenmaske-Anzeige öffnen	Doppelklick auf Ebenenmaskenminiatur	Doppelklick auf Ebenenmaskenminiatur
Ebenenmaske ein/aus	⇧ + Klick auf Ebenenmaskenminiatur	⇧ + Klick auf Ebenenmaskenminiatur
Farbüberzug für Ebenenmaske ein/aus	<	<
Schnittmaske erstellen	Alt + Klick auf die Trennlinie zwischen zwei Ebenen	⌥ + Klick auf die Trennlinie zwischen zwei Ebenen
Schnittmaske erstellen bzw. entfernen	Strg + Alt + G	⌘ + ⌥ + G
Ebenenmaske mit Alles ausblenden erstellen	Alt + Klick auf Schaltfläche Ebenenmaske hinzufügen	⌥ + Klick auf Schaltfläche Ebenenmaske hinzufügen
Vektormaske mit Alles einblenden erstellen	Strg + Klick auf Schaltfläche Ebenenmaske hinzufügen	⌘ + Klick auf Schaltfläche Ebenenmaske hinzufügen

Was wollen Sie tun?	Windows	Mac
Vektormaske mit Alles ausblenden erstellen	Strg + Alt + Klick auf Schaltfläche Ebenenmaske hinzufügen	⌘ + ⌥ + Klick auf Schaltfläche Ebenenmaske hinzufügen

42.3.23 Pinseleinstellungen

Was wollen Sie tun?	Windows	Mac
Pinselgröße verkleinern	Ö	Ö
Pinselgröße vergrößern	#	#
Kantenschärfe des Pinsels verringern	⇧ + <	⇧ + <
Kantenschärfe des Pinsels erhöhen	⇧ + #	⇧ + #
Vorheriger Pinsel	,	,
Nächster Pinsel	.	.
Erster Pinsel	⇧ + ,	⇧ + ,
Letzter Pinsel	⇧ + .	⇧ + .
Airbrush ein-/ausschalten	⇧ + Alt + P	⇧ + ⌥ + P

42.3.24 Pfade

Was wollen Sie tun?	Windows	Mac
Mehrere Ankerpunkte auswählen	+ Klick bei gedrückter ⇧-Taste	+ Klick bei gedrückter ⇧-Taste
Gesamten Pfad auswählen	+ Klick und Alt drücken	+ Klick und ⌥ drücken
Pfad duplizieren	Strg + Alt + Ziehen mit der Maus	⌘ + ⌥ + Ziehen mit der Maus
Auf Direktauswahl-Werkzeug umschalten	Strg	⌘
Von Zeichenstift- oder Freiform-Zeichenstift-Werkzeug zu Punkt-umwandeln-Werkzeug wechseln, wenn der Mauscursor sich gerade auf einem Anker- oder Griffpunkt befindet	Alt	⌥
Bei der Arbeit mit magnetischem Freiform-Zeichenstift: Pfadlinie schließen	Doppelklick	Doppelklick
Bei der Arbeit mit magnetischem Freiform-Zeichenstift: Pfad mit geradem Segment schließen	Alt + Doppelklick	⌥ + Doppelklick
Pfad ausblenden	Strg + ⇧ + H	⌘ + ⇧ + H
Pfad in aktuelle Auswahl einfügen	Strg + ⇧ + Pfadname	⌘ + ⇧ + Pfadname
Pfad aus Auswahl entfernen	Strg + Alt + Pfadname anklicken	⌘ + ⌥ + Pfadname anklicken

42.3.25 Schwarzweiß

Was wollen Sie tun?	Windows	Mac
Dialogfeld SCHWARZWEISS öffnen	⇧+Strg+Alt+B	⇧+⌥+⌘+B
Wert im Dialogfeld um 1 vergrößern	↑	↑
Wert um 10 vergrößern	⇧+↑	⇧+↑
Wert um 1 verkleinern	↓	↓
Wert um 10 verkleinern	⇧+↓	⇧+↓

42.3.26 Text

Was wollen Sie tun?	Windows	Mac
Text zentrieren (horizontal und vertikal)	Strg+⇧+C	⌘+⇧+C
Text links (oben) ausrichten	Strg+⇧+L	⌘+⇧+L
Text rechts (unten) ausrichten	Strg+⇧+R	⌘+⇧+R
100% horizontale Skalierung	Strg+⇧+X	⌘+⇧+X
100% vertikale Skalierung	Strg+⇧+Alt+X	⌘+⇧+⌥+X
»0« für Laufweite wählen (automatische Laufweite, weder gesperrt noch enger gesetzt)	Strg+⇧+Q	⌘+Ctrl+⇧+Q
Absatz **linksbündig** ausrichten (Textrahmen muss aktiv sein, Cursor im Text)	Strg+⇧+J	⌘+⇧+J
Absatz im **Blocksatz** ausrichten (Textrahmen muss aktiv sein, Cursor im Text)	Strg+⇧+F	⌘+⇧+F
Silbentrennung ein/aus	Strg+⇧+Alt+H	⌘+Ctrl+⇧+⌥+H
Wechsel zwischen Ein-Zeilen-Setzer und Alle-Zeilen-Setzer	Strg+⇧+Alt+T	⌘+⇧+⌥+T
Schriftgrad des *ausgewählten* Texts um 2 Schriftgrade verkleinern (Punkt oder Pixel, je nach Voreinstellung)	Strg+⇧+A	⌘+⇧+?
Schriftgrad des *ausgewählten* Texts um 2 Schriftgrade vergrößern	Strg+⇧+W	⌘+⇧+`
Schriftgrad des *ausgewählten* Texts um 10 Schriftgrade verkleinern	Strg+Alt+⇧+A	⌥+⌘+⇧+?
Schriftgrad des *ausgewählten* Texts um 10 Schriftgrade vergrößern	Strg+Alt+⇧+W	⌥+⌘+⇧+`
Zeilenabstand des *ausgewählten* Texts um 2 Einheiten verkleinern (Punkt oder Pixel, je nach Voreinstellung)	Alt+↓	⌥+↓
Zeilenabstand des *ausgewählten* Texts um 2 Einheiten vergrößern	Alt+↑	⌥+↑
Zeilenabstand des *ausgewählten* Texts um 10 Einheiten verkleinern	Strg+Alt+↓	⌘+⌥+↓
Zeilenabstand des *ausgewählten* Texts um 10 Einheiten vergrößern	Strg+Alt+↑	⌘+⌥+↑

Was wollen Sie tun?	Windows	Mac
Grundlinienverschiebung um 2 Einheiten verkleinern (Punkt oder Pixel, je nach Voreinstellung)	⇧+Alt+↓	⇧+⌥+↓
Grundlinienverschiebung um 2 Einheiten vergrößern	⇧+Alt+↑	⇧+⌥+↑
Grundlinienverschiebung um 10 Einheiten verkleinern	Strg+⇧+Alt+↓	⌘+⇧+⌥+↓
Grundlinienverschiebung um 10 Einheiten vergrößern	Strg+⇧+Alt+↑	⌘+⇧+⌥+↑
Laufweite/Kerning um 20/1000 Geviert verkleinern	Alt+←	⌥+←
Laufweite/Kerning um 20/1000 Geviert vergrößern	Alt+→	⌥+→

42.3.27 Verflüssigen-Filter

Was wollen Sie tun?	Windows	Mac
Aufblasen-Werkzeug	B	B
Fixierungsmaske-Werkzeug	F	F
Maske-löschen-Werkzeug	D	D
Nach-links-schieben-Werkzeug	O	O
Rekonstruktionswerkzeug	R	R
Spiegeln-Werkzeug	M	M
Strudel-Werkzeug	C	C
Turbulenz-Werkzeug	T	T
Vorwärts-schieben-Werkzeug	B	B
Zusammenziehen-Werkzeug	S	S

42.3.28 Zoom

Was wollen Sie tun?	Windows	Mac
Zoom-Werkzeug aktivieren	Z	Z
Bildansicht vergrößern	Strg++	⌘++
Bildansicht verkleinern	Strg+-	⌘+-
Bildansicht mit Bildfenster vergrößern	Strg+Alt++	⌘+⌥++
Bildansicht mit Bildfenster verkleinern	Strg+Alt+-	⌘+⌥+-
Wenn in den Voreinstellungen die Option ZOOM ÄNDERT FENSTERGRÖSSE aktiv ist, die Größenänderung kurzfristig abstellen	Alt	⌥
Bildansicht auf 100%	Strg+Alt+0 (Null)	⌘+⌥+0 (Null)

Was wollen Sie tun?	Windows	Mac
Maximale Bildgröße auf dem Monitor (Bildschirmgröße)	Strg + 0 (Null)	⌘ + 0 (Null)
Zoom-Werkzeug kurzzeitig aus anderen Werkzeugen aufrufen und vergrößern	Leertaste + Strg	Leertaste + ⌘
Zoom-Werkzeug kurzzeitig aus anderen Werkzeugen aufrufen und verkleinern	Alt + Leertaste (bzw. Alt + Strg + Leertaste bei der Bearbeitung von Text)	⌥ + Leertaste (bzw. ⌥ + ⌘ + Leertaste bei der Bearbeitung von Text)

42.3.29 3D (nur Photoshop Extended)

Was wollen Sie tun?	Windows	Mac
3D-Objekt-drehen-Werkzeug	K	K
3D-Objekt-rollen-Werkzeug	K	K
3D-Objekt-ziehen-Werkzeug	K	K
3D-Objekt-skalieren-Werkzeug	K	K
3D-Objekt-zoomen-Werkzeug	K	K
3D-Kameragang-Werkzeug	N	N
3D-Kamera-kreisen-Werkzeug	N	N
3D-Kamera-rollen-Werkzeug	N	N
3D-Kamera-schwenken-Werkzeug	N	N
3D-Kamerazoom-Werkzeug	N	N

KAPITEL 43

Glossar

8-Bit-Grafik
Die Bitzahl einer Datei gibt an, wie viele unterschiedliche Farben im Bild enthalten sein können. Je höher die Bitzahl, desto mehr Farben kann eine Grafikdatei enthalten. Eine 8-Bit-Datei ist ein Farb- oder Graustufenbild mit sehr geringem Speicherbedarf, es kann aber auch nur 256 Farben – oder weniger – enthalten.

16-Bit-Grafik
Eine Datei, in der maximal 65.536 Farben vorkommen.

24-Bit-Grafik
Ein Farbbild mit 16,7 Millionen Farben.

Abwedler
Dieses Photoshop-Werkzeug hellt Pixel auf. Der Name stammt von einem Verfahren der Analogfotografie.

Additive Farbmischung
Auf den additiven Grundfarben Rot, Grün und Blau basierendes Farbmodell. In der Mischung ergeben die Grundfarben Weiß. Das Verfahren lässt sich am besten durch die Mischung von Lichtfarben veranschaulichen. Fernseher und Computermonitore basieren auf der additiven Farbmischung.

Airbrush
Ursprünglich ein »analoges« Werkzeug für die Grafikbearbeitung, mit dem Farbe mittels Kompressor und Spritzpistole in einem Farb-Luft-Gemisch aufgetragen wird. In Photoshop haben einige Mal- und Retusche-Werkzeuge »Airbrush« als Option. Dadurch lassen sich Farbmenge und Farbdichte der aufgetragenen Pixel simulieren.

Aktion
Photoshop-Funktion, mit der sich häufige Arbeitsschritte automatisieren lassen. Aktionen sind mitgeschnittene und gespeicherte Befehlsfolgen, die sich immer wieder abspielen und so auf andere Bilder anwenden lassen.

Akzidenz
Druck- und Satzarbeit mit geringem Umfang (Anzeigen, Formulare, Briefbögen).

Alphakanal
Ein 8-Bit-Kanal, der von einigen Bildverarbeitungsprogrammen für die Bildmaskierung oder für zusätzliche Farbinformationen reserviert wird. Er wird ebenfalls verwendet, um einen bestimmten Transparenzgrad eines Bildes zu definieren, so dass ein anderes Bild unter dem darüber liegenden durchscheinen kann (→ Farbkanal).

Andruck
Probedruck zur Farb- und Rasterkontrolle.

Ankerpunkt
Bestandteil einer Vektorgrafik (→ Bézierkurve, → Vektor). Eine gebogene Bézierkurve wird in der Regel durch die Koordinaten von vier Punkten definiert, wobei zwei davon als sogenannte Stützpunkte Beginn und Ende des jeweiligen Kurvenzuges festlegen. Diese Punkte liegen daher immer auf der Kurve. Die beiden anderen nennt man Ankerpunkte; sie können auch außerhalb der Kurve liegen und bestimmen als Tangenten auf dem zugeordneten Stützpunkt den Verlauf der Kurve.

Anti-Aliasing
Die → Kantenglättung bei Pixeln, um einen Treppcheneffekt zu vermeiden.

Artefakt
Fehler in computergenerierten Bildern. Häufig als JPEG-Artefakt: Bei zu starker JPEG-Kompression auftretende unschöne, schwammige Pixelanordnungen oder Viereckmuster.

ASCII
Mit dem American Standard Code for Information Interchange (ASCII) wurde ein – mittlerweile vielfach erweiterter und technisch überholter – Standard geschaffen, um Zeichen (Buchstaben u.a.) auf dem Computer verarbeiten zu können. ASCII-Code umfasst 256 Zeichen, ist an der englischen Sprache orientiert und beinhaltet daher keine deutschen Umlaute und Sonderzeichen.

Auflösung
Eigenschaft von Grafikdateien (→ Bitmap), aber auch von Geräten wie Monitoren, Druckern, Scannern u.A. Wichtiges Kriterium für die technische Qualität eines Bildes und die Leistungsfähigkeit eines Ausgabegerätes: Die Auflösung legt fest, wie viele Bildpunkte sich auf der Strecke von einem Inch (Zoll) befinden. Bezeichnet wird die Auflösung mit den Kürzeln ppi – Pixel per Inch – (bei Bildern) und dpi – Dots per Inch – (bei Geräten). In der Praxis werden die Begriffe nicht mehr so sauber getrennt – »dpi« hat sich längst als universelle Maßeinheit eingeschlichen.

Auswahl
Wichtige Photoshop-Arbeitstechnik: Mit Auswahlen ist es möglich, nicht das gesamte Bild oder die gesamte Ebene zu bearbeiten, sondern nur einen Ausschnitt davon. Es gibt zahlreiche Werkzeuge, um möglichst passgenaue Auswahlen zu erzeugen.

Auswahlwerkzeug
Mit Hilfe der verschiedenen Auswahlwerkzeuge in Photoshop wie Auswahlrechteck (bzw. -ellipse oder Zeile/Spalte), Lasso, Zauberstab und Schnellauswahlwerkzeug können Sie einzelne Bildbereiche markieren und separat bearbeiten. Die nicht ausgewählten Bildpartien sind vor der Bearbeitung geschützt. Ausgewählte Bildbereiche sind durch eine laufende Strichellinie (»Ameisen«) gekennzeichnet.

Auszeichnung
Hervorhebung von Textteilen. Möglichkeiten hierzu sind z. B. **fette** oder *kursive* Schrift, S p e r r e n oder Kapitälchen.

Bedingte Modusänderung
Photoshop-Automatismus, um mehrere Dateien auf einmal automatisiert zu bearbeiten. Bei der bedingten Modusänderung werden Dateien umgewandelt, wenn sie einem vorgegebenen Kriterium entsprechen – anderenfalls nicht. So können z. B. alle RGB-Bilder in CMYK umgewandelt werden, die Graustufenbilder im gleichen Ordner werden aber übersprungen.

Beschneidungspfad
Beschneidungspfade setzen bei Bildern, die für die Weitergabe an Layoutprogramme wie InDesign, QuarkXPress und andere gedacht sind, diejenigen Bildbereiche transparent, die im Layoutprogramm nicht angezeigt werden sollen. Unterstützt werden Beschneidungspfade nur vom Dateiformat EPS.

Beschnittmarken
5 bis 10 mm lange feine Linien außerhalb des Endformates einer Drucksache, welche die Verlängerung der Endformatkanten darstellen und bei randabfallendem oder angeschnittenem Druck auf dem größeren unbeschnittenen Format als Markierung für den Stapelschnitt mitgedruckt werden.

Bézierkurve
Als → Vektor definierte Kurvenzüge zur Anlage von → Pfaden (Linien oder Flächenbegrenzungen). Eine Bézierkurve wird immer durch die Koordinaten von vier Punkten definiert, wobei zwei davon als sogenannte Stützpunkte Beginn und Ende des jeweiligen Kurvenzuges festlegen und diese Punkte dementsprechend immer auf der Kurve liegen müssen. Die beiden anderen nennt man → Ankerpunkte; sie können auch außerhalb der Kurve liegen und bestimmen als Tangenten auf dem zugeordneten Stützpunkt den Verlauf. Die Bézierkurven erhielten ihren Namen von ihrem Erfinder, dem französischen Ingenieur Pierre Bézier, der sie für Zwecke des Karosseriedesigns im Automobilbau entwickelte.

Bikubisch
→ Interpolationsmethode. Bei der einfachen bikubischen Interpolation werden die Werte benachbarter Pixel analysiert und mit weichen Farb- bzw. Tonwertabstufungen versehen.

Bikubisch glatter
→ Interpolationsmethode. Im Vergleich zur einfachen bikubischen Interpolation werden die Übergänge zusätzlich glatter. Diese Art der Interpolation ist bedingt auch zur Vergrößerung von Bitmap-Bildern (→ Bitmap) geeignet. Vergrößern kann Bilder unscharf machen.

Bikubisch schärfer
→ Interpolationsmethode. Diese Methode eignet sich vor allem zur Verkleinerung von Bildern, bei der zwangsläufig Pixel herausgerechnet werden müssen. Auch das führt zum Schärfeverlust, der jedoch häufig durch die Interpolationsmethode Bikubisch schärfer etwas kompensiert werden kann.

Bildformat
→ Dateiformat

Bildgröße
Die Anzahl der Bildpunkte eines digitalen Bildes. Aus der Auflösung und der Bildgröße ergibt sich die Größe, in der ein Bild ohne Qualitätsverluste maximal gedruckt werden kann.

Bildmodus
→ Farbmodus

Bildpaket
Mit dem Befehl BILDPAKET positionieren Sie mehrere Bilder auf einer Seite. Sie können die Funktion nutzen, um – ganz wie beim Passfotoautomaten – ein Bild gleich mehrfach auf einer Seite zu dru-

cken oder um verschiedene Bilder auf einem Bogen zusammenzufassen.

Bildschirmauflösung
Die Bildschirmauflösung bezieht sich im Allgemeinen auf die Auflösung des Computerbildschirms. Früher lag der gängige Durchschnitt bei 72 bzw. 96 dpi; inzwischen gibt es – bedingt durch die Verbreitung der Notebook-Bildschirme und Flachbildschirme in verschiedenen, auch »Breitwand«-Formaten – zahlreiche unterschiedliche Bildschirmauflösungen.

Bilinear
→ Interpolationsmethode, die beim Vergrößern oder Verkleinern von Pixelbildern angewendet wird. Bei der Hinzurechnung von Pixeln werden Durchschnittswerte hinzugefügt. Das Ergebnis ist meist mit einem Schärfeverlust behaftet.

Bitmap
Auch Pixelgrafik oder Pixelbild genannt. Häufigster Bildtyp, um Fotografien und ähnliche Halbtonbilder → digital wiederzugeben. Aus farbigen Flächen bestehende Bilder, jede Fläche entspricht einem Pixel und ist in einem gedachten Raster angeordnet. Pixelgrafiken wirken natürlicher als Vektorgrafiken, ihr Dateivolumen ist aber auch deutlich größer.

Blendenkorrektur
→ Objektivfilter

Blocksatz
Den Blocksatz kennen wir aus Büchern, Zeitschriften und Zeitungen. Links und rechts bündig, sieht Blocksatz ausgesprochen »ordentlich« aus, zumindest von weitem. Bei näherem Hinsehen jedoch entdeckt man die mehr oder weniger großen Löcher, die jeden Blocksatz auszeichnen.

BMP
Hierbei handelt es sich um ein Windows-Dateiformat für Bilddateien, das aber normalerweise auch unter Macintosh OS verarbeitet werden kann. Dieses Format eignet sich besonders für Desktop-Bilder und dergleichen.

Bold
Englisch; Begriff für einen fetten Schriftschnitt.

Browserunabhängige Farben
Manchmal auch »websichere Farben« genannt. 216 Farben, die sich zwischen Plattformen, Betriebssystemen und den meisten Webbrowsern nicht verschieben.

Browserunabhängige Mischfarben
Farben, die wie Farben außerhalb des 216-Farben-Spektrums aussehen, aber dennoch browserunabhängig sind. Sie werden erzeugt, indem mehrere Pixel mit jeweils einer bestimmten browserunabhängigen Farbe in einem Muster angeordnet werden.

Buntaufbau
Der Begriff Buntaufbau bezeichnet – wie auch → Unbuntaufbau und Schwarzaufbau eine bestimmte Methode zur → Separation. Beim Buntaufbau werden zu druckende dunkle Töne vorwiegend aus den Farben Cyan, Magenta und Gelb gemischt (aufgebaut). Auch neutrale Farben (Grau) lassen sich auf diese Weise aufbauen. Daher führen diese Begriffe nicht selten zu Verwirrung. Präziser sind die amerikanischen Kürzel → GCR, → UCA und → UCR.

Buntstift
Photoshop-Werkzeug: Mit dem Buntstift lässt sich pixelweise die zuvor eingestellte Vordergrundfarbe ins Bild zeichnen. Im Gegensatz zum → Pinsel werden Buntstift-Linien nicht geglättet (→ Kantenglättung) und haben daher häufig etwas raue Kanten.

Camera RAW
Sammelbegriff für (herstellerabhängig) verschiedene, von Digitalkameras erzeugte Dateiformate, die die Bilddaten im Rohzustand enthalten. RAW-Daten sind nicht komprimiert oder durch andere Kamera-Automatiken verändert. Die Bildinformationen liegen in voller Güte vor – so wie sie das Objektiv der Kamera »eingefangen« hat. Photoshop hat eine eigene RAW-Engine, mit der RAW-Dateien importiert und noch im Rohzustand bearbeitet und korrigiert werden können. RAW-Dateien enthalten meist mehr Bildinformationen als das standardisierte JPEG (nämlich 16 statt nur 8 Bit je Farbkanal). Daher können Bildkorrekturen direkt im RAW-Format weniger sichtbare Schäden wie z. B. Zeichnungsverluste hervorrufen. RAW-Dateien sind sehr speicherintensiv und lassen sich nur mit wenigen anderen Applikationen ansehen oder bearbeiten.

Chromatische Aberration
Ein Objektivfehler. Die chromatische Aberration ist ein normaler physikalischer Effekt, der beim Gebrauch optischer Linsen immer eintritt: Lichtbestandteile verschiedener Frequenzbereiche (»Farben«) werden unterschiedlich abgelenkt. Durch Benutzung mehrerer Linsen im Objektiv kann das ausgeglichen werden.

CIE
Eine internationale Normenkommission, die eine Reihe von Standards für die Farbdefinition entwickelt hat, z. B. den L*a*b*- oder L*u*v*-Farbraum. Diese Normvorgaben sind Grundlage für die Farbdefinition in DTP-Standards wie z. B. PostScript Level 2 und spielen

zudem eine große Rolle beim Farbmanagement (→ Farbmanagement).

CMYK
Die vier Druckfarben Cyan, Magenta, Gelb (»Yellow«) und Schwarz (»Key«) des Vierfarbdrucks. Die drei farbigen Komponenten CMY ermöglichen die Darstellung von Farben durch subtraktive Farbmischung, wobei jedoch das hundertprozentige Übereinanderdrucken der drei Farben kein reines Schwarz ergibt, so dass zusätzlich als vierte Druckfarbe Schwarz verwendet wird.

Color Gamut
Gesamtumfang aller Farben in einem → Farbraum. Konkret: die Menge aller Farben, die ein Gerät (Drucker, Monitor, Druckmaschine, Scanner, Kamera etc.) aufnehmen oder wiedergeben kann. Es gehört zu den größten Herausforderungen des Farbmanagements, die unterschiedlichen Farbumfänge verschiedener Geräte, die am Publishing-Arbeitsablauf beteiligt sind, so zu synchronisieren, dass es bei der Reproduktion der Farben zu möglichst wenig spürbaren Farbverschiebungen kommt.

ColorSync
Apples Implementierung des Farbmanagements, das auf den Standards des International Color Consortiums (→ ICC) basiert. Die ICC-Farbprofile sorgen für eine weitestgehend standardisierte Darstellung und Wiedergabe von Farben auf verschiedenen Plattformen und Programmen.

Composite-Kanal
Dieser Kanal zeigt die Summe der Farbkanäle eines Bildes und damit das farbige Gesamtbild an.

Dateiformat
Dateien können in unterschiedlichen Dateiformaten gespeichert werden. Die gebräuchlichsten Dateiformate für Bilder sind TIFF, EPS, JPEG, PCX, BMP und PICT. Je nach Dateiformat haben Bilddateien unterschiedliche Eigenschaften und eignen sich für andere Zwecke. Einige Formate gestatten es, → Alphakanäle und andere Zusatzinformationen mit zu speichern. Zudem komprimieren manche Formate die Bilddatenmenge (→ Komprimierung).

Datenkompression
Das Reduzieren der Datenmenge einer Datei, insbesondere einer Bilddatei. Für die Datenkompression stehen unterschiedliche Berechnungsverfahren (Algorithmen) zur Verfügung. Es gilt zu unterscheiden zwischen verlustfreien und verlustbehafteten Kompressionsverfahren. Für Letztere gilt, dass eine geringe Komprimierung weitgehend ohne sichtbaren Qualitätsverlust vorgenommen werden kann, eine starke Komprimierung jedoch Verluste zur Folge haben kann.

Datentiefe
→ Farbtiefe, → 8-Bit-Grafik, → 16-Bit-Grafik, → 24-Bit-Grafik

DCS
→ Photoshop DCS

Deckkraft
Die Transparenz einer Ebene. Bei 100 % sind die Pixel deckend, bei 0 % durchsichtig.

Digimarc
Software, die von Photoshop zum Erstellen digitaler Wasserzeichen verwendet wird.

Digitalisieren
Umwandlung analog vorliegender Informationen (z. B. Fotos) in digitale Informationen.

Digitalisiertablett
→ Grafiktablett

Digitalkamera
Kamera, bei der die Bilddaten nicht auf Film, sondern direkt digital auf einen Datenträger gespeichert werden.

Digitalproof
Hochwertiger Farbdruck ohne vorherige Herstellung der Filmvorlagen, der das spätere Druckergebnis simuliert. Nachteil des Digitalproofs gegenüber den herkömmlichen Proofverfahren oder einem Andruck ist, dass Fehler durch falsche Rasterung der Filme nicht erkannt werden können.

Direktauswahl-Werkzeug
→ Pfeil-Werkzeuge

Dithering
Bei geringer Bit-Tiefe von Dateien (z. B. bei Dateien im Format GIF) können zusätzliche Farben durch Verwendung eines Punktmusters simuliert werden. Wenn dieses Punktmuster ausreichend klein ist, nimmt das menschliche Auge die einzelnen Farbpunkte als Zwischenfarben wahr.

DNG
Adobe Digital Negative, Dateiformat. Es enthält Rohdaten der Digitalkamera. Dieses Verfahren wurde entwickelt, um die Kompatibilität der unterschiedlichen Camera RAW-Formate zu erhöhen. Sie können Ihre RAW-Dateien aus dem Camera RAW-Dialog heraus als DNG speichern.

dpi
Dots per Inch. Maßeinheit für die → Auflösung eines Druckers, Monitors oder Scanners oder eines anderen Gerätes sowie (umgangssprachlich) von Bilddateien.

Drag & Drop
Wörtlich »ziehen und fallen lassen«. Häufige Arbeitstechnik in vielen Anwendungen: Ein Objekt wird mit der linken Maustaste angeklickt, wobei die Taste gedrückt bleibt. Nun kann das Objekt auf der Arbeitsoberfläche des Computers verschoben (transportiert) werden. Dort, wo die Maustaste losgelassen wird, bleibt das Objekt liegen.

Droplet
Droplets sind kleine Java-Programme, die Sie mit Photoshop erzeugen. Sie können dann Dateien oder ganze Ordner auf diese EXE-Datei ziehen – der Rest läuft automatisch ab. Droplets eignen sich besonders gut für → Aktionen, bei denen Sie wenig Kontrolle brauchen und die Sie routinemäßig auf Bildmengen anwenden.

DTP
Desktop Publishing – wörtlich in etwa »Publizieren vom Desktop-PC«, das Herstellen professioneller Druckvorlagen mithilfe von (Personal-)Computern.

Duoton
→ Duplex

Duplex
Druckverfahren und → Bildmodus in Photoshop. Beim Duplexdruck wird in der Regel ein Graustufenbild (»Schwarz-Weiß-Bild«) mit einer zweiten Farbe gedruckt. Diese zusätzliche Farbe kann Grau sein, dann wird die Bildqualität durch Hinzufügen zusätzlicher Grauabstufungen besser. Duplex ist aber auch mit bunten Farben möglich – so entstehen farbig getönte Bilder. Es gibt auch Triplex- und Quadruplex-Bilder (mit drei bzw. vier Farben).

Ebenen
Wichtige Funktion in Photoshop. Stellen Sie sich Ebenen wie übereinander angeordnete Folien innerhalb eines Bildes vor. Diese Folien können ganz oder teilweise mit Inhalt (Pixeln) gefüllt sein. Diese Technik ermöglicht Ihnen die flexible und unabhängige Bearbeitung einzelner Bildteile.

Ebeneneffekt
→ Ebenenstil

Ebenenkomposition
Photoshop-Funktion: Mit Ebenenkompositionen können Sie mehrere Bildversionen in einer Datei abspeichern. Jede dieser Bildversionen können Sie nachträglich wieder aktivieren, um daran Änderungen vorzunehmen. Das unterscheidet sie von den einfachen Schnappschüssen in der Protokollpalette.

Ebenenmaske
→ Maske

Ebenenstil
Effekte, die einer Ebene zugewiesen werden können, wie z. B. Schattenwurf, Schein nach Außen, 3D-Effekte und vieles anderes. Effekte werden häufig verwendet, um verfremdete oder auffällige Schrift zu gestalten.

Einstellungsebene
Photoshop-Funktion, die das »zerstörungsfreie« und reversible Korrigieren von Bildern gestattet. Eine Einstellungsebene wirkt wie ein korrigierender Filter, durch den die darunterliegende Ebene angezeigt wird. Einstellungsebenen ermöglichen es, verschiedene Korrekturen an einer einzigen Datei bequem durchzuspielen, zu speichern und zu überarbeiten, ohne dass die Pixel des Bildes tatsächlich verändert werden. Mit ihrer Hilfe können fast alle wichtigen Bildkorrekturen vorgenommen werden. Einstellungsebenen lassen sich in beliebiger Anzahl in einer Datei kombinieren, werden mitgespeichert (sofern das gewählte Dateiformat Ebenen unterstützt), können aber jederzeit verändert, gelöscht oder ausgeblendet werden.

EPS
Encapsulated PostScript. Dateiformat für Bilder, Vektorgrafiken und einseitige Layouts, das intern PostScript verwendet und in der Regel für die Bildschirmdarstellung der Datei zusätzlich eine niedrig auflösende Voransicht umfasst. EPS-Daten lassen sich nur auf Geräten ausgeben, die PostScript-Befehle verarbeiten können. Alle anderen Ausgabegeräte stellen nur die Bildschirmansicht dar.

EXIF
EXIF bedeutet Exchangeable Image File Format und ist ein Standard, in dem moderne Digitalkameras die Kamerainformationen in den Bilddateien mitspeichern. Auf diese Weise können Informationen z. B. über Datum und Uhrzeit, Belichtungszeit, Blendeneinstellung oder die Lichtempfindlichkeit mit der Bilddatei gesichert und später angesehen werden. Adobe Bridge und zahlreiche andere Bildbetrachter können EXIF-Daten auslesen und anzeigen.

Farbauflösung
→ Farbtiefe

Farbkalibrierung
→ Kalibrierung

Farbkanal
Unverzichtbare interne Information in Bilddateien, maßgeblich für

die im Bild enthaltenen Farben. In Photoshop können Farbkanäle auch angezeigt und bearbeitet werden. Je nachdem, in welchem → Farbmodus eine Datei vorliegt, variiert die Menge der vorhandenen Farbkanäle und die Art und Weise, wie die Farbigkeit des Bildes in den verschiedenen Kanälen aufgeteilt und dargestellt wird.

Farbmanagement
Mithilfe des Farbmanagements sollen Farb-Konsistenzprobleme vermieden werden, die insbesondere dann auftreten, wenn im Laufe des Publishing-Prozesses mit mehreren verschiedenen → Farbmodellen gearbeitet wird (typischerweise sind dies → RGB und → CMYK). Das Farbmanagement versucht, die Konsistenz der Farben über verschiedene Ein- und Ausgabegeräte aufrechtzuhalten. Es erfolgt während der Arbeit mit den Dateien am Rechner. Wichtige Bausteine des Farbmanagements sind die → Profile sowie kalibrierte Geräte, zumindest ein kalibrierter Monitor (→ Kalibrierung).

Farbmanagementsystem
Software zur Anpassung der Farben beim Scannen, bei der Bildschirmanzeige und beim Drucken, so dass geräteabhängige Farbverfälschungen softwareseitig ausgeglichen werden (siehe auch → Farbmanagement).

Farbmodell
Ein Farbmodell beschreibt den → Farbraum, der von Ein- oder Ausgabegeräten wie Kameras, Scannern, Monitoren, Druckern und Druckmaschinen, aber auch dem menschlichen Sehsinn unter spezifischen Bedingungen dargestellt bzw. erkannt werden kann. Bekannte und oft gebrauchte Farbräume sind → RGB, → CMYK und → Lab.

Farbmodus
Zuweilen auch als Modus oder Bildmodus bezeichnet. Bezieht sich auf die Darstellung und Erfassung von Farben innerhalb einer Datei und das jeweils zugrunde liegende → Farbmodell. Die Farben von Bildern können in unterschiedlichen Farbmodellen interpretiert werden, denen jeweils ein anderer → Farbraum zugrunde liegt. Adobe verwendet den Sammelbegriff Farbmodus, um unterschiedliche Farbeigenschaften von Dateien zu bezeichnen. Die gebräuchlichsten Farbmodi basieren auf den Farbmodellen RGB, CMYK, Lab, indizierte Farben, Graustufen und Bitmap. Die einzelnen Farbmodi unterscheiden sich hinsichtlich der Farbenanzahl, die in einer Datei enthalten sein kann, in der Art und Weise, wie diese Farben in der Datei umgesetzt werden (→ Farbkanal) und nicht zuletzt hinsichtlich ihrer Eignung für unterschiedliche Reproduktionsarten (→ CMYK, → RGB).

Farbprofil
→ Profil

Farbproof
→ Proof

Farbraum
Ganz allgemein eine Menge von Farben. In der Bildbearbeitung vor allem relevant als Summe aller Farben, die eine Datei enthalten, ein Ausgabegerät darstellen oder ein Eingabegerät erfassen kann. Dazu die Farben, die vom menschlichen Auge wahrgenommen werden. Gleichzeitig ist ein Farbraum ein theoretischer, meist dreidimensional gedachter Raum, in dem alle Farben des Farbraums in einer bestimmten, logischen und geordneten Weise angeordnet sind. Farbräume und Farbraumsysteme unterscheiden sich nicht nur hinsichtlich der enthaltenen Farbanzahl, sondern auch in der Anordnung der Farben und ihrer Beschreibungsparameter. Bekannte Farbräume und -modelle: RGB, CMY, CMYK, Lab, HSB usw. Eine Datei wird im Laufe des Publishing-Prozesses meist in unterschiedlichen Farbräumen erfasst und dargestellt (z. B. Digitalkamera, Monitor, Druckerei) (→ Color Gamut).

Farbsättigung
→ Sättigung

Farbseparation
→ Separation

Farbspezifikation
Farbmesswerte, Chromatikkoordination und Luminanzwerte oder andere Farbskalenwerte, die verwendet werden, um eine Farbe in einem angegebenen Farbmodell numerisch zuzuweisen.

Farbstich
Oft unerwünschte, manchmal aber auch als gestalterisches Element bewusst herbeigeführte Fehlfarbigkeit eines Bildes. Abweichen der Farben eines Bildes von »der Wirklichkeit« durch einen zu hohen oder zu geringen Farbanteil einer Farbe (»der Himmel ist ja viel zu lila«). Kann durch Bildkorrektur meist gut behoben werden.

Farbtiefe
Die Anzahl von Bits, mit der die Farbinformation eines Pixels beschrieben wird (→ 8-Bit-Grafik, → 16-Bit-Grafik, → 24-Bit-Grafik).

Farbumfang
→ Color Gamut

Farbverlauf
Gestalterisches Mittel: Der weiche Übergang von einer Farbe in eine andere. Bei der Grafikbearbeitung kann mit diesem Vorgang innerhalb eines bestimmten Bereichs

allmählich von einer Farbe zu einer anderen gewechselt werden (linear und logarithmisch, radial, konturiert).

Farbwert
Farben lassen sich in unterschiedlichen Farbmodellen mithilfe eines numerischen Werts bezeichnen. So hat ein Hellrot z. B. den RGB-Farbwert 255, 47, 19 – jedoch den CMYK-Wert 0 %, 89 %, 89 %, 0 oder den Lab-Wert 56, 75, 66. Nicht in allen Farbmodellen bezeichnet der Farbwert tatsächlich ganz exakt eine bestimmte Farbe. Zum Beispiel ist ein RGB-Wert nur eine Farb-Reproduktionsanweisung, die von jedem Monitor ein wenig anders umgesetzt wird, weil dabei Charakteristika des individuellen Geräts eine Rolle spielen. Ähnlich verhält es sich mit CMYK-Farbwerten beim Drucken.

Faux-Funktionen
Option in Photoshops Zeichenpalette. Nicht jede Schrift bringt jeden Schriftschnitt, den man gerade benötigt, auch mit. Faux-Fett oder Faux-Kursiv stellen eine Fett- bzw. Kursivschrift digital nach – die ursprüngliche Grundschrift wird streng genommen verzerrt. Für eine korrekte Typografie ist die Verwendung von Faux-Funktionen nicht zu empfehlen.

Filter
Softwarefunktionen zur Veränderung bestimmter Bildeigenschaften (Scharfzeichnen, Weichzeichnen, Verzerren, Illustrations- und Maleffekte usw.). Photoshop bietet im Menü Filter jedoch auch einige mächtige Hilfs- und Korrekturwerkzeuge an, deren Leistung über bloße Bildverfremdung weit hinausgeht.

Fluchtpunkt-Filter
Der Photoshop-Filter Fluchtpunkt ist ein komplexes Werkzeug, das Sie bei der perspektivisch korrekten Bearbeitung von Bildern mit perspektivischen Elementen wie beispielsweise den Seiten eines Gebäudes unterstützt.

Fluss
Die Option Fluss (z. B. bei Pinsel, Abwedler und Nachbelichter) gibt an, wie schnell Pixel aufgetragen werden – Sie können also einstellen, wie »dünnflüssig« oder »zäh« die virtuell aufgetragene Farbe bzw. Retuschepixel sein sollen. Je kleiner der Wert, desto geringer die Werkzeugwirkung.

Font
Eine Schriftart oder ein spezieller Schriftschnitt innerhalb einer → Schriftfamilie. Außerdem die digitale Umsetzung – also Datei – dieser Schrift, die notwendig ist, um Schriften auf dem Computer anzuzeigen, zu bearbeiten und später auszugeben.

Formebene
Funktion in Photoshop, die es ermöglicht, vektorbasierte Grafikelemente auch in Pixelbilder einzufügen. Formebenen enthalten Vektorinformationen (→ Bézierkurve, → Vektor) und sind dadurch stufenlos verlustfrei skalierbar. Formebenen werden mit dem Zeichenstift-Werkzeug oder den Form-Werkzeugen erzeugt. Sie bestehen aus zwei Komponenten: der eigentlichen Form, die durch eine Vektormaske definiert ist, und der Füllung (die sogenannte Füllebene). Formebenen können mit Verläufen, Mustern oder Pixeln einer einzigen Farbe gefüllt sein. Diese zwei Komponenten werden auch in der Ebenen-Palette grafisch dargestellt. Für jede Formebene ist links ein Symbol für die jeweilige Füllung, rechts die → Vektormaske zu sehen.

Form-Werkzeuge
Das Form-Werkzeug mit seinen sechs Varianten ermöglicht Ihnen das Erstellen eigener und das Anwenden vorgefertigter Vektorformen.

Fotofilter
Der Fotofilter legt digital einen Farbfilter vor das Kameraobjektiv und verändert so die Farbbalance und die Farbtemperatur des Fotos.

Frames
Photoshop-Terminus, aus dem Film-Vokabular entlehnt. Frames sind Grundbestandteil von animierten GIF-Dateien, die mithilfe der Palette Animation erzeugt werden können. Nicht zu verwechseln mit Framesets, wie sie von HTML-Seiten bekannt sind! Das schnelle Abspielen der einzelnen (Film- oder Animations-)Frames erzeugt den Eindruck der Bewegung.

Freistellen
Freistellen in Photoshop meint die Befreiung eines Motivs von seinem Hintergrund. Viele Bildelemente sind erst ohne die sie umgebenden Hintergrundpixel für Montagen brauchbar. zahlreicher hilfreicher Werkzeuge und Funktionen (z. B. → Auswahlen, → Masken, den → Filtern, das Hintergrund-Radiergummi-Werkzeug ist das Freistellen eine der schwierigsten Aufgaben der Bildbearbeitung).

Freisteller
Ein in einem Bild angelegter Pfad oder eine Maske, die bestimmte Bildbereiche ausblenden, so dass nur noch ein Teil des Motivs zu sehen ist und gedruckt wird.

Freistellpfad
→ Beschneidungspfad

Füllebene
→ Formebene

Füllmethode
Eigenschaft von → Ebenen in Photoshop oder auch von den »Malstrichen« bei Mal- und Retusche-Werkzeugen: Die Bildpixel zweier Ebenen oder von aufgetragenen Malstrichen liegen nicht immer nur einfach übereinander. Sie können auch auf unterschiedliche Weise miteinander verrechnet werden, indem Sie die Füllmethode ändern (Einstellung in der Ebenenpalette oder den Werkzeugoptionen). Die Füllmethode bezieht sich immer auf das Verhältnis zweier *direkt* übereinander liegender Ebenen oder Pixel, und es ist in der Regel die Einstellung für die obere Ebene oder die oberen Pixel, die geändert werden muss.

Gamma
Ein tatsächlich sehr vielschichtiger, nicht ganz eindeutig zu definierender Begriff, der in verschiedenen Zusammenhängen gebraucht wird. Im Zusammenhang mit Bildbearbeitung meint Gamma die mittlere Helligkeit in einem Bild. Bei der Gammakorrektur verteilen sich die Tonwerte zwischen → Schwarz- und Weißpunkt neu. Die Korrektur wirkt sich hauptsächlich in den Mitteltönen aus, der gesamte Tonwertumfang wird nicht verändert.

Gammakorrektur
Das Verdichten oder Erweitern von Bereichen mit dunklen oder hellen Farbtönen in einem Bild. Eine Gammakorrektur kann jedoch auch an einem Ausgabegerät wie zum Beispiel einem Monitor vorgenommen werden.

GCR
Abkürzung für Grey Component Replacement (gelegentlich auch »Grauwertreduktion«). Begriff aus der Druckvorstufe, der eine bestimmte Methode des Farbaufbaus während des Drucks bezeichnet. Gesteuert wird der Farbaufbau durch Einstellungen, die während der → Separation der Datei festgelegt werden.
GCR ist ein Verfahren der Berechnung von → CMYK-Werten, das den → Gesamtfarbauftrag beim Drucken reduziert. Dies ist besonders dann erforderlich, wenn der Bedruckstoff nicht viel Farbe aufnehmen kann und schnell trocknen soll (z. B. Zeitungsdruck).
Bei GCR wird der Dunkelanteil jeder zu druckenden Farbe errechnet und durch Zugabe von Schwarz erreicht. Der entsprechende Anteil von Cyan, Magenta und Gelb wird dann während des Druckens weggelassen. Im Gegensatz zu → UCR (da sich nur auf die neutralen Graus und Schwarz bezieht) beeinflusst GCR auch die Mischung bunter Bildfarben mehr oder weniger. Das GCR kann unterschiedlich stark erfolgen. Ein starkes GCR greift auch schon bei helleren Farben, schwaches GCR nur bei sehr dunklen Tönen. Zu starkes GCR kann zu einem »Ausgrauen« heller Farben führen. Meist wird mit mittleren Werten gearbeitet.

Gemeine
Begriff der Druckersprache, geht auf die Zeit des Bleisatzes zurück: die Kleinbuchstaben einer Schrift (gemein = allgemein, sehr verbreitet).

Gesamtfarbauftrag
Begriff aus dem Vierfarbdruck, vor allem dem Offsetdruck. Dieser Wert gibt die maximale Menge Druckfarbe an, die zur Erzeugung der gewünschten Farben benötigt wird. Durch Einstellungen während der → Separation kann er beeinflusst werden. Er richtet sich nach dem erwünschten Ergebnis, den Produktionsbedingungen während des Druckens und der Papiersorte oder dem Trägermaterial, das bedruckt werden soll. Der empfohlene Gesamtfarbauftrag für ein Druckverfahren sollte nicht überschritten werden, da sonst Probleme mit der Farbaufnahme durch das bedruckte Material und den Trocknungszeiten entstehen können. Die Addition aller CMYK-Prozentwerte aller Farbkanäle eines CMYK-Bildes ergibt den Gesamtfarbauftrag eines Bildes. Es gibt verschiedene Separationsmethoden, um beim Druck die vier Prozessfarben CMYK in ausreichender, aber nicht zu hoher Menge auf den Bedruckstoff zu bringen (→ GCR, → UCA, → UCR).

GIF
Graphics Interchange Format. Schon etwas betagtes, aber immer noch weit verbreitetes Dateiformat, das vor allem im Internet verwendet wird. GIF kann maximal 256 Farben und eine Transparenzstufe darstellen und komprimiert die Daten mit dem verlustfreien LZW-Verfahren. Eine Besonderheit sind animierte GIFs, bei denen mehrere Varianten einer Abbildung in einer Datei gespeichert sind, die dann wie in einem Daumenkino nacheinander gezeigt werden (→ Frames).

Glättung
→ Anti-Aliasing, → Kantenglättung

Goldener Schnitt
Seit der Antike als ideal geltendes Proportionsmaß für Architektur und Malerei: Der kleinere Teil verhält sich zum größeren wie der größere Teil zur Gesamtstrecke. Die Proportion des Goldenen Schnitts wird im Allgemeinen als ästhetisch sehr ansprechend empfunden. Wird auch zum Beispiel im Layout für die Aufteilung einer gestalteten Seite verwendet.

Gradationskurve
Vielseitig einsetzbare Korrekturfunktion in Photoshop, mit der Korrekturen sehr exakt dosiert

werden können. Die Gradationskurve dient zur Änderung von Helligkeit, Kontrast und Gamma. Die Gradation lässt sich auch in einzelnen Farbkanälen ändern, um Farbstiche auszugleichen.

Grafiktablett
Ein Eingabegerät, mit dem – unterstützt durch entsprechende Software – zeichnen kann. Funktioniert als zweidimensionale Oberfläche, von der die exakte Position eines Stifts innerhalb des Arbeitsbereiches vom Computer abgefragt werden kann. In einfachen Systemen kann der Stift einen Schalter enthalten, der durch Drücken des Stifts auf das Tablett aktiviert wird. Auf diese Weise werden dem Computer die xy-Koordinaten mitgeteilt, an der die Aktion stattfinden soll. Wird für Konstruktionszeichnungen und Illustrationen verwendet.

Graustufen
→ Bildmodus mit 256 Farben, die das Bild in Abstufungen zwischen Weiß und Schwarz darstellen.

Grauwertreduktion
→ GCR

Griffpunkt
→ Pfad

Grundfarben
Farben, durch deren Mischung alle anderen Farben des vom jeweiligen Farbmodell abgedeckten Farbspektrums dargestellt werden können.

Haarlinie
Eine sehr dünne Linie. Beim Anlegen einer Haarlinie mit einer Layout-Software wird keine absolute Breite angegeben. Eine Haarlinie hat die geringste Breite, die auf dem jeweiligen Ausgabegerät gerade noch dargestellt werden kann.

Hand-Werkzeug
Photoshop: Die Hand verschiebt die Bildansicht im Dokumentenfenster.

HDR
HDR bedeutet High Dynamic Range, also »Bilder mit hohem Kontrastumfang«. Der ungewöhnlich hohe Kontrastumfang wird erreicht, indem mehrere Bilder, die mit unterschiedlicher Belichtung gemacht werden, zu einem Bild montiert werden. Dabei wird für jeden unterschiedlichen Helligkeitsbereich des Bildes die Version verwendet, die am besten belichtet ist. HDR-Aufnahmen weisen auch eine hohe Farbsättigung auf. Seit der Programmversion CS2 kann Photoshop HDR-Bilder montieren und in gewissem Umfang bearbeiten. Die Änderung der Belichtung eines HDR-Bildes in Photoshop hat denselben Effekt wie das Ändern der Belichtung beim Fotografieren.
Die ungeheure Informationsmenge eines HDR-Bildes kann nur in Dateien mit 32 Bit je Kanal (anstelle der üblichen 8 oder 16 Bit) gespeichert werden. Daher ist die Wiedergabe von HDR-Bildern im Druck, aber auch auf Monitoren nur beschränkt bzw. gar nicht möglich. Bisher werden HDR-Bilder vor allem für Kinofilme, Spezialeffekte und 3D-Grafiken genutzt.

Hexadezimal
Zahlensystem, das auf der Basis 16 aufbaut. Es wird mit den Ziffern 0 bis 9 und den Buchstaben A bis F geschrieben. Im Computerbereich weit verbreitet, da die Werte eines Bytes (2 hoch 8) auch mit exakt zwei Hexadezimalziffern (2 × 2 hoch 4) geschrieben werden können. Hexadezimalzahlen dienen u.a. dazu, beim Webdesign Farbwerte für Webbrowser anzugeben. So hat Schwarz den Wert #000000, Weiß #FFFFFF und ein Hellrot #FF2F13.

High Dynamic Range-Bild
→ HDR

High-Key-Aufnahmen
Bei diesen speziellen Aufnahmen befinden sich fast alle Tonwerte im Lichterbereich.

Hintergrundebene
Photoshop: Die Hintergrundebene ist immer die unterste Ebene einer Datei. Sie erkennen sie in der Ebenenpalette am kursiv geschriebenen Ebenentitel »Hintergrund«. Pro Bild kann es nur eine Hintergrundebene geben. Hintergrundebenen unterscheiden sich in einigen Details von normalen Bildebenen: Sie können nicht transparent sein, und nicht alle Arbeitstechniken sind auf sie anwendbar. Gedacht sind Hintergrundebenen als eine Art »Mal-Leinwand«, es ist jedoch auch möglich, Bilder ganz ohne Hintergrundebene, ausschließlich mit anderen Ebenentypen, zu erstellen.

Histogramm
Grafische Darstellung der Tonwertverteilung in einem Bild, wichtiges Hilfsmittel bei der Bildkorrektur. In Photoshop in die Funktion Tonwertkorrektur integriert und als eigene Palette vorhanden. Das Histogramm zeigt in Form eines Diagramms an, wie viele helle, mittlere und dunkle Tonwerte in einem Bild oder Bildkanal vorhanden sind. Diese Darstellung liefert wichtige Anhaltspunkte über mögliche und sinnvolle Korrekturen.

HKS
→ Sonderfarben

HSB
Farbmodell mit den Parametern Hue (Farbton), Saturation (Farbsättigung), Brightness (Helligkeit).

HSB »beschreibt« Farben in den drei Parametern, die auch für die menschliche Farbwahrnehmung besonders wichtig sind. HSB spielt bei programminternen Berechnungen eine Rolle, nicht aber – anders als RGB oder CMYK – bei der Ausgabe auf Monitoren oder Druckern. Verwandte Systeme: HSV (Hue, Saturation, Value) und HSL (Hue, Saturation, Lightness).

Hyperlink
Bei Webseiten: Verknüpfung zwischen einem Layoutelement (Text, Bild) und einem anderen Element im selben Dokument, in anderen Dokumenten oder Internetadressen. Hyperlinks lassen sich beim Export in eine PDF- oder in eine HTML-Datei übernehmen und dienen dort zur Navigation.

ICC-Standard
Standard für ein geräteunabhängiges, aber auch programm- und plattformunabhängiges → Farbmanagement. Die spezifischen Farbausgabe-Eigenschaften von Geräten und ihre → Farbräume werden über ICC-Farbprofile (→ Profil) beschrieben und mit einem Color Management Module (CMM) ineinander umgerechnet. Referenzfarbraum ist der geräteunabhängige → Lab-Farbraum. Das ICC-Farbmanagement ist mit ColorSync (Mac OS) bzw. ICM (Windows) fester Bestandteil der Betriebssysteme.

Inch
Englisch für Zoll, Längeneinheit von genau 2,54 Zentimeter.

Indizierte Farben
Farbmodus für Bilder, die nur eine begrenzte Anzahl von Farben enthalten. Im 8-Bit-Modus sind dies 256 Farben, bei einer geringeren Farbtiefe entsprechend weniger. Verwendung findet dieser Farbmodus besonders bei Bildern, die für die Darstellung auf Bildschirmen mit geringer Farbtiefe vorgesehen sind (→ GIF).

Interlaced
Ursprünglich nur die Bezeichnung für Zeilensprung- oder Halbbildverfahren im Bereich Video. Es wird zunächst nur jede zweite Zeile dargestellt, die fehlenden Zeilen werden in einem zweiten Durchlauf ergänzt.
Im Photoshop-Dialog Für Web speichern gibt es außerdem eine Option dieses Namens, die das schnellere stufenweise Laden von Internet-Bildern im Browser ermöglicht.

Interpolation
Interpolation bezeichnet das Neuberechnen der Bildpixel beim Vergrößern oder Verkleinern von Bildern. Dabei werden aus den originalen Bildpixeln neue Pixel »hinzuerfunden«, um fehlende Informationen zu ergänzen oder – beim Verkleinern – bestehende Pixel entfernt.
In Photoshop stehen drei verschiedene Verfahren zur Verfügung: → bikubisch, → bilinear und → Pixelwiederholung. Bei der bikubischen Interpolation geschieht die Neuberechnung durch die Bildung von Mittelwerten aus den umgebenden Pixeln, bei der Pixelwiederholung werden die vorhandenen Pixel mehrfach nebeneinander platziert und dadurch vergrößert. Bilinear könnte als Mischung der beiden Verfahren bezeichnet werden.

Interpolationsmethode
Methode, nach der die → Interpolation berechnet wird.

IPTC
IPTC ist ein vom International Press Telecommunications Council festgelegter Standard, der bestimmt, wie → Metadaten zum Urheber, zur Bildbeschreibung usw. in Bilddateien geschrieben werden.

Italic
Englische Bezeichnung für »kursiv«.

Jitter
Wörtlich: Variation. Bei Photoshop ist Jitter eine Option verschiedener Pinseleigenschaften. Es können Eigenschaften wie Größe, Durchmesser, Rundheit oder Winkel während des Malens »gejittert«, d.h. laufend variiert werden.

JPEG
Joint Photographic Experts Group. Nach seiner Entwicklergruppe benanntes, nicht verlustfreies Kompressionsverfahren für Farb- und Graustufenbilder. Niedrige Kompressionsstufen führen jedoch zu keinem sichtbaren Qualitätsverlust im Ausdruck.
Außerdem Bezeichnung für ein häufig verwendetes Dateiformat für Photos in Web-Dokumenten (.jpg oder .jpeg).

JPEG 2000
Weiterentwicklung des JPG-Dateiformats. JPEG 2000 bringt grundsätzlich bessere Ergebnisse als JPEG. Es ist zum gegenwärtigen Zeitpunkt jedoch nur mit Einschränkungen zu empfehlen, da das Plug-in im Browser des Betrachters installiert sein muss, um JPEG 2000-Dateien anzeigen zu können.

Kalibrierung
Das Einstellen von Geräten auf eine weitestgehend standardisierte Farbausgabe, um zuverlässige Ergebnisse zu produzieren. Ein Beispiel sind kalibrierte Farbmonitore. Ein kalibrierter Monitor ist eine Grundlage für erfolgreiches → Farbmanagement.

Kanal
→ Farbkanal

Kanalmixer
Photoshop-Werkzeug für RGB-Bilder, mit dem man die Tonwerte der einzelnen Kanäle mischen und daraus z. B. ein Schwarz-Weiß-Bild erzeugen kann.

Kantenglättung
Eine Technik, die bei Bitmap-Bildern auftretende zackige Grenzlinien vermindert. Dies geschieht gewöhnlich durch das Einfügen von Pixeln, welche die Farben an den Übergängen zwischen benachbarten Farben vermischen.

Kapitälchen
Eigenständige Stilvariante einer Schrift, bei der die Kleinbuchstaben auf den ersten Blick wie Großbuchstaben aussehen, aber in etwa die Höhe der Kleinbuchstaben (ohne Ober- und Unterlänge) haben. Auch in der Zeichengestalt unterscheiden sich Kapitälchen von normalen Großbuchstaben: Sie haben oft eigene Proportionen und Strichstärken – dies ist ein entscheidender Unterschied zu den nur am Computer aus den Großbuchstaben einer Schrift errechneten Kapitälchen, wenn die Schriftart keinen echten, eigenen Kapitälchen-Zeichensatz umfasst. »Unechte« Kapitälchen sind oft schlechter lesbar.

Kilobyte
Ein KB sind 1024 Byte.

Komprimierung
Reduktion der Datenmenge einer Datei, um Speicherplatz oder Übertragungszeiten zu sparen. Bekannte Standards für die Kompression von Bilddateien sind JPEG und LZW (→ Datenkompression).

Kontaktabzug
Photoshop-Funktion. Wie ihre analogen Vorbilder zeigen auch Photoshop-Kontaktabzüge eine Auswahl mehrerer Bilder verkleinert auf einer Seite.

Kontextmenü
Liste von möglichen Anweisungen, die durch einen Rechtsklick (Windows) bzw. einen Mausklick bei gedrückter `Ctrl`-Taste (Macintosh) zugänglich gemacht wird. Das Kontextmenü ist je nach Werkzeugwahl und Ort der Aktivierung unterschiedlich bestückt.

Kontrast
Das Verhältnis zwischen den hellsten und den dunkelsten Bereichen eines Bildes.

Kursiv
Eigenständige Zeichen, die leicht nach rechts geneigt sind und so dem Handgeschriebenen etwas ähnlicher scheinen.

Kurvenpunkt
Bei der Pfaderstellung ein aktiver Ankerpunkt, er hat eine Grifflinie und kann dadurch Kurvenschwünge definieren (→ Bézierkurven).

Lab
Geräteunabhängiger Farbraum, bei dem Farben durch einen Kanal für die Helligkeit (L für Lightness) und zwei Buntheitskomponenten (Kanal a von Grün bis Magenta und Kanal b von Blau bis Gelb) dargestellt werden. Der Lab-Farbraum ist größer als der RGB-Farbraum, lässt sich aber ebenfalls mit 24 Bit kodieren. Er umfasst das gesamte Spektrum der sichtbaren Farben. Weitere Schreibweisen: LAB und L*a*b*.

Laufweite
Abstand zwischen den Buchstaben.

Layout
Englisch: Planung, Anordnung. Typografische Text- und Bildgestaltung einer Seite oder eines Dokuments. Auf dem Layout wird der Satzspiegel festgelegt, in dem Text und Abbildungen angeordnet werden.

Lichter
Lichter sind die hellsten Bereiche bzw. Pixel eines Bildes.

Ligatur
Kombination von zwei Buchstaben zu einer Einheit. In Zeichensätzen für den Mac gibt es standardmäßig Ligaturen für die Buchstabenkombinationen »fi« und »fl«. Auch das »ß« ist eigentlich eine Ligatur.

Linienstärke
Die in Millimetern oder Punkt gemessene Dicke einer Linie.

Linksbündig
Satzart für den Textsatz: Die Zeilen bilden links eine Kante und laufen nach rechts frei aus. Von allen Satzarten die unkomplizierteste, die meist recht gut zu lesende Ergebnisse liefert.

Luminanz
Die Helligkeitskomponente einer Farbe, die von der Farbe selbst unabhängig ist. Ein Schwarz-Weiß-Foto besteht aus einem Luminanzmuster der Szene, die auf dem Film festgehalten wurde. Es ist möglich, die Luminanz ohne Chrominanz (Farbkomponenten) anzuzeigen. Es ist jedoch nicht möglich, Farbe ohne Luminanz zu zeigen.

LZW
Nach seinen Entwicklern Lempel-Ziv-Welch benanntes, verlustfreies → Komprimierungsverfahren, das von den Dateiformaten TIF und GIF verwendet wird. Man erreicht damit ein Kompressionsverhältnis von rund 2:1.

Majuskel
Großbuchstabe, auch Versalie genannt.

Marginalien
Randbemerkungen, ergänzende Informationen (Text oder Illustrationen) zum Haupttext eines Buches, die in der Randspalte gesetzt sind.

Maske
Wichtige Photoshop-Arbeitstechnik. In einem Bild angelegter Bereich, der die bedeckten Bildteile ausblendet. Masken werden als Graustufenbilder im Alphakanal gespeichert. Eine Maske kann dazu benutzt werden, um Bildteile vom Rest des Bildes freizustellen, und kann auch in eine → Auswahl verwandelt werden.

Maskierungsmodus
Photoshop-Funktion (auch Quick Mask genannt). Der Maskierungsmodus ist eine temporär angelegte Maske und funktioniert auf der Basis von Alphakanälen. Er ermöglicht es, bestehende → Auswahlen auf recht einfache Weise manuell nachzuarbeiten und so zu verfeinern.

Mehrkanalmodus
→ Bildmodus bei Photoshop. Der Mehrkanalmodus bietet besondere Möglichkeiten für den Druck mit Sonderfarben. Sie können Duplex- und CMYK-Bilder in diesen Modus konvertieren. Dabei wird der Duplexkanal in mehrere Kanäle – sogenannte Volltonfarbkanäle – aufgesplittet. CMYK-Kanäle bleiben erhalten. Danach können Sie weitere Kanäle mit Sonderfarben hinzufügen, um zusätzliche Druckplatten festzulegen.

Metadaten
In den Metadaten von Fotos speichern Sie Dateieigenschaften oder Kameradaten zum Zeitpunkt der Aufnahme, um so Ihre Bilder besser katalogisieren zu können (→ EXIF, → IPTC).

Mittelton
Mitteltöne sind die mittleren Tonwertbereiche eines Bildes (insbesondere eines Fotos), also die zwischen → Lichtern und → Tiefen.

Modus
Der Begriff »Modus« taucht in Photoshop wiederholt auf: zum Beispiel als Ansichtsmodus der Arbeitsfläche, als Modus der Pixelverrechnung bei Mal- und Füllwerkzeugen und Ebenen (→ Füllmethode) oder als → Bildmodus.

Moiré
Unerwünschtes Muster auf Bildern. Es kann beim Vierfarbdruck oder auch auf Bildschirmen entstehen – durch die falsche Winkelung der Raster der einzelnen Druckfarben oder wenn Muster des Bildmotivs mit dem Druckraster oder den Bildschirmpixeln Interferenzen bilden. Die Moirébildung wird weitgehend vermieden, wenn die Farben mit versetzten Rasterwinkeln gedruckt werden.

Monitorkalibrierung
→ Kalibrierung

Monochrom
Wörtlich: einfarbig (auch: monochromatisch). Ein Bild, in dem alle Tonwerte durch Helligkeitsstufen einer Farbe dargestellt werden.

Mustergenerator
Photoshop-Funktion. Mit dem Mustergenerator können Sie aus dem aktuellen Bild, einem ausgewählten Bereich des Bildes oder dem Inhalt der Zwischenablage unendlich variierte Muster anlegen. Der Mustergenerator generiert Muster, indem er die Pixel des Bildes oder Bildteils neu anordnet und daraus einen mustergefüllten Bereich erstellt. Die Muster sind abstrakt, da sie aber auf den Pixeln des Ausgangsbildes beruhen, haben sie Ähnlichkeit mit ihm. Aus einer einzigen Vorlage können viele verschiedene Muster erstellt werden. Sie können dann als Dateien gespeichert oder aber in einer Musterbibliothek abgelegt werden.

Nachbelichter
Photoshop-Werkzeug. Der Nachbelichter dunkelt Pixel ab. Der Begriff stammt ursprünglich aus der Analogfotografie.

Objektivfilter
Photoshop-Filter aus der Version CS2. Er korrigiert häufige Bildfehler wie → chromatische Aberrationen, die abhängig von verwendeten Objektiven und Brennweiten entstehen können. Auch objektivbedingte perspektivische Verzerrungen lassen sich gut damit korrigieren.

Open-Type
Von Adobe und Microsoft entwickeltes Dateiformat für Schriften. OpenType ist ein plattformunabhängiges Dateiformat für → Fonts, das außerdem besonders umfangreiche Zeichensätze enthalten kann. Dadurch können zahlreiche Sonderzeichen (Schriftzeichen für bessere Sprachunterstützung, Ligaturen, besondere Layoutzeichen und Schmuckzeichen) ausgegeben werden. Zur Beschreibung der einzelnen Zeichen verwendet OpenType entweder PostScript oder TrueType; die Dateiendung lautet .otf oder ttf.

Optionsleiste
Element der Arbeitsfläche. Leiste unterhalb der Menüleiste. Die Optionsleiste ändert ihren Inhalt je nach gewähltem Werkzeug.

Palette
Element der Arbeitsfläche bei Adobe-Anwendungen. In den Paletten sind wichtige Kontroll- und Hilfsinstrumente untergebracht. So sind sie schnell zur Hand, ohne zu viel Platz zu beanspruchen.

Palettenmenü
An der oberen rechten Ecke jeder → Palette befindet sich eine kleine Dreieck-Schaltfläche. Klicken Sie darauf, um ein Flyout-Menü anzeigen zu lassen, das je nach aktivierter Palette passende Menüeinträge bereithält.

Pantone
→ Sonderfarben

PDF
Portable Document Format. Ein von Adobe auf der Basis von PostScript entwickeltes Dateiformat, das den plattformübergreifenden Austausch von Dokumenten bei gleichzeitiger Beibehaltung aller Gestaltungsmerkmale ermöglicht, was unter anderem durch die Einbettung der Schriften möglich ist. PDF-Dateien sind durch die Komprimierungsmöglichkeiten für Bilder und Schriften vergleichsweise klein. Ursprünglich nicht mit Blick auf die Druckindustrie entwickelt, ist PDF inzwischen zu einem Standardaustauschformat in der Druckvorstufe geworden.

Pfad
Pfade sind vektorbasierte, zunächst einmal nicht-druckende Linien innerhalb eines Bildes, die mit der Datei gespeichert werden können und als Hilfs- und Arbeitsmittel verschiedene Funktionen erfüllen. An Pfaden können Objekte und Schrift ausgerichtet werden, Pfade definieren beim Druck freizulassende Flächen (→ Beschneidungspfade), sie sind Bestandteil von → Formebenen oder → Vektormasken oder lassen sich mit Pinselstrichen (Pixeln) füllen.
Ein Pfad setzt sich nicht aus einzelnen Pixeln, sondern aus (Vektor-) Kurvenzügen zusammen. Die wesentlichen Bestandteile eines Pfads sind die Ankerpunkte, durch die er geformt wird.
Geschlossene Pfade schließen einen Raum komplett ein, bei offenen Pfaden bilden sie eine Linienform.
Es gibt zwei Typen von Ankerpunkten: Eckpunkte, an denen der Pfad seine Richtung abrupt ändert, also eine Ecke ausbildet, und Übergangspunkte, an denen der Pfad kontinuierlich ins benachbarte Pfadsegment übergeht (Kurvenpunkte). Den Kurvenverlauf zwischen den Ankerpunkten bestimmen Kurventangenten, die Grifflinien, deren Länge und Ausrichtung durch Bewegen der Griffpunkte an ihrem Ende beeinflusst werden kann (→ Bézierkurve).

Pfadauswahl-Werkzeug
→ Pfeil-Werkzeuge

Pfeil-Werkzeuge
Photoshops »Pfeil-Werkzeuge« mit den umständlichen Namen Pfadauswahl-Werkzeug und Direktauswahl-Werkzeug helfen Ihnen, die mit dem Zeichenstift-Werkzeug oder den Form-Werkzeugen erstellten Zeichenobjekte zu bearbeiten.

Photomerge
Mit der Funktion Photomerge (Adobe Photoshop, seit Programmversion CS2) können Sie aus einzelnen Fotos Panoramabilder montieren. Um ein gutes Ergebnis zu erzielen, müssen Sie jedoch bereits bei der Aufnahme bestimmte Regeln (Motivwahl, Beleuchtungsverhältnisse, Stativ, Objektiv) beachten. Je besser die Ausgangsfotos, desto besser kann auch Photomerge arbeiten.

Photoshop DCS
Das Dateiformat DCS (Desktop Color Separations) ist eine Weiterentwicklung des Formates → EPS. DCS wurde für die Druckvorstufe entwickelt und eignet sich ausschließlich zum Speichern von CMYK-Dateien. Die Ausgabe erfordert einen PostScript-fähigen Drucker. Die Farbauszüge werden beim Speichern in DCS getrennt gesichert, außerdem können Rastereinstellungen und eine Druckkennlinie mitgespeichert werden. Das neuere Format DCS 2.0 unterstützt auch Kanäle mit → Sonderfarben. Die Ausgabe von DCS kann wegen der getrennten Farbauszüge sehr schnell erfolgen, der Nachteil sind die zum Teil sehr groben Vorschaubilder.

Pica-Point
Englisches typografisches Maß; ein Pica hat 12 Pica Points (4,233 mm); 6 Pica ergeben rund 1 Zoll.

Pinsel
Mit dem Photoshop-Werkzeug Pinsel lässt sich wie mit dem → Buntstift die Vordergrundfarbe auftragen. Der Pinsel erzeugt dabei immer Striche mit geglätteten Kanten, auf Wunsch auch weiche, unscharfe Malstriche.

Pipette
Werkzeug in Photoshop und anderen Programmen zum Ermitteln der Farbwerte von Bildpartien.

Pixel
Pixel ist die Kurzform von »Picture Element« und bezeichnet die Punkte einer digital gespeicherten Grafik. Jeder dieser Punkte ist bei der Darstellung auf dem Computermonitor in der Regel quadratisch und hat einen eindeutig definierten Farbwert. Es ist die kleinste Informationseinheit einer Bitmap-Grafik und nicht weiter unterteilbar.

Pixelbild
→ Bitmap

Pixel-Seitenverhältnis
Dass Pixel quadratisch sind, trifft auf die Bildbearbeitung zu. Sollten Sie sich im Bereich Videoschnitt betätigen, werden Sie es jedoch auch mit rechteckigen Pixeln zu tun bekommen. Wenn Sie eine neue Datei erzeugen und auf den Button ERWEITERT klicken, kann seit Photoshop CS im Menü PIXEL-SEITENVERHÄLTNIS die gewünschte Form der Pixel festgelegt werden.

Pixelwiederholung
→ Interpolationsmethode, bei der die Pixel dupliziert werden. Es kommt dabei zur Treppenbildung und zu gezackten Linien. Die Methode ist nicht sehr präzise und eignet sich lediglich für Strichgrafiken.

PNG
Portable Network Graphics: Dateiformat für das Web, das als lizenzfreier Nachfolger für GIF entwickelt wurde. Es kann sowohl Abbildungen mit indizierten Farben als auch Vollfarbbilder darstellen und verfügt über eine verlustfreie Kompression.

PostScript
Programmiersprache zur Beschreibung von Text, Grafik und Bildern in einem Layout (»Seitenbeschreibungssprache«), die speziell für die Kommunikation zwischen Layoutprogramm und Drucker, Druckmaschine u. Ä. entwickelt wurde. Der Vorteil von PostScript liegt darin, dass bis auf eventuell im Layout enthaltene → Bitmapbilder alle Seitenelemente rein mathematisch definiert und deshalb auflösungsunabhängig sind. Erst bei der Ausgabe wird eine PostScript-Datei entsprechend dem Auflösungsvermögen des Ausgabegerätes im → RIP aufgerastert. Zudem bietet PostScript auch große Freiheiten bei der Verwendung verschiedener Schriften. Auf PostScript basierende Dateien sind plattformunabhängig, können von fast allen → DTP-Anwendungen bearbeitet werden und sind deshalb der Standard bei der Herstellung professioneller Druckvorlagen auf Desktop-Computern.
Dateiformate wie → EPS oder → PDF bauen auf PostScript auf.

PPD
PostScript Printer Description. Auch als Druckerbeschreibung bezeichnete Datei, die Informationen zu den Spezifikationen eines PostScript-Ausgabegerätes beinhaltet. Für jedes Gerät gibt es eine angepasste Druckerbeschreibung, die beim Ausdruck ausgewählt sein muss. Eine spezielle PPD gibt es für den Acrobat Distiller.

PPI
Pixel per Inch. Maßeinheit, die die → Auflösung von Ausgabegeräten wie Monitoren, Druckern, Druckmaschinen etc. bezeichnet, konkret die Menge der Druck- oder Bildpunkte, die das Gerät auf der einem Zoll (Inch) darstellen kann. Umgangssprachlich werden die Bezeichnungen → DPI und PPI meist nicht auseinandergehalten.

Profil
Wichtiger Baustein für ein geräteunabhängiges, aber auch programm- und plattformunabhängiges → Farbmanagement. Die Farbausgabeeigenschaften von Geräten werden in Profilen beschrieben. Mithilfe des systemeigenen Color Management Module (CMM) eines Rechners können die verschiedenen Profile aller Geräte, die am Publikationsprozess beteiligt sind (Scanner, Monitor, Drucker etc.), miteinander abgeglichen werden. Ziel des Profilierens ist es, eine möglichst konsistente Farbausgabe über den gesamten Publishing-Prozess hinweg zu erreichen. Im Idealfall sehen also z. B. Farben eines gescannten Fotos auf dem Monitor und im Druck immer gleich aus und stimmen auch noch mit der realen Aufnahmesituation überein. Dieses Ideal ist aber meist nur annäherungsweise zu erreichen. → Profile für Geräte können mithilfe spezieller Prüfverfahren und -geräte individuell erstellt (aufwendig!) oder von Standardisierungsgremien wie dem ICC (International Color Consortium) oder eventuell der eigenen Druckerei bezogen werden.

Proof
Testdrucke, anhand derer die Druckqualität farbverbindlich festgelegt wird.

Prozessfarben
Die vier Farben Cyan, Magenta, Gelb und Schwarz, aus denen im Vierfarbdruck alle anderen Farben erzeugt werden (→ CMYK).

PSD
Photoshop Document. Das ist das »hauseigene« Photoshop-Datei-Format. Es unterstützt durchweg alle (Photoshop-)Spezialfunktionen wie Ebenen, Kanäle und Transparenzen. PSD-Dateien sind jedoch sehr groß und lassen sich vor allem mit Anwendungen aus Creative Suite bearbeiten. Das Dateiformat wird stetig weiterentwickelt. Die Kompatibilität lässt sich über einen Dialog maximieren. Damit kann das Dokument dann auch in älteren Versionen von Photoshop verwendet werden. Die Verwandlung von PSD in andere Dateiformate ist problemlos möglich.

Punkt
Typografisches Maß (Didot-Punkt). Er entspricht 0,375 mm.

QuickInfo
Wenn Sie über den Zweck eines Werkzeuges unsicher sind, verweilen Sie einfach kurz mit der Maus auf dem jeweiligen Button – ein erklärender Werkzeugtipp (»QuickInfo«) wird eingeblendet.

Quick Mask
→ Maskierungsmodus

Radio-Button
Optionsschaltfläche in Webseiten oder Anwendungen, die entweder den Wert 1 (= zutreffend) oder 0 (= nicht zutreffend) annehmen kann. In einer zusammengehörenden Gruppe von Radio-Buttons kann im Gegensatz zur Checkbox immer nur *ein* Element den Wert 1 annehmen, wodurch alle anderen auf 0 gesetzt werden.

Raster
Rastern (in Photoshop) bedeutet das Umrechnen der Vektorinformation einer Textebene oder Formebene in Pixel.

Rasterweite
Maßeinheit, die angibt, wie viele Rasterzellen ein Ausgabegerät pro gewählte Strecke ausgeben kann. Verwendet werden entweder die Einheiten Lines per Inch (lpi) oder Linien pro Zentimeter (lpcm oder L/cm).

Rendern
In Photoshop: Umrechnen der Vektorinformation einer Ebene in Pixel.

Retuschieren
Nachbessern von Fotos. Geschieht heutzutage in der Regel digital, es gibt jedoch auch eine Reihe »analoger« Retuschetechniken. Photoshop bietet eine Reihe von Retusche-Werkzeugen und -Filtern an, um Bildfehler wie Verschmutzungen, störende Bildelemente, rote »Blitzlichtaugen«, Schönheitsfehler etc. zu beheben.

RGB
RGB bezeichnet gleichzeitig ein physikalisches Farbmodell (additive Farbmischung) und die Möglichkeit, eine Farbe zu beschreiben und in einer Datei zu notieren (Farbmodus RGB). Farbmodell und Farbmodus sind eng miteinander verknüpft. Die Grundfarben von RGB sind Rot, Grün, Blau. RGB kommt vorzugsweise dort zum Einsatz, wo Farbe aus Lichtpunkten erzeugt wird (Lichtfarben; im Gegensatz zu Körperfarben, den Farbpigmenten der Druckfarbe). Alle drei additiven Grundfarben ergeben zusammen reines Weiß. Ist keine der drei Farben vorhanden, liegt reines Schwarz vor.
In einer digitalen RGB-Datei setzt sich das Bild aus Anteilen von Rot, Grün und Blau zusammen. Die Intensität jeder einzelnen Grundfarbe wird über einen eigenen → Farbkanal geregelt. Bei einem Wert von 0 ist die jeweilige Farbe nicht existent. Der Maximalwert eines 8-Bit-RGB-Kanals beträgt 255. Jeder Kanal kann also in 256 unterschiedlichen Farbabstufungen dargestellt. Da in RGB-Dateien drei Kanäle vorhanden sind, gibt es 16.777.216 verschiedene mögliche Farbwerte (256 × 256 × 256).

RIP
Raster Image Processor. Hard- oder Software, die PostScript- Daten für den Ausdruck in ein druckbares Raster umwandeln.

Sättigung
Beschreibt den Grauanteil einer Farbe. Eine stark gesättigte Farbe enthält wenig oder kein Grau, eine Farbe mit geringer Sättigung enthält viel Grau.

Satzspiegel
Wichtige Größe bei der Planung eines Seitenlayouts. Der Satzspiegel gibt vor, wie groß der zu bedruckende Raum einer Seite sein soll.

Scanauflösung
Die Auflösung (Anzahl der Pixel pro Längeneinheit), mit der ein Bild vom Scanner erfasst wird. Die Angabe erfolgt meist in → DPI oder → PPI.

Scannen
Das Erfassen von nicht-digitalen Bildern und anderen Dokumenten mit Hilfe eines Scanners und das anschließende Speichern der Daten als digitale Datei.

Schärfen
→ Scharfzeichnen

Scharfzeichnen
Eine durch Filter bewirkte Kontrastverstärkung an Kanten innerhalb eines Bildes, also z. B. dort, wo unterschiedliche Farbflächen aneinander angrenzen. Dadurch wirkt das Bild etwas schärfer. Digitales Scharfzeichnen ist mit dem Scharfstellen während des Fotografierens nicht zu vergleichen – es kommen dadurch nicht mehr Bilddetails in den Blick, das Bild wird lediglich optisch etwas »aufgepeppt«.

Schattierung
Grafischer Effekt, der den Eindruck erweckt, eine Schrift oder ein anderes Objekt würde leicht über dem Bildhintergrund schweben und einen Schatten werfen. Wird in Photoshop per → Ebenenstil erreicht.

Schmuckfarben
→ Sonderfarben

Schnittmaske
Photoshop-Arbeitstechnik mit → Ebenen. Das Prinzip kommt zur Anwendung, wenn Sie in Ihrer Datei zwei Ebenen oder mehr haben und bewirken wollen, dass sich eine Ebene nur auf die direkt unter ihr liegende Ebene bezieht – nicht auf die weiteren Ebenen unterhalb. Mit einer weiter unten liegenden Ebene wird die direkt darüber liegende Ebene maskiert. Die Anwendung von Schnittmasken ist nur sinnvoll, wenn die untere (maskierende) Ebene auch transparente Bereiche enthält.

Schriftfamilie
Typografischer Begriff. Viele Schriftarten umfassen mehr als nur eine Variante: Es gibt kursive, fette, halbfette, leichte, besonders eng laufende etc. Versionen einer Schriftart. Die einzelnen Schriftvarianten haben übereinstimmende Formmerkmale und stammen oft auch vom selben Designer. Eine Schriftfamilie sind alle Schriftvarianten einer Schriftart. Gut ausgebaute Schriftfamilien können bis zu 60 Varianten (sogenannte Schriftschnitte) umfassen. Umgangssprachlich werden die Begriffe Schriftfamilie und Schriftschnitt öfters – unkorrekterweise – vermischt.

Schwarzanteil
Begriff aus der Druckvorstufe. Meist werden alle Bildfarben aus den vier beteiligten Druckfarben Cyan, Magenta, Gelb und Schwarz gemischt. Dabei sind verschiedene Möglichkeiten des Farbaufbaues möglich, die sich vor allem durch die Anteile von Schwarz und den verwendeten Buntfarben unterscheiden. Der Schwarzanteil kann unterschiedlich hoch sein. Je nach Separationseinstellung werden Farbanteile der Buntfarben Cyan, Magenta und Gelb ganz oder teilweise durch die Farbe Schwarz ersetzt (→ GCR, → UCR). Die Menge des verwendeten Schwarz in Proportion zum Anteil der Buntfarben hat Einfluss auf die Detailzeichnung, die Kontraste und die Sättigung dunkler Farben.

Schwarzpunkt
Der Bereich auf einer Gradationskurve oder im Histogramm, der einem 100%igen Schwarz entspricht. Durch Setzen des Schwarz- und Weißpunkts während der Bildkorrektur lassen sich die vorhandenen Tonwerte einer Bilddatei über die gesamte zur Verfügung stehende Tonwertskala verteilen. Dabei können Kontrastschwächen und leichte Farbstiche behoben werden.

Schwellenwert
Tonwertgrenze bei der Umwandlung von Graustufenbildern in den Bitmap-Modus: dunklere Töne werden schwarz, hellere weiß.

Separation
Umrechnen der während der Bildbearbeitung und des Layouts verwendeten Farben einer Datei (häufig RGB) in die vier einzelnen Farbauszüge der → Prozessfarben Cyan, Magenta, Gelb und Schwarz und der gegebenenfalls verwendeten → Sonderfarben. Separation ist notwendig, wenn eine Datei auf einer professionellen (Offset-) Druckmaschine im Vierfarbdruckverfahren wiedergegeben werden soll. Dabei wird die Datei in den Modus → CMYK gebracht. Zu berücksichtigen ist dabei nicht nur die Modus-Änderung; auch der → Gesamtfarbauftrag, die beste Methode für den Farbaufbau und die Rasterwinkel (→ Raster) der einzelnen Farbauszüge spielen eine Rolle.
Die Separation kann entweder durch das jeweilige Grafik- oder Layoutprogramm erfolgen oder bei modernen Geräten auch direkt im → RIP (In-RIP-Separation).

Slice-Werkzeug
Slice-Werkzeug und Slice-Auswahlwerkzeug können Sie für die Vorbereitung von Grafiken fürs Web einsetzen. Mit dem Slice-Werkzeug unterteilen Sie ein Bild in unsichtbare »Scheiben«, denen dann mit Photoshop und ImageReady (bei der Photoshop-Version CS2 und früher) unterschiedliche Eigenschaften oder Interaktivität zugeordnet werden können. Das Slice-Auswahlwerkzeug hilft Ihnen, einzelne Slices im Bild zu aktivieren.

Smartfilter
Diese Funktion gestattet die zerstörungsfreie Anwendung von Filtern auf Bildebenen. Während bei der gewöhnlichen Anwendung von Filtern die Pixel der gefilterten Ebene direkt und letzten Endes unwiderruflich verändert werden, schont die Anwendung von Smartfiltern die Ebenenpixel; Änderungen können leichter wieder rückgängig gemacht werden.
Smartfilter funktionieren mit → Smart-Objekten.

Smart-Objekte
Photoshop-Funktion, die die zerstörungsfreie Bearbeitung von Ebenen ermöglicht. Smart-Objekte sind eine spezielle Art von → Ebenen, die Bilddaten von Raster- oder Vektorbildern (z. B. Photoshop- oder Illustrator-Dateien) enthalten. Smart-Objekte werden wie gewöhnliche Ebenen in der Ebenen-Palette und natürlich auch im Bild selbst angezeigt. Mit Smart-Objekten bleibt der Quellinhalt des ursprünglichen Bildes mit allen Eigenschaften erhalten, die Smart-Objekt-»Ebene« enthält lediglich eine Instanz der Originaldaten. Dies ermöglicht das zerstörungsfreie Bearbeiten der Ebene.

Nicht alle, aber einige Arbeitstechniken sind auf Smart-Objekte anwendbar: Transformationen, Ebenenstile, Änderungen der Deckkraft und Füllmethode und Verkrümmungen, seit der Version CS3 auch Filter.
Erzeugt werden Smart-Objekte, indem Sie Dateien platzieren oder Adobe-Illustrator-Dateien per Kopie in eine Photoshop-Datei einfügen. Auch bestehende Ebenen lassen sich zu Smart-Objekten bündeln. Der Einsatz von Smart-Objekten bietet sich immer dann an, wenn das Ausgangsformat in Photoshop nicht voll editierbar wäre (z. B. bei Dateien aus Illustrator), wenn eine im Smart-Objekt eingebettete Datei unbeschadet erhalten bleiben soll oder wenn mehrere Versionen (»Instanzen«) rationell bearbeitet werden müssen.

Softproof
Ungefähre Vorschau des zu erwartenden Druckergebnisses auf dem Bildschirm.

Solarisation
Ein Bildeffekt, mit dem sehr feine Farbänderungen durch kontinuierliche Farbtöne (Contone-Farben), aber auch durch völlig andere Farben ersetzt werden. Dies wird erreicht, indem man die Anzahl der verfügbaren Farben in einzelnen Schritten von gängigerweise 16 Millionen auf 10 bis 100 reduziert.

Sonderfarben
Auch als Schmuckfarben oder Volltonfarben bezeichnet. Sonderfarben werden in gewerblichen Druckverfahren als Alternative oder Ergänzung zu den vier → Prozessfarben CMYK verwendet. Sie werden als gesonderte, vorgemischte Farben über ein separates Farbwerk aufgetragen. Man verwendet sie zum Drucken von Farben, die sich nicht durch die Prozessfarben darstellen lassen oder wenn auf Farbtreue besonders großen Wert gelegt wird. Es gibt standardisierte Sonderfarbensysteme wie z. B. HKS und Pantone.

Spationieren
Verändern der Wort- und Buchstabenabstände in einem Text, um die Lesbarkeit zu verbessern.

Sperren
Sonderform des Spationierens: Einfügen von kleinen Zwischenräumen zwischen alle Buchstaben eines Textes oder eines Wortes. Wird z. B. bei Verwendung von Versalien oder Kapitälchen der besseren Lesbarkeit gemacht; zuweilen wird Sperrsatz auch als → Auszeichnung eingesetzt.

Stapelverarbeitung
Photoshop-Funktion zur automatischen Anwendung von → Aktionen auf eine größere Menge von Bildern.

Statusleiste
Element der Arbeitsfläche in der Creative Suite. Die Statusleiste, die Sie unterhalb eines jeden Dokumentenfensters finden, liefert wichtige Informationen zur Datei und hilft, sich im Programm zu orientieren.

Subtraktive Farbmischung
Farbaufbau durch die Reflexion bzw. Absorption von Licht-Bestandteilen unterschiedlicher Wellenlänge. Der Vierfarbdruck (CMYK-System) basiert auf subtraktiver Farbmischung. Durch Auftragen einer Druckfarbe auf weißes Papier werden aus dem Farbspektrum des reflektierenden Lichts alle übrigen Farben subtrahiert. Alle Druckfarben zusammen ergeben Schwarz.

Tiefen
Tiefen sind die dunklen Bereiche bzw. Pixel eines Bildes.

TIFF
Tagged Image File Format. Dateiformat für Pixelbilder. TIFF ist plattformübergreifend einsetzbar und wird von fast allen Programmen unterstützt. Kommt mit Ausnahme von Duplex mit allen Farbmodi sowie mit Pfaden und Masken zurecht und kann in der Variante »Layered TIFF« auch Ebenen speichern. Kompression ist über → LZW möglich. Photoshop kann auch TIFFs mit JPEG- und ZIP-Kompression erzeugen. Solche TIFF-Dateien lassen sich aber nur mit wenigen Programmen verarbeiten.

Tonwert
Helligkeitswert eines Pixels in einem Graustufenbild bzw. Farbkanal eines RGB- oder CMYK-Bildes. Bei »Standard«-RGB-Dateien mit 8 Bit Datentiefe je Kanal reicht die Tonwertskala von 0 (Schwarz) bis 255 (Weiß).

Tonwertangleichung
Eine Funktion von Photoshop, die automatisch einen neuen Weiß- und Schwarzpunkt setzt.

Tonwertkorrektur
Verfahren der Bildkorrektur zur Anpassung von Helligkeit und Kontrast. Wird sie bei einzelnen Farbkanälen durchgeführt, dient die Tonwertkorrektur auch zur Kompensation von Farbstichen.

Tonwertumfang
Der Bereich der Tonwerte eines Bildes, der die tatsächliche Zeichnung enthält.

Tonwertzuwachs
Phänomen, das beim Drucken, auftritt. Verdunklung eines gedruckten Farbtones durch Farb-

quetschung, Diffusion der Druckfarbe in die Papierstruktur und vor allem durch den optischen Effekt des Lichtfangs (Unterstrahlung eines Rasterpunkts) hervorgerufen. Der Tonwertzuwachs muss bei der Separation oder Belichtung durch invertierte Berechnung (Aufhellung) kompensiert werden, damit der Druck die Tonwerte in der vorgesehenen Helligkeit und Farbe wiedergibt.

Transparenz
Vollständige oder teilweise Durchsichtigkeit. In der Bildbearbeitung können Bild- oder Ebenenpixel transparent sein. Der Grad der Transparenz innerhalb einer Datei wird über den → Alphakanal gesteuert.

True Color
Die durch 24 Bit Farbtiefe erzielte Farbqualität. 24 Bit führt zu 16,7 Millionen Farben, was für das menschliche Auge mehr als ausreichend sein sollte (→ 24-Bit-Grafik).

TrueType
Von Apple und Microsoft entwickeltes Dateiformat für → Fonts (Schriftdateien), das die Buchstaben wie bei → PostScript-Schriften mathematisch definiert und damit auflösungsunabhängig ist. Wird standardmäßig vom Mac OS und von Windows unterstützt.

TWAIN
Standardisierte Softwareschnittstelle für Scanner, über die der Anwender alle Scanfunktionen über eine Scan-Software steuern kann. Alle Scanner, die dem TWAIN-Standard entsprechen, können aus einer TWAIN-kompatiblen Software (beispielsweise Adobe Photoshop, Corel PhotoPaint, PageMaker) heraus gesteuert werden.

Tweening
Ein Begriff aus der Animationstechnik, der nicht nur in Photoshop, sondern auch in anderen Programmen verwendet wird. Er leitet sich ab von »in between(ing)«. Beim Tweening werden zwei zuvor festgelegte Einzelbilder zum Start- und Endbild der Animation, die dazwischen liegenden Bilder (→ Frames) werden automatisch erstellt. Dabei werden die Informationen der Schlüsselbilder hochgerechnet, um die neu hinzugefügten Frames mit Inhalt zu füllen. In Photoshop können Sie auf diese Art Position oder Deckkraft von animierten Objekten und → Ebenenstile in einer Animation gleichmäßig verändern.

Überblenden
Ein weicher Übergang zweier Farben oder Bildteile, der keine wahrnehmbare »Naht« an der Übergangsstelle aufweist.

Überdrucken
Begriff aus der Drucktechnik: Normalerweise muss ein in einer bestimmten Farbe definiertes Gestaltungselement einer Drucksache aus einem Untergrund, der mit anderen, von dem Element nicht benutzten Farben definiert wurde, ausgespart werden. Dadurch verhindert man, dass die Farbe des Elementes durch die Farbe des Untergrundes verfälscht wird. Es gibt jedoch Fälle, wo eine solche Aussparung nicht sinnvoll ist, beispielsweise bei schwarzer Schrift vor einem farbigen Hintergrund. Hier spricht man davon, dass das Objekt den Hintergrund überdrucken muss, also aus diesem nicht ausgespart wird, denn Schwarz kann durch einen hinterlegten Grund nicht mehr nennenswert verändert werden.

Überfüllung
Zur Vermeidung von kleinen weißen Lücken – sogenannten Blitzern – zwischen angrenzenden Farben, die durch Ungenauigkeiten beim Druck entstehen können, lässt man gedruckte, aneinander angrenzende Farbflächen leicht überlappen. Dies nennt man Überfüllen. Dabei entsteht zwar ein farbiger Saum, der vom Auge aber weniger wahrgenommen wird als das durchscheinende weiße Papier. Die Überfüllungen werden von Grafik- und Layoutprogrammen automatisch berechnet oder man erstellt sie mit Hilfe darauf spezialisierter Programme.

UCA
Abkürzung für Under Color Addition (»Unterfarbenaddition«). Begriff aus der Druckvorstufe, der eine bestimmte Methode des Farbaufbaus während des Drucks bezeichnet. Gesteuert wird der Farbaufbau durch Einstellungen, die während der → Separation der Datei festgelegt werden.
UCA ist ein Verfahren der Berechnung von → CMYK-Werten, das verwendet wird, um in den dunklen Partien eines gedruckten Bildes ein besonders sattes, tiefes Schwarz zu erzeugen. Anders als bei → UCR ist also die Veränderung eines Farbtones Ziel von UCA.
Dabei wird in neutralen, dunklen Bereichen Cyan, Magenta und Gelb hinzugegeben (insbesondere die starke Beimischung von Cyan kann ein »fettes Schwarz« erzeugen). So kann durch die Separationseinstellungen aus einem nicht sehr kräftigen Schwarz mit den CMYK-Werten 0/0/0/100 % ein sehr tiefer Schwarzton zum Beispiel mit Werten wie 50/0/0/100 % entstehen.

UCR
Abkürzung für Under Color Removal (»Unterfarbenentfernung«). Begriff aus der Druckvorstufe, der eine bestimmte Methode des

Farbaufbaus während des Drucks bezeichnet. Gesteuert wird der Farbaufbau durch Einstellungen, die während der → Separation der Datei festgelegt werden.
Es ist ein Verfahren der Berechnung von → CMYK-Werten, das vor allem beim Druck von Zeichnungen, Screenshots o. Ä. verwendet wird. Feine Striche und Linien werden so schärfer abgebildet. Gleichzeitig kann die Druckgeschwindigkeit erhöht werden. Außerdem ist UCR kostensparend: Die teueren CMY-Farben werden sparsam verwendet und durch die preiswertere schwarze Farbe ersetzt. UCR gilt als Spezialfall des → GCR.
Durch UCR wird die Farbmischung in den neutralen Bereichen (Grau und Schwarz) beeinflusst. Mit UCR werden die neutralen Töne nicht mehr durch eine *Mischung* von Cyan, Magenta, Gelb und Schwarz, sondern allein durch Auftrag von Schwarz erzeugt. Dabei verändert sich der gedruckte Farbton praktisch nicht, sondern nur die Farbmischung (umgekehrt bei → UCA).

Umbruch
Begriff aus dem → DTP: die Anordnung von Text und Bildern in Seiten, Spalten oder Zeilen.

Unbuntaufbau
Der Begriff Unbuntaufbau bezeichnet – wie auch → Buntaufbau und Schwarzaufbau – eine bestimmte Methode zur → Separation. → GCR und → UCR sind zwei unterschiedliche unbunte Separationstechniken. Dieser Begriff ist weniger exakt als die amerikanischen Kürzel.

Unscharf Maskieren
Verfahren zur Scharfzeichnung eines Bildes. Die Qualität ist abhängig von der Güte des verwendeten Algorithmus.

Unterfarbenentfernung
Deutscher Terminus für → UCR

Unterschneiden
Typografischer Begriff: Verringern des Abstandes zwischen zwei Buchstaben, um optische Löcher zu vermeiden. Wird auch mit dem Begriff *Kerning* bezeichnet.

Vektor
Vektor ist ein allgemeiner Ausdruck für eine bestimmte Klasse von Grafiksystemen. Innerhalb eines solchen Grafiksystems wird ein Vektor durch eine Linie beschrieben, die durch Farbe, Start- und Endpunkt definiert ist. Vektoren werden daher im Normalfall bei der Erstellung von Strichvorlagen, typografischen Zeichen und Farbverläufen verwendet. (→ Bézierkurven)

Vektorgrafik
Aus mathematischen Formeln beschriebene Bilder. Programme wie Flash und Illustrator sind auf Vektorgrafiken basierende Zeichen- bzw. Animationsprogramme (→ Bézierkurven).

Vektormaske
Photoshop: Eine → Maske, die nicht durch Pixel, sondern durch Vektorinformationen definiert wird. Damit sparen Sie einerseits Speicherplatz und können frei skalieren, andererseits sind bei Vektormasken keine weichen Übergänge zwischen »maskiert« und »nicht maskiert« möglich.

Verlauf
→ Farbverlauf

Verlaufsumsetzung
Photoshop-Technik, um Bilder zu verfremden und zu kolorieren. Dabei werden die Tonwerte eines Bildes den Tonwerten eines → Farbverlaufs zugeordnet und durch die Tonwerte des Verlaufs ersetzt.

Versalhöhe
Höhe der Großbuchstaben einer Schriftart.

Versalie
Die Großbuchstaben einer Schrift (auch: Majuskel). Versalien sollten für Hervorhebungszwecke nur vorsichtig eingesetzt werden (besser sind → Kapitälchen) und für längere Lesetexte überhaupt nicht, denn sie sind wesentlich schlechter lesbar als → Gemeine.

Verschieben-Werkzeug
Photoshop-Tool: Mit dem Verschieben-Werkzeug können Sie die Position von ausgewählten Bereichen, Bildebenen, Masken oder Hilfslinien innerhalb des Bildes ändern.

Vierfarbdruck
Allgemein übliches Druckverfahren für farbige Druckprodukte mit den Grundfarben Cyan, Magenta, Gelb und Schwarz.

Vierfarbseparation
→ Separation

Vignette-Effekt
Als Vignette-Effekt bezeichnet man Verschattungen an den äußeren Rändern von Fotos. Sie rühren vom Objektivrand her.

Volltonfarben
→ Sonderfarben

Vordergrundfarbe
Photoshop: Die Vordergrundfarbe ist die aktuelle Arbeitsfarbe, mit der z. B. die Pinselwerkzeuge malen. Sie wird mithilfe der Werkzeugleiste eingestellt und kann dort jederzeit überprüft werden.

Websichere Farben
Sehr eingeschränkte Auswahl von Farben, die für Webdesigner eine gewisse Sicherheit bei der Arbeit mit Farben gewährleisten soll. Das

Konzept geht auf die Anfangszeit des Internet zurück. Die websicheren Farben sollen mit unterschiedlichsten Systemvoraussetzungen (Grafikkarten, Monitore, Browser, Browsereinstellungen etc.) überall gleich angezeigt werden. Aus unterschiedlichsten Gründen funktioniert die Farbechtheit im Web jedoch nicht – auch nicht mit der websicheren Farbpalette.

Weiche Kante
Option von → Auswahlen in Photoshop: Für eine weiche Kante werden die Pixel an einer Auswahlkante weichgezeichnet und so ein fließender Übergang zwischen Pixeln und Umgebung hergestellt.

Weichzeichnen
Filter in Photoshop und zahlreichen anderen Bildbearbeitungsprogrammen: Beim Weichzeichnen wird die Bildschärfe gezielt reduziert. Zum Weichzeichnen gibt es zahlreiche unterschiedliche → Filter und das Weichzeichner-Werkzeug.

Weißpunkt
→ Schwarzpunkt

Weißraum
Unbedruckter Raum auf einer Seite, als Gegenpart zu den bedruckten Flächen ein wichtiges Element beim Layout.

WIA
Windows Image Acquisition. Mithilfe der WIA-Unterstützung können Bilder direkt von der Digitalkamera oder vom Scanner in Photoshop importiert werden.

Wischen
Ein Vorgang, der mit der digitalen Bildverarbeitung sehr einfach zu realisieren ist. Mithilfe des Photoshop-Werkzeugs Wischfinger können Bildpartien gezielt so bearbeitet werden, dass es aussieht, als wäre die Tinte oder Farbe noch feucht. Nützlich, um Bewegungsunschärfen darzustellen, um Flüssigkeit aus einer Flasche »fließen« zu lassen oder um andere künstlerische oder kreative Effekte zu erzeugen.

Wischfinger-Werkzeug
Dieses Werkzeug simuliert den Effekt von verwischter Farbe (→ Wischen).

Zauberstab
Photoshop: Ein Auswahlwerkzeug, mit dem gleichfarbige Flächen durch mehrfache Klicks direkt ins Bild ausgewählt werden können.

Zeichensatz
Die Summe der Zeichen, Buchstaben, Ziffern, Interpunktions- und Sonderzeichen eines → Fonts.

Zeichenstift
Photoshop-Werkzeug: Mit dem Zeichenstift können Sie Pfade erzeugen. Das Zeichenstift-Werkzeug hat zahlreiche Unterwerkzeuge und Optionen, die Sie dabei unterstützen, gerade Linien oder geschwungene Kurven zu zeichnen. Das manuelle Erzeugen von Pfaden wird in der Regel »Zeichnen« genannt, während die Anwendung von Werkzeugen wie → Pinsel oder → Buntstift als »Malen« bezeichnet wird.

Zoomwerkzeug
Alltägliche Arbeitshilfe in Photoshop (und zahlreichen anderen Applikationen): Mit Hilfe des Zoomwerkzeugs können Sie die Ansicht Ihres Bildes verkleinern oder vergrößern.

44 Die DVD zum Buch

Die DVD zum Buch ist eine wahre Fundgrube, die Ihnen viel Freude bei der Arbeit bereiten wird. Sie setzt sich aus folgenden Verzeichnissen zusammen:

- Beispieldateien
- Free- und Shareware
- Plug-ins
- Testversion Photoshop CS4
- Video-Training

Damit Sie einen Überblick über die einzelnen Ordner bekommen, möchte ich Ihnen die Inhalte kurz vorstellen.

44.1 Beispieldateien

Auf der DVD finden Sie neben vielen anderen Daten auch Bilder zum Buch. Die Bilder stammen von verschiedenen Online-Bilddatenbanken und von einigen Fotografen. Wie alle Bilder unterliegen auch sie dem Urheberrecht.

Beachten Sie: Die Bilder auf der DVD sind ausschließlich für Sie zum Üben vorgesehen! Sie dürfen nicht in kommerziellen Projekten verwendet und nicht weitergegeben werden.

Um mit den Bildern von der DVD zu arbeiten, empfiehlt es sich, Kopien anzulegen, mit denen Sie sorglos experimentieren können.

44.2 Free- und Shareware

44.2.1 DVD Cover Designer

Mit dem DVD Cover Designer können Sie einfach professionelle Cover für Ihre DVD- und CD-Hüllen erstellen.

- Info: *http://www.dvd-cover-designer.de/*
- Sprache: deutsch
- Windows

44.2.2 Irfan View

IrfanView ist einer der beliebtesten Bildbetrachter, mit dem Sie über 60 Bildformate lesen, sortieren und sogar bearbeiten können! Hierzu gibt es auch weitere Plugins, die Irfan View Plugins. Mit diesen Plugins können Sie die Leistungsfähigkeit von IrfanView erheblich steigern und so sogar Audio- und Video-Dateien lesen.

- Info: *http://irfanview.de*
- Sprache: deutsch
- Windows

44.2.3 Panorama Factory

Wenn Sie kein Weitwinkelobjektiv für Ihre Kamera besitzen, ist Panoramy Factory ein guter Ersatz! Sowohl Anfänger als auch Profis können mit diesem Programm aus Einzelbildern nahtlose Panoramen erstellen.

- Info: *www.panoramafactory.com*
- Sprache: deutsch
- Windows

44.2.4 Photo VCD

Photo VCD hilft Ihnen dabei, Ihre digitalen Fotos zu einer gelungenen Diashow für Ihren DVD-Player zusammenzustellen.

- Info: *www.nu2.nu/photovcd/*
- Sprache: englisch
- Windows

44.2.5 Photoprint Calendar 2.03

Mit diesem Tool können Sie Ihren eigenen Wandkalender direkt auf dem PC erstellen. Dazu werden verschiedene Datumsformate und Sprachen zur Verfügung gestellt.

- Sprache: englisch
- Windows

44.2.6 Studio Line Photo Basic

StudioLine ermöglicht es, Bilder zu verwalten und direkt und gleichzeitig zu bearbeiten. Außerdem bietet die Software zahlreiche nützliche Funktionen, wie »Rote Augen-Korrektur« oder »automatische Tonwertanpassung«.

- Info: *www.studioline.biz/de/*
- Sprache: deutsch
- Windows

44.2.7 Talaphoto

Mit dieser Shareware können Sie schnell und einfach ansprechende Webalben, QuickTime-Slideshows und QuickTime VRs erstellen. Außerdem stehen Ihnen verschiedene Quick- und Multiprint-Funktionen zur Verfügung.

- Info: *www.talasoft.com/talaphoto*
- Sprache: englisch
- Windows, Mac

44.2.8 Tiny Pic

Ein einfaches Programm zur Verkleinerung Ihrer Fotos, u. a. für das Web.

- Info: *www.efpage.de/tinypic.html*
- Sprache: deutsch
- Windows

44.3 Plug-ins für Photoshop

Hier haben wir für Sie interessante Share- und Freeware zusammengestellt. Damit Sie auch wissen, worum es sich handelt, hier eine Auflistung mit kurzer Beschreibung.

44.3.1 Cybia Plugins

In diesem Ordner finden Sie ganze 16 kostenlose Filter und Effekte für Adobe Photoshop. Die »Works Series« bietet Plug-ins für die tägliche Arbeit wie Farbkorrektur, Eckeneffekte und Transparenzen. Die »Fotomatic Series« enthält Plug-ins speziell für Fotografen.

- Freeware
- Windows

44.3.2 Harry's Filters

Eine ganze Wundertüte von Gratis-Filtern für Photoshop bietet diese kostenlose Plug-in-Sammlung von Harald Heim.

- Freeware
- Windows

44.3.3 Luce

Dieses schlichte Photoshop-Plug-in zaubert Lichtstrahlen in jedes gewünschte Bild. Der Filter eignet sich gleichermaßen für

Tag- und Nachtaufnahmen und auch die Position der Lichtquelle lässt sich einfach verändern.

- Freeware
- Windows

44.3.4 Mezzoforce Ice

Für eisige Effekte sorgt dieses kostenlose Plug-in. Über zehn Vorgaben und verschiedene Regler können Sie den Eis-Effekt genau einstellen.

- Freeware
- Windows

44.3.5 Plug-in Commander Light

Der Plug-in Commander ist ein einfacher Plug-in-Manager, mit dem Sie Ihre Plug-ins verwalten und neue Plug-ins bequem herunterladen können. Die Pro-Version bietet weitere Funktionen (*http://www.thePlug-insite.com/products/picopro/index.htm*).

- Freeware
- Windows

44.3.6 Plug-in Galaxy

Die Plug-in Galaxy bietet fast 20 Photoshop-Plug-ins, darunter zwei völlig kostenlos: Der Zoom-Filter legt eine Lupe über das Bild und vergrößert den Bereich darunter. Der Popart-Filter produziert Farbspielereien, die sich vielseitig einstellen lassen.

- Demo
- Windows und Mac

44.3.7 Thredgeholder und XPose

Thredgeholder zeichnet die Umrisse von Fotos nach. Zwei Regler helfen Ihnen dabei, das gewünschte Ergebnis zu erzielen. XPose ist für eine gute Kontrastgestaltung einsetzbar.

- Freeware
- Windows

44.3.8 Virtual Photographer

Dieser Filter erlaubt das Konvertieren in Schwarzweiß-Bilder bzw. selbst definierte Farbschattierungen. Zahlreiche Standardfilter stehen außerdem zur Verfügung und helfen, ein schnelles Ergebnis zu erzielen.

- Freeware
- Windows

44.4 Testversion Photoshop CS4

Das Verzeichnis enthält eine 30-Tage-Vollversion von Photoshop CS4 in deutscher Sprache für Mac und Windows.

Um das Programm zu installieren, müssen Sie zunächst die komplette Installationsdatei auf Ihre Festplatte kopieren. Klicken Sie dann unter Windows die .exe-Datei doppelt bzw. entpacken Sie die .dmg-Datei, wenn Sie am Mac arbeiten.

Sollten Sie bereits einmal eine Demoversion von Photoshop CS4 auf Ihrem Rechner installiert gehabt haben, so ist die erneute Installation einer Testversion nicht möglich.

44.5 Video-Training

In diesem Ordner finden Sie ein attraktives Special: Als Ergänzung zum Buch möchten wir Ihnen relevante Lehrfilme zur Verfügung stellen. So haben Sie die Möglichkeit, dieses neue Lernmedium kennenzulernen und gleichzeitig Ihr Wissen um Photoshop CS4 zu vertiefen. Sie schauen einem Trainer bei der Arbeit zu und verstehen intuitiv, wie man die erklärten Funktionen anwendet.

44.5.1 Training starten

Um das gewünschte Video-Training zu starten, klicken Sie als Windows-Benutzer die Datei »Start.exe« auf der obersten Ebene doppelt an (als Mac-Anwender die Datei »Start.app«). Alle anderen Dateien können Sie ignorieren.

44.5.2 Video-Training 1: Photoshop-Techniken

In diesem Video-Training wird Ihnen das nötige Fachwissen am praktischen Beispiel erklärt: So erhalten Sie einen intuitiven Einstieg in die Arbeit mit Photoshop. Die Lektionen stammen aus dem Video-Training »Adobe Photoshop CS4 für Fortgeschrittene« (ISBN 978-3-8362-1267-0):

Kapitel 1: Ebenen-Basiswissen

1.1 Mit Ebenen arbeiten (10:03 Min.)
1.2 Smart-Objekte (03:44 Min.)
1.3 Ebenenmasken erstellen (05:53Min.)

Kapitel 2: Freistellen für Fortgeschrittene

2.1 Eine komplexe Lasso-Auswahl erstellen (06:25 Min.)
2.2 Auswahl mit Alpha-Kanälen (07:35 Min.)
2.3 Auswahlkanten verbessern (06:05 Min.)

Kapitel 3: Workflow & Ausgabe
3.1 Photoshop-Aktionen (08:32 Min.)
3.2 Print- und Webgrafiken nachschärfen (07:51 Min.)
3.3 Farbmanagement-Einstellungen (04:30 Min.)

44.5.3 Video-Training 2: Photoshop und die digitale Fotografie

Ist Ihr Haupteinsatzgebiet von Photoshop die digitale Fotografie, erhalten Sie in diesem Video-Training einen ersten Einblick in die wichtigsten Techniken. Die Lektionen stammen aus dem Video-Training »Adobe Photoshop CS4 für die digitale Fotografie« (ISBN 978-3-8362-1269-4):

Kapitel 1: Farbe und Belichtung
1.1 Bildgerechte Kontrastkorrektur (06:56 Min.)
1.2 Bewährte Negativtechniken (04:37 Min.)
1.3 Per Pinsel umfärben (07:07 Min.)
1.4 Schwarzweißdenken (07:04 Min.)

Kapitel 2: Retusche und Montage
2.1 Sensorflecken entfernen (09:53 Min.)
2.2 Inhaltssensitives Skalieren (10:24 Min.)
2.3 Porträtretusche: Falten (06:33 Min.)
2.4 Hintergrund einmontieren (10:07 Min.)

Sollten Sie **Probleme bei der Verwendung** des Video-Trainings haben, so finden Sie Hilfe unter *http://www.galileodesign.de/hilfe/Videotrainings_FAQ*.

Viel Spaß beim Lernen am Bildschirm!

Index

B

C

D

E

F

G

H

I

J

K

L

M

N

O

P

Q

R

S

T

W

X

Z

Der Name Galileo Press geht auf den italienischen Mathematiker und Philosophen Galileo Galilei (1564–1642) zurück. Er gilt als Gründungsfigur der neuzeitlichen Wissenschaft und wurde berühmt als Verfechter des modernen, heliozentrischen Weltbilds. Legendär ist sein Ausspruch *Eppur se muove* (Und sie bewegt sich doch). Das Emblem von Galileo Press ist der Jupiter, umkreist von den vier Galileischen Monden. Galilei entdeckte die nach ihm benannten Monde 1610.

Lektorat Katharina Geißler
Korrektorat Friederike Daenecke
Herstellung Lissy Hamann
Einbandgestaltung Hannes Fuß, www.exclam.de
Satz SatzPro, Krefeld
Druck Himmer AG, Augsburg

Dieses Buch wurde gesetzt aus der Linotype Syntax (9,25 pt/13 pt) in Adobe InDesign CS4. Gedruckt wurde es auf mattgestrichenem Bilderdruckpapier (115 g/m^2).

Gerne stehen wir Ihnen mit Rat und Tat zur Seite:
katharina.geissler@galileo-press.de
bei Fragen und Anmerkungen zum Inhalt des Buches

service@galileo-press.de
für versandkostenfreie Bestellungen und Reklamationen

julia.bruch@galileo-press.de
für Rezensions- und Schulungsexemplare

Bibliografische Information der Deutschen Nationalbibliothek
Die Deutsche Nationalbibliothek verzeichnet diese Publikation in der Deutschen Nationalbibliografie; detaillierte bibliografische Daten sind im Internet über *http://dnb.d-nb.de* abrufbar.

ISBN 978-3-8362-1238-0

1. Auflage 2009, 1., korrigierter Nachdruck 2010